MANUAL DE

DIREITO DO CONSUMIDOR

à luz da jurisprudência do STJ

JusClass

O presente livro possui Material de Apoio para acesso gratuito na plataforma JusClass.

Para acessar o material, siga as instruções a seguir:

1. Entre no site da Editora Juspodivm https://www.editorajuspodivm.com.br/, com seu login e senha;
2. Dentro de "Minha Conta", selecione a opção "Materiais Exclusivos" e clique no ícone de identificação do JusClass;
3. Em caso de dúvidas, esclarecimentos ou sugestões, acesse nossa Central de Atendimento https://www.editorajuspodivm.com.br/central-de-relacionamento

Caso tenha adquirido o seu exemplar em uma de nossas livrarias parceiras:

1. Acesse o QRCode abaixo;
2. Preencha o formulário com os dados solicitados;
3. Localize seu Código de Verificação - PIN, logo abaixo do QR Code;
4. Aguarde o e-mail com as informações de acesso;
5. Aproveite seu material!

PIN: JUS4002

Felipe Braga Netto

MANUAL DE DIREITO DO CONSUMIDOR

à luz da jurisprudência do STJ

20ª Edição
revista
atualizada
ampliada

2025

EDITORA *Jus*PODIVM
www.editorajuspodivm.com.br

EDITORA JusPODIVM
www.editorajuspodivm.com.br

Rua Canuto Saraiva, 131 – Mooca – CEP: 03113-010 – São Paulo – São Paulo
Tel: (11) 3582.5757
• Contato: https://www.editorajuspodivm.com.br/central-de-relacionamento

Diagramação: Lupe Comunicação e Design (*lupecomunicacao@gmail.com*)

Capa: Ana Caquetti

B813m Braga Netto, Felipe
Manual de Direito do Consumidor à luz da jurisprudência do STJ/Felipe Braga Netto – 20.ed., rev., atual. e ampl. - São Paulo: Editora Juspodivm, 2025.
704 p. (Coleção Manuais para Concursos)

Inclui Bibliografia
ISBN: 978-85-442-5678-7

1. Direito do Consumidor. I. Braga Netto, Felipe. II. Título.

CDD 342. 5981

BIBLIOTECÁRIA RESPONSÁVEL

Ana Carolina Ribeiro Mois – CRB7 – RJ 007348/0

LIVROS PUBLICADOS POR FELIPE BRAGA NETTO

- *Manual de Direito Civil.* Volume Único. 10ª edição. Cristiano Chaves de Farias, Felipe Braga Netto e Nelson Rosenvald. Salvador: Juspodivm, 2025.
- *Código Civil Comentado.* 6ª edição. Nelson Rosenvald e Felipe Braga Netto. Salvador: Juspodivm, 2025.
- *Leis Civis Comentadas.* 4ª edição. Nelson Rosenvald e Felipe Braga Netto. Salvador: Juspodivm, 2025.
- *Novo Manual de Responsabilidade Civil.* 5ª edição. Felipe Braga Netto. Salvador: Juspodivm, 2025.
- *Manual de Direito do Consumidor à luz da jurisprudência do STJ.* 20ª edição. Felipe Braga Netto. Salvador: Juspodivm, 2025.
- *Curso de Direito Civil.* Responsabilidade Civil. 12ª edição. Cristiano Chaves de Farias, Felipe Braga Netto e Nelson Rosenvald. Salvador: Juspodivm, 2025.
- *Responsabilidade Civil*: Teoria Geral. Nelson Rosenvald e Felipe Braga Netto. Indaiatuba: Foco, 2024.
- *Novo Tratado de Responsabilidade Civil.* 4ª edição. Cristiano Chaves de Farias, Felipe Braga Netto e Nelson Rosenvald. São Paulo: Saraiva, 2019.
- *Manual da Responsabilidade Civil do Estado à luz da jurisprudência do STF e do STJ e da Teoria dos Direitos Fundamentais.* 5ª edição. Felipe Braga Netto. Salvador: Juspodivm, 2018.
- *Os novos rumos da Responsabilidade Civil*: o Estado e a violência urbana. Felipe Braga Netto. Salvador: Juspodivm, 2019.
- *Curso de Direito Civil. Parte Geral e LINDB.* Salvador: Juspodivm, 2015.
- *Teoria dos Ilícitos Civis.* 3ª edição. Salvador: Juspodivm, 2018.
- *Responsabilidade Civil.* São Paulo: Saraiva, 2008.
- *As Coisas Simpáticas da Vida.* 3ª edição. Belo Horizonte: Rodapé, 2018.
- *O Livro de Lucca.* Belo Horizonte: Rodapé, 2018.
- *Pontes de Miranda e a responsabilidade civil*: alguns aspectos de sua contribuição. Protagonistas da Responsabilidade Civil. Indaiatuba: Iberc/Foco, 2022.
- *Uma nova hipótese de responsabilidade objetiva na ordem jurídica brasileira?* O Estado como vítima de atos lesivos. Lei Anticorrupção e Temas de Compliance. 2ª edição. Salvador: Juspodivm, 2017.
- *Atuação do Ministério Público na defesa do consumidor.* Temas atuais do Ministério Público. 6ª edição. Salvador: Juspodivm, 2016.
- *O Sistema Aberto do Direito Civil e seus diálogos com o novo CPC.* Direito Civil – Coleção Repercussões do novo CPC. Salvador: Juspodivm, 2017.

- *O diálogo das fontes entre os microssistemas do consumidor e ambiental*: em busca de redes de conexões conceituais mais generosas para as vítimas dos danos. Temas atuais do Ministério Público. 6ª edição. Salvador: Juspodivm, 2016.
- *Cervantes e Shakespeare*: os ciclos históricos e a contínua revalorização dos danos. Direito e Literatura: legados de Shakespeare e Cervantes. Belo Horizonte: Editora PUC MINAS: 2017.
- *A dimensão preventiva da responsabilidade civil.* Direito Privado e Contemporaneidade: desafios e perspectivas do direito privado no século XXI. São Paulo: D'Plácido, 2014.
- *Imagem e imprensa na sociedade em rede*: conexões temáticas na busca de critérios constitucionalmente consistentes de ponderação. Liberdade de expressão no século XXI. Belo Horizonte: Del Rey, 2016.
- *A responsabilidade civil e a hermenêutica contemporânea*: uma nova teoria contratual? A Teoria do Contrato e o novo Código Civil. Recife: Nossa Livraria, 2003.
- *Direito Civil e Constituição*: desafios e perplexidades de uma aproximação. Crise e desafios da Constituição. Belo Horizonte: Del Rey, 2003.
- *A Constituição e a dimensão privada do existir.* Quinze anos de Constituição. Belo Horizonte: Del Rey, 2004.
- *O dano moral na jurisprudência civil-constitucional.* Constituição e crise política. Belo Horizonte: Del Rey, 2006.
- *Ato ilícito e excludente de ilicitude.* Manual de Teoria Geral de Direito Civil. Belo Horizonte: Del Rey, 2011.
- *Codificação ou interpretação?* Os efeitos possíveis dos ilícitos civis. Os 10 anos do Código Civil: evolução e perspectivas. Belo Horizonte: Fórum, 2012.
- *Dano moral e imprensa.* Temas de Direito Civil contemporâneo. Salvador: Juspodivm, 2009.
- *Direitos da personalidade*: em busca de modos preventivos de proteção. Leituras complementares de Direito de Família. Salvador: Juspodivm, 2009.
- *Dom Helder Câmara, uma breve biografia.* Em defesa dos direitos e garantias fundamentais. Belo Horizonte: ESDHC, 2010.
- *Ilícito civil, esse desconhecido...* Revisitando a Teoria do Fato Jurídico. Homenagem a Marcos Bernardes de Mello. São Paulo: Saraiva, 2010.
- *Comentários à Lei de Falências e Recuperação de Empresas (Lei n. 11.101/05).* (Artigos 115 a 118). Rio de Janeiro: Forense, 2009.
- *Acaba não, mundo (e outras do cronicadodia.com.br).* São Paulo: Pátio, 2011.
- *Dano moral coletivo: a história de uma consagração.* Questões controvertidas de Direito Ambiental, Direitos Difusos e Coletivos e Direito do Consumidor. Salvador: Juspodivm, 2013.

- *Danos ambientais e inversões probatórias*: construindo um percurso argumentativo. Salvador: Juspodivm, 2015.
- *A dimensão hermenêutica e reajustes de rota*: a questão do destinatário final. Transformações do Direito Privado na contemporaneidade. Reflexões e tendência do Direito Privado no século XXI. Belo Horizonte: Newton Paiva, 2014.
- *Os ilícitos civis na experiência jurídica brasileira*. Os 10 anos do Código Civil: edição comemorativa. Brasília: ESMPU, 2014.

Dedico este livro ao meu pai,
Sérgio Roberto Braga Netto,
um homem que sempre
soube amar os livros.

Agradeço ao amigo
Terence Trennepohl,
que teve a ideia deste livro
e me incentivou a escrevê-lo.

SUMÁRIO

Capítulo VIII

O TELEFONE[1]

"Honrado Senhor Diretor da Companhia Telefônica:

Quem vos escreve é um desses desagradáveis sujeitos chamados assinantes; e do tipo mais baixo: dos que atingiram essa qualidade depois de uma longa espera na fila.

Não venho, senhor, reclamar nenhum direito. Li o vosso Regulamento e sei que não tenho direito a coisa alguma, a não ser a pagar a conta. Esse Regulamento, impresso na página 1 de vossa interessante Lista (que é meu livro de cabeceira), é mesmo uma leitura que recomendo a todas as almas cristãs que tenham, entretanto, alguma propensão para o orgulho ou soberba. Ele nos ensina a ser humildes; ele nos mostra quanto nós, assinantes, somos desprezíveis e fracos.

Aconteceu por exemplo, senhor, que outro dia um velho amigo deu-me o prazer de me fazer uma visita. Tomamos uma modesta cerveja e falamos de coisas antigas – mulheres que brilharam outrora, madrugadas dantanho, flores doutras primaveras. Ia a conversa quente e cordial ainda que algo melancólica, tal soem ser as parolas vadias de cumpinchas velhos – quando o telefone tocou. Atendi. Era alguém que queria falar ao meu amigo. Um assinante mais leviano teria chamado o amigo para falar. Sou, entretanto, um severo respeitador do Regulamento; em vista do que comuniquei ao meu amigo que alguém lhe queria falar, o que infelizmente eu não podia permitir; estava, entretanto, disposto a tomar e transmitir qualquer recado. Irritou-se o amigo, mas fiquei inflexível, mostrando-lhe o artigo 2 do Regulamento, segundo o qual o aparelho instalado em minha casa só pode ser usado 'pelo assinante, pessoas de sua família, seus representantes ou empregados'.

Devo dizer que perdi o amigo, mas salvei o Respeito ao Regulamento; 'dura lex sed lex'; eu sou assim. Sei também (artigo 4) que se minha casa pegar fogo terei de vos pagar o valor do aparelho – mesmo que esse incêndio (artigo 9) for motivado por algum circuito organizado pelo empregado da Companhia com o material da Companhia. Sei finalmente (artigo 11) que se, exausto de telefonar do botequim da esquina a essa distinta Companhia para dizer que meu aparelho não funciona, eu vos chamar e vos disser, com lealdade e com as únicas expressões adequadas, o meu pensamento, ficarei eternamente sem telefone, pois 'o uso de linguagem obscena constituirá motivo suficiente para a Companhia desligar e retirar o aparelho'.

Enfim, senhor, eu sei tudo; que não tenho direito a nada, que não valho nada, não sou nada. Há dois dias meu telefone não fala, nem ouve, nem toca, nem tuge, nem muge. Isso me trouxe, é certo, um certo sossego ao lar. Porém amo, senhor, a voz

1. Braga, Rubem. **200 crônicas escolhidas.** 22 ed. Rio de Janeiro: Record, 2004, p. 221/222.

humana; sou uma dessas criaturas tristes e sonhadoras que passa a vida esperando que de repente a Rita Hayworth me telefone para dizer que o Ali Khan morreu e ela está ansiosa para gastar com o velho Braga o dinheiro de sua herança, pois me acha muito simpático e insinuante, e confessa que em Paris muitas vezes se escondeu em uma loja defronte do meu hotel só para me ver entrar ou sair.

Confesso que não acho tal coisa provável: o Ali Khan ainda é moço, e Rita não tem o meu número. Mas é sempre doloroso pensar que se tal coisa acontecesse eu jamais saberia – porque meu aparelho não funciona. Pensai nisso, senhor: um telefone que dá sempre sinal de ocupado – 'cuém cuém cuém' – quando na verdade está quedo e mudo na modesta sala de jantar. Falar nisso, vou comer; são horas. Vou comer contemplando tristemente o aparelho silencioso, essa esfinge de matéria plástica; é na verdade algo que supera o rádio e a televisão, pois transmite não sons nem imagens, mas sonhos errantes no ar.

Mas batem à porta. Levanto o escuro garfo do magro bife e abro. Céus, é um empregado da Companhia! Estremeço de emoção. Mas ele me estende um papel: é apenas o cobrador. Volto ao bife, curvo a cabeça, mastigo devagar, como se estivesse mastigando meus pensamentos, a longa tristeza de minha humilde vida, as decepções e remorsos. O telefone continuará mudo; não importa: ao menos é certo, senhor, que não vos esquecestes de mim".

Março de 1951

Rubem Braga

NOTA À VIGÉSIMA EDIÇÃO

Este livro chega à 20ª edição. Raríssimos livros conseguem isso. Me alegro ao imaginar que ele chegou aos lugares mais distantes e diferentes desse imenso Brasil.

Compareço, por isso, com humildade e gratidão, perante vocês. Celebro a data e afirmo que tive – sempre vou ter – muito empenho na atualização.

Foram vinte edições em vinte anos. Uma em cada ano. Algumas dessas edições chegaram a ter três tiragens. Como vocês podem notar, sempre fiz questão de deixar as notas introdutórias às edições anteriores nas novas edições – pelo menos as notas mais relevantes. Por dois motivos: a) porque é um registro do caminho trilhado; b) porque há, nelas, aspectos jurídicos e frases relevantes que podem ajudar a leitora e o leitor. Por isso sugiro a leitura de algumas delas.

Outro ponto que sempre busquei: não tornar esse livro muito extenso. Acredito que o grande desafio de quem escreve é buscar clareza e concisão.

O direito do consumidor se alterou muitíssimo nesses vinte anos. Dinamicidade é a palavra que o define. Quem se der por satisfeito com o que aprendeu tempos atrás rapidamente ficará desatualizado. Há avanços e recuos, o caminho não é linear – nada na vida é. Mas o balanço é extremamente positivo. O direito do consumidor é um direito próximo das pessoas, mais conhecido e até admirado por elas (mesmo por quem não tem formação jurídica). Um dos desafios do direito privado neste século é este mesmo: se tornar mais próximo das pessoas – mais aberto e mais ético, em respeito às singularidades humanas. Reforçando os deveres de solidariedade social e de igualdade substancial.

Temos no século XXI um direito que dialoga com novos modelos de comportamento, inclusive com novas tecnologias. Aliás, hoje se sabe que as tecnologias podem impactar os direitos fundamentais, inclusive acentuando discriminações e situações de vulnerabilidade. As transformações tecnológicas e sociais levam a necessidade de afirmar novos direitos fundamentais – e, às vezes, de reafirmar antigos.

Agradeço a cada um de vocês – leitores de ontem, hoje e amanhã – e reafirmo meu compromisso de construir um livro dinâmico e útil.

Felipe Braga Netto

NOTA À DÉCIMA NONA EDIÇÃO

Todo ano sai uma nova edição deste livro. Virou uma rotina, para mim, no final do ano, parar tudo por algumas (intensas) semanas para atualizá-lo. Algo interessante ocorre: sempre acho que haverá pouco a atualizar, que quase tudo já foi feito nas edições anteriores. E sempre me engano: toda vez que começo a atualização, percebo que há muito por fazer.

É o que eu chamo de um *cansaço feliz*. Sim, porque nada me alegra mais do que oferecer a você um livro dinâmico, completo, (realmente) atualizado. Com tudo aquilo que possa ser interessante e útil. Acho que não exagero ao dizer que todos os julgados relevantes do STJ sobre o tema estão aqui, contextualizados. Com a evolução da matéria ano a ano, com todos os avanços e recuos.

Nesta 19ª edição temos novas situações de aplicação do CDC (segundo o STJ), novos julgados sobre o diálogo entre CDC e LGPD, sobre a teoria finalista mitigada. Novas questões e decisões processuais relativas à aplicação do CDC (sobre a inversão do ônus da prova em ações coletivas, por exemplo, sucumbência recíproca nos danos morais, entre outras). Os princípios que iluminam o CDC (objeto do capítulo III deste livro, um capítulo essencial) sempre recebem substanciais atualizações – nesta edição sobretudo o princípio da solidariedade, da segurança e do equilíbrio material entre as prestações, entre outros.

Há muitas e muitas questões sobre os planos de saúde (matéria frequente nas decisões do STJ), sobre vício e fato do produto, sobre prescrição e decadência nas relações de consumo, além de variadas questões concretas relativas a cláusulas e práticas abusivas (situações que STJ considera como tal). Na discussão sobre o rol exemplificativo ou exaustivo da ANS acabou prevalecendo – felizmente, ainda que por caminhos tortuosos – o argumento do rol exemplificativo. Assim, julgados mais recentes do STJ asseguram tratamento a pacientes diagnosticados com paralisia cerebral ou terapia multidisciplinar para transtornos do espectro autista.

Há novos e relevantes julgados sobre a teoria menor da desconsideração, sobre bancos de dados e cadastros de consumidores, questões sobre as novas tecnologias (e novas fraudes) e o correspondente dever de segurança que cabe aos fornecedores. Discussões sobre publicidade, teoria do desvio produtivo, dano moral coletivo, desconsideração da personalidade jurídica (e novidades variadas sobre a responsabilidade civil e suas múltiplas expressões). Além de novos julgados sobre a relação entre consumidores e construtoras, há ainda questões sobre cláusula de eleição de foro em contratos de adesão, cláusula penal em contratos bilaterais, cláusula resolutiva expressa nas relações de consumo, cláusula de coparticipação em planos de saúde, a figura do consumidor por equiparação nos danos ambientais, a questão do fato de terceiro e o fortuito interno, entre outras.

Esses são alguns exemplos. Um livro vivo precisa mudar sempre, precisa estar atento à sociedade e às constantes alterações na orientação dos tribunais (no caso deste livro específico). Agradeço imensamente a você, leitora e leitor, que torna possível a bela e longa caminhada deste livro. Conte comigo no que precisar e saiba que eu ofereço a você, neste livro, o melhor que pude fazer. Tentei construir um livro útil, breve e fácil de ler.

Felipe Braga Netto

NOTA À DÉCIMA OITAVA EDIÇÃO

Não é exagero afirmar que as edições recentes deste livro são bem diferentes das anteriores.

Vejamos algumas questões desta 18ª edição, em caráter exemplificativo: os critérios objetivo e subjetivo da teoria da *actio nata*, a questão da ilicitude lucrativa e o dano moral coletivo, análise da pertinência temática em ACP, novas discussões sobre fortuito interno e externo, superendividamento, teoria da desconsideração, conservação dos negócios jurídicos e pandemia, planos de saúde (e a questão do rol taxativo, mas não só ela). Há ainda polêmicas sobre: prazos de prescrição em certas relações de consumo (matéria sempre polêmica), influenciadores digitais, direitos individuais homogêneos e danos morais coletivos, sucumbência recíproca no dano moral, sobre quem pode ser equiparado a fornecedor para responder por acidente de consumo, repetição do indébito e má-fé, entre outras. E sempre a análise de novas situações às quais se aplica (e não se aplica) o CDC, segundo o STJ. Há ainda comentários sobre o Marco das Criptomoedas, Lei n. 14.478, de dezembro de 2022 (que expressamente prevê a aplicação do CDC).

Conforme prometido no título, este é um livro profundamente atento à jurisprudência do STJ. É interessante constatar como, no direito do consumidor, praticamente todas as questões de concurso fazem referência à jurisprudência do STJ. Aliás, esta é outra novidade desta edição: atualizamos as questões de concurso, inserindo as mais recentes (que se juntam às centenas que existem no livro – comentadas, explicadas e inclusive *criticadas*, quando necessário). Aliás, quem conhece este livro de edições anteriores sabe que ele vai – tenta ir – além do direito do consumidor, fazendo conexões com outras matérias e outros temas. O diálogo com outras normas e outros temas é uma marca do nosso século. Além da dimensão coletiva dos conflitos e do incalculável impacto que a tecnologia tem (e terá) em nossas vidas.

O livro foi substancialmente ampliado e revisto em inúmeros pontos. O ponto mais visível são as questões relativas ao superendividamento – cuja lei foi finalmente aprovada. Mas há mais, há muito mais. Tivemos novas questões relativas à teoria do risco do desenvolvimento, ao dano moral coletivo, aos planos de saúde, às publicidades enganosa e abusiva, e sobretudo nos princípios do capítulo III. Toda a parte processual do livro foi revista e atualizada. O mesmo se diga das questões relativas às sanções administrativas. Também houve aprofundamento nas questões relativas ao Marco Civil da Internet e à LGPD (e o *direito fundamental à proteção de dados*). Somos seres progressivamente digitais, e as novas respostas jurídicas – inclusive do direito do consumidor – devem estar atentas a isso.

Em relação ao superendividamento, há anos trazíamos o anteprojeto como um dos anexos deste livro, afirmando que ele seria aprovado – como de fato foi, embora não na velocidade que gostaríamos. Enfim, o Congresso brasileiro, sempre tão disfuncional, demorou mas aprovou a lei do superendividamento (inserida dentro do CDC, sobretudo nos arts. 54-A e seguintes e art. 104-A e seguintes). É uma excelente notícia. No direito comparado a questão está longe de ser novidade, pelo contrário. Países como França e Estados Unidos, por exemplo, têm leis que são habitualmente mencionadas sobre o tema. Temos agora o superendividamento não só como problema social, mas também como problema jurídico, legislativamente falando. Temos aí situações distintas, mas boa parte dos milhões de brasileiros que se encontram nessa situação é vulnerável e, muitos, hipervulneráveis.

Cabe uma palavra mais ampla.

É dinâmica a interpretação do Código de Defesa do Consumidor. Seus institutos – longe de nascerem prontos com a edição da lei, há mais de 30 anos – revelam-se em permanente processo de abertura e reformulação, renovando-se cotidianamente no trato com a sociedade e com os tribunais. O CDC talvez seja a mais importante lei da segunda metade do século XX, no direito privado brasileiro. Uma lei feita, por assim dizer, para o futuro, que dialoga com as gerações que chegam e que incorpora novos conhecimentos e novas soluções. O CDC é uma lei comprometida com os valores do seu tempo, que dirige os olhos para os interesses da vítima, especialmente em condições de vulnerabilidade. É um microssistema que vem, ao longo das décadas, sendo em grande parte reconstruído e forjado por intensa construção jurisprudencial, superando uma concepção individualista em favor de uma visão aberta, dinâmica e funcional.

Hoje as leis principiológicas são – cada vez mais – uma realidade no Brasil (basta lembrar da LGPD e do Marco Civil da Internet, tendo CDC iniciado essa tendência). Lidamos progressivamente com princípios, cláusulas gerais, conceitos jurídicos indeterminados. Não é possível pensar nenhum setor do direito contratual brasileiro sem pensar na boa-fé objetiva, sem pensar nos deveres anexos de lealdade, informação, cooperação, por exemplo. Não é possível pensar no direito contratual brasileiro sem pensar no princípio da equivalência material entre as prestações, na razoabilidade, na vedação ao abuso de direito. Hoje a proteção ao contratante vulnerável se incorporou não só às pautas decisórias como também ao nosso modo de pensar. O sistema jurídico cada vez mais se põe como um sistema aberto de princípios normativos. Esses princípios, que estabelecem objetivos e fins, são articulados de modo dinâmico, não estático. As soluções que o direito privado precisa oferecer são mais complexas, porque a sociedade é mais complexa.

O direito do consumidor – a experiência jurídica como um todo – sofrerá fortes impactos das novas tecnologias. O mundo se alterou incrivelmente nas últimas décadas (basta lembrar que o comércio eletrônico, hoje tão marcante em nossa rotina, sequer existia quando o CDC foi criado). Presenciamos, em pouco tempo, mudanças espantosas, mudanças que talvez sejam apenas o pontapé inicial de mudanças ainda maiores. Aliás, não é exagero afirmar que o século XXI tem redefinido muitas de nossas antigas certezas. Novos modos de agir renovam velhos hábitos. Um dos modos eficazes de criar valor no século XXI é unir criatividade à tecnologia.

A dimensão coletiva dos conflitos também marca decisivamente o nosso tempo. Do individual para o coletivo. Não que tenha se iniciado agora, mas se intensificou. Temos muitos exemplos tratados ao longo do livro, nos mais diversos institutos.

Gosto de repetir que o direito do consumidor é um processo de elaboração contínua e realização permanente. Não é exagero afirmar que o direito do consumidor clareou o caminho dos brasileiros (pelo menos em certos setores sociais). Aliás, uma das razões do sucesso social do CDC talvez seja sua profunda integração com a sociedade civil, de modo colaborativo e aberto. Nota-se que o legislador buscou conjugar – na proteção do consumidor – entes públicos e privados, e essa é uma escolha feliz e necessária.

Enfim, agradeço muito a você – leitora e leitor – que permitiu que este livrinho tivesse essa caminhada (já) tão longa e tão bonita. Continuemos caminhando, talvez um dos segredos da vida seja esse, caminhar sempre, sempre em frente e em busca de caminhos melhores.

Felipe Braga Netto

NOTA À DÉCIMA SEXTA EDIÇÃO

Não é exagero dizer que 2020 ficará marcado como o ano em que aconteceram coisas.

Presenciamos, em pouco tempo, mudanças espantosas, mudanças que talvez sejam apenas o pontapé inicial de mudanças *ainda maiores.*

Aliás, não é exagero afirmar que o século XXI tem redefinido, com agilidade, muitas de nossas antigas certezas. Novos modos de agir renovam velhos hábitos. Sabemos que um dos modos mais eficazes de criar valor no século XXI é unir criatividade à tecnologia. A tecnologia – sobretudo ela – altera o perfil social, altera o modo de estar no mundo das pessoas. Hoje podemos estar diante dos outros ainda que não estejamos fisicamente diante deles. O "estar diante" assume outros significados e outras formas em nossos dias. Atualmente falamos com os outros, resolvemos questões existenciais e patrimoniais com os outros de modo instantâneo, sem que seja necessária a presença física. Bem por isso devemos interpretar a expressão "presença", hoje, de modo mais alargado. *A presença não precisa mais ser física, no sentido tradicional* (ver Lei n. 14.010/2020, arts. 5º e 12 que, embora transitório, marca essa linha de tendência). *A presença digital também é presença* – e cada vez mais o será.

Em termos legislativos, não tivemos em 2020 alterações significativas nas relações de consumo. A Lei n. 14.010/2020 previu em seu art. 8º: "Até 30 de outubro de 2020, fica suspensa a aplicação do art. 49 do Código de Defesa do Consumidor na hipótese de entrega domiciliar (delivery) de produtos perecíveis ou de consumo imediato e de medicamentos". A previsão normativa ocorreu por conta da pandemia, mas a verdade é que a pandemia se estendeu *para além* de 30 de outubro de 2020. De toda forma, trata-se de previsão de pouquíssima relevância, sem praticamente nenhum alcance social. Esperávamos, ao contrário, que os importantes projetos que estão no Congresso Nacional e atualizam o CDC fossem aprovados, mas isso não ocorreu, ao menos não por enquanto.

Tivemos, porém, importantíssimos julgados sobre o direito do consumidor.

Ficou claro que é abusiva a publicidade de alimentos direcionada, de forma explícita ou implícita, a crianças (STJ, REsp 1.613.561). Outro ponto importante destacado em 2020: o fornecedor de produtos ou serviços não pode prestar informação por etapas, aos poucos. Informação disjuntiva, prestada em etapas, configura publicidade enganosa (violando os princípios da vulnerabilidade, da boa-fé objetiva, da transparência e da confiança). Esclarecimentos posteriores ou complementares desconectados do conteúdo principal da oferta (informação disjuntiva, material ou temporalmente) não servem para exonerar ou mitigar a enganosidade ou abusividade (STJ, REsp 1.802.787). O tribunal enfatizou ainda que, de acordo com o art. 31, *caput*, do CDC, a obrigação de informação - com maior razão a que possa atingir pessoas de baixa renda - exige, do fornecedor, comportamento eficaz, pró-ativo e leal. O CDC rejeita tanto a regra *caveat emptor* como a subinformação, patologias do silêncio total e parcial.

O STJ, em 2020 - no sentido que sempre defendemos - alterou sua jurisprudência e passou a entender que a repetição do indébito (CDC, art. 42, parágrafo único) independe da natureza do elemento volitivo do fornecedor que cobrou valor indevido, revelando-se cabível quando a cobrança indevida consubstanciar conduta contrária à boa-fé objetiva (STJ, EAREsp 676.608; 664.888). Isto é, a partir de agora não é mais necessária a prova de má-fé do fornecedor de serviços para que haja a devolução em dobro, na linha do art. 42, parágrafo único, do CDC.

Talvez o mais importante julgado em 2020 - em nossa opinião - talvez tenha sido sobre a teoria do risco do desenvolvimento. O STJ decidiu, de modo correto, no sentido de que os riscos são do fornecedor, não do consumidor ou do cidadão. O tribunal destacou: "O risco do desenvolvimento, entendido como aquele que não podia ser conhecido ou evitado no momento em que o medicamento foi colocado em circulação, constitui defeito existente desde o momento da concepção do produto, embora não perceptível *a priori*, caracterizando, pois, hipótese de fortuito interno" (STJ, REsp 1.774.372). O fornecedor de produtos e serviços, portanto, responde pela teoria do risco do desenvolvimento, no Brasil. Ela não é uma excludente de responsabilidade civil entre nós.

Cabe uma palavra final, para além do direito do consumidor. A noção atual de interesse público está relacionada à promoção de direitos fundamentais. Temos, por exemplo, o direito fundamental não só a um meio-ambiente ecologicamente equilibrado como também em viver numa sociedade sem corrupção (no sentido de uma sociedade que combata, com seriedade e eficiência, a corrupção). Nesse sentido, o STF, em 2020 - ao julgar procedente denúncia do MPF contra ex-deputado por corrupção passiva e lavagem de dinheiro relativamente à Petrobrás - fixou valor mínimo indenizatório a ser pago de forma solidária pelos condenados. A condenação do mínimo indenizatório foi na forma de danos morais coletivos (STF, AP 1002/DF). Os danos morais coletivos atingem, de modo subjetivamente indeterminado, um espectro imenso de pessoas, grupos e instituições. É inegável que atos de corrupção agridem difusamente a sociedade em seus valores fundamentais, merecendo por isso a adequada condenação em danos morais coletivos. Pedimos licença para remeter a leitora e o leitor interessado ao nosso *NOVO MANUAL DE RESPONSABILIDADE CIVIL* (Juspodivm, 2021, 2ª edição).

Enfim, nesses anos velozes e ultraconectados, repletos de inovações fabulosas, queremos oferecer um livro que possa traduzir, de modo honesto, as mudanças que redefinem o direito do consumidor no Brasil.

Felipe Braga Netto

NOTA À DÉCIMA QUINTA EDIÇÃO

Este livro – escrito, como confessei tantas vezes, de modo despretensioso – chega à 15ª edição. Tentando sempre ser útil ao leitor. Não quero escrever uma nota longa, quero apenas agradecer a vocês pela companhia da caminhada. Dedico esta edição (todas na verdade) ao meu filho, Lucca, o presente mais puro que eu poderia ganhar. E lembro de Rubem Braga: "Se uma criança pudesse fazer o mapa de uma cidade – pensava eu, olhando o pé de romã –, ele teria menos casas e mais árvores e bichos". E a vida se revela nas coisas simples, pedindo que saibamos renovar nosso olhar sobre o mundo.

Felipe Peixoto Braga Netto

NOTA À DÉCIMA TERCEIRA EDIÇÃO

Talvez não haja alegria maior, para um escritor, do que levar ao leitor nova edição de um livro.

Sempre me esforcei para manter este livro fiel ao seu propósito: ser um livro útil. Sobretudo acompanhando, de perto, cada mudança na jurisprudência do STJ, cada novo entendimento, harmonizando as alterações com o sistema de princípios que iluminam as relações de consumo no Brasil.

A recepção deste despretensioso livro – pelas leitoras e pelos leitores de todo o Brasil – foi tão grande, e tão bonita, que o fizeram chegar, agora, à décima terceira edição (algo que, sinceramente, nunca imaginei). Só me resta agradecer e reiterar o compromisso de sempre com sua constante atualização. Continuo contando com a ajuda de todos para tornar a obra menos imperfeita, apontando equívocos e lacunas que certamente existem no livro.

O direito do consumidor dos nossos dias é um processo de elaboração contínua e realização permanente. Não exagero ao afirmar que o direito do consumidor clareou o caminho dos brasileiros (pelo menos em certos setores sociais). É dever da jurisprudência não permitir nem escrever retrocessos. Que nós saibamos, individual e coletivamente, construir o futuro que desejamos, fortes na certeza de que o amanhã depende (sempre) de decisões, escolhas e ações do presente.

Felipe Braga Netto

NOTA À DÉCIMA SEGUNDA EDIÇÃO

Tem sido fascinante, para mim, a trajetória deste livro.

Falo, agora, não tanto de sua (incrível) relação com os leitores, mas sim da tarefa, feliz e cansativa, de atualizá-lo. A cada edição, o cansaço feliz se repete: acho, inicialmente, que haverá pouco a acrescentar. Sempre – todos os anos – me engano. Há muito, muito mais do que eu imaginava inicialmente. O livro como que se faz sozinho, exigindo novas respostas, novos assuntos, novas perguntas. Esta 12ª edição foi acrescida de novos acórdãos, novas súmulas, variadas questões relevantes de concursos públicos, federais e estaduais.

Praticamente todos os capítulos sofreram modificações e acréscimos.

Inserimos novas análises acerca dos planos de saúde. A internet e suas repercussões doutrinárias e jurisprudenciais foram observadas com atenção, mesmo porque é um campo instável, com decisões por vezes contraditórias. O capítulo relativo aos princípios foi, mais uma vez, ampliado, com novos julgados, exemplos e questões. Também o capítulo das excludentes foi enriquecido (sobretudo com a distinção entre excludentes de ilicitude e excludentes de responsabilidade civil). Também sofreu substancial ampliação o capítulo relativo aos negócios jurídicos – princípios clássicos e atuais – com novas contribuições acerca da teoria dos atos próprios. Novas posições jurisprudenciais sobre a teoria finalista e sobre os bancos de dados e cadastros foram analisadas, dentre outros temas, como decisões recentes sobre o vício e fato do produto, sobre a figura do comerciante e sobre a legitimidade do Ministério Público.

Ampliamos, consideravelmente, nesta edição, a abordagem da responsabilidade civil médica. O capítulo foi substancialmente ampliado e atualizado (incluímos análises sobre os procedimentos de natureza mista e a respectiva posição jurisprudencial, sobre as diferentes visões do STJ quanto a médicos e advogados como fornecedores de serviços, sobre o dever de tutela do melhor interesse do paciente, sobre a questão do consentimento do paciente e do erro de diagnóstico, sobre erros grosseiros e reflexos no *quantum* indenizatório, sobre eventual superação da dicotomia entre obrigações de meio e de resultado, sobre a questão da solidariedade na equipe médica e sobre a teoria da perda da chance aplicada à matéria).

Abordamos, ainda, novas questões relativas à inversão do ônus da prova, a teoria da distribuição dinâmica do ônus da prova, flexibilizações e presunções do nexo causal. São muitas as questões que o novo Código de Processo Civil trará, aos poucos, através da interpretação, para várias disciplinas, inclusive para o direito do consumidor. As polêmicas acerca da responsabilidade objetiva agravada também foram mencionadas.

Borges dizia que um livro só deve ser julgado pelo prazer que proporciona e pela emoção que se tem com ele. Não sei se isso se aplica aos livros jurídicos, mas gosto de pensar que todo livro, de certo modo, deve se comunicar intimamente com o leitor e, se possível, transmitir certo prazer. Naturalmente, nos livros jurídicos, o essencial é levar ao leitor informações úteis com clareza e brevidade. Isso é e sempre será o nosso desafio.

Agradeço – novamente e de verdade – às amigas e aos amigos, leitoras e leitores. Agradeço a honra da leitura, as mensagens, as sugestões, tudo, enfim. Que este livro possa sempre continuar sendo um instrumento útil. E que o Brasil possa, cada vez mais, contar com os conceitos, categorias e normas do direito do consumidor para se tornar um país melhor. Como escreveu, com ironia notável, o Barão de Itararé: "O Brasil é feito por nós. Está na hora de desatar os nós".

Felipe Peixoto Braga Netto

NOTA À DÉCIMA EDIÇÃO

É com humildade e alegria que cumprimento o leitor, nesta décima edição.

Foi surpreendente, para mim, ano após ano, a aceitação que este livro encontrou entre os leitores (só a 9ª edição teve três tiragens). Ele foi escrito de forma despretensiosa (de verdade), com a intenção inicial de sistematizar e reunir tópicos de aula com a jurisprudência mais atualizada. Aos poucos, porém, foi crescendo, tendo sido muitas vezes revisto e acrescido dos modelos conceituais relevantes para a compreensão atual e contextualizada dos temas.

Ainda com as sucessivas ampliações e revisões que recebeu, sempre tive o cuidado de não aumentar demasiadamente o número de suas páginas. A utilidade de um livro, creio, está em boa medida relacionada à sua capacidade de fornecer informações precisas e claras no menor número possível de palavras – sem comprometer a exatidão técnica da informação. Tempo livre, hoje, é algo raro e precioso para a maioria de nós, e quem escreve, acredito, deve ofertar – sempre que possível – brevidade e clareza.

Convém, talvez, lembrar algo elementar: o texto da lei não é a norma. É o ponto de partida da atividade hermenêutica. É possível, nesses 25 anos de vigência do CDC, perceber claramente isso. O CDC, hoje, não é aquele que foi editado décadas atrás (e nem falamos das modificações legislativas que recebeu e continuará a receber). A atividade jurisprudencial, sobretudo do STJ, reconstruiu o sentido de muitos conceitos, categorias e institutos do direito do consumidor. Quem imaginar que conhece o direito do consumidor brasileiro sem conhecer a respectiva jurisprudência *não conhece* o direito do consumidor (não por acaso, aliás, cada vez mais, as questões de concurso público exigem a jurisprudência do STJ, particularmente em consumidor).

Acrescentamos, nesta edição, novas análises – teóricas e jurisprudenciais – acerca dos planos de saúde, cartões de crédito e internet (que sofreu substanciais alterações normativas com a aprovação do Marco Civil da internet). Trabalhamos, também, a partir desta edição – em larga medida – com o novo Código de Processo Civil[1]. Ele dialoga com o Código de Defesa do Consumidor em muitos pontos – mais, talvez, do que poderíamos inicialmente imaginar. Estamos, sem dúvida, nesta segunda

1. Estamos vivendo, no Brasil, em relação ao processo civil, uma época de transição normativa. Esta edição, bem por isso, reflete essa realidade, contemplando os dois diplomas (aquele ainda em vigor e aquele que está em *vacatio legis*). Sempre que nos referirmos, no texto, ao "CPC", a menção diz respeito ao CPC de 1973, ainda em vigor. Quando formos aludir à lei que está em *vacatio legis* usaremos a expressão "o novo CPC".

década do século XXI, vivendo um período de rica construção de sentidos no direito brasileiro.

Há ainda um ponto do qual talvez devamos nos orgulhar. O Código de Defesa do Consumidor é um raro exemplo de lei conhecida e respeitada – ainda mais raro se pensarmos em como são desconhecidas e desrespeitadas as leis entre nós. Há, por certo, muito a evoluir, mas isso não nos impede de perceber como foi bonita e cheia de sentido a caminhada até aqui, 25 anos depois do nascimento do CDC.

Às leitoras e aos leitores, meu abraço amigo, meu muito obrigado. O propósito sempre foi – falo sinceramente – construir um livro útil, ágil e atualizado. E essa é uma construção compartilhada, e espero que assim seja sempre.

Felipe Peixoto Braga Netto

NOTA À NONA EDIÇÃO

Inserimos, nesta edição, várias novas questões de concurso, todas de 2013. Buscamos, como sempre, trazer a matéria no capítulo imediatamente anterior, contextualizando a discussão, de modo a facilitar a compreensão pelo leitor. Abordamos o Sistema Nacional de Defesa do Consumidor, a teoria do risco do desenvolvimento, novas questões acerca do fortuito interno e questões processuais recentes. Os capítulos relativos aos princípios, às excludentes, às cláusulas abusivas, aos bancos de cadastro negativo, às situações em relação às quais se aplica o CDC, dentre outros, foram ampliados e revistos. Também buscamos estar atentos à jurisprudência mais recente.

É importante, desde já, estarmos familiarizados com os projetos (ver anexos) que atualizam o CDC. Cremos que eles serão aprovados e se tornarão lei (ainda que com essa ou aquela mudança em relação à proposição original, o que afinal de contas é a função do parlamento, tão escassamente exercida). São projetos que harmonizarão, ainda mais, a feição do direito do consumidor ao século XXI, marcado pela dinamicidade na transmissão das informações. Aliás, o comércio eletrônico, hoje tão marcante em nossa rotina, sequer existia quando o CDC foi criado. Abordamos, também, o Decreto nº 7.962/2013, que dispõe sobre o comércio eletrônico (e antecipa algumas normas que estão nos projetos de lei que atualizam o CDC).

O direito do consumidor, vivo e dinâmico, exige atenção permanente. Tentamos acompanhar essas mudanças e construir um livro atualizado e útil. Agradecemos ao leitor que tanto nos ajuda (e que é a razão deste livro) e continuamos contando com sugestões e críticas.

Felipe Peixoto Braga Netto

NOTA À OITAVA EDIÇÃO

Sempre frisamos o caráter dinâmico do direito do consumidor. Quem se der por satisfeito com o que aprendeu há alguns anos atrás rapidamente se verá desatualizado. As inovações são muitas – algumas excelentes, outras nem tanto. A consagração – finalmente – do dano moral coletivo pelo STJ, a possibilidade de inversão do ônus da prova em ações coletivas, a incidência do CDC em relação aos cartórios, a não incidência em relação aos advogados, a definição da inversão do ônus da prova como regra de procedimento, a aplicação do Código Civil em matéria prescricional para beneficiar o consumidor (diálogo das fontes), a abrangência nacional da ação coletiva (inclusive para a execução, segundo as decisões mais recentes), uma posição mais rigorosa do STJ em relação à devolução em dobro do valor indevidamente cobrado, a definição dos contornos da teoria finalista etc. Temos aí, em caráter exemplificativo, entre muitos outros exemplos, algumas das questões que modificam o cenário jurisprudencial brasileiro (em pouco tempo). Daí a importância de acompanhar, sistemática e criticamente, as decisões dos tribunais superiores para traçar um panorama da matéria e saber onde estamos e para aonde estamos indo.

Inserimos, nesta edição, muitas questões de concurso recentes, em praticamente todos os capítulos. Também revisamos e ampliamos os quadros sinóticos, para ajustá-los às modificações e acréscimos no texto. Mais uma vez agradecemos sinceramente o leitor, que tem contribuído imensamente no aperfeiçoamento deste livro. Continuamos a contar com as críticas e sugestões.

Felipe Peixoto Braga Netto

NOTA À SÉTIMA EDIÇÃO

É dinâmica a interpretação do Código de Defesa do Consumidor. Seus institutos – longe de nascerem prontos com a edição da lei, há mais de vinte anos – revelam-se em permanente processo de abertura e reformulação, renovando-se cotidianamente no trato com a sociedade e com os tribunais.

O CDC – aprovado por unanimidade nas duas casas do Congresso – talvez seja a mais importante lei da segunda metade do século XX, no direito privado brasileiro. Uma lei feita, por assim dizer, para o futuro, que dialoga com as gerações que chegam e que incorpora novos conhecimentos e novas soluções para problemas inéditos. Pondera, a propósito, José Roberto de Castro Neves: "Não há dúvida de que a Lei do Consumidor foi um sucesso. Muitas vezes ela é citada, com razão, como exemplo de uma lei que deu certo, porque, de fato, educou e regulou um setor, antes muito carente, no qual grassava o desrespeito ao consumidor".

Este livro, modestamente, tenta acompanhar essa evolução, seguindo cada mudança jurisprudencial dos tribunais superiores – no STF e, particularmente, no STJ, entre cujas funções está a uniformização da interpretação da lei federal no Brasil.

A obra está, mais uma vez, atualizada, com todos os julgados relevantes pertinentes ao tema. Há, também, nesta sétima edição, as mais recentes questões de concurso. É gratificante perceber que muitas delas trazem discussões que propusemos aqui, desde a primeira edição. E mais uma vez agradecemos a generosidade com que o leitor tem acolhido este livro. Para nossa surpresa, as edições têm se esgotado cada vez mais rápido, o que nos obriga a ter, na atualização, a mesma preocupação de sempre: a de oferecer um livro útil. Saudamos – com humildade e gratidão – os leitores que tornaram possível esse diálogo e esperamos, mais uma vez, críticas e sugestões. Elas têm sido verdadeiramente importantes no aprimoramento do livro.

Felipe Peixoto Braga Netto

NOTA À SÉTIMA EDIÇÃO

[illegible]

PREFÁCIO À SÉTIMA EDIÇÃO

Conheci Felipe Peixoto Braga Netto, no ano de 2010, quando se tornou o mais jovem Procurador Regional Eleitoral em Minas Gerais, o mais jovem a conduzir os rumos do Ministério Público Eleitoral na história do nosso Estado.

Antes, ouvira menção ao seu nome como Jurista, autor de diversos livros, Procurador da República, Professor de Teoria Geral do Direito, de Direito Civil e de Direito do Consumidor na Escola Superior Dom Helder Câmara e na PUC/Minas.

O primeiro contato que tive com seus textos decorreu da leitura do livro *As coisas simpáticas da vida*, que dele recebi, com gentil dedicatória, contendo crônicas (ou seria poesia?) que falam de nossa condição e por isso mesmo acabam em nossas mãos. Agora o convite para apresentar a 7ª edição do seu *Manual de Direito do Consumidor à luz da Jurisprudência do STJ*.

Da leitura do livro vê-se que não há como separar o escritor do jurista, pois a linguagem do autor é reveladora da sua capacidade de perceber o que ocorre no mundo do direito, nomeadamente na área do Direito do Consumidor, e de se sensibilizar com os conflitos individuais e sociais na busca de soluções justas a envolver uma jurisprudência construtiva e adequada à realidade de nossos tempos.

O *Manual* dialoga com relevantes decisões do colendo Superior Tribunal de Justiça, guardião do direito federal e, especialmente, do Código de Defesa do Consumidor, que, na concepção do autor, caracteriza-se como um microssistema jurídico porque reflete, de modo inovador, uma tendência moderna de legislar tendo como foco problemas de consumo e não velhas categorias do direito público e do direito privado.

O consumidor, de categoria marginal até o início dos anos 80, com o advento da Constituição de 1988 passou a ser expressão de luta e uma categoria de cidadania prevista no art. 5º, inciso XXXII, da Carta de Outubro, ao estabelecer que o Estado promoveria, na forma da lei, a defesa do consumidor, e no art. 48 do Ato das Disposições Constitucionais Transitórias, ao determinar que o Congresso Nacional elaboraria o Código de Defesa do Consumidor no prazo de 120 dias da promulgação da Constituição, o que resultou na edição da Lei nº 8.078, de 11 de setembro de 1990, tendo já ultrapassado vinte anos de vigência.

Nesse cenário, o direito brasileiro passou a contribuir eficazmente para a criação de um novo sujeito social, de identidade própria, o consumidor, cuja defesa se acha associada a mudanças na estrutura social, à luta contra o autoritarismo e ao fortalecimento da sociedade civil e da cidadania. O contraponto, todavia, da construção de uma cidadania ativa na sociedade de consumo está no desejo do consumidor de adquirir produtos, o que faz com que o poder aquisitivo e a exibição de bens sejam valores de sociabilidade.

De considerar que a expansão da cidadania no domínio do direito consumerista tem ainda, no contexto brasileiro, o importante papel de impedir a colonização do Estado pelo sistema empresarial.

O mundo do consumo uniformiza a vida material e os desejos, fazendo com que a sociedade de consumo seja fundamentalmente igualitária ao pretender a transformação de todas as pessoas em consumidores. Por outro lado, a legislação garantidora dos direitos do consumidor tem como base a desigualdade das partes contratantes, pois muitas vezes o consumidor não tem como controlar o produto que adquire nem as condições do próprio contrato, em geral de adesão, portanto, sem negociação prévia entre as partes, devendo-se notar, a este propósito, que a concepção de consumidor está relacionada à ideia de *value for money*, ou seja, a de receber um bem que corresponda ao valor pago. A publicidade e a propaganda foram também valorizadas pelo consumo. São ainda significativas, no âmbito da defesa do consumidor, algumas instituições como o Ministério Público, os Procons, os Juizados Especiais, os serviços de atendimento telefônico gratuito ao consumidor e as organizações não governamentais (ONGs).

O *Manual de Direito do Consumidor*, de Felipe Peixoto Braga Netto, que chega à 7ª edição, expressa todos esses temas e vicissitudes, seja nas lições teóricas nele contidas, baseadas no sistema normativo brasileiro e no diálogo das fontes, seja na jurisprudência e nas súmulas do Superior Tribunal de Justiça – acompanhadas, ao final de cada capítulo, de um resumo que sintetiza a matéria exposta e de questões de concursos públicos já realizados. São 18 capítulos que carregam a força criativa do autor, membro do Ministério Público Federal, ocupante, desde 2002, do cargo de Procurador da República, portanto, plenamente comprometido com a defesa do Estado Democrático de Direito, da ordem jurídica e com a expansão da cidadania em nosso País.

Kildare Gonçalves Carvalho

Desembargador do Tribunal de Justiça do Estado de Minas Gerais.
Professor de Direito Constitucional da Faculdade de Direito Milton Campos.
Presidente do Tribunal Regional Eleitoral de Minas Gerais (2010/2011).
Autor, entre outros, de "Direito Constitucional" (22ª edição, 2017).

PREFÁCIO À SEGUNDA EDIÇÃO

1. Surpreendo-me com a relatividade do tempo. Está ainda longe de fazer um ano que o autor me disse, enquanto almoçávamos em nossa Casa, a Procuradoria da República em Belo Horizonte, que iria escrever um manual, em suas palavras despretensioso, sobre Direito do Consumidor. Ainda mais surpreso, espanto-me com o convite (e bem por causa dele!) para prefaciar a 2ª edição de um livro que, escrito há pouco, e em pouquíssimo tempo, já teve esgotada a primeira.

2. O subtítulo da obra é significativo, a induzir uma reflexão acerca do aspecto reciprocamente complementar da jurisprudência e da doutrina juriscientífica; linguagens distintas que se nutrem, ambas, do fenômeno jurídico, ao mesmo tempo em que passam a integrá-lo e em que se aproveitam das contribuições de uma e de outra.[1]

Jurisconsultos, sejam jurisprudentes ou juriscientistas, utilizam técnicas diferentes, porque são diversos os objetivos que buscam. Essas técnicas podem, em parte, ser-lhes coincidentes, como se dá com dois conjuntos que se intersecionam. Ainda quando as técnicas da doutrina juriscientífica de nada possam servir à jurisprudência, ambas utilizam substrato teórico, mesmo que sob pontos-de-vista apartados e visando à consecução das suas distintas finalidades.

A *juris scientia* é dada às abstrações, próprias da criação de categorias lógicas, que procuram conferir às manifestações do pensamento a aparência de maior cientificidade.

A jurisprudência, como está a indicar o termo, é exercício de prudência, o que tem sido posto em relevo pelo juriscientista Eros Grau, agora ele também um jurisprudente.

---

1. Acerca dessa distinção entre jurisprudência e *juris scientia*, indaga o Prof. Tércio Sampaio Ferraz Jr., observando a realidade romana, "Por que *jurisprudência* e não *juris scientia*?", para logo responder: "Deixando de lado a palavra jurisprudência que, mesmo em Roma, teve mais de um significado, é de se notar que a terminologia romana evitou, em geral, a expressão *ciência*. É verdade que ela aparece na célebre definição de Ulpiano (Digesto I, 1, 10, 2) que fala de jurisprudência como *'divinarum, atque humanarum rerum notitia, justi atque injusti scientia'*. O uso da expressão, porém, não nos deve confundir. A expressão *Ciência do Direito* é relativamente recente, tendo sido uma invenção da Escola Histórica alemã, no século passado [a referência é ao século XIX] Esta Escola, composta sobretudo de juristas professores, empenhou-se, como veremos, em dar à investigação do Direito um caráter científico. Entre os romanos, porém, essa preocupação, nestes termos, não existia. As teorizações romanas estavam muito mais ligadas à práxis jurídica. Assim, os qualificativos que a atividade do jurista *dita* jurisprudência recebia – *ars, disciplina, scientia* ou *notitia* – não devem ser tomados muito rigorosamente do ponto de vista de uma teoria da ciência. Os romanos nunca levaram muito a sério a questão de saber se sua atividade era uma ciência ou uma arte. [...] Este modo de teorizar o direito, característico do pensamento jurisprudencial romano, se é verdade que se desenvolveu a partir de uma experiência própria, ditada pelo trato com os conflitos e suas soluções, nem por isso deixa de representar uma forma peculiar de 'ciência' jurídica. A palavra *ciência* vem aí entre aspas, porque não é empregada no sentido da ciência moderna, mas com o significado mais amplo de *saber*, saber prático, ao qual, porém, não falta certo sendo de rigor na própria construção de uma terminologia jurídica. Nisto foram mestres os romanos, produzindo definições duradouras e critérios distintivos para as diferentes situações em que manifestavam os conflitos jurídicos de sua práxis." (Tércio Sampaio Ferraz Júnior, "A ciência do direito" – 2 ª ed. – São Paulo: Atlas, 1980, págs. 18/19).

O Ministro do Supremo Tribunal Federal formulou uma pergunta, "a *interpretação* (que já é *aplicação* do direito) é uma *ciência* ou uma *prudência*?"[2], para em seguida respondê-la junto à filosofia aristotélica: "a interpretação é uma *prudência* – o *saber prático*, a *phrónesis*, a que se refere Aristóteles, na *Ética a Nicômaco*. O homem prudente, diz o estagirita, *é aquele que é capaz de deliberar corretamente sobre o que é bom e conveniente para si próprio, mas não sob um aspecto particular (como, por exemplo, aquelas coisas que são boas para a saúde e o vigor), porém de um modo geral,* (considerando) *aquelas coisas que conduzem à vida boa em geral* [...] *O homem prudente é aquele capaz de deliberação. Mas jamais deliberamos sobre coisas que não podem ser de outro modo, nem sobre coisas que não dependem de nós* [...] *a prudência não pode ser nem uma ciência nem uma arte* [...] *O objeto da ciência é demonstrável. A arte visa à geração* (produção) *e aplicar-se a uma arte é considerar o modo de produzir alguma coisa que tanto pode ser como não ser, cujo princípio de existência está no artista e não na coisa produzida. A arte não se ocupa com as coisas que são ou que se geram por necessidade, nem com os seres naturais, que encontram em si mesmos seu princípio* [...] *a prudência é uma disposição* (capacidade), *acompanhada de razão, capaz de agir na esfera do que é bom ou mau para um ser humano* [...] é, pois, *razão intuitiva*, que não discerne o *exato*, porém o *correto* – não é *saber puro*, separado do ser. [...] O intérprete autêntico, ao *produzir* normas jurídicas, pratica a *juris prudentia*, não uma *juris scientia*."[3]

Vinte anos antes, observara um jurista de primeira grandeza: "Ora, esse discernimento constante do que é justo, socialmente bom e equitativo supõe uma ampla compreensão do homem e do mundo, irredutível às habilidades do leguleio. Os romanos denominaram tal discernimento prudentia, como tradução da frônesis grega, essa sabedoria no agir que, como explicou Aristóteles, não se confunde nem com a ciência natural, cujo objeto são fatos necessários, nem tampouco com a técnica ou arte de fazer, que se subordina a quaisquer fins (*Ética a Nicômaco*, VI, 5)."[4]

Ou, conforme análise do Prof. Tércio Sampaio Ferraz Jr.: "Se insistirmos, porém, em classificar o pensamento jurisprudencial dos romanos nos quadros de uma teoria da ciência, o melhor a fazer é referir-se à tradição aristotélica e ao critério da racionalidade. Aristóteles propõe um conceito bastante estrito de ciência, tida como o conhecimento da coisa como ela é *(An. Post.* I, 2, 71b): vale dizer, o conhecimento da causa, da relação e da necessidade da coisa. Nestes termos, conhecimento científico é conhecimento universal ou conhecimento da essência. O instrumento deste conhecimento é o silogismo dedutivo e indutivo, que nos permite, a partir de premissas seguras, a obtenção de conclusões válidas e certas. De outro lado, fala-nos ele da prudência, como conhecimento moral, capaz de sopesar, diante da mutabilidade das coisas, o valor e a utilidade delas, bem como a correção e justeza do comportamento humano. A prudência é dotada de uma racionalidade própria, cujo

2. Eros Roberto Grau; "O direito posto e o direito pressuposto" – São Paulo:Malheiros, 1996, pág. 154.
3. Eros Roberto Grau; "O direito posto e o direito pressuposto" – São Paulo: Malheiros, 1996, pág. 154.
4. Fábio Koncler Comparato; discurso proferido aos 20 de maio de 1976 – Revista da Faculdade de Direito – Universidade de São Paulo, volume LXXI, 1976, pág. 326.

instrumento básico é a dialética, enquanto arte das contradições, do exercício escolar da palavra, do confronto das opiniões. Aqui se enquadra a jurisprudência romana, cuja racionalidade dialética a torna tipicamente um saber prudencial (*fronesis*)."[5]

Ainda que afastada do chão, a doutrina juriscientífica nunca expressará um Direito verdadeiramente puro. Como o átomo, que um dia se imaginou homogêneo, a forma de expressão dos doutos carrega em si múltiplos elementos. Da história do Direito, acompanham-na os exemplos do tempo, a evolução dos institutos e a clivagem resultante das intempéries, das euforias e dos sofrimentos das gerações humanas. Dentro de suas categorias de aparência rigorosa, lado-a-lado com o eficaz efeito pedagógico dessas mesmas categorias, há muito da poeira da realidade, e há matizes invisíveis a olho nu, sutis e tão tênues que as classificações mais minuciosas não poderiam comportá-los.

Se próxima ao chão e da vida a que serve, a doutrina dialoga, de modo mais perceptível, com os exemplos da jurisprudência, a dizer o Direito diante do caso concreto. O diálogo entre *juris scientia* e *juris prudentia* – nesse caso, em que a conversa se dá junto à realidade – faz-se mais fácil, como entre seres tecidos da mesma matéria.

É desse diálogo que se compõe a presente obra.

3. Ainda que a jurisprudência corresponda, nessa linha, ao saber prático, à *phrónesis* aristotélica, para que constitua jurisprudência bem pesada, ou sopesada, não pode deixar de atentar ao saber juriscientífico, no que a prática mal fundamentada é tão insegura como o observou o Professor Paulo Luiz Netto Lôbo no prefácio à *Teoria dos ilícitos* civis, primeiro livro de Felipe: "A prática do direito sem fundamentação teórica essencial conduz a argumentações e a decisões inseguras e frágeis".[6]

4. *Prudência* se aproxima do conceito vulgar de *sabedoria*, mas *sabedoria* é algo distinto do que se entende por *conhecimento*. Todos nós conhecemos umas tantas pessoas simples, dotadas de incomum bom-senso, que lidam com as dúvidas humanas com simplicidade tal que o seu acerto chega a surpreender; agem com *sabedoria*, ou *prudentemente*. No campo jurídico, a prudência é exercida para solucionar conflitos humanos, e por isso se reveste de maior gravidade, diante dessa vital matéria que lhe serve, ao mesmo tempo, de norte e substrato. Ao menos para os fins da presente análise, se poderia dizer que a jurisprudência é uma prudência qualificada.

Bem por isso, para fazer face a essa maior seriedade de que devem revestir-se tais deliberações prudenciais, há um mecanismo estatal de coercitividade que confere obrigatoriedade às decisões judiciais; elas não se constituem, portanto, em meros conselhos de adoção facultativa, porque os seus destinatários não são meros consulentes, mas partes envolvidas. Trata-se, como se sabe, da substituição da vontade das

5. Tércio Sampaio Ferraz Júnior, *"A ciência do direito"*, op. cit., pág. 20. O destaque do texto transcrito não se encontra assim no original.

6. Paulo Luiz Netto Lôbo, prefácio ao livro *"Teoria dos Ilícitos Civis"*, de Felipe Peixoto Braga Netto (Belo Horizonte: Del Rey Editora, 2003).

partes que apresentam uma pretensão em juízo, no que elas tenham fracassado na resolução da questão que as aflija. Em seu lugar, deverá ser observada, diante dessa incapacidade de autocomposição, a expressão do poder do Estado.

Vistas, portanto, essas características funcional (composição de conflitos humanos) e estrutural (coercitividade da decisão) da jurisprudência, as respostas que possa oferecer à sociedade somente serão satisfatórias se apresentadas dentro de uma certa previsibilidade. Essa segurança jurídica possível relaciona-se com a função dogmática de proposição de pontos de partida estáveis.[7] Daí porque a jurisprudência deve dialogar com a jurisciência.

Assim, uma pessoa que não seja versada na ciência do Direito, ainda que tenha incomum habilidade prudencial, não estará apta a utilizar sua prudência no qualificado processo decisório judicial. Em outras palavras, não poderá exercer jurisprudência caso não tenha os necessários conhecimentos juriscientíficos.

5. De outro lado, a interação entre doutrina e jurisprudência também ocorre em sentido inverso, pois a doutrina juriscientífica não se cansa de colher lições e exemplos da experiência jurisprudencial, sobre os quais pára a refletir. Essa é uma segunda vertente de análise do tema proposto.

O intercâmbio reciprocamente enriquecedor entre jurisprudência e doutrina encontra-se presente em múltiplas passagens da obra do autor. Assim, p. ex., no tópico dedicado à compreensão do conceito de destinatário final, vê-se claramente que a jurisprudência apresenta critérios importantes para distinguir quando se está diante de um destinatário final que tenha adquirido ou utilizado, nessa condição, produto ou serviço, isto é, quando se tem, nos termos do *caput* do art. 2º da Lei nº. 8.078/90, um consumidor.

Para exemplificar, no sistema do código brasileiro de defesa do consumidor, a destinação definitiva do produto ou serviço, a uma pessoa física ou jurídica, é o limite até o qual o mero beneficiador de produtos adquiridos para ulterior comercialização é excluído da proteção consumerista. Aí, a jurisprudência oferece balizas menos imprecisas, como o encerramento da cadeia produtiva pertinente, ou ainda a inserção do produto ou serviço dentre os objetivos empresariais, se de empresa se tratar.

No precedente STJ, REsp. 41.056, citado pelo autor, p. ex., considerou-se que empresa de distribuição de medicamentos era destinatária final do serviço de paga-

---

7. Ensina Tércio Sampaio Ferraz Jr., em sua "*Introdução ao estudo do direito: técnica, decisão, dominação*" (5 ª edição – São Paulo: Atlas, 2007), à pág. 96: "A elaboração do sistema resulta, pois, de diferenciações e de ligações. Os sistemas não são construídos pela ciência dogmática por puro gosto especulativo (por exemplo, conforme um objetivo formal de concatenar logicamente proposições, como o faz um matemático), mas tendo em vista a decidibilidade de conflitos em geral, isto é, de conflitos concretos mas de forma compatível com conflitos que extensamente possam surgir no trato social. Por isso, os sistemas elaborados pela ciência dogmática, embora mostrem uma coerência, não são rigorosamente lógicos, no sentido da lógica formal, como o é um sistema matemático. O que aglutina as partes ou os elementos do sistema num todo coerente não é um princípio evidente, do qual tudo se deduz, um axioma ou conjunto de axiomas, mas um problema, uma dúvida permanente para a qual existe um dogma (a lei, a decisão judicial, o contrato) que, se não acaba com a dúvida, ao menos fornece um ponto de partida para que ela seja decidida."

mento por meio de cartão de crédito, justamente porque o objetivo empresarial, de distribuição de medicamentos, não era essa atividade financeira.

Em outro acórdão, da relatoria do Min. Carlos Alberto Menezes Direito (STJ, REsp. 208.793), também indicado pelo autor, julgou-se que produtor agrícola que compra adubo para preparo do plantio é destinatário final, uma vez que, ao utilizá-lo, o agricultor põe fim à cadeia produtiva do fertilizante.

6. Paralelamente a isso, a jurisciência pode estabelecer uma distinta relação de intercâmbio com a prudência (agora não qualificada como jurisprudência), constituindo um terceiro enfoque possível da temática.

Nessa terceira vereda da abordagem proposta, é preciso deixar de lado a concepção do exercício da prudência voltado à composição de conflitos humanos, retomando a *phrónesis* na concepção puramente aristotélica citada mais acima, para dizer que, se marcada por esse aspecto original, a jurisciência (também ela!) pode guiar-se por um norte. E é para encontrá-lo que se exerce, nesse sentido amplo (e talvez mais profundo), atividade prudencial, deliberando-se sobre quais valores devem orientá-la.

Dessa forma, o jurisciente pode tornar-se, ele mesmo, um prudente, ainda que não um jurisprudente.

Nas palavras do Prof. Fábio Konder Comparato: "Tenho por auto-evidente que a função do jurista não se esgota no exímio manejo da técnica normativa, a serviço de quaisquer finalidades; mas que ela só se realiza, de um lado, pela crítica permanente dos valores predominantes da sociedade em que atua e, de outro, pelo trabalho de contínua adaptação da técnica jurídica a esses valores".[8]

Sob esse aspecto, o autor orienta a presente obra de acordo com os elevados valores da proteção ao consumidor, no âmbito do microssistema normativo dedicado às relações de consumo. O valor justiça que permeia suas disposições está ainda na expansão dos efeitos benéficos com que esse microssistema influencia o modo de circulação de riquezas, a demonstrar que as relações humanas não se permitem circunscrever-se em compartimentos (como seria aquele onde, imaginariamente, pudessem estar situadas as relações de consumo), senão relacionam-se reciprocamente, influenciando, desde as suas partes mais distantes, aquelas que mostrem mais evidenciadas.

7. Nessa ordem de coisas, está bem o presente livro, ciência que conversa com a jurisprudência do caso concreto.

Em uma das passagens da obra, Felipe ressalta ser "nítida no CDC uma preocupação com a efetividade de suas normas, jogando para um segundo plano discussões puramente formais". O livro versado tem também uma alma, que procuro compreender, e que parece ser, nesse mesmo sentido, a da efetividade na transmissão do significado, é dizer, da ideia por detrás de um texto claro e direto. Ilumina-o o

8. F. K. Comparato, discurso proferido aos 20 de maio de 1976 – Revista da Faculdade de Direito – Universidade de São Paulo, volume LXXI, 1976, pág. 326.

autor, como em composição colorida e rica, com a incomparável força das metáforas da vida pulsante que entremeia as relações de consumo, capturada pela jurisprudência no exato instante do conflito social.

Da presente obra, escrita com mãos de escritor (pois também é do autor o simpático livro *As coisas simpáticas da vida*,[9] de crônicas de suas duas terras, a de nascimento, Maceió, e a do coração, que é Belo Horizonte), o leitor poderá aproveitar, portanto, a rara combinação da exposição doutrinária segura que a constitui, com a apresentação da seleção jurisprudencial glosada e sistematizada pelo Autor.

8. Por fim, é preciso dizer que só posso atribuir o honroso convite para prefaciar este livro à amizade que distingue a minha convivência com o autor.

Edmundo Antonio Dias Netto Júnior[10]

---

9. *As coisas simpáticas da vida*. São Paulo: Landy, 2ª edição, 2007. Cito um trecho da crônica que escreveu para a filha que ainda não nasceu: *"Contarei uma porção de histórias. É verdade, até hoje não aprendi nenhuma. Mas deixa comigo que aprendo. Tem que ser bem bonita. Pode ter fada, e até uns monstros malvados. Mas malvadeza tem limite, se não você fica sem dormir, pensando na maldade. E eu também. Se você, de vez em quando, quiser pular da sua cama para a cama de seus pais, tudo bem. Desde que você, em retribuição, reserve um lugar na sua caminha para os seus pais, quando eles estiverem tristes. É espantoso, mas pais também ficam tristes. Aí quem vai ter que contar histórias vai ser você. Pode ir treinando... Aproveita essas férias no céu, e traz coisas bonitas daí. O mundo anda precisando. Não vou dizer que tudo é feio, mas algumas coisas são. Outras são bonitas. O mundo é engraçado, filha. É um jardim para todos os gostos; tem de tudo. É preciso estar bem atento ao que plantamos, porque pode demorar, mas o resultado das nossas escolhas acaba aparecendo. Mas não quero dar conselhos. Conselhos são coisas de pai, e eu, um pouco triste, admito que ainda não sou. Já me disse que isso é questão de tempo. "Felipe, isso passa, isso passa... Um dia, você vai ver, vai ser pai. Vai sim! E vou me consolando porque é o jeito. Nunca fui pai, você deve estar sabendo. Por isso, paciência. Ser pai é mais difícil que ser filha. Deve ser complicadíssimo, embora muito bom (eu acho até que Deus não inventou coisa melhor, mas é só opinião)".*

10. Edmundo Antonio Dias Netto Júnior, bacharel em Direito pela USP, foi Promotor de Justiça em Minas Gerais (Montes Claros-MG), Promotor de Justiça no Ministério Público do Distrito Federal, Procurador do Estado em Minas Gerais e Juiz Federal, sendo, atualmente, Procurador da República em Belo Horizonte.

CAPÍTULO I

CONTEXTUALIZANDO O CDC

Sumário • 1. O CDC como um "microssistema legislativo" – 2. O que são normas de "ordem pública e interesse social"? – 3. Autonomia e heteronomia – 4. O CDC como uma "lei de função social" – 5. O fundamento constitucional do CDC – 6. Questões de Concursos – 7. Quadro Sinótico.

1. O CDC COMO UM "MICROSSISTEMA LEGISLATIVO"

O que é um "microssistema legislativo"? O CDC poderia ser assim considerado? São perguntas prévias para cujas respostas se impõem algumas breves explicações.

Por séculos, a disciplina jurídica foi monotemática. O que isso significa? Que havia um código para o direito civil, outro para o direito penal, outro para o direito processual civil, outro para o direito processual penal e assim sucessivamente. Não havia, ou pelo menos não deveria haver, numa mesma lei, matérias de ramos jurídicos distintos.

Os diplomas legais referidos continuam a existir, naturalmente. Porém, ao lado deles existem, de modo cada vez mais numeroso, leis que não obedecem a essa severa divisão temática. Leis que incluem, em um único diploma, várias disciplinas jurídicas – civil, penal, administrativo, processo civil, entre outras. São os chamados microssistemas legislativos.

Cada vez mais a experiência jurídica contemporânea utiliza tal técnica. Além do Código de Defesa do Consumidor – o mais óbvio exemplo, chamado neste livro de CDC, para efeitos de facilitação de leitura –, existem vários outros: o Estatuto da Criança e do Adolescente, o Estatuto da Pessoa Idosa, a LGPD, a Lei das Locações, entre outros.

As referidas leis trazem normas de variados ramos do direito. Não se importam com a divisão do direito em múltiplos ramos. Preocupam-se, sim, com a efetividade. E para atingir tal fim conglobam, em um mesmo diploma legal, normas de cores variadas.

A segunda questão é esta: o CDC é um microssistema jurídico? A resposta é a afirmativa, porém algumas considerações se impõem. É um microssistema porque reflete, e de modo inovador, essa tendência de legislar tendo em foco problemas – consumo, idosos, crianças, etc. – e não as velhas categorias do direito público e do direito privado.

Porém, quando se fala em microssistema pode se dar a falsa ideia de algo isolado, estanque, sem nenhuma comunicação com o sistema jurídico integralmente considerado. Assim não é, nem poderia ser. Os microssistemas têm – como de resto qualquer outra norma – conexão direta com a Constituição da República, sendo inválidos se porventura a contrariem em algum ponto. Existem, assim, não como categoria à parte, mas integrados ao todo normativo cujo ápice se encontra nas normas da Constituição.

Num mundo cada vez mais plural e complexo, caracterizado pela velocidade na transmissão das informações, as normas jurídicas não podem – se querem preservar a efetividade – manter-se em guetos que não dialogam entre si, nem mesmo é adequado que haja rígida separação temática em certas áreas. O CDC, sabemos, traz muitas normas de direito processual civil, e essas normas serão afetadas pela entrada em vigor do novo Código de Processo Civil. O Código de Processo Civil, aliás, trata da figura do consumidor já em seus primeiros artigos (CPC, art. 22, II), ao dispor: "Compete, ainda, à autoridade judiciária brasileira processar e julgar as ações: II – decorrentes de relações de consumo, quando o consumidor tiver domicílio ou residência no Brasil". Uma compra feita pela internet em site americano, por exemplo, poderá ser judicialmente questionada no Brasil (poderá haver, sabemos, problemas quanto à exequibilidade da decisão, questão ligada à efetividade do processo). Isso levanta outras discussões: até onde, ou sob que condições, um país poderá impor o que é decidido por ele a outros países? Sabemos, a partir de lições clássicas, que o exercício da jurisdição está ligado ao território. Um Estado não pode realizar atos executivos, com uso de força, no território de outros países. Assim, efetividade real só teremos quando conseguirmos desenvolver *meios e modos de cooperação internacional* para executar as decisões em países distintos de onde foram proferidas. De toda forma, conforme o STJ decidiu em 2023, cabe à autoridade judiciária brasileira processar e julgar a ação de rescisão contratual em que consumidores, domiciliados no Brasil, pactuaram contrato de adesão de serviços hoteleiros com empresa domiciliada no exterior (STJ, REsp 1.797.109, Rel. Min. Villas Bôas Cueva, 3ª T, DJe 24/03/2023).

2. O QUE SÃO NORMAS DE "ORDEM PÚBLICA E INTERESSE SOCIAL"?

O art. 1º do CDC estabelece: "O presente código estabelece normas de proteção e defesa do consumidor, de ordem pública e interesse social, nos termos dos arts. 5º, inciso XXXII, 170, inciso V, da Constituição Federal e art. 48 de suas Disposições Transitórias".

O que são normas de "ordem pública e interesse social"? Ou seja, pragmaticamente falando, o que isso quer dizer? A expressão significa que estamos diante de normas cogentes, isto é, normas que não toleram renúncia. Normas em relação às quais são inválidos eventuais contratos ou acordos que busquem afastar sua incidência. De igual modo, o juiz está autorizado a conhecer das normas do CDC de ofício, sem que seja necessária a provocação das partes (voltaremos ao tema no Capítulo XVI).

Assim ocorre com o consumidor, assim ocorre com o trabalhador. A lei os tem como hipossuficientes, como a parte mais fraca da relação, a parte que depende da proteção legal. E tal proteção legal de pouco ou nada valeria se tais normas pudessem ser objeto de renúncia. Bastaria que a parte economicamente mais forte, através de contratos de adesão (CDC, art. 54, adiante estudado), dispusesse unilateralmente prevendo condições que lhe são favoráveis, esvaziando assim as generosas normas do CDC.

No sentido do que dissemos, argumenta José Roberto de Castro Neves: "No primeiro capítulo desse livro, das disposições gerais, a lei oferece definições, inclusive da sua natureza. O art. 1º informa que ela é de ordem pública e tem interesse social. Com isso, a lei quis informar que seus dispositivos têm característica imperativa, ou seja, não admitem ser afastados pela disposição particular" (José Roberto de Castro Neves, "O Direito do Consumidor – de onde viemos e para onde vamos", in RTDC vol. 26, abr/jun, 2006, p. 198).

O STJ frisou: "As normas de proteção e defesa do consumidor têm índole de 'ordem pública e interesse social'. São, portanto, indisponíveis e inafastáveis, pois resguardam valores básicos e fundamentais da ordem jurídica do Estado Social, daí a impossibilidade de o consumidor delas abrir mão 'ex ante' e no atacado" (STJ, REsp 586.316, Rel. Min. Herman Benjamin, 2ª T, DJ 19/03/09). A jurisprudência do STJ destaca que a abusividade das cláusulas contratuais de planos de saúde pode ser aferida à luz do Código de Defesa do Consumidor sem significar ofensa ao ato jurídico perfeito (STJ, AgRg no AREsp 206.506, Rel. Min. Boas Cueva, DJ 14/11/2014). É abusiva, nesse sentido, a cláusula contratual que exclui o transplante necessário ao tratamento de doença coberta pelo plano de saúde.

Vejamos um exemplo concreto. Digamos que um aluno de direito, estudante de universidade particular, sofre acidente no elevador da universidade. Daí decorrem graves danos físicos. O prazo para ingresso, nesta hipótese, da ação de indenização é de cinco anos, a teor do prescrito no art. 27 do CDC, adiante estudado (acidente de consumo ou fato do serviço). Pergunta-se: se, no ato da matrícula – portanto anteriormente ao acidente – o aluno houvesse assinado um contrato cujo teor rezava que, havendo dano, o prazo de reparação seria de três anos – tal como ocorrem nas relações civis, de acordo com o art. 206, § 3º, V, do Código Civil –, tal cláusula poderia ser considerada válida?

A resposta é negativa. Seja neste prosaico exemplo, seja em casos mais complexos, a renúncia, antecipada ou não, a direitos e garantias insertas no CDC há de ser tida como não-escrita, sob pena de esvaziar todo o conteúdo normativo de tão importante lei.

Cabe lembrar, para encerrar este tópico, que norma de ordem pública não é sinônimo de norma de direito público. Normas de ordem pública são normas cogentes, normas indisponíveis. Tanto podem estar no direito público como no direito privado. O CDC traz normas de direito público (penais, por exemplo) e normas de direito privado. É prudente, porém, frisar que essa distinção entre direito público e privado é puramente didática. Já há cerca de quinze anos escrevíamos que "a dicotomia direito público e privado, como modelo teórico, está claramente envelhecida". Aliás, embora não se trate de direito do consumidor, convém destacar que o STJ decidiu em 2023 que a competência para julgamento de ação de indenização por danos morais, decorrente de ofensas proferidas em rede social, é do foro do domicílio da vítima, em razão da ampla divulgação do ato ilícito (STJ, REsp 2.032.427, Rel. Min. Carlos Ferreira, 4ª T, DJe 04/05/2023).

Convém, ainda, uma última indagação, antes de encerrar este tópico. Afirmar que determinada norma é de ordem pública e de interesse social – como o CDC fez em seu art. 1º – significa que o magistrado poderá conhecê-la de ofício, isto é, sem provocação das partes? Acreditamos que sim. Acreditamos, mais, que isso está de acordo com a estrutura normativa e com as funções sociais do CDC. Toda a teleologia do CDC, de índole declaradamente protetiva do polo vulnerável da relação (consumidor), aponta para sua proteção através de normas cogentes, imperativas. Pode, por isso, o juiz, segundo cremos, conhecer de ofício das normas do CDC. Há, porém, na jurisprudência, uma exceção: os contratos bancários. Não enxergamos razões, constitucionais ou legais, para essa exceção, tão estranha ao espírito das relações de consumo. O STJ, contudo, estatuiu na Súmula 381: "Nos contratos bancários, é vedado ao julgador conhecer, de ofício, da abusividade das cláusulas". Cabe registrar, a propósito, que o Código de Processo Civil previu: "O juiz não pode decidir, em grau algum de jurisdição, com base em fundamento a respeito do qual não se tenha dado às partes oportunidade de se manifestar, ainda que se trate de matéria sobre a qual deva decidir de ofício" (CPC, art. 10).

3. AUTONOMIA E HETERONOMIA

Por muito tempo o direito privado, em especial o direito civil, foi sinônimo de autonomia da vontade, ou autonomia privada (*Privatautonomie; autonomia della volontà*). Por intermédio dela, os particulares autorregulavam seus próprios interesses, mediante contratos escritos ou verbais. Saleilles, em 1889, preconizava o princípio do respeito absoluto à liberdade das convenções. Naturalmente, tal autonomia reflete a filosofia, política ou econômica, de determinado período histórico, não podendo ser dele dissociada. Kant ponderou que a injustiça é possível quando determinamos regras para os outros, mas é impossível que haja injustiça quando estabelecemos regras para nós mesmos.

Atualmente, contudo, outros são os termos do problema. Está havendo, na sociedade contemporânea, um decréscimo da autonomia, buscando, justamente, proteger os mais fracos, os hipossuficientes. O Código Civil bem reflete essa tendência, ao dispor: "Art. 421. A liberdade contratual será exercida nos limites da função social do contrato". Mais adiante, no art. 2.035, parágrafo único, sentencia: "Nenhuma convenção prevalecerá se contrariar preceitos de ordem pública, tais como os estabelecidos por este Código para assegurar a função social da propriedade e dos contratos".

Reduz-se, assim, a autonomia da vontade para proteger a parte mais fraca. De pouco ou nada adiantaria estabelecer normas em favor da parte mais fraca se tais normas pudessem ser contratualmente afastadas. A função social dos contratos, inserindo-se no conteúdo dos pactos, atenua valor do "*pacta sunt servanda*" (princípio da força obrigatória dos contratos, que reza que os contratos devem ser cumpridos a qualquer custo). Pontes de Miranda, com a antevisão que o distinguia, já no começo do século passado alertava: "Diante da liberdade de contratar, praticamente traduzível em liberdade, para os fortes, de impor sua vontade aos fracos". Em outras palavras, "quanto maior for a desigualdade, mais intensa será a proteção ao direito fundamental em jogo, e menor a tutela da autonomia privada" (Daniel Sarmento. *Direitos Fundamentais e Relações Privadas*. Rio de Janeiro: Lumen Juris, 2004, p. 303).

A renovação do direito atual – nele compreendido, naturalmente, o direito do consumidor – significa uma nova compreensão da autonomia da vontade. O conteúdo dos contratos, atualmente, não corresponde apenas à vontade das partes, presumível ou real. Ele é composto por padrões mínimos de razoabilidade, que remetem à boa-fé objetiva, ao equilíbrio material entre as prestações e à vedação ao abuso de direito.

Entre tantos acórdãos do STJ cuja citação seria possível, fiquemos apenas com a Súmula que considera abusiva a cláusula – em contratos relativos a planos de saúde – que restringe o tempo de internação (Súmula 302): "É abusiva a cláusula contratual de plano de saúde que limita no tempo a internação hospitalar do segurado". Reafirmou-se a nulidade, de pleno direito, da cláusula, inserida em contratos de plano ou de seguro-saúde, que limite o tempo de cobertura para a internação (STJ, AgRg no REsp 535.447, Rel. Min. Fernando Gonçalves, 4ª T, DJ 01/03/10). Não é razoável que se restrinja o tratamento indispensável ao paciente, mesmo porque ele não tem controle sobre isso. Além do mais, direitos fundamentais não podem ser mutilados contratualmente. De modo semelhante, em contrato de plano de assistência à saúde, é abusiva a cláusula que preveja o indeferimento de quaisquer procedimentos médico-hospitalares quando solicitados por médicos não cooperados (STJ, REsp 1.330.919, Rel. Min. Luis Felipe Salomão, 4ª T, DJ 18/08/2016).

O STJ entende que beneficiária com *Parkinson* tem direito à *home care*, ainda que não previsto contratualmente (STJ, REsp 1.728.042, Rel. Min. Nancy Andrighi, 3ª T, DJe 08/11/2018). Aliás, conforme se decidiu em 2023, a cobertura de internação domiciliar, em substituição à internação hospitalar, deve abranger os insumos necessários para garantir a efetiva assistência médica ao beneficiário – insumos a que ele faria jus caso estivesse internado no hospital –, sob pena de desvirtuamento da finalidade do atendimento em domicílio, de comprometimento de seus benefícios e da sua subutilização enquanto tratamento de saúde substitutivo à permanência em hospital (STJ, REsp 2.017.759, Rel. Min. Nancy Andrighi, 3ª T, DJe 14/02/2023).

No direito contratual contemporâneo reconhece-se a existência de contratos relacionais, nos quais as cláusulas estabelecidas no instrumento não esgotam a gama de direitos e deveres das partes (STJ, REsp 1.073.595, Rel. Min. Nancy Andrighi, Segunda Seção, 24/02/10). Por exemplo, é abusiva, e ofende o princípio da boa-fé objetiva, a extinção unilateral do contrato de seguro, vigente por muitos anos (STJ, AgRg no Ag 1.362.420, Rel. Min. Villas Bôas Cueva, 3ª T, DJ 17/08/12). Da mesma forma, entende-se, por exemplo, que a retenção integral do salário de correntista – ainda que expressamente ajustada em contrato – com o propósito de saldar débito deste com a instituição bancária é inválida e enseja a compensação moral (STJ, AgRg no AREsp 159.654, Rel. Min. Sidnei Beneti, 3ª T, DJ 01/06/12; REsp 1.021.578). A boa-fé objetiva, por exemplo, aplica-se não apenas às relações de consumo (que são relações assimétricas), mas também às relações simétricas regidas pelo direito civil, embora no direito do consumidor elas tenham um campo mais vasto e profundo de aplicação.

Registre-se que, por outro lado, paralelamente à redução da autonomia, verifica-se um aumento da heteronomia. Autonomia, etimologicamente falando, vem do grego "nomos", que significa regra, aliado ao prefixo "auto", relativo a si próprio. É, portanto, o poder de dar regras para si mesmo. Já heteronomia é o poder de estabelecer regras para os outros. As leis são heterônomas.

Verifica-se, na sociedade atual, uma elevação da heteronomia, seja através das leis de ordem pública (heteronomia desejável e necessária), seja através do que poderíamos chamar de "heteronomia privada", que se traduz no poder dos grandes complexos econômicos de ditar o conteúdo dos contratos para os consumidores, que outra alternativa não têm senão aceitar o que lhes é imposto ou não consumir o produto. Vulgarmente falando, pegar ou largar. Os contratos de adesão, cuja disciplina veremos mais adiante, são uma técnica de que se valem as grandes empresas para impor aos consumidores o conteúdo contratual que lhes pareça mais conveniente. Tal heteronomia, ao contrário da anterior, pode conter aspectos negativos e ofensivos da equidade.

4. O CDC COMO UMA "LEI DE FUNÇÃO SOCIAL"

São válidas, juridicamente falando, novas normas que eventualmente reduzissem direitos já consagrados ao consumidor? Poderíamos falar no CDC como uma "lei de função social". Dizendo ainda a mesma coisa com outros termos: existe, no Brasil, em relação ao consumidor, o princípio da proibição do retrocesso?

Há autores, em especial os assim designados "consumeristas", que postulam ser o CDC uma "lei de função social". O que significaria a expressão? Que tal lei, mercê de sua conexão direta com a Constituição, não poderia sofrer derrogações ou ab-rogações provindas de outros diplomas legais em detrimento do consumidor, ainda que de idêntico grau hierárquico. Formalmente falando, o CDC é uma lei ordinária. Portanto, de acordo com o critério cronológico (norma mais recente prevalece sobre norma mais antiga, desde que a mais recente seja de idêntico ou superior grau hierárquico), qualquer lei ordinária posterior ao CDC poderia alterar-lhe as disposições, ainda que em detrimento do consumidor. Tal entendimento, contudo, sofre severas restrições da doutrina, não podendo ser tido como correto. Ou seja, embora o CDC seja uma lei ordinária, é uma "lei de função social", uma lei que concretiza, no plano da legislação infraconstitucional, o desejo, por assim dizer, da Constituição da República (em razão do fato da Constituição, no art. 48 de suas Disposições Transitórias, estatuir: "O Congresso Nacional, dentro de cento e vinte dias da promulgação da Constituição, elaborará código de defesa do consumidor"). Por essa razão, uma lei ordinária, ou mesmo complementar, que objetivasse reduzir o "piso" de direitos consignados no CDC seria inconstitucional. A Constituição elegeu o consumidor como figura privilegiada, para cuja proteção dirigiu a força das normas constitucionais.

Desta forma, por ser uma "lei de função social", uma lei que concretiza, no plano da legislação comum, a vontade da Constituição da República, o CDC não pode ser alterado para reduzir a proteção conferida ao consumidor, em desalinho com o que deseja a Constituição. O CDC tem *status* funcional e valorativamente diferenciado. Estabelece como que um piso de direitos e garantias, para abaixo do qual não é lícito ao legislador ordinário ir. Em outras palavras, trata-se daquilo que em outras searas jurídicas se denomina do *princípio da proibição do retrocesso*. Aliás, o STJ reconheceu que "o mandamento constitucional de proteção do consumidor deve ser cumprido por todo o sistema jurídico, em diálogo de fontes, e não somente por intermédio do CDC" (STJ, REsp 1.009.591, Rel. Min. Nancy Andrighi, 3ª T, DJ 13/04/10). O CDC é uma lei comprometida com os valores do seu tempo, que dirige os olhos para os interesses da vítima, especialmente em condições de vulnerabilidade. É um microssistema que vem, ao longo das décadas, sendo em grande parte reconstruído e forjado por intensa construção jurisprudencial, superando uma concepção individualista em favor de uma visão aberta, dinâmica e funcional.

A dimensão coletiva dos conflitos também marca decisivamente o nosso tempo. Do individual para o coletivo. Não que tenha se iniciado agora, mas se intensificou. O direito atual sugere ou impõe uma visão menos individualista, menos centrada no sujeito e no seu patrimônio. As vítimas e os ofensores são, muitas vezes, difusos, nem sempre facilmente identificáveis. Aliás, o direito do século XXI se caracteriza, em boa medida, pelo pluralismo. O direito dos nossos dias, de índole difusa, não opera na lógica mais – pelo menos não exclusivamente – na esfera do *um-contra-um*. Aliás, não são apenas os indivíduos que merecem proteção jurídica, mas as coletividades, a comunidade humana.

5. O FUNDAMENTO CONSTITUCIONAL DO CDC

Dissemos, um pouco acima, que o CDC realiza o desejo da Constituição em proteger o consumidor. De fato, assim o é. Há três menções explícitas ao consumidor no corpo da Constituição. No art. 5º, no capítulo dos direitos e garantias fundamentais, o inciso XXXII estabelece: "o Estado promoverá, na forma da lei, a defesa do consumidor". O art. 170, relativo aos princípios gerais da atividade econômica, prescreve: "A ordem econômica, fundada na valorização do trabalho humano e na livre iniciativa, tem por fim assegurar a todos existência digna, conforme os ditames da justiça social", prescrevendo, a seguir, no inciso V, que seja observada a "defesa do consumidor". Há ainda o art. 48 das Disposições Constitucionais Transitórias, determinando ao Congresso Nacional a elaboração do CDC.

A jurisprudência reconheceu que a "intervenção do Estado na ordem econômica, fundada na livre iniciativa, deve observar os princípios do direito do consumidor, objeto de tutela constitucional fundamental especial (CF, arts. 170 e 5º, XXXII)" (STJ, REsp 744.602. Aliás, o Código de Processo Civil, em seu art. 8º, aponta: "Ao aplicar o ordenamento jurídico, o juiz atenderá aos fins sociais e às exigências do bem comum, resguardando e promovendo a dignidade da pessoa humana e observando a proporcionalidade, a razoabilidade, a legalidade, a publicidade e a eficiência". Veremos adiante, com múltiplos exemplos, a relevância do conceito de vulnerabilidade no direito do consumidor. Em julgado memorável, o STJ (através do Ministro Herman Benjamin) destacou: "Ao se proteger o hipervulnerável, a rigor quem verdadeiramente acaba beneficiada é a própria sociedade, porquanto espera o respeito ao pacto coletivo de inclusão social imperativa, que lhe é caro, não por sua faceta patrimonial, mas precisamente por abraçar a dimensão intangível e humanista dos princípios da dignidade da pessoa humana e da solidariedade. Assegurar a inclusão judicial (isto é, reconhecer a legitimação para agir) dessas pessoas hipervulneráveis, inclusive dos sujeitos intermediários a quem incumbe representá-las, corresponde a não deixar nenhuma ao relento da Justiça por falta de porta-voz de seus direitos ofendidos" (STJ, REsp 931.513).

Além das menções explícitas, existem muitas normas na Constituição da República que importam fundamentalmente não só para as relações de consumo, como para todas as outras. A dignidade da pessoa humana, fundamento da República (CF/88, art. 1º, III), é norma que perpassa qualquer relação jurídica, modelando-lhe o conteúdo. Relevante, ainda no artigo primeiro da Constituição, é o valor social da livre iniciativa (art. 1º, IV). Decidiu, a propósito, o STJ: "À luz do Princípio da Dignidade da Pessoa Humana, valor erigido como um dos fundamentos da República, impõe-se a concessão dos medicamentos como instrumento de efetividade da regra constitucional que consagrada o direito à saúde" (STJ, REsp 775.233, Rel. Min. Luiz Fux, 1ª T, 01/08/06). O direito privado atual trabalha intensamente com a categoria conceitual da vulnerabilidade. Se isso se aplica a nós, adultos (pensemos nos consumidores), aplica-se sobretudo aos idosos, às crianças, aqueles enfim que se mostrem mais frágeis por esse ou aquele motivo (são aqueles a quem chamamos, hoje, de *hipervulneráveis*).

Também de alta importância são os objetivos fundamentais da República, dentre os quais se coloca a igualdade substancial (CF, art. 3º, III) bem como a solidariedade (CF, art. 3º, I). É preciso alertar ao leitor que ficou no passado, no museu das ideias, a concepção de que tais princípios não têm força normativa. Tais princípios são normas jurídicas, para cuja concretização, no entanto, se faz necessária a mediação judicial. A norma jurídica é um gênero com duas subespécies: a) regras, com estrutura fechada, prevendo causas e consequências e b) princípios, com estrutura aberta, prevendo, quase sempre, valores ou fins a serem atingidos.

Importante dizer que hoje se aceita, de modo crescente, a tese da aplicação direta dos direitos fundamentais às relações de direito privado. Assim, "que as normas constitucionais, e particularmente o rol dos direitos e garantias individuais, possuam direta eficácia nas relações de direito privado, parece pouco a pouco constituir um consenso para a melhor doutrina, animada sobretudo pelos debates doutrinários desenvolvidos na Alemanha, na Itália e em Portugal, nos últimos 30 anos (...)" (RTDC, editorial, vol.4. out/dez 2000).

O STF, a propósito, em julgado de sua segunda Turma, chancelou a tese da aplicação direta dos direitos fundamentais às relações privadas (*Drittwirkung*) – também chamada de eficácia horizontal dos direitos fundamentais – aplicando as garantias constitucionais do devido processo legal, contraditório e ampla defesa às associações privadas (STF, RE 201.819). Cláudia Lima Marques pondera que hoje a grande metanarrativa do direito civil é "a solidariedade e a realização dos direitos humanos em pleno direito privado" (Contratos no Código de Defesa do Consumidor. São Paulo: RT, 2002, p. 416). Talvez seja importante lembrar que o STF, em novembro de 2021, julgou inconstitucional concessão de desconto geral em mensalidade de universidades privadas na pandemia. Nesse contexto, descontos lineares e compulsório – determinados por decisões judiciais – são inconstitucionais. O ministro Barroso – acompanhando a relatora, ministra Rosa Weber – ponderou que o Judiciário não pode, de forma arbitrária e linear, interferir em relação de natureza privada para dizer como devem ser pactuadas, pois esse critério não leva em conta, por exemplo, os custos e as receitas fixos das instituições, que não dependem da pandemia. Essa interpretação também viola o princípio da isonomia, na medida em que escolas com situações diferentes recebem tratamento igual (ADPFs 706 e 713). O STF, nessa linha, afastou interpretações judiciais que concedem descontos com fundamento apenas na eclosão da pandemia e no efeito da transposição de aulas presenciais para ambientes virtuais, sem considerar as peculiaridades dos efeitos da crise pandêmica em ambas as partes contratuais envolvidas.

Convém ainda lembrar – embora não se trate de direito do consumidor – que finalmente em 2022 o STJ admitiu que o Estado responde objetivamente *inclusive nas omissões*. Sempre defendemos isso em outras obras: "O Superior Tribunal de Justiça, alinhando-se ao entendimento do Excelso Pretório, firmou compreensão de que o Poder Público, inclusive por atos omissivos, responde de forma objetiva quando constatada a precariedade/vício no serviço decorrente da falha no dever legal e específico de agir" (STJ, REsp 1.708.325, Rel. Min. Og Fernandes, 2ª T, DJe 24/06/2022). Ou seja, na tradição constitucional brasileira o Estado responde sem culpa, seja por ações, seja por omissões.

6. QUESTÕES DE CONCURSOS

01. **(Cespe/TJ/PA/Juiz/2012)** À luz do CDC, julgue a opção seguinte. – A defesa do consumidor é um princípio fundamental da ordem econômica.

02. **(TJ/GOIÁS/Juiz/2012)** Examine o enunciado seguinte, relativo ao Código de Defesa do Consumidor: "O presente Código estabelece normas de proteção e defesa do consumidor, de ordem pública e interesse social, nos termos dos artigos 5º, inciso XXXII, 170, inciso V, da Constituição Federal e artigo 48 de suas Disposições Transitórias". Este enunciado é

a) parcialmente verdadeiro, pois o Código estabelece realmente proteção ao consumidor, mas sem qualquer relação com as normas constitucionais mencionadas.

b) inteiramente falso, porque o tratamento legal no citado Código é isonômico entre o consumidor e o fornecedor de produtos e serviços, não havendo ainda qualquer integração com normas constitucionais.

c) inteiramente verdadeiro, em face da natureza protetiva das normas de defesa do consumidor e de sua integração às normas constitucionais citadas.

d) falso ao dizer que as normas protetivas ao consumidor são de ordem pública e interesse social, pois se trata na verdade de normas dispositivas e de interesse dos consumidores individualmente considerados.

e) parcialmente verdadeiro, porque o Código estabelece também proteção diferenciada aos fornecedores de produtos e serviços, vinculando-os às normas constitucionais citadas.

03. **(Fundep – Defensor Público – DPE – MG/2019).** Adaptada. Considerando o disposto na Lei nº 8.078/90 (Código de Proteção e Defesa do Consumidor) e sua interpretação, analise a afirmativa a seguir: "Determinados grupos de consumidores, a exemplo dos idosos, deficientes e mulheres, são considerados consumidores hipervulneráveis".

(Os idosos e deficientes são considerados consumidores hipervulneráveis. A mulher, não. Será apenas vulnerável, como qualquer consumidor. Como veremos no início do capítulo III, todo consumidor é vulnerável, segundo presunção legal).

GABARITO			
01. C	02. C	03. E	–

Estas e outras questões estão disponíveis para serem respondidas na plataforma JusClass:

7. QUADRO SINÓTICO

CONTEXTUALIZANDO O CDC

- **Microssistema legislativo**
- **Norma de ordem pública e interesse social (norma cogente)**
- **Lei de função social (lei que estabelece um "piso" normativo, não sendo lícito ao legislador retroceder, esvaziando a promessa constitucional).**
- **Lei com fundamento constitucional (Constituição da República, art. 5º, XXXII; art. 170, V; art. 48, ADCT).**

CAPÍTULO II

CARACTERÍSTICAS DO CDC

Sumário • 1. Normas principiológicas – 2. Vocação de expansão: 2.1 A questão do superendividamento: contextualização e aspectos gerais – 3. Diálogo das fontes – 4. Irrelevância dos aspectos formais – 5. Questões de Concursos – 6. Quadro Sinótico.

O CDC tem características que lhe conferem luz própria. Algumas delas, por terem sido absorvidas por outras leis posteriores, já não são exclusividade sua, porém, de todo modo, merecem menção.

1. NORMAS PRINCIPIOLÓGICAS

São frequentes, no CDC, as chamadas normas principiológicas, isto é, normas que veiculam valores, estabelecem fins a serem alcançados. Aliás, o direito atual se caracteriza por utilizar, cada vez mais, conceitos abertos (também chamados de conceitos jurídicos indeterminados) e normas com conteúdo semântico flexível.

Isto é, ao lado das regras jurídicas, que operam com causas e consequências, vinculadas por um nexo de imputação, os princípios, assim como os conceitos jurídicos indeterminados, possibilitam uma alteração do direito sem que o texto de lei tenha necessariamente que mudar. Possibilitam, portanto, uma maior adequação das normas às mudanças sociais, cada vez mais velozes.

Atualmente, as decisões judiciais operam, em múltiplos casos, com a lógica do razoável, fugindo da rigidez conceitual do passado: "A razoabilidade pode ser vista, portanto, como uma ponte que liga produtivamente as esferas – antes separadas – do direito e da moral, servindo de passaporte para o ingresso do pós-positivismo no terreno onde ele realmente se faz necessário: a prática jurídica" (Thomas da Rosa Bustamante, "A razoabilidade na dogmática jurídica contemporânea: em busca de um mapa semântico", RTDC, vol. 22, abr/jun 2005, p. 157).

Podemos apontar, entre múltiplos exemplos possíveis, que a Política Nacional das Relações de Consumo "tem por objetivo o atendimento das necessidades dos consumidores, o respeito à sua dignidade, saúde e segurança, a proteção de seus interesses econômicos, a melhoria da sua qualidade de vida, bem como transparência e harmonia das relações de consumo, atendidos os seguintes princípios: III – harmonização dos interesses dos participantes das relações de consumo e compatibilização da proteção do consumidor com a necessidade de desenvolvimento econômico e tecnológico, de modo a viabilizar os princípios nos quais se funda a ordem econômica (art. 170, da Constituição Federal), sempre com base na boa-fé e equilíbrio nas relações entre consumidores e fornecedores" (art. 4º, III, CDC).

O CDC é permeado por normas que estabelecem fins. Ultrapassa-se, com isso, a técnica de se legislar exclusivamente mediante o binômio "hipótese/sanção", ou "suporte fático/preceito", ou, mais simplesmente, "causa/consequência". Quando fins são definidos, a liberdade do intérprete é maior, diminuindo o formalismo e impondo o respeito a certos conteúdos normativos tidos como relevantes. Decidiu o STJ: "a tutela jurisdicional para ser efetiva deve dar ao lesado resultado prático equivalente ao que obteria se a prestação fosse cumprida voluntariamente" (STJ, REsp 836.913, Rel. Min. Luiz Fux, 1ª T, DJ 31/05/07). Além disso, o rol de direitos básicos do consumidor – previsto no art. 6º do CDC – traduz rol exemplificativo, e não, por certo, taxativo ou excludente de outros direitos. Conforme veremos adiante, a essência do microssistema de defesa do consumidor está no reconhecimento de sua vulnerabilidade em relação aos fornecedores de produtos e serviços – que detêm todo o controle do mercado, ou seja, sobre o que produzir, como produzir e para quem produzir, sem falar-se na fixação de suas margens de lucro (STJ, REsp 1.737.428, Rel. Min. Nancy Andrighi, 3ª T, DJe 15/03/2019). Outro aspecto que deve ser destacado – e foi frisado no julgado citado – é que o CDC adotou formas abertas e conceitos indeterminados para definir as práticas e cláusulas abusivas, encarregando o magistrado da tarefa de examinar, em cada hipótese concreta, a efetiva ocorrência de referidas práticas ilegais.

Dissemos há pouco que o modo clássico de legislar usava o binômio "causa/ consequência" (isto é, "se acontecer *isso*, a norma prevê que deverá acontecer *aquilo*"). Atualmente, no entanto, sem abandonar as normas acima referidas, cresce a utilização, pelo direito, de normas descritivas de valores. Normas que não preveem relação de imputação com causas e efeitos; preveem apenas valores a serem protegidos. Gustavo Tepedino esclarece: "Na experiência brasileira, o Estatuto da Criança e do Adolescente, o Código de Defesa do Consumidor e o Estatuto da Cidade são bons exemplos de ampla utilização da técnica das cláusulas gerais e de conceitos jurídicos indeterminados associada a 'normas descritivas de valores'" (Gustavo Tepedino. Temas de Direito Civil. Tomo II. Rio de Janeiro: Renovar, 2006, p. 07). Paulo Lôbo, a propósito, sublinha que "o Código de Defesa do Consumidor é uma lei eminentemente principiológica, com vasta utilização não só dos princípios, mas de conceitos indeterminados" (Paulo Lôbo. *Direito Civil. Obrigações.* São Paulo: Saraiva, 2011, p. 76).

Essa regulação narrativa, onde valores são descritos, onde finalidades são externadas, pode funcionar como valioso instrumento de política legislativa, especialmente num momento histórico em que o Estado atua na vanguarda de políticas públicas, incentivando determinadas condutas e não apenas as reprimindo. Não só, aliás, do CDC. Trata-se atualmente de tendência que perpassa toda a ordem jurídica. O CPC, nessa linha, estabelece: "As partes têm direito de obter em prazo razoável a solução integral do mérito, incluída a atividade satisfativa" (CPC, art. 4º). Mais adiante prevê que ao juiz incumbe dilatar os prazos processuais e alterar a ordem de produção dos meios de prova, adequando-os às necessidades do conflito de modo a conferir maior efetividade à tutela do direito (CPC, art. 139, VI).

No caso brasileiro, o fortalecimento, com a Constituição de 1988, da jurisdição constitucional, trouxe mudanças profundas no processo de realização do direito. O Judiciário assumiu funções que não tinha no passado. Fala-se em ativismo judicial, que seria uma atuação mais ativa do juiz, ingressando em áreas que antes eram fundamentalmente políticas. Goste-se ou não, a verdade é que em curso um processo de judicialização das questões sociais e políticas. Casamento e união estável entre pessoas do mesmo sexo, moralidade para disputar eleições, células-tronco, são exemplos dentre muitos outros de questões que interessam à vida social e cuja palavra final é dada pelo Judiciário, à luz da Constituição. Aliás – embora fora das relações de consumo – convém lembrar que o STF, em 2020, decidiu que retirar de circulação produto audiovisual disponibilizado em plataforma de *streaming* apenas porque seu conteúdo desagrada parcela da população, ainda que majoritária, não encontra fundamento em uma sociedade democrática e pluralista como a brasileira (STF, Segunda Turma, Rcl 38.782, 03/11/2020). O julgado teve como objeto polêmico vídeo do *Porta dos Fundos*, com ataques ao Cristianismo.

Nossa formação cultural, romano-germânica, tradicionalmente está habituada a trabalhar com regras jurídicas, não com princípios. Isso, aos poucos, está mudando. Em sociedades plurais e complexas como a nossa só as regras não resolvem. Não por acaso, alguns autores alemães sustentam que o Estado Constitucional de Direito é um Estado de Ponderação (*Abwägungsstaat*). De especial relevância, nesse contexto, é a Constituição como um sistema aberto de princípios e regras. O sistema jurídico, assim, cada vez mais se põe como um sistema aberto de princípios normativos. Esses princípios, que estabelecem objetivos e fins, são articulados de modo dinâmico, não estático. Não há nem mesmo uma hierarquia prévia entre eles. Eles trabalham com uma lógica de ponderação, o que significa que apenas nos casos concretos, devidamente contextualizados, é que os princípios se expandem ou se retraem, à luz das especificidades das circunstâncias.

A solução dos casos difíceis (*hard cases*) ganhou, em nossos dias, uma complexidade inédita. A ponderação de princípios envolve, com frequência, valores igualmente valiosos e constitucionalmente protegidos. Sabemos, hoje, ademais, que o intérprete não é um ser absolutamente neutro, que interpreta o direito como se estivesse fora da Terra. Isso não existe. O intérprete traz sempre sua carga de valores, seus conceitos e suas reservas, e esse conjunto humano influi, em graus variados, na interpretação que será dada à norma. Também se aceita cada vez menos a ideia – muito forte no século XIX e em parte do século XX – de que a ordem jurídica traz soluções predefinidas para todos os problemas e que cabe ao intérprete, apenas, encontrá-las, mediante a subsunção (o intérprete, nessa visão, seria um ser neutro, cuja função, puramente técnica, seria dizer o direito aplicável ao caso concreto – a famosa "boca da lei", de Montesquieu). A interpretação jurídica, hoje, é algo bastante complexo que não pode ser reduzida a fórmulas esquemáticas. A construção de sentido da norma é algo dinâmico e nunca estático ou formal.

As construções de sentido das normas, portanto, resultam de uma complexa interação entre o intérprete e os demais atores sociais, com valores plurais e nem sempre homogêneos. Isso, porém, não significa – nem pode significar – um desprezo pela técnica. Trata-se apenas de reconhecer que a dimensão técnica, isoladamente, não explica nem responde muitos dos problemas do nosso século, é preciso ir além. Podemos dizer, de certo modo, que substituímos a lógica formal do passado por algo mais flexível (ganhou destaque a expressão "lógica do razoável", introduzida por Recásens Siches). Hoje lidamos frequentemente com modelos normativos como a dignidade, razoabilidade, proibição do excesso etc.

A progressiva relevância das normas abertas é acompanhada por uma também maior relevância da atividade do intérprete. Não significa, por certo, que o intérprete possa sobrepor suas convicções pessoais àquelas da ordem jurídica. É preciso algum modo de controle, e esse se dará pela argumentação. Quanto mais aberta for a norma, maiores serão os deveres de densidade argumentativa do aplicador. O CPC, nesse sentido, dispõe, em relevante norma: "Não se considera fundamentada qualquer decisão judicial, seja ela interlocutória, sentença ou acórdão, que: II – empregar conceitos jurídicos indeterminados, sem explicar o motivo concreto de sua incidência no caso; III – invocar motivos que se prestariam a justificar qualquer outra decisão". De modo semelhante prescreve: "No caso de colisão entre normas, o juiz deve justificar o objeto e os critérios gerais da ponderação efetuada, enunciando as razões que autorizam a interferência na norma afastada e as premissas fáticas que fundamentam a conclusão" (CPC, art. 489, §§ 1º e 2º).

Podemos dizer para concluir este tópico: na interpretação e aplicação do direito do consumidor a força dos princípios é muito grande. Não é possível pensar nenhum setor do direito contratual brasileiro sem pensar na boa-fé objetiva, sem pensar nos deveres anexos de lealdade, informação, cooperação, por exemplo. Não é possível pensar no direito contratual brasileiro sem pensar no princípio da equivalência material entre as prestações, na razoabilidade, na vedação ao abuso de direito. Hoje a proteção ao contratante vulnerável se incorporou não só às pautas decisórias como também ao nosso modo de pensar. O sistema jurídico cada vez mais se põe como um sistema aberto de princípios normativos.

Outro ponto que devemos ter presente é a dimensão transindividuais dos danos em nossos dias. Escrevemos em outro livro – *Novo Manual de Responsabilidade Civil*, Juspodivm, 2025, 5ª edição – a seguinte passagem que pedimos licença para transcrever abaixo (três parágrafos).

O direito privado observa – de modo mais intenso nas últimas décadas – a passagem do individual para o coletivo. Essa passagem do individual para o coletivo se observa em vários setores, inclusive relativamente aos danos. Não que o dano individual vá desaparecer, não é isso. Trata-se apenas de constatar que os danos de índole difusa, transindividuais, ganham singular importância. A vulnerabilidade também se coloca no sentido de que muitas vítimas estão no contexto da informalidade (e às vezes sequer são percebidas como vítimas). Basta lembrar o rompimento das barragens em Mariana, da Samarco, com destruição de todo o distrito de Bento Rodrigues (em 2015) e o rompimento da Mina Córrego do Feijão, da Vale (em 2019), em ambos os casos com danos incalculáveis em múltiplos sentidos (comunidades, rios, fauna e flora de inúmeras regiões atingidas, diretamente ou não). Esse segundo caso – da Vale, em Brumadinho – resultou num dos maiores acordos que se tem notícia em escala global (no valor de R$ 132 bilhões, em 2024), além das indenizações individuais, numa das maiores tragédias socioambientais do Brasil. Os danos às pessoas, bens, tradições, fauna, flora e serviços (como abastecimento de água) foram imensuráveis.

Só em 2024, tivemos no Brasil eventos terríveis relacionados ao clima. Em 2024, tivemos em maio a maior catástrofe climática da história do Rio Grande do Sul, com as traumáticas enchentes (que despertaram a solidariedade de todo o país). Poucos meses depois, em setembro, tivemos o país em chamas, com incêndios descontrolados, fumaças tornando o ar quase irrespirável em muitos Estados. Tudo isso evidencia a necessidade de novos protocolos de prevenção (em 11/09/2024, segundo o serviço de monitoramento suíço *IQAir*, São Paulo foi a metrópole com a pior qualidade de ar no mundo pelo terceiro dia seguido).

Apenas mais um exemplo, pensemos na questão dos desastres climáticos (hoje a doutrina está abandonando a expressão "desastres naturais" e preferindo usar "desastres climáticos"), havendo inegavelmente um componente humano, nada desprezível, nesses desastres. Mesmo porque os desastres climáticos não são apenas instantâneos. São, ou podem ser, também cumulativos. As mudanças climáticas, por exemplo, estão relacionadas aos ciclos, à instabilidade climática. Aliás, os estudos mais atuais a respeito do tema já mencionam o direito fundamental à estabilidade climática (CARVALHO, Délton Winter de. *Constitucionalismo climático*. Porto Alegre: Livraria do Advogado, 2025).

2. VOCAÇÃO DE EXPANSÃO

O CDC apresenta a interessante característica de possuir categorias, conceitos e normas que tendem a se expandir para outros setores da experiência jurídica. Talvez isso tenha se dado porque, quando foi editado (em setembro de 1990) ainda estávamos sob a égide do Código Civil de 1916, que só veio a ser revogado mais de dez anos depois do início da vigência do CDC.

Era natural, portanto, que a jurisprudência, e mesmo a doutrina, sentindo falta de institutos mais atuais no velho código civil, voltassem sua atenção ao CDC, fértil em novidades promissoras. Houve, então, um fenômeno de resultados fecundos, consistente na utilização de normas e conceitos do CDC para resolver conflitos não propriamente de consumo. Aliás, vemos cada vez mais conceitos, categorias e institutos do CDC sendo usado em outras áreas, como o direito ambiental (diálogo das fontes). Por exemplo, a *inversão do ônus da prova* e o *conceito de consumidor por equiparação* – ambos estudados adiante – são usados no direito ambiental, hoje, a partir de normas jurídicas que estão no CDC.

Já em relação ao Código Civil de 2002, como ele consagrou boa parte das inovações do CDC, talvez hoje tal expansão se mostre menos importante. Por exemplo, a boa-fé objetiva – dever de agir com lealdade e cooperação, sem frustrar as legítimas expectativas da outra parte –, prevista, inicialmente, no CDC, foi adotada posteriormente pelo Código Civil, que a previu em três oportunidades: ("Art. 113. Os negócios jurídicos devem ser interpretados conforme a boa-fé e os usos do lugar de sua celebração". "Art. 187. Também comete ato ilícito o titular de um direito que, ao exercê-lo, excede manifestamente os limites impostos pelo seu fim econômico ou social, pela boa-fé ou pelos bons costumes". "Art. 422. Os contratantes são obrigados a guardar, assim na conclusão do contrato, como em sua execução, os princípios da probidade e da boa-fé").

O CDC, por assim dizer, atualizou a ordem jurídica brasileira, e não só no que se refere às relações de consumo, mas relativamente ao direito privado como um todo. Tentamos, neste livro, como o título já sugere, acompanhar o CDC à luz da jurisprudência do STJ. Trata-se, como se sabe, de corte de caráter nacional, destinada a firmar interpretação geral do direito federal para todo o país (STJ, AgRg no AREsp 175.663, Rel. Min. Sidnei Beneti, 3ª T, DJ 29/06/12). No Brasil, na interpretação e aplicação do CDC, conhecer a posição do STJ a respeito de cada um dos temas talvez seja a ótica mais importante. Não por acaso, como se verá ao longo do livro, praticamente todas as bancas de concursos públicos, sejam federais ou estaduais, exigem hoje o conhecimento da posição do STJ na interpretação do CDC.

Há outro aspecto que devemos frisar, antes de concluir este tópico. Se analisarmos as relações sociais no Brasil do século XXI, veremos, sem dificuldade, que o CDC é uma lei amplamente conhecida e aplicada. A verdade é que, com o CDC, os contratos praticamente deixaram de ser regidos pelo Código Civil. É uma afirmação forte, sabemos, mas verdadeira. O Código Civil, que antes centralizava, de modo exclusivo, as relações privadas, hoje ocupa um espaço normativo residual, acessório, menor. A imensa maioria das relações contratuais que os brasileiros participam, no século XXI, são relações de consumo (cartões de crédito, bancos, seguros, passagens aéreas, planos de saúde, escolas e faculdades privadas, shoppings, serviços em geral etc.). Aliás, o Código de Processo Civil – citado no item anterior – estabelece, a propósito, que "aquele que de qualquer forma participa do processo deve comportar-se de acordo com a boa-fé (CPC, art. 5º).

2.1 A questão do superendividamento: contextualização e aspectos gerais

Talvez caiba aqui uma palavra geral, introdutória, sobre a questão do superendividamento, objeto da Lei n. 14.181/2021.

O ordenamento jurídico brasileiro finalmente acordou para o problema. Aqui, como em outros setores, espera-se que a sociedade amadureça aos poucos, aprendendo a lidar melhor com questões financeiras – e que fornecedores e consumidores exerçam valorosamente o crédito responsável. Não é essa a situação atual: estima-se que 60 milhões de brasileiros, em 2021, estão endividados (e metade desses, pasmem, estão superendividados). Temos aí, é verdade, situações muito distintas, mas certamente boa parte deles é vulnerável e, muitos, hipervulneráveis. Aliás, um dos pontos importantes aqui – e ainda distante da realidade da imensa maioria dos brasileiros – é a questão da educação financeira. Não só aqui, conhecimento e educação são o caminho da liberdade, a estrada que possibilita que cada um de nós assuma as rédeas da própria vida.

O CDC agora dispõe sobre o fomento de ações direcionadas à educação financeira e ambiental dos consumidores (CDC, art. 4º, IX). Outra inovação diz respeito à prevenção e tratamento do superendividamento como forma de evitar a exclusão social do consumidor (CDC, art. 4º, X). Os números relativos ao superendividamento do brasileiro são espantosos, sobretudo daqueles financeiramente mais vulneráveis. É, de fato, um problema que causa exclusão social do consumidor, sem falar de outros tantos e imensos problemas, inclusive psicológicos. Por isso, mais que oportuna a inclusão do CDC nesse tema, iniciando um novo tempo nas relações de consumo no Brasil.

Nesse contexto, a Lei n. 14.181/2021, além de assegurar um mínimo existencial aos devedores, busca prevenir o superendividamento, por meio do crédito responsável (impondo-se aliás a boa-fé não só na cobrança de dívidas, mas também na concessão de crédito). Institui-se, assim, entre nós, meios legais para prevenir e tratar a questão do superendividamento, que é um fator de cruel exclusão social, sobretudo para brasileiros mais vulneráveis. A Lei n. 14.181/2021 promove ainda a harmonia no mercado de consumo, pois ao tempo em que promove a dignidade do consumidor, dando-lhe a chance do recomeço – em termos patrimoniais –, também possibilita maior igualdade no pagamento da dívida, já que hoje são apenas os bancos, com imensas estruturas de cobrança, que possuem condições de investir nessa cobrança, por assim dizer (conferindo maior igualdade, em termos reais, entre os credores, na prática). Voltaremos ao tema mais adiante (sobretudo a partir do art. 54-A).

Outro aspecto que deve ser mencionado: agora há a necessidade – em termos legais – de instituição de mecanismos de prevenção e tratamento extrajudicial e judicial do superendividamento e de proteção do consumidor pessoa natural (CDC, art. 5°, VI). Temos insistido que a importância que o século passado deu à reparação de danos, o século atual cada vez mais dará à prevenção deles. E evitar o superendividamento é uma necessidade imperiosa. Por isso todas as iniciativas, individuais e coletivas, judiciais e educacionais, são importantes e bem-vindas. Como veremos adiante, o Brasil, através do CDC, já possui instrumentos normativos para esse combate (estão por exemplo no art. 54-A e art. 104). O caminho extrajudicial é uma possibilidade aberta ao consumidor, não é uma imposição.

A segunda inovação frisou a instituição de núcleos de conciliação e mediação de conflitos oriundos de superendividamento (CDC, art. 5°, VII). Esse é um tema que exige – talvez até mais do que os outros – um intenso esforço na mediação dos conflitos, de forma multidisciplinar. Aliás, a tendência atual é fortalecer a possibilidade de solução consensual em qualquer fase do processo. Cabe lembrar ainda que o Estado promoverá, sempre que possível, a solução consensual dos conflitos (CPC, art. 3º, § 2º). Tem sido cada vez mais usada a expressão *justiça multiportas* para enfatizar que a pacificação social não se dá apenas pelo caminho da justiça estatal, mas através de modos que buscam a solução consensual dos conflitos, tais como a conciliação, a mediação e a arbitragem.

É direito básico do consumidor a garantia de práticas de crédito responsável, de educação financeira e de prevenção e tratamento de situações de superendividamento, preservado o mínimo existencial, nos termos da regulamentação, por meio da revisão e da repactuação da dívida, entre outras medidas (CDC, art. 6º, XI). É também direito básico do consumidor a preservação do mínimo existencial, nos termos da regulamentação, na repactuação de dívidas e na concessão de crédito (CDC, art. 6º, XII). Lembremos que o conceito de mínimo existencial dialoga com o princípio da dignidade humana e, também, com a solidariedade social. Não se trata apenas de sobreviver, mas de sobreviver de modo minimamente digno. Não existe plano de pagamento válido sem que seja observada a questão do mínimo existencial, de modo concreto. Ambos os incisos acima tratam da prevenção e do combate ao superendividamento, buscando evitar que ele aconteça e, quando já instalado, tentando resolver a questão mediante a revisão e repactuação de dívidas. A questão do crédito responsável passa pela educação financeira dos consumidores mas passa também por exigir que os fornecedores não pratiquem a concessão irresponsável de crédito – e que possa ser responsabilizado quem o faça. Voltaremos ao tema ao comentar o art. 54-A e seguintes (no final do capítulo XVII).

É direito básico do consumidor a informação acerca dos preços dos produtos por unidade de medida, tal como por quilo, por litro, por metro ou por outra unidade, conforme o caso (CDC, art. 6º, XIII). É mais um avanço do direito do consumidor no Brasil, que obrigará os fornecedores a cumprir também essa face do dever de informar. Em alguns tipos do comércio essa informação se mostra muito importante para o consumidor (o *preço referencial dos produtos* passa a ser direito subjetivo do consumidor no Brasil, até para que o consumidor possa comparar preços). Lembremos que o art. 6º, III, determina como direito básico do consumidor a informação adequada e clara sobre os diferentes produtos e serviços, com especificação correta de quantidade, características, composição, qualidade, tributos incidentes e preço, bem como sobre os riscos que apresentem.

O parágrafo único do art. 6º complementa a disposição, enfatizando que essas informações devem ser acessíveis à pessoa com deficiência, observado o disposto em regulamento. O STJ tem entendido que as instituições financeiras devem utilizar o sistema braille na confecção dos contratos bancários de adesão e todos os demais documentos fundamentais para a relação de consumo estabelecida com o indivíduo portador de deficiência visual. Assim, "deve-se, pois, propiciar ao consumidor nessas condições, não um tratamento privilegiado, mas sim diferenciado, na medida de sua desigualdade, a propiciar-lhes igualdade material de tratamento" (STJ, REsp 1.315.822). Frisou-se ainda que a obrigatoriedade de confeccionar em braille os contratos bancários de adesão e todos os demais documentos fundamentais à relação de consumo, afigura-se medida razoável, impondo à instituição financeira encargo próprio de sua atividade, adequado e proporcional à finalidade perseguida, traduzido no direito de informação do consumidor.

Cabe à Justiça comum estadual e/ou distrital processar e julgar as demandas oriundas de ações de repactuação de dívidas decorrentes de superendividamento, ainda que exista interesse de ente federal (STJ, CC 193.066, Rel. Min. Marco Buzzi, Segunda Seção, DJe 22/03/2023). Dessa forma, mesmo que a Caixa Econômica Federal (empresa pública) seja parte na repactuação das dívidas do consumidor, a competência, ainda assim, não será da Justiça Federal, mas da Estadual. Interpretação teleológica do art. 109, I, da CF, na hipótese em que há concurso de credores.

3. DIÁLOGO DAS FONTES

Característica do direito contemporâneo é o diálogo das fontes. Em que consiste? Em utilizar, para resolver os conflitos, normas variadas, que "dialogam" em busca do melhor resultado, do resultado mais justo, mais conforme à Constituição da República.

O CDC, a propósito, é explícito ao estabelecer esse diálogo: "Os direitos previstos neste código não excluem outros decorrentes de tratados ou convenções internacionais de que o Brasil seja signatário, da legislação interna ordinária, de regulamentos expedidos pelas autoridades administrativas competentes, bem como dos que derivem dos princípios gerais do direito, analogia, costumes e equidade" (CDC, art. 7º).

O STJ tem reconhecido essa característica do CDC – que temos apontado desde a primeira edição dessa obra. Frisou-se que "o art. 7º da Lei nº 8.078/90 fixa o chamado diálogo das fontes, segundo o qual sempre que uma lei garantir algum direito para o consumidor, ela poderá se somar ao microssistema do CDC, incorporando-se na tutela especial e tendo a mesma preferência no trato da relação de consumo" (STJ, REsp 103.7759, Rel. Min. Nancy Andrighi, 3ª T, DJ 05/03/10). Não só a figura do consumidor – como sujeito de direito por excelência dos nossos dias – foi explicitamente contemplada no novo Código de Processo Civil, como o CDC, como diploma normativo, foi também igualmente mencionado (previu, por exemplo, que compete à autoridade judiciária brasileira processar e julgar as ações decorrente de relações de consumo, quando o consumidor tiver domicílio e residência no Brasil e previu ainda que incumbe ao juiz, quando se deparar com diversas demandas individuais repetitivas, oficiar o Ministério Público, a Defensoria Pública e, na medida do possível, outros legitimados a que se referem os arts. 5º da Lei nº 7.347/85 e 82 da Lei nº 8.078/90 – CDC – para, se for o caso, promover a ação coletiva respectiva). Nota-se, assim, cada vez mais, um fecundo diálogo das fontes, em busca de resultados socialmente mais satisfatórios.

A complexidade das relações negociais nos dias atuais impõe que assim seja. Normas nacionais e internacionais, contratuais e legais – uma infinidade de normas infraconstitucionais – todas hão de ser harmonizadas e ponderadas no caso concreto. Sempre, porém, tendo como norte as opções valorativas básicas da Constituição da República.

Escrevendo antes do advento do Código Civil de 2002, Antônio Junqueira de Azevedo ponderou: "Na impossibilidade de encontrar, no velho Código Civil, base para o desenvolvimento teórico do que há de mais apto para transformar o sistema fechado em sistema aberto – por exemplo, a referência expressa a cláusulas gerais, como a da boa-fé, e a dos princípios jurídicos, como o de exigência de igualdade real nos negócios jurídicos –, é no Código de Defesa do Consumidor que se pode encontrar um "ersatz" do Código Civil que não veio ou, no mínimo, um ponto de apoio para alavancar a atualização, eis que tudo que ocorre num microssistema, como o do consumidor, deve repercutir, depende do esforço do 'estamento jurídico', em todo o ordenamento" ("Responsabilidade pré-contratual no Código de Defesa do Consumidor: estudo comparativo com a responsabilidade pré-contratual no Direito Comum". Cadernos da Pós-Graduação da Faculdade de Direito da UERJ – Edição Extra "Seminário Brasilcon", Ano IV, nº 5, agosto 1998, p. 38).

Em relação às fontes legislativas, não existe mais "a" fonte; existe uma multiplicidade delas, sem que nenhuma ocupe uma posição de absoluta proeminência, excludente das demais. Além disso, ficou no passado a divisão rígida e inflexível entre direito público e direito privado. As influências recíprocas são muito fortes. Tudo, sob certo aspecto, interpenetra-se.

A respeito da pluralidade das fontes normativas, diagnosticou-se: "Pluralismo de fontes legislativas que regula o fato, pluralismo de sujeitos que protege, por vezes difusos, como o grupo de consumidores ou os que se beneficiam de proteção do meio ambiente, pluralidade de agentes ativos, como os fornecedores que se organizam em cadeia, em relações extremamente despersonalizadas. Pluralismo na filosofia aceita, onde o diálogo é que legitima o consenso, onde os valores e princípios têm sempre uma dupla função, o 'double coding' e onde os valores são muitas vezes antinômicos". (Claudia Lima Marques, apresentação, p. 35. Ricardo Luis Lorenzetti, Fundamentos do Direito Privado. São Paulo: RT, 1998).

Fundamental, nesse contexto, dialogar com os direitos fundamentais, como *sistema de valores que unificam a ordem jurídica* (a chamada *dimensão objetiva dos direitos fundamentais*, ou *eficácia irradiante*). Sabemos que os direitos fundamentais se colocam acima do legislador, limitam e condicionam a sua atividade. A teoria do risco – fortemente temperada pelo princípio da proporcionalidade – e a solidariedade social devem iluminar os debates contemporâneos. A responsabilidade civil deve ser chamada a dialogar com os direitos fundamentais (mas não só ela).

Convém registrar que os direitos fundamentais não são enxergados, apenas, atualmente, como direitos de defesa em face do Estado, como trincheiras para exigir abstenções estatais. Já estamos bem longe desses dias, quando os direitos fundamentais eram apenas isso. Há, hoje, uma dimensão ativa, no sentido de exigir que o Estado aja, eficaz e adequadamente, para proteger direitos fundamentais de violações de terceiros. Se na função ou dimensão passiva dos direitos fundamentais, exigíamos abstenções do Estado, na função ou dimensão ativa exigimos ações dele. Isto é, na dimensão negativa, o Estado deveria respeitar os direitos fundamentais, não os violando. Atualmente, na dimensão positiva, o Estado deve mais: dever proteger os direitos fundamentais de agressões provindas de terceiros.

Houve alguma polêmica, nos últimos anos, em relação à postura dos planos de saúde que exigiam autorização do marido para que a mulher pudesse inserir

DIU (método contraceptivo realizado através da introdução, por ginecologista, de pequeno objeto no útero). Sobre o tema as *Jornadas de Direito Civil*, em 2022, aprovaram o Enunciado 646 que enfatiza: "A exigência de autorização de cônjuges ou companheiros para utilização de métodos contraceptivos invasivos viola o direito à disposição do próprio corpo". A exigência dos planos de saúde não se harmoniza com a isonomia constitucionalmente existente entre os sexos, e faz lembrar a época em o marido era tido como dono do corpo de sua esposa. Hoje as esferas existenciais de autodeterminação são fortemente protegidas pelo direito privado.

Ainda a respeito do diálogo das fontes, trata-se de algo extremamente usado (e muito relevante) no direito brasileiro atual. Basta lembrar, por exemplo, que a figura do consumidor por equiparação (que estudaremos mais adiante), embora seja do direito do consumidor, com origem no CDC, hoje tem sido exportada para outros campos do direito, através do diálogo das fontes. Por exemplo, decidiu-se em 2023 ser possível o reconhecimento da figura do consumidor por equiparação na hipótese de danos individuais decorrentes do exercício de atividade de exploração de potencial hidroenergético causadora de impacto ambiental, em virtude da caracterização do acidente de consumo (STJ, REsp 2.018.386, Rel. Min. Nancy Andrighi, Segunda Seção, DJe 12/05/2023). O STJ admite, portanto, nos termos do art. 17 do CDC, a existência da figura do consumidor por equiparação nas hipóteses de danos ambientais.

Não se trata de caso isolado. Em outra situação, também em 2023, o STJ admitiu a figura do consumidor por equiparação nas hipóteses de danos ambientais (STJ, AgInt no REsp 2.075.953, Rel. Min. Raul Araújo, 4ª T, DJe 07/12/2023). No caso, houve dano ambiental causado por vazamento de emulsão oleosa, que ensejou a contaminação do Rio São Paulo e impediu o exercício de atividades pesqueiras na região.

4. IRRELEVÂNCIA DOS ASPECTOS FORMAIS

É nítida no CDC a preocupação com a efetividade de suas normas, jogando para um segundo plano discussões puramente formais. Também aqui o CDC vai ao encontro da tendência atual de privilegiar o fundo em detrimento da forma. A propósito, Franz Wieacker assinala as três características que, a seu juízo, apontam para uma evolução no sentido de um Estado Social: a) a relativização dos direitos privados pela sua função social; b) a vinculação ético-social destes direitos; c) o recuo perante o formalismo do sistema de direito privado clássico do século dezenove (*História do Direito Privado moderno.* Trad. A. M. Botelho Hespanha. Lisboa: Calouste Gulbenkian, p. 624).

Veremos adiante a figura do fornecedor de produtos ou serviços. "Art. 3º. Fornecedor é toda pessoa física ou jurídica, pública ou privada, nacional ou estrangeira, bem como os entes despersonalizados, que desenvolvem atividade de produção, montagem, criação, construção, transformação, importação, exportação, distribuição ou comercialização de produtos ou prestação de serviços".

Digamos, porém, desde já, ser irrelevante a denominação ou a forma jurídica adotada. Em qualquer hipótese a responsabilidade persistirá. Assim vem entendendo a jurisprudência: "A operadora de serviços de assistência à saúde que presta serviços remunerados à população tem sua atividade regida pelo Código de Defesa do Consumidor, pouco importando o nome ou a natureza jurídica que adota" (STJ, REsp 267.530, Rel. Min. Ruy Rosado de Aguiar, 4ª T, DJ 12/03/01).

Em linha semelhante de ideias decidiu-se: "O STJ pela relevância de sua missão constitucional não pode deter-se em sutilezas de ordem formal que impeçam a apreciação das grandes teses jurídicas que estão a reclamar orientação pretoriana" (STJ, REsp 4.987, Rel. Min. Sálvio de Figueiredo Teixeira, 4ª T, DJ 28/10/91). Em outra ocasião ponderou o STJ que "se deve extrair da inicial o que possa haver de maior utilidade, relevando certos deslizes formais que sejam periféricos para a compreensão da controvérsia, pois o processo judicial moderno, como já lembrava Couture, não é uma missa jurídica, de liturgia intocável" (STJ, REsp 140.097, Rel. Min. Cesar Asfor Rocha, 4ª T, p. 11/09/00).

A jurisprudência tem se mostrado atenta aos reclamos de efetividade. Com ênfase se proclamou: "A Constituição não é ornamental, não se resume a um museu de princípios, não é meramente um ideário; reclama efetividade real de suas normas. Destarte, na aplicação das normas constitucionais, a exegese deve partir dos princípios fundamentais para os princípios setoriais. E, sob esse ângulo, merece destaque o princípio fundante da República que destina especial proteção a dignidade da pessoa humana". Desse modo, "(...) a tutela jurisdicional para ser efetiva deve dar ao lesado resultado prático equivalente ao que obteria se a prestação fosse cumprida voluntariamente" (STJ, REsp 836.913, Rel. Min. Luiz Fux, 1ª T, j. 08/05/07, DJ 31/05/07).

É inegável que os reclamos de efetividade permeiam todo o direito atual, com nítidos reflexos no direito processual. A tendência, portanto, é fazer prevalecer os elementos funcionais sobre os estruturais, tornando pouco relevantes as discussões puramente teóricas, sem grandes consequências práticas. É o que poderíamos chamar de pragmatismo inteligente do CDC. Conforme veremos no capítulo VIII – ao estudar prescrição e decadência no CDC – o STJ, em importante julgado, decidiu que a reclamação do consumidor perante o fornecedor pode ser verbal, e mesmo assim interromper a decadência. Desse modo, a reclamação prevista no art. 26, § 2º, I, do CDC pode ser feita de forma verbal, afastando-se o formalismo: "A lei não preestabelece uma forma para a realização da reclamação, exigindo apenas comprovação de que o fornecedor tomou ciência inequívoca quanto ao propósito do consumidor de reclamar pelos vícios do produto ou serviço". Assim, "a reclamação obstativa da decadência, prevista no art. 26, § 2º, I, do CDC, pode ser feita documentalmente – por meio físico ou eletrônico – ou mesmo verbalmente – pessoalmente ou por telefone – e, consequentemente, a sua comprovação pode dar-se por todos os meios admitidos em direito" (STJ, REsp 1.442.597, Rel. Min. Nancy Andrighi, 3ª T, DJe 30/10/2017). Aliás, como temos destacado, o direito atual caminha no sentido de ser menos formalista e mais funcional nos mais diversos setores da experiência jurídica, sobretudo quando estamos diante de bens jurídicos fundamentais. Por exemplo, o erro na concessão de licença não isenta empresa de indenizar o dano ambiental (STJ, REsp 1.612.887).

5. QUESTÕES DE CONCURSOS

01. (Cespe – Juiz de Direito – TJ – BA/2019). Adaptada. No que se refere à decadência, verifique se a afirmação a seguir está certa ou errada, com base no CDC e na jurisprudência do STJ: "A reclamação obstativa da decadência feita verbalmente pelo consumidor para protestar vícios do produto não tem validade".

GABARITO: E

Esta e outras questões estão disponíveis para serem respondidas na plataforma JusClass:

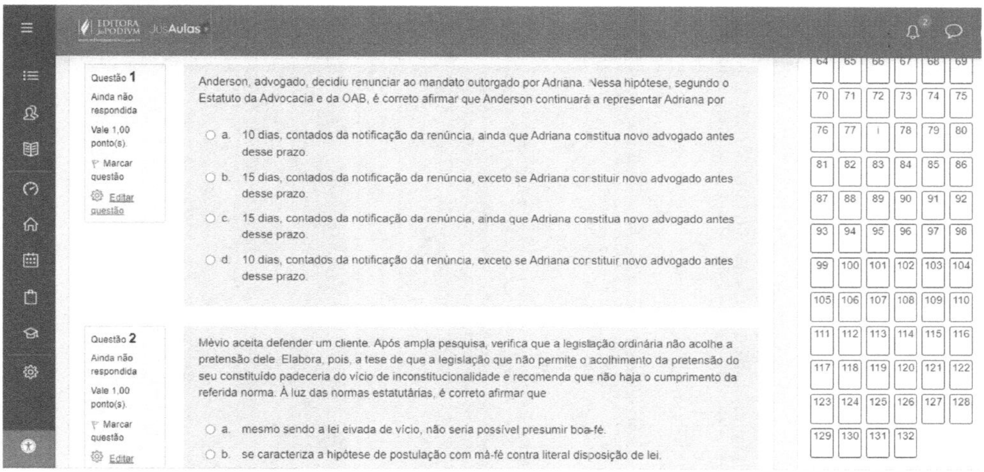

6. QUADRO SINÓTICO

CARACTERÍSTICAS DO CDC

- **Normas principiológicas (abertas, de conteúdo semântico flexível).**
- **Vocação de expansão (o CDC "exporta" categorias, conceitos e institutos para outros ramos do direito).**
- **Diálogo das fontes (há um convívio entre as diversas fontes normativas, coordenado pela Constituição).**
- **Irrelevância dos aspectos formais (o CDC, buscando efetividade, faz prevalecer os aspectos funcionais sobre os aspectos estruturais).**

CAPÍTULO III

PRINCÍPIOS DO CDC

Optamos por trazer, já no início deste livro, um elenco dos princípios extraídos do CDC. Isso talvez não seja comum em livros de direito do consumidor, mas acreditamos que tal exposição facilitará a compreensão do leitor sobre a sistemática de consumo, e o habilitará, em muitos pontos, a tirar as próprias conclusões, à luz dos princípios sumariamente expostos.

Naturalmente, além dos princípios específicos, às relações de consumo também são aplicáveis os princípios de alcance mais amplo, como o princípio da razoabilidade ou da proporcionalidade, que não apresenta restrição temática.

1. VULNERABILIDADE DO CONSUMIDOR

A vulnerabilidade do consumidor fundamenta o sistema de consumo. É em razão dela que foi editado o CDC, que busca fazer retornar o equilíbrio a essa relação frequentemente desigual entre consumidor e fornecedor.

Aliás, podemos dizer que o conceito de vulnerabilidade é extremamente importante no direito privado do século XXI – e não só no direito do consumidor. A experiência jurídica atual busca, de algum modo, compensar a hipervulnerabilidade de certas pessoas ou grupos sociais. Por exemplo, os analfabetos – formalmente falando – são civilmente capazes, mas é inegável que são pessoas mais vulneráveis, sobretudo nas contratações escritas. Nesse contexto, "a formalização de negócios jurídicos em contratos escritos – em especial, os contratos de consumo – põe as pessoas analfabetas em evidente desequilíbrio, haja vista sua dificuldade de compreender as disposições contratuais expostas em vernáculo. Daí porque, intervindo no negócio jurídico terceiro de confiança do analfabeto, capaz de lhe certificar acerca do conteúdo do contrato escrito e de assinar em seu nome, tudo isso testificado por duas testemunhas, equaciona-se, ao menos em parte, a sua vulnerabilidade informacional" (STJ, REsp 1.907.394, Rel. Min. Nancy Andrighi, 3ª T, DJe 10/05/2021). No direito do consumidor essa importância é ainda maior, já que a vulnerabilidade fundamenta o sistema de consumo.

É importante, desde logo, distinguir vulnerabilidade de hipossuficiência. A hipossuficiência – conforme veremos adiante, no Capítulo XVIII, ao analisarmos a inversão do ônus da prova – deve ser aferida pelo juiz no caso concreto e, se existente, poderá fundamentar a inversão do ônus da prova (CDC, art. 6º, VIII). É possível, por exemplo, que em demanda relativa a cobranças indevidas realizadas por operadora de telefonia celular, o juiz determine a inversão do ônus da prova tendo em vista a hipossuficiência do cliente (não é razoável exigir do consumidor a prova de que **não fez** determinadas ligações. É razoável, por outro lado, exigir da operadora semelhante prova).

Já a presunção de vulnerabilidade do consumidor é absoluta. Todo consumidor é vulnerável, por conceito legal. A vulnerabilidade não depende da condição econômica, ou de quaisquer contextos outros. A hipossuficiência, como dissemos, deve ser aferida no caso concreto (o juiz, para deferir a inversão do ônus da prova, poderá analisar a natureza do serviço prestado, o grau de instrução do consumidor, entre outras particularidades). A hipossuficiência diz respeito, nessa perspectiva, ao direito processual, ao passo que a vulnerabilidade diz respeito ao direito material. O STJ, nesse sentido, ao verificar que determinada relação era de consumo, determinou que "seu exame seja realizado dentro do microssistema protetivo instituído pelo CDC, observando-se a vulnerabilidade material e a hipossuficiência processual do consumidor (STJ, REsp 1.293.006, Rel. Min. Massami Uyeda, 3ª T, DJ 29/06/12). O STJ recentemente reconheceu que o ponto de partida do CDC é a afirmação do princípio da vulnerabilidade do consumidor, mecanismo que visa a garantir igualdade formal-material aos sujeitos da relação jurídica de consumo (STJ, REsp 1.324.712, Rel. Min. Luis Felipe Salomão, 4ª T, DJ 13/11/2013).

Assim, nem todo consumidor é hipossuficiente, embora todos sejam vulneráveis.

São múltiplas as menções à vulnerabilidade do consumidor no CDC. A Política Nacional das Relações de Consumo está fundada, inicialmente, no "reconhecimento da vulnerabilidade do consumidor no mercado de consumo" (art. 4º, I). Esclarece a doutrina: "Dentre os princípios expressamente elencados na lei de proteção, merece destaque o da vulnerabilidade, o qual ilumina o conceito de consumidor e assim define o âmbito de aplicação das normas do Código. A ideia de vulnerabilidade é o cerne do conceito de consumidor. No entanto, como visto, a noção não está expressa no conceito legal, contido no art. 2º do CDC, deixando o legislador à obra da doutrina e da jurisprudência a sua construção" (Heloísa Carpena, "Afinal, quem é consumidor? Campo de aplicação do CDC à luz do princípio da vulnerabilidade", *RTDC*, v. 19, jul/set 2004, p. 34).

É possível, dentro do CDC, traçar diferenças dentro da própria figura do consumidor, criando assim "padrões de diferenciação" buscando proteger os realmente vulneráveis. É o que pondera Teresa Negreiros: "É certo que as desigualdades entre os contratantes tendem a assumir uma dimensão coletiva, traduzindo-se em desigualdades entre categorias econômicas. No caso do consumidor, porém, esta categoria é por demais ampla numa sociedade caracterizada, precisamente, pela onipresença do consumo. Por outras palavras, não parece constitucionalmente consistente tratar todos os consumidores de forma igual. Afinal, isto representaria, sob o pretexto de uma maior justiça, um verdadeiro retrocesso da teoria contratual, um retorno à mística das categorias abstratas e redutoras. Hoje, ao contrário, avulta a importância da criação de 'padrões de diferenciação'" (Teresa Negreiros, *Teoria do Contrato. Novos paradigmas*. Rio de Janeiro: Renovar, 2002, p. 199).

Embora a vulnerabilidade seja absoluta (todo consumidor é vulnerável, segundo presunção legal), é possível analisar a existência ou não de vulnerabilidade para fins de determinar a aplicação do CDC. Ou seja, ausente a vulnerabilidade, pode ser que estejamos diante de uma relação empresarial, e não diante de uma relação de consumo. É a análise da vulnerabilidade que permite superar – como veremos adiante – a distinção entre as teorias maximalista e minimalista, protegendo os mais fracos naquelas relações desprovidas de paridade, buscando estabelecer o equilíbrio material entre as prestações.

No Brasil – como veremos mais à frente, no Capítulo IV, tópico 6 –, a situação de vulnerabilidade da pessoa física (consumidora) é presumida, ao passo em que a vulnerabilidade da pessoa jurídica (consumidora) deverá ser demonstrada no caso concreto. Isso não colide com a afirmação que fizemos de que todos os consumidores são vulneráveis. Se a vulnerabilidade da pessoa jurídica não for demonstrada, pode ser que estejamos diante de uma relação empresarial, e não de consumo.

Veremos, também, mais adiante – ao analisarmos o conceito de destinatário final – que é a presença da vulnerabilidade que, em certos casos, diferencia a relação de consumo da relação empresarial. Com base nesses argumentos, o STJ – no final de 2010 e na linha de vários precedentes (REsp 1.010.834, Rel. Min. Nancy Andrighi, 3ª T, DJ 13/10/10) – reconheceu que a aquisição de máquina de bordar por pessoa física (costureira), que utiliza o bem para sobrevivência própria e da família, demonstra sua vulnerabilidade econômica. Considerou-a, portanto, consumidora, anulando a cláusula de eleição de foro que dificultava seu acesso ao Judiciário (sobre cláusula de eleição de foro em contrato de adesão, Capítulo XVII, 3).

A vulnerabilidade do consumidor fundamenta e perpassa várias decisões relativas ao direito do consumidor. Em determinado acórdão o STJ reconheceu a existência de publicidade "duplamente abusiva" (por ser dirigida a crianças e haver, no caso, venda casada; estudaremos adiante ambos os temas). O julgado assentou: "A hipótese dos autos caracteriza publicidade duplamente abusiva. Primeiro, por se tratar de anúncio ou promoção de venda de alimentos direcionada, direta ou indiretamente, às crianças. Segundo, pela evidente *venda casada*, ilícita em negócio jurídico entre adultos e, com maior razão, em contexto de marketing que utiliza ou manipula o universo lúdico infantil (art. 39, I, do CDC). *In casu*, está configurada a venda casada, uma vez que, para adquirir/comprar o relógio, seria necessário que o consumidor comprasse também 5 (cinco) produtos da linha *Gulosos*" (STJ, REsp 1.558.086, Rel. Min. Humberto Martins, 2ª T, DJe 15/04/2016). O ministro Herman Benjamin sublinhou a relevância do julgado da construção desse precedente em razão da vulnerabilidade das crianças, caracterizando-se como abusiva a publicidade dirigida – direta ou indiretamente – ao público infantil. O ministro destacou: "O julgamento de hoje é histórico e serve para toda a indústria alimentícia. O STJ está dizendo: acabou e ponto final". O pano de fundo do julgado diz respeito à relação entre alimentos ultraprocessados, personagens lúdicos e crianças, numa sociedade em que a obesidade é epidemia cada vez mais preocupante.

Aliás, em 2020, o STJ afirmou com clareza ser abusiva a publicidade de alimentos direcionada, de forma explícita ou implícita, a crianças (STJ, REsp 1.613.561, Rel. Min. Herman Benjamin, 2ª T, DJe 01/09/2020). Assim, se a criança, no mercado de consumo, não exerce atos jurídicos em seu nome e por vontade própria – por lhe faltar poder de consentimento –, tampouco deve ser destinatária de publicidade que, desconsiderando essa realidade notória, a incita a agir como se plenamente capaz fosse.

Em demanda envolvendo direito da concorrência, não há presunção de vulnerabilidade da parte autora, não se justificando a inversão automática do ônus da prova determinada pelo art. 38 do CDC (STJ, REsp 1.866.232, Rel. Min. Paulo Sanseverino, 3ª T, DJe 23/03/2023). A inversão automática do ônus da prova, argumentou o tribunal, está fundada no pressuposto de vulnerabilidade do consumidor, especialmente no que diz respeito à publicidade, com o objetivo de garantir a igualdade material e de reforçar a sua proteção, inclusive no acesso à justiça.

O STJ decidiu que a teoria do desvio produtivo não se aplica ao direito civil, mas apenas ao direito do consumidor. Por que? Porque apenas no direito do consumidor há situação de vulnerabilidade que justifique a aplicação da teoria (STJ, REsp 2.017.194, Rel. Min. Nancy Andrighi, 3ª T, DJe 27/10/2022).

1.1 Vulnerabilidade digital

Cabe uma breve palavra sobre a vulnerabilidade digital.

Algoritmos e códigos-fonte têm, no século XXI, função cada vez maior de regular comportamentos. Não é exagero dizer que vivemos uma vida governada por algoritmos. Todos sabem que os dados pessoais são atualmente um inegável ativo econômico, com usos potencialmente infinitos e rentáveis. E não se tem aqui uma crítica aos assombrosos avanços tecnológicos atuais (seria uma crítica inútil). Trata-se, isso sim, de buscar compatibilizar esses avanços com os direitos fundamentais, algo nem sempre fácil. Em relação à proteção de dados pessoais, a legislação brasileira (LGPD) incentiva um tratamento de dados à luz de boas práticas e, sobretudo, com foco na atuação preventiva. O gestor de banco de dados que disponibiliza para terceiros o acesso aos dados do cadastrado que somente poderiam ser compartilhados entre bancos de dados – como as informações cadastrais – deve responder objetivamente pelos danos morais causados ao cadastrado, em observância aos 42 e 43, II, da LGPD (STJ, REsp 2.133.261, Rel. Min. Nancy Andrighi, 3ª T, DJe 10/10/2024).

Em matéria de dados pessoais, a assimetria – de poder e de informação – entre controladores de dados e cidadãos é geralmente gritante. O tratamento de dados é imenso e contínuo na esfera dos contratos digitais de adesão, bastando lembrar que qualquer compra pela internet o consumidor costuma fornecer dados pessoais como nome, endereço, CPF, números de cartões de crédito, dentre outros. De toda forma, não há antinomia entre a LGPD e o Código de Defesa do Consumidor. Pelo contrário, ambos os (relevantíssimos) diplomas convergem na dimensão interpretativa, e devem ser objeto de avanços concretos importantes, a partir do diálogo das fontes.

Convém lembrar que os avanços e as necessidades sociais tornam o conceito de vulnerabilidade essencialmente mutável e flexível. Em outras palavras: vulnerabilidade não é um conceito estático, mas dinâmico. Não é um conceito definitivo, mas em evolução. Não é um conceito fechado, mas aberto. Os contextos e as especificidades do caso concreto serão sempre relevantes. Os maiores ou menores níveis de vulnerabilidade, desde que caracterizados em determinada situação, autorizam respostas jurídicas diferenciadas do direito do consumidor. Hoje, vivendo como vivemos em sociedades velozes e hiperconectadas, a vulnerabilidade adquiriu mais um perfil, a *vulnerabilidade digital*, bastando lembrar que os titulares de dados pessoais são muitas vezes vulneráveis ou hipervulneráveis.

Talvez caiba ainda uma brevíssima reflexão sobre a inteligência artificial.

A tecnologia relativa à inteligência artificial começou a ser desenvolvida na década de 50 do século passado. O termo "Inteligência Artificial" foi cunhado pelo pesquisador John McCarthy, que ao lado de outros cientistas idealizou uma conferência que durou dois meses em Hanover, realizada pelo Dartmouth College, no qual temas e discussões seminais floresceram.

Porém a IA "somente passou a se desenvolver, definitivamente, a partir do início do século XXI, com a evolução da *Internet* e dos microprocessadores, com a redução de custos de armazenagem de dados (em nuvem) e com a criação de novos algoritmos, ressurgindo em um período que os cientistas chamam de primavera. É durante esse período que as redes neurais ganham evidência. Assim, a IA passou por profunda evolução nos últimos anos devido às técnicas de aprendizado automático desenvolvidas, que passaram a usufruir do aumento da disponibilidade de dados, dos sensores e da capacidade de processamento" (BORGES, Gustavo Silveira; GRAMINHO, Vivan Maria Caxambu. Inteligência artificial e direitos humanos: interfaces regulatórias e os desafios. BARBOSA, Mafalda Miranda; BRAGA NETTO, Felipe; SILVA, Michael César; FALEIROS JR, José Luiz de Moura (Coords). *Direito Digital e Inteligência Artificial. Diálogos entre Brasil e Europa.* Indaiatuba: Foco, 2021, p. 581. TEIXEIRA, João Fernandes Teixeira. *Inteligência artificial*: uma odisseia da mente. São Paulo: Paulus, 2013).

Ninguém se atreve a negar quão fortes são os impactos da IA nas dinâmicas sociais atuais. Trata-se de algo que está profundamente vinculado à nossa (atual) vida diária, ainda que nem sempre percebamos. A IA possui vasta conectividade e pode tomar decisões de forma muita rápida. É uma ferramenta com extraordinária capacidade de gestão, com potenciais notáveis, únicos (a lista de usos ocuparia muitas páginas, citemos apenas alguns: aplicativos variados de celular, operações bancárias, veículos, aviação, navegação, drones, medicina, educação, serviços de segurança, robôs industriais, operações na bolsa, turbinas eólicas, e até armas autônomas letais).

Não é exagero afirmar que a IA, hoje, salva vidas nas múltiplas aplicações possíveis (pensemos na medicina, na aviação, em mecanismos variados de segurança).

Aliás, a IA atinge hoje campos que sequer imaginamos (basta lembrar que a bola da Copa do Mundo de 2022 possuía sensores que enviavam dados 500 vezes por segundo para 26 antenas ao redor do campo, tudo comandado pela inteligência artificial). As funcionalidades algorítmicas são inestimáveis, assim negativas como positivas, cabendo ao direito reprimir umas e promover outras. Tradicionalmente o direito costuma regular as relações sociais olhando para trás, para a tradição – mesmo diante das tecnologias. Acontece que isso não pode ser feito diante de tecnologias disruptivas. O direito, para permanecer relevante, precisa se adaptar dinamicamente às novas realidades.

É certo que em muitos casos os algoritmos causam danos (esses danos podem derivar de falhas de transparência, em outros está embutida no próprio sistema, isto é, faz parte da chamada aprendizagem profunda, *deep learning*). Esse é um aspecto que nós, leigos, temos dificuldade de compreender (cabe lembrar aqui a frase de Eliezer Yudkowsky: "O maior perigo da IA é concluir muito cedo que você a compreende"). Os sistemas, mesmo sem que tenham sido programados para isso, melhoram a própria performance, aprendem à medida que são expostos a um maior número de conexões e desafios. Eles se aperfeiçoam. Basta lembrar que não há atualmente campeão (humano) de xadrez que possa vencer o computador. Outro exemplo possível é o do antigo jogo *Go*. Programadores elaboraram o *AlphaGo* (um programa criado para jogar o jogo *Go*), porém sem que tivesse sido estabelecido cada passo que o computador deveria seguir. O computador não apenas aprendeu as regras do jogo, mas foi além: conseguiu derrotar, em 2016, Lee Sedol, o campeão do jogo até então.

Outra dimensão relevante da IA que pode ser potencializada é sua função de inclusão. Em relação às pessoas com deficiência, por exemplo, são inestimáveis as possibilidades (e os usos que já existem hoje) de melhora de vida, de acesso, de comunicação, que essas ferramentas possuem. O que se busca, aqui, como sempre, é uma vida digna – com qualidade e maior independência. O futuro trará o uso dos algoritmos produzindo efeitos também nas dimensões existenciais do ser humano.

É inegável que a IA faz e fará parte de nossas vidas, de modo profundo. A questão é compatibilizar isso com princípios éticos e respeito aos direitos fundamentais.

2. TRANSPARÊNCIA

O dever de agir com transparência permeia o CDC. A Política Nacional das Relações de Consumo busca, dentre outros objetivos, assegurar a transparência nestas relações (art. 4º). Conduta transparente é conduta não ardilosa, conduta que não esconde, atrás do aparente, propósitos pouco louváveis. O CDC, prestigiando a boa-fé, exige transparência dos atores do consumo, impondo às partes o dever de lealdade recíproca, a ser concretizada antes, durante e depois da relação contratual. Cabe frisar, como veremos adiante, que "as cláusulas que implicarem limitação de direito do consumidor deverão ser redigidas com destaque, permitindo sua imediata e fácil compreensão" (CDC, art. 54, § 4º).

São inúmeros os desdobramentos concretos do princípio da transparência. Apenas para exemplificar, diga-se que o titular do cartão de crédito, independentemente do recebimento das faturas mensais, pode acionar judicialmente a administradora de cartão de crédito, objetivando receber a prestação de contas dos encargos que lhe são cobrados. (STJ, REsp 457.055, Rel. Min. Jorge Scartezzini, 4ª T, DJ 11/12/06).

Assim, se é informado ao consumidor, no momento da contratação, que a taxa de juros seria de 2,3% ao mês, é abusiva a conduta da instituição financeira que deixa em branco, no contrato escrito, a cláusula referente aos juros remuneratórios, cobrando-a em patamar muito superior ao acordado (4,07%). As peculiaridades do caso demonstram a má-fé, o que autoriza à repetição em dobro, nos termos do art. 42, parágrafo único, do CDC (STJ, AgRg no REsp 977.341, Rel. Min. Luis Felipe Salomão, 4ª T, DJ 28/10/11).

O STJ reconheceu que "o direito à informação, abrigado expressamente pelo art. 5º, XIV, da Constituição Federal, é uma das formas de expressão concreta do Princípio da Transparência, sendo também corolário do Princípio da Boa-fé Objetiva e do Princípio da Confiança, todos abraçados pelo CDC" (STJ, REsp 586.316, Rel. Min. Herman Benjamin, 2ª T, DJ 19/03/09). Nas relações de consumo, a obrigação de exibir a documentação comum às partes decorre de imposição do CDC, não se submetendo a exigência de prévio requerimento administrativo, sob pena de desrespeito à boa-fé objetiva (STJ, AgRg no REsp 1.280.173, Rel. Min. Paulo de Tarso, 3ª T, DJ 05/10/12).

A transparência veda, entre outras condutas, que o fornecedor se valha de cláusulas dúbias ou contraditórias para excluir direitos do consumidor. As seguradoras de veículos, por exemplo, reiteradamente tentavam se eximir do pagamento das indenizações alegando que os danos pessoais, previstos nos contratos, não compreenderiam os danos morais. A jurisprudência do STJ, porém, nunca aceitou tal tese. Posteriormente a matéria foi sumulada: "O contrato de seguro por danos pessoais compreende os danos morais, salvo cláusula expressa de exclusão". (STJ, Súmula 402). Além do mais, não podemos esquecer que "as cláusulas contratuais serão interpretadas de maneira mais favorável ao consumidor" (CDC, art. 47). Voltaremos ao ponto mais adiante.

Conforme também adiante veremos, é do credor, e não do devedor, o ônus da baixa da indicação do nome do consumidor em cadastro de proteção ao crédito, em virtude do que dispõe o CDC, art. 43, § 3º (STJ, AgRg no Ag 1.373.920, Rel. Min. Luis Salomão, 4ª T, DJ 28/05/12). Aliás, o próprio CDC, art. 73, tipifica como crime a não correção imediata de informações inexatas acerca de consumidores constantes em bancos de dados. Percebemos, portanto, em vários dispositivos, que a transparência tem importância singular no sistema de consumo.

Cabe ainda mencionar que a teoria da aparência tem sido crescentemente invocada em julgados relativos às relações de consumo. Ela, entre outras funções, faz com que os deveres de boa-fé, cooperação, transparência e informação alcancem todos os fornecedores, diretos ou indiretos, principais ou auxiliares, enfim todos aqueles que, aos olhos do consumidor, participem da cadeia de fornecimento (STJ, REsp 1.077.911,

Rel. Min. Nancy Andrighi, 3ª T, DJ 14/10/11). Por exemplo, na contratação do seguro, o corretor age, aos olhos do consumidor, como se fosse a própria seguradora.

Talvez seja interessante, neste tópico relativo à transparência, dizer algo a respeito do chamado *credit scoring*. Trata-se, a rigor, de um cálculo de risco de crédito usado pelas empresas. Verificam, desse modo, os fornecedores, por meio de um mecanismo de pontuação, a probabilidade de inadimplência do consumidor. As empresas não precisam do consentimento prévio do consumidor para formar esse cadastro nem para acessá-lo. Estimava-se que cerca de 100 mil ações, na justiça brasileira, discutiam esse tema. O STJ, por sua Segunda Seção, entendeu válido o sistema *score* de crédito. O consumidor poderá, no entanto, segundo o STJ, solicitar os dados que foram usados para compor o cálculo de sua pontuação. Outrossim, é ilícito, obviamente, qualquer registro de dados discriminatórios. Os princípios da transparência, em seu grau máximo, e a tutela da privacidade é que devem orientar as soluções na matéria.

No sentido que mencionamos, o STJ esclareceu que "o sistema de *credit scoring* é um método desenvolvimento para avaliação do risco de concessão de crédito, a partir de modelos estatísticos, considerando diversas variáveis, com atribuição de uma pontuação ao consumidor avaliado (nota do risco de crédito)" (STJ, REsp 1.419.697, Segunda Seção, Rel. Min. Paulo de Tarso, DJ 17/11/2014). Trata-se, segundo o STJ, de prática comercial lícita. Porém, o desrespeito aos limites legais na utilização do sistema *credit scoring*, poderá configurar ilícito civil (abuso de direito, à luz do art. 187 do Código Civil), ensejando responsabilidade objetiva e solidária. Nesse caso, responderão o fornecedor do serviço, o responsável pelo banco de dados, a fonte e o consulente (art. 16 da Lei nº 12.414/2011) pela ocorrência de danos morais nas hipóteses de utilização de informações excessivas ou sensíveis (art. 3º, § 3º, I e II, da Lei nº 12.414/2011), bem como nos casos de comprovada recusa indevida de crédito pelo uso de dados incorretos ou desatualizados (STJ, REsp 1.419.697). Em suma, o *credit scoring* é uma prática lícita, segundo o STJ. Apenas eventuais abusos podem perfazer danos indenizáveis. A questão foi, posteriormente, sumulada, nos seguintes termos: "A utilização de escore de crédito, método estatístico de avaliação de risco que não constitui banco de dados, dispensa o consentimento do consumidor, que terá o direito de solicitar esclarecimentos sobre as informações pessoais valoradas e as fontes dos dados considerados no respectivo cálculo" (STJ, Súmula 550). Por outro lado, é ilícita a conduta do banco que transfere, sem autorização expressa do correntista, recursos deste para investimento incompatível com seu perfil de investidor (STJ, REsp 1.326.592, Rel. Min. Luis Salomão, 4ª T, DJe 06/08/2019).

No final de dezembro de 2018, foi publicada a Lei n. 13.786, que cuida dentre outros pontos da aquisição de imóveis negociados na planta. Prevê que "os contratos de compra e venda, promessa de venda, cessão ou promessa de cessão de unidades autônomas integrantes de incorporação imobiliária serão iniciados por quadro-resumo, que deverá conter: I – o preço total a ser pago pelo imóvel; II – o valor da parcela do preço a ser tratada como entrada, a sua forma de pagamento, com destaque para o valor pago à vista, e os seus percentuais sobre o valor total do contrato; III – o valor referente à corretagem, suas condições de pagamento e a identificação precisa de seu beneficiário; IV – a forma de pagamento do preço, com indicação clara dos valores e vencimentos das parcelas; V – os índices de correção monetária aplicáveis ao contrato e, quando houver pluralidade de índices, o período de aplicação de cada um; VI – as consequências do desfazimento do contrato, seja por meio de distrato, seja por meio de resolução contratual motivada por inadimplemento de obrigação do adquirente ou do incorporador, com destaque negritado para as penalidades aplicáveis e para os prazos para devolução de valores ao adquirente; VII – as taxas de juros eventualmente aplicadas, se mensais ou anuais, se nominais ou efetivas, o seu período de incidência e o sistema de amortização; VIII – as informações acerca da possibilidade do exercício, por parte do adquirente do imóvel, do direito de arrependimento previsto no art. 49 do Código de Defesa do Consumidor, em todos os contratos firmados em estandes de vendas e fora da sede do incorporador ou do estabelecimento comercial; IX – o prazo para quitação das obrigações pelo adquirente após a obtenção do auto de conclusão da obra pelo incorporador; X – as informações acerca dos ônus que recaiam sobre o imóvel, em especial quando o vinculem como garantia real do financiamento destinado à construção do investimento; XI – o número do registro do memorial de incorporação, a matrícula do imóvel e a identificação do cartório de registro de imóveis competente; XII – o termo final para obtenção do auto de conclusão da obra (habite-se) e os efeitos contratuais da intempestividade prevista no art. 43-A desta Lei".

A lei prevê ainda que identificada a ausência de quaisquer das informações previstas no parágrafo anterior, será concedido prazo de 30 (trinta) dias para aditamento do contrato e saneamento da omissão, findo o qual, essa omissão, se não sanada, caracterizará justa causa para rescisão contratual por parte do adquirente. E destaca que a efetivação das consequências do desfazimento do contrato referidas no inciso VI antes citado dependerá de anuência prévia e específica do adquirente a seu respeito, mediante assinatura junto a essas cláusulas, que deverão ser redigidas conforme o disposto no § 4º do art. 54 do CDC. O parágrafo citado, que estudaremos mais à frente, afirma: "As cláusulas que implicarem limitação de direito do consumidor deverão ser redigidas com destaque, permitindo sua imediata e fácil compreensão". Se a compra de imóvel na planta foi anterior à Lei n. 13.786/2018, esta, segundo o STJ, não incidirá. Se, nessa hipótese, houver atraso na entrega do imóvel, não havendo previsão contratual de multa para o vendedor (apenas previsão de multa para o adquirente do imóvel, caso este esteja inadimplente), esta previsão contratual também será considerada para a fixação da indenização pelo inadimplemento do vendedor (STJ, REsp 1.631.485, Rel. Min. Luis Salomão, Segunda Seção, DJe 25/06/2019). As obrigações heterogêneas (obrigações de fazer e de dar) serão convertidas em dinheiro, por arbitramento judicial.

Um último ponto a respeito da Lei n. 13.786/2018: ela previu que nas vendas de imóveis na planta o contrato deverá trazer informações acerca da possibilidade do exercício, por parte do adquirente do imóvel, do direito de arrependimento previsto no art. 49 da CDC. Isso se aplica a todos os contratos firmados em estandes de vendas e fora da sede do incorporador ou do estabelecimento comercial. O art. 49 do CDC – que adiante estudaremos – traz o *direito de desistência imotivada*, por parte do consumidor, isto é, o consumidor pode desistir da compra sem que precise alegar ou provar qualquer motivo, desde que a contratação de produtos ou serviços ocorra fora do estabelecimento comercial.

A Lei n. 14.010/2020 previu que entre 12 de junho a 30 de outubro de 2020 ficou suspensa a aplicação do art. 49 do CDC na hipótese de entrega domiciliar (*delivery*) de produtos perecíveis ou de consumo imediato e de medicamentos (Lei n. 14.010, art. 8º). A previsão normativa ocorreu por conta da pandemia, mas a verdade é que a pandemia se estendeu *para além* de 30 de outubro de 2020. De toda forma, trata-se de previsão de pouquíssima relevância, sem praticamente nenhum alcance social (ninguém usa a hipótese para alimentos, evidentemente; cremos que muito raramente para medicamentos).

3. INFORMAÇÃO

A informação é fundamental no sistema de consumo. O princípio da informação biparte-se em núcleo normativo dúplice: a) direito de ser informado e b) dever de informar. Na verdade, toda norma jurídica, ao incidir, cria relação jurídica em que se um dos polos da relação tem direitos subjetivos, no outro alguém terá os correlatos deveres. Informação falha ou defeituosa gera responsabilidade. A omissão de informação pode caracterizar publicidade enganosa. É dever do fornecedor fazer chegar ao consumidor, de forma simples e acessível, as informações relevantes relativas ao produto ou serviço. Desse modo, o "Código de Defesa do Consumidor assegura, expressamente, ao consumidor o direito à informação correta, clara e precisa do preço dos produtos, inclusive para os casos de pagamento via cartão de crédito" (STJ, REsp 81.269).

Estabelece o CDC que o consumidor tem direito "a informação adequada e clara sobre os diferentes produtos e serviços, com especificação correta de quantidade, características, composição, qualidade e preço, bem como sobre os riscos que apresentem" (CDC, art. 6º, III). Na mesma linha, o art. 8º – cuidando dos produtos e serviços colocados no mercado de consumo – obriga "os fornecedores, em qualquer hipótese, a dar as informações necessárias e adequadas a seu respeito". Por exemplo, a discriminação, na fatura de serviços telefônicos, das ligações além da franquia, quando solicitada pelo consumidor, é atualmente obrigatória (STJ, REsp 103.62.84, Rel. Min. Teori Zavascki, 1ª T, DJ 17/04/08). Estudaremos, adiante, no Capítulo XI, as publicidades enganosa e abusiva (ambas vedadas pelo CDC). É enganosa a publicidade televisiva que omite o preço e a forma de pagamento do produto, condicionando a obtenção dessas informações à realização de ligação telefônica tarifada (STJ, REsp 1.428.801, Rel. Min. Humberto Martins, DJ 13/11/2015).

Em 2020 o STJ enfatizou que o fornecedor de produtos ou serviços não pode prestar informação por etapas, aos poucos. Informação disjuntiva, prestada em etapas, configura publicidade enganosa (violando os princípios da vulnerabilidade, da boa-fé objetiva, da transparência e da confiança). Esclarecimentos posteriores ou complementares desconectados do conteúdo principal da oferta (informação disjuntiva, material ou temporalmente) não servem para exonerar ou mitigar a enganosidade ou abusividade (STJ, REsp 1.802.787, Rel. Min. Herman Benjamin, 2ª T, DJe 11/09/2020). O tribunal enfatizou ainda que, de acordo com o art. 31, *caput*, do CDC, a obrigação de informação – com maior razão a que possa atingir pessoas de baixa renda – exige, do fornecedor, comportamento eficaz, pró-ativo e leal. O CDC rejeita tanto a regra *caveat emptor* como a subinformação, as patologias do silêncio total e parcial.

A regra do *caveat emptor* – completamente ultrapassada nas relações de consumo atuais – impõe, não ao fornecedor, mas ao consumidor os riscos relativos às informações sobre o produto e serviço (seria o consumidor que deveria se esforçar para obtê-las, e não seria dever do fornecedor disponibilizá-las com clareza). Antes disso o STJ já havia frisado que "amontoado de letrinhas ao pé de página de publicação ou quadro televisivo) afronta não só o texto inequívoco e o espírito do CDC, como agride o próprio senso comum, sem falar que converte o dever de informar em dever de informar-se, ressuscitando, ilegitimamente e *contra legem*, a arcaica e renegada máxima do *caveat emptor* (= o consumidor que se cuide)" (STJ, AgRg no AgRg no REsp 1.261.824, Rel. Min. Herman Benjamin, 2ª T, DJe 09/05/2013).

São muitas as reflexões que o dever de informar impõe no direito privado atual. Por exemplo, a publicidade feita por influenciadores digitais se tornou algo natural e amplamente comum. O que nos parece inaceitável – no caso dos influenciadores digitais – é que eles promovam qualquer produto ou serviço *sem informar que receberam contrapartida financeira para isso*. Essa conduta, pouco transparente e até maliciosa, torna-os solidariamente responsável por eventuais danos, pois viola deveres de informação e agride, de modo mais amplo, a boa-fé objetiva. O público não sabe que está diante de uma publicidade e muitos deles – vulneráveis ou hipervulneráveis – são amplamente sujeitos a consumir o que os influenciadores dizem usar. Em dezembro de 2022 um grupo de investidores dos EUA propôs ação coletiva contra celebridades como o jogador brasileiro Neymar e a cantora Madonna por promoverem uma coleção de NFTs (tokens não fungíveis) *Bored Ape Yatch Club* os tokens sem revelar que teriam recebido incentivo financeiro por esse trabalho. A petição inicial, de 94 páginas, aponta tuítes de Neymar em que o jogador afirma "Eu sou um Ape!", sem mencionar os incentivos recebidos. O tuíte teve cerca de 190 mil curtidas, 11 mil comentários e 13 mil retuítes.

Os *digital influencers*, em nossa visão, respondem objetivamente em duas situações: a) por não informar, com total clareza, que a veiculação de informações sobre determinado produto ou serviço é resultado de publicidade paga, isto é, eles receberam um patrocínio para divulgar aquele produto ou serviço (princípio da identificação da informação publicitária); ou b) por deixar de observar um dever mínimo de cuidado (oriundo da boa-fé objetiva) em relação ao caráter fraudulento do produto ou serviço que anunciam. Enfim, se há indícios de que os *influencers* sabem ou deveriam saber que determinado produto ou serviço lesa clientes de modo reiterado, há violação do dever de cuidado oriundo da boa-fé objetiva. O abuso de direito (Código Civil, art.187), de índole objetiva, pode ser invocado como argumento normativo de reforço. Voltaremos ao tema no capítulo relativo à publicidade nas relações de consumo.

São muitas as consequências que a jurisprudência costuma extrair da ausência de informação – efetiva e adequada – ao consumidor. Por exemplo, "a indenização securitária é devida quando ausente a comunicação prévia do segurado acerca do atraso no pagamento do prêmio por constituir requisito essencial para suspensão ou resolução do contrato de seguro" (STJ, Súmula 616). Ou seja, mesmo que o segurado atrase o pagamento, o contrato de seguro não será suspenso ou cancelado sem que tenha havido, antes, a prévia comunicação do consumidor a respeito. Em outro campo temático – este relativo à responsabilidade civil médica, que trataremos no final do capítulo VII – podemos dizer que a autodeterminação do paciente só pode ser verdadeiramente exercida se as informações prestadas forem específicas para o caso do paciente, e não genéricas. O consentimento também não pode ser genérico. Dessa forma, "haverá efetivo cumprimento do dever de informação quando os esclarecimentos se relacionarem especificamente ao caso do paciente, não se mostrando suficiente a informação genérica. Da mesma forma, para validar a informação prestada, não pode o consentimento do paciente ser genérico (*blanket consent*), necessitando ser claramente individualizado" (STJ, REsp 1.540.580, Rel. Min. Luis Felipe Salomão, 4ª T, DJe 04/09/2018). O STJ, nos termos descritos, entendeu que a inobservância do dever de informar e de obter o consentimento informado do paciente viola o direito à autodeterminação e caracteriza responsabilidade extracontratual.

Aliás, na visão tradicional, dos séculos passados, o paciente não era visto propriamente como sujeito, mas como objeto dos serviços de saúde. Isso obviamente mudou, cada vez mais se fortalecem as dimensões existenciais de proteção do paciente como sujeito, sobretudo no que diz respeito à sua autodeterminação.

A propósito, as operadoras de planos de saúde têm a obrigação de informar individualmente a seus segurados o descredenciamento de médicos e hospitais. É o que entende o STJ. Do contrário, teríamos a situação – infelizmente comum – de lamentável surpresa de quem, ao buscar atendimento de urgência, é informado de que o hospital não é mais conveniado. A relatora assentou: "No que tange especificamente às operadoras de plano de saúde, o STJ já decidiu estarem elas obrigadas ao cumprimento de uma boa-fé qualificada, ou seja, uma boa-fé que pressupõe os deveres de informação" (STJ, REsp 1.144.840, Rel. Min. Nancy Andrighi, 3ª T, 2012). O STJ já consignou, por mais de uma vez, que informação adequada é aquela "completa, gratuita e útil". O CDC, ademais, art. 46, estabelece que o contrato não obriga o consumidor se ele não tiver chance de tomar prévio conhecimento de seu conteúdo.

Em determinado caso, o consumidor contratou plano de previdência e pecúlio – em 1995 – tendo pago as prestações mensalmente até seu falecimento em 2014. Durante quase 20 anos, a instituição informou-lhe periodicamente o valor do benefício devido, além de reajustar anualmente o valor das prestações mensais que o consumidor deveria pagar. Porém, quando chegou o momento de adimplir sua obrigação, a instituição afirmou haver equívoco na informação prestada ao longo de quase duas décadas, argumentando que o valor informado não atenderia ao equilíbrio atuarial. Trata-se de caso clássico de violação aos deveres de bem informar, agredindo a boa-fé objetiva e as legítimas expectativas do consumidor. Nesse sentido decidiu o STJ: "As entidades de previdência privada devem observar o equilíbrio atuarial ao estabelecer os planos de previdência oferecidos no mercado, equilibrando, de um lado, as contribuições mensais dos aderentes, de outro, os benefícios a serem pagos. Entretanto, a existência de erro de cálculo atuarial insere-se no risco do negócio e não pode servir de escudo para subtrair da entidade de previdência o dever de pagar ao beneficiário a indenização informada na contratação. A informação equivocada prestada de forma reiterada ao consumidor vincula o prestador de serviço, uma vez que a opção do consumidor de se manter vinculado ao contrato é também periodicamente reiterada a partir dessas informações" (STJ, REsp 1.966.034, Rel. Min. Raul Araújo, 4ª T, 01/08/2022).

O dever de informar será mais severamente analisado quando disser respeito a produtos cujo uso possa pôr em risco a integridade física do consumidor. Dispõe, nesse sentido, o art. 9º do CDC: "O fornecedor de produtos e serviços potencialmente nocivos ou perigosos à saúde ou segurança deverá informar, de maneira ostensiva e adequada, a respeito da sua nocividade ou periculosidade, sem prejuízo da adoção de outras medidas cabíveis em cada caso concreto". Nesse contexto, empresa que comercializa e veicula publicidade de cerveja "sem álcool", com amplo destaque, não pode, em letras minúsculas, informar que a cerveja, na verdade, tem álcool, só que em quantidade menor que 0,5% (STJ, AgRg nos EDcl no AREsp 259.903, Rel. Min. Herman Benjamin, DJ 25/09/2014). Inexiste, porém, obrigação legal de se inserir nos rótulos dos vinhos informações acerca da quantidade de sódio ou de calorias presentes no produto (STJ, 1.605.498, Rel. Min. Villas Bôas Cueva, DJ 18/10/2016).

O STJ já decidiu que informação adequada, nos termos do art. 6º, III, do CDC, é aquela que se apresenta simultaneamente completa, gratuita e útil, vedada, neste último caso, a diluição da comunicação efetivamente relevante pelo uso de informações soltas, redundantes ou destituídas de qualquer serventia para o consumidor (STJ, REsp 586.316, Rel. Min. Herman Benjamin, 2ª T, DJ 19/03/09). Se ao fornecedor fosse dado esconder a informação útil (porém potencialmente contrária aos interesses comerciais do fornecedor) no meio de uma multidão de informações inúteis, esvaziado estaria o direito subjetivo do consumidor de ser informado com clareza e exatidão. A informação enganosa é aferida objetivamente, sendo irrelevante a existência, ou não, de dolo do fornecedor. Assim, "a configuração da publicidade enganosa, para fins civis, não exige a intenção (dolo) de iludir, disfarçar ou tapear, nem mesmo culpa, pois se está em terreno no qual imperam juízos alicerçados no princípio da boa-fé objetiva" (STJ, AgRg no AgRg no REsp 1.261.824, Rel. Min. Herman Benjamin, 2 T, DJe 09/05/2013).

A jurisprudência precisou alguns pontos relevantes. A obrigação de informação (CDC, art. 31) é desdobrada em quatro categorias, ligadas entre si: a) informação-conteúdo (características intrínsecas do produto e serviço), b) informação-utilização (como se usa o produto ou serviço), c) informação-preço (custo, formas e condições de pagamento), e d) informação-advertência (riscos do produto ou serviço). O STJ, nessa linha, exige uma postura positiva do fornecedor no que se refere ao dever de informação. Isso significa que o dever de informar existe mesmo que o produto possa causar malefícios ainda que apenas a uma parcela minoritária da população – como, por exemplo, no dever de informar que o produto contém glúten (STJ, REsp 586.316, Rel. Min. Herman Benjamin, 2ª T, DJ 19/03/09). O cumprimento do dever da informação deve ser analisado *a partir da situação em concreto, não em abstrato*, examinando-se o consumidor e as informações que lhe foram passadas. Ainda se a transmissão da informação foi adequada e eficiente, atendendo aos deveres anexos da boa-fé objetiva, do dever de colaboração e de respeito ao consumidor (STJ, REsp 1.660.164, Rel. Min. Marco Bellizze, 3ª T, DJe 23/10/2017; REsp 1.349.188, Rel. Min. Luis Salomão, 4ª T, DJe 22/06/2016). Nos contratos que regulam as relações de consumo, o consumidor só se vincula às disposições neles inseridas se lhe for dada a oportunidade de conhecimento prévio do seu conteúdo (CDC, art. 46), notadamente em relação às cláusulas que importem restrição de direitos.

O STJ, decidiu que o fornecedor de alimentos deve complementar a informação-conteúdo "contém glúten" com a informação-advertência de que o glúten é prejudicial à saúde dos consumidores com doença celíaca. O STJ decidiu que "para que a informação seja correta, clara e precisa, torna-se necessária, portanto, a integração jurídica entre a Lei do Glúten (lei especial) e o Código de Defesa do Consumidor (lei geral), pois, em matéria de fornecimento de alimentos e medicamentos, ainda mais a consumidores hipervulneráveis, não se pode contentar com o *standard* mínimo e sim com o *standard* mais completo possível" (STJ, EREsp 1.515.895, Rel. Min. Humberto Martins, DJ 27/09/2017). Trata-se, cremos, de exagero (cremos altamente improvável que alguém, diagnosticado com a doença celíaca, ciente do diagnóstico – que seria o único caso em que o aviso teria importância – não saiba que a ingestão de glúten é prejudicial à saúde dos portadores de doença celíaca). Deixando claro nossa opinião: acreditamos que a informação-conteúdo "contém glúten" nas embalagens dos alimentos é, sem dúvida, extremamente relevante, mas não o acréscimo imposto pelo STJ em 2017. Cremos que, em certos temas importantes, o STJ tem retrocedido na proteção aos consumidores, e em outros (como esse, em nossa opinião) excede-se, infantilizando a figura do consumidor.

Por exemplo, a propósito das letras minúsculas – tantas vezes usadas em variadas formas de publicidade – o STJ, em 2017, lamentavelmente decidiu que a previsão de tamanho mínimo de fonte em contratos de adesão estabelecido no art. 54, § 3º, do CDC não é aplicável ao contexto das ofertas publicitárias (STJ, REsp 1.602.678, 3ª T, DJ 31/05/2017).

As circunstâncias definirão, à luz das particularidades do caso, se houve falha no dever de bem informar. O médico que não esclarece devidamente acerca dos riscos da cirurgia responde pelos danos daí advindos: "Responsabilidade civil. Cirurgia para redução de mamas. Paciente obesa. Examinada a prova dos autos pelo Acórdão recorrido, com a indicação de que faltou o médico com o dever de informação sobre os riscos da cirurgia, ainda mais tratando-se de paciente obesa, com sua ausência durante o pós-operatório que teve complicações, aliada à falta de prova de ter a autora exercido atividade que teria causado problema e, ainda, inexistente prova da especialização do médico para a execução do tipo de cirurgia realizada." (STJ, REsp 332.025, Rel. Min. Menezes Direito, 3ª T, DJ 05/08/02).

O STJ decidiu que no caso em que, nas informações divulgadas por plano de saúde aos seus usuários, determinado hospital particular figure como instituição credenciada sem ressalvas, se o usuário optar pela realização de tratamento contratado e disponibilizado pelo aludido hospital, a operadora do plano será obrigada a custeá-lo, ainda que o serviço seja prestado em parceria com instituição não credenciada, cuja unidade de atendimento funcione nas dependências do hospital, sendo irrelevante o fato de haver, na mesma localidade, outras instituições credenciadas para o mesmo tipo de tratamento de saúde (STJ, REsp 1.613.644, Rel. Min. Ricardo Villas Bôas Cueva, DJ 30/9/2016).

De igual modo "a ausência de informação sobre a existência de tampinhas com defeito de impressão, capaz de retirar o direito ao prêmio, configura-se como publicidade enganosa por omissão regida pelo Código de Defesa do Consumidor" (STJ, REsp 327.257, Rel. Min. Nancy Andrighi, 3ª T, DJ 16/11/04). Do mesmo modo, a falta de acesso à informação suficiente e adequada sobre os créditos existentes no bilhete eletrônico utilizado pelo consumidor para o transporte público, notadamente quando essa informação foi garantida pelo fornecedor em propaganda por ele veiculada, viola o disposto nos arts. 6º, III e 30 do CDC (STJ, REsp 1.099.634, Rel. Min. Nancy Andrighi, 3ª T, DJ 15/10/12). A propósito do direito à informação, o STJ decidiu que o cancelamento de voos sem razões técnicas ou de segurança claras perfaz prática abusiva. Quando tais cancelamentos ocorrerem, o consumidor deverá ser informado por escrito e de modo justificado, havendo descumprimento do dever de informação quando isso não ocorrer (STJ, REsp 1.469.087, Rel. Min. Humberto Martins, DJ 17/11/2016). Ainda a respeito das práticas abusivas, o STJ considerou ser abusiva a prática comercial consistente no cancelamento – unilateral e automático – de um dos trechos da passagem aérea, sob a justificativa de não ter o passageiro se apresentado para embarque no voo antecedente (STJ, 1.595.731, DJ 01/08/2018). A situação é comum. O passageiro adquire as passagens aéreas de ida de volta conjuntamente. Por uma razão qualquer, não comparece na viagem de ida (se atrasa, digamos, e outra passagem para ir depois, certo de que terá assegurada a passagem de volta). A companhia aérea, porém, habitualmente cancelava a passagem de volta, diante do não comparecimento na viagem de ida (*no show*). O STJ, a partir de 2018, considerou essa abusiva essa prática. Voltando à questão específica da informação, o STJ consignou ser "abusivo o reajuste de plano de saúde pelo índice que melhor atende aos interesses do fornecedor, sem que se acorde ou se dê ao consumidor qualquer informação a respeito do critério adotado" (STJ, AgRg no Ag 10.873.91, 3ª T, Rel. Min. Sidnei Benetti, DJ 05/05/09). Lembrando que no tópico 16 do capítulo XII trazemos, reunidos, todos os aspectos jurisprudenciais relevantes relativos aos planos de saúde.

No caso célebre do anticoncepcional Microvlar – conhecido como o "episódio das pílulas de farinha" – cartelas de comprimido sem o princípio ativo (placebos) foram utilizadas para testar as máquinas. Acontece, porém, que tais cartelas chegaram ao mercanto, engravidaram, embora estivessem tomando o anticoncepcional. A jurisprudência entendeu que o produto as colocou em risco e há "responsabilidade decorrente do desrespeito ao dever de informação" (STJ, REsp 866.636, Rel. Min. Nancy Andrighi, 3ª T, DJ 06/12/07). Em outro caso o STJ aumentou a indenização que um laboratório pagará ao espólio de paciente que desenvolveu compulsão por jogos ao usar remédio para tratamento de *Parkinson*. A paciente dilapidou todo o seu patrimônio (perdendo mais de 1 milhão de reais) em decorrência do efeito colateral do medicamento – que não constava da bula na época em que ele foi utilizado. A compulsão terminou assim que o uso contínuo do medicamento foi suspenso (hoje a bula do medicamento alerta sobre essa possibilidade). O tribunal ressaltou que, no caso de medicamentos, o fabricante tem o dever de informar sobre o risco inerente ao seu uso, à luz do art. 9º do CDC – cuja violação caracteriza defeito do produto e gera a responsabilidade objetiva do fornecedor. Assim, "o fato de um medicamento causar efeitos colaterais ou reações adversas, por si só, não configura defeito do produto se o usuário foi prévia e devidamente informado e advertido sobre tais riscos inerentes, de modo a poder decidir, de forma livre, refletida e consciente, sobre o tratamento que lhe é prescrito, além de ter a possibilidade de mitigar eventuais danos que venham a ocorrer" (STJ, REsp 1.774.372).

Vemos, dessa forma, em inúmeras situações, que a informação – se parcial ou incompleta, frustrando o serviço prometido – responsabiliza civilmente o fornecedor. Citemos um exemplo. Passageira boliviana que comprou bilhete aéreo para conhecer a França e, lá chegando, teve seu ingresso negado por não possuir visto consular. A empresa de transporte aéreo não a alertou sobre a necessidade do visto. O STJ, julgando esse caso, frisou: "Além de claras e precisas, as informações prestadas pelo fornecedor devem conter as advertências necessárias para alertar o consumidor a respeito dos riscos que, eventualmente, podem frustrar a utilização do serviço contratado" (STJ, REsp 988.595, Rel. Min. Nancy Andrighi, 3ª T, DJ 09/12/09).

A empresa aérea foi condenada a pagar vinte mil reais por compensação moral, em razão da viagem frustrada. Lembremos ainda que de acordo com o § 2º do art. 20 do CDC, consideram-se impróprios aqueles serviços que se mostram inadequados para os fins que razoavelmente deles se esperam. A verificação daquilo que o consumidor pode razoavelmente esperar está intimamente ligada ao dever de informação, cuja positivação foi explicitada no inciso III do art. 6º do CDC.

Em hipótese parecida, pelo menos em parte – cuja caracterização do dano nos parece mais clara que a anteriormente descrita –, o STJ condenou agência de turismo a indenizar consumidores em razão de não ter informado sobre a necessidade de visto internacional para uma *conexão de voo*. Houve, assim, segundo o STJ, defeito do serviço – na forma do art. 14 do CDC. Os passageiros vinham dos Estados Unidos para o Brasil, porém o voo fazia conexão no Canadá. Os passageiros precisavam, assim, de visto de trânsito – que não tinham nem foram informados sobre sua necessidade pela agência de turismo, onde compraram pessoalmente as passagens, inclusive com dicas de viagem e marcação dos assentos de voo (STJ, REsp 1.562.700, Rel. Min. Paulo de Tarso, 3ª T, DJ 15/12/2016). Trata-se, de fato, de exigência especial, peculiar, que deveria ter sido previamente informada aos consumidores.

Cabe registrar que o CDC foi alterado, na parte que dispõe sobre os direitos básicos do consumidor (CDC, art. 6º, III). A nova redação é a seguinte: "São direitos básicos do consumidor: III – a informação adequada e clara sobre os diferentes produtos e serviços, com especificação correta de quantidade, características, composição, qualidade, tributos incidentes e preço, bem como sobre os riscos que apresentem". A única alteração, a rigor, foi a inclusão da expressão "tributos incidentes".

A lei que efetuou essa modificação – Lei nº 12.741, de dezembro de 2012 – dispõe no art. 1º: "Emitidos por ocasião da venda ao consumidor de mercadorias e serviços, em todo território nacional, deverá constar, dos documentos fiscais ou equivalentes, a informação do valor aproximado correspondente à totalidade dos tributos federais, estaduais e municipais, cuja incidência influi na formação dos respectivos preços de venda". Trata-se, não há dúvida, de poderosa ferramenta prática para concretizar o princípio da informação. Sobretudo num país como o Brasil, cuja carga tributária, desproporcionalmente alta, não encontra contrapartida nos serviços públicos prestados. O descumprimento dessa lei sujeitará o infrator às sanções administrativas previstas nos arts. 56 e seguintes do CDC.

Ainda de acordo com o princípio da informação, o STJ tem entendido que as instituições financeiras devem utilizar o sistema braille na confecção dos contratos bancários de adesão e todos os demais documentos fundamentais para a relação de consumo estabelecida com o indivíduo portador de deficiência visual. Assim, "deve-se, pois, propiciar ao consumidor nessas condições, não um tratamento privilegiado, mas sim diferenciado, na medida de sua desigualdade, a propiciar-lhes igualdade material de tratamento" (STJ, REsp 1.315.822, Rel. Min. Marco Aurélio Bellizze, 3ª T, DJ 16/04/2015). Frisou-se ainda que a obrigatoriedade de confeccionar em braille os contratos bancários de adesão e todos os demais documentos fundamentais à relação de consumo, afigura-se medida razoável, impondo à instituição financeira encargo próprio de sua atividade, adequado e proporcional à finalidade perseguida, traduzido no direito de informação do consumidor.

Ainda em relação aos bancos, mas em outro contexto, decidiu-se que as instituições bancárias que transferem, sem autorização expressa, recursos do correntista para modalidade de investimento incompatível com o perfil do investidor devem ser responsabilizadas por danos materiais e morais porventura causados com a operação (STJ, REsp 1.326.592, Rel. Min. Luis Salomão, 4ª T, DJe 06/08/2019). Além de agir por conta própria, o banco não esclareceu o consumidor de forma adequada e clara sobre os riscos da operação. A proteção contra práticas abusivas, assim como o direito à informação, é direito básico do consumidor, cuja manifesta vulnerabilidade (técnica e informacional) impõe a defesa da qualidade do seu consentimento, bem como a vedação da ofensa ao equilíbrio contratual. O CDC no art. 39, em rol exemplificativo, elenca algumas condutas que perfazem abusos, dentre elas fornecer ou executar serviços sem a solicitação prévia ou autorização expressa do consumidor (CDC, art. 39, III e VI). Nesse contexto, não se pode – sobretudo em relações de consumo – pretender atribuir ao silêncio do consumidor (em um dado decurso de tempo) o mesmo efeito jurídico previsto no Código Civil (cujo art. 111 supõe nesses casos a anuência ou aceitação tácita). Nas relações de consumo isso só seria possível se fosse "prática habitual" entre as partes.

Decidiu-se em 2022 que constitui dever da instituição de ensino a informação clara e transparente acerca do curso ofertado, orientando e advertindo seus alunos acerca da separação entre bacharelado e licenciatura (STJ, AgInt no REsp 1.738.996,

Rel. Min. Paulo Sanseverino, 3ª T, DJe 02/06/2022). Reconheceu-se, no caso, haver vulnerabilidade técnica e informacional dos consumidores e falha na prestação do serviço, pois o curso de licenciatura fora prestado com a incorreta informação no sentido de que permitiria ao profissional o pleno exercício de suas funções, inclusive em clubes e academias. Cabe lembrar, ainda a respeito do princípio da informação, que o STJ editou súmula destacando que "as instituições de ensino superior respondem objetivamente pelos danos suportados pelo aluno/consumidor pela realização de curso não reconhecido pelo Ministério da Educação, sobre o qual não lhe tenha sido dada prévia e adequada informação" (Súmula 595). Ainda a propósito da educação, convém lembrar que a garantia constitucional de gratuidade de ensino não impede, segundo o STF, que as universidades públicas cobrem mensalidades em cursos de especialização (STF, RE 597.854, Rel. Min. Edson Fachin, 26/04/2017).

O STJ condenou por danos morais coletivos empresa que vendia sardinha em lata com peso diferente do anunciado na embalagem. O interesse tutelado guarda relação aos deveres de confiança, boa-fé e informação. O dano moral coletivo é categoria autônoma de dano que traduz violação injusta e intolerável de valores fundamentais titularizados pela coletividade (grupos, classes ou categorias de pessoas). O dano moral coletivo, segundo a relatora, cumpre três funções: 1) proporcionar reparação indireta à lesão de um direito extrapatrimonial essencial da coletividade; 2) sancionar o ofensor; e 3) inibir condutas ofensivas a esses direitos transindividuais. O STJ entende que o dano nesses casos é *in re ipsa*, ou seja, é presumido, independe de prova de prejuízo específico (STJ, REsp 1.586.515, Rel. Min. Nancy Andrighi, 3ª T, DJ 29/05/2018). O dano moral coletivo é categoria autônoma de dano que traduz violação injusta e intolerável de valores fundamentais titularizados pela coletividade (grupos, classes ou categorias de pessoas). A alienação de terrenos a consumidores de baixa renda em loteamento irregular, tendo sido veiculada publicidade enganosa sobre a existência de autorização do órgão público e de registro no cartório de imóveis, configura lesão ao direito da coletividade e dá ensejo à indenização por dano moral coletivo (STJ, REsp 1.539.056, Rel. Min. Luis Salomão, 4ª T, 06/04/2021).

O STJ, em 2020, mudou o entendimento sobre a *taxa de conveniência* em venda de ingressos pela internet. Passou a entender que a cobrança de taxa de conveniência na venda de ingressos pela internet só é abusiva quando se verifica o descumprimento do dever de informação na fase pré-contratual. O STJ, no julgado, manteve a condenação da empresa de venda *on-line* de ingressos apenas no tocante à obrigação de incluir em seus anúncios o preço total da compra, com destaque para o valor da taxa de conveniência, sob pena de ser obrigada a restituir tal quantia ao consumidor, sem prejuízo de eventual fixação de multa. Convém conferir o julgado: "Validade da intermediação, pela internet, da venda de ingressos para eventos culturais e de entretenimento mediante cobrança de *taxa de conveniência*, desde que o consumidor seja previamente informado o preço total da aquisição do ingresso, com o destaque do valor da *taxa de conveniência*" (STJ, EDcl no REsp 1.737.428, Rel. p/ acórdão Paulo Sanseverino, DJe 19/11/2020).

Adiante estudaremos os bancos de dados e cadastros de consumidores. Por enquanto cabe informar que em 2023 o STJ decidiu que a notificação do consumidor acerca da inscrição de seu nome em cadastro restritivo de crédito exige o prévio envio de correspondência ao seu endereço, sendo vedada a notificação exclusiva por meio de e-mail ou mensagem de texto de celular (SMS) (STJ, REsp 2.056.285, Rel. Min. Nancy Andrighi, 3ª T, DJe 27/04/2023). Porém, posteriormente, o STJ – pela sua 4ª turma – decidiu de modo diferente: "É válida a comunicação escrita, conforme prevê o art. 43, § 2º, do CDC, enviada por carta ou e-mail, para fins de notificação do consumidor acerca da inscrição de seu nome em cadastro de inadimplentes, desde que os dados do consumidor sejam fornecidos pelo credor ao órgão mantenedor do cadastro de inadimplentes" (STJ, REsp 2.158.450, 4ª T, Rel. Min. João Otávio de Noronha, j. 10/12/2024). O STJ decidiu ainda que a data de vencimento dos títulos protestados deve ser inserida no banco de dados das instituições mantenedoras de cadastros de inadimplentes, como a Serasa. A medida ajuda a assegurar a precisão das informações e garantir o controle do prazo de manutenção dos registros negativos, que é de cinco anos a partir do vencimento da dívida, conforme o artigo 43, parágrafo 1º, do CDC (STJ, REsp 2.095.414, Rel. Min. Carlos Ferreira, 4ª T, DJe 18/06/2024).

4. SEGURANÇA

Ao fornecedor cabe assegurar que os produtos ou serviços postos no mercado de consumo sejam seguros, não causem danos, de qualquer espécie, aos consumidores. O CDC tem várias normas a respeito. O art. 6º, tratando dos direitos básicos do consumidor, estabelece a "proteção da vida, saúde e segurança contra os riscos provocados por práticas no fornecimento de produtos e serviços considerados perigosos ou nocivos". O art. 8º, a seu turno, consigna: "Os produtos e serviços colocados no mercado de consumo não acarretarão riscos à saúde ou segurança dos consumidores, exceto os considerados normais e previsíveis em decorrência de sua natureza e fruição, obrigando-se os fornecedores, em qualquer hipótese, a dar as informações necessárias e adequadas a seu respeito". A Lei n. 13.486/2017 inseriu o § 2º no art. 8º do CDC, dispondo que "o fornecedor deverá higienizar os equipamentos e utensílios utilizados no fornecimento de produtos ou serviços, ou colocados à disposição do consumidor, e informar, de maneira ostensiva e adequada, quando for o caso, sobre o risco de contaminação".

Em abril de 2012, um garoto, depois de cair de bicicleta, foi levado a um hospital em Belo Horizonte. Lá, ao se preparar para uma tomografia, ao invés de receber um anestésico para tomar, foi-lhe dado, por engano, um ácido via oral. Houve queimaduras de terceiro grau, na boca, na garganta e no esôfago. Em casos assim, o hospital responde objetivamente, isto é, sem culpa (discutiremos adiante a questão da culpa). Em casos semelhantes, aliás, a culpa é tão patente que mesmo que a responsabilidade fosse subjetiva o resultado seria o mesmo.

O art. 10 prescreve que o "fornecedor não poderá colocar no mercado de consumo produto ou serviço que sabe ou deveria saber apresentar alto grau de nocividade ou periculosidade à saúde ou segurança".

Se o dano ocorrer, a responsabilidade, dele advinda, será objetiva – conforme adiante veremos –, não necessitando da prova de culpa do fornecedor. O CDC, no art. 12, § 1º, esclarece em que hipótese podemos considerar determinado produto como sendo defeituoso: "O produto é defeituoso quando não oferece a segurança que dele legitimamente se espera, levando-se em consideração as circunstâncias relevantes, entre as quais: I – sua apresentação; II – o uso e os riscos que razoavelmente dele se esperam; III – a época em que foi colocado em circulação". Também não é defeituoso o produto em virtude da colocação de outro, de melhor qualidade, no mercado. Cuidaremos do tema, com detalhes, no tópico relativo à teoria dos riscos do desenvolvimento.

São muitas as situações em que as falhas de segurança (de produtos ou serviços) causam danos aos consumidores. E essas situações mudam com o tempo, inclusive com os avanços tecnológicos. Na hipótese de roubo do aparelho celular, a instituição financeira responde pelos danos decorrentes de transações realizadas por terceiro por meio do aplicativo do banco. No caso, alguém teve seu celular roubado e, logo depois, informou o fato ao banco, solicitando o bloqueio de operações via PIX. No entanto, o banco não atendeu à solicitação e o criminoso efetuou operações por meio do aplicativo instalado no aparelho celular. A não implementação das providências cabíveis configura defeito na prestação dos serviços bancários por violação do dever de segurança. O ato praticado pelo infrator não caracteriza fato de terceiro, mas sim fortuito interno, porquanto inerente à atividade desempenhada pela instituição financeira (STJ, REsp 2.082.281, Rel. Min. Nancy Andrighi, 3ª T, DJe 21/11/2023).

É fundamental frisar que o fornecedor de produtos ou serviços que, posteriormente à sua introdução no mercado de consumo, tiver conhecimento da periculosidade que apresentam deverá comunicar o fato imediatamente às autoridades competentes e aos consumidores, mediante anúncios publicitários (CDC, art. 10, § 1º). Os anúncios publicitários em questão devem ser veiculados na imprensa, rádio e televisão, às expensas do fornecedor do produto ou serviço (CDC, art. 10, § 2º). Cabe ainda lembrar ser dever da União, dos Estados, Distrito Federal e Municípios informar aos consumidores sempre que tiverem conhecimento da periculosidade de produtos ou serviços à saúde ou segurança deles (CDC, art. 10, § 3º). Importante observar que o art. 10, § 1º, não traz hipótese de excludente de responsabilidade civil do fornecedor. Isto é, ainda que ele comunique o fato (periculosidade do produto, posteriormente à colocação no mercado) às autoridades e aos consumidores mediante anúncios publicitários, ainda assim responderá pelos danos causados pelo produto ou serviço.

Percebe-se, portanto, que o CDC (art. 10, § 1º) prevê o chamado *recall* (chamamento). Os consumidores são convocados, através de anúncios publicados na imprensa, para comparecer perante o fornecedor, evitando acidentes de consumo. Digamos, por exemplo, que determinado modelo de veículo – como efetivamente ocorreu – apresenta, em seu porta-malas, um mecanismo cujo fechamento pode decepar os dedos dos usuários. Tão logo percebido o problema, é dever do fornecedor realizar o *recall*, convocando e alertando, o mais cedo possível, os consumidores. Se, por exemplo, em acidente de carro a baixíssima velocidade a abertura do *air bag* causa graves lesões no rosto do consumidor, haverá dever de indenizar, sendo certo que o dano fugiu daquilo que seriam as expectativas normais e legítimas em relação ao uso do produto (STJ, REsp 1.656.614, Rel. Min. Nancy Andrighi, 3ª T, DJ 02/06/2017).

Lembremos – a propósito dos serviços públicos – que os "usuários têm direito ao serviço público adequado, assim entendido aquele que satisfaz as condições de regularidade, continuidade, eficiência, segurança, atualidade, generalidade, cortesia na sua prestação e modicidade das tarifas (Lei 8.987/95, arts. 6º, § 1º, e 7º, I)" (STJ, REsp 655.130, Rel. Min. Denise Arruda, 1ª T, DJ 28/05/07). A presença, por exemplo, de animais nas rodovias, coloca em risco a segurança dos usuários, respondendo as concessionárias pelo defeito na prestação do serviço (serviço que lhes é outorgado pelo Poder Público). (STJ, REsp 687.799, Rel. Min. Aldir Passarinho Júnior, 4ª T, DJ 30/11/09). Motorista que fica paraplégico em razão de acidente em rodovia sob o regime de pedágio, causado por falha do serviço (tronco de madeira na pista), sofre dano moral, arbitrado em trezentos mil reais (STJ, AgRg no AREsp 25.260, Rel. Min. Sidnei Beneti, 3ª T, DJ 29/06/12).

Tão forte é a orientação da responsabilidade objetiva (que adiante veremos) nas relações de consumo que o fabricante de produtos responde mesmo nas situações em que a culpa foi exclusivamente de terceiro, se esse terceiro está inserido na cadeia de fornecimento, de modo amplo. Houve caso, por exemplo, em que produto alimentício destinado para bebês foi exposto em gôndola de supermercado com prazo de validade vencido. Bebês que foram alimentados com o produto sofreram gastroenterite aguda, com sérios riscos à saúde. O responsável pela colocação do produto com prazo de validade vencida não foi, por certo, o fabricante, mas o comerciante. Ainda assim, ambos (e não só o comerciante) respondem pelos danos, ante o vício de segurança. Desse modo, "o comerciante e o fabricante estão inseridos no âmbito da cadeia de produção e distribuição, razão pela qual não podem ser tidos como terceiros estranhos à relação de consumo. A eventual configuração da culpa do comerciante que coloca à venda produto com prazo de validade vencido não tem o condão de afastar o direito do consumidor de propor ação de reparação pelos danos resultantes da ingestão da mercadoria estragada em face do fabricante" (STJ, REsp 980.860, Rel. Min. Nancy Andrighi). Decidiu-se, posteriormente, que eventual configuração da culpa do comerciante (conservação imprópria de produto, por exemplo) não afasta o direito do consumidor de propor, contra o fabricante, ação indenizatória, pelos danos que sofreu com a ingestão da mercadoria estragada (STJ, AgRg no AREsp 265.586, Rel. Min. Bôas Cueva, DJ 25/09/2014).

Estudaremos no capítulo VII os danos morais nas relações de consumo. Podemos adiantar, em conexão com o tema da segurança, que o STJ entende haver dano moral na hipótese em que o produto alimentício é consumido – ainda que parcialmente – em condições impróprias, especialmente quando apresenta situação de insalubridade, oferecendo risco à saúde ou à incolumidade física. Assim, são devidos danos morais na hipótese de criança que tomou iogurte com inseto (STJ, REsp 1.828.026, Rel. Min. Nancy Andrighi, 3ª T, DJe 12/09/2019). Aliás, o julgado foi além: "A aquisição de produto de gênero alimentício contendo em seu interior corpo estranho, expondo o consumidor a risco concreto de lesão à sua saúde e segurança, ainda que não ocorra a ingestão de seu conteúdo, dá direito à compensação por dano moral, dada a ofensa ao direito fundamental à alimentação adequada, corolário do princípio da dignidade da pessoa humana". Hipótese em que há defeito do produto (CDC, art. 12), que expõe o consumidor a risco concreto de dano à sua saúde e segurança, violando o disposto no art. 8º do CDC.

A propósito do tema da segurança – entendida de modo amplo –, o STJ, em 2017, decidiu que o motorista embriagado que se envolver em acidente com morte pode ser excluído da cobertura do seguro. O voto frisou que "ainda que não haja intenção de agravar o risco por parte do segurado, há prática intencional de ato que leva despercebidamente ao mesmo resultado, uma vez que a conduta torna a realização do risco previsível. Comportar-se de maneira a agravar o risco, principalmente, quando o próprio contrato dispõe que tal comportamento importa na exclusão da cobertura, é violação manifesta ao princípio da boa-fé" (STJ, REsp 1.441.620, Rel. Min. Nancy Andrighi, 3ª T, j. 01/09/2017).

Convém lembrar que os seguros de responsabilidade estipulam o dever, por parte da seguradora, de garantir o pagamento a terceiros por danos causados pelo segurado. Nesse contexto, atualmente, a ingestão de álcool, seguida da condução de veículo, gera em desfavor do segurado uma presunção de agravamento do risco que pode dar causa à exclusão de cobertura de apólice de seguro. Nesses casos, também há um deslocamento para o segurado do ônus de comprovar que eventual dano não foi causado pelo estado de embriaguez. O art. 787 do Código Civil, segundo o STJ, deve ser interpretado em conjunto com o art. 768, que dispõe que o segurado perderá o direito à cobertura se agravar intencionalmente os riscos do contrato.

Há cerca de 15 anos alertávamos que a jurisprudência anterior – que garantia ao segurado o direito à indenização devida pela seguradora mesmo se o acidente tivesse sido provado por motorista bêbado – iria mudar, mais dia, menos dia. Era apenas uma questão de tempo. O STJ, portanto, alterou sua jurisprudência em relação ao acidente causado por motorista bêbado, no que se refere à cobertura do seguro de veículos. Antes, por muitas décadas, entendia-se que as seguradoras deveriam pagar as indenizações, mesmo diante da embriaguez do condutor do carro. Hoje, porém – como era fácil prever –, a situação se alterou. Em julgados de 2017 o STJ tem afirmado que "a direção do veículo por um condutor alcoolizado já representa agravamento essencial do risco avençado, sendo lícita a cláusula do contrato de seguro de automóvel que preveja, nessa situação, a exclusão da cobertura securitária" (STJ, REsp 1.485.717). O tribunal argumentou ainda com o princípio da boa-fé, concluindo que a conduta em questão frustra a justa expectativa das partes na execução do seguro, rompendo com deveres anexos do contrato, como os de fidelidade e cooperação. Em outro julgado se ponderou ser "legítima a cláusula que exclui cobertura securitária na hipótese de dano causado por segurado dirigir em estado de embriaguez. A ingestão de álcool conjugada à direção viola a moralidade do contrato de seguro, por ser manifesta ofensa à boa-fé contratual" (STJ, REsp 1.441.620, DJ 23/10/2017). Do modo semelhante, "constatado que o condutor do veículo estava sob influência do álcool (causa direta ou indireta) quando se envolveu em acidente de trânsito – ônus probatório que compete à seguradora –, há presunção relativa de que o risco da sinistralidade foi agravado, a ensejar a aplicação da pena do art. 768 do CC/02" (STJ, AgInt no REsp 1.632.921, DJ 08/08/2017).

É preciso ter atenção para uma particularidade: a orientação acima exposta apenas se aplica aos seguros de veículos, não aos seguros de vida. Nesse último caso o STJ não admite que a embriaguez do condutor do veículo afaste o direito à indenização. Desse modo, "a embriaguez do segurado, por si só, não exime o segurador do pagamento de indenização prevista em contrato de seguro de vida, sendo necessária a prova de que o agravamento de risco dela decorrente influiu decisivamente na ocorrência do sinistro" (STJ, AgInt no AREsp 800.902, 3ª T, DJ 21/11/2017). No mesmo sentido (também em 2017): "Em se tratando de seguro de vida, esta Corte Superior decidiu que é vedada a exclusão de cobertura na hipótese de sinistros ou acidentes decorrentes de atos praticados pelo segurado em estado de insanidade mental, de alcoolismo ou sob efeito de substâncias tóxicas" (STJ, AgInt no ARE sp 1.110.339, 4ª T, DJ 09/10/2017). A questão foi sumulada em 2018: "A embriaguez do segurado não exime a seguradora do pagamento da indenização prevista em contrato de seguro de vida" (STJ, Súmula 620). Nos seguros de pessoas, é vedada a exclusão de cobertura na hipótese de sinistros ou acidentes decorrentes de atos praticados pelo segurado em estado de insanidade mental, de alcoolismo ou sob efeito de substâncias tóxicas (STJ, REsp 1.999.624, Rel. Acd. Min. Raul Araújo, Segunda Seção, 28/09/2022).

Outra particularidade que pede menção: a embriaguez do condutor não afasta o dever da seguradora de indenizar terceiro vítima do acidente. O STJ, em dezembro de 2018, afirmou que "deve ser dotada de ineficácia para terceiros" a cláusula do contrato que exclui da cobertura securitária a hipótese de acidente de trânsito causado por embriaguez do segurado ou da pessoa a quem ele tenha confiado a direção do veículo. "Solução contrária puniria não quem concorreu para a ocorrência do dano, mas as vítimas do sinistro, as quais não contribuíram para o agravamento do risco" (STJ, REsp 1.738.247, Rel. Min. Villas Bôas Cueva, 3ª T, 19/12/2018). O tribunal frisou que já havia adotado o entendimento segundo o qual a direção por condutor alcoolizado, seja o segurado ou outro motorista, já representa agravamento do risco contratado, tornando lícita a exclusão de cobertura securitária. No entanto, o caso dos autos não se refere à reparação ao próprio segurado, mas à cobertura de responsabilidade civil, também presente nos seguros de automóvel. Para chegar a essa conclusão, o STJ, de modo explícito, se valeu da função social do contrato.

Outro aspecto importante – também relativo ao contrato de seguro, mas sob outro enfoque – é que, segundo o STJ, o segurado que, devido às ameaças de morte feitas pelo criminoso a ele e à sua família, deixou de comunicar prontamente o roubo do seu veículo à seguradora não perde o direito à indenização securitária (art. 771 do CC). (STJ, REsp 1.546.178, Rel. Min. Villas Bôas, DJ 19/09/2016). Qualquer outra interpretação a respeito do tema, obviamente, fugiria da razoabilidade.

Em relação ao dano moral – e também em relação à segurança na prestação de serviços (e nas expectativas que os consumidores podem ter em relação a isso) –, cabe chamar atenção para certos aspectos que frequentemente não são observados.

Julgando caso de furto de veículo ocorrido durante o estacionamento em via pública (estacionamento realizado pelo manobrista da empresa), o STJ decidiu: "O empresário assume o dever de custódia e vigilância dos veículos de seus clientes. Risco da atividade" (STJ, AgRg no REsp 74.422, Rel. Min. Sidnei Beneti, 3ª T, DJ 01/02/2012). A jurisprudência do STJ tem realizado, em relação aos serviços de manobristas (*valet parking*), a seguinte diferenciação: a) em caso de furto dos veículos estacionados pelos manobristas, a empresa responde civilmente (STJ, AgRg no REsp 74.422, acima citado); b) em caso de roubo, ainda que o veículo esteja sob a responsabilidade e guarda da empresa, ela não responderá. Entende-se, nesse segundo caso, que "no serviço de manobristas de rua (*valets*), as hipóteses de roubo constituem, em princípio, fato exclusivo de terceiro, não havendo prova da concorrência do fornecedor, mediante defeito na prestação do serviço, para o evento danoso". Continua o acórdão: "Reconhecimento pelo acórdão recorrido do rompimento do nexo causal pelo roubo praticado por terceiro, excluindo a responsabilidade civil do restaurante fornecedor do serviço do manobrista (art. 14, § 3º, II, do CDC)" (STJ, REsp 1.321.739, Rel. Min. Paulo de Tarso Sanseverino, 3ª T, DJ 10/09/2013). Não cremos que a distinção entre furto e roubo – categorias conceituais próprias do direito penal – possam ter relevância tão profunda em sede de responsabilidade civil. O correto, em ambos os casos, em nossa visão, seria responsabilizar a empresa, à luz do risco da atividade. Por que os riscos da atividade, no caso dos roubos nos shoppings, correm por conta da empresa, ao passo que os riscos da atividade, no caso das empresas de manobristas, correm por conta das vítimas? Há argumentos constitucionalmente consistentes para essa diferenciação? Convém sempre lembrar que o direito de danos dos nossos dias orienta-se fortemente no sentido da proteção prioritária da vítima do dano. Esperamos que a jurisprudência evolua para – em ambas as situações, roubo ou furto do veículo do consumidor em casos de *valets* – haja a responsabilização do prestador de serviços. Trata-se de risco da atividade.

Cabe registrar que em 2018 o STJ entendeu que a concessionária de transporte ferroviário pode responder por dano moral sofrido por passageira, vítima de assédio sexual, praticado por outro usuário no interior do trem (STJ, REsp 1.662.551, Rel. Min. Nancy Andrighi, 3ª T, DJe 25/06/2018). O STJ, porém, por sua quarta turma, decidiu posteriormente (também em 2018) que a CPTM (*Companhia Paulista de Trens Metropolitanos*) não deve indenizar passageira molestada em vagão (STJ, REsp 1.748.295, Rel. Min. Marco Buzzi, 4ª T). O tribunal entendeu que as empresas de transporte coletivo não têm responsabilidade diante de ato libidinoso cometido por terceiro contra passageira no interior do veículo. O entendimento que predominou no julgado foi no sentido de que "não há responsabilidade da empresa de transporte coletivo em caso de ilícito alheio e estranho à atividade de transporte, pois o evento é considerado caso fortuito ou força maior, excluindo-se, portanto, a responsabilidade da empresa transportadora".

Considera-se fortuito externo a queda de passageiro em via férrea de metrô, por decorrência de mal súbito, não ensejando o dever de reparação do dano por parte da concessionária de serviço público, mesmo considerando que não houve adoção, por parte do transportador, de tecnologia moderna para impedir o trágico evento (STJ,

REsp 1.936.743, Rel. Min. Luis Salomão, 4ª T, 14/06/2022). Cabe ressalvar que o caso é diverso daquele que foi solucionado pelo recurso repetitivo, e que não se adota o fundamento de culpa exclusiva da vítima da sentença, mas de fortuito externo, sem relação de causa e efeito com a organização do serviço.

Em relação ao princípio da segurança, o STJ, em 2021, destacou que em caso de falha de segurança nos estádios, as entidades responsáveis pela organização da competição, bem como seus dirigentes responderão solidariamente, independentemente da existência de culpa, pelos prejuízos causados ao torcedor (art. 19 do Estatuto de Defesa do Torcedor). O art. 14 do referido diploma é enfático ao atribuir à entidade de prática desportiva detentora do mando de jogo e a seus dirigentes a responsabilidade pela segurança do torce dor em evento esportivo (STJ, REsp 1.924.527, Rel. Min. Nancy Andrighi, 3ª T, DJe 17/06/2021). Assim, para surgir a responsabilidade da agremiação, é suficiente a comprovação do dano, da falha de segurança e do nexo de causalidade. Outro aspecto relevante frisado pelo acórdão foi que o local do evento esportivo não se restringe ao estádio ou ginásio, mas abrange também o seu entorno. Por essa razão, o clube mandante deve promover a segurança dos torcedores na chegada do evento, organizando a logística no entorno do estádio, de modo a proporcionar a entrada e a saída de torcedores com celeridade e segurança.

Ainda sobre o Estatuto do Torcedor, como dissemos, o dever de garantir a segurança do torcedor não se limita à convocação de força policial ao estádio (arts. 13 e 17). Há variadas medidas que devem ser adotadas – e que podem ser mais ou menos necessárias diante do caso concreto (não se pode comparar, obviamente, uma partida com pouquíssimo público com uma final de campeonato). O STJ em 2022 frisou: "No caso, o plano de ação, se houve, foi manifestamente falho, pois os torcedores do time visitante ficaram reclusos por quase uma hora, numa área pequena, protegida por muros provisórios, sem conforto ou informações, o que já caracteriza tratamento incompatível com aquele exigido pela norma. Além disso, a força policial presente não foi capaz de conter o tumulto causado pelo artefato e atuou de forma a gerar ainda mais confusão. Não se olvide que, nos termos do art. 13 da aludida lei de regência, o torcedor tem direito a segurança 'antes, durante e após a realização das partidas'. Importante ressaltar que o fato de a primeira bomba ter sido arremessada da parte externa do estádio não interfere no dever de indenizar, pois os danos ocorreram nas dependências da arena esportiva e o arremesso está inserido no contexto da partida de futebol e da rivalidade das torcidas, no âmbito, portanto, da atividade exercida pelo recorrente, cujo risco é tutelado pela norma. Quanto ao tema, a ministra Nancy Andrighi bem lembrou no voto do Recurso Especial 1.924.527/PR que a regulamentação e as políticas públicas de segurança de estádios preveem níveis de atuação das forças, incluindo, a par do ambiente interno, o perímetro externo da arena, ou seja, a área de entorno do estádio" (STJ, REsp 1.773.885, Rel. Min. Villas Bôas Cueva, 3ª T, 30/08/2022).

Decidiu-se em 2023 que a instituição financeira responde civilmente, caracterizando-se fortuito interno, nos termos do art. 14, § 3º, do CDC, quando descumpre o dever de segurança que lhe cabe e não obsta a realização de compras com cartão de crédito em estabelecimento comercial suspeito, com perfil de compra de consumidor que discrepa das aquisições fraudulentas efetivadas (STJ, REsp 1.728.279, Rel. Min. Raul Araújo, 4ª T, DJe 17/05/2023). De modo semelhante, a instituição financeira responde objetivamente por falha na prestação de serviços bancários ao permitir a contratação de empréstimo por estelionatário (STJ, REsp 2.052.228, Rel. Min. Nancy Andrighi, 3ª T, DJe 15/9/2023). Diante da obrigação de segurança que cabe aos fornecedores de serviços, é dever da instituição financeira verificar a regularidade e a idoneidade das transações realizadas pelos consumidores, desenvolvendo mecanismos capazes de dificultar fraudes perpetradas por terceiros, independentemente de qualquer ato dos consumidores.

Também em 2023 se decidiu que o *shopping center* e o estacionamento vinculado podem ser responsabilizados por defeitos na prestação do serviço não só quando o consumidor se encontra efetivamente dentro da área assegurada, mas também quando se submete à cancela para ingressar no estabelecimento comercial (STJ, REsp 2.031.816, Rel. Min. Nancy Andrighi, 3ª T, DJe 14/03/2023). Assim, mesmo que o roubo à mão armada contra o cliente do shopping ocorra na via pública, o shopping responde civilmente, se ocorre próximo à cancela de entrada. Seja entrando no shopping, seja saindo dele (STJ, REsp 1.269.691), o consumidor se encontra, de fato, na área de prestação do serviço oferecido pela empresa, gerando legítima expectativa de segurança.

5. EQUILÍBRIO NAS PRESTAÇÕES

Trata-se de vetor fundamental, cuja inobservância pode levar à anulação, seja de um negócio jurídico, seja de cláusula ou cláusulas específicas. O art. 4º, III, alude ao "equilíbrio nas relações entre consumidores e fornecedores". Mais adiante o art. 51, § 1º, III, estatui que se presume exagerada a vontade que se mostra excessivamente onerosa para o consumidor, considerando-se a natureza de contrato, o interesse das partes e outras circunstâncias peculiares ao caso.

Serão inválidas as disposições que ponham em desequilíbrio a equivalência entre as partes. Se o contrato situa o consumidor em situação inferior, com nítidas desvantagens, tal contrato poderá ter sua validade judicialmente questionada, ou, em sendo possível, ter apenas a cláusula que fere o equilíbrio afastada. O STJ, em 2019, através da Súmula 638, definiu ser "abusiva a cláusula contratual que restringe a responsabilidade de instituição financeira pelos danos decorrentes de roubo, furto ou extravio de bem entregue em garantia no âmbito de contrato de penhor civil".

A propósito da busca do equilíbrio, afirmou, há algum tempo, o STJ: "Se a economia globalizada não mais tem fronteiras rígidas e estimula e favorece a livre concorrência, imprescindível que as leis de proteção ao consumidor ganhem maior expressão em sua exegese, na busca do equilíbrio que deve reger as relações jurídicas, dimensionando-se, inclusive, o fator risco, inerente à competitividade do comércio e dos negócios mercantis, sobretudo quando em escala internacional, em que presentes empresas poderosas, multinacionais, com filiais em vários países, sem falar nas vendas hoje efetuadas pelo processo tecnológico da informática e no forte mercado consumidor que representa o nosso país" (STJ, REsp 63.981, Rel. Min. Sálvio de Figueiredo Teixeira, 4ª T, DJ 20/11/00).

Estabelece o CDC serem nulas de pleno direito (art. 51, IV) as cláusulas que estabeleçam obrigações iníquas, abusivas, que coloquem o consumidor em desvantagem exagerada, ou sejam incompatíveis com a boa-fé ou a equidade. A jurisprudência, a propósito, decidiu: "Não pode a estipulação contratual ofender o princípio da razoabilidade, e se o faz, comete abusividade vedada pelo art. 51, IV, do Código de Defesa do Consumidor. Anote-se que a regra protetiva, expressamente, refere-se a uma desvantagem exagerada do consumidor e, ainda, a obrigações incompatíveis com a boa-fé e a equidade" (STJ, REsp 158.728, Rel. Min. Carlos Alberto Menezes Direito, 3ª T, DJ 17/05/99).

Em 2022 se decidiu que o fato da empresa aérea não disponibilizar a opção de cancelamento pela internet configura prática abusiva, na forma do art. 39, V, do CDC, especialmente quando a ferramenta é disponibilizada ao consumidor no caso de aquisição/resgate de passagens (STJ, REsp 1.966.032, Rel. Min. Luis Salomão, 4ª T, DJe 09/09/2022). Tal conduta, além de ser desprovida de fundamento técnico ou econômico, evidencia a imposição de ônus excessivo ao consumidor, considerando a necessidade de seu deslocamento às lojas físicas da empresa (apenas aquelas localizadas nos aeroportos) ou a utilização do *call center*, medidas indiscutivelmente menos efetivas quando comparadas ao meio digital. Nesse passo, configurada a prática de conduta lesiva ao consumidor, não há que se falar em ingerência desmotivada na atividade empresarial.

Convém frisar que a cláusula penal inserta em contratos bilaterais, onerosos e comutativos deve se voltar aos contratantes indistintamente, ainda que redigida em favor de apenas uma das partes (STJ, REsp 1.119.740, Rel. Min. Massami Uyeda, 3ª T, DJ 13/10/11). Além disso, a cláusula penal não pode ultrapassar o conteúdo econômico da obrigação principal, cabendo ao magistrado, quando ela se tornar exorbitante, adequar o *quantum debeatur*, isto é, o valor devido a título de multa contratual. Decidiu-se, em sentido semelhante, ser abusiva a cláusula que estipula penalidade exclusivamente ao consumidor, para a hipótese de mora ou descumprimento contratual, não o fazendo em relação ao fornecedor em situações análogas (STJ, REsp 955.134, Rel. Min. Luis Felipe Salomão, 4ª T, DJ 29/08/12).

Decidiu-se, em outro contexto, que nos contratos de cartão de crédito é abusiva a previsão de cláusula-mandato que permita à operadora emitir título cambial contra o usuário do cartão (STJ, REsp 1.084.640, Rel. Min. Marco Muzzi, DJ 29/09/2015). Convém dizer que no Capítulo XVI faremos um breve resumo acerca dos cartões de crédito e débito, e suas repercussões jurisprudenciais nas relações de consumo. Embora o STJ já tenha entendido que caracteriza prática abusiva no mercado de consumo a diferenciação do preço do produto em função do pagamento ocorrer em dinheiro, cheque ou cartão de crédito (STJ, REsp 1.479.039, Rel. Min. Humberto Martins, DJ 16/10/2015), a questão tem hoje outra solução. A Lei n. 13.455/2017 autoriza a cobrança de preços diferentes se o pagamento é feito em dinheiro ou em cartão de crédito/débito. A referida lei dispõe que "fica autorizada a diferenciação de preços de bens e serviços oferecidos ao público em função do prazo ou do instrumento de pagamento utilizado". A lei determina, porém, que o fornecedor deve informar, em local e formato visíveis ao consumidor, eventuais descontos oferecidos em função do prazo ou do instrumento utilizado (dinheiro ou cartão, por exemplo).

O princípio do equilíbrio material entre as prestações, ou princípio da equivalência, apresenta-se como um dos princípios fundamentais do atual direito contratual. Aplicável não apenas às relações de consumo, mas as relações contratuais em geral: "Talvez uma das maiores características do contrato, na atualidade, seja o crescimento do princípio da equivalência. Esse princípio preserva a equação e o justo equilíbrio contratual, seja para manter a proporcionalidade inicial dos direitos e obrigações, seja para corrigir os desequilíbrios supervenientes, pouco importando que as mudanças de circunstâncias pudessem ser previsíveis. O que interessa não é mais a exigência cega de cumprimento do contrato, da forma como foi assinado ou celebrado, mas se sua execução não acarreta vantagem desproporcional para uma das partes e onerosidade excessiva para outra, aferíveis objetivamente, segundo as regras da experiência ordinária" (Paulo Lôbo, *"Transformações gerais do contrato"*, RTDC, vol. 16, out/dez 2003, p. 111).

Há, naturalmente, uma relativização do *pacta sunt servanda*, do princípio da força obrigatória dos contratos, em homenagem a um real equilíbrio material entre as prestações, considerados os princípios da boa-fé objetiva e da justiça contratual. Assim, a cláusula, em contrato de seguro-saúde, que restringe o transplante de órgãos é abusiva, acarretando desvantagem exagerada ao consumidor, que celebra o pacto justamente ante a imprevisibilidade da doença que poderá acometê-lo e para se precaver dos riscos daí decorrentes (STJ, REsp 105.3810, Rel. Min. Nancy Andrighi, 3ª T, DJ 15/03/10). De modo semelhante o STJ entendeu não ser válida a rescisão unilateral imotivada de plano de saúde coletivo empresarial por parte da operadora de plano de saúde em face de microempresa com apenas dois beneficiários (STJ, REsp 1.701.600, Rel. Min. Nancy Andrighi, 3ª T, DJe 09/03/2018). O STJ decidiu em 2019 que plano de saúde deve pagar despesas hospitalares de acompanhante de paciente idoso (STJ, REsp 1.793.840, Rel. Min. Villas Bôas Cueva, 3ª T, DJe 08/11/2019). Frisou ainda que o Estatuto da Pessoa Idosa é norma de ordem pública e de aplicação imediata, devendo incidir inclusive sobre contratos firmados antes de sua vigência.

O STJ, em 2019, em interpretação ousada, decidiu ser cabível o reembolso de despesas efetuadas por beneficiário de plano de saúde em estabelecimento não contratado, credenciado ou referenciado pela operadora ainda que a situação não se caracterize como caso de urgência ou emergência, limitado ao valor da tabela do plano de saúde contratado (STJ, REsp 1.760.955, Rel. Min. Nancy Andrighi, 3ª T, DJe 30/08/2019). Voltaremos ao tema no capítulo XII, tópico 16 (*Planos de saúde: experiência brasileira e função social*), onde procuramos sintetizar as orientações jurisprudenciais sobre o tema. Isto é, reunimos os julgados do STJ sobre o tema planos de saúde e relações de consumo.

Talvez seja importante adiantar – diante da relevância do tema – que em 2022 a Segunda Seção do STJ, ao julgar o EREsp 1.889.704 e o EREsp 1.886.929, estabeleceu que o rol de procedimentos e eventos em saúde suplementar é taxativo (isto é, os planos de saúde só seriam obrigados a arcar com aqueles previstos em rol da ANS, pelo menos em regra). Essas decisões do STJ foram duramente criticadas, não só pelos juristas mas também pela sociedade brasileira em geral (o que gerou a mobilização de associações de usuários de planos de saúde, em particular). Tão grande foi a pressão que em pouco tempo o Congresso Nacional editou a Lei n. 14.454/2022, determinando que as operadoras de assistência à saúde podem ser obrigadas a oferecer coberturas de exames ou tratamentos que não estão incluídos no rol de procedimentos e eventos em Saúde Suplementar.

O art. 10, § 13, da Lei n. 9.656/98 passou a ter a seguinte redação: "Em caso de tratamento ou procedimento prescrito por médico ou odontólogo assistente que não estejam previstos no rol referido no § 12 deste artigo, a cobertura deverá ser autorizada pela operadora de planos de assistência à saúde, desde que: I – exista comprovação da eficácia, à luz das ciências da saúde, baseada em evidências científicas e plano terapêutico; ou II – existam recomendações pela Comissão Nacional de Incorporação de Tecnologias no Sistema Único de Saúde (Conitec), ou exista recomendação de, no mínimo, 1 (um) órgão de avaliação de tecnologias em saúde que tenha renome internacional, desde que sejam aprovadas também para seus nacionais". A partir da edição desta lei, o rol de procedimentos e eventos em saúde suplementar é exemplificativo, embora existam condições. Essas condições estão elencadas nos dois incisos referidos (Lei n. 9.656, art. 10, § 13, II). O importante é perceber que basta o atendimento a um deles para que o procedimento possa ser autorizado. Os requisitos, portanto, são alternativos, não cumulativos. Atualmente, após a legislação citada, o STJ passou a entender pela *desnecessidade* de previsão específica no rol da ANS (STJ, AgInt no REsp 2.049.888, Rel. Min. Humberto Martins, 3ª T, DJ 17/11/2023). Por exemplo, no que diz respeito à terapia multidisciplinar para paciente diagnosticado com transtorno do espectro autista.

Sempre que houver maltrato ao equilíbrio material entre as prestações, as cláusulas abusivas poderão ser afastadas. Veremos, mais adiante, no Capítulo XVI, várias hipóteses de cláusulas abusivas, cuja invalidade a jurisprudência constatou. Diga-se, por exemplo, que a jurisprudência se pacificou no sentido de ser abusiva a cláusula contratual que determina que a devolução dos valores, em caso de desistência na compra de imóvel, só se dará após o término das obras (STJ, AgRg no REsp 1.238.099, Rel. Min. Massami Uyeda, 3ª T, DJ 11/05/11). Há enriquecimento ilícito da incorporadora quando obriga o consumidor a esperar pelo término das obras para reaver o que pagou, pois a incorporadora poderá revender imediatamente o imóvel sem assegurar, ao mesmo tempo, a fruição pelo consumidor do dinheiro ali investido (STJ, REsp 633.793, Rel. Min. Nancy Andrighi, 3ª T, DJ 27/06/05). No mesmo sentido (STJ, AgRg no REsp 863.639, Rel. Min. Luis Salomão, 4ª T, DJ 15/08/11).

Decidiu-se ser abusiva a cláusula de plano de saúde que limita despesa com internação hospitalar (STJ, REsp 735.750, Rel. Min. Raul Araújo, 4ª T, DJ 16/02/12). Não é válida, portanto, a estipulação de limite monetário para cobertura de despesas hospitalares. Anteriormente já se havia decidido ser inválida a cláusula que limita o tempo de internação hospitalar (STJ, Súmula 302). O STJ, contudo, admitiu – em casos de internação psiquiátrica que dure mais de 30 dias – a validade da cláusula de coparticipação (50% do valor das despesas para o plano, 50% para o consumidor). (STJ, REsp 1.635.626, Rel. Min. Nancy Andrighi, 3ª T, DJ 16/02/2017). Também admitiu a validade de cláusula contratual de plano de saúde que limita a cobertura de tratamento psicoterápico a 12 sessões anuais. Assim, quando a quantidade de consultas psicoterápicas ultrapassar aquelas de custeio mínimo obrigatório – fixado pela ANS, conforme o grau de severidade do transtorno mental – deverão ser suportadas tanto pelo plano de saúde como pelo consumidor (*regime de coparticipação*) (STJ, REsp 1.679.190, Rel. Villas Bôas Cueva, 3ª T, DJ 02/10/2017). Porém é ilegal a cobrança, pelo plano de saúde, de coparticipação em forma de percentual no caso de internação domiciliar não alusiva a tratamento psiquiátrico (STJ, REsp 1.947.036, Rel. Min. Nancy Andrighi, 3ª T, DJe 24/02/2022).

Em 2023 o STJ reafirmou que nos contratos de plano de saúde não é abusiva a cláusula de coparticipação expressamente ajustada e informada ao consumidor, à razão máxima de 50% do valor das despesas, nos casos de internação superior a 30 dias por ano, decorrente de transtornos psiquiátricos, preservada a manutenção do equilíbrio financeiro (Tema Repetitivo nº 1.032) (STJ, AgInt no REsp 1831676 , Rel. Min.Villas Bôas Cueva, 3ª T, DJe 20/12/2023).

O STJ entende ser abusiva a cláusula que exclua ou limite a cobertura de materiais diretamente ligados ao procedimento cirúrgico a que se submete o consumidor (STJ, AgInt no AREsp 2.404.763, Rel. Min. Marco Bellizze, 3ª T, DJe 29/11/2023). Entende que o contrato de plano de saúde pode limitar as doenças a serem cobertas, mas não pode, ao contrário, limitar os procedimentos, exames e técnicas necessárias ao tratamento das doenças cobertas (STJ, AgInt no AREsp 622.630, Rel. Min. Isabel Gallotti, DJe 18/12/2017).

Cabe lembrar, nessa mesma trilha, que o CDC – no art. 6º, V – prevê como direito básico do consumidor "a modificação das cláusulas contratuais que estabeleçam prestações desproporcionais ou sua revisão em razão de fatos supervenientes que as tornem excessivamente onerosas". Temos aí a chamada teoria do rompimento da base objetiva do negócio, cuja formulação teórica postula a possibilidade da revisão das cláusulas contratuais quando a prestação se tornar excessivamente onerosa para o consumidor. Não é preciso, para a aplicação da referida teoria, que o evento seja imprevisível.

O princípio do equilíbrio material entre as prestações guarda relação com o princípio do enriquecimento sem causa (todos os princípios aqui elencados, aliás, em alguma medida, têm relação uns com os outros). O Código Civil prevê explicitamente o enriquecimento sem causa no art. 884: "Aquele que, sem justa causa, se enriquecer à custa de outrem, será obrigado a restituir o indevidamente auferido, feita a atualização dos valores monetários". O princípio geral que veda o enriquecimento sem causa irradia-se, na ordem jurídica brasileira, para vários institutos jurídicos (*Obrigações*. Michael César Silva. Rio de Janeiro: Lumen Juris, 2013, p. 157).

Não é necessário que haja ilicitude para que o enriquecimento ilícito se configure: nesse sentido, ele pode ser entendido como um instituto subsidiário, que se satisfaz apenas com a diminuição patrimonial destituída de causa ou – visto o mesmo fenômeno pelo outro lado – como a obtenção de uma vantagem sem contraprestação. Faz surgir, para o lesado, uma pretensão de restituição, relativamente ao valor que fora indevidamente subtraído do seu patrimônio. Nós poderíamos, neste livro, incluí-lo como princípio autônomo, mas isso não tem relevância. O importante é que saibamos que ele existe na ordem jurídica brasileira e pode ser invocado, seja nas relações de consumo, seja – de modo mais amplo – nas relações civis em geral.

Ainda em relação ao princípio da equivalência, talvez seja importante registrar que o STJ, por maioria, alterando posição anterior, tem atualmente aceito que o aumento da idade do segurado implica a necessidade de maior assistência médica e, por isso, pode haver reajuste da mensalidade de plano ou seguro de saúde em razão da mudança de faixa etária do segurado, na forma da Lei nº 9.656/1998. Entende-se que essa norma não confronta o art. 15, § 3º, do Estatuto da Pessoa Idosa (STJ, REsp 1.381.606, Rel. para acórdão Min. Otávio de Noronha, vencida Min. Nancy Andrighi, DJ 31/10/2014). Do mesmo modo, em outro julgado, decidiu-se ser válida a cláusula de reajuste por mudança de faixa etária. Argumentou-se, na ocasião, que "nos contratos de seguro de saúde, de trato sucessivo, os valores cobrados a título de prêmio ou mensalidade guardam relação de proporcionalidade com o grau de probabilidade de ocorrência do evento risco coberto. Maior o risco, maior o valor do prêmio" (STJ, REsp 646.677, Rel. Min. Raul Araújo, DJ 18/09/2014).

Nesse sentido, posteriormente, decidiu-se – em sede de julgamento de recurso repetitivo (Tema 952) – que: "O reajuste de mensalidade de plano de saúde individual ou familiar fundado na mudança de faixa etária do beneficiário é válido desde que (a) haja previsão contratual, (b) sejam observadas as normas expedidas pelos órgãos governamentais reguladores e (c) não sejam aplicados percentuais desarrazoados ou aleatórios que, concretamente e sem base atuarial idônea, onerem excessivamente o consumidor ou discriminem o idoso" (STJ, REsp 1.568.244, Rel. Min. Ricardo Villas Bôas Cueva, Segunda Seção, DJ 19/12/2016). O tribunal ponderou ainda que esses aumentos têm fundamento no mutualismo e na solidariedade intergeracional. Segundo o STJ também o seguro de vida pode ser reajustado por faixa etária (STJ, REsp 1.816.750).

No final de dezembro de 2018, foi publicada a Lei n. 13.786. Ela previu que o valor que a incorporadora poderá reter caso o comprador desista da aquisição do imóvel negociado na planta pode chegar a 50%. Anteriormente, a jurisprudência entendia, com algumas variações, que o consumidor poderia perder apenas entre 10% a 25% do valor pago. Essa mudança vale para os imóveis do chamado *patrimônio de afetação*. Atualmente a maioria dos contratos no país é realizada dessa forma. Nessa situação, os imóveis não estão registrados como patrimônio da construtora (que abre uma empresa com CNPJ e contabilidade próprios para administrar o empreendimento; com isso, se houver falência do incorporador, o empreendimento negociado na planta não entra como bens do construtor, sendo algo autônomo, o que confere maior segurança aos compradores). Já se os imóveis estiverem no nome da construtora, a multa poderá ser menor: até 25%. A lei prevê ainda um prazo de tolerância de 180 dias para que as construtoras entreguem os imóveis, após a data prevista para conclusão do empreendimento (o prazo é corrido e só vale se for previsto em contrato). Após isso, o comprador terá direito a resolver o contrato e ter restituídos os valores pagos, além da multa contratualmente pactuada.

Admite-se a cláusula resolutiva expressa nos contratos em que haja relação de consumo, desde que respeitados os ditames do CDC (STJ, REsp 2.044.407, Rel. Min. Nancy Andrighi, 3ª T, DJe 23/11/2023). O art. 53 do CDC determina que nos contratos de compra e venda de móveis ou imóveis mediante pagamento em prestações, bem como nas alienações fiduciárias em garantia, consideram-se nulas de pleno direito as cláusulas que estabeleçam a perda total das prestações pagas em benefício do credor que, em razão do inadimplemento, pleitear a resolução do contrato e a retomada do produto alienado. O art. 51, XI, do mesmo diploma veda que o fornecedor cancele o contrato unilateralmente, sem que igual direito seja conferido ao consumidor.

No caso de rescisão contratual por culpa da construtora, deve ser restituído ao comprador a comissão de corretagem (STJ, AgInt no AREsp 2.368.351, Rel. Min. Carlos Ferreira, 4ª T, DJe 28/11/2023; AgInt no REsp 1.863.961, Rel. Min. Villas Bôas Cueva, 3ª T, DJe 30/06/2021). Se houve atraso na entrega de imóvel ao consumidor (compromisso de compra e venda imobiliário), não será o consumidor adquirente que arcará com as despesas de condomínio e IPTU até a entrega do imóvel. Para a jurisprudência do STJ, as despesas de condomínio e IPTU são de responsabilidade da construtora até a entrega do imóvel ao adquirente. Isso porque, apesar de o IPTU ter como fato gerador a propriedade, o domínio útil ou a posse do imóvel (CTN, art. 32), se os recorridos não deram causa para o não recebimento do imóvel, não podem ser obrigados a pagar as despesas condominiais nem o citado imposto referente ao período em que não haviam sido imitidos na posse (STJ, AgInt no AREsp 2.368.351, Rel. Min. Carlos Ferreira, 4ª T, DJe 28/11/2023; AgInt no REsp 1.975.034, Rel. Min. Humberto Martins, 3ª T, DJe de 27/9/2023).

Convém registrar a posição do STJ no sentido de ser abusiva e ilegal a cláusula prevista em contrato de prestação de serviços de cartão de crédito, que autoriza o banco contratante a compartilhar dados dos consumidores com outras entidades financeiras, assim como com entidades mantenedoras de cadastros positivos e negativos de consumidores, sem que seja dada opção de discordar daquele compartilhamento (STJ, REsp 1.348.532, Rel. Min. Luis Salomão, 4ª T, DJe 30/11/2017).

O STJ tem considerado que não há ilegalidade na fixação de horários diferentes para *check-in* e *check-out* de hotéis: "A fixação de horários diversos de *check-in* (15:00hs) e *check-out* (12:00hs) atende a interesses legítimos do consumidor e do prestador dos serviços de hospedagem, espelhando antiga prática amplamente aceita dentro e fora do Brasil" (STJ, REsp 1.717.111, Rel. Min. Paulo Sanseverino, DJe 15/03/2019). Posteriormente se reafirmou: "O contrato de hospedagem encerra múltiplas prestações devidas pelo fornecedor hospedeiro ao consumidor hóspede, sendo o acesso às unidades de repouso individual, apesar de principal, apenas uma parcela do complexo de serviços envolvido em referido acordo de vontades. A prática comercial do horário de *check-in* não constitui propriamente um termo inicial do contrato de hospedagem, mas uma prévia advertência de que o quarto poderá não estar disponível ao hóspede antes de determinado horário. Precedente. Os serviços abrangidos pelo contrato de hospedagem devem ser oferecidos aos consumidores pelo prazo de 24 horas, entre os quais se inserem os de limpeza e organização do espaço de repouso, razão pela qual a garantia de acesso aos quartos pelo período integral da diária não é razoável nem proporcional" (STJ, REsp 1.734.750, Rel. Min. Nancy Andrighi, DJe 12/04/2019). Cremos que, embora seja razoável a fixação de um pequeno e razoável lapso para a limpeza dos quartos, está havendo certo abuso. Não é raro que vejamos hotéis cujo horário de *check-in* é de 15:00 e o de *check-out* é 10 ou 11 da manhã. E muitas vezes sem que haja flexibilização alguma. Cremos que isso esvazia razoavelmente a prestação do serviço, sobretudo no caso de uma única diária.

Em 2022 o STJ decidiu que a operadora, mesmo após o exercício regular do direito à rescisão unilateral de plano coletivo, deverá assegurar a continuidade dos cuidados assistenciais prescritos a usuário internado ou em pleno tratamento médico garantidor de sua sobrevivência ou de sua incolumidade física, até a efetiva alta, desde que o titular arque integralmente com a contraprestação devida (STJ, REsp 1.846.123, Rel. Min. Luis Salomão, Segunda Seção, 22/06/2022, Tema repetitivo 1082).

O STJ, em 2023, na linha de vários precedentes, reafirmou que a cláusula penal inserta em contratos bilaterais, onerosos e comutativos, deve voltar-se aos contratantes indistintamente, ainda que redigida apenas em favor de uma das partes (STJ, AgInt no AREsp 2.398.772, Rel. Min. Raul Araújo, 4a T, DJe 07/12/2023). Aliás, no contrato de adesão firmado entre o comprador e a construtora/incorporadora, havendo previsão de cláusula penal apenas para o inadimplemento do adquirente, deverá ela ser considerada para a fixação da indenização pelo inadimplemento do vendedor, isto é, da construtora (Tema n.º 971 do STJ) (STJ, AgInt no REsp 2.383.212, Rel. Min. Moura Ribeiro, 3a T, DJe 29/11/2023).

6. REPARAÇÃO INTEGRAL

Trata-se de um princípio relativo à reparação dos danos causados. Se o consumidor sofre um dano, a reparação que lhe é devida deve ser a mais ampla possível, abrangendo, efetivamente, todos os danos causados. Na verdade, a teoria da responsabilidade civil, em todo o mundo, vem crescentemente se valendo deste princípio, fazendo ver que a vítima do dano é que deve ser considerada em linha de princípio, à frente de quaisquer outras ordens de consideração. O CDC, entre nós, acolheu tal tendência, prestigiando-a fortemente.

Dentre os direitos básicos do consumidor, consagrados no art. 6º, VI, está: "a efetiva prevenção e reparação de danos patrimoniais e morais, individuais, coletivos e difusos". Tal disposição quer significar que os danos devem ser reparados de forma efetiva, isto é, real e integral, de forma a ressarcir ou compensar o consumidor. Todos nós sabemos que sobretudo os grandes fornecedores de produtos ou serviços – planos de saúde, operadoras de telefonia, operadoras de TV por assinatura, seguradoras – buscam, por muitos modos, frustrar o princípio da reparação integral do consumidor. Tomemos uma situação concreta. As seguradoras de veículos, por exemplo, negavam-se a pagar a indenização, ocorrido o sinistro, se o veículo tivesse sido transferido sem a sua prévia comunicação, mesmo que a transferência não tivesse, em absoluto, agravado os riscos do seguro. A jurisprudência, no entanto, não aceitou essa recusa, e se posicionou de modo contrário. O STJ, através da Súmula 465, resumiu: "Ressalvada a hipótese de efetivo agravamento do risco, a seguradora não se exime do dever de indenizar em razão da transferência do veículo sem a sua prévia comunicação". Um outro exemplo possível, ainda em relação às seguradoras. As seguradoras, nos contratos de adesão que formulavam, costumavam inserir a expressão "danos pessoais". E, ocorrido o sinistro, negavam-se a pagar indenização relativa aos danos morais, argumentando que a expressão "danos pessoais" era restrita aos danos materiais. A matéria foi parar nos tribunais, e a jurisprudência decidiu que, salvo se houver exclusão contratual explícita, a expressão "danos pessoais" *compreende* os danos morais. A matéria foi sumulada nos seguintes termos: "O contrato de seguro por danos pessoais compreende os danos morais, salvo cláusula expressa de exclusão" (STJ, Súmula 402).

Fundamental, também, no inciso citado, é a menção à prevenção, sublinhando a importância, cada dia mais viva, de privilegiar a prevenção dos danos, e não, como tradicionalmente se fez, centrar foco exclusivamente na reparação do dano (tutela repressiva clássica, e não preventiva). O STJ, em outubro de 2014, decidiu que as empresas de plano de saúde são obrigadas a custear tratamento experimental para o câncer. Em determinado caso, um paciente, portador de câncer na língua, teve recomendado – como última alternativa para salvar sua vida – um tratamento com medicamentos ainda não aprovados no Brasil. O plano de saúde recusou. O STJ, no entanto, entendeu que o plano deveria arcar com o procedimento (STJ, AREsp 520.864).

O STJ reconheceu que "são direitos básicos do consumidor a proteção contra práticas abusivas no fornecimento de serviços e a efetiva prevenção/reparação de danos patrimoniais (CDC, art. 6º, IV e VI), sendo vedado ao fornecedor condicionar o fornecimento de serviço, sem justa causa, a limites quantitativos, exigir do consumidor vantagem manifestamente excessiva, bem como elevar sem justa causa o preço de serviços (CDC, art. 39, I, V e X)" (STJ, REsp 655.130, Rel. Min. Denise Arruda, 1ª T, DJ 28/05/07).

Progressivamente os julgados aludem ao princípio do enriquecimento sem causa para fundamentar as decisões. O Código Civil, expressamente, art. 884, previu o princípio: "Aquele que, sem justa causa, se enriquecer à custa de outrem, será obrigado a restituir o indevidamente auferido, feita a atualização dos valores monetários". Poderíamos, aqui, ou colocar o enriquecimento sem causa como princípio autônomo, ou estudá-lo conjuntamente com o princípio da reparação integral. São dois lados da mesma realidade: se, do lado do sujeito favorecido, deve haver devolução do que se recebeu sem causa, é porque, do outro lado, há direito à reparação integral (é preciso lembrar que ver-se privado de valores que deviam integrar determinado patrimônio é uma espécie de dano). A jurisprudência, mesmo nas relações de consumo, tem procurado evitar o enriquecimento sem causa, seja do fornecedor, seja do consumidor. Decidiu-se, por exemplo, que "a inversão do ônus da prova é instrumento para a obtenção do equilíbrio processual entre as partes, não tendo por fim causar indevida vantagem, a ponto de conduzir o consumidor ao enriquecimento sem causa, vedado pelo artigo 884 do Código Civil" (STJ, REsp 1.256.703, Rel. Min. Luis Felipe Salomão, 4ª T, DJ 06/09/2011).

São muitos os reflexos jurisprudenciais do princípio. Por exemplo, mesmo que a rescisão contratual tenha ocorrido por culpa do fornecedor (construtora), é devido o pagamento dos aluguéis, pelo consumidor, em virtude da ocupação do bem (STJ, REsp 955.134, Rel. Min. Luis Felipe Salomão, 4ª T, DJ 29/08/12). O STJ diz que, do contrário, teríamos enriquecimento sem causa do consumidor. Porém, nesses casos, embora o tribunal preveja o pagamento de compensação pela moradia no imóvel, os valores pagos pelos consumidores devem ser integralmente devolvidos, com juros e correção monetária (STJ, REsp 1.082.752, Rel. Min. Aldir Passarinho Junior, 4ª T, j. 16/06/09). Também relevante sublinhar, em relação à reparação integral, que quem recebe o que não devia deve restituir, sob pena de enriquecimento indevido, pouco importando a prova do erro no pagamento (STJ, AgRg no REsp 1.270.283, Rel. Min. Nancy Andrighi, 3ª T, DJ 20/08/12). À luz do Código Civil, o Enunciado 456 das *Jornadas de Direito Civil* aponta que "a expressão 'dano' no artigo 944 abrange não só os danos individuais, materiais ou imateriais, mas também os danos sociais, difusos, coletivos e individuais homogêneos".

São múltiplas as consequências hermenêuticas do princípio da reparação integral (melhor diríamos princípio da indenização integral, porque falar em reparação, de certo modo, faz pensar em voltar à situação anterior ao dano, ao *status quo ante*, o que só é possível no dano material, não no dano moral. Voltaremos ao tema no Capítulo VII). Seja como for, há variados julgados a respeito da matéria. Cabe lembrar, por exemplo, que a jurisprudência brasileira não aceita a chamada "indenização tarifada", que são limites preestabelecidos para a indenização (seja por lei, seja por contrato). Por exemplo, no transporte aéreo, alguns tratados internacionais dos quais o Brasil é signatário previram limites financeiros para as indenizações em caso de extravio de bagagem. A jurisprudência, porém, analisando a situação, entendia que prevalecia o CDC, que *não estabelece* limite para a indenização. Assim, "é firme a jurisprudência desta Corte no sentido de que, após a edição do Código de Defesa do Consumidor, não mais prevalece a tarifação prevista na Convenção de Varsóvia" (STJ, AgRg no REsp 262.687, Rel. Min. Fernando Gonçalves, 4ª T, DJ 22/02/10). Decidiu-se que as indenizações tarifadas previstas em convenções internacionais (Varsóvia, Haia e Montreal) não se aplicam ao pedido de danos morais, prevalecendo o CDC (STJ, AgRg no AREsp 83.338, Rel. Min. Carlos Ferreira, 4ª T, DJ 04/10/12). Aliás, o STJ tem entendido que não se aplica a indenização tarifada da Convenção de Varsóvia nem mesmo quando a relação jurídica não for de consumo (STJ, REsp 1.289.629, Rel. Min. Marco Bellizze, DJ 03/11/2015). Se houve, portanto, extravio de mercadoria em transporte aéreo, a indenização deve ocorrer sempre à luz do princípio da reparação integral, pelo menos esse era o pacífico entendimento jurisprudencial até 2016.

Porém, a partir de 2017, houve mudança de entendimento a respeito da questão. O STF alterou os rumos da controvérsia (CDC x Convenção de Varsóvia/Montreal), e, por maioria, ao julgar o RE 636.331, entendeu que os conflitos que envolvem *extravios de bagagem* e *atrasos de voos* devem ser resolvidos pelas convenções internacionais sobre a matéria que o Brasil ratificou. A tese destaca que "por força do artigo 178 da Constituição Federal, as normas e tratados internacionais limitadoras da responsabilidade das transportadoras aéreas de passageiros, especialmente as Convenções de Varsóvia e Montreal, têm prevalência em relação ao Código de Defesa do Consumidor". Porém, cabe atentar para um ponto: em 2020 o STJ decidiu que *dano moral* sofrido por passageiro de voo internacional não se submete à Convenção de Montreal (STJ, 1.842.066). Dessa forma, a mudança de entendimento que limita a indenização devida aos passageiros em voos internacionais – por atraso de voo ou extravio de bagagem – *apenas diz respeito aos danos materiais*, não aos morais.

Assim, as Convenções de Varsóvia e Montreal não regularam o dano moral no transporte aéreo internacional, ao qual deve ser aplicada a lei geral interna, no caso, o Código de Defesa do Consumidor (STJ, AgInt no REsp 1.944.528, Rel. Min. Raul Araújo, 4ª T, DJe 14/12/2022). Aliás, mais recentemente tem-se destacado que a orientação jurisprudencial do STF é no sentido de ser inaplicável a Convenção de Montreal para contagem do prazo prescricional para as indenizações por danos morais (STF, RE 1.374.196, Rel. Min. Roberto Barroso, 4ª T, DJe 10/11/2022). Voltaremos ao tema adiante.

Em relação à impossibilidade da fixação prévia de tarifas de indenização, temos outro exemplo possível na Lei de Imprensa, que fixou tarifas para a indenização. A jurisprudência nacional não aceitou essa tarifação. O STJ, em abril de 2004, aprovou o verbete de Súmula 281: "A indenização por dano moral não está sujeita à tarifação prevista na Lei de Imprensa". Cabe esclarecer, a propósito, que o STF, ao julgar a ADPF 130, decidiu que a Lei de Imprensa (Lei nº 5.250/67) é incompatível com a Constituição de 1988.

Havendo dano, portanto, a indenização deverá ser integral. São inválidas, nas relações de consumo, as tarifações prévias da indenização estabelecidas por contrato, ou até mesmo por lei. A única exceção – à luz do CDC – ocorre quando o consumidor for pessoa jurídica. Nesse caso – e é o único – a indenização poderá ser validamente limitada, conforme preceitua a parte final do art. 51, I: "Nas relações de consumo entre o fornecedor e o consumidor pessoa jurídica, a indenização poderá ser limitada, em situações justificáveis". Voltaremos ao assunto ao analisarmos as cláusulas abusivas.

Convém lembrar que o princípio da reparação integral poderá ser excepcionado se o consumidor contribuir, de algum modo, para o dano. Ou mesmo se foi o consumidor que deu causa ao desfazimento do contrato, por exemplo. O STJ, na Súmula 543, prevê uma situação que exemplifica bem a situação: "Na hipótese de resolução de contrato de promessa de compra e venda de imóvel submetido ao Código de Defesa do Consumidor, deve ocorrer a imediata restituição das parcelas pagas pelo promitente comprador – integralmente, em caso de culpa exclusiva do promitente vendedor/construtor, ou parcialmente, caso tenha sido o comprador quem deu causa ao desfazimento".

Há outro ponto teórico que deve ser destacado. Há atualmente uma busca por *despatrimonizar a reparação do dano*. Em outras palavras, tenta-se encontrar modos não financeiros, não pecuniários, de reparação do dano (FAJNGOLD, Leonardo. Dano moral e reparação não pecuniária: sistemática e parâmetros. São Paulo: Thomson Reuters, 2021; SCHREIBER, Anderson. Reparação Não Pecuniária dos Danos Morais. In: MARTINS, Guilherme Magalhães (Coord.). *Temas de Responsabilidade Civil*. Rio de Janeiro: Lumen Juris, 2012, p. 1-20; RAMACCIOTTI, Fábio de Souza. *Reparação em forma específica*. Curitiba: Juruá, 2019). E nesse caminho o direito de resposta é certamente o instituto mais conhecido. Enfim, podemos buscar criativamente outros modos de solução (ao lado do direito de resposta podemos ter a retratação pública, quando o próprio ofensor volta atrás em relação ao que disse, seja desculpando-se, seja afirmando que suas afirmações anteriores não correspondiam à verdade). O Enunciado 589 das *Jornadas de Direito Civil* destaca: "A compensação pecuniária não é o único modo de reparar o dano extrapatrimonial, sendo admitida a reparação in natura, na forma de retratação pública ou outro meio". Isto é, podemos ter outros meios, como o pedido de desculpas, nos modos e nas situações em que ele possa ser revelar aceitável (dever de custear tratamento psicológico, dever de promover palestras públicas, atos públicos de retratação com a presença dos envolvidos, dentre outros exemplos mencionados por Leonardo Fajngold no seu belo livro sobre o tema). Nesse sentido decidiu-se que "o ordenamento jurídico brasileiro acolhe a pretensão de formalização de pedidos de desculpas, isto é, de retratação pública. Trata-se de obrigação de fazer, legitimada pelos preceitos da reparação integral do dano e da tutela específica" (STJ, REsp 1.836.862, Rel. Min. Og Fernandes, 2ª T, DJe 09/10/2020). Como frisamos, devemos – nas próximas décadas – buscar criativamente outros modos de solução. É possível aplicar formas não monetárias de reparação mesmo sem previsão legal explícita.

A doutrina, de modo exemplificativo, traz algumas hipóteses. Por exemplo, "se alguém sofre dano não patrimonial em decorrência de férias frustradas (*vacanze rovinate*), por falha na prestação do serviço oferecido pela agência de turismo, revela-se possível que o juiz imponha à ré, além do dever de indenizar, a obrigação de organizar nova excursão para a vítima. De igual modo, em caso de o consumidor deixar de comparecer a evento esportivo ou musical, em virtude de atraso injustificado de companhia aérea, nada obsta que seja determinado que a sociedade demandada seja condenada a fornecer ingresso para espetáculo análogo, custeando ainda as despesas de deslocamento. Ainda no âmbito do direito consumerista, se certo produto cosmético ou procedimento estético causa deformidades ou anomalias no corpo da cliente, deve a clínica ou empresa responsável fornecer o tratamento médico adequado, tornando possível amenizar as marcas deixadas pela deficiente prestação de serviço, cumulando-se a obrigação de fazer com a respectiva compensação pecuniária" (DANTAS BISNETO, Cícero. *Formas não monetárias de reparação do dano moral*: uma análise do dano extrapatrimonial à luz do princípio da reparação adequada. Florianópolis: Tirant Lo Blanch, 2019, p. 265). O autor prossegue, citando Daniel Ustárroz, lembrando que diante de tragédias que gerem comoção social pode ser adequada a idealização e construção de memoriais, museus e obras de arte – evitando que as vítimas caiam no esquecimento e minimizando as chances de repetição de episódios semelhantes.

Por fim, cabe chamar a atenção da leitora e do leitor para um ponto – que passa, frequentemente, despercebido da doutrina e até mesmo da jurisprudência. Poderíamos inserir a questão no princípio da segurança mas podemos fazê-lo também aqui (já mencionamos, antes, que os princípios dialogam entre si, não há – nem deve haver – uma separação absoluta, matemática, entre eles).

Certas situações de desequiparação talvez não estejam sendo sequer percebidas, embora cristalizadas na prática jurisprudencial brasileira. Há, na jurisprudência brasileira, uma *compreensão restrita acerca dos riscos*, pelo menos de certos riscos (*diante de certas vítimas, de certas situações*). Por exemplo, o que o STJ tem dito, até agora – esperamos que isso mude – é que os usuários de transporte público não têm direito à segurança, mas os usuários dos shoppings (e de seus estacionamentos) têm. No primeiro caso, o assalto não gera consequência jurídica alguma (sob o ângulo da responsabilidade civil – nem das empresas de transporte, nem do Estado). Já no segundo caso, o shopping responderá pelos danos (morais, materiais e estéticos). Há, sem dúvida, um desnível de proteção, escalas diferenciadas relativamente ao que podem esperar do direito de danos os usuários de transporte público e os usuários de shopping centers (lembremos, aliás, que ambos são consumidores, à luz do Código de Defesa do Consumidor).

Convém destacar a firme posição da jurisprudência atual no sentido de repudiar que as empresas de transporte público possam responder pelos danos sofridos pelos passageiros em assaltos. Já em relação aos shoppings, o entendimento é diverso: "Na esteira do entendimento mantido por esta Corte, a responsabilidade civil do shopping center no caso de danos causados à integridade física dos consumidores ou aos seus bens não pode ser afastada sob a alegação de caso fortuito ou força maior, pois a prestação de segurança devida por este tipo de estabelecimento é inerente à atividade comercial exercida por ele" (STJ, AgRg no REsp 1.487.443, 3ª T, Rel. Min. Moura Ribeiro, DJ 31/08/2016). De modo semelhante: "Nos termos da orientação jurisprudencial do Superior Tribunal de Justiça, o roubo à mão armada ocorrido nas dependências de estacionamento mantido por estabelecimento comercial não configura caso fortuito apto a afastar o dever de indenizar" (STJ, AgRg no AREsp 840.534, Rel. Min. Raul Araújo, 4ª T, DJ 13/04/2016). Aliás, não só shoppings: em 2018, o STJ decidiu que o McDonald's deve indenizar cliente por assalto à mão armada em *drive-thru*. Nesse sistema, o cliente é atendido sem sair do carro – algo disponível geralmente em lanchonetes e em algumas farmácias. No caso, houve assalto à mão armada no momento da compra. O tribunal entendeu que houve falha no serviço (STJ, REsp 1.450.434). O McDonald's argumentou que o roubo à mão armada não constitui um risco inerente às suas atividades, não sendo possível evitar o crime. Já os assaltos em ônibus, quaisquer que sejam, não geram o dever de indenizar – nem das empresas de transporte, nem do Estado, segundo nossa pacífica jurisprudência. Estudamos o tema em outro livro que trata das relações entre responsabilidade civil e violência urbana.

7. SOLIDARIEDADE

Respondemos civilmente, em princípio, por nossos atos ou omissões. Não respondemos por atos e omissões de outrem. Quem causa danos culposamente (Código Civil, art. 186), ou quem mesmo sem culpa se excede no exercício do direito (Código Civil, art. 187), ou quem desempenha atividade danosa de risco (Código Civil, art. 927, parágrafo único), é civilmente responsável pelas consequências dos seus atos. Ao contrário, porém, do que ocorre no direito penal, no direito privado – particularmente no que se refere à responsabilidade civil – é possível que tenhamos o dever de indenizar danos causados por outrem. É o que se denomina responsabilidade civil por fato ou ato de outrem, ou ainda responsabilidade civil por fato de terceiro ou responsabilidade indireta (há, como consequência, solidariedade em regra nesses casos, mas a solidariedade é um instituto mais amplo, que não se esgota na responsabilidade por ato de outrem). O fundamento dessa imposição se liga à constatação de que a responsabilidade civil seria de limitada efetividade, se em certos casos a legislação não impusesse o dever de indenizar à pessoa distinta daquela que causou o dano. Trata-se de técnica antiga. Quando alguém tem de reparar um ato causado por outrem (ou o dano causado por seu animal ou por sua coisa), bem se mostra que causalidade e responsabilidade são fatos distintos (PONTES DE MIRANDA, *Tratado de Direito Privado, Tomo 54.* Rio de Janeiro: Borsoi, 1972, p. 162). Nessas hipóteses respondem pelo dano não apenas quem a ele deu causa, mas também outras pessoas, relacionadas, de algum modo, com o ofensor.

Fiquemos num único exemplo, já que a matéria foge do campo temático deste livro. Os empregadores respondem civilmente pelos atos dos seus empregados. Os danos que os empregados causem "no exercício do trabalho que lhes competir, ou em razão dele", empenham a responsabilidade do empregador (Código Civil, art. 932, III). O Código Civil, aliás, menciona "empregados, serviçais ou prepostos". Os empregadores, no século XXI, são fundamentalmente pessoas jurídicas, tendo-se invertido a relação que havia no passado, quando os empregadores eram, em regra, pessoas naturais. Seja como for, em qualquer dos casos, a norma incide igualmente. Os empregadores – utilizada a expressão de modo amplo, não sendo necessário que haja vínculo formal de trabalho –, desse modo, como que garantem o ressarcimento dos danos resultantes das ações dos empregados, desde que praticadas nessa condição.

A solidariedade tem sido imposta, na responsabilidade civil, em variadas situações temáticas, e não só nas relações de consumo. A Igreja Católica, por exemplo, responde solidária e objetivamente pelos atos praticados pelos seus padres, agindo enquanto tal. Responde, portanto, civilmente, pelos danos causados por padre pedófilo. Portanto, não só o sacerdote, mas também a Igreja, solidária e objetivamente, responde, conforme decidiu o STJ (REsp 1.393.699). Na mesma linha decidiu-se em 2023 que o vínculo permanente e vitalício entre a Igreja Católica e seu sacerdote é apto a ensejar a responsabilidade objetiva da instituição religiosa por desvio moral de conduta de seu representante, desde que comprovada a responsabilidade subjetiva do padre por fato criminoso vinculado ao prestígio social angariado em razão do desempenho da função (STJ, AgInt nos EREsp 1.393.699, Rel. Ministro Raul Araújo, Segunda Seção, DJe 4/10/2023).

Vejamos, agora, mais especificamente, como a solidariedade opera nas relações de consumo.

A solidariedade diz respeito à responsabilidade relativamente aos danos causados aos consumidores, ou, de modo mais amplo, a necessidade de responder por quaisquer vícios ou fatos relativos ao produto ou serviço. Na venda de carros novos, através de concessionárias, são solidariamente responsáveis o fabricante e o comerciante que aliena o veículo (STJ, REsp 1.155.730, Rel. Min. Sidnei Beneti, 3ª T, DJ 09/09/11). A demanda, por isso, pode ser direcionada contra qualquer dos coobrigados. O STJ, em 2023, na linha de vários precedentes, reafirmou que, havendo falha na prestação do serviço, tem-se ser solidária a responsabilidade de todos os fornecedores participantes da cadeia de fornecimento do produto ou serviço (STJ, AgInt no AREsp 2.398.772, Rel. Min. Raul Araújo, 4ª T, DJe 07/12/2023).

Sendo solidária a responsabilidade dos fornecedores, isso significa que havendo mais de um causador, os danos deverão ser ressarcidos por todos, solidariamente, cabendo à vítima escolher contra quem promover a ação de reparação – se contra um, mais de um, ou contra todos. A cadeia de responsabilidade se estende a todos quantos tomaram parte na atividade de colocar o produto ou serviço no mercado de consumo. No sistema do CDC fica a critério do consumidor a escolha dos fornecedores solidários que irão integrar o polo passivo da ação. Poderá exercitar sua pretensão contra todos ou apenas contra alguns desses fornecedores, conforme preferir (STJ, REsp 1.077.911, Rel. Min. Nancy Andrighi, 3ª T, DJ 14/10/11).

Estatui o CDC, no parágrafo único do art. 7º: "Tendo mais de um autor a ofensa, todos responderão solidariamente pela reparação dos danos previstos nas normas de consumo". Mais adiante, o art. 25 estabelece, em seu parágrafo 1º: "Havendo mais de um responsável pela causação do dano, todos responderão solidariamente pela reparação prevista nesta e nas seções anteriores".

Em sentido semelhante dispõe o art. 18 que os "fornecedores de produtos de consumo duráveis ou não duráveis respondem solidariamente pelos vícios de qualidade ou quantidade que os tornem impróprios ou inadequados ao consumo (...)". O mesmo artigo, um pouco depois, responsabiliza o fornecedor pelas informações publicitárias, se houver contraste entre o produto ou serviço e os anúncios a eles relativos (O art. 19 tem idêntica disposição, relativa aos vícios de quantidade: "Os fornecedores respondem solidariamente pelos vícios de quantidade do produto..."). O art. 34, por sua vez, estabelece: "O fornecedor do produto ou serviço é solidariamente responsável pelos atos de seus prepostos ou representantes autônomos".

Para o STJ é solidária, perante o consumidor, a responsabilidade civil das empresas que, apesar de aparentemente independentes, mostram-se interligadas no mesmo complexo empresarial, ostentando a mesma marca de alto renome, como ocorre na espécie (STJ, AgInt no AREsp 2.344.478, Rel. Min. Raul Araújo, 4ª T, DJe 21/11/2023).

A jurisprudência já se deparou com situação curiosa: sinistro que ocorre após a assinatura da proposta de seguro e antes da emissão da apólice (houve falha na comunicação entre o corretor e a seguradora). Há, em situações assim, solidariedade entre os envolvidos (STJ, REsp 1.077.911, Rel. Min. Nancy Andrighi, 3ª T, DJ 14/10/11). Da mesma forma, se, após realizada vistoria prévia em veículo e emitido cheque para pagamento de parcela do prêmio, ocorre o sinistro (STJ, REsp 658.938, Rel. Min. Raul Araújo, 4ª T, DJ 20/08/12). Decidiu-se que "a seguradora de seguro de responsabilidade civil, na condição de fornecedora, e a oficina credenciada respondem solidariamente perante o consumidor por perdas e danos decorrentes de defeitos na prestação de serviços" (STJ, AgRg no AREsp 345.322, Rel. Min. Bôas Cueva, DJ 25/09/2014).

É importante notar que no direito brasileiro a solidariedade, em sede de reparação de danos, é a regra. Tanto para as relações de consumo como para as relações civis, em razão do art. 942 do Código Civil. Assim, "A agência de viagens responde pelo dano pessoal que decorreu do mau serviço do hotel contratado por ela para a hospedagem durante o pacote de turismo" (STJ, REsp 287.849, Rel. Min. Ruy Rosado de Aguiar, 4ª T, j. 17/04/01, p. DJ 13/08/01). Posteriormente se reafirmou que a agência que comercializa pacotes de viagens responde solidariamente, nos termos do art. 14 do CDC, pelos defeitos na prestação dos serviços que integram o pacote (STJ, REsp 888.751, Rel. Min. Raul Araújo, 4ª T, DJ 27/10/11). De igual modo, a franqueadora pode ser solidariamente responsabilizada por eventuais danos causados a consumidor por franqueada (STJ, REsp 1.426.578, Rel. Min. Marco Bellizze, DJ 22/09/2015).

De igual modo, se o consumidor, por exemplo, compra carro zero quilômetro, em concessionária credenciada, a montadora responde se a concessionária deixa de entregar o veículo comprado e totalmente pago pelo consumidor (STJ, REsp 1.309.981, Rel. Min. Luis Felipe Salomão, DJ 17/12/2013). O STJ frisou que a posição jurídica da fornecedora de veículos automotores para revenda – montadora concedente – enquadra-se perfeitamente no que preceitua o art. 34 do CDC, segundo o qual o "fornecedor do produto ou serviço é solidariamente responsável pelos atos de seus prepostos ou representantes autônomos", norma que consagra a responsabilidade de qualquer dos integrantes da cadeia de fornecimento pelo descumprimento dos deveres de boa-fé, transparência, informação e confiança. Decidiu-se, nesse sentido, que "a fornecedora de veículos automotores para revenda – montadora concedente – é solidariamente responsável pelos atos de seus prepostos (concessionária) diante do consumidor, ou seja, há responsabilidade de quaisquer dos integrantes da cadeia de fornecimento que dela se beneficia" (STJ, AgRg no AREsp 629.301, Rel. Min. Marco Bellizze, 3ª T, DJ 13/11/2015).

É possível, portanto, ao consumidor se valer da solidariedade para, efetivamente, ser indenizado do dano sofrido. A jurisprudência tem sido firme em afirmá-la. Assim, se é a cooperativa "quem oferece o plano de assistência médica remunerado, em que estabelece e faz a cobrança de acordo com tabelas próprias, traça as condições do atendimento e de cobertura, e dá ao associado um leque determinado de profissionais cooperativados ao qual pode recorrer em caso de doença, não é possível possa eximir-se de qualquer vinculação com a qualidade do serviço, como se fosse um alienígena. É ela fornecedora dos serviços, à luz do CDC, e o causador do dano é cooperado seu" (STJ, REsp 309.760, Rel. Min. Aldir Passarinho Júnior, j. 09/11/01). Aliás, o STJ entendeu, em 2015, que a Unimed é responsável, solidariamente, por qualquer outra Unimed no Brasil. Há, nesse sentido, solidariedade, segundo o STJ, dentre as diversas cooperativas nos Estados. Cabe registrar que, formalmente, são cooperativas distintas, mas se valem de idêntica denominação e podem fazer crer ao consumidor que há unidade no atendimento e no serviço por elas prestados.

As empresas de planos de saúde respondem pelos danos causados por médicos e hospitais credenciados, conforme tem decidido o STJ: "Civil. Responsabilidade civil. Prestação de serviços médicos. Quem se compromete a prestar assistência médica por meio de profissionais que indica, é responsável pelos serviços que estes prestam" (STJ, REsp 138.059. Nesse contexto, a operadora de plano de saúde tem responsabilidade solidária por defeito na prestação de serviço médico, seja quando o presta por meio de hospital próprio e médicos contratados, seja através de médicos e hospitais credenciados (STJ, AgInt no AREsp 1.414.776, Rel. Min. Raul Araújo, 4ª T DJe 04/03/2020).

Do mesmo modo: "A prestadora de serviços de plano de saúde é responsável, concorrentemente, pela qualidade do atendimento oferecido ao contratante em hospitais e por médicos por ela credenciados, aos quais aquele teve de obrigatoriamente se socorrer sob pena de não fruir da cobertura respectiva" (STJ, REsp 164.084, Rel. Min. Aldir Passarinho Júnior, 4ª T, j. 17/02/00, p. DJ 17/04/00). A menos que os profissionais sejam escolhidos pelo próprio paciente, sem nenhuma indicação da empresa de saúde, e esta, depois, proceda ao reembolso do paciente. Nesta hipótese, e apenas nesta, a ação apenas poderia ser proposta contra o profissional causador do dano. Posteriormente o STJ reafirmou que se o próprio consumidor, ou familiar seu, escolhe os médicos – como ocorre, em regra, nos chamados seguros-saúde – não haverá responsabilidade da seguradora pela má prestação do serviço (STJ, REsp 866.371, Rel. Min. Raul Araújo, 4ª T, DJ 20/08/12). O consumidor apenas poderá responsabilizar o médico ou o hospital, mas não a empresa de seguros-saúde.

Pondera-se, a propósito, em doutrina: "No que tange à responsabilidade civil, consolida-se o entendimento, em doutrina, no sentido de considerar responsáveis solidariamente as empresas e cooperativas de medicina de grupo, pelos erros dos médicos delas dependentes ou a elas credenciados. Tal solução não se aplica às hipóteses de seguro-saúde e planos de livre escolha do médico – quando o médico faltoso não é credenciado pela empresa de saúde, sendo selecionado diretamente pelo segurado" (Gustavo Tepedino, *"A responsabilidade médica na experiência brasileira contemporânea"*. Temas de Direito Civil, t. II. Rio de Janeiro: Renovar, 2006, p. 103).

A solidariedade poderá resultar das circunstâncias em que ocorreu o dano: "Civil. Ação de indenização. Erro médico. Responsabilidade solidária do cirurgião (culpa 'in eligendo') e do anestesista reconhecida pelo acórdão recorrido. Matéria de prova. Súm. 7/STJ. I – O médico chefe é quem se presume responsável, em princípio, pelos danos ocorridos em cirurgia, pois, no comando dos trabalhos, sob suas ordens é que executam-se os atos necessários ao bom desempenho da intervenção. II – Da avaliação fática resultou comprovada a responsabilidade solidária do cirurgião (quanto ao aspecto 'in eligendo') e do anestesista pelo dano causado. Insuscetível de revisão esta matéria a teor do enunciado na Súm. 7/STJ" (STJ, REsp 53.104, Rel. Min. Waldemar Zveiter, 3ª T, DJ 16/06/97). Mais adiante (Capítulo VII, item 19) cuidaremos, especificamente, da responsabilidade civil dos médicos.

Questão polêmica diz respeito a eventuais erros médicos cometidos, por exemplo, em cirurgias. Se, digamos, o anestesista comete um erro, o cirurgião chefe da equipe médica responde solidariamente pelos danos? A tendência é se responder que não, reconhecendo-se certa autonomia no trabalho do anestesista, cujas funções específicas e decisões pessoais trariam responsabilidades próprias. Nesse sentido, à luz do STJ, se o dano ao paciente advém, comprovadamente, de ato praticado pelo anestesista, no exercício do seu mister, este responde individualmente pelo evento (STJ, EREsp 605.435, Rel. Min. Raul Araújo, Segunda Seção, DJ 28/11/12).

A exploração comercial da internet configura relação de consumo. Ao ser comunicado de que determinado texto ou imagem possui conteúdo ilícito, o provedor de internet deve agir de forma enérgica, retirando o material do ar imediatamente, sob pena de responder solidariamente com o autor direto do dano, em virtude da omissão praticada (STJ, REsp 1.186.616, Rel. Min. Nancy Andrighi, 3ª T, DJ 31/08/11).

Se há falha em sistema digital de mediação de negócios – Mercado Livre, por exemplo – haverá responsabilidade objetiva do prestador do serviço (STJ, REsp 1.107.024, Rel. Min. Isabel Gallotti, j. 01/12/11). Aliás, a relação da pessoa com o provedor de busca de mercadorias à venda na internet (no caso, a plataforma OLX) sujeita-se ao CDC, ainda que o serviço prestado seja gratuito, por se tratar de nítida relação de consumo, com lucro, direto ou indireto, do fornecedor (STJ, REsp 1.836.349, Rel. Min. Marco Bellizze, 3ª T, DJe 24/06/2022). Cabe lembrar que é vedada a estipulação pelo fornecedor de cláusula que exonere ou mesmo atenue a sua responsabilidade (CDC, art. 25). Em caso de anúncio falso publicado na internet, em site de classificados, com danos à honra, respondem solidariamente todos aqueles que participam da cadeia de consumo (no caso, a empresa de televisão proprietária do site, a empresa de propaganda responsável pela contratação do anúncio, e o portal que hospeda o site de conteúdo). Todos respondem sem culpa (STJ, REsp 997.993, Rel. Min. Luis Felipe Salomão, 4ª T, DJ 06/08/12).

Porém, nas compras virtuais, o provedor de buscas de produtos que não realiza qualquer intermediação entre consumidor e vendedor não pode ser responsabilizado por qualquer vício da mercadoria ou inadimplemento contratual (STJ, REsp 1.444.008, Rel. Min. Nancy Andrighi, 3ª T, DJ 09/11/2016). Convém registrar, aqui, uma diferença relevante: a) uma coisa são os provedores de serviço que, além de oferecerem o serviço de buscas de mercadorias, fornecem a estrutura virtual para a realização da compra (nesse caso, passam a fazer parte da cadeia de fornecimento, de modo solidário); b) outra situação, bem distinta, é aquela em que o prestador de busca de produtos se limita a apresentar ao consumidor o resultado da busca, após o que o consumidor é direcionado ao site do vendedor do produto (não haverá, nessa situação, responsabilidade solidária do site que ofereceu os resultados da busca). Não há, nessa hipótese, ademais, cobrança de comissões sobre as operações realizadas, sendo a remuneração desses sites oriundas das publicidades veiculadas em suas páginas. De modo semelhante, o STJ entende que o provedor de conteúdo de internet não responde objetivamente pelo conteúdo inserido pelo usuário, por não se tratar de risco inerente à sua atividade. Está obrigado, no entanto, a retirar imediatamente o conteúdo moralmente ofensivo, sob pena de responder solidariamente com o autor do dano (STJ, AgRg no REsp 1.309.891, Rel. Min. Sidnei Beneti, 3ª T, DJ 29/06/12). Em outras palavras, os provedores de conteúdo, ao oferecer um serviço que permite que os usuários expressem livremente sua opinião, não são obrigados a filtrar os dados e imagens neles inseridos (STJ, REsp 1.192.208, Rel. Min. Nancy Andrighi, 3ª T, DJ 02/08/12). Devem, porém, como dissemos, agir de modo imediato ao receberem comunicação a respeito de conteúdo ilícito ou ofensivo. A mesma orientação vale para e-mails (STJ, REsp 1.300.161, Rel. Min. Nancy Andrighi, 3ª T, DJ 26/06/12), blogs (STJ, REsp 1.192.208, Rel. Min. Nancy Andrighi, 3ª T, DJ 02/08/12), provedores de pesquisa (STJ, REsp 1.316.921, Rel. Min. Nancy Andrighi, 3ª T, DJ 29/06/11), entre outros serviços semelhantes.

A solidariedade, enfim, pode funcionar como mecanismo que possibilita, na prática, a reparação dos danos sofridos pelo consumidor. "Se empresas nacionais se beneficiam de marcas mundialmente conhecidas, incumbe-lhes responder também pelas deficiências dos produtos que anunciam e comercializam, não sendo razoável destinar-se ao consumidor as consequências negativas dos negócios envolvendo objetos defeituosos" (STJ, REsp 63.981, Rel. Min. Sálvio de Figueiredo Teixeira, 4ª T, DJ 20/11/00). Lembremos que de acordo com o art. 942 do Código Civil, quando a ofensa tiver mais de um autor, todos respondem solidariamente pela reparação. Se, por exemplo, o consumidor for vítima de roubo em estacionamento comercial vinculado a banco, haverá solidariedade entre o banco e a administradora do estacionamento (STJ, AgRg no AREsp 195.736, Rel. Min. Massami Uyeda, 3ª T, DJ 13/11/12). Porém, não se verificando qualquer falha na prestação do serviço de corretagem nem se constatando o envolvimento da corretora no empreendimento imobiliário, não se mostra viável o reconhecimento da sua responsabilidade solidária em razão da sua inclusão na cadeia de fornecimento (STJ, REsp 1.811.153, Rel. Min. Marco Bellizze, 3ª T, DJe 21/02/2022). O tribunal argumentou que a relação jurídica estabelecida no contrato de corretagem é diversa daquela firmada entre o promitente comprador e o promitente vendedor do imóvel, de modo que a responsabilidade da corretora está limitada a eventual falha na prestação do serviço de corretagem.

Na apuração do nexo de causalidade no âmbito da responsabilidade civil solidária não se discute percentagem, nem maior ou menor participação da conduta do agente na realização do dano, pois a ser diferente perderia o instituto exatamente a sua maior utilidade prática na facilitação do acesso à Justiça para as vítimas (STJ, REsp 1.236.863, Rel. Min. Herman Benjamin, 2ª T, DJ 27/02/2012). Perante as vítimas não se discute o grau de participação de cada corresponsável, na responsabilidade solidária. Porém, na ação de regresso entre eles, sim, discute-se. Trata-se de ponto tranquilo na doutrina que foi traduzido no Enunciado 453 das *Jornadas de Direito*

Civil: "Na via regressiva, a indenização atribuída a cada agente será fixada proporcionalmente à sua contribuição para o evento danoso".

Convém ainda mencionar, por seus reflexos no tocante à disciplina da solidariedade, a posição do STJ: "Em ação de reparação de danos, a seguradora denunciada, se aceitar a denunciação ou contestar o pedido do autor, pode ser condenada, direta e solidariamente junto com o segurado, ao pagamento da indenização devida à vítima, nos limites contratados na apólice" (STJ, Súmula 537).

O STJ enfatiza que todos os integrantes da cadeia de consumo respondem solidariamente pelos danos causados ao consumidor. Assim, tanto a seguradora, que autorizou a execução do serviço de reparo do veículo pela concessionária, quanto esta – que o prestou de forma defeituosa – respondem (STJ, AgInt no REsp 1.979.561, Rel. Min. Moura Ribeiro, 3ª T, DJ 16/11/2023). Aliás, é solidária a responsabilidade entre aqueles que veiculam publicidade enganosa e os que dela se aproveitam na comercialização de seu produto ou serviço (STJ, REsp 1.365.609, Rel. Min. Luis Felipe Salomão, 4ª T, DJ 25/05/2017).

8. INTERPRETAÇÃO MAIS FAVORÁVEL AO CONSUMIDOR (INTERPRETAÇÃO CONTRA O ESTIPULANTE)

Dentre as disposições fundamentais do CDC está aquela que determina a interpretação mais favorável ao consumidor. Estatui o art. 47: "As cláusulas contratuais serão interpretadas de maneira mais favorável ao consumidor". O intérprete, diante de um contrato de consumo, deverá atribuir às suas cláusulas conexões de sentido que atendam, de modo equilibrado e efetivo, aos interesses do consumidor, parte vulnerável da relação.

Desse modo, "a jurisprudência do STJ se orienta no sentido de proporcionar ao consumidor o tratamento mais moderno e adequado (...). A interpretação das cláusulas contratuais deve favorecer a extensão dos direitos do consumidor" (STJ, REsp 110.6789, Rel. Min. Nancy Andrighi, 3ª T, DJ 18/11/09). Neste sentido, em 2015, o STJ se manifestou: "Polêmica em torno da cobertura por plano de saúde do serviço de home care para paciente portador de doença pulmonar obstrutiva crônica. O serviço de home care (tratamento domiciliar) constitui desdobramento do tratamento hospitalar contratualmente previsto que não pode ser limitado pela operadora do plano de saúde. Na dúvida, a interpretação das cláusulas dos contratos de adesão deve ser feita de forma mais favorável ao consumidor. Inteligência do enunciado normativo do art. 47 do CDC. Doutrina e jurisprudência do STJ acerca do tema" (REsp 1.378.707, Rel. Min. Paulo de Tarso Sanseverino, DJ 15/06/2015). Já mencionamos que posteriormente, em 2018, o STJ entendeu que beneficiária com *Parkinson* tem direito à *home care*, ainda que não previsto contratualmente (STJ, REsp 1.728.042, Rel. Min. Nancy Andrighi, 3ª T, DJe 08/11/2018).

Trata-se do mesmo princípio, visto por outro ângulo, que proclama a interpretação contra a parte mais forte, aquela que redigiu o conteúdo do pacto contratual, como ocorre nos contratos de adesão (art. 54). A interpretação contra o estipulante está prevista também no Código Civil, relativamente aos contratos de adesão: "Art. 423. Quando houver no contrato de adesão cláusulas ambíguas ou contraditórias, dever-se-á adotar a interpretação mais favorável ao aderente".

Se o fornecedor se vale de cláusula dúbia e mal redigida, a solução será interpretá-la contra quem a estipulou, ou seja, favoravelmente ao consumidor. Essa tem sido a solução jurisprudencial: "Direito civil. Contrato de seguro-saúde. Transplante. Cobertura do tratamento. Cláusula dúbia e mal redigida. Interpretação favorável ao consumidor. Art. 54, § 4º, CDC (...). Cuidando-se de interpretação de contrato de assistência médico-hospitalar, sobre a cobertura ou não de determinado tratamento (...). Acolhida a premissa de que a cláusula excludente seria dúbia e de duvidosa clareza, sua interpretação deve favorecer o segurado, nos termos do art. 54, § 4º, do Código de Defesa do Consumidor. Com efeito, nos contratos de adesão, as cláusulas limitativas ao direito do consumidor contratantes deverão ser redigidas com clareza e destaque, para que não fujam de sua percepção leiga" (STJ, REsp 311.509, Rel. Min. Sálvio de Figueiredo Teixeira, DJ 25/06/01). Decidiu-se, de modo semelhante, que em contrato de plano de saúde é abusiva a cláusula que preveja o indeferimento de quaisquer procedimentos médico-hospitalares quando solicitados por médicos não cooperados (STJ, REsp 1.330.919, Rel. Min. Luis Felipe Salomão, 4ª T, DJ 18/08/2016).

Se o contrato de plano de saúde prevê a cobertura de determinado tratamento, não podem ser excluídos os procedimentos imprescindíveis para o seu êxito (STJ, AgRg no AREsp 35.266, Rel. Min. Sidnei Beneti, 3ª T, DJ 07/11/11). Havia, no caso, cláusula – reputada abusiva – que limitava as sessões de quimioterapia. Se a patologia (câncer) está coberta pelo plano, não é dado ao plano vedar esse ou aquele tratamento cientificamente indicado para a respectiva cura. Da mesma forma, a recusa do plano de saúde em cobrir o valor de *stents* usados em angioplastia, agravando aflição psicológica, dá ensejo a compensação moral (STJ, REsp 986.947, Rel. Min. Nancy Andrighi, 3ª T, DJ 26/03/08). No mesmo sentido (STJ, AgRg no AREsp 11.571, Rel. Min. Sidnei Beneti, 3ª T, DJ 10/11/11). É abusiva a cláusula que, em contratos de planos de saúde, nega a cobertura de próteses essenciais à cirurgia, ou tratamento hospitalar decorrente da intervenção cirúrgica (STJ, AgRg no REsp 1.201.998, Rel. Min. Paulo de Tarso, 3ª T, DM 20/08/12). Pouco importa se o material é ou não importado (STJ, REsp 1.046.355, Rel. Min. Massami Uyeda, DJ 05/08/08). Ainda que seja possível o contrato relativo a plano de saúde prever limitação aos direitos do consumidor, haverá abusividade quando houver exclusão do custeio dos meios necessários ao melhor tratamento clínico ou internação hospitalar (STJ, AgInt no AREsp 1.296.865, Rel. Min. Paulo Sanseverino, 3ª T, DJe 07/12/2018).

Se, em seguro de veículo, as cláusulas contratuais aludem a conceitos de direito penal (como furto e roubo), há de se considerar incluída, também, a figura da extorsão. Essas distinções conceituais rígidas escapam à compreensão do segurado, tido como homem médio (STJ, REsp 1.106.827, Rel. Min. Marco Buzzi, 4ª T, DJ 23/10/12). Em sentido semelhante, decidiu-se que a cláusula contratual que remete ao furto qualificado, no Código Penal, não pode ser usada como pretexto pela seguradora para negar cobertura em hipótese de furto simples (STJ, REsp 814.060, Rel. Min. Luis Felipe Salomão, 4ª T, j. 04/06/10). Ademais, conforme vimos, as cláusulas devem ser interpretadas de modo favorável ao consumidor (CDC, art. 47). São nulas as cláusulas que atenuem a responsabilidade do fornecedor (CDC, art. 51, I) ou desvirtuem direitos fundamentais inerentes à natureza do contrato (art. 51, § 1º, II). As cláusulas limitadoras de direitos do consumidor devem redigidas com destaque, permitindo sua imediata e fácil compreensão (CDC, art. 54, § 4º). A hipossuficiência pode se caracterizar em decorrência de informações imprecisas e pouco acessíveis, cuja delimitação exata depende de informações técnicas que são controvertidas (no caso da interpretação do furto qualificado) até na doutrina e na jurisprudência.

Cabe registrar que o art. 47 do CDC traduz princípio aplicável não apenas às cláusulas contratuais, mas às leis em geral. Havendo conflito entre elas, deve-se, em princípio, dar preferência àquela que melhor tutela a parte vulnerável da relação. Trata-se de hipótese frequente, eis que, com o advento do Código Civil de 2002, não são raros os casos de diálogos entre as duas importantes leis.

Cuidaremos, mais adiante, no Capítulo XVI, das cláusulas abusivas. O STJ, em 2017, decidiu várias questões relativas a cláusulas abusivas – sempre, no entanto, entendendo pela validade das cláusulas, isto é, sempre afirmando que as cláusulas em análise *não eram abusivas*. Não deixa de ser um sinal preocupante (o tema guarda relação com o princípio da interpretação mais favorável ao consumidor, isto é, o princípio que proclama que os contratos – sobretudo de adesão – devem ser interpretados, em princípio, contra quem redigiu suas cláusulas). Daremos alguns exemplos nos próximos parágrafos.

Nos contratos de promessa de compra e venda de imóvel em construção, além do período previsto para o término do empreendimento, costuma haver cláusula de prorrogação excepcional do prazo de entrega do apartamento (ou mesmo para a conclusão da obra). Essa cláusula prevê um prazo que costuma variar entre 90 e 180 dias: trata-se da chamada *cláusula de tolerância*. O STJ decidiu que não é abusiva essa cláusula de tolerância, desde que a prorrogação não ultrapasse 180 dias do prazo inicial de entrega da obra. Nesse contexto, a cláusula de tolerância que prever prazo superior a 180 dias será considerada abusiva, devendo ser responsabilizado o incorporador pelos dias excedentes (STJ, REsp 1.582.318, Rel. Min. Ricardo Villas Bôas Cueva, 3ª T, DJ 21/09/2017). Aliás, o STJ entende que é possível a inversão da cláusula penal moratória em favor do consumidor, quando houver inadimplemento do promitente vendedor, consistente na ausência de entrega do imóvel (STJ, AgInt no AREsp 1.183.767, Rel. Min. Felipe Salomão, 4ª T, DJ 14/08/2018).

O STJ considera válida a cláusula de fidelidade em contrato de telefonia. Há, geralmente, nesses casos, tarifas inferiores ou bônus aos consumidores (como por exemplo o oferecimento de celulares). O tribunal definiu que "a cláusula de fidelização em contrato de serviços de telecomunicação (como o serviço de TV a cabo) revela-se lícita" (STJ, REsp 1.362.804, Rel. Min. Luis Felipe Salomão, 4ª T, DJ 01/08/2017). A cobrança da multa de fidelidade pela prestadora de serviço de TV a cabo deve ser proporcional ao tempo faltante para o término da relação de fidelização (STJ, REsp 1.362.084, Rel. Min. Luis Felipe Salomão, 4ª T, DJ 01/08/2017). O STJ entendeu que a cláusula contratual que impõe ao comprador a responsabilidade pela desocupação do imóvel ocupado não é abusiva. Essa modalidade de cláusula é comum em contratos de compra e venda firmados pela Caixa Econômica Federal (STJ, REsp 1.509.933, Rel. Min. Villas Bôas Cueva, 3ª T, DJ 18/10/2016).

O STJ decidiu que não há abusividade na cláusula contratual que estabeleça o repasse dos custos administrativos da instituição financeira com as ligações telefônicas dirigidas ao consumidor inadimplente (STJ, REsp 1.361.699, Rel. Min. Villas Bôas Cueva, 3ª T, DJ 21/09/2017). Não é abusiva a exigência de indicação da CID (Classificação Internacional de Doenças), como condição de deferimento, nas requisições de exames e serviços oferecidos pelas prestadoras de plano de saúde, bem como para o pagamento de honorários médicos (STJ, REsp 1.509.055, Rel. Min. Sanseverino, 3ª T, DJ 25/8/2017).

O STJ tem entendido que "não é abusiva a cláusula de coparticipação expressamente contratada e informada ao consumidor, para a hipótese de internação superior a 30 (trinta) dias decorrentes de transtornos psiquiátricos, pois destinada à manutenção do equilíbrio entre as prestações e contraprestações que envolvem a gestão dos custos dos contratos de planos de saúde" (STJ, REsp 1.635.626, Rel. Min. Nancy Andrighi, 3ª T, DJ 16/02/2017). Mais recentemente essa orientação foi reafirmada, destacando-se que nos contratos de plano de saúde não é abusiva a cláusula de coparticipação expressamente ajustada e informada ao consumidor, à razão máxima de 50% do valor das despesas, nos casos de internação superior a 30 dias por ano, decorrente de transtornos psiquiátricos, preservada a manutenção do equilíbrio financeiro (Tema Repetitivo nº 1.032) (STJ, AgInt no REsp 1831676 , Rel. Min.Villas Bôas Cueva , 3ª T, DJe 20/12/2023).

A propósito do campo de incidência do CDC, o STJ tem afirmado com ênfase algo que não costumava ser destacado antes: que as normas do CDC só se aplicam subsidiariamente aos planos de saúde (destacando, para isso, a previsão do art. 35-G da Lei n. 9.656/1998). Diz-se ainda que deve haver prevalência, em caso de incompatibilidade de normas, à luz dos critérios da especialidade e da cronologia, da lei especial nova, em detrimento do CDC (STJ, REsp 1.632.752, Rel. Min. Villas Bôas Cueva, 3ª T, DJ 29/08/2017). Decidiu-se também, conforme já alertamos, que não se aplica o CDC ao contrato de plano de saúde administrado por entidade de autogestão, por inexistência de relação de consumo (STJ, REsp 1.684.207, Rel. Min. Herman Benjamim, 2ª T, DJ 10/10/2017). A questão foi sumulada em 2018: "Aplica-se o Código de Defesa do Consumidor aos contratos de plano de saúde, salvo os administrados por entidades de autogestão" (STJ, Súmula 608). Grande parte dos usuários, hoje, no Brasil, são usuários desses planos de autogestão, o que aponta para uma perspectiva preocupante.

Outro julgado do STJ, em 2017 – embora não diga respeito à cláusula abusiva, e sim às letras minúsculas tantas vezes usadas em variadas formas de publicidade – infelizmente decidiu que a previsão de tamanho mínimo de fonte em contratos de adesão estabelecido no art. 54, § 3º, do CDC não é aplicável ao contexto das ofertas publicitárias (STJ, REsp 1.602.678, 3ª T, DJ 31/05/2017). Houve, portanto, em 2017, um número considerável de decisões que reduziram o espectro de proteção dos direitos do consumidor, sob o ângulo da atividade interpretativa.

Há outro ponto que pode ser mencionado. Existiam duas posições distintas no STJ acerca do caráter meramente exemplificativo, ou não, dos procedimentos editados pela ANS. A terceira turma, há tempos – em posição que sempre reputamos correta –, entende que o rol da ANS é puramente exemplificativo (STJ, AgInt no AREsp 1.860.434; AgInt no REsp 1.920.118, entre muitos outros). Por exemplo, "nos termos da jurisprudência pacífica do STJ, o rol de procedimentos mínimos da ANS é meramente exemplificativo, não impedindo que o médico assistente prescreva, fundamentadamente, procedimento ali não previsto, desde que necessário ao tratamento de doença coberta pelo plano de saúde" (STJ, AgInt no AREsp 1.715.563). Já a quarta turma fixou entendimento de que o rol de procedimentos editado pela ANS não possuiria natureza meramente exemplificativa (STJ, REsp 1.733.013). Porém mesmo nessa visão mais restritiva, abre-se uma exceção para o câncer. Neste último precedente citado fez-se expressa ressalva de que a natureza taxativa ou exemplificativa do aludido rol não seria importante quanto ao dever de cobertura de medicamentos para o tratamento de câncer.

A questão teve idas e vindas. Posteriormente às decisões citadas, a Segunda Seção do STJ – que está acima da 3ª e 4ª Turmas do STJ, uniformizando a jurisprudência entre elas – decidiu a favor da 4ª Turma, afirmando que o rol da ANS era taxativo, fechado. A repercussão social da decisão foi péssima. Tão grande foi a pressão que logo depois o Congresso Nacional se movimentou, aprovando a Lei n. 14.454/2022 (restabelecendo o rol exemplificativo, dentro de certos critérios).

Atualmente o STJ tem ido nessa linha, isto é, no sentido da desnecessidade de previsão específica do método terapêutico no rol da ANS (STJ, AgInt no REsp 2.049.888, Rel. Min. Humberto Martins, 3ª T, DJ 17/11/2023). Por exemplo, no que diz respeito à terapia multidisciplinar para paciente diagnosticado com transtorno do espectro autista. Aliás, a equoterapia e a musicoterapia são de cobertura obrigatória pelas operadoras de planos de saúde para os beneficiários com transtornos globais do desenvolvimento, dentre eles o transtorno do espectro autista (STJ, segredo de justiça, Rel. Min. Nancy Andrighi, 3ª T, 20/02/2024).

Talvez caiba uma palavra mais ampla. Os casos recentes que a imprensa têm publicado sobre os planos de saúde são assustadores. São aterrorizantes, não há outra palavra. Casos de aumentos escandalosos em relação a consumidores idosos, casos de negativas abusivas de atendimento. É triste que a Agência Nacional de Saúde faça tão pouco em relação aos cidadãos brasileiros. Não há contrato em que a função social seja tão evidente como os contratos entre cidadãos (vulneráveis) e planos de saúde.

9. BOA-FÉ OBJETIVA

A boa-fé objetiva é talvez o mais importante princípio do direito contratual contemporâneo. Surgem, a cada dia, inovadores e bem articulados estudos e monografias a propósito dela. O que vem a ser a boa-fé objetiva? É o dever, imposto a quem quer que tome parte em relação negocial, de agir com lealdade e cooperação, abstendo-se de condutas que possam esvaziar as legítimas expectativas da outra parte. Daí decorrem múltiplos deveres anexos, deveres de conduta que impõem às partes, ainda na ausência de previsão legal ou contratual, o dever de agir lealmente.

Pondera Paulo Luiz Netto Lobo: "Além dos tipos legais expressos de cláusulas abusivas, o Código de Defesa do Consumidor fixou a boa-fé como cláusula geral de abertura, que permite ao aplicador ou intérprete o teste de compatibilidade das cláusulas ou condições gerais dos contratos de consumo. No inciso IV do art. 51, contudo, a boa-fé está associada ou alternada com a equidade ('...com a boa-fé ou a equidade')" (Deveres Gerais de Conduta nas Obrigações Civis, in *Questões Controvertidas no direito das obrigações e dos contratos*. São Paulo: Método, 2005, p. 80).

A boa-fé objetiva desdobra-se em múltiplos deveres, como, por exemplo, o dever de cuidado. Respondem objetiva e solidariamente pelos danos todos aqueles que, sem o devido cuidado, publicam, como classificados na internet, anúncio falso dando o nome de alguém como prestador de serviços sexuais de caráter homossexual, inclusive com o telefone de trabalho da vítima (STJ, REsp 997.993, Rel. Min. Luis Felipe Salomão, 4ª T, DJ 06/08/12). Há, no caso, má prestação do serviço, porquanto a publicidade de anúncios semelhantes deve ser cercada de prudência e zelo.

A jurisprudência tem desenvolvido, em inúmeros casos, o conteúdo do princípio. Veja-se, como exemplo: "A empresa que explora plano de saúde e recebe contribuições de associado sem submetê-lo a exame, não pode escusar-se ao pagamento da sua contraprestação, alegando omissão nas informações do segurado" (STJ, REsp 229.078, Rel. Min. Ruy Rosado de Aguiar, j. 09/11/99). A boa-fé permeia muitos dos princípios aqui expostos, que são, às vezes, aspectos mais peculiares da boa-fé objetiva.

O STJ, em julgado recente, bem resume vários aspectos relevantes do princípio: "A boa-fé objetiva tem por escopo resguardar as expectativas legítimas de ambas as partes na relação contratual, por intermédio do cumprimento de um dever genérico de lealdade e crença, aplicando-se aos contratantes. O ordenamento jurídico prevê deveres de conduta a serem observados por ambas as partes da relação obrigacional, os quais se traduzem na ordem genérica de cooperação, proteção e informação mútuos, tutelando-se a dignidade do devedor e o crédito do titular ativo, sem prejuízo da solidariedade que deve existir entre eles" (STJ, REsp 1.592.422). Hoje se vê o vínculo obrigacional como uma relação dinâmica. Essa relação dinâmica é composta não apenas por aquilo que as partes contratualmente manifestaram, mas também por deveres anexos que independem de manifestação de vontade das partes para nascer.

Em outra oportunidade o STJ frisou que a "operadora do plano de saúde está obrigada ao cumprimento de uma boa-fé qualificada, ou seja, uma boa-fé que pressupõe os deveres de informação, cooperação e cuidado com o consumidor/segurado" (STJ, REsp 418.572, Rel. Min. Luis Felipe Salomão, 4ª T, DJ 30/03/09). A propósito das letras minúsculas – tantas vezes usadas em variadas formas de publicidade, questão que certamente dialoga com a boa-fé objetiva – o STJ, em 2017, lamentavelmente decidiu que a previsão de tamanho mínimo de fonte em contratos de adesão estabelecido no art. 54, § 3º, do CDC não é aplicável ao contexto das ofertas publicitárias (STJ, REsp 1.602.678, 3ª T, DJ 31/05/2017).

Por exemplo, da boa-fé objetiva surge o dever de cooperação. Em que consiste? No dever, imposto ao fornecedor de serviços, de cooperar para o bom termo da relação obrigacional, evitando práticas que importem abusos ou lesões a direitos ou às legítimas expectativas do consumidor. Assim tem apontado a jurisprudência: "O simples atraso no pagamento de uma das parcelas do prêmio não se equipara ao inadimplemento total da obrigação do segurado, e, assim, não confere à seguradora o direito de descumprir sua obrigação principal, que, no seguro-saúde, é indenizar pelos gastos despendidos com tratamento de saúde" (STJ, REsp 293.722, Rel. Min. Nancy Andrighi, 3ª T, DJ 28/05/01).

A jurisprudência teve oportunidade de frisar: "Os princípios da boa-fé e da confiança protegem as expectativas do consumidor a respeito do contrato de consumo" (STJ, REsp 590.336, Rel. Min. Nancy Andrighi, 3ª T, j. 07/12/04, p. DJ 21/02/05). O STJ sublinhou em julgado recente: "Tradicionalmente, a responsabilidade civil divide-se em responsabilidade civil *stricto sensu* (delitual ou aquiliana) e a responsabilidade contratual (negocial ou obrigacional), segundo a origem do dever descumprido, contrato ou delito, critério que, apesar de conferir segurança jurídica, mereceu aperfeiçoamentos, à luz da sistemática atual do Código Civil, dos microssistemas de direito privado e da Constituição Federal. Seguindo essa tendência natural, doutrina e jurisprudência vêm se valendo de um terceiro fundamento de responsabilidade, que não se vincula a uma prestação delineada pelas partes, nem mesmo vincula indivíduos aleatoriamente ligados pela violação de um dever genérico de abstenção, qual seja a *responsabilidade pela confiança*. A responsabilidade pela confiança é autônoma em relação à responsabilidade contratual e à extracontratual, constituindo-se em um terceiro fundamento ou 'terceira pista' (*dritte Spur*) da responsabilidade civil, tendo caráter subsidiário: onde houver o dano efetivo, requisito essencial para a responsabilidade civil e não for possível obter uma solução satisfatória pelos caminhos tradicionais da responsabilidade, a *teoria da confiança* será a opção válida" (STJ, REsp 1.592.422). Em outra oportunidade frisou-se que "a responsabilidade pré-contratual não decorre do fato de a tratativa ter sido rompida e o contrato não ter sido concluído, mas do fato de uma das partes ter gerado à outra, além da expectativa legítima de que o contrato seria concluído, efetivo prejuízo material" (STJ, REsp 1.051.065).

De igual modo, louvando-se na boa-fé objetiva, a jurisprudência anotou: "A comissão de concessão de crédito, cobrada pela instituição financeira para fornecer crédito ao mutuário, incide apenas uma vez, no início do contrato. Qualquer outra cobrança do referido encargo é ilícita. A cobrança mensal do referido encargo viola preceitos de boa-fé objetiva, razão pela qual não deve ser admitida" (STJ, REsp 908.835, Rel. Min. Nancy Andrighi, 3ª T, DJ 20/06/08). De modo semelhante o STJ teve oportunidade de destacar que "uma das formas de violação da boa-fé objetiva é a venda casada (*tying arrangement*), que consiste no prejuízo à escolha do consumidor decorrente do condicionamento, subordinação e vinculação da aquisição de um produto ou serviço (principal – *tying*) à concomitante aquisição de outro (secundário – *tied*), quando o propósito do consumidor é, unicamente, o de obter o produto ou serviço principal" (STJ, REsp 1.737.428, Rel. Min. Nancy Andrighi, 3ª T,

DJe 15/03/2019). Voltaremos ao tema da venda casada mais adiante, especificamente no capítulo XII.

É fácil perceber, diante dos exemplos citados, que os negócios jurídicos de consumo, quaisquer que sejam, só existirão com validade se banhados pela boa-fé objetiva. Ruy Rosado de Aguiar explica: "A boa-fé se constitui numa fonte autônoma de deveres, independente da vontade, e por isso a extensão e o conteúdo da relação obrigacional já não se mede somente nela (vontade), e, sim, pelas circunstâncias ou fatos referentes ao contrato, permitindo-se construir objetivamente o regramento do negócio jurídico, com a admissão de um dinamismo que escapa ao controle das partes" (Ruy Rosado de Aguiar, Revista de Direito do Consumidor 14, p. 24).

Amparada na boa-fé objetiva, a jurisprudência tem sublinhado que "a suspensão do atendimento do plano de saúde em razão do simples atraso da prestação mensal, ainda que restabelecido o pagamento, com os respectivos acréscimos, configura-se, por si só, ato abusivo. Precedentes do STJ" (STJ, REsp 285.618, Rel. Min. Luiz Felipe Salomão, 4ª T, DJ 26/02/09). Cabe frisar que a boa-fé objetiva se aplica a todos os partícipes da relação obrigacional de consumo (STJ, REsp 1.063.343, Rel. Min. Otávio de Noronha, 2ª Seção, DJ 16/11/10). Aliás, a boa-fé objetiva impõe à operadora de plano de saúde o dever de agir visando à preservação do vínculo contratual, dada a natureza dos contratos de plano de saúde e a posição de dependência dos beneficiários, especialmente dos mais vulneráveis, e com maior razão durante a pandemia (STJ, REsp 2.001.686, Rel. Min. Nancy Andrighi, 3ª T, DJe 18/08/2022).

Os princípios que regem as relações de consumo dialogam entre si, estão, naturalmente, interligados. Por exemplo: a boa-fé objetiva impõe o dever de informar bem e lealmente. Sem essas informações, a própria aferição do cumprimento ou não dos padrões desejáveis fica prejudicada. A jurisprudência está atenta a esse ponto. Assim, "para além de constituir direito básico do consumidor, a correta prestação de informações revela-se, ainda, consectário da lealdade inerente à boa-fé objetiva e constitui o ponto a partir do qual é possível determinar a perfeita coincidência entre o serviço oferecido e o efetivamente prestado" (STJ, REsp 988.595, Rel. Min. Nancy Andrighi, 3ª T, DJ 09/12/09).

Em relação às demandas propostas por fumantes contra a indústria de tabaco, não se tem reconhecido a existência, nas décadas anteriores à Constituição de 1988, do dever de informação, nem mesmo a partir de um ângulo principiológico. Argumenta-se que a boa-fé e seus deveres acessórios não possuem conteúdo *per se*, mas estão vinculados, de modo contextualizado, aos fatores históricos e culturais (STJ, 1.113.804, Rel. Min. Luis Felipe Salomão, 4ª T, DJ 24/06/10).

O STJ, através de sua Segunda Seção (que uniformiza a jurisprudência em direito privado), entende que em contratos de seguro de vida, cujo vínculo vem se renovando ao longo de anos, a pretensão da seguradora de modificar abruptamente as condições do seguro, não renovando o ajuste anterior, ofende os princípios da boa-fé objetiva, da cooperação, da confiança e da lealdade que devem orientar a interpretação das relações de consumo (STJ, AgRg nos EDcl no Ag 1.140.960, Rel. Min. Nancy Andrighi, 3ª T, DJ 29/08/11). As modificações contratuais, portanto, em casos assim, devem se dar de modo suave, gradual, mediante cronograma longo, ensejando-se a ciência prévia ao segurado.

Em relação à cobrança de dívidas (trataremos ao analisar o art. 42, no capítulo das práticas abusivas) convém adiantar um ponto. O parágrafo único do art. 42 do CDC prevê: "O consumidor cobrado em quantia indevida tem direito à repetição do indébito, por valor igual ao dobro do que pagou em excesso, acrescido de correção monetária e juros legais, salvo hipótese de engano justificável".

O STJ, ao longo das décadas, oscilou na interpretação do parágrafo único do art. 42 do CDC. Mas a regra era esta: o consumidor tinha que provar a culpa do fornecedor para receber o valor em dobro (o valor indevidamente cobrado). Nesse sentido, "a repetição do indébito prevista no art. 42, parágrafo único, do CDC, somente é devida quando comprovada a má-fé do fornecedor; em não comprovada a má-fé, é devida a restituição simples. Precedentes do STJ" (STJ, AgInt nos EDcl no REsp 1.316.734, Rel. Min. Luis Salomão, DJ 19/05/2017). Sempre criticamos essa orientação neste livro.

Agora, mais recentemente, o STJ mudou de posição. O STJ alterou sua jurisprudência e passou a entender que a repetição do indébito (CDC, art. 42, parágrafo único) independe da natureza do elemento volitivo do fornecedor que cobrou valor indevido, revelando-se cabível quando a cobrança indevida consubstanciar conduta contrária à boa-fé objetiva (STJ, EAREsp 676.608; 664.888). Isto é, não é mais necessária a prova de má-fé do fornecedor de serviços para que haja a devolução em dobro, na linha do art. 42, parágrafo único, do CDC. Em julgados mais recentes essa orientação tem sido mantida, inclusive pela Corte Especial do STJ. Assim, a repetição em dobro, prevista no parágrafo único do art. 42 do CDC, é cabível quando a cobrança indevida consubstanciar conduta contrária à boa-fé objetiva, ou seja, deve ocorrer independentemente da natureza do elemento volitivo (STJ, EAREsp 1.501.756, Rel. Min. Herman Benjamin, Corte Especial, por unanimidade, 21/02/2024).

10. REPARAÇÃO OBJETIVA

Hoje a legislação brasileira é farta em hipóteses de responsabilidade objetiva, como ocorre, por exemplo, na legislação ambiental, no transporte de pessoas (aéreo ou terrestre), nas relações entre bancos e clientes, nas relações entre construtoras e adquirentes de unidades residenciais, nas relações entre usuários e planos de saúde, entre muitas outras situações possíveis. Não só, aliás, nos microssistemas, mas no próprio Código Civil temos várias hipóteses de responsabilidade objetiva. No Brasil, por exemplo, à luz do Código Civil, a responsabilidade pelo ato de outrem é objetiva (Código Civil, art. 932 e 933).

A objetivação da responsabilidade civil é uma tendência observável a partir sobretudo de meados do século passado, sendo possível registrar movimentações nesse sentido ainda mais recuadas no tempo. Passamos da responsabilidade subjetiva, de índole clássica, descansando na sombra da culpa, para técnicas que, aos poucos, passaram a prescindir do elemento subjetivo. Da culpa fomos para a culpa presumida em muitos casos (foi o que aconteceu, legislativa e jurisprudencialmente, no século passado, em relação às estradas de ferro). Note-se que estamos, ainda aí, na seara da responsabilidade subjetiva, porquanto a passagem da responsabilidade subjetiva para a culpa presumida só altera o ônus probatório relativo à culpa. Na responsabilidade civil clássica, subjetiva, a vítima é que deverá provar a culpa do ofensor. O ônus da prova é dela. Já na culpa presumida, o ordenamento altera o ônus probatório, cabendo ao (suposto) ofensor provar que não agiu culposamente. Nos dois casos, entretanto, como se percebe, a discussão gira em torno da culpa. Em síntese esclarecedora, Lorenzetti lembra que "a responsabilidade civil baseada na imputação culposa se assemelha a um edifício dotado de portas difíceis de serem abertas: somente quem demonstre a culpa, pode obter a reparação" (Ricardo Luis Lorenzetti. *Fundamentos de Direito Privado.* São Paulo: RT, 1998, p. 96).

É possível, em termos históricos, conectar culturalmente a teoria do risco a autores franceses – especialmente Raymond Saleilles e Louis Josserand – que, no final do século XIX, percebendo a insuficiência da culpa para fazer frente a certos danos (particularmente aqueles derivados dos acidentes de trabalho, que ficavam sem reparação diante da necessidade de comprovação de culpa), passaram a fundamentar a responsabilidade civil não na culpa, mas no risco. A partir dessa ideia – pensada, como dissemos, no final do século XIX para situações específicas – difundiu-se a noção de responsabilidade objetiva para inúmeros outros casos. A responsabilidade fundada na teoria do risco, no Brasil, é objetiva, prescindindo do elemento culpa. Em outros países, como a Itália, foi adotada, a respeito do tema, a responsabilidade por culpa presumida, a teor da qual imputa-se a culpa ao causador do dano, ficando ele livre da reparação se conseguir provar que não foi culpado. Entre nós, em nosso sistema jurídico, ainda que tal prova se faça, haverá dever de indenizar, já que na responsabilidade objetiva a prova da ausência de culpa em nada modifica a situação do causador do dano.

A responsabilidade civil por danos causados a consumidor é objetiva. Isto é, independe do elemento culpa. Basta que a vítima prove o dano sofrido e o nexo causal. Estatui, nessa linha, o art. 14 do CDC: "O fornecedor de serviços responde, independentemente da existência de culpa, pela reparação dos danos causados aos consumidores por defeitos relativos à prestação dos serviços, bem como por informações insuficientes ou inadequadas sobre sua fruição e riscos".

Desse modo, como constatado pelo STJ, "verificada falha na prestação do serviço bancário (consistente na compensação de cheque de acordo com valor errado, grafado em algarismo em vez daquele gravado por extenso), a instituição financeira responde independentemente de culpa pelos danos decorrentes, cumprindo ao consumidor provar, tão-somente, o dano e o nexo de causalidade" (STJ, REsp 107.70.77, Rel. Min. Sidnei Beneti, 3ª T, DJ 06/05/09). Não é preciso, portanto, que a vítima prove a culpa do fornecedor para ser indenizada. Da mesma forma, as instituições bancárias respondem objetivamente pelos danos causados por fraudes ou delitos praticados por terceiros – como, por exemplo, abertura de conta-corrente ou recebimento de empréstimos mediante fraude ou utilização de documentos falsos (STJ, REsp 1.197.929, Rel. Min. Luis Salomão, Segunda Seção, DJ 12/09/11). Um outro exemplo possível – que aprofundaremos no Capítulo VI, ao tratarmos das excludentes de responsabilidade civil – nos é dado pela Súmula 479 do STJ: "As instituições financeiras respondem objetivamente pelos danos gerados por fortuito interno relativo a fraudes e delitos praticados por terceiros no âmbito de operações bancárias". Havendo, digamos, clonagem de cartão de crédito do consumidor, as instituições financeiras respondem civil e objetivamente pelos danos.

De modo semelhante, o STJ entende que a fornecedora de cartão de crédito responde pelas compras realizadas com cartão furtado, ainda nos casos de comunicação tardia, o que não elide o dever de segurança a cargo do fornecedor em relação ao serviço prestado (STJ, EDcl no REsp 1.316.348, Rel. Min. Paulo de Tarso, DJ 26/09/2014). Responderá também, da mesma forma, a instituição financeira, se, por exemplo, um talonário de cheques é extraviado – com danos ao consumidor, como por exemplo ter seu nome incluído no cadastro de inadimplentes –, serviço este realizado por uma empresa terceirizada, contratada pelo banco. Em 2023, o STJ decidiu que a instituição financeira responde pelo defeito na prestação de serviço consistente no tratamento indevido de dados pessoais bancários, quando tais informações são utilizadas por estelionatário para facilitar a aplicação de golpe em desfavor do consumidor (STJ, REsp 2.077.278, Rel. Ministra Nancy Andrighi, 3ª T, DJe 9/10/2023).

A Súmula 479 do STJ, cremos, não vale apenas para as instituições financeiras (consideradas em sentido estrito). Vale para outras atividades, regidas por princípios e condutas semelhantes, como por exemplo os programas de milhagem das companhias aéreas. Digamos, por exemplo, que eu tenho 150 mil pontos no Tudo Azul, ou no Smiles, ou em qualquer outro. Digamos que esses pontos foram conseguidos (arduamente) com a transferência de pontos das compras feitas em cartões de crédito (embora a origem dos pontos seja irrelevante para o exemplo).

Consulto meu saldo hoje e, como ponderei, tenho 150 mil pontos. Na semana seguinte, ao realizar nova consulta, o saldo está zerado, sem que nada tenha sido usado por mim. Em situações assim, a responsabilidade da empresa responsável pelo programa de milhagem é evidente, mais do que óbvia, e elas responderão pelo risco do negócio, ainda que os danos provenham de terceiros, como hackers. Aplica-se, no caso, o mesmo raciocínio da Súmula 479 do STJ. Caberá ao consumidor apenas a alegação, verossímil e contextualizada, do que aconteceu, com a prova dos pontos que tinha. A empresa é que terá que provar que o consumidor os utilizou, caso essa prova não seja produzida, o risco pelo desaparecimento dos pontos de milhagem é do fornecedor de serviços. Trata-se apenas de um exemplo. Outros semelhantes podem ser pensados, e todos eles traduzirão a responsabilidade objetiva do século XXI (convém lembrar que a responsabilidade objetiva dos nossos dias não é apenas objetiva: é objetiva e proporcional. É fortemente influenciada pelos princípios da proporcionalidade e da solidariedade social. A solidariedade social, aliás, autoriza novas leituras do nexo causal, como temos estudado em outras obras).

Enfim, no entendimento do Tema Repetitivo n. 466/STJ (que contribuiu para a edição da Súmula 479/STJ), as instituições bancárias respondem objetivamente pelos danos causados por fraudes ou delitos praticados por terceiros, como, por exemplo, abertura de conta-corrente ou recebimento de empréstimos mediante fraude ou utilização de documentos falsos, decorrendo essa responsabilidade do risco da atividade, caracterizando-se como fortuito interno (STJ, REsp 1.197.929, Segunda Seção). Estudaremos mais adiante o conceito – muito importante – de fortuito interno, com vários exemplos.

O princípio da reparação objetiva, porém, não é absoluto. O art. 14, § 4º, positiva uma exceção: "A responsabilidade pessoal dos profissionais liberais será apurada mediante a verificação de culpa". Em relação às pessoas jurídicas, o CDC frisa que as sociedades coligadas só responderão com culpa (CDC, art. 28, § 4º). Voltaremos ao ponto no capítulo relativo à desconsideração da personalidade jurídica. Verifica-se, nos julgados, firme aceitação desta linha de tendência: "Conforme jurisprudência desta Terceira Turma, as concessionárias de serviços rodoviários, nas suas relações com os usuários, estão subordinadas à legislação consumerista. Portanto, respondem, objetivamente, por qualquer defeito na prestação do serviço, pela manutenção da rodovia em todos os aspectos, respondendo, inclusive, pelos acidentes provocados pela presença de animais na pista" (STJ, REsp 647.710, Rel. Min. Castro Filho, 3ª T, DJ 30/06/06).

O STF já teve oportunidade de reconhecer que a concessionária de serviço público é objetivamente responsável pelos seus atos (STF, AI 383.872, Rel. Min. Carlos Velloso, j. 24/09/02, p. DJ 08/11/02). O mesmo STF, posteriormente, em criticável decisão, assentou: "A responsabilidade civil das pessoas jurídicas de direito privado prestadoras de serviço público é objetiva relativamente aos usuários do serviço, não se estendendo a pessoas outras que não ostentem a condição de usuário. Exegese do art. 37, § 6º, da C.F" (STF, RE 262.651, Rel. Min. Carlos Velloso, 2ª T, j. 16/11/04, p. DJ 06/05/05). Mais tarde, tal orientação, que criticamos desde a primeira edição desta obra, foi revista pela Suprema Corte (pedimos licença ao leitor para remetê-lo ao Capítulo VII – Danos morais nas relações de consumo –, item 18.8, "Danos causados a terceiros, não passageiros").

A culpa do fornecedor é, portanto, irrelevante. Já aludimos anteriormente ao célebre caso envolvendo o anticoncepcional Microvlar – conhecido como o "episódio das pílulas de farinha". Cartelas de comprimido sem o princípio ativo (placebos) foram utilizadas para testar as máquinas que embalavam os medicamentos. Acontece, porém, que tais cartelas chegaram ao mercado de consumo. Consumidoras, portanto, engravidaram, embora estivessem tomando o anticoncepcional.

Mesmo que não se saiba, até hoje, como as falsas pílulas chegaram ao mercado de consumo (supõe-se que houve furto por parte de funcionários da empresa), ainda assim o fornecedor não se exime de indenizar os consumidores. Consigna o STJ: "A responsabilidade da fornecedora não está condicionada à introdução consciente e voluntária do produto lesivo no mercado consumidor. Tal ideia fomentaria uma terrível discrepância entre o nível dos riscos assumidos pela empresa em sua atividade comercial e o padrão de cuidados que a fornecedora deve ser obrigada a manter". Enfatiza o tribunal: "Na hipótese, o objeto da lide é delimitar a responsabilidade da empresa quanto à falta de cuidados eficazes para garantir que, uma vez tendo produzido manufatura perigosa, tal produto fosse afastado das consumidoras" (STJ, REsp 866.636, Rel. Min. Nancy Andrighi, 3ª T, DJ 06/12/07).

Posteriormente, proclamou-se, de modo acertado: "A responsabilidade do hospital é objetiva quanto à atividade de seu profissional plantonista (CDC, art. 14), de modo que dispensada demonstração da culpa do hospital relativamente a atos lesivos decorrentes de culpa do médico integrante de seu corpo clínico no atendimento" (STJ, REsp 696.284, Rel. Min. Sidnei Beneti, 3ª T, DJ 18/12/09). Voltaremos ao tema mais adiante, no Capítulo VII, tópico 19. Em 2020 o STJ destacou sobre o tema: "De um lado, a culpa concorrente do consumidor não está elencada dentre as hipóteses que excluem a responsabilidade do fabricante, previstas no rol do § 3º do art. 12 do CDC; de outro lado, a responsabilidade por eventual superdosagem ou interação medicamentosa não pode recair sobre o paciente que ingere a dose prescrita por seu médico, considerando, sobretudo, a sua vulnerabilidade técnica enquanto consumidor" (STJ, REsp 1.774.372, Rel. Min. Nancy Andrighi, 3ª T, DJe 18/05/2020). Neste julgado, de modo relevante, o STJ frisou que o laboratório tem responsabilidade objetiva na ausência de prévia informação qualificada quanto aos possíveis efeitos colaterais da medicação, ainda que se trate do chamado *risco de desenvolvimento*. Veremos posteriormente cada um desses pontos.

Em caso tristemente célebre, ocorrido no circo Vostok, em Recife, uma criança de seis anos foi morta em decorrência do ataque de leão. O circo foi montado no estacionamento de um shopping. O shopping negou sua responsabilidade pelo dano. A jurisprudência, porém, corretamente, entendeu que o circo foi apenas mais um serviço que o condomínio do shopping colocou à disposição dos clientes, com o único objetivo de atrair potenciais consumidores e elevar os lucros (STJ, REsp 1.100.571, Rel. Min. Luis Felipe Salomão, 4ª T, DJ 18/08/11). Houve, portanto, acidente de consumo (CDC, art. 17), vício de qualidade na prestação do serviço (adiante estudado). É interessante anotar que, ainda que não se aplicasse o CDC ao caso, a solução seria a mesma, pois a situação atrai a responsabilidade objetiva prevista no Código Civil, relativa à teoria do risco (CC, art. 927, parágrafo único). Houve dano resultante do exercício de atividade que, por sua natureza, representa risco para outrem. Responde-se, portanto, de qualquer modo, sem culpa pelo dano.

Convém mencionar que os Correios – a ECT – são responsáveis pelos danos sofridos por consumidor que foi assaltado no interior de agência dos Correios na qual é fornecido o serviço de banco postal (STJ, REsp 1.183.121, Rel. Min. Luis Felipe Salomão, DJ 07/04/2015).

Quando estivermos diante de hipótese de responsabilidade subjetiva (por exemplo, art. 186 do Código Civil), qualquer grau de culpa, ainda que leve, basta para desencadear o dever de indenizar. Essa é a regra, mas existem exceções. Por exemplo, no transporte gratuito, de simples cortesia, quem oferece a carona só responde – diante do beneficiário da carona – pelos danos causados com dolo ou culpa grave (STJ, Súmula 145: "No transporte desinteressado, de simples cortesia, o transportador só será civilmente responsável por danos causados ao transportado quando incorrer em dolo ou culpa grave"). Outro exemplo possível: a Lei n.

14.016/2020 dispõe sobre o combate ao desperdício de alimentos e possibilita a doação do excedente para o consumo humano (antes dessa lei, os restaurantes, por exemplo, evitavam doar os alimentos que não foram consumidos com receio de serem civilmente responsabilizados por eventuais danos). A lei citada estabelece, no art. 3º: "O doador e o intermediário somente responderão nas esferas civil e administrativa por danos causados pelos alimentos doados se agirem com dolo". Isto é, não basta a culpa, é necessário o dolo para que haja responsabilidade civil nessa situação. *Trata-se de exceção ao princípio segundo o qual basta qualquer culpa, ainda que leve, para que haja dever de indenizar.* Os beneficiários da doação autorizada serão pessoas, famílias ou grupos em situação de vulnerabilidade ou de risco alimentar ou nutricional. *Importante dizer que a doação autorizada nessa situação em nenhuma hipótese configurará relação de consumo* (Lei n. 14.016, art. 2º).

Convém lembrar que – goste-se ou não – a responsabilidade civil dos provedores, no âmbito do *Marco Civil da Internet*, é subjetiva, ao contrário do que ocorre na *LGPD* (onde acreditamos que é objetiva, embora haja polêmica na doutrina). No *Marco Civil da Internet*, art. 19, estamos diante de uma hipótese de responsabilidade subjetiva, sendo fundamental a presença da culpa. Essa é, também, a visão do STJ sobre o tema. A jurisprudência está consolidada no sentido de que a responsabilidade dos provedores de aplicação da internet, por conteúdo gerado de terceiro, é subjetiva e solidária (STJ, REsp 1.993.896, Rel. Min. Nancy Andrighi, 3ª T, DJe 19/05/2022). Isto é, apenas existirá nas hipóteses em que, após ordem judicial, negar ou retardar indevidamente a retirada do conteúdo. Pedimos licença para informar a leitora ou o leitor interessado que comentamos integralmente essas duas leis – são 30 leis no total, aproximadamente, as mais relevantes leis do direito privado brasileiro – no livro *Leis Civis Comentadas*, em coautoria com Nelson Rosenvald, desta mesma editora.

Convém ainda lembrar – embora a matéria não seja de direito do consumidor – que no sentido que sempre defendemos, finalmente em 2022 o STJ admitiu que o Estado responde objetivamente *inclusive nas omissões*: "O Superior Tribunal de Justiça, alinhando-se ao entendimento do Excelso Pretório, firmou compreensão de que o Poder Público, inclusive por atos omissivos, responde de forma objetiva quando constatada a precariedade/vício no serviço decorrente da falha no dever legal e específico de agir" (STJ, REsp 1.708.325, Rel. Min. Og Fernandes, 2ª T, DJe 24/06/2022). Aliás, o STF – mais uma vez – destacou que a responsabilidade civil das pessoas jurídicas de direito público (e também as de direito privado prestadoras de serviços públicos) é objetiva nas ações e omissões (STF, RE 608.880). Cremos estar superada, e não é de hoje, a tese do STJ que afirma que a responsabilidade civil do Estado é subjetiva nas omissões.

O STJ, no tema 1122, definiu que as concessionárias de rodovias respondem, independentemente da existência de culpa, pelos danos oriundos de acidentes causados pela presença de animais domésticos nas pistas de rolamento, aplicando-se as regras do Código de Defesa do Consumidor e da Lei das Concessões. Convém destacar que não é ônus da vítima identificar o proprietário do animal. Também não cabe qualquer discussão sobre a culpa (nem por ação, nem por omissão, conforme decidido no REsp 1.908.738, Corte Especial, DJe 26/08/2024). O dever de fiscalizar dos entes públicos não afasta a responsabilidade civil das concessionárias.

11. ADIMPLEMENTO SUBSTANCIAL

Embora não explicitamente previsto no CDC, podemos inferir tal princípio da estrutura normativa do Código. De que se trata? Da teoria do adimplemento substancial *(substantial perfomance)*, cuja formulação repele a resolução do negócio se o adimplemento foi realizado de modo substancial, ou seja, se a parte inadimplida é mínima em relação ao todo. Se, digamos, o consumidor pagou dezenove – de um total de vinte prestações –, não seria razoável que a contraparte pretendesse extinguir o negócio em razão do inadimplemento da última. Mais conforme a boa-fé objetiva é cobrar, pelas vias ordinárias, a parcela inadimplida, ao invés de pretender ter de volta o bem alienado, ou se recusar a prestar o serviço contratado.

A jurisprudência tem aceito a referida teoria: "Seguro. Inadimplemento da segurada. Falta de pagamento da última prestação. Adimplemento substancial. Resolução. A companhia seguradora não pode dar por extinto o seguro, por falta de pagamento da última prestação do prêmio, por três razões: a) sempre recebeu as prestações em atraso, o que estava, aliás, previsto no contrato, sendo inadmissível que apenas rejeite a prestação quando ocorra o sinistro; b) a segurada cumpriu substancialmente com a sua obrigação, não sendo a sua falta suficiente para extinguir o contrato; c) a resolução do contrato deve ser requerida em juízo, quando será possível avaliar a importância do inadimplemento, suficiente para a extinção do negócio" (STJ, REsp 76.362, Rel. Min. Ruy Rosado de Aguiar, j. 11/12/95).

Posteriormente, em outras ocasiões, a jurisprudência teve oportunidade de reafirmar a consagração da teoria. Em caso de contrato de arrendamento mercantil (*leasing*) para aquisição de veículo, tendo sido pagas quase todas as parcelas devidas, julgou-se – com base na teoria do adimplemento substancial, permeada pela boa-fé objetiva e pela função social do contrato – que não cabia, no caso, ação de reintegração de posse, o que se mostraria desproporcional diante do débito remanescente. O STJ frisou, nessa linha, que "a teoria do substancial adimplemento visa a impedir o uso desequilibrado do direito de resolução por parte do credor, preterindo desfazimentos desnecessários em prol da preservação da avença, com vistas à realização dos princípios da boa-fé e da função social do contrato" (STJ, REsp 1.051.270, Rel. Min. Luis Felipe Salomão 4ª T, DJ 05/09/11).

Observe-se que a dívida não paga permanece podendo ser cobrada – teríamos, do contrário, amplo campo para fraudes. Apenas se diz que o caminho cômodo usado pelas instituições financeiras, de tomar o bem de volta compulsoriamente, não se mostra adequado diante do montante que foi pago da dívida. Melhor é que o credor cobre, com meios menos gravosos e mais proporcionais. O STJ, mais tarde, reafirmou a adoção da teoria do adimplemento substancial, em ação que buscava a reintegração de posse de 135 carretas, objeto de contrato de *leasing*, após o pagamento de 30 das 36 parcelas ajustadas (STJ, REsp 1.200.105, Rel. Min. Paulo de Tarso Sanseverino, 3ª T, DJ 27/06/12).

Tem sido igualmente afirmado, nas vias jurisprudenciais, que é possível ao devedor discutir a ilegalidade das cláusulas contratuais na própria ação de busca e apreensão em que a financeira pretende retomar o bem adquirido. É o entendimento do STJ, por sua Segunda Seção (STJ, REsp 267.758, j. 04/05/05). A Ministra Nancy Andrighi, em voto-vista, ponderou que seria pouco razoável reconhecer determinada nulidade num contrato garantido por alienação fiduciária e não a declarar apenas por considerar a busca e apreensão uma ação de natureza sumária.

Porém, posteriormente, em 2017, o STJ passou a entender – em posição que acreditamos equivocada – que a teoria do adimplemento substancial não se aplica aos contratos de alienação fiduciária (em clara modificação do entendimento anterior, que assim aceitava). Os argumentos para justificar a mudança de entendimento foram pouco consistentes, em nossa opinião. Traduzem interpretação de espantoso literalismo. São eles: a) o Decreto-Lei n. 911/1969 não traz qualquer restrição à busca e apreensão do bem (nem seria de se esperar que o fizesse, dizemos nós); b) seria incongruente inviabilizar a busca e apreensão do bem, "quando a lei especial de regência expressamente condiciona a possibilidade de o bem ficar com o devedor fiduciário ao pagamento da integralidade da dívida pendente" (STJ, REsp 1.622.555, Rel. p/ acórdão Marco Bellizze, Segunda Seção, DJ 16/03/2017). No mesmo julgado o STJ destacou que "a propriedade fiduciária, concebida pelo legislador justamente para conferir segurança jurídica às concessões de crédito, essencial ao desenvolvimento da economia nacional, resta comprometida pela aplicação deturpada da teoria do adimplemento substancial".

O julgado frisou ainda que "a aplicação da teoria do adimplemento substancial, para obstar a utilização da ação de busca e apreensão, nesse contexto, é um incentivo ao inadimplemento das últimas parcelas contratuais". Convém lembrar que na realidade brasileira – em que o desemprego atinge mais de 13 milhões de pessoas, em números de 2017 – a imensa maioria dos cidadãos não deixa de pagar certas parcelas das dívidas por dolo, mas, ao contrário, por absoluta falta capacidade financeira para fazê-lo.

12. "VENIRE CONTRA FACTUM PROPRIUM"

Também aqui não temos disposição explícita no CDC, embora não seja difícil entender acolhida tal teoria à luz dos princípios que orientam as relações de consumo.

Trata-se de princípio que veda o comportamento contraditório. Não se aceita o agir abrupto, agressor da boa-fé objetiva, causador de espanto e surpresa na outra parte. Cuida-se, em síntese, do dever de não agir em contradição com os próprios atos. A aplicação da teoria pode ocorrer em situações negociais variadas. Por exemplo, quando uma parte, intencionalmente ou não, faz crer à outra que determinada formalidade não é necessária, incorrendo em contradição com seus próprios atos quando, mais tarde, pretende amparar-se nesse defeito formal para não cumprir sua obrigação; quando, apesar da nulidade, uma parte considera válido o ato, dele se beneficiando, invocando a nulidade posteriormente por deixar de interessá-la (LÔBO, Paulo. *Obrigações*. São Paulo: Saraiva, 2011, p. 84/85).

Trata-se de velho conhecido do direito civil, o instituto do *venire contra factum proprium nulli conceditur.* É odiosa, e viola a boa-fé objetiva, a conduta de quem usufrui de certa irregularidade enquanto é por ela beneficiado, alegando-a, porém, quando ela deixa de fazê-lo. São muitas as formulações possíveis do princípio. O STJ teve oportunidade de frisar: "Tendo uma das partes agido em flagrante comportamento contraditório, ao exigir, por um lado, investimentos necessários à prestação dos serviços, condizentes com a envergadura da empresa que a outra parte representaria, e, por outro, após apenas 11 meses, sem qualquer justificativa juridicamente relevante, a rescisão unilateral do contrato, configura-se abalada a boa-fé objetiva, a reclamar a proteção do dano causado injustamente" (STJ, REsp 1.555.202).

Fundamental é que percebamos que "a responsabilidade pré-contratual não decorre do fato de a tratativa ter sido rompida e o contrato não ter sido concluído, mas do fato de uma das partes ter gerado à outra, além da expectativa legítima de que o contrato seria concluído, efetivo prejuízo material" (STJ, REsp 1.051.065). Assim, "a proibição de comportamentos contraditórios constitui legítima expressão do interesse público, que se consubstancia tanto na tutela da confiança quanto na intolerância à pratica de condutas maliciosas, torpes ou ardis" (STJ, REsp 1.692.763, Rel. Min. Nancy Andrighi, 3ª T, DJe 19/12/2018). Este último julgado citado continua: "No particular, o que se verifica é que, além de não ter sido apontado qualquer vício de consentimento na contratação, a avença foi firmada há mais de 16 anos, não havendo notícia de que, antes da oposição dos presentes embargos, (aproximadamente quatro anos após o advento do termo final pactuado), o recorrente tenha apresentado qualquer insurgência quanto à cláusula que ora se discute. Entender pela inviabilidade do prosseguimento desta execução equivaleria a premiar o comportamento contraditório do recorrente, que, durante mais de metade do período de vigência do contrato, adimpliu sua obrigação nos moldes como acordado (entrega de produto), tendo invocado a nulidade da cláusula tão somente quando em curso o processo executivo que objetivava a satisfação das parcelas não pagas, em clara ofensa à legítima confiança depositada no negócio jurídico pela recorrida". O direito do século XXI prestigia a confiança, a lealdade, a cooperação. Condutas maliciosas devem ser afastadas, não importa a forma que assumam.

A doutrina tem se dedicado ao tema. Anderson Schreiber tem por pressupostos do instituto versado: a) um *factum proprium*, ou seja, uma conduta inicial; b) a legítima confiança de outrem na conservação do sentido objetivo desta conduta; c) um comportamento contraditório com este sentido objetivo; d) um dano, ou pelo menos um potencial dano a partir da contradição (SCHREIBER, *Anderson. A proibição de comportamento contraditório: a tutela da confiança e 'venire contra factum proprium'.* Rio de Janeiro: Renovar, 2005, p. 271). Não cabe, outrossim, invocar repentinamente uma cláusula contratual que as partes, tacitamente, por largos anos, nunca cumpriram. Menezes Cordeiro lembra que o princípio traduz o exercício de uma posição jurídica em contradição com o comportamento assumido anteriormente (CORDEIRO, Antônio Manuel da Rocha e Menezes. *Da boa-fé no Direito Civil.* Coimbra: Almedina, 1984, p. 745).

13. CONSERVAÇÃO DO CONTRATO

Esse princípio diz respeito à continuidade de um contrato em cujas cláusulas se verificam certas invalidades. O contrato continua válido? Ou a invalidade de uma cláusula contamina o conjunto?

O CDC estabelece que a nulidade de uma cláusula não contamina o contrato, desde que possível a integração e não decorra ônus excessivo para qualquer das partes. É o art. 51, § 2º: "A nulidade de uma cláusula contratual abusiva não invalida o contrato, exceto quando de sua ausência, apesar dos esforços de integração, decorrer ônus excessivo a qualquer das partes". De modo semelhante o Código Civil, art. 184, resolve a questão: "Respeitada a intenção das partes, a invalidade parcial de um negócio jurídico não o prejudicará na parte válida, se esta for separável; a invalidade da obrigação principal implica a das obrigações acessórias, mas a destas não induz a da obrigação principal". Alexandre Guerra explica que "o princípio da conservação dos negócios jurídicos permite a superação dos vícios formais e substanciais, flexibilizando-os produtivamente em atenção aos interesses superiores que nele se encerram" (*Princípio da conservação dos negócios jurídicos*. São Paulo: Almedina, 2016, p. 371). A respeito do tema o STJ destacou: "O CDC consagrou expressamente, em seus arts. 48 e 84, o *princípio da preservação dos negócios jurídicos*, segundo o qual se pode determinar qualquer providência a fim de que seja assegurado o resultado prático equivalente ao adimplemento da obrigação de fazer, razão pela qual a solução de extinção do contrato e sua conversão em perdas e danos é a última *ratio*, o último caminho a ser percorrido" (STJ, REsp 1.872.048, Rel. Min. Nancy Andrighi, 3ª T, 23/02/2021). Assim, o mero fato de o fornecedor do produto não o possuir em estoque no momento da contratação não é condição suficiente para eximi-lo do cumprimento forçado da obrigação.

Importante registrar que o pagamento com base em cláusula contratual posteriormente tida como nula não gera direito à devolução em dobro (STJ, 1.480.819, Rel. Min. Luis Felipe Salomão, 4ª T, DJ 26/08/2015). A ressalva é importante porque – conforme adiante estudaremos – o CDC, art. 42, parágrafo único, dispõe: "O consumidor cobrado em quantia indevida tem direito à repetição do indébito, por valor igual ao dobro do que pagou em excesso, acrescido de correção monetária e juros legais, salvo hipótese de engano justificável".

A Lei n. 14.034, de agosto de 2020, dispôs sobre medidas emergenciais para a aviação civil brasileira em razão da pandemia de covid-19. Dispôs, entre outros pontos, que o reembolso do valor da passagem aérea devido ao consumidor – por cancelamento de voo no período entre 19/03/2020 a 31/12/2021 (Lei n. 14.174/2021) – será realizado pelo transportador no prazo de 12 meses, contado da data do voo cancelado (observadas a atualização monetária pelo INPC e, quando cabível, a prestação de assistência material). Em substituição ao reembolso na forma anteriormente mencionada, poderá ser concedida ao consumidor a opção de receber crédito de valor maior ou igual ao da passagem aérea, a ser utilizado, em nome próprio ou de terceiro, em até 18 meses, contados de seu recebimento. Se houver cancelamento de voo, o transportador deve oferecer ao consumidor, sempre que possível, como alternativa ao reembolso, as opções de reacomodação em outro voo, próprio ou de terceiro, e de remarcação da passagem aérea, sem ônus, mantidas as condições aplicáveis ao serviço contratado. Nada impede que o consumidor, discordando dessas soluções, ingresse em juízo em busca de soluções mais razoáveis, à luz das singularidades de sua situação. Sobretudo diante do fato, um tanto óbvio, que nem sempre a opção de crédito para futura viagem atende aos interesses específicos que motivaram determinada aquisição de passagem, por exemplo.

Por sua vez, a Lei n. 14.046/2020 dispôs sobre o adiamento e cancelamento de serviços relacionados à pandemia (no setor de turismo e cultura). Determinou que os fornecedores de serviços não são obrigados a reembolsar os valores pagos pelo consumidor, desde que assegurem: I – a remarcação dos serviços, das reservas e dos eventos adiados; ou II – a disponibilização de crédito para uso ou abatimento na compra de outros serviços, reservas e eventos disponíveis nas respectivas empresas (Lei n. 14.046/2020, art. 2º). Conforme já destacamos, também aqui será possível ao consumidor –não se conformando com as soluções legais apresentadas – discutir em juízo a singularidade de sua situação, à luz do princípio da razoabilidade e dos demais princípios expostos neste capítulo. Sem falar que os prazos § 1º do art. 2º são irreais, sendo certo que a pandemia se prolongou para muito depois dele.

Ainda a respeito da pandemia, mas em outra situação, convém esclarecer que é abusiva a rescisão do contrato de plano de saúde pela operadora com fundamento na inadimplência, se quando da notificação exigida pela Lei n. 9.656/1998 o consumidor não mais se encontra inadimplente, tendo adimplido todas as parcelas devidas com correção monetária e juros de mora. Nesse contexto o STJ decidiu: "A boa-fé objetiva impõe à operadora o dever de agir visando à preservação do vínculo contratual, dada a natureza dos contratos de plano de saúde e a posição de dependência dos beneficiários, especialmente dos idosos. A situação de pandemia não constitui, por si só, justificativa para o não-pagamento, mas é circunstância que, por seu grave impacto na situação socioeconômica mundial, não pode ser desprezada pelos contratantes, tampouco pelo Poder Judiciário. Hipótese em que se revela contraditório o comportamento da operadora de rescindir o contrato de plano de saúde em 2020, em meio à crise sanitária provocada pela pandemia do Covid-19, depois de receber pagamentos com atraso e de todas as mensalidades vencidas terem sido pagas com correção monetária e juros de mora" (STJ, REsp 2.001.686, Rel. Min. Nancy Andrighi, 3ª T, DJe 18/08/2022).

14. MODIFICAÇÃO DAS PRESTAÇÕES DESPROPORCIONAIS

Em rigor, trata-se de subprincípio do princípio da equivalência das prestações. Se as prestações devem ser materialmente equivalentes, daí decorre o direito subjetivo à modificação das prestações desproporcionais. Optamos por tratá-lo em um tópico à parte para facilitar sua assimilação pelo leitor.

O CDC, a propósito, tem regra específica sobre a matéria. Dentre os direitos básicos do consumidor está a "modificação das cláusulas contratuais que estabeleçam prestações desproporcionais ou sua revisão em razão de fatos supervenientes que as tornem excessivamente onerosas" (art. 6º, V). Pouco importa que a mudança das circunstâncias tenha sido ou não previsível. Assim, "aplicam-se às instituições financeiras as disposições do Código de Defesa do Consumidor, no que pertine à possibilidade de revisão dos contratos, conforme cada situação específica" (STJ, AgRg no REsp 921.669, Rel. Min. Aldir Passarinho Júnior, 4ª T, DJ 04/06/07). Lembremos que para que haja revisão contratual com base no dispositivo normativo citado é necessário, conceitualmente, que estejamos diante de um contrato de execução continuada ou diferida. São, portanto, relações jurídicas que se prolongam no tempo.

Cabe esclarecer que para a aplicação do art. 6º, V, do CDC ("a modificação das cláusulas contratuais que estabeleçam prestações desproporcionais ou sua revisão em razão de fatos supervenientes que as tornem excessivamente onerosas"), não é necessário o chamado dolo de aproveitamento. Isto é, ainda que o fornecedor não tenha agido de má-fé, a revisão do contrato é direito do consumidor, e como tal se põe. Outro ponto importante é o seguinte: o art. 6º, V, do CDC, disciplina, não uma obrigação, mas um direito do consumidor à modificação de cláusulas consideradas excessivamente onerosas ou desproporcionais. Assim, referida norma não pode ser invocada pela administradora de consórcios para justificar a imposição de modificação no contrato que gere maiores prejuízos ao consumidor (STJ, REsp 1.185.109, Rel. p/ acórdão Min. Nancy Andrighi, 3ª T, DJ 15/10/12).

O CDC, portanto, prevê, como direito do consumidor, a "modificação das cláusulas contratuais que estabeleçam prestações desproporcionais ou sua revisão em razão de fatos supervenientes que as tornem excessivamente onerosas" (CDC, art. 6º, V). Estaria prevista, aí, a bicentenária teoria da imprevisão, de origem francesa? A melhor interpretação da norma, em nosso juízo, tende a responder que não. A teoria da imprevisão - prevista, isto sim, no art. 478 do Código Civil - pressupõe, para que possa ser aplicada, que haja, no caso concreto, a imprevisibilidade e o caráter extraordinário do evento.

Tais requisitos, contudo, não são exigidos pelo CDC, nem pela teoria por ele adotada para tais casos, que vem a ser a teoria da base objetiva do negócio - divulgada, entre outros, pelo alemão Karl Larenz. A teoria da base objetiva do negócio, consagrada pelo CDC, exige apenas, como suporte para a revisão do contrato, que exista, efetivamente, um severo desequilíbrio entre as prestações no caso concreto. A teoria adotada pelo CDC, portanto, no art. 6º, VI, foi a teoria da base objetiva do negócio, que dispensa a prova da imprevisibilidade do evento para que haja a revisão das prestações desproporcionais.

No sentido (que sempre defendemos neste livro), o STJ, em 2015, decidiu: "A teoria da base objetiva ou da base do negócio jurídico tem sua aplicação restrita às relações jurídicas de consumo, não sendo aplicável às relações contratuais puramente civis" (STJ, REsp 1.321.614, Rel. Min. Bôas Cueva, 3ª T, DJ 03/03/2015). A diferença fundamental entre as teorias está no fato de que a teoria da base objetiva não exige a imprevisibilidade do fato que determine a onerosidade excessiva para um dos contratantes (já a teoria da imprevisão, aplicável ao Código Civil, exige essa imprevisibilidade). O STJ, nesse contexto, esclareceu: "O requisito do fato não ser previsível nem extraordinário não é exigido para a teoria da base objetiva, mas tão somente a modificação nas circunstâncias indispensáveis que existiam no momento da celebração do negócio, ensejando onerosidade ou desproporção para uma das partes".

A jurisprudência nacional já teve oportunidade de analisar concretamente a questão: "Consoante o art. 6º, V, do Código de Defesa do Consumidor, sobrevindo, na execução do contrato, onerosidade excessiva para uma das partes, é possível a revisão da cláusula que gera o desajuste, a fim de recompor o equilíbrio da equação contratual".

Continuou: "No caso dos contratos de leasing atrelados à variação cambial, os arrendatários, pela própria conveniência e a despeito do risco inerente, escolheram a forma contratual que no momento da realização do negócio lhes garantia prestações mais baixas, posto que o custo financeiro dos empréstimos em dólar era bem menor do que os custos em reais. A súbita alteração na política cambial, condensada na maxidesvalorização do real, ocorrida em janeiro de 1999, entretanto, criou a circunstância da onerosidade excessiva, a justificar a revisão judicial da cláusula que a instituiu".

Finaliza-se argumentando: "Contendo o contrato opção entre outro indexador e a variação cambial e tendo sido consignado que os recursos a serem utilizados tinham sido captados no exterior, gerando para a arrendante a obrigação de pagamento em dólar, enseja-se a revisão da cláusula de variação cambial com base no art. 6º, V, do Código de Defesa do Consumidor, para permitir a distribuição, entre arrendantes e arrendatários, dos ônus da modificação súbita da política cambial com a significativa valorização do dólar americano" (STJ, REsp 437.660, Rel. Min. Sálvio de Figueiredo Teixeira, 4ª T, p. 05/05/03). Posteriormente decidiu-se que "com relação à matéria relativa à variação cambial nos contratos de arrendamento mercantil, a Eg. Segunda Seção desta Corte pacificou o entendimento no sentido da divisão, em partes idênticas, dos encargos decorrentes da abrupta mudança ocorrida na cotação da moeda norte-americana entre arrendante e arrendatário a partir de janeiro de 1999. Precedente (REsp 472.594/SP)" (STJ, AgRg no REsp 841.370, Rel. Min. Jorge Scartezzini, 4ª T, 18/09/06).

As cláusulas do contrato de consumo, nesse contexto, podem ser revistas em razão de fatos supervenientes que as tornem excessivamente desvantajosas para o consumidor. Exemplo eloquente foi analisado pela jurisprudência: "A perda de aparelho celular (vinculado a contrato de prestação de serviço de telefonia móvel pessoal com prazo mínimo de vigência), decorrente de caso fortuito ou força maior, ocasiona onerosidade excessiva para o consumidor, que, além de arcar com a perda do aparelho, pagará por um serviço que não poderá usufruir. Por outro lado, não há como negar que o prazo de carência fixado no contrato de prestação de serviços tem origem no fato de que a aquisição do aparelho é subsidiada pela operadora, de modo que a fidelização do cliente visa a garantir um mínimo de retorno do investimento feito".

Buscando minimizar as perdas de ambas as partes, decidiu-se: "Tal circunstância exige a compatibilização dos direitos, obrigações e interesses das partes contratantes à nova realidade surgida após a ocorrência de evento inesperado e imprevisível, para o qual nenhuma delas contribuiu, dando ensejo à revisão do contrato, abrindo-se duas alternativas, a critério da operadora: (i) dar em comodato um aparelho ao cliente, durante o restante do período de carência, a fim de possibilitar a continuidade na prestação do serviço e, por conseguinte, a manutenção do contrato; ou (ii) aceitar a resolução do contrato, mediante redução, pela metade, do valor da multa devida, naquele momento, pela rescisão" (STJ, REsp 108.7783, Rel. Min. Nancy Andrighi, 3ª T, DJ 10/12/09). Lembremos apenas, conforme já sublinhamos antes, que a teoria adotada pelo CDC – teoria da base objetiva do negócio – dispensa a prova da imprevisibilidade do evento para que haja a revisão das prestações desproporcionais.

15. EQUIDADE

Naturalmente a equidade não é princípio exclusivo do sistema de consumo. Assume, no entanto, aqui, cores fortes. A necessidade do equilíbrio material entre as prestações, aliada à ampla utilização de cláusulas abertas e conceitos jurídicos indeterminados, faz com que a equidade seja particularmente valorizada no sistema de proteção ao consumidor.

Paulo Lobo a propósito, argumenta: "O juízo de equidade conduz o juiz às proximidades do legislador, porém limitado à decidibilidade do conflito determinado, na busca do equilíbrio dos poderes privados. Apesar de trabalhar com critérios objetivos, com *standards* valorativos, a equidade é entendida no referido sentido aristotélico de justiça do caso concreto. O juiz deve partir de critérios definidos referenciáveis em abstrato, socialmente típicos, conformando-os à situação concreta, mas não os podendo substituir por juízos subjetivos de valor". (Deveres Gerais de Conduta nas Obrigações Civis. *Questões Controvertidas no direito das obrigações e dos contratos.* São Paulo: Método, 2005, p. 87).

No capítulo relativo às cláusulas abusivas, o art. 51 estatui: "São nulas de pleno direito, entre outras, as cláusulas contratuais relativas ao fornecimento de produtos e serviços que: IV – estabeleçam obrigações consideradas iníquas, abusivas, que coloquem o consumidor em desvantagem exagerada, ou sejam incompatíveis com a boa-fé ou a equidade". Basta, portanto, contrariar a equidade, para que determinada cláusula contratual seja considerada nula. Enormes, nessa trilha, são os poderes atribuídos ao intérprete, concretizando, na riqueza dos casos concretos, os valores do sistema. O STJ reconheceu a "imposição de um novo paradigma de boa-fé objetiva, equidade contratual e proibição da vantagem excessiva nos contratos de consumo (art. 51, IV)" (STJ, REsp 437.607).

A equidade, historicamente, ao longo dos séculos, tem sido usada para quebrar o rigor absoluto de certas fórmulas: "Quem quer que examine a evolução do direito romano, vê que essa se descreve no sentido de quebrar-se o absoluto dos direitos. Alguns anotam o caminho que vem do direito estrito à equidade". Um pouco adiante o notável jurista destaca: "Gaio não inovava; observava, discernia, quando proclamou: *Male enim nostro iure uti non debemus.* Não devemos mal-usar do nosso direito. Mal-usar. Note-se o que há de qualitativo, de ético, nesse male. Por aí chegou o jurista à justificação de se interditarem os pródigos e à proibição do maltrato dos escravos" (PONTES DE MIRANDA, *Tratado de Direito Privado.* T. 53. Rio de Janeiro: Borsoi, 1966, p. 69).

Embora o Código de Processo Civil de 2015 tenha mantido a tradicional regra jurídica sobre equidade que já existia no Código anterior ("Art. 140. O juiz não se exime de decidir sob a alegação de lacuna ou obscuridade do ordenamento jurídico. Parágrafo único. O juiz só decidirá por equidade nos casos previstos em lei"), o STJ já entendeu – de forma corretíssima – que "a proibição de que o juiz decida por equidade, salvo quando autorizado por lei, significa que não haverá de substituir a aplicação do direito objetivo por seus critérios pessoais de justiça. Não há de ser entendida, entretanto, como vedando se busque alcançar a justiça no caso concreto, com atenção ao disposto no artigo 5º da Lei de Introdução" (STJ, REsp 48.176). Nesse contexto, o juiz, ao decidir com base na equidade, tem um campo maior de argumentativa, embora cresçam, proporcionalmente, os deveres de fundamentação. Cabendo alertar que não se trata de substituir os valores e normas do ordenamento por idiossincráticas opções subjetivas.

Há, no contexto antes descrito, uma revalorização da equidade, no sentido aristotélico de justiça do caso concreto. Uma consequência até certo ponto óbvia dessas mudanças é a seguinte: quanto mais a ordem jurídica se vale de normas abertas, maior é o campo de atuação do intérprete. Porém, se sua de movimentação é maior ao lidar com princípios e cláusulas gerais, maiores também serão, proporcionalmente, seus deveres de argumentação, que se mostram mais rigorosos à medida que a norma se evidencia mais aberta. Ademais, gostemos ou não, trata-se de fenômeno dos nossos dias, com os quais devemos aprender a lidar e dele extrair as melhores potencialidades.

Uma das mais relevantes e mais utilizadas normas da *Lei de Introdução às Normas do Direito brasileiro* é a dicção clássica do seu art. 5º: "Na aplicação da lei, o juiz atenderá aos fins sociais a que ela se dirige e às exigências do bem comum". Não é raro que os magistrados invoquem esse dispositivo em sentenças judiciais, o que não deixa de ser uma forma de dialogar com a equidade. O CPC/2015, no art. 8º, aprimora e atualiza essa redação, trazendo a menção a princípios da mais alta envergadura: "Ao aplicar o *ordenamento jurídico*, o juiz atenderá aos fins sociais e às exigências do bem comum, resguardando e promovendo a dignidade da pessoa humana e observando a proporcionalidade, a razoabilidade, a legalidade, a publicidade e a eficiência". Aliás, a jurisprudência mais sensível e mais atenta aos novos rumos do nosso século tem decidido que a mitigação do sofrimento humano deve ser o sustentáculo de decisões judiciais, no sentido de salvaguardar o bem supremo e o foco principal do direito: o ser humano em sua integridade física, psicológica, socioambiental e ético-espiritual (STJ, REsp 1.008.398). Convém lembrar que o STF, em 2020, fixou a tese de que "a pretensão de reparação civil por dano ambiental é imprescritível" (STF, RE 654.833).

A equidade, aliás, participa da quantificação dos danos em muitas situações. Em algumas, o próprio Código Civil assim o autoriza, como no parágrafo único do art. 944, ou no parágrafo único do art. 928 (se, digamos, um garoto com 10 anos causa um dano grave – e os responsáveis não têm meios materiais para arcar com a indenização –, se o menor tiver patrimônio em nome próprio poderá ser responsabilizado, porém a indenização deverá ser fixada à luz da equidade). Outras vezes a indenização equitativa resulta, não da lei, mas do entendimento jurisprudencial. O estado de necessidade, por exemplo, é um ato lícito que pode causar danos (Código Civil, art. 188, II e art. 929). Podemos dar um exemplo relativo ao direito civil. Digamos que alguém, dirigindo seu carro, é surpreendido por uma criança correndo atravessando a rua. Para evitar o atropelamento, o motorista faz um desvio brusco e acaba colidindo com um carro que está estacionado. Trata-se de ato lícito, porém indenizável (o dono do carro estacionado tem direito à indenização). A indenização, nesse caso, segundo o STJ, deve ser fixada com proporcionalidade, evitando-se a imposição de valores abusivos (STJ, REsp 1.292.141).

Nas relações de consumo já se decidiu ser abusiva a cláusula que estipula penalidade exclusivamente ao consumidor, para a hipótese de mora ou descumprimento contratual, não o fazendo em relação ao fornecedor em situações análogas (STJ, REsp 955.134, Rel. Min. Luis Felipe Salomão, 4ª T, DJ 29/08/12). Por outro lado, o STJ entendeu que a cláusula contratual que impõe ao comprador a responsabilidade pela desocupação do imóvel ocupado não é abusiva. Essa modalidade de cláusula é comum em contratos de compra e venda firmados pela Caixa Econômica Federal. O Ministério Público Federal (MPF) entendeu que a cláusula seria abusiva e excessivamente onerosa (e, assim, através dela, o consumidor poderia estar sujeito a arcar com despesas como condomínio, água, luz, IPTU e outros ainda antes de assumir a posse do imóvel). O STJ, porém, enxergou de forma diversa, argumentando que a oferta desses imóveis se dá por preço consideravelmente inferior ao valor real, em razão da situação peculiar em que se encontram, seja em razão do estado do bem, seja porque estão ocupados. Ponderou o tribunal: "Não havendo omissão sobre o fato de o bem estar ocupado por terceiro, a cláusula não se afigura iníqua ou abusiva, não acarreta exagerada desvantagem para o adquirente nem cria situação de incompatibilidade com os postulados da boa-fé e da equidade a cláusula contratual que impõe ao adquirente o ônus pela desocupação do imóvel" (STJ, REsp 1.509.933, Rel. Min. Villas Bôas Cueva, 3ª T, DJ 18/10/2016). O STJ decidiu ainda que o critério de vedação ao crédito consignado – a soma da idade do cliente com o prazo do contrato não pode ser maior que 80 anos – não representa discriminação negativa que coloque em desvantagem exagerada a população idosa (STJ, REsp 1.783.731, Rel. Min. Nancy Andrighi, 3ª T, DJe 26/04/2019).

16. HARMONIA NAS RELAÇÕES DE CONSUMO

O CDC deseja a harmonia nas relações de consumo. O reconhecimento da vulnerabilidade do consumidor, e sua consequente proteção, não pode, naturalmente, implicar em tratamento hostil ao fornecedor. O essencial é o correto equilíbrio da balança. Mesmo porque sem empresários eficientes, dotados de espírito de iniciativa, nenhum país progride. Seria leitura distorcida da Constituição supor que a livre iniciativa é um valor antinômico à Constituição. Ela é importantíssima e merece resguardo, devendo, contudo, agregar função social. Bem por isso, o CDC, ao estabelecer a Política Nacional das Relações de Consumo, diz que tal política terá por objetivo – dentre outros – assegurar a harmonia das relações de consumo.

O STJ decidiu em 2020: "Deve-se enfatizar o real escopo da legislação consumerista que, reitera-se, não tem sua razão de ser na proteção ilimitada do consumidor – ainda que reconheça a sua vulnerabilidade –, mas sim na *promoção da harmonia e equilíbrio das relações de consumo*" (STJ, REsp 1.794.991, Rel. Min. Nancy Andrighi, 3ª T, DJe 11/05/2020). No caso, houve erro sistêmico grosseiro no carregamento de preços e a rápida comunicação ao consumidor, o que afastou a falha na prestação do serviço e o princípio da vinculação da oferta.

Segundo o art. 4º do CDC, tal Política busca assegurar o atendimento das necessidades dos consumidores, o respeito à sua dignidade, saúde e segurança, a proteção de seus interesses econômicos, a melhoria da sua qualidade de vida, bem como a transparência e harmonia das relações de consumo. Cabe mencionar brevemente, neste contexto, as funções desempenhadas pelas agências reguladoras (telecomunicações, energia, transportes, aviação civil, petróleo, recursos hídricos etc.). As agências reguladoras são caracterizadas – melhor diríamos: *deveriam* ser caracterizadas – pela autonomia decisória e pelo apurado rigor técnico. Deveriam, enfim, estar alheias às conveniências e as indicações políticas. Para o que nos interessa neste livro, cabe dizer que as agências reguladoras têm competência legal para atuar na defesa e proteção dos consumidores (veja-se, por exemplo, em relação à Agência Nacional de Energia Elétrica, a Lei nº 9.427/1996, art. 3º, V). Já era assim em sua origem anglo-saxã. Regular tecnicamente a prestação dos serviços públicos compreende, também, portanto, proteger o consumidor.

A Política Nacional das Relações de Consumo está fundada em vários princípios, referidos em incisos e alíneas do art. 4º, todos reconhecendo a vulnerabilidade do consumidor, e tentando harmonizar os interesses dos participantes das relações de consumo e a compatibilização da proteção do consumidor com a necessidade de desenvolvimento econômico e tecnológico, de modo a viabilizar os princípios nos quais se funda a ordem econômica (CF, art. 170), sempre com base na boa-fé e equilíbrio nas relações entre consumidores e fornecedores (art. 4º, III). O STJ sublinhou que o CDC contempla a reciprocidade, a equidade e a moderação, devendo sempre ser buscada a harmonização dos interesses em conflito, mantendo-se a higidez das relações de consumo (STJ, REsp 1.256.703, Rel. Min. Luis Salomão, 4ª T, DJ 27/09/11). Reconheceu-se, no caso, a possibilidade de o hospital particular cobrar, posteriormente, dos pais, por atendimento de emergência realizado em paciente menor de idade que é levada às suas dependências pela Polícia Militar, em companhia do pai.

Os princípios da função social do contrato, boa-fé objetiva, equivalência material impõem que seja reconhecido o direito à retribuição pecuniária pelos serviços prestados (STJ, REsp 1.256.703, Rel. Min. Luis Salomão, 4ª T, DJ 27/09/11). Não cabe alegar que não houve orçamento prévio (CDC, art. 40, adiante estudado), pela própria especificidade do caso concreto. Haveria, assim, enriquecimento indevido

(CC, art. 884) do consumidor, o que deixaria o hospital em situação de indevida desvantagem, porquanto, mercê da situação de emergência da paciente, a empresa particular e seus funcionários estariam sujeitos à responsabilização civil e criminal, caso se recusassem a prestar o imediato socorro médico. A repressão ao abuso do poder econômico deve sempre ocorrer, porém a moderação é postura que se espera do intérprete. Em outra ocasião o STJ frisou que a proteção da boa-fé nas relações de consumo não equivale a favorecer indiscriminadamente o consumidor, em detrimento de direitos igualmente outorgados ao fornecedor (STJ, REsp 1.120.113, Rel. Min. Nancy Andrighi, 3ª T, DJ 10/10/11).

Os órgãos com atribuições para fiscalizar e controlar o mercado de consumo – nas três esferas federativas – manterão comissões permanentes para elaboração, revisão e atualização das normas referidas no art. 55, § 1°, sendo obrigatória a participação dos consumidores e fornecedores (CDC, art. 55, § 3°). Poderão ainda expedir notificações aos fornecedores para que prestem informações sobre questões de interesse do consumidor (CDC, art. 55, § 4°). A negativa dos fornecedores poderá configurar o crime de desobediência mas, por outro lado, não pode ingressar em matéria resguardada por segredo industrial. Na mesma linha, "estão revestidas de legalidade as normas expedidas pelo *Conmetro* e *Inmetro*, e suas respectivas infrações, com o objetivo de regulamentar a qualidade industrial e a conformidade de produtos colocados no mercado de consumo, seja porque estão esses órgãos dotados da competência legal, seja porque seus atos tratam de interesse público e agregam proteção aos consumidores finais. Precedentes do STJ. Essa sistemática normativa tem como objetivo maior o respeito à dignidade humana e a harmonia dos interesses envolvidos nas relações de consumo, dando aplicabilidade a *ratio* do CDC e efetividade à chamada *Teoria da Qualidade*" (STJ, REsp 1.102.578). Há, nesse contexto, um dever de qualidade por parte do fornecedor, como dever anexo.

O STJ tem reforçado a possibilidade de solução consensual em qualquer fase do processo. Lembremos que, embora não se exclua da apreciação jurisdicional ameaça ou lesão a direito, é permitida a arbitragem, na forma da lei (CPC, art. 3º, § 1º). Cabe lembrar ainda que o Estado promoverá, sempre que possível, a solução consensual dos conflitos (CPC, art. 3º, § 2º). Tem sido cada vez mais usada a expressão *justiça multiportas* para enfatizar que a pacificação social não se dá apenas pelo caminho da justiça estatal, mas através de modos que buscam a solução consensual dos conflitos, tais como a conciliação, a mediação e a arbitragem.

A *Lei do Superendividamento* – Lei n. 14.181/2021, adiante estudada – possibilita a harmonia no mercado de consumo, pois ao tempo em que promove a dignidade do consumidor, dando-lhe a chance do recomeço – em termos patrimoniais –, também possibilita maior igualdade no pagamento da dívida, já que hoje são apenas os bancos, com imensas estruturas administrativas, que possuem condições de investir na cobrança de dívidas (a lei confere maior igualdade, em termos reais, entre os credores). Aliás, prevenir é a palavra de ordem da experiência jurídica do século XXI. A importância que o século XX deu à reparação de danos, o século XXI, por sua vez, deu e dará à prevenção. O CDC, atualmente revitalizado, busca prevenir e tratar o superendividamento, dando à resposta adequada à situação concretamente vivenciada. Se já estamos diante de uma situação de superendividamento, há de se buscar meios e modos de se auxiliar, em termos jurídicos, que o cidadão possa recomeçar. Ou seja, patrimonialmente falando, conferir a chance de dignamente voltar ao mercado, sustentando (a si e a sua família) e recuperando o acesso ao crédito.

Convém registrar que o Decreto n. 11.034/2022, embora seja norma infralegal, traz pontos importantes relativos à proteção do consumidor, possibilitando uma maior harmonia nas relações de consumo. O mencionado decreto traz regras que dizem respeito aos Serviços de Atendimento ao Consumidor (SAC). As principais previsões do Decreto são: a) o acesso ao SAC será sempre gratuito e o atendimento das demandas não acarretará ônus para o consumidor; b) o acesso ao SAC estará disponível, ininterruptamente, durante 24 horas por dia, 7 dias por semana; c) é vedada a veiculação de mensagens publicitárias durante o tempo de espera para o atendimento, exceto se houver consentimento prévio do consumidor; d) no tratamento das demandas serão observados os princípios da dignidade, boa-fé, transparência, eficiência, eficácia, celeridade e cordialidade; e) as demandas do consumidor serão respondidas no prazo de 7 dias corridos, contado da data de seu registro; f) a resposta do fornecedor deverá necessariamente ser clara, objetiva e conclusiva e deverá abordar todos os pontos da demanda do consumidor; g) o acesso ao SAC prestado por atendimento telefônico será obrigatório, com horário de atendimento não inferior a 8 horas diárias, com disponibilização de atendimento por humano. Além disso deverá haver opções mínimas constantes do primeiro menu, incluídas, obrigatoriamente, as opções de reclamação e de cancelamento de contratos e serviços e tempo máximo de espera para: I) o contato direto com o atendente, quando essa opção for selecionada e II) a transferência ao setor competente para atendimento definitivo da demanda, quando o primeiro atendente não tiver essa atribuição; h) na hipótese da ligação cair antes do fim do atendimento, a empresa deverá retornar a chamada e concluir o atendimento. Nesse novo atendimento não poderá ser solicitado que o cliente repita sua demanda já registrada; i) o acesso inicial ao atendente não será condicionado ao fornecimento prévio de dados pelo consumidor; j) quando se tratar de chamada telefônica, a manutenção da gravação da chamada efetuada para o SAC é obrigatória pelo prazo mínimo de 90 dias, contado da data do atendimento; l) o consumidor poderá acompanhar as demandas com um número de protocolo único.

17. ACESSO À JUSTIÇA

O CDC busca efetividade. Não deseja trazer belas consagrações retóricas de direitos com pouca ou nenhuma eficácia social. Para evitar tal armadilha, tão comum no discurso jurídico, o CDC buscou dotar o consumidor de instrumentos que permitam um real exercício dos direitos a ele assegurados. Dentre os direitos básicos do consumidor, previstos no art. 6º está a "facilitação da defesa de seus direitos" (art. 6º, VIII). E ainda – de modo enfático, certamente para evitar hermenêuticas restritivas – estabeleceu o CDC, no art. 83: "Para a defesa dos direitos e interesses protegidos por este código são admissíveis todas as espécies de ações capazes de propiciar sua adequada e efetiva tutela". Aliás, conforme adiante veremos, em se tratando de relação de consumo, o consumidor poderá sempre propor a ação em seu domicílio (digamos que alguém, domiciliado em Belo Horizonte, faça cirurgia em São Paulo, ocorrendo erro médico com danos ao paciente. Poderá voltar para Belo Horizonte e propor a ação em Belo Horizonte. É irrelevante que haja cláusula de eleição de foro elegendo São Paulo, por exemplo). A previsão está no CDC, art. 101, I. São, esses, aspectos que explicam muito do sucesso através das décadas do Código de Defesa do Consumidor.

A dimensão coletiva dos conflitos também marca decisivamente o nosso tempo. Do individual para o coletivo. Não que tenha se iniciado agora, mas se intensificou. O direito atual sugere ou impõe uma visão menos individualista, menos centrada no sujeito e no seu patrimônio. As vítimas e os ofensores são, muitas vezes, difusos, nem sempre facilmente identificáveis. O direito dos nossos dias, de índole difusa, não opera na lógica mais – pelo menos não exclusivamente – na esfera do *um-contra-um*.

Atento a este estado de coisas, a ordem jurídica brasileira ampliou, por meio de ações coletivas, a legitimação ativa – no que refere à defesa dos interesses do consumidor (CF, art. art. 5º, inciso XXXII; CDC, art. 82). Aliás, essa caminhada em direção a novos modos – menos individuais, mais coletivos – já está longe de ser uma novidade em muitas áreas. No processo civil brasileiro a base normativa de tutela dos direitos difusos, coletivos e individuais homogêneos data do século passado – entre meados da década de 80 e início da década de 90. Não é exagero dizer que o Brasil pode se orgulhar de seu sistema legal de tutela coletiva, que não faz feio nas análises comparativas entre países. Há aspectos já bem conhecidos, aspectos que já se tornaram tradicionais por assim dizer. Nota-se que "a defesa judicial de interesses transindividuais de origem comum tem peculiaridades: não só esses interesses são intrinsecamente transindividuais, como também sua defesa judicial deve ser coletiva, seja em benefício dos lesados, seja ainda em proveito da ordem jurídica. Dessa forma, o legislador estipulou regras próprias sobre a matéria, especialmente para solucionar problemas atinentes à economia processual, à legitimação ativa, à destinação do produto da indenização e aos efeitos de imutabilidade da coisa julgada" (MAZZILLI, Hugo Nigro. *A Defesa dos Interesses Difusos em Juízo*. São Paulo: Saraiva, 2007, p. 58).

O legislador do Código de Defesa do Consumidor optou por conceituar direitos "ou interesses" difusos, coletivos e individuais homogêneos. A opção – pragmática, como em tantos outros aspectos do CDC – tentou evitar que direitos difusos fossem enxergados como interesses e ficassem sem proteção. Essa opção se revelou adequada e vitoriosa. Kazuo Watanabe diagnosticou: "Os termos *interesses* e *direitos* foram utilizados como sinônimos, e certo é que, a partir do momento em que passam a ser amparados pelo direito, os '*interesses*' assumem o mesmo status de '*direitos*', desaparecendo qualquer razão prática, e mesmo teórica, para a busca de uma diferenciação ontológica entre eles" (GRINOVER, Ada Pellegrini; WATANABE, Kazuo; NERY JR, Nelson. *Código de Defesa do Consumidor*: comentado pelos autores do anteprojeto. Rio de Janeiro: Forense, 2011, p. 70). O Supremo, em julgado de 2021, destacou: "O sistema processual coletivo brasileiro, direcionado à pacificação social no tocante a litígios meta individuais, atingiu *status* constitucional em 1988, quando houve importante fortalecimento na defesa dos interesses difusos e coletivos, decorrente de uma natural necessidade de efetiva proteção a uma nova gama de direitos resultante do reconhecimento dos denominados direitos humanos de terceira geração ou dimensão, também conhecidos como direitos de solidariedade ou fraternidade" (STF, RE 1.101.937, Tribunal Pleno, com repercussão geral, DJe 11/06/2021).

O art. 5º, tratando da execução da Política Nacional das Relações de Consumo, diz que esta contará, entre outros, com os seguintes instrumentos: I – manutenção de assistência jurídica, integral e gratuita para o consumidor carente; II – instituição de Promotorias de Justiça de Defesa do Consumidor, no âmbito do Ministério Público; III – criação de delegacias de polícia especializadas no atendimento de consumidores vítimas de infrações penais de consumo; IV – criação de Juizados Especiais de Pequenas Causas e Varas Especializadas para a solução de litígios de consumo; V – concessão de estímulos à criação e desenvolvimento das Associações de Defesa do Consumidor. Dentre os instrumentos previstos para a facilitação da defesa dos seus direitos está – dentre os mais importantes – a inversão do ônus da prova. Curioso notar que a inversão do ônus da prova foi exportada, por assim dizer, em diálogo das fontes, para outros campos temáticos (é muito usada, por exemplo, no direito ambiental, mesmo sem norma jurídica ambiental específica que o preveja). A Súmula 618 do STJ dispõe: "A inversão do ônus da prova aplica-se às ações de degradação ambiental". Pode ser usada também, naturalmente, em todos os campos do direito do consumidor, como por exemplo na responsabilidade civil médica (STJ, REsp 81.101).

A inversão do ônus da prova não é automática, cabendo ao juiz apreciar os aspectos de verossimilhança do que foi alegado e a hipossuficiência do consumidor. A inversão judicial do ônus da prova depende de circunstâncias concretas. A jurisprudência trilha, de modo firme, essa orientação, inclusive nos julgados mais recentes: "A inversão do ônus da prova, nos termos do art. 6º, VIII, do Código de Defesa do Consumidor, não é automática, dependendo da constatação, pelas instâncias ordinárias, da presença ou não da verossimilhança das alegações e da hipossuficiência do consumidor" (STJ, AgInt no AREsp 1.749.651). Cabe frisar que os requisitos não são cumulativos (basta ou a *verossimilhança da alegação* ou a *hipossuficiência do consumidor*, qualquer uma delas). Isto é, sendo verossímil a alegação, *ou* quando o consumidor for hipossuficiente, poderá haver a inversão, a critério do juiz. Verossímil é alegação que aparenta ser verdade, que traz as cores da razoabilidade, da plausibilidade.

José Carlos Barbosa Moreira, com o apuro técnico que o caracteriza, esclarece: "Vários consumidores de um remédio apresentavam, após certo período de tratamento, os mesmos indesejáveis efeitos colaterais. Um deles propõe ação indenizatória contra o fabricante, sem, entretanto, conseguir demonstrar, inequivocamente, a relação de causalidade entre a ingestão da droga e os danos à saúde; prova, contudo, que outros tantos consumidores do medicamento também passaram a apresentar idênticas reações (indício do nexo causal). O juiz raciocinará: 'se muitos consumidores desse remédio começaram a padecer dos mesmos males, depois de iniciado o tratamento, e como tal circunstância se acha provada nos autos (não somente alegada pelo autor), é muito provável que os efeitos colaterais encontrem sua causa, realmente, na administração do produto'. Em consequência desse juízo de verossimilhança, será invertido o ônus da prova, atribuindo-se ao réu, a partir do instante em que determinada a inversão, o encargo de demonstrar a inexistência do nexo causal" (BARBOSA MOREIRA, José Carlos. Notas sobre a inversão do ônus da prova em benefício do consumidor. *Repro* 86/32, abr./jun° 1997).

Outro aspecto importante é que a hipossuficiência que possibilita a inversão do ônus da prova quase sempre é econômica, mas nem sempre é assim. Pode ser técnica, por exemplo. Um paciente, por exemplo, diante de um médico (a menos que o paciente também seja médico) está em situação de inferioridade técnica, não conhece os meios terapêuticos nem as questões técnicas diante de seu caso. Por isso a inversão do ônus da prova poderá ocorrer em casos assim, independente de razões econômicas. Além disso, os hospitais privados respondem – solidária e objetivamente – pelos atos e omissões culposas dos médicos que lhes estejam de algum modo vinculados, podendo o juiz determinar a inversão do ônus da prova, presente a hipossuficiência do paciente (STJ, REsp 1.832.371). Porém, nesses casos, convém repetir, a prova da culpa dos médicos precisa ser provada, ainda que através da inversão.

Não há óbice a que seja invertido o ônus da prova em ação coletiva (STJ, REsp 951.785; STJ, REsp 1.253.672). A inversão, nesses casos, beneficia a coletividade consumidora – ainda que se cuide de ação civil pública ajuizada pelo Ministério Público. A defesa dos interesses e direitos dos consumidores e das vítimas deve ser sempre facilitada (CDC, art. 6°, VIII) e poderá ser exercida em juízo individualmente ou a título coletivo (CDC, art. 81). Porém a inversão do ônus da prova não dispensa o autor da comprovação mínima dos fatos constitutivos de seu direito (STJ, AgInt no REsp 1.922.757). Em 2021 essa visão foi reafirmada: "A inversão do ônus da prova não implica presunção imediata de veracidade dos fatos alegados pela parte cujo ônus da prova fora invertido. É necessário que esta tenha comprovado minimamente os fatos constitutivos do direito alegado" (STJ, AgInt no REsp 1.818.863). Em 2023 o STJ confirmou, mais uma vez, ser possível a inversão do ônus da prova em ação coletiva de consumo, ainda que se cuide de ação civil pública ajuizada pelo Ministério Público, dependendo da constatação, pelas instâncias ordinárias, da presença ou não da verossimilhança das alegações e da hipossuficiência do consumidor (STJ, AgInt no AREsp 935.811, Rel. Min. Raul Araújo, 4ª T., DJe 23/11/2023).

Questão polêmica no passado, hoje já pacificada, diz respeito ao momento processual da inversão do ônus da prova. Em outras palavras, a inversão é regra de julgamento (pode ser determinada pelo juiz na sentença) ou de procedimento (o juiz deve determinar a inversão até o despacho saneador, ou ato processual equivalente). A questão foi levada à Segunda Seção do STJ (que uniformiza a jurisprudência em direito privado). Nesse contexto se decidiu que o momento para o magistrado decidir acerca da inversão do ônus da prova deve ser a fase de saneamento do processo (STJ, REsp 802.83211). Posteriormente, a esse respeito, decidiu-se: "A jurisprudência desta Corte é no sentido de que a inversão do ônus da prova prevista no art. 6°, VIII, do CDC, é regra de instrução e não regra de julgamento, sendo que a decisão que a determinar deve – preferencialmente – ocorrer durante o saneamento do processo ou – quando proferida em momento posterior – garantir a parte a quem incumbia esse ônus a oportunidade de apresentar suas provas" (STJ, AgRg no REsp 1.450.473). Em 2021 a orientação foi reafirmada, frisando-se que a decisão sobre o ônus da prova deverá ocorrer antes da fase instrutória: "A jurisprudência desta Corte é no sentido de que a inversão do ônus da prova prevista no art. 6º, VIII, do CDC, é *regra de instrução* e não regra de julgamento, motivo pelo qual a decisão judicial que a determina deve ocorrer *antes da etapa instrutória*, ou quando proferida em momento posterior, garantir a parte a quem foi imposto o ônus a oportunidade de apresentar suas provas" (STJ, REsp 1.286.273).

O STJ entende que a inversão do ônus da prova não implica impor à parte contrária a responsabilidade de arcar com os custos da perícia solicitada pelo consumidor, mas apenas estabelece que, do ponto de vista processual, o consumidor não tem o ônus de produzir essa prova (STJ, AgRg no REsp 104.29.19). Se, porém, o fornecedor de produtos ou serviços não antecipar os honorários do perito (embora não esteja a tanto obrigado), presumir-se-ão verdadeiros os fatos afirmados pelo autor, isto é, o fornecedor irá arcar com as consequências processuais da não--produção da prova (STJ, REsp 466.604; REsp 433.208; REsp 651.632). Reafirmou-se a orientação no sentido de que inversão do ônus probatório não acarreta a obrigação de suportar as despesas com a perícia, implicando, tão somente, que a parte requerida arque com as consequências jurídicas decorrentes da não produção da prova (STJ, AgRg no AgRg no AREsp 575.905). Em 2020, mais uma vez, o STJ frisou que a inversão do ônus probatório leva consigo o custeio da carga invertida, não como dever, mas como simples faculdade, sujeita as consequências processuais advindas da não produção da prova (STJ, REsp 1.807.831). Ou seja, a inversão não implica transferência ao réu de custas de perícia requerida pelo autor da demanda, pois de duas, uma: ou tal prova continua com o autor e somente a ele incumbe, ou a ele comumente cabia e foi deslocada para o réu, titular da opção de, por sua conta e risco, cumpri-la ou não. Claro, se o sujeito titular do ônus invertido preferir não antecipar honorários periciais referentes a seu encargo probatório, presumir-se-ão verdadeiras as alegações da outra parte.

A inversão do ônus da prova no sistema do CDC pode ocorrer tanto *ope legis* como *ope judicis* (isto é, pode decorrer de imposição legal ou de imposição judicial, à luz das circunstâncias do caso concreto). A regra geral no CDC é a inversão do ônus da prova *ope judicis*, como ocorre na hipótese geral do art. 6º, VIII (que não será automática, dependerá de decisão judicial). Mas há hipóteses, previstas pelo próprio CDC, de inversão *ope legis*, como ocorre no art. 38: "O ônus da prova da veracidade e correção da informação ou comunicação publicitária cabe a quem as patrocina". Não se trata de inversão judicial do ônus da prova. Trata-se, isto sim, de regra específica de distribuição do ônus da prova. Este ônus será sempre do fornecedor, sempre que disser respeito à veracidade e correção da informação ou comunicação publicitária. Convém registrar, do mesmo modo, que na responsabilidade pelo fato do produto ou do serviço (acidente de consumo, previsto no CDC, arts. 12 e 14), a inversão do ônus da prova decorre da lei (*ope legis*), não sendo necessário aplicar a regra geral da inversão do art. 6º, inciso VIII, do CDC (STJ, AgRg no REsp 1.085.123). Assim, "o ônus da prova da inexistência de defeito na prestação dos serviços médicos é do hospital por imposição legal (inversão *ope legis*). Inteligência do art. 14, § 3º, I, do CDC" (STJ, REsp 1.331.628).

A propósito, não cabe, segundo o STJ, que o consumidor pretenda, através da interposição de recurso especial, a aplicação da inversão do ônus da prova, se isso foi negado nas instâncias inferiores. A situação oposta também é vedada (o fornecedor pretender afastar a inversão do ônus da prova que foi deferida nas instâncias ordinárias). Entende-se que "a inversão do ônus da prova fica a critério do juiz, conforme apreciação dos aspectos de verossimilhança da alegação do consumidor e de sua hipossuficiência, conceitos ligados ao conjunto fático-probatório dos autos" (STJ, AgRg no AREsp 486.549). Por isso, repita-se, se as instâncias ordinárias definem que é (ou que não é) caso de inversão, o STJ não aceita rever a questão através de recurso especial, alegando o óbice da Súmula 07 (que veda o reexame de fatos). Cabe agravo de instrumento contra a decisão que inverte o ônus da prova – e também em relação àquela que decide diversamente da regra geral baseada na teoria da distribuição dinâmica do ônus da prova (STJ, REsp 1.729.110).

Cabem, ainda, outras considerações sobre o ônus da prova.

Conforme estudaremos adiante – capítulo VII, tópico 19.16: *inversão do ônus da prova, teoria da distribuição dinâmica e outras tendências que se fortalecem na legislação, doutrina e jurisprudência* – hoje novos modos de ver a questão estão surgindo. As visões mais atuais têm enfatizado o caráter dinâmico, não estático, acerca do ônus da prova. Assim, "para as situações faticamente complexas insuscetíveis de prévia catalogação pelo direito positivo, a lei, a doutrina e a jurisprudência passaram a excepcionar a distribuição estática do ônus da prova, criando e aplicando regras de distribuição diferentes daquelas estabelecidas em lei, contexto em que surge a regra de inversão do ônus da prova prevista no art. 6º, VIII, do CDC, e a teoria da distribuição dinâmica do ônus da prova, reiteradamente aplicada por esta Corte mesmo antes de ser integrada ao direito positivo, tendo ambas – inversão e distribuição dinâmica – a característica de permitir a modificação judicial do ônus da prova (modificação *ope judicis*)" (STJ, REsp 1.729.110).

A teoria da distribuição dinâmica do ônus da prova – ou teoria da carga dinâmica do ônus da prova –, consagrada no § 1º do art. 373 do CPC, é algo realmente relevante na matéria. Embora já houvesse aceitação, aqui e ali, na doutrina e na jurisprudência, sua introdução no CPC foi extremamente importante. O CPC, partilhando dessa visão, dispõe que o juiz dirigirá o processo, cabendo-lhe "dilatar os prazos processuais e alterar a ordem de produção dos meios de prova, adequando-os às necessidades do conflito de modo a conferir maior efetividade à tutela do direito" (CPC, art. 139, VI). Convém citar, ainda, por sua conexão temática, as normas processuais relativas ao saneamento e à organização do processo: "Não ocorrendo qualquer das hipóteses deste Capítulo, deverá o juiz, em decisão de saneamento e de organização do processo: I – resolver as questões processuais pendentes, se houver; II – delimitar as questões de fato sobre as quais recairá a atividade probatória, especificando os meios de prova admitidos; III – definir a distribuição do ônus da prova, observado o art. 373; IV – delimitar as questões de direito relevantes para a decisão do mérito; V – designar, se necessário, audiência de instrução e julgamento. § 1º. Realizado o saneamento, as partes têm o direito de pedir esclarecimentos ou solicitar ajustes, no prazo comum de cinco dias, findo o qual a decisão se torna estável" (CPC, art. 357).

Há, portanto, atualmente, clara tendência no sentido de tornar menos rígida e mais flexível a distribuição do ônus probatório. Aliás, o STJ, por sua segunda Seção, em novembro de 2021, fixou tese de cabe ao banco provar a autenticidade de assinatura em contrato bancário. O STJ aprovou a seguinte tese: "Na hipótese em que o consumidor autor impugnar a autenticidade de assinatura constante em contrato bancário juntado ao processo pela instituição financeiro, caberá a esta provar a autenticidade" (STJ, REsp 1.846.649).

O CPC prevê a propósito: "O ônus da prova incumbe: I – ao autor, quanto ao fato constitutivo do seu direito; II – ao réu, quanto à existência de fato impeditivo, modificativo ou extintivo do direito do autor" (CPC, art. 373). A seguir dispõe, de modo relevante, no § 1º: "Nos casos previstos em lei ou diante de peculiaridades da causa, relacionadas à impossibilidade ou à excessiva dificuldade de cumprir o encargo nos termos do *caput* ou à maior facilidade de obtenção da prova do fato contrário, poderá o juiz atribuir o ônus da prova de modo diverso, desde que o faça por decisão fundamentada. Neste caso, o juiz deverá dar à parte a oportunidade de se desincumbir do ônus que lhe foi atribuído". O § 2º ressalta que a decisão prevista no § 1º não pode gerar situação em que a desincumbência do encargo pela parte seja impossível ou excessivamente difícil. A distribuição diversa do ônus da prova – prevê o § 3º – também pode ocorrer por convenção das partes, salvo quando: I – recair sobre direito indisponível da parte; II – tornar excessivamente difícil a uma parte o exercício do direito. A convenção de que trata o § 3º pode ser celebrada antes ou durante o processo. Lembremos ainda que caberá ao juiz, de ofício ou a requerimento da parte, determinar as provas necessárias ao julgamento do mérito.

O STJ, em 2020, ressaltou ainda que o art. 373, § 1º do CPC, em perfeita sintonia com a Constituição de 1988, traduz, na relação processual, a transição da isonomia formal para a isonomia material (STJ, REsp 1.807.831). Destacou-se, de modo semelhante, em outra oportunidade, que "o ônus da prova quanto ao cumprimento do dever de informar e obter o consentimento informado do paciente é do médico ou do hospital, orientado pelo princípio da colaboração processual, *em que cada parte deve contribuir com os elementos probatórios que mais facilmente lhe possam ser exigidos*" (STJ, REsp 1.540.580). Ainda antes do CPC/2015, decidiu-se que "embora não tenha sido expressamente contemplada no CPC, uma interpretação sistemática da nossa legislação processual, inclusive em bases constitucionais, confere ampla legitimidade à aplicação da teoria da distribuição dinâmica do ônus da prova, segundo a qual esse ônus recai sobre quem tiver melhores condições de produzir a prova, conforme as circunstâncias fáticas de cada caso" (STJ, REsp 1.286.704; AgInt no AREsp 1.292.086).

Em outra oportunidade o STJ – considerando agravável decisão que apreciou a inversão do ônus da prova com fundamento no CDC –, em didático julgado, frisou:

"Embora ontologicamente distintas, a distribuição dinâmica e a inversão do ônus têm em comum o fato de excepcionarem a regra geral do art. 373, I e II, do CPC/15, de terem sido criadas para superar dificuldades de natureza econômica ou técnica e para buscar a maior justiça possível na decisão de mérito e de se tratarem de regras de instrução que devem ser implementadas antes da sentença, a fim de que não haja surpresa à parte que recebe o ônus no curso do processo e também para que possa a parte se desincumbir do ônus recebido. Nesse cenário, é cabível a impugnação imediata da decisão interlocutória que verse sobre quaisquer das exceções mencionadas no art. 373, § 1º, do CPC/15, pois somente assim haverá a oportunidade de a parte que recebe o ônus da prova no curso do processo dele se desvencilhar, seja pela possibilidade de provar, seja ainda para demonstrar que não pode ou que não deve provar, como, por exemplo, nas hipóteses de prova diabólica reversa ou de prova duplamente diabólica" (STJ, REsp 1.729.110, 3ª T, Rel. Min. Nancy Andrighi, DJe 02/04/19).

Outra facilitação que o CDC oferece ao consumidor é a possibilidade de propor a ação em seu domicílio, caso assim deseje (CDC, art. 101, I). Isso, sem dúvida, facilita o acesso à justiça e concretiza a facilitação da defesa dos direitos do consumidor. Por exemplo, alguém sofre um dano durante as férias no Nordeste, em sofisticado hotel. A vítima pode voltar para casa e propor a ação pelo acidente de consumo (fato do serviço), em seu domicílio. A vantagem é imensa. O mesmo se diga de alguém que fez cirurgia médica, em hospital ou clínica particular, em cidade ou estado distinto daquele que reside. Poderá, diante de um erro médico, propor a ação no próprio domicílio, e não no domicílio do médico. A norma do CDC que possibilita que o consumidor proponha a ação em seu domicílio foi construída em seu favor. Isso significa que não se trata de *obrigação* do consumidor de demandar em seu domicílio, podendo, caso prefira, optar por ajuizar a ação do domicílio do réu (STJ, AgRg no CC 129.294). Não, porém, de modo abusivo e aleatório, isto é, prevalece o entendimento de que não cabe ao autor consumidor a escolha aleatória de foro que não seja nem o do seu domicílio, nem o do réu, nem o de eleição e nem o do local de cumprimento da obrigação. Em tais hipóteses, revela-se adequada a declinação, de ofício, para a comarca do domicílio do autor" (STJ, AgRg no AREsp 532.899). Lembremos que em se tratando de relação de consumo a competência é de natureza absoluta, podendo ser declinada de ofício pelo magistrado em razão do princípio da facilitação de defesa do consumidor (art. 6º, VIII, do CDC) (STJ, AgRg no AREsp 541.491).

Sintetizando, o foro do domicílio do consumidor é o competente para a discussão judicial das questões a ele vinculadas, pois evita a imposição dos ônus a que ficaria obrigado com o deslocamento para demandar no foro de eleição (STJ, AgInt no AREsp 1.728.739).

Outra questão que pode ser lembrada neste tópico diz respeito à arbitragem e as relações de consumo. Cláusula compromissória é a convenção através da qual as partes, contratualmente, comprometem-se à se submeter à arbitragem. Nas relações de consumo, a cláusula compromissória só terá eficácia caso o consumidor venha a tomar a iniciativa de instituir a arbitragem, ou concorde expressamente com sua instituição. Nas duas situações não haverá compulsoriedade (STJ, REsp 1.189.050, Rel. Min. Luis Salomão, 3ª T, DJe 14/3/2016). Dessa forma, com o ajuizamento, pelo consumidor, de ação perante o Poder Judiciário, presume-se a discordância dele em submeter-se ao juízo arbitral, sendo nula a cláusula de contrato de consumo que determina a utilização compulsória da arbitragem (STJ, REsp 2.056.285, Rel. Min. Nancy Andrighi, Segunda Seção, DJe 14/08/2023).

Vejamos agora a questão da denunciação da lide nas relações de consumo.

O art. 88 do CDC dispõe: "Na hipótese do art. 13, parágrafo único deste código, a ação de regresso poderá ser ajuizada em processo autônomo, facultada a possibilidade de prosseguir-se nos mesmos autos, vedada a denunciação da lide". Assim, por exemplo, o comerciante – que indenizar o consumidor – poderá nos mesmos autos prosseguir contra o fabricante, o construtor, o produtor ou o importador, por exemplo. Porém a denunciação da lide não é possível, pois prejudicaria o consumidor (com provável demora no processo). Aliás, a denunciação da lide não é possível em nenhum caso, nas relações de consumo brasileiras (salvo uma exceção, para beneficiar o consumidor, adiante mencionada).

O CPC estabelece: "É admissível a denunciação da lide, promovida por qualquer das partes: II – àquele que estiver obrigado, por lei ou pelo contrato, a indenizar, em ação regressiva, o prejuízo do que for vencido no processo. Parágrafo único. O direito regressivo será exercido por ação autônoma quando a denunciação da lide for indeferida, deixar de ser promovida ou não for permitida". Em julgado importante por sua clareza, o STJ proclamou que a vedação à denunciação da lide prevista no art. 88 do CDC não se restringe à responsabilidade de comerciante por fato do produto (art. 13 do CDC), sendo aplicável também nas demais hipóteses de responsabilidade civil por acidentes de consumo (arts. 12 e 14 do CDC). (STJ, REsp 1.165.279). Não é possível, portanto, em nenhum caso, nos processos que têm como objeto as relações de consumo, haver denunciação à lide (STJ, AgRg no AREsp 157.812). Não cabe denunciação da lide no CDC (STJ, AgRg no AREsp 195.165). A jurisprudência do STJ tem, hoje, entendimento pacífico acerca do não cabimento da denunciação da lide nas relações regidas pelo CDC (STJ, AgRg no AREsp 546.098).

Cabe atualizar o que dissemos acima. No Brasil, os hospitais privados respondem – solidária e objetivamente – pelos atos e omissões culposas dos médicos que lhes estejam de algum modo vinculados, podendo o juiz determinar a inversão do ônus da prova, presente a hipossuficiência do paciente (STJ, REsp 1.832.371). Porém, nesses casos, convém repetir, a prova da culpa dos médicos precisa ser provada, ainda que através da inversão. Assim, "em circunstâncias específicas como a destes autos, na qual se imputa ao hospital a responsabilidade objetiva por suposto ato culposo dos médicos a ele vinculados, deve ser admitida, excepcionalmente, a denunciação da lide, sobretudo com o intuito de assegurar o resultado prático da demanda e evitar a indesejável situação de haver decisões contraditórias a respeito do mesmo fato" (STJ, REsp 1.832.371, Rel. Min. Nancy Andrighi, 3ª T, DJe 01/07/2021). Trata-se de exceção, porém benéfica ao consumidor (mesmo porque, na hipótese descrita, o hospital só responde se houver culpa do médico).

Há outro aspecto relevante em relação à denunciação da lide que pede menção. Já destacamos que o STJ uniformizou entendimento de que a vedação à denunciação à lide, prevista no art. 88 do CDC, não se restringe à responsabilidade de comerciante por fato do produto (CDC, art. 13), sendo aplicável também às demais hipóteses de responsabilidade civil por acidentes de consumo. Busca-se, com isso, não retardar a tutela jurídica do consumidor, em suma. Se, porém, o fornecedor realiza a denunciação da lide sem que o consumidor se insurja contra ela, não pode o corréu denunciado (o outro fornecedor) invocar, em sua defesa, a tese de que não se aceita denunciação da lide nas relações de consumo. Trata-se de entendimento formulado para proteger o consumidor, e não os demais fornecedores (STJ, REsp 913.687).

No último capítulo deste livro veremos – na linha do art. 81 do CDC – que a defesa dos interesses e direitos dos consumidores e das vítimas poderá ser exercida em juízo individualmente, ou a título coletivo. Podemos adiantar que há legitimidade do Ministério Público para promover ação civil pública ou coletiva para tutelar não apenas direitos difusos ou coletivos de consumidores, mas também seus direitos individuais homogêneos, inclusive quando se trata de prestação de serviços públicos (STJ, AgRg no AREsp 255.845). Assim, o Ministério Público tem legitimidade para ajuizar ação civil pública visando tutelar direitos dos consumidores relativos aos serviços públicos (STJ, AgRg no REsp 1.221.289). Na mesma linha interpretativa destacou-se que o Ministério Público possui legitimidade ativa para promover a defesa dos direitos difusos ou coletivos do consumidor, e de seus interesses ou direitos individuais homogêneos, inclusive no que se refere à prestação de serviço público, haja vista a presunção da sua relevância para a coletividade (STJ, 1.347.910). Assim, "o Ministério Público tem legitimidade ativa para atuar na defesa dos direitos difusos, coletivos e individuais homogêneos dos consumidores, ainda que decorrentes da prestação de serviços públicos" (STJ, Súmula 601). Se o direito for difuso ou coletivo, o MP sempre terá legitimidade para agir. Se for individual homogêneo e indisponível, também. Se for individual homogêneo e disponível, o MP poderá agir se houver relevância social.

Cabe lembrar que de acordo com o entendimento atual do STF e STJ há legitimidade do Ministério Público para propor ação coletiva, *mesmo em se tratando de interesses individuais homogêneos disponíveis*. Naturalmente, precisa estar evidenciado o interesse social do bem jurídico tutelado (STJ, AgRg nos Edcl nos Edcl no REsp 1.499.300). O STJ, há algum tempo, não aceitava a legitimidade do Ministério Público para propor ação civil pública em se tratando de direitos individuais homogêneos, se estivéssemos diante de direitos disponíveis. Isso, contudo, ao longo dos anos, alterou-se. Hoje a posição atual é claramente oposta àquela do passado. Nesse contexto, na linha da jurisprudência do STF e STJ, o Ministério Público tem legitimidade ativa para propor ação civil pública e ação coletiva com o propósito de velar por direitos difusos e, também, individuais homogêneos dos consumidores, *ainda que disponíveis* (STJ, AgRg no REsp 932.994). A jurisprudência das cortes superiores, portanto, proclama atualmente que o Ministério Público está legitimado a promover ação civil pública para a defesa de *direitos individuais homogêneos disponíveis*, quando constatada a relevância social objetiva do bem jurídico tutelado (STJ, AgRg no REsp

1.261.198). Há muitos outros acórdãos no mesmo sentido que poderiam ser citados. Todos, recentes, afirmam de modo categórico a legitimidade do Ministério Público na defesa de direitos individuais homogêneos, *ainda que disponíveis.*

Outra questão importante a respeito dos direitos individuais homogêneos (embora não processual), é que "a jurisprudência do STJ perfilha o entendimento segundo o qual o dano moral coletivo, por sua própria natureza jurídica, não se amolda à tutela dos direitos individuais homogêneos" (STJ, AgInt no AgInt no TP 3823, Rel. Min. Nancy Andrighi, 3ª T, DJe 17/08/2022). Já houve decisões em sentido contrário (afirmando que a violação a direitos individuais homogêneos pode causar danos morais coletivos, mas essa visão parece ter sido superada).

O STJ reconheceu que a legislação brasileira não exige, em regra, condição especial para que a pessoa (física ou jurídica) e/ou o ente tenham legitimação passiva *ad causam* nas ações civis públicas, sendo suficiente a lesão ou a ameaça de lesão a direitos transindividuais (STJ, REsp 1.281.023). É o que entende o STJ, na linha de seus precedentes. Aliás, em ação civil pública, é possível a substituição da associação autora por outra associação caso a primeira venha a ser dissolvida (STJ, EDcl no REsp 1.405.697). A propósito, o STJ decidiu ser dispensável o requisito temporal (pré-constituição há mais de um ano, CDC, art. 82, § 1º) para associação ajuizar ação civil pública quando o bem jurídico tutelado for a prestação de informações ao consumidor sobre a existência de glúten em alimentos (STJ, REsp 1.600.172). Em caso de dissolução, por decisão judicial, da associação autora de ação civil pública, é possível a substituição processual pelo Ministério Público (STJ, AgInt no REsp 1.582.243, Rel. Min. Isabel Gallotti, 4ª T, DJe 14/02/2023). As Comissões de Defesa do Consumidor das Assembleias Legislativas têm legitimidade para propor demanda coletiva para a defesa do consumidor (STJ, AgInt no AREsp 581.530, Rel. Min. Benedito Gonçalves, 1ª T, DJ 06/11/2023).

A análise acerca da pertinência temática em ações civis públicas não deve ser inflexível e rigorosa, devendo – em nome da efetividade dos direitos fundamentais – favorecer o acesso à justiça. Assim, "a pertinência temática exigida pela legislação, para a configuração da legitimidade em ações coletivas, consiste no nexo material entre os fins institucionais do demandante e a tutela pretendida naquela ação. É o vínculo de afinidade temática entre o legitimado e o objeto litigioso, a harmonização entre as finalidades institucionais dos legitimados e o objeto a ser tutelado na ação civil pública. Entretanto, não é preciso que uma associação civil seja constituída para defender em juízo especificamente aquele exato interesse controvertido na hipótese concreta. O juízo de verificação da pertinência temática há de ser responsavelmente flexível e amplo". (STJ, AgInt nos EDcl no REsp 1.788.290, DJe 24/05/2022; REsp 1.357.618, Rel. Ministro Luis Salomão, 4ª T, DJe 24/11/2017).

A propósito da Defensoria Pública, Maurílio Maia propõe a tese do *custos vulnerabilis.* Isto é, representa uma forma interventiva da Defensoria Pública em nome próprio e em prol de seu interesse institucional (constitucional e legal) – atuação essa subjetivamente vinculada aos interesses dos vulneráveis e objetivamente aos direitos humanos – representando a busca democrática do progresso jurídico-social das categorias mais vulneráveis no curso processual e no cenário jurídico-político (MAIA, Maurilio Casas. Legitimidades institucionais no Incidente de Resolução de Demandas Repetitivas (IRDR) no Direito do Consumidor: Ministério Público e Defensoria Pública: similitudes & distinções, ordem & progresso. *Revista dos Tribunais*. vol. 986. p. 27-61. São Paulo: Ed. RT, dezembro 2017). A tese é adequada e vem sendo crescentemente aceita, seja na doutrina, seja nos tribunais.

A propósito do acesso à justiça, vale lembrar que de acordo com a posição atual do STJ as decisões em ações civis públicas não têm sua eficácia territorial restrita à competência do órgão prolator (STJ, REsp 1.243.887). Elas podem ter eficácia nacional, à luz da extensão do dano e da qualidade dos interesses metaindividuais postos em juízo. A execução individual da sentença coletiva também pode ocorrer no domicílio do beneficiário. Cabe registrar, desde logo, que obrigar os beneficiados pela sentença coletiva a liquidá-la e a executá-la no foro em que a ação coletiva foi julgada implicaria em inviabilizar a tutela dos direitos individuais (STJ, AgRg no CC 131.642). Os efeitos e a eficácia da sentença coletiva não estão circunscritos a limites geográficos, mas aos limites objetivos e subjetivos do que foi decidido, por isso a sentença coletiva pode ter validade em todo o território nacional. O STJ reconheceu que a legislação brasileira não exige, em regra, condição especial para que a pessoa (física ou jurídica) e/ou o ente tenham legitimação passiva *ad causam* nas ações civis públicas, sendo suficiente a lesão ou a ameaça de lesão a direitos transindividuais (STJ, REsp 1.281.023). A ação coletiva permite que o pedido mediato seja formulado de maneira genérica (STJ, AgRg nos EDcl no REsp 1.408.). É o que entende o STJ, na linha de seus precedentes.

Seguindo a linha exposta no parágrafo anterior, o STF, em 2021, decidiu que os efeitos e a eficácia da sentença coletiva não estão circunscritos a lindes geográficos, mas aos limites objetivos e subjetivos do que foi decidido, podendo a sentença coletiva ter validade em todo o território nacional (STF, Tema 1.075, repercussão geral).

O STJ tem frisado que a impossibilidade de se aferir, individualmente, a extensão do prejuízo material causado a cada consumidor lesado pela prática abusiva comprovada nos autos não significa a impossibilidade de se estabelecer, mediante parâmetros técnicos e proporcionais, uma adequada indenização (STJ, REsp 1.832.217). Isso deverá ocorrer na fase de liquidação, nos termos dos arts. 95 e 97 do CDC. Importante ainda frisar, nessa linha, que a adequada publicidade dos atos processuais é imprescindível nas ações civis públicas, a fim de possibilitar aos substituídos processuais o exercício do direito genérico contido na sentença de procedência da ação coletiva de consumo. Voltaremos aos temas processuais no último capítulo deste livro.

O STJ já entendeu ser abusiva a cláusula – tão comum – que prevê a obrigação de pagar honorários advocatícios, independente do ajuizamento da ação judicial (STJ, REsp 364.140, Rel. Min. Ruy Rosado de Aguiar, 4ª T, DJ 12/08/02). Porém, atualmente, infelizmente, o STJ entende ser possível a cobrança de honorários advocatícios extrajudiciais se expressamente prevista em contrato, ainda que de adesão, em caso de mora ou inadimplemento por parte do consumidor (STJ, AgInt nos EDcl no REsp 2.029.027, Rel. Min. Humberto Martins, 3ª T, DJe 17/11/2023).

Embora não se trate de direito do consumidor, convém destacar que a competência para julgamento de ação de indenização por danos morais, decorrente de ofensas proferidas em rede social, é do foro do domicílio da vítima, em razão da ampla divulgação do ato ilícito (STJ, REsp 2.032.427, Rel. Min. Carlos Ferreira, 4ª T, DJe 04/05/2023). Outro ponto que deve ser mencionado, este de processo, é que ao escolher demandar junto ao juizado especial, a parte renuncia o crédito excedente, incluindo os pedidos interdependentes (principal e acessório) que decorrem da mesma causa de pedir (STJ, REsp 2.002.685, Rel. Min. Marco Buzzi, 4ª T, DJe 31/03/2023).

Há um tema processual que não é peculiar do direito do consumidor. Ainda assim, talvez seja importante trazer três parágrafos aqui sobre o tema, apenas para contextualizar a leitora e o leitor. O STF entende ser constitucional a apreensão de passaporte e CNH de devedores, cabendo aos magistrados, à luz da razoabilidade e da proporcionalidade, adotar medidas coercitivas atípicas (CPC, art. 139, IV). O STF decidiu: "Medidas atípicas previstas no CPC conducentes à efetivação dos julgados são constitucionais, respeitados os artigos 1º, 8º e 805 do ordenamento processual e os direitos fundamentais da pessoa humana" (ADIN 5941).

No STJ tem-se entendido que "a adoção de meios executivos atípicos é cabível desde que, verificando-se a existência de indícios de que o devedor possua patrimônio expropriável, tais medidas sejam adotadas de modo subsidiário, por meio de decisão que contenha fundamentação adequada às especificidades da hipótese concreta, com observância do contraditório substancial e do postulado da proporcionalidade" (STJ, REsp 1.788.950). Enfim, conforme assentado no julgado do STF, o acesso à justiça reclama tutela judicial tempestiva, específica e efetiva sob o ângulo da sua realização prática. Num cenário de inefetividade generalizada das decisões judiciais, é possível que o devedor não tenha incentivos para colaborar na relação processual, mas, ao contrário, seja motivado a adotar medidas protelatórias. Assim, nesse contexto, a efetividade no cumprimento das ordens judiciais não beneficia apenas o credor que recebe seu pagamento ao fim do processo, mas incentiva também uma postura cooperativa dos litigantes, contribuindo para a redução e duração dos litígios.

O STJ decidiu em 2022 que as medidas coercitivas atípicas não modificam a natureza patrimonial da execução, servindo apenas para causar ao devedor determinados incômodos pessoais que o convençam ser mais vantajoso adimplir a obrigação do que sofrer as referidas restrições impostas pelo juiz. Assim, a retenção do passaporte do devedor deve perdurar pelo tempo necessário para que se verifique, na prática, a efetividade da medida e a sua capacidade de dobrar a renitência do devedor, sobretudo quando existente indícios de ocultação de patrimônio (STJ, HC 711.194, Rel. Min. Nancy Andrighi, 3ª T, DJe 27/06/2022). Não há, portanto, de modo necessário, limite temporal para as medidas coercitivas atípicas.

Em relação ao abuso de direito nas relações processuais, talvez seja importante lembrar que o STJ aceita a figura do "assédio processual" (STJ, REsp 1.817.845), abuso do direito de ação, configurando ato ilícito (CC, art. 187). Trata-se do abuso processual, *sham litigation*, mais conhecido no direito anglo-saxão. Dentre as sanções possíveis, está a indenização por danos morais e materiais. O tribunal frisou ser necessário repensar o processo, não para frustrar o regular o exercício dos direitos fundamentais pelo litigante sério e probo, mas para refrear aqueles que abusam dos direitos fundamentais por mero capricho, por espírito emulativo, por dolo, em ações ou incidentes temerários. Também o STF, na ADI 6792, repudia o assédio processual, situação em que a parte demandada poderá requerer a reunião de todas as ações no foro de seu domicílio.

18. QUESTÕES DE CONCURSOS

01. **(FGV – Juiz de Direito – TJ – PE/2022)**. Lucas ingressou com ação de indenização em face da instituição de ensino privada onde cursa faculdade, tendo ajuizado a causa no endereço do seu domicílio. A demanda teve por base o contrato de prestação de serviços que continha cláusula de eleição de foro na cidade vizinha, domicílio da executada. Em razão disso, a instituição de ensino requereu, prima facie, a extinção do feito por incompetência do juízo. Nesse caso, é correto afirmar que:

a) deverá ser declinada a competência para o juízo estabelecido previamente pelas partes pela via contratual;

b) deverá ser extinto o processo sem resolução do mérito, por ser diverso o juízo indicado na cláusula de eleição de foro;

c) se trata de relação de consumo e Lucas está autorizado a demandar no seu domicílio, a despeito da cláusula de eleição de foro;

d) não se configura relação de consumo, dada a natureza de serviços educacionais, imperando a competência indicada na cláusula de eleição de foro;

e) a competência do foro do domicílio do autor é absoluta, por se tratar de relação de consumo, mesmo quando o consumidor é o demandante.

02. **(FGV – Juiz de Direito – TJ – MG/2022)**. XL Ltda. dedica-se ao comércio varejista de equipamentos eletrônicos. Importou certa quantidade de termômetros eletrônicos e revendeu todos. Vários consumidores reclamaram que o equipamento não apresentava funcionamento correto. A vendedora encaminhou os equipamentos defeituosos para análise e foi constatado que eram falsos. Ela, apesar de ter sido também enganada, esclareceu o ocorrido e ressarciu os adquirentes. A conduta da vendedora revela:

a) boa-fé objetiva.

b) boa-fé subjetiva.

c) temor de perda de mercado.

d) desejo de proteger sua boa fama.

(Sim, a conduta da empresa atende, na dimensão normativa, a boa-fé objetiva, nos seus deveres de lealdade e cooperação. Mas, em termos do agir humano – e seus móveis subjetivos – nada impede que a conduta do fornecedor tenha sido movida, na realidade, pelo temor de perda de mercado ou pelo "desejo de proteger sua boa fama". Cremos por isso que a questão poderia ter sido melhor formulada, em suas hipóteses incorretas).

03. **(FGV – Juiz de Direito – TJ – MG/2022)**. Indústrias do Morro S/A fabrica veículos de tração humana (carrinhos de mão) e, no manual de instruções, deixou de inserir o limite máximo de peso que pode ser transportado com segurança. Renato, pedreiro e fisicamente muito forte, comprou o produto e estava transportando grande volume de pedras para edificar um muro. Durante o trajeto, o carrinho não suportou a carga e teve o eixo da roda partido. Em consequência, a carga caiu sobre o pé de Renato, fraturando vários ossos. Proposta ação de indenização contra a fornecedora, ela contestou a ação e alegou que não havia necessidade da informação porque qualquer pessoa com o mínimo de bom senso tem noção de limite de peso que pode ser transportado. A alegação da fornecedora:

a) revela falta de seriedade ao deixar de informar a resistência do material empregado na fabricação do produto.

b) deve ser rejeitada, porque deixou de ser atendido o direito à informação completa acerca da resistência do material empregado na fabricação do produto.

c) revela má-fé por parte da fornecedora, porque o usuário não tem conhecimento técnico quanto à resistência do material empregado na fabricação do produto.

d) pode ser acolhida, porque o consumidor deve ter conhecimento técnico mínimo acerca da resistência de material empregado na fabricação do produto.

GABARITO			
01. C	**02. A**	**03. B**	

Estas e outras questões estão disponíveis para serem respondidas na plataforma JusClass:

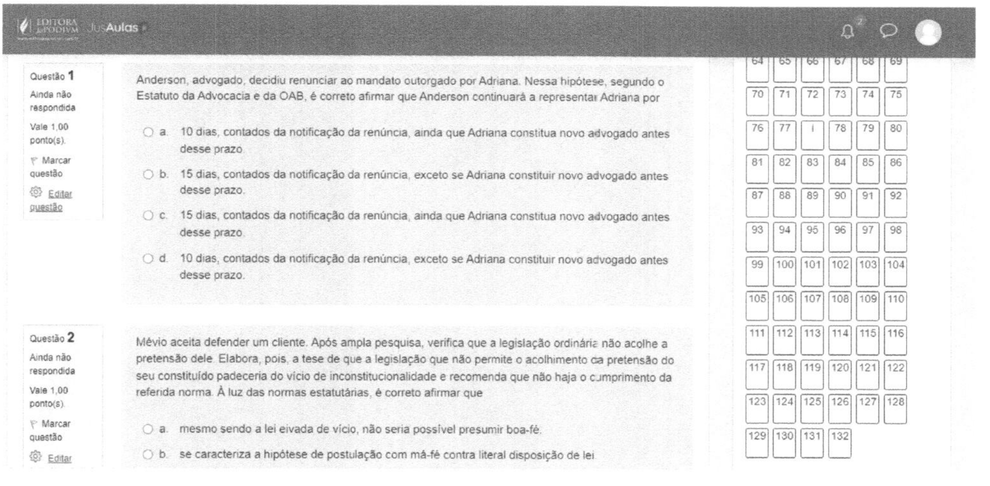

19. QUADRO SINÓTICO

PRINCÍPIOS DO CDC

- **Vulnerabilidade do consumidor (CDC, art. 4º, I).**
- **Transparência (CDC, art. 4º).**
- **Informação (CDC, art. 6º, III; art. 8º; art. 9º).**
- **Segurança (CDC, art. 6º, I; art. 8º; art. 10; art. 12, § 1º).**
- **Equilíbrio material entre as prestações – Princípio da equivalência (CDC, art. 4º, III; art. 6º, V; art. 51, IV; art. 51, § 1º, III).**
- **Reparação integral (CDC, art. 6º, VI).**
- **Solidariedade (CDC, art. 7º, parágrafo único; art. 18; art. 19; art. 25, § 1º; art. 34).**
- **Interpretação mais favorável ao consumidor – Interpretação contra o estipulante (CDC, art. 47; art. 54; CC, art. 423).**

- **Boa-fé objetiva (CDC, art. 4º, III; art. 51, IV).**
- **Reparação objetiva (CDC, art. 12; art. 14).**
- **Adimplemento substancial (não há previsão explícita. É possível usar, na hermenêutica, o art. 4º, III e o art. 51, IV, além dos demais princípios).**
- **Proibição do comportamento contraditório –** *Nemo potest venire contra factum proprium* **(Também aqui não há previsão explícita no CDC. Trata-se de um desdobramento – como o anterior – da boa-fé objetiva).**
- **Conservação do contrato (CDC, art. 51, § 2º; CC, art. 184).**
- **Modificação das prestações desproporcionais – Onerosidade excessiva (CDC, art. 6º, V).**
- **Equidade (CDC, art. 7º; art. 51, IV; art. 51, § 1º, I e II).**
- **Harmonia (CDC, art. 4º, III).**
- **Acesso à justiça (CDC, art. 6º, VII, VIII e X; art. 83).**

CAPÍTULO IV

RELAÇÃO JURÍDICA DE CONSUMO

Vimos, ainda que concisamente, os princípios que regem o CDC. Para a aplicação de tão generoso conjunto de normas, no entanto, se faz necessária a caracterização de uma relação jurídica de consumo. Em que hipótese teremos uma tal relação? Quando estiverem caracterizados, em polos opostos, um consumidor e um fornecedor, tendo como objeto produtos ou serviços.

Vejamos, para efeitos didáticos, três situações-tipo: a) relação entre consumidor e fornecedor (direito do consumidor): compra de um celular num shopping, ou utilização do serviço de uma lavanderia dentro desse mesmo shopping, para ficarmos em exemplos triviais; b) relação entre empresários (direito empresarial, que está, a partir do Código Civil de 2002, regido por este): uma rede de supermercados compra participação acionária no grupo concorrente; c) relações civis entre pessoas comuns (direito civil): vendo meu apartamento ao meu vizinho, ou o alugo para um conhecido.

Apenas, portanto, na primeira hipótese (a), teremos a incidência do CDC. As relações interempresariais (b), ou civis (c) não atraem, em princípio, as normas do CDC. Ressalve-se, contudo, como veremos a seguir, que no Brasil a pessoa jurídica pode ser consumidora.

1. OS SUJEITOS

Quem compõe a relação jurídica de consumo? Quem dela participa ativa ou passivamente? Digamos, desde já, que a relação de consumo tem sempre os mesmos sujeitos: de um lado, o fornecedor, e do outro, o consumidor. E tem como objeto, produtos ("Art. 3º, § 1º. Produto é qualquer bem, móvel ou imóvel, material ou imaterial) ou serviços ("Art. 3º, § 2º. Serviço é qualquer atividade fornecida no mercado de consumo, mediante remuneração, inclusive as de natureza bancária, financeira, de crédito e securitária, salvo as decorrentes das relações de caráter trabalhista). As definições do CDC – aqui como em outros pontos – foram propositadamente amplas, com a clara intenção de não deixar de fora nenhum produto ou serviço ofertado no mercado de consumo.

O § 2º do art. 3º alude à remuneração. É preciso, portanto, que o serviço seja remunerado. A correta interpretação da expressão, contudo, exige certa contextualização. Nem sempre a remuneração é explícita, sendo, em muitos casos, latente ou existindo de modo oblíquo. É o caso dos planos de milhagem das companhias áreas, para ficarmos em singelo exemplo. São serviços, à luz do CDC, e como tal sujeitos à sua sistemática.

Cabe estudar, mais analiticamente, os sujeitos da relação jurídica de consumo.

2. IDENTIFICANDO O CONSUMIDOR E O FORNECEDOR

Para o correto manejo do CDC, dos seus princípios e normas, é fundamental, em caráter preliminar, identificar as partes que compõem essa relação. Toda relação de consumo, qualquer que seja, há de contar, em um dos polos, com um consumidor, tendo um fornecedor na outra ponta. Defini-los, portanto, é pressuposto de aplicação da sistemática de consumo, daí a extrema relevância desta análise preliminar.

O art. 2º do CDC conceitua consumidor nos seguintes termos: "Consumidor é toda pessoa física ou jurídica que adquire ou utiliza produto ou serviço como destinatário final". Temos, aqui, a figura do consumidor *standard* ou *stricto sensu*.

Percebe-se que a legislação brasileira, tendo optado por definir a figura do consumidor, limitou sua configuração àqueles que adquirem ou utilizam produtos ou serviços como destinatários finais. Não é consumidor, assim, quem adquire o produto como etapa na cadeia de produção, como a empresa que compra cola para inserir no processo produtivo dos calçados que fabrica. Não é fácil nem simples definir o que seja o destinatário final. Trataremos, mais adiante, em tópico próprio, do tema.

2.1. A quem se aplica o CDC? As definições jurisprudenciais brasileiras

Optamos, já no início deste capítulo, por mapear a jurisprudência nacional na definição – sempre dinâmica – das situações em relação às quais incide o CDC. Embora seja uma leitura um pouco mais difícil e truncada, cremos necessária essa menção, para melhor contextualizar o leitor.

2.1.1. Situações em que, segundo o STJ, não se aplica o CDC

Decidiu o STJ que é inaplicável o Código de Defesa do Consumidor às relações entre os condôminos e o condomínio quanto às despesas de manutenção deste (STJ, REsp 650.791, Rel. Min. Castro Meira, 2ª T, 20/04/06). O STJ já decidiu que a relação entre a autarquia previdenciária (INSS) e seus beneficiários não é relação de consumo (STJ, REsp 369.822, Rel. Min. Gilson Dipp, 5ª T, 22/04/03). Obviamente não se aplica o CDC às relações jurídicas tributárias (STJ, REsp 673.374, Rel. Min. Denise Arruda, 1ª T, DJ 29/06/07). É pacífico nos tribunais o entendimento de que o CDC não se aplica às relações de locação disciplinadas pela Lei nº 8.245/91 (STJ, AgRg no REsp 510.689, Rel. Min. Maria Thereza de Assis Moura, 6ª T, DJ 11/06/07).

O STJ reafirmou que o CDC não se aplica a contratos de locação (STJ, AgRg no AREsp 111.983, Rel. Min. Villas Bôas Cueva, 3ª T, DJ 28/08/12). Embora, como dissemos antes, não se aplique aos contratos de locação, o CDC incide sobre contratos de administração imobiliária (STJ, REsp 509.304, Rel. Min. Villas Bôas Cueva, 3ª T, DJ 23/05/2013). Nesses contratos, o proprietário de um imóvel contrata imobiliária para administrar seus interesses, sendo destinatário final dos serviços prestados. Trata-se de contrato complexo, atípico, que congloba aspectos de diversas figuras contratuais típicas, como corretagem, agenciamento, administração e mandato. O contrato de administração imobiliária (ao qual se aplica o CDC) não se confunde com a locação imobiliária.

Também na relação jurídica que se estabelece entre o representante comercial autônomo e a sociedade representada, sendo regulada por disciplina jurídica própria, não se aplica o CDC (STJ, REsp 761.557, Rel. Min. Sidnei Beneti, 3ª T, DJ 03/12/09). O representante comercial, desse modo, realiza um contrato mercantil (o chamado contrato de colaboração), sendo remunerado através de comissões. Não se trata, de modo algum, de relação de consumo. De modo semelhante o STJ proclamou que o CDC não se compatibiliza com os contratos de crédito educativo (STJ, REsp 600.677, Rel. Min. João Otávio de Noronha, 2ª T, DJ 31/05/07). Não se enquadra como relação de consumo a prestação de serviço entre empresas de porte, sem que haja hipossuficiência (STJ, REsp 1.038.645, Rel. Min. Sidnei Benetti, 3ª T, DJ 24/11/10). Do mesmo modo, o CDC não é aplicável nos contratos firmados entre postos e distribuidores de combustível (STJ, REsp 782.852, Rel. Min. Luis Salomão, 4ª T, DJe 29/04/2011). Não é consumidora a concessionária de serviços públicos pertencente a grande grupo econômico, por ausência de vulnerabilidade (STJ, REsp 1.802.569, Rel. Min. Carlos Ferreira, DJe 11/04/2024).

Não há relação de consumo quando várias pessoas se juntam, digamos, para construir um prédio – o chamado regime de administração ou preço de custo (STJ, REsp 860.064, Rel. Min. Raul Araújo, 4ª T, DJ 02/08/12). Em 2023 se reafirmou que no contrato de construção sob o regime de administração ou preço de custo, não há relação de consumo a ser tutelada pelo CDC, devendo a relação jurídica ser regida pela Lei de Condomínio e Incorporações Imobiliárias (STJ, AgInt no AREsp 2.413.215, Rel. Min. Raul Araújo, 4ª T, DJe 23/11/2023).

A relação jurídica se estabelece entre os condôminos e o condomínio. A relação jurídica, na espécie, é regida pela Lei de Condomínio e Incorporações Imobiliárias (Lei 4.591/64). Também o contrato de franquia, por sua natureza, não está sujeito ao CDC (STJ, REsp 632.958, Rel. Min. Passarinho Júnior, 4ª T, DJ 29/03/10). Posteriormente o STJ reafirmou que "o contrato de franquia, por sua natureza, não está sujeito às regras protetivas previstas no CDC, pois não há relação de consumo, mas de fomento econômico" (STJ, REsp 1.602.076, Rel. Min. Nancy Andrighi, 3ª T, DJ 30/09/2016).

O CDC não incide nas relações travadas entre estudante e programa de financiamento estudantil, por não configurar serviço bancário e se tratar de política governamental de fomento à educação (STJ, AgRg no ARE 7.877, Rel. Min. Castro Meira,

2ª T, DJ 03/11/11. No mesmo sentido REsp 1.155.684, Rel. Min. Benedito Gonçalves, Primeira Seção, DJ 18/05/10; REsp 1.031.694, Rel. Min. Eliana Calmon, 2ª T, DJ 29/05/09). Também não se aplica o CDC ao contrato de fornecimento de insumos agrícolas celebrado entre cooperativa e cooperado, por se tratar de ato cooperativo típico (STJ, AgRg no REsp 1.122.507, Rel. Min. Paulo de Tarso, 3ª T, DJ 13/08/12).

As empresas de *factoring* não são instituições financeiras, e a relação de consumo existe apenas no caso em que uma das partes pode ser considerada destinatária final do produto ou serviço. Na hipótese em que produto ou serviço são utilizados na cadeia produtiva, e não há considerável desproporção entre o porte econômico das partes contratantes, o adquirente não pode ser considerado consumidor e não se aplica o CDC (STJ, REsp 836.823, Rel. Min. Sidnei Beneti, 3ª T, DJ 23/08/10; REsp 938.979, Rel. Min. Luis Felipe Salomão 4ª T., DJ 29/06/12). Estudaremos mais adiante, ainda neste capítulo, a questão do destinatário final. Adiantemos, porém, que o CDC não incide – por não se caracterizar a figura do consumidor – nos casos de financiamentos bancários ou de aplicação financeira com o propósito de ampliar capital de giro (STJ, REsp 963.852, Rel. Min. Carlos Ferreira, DJ 06/10/2014).

O capital obtido da instituição financeira, no caso, destina-se a fomentar a atividade industrial, comercial ou de serviços, incrementando os negócios e o lucro. Na mesma linha, o CDC não é aplicável ao contrato bancário celebrado por pessoa jurídica para fins de obtenção de capital de giro, porquanto não figura a sociedade empresária como destinatária final do serviço (STJ, AgInt no AREsp 1.827.898, Rel. Min. Moura Ribeiro, 3ª T, DJe 18/08/2021). O CDC é inaplicável ao contrato de fiança bancária acessório a contrato administrativo (STJ, REsp 1.745.415, Rel. Min. Paulo Sanseverino, 3ª T, DJe 21/05/2019).

Embora o CDC seja aplicável aos contratos de arrendamento mercantil (STJ, REsp 664.351), há casos que apresentam singularidades, afastando a aplicação do CDC. Assim, "diante da teoria finalista, acolhida na jurisprudência deste Tribunal Superior, contratos celebrados para a obtenção de financiamento mediante arrendamento mercantil, do tipo *lease back*, e para a aplicação financeira dos respectivos recursos em CDB com o propósito de ampliar o capital de giro e fomentar a atividade empresarial não são regidos pelo Código de Defesa do Consumidor, ausente a figura do consumidor definido no art. 2º do referido diploma" (STJ, REsp 746.885, Rel. Min. Carlos Ferreira, 4ª T, DJe 23/02/2015).

O STJ, em 2017, decidiu que não se aplica o CDC ao contrato de transporte internacional de carga, isto é, não se aplica o CDC ao transporte de mercadorias vinculado a contrato de compra e venda de insumos (STJ, REsp 1.442.674, Rel. Min. Sanseverino, 3ª T, DJ 30/03/2017). Já vimos que, alterando a tradicional posição anterior que prevalecia no STJ, o STF passou a entender – a partir do julgamento do RE 636.331, com repercussão geral – que as Convenções de Varsóvia e Montreal prevalecem sobre o CDC. Desse modo, nos danos materiais em voos internacionais resultantes de extravios de bagagens, por exemplo, *não se aplica* o CDC. Nesse contexto, atualmente, a responsabilidade civil do transportador aéreo internacional pelo extravio da carga não é mais regido pelo CDC e sim pela Convenção de Montreal (STJ, REsp 1.341.364, Rel. Min. Luis Salomão, 4ª T, DJe 05/06/2018).

A Lei n. 14.016/2020 dispõe sobre o combate ao desperdício de alimentos e possibilita a doação do excedente para o consumo humano (antes dessa lei, os restaurantes, por exemplo, evitavam doar os alimentos que não foram consumidos com receio de serem civilmente responsabilizados por eventuais danos). A lei citada estabelece, no art. 3º: "O doador e o intermediário somente responderão nas esferas civil e administrativa por danos causados pelos alimentos doados se agirem com dolo". Isto é, não basta a culpa, é necessário o dolo para que haja responsabilidade civil nessa situação. *Trata-se de exceção ao princípio segundo o qual basta qualquer culpa, ainda que leve, para que haja dever de indenizar.* Os beneficiários da doação autorizada serão pessoas, famílias ou grupos em situação de vulnerabilidade ou de risco alimentar ou nutricional. *Importante dizer que a doação autorizada nessa situação em nenhuma hipótese configurará relação de consumo* (Lei n. 14.016, art. 2º).

Cabe uma observação que vai além do direito do consumidor. Aos planos de saúde fechados, de autogestão, acessíveis apenas a uma categoria específica (como a de determinados servidores públicos), não se aplica o CDC, conforme entendimento do STJ. Mas existe outra questão sobre o tema: e se um servidor público, no acordo de divórcio – do qual o Estado não participa – inserir o ex-cônjuge como dependente, esse acordo é oponível ao Estado, ao plano de previdência fechado? O STJ entendeu que sim, diante do caráter alimentar da prestação. Nesse contexto é possível, em acordo celebrado em ação de divórcio, dispor sobre a manutenção do ex-cônjuge como dependente em plano de saúde fechado, restrito a servidores públicos (STJ, AgInt no RMS 67.430, Rel. Min. Manoel Erhardt, 1ª T, DJe 09/09/2022).

Não há relação de consumo em contrato de seguro de responsabilidade civil de conselheiros, diretores e administradores de sociedade empresária (Seguro RC D&O) (STJ, REsp 1.926.477, Rel. Min. Marco Bellizze, 3ª T, DJe 27/10/2022). Nesse seguro (conhecido pela sigla RC D&O) busca-se garantir o risco de eventuais prejuízos causados em consequência de atos ilícitos culposos praticados por executivos durante a gestão da sociedade, de suas subsidiárias e de suas coligadas. Ausente, no caso, a relação de consumo, sobretudo por beneficiar diretamente a atividade-fim da pessoa jurídica, protegendo e incentivando seus gestores a atuar em prol dos seus interesses.

De acordo com vários precedentes do STJ, não se aplica o CDC aos contratos de empréstimo tomados por sociedade empresária para implementar ou incrementar suas atividades negociais (STJ, REsp 1.497574, Rel. Ministro Raul Araújo, 4ª T, DJe 3/11/2023). É inaplicável o CDC na contratação de negócios jurídicos e empréstimos para fomento da atividade empresarial, uma vez que a contratante não é destinatária final do serviço (STJ, REsp 2.001.086, Rel. Min. Nancy Andrighi, 3ª T, DJe de 30/9/2022). Por exemplo, não há aplicação do CDC ao contrato bancário celebrado por pessoa jurídica para obtenção de capital de giro.

2.1.2. Situações em que, segundo o STJ, aplica-se o CDC

Por outro lado, há relação de consumo entre cliente e casa noturna (STJ, REsp 695.000, Rel. Min. Carlos Alberto Menezes Direito, 3ª T, DJ 21/05/07). As *Jornadas de Direito Civil* (CJF, 2022), através do Enunciado 686, frisam: "Aplica-se o sistema de proteção e defesa do consumidor, conforme disciplinado pelo CDC, às relações contratuais formadas entre os aplicativos de transporte de passageiros e os usuários dos serviços correlatos". Não poderia ser diferente. Às relações entre *Uber* e seus usuários, por exemplo, aplica-se o CDC. Em 2022 o STJ decidiu que a teoria do desvio produtivo não se aplica ao direito civil, mas apenas ao direito do consumidor. Por que? Porque apenas no direito do consumidor há situação de vulnerabilidade que justifique a aplicação da teoria (STJ, REsp 2.017.194, Rel. Min. Nancy Andrighi, 3ª T, DJe 27/10/2022).

Também "existe relação de consumo entre o condomínio de quem é cobrado indevidamente taxa de esgoto e a concessionária de serviço público" (STJ, REsp 650.791, Rel. Min. Castro Meira, 2ª T, 20/04/06). De igual modo, os "contratos de promessa de compra e venda em que a incorporadora se obriga à construção de unidades imobiliárias, mediante financiamento, enseja relação de consumo sujeita ao Código de Defesa do Consumidor, porquanto a empresa enquadra-se no conceito de fornecedora de produto (imóvel) e prestadora de serviço (construção do imóvel nos moldes da incorporação imobiliária)" (STJ, REsp 334.829, Rel. Min. Nancy Andrighi, 3ª T, p. DJU 04/02/02). Na linha de vários precedentes, o STJ reafirmou em 2023 que o CDC se aplica aos contratos de promessa de compra e venda nos quais a incorporadora se obriga a construir unidades imobiliárias mediante financiamento (STJ, AgInt no AREsp 2.289.941, Rel. Min. Isabel Gallotti, 4ª T, DJ 17/11/2023). O CDC também é aplicável ao condomínio de adquirentes de edifício em construção, nas hipóteses em que atua na defesa dos interesses dos seus condôminos frente a construtora ou incorporadora (STJ, REsp 1.560.728, Rel. Min. Paulo Sanseverino, 3ª T, DJ 28/10/2016).

Em relação às cooperativas, é que, equiparando-se a atividade da cooperativa àquelas típicas das instituições financeiras, é aplicável o CDC (STJ, AgRg no Ag 1.088.329, Rel. Min. Isabel Gallotti, 4ª T, DJ 19/06/12). Aliás, o CDC é aplicável aos empreendimentos habitacionais promovidos pelas sociedades cooperativas (STJ, Súmula 602). Quem adquire imóvel na planta apenas para investir é, ainda assim, consumidor (STJ, AgInt no AREsp 1.786.252, AgInt no AREsp 1.786.252, Rel. Min. Carlos Ferreira, 4ª T, DJe 20/05/2021). Em outras palavras, o CDC poderá ser utilizado para amparar concretamente o investidor ocasional (figura do consumidor investidor).

Na hipótese de incorporação de terreno por construtora, aplica-se o CDC. Isto é, quando alguém, sendo proprietário de terreno, cede-o à construtora em troca de apartamentos (STJ, AgInt no AREsp 2.358.327, Rel. Min. Raul Araújo, 4ª T, DJe 01/12/2023; REsp 686.198). O STJ afirmou "que a figura do proprietário do terreno se equipara à do consumidor, nos termos do art. 2º do CDC, tendo o incorporador como fornecedor. O dono do imóvel só difere dos demais adquirentes porque paga sua unidade autônoma com o próprio terreno no qual foi erguido o empreendimento, mas tal circunstância não tem o condão de desvirtuar a relação de consumo".

O STJ já definiu que se aplicam as regras do CDC aos contratos de financiamento vinculados ao Sistema Financeiro de Habitação (STJ, AgRg no Ag 914.453, Rel. Min. Nancy Andrighi, 3ª T, DJ 20/03/09). A propósito do Sistema Financeiro de Habitação, é importante saber que a Caixa Econômica Federal não pode compelir o mutuário a contratar seguro habitacional obrigatório, nem com ela (instituição financeira mutuante), nem mesmo com seguradora que ela indique. É a jurisprudência firme do STJ, consolidada na Súmula 473: "O mutuário do SFH não pode ser compelido a contratar o seguro habitacional obrigatório com a instituição financeira mutuante ou com a seguradora por ela indicada".

Embora seja tranquila a jurisprudência no sentido de que o CDC se aplica ao SFH (Sistema Financeiro de Habitação), há uma exceção: é no caso de o contrato ter sido firmado com cobertura do fundo de compensação de variações salariais – FCVS (STJ, AgRg nos EDcl no REsp 103.2061, Rel. Min. Herman Benjamin, 2ª T, DJ 09/03/10). O STJ entende que, nesse caso, a garantia ofertada pelo governo de quitar o saldo residual do contrato afasta a incidência do CDC. O STJ reafirmou que nos contratos do Sistema Financeiro de Habitação com cobertura do FCVS (Fundo de Compensação de Variações Salariais), não se aplica o CDC. Portanto, como o CDC não é aplicável ao contrato de mútuo habitacional, com vinculação ao FCVS, descabe a restituição em dobro do pagamento indevido (STJ, REsp 1.483.061, Rel. Min. Campbell Marques, DJ 10/11/2014).

A jurisprudência é tranquila no sentido de que o CDC se aplica aos contratos de arrendamento mercantil (STJ, REsp 664.351, Rel. Min. Carlos Alberto Menezes Direito, 3ª T, DJ 29/06/07). De igual modo, as entidades abertas de previdência privada estão sujeitas ao CDC. Desse modo, a restituição, a ex-associado, das contribuições pessoais pagas, deve ser integral (STJ, AgRg no REsp 938.535, Rel. Min. Massami Uyeda, 3ª T, DJ 20/06/08). A questão foi sumulada: "O Código de Defesa do Consumidor é aplicável às entidades abertas de previdência complementar, não incidindo nos contratos previdenciários celebrados com entidades fechadas" (STJ, Súmula 563).

Já no contrato associativo de consórcio, há dois feixes de relações jurídicas que podem ser autonomamente considerados: a relação entre os consorciados e a administradora, regulada pelo CDC, e a relação dos consorciados entre si, que não é relação de consumo (STJ, REsp 1.185.109, Rel. p/ acórdão Min. Nancy Andrighi, 3ª T, DJ 15/10/12).

Em relação aos planos de saúde, a questão foi sumulada (embora a questão seja um tanto óbvia), nos seguintes termos: "Aplica-se o Código de Defesa do Consumidor aos contratos de plano de saúde" (STJ, Súmula 469). Porém não se aplica o CDC ao contrato de plano de saúde administrado por entidade de autogestão, por inexistência de relação de consumo (STJ, REsp 1.684.207, Rel. Min. Herman Benjamim, 2ª T, DJ 10/10/2017). A questão também foi sumulada em 2018: "Aplica-se o Código de Defesa do Consumidor aos contratos de plano de saúde, salvo os administrados por entidades de autogestão" (STJ, Súmula 608). O STJ ressaltou que as entidades de autogestão não buscam o lucro e constituem sistemas fechados, já que os planos que administram não estão disponíveis no mercado consumidor (STJ, AgInt no REsp 1.563.986, Rel. Min. Villas Bôas Cueva, 3ª T, DJ 06/09/2017).

O STJ entendia que o CDC se aplica indistintamente às entidades abertas e fechadas de previdência complementar (AgRg no AREsp 541.491, DJ 01/09/2014).

Posteriormente, no entanto, passou-se a entender que o CDC *não se aplica* às entidades fechadas de previdência privada (embora ambas, abertas e fechadas, exerçam atividade econômica, apenas as abertas operam em regime de mercado e podem auferir lucro das contribuições dos participantes). O STJ, nesse contexto, continua aplicando a Súmula 321 ("O CDC é aplicável à relação jurídica entre a entidade de previdência privada e seus participantes"), porém com a relevante ressalva que devemos entender, no texto da súmula, apenas as abertas, não as fechadas (STJ, REsp 1.536.786, Rel. Min. Luis Salomão, Segunda Seção, DJ 20/10/2015). Posteriormente, a Súmula 321 foi superada com o advento da Súmula 563 do STJ: "O Código de Defesa do Consumidor é aplicável às entidades abertas de previdência complementar, não incidindo nos contratos previdenciários celebrados com entidades fechadas".

A respeito do tema, o STJ teve oportunidade de proclamar que os "serviços de atendimento médico-hospitalar em hospital de emergência são sujeitos ao Código de Defesa do Consumidor" (STJ, REsp 696.284, Rel. Min. Sidnei Beneti, 3ª T, DJ 18/12/09). Do mesmo modo, aplica-se o CDC aos casos de erro médico, inclusive quanto ao prazo prescricional de cinco anos, que adiante estudaremos (STJ, EDcl no REsp 704.272, Rel. Min. Isabel Gallotti, 4ª T, DJ 15/08/12). As concessionárias de serviço rodoviários estão sujeitas ao CDC (STJ, REsp 687.799, Rel. Min. Aldir Passarinho Júnior, 4ª T, DJ 30/11/09). Também as cooperativas de crédito - que integram o sistema financeiro nacional - estão, dessa forma, sujeitas à incidência do CDC (STJ, AgRg no Ag 122.4838, Rel. Min. Nancy Andrighi, DJ 15/03/10). Conforme mencionamos, o CDC se aplica na hipótese de serviço público prestado por concessionária, tendo em vista que a relação jurídica tem natureza própria do direito privado e o pagamento é contraprestação feita sob a modalidade de tarifa, e não taxa (STJ, AgRg no Ag 1.398.696, Rel. Min. Castro Meira, 2ª T, DJ 10/11/11).

Do mesmo modo, aplica-se o CDC aos Correios. Os Correios são uma empresa pública e aos serviços que prestam aplica-se o CDC. No sentido que sempre defendemos posicionou-se a jurisprudência: "No caso, a contratação dos serviços postais oferecidos pelos Correios revela a existência de contrato de consumo, mesmo que tenha sido celebrado entre a mencionada empresa pública e um advogado, para fins de envio de suas petições ao Poder Judiciário" (STJ, REsp 1.210.732, Rel. Min. Luis Felipe Salomão, 4ª T, DJ 15/03/2013). As empresas públicas prestadoras de serviços públicos submetem-se ao regime de responsabilidade civil objetiva, previsto no art. 14 do CDC, de modo que a responsabilidade civil objetiva pelo risco administrativo, prevista no art. 37, § 6º, da CF/88, é confirmada e reforçada com a celebração de contrato de consumo, do qual emergem deveres próprios do microssistema de consumo. Voltaremos ao tema no Capítulo VII, tópico 19.4. Convém lembrar, a propósito dos Correios, conforme já mencionamos, que a ECT é responsável pelos danos sofridos por consumidor que foi assaltado no interior de agência dos Correios na qual é fornecido o serviço de banco postal (STJ, REsp 1.183.121, Rel. Min. Luis Felipe Salomão, DJ 07/04/2015).

O STJ entendeu haver relação de consumo quando a pessoa jurídica contrata seguro empresarial buscando proteger o próprio patrimônio (destinação pessoal), "sem o integrar nos produtos ou serviços que oferece, mesmo que seja para resguardar insumos utilizados em sua atividade comercial, pois será a destinatária final dos serviços securitários. Situação diversa seria se o seguro empresarial fosse contratado para cobrir riscos dos clientes, ocasião em que faria parte dos serviços prestados pela pessoa jurídica, o que configuraria consumo intermediário, não protegido pelo CDC" (STJ, REsp 1.352.419, Rel. Min. Villas Bôas Cueva, DJ 08/09/2014). Aliás, a condição especial de consumidor não se transmite a cessionário de direito contratuais (STJ, AgInt no REsp 1.620.852, Rel. Min. Luis Salomão, 4ª T, DJe 07/12/2018), para fins de fixação da competência.

Entendia-se, anteriormente, que "a atividade notarial não é regida pelo CDC", vencidos alguns ministros (STJ, REsp 625.144, Rel. Min. Nancy Andrighi, 3ª T, DJ 29/05/06; AgRg no Ag 1.155.677). O STJ, revendo o entendimento anterior acerca do tema, firmou posição no sentido de que "o Código de Defesa do consumidor aplica-se à atividade notarial" (STJ, REsp 1.163.652, Rel. Min. Herman Benjamin, 2ª T, DJ 01/07/10). Os serviços notariais e de registro são exercidos por delegação do poder público. Trata-se, portanto, de delegatários. Até aí, nenhum problema em aplicar o CDC. É também irrelevante o argumento dos cartórios não terem personalidade jurídica. O CDC, art. 3º, é explícito ao dispor que também os entes despersonalizados podem ser fornecedores. O único argumento sério, pensamos, contra a aplicação do CDC aos cartórios está na natureza jurídica de *taxa*, a propósito da remuneração dos serviços que prestam. Natureza tributária, portanto. Isso, de fato, dificulta teoricamente a aplicação do CDC aos cartórios, até se tivermos presente a jurisprudência do STJ – adiante estudada – que diferencia as situações: a) aplica-se o CDC aos serviços públicos prestados mediante tarifa ou preço público; b) não se aplica o CDC aos serviços prestados mediante taxas. A jurisprudência tradicional do STF entende que "as custas judiciais e os emolumentos concernentes aos serviços notariais e registrais possuem natureza tributária, qualificando-se como taxas remuneratórias de serviços públicos, sujeitando-se ao regime jurídico constitucional pertinente a essa especial modalidade de tributo vinculado" (STF, ADIn 1.378-5, Rel. Min. Celso de Mello, DJ 30/05/97).

A exploração comercial da internet configura relação de consumo. O fato do serviço prestado pelo provedor de internet ser gratuito não desvirtua a relação de consumo, pois o termo ("mediante remuneração"), contido no art. 3º, § 2º, do CDC, deve ser interpretado de forma ampla, de modo a incluir o ganho indireto do fornecedor (STJ, REsp 1.186.616, Rel. Min. Nancy Andrighi, 3ª T, DJ 31/08/11). Aliás, a relação da pessoa com o provedor de busca de mercadorias à venda na internet (no caso, a plataforma OLX) sujeita-se ao CDC, ainda que o serviço prestado seja gratuito, por se tratar de nítida relação de consumo, com lucro, direto ou indireto, do fornecedor (STJ, REsp 1.836.349, Rel. Min. Marco Bellizze, 3ª T, DJe 24/06/2022).

O STJ decidiu que o CDC é aplicável à relação entre a pessoa natural, que visa a atender necessidades próprias, e as sociedades que prestam de forma habitual e profissional o serviço de corretagem de valores e títulos mobiliários (STJ, REsp 1.599.535, Rel. Min. Nancy Andrighi, 3ª T, DJ 21/03/2017). Aplica-se, portanto, o CDC à corretagem de valores e títulos mobiliários (trata-se do mercado de ações). Nesse julgado o STJ frisou que o valor da operação comercial envolvida em determinado contrato é incapaz de retirar do cidadão a natureza de consumidor a ele conferida pelo CDC. Assim, o CDC é aplicável tanto ao comércio popular quanto ao consumo de alto padrão. Assim – argumentou o tribunal –, mesmo que haja um discernimento acima da média dos consumidores, não deixa de se encontrar o contratante de serviços de investimentos, em relação às empresas, em situação de vulnerabilidade referente à prestação de serviço contratada. Porém, depois, houve um julgado que poderia parecer contraditório com o anterior, mas em verdade não é. Em 2020 o STJ decidiu que não se aplica o CDC às relações entre acionistas investidores e a sociedade anônima de capital aberto com ações negociadas no mercado de valores mobiliários (STJ, REsp 1.685.098, Rel. Min. Villas Bôas Cueva, 3ª T, DJe 07/05/2020). Argumentou-se na ocasião que não é possível identificar, na atividade de aquisição de ações, nenhuma prestação de serviço por parte da instituição financeira, mas relação de cunho puramente societário e empresarial, buscando-se o lucro.

Temos, portanto, duas situações distintas: a) na relação entre cliente e corretoras de ações incide o CDC (relação entre o cliente e a XP, por exemplo, ou entre o cliente e o Banco BTG Pactual) *há relação de consumo*; b) na relação entre o acionista e a sociedade da qual ele adquiriu ações *não há relação de consumo* (REsp 1.685.098). Nesse último caso o acionista ingressou com demanda exigindo o pagamento os dividendos da companhia. Aliás, na 1ª *Jornada de Direito Comercial* (CJF) aprovou-se o Enunciado 19: "Não se aplica o Código de Defesa do Consumidor às relações entre sócios/acionistas ou entre eles e a sociedade".

No âmbito das operações no mercado de capitais, não incide o CDC na relação jurídica entre o investidor titular das ações e a B3, tendo em vista que, no âmbito dessas operações, a Bolsa não oferece serviços diretamente aos investidores, mantendo relação exclusivamente com as distribuidoras e corretoras de valores mobiliários. Precedente (STJ, REsp 2.092.096, Rel. Min. Nancy Andrighi, 3ª T, DJe 15/12/2023). Porém, ao disponibilizar uma plataforma virtual para acesso direto, pessoal e exclusivo pelo investidor (Canal Eletrônico do Investidor), de caráter informativo a respeito de seus investimentos, a B3 fornece serviços diretamente para o consumo do investidor, estabelecendo com ele relação jurídica autônoma de consumo, regida pelo CDC.

Aplica-se o CDC às corretoras de criptomoedas (*exchanges*). A Lei n. 14.478/2022 (Marco das Criptomoedas), em seu art. 13, determina que se aplicam às operações conduzidas no mercado de ativos virtuais, no que couber, as disposições do CDC.

Vejamos agora a figura do fornecedor. Ele vem definido no art. 3º em termos amplos, de forma a não deixar de fora quem, com sua atividade, disponibilize, no mercado de consumo, produtos ou serviços mediante paga. Estatui o art. 3º: "Fornecedor é toda pessoa física ou jurídica, pública ou privada, nacional ou estrangeira, bem como os entes despersonalizados, que desenvolvem atividades de produção, montagem, criação, construção, transformação, importação, exportação, distribuição ou comercialização de produtos ou prestação de serviços".

É fácil perceber que o conceito de fornecedor é propositadamente amplo, de modo a incluir qualquer pessoa, natural ou jurídica, até entes despersonalizados. Não é necessário, para que tenhamos a figura do fornecedor, que a pessoa jurídica estrangeira tenha sede instalada no Brasil. Mesmo que não a tenha, ela poderá ser considerada fornecedora. Importante dizer que, em se tratando de produto importado, o importador é considerado fornecedor presumido e pode ser responsabilizado objetivamente pelos danos. Dito de outro modo e talvez com mais clareza, podemos ter: a) o fabricante (que é o fornecedor real, por assim dizer); b) o importador e o comerciante (que são chamados de fornecedores presumidos e assim considerados).

Cabe sublinhar a importância, ainda que implícita, da habitualidade. Sem habitualidade no desempenho da atividade dificilmente teremos a figura do fornecedor. Não é fornecedor, por exemplo, o escritório de advocacia que, pretendendo remodelar o ambiente de trabalho, põe à venda os móveis antigos. Será, à evidência, uma relação civil de compra e venda. Diferente, no entanto, seria se os móveis fossem adquiridos em loja que os comercializa, porquanto a habitualidade, presente aqui, estaria ausente lá.

Outras leis podem ampliar o conceito de fornecedor, ou apenas explicitar – embora não seja necessário – que determinada relação atrai a incidência do CDC. É o que fez a Lei nº 10.671/03 – que criou o Estatuto de Defesa do Torcedor –, consignando: "Para todos os efeitos legais, equiparam-se a fornecedor, nos termos da Lei nº 8.078, de 11 de setembro de 1990, a entidade responsável pela organização da competição, bem como a entidade de prática desportiva detentora do mando de jogo". Conforme já dissemos, em 2022 foi editado o Marco das Criptomoedas (Lei n. 14.478/2022). Essa lei, em seu art. 13, determina que se aplicam às operações conduzidas no mercado de ativos virtuais, no que couber, as disposições do CDC. Essa previsão didática, pedagógica, é importante – embora o CDC fosse aplicável ainda sem ela. O Marco da Criptos (Lei 14.478/2022) deve ser interpretado, em diálogo das fontes, juntamente com o CDC e a LGPD. Há uma convergência sistêmica entre os microssistemas, que resultam numa proteção privilegiada ao cidadão (seja como consumidor, como titular de dados, como investidor). O desafio, hoje, é concretizar os direitos fundamentais – e a solidariedade social – dentro do direito privado (mas não só nele).

O STJ já decidiu que mesmo entidade sem fins lucrativos, de caráter beneficente e filantrópico, pode ser considerada fornecedora de serviços, à luz do CDC, se desempenha atividade no mercado de consumo mediante remuneração (STJ, AgRg no Ag 1.215.680, Rel. Min. Isabel Gallotti, 4ª T, DJ 03/10/12). No mesmo sentido, anteriormente, confira-se: REsp 469.911, Rel. Min. Passarinho Júnior, 4ª T, DJ 10/03/08. Aliás, a jurisprudência do STJ entende que a aplicação do CDC aos negócios jurídicos se define com base no objeto contratado, sendo irrelevante a natureza da entidade que presta os serviços (STJ, AgInt no REsp 2.028.764, Rel. Min. Marco Bellizze, 3a T, DJe 22/11/2023). Porém a empresa que não participou da organização do evento, sendo apenas patrocinadora, não pode ser enquadrada no conceito de fornecedor para fins de responsabilização por acidente de consumo ocorrido no local (STJ, REsp 1.955.083, Rel. Min. Nancy Andrighi, 3ª T, DJe 18/02/2022).

Mais adiante, no Capítulo VII (***Danos Morais nas Relações de Consumo***), item 19.4, trataremos dos danos sofridos em hospitais públicos, principalmente em razão de erros médicos. Eles ensejam a aplicação do CDC?

2.2. Internet e relações de consumo no STJ

Muitas relações, que antes se davam no mundo físico, agora são predominantemente virtuais. Por exemplo, as relações entre clientes e bancos migraram, em boa parte, do mundo físico-convencional para o mundo digital. Os serviços, aliás, em geral, migraram fortemente para o mundo digital. Vivemos numa sociedade em que os bens físicos perdem muito da primazia que tiveram nos séculos passados. Há uma clara desmaterialização dos bens (a riqueza, que nos séculos passados esteve indissoluvelmente ligada à terra, hoje está no mercado acionário). Paralelamente, os serviços ganham intensa, e progressiva, relevância econômica. Nossas profissões surgem a cada dia – ligadas, por exemplo, à culinária, à moda e, sobretudo, ao mundo digital –, e muitas delas são financeiramente mais atrativas do que aquelas convencionais. Talvez não exageraríamos se disséssemos que muitos pais, hoje, não conseguem compreender bem o trabalho dos filhos (gerente de mídias sociais, por exemplo). Enfim, podemos dizer, em autêntico truísmo, que o mundo mudou, está mudando. A tecnologia reduz custos operacionais dos deslocamentos, interliga pessoas e comunidades, diminui o uso de papel e a necessidade de estocagem física de documentos. As gerações que cresceram e foram educadas longe do mundo digital não se sentem confortáveis com essa "fuga do papel", digamos assim (*paper less society*). Há, nessas pessoas, um apego, até emocional, ao papel, ao documento escrito (como se isso as deixassem mais seguras). Mas a desmaterialização é uma tendência irreversível, gostemos ou não.

Nesse contexto, conforme frisamos, nota-se uma progressiva desmaterialização dos bens. Não só a forma de aquisição é digital (pedimos, por exemplo, táxis e pizzas pela internet), como os próprios serviços se desmaterializam (pensemos, por exemplo, num *e-book*. Não há bem físico palpável, nos moldes do mundo físico-convencional). Precisamos cada vez menos dos arquivos físicos. A progressiva desmaterialização de processos judiciais, documentos, arquivos, é – mais do que uma tendência – uma realidade que se impõe. As duplicatas virtuais, por exemplo, são aceitas pela jurisprudência brasileira mais recente (STJ, AgRg no AREsp 3634, DJ 11/06/2013; EREsp 1.024.691, Segunda Seção, DJ 29/10/2012; AgRg no AREsp 121.263, DJ 04/12/2012). Os documentos passam a ter outros suportes que não o papel. Podemos levar, no bolso, num *pen drive*, informações correspondentes a muitas centenas de livros. E mesmo o *pen drive*, conquanto prático e fisicamente mínimo, ainda precisa de uma base física, por assim dizer. A tendência, porém, é que tenhamos nossos arquivos nas "nuvens", acessíveis de qualquer lugar em que estejamos.

Estamos diante de um novo ambiente dimensional, que é influenciado pelo ambiente físico tradicional, mas por certo não se confunde com ele. Com frequência ocorre o contrário: o mundo digital influencia fortemente o ambiente social físico tradicional. Não há, na verdade, como separar os dois ambientes atualmente, sendo indissoluvelmente ligados. Aliás, a internet não apenas reproduz, com extrema velocidade, os fatos que acontecem no mundo físico-convencional. Ela *cria* novos fatos. As empresas e os governos, em especial, estão sujeitos a manifestações digitais, com repúdio e ataques diante desse ou daquele modo de agir. Podemos citar, de modo breve, sem pretensão de exaustividade, algumas das características da internet: a) transnacionalidade por excelência; b) potencial de compartilhamento das informações inédito na história humana; c) velocidade das trocas de informações; d) conteúdo fortemente colaborativo. As três primeiras características são de intuitiva compreensão. A internet não conhece as barreiras que separam os países. Permite compartilhar informações de um modo que a humanidade antes desconhecia. E tudo isso ocorre com velocidade estonteante. São pontos que todos nós, de um modo ou de outro, conhecemos. A última característica é formar uma dimensão fundamentalmente colaborativa.

Usufruímos, hoje, da chamada "memória social", que é aquela acessada instantaneamente por meio da tecnologia. Segundo Clive Thompson, "as ferramentas tecnológicas não nos isolam, é o oposto. Temos nos tornado pensadores mais sociais. Temos mais oportunidades de dividir o que pensamos o tempo todo" (*Folha de São Paulo*, segunda-feira, 4/11/2013, F6). Enfim, trata-se, sem exagero, de um mundo novo. Um admirável mundo novo, com o qual estamos aprendendo a lidar – menos, ressalte-se, os que já nasceram ou cresceram nesse mundo novo, esses lidam com desconcertante naturalidade com o mundo digital que é, afinal de contas, o mundo dele (fala-se, a propósito, com propriedade, de *nativos digitais*). São aqueles que estão em contato com a internet desde que nasceram, ao contrário daqueles que tiveram que se adaptar a ela (PRENSKY, Marc. *Digital Natives, Digital Immigrants.* From on the horizon – NCB University Press, v. 9, nº 5, oct., 2001).

Altera-se, de modo inesperado e poderoso, não só o modo de difusão das informações, mas também sua produção. Não falamos, aqui, da produção editada e empresarialmente concebida, nem mesmo aquelas que operam no mundo digital (jornais digitais e provedores com conteúdo informativo). Falamos da produção de conteúdo e informação por parte dos cidadãos. Nitidamente, opera-se um deslocamento dos centros de produção de informação: não mais estruturas centralizadas e, de certo modo, autoritárias, mas cadeias de comunicação reciprocamente conectadas, que trocam dados numa velocidade incrível. O twitter, por exemplo, é bastante forte nesse sentido. Aliás, os membros do universo digital compartilham experiências, históricas, e tendem a resolver problemas de modo compartilhado. Gostemos ou não, essa é a realidade do século XXI na qual viveremos. Isso, porém, inegavelmente, traz riscos. Com eles também viveremos.

A internet – que surgiu como uma forma de interligação, de modo descentralizado, dos computadores militares americanos – passou a ser utilizada comercialmente nos Estados Unidos em 1987. Foi então que ganhou essa denominação, internet. No Brasil, a internet chegou em meados da década de noventa (em 1995, especificamente, é publicada uma norma do Ministério das Comunicações que marca esse início). A internet, sob o prisma técnico, é a conexão entre protocolos, conhecidos como IPs (*internet protocol*). Esse IP, uma espécie de endereço digital, permite que as investigações descubram (ou tentem descobrir) de onde partiram certas postagens na rede. Há, ainda, os nomes de domínio (*domain name system*), que são os endereços que digitamos para chegar aos sites, complementados pelas respectivas terminações (*top level domains*), que são os finais dos endereços, após o ponto (ou o último ponto, se houver mais de um: *.com, .gov, .jus*). Nós nos deslocamos pela internet usando navegadores (*browsers*). Não por acaso, usamos o verbo navegar.

Talvez nem possamos mais dizer que a internet é uma rede mundial de computadores. Os computadores, hoje, são apenas mais um modo de conexão. Ninguém imaginava, há poucos anos – num capítulo que tratasse da responsabilidade civil digital – que o computador pudesse estar em plano secundário. É o que parece ocorrer atualmente. Celulares e *tablets* assumem funções que antes eram só dos computadores. Hoje o número de celulares é maior que o de computadores. Temos, atualmente, e cada vez mais, celulares, televisões, carros, casas e eletrodomésticos conectados à internet. Muitos de nós não podem sequer conceber a ideia de ficar dias – horas ou minutos, no caso dos mais ávidos – desconectados. Alguns, com evidente exagero, comparam o vício digital a certas drogas, como o crack.

A exploração comercial da internet configura fornecimento de serviços, à luz do CDC. O fato do serviço prestado pelo provedor ser gratuito não desvirtua a relação de consumo (STJ, REsp 1.186.616, Rel. Min. Nancy Andrighi, 3ª T, DJ 31/08/11). A expressão "mediante remuneração", contido no art. 3º, § 2º, do CDC, deve ser interpretada de forma ampla, de modo a incluir os ganhos indiretos. Se houver dano à honra, em decorrência de falta de cuidado em mensagem publicitária, todos os envolvidos respondem solidária e objetivamente (STJ, REsp 997.993, Rel. Min. Luis Felipe Salomão, 4ª T, DJ 06/08/12).

O STJ entende que não é dever do provedor de conteúdo fiscalizar previamente o teor das informações postadas por cada usuário (não faz parte dos riscos inerentes ao negócio). Porém, ao ser comunicado de que determinado texto ou imagem possui conteúdo ilícito, é responsabilidade do provedor agir de modo enérgico, sob pena de responder solidariamente com o autor do dano, em virtude de sua omissão (STJ, REsp 1.186.616, Rel. Min. Nancy Andrighi, 3ª T, DJ 31/08/11). Deve, ainda, o provedor propiciar meios de coibir o anonimato, pelo menos através do número de protocolo (IP).

Os provedores de conteúdo, ao oferecer um serviço que permite que os usuários expressem livremente sua opinião, não são obrigados a filtrar os dados e imagens neles inseridos (STJ, REsp 1.192.208, Rel. Min. Nancy Andrighi, 3ª T, DJ 02/08/12). Devem, porém, como dissemos antes, agir de modo imediato ao receberem comunicação a respeito de conteúdo ilícito ou ofensivo. A mesma orientação vale para e-mails (STJ, REsp 1.300.161, Rel. Min. Nancy Andrighi, 3ª T, DJ 26/06/12), blogs (STJ, REsp 1.192.208, Rel. Min. Nancy Andrighi, 3ª T, DJ 02/08/12), provedores de pesquisa (STJ, REsp 1.316.921, Rel. Min. Nancy Andrighi, 3ª T, DJ 29/06/11), entre outros serviços semelhantes. Não se pode filtrar previamente mensagens em e-mails, blogs, pesquisas, redes sociais. Já se decidiu que o provedor de internet – administrador de redes sociais – deve retirar informações difamantes a terceiros manifestadas por seus usuários, independentemente da indicação precisa, pelo ofendido, das páginas em que foram veiculadas as ofensas (URL's) (STJ, REsp 1.175.675, Rel. Min. Luis Felipe Salomão, 4ª T, 09/08/11). Porém o STJ, posteriormente entendeu de modo diverso. Decidiu que na hipótese em que tenham sido publicadas, num blog, ofensas à honra de alguém, cabe ao ofendido que pleiteia judicialmente a identificação e rastreamento dos autores das referidas ofensas – e não ao provedor de hospedagem do blog – a indicação específica dos URL's das páginas onde se encontram as mensagens (STJ, REsp 1.274.971, Rel. Min. João Otávio de Noronha, 3ª T, DJ 26/03/2015).

O STJ, em 2017, reafirmou essa última posição. Decidiu que a falta de informações precisas sobre o endereço eletrônico (URL) onde estão postadas ofensas na internet inviabiliza o cumprimento de decisão judicial para a retirada do conteúdo, ainda que seja fornecido o nome do ofensor ou mesmo o seu perfil na rede social (STJ, REsp 1.629.255, Rel. Min. Nancy Andrighi, 3ª T, DJ 25/08/2017). A relatora citou precedentes do STJ segundo os quais é responsabilidade do ofendido fornecer as informações completas sobre o perfil de quem publicou o conteúdo, bem como quais mensagens devem ser excluídas e sua localização, sob pena de inviabilizar o cumprimento da ordem judicial, como ocorreu no caso analisado. Já o TJMG, no caso citado, havia entendido ser suficiente a informação do nome completo do ofensor para que o Facebook retirasse as mensagens do site.

Estamos, ainda, na matéria, num período de sedimentação de jurisprudência, com decisões instáveis. Houve uma situação em que o STJ decidiu que no caso de ofensas a terceiros, postadas no campo destinado aos comentários, em portal de notícias da internet, a empresa responsável por este portal responde solidariamente pelos danos, se estes ocorreram anteriormente à entrada em vigor do marco civil da internet (Lei nº 12.965/2014). Convém frisar, no entanto, que doutrina e jurisprudência, em geral, manifestam-se pela ausência de responsabilidade dos provedores de conteúdo pelas mensagens postadas diretamente pelos usuários (STJ, REsp 1.338, 214, 3ª T, DJ 02/12/2013). No caso mencionado, porém, o STJ argumentou ainda que a vítima, no caso, é um *bystander*, à luz do art. 17 do CDC. É possível invocar também a responsabilidade objetiva pelo risco, na forma do art. 927, parágrafo único, do Código Civil (STJ, REsp 1.352.053, Rel. Min. Paulo de Tarso Sanseverino, DJ 30/03/2015).

Decidiu-se também o Google não é responsável pelos prejuízos decorrentes de violações de direito autoral praticadas por usuários de rede social. Dois são os argumentos principais do STJ: a) o provedor de internet não obteve lucro nem contribuiu decisivamente para o ilícito; b) os danos sofridos antecederam a notificação do provedor acerca do conteúdo ilícito (STJ, REsp 1.512, 647, Rel. Min. Luis Salomão, Segunda Seção, DJ 05/08/2015). Porém, em 2017 – embora não se trate relação de consumo –, o Google foi condenado a indenizar candidato a prefeito prejudicado por vídeo adulterado (simulando tentativa de compra de votos) postado no Youtube. O caso julgado teve outra particularidade: houve decisão judicial para que o Google retirasse o conteúdo da internet – o que não foi cumprido. A indenização foi fixada em 150 mil reais (STJ, REsp 1.641.133, Rel. Min. Nancy Andrighi, 3ª T, DJ 01/08/2017).

Em outra situação o STJ destacou: "A jurisprudência desta Corte Superior tem entendimento reiterado no sentido de afastar a responsabilidade de buscadores da internet pelos resultados de busca apresentados, reconhecendo a impossibilidade de lhe atribuir a função de censor e impondo ao prejudicado o direcionamento de sua pretensão contra os provedores de conteúdo, responsáveis pela disponibilização do conteúdo indevido na internet. Precedentes. Há, todavia, circunstâncias excepcionalíssimas em que é necessária a intervenção pontual do Poder Judiciário para fazer cessar o vínculo criado, nos bancos de dados dos provedores de busca, entre dados pessoais e resultados da busca, que não guardam relevância para interesse público à informação, seja pelo conteúdo eminentemente privado, seja pelo decurso do tempo" (STJ, REsp 1.660.168, Rel. Min. Marco Bellizze, 3ª T, DJe 05/06/2018).

2.2.1. O Marco Civil da Internet (Lei n. 12.965/2014)

Cabe algo dizer, ainda que brevemente, sobre o Marco Civil da internet.

O Marco Civil da internet (MCI) surgiu em boa hora, não havendo, até seu advento, uma lei que regulasse o uso da internet no Brasil. O MCI estabelece princípios e regras, direitos, deveres e garantias não só em relação aos particulares, mas também em relação ao poder público, ao menos como diretrizes. Aliás, o MCI proclama que o acesso à internet é essencial ao exercício da cidadania (MCI, art. 7º), verdade que hoje ninguém se atreveria a negar. Temos, no mundo, quase 200 países e uma única internet. É inegável que a questão dos limites e distâncias físicas perdem muito de sua importância, pois essa rede de conexões - veloz e descentralizada - torna possível que estejamos presentes, diante dos outros, mesmo que fisicamente não estejamos. A partir daí uma infinidade de relações, existenciais e patrimoniais, ocorre, a partir daí o mundo interage de uma forma inédita, de uma forma que inexistia antes. O direito de acesso à internet a todos (MCI, art. 4º, I) é essencial à construção de um Brasil menos desigual. A palavra de ordem, hoje, é *inclusão digital*. Alguém sem internet, hoje, é alguém condenado ao isolamento comunicacional - e, em certo sentido, até social.

Quando do surgimento do Marco Civil da internet (MCI) o Brasil ainda não contava com uma Lei Geral de Proteção de Dados. Hoje já a temos. A LGPD tem como objeto o tratamento de dados pessoais, de pessoas de direito público ou privado (trataremos dela no próximo tópico). Podemos falar atualmente no *direito fundamental à proteção de dados*, que todos nós, cidadãos brasileiros, temos. Por isso é essencial que existam instrumentos precisos e eficazes para proteger esses direitos fundamentais. Há, ademais, uma clara vulnerabilidade do titular dos dados. Nesse contexto é que chega a LGPD - que certamente representa um marco, um novo modo de olhar para a privacidade. A própria lei evidencia que objetiva proteger os direitos fundamentais de liberdade e de privacidade, além do livre desenvolvimento da personalidade da pessoa natural, sendo uma lei de interesse nacional. Os dados dos cidadãos são objeto de proteção não só diante de pessoas jurídicas de direito privado, mas também de direito público, devendo ser observadas pela União, Estados, Distrito Federal e Municípios.

A lei brasileira, a LGPD, foi clara e fortemente influenciada pela normativa europeia, conhecida como GDPR (*General Data Protection Regulation*). Não é exagero dizer que o Regulamento europeu, na matéria, serviu e serve como base de referência para o Brasil, seja na elaboração da legislação brasileira, seja na sua aplicação. A legislação brasileira incentiva um tratamento de dados à luz de boas práticas e, sobretudo, com foco na atuação preventiva. A grande mudança que a LPGD trará, espera-se, não será apenas normativa, será também cultural. É importante ressaltar que *privacidade* e *dados pessoais* são direitos distintos, que atualmente possuem, cada um, especificidades e tutelas diferenciadas. O direito fundamental à tutela de dados pessoais, hoje, é enxergado como direito fundamental autônomo, para além da privacidade.

O Marco Civil da internet é uma lei principiológica, aberta aos novos tempos. Está fundada, de modo exemplificativo, nos princípios: a) *garantia da liberdade de expressão, comunicação e manifestação do pensamento*; b) *proteção da privacidade dos usuários da internet e de seus dados pessoais*; c) *garantia da neutralidade da rede*. Convém ainda destacar que a *preservação da natureza participativa da rede* é também princípio fundamental, e que, por fim, os princípios expressos no MCI não excluem outros previstos em tratados em outras normas (como a LGPD), havendo um diálogo das fontes. O MCI, como dissemos, tem perfil principiológico, o que obviamente não exclui a existência (em seu corpo) de regras mais específicas, todas de caráter não-penal. O MCI deve ser interpretado a partir dos perfis atuais do direito privado, com especial enfoque nas dimensões existenciais e preventivas dos direitos, sempre à luz da máxima eficácia possível dos direitos fundamentais. Lembrando que igualdade material, hoje, mais que proibição de exclusão, é obrigação de inclusão.

O Marco Civil da internet (MCI) foi construído em processo multiparticipativo – algo que ainda não é tão comum em termos de feitura de leis no Brasil. Houve consultas públicas na internet, houve intensos debates e, por fim, houve a consagração legislativa de avanços, como por exemplo a neutralidade na rede. Esse mais forte diálogo com a sociedade continuou mesmo depois da edição da lei, pois o STF – ao julgar a constitucionalidade do art. 19 da lei, que exige ordem judicial, prévia e específica, para exclusão de conteúdo (que estudamos em outras obras, como por exemplos nas *Leis Civis Comentadas*) – realizou audiências públicas, que aliás foram adiadas por conta da pandemia (STF, Tema 987). Aliás, o MCI, desde o início de sua entrada em vigor, transformou a jurisprudência brasileira, sobretudo os entendimentos relativos à responsabilidade civil dos provedores por atos de terceiros. A jurisprudência, aqui, vinha trilhando um caminho, e depois da lei houve uma mudança de rota, com nova orientação (a regra geral, hoje, é que a retirada de conteúdo ofensivo na internet *depende de ordem judicial específica*).

Em outras palavras, hoje há uma espécie de *reserva de jurisdição* para que determinado conteúdo seja removido da internet. Serão os juízes que farão essa análise, não os cidadãos ofendidos. Apenas os juízes, em regra, podem determinar a retirada do conteúdo infringente. A exceção – situação em que a notificação pode ser extrajudicial, não precisando ser judicial – diz respeito a cenas de nudez ou de atos sexuais (MCI, art. 21). Os provedores não são obrigados a exercer um controle prévio do conteúdo das informações postadas por seus usuários. Essa, aliás, já era a posição do STJ ainda antes da chegada do MCI. O que mudou, com este, é que as notificações deixaram de ser extrajudiciais. De acordo com o STJ "não incide aos provedores de conteúdo da internet a responsabilidade objetiva prevista no art. 927, parágrafo único, do CC/02, sendo descabida, ainda, a exigência de fiscalização prévia. Aos provedores de conteúdo aplica-se a tese da responsabilidade subjetiva, segundo a qual o provedor torna-se responsável solidariamente com aquele que gerou o conteúdo ofensivo se, ao tomar conhecimento da lesão que determinada informação causa, não tomar as providências necessárias para removê-la. Precedentes" (STJ, AgInt no AREsp 685.720, 4ª T, Rel. Min. Marco Buzzi, DJe 16/10/20).

Como lei do nosso tempo, o MCI é marcadamente principiológico. Sua normatividade está fortemente amparada em princípios, o que possibilita que ela, a lei, em seus conteúdos normativos, mude, sem que o texto da lei tenha necessariamente que mudar. Abre-se para os desafios do tempo e tolera novas compreensões hermenêuticas. Aliás, temos aqui a singularidade adicional de que, com as mudanças da tecnologia – incrivelmente velozes –, isso por si só vai alterando nosso olhar sobre o mundo, possibilitando novas chaves de leitura, novos modos de percepção.

Conforme dissemos antes, é no art. 19 que reside a grande polêmica do MCI. A lei, nesse ponto, alterou a jurisprudência antes existente. Qual era a realidade antes do MCI? O STJ aplicava o sistema do *notice and takedown*, frisando a necessidade de que o provedor fosse notificado para retirar o conteúdo ilícito ou ofensivo. Acontece, porém, que essa notificação era extrajudicial (notificação que deveria ser atendida, em geral, no prazo de 24 horas). Com o advento do Marco Civil da internet, isso mudou. Hoje a notificação para retirada do conteúdo deve necessariamente provir de ordem judicial (salvo exceção adiante vista). Deixa de ser possível a notificação extrajudicial. Apenas se o provedor não retirar o conteúdo ofensivo após a ordem judicial é que ele passa a responder solidariamente pelo dano (sistema do *judicial notice and takedown*). Convém ressaltar que o provedor denominado, pelo art. 19 do MCI, de "provedor de aplicações de internet" também é conhecido como *provedor de conteúdo.*

Parece inegável – goste-se ou não – que a responsabilidade civil dos provedores, no âmbito do MCI, é subjetiva, ao contrário do que ocorre na LGPD (à luz das razões que estudamos em outras obras). No MCI, art. 19, estamos diante de uma hipótese de responsabilidade subjetiva, para cuja incidência normativa a presença da culpa se mostra fundamental. Isto é, se o dano foi causado por usuário – que posta mensagem ofensiva – não haverá responsabilidade objetiva do provedor. Este só responderá por culpa. Não só. Exige-se mais: a notificação judicial do provedor para a retirada do conteúdo danoso. Bem por isso Flávio Tartuce argumenta menciona: "A este autor parece que foi adotada pelo malfadado Marco Civil, quanto à responsabilidade dos provedores por atos de terceiros, uma *responsabilidade subjetiva agravada*, somente existente no caso de desobediência de ordem judicial. Lamentam-se os exatos termos do texto legal, que acaba *judicializando* as contendas quando a tendência é justamente a oposta, de *extrajudicialização.* Há assim um claro retrocesso decorrente da lei, que claramente protege os provedores da internet, em detrimento do interesse das vítimas, na contramão das tendências mais atuais da responsabilidade civil" (TARTUCE, Flávio. *Manual de Responsabilidade Civil*. São Paulo: Grupo Gen, 2018, p. 1373).

Francisco Laux descreve a experiência brasileira na matéria: "A existência de diferentes modelos, que vão do afastamento quase que total (experiência norte-americana) até uma ideia de responsabilização civil por omissões praticadas em protocolos extra e/ou judiciais – pouco (Europa Continental) ou muito (Inglaterra) regulamentados –, permitiu, em certa medida, a construção do modelo atualmente em vigor no Brasil por conta do disposto no art. 19 do MCI. Usualmente, demandas que retratam contrariedade a respeito de uma postagem na internet contêm pedidos de natureza reparatória. No Brasil, a noção de punição posterior à efetivação de liberdade de expressão é tributária, em alguma medida, do entendimento retratado pelo STF no julgamento da ADPF 130/DF, no sentido de que, embora constitucionalmente consagrado um regime de livre circulação de ideias e manifestações, deve-se respeitar, mesmo que em momento posterior, um regramento que observe a necessidade de direito de resposta e de responsabilização civil".

Continua: "A legislação nacional impôs uma condição específica para que provedores que permitem a postagem de conteúdo sejam responsabilizados por atos praticados por pessoas que se utilizam das plataformas: a prévia análise do material denunciado pelo demandante ao Judiciário e, em seguida, caso expedida uma determinação judicial de remoção, a ocorrência de uma conduta omissiva, relacionada com o descumprimento dessa ordem por parte do provedor. No Brasil, portanto, é o Estado o encarregado de avaliar a licitude de manifestações postadas na internet. Configurada, na visão do juiz, a ofensa, é que se impõe a remoção da informação e a responsabilização do provedor caso verificada a omissão no cumprimento" (LAUX, Francisco de Mesquita. Supremo debate o artigo 19 do Marco Civil da Internet (parte 2). *Coluna Conjur Rede de Pesquisa de Direito Civil Contemporâneo*. Acesso em 16 de janeiro de 2022).

Interessante observar que o advento do MCI fez com que a jurisprudência brasileira alterasse a rota que seguia até então. Podemos citar, a propósito, julgado que descreve essa mudança de orientação: "A jurisprudência de ambas as Turmas de Direito Privado alinhou-se ao entendimento de ser inaplicável a provedores de internet o sistema de responsabilidade civil objetiva em razão de mensagens postadas em sites por eles hospedados, como é o caso das redes sociais e blog. Exige-se, para tanto, conduta omissiva por parte do provedor, desde que, comunicado extrajudicialmente pelo titular do direito violado, se mantenha inerte". Destacou-se que "segundo a nova lei de regência, em regra, a responsabilidade civil do provedor de internet consubstancia responsabilidade por dano decorrente de descumprimento de ordem judicial, previsão que se distancia, em grande medida, da jurisprudência atual do STJ, a qual, para extrair a conduta ilícita do provedor, se contenta com a inércia após notificação extrajudicial" (STJ, REsp 1.512.647, 2ª Seção).

Ainda está pendente de definição no STF se o caput do art. 19 do MCI é constitucional. O julgamento ocorrerá por meio da apreciação do Tema de Repercussão

Geral 987, e está vinculado ao *leading case* RE 1.037.396. A relatoria é do ministro Dias Toffoli.

Qual o termo inicial da responsabilidade solidária do provedor, diante do conteúdo ofensivo postado por terceiro? A jurisprudência tem entendido que "o termo inicial da responsabilidade solidária do provedor de aplicação, por força do art. 19 do Marco Civil da Internet, é o momento da notificação judicial que ordena a retirada de determinado conteúdo da internet" (STJ, REsp 1.642.997). Bem por isso é que parte da doutrina alude – com olhar crítico – à *responsabilidade subjetiva agravada* nesse caso, eis que somente existente no caso de desobediência de ordem judicial.

Não há, portanto, nexo causal entre a ação do terceiro que posta um conteúdo ofensivo ou ilícito e a conduta do provedor que permite essa publicação (ou, dizendo de outro modo, isso não está na *esfera de risco* da empresa). Não cabe ao provedor a fiscalização prévia de conteúdo, a curadoria ou edição das postagens. O provedor de aplicações na internet só pode ser responsabilizado civilmente por danos decorrentes de conteúdo gerado por terceiros se, em descumprimento a ordem judicial específica, deixe de tornar indisponível o conteúdo apontado como ofensivo (MCI, art. 19). Assim, os provedores de conteúdo, ao oferecer um serviço que permite que os usuários expressem livremente sua opinião, não são obrigados a filtrar os dados e imagens neles inseridos (STJ, REsp 1.192.208). Nesse contexto, "não se pode exigir do provedor de hospedagem de blogs a fiscalização antecipada de cada nova mensagem postada, não apenas pela impossibilidade técnica e prática de assim proceder, mas sobretudo pelo risco de tolhimento da liberdade de pensamento. Não se pode, sob o pretexto de dificultar a propagação de conteúdo ilícito ou ofensivo na web, reprimir o direito da coletividade à informação. Sopesados os direitos envolvidos e o risco potencial de violação de cada um deles, o fiel da balança deve pender para a garantia da liberdade de criação, expressão e informação, assegurada pelo art. 220 da CF/88, sobretudo considerando que a internet representa, hoje, importante veículo de comunicação social de massa" (STJ, REsp 1.406.448). Aliás, o STJ tem decidido que "os provedores de pesquisa virtual não podem ser obrigados a eliminar do seu sistema os resultados derivados da busca de determinado termo ou expressão, tampouco os resultados que apontem para uma foto ou texto específico, independentemente da indicação do URL da página onde este estiver inserido" (STJ, REsp 1.771.911, Rel. Min. Nancy Andrighi, 3ª T, DJ 26/04/21).

Mas, se o provedor de conexão à internet não será responsabilizado civilmente por danos decorrentes de conteúdo gerado por terceiros, ele pode ser responsabilizado por ato próprio. E esse consistirá em, após ordem judicial específica, não remover o conteúdo apontado como infringente. A ordem judicial deverá conter, sob pena de nulidade, identificação clara e específica do conteúdo apontado como infringente, que permita a localização inequívoca do material (MCI, art. 19, § 1º). Obviamente que essa forma de responsabilização do provedor (apenas por descumprir ordem judicial) não exclui a responsabilidade civil de quem realizou as postagens ofensivas. Esse responderá sempre, sem dúvida (a dificuldade aqui é mais de identificação, sendo frequentes as covardes ofensas disfarçadas ou anônimas). Havendo identificação, a responsabilidade civil deverá se impor severamente, sem prejuízo de sanções outras, inclusive criminais. A indenização punitiva poderá ter lugar.

A propósito do afirmado no parágrafo anterior, convém frisar ser "possível impor aos provedores de aplicações a obrigação de fornecer os dados necessários à identificação de usuários. Isso porque a obrigatoriedade de fornecimento dos dados de acesso decorre da necessidade de balanceamento entre o direito à privacidade e o direito de terceiros, cujas esferas jurídicas tenham sido aviltadas, à identificação do autor da conduta ilícita. Além disso, não há como afastar a possibilidade jurídica de obrigar os provedores de aplicação ao fornecimento da informação em discussão – quais usuários acessaram um perfil na rede social num período – por se tratar de mero desdobramento dessas obrigações" (STJ, EDcl no REsp 1.776.418, 3ª T, Rel. Min. Nancy Andrighi, DJe 11/02/21).

O § 1º do art. 19 prevê: "A ordem judicial de que trata o *caput* deverá conter, sob pena de nulidade, identificação clara e específica do conteúdo apontado como infringente, que permita a localização inequívoca do material". À luz do § 1º do art. 19, cabe indagar: é dever da vítima fornecer informações precisas sobre o endereço eletrônico (URL) onde estão postadas ofensas? Depois de alguma oscilação jurisprudencial, o STJ tem entendido que sim. Que trata-se de ônus da vítima. Inicialmente se entendia que o provedor de internet – administrador de redes sociais – deve retirar informações difamantes a terceiros manifestadas por seus usuários, independentemente da indicação precisa, pelo ofendido, das páginas em que foram veiculadas as ofensas (URL's) (STJ, REsp 1.175.675). Porém o STJ posteriormente entendeu de modo diverso. Decidiu que na hipótese em que tenham sido publicadas, num blog, ofensas à honra de alguém, cabe ao ofendido que pleiteia judicialmente a identificação e rastreamento dos autores das referidas ofensas – e não ao provedor de hospedagem do blog – a indicação específica dos URL's das páginas onde se encontram as mensagens (STJ, REsp 1.274.971).

O STJ tem reafirmado essa última posição. Decidiu que a falta de informações precisas sobre o endereço eletrônico (URL) onde estão postadas ofensas na internet inviabiliza o cumprimento de decisão judicial para a retirada do conteúdo, ainda que seja fornecido o nome do ofensor ou mesmo o seu perfil na rede social (STJ, REsp 1.629.255). A relatora citou precedentes do STJ segundo os quais é responsabilidade do ofendido fornecer as informações completas sobre o perfil de quem publicou o conteúdo, bem como quais mensagens devem ser excluídas e sua localização, sob pena de inviabilizar o cumprimento da ordem judicial, como ocorreu no caso analisado. Já o TJMG, no caso citado, havia entendido ser suficiente a informação do nome completo do ofensor para que o Facebook retirasse as mensagens do site. Convém frisar, no entanto, que doutrina e jurisprudência, em geral, manifestam-se pela ausência de responsabilidade dos provedores de conteúdo pelas mensagens postadas diretamente pelos usuários.

Assim, "independentemente da vertente adotada na teoria da responsabilidade subjetiva dos provedores de aplicação por conteúdos gerados por terceiros, a indicação clara e específica de sua localização na internet é essencial, seja por meio de uma notificação do particular seja por meio de uma ordem judicial. Em qualquer hipótese, essa indicação deve ser feita por meio do URL, que é um endereço virtual, isto é, diretrizes que indicam o caminho até determinado site ou página onde se encontra o conteúdo considerado ilegal ou ofensivo. Essa necessidade está expressa na redação conferida ao § 1º do art. 19 do Marco Civil da Internet, ao dispor sobre os requisitos de validade da própria ordem judicial que determina a retirada de conteúdo infringente" (STJ, REsp 1.629.255, Rel. Min. Nancy Andrighi, 3ª T, DJe 25/08/17). O STJ, em 2021, reafirmou que "para que o comando judicial que ordena a remoção de conteúdo digital da internet tenha validade, é necessário que o requerente indique, de forma clara e específica, o localizador URL do conteúdo apontado como infringente" (STJ, AgInt nos EDcl no REsp 1.917.025, Rel. Min. Marco Bellizze, 3ª T, DJ 07/06/21).

Cabe ainda uma palavra final sobre a conduta dos provedores. Dissemos que eles só respondem subjetivamente, e apenas se descumprirem a ordem judicial específica que determina a retirada do conteúdo infringente. Assim de fato é, por escolha legal. Porém cabe uma observação importante: nada impede – antes tudo recomenda – que os provedores, por conta própria, adotem meios e soluções de retirada (ágil e extrajudicial) de conteúdos ofensivos. É isso que se espera deles. Aliás, "a Alemanha, por sua vez, possui regramento voltado à proteção e remoção de dados da internet desde 2003, com a entrada em vigor da lei de proteção de dados federal – a lei foi atualizada em 2017 por conta da lei geral da União Europeia. Também em 2017, entrou em vigor o "*Netzwerkdurchsetzungsgesetz*", ou ato para aumentar a efetividade da lei em redes sociais. A legislação obriga provedores de aplicações com mais de dois milhões de usuários na Alemanha a disponibilizar um procedimento de remoção, em menos de vinte e quatro horas, de conteúdo manifestamente ilícito, enquanto outros materiais também reputados ilícitos devem ser removidos em até sete dias" (LAUX, Francisco de Mesquita. *Op. cit.*).

Chiara Teffé e Carlos Souza frisam que "já que não existe para os provedores de aplicações de internet um dever de monitoramento prévio, a notificação, como uma denúncia na rede social (prática costumeira na rede para reportar a existência de materiais eventualmente danosos), atua como um alerta para que eles possam averiguar a existência em seus ambientes de conteúdos lesivos e, até mesmo, removê-los. Caso decidam remover o conteúdo, por ser contrário aos termos de uso da plataforma, os provedores não ofenderão o Marco Civil da Internet. (...). A Lei 12.965/14 não impede que os provedores de aplicações possam determinar requisitos para a remoção direta de conteúdo em seus termos e políticas de uso e atendam possíveis notificações extrajudiciais enviadas, quando serão responsáveis diretamente pela remoção e/ou filtragem do material" (TEFFÉ, Chiara Spadaccini de; SOUZA, Carlos Affonso. Responsabilidade civil de provedores na rede: análise da aplicação do Marco Civil da Internet pelo Superior Tribunal de Justiça. *Revista IBERC*, Minas Gerais, v. 1, n. 1, p. 01-28, nov.-fev./2019).

Seja como for, a polêmica em torno do art. 19 do MCI, como vimos, diz respeito à conveniência (ou não) de se exigir ordem judicial específica para retirada do conteúdo ofensivo. A retirada do conteúdo ofensivo é uma forma não pecuniária de impedir que o dano ocorra ou continue a ocorrer (sem prejuízo da indenização diante dos danos havidos). Conforme ponderamos no capítulo III, é forte no século XXI uma lógica não monetária para reparação de danos. Ainda não se trata de uma realidade amplamente aplicada, mas certamente podemos dizer que se trata de uma tendência.

2.2.2. A Lei Geral de Proteção de Dados Pessoais (Lei n. 13.709/2018)

Trata-se de relevante lei brasileira (LGPD), promulgada no segundo semestre de 2018 – seguindo as pegadas da legislação europeia, cujo *Regulamento Geral de Proteção de Dados Pessoais* (GDPR) foi aprovado em abril de 2016. Embora tenha sido promulgada em 2018, a lei brasileira teve um longo período de *vacatio legis*, só tendo passado a vigorar em 18/09/2020. Os estudos atuais enxergam a proteção das pessoas físicas, relativamente ao tratamento de seus dados pessoais, como direito fundamental. Na sociedade atual – marcadamente tecnológica e caracterizada por crescente economia digital – a proteção dos dados pessoais se mostra necessidade evidente. A lei brasileira trata de informações classificadas como pessoais por qualquer meio – seja por pessoas naturais, seja por pessoas jurídicas. Não é exagero dizer que, em múltiplos contextos, quem tem acesso aos dados tem poder. Trata-se de ativo fortemente valorizado nos dias atuais. Convém lembrar ainda que o Enunciado 404 das Jornadas de Direito Civil enfatiza: "A tutela da privacidade da pessoa humana compreende os controles espacial, contextual e temporal dos próprios dados, sendo necessário seu expresso consentimento para tratamento de informações que versem especialmente o estado de saúde, a condição sexual, a origem racial ou étnica, as convicções religiosas, filosóficas e políticas".

Inseriremos nos próximos parágrafos o que escrevemos em outra obra.

Vivemos dias velozes e ultraconectados. Dias que desafiam com ousadia nossas antigas certezas. Dias cuja única permanência é a mudança. Velhos hábitos são alterados com rapidez, sobretudo a partir do impacto das novas tecnologias em nossas vidas. Aliás, sabemos que um dos modos mais eficazes de criar valor no século XXI é unir criatividade à tecnologia. Tow Goodwin faz uma observação interessante: *Uber*, a maior empresa de táxis do mundo, não é proprietária de carros. *Facebook*, a rede de comunicação social mais popular do mundo, não cria conteúdo. *Alibaba*, o varejista mais valioso, não tem estoque. *Airbnb*, o maior provedor de acomodações do mundo, não possui imóveis. O *Booking*, primeira palavra em reserva de hotéis, não possui sequer um quarto. Enfim, os exemplos são muitos. Podemos lembrar ainda do *Ifood*, um gigante do setor alimentício que não produz comida. Aliás, o jovem inglês Johnny Boufarhat, criador da plataforma de conferências online *Hopin*, afirmou em 2021: "Minha empresa é avaliada em US$ 6 bilhões e não tem nenhum escritório". A empresa conseguiu em 2021 arrecadar US$ 400 milhões em investimentos privados numa rodada de arrecadação de fundos. Os exemplos possíveis seriam inúmeros. Os serviços de *streaming*, por exemplo, movimentam quantias inacreditáveis na economia digital (no *streaming* não há propriamente a transmissão de titularidade do conteúdo, mas apenas a possibilidade de acesso a produtos disponíveis em determinada plataforma). Aliás, a economia do compartilhamento (*sharing economy*) vai além da tradicional lógica proprietária e cria novos modos de aproveitamento dos bens jurídicos.

Virou lugar-comum dizer que vivemos, hoje, na sociedade da informação – talvez não seja exagero ir além e afirmar que vivemos na sociedade da hiperinformação. Tamanho é o volume de informações disponível, tamanha é a velocidade de sua transmissão. Trata-se de algo realmente sem paralelo na história humana. Talvez baste mencionar a dimensão do alcance – para o bem e para o mal – das redes sociais, cujo eixo é essencialmente o intercâmbio de informações pessoais. O fluxo de dados é incessante e não conhece limitação geográfica. Nesse contexto talvez seja interessante lembrar Stefano Rodotà, que já mencionava o *direito à autodeterminação informativa*. Temos direito de manter controle sobre as próprias informações? Podemos de alguma forma a modular a construção da própria esfera privada? Em sociedades plurais e complexas, como lidar com o tratamento de dados? Parece claro que algoritmos e códigos-fonte têm, no século XXI, função cada vez maior de regular comportamentos.

Algo é certo, e até óbvio em nossos dias: a quantidade de dados coletados e processados é inédita, sem paralelo possível na história. Não só o volume é colossal, mas existe, pela primeira vez – com as ferramentas da inteligência artificial – a possibilidade de, por exemplo, analisá-los e catalogá-los à medida que vão sendo coletados. Vivemos entre algoritmos, reconhecimentos faciais, geolocalização, tecnologias de rede, serviços variados ao alcance do dedo. Tudo isso possibilita que nossos dados pessoais sejam cruzados e armazenados, dizendo muito sobre nós (quem somos, do que gostamos, o que compramos, com quem nos relacionamos). Mais ainda: o fornecimento de dados pessoais pelos cidadãos se tornou inevitável, tornou-se uma espécie de requisito para fazer comprar e adquirir serviços, para participar da vida social, enfim. Algo é certo: o tema é complexo e extremamente atual. Isso tem reflexos inesperados, como por exemplo a perda de prestígio da prova testemunhal, diante da "*superdocumentação dos fatos da vida*" que existe hoje. Nesse contexto, algo parece certo: os cidadãos não conseguem controlar, de modo efetivo, o fluxo de dados pessoais atualmente (nestas primeiras décadas do século XXI). Os titulares de dados, nesse sentido, são vulneráveis, ou talvez até hipervulneráveis.

As elaborações teóricas acerca da proteção de dados surgiu no final dos anos 60, "tendo sido desenvolvida, quase que simultaneamente, dos dois lados do Atlântico. Americanos tanto quanto europeus, cada qual evidentemente inserido em suas próprias tradições jurídicas, contribuíram de forma conceitualmente semelhante. Outro momento marcante no desenvolvimento de uma 'teoria geral da proteção de dados" se deu na famosa 'Decisão do Censo', proferida pelo Tribunal Constitucional Alemão de 1983, na qual se cunhou o direito e a expressão 'autodeterminação informativa' (*informationelle Selbstbestimmung*). Segundo os juízes constitucionais alemães, a autodeterminação informativa dá ao indivíduo o poder de ele próprio decidir acerca da divulgação e utilização de seus dados pessoais" (ARTESE, Gustavo.

Privacidade e proteção de dados pessoais: a diluição do consentimento e a responsabilidade demonstrável (*accountability*). *Revista Fórum de Direito na Economia Digital*. Belo Horizonte, ano 1, n. 01, p. 141-162, jul./dez. 2017). Algo é certo em nossos dias: as violações de dados pessoais (*personal data breach*) ocorrem, causam danos, e o direito precisa contar com instrumentos eficazes contra esses danos.

A LGPD tem como objeto o tratamento de dados pessoais, de pessoas de direito público ou privado. Podemos falar atualmente no *direito fundamental à proteção de dados*, que todos nós, cidadãos brasileiros, temos. Por isso é essencial que existam instrumentos precisos e eficazes para proteger esses direitos fundamentais. Há, ademais, uma clara vulnerabilidade do titular dos dados. Aliás, os estudos sobre o conceito de vulnerabilidade ocupam lugar de destaque no direito privado do século XXI (vulnerabilidades dos mais diversos tipos, econômicas, informacionais, de gênero etc.)

Nesse contexto é que chega a LGPD – que certamente representa um marco, um novo modo de olhar para a privacidade. A própria lei se apressa em deixar claro que objetiva proteger os direitos fundamentais de liberdade e de privacidade, além do livre desenvolvimento da personalidade da pessoa natural, sendo uma lei de interesse nacional. Os dados dos cidadãos são objeto de proteção não só diante de pessoas jurídicas de direito privado, mas também de direito público, devendo ser observadas pela União, Estados, Distrito Federal e Municípios. A lei brasileira, a LGPD, foi clara e fortemente influenciada pela normativa europeia, conhecida como GDPR (*General Data Protection Regulation*). Não é exagero dizer que o Regulamento europeu, na matéria, serviu e serve como base de referência para o Brasil, seja na elaboração da legislação brasileira, seja na sua aplicação. A legislação brasileira incentiva um tratamento de dados à luz de boas práticas e, sobretudo, com foco na atuação preventiva. Podemos até dizer que a responsabilidade, na sistemática da LGPD, é proativa, e não reativa.

A LGPD tutela os dados das pessoas naturais, dados esses que se dividem em dois blocos distintos de proteção (dependendo se são, ou não, *sensíveis*). Podemos adiantar que *dados sensíveis* são dados que podem causar discriminações, deixando as pessoas mais vulneráveis.

O STF, em 2020, no âmbito de cinco ações diretas de inconstitucionalidade – ADI 6.387, ADI 6.388, ADI 6.389, ADI 6.390 e ADI 6393– suspendeu a eficácia da MP 954/2020, que autorizava a transferência (para o IBGE) de toda a base de dados dos usuários de telefonia fixa e móvel do Brasil. O STF, valendo-se da ponderação de bens, reconheceu o *direito fundamental à proteção de dados* (assinale-se que a decisão do STF foi anterior à vigência da Lei 13.709/18 (*Lei Geral de Proteção de Dados*), que fortalece ainda mais essa proteção de dados no Brasil. Na sociedade da informação, a proteção de dados surge como tema da mais alta importância. A decisão do STF se valeu amplamente do princípio da proporcionalidade como razão de decidir. Aliás, hoje seria adequado dizer que o Estado Constitucional de Direito é um Estado de ponderação (*Abwägungsstaat*). Seja como for, podemos falar hoje no *direito à proteção de dados como um direito fundamental autônomo*, que não se confunde com o direito à privacidade (essa diferenciação, aliás, já tinha sido feita na *Carta de Direitos da União Europeia* em 2000). No momento em que escrevemos este tópico o Congresso Nacional brasileiro aprovava PEC incluindo a proteção de dados pessoais no rol do art. 5º da Constituição Federal, reconhecendo de modo explícito sua qualidade de direito fundamental. Assim, a CF, art. 5º, LXXIX, passa a dispor que "é assegurado, nos termos da lei, o direito à proteção dos dados pessoais, inclusive nos meios digitais". Os direitos fundamentais devem receber máxima eficácia interpretativa, não só do legislador, mas também do administrador público e do magistrado. O princípio da proporcionalidade – que se extrai de diversas cláusulas constitucionais – é invocado para inibir e neutralizar abusos do poder público (STF, ADI-MC 1.407-DF, Rel. Min. Celso de Mello, Pleno).

O STJ decidiu em 2023 que o vazamento de dados pessoais não gera dano moral presumido (STJ, AREsp 2.130.619, Rel. Min. Francisco Falcão, 2ª T, DJe 10/03/2023). O tribunal argumentou que o vazamento de dados pessoais, a despeito de se tratar de falha indesejável no tratamento de dados de pessoa natural por pessoa jurídica, não gera, por si só, dano moral indenizável. Ou seja, o dano moral não é presumido, sendo necessário que o titular dos dados comprove eventual dano decorrente da exposição dessas informações. Diferente seria se estivéssemos diante de vazamento de dados sensíveis, que dizem respeito à intimidade da pessoa natural.

2.2.3. O Marco das Criptomoedas (Lei n. 14.478/2022)

Não havia, até a chegada da Lei n. 14.478/2022, regulamentação legal no Brasil para a prestação de serviços de ativos virtuais. As prestadoras de serviços de ativos virtuais são chamadas *exchanges* ou corretoras. A lei chega para tentar proteger os consumidores nesse mercado e implantar boas práticas de governança e, sobretudo, transparência. No passado – e ainda hoje de certa forma – ocorria certa *assimetria informacional* entre os dados que o consumidor conhece e os dados que a corretora dispõe. Para diminuir essa assimetria é importante que a corretora faça prova robusta de suas reservas, mediante auditoria independente. Fundamental é conhecer os mecanismos de salvaguarda dos ativos dos clientes. Tudo recomenda maior transparência nas relações informacionais. Aliás, essa é uma das diretrizes do direito privado no século XXI.

Nesse contexto, a regulamentação era necessária e é bem-vinda. O colapso da FTX em 2022 – a segunda maior *exchange* do mundo – representou um dos maiores escândalos financeiros dos EUA (mais de 1 milhão de credores perderam dinheiro com a fraude na FTX). Em dezembro de 2022, o fundador da corretora de criptomoedas FTX, Sam Bankman-Fried, foi preso nas Bahamas tendo os EUA pedido sua extradição (ele, aliás, em 2022 foi o segundo maior doador para as campanhas eleitorais nos EUA, tendo doado cerca de 77 milhões de dólares). Foram surgindo, aos poucos, para espanto de muitos, notícias sobre os desvios – maliciosos e ilícitos – que a empresa realizava usando ativos de clientes. Talvez para esses e outros que agem assim caiba a frase perspicaz de San Tiago Dantas, notável civilista nascido no início do século passado, que escreveu que "nada é mais próximo do máximo da ingenuidade do que o máximo da esperteza".

O desafio das normas jurídicas nesse setor é imenso – deve o legislador, de um lado, conferir clareza ao mercado e segurança aos usuários. Por outro, deve evitar inibir inovações numa área essencialmente dinâmica e disruptiva. Aliás, em meio ao colapso da FTX – que trouxe imenso pânico, com sério abalo de credibilidade do mercado cripto como um todo – ocorreu algo inédito: os próprios *players* passaram a pedir que houvesse alguma regulamentação. Isso, antes, não ocorria: pelo menos a imensa maioria dos atores era contrário a qualquer regulamentação. O discurso contrário à regulamentação, no entanto, é ingênuo e pouco realista. A regulamentação é necessária não só para dar segurança aos consumidores como também para permitir a entrada de valores mais amplos nesse novo universo, valores provindos dos chamados institucionais – os grandes bancos, os fundos de investimento internacionais com reservas bilionárias. Regulação, se bem feita, rima com estabilidade e segurança jurídica.

Talvez seja importante oferecer à leitora e ao leitor uma perspectiva mais ampla sobre sociedade, direito, economia e tecnologia no cenário dos ativos digitais. Embora os quatro temas sejam profunda e indissociavelmente ligados, tentemos – para fins de clareza – tratá-los em sequência: a) sociedade; b) direito; c) economia e d) tecnologia. Tudo isso no cenário dos ativos digitais.

Sociedade – Olhando para a sociedade é fácil ver que vivemos dias em que os bens físicos perdem muito da primazia que tiveram nos séculos passados. Há uma clara desmaterialização dos bens. Paralelamente, os serviços ganham intensa, e progressiva, relevância econômica. Nossas profissões surgem a cada dia – ligadas, sobretudo, ao mundo digital – e muitas delas são financeiramente mais atrativas do que aquelas convencionais. Talvez não exageraríamos se disséssemos que muitos pais, hoje, não conseguem compreender bem o trabalho dos filhos. Enfim, podemos dizer, em autêntico truísmo, que o mundo mudou, está mudando.

A tecnologia reduz custos operacionais dos deslocamentos, interliga pessoas e comunidades, diminui o uso de papel e a necessidade de estocagem física de documentos. As gerações que cresceram e foram educadas longe do mundo digital não se sentem confortáveis com essa "fuga do papel", digamos assim (*paperless society*). Há, nessas pessoas, um apego, até emocional, ao papel, ao documento escrito (como se isso as deixasse mais seguras). Mas é fato que se nota uma progressiva desmaterialização dos bens. Além disso a tecnologia hoje permite organizar informações que antes se encontravam dispersas. O patrimônio, hoje, se virtualiza, perde a materialidade que tinha no passado. Hoje, aliás, não só os produtos e serviços migraram para o universo digital, mas também as fraudes e os crimes.

São inúmeros os aspectos sociais que estão mudando e que poderíamos exemplificar. Por exemplo, é interessante observar que novos tipos de sanções estão surgindo. Sanções sociais, amplamente difundidas por meio de mídias sociais. Também os mecanismos de avaliação através de clientes (*Uber*, por exemplo), sites de reclamação virtual, entre muitas outras. Os danos à imagem que podem ocorrer – seja a empresas, seja a pessoas físicas – são muito reais nesses casos. O curioso é que as novas gerações tendem a não buscar os mecanismos judiciais para resolver disputas (como compras que deram errado), mas costumam preferir caminhos ligados a algoritmos ou outras soluções digitais. Talvez possamos acrescentar que as sanções sociais sempre existiram. Hoje, porém, atingem velocidade e difusão impressionantes. São muito mais temidas que outras sanções.

Aliás, as mudanças que a internet trouxe – e continua trazendo – para a sociedade são tão intensas que impactam até a língua que é falada e escrita (McCULLOCH, Gretchen. *Because Internet*: understanding the new rules of language. Nova York: Riverhead Books, 2019).

Direito – Em termos jurídicos, os desafios são muitos. Comecemos pelo óbvio: os princípios, valores e funções do direito privado são formados pelo espírito coletivo de determinada época. Eles traduzem fontes que dialogam e definem dinâmicas respostas. Nos dias em que vivemos – ultraconectados e velozes – o direito privado se vê desafiado a abraçar novos papéis e a aceitar novas funções. Ele dialoga com a sociedade complexa em que se insere, daí extraindo multifacetado perfil. Não nega a complexidade social e tecnológica, nem vira as costas para as profundas mudanças em curso – que repercutem profundamente na interpretação jurídica e na aplicação de suas normas. Tradicionalmente o direito costuma regular as relações sociais olhando para trás, para a tradição – mesmo diante das tecnologias. Acontece que isso não pode ser feito diante de tecnologias disruptivas. O direito, para permanecer relevante, precisa se adaptar dinamicamente às novas realidades.

Convém relembrar da frase de George Ripert – professor e reitor da Faculdade de Direito de Paris – escrita nos anos 40 do século passado: "Quando o direito ignora a realidade, a realidade se vinga ignorando o direito".

Os desafios são muitos, e eles exigem que tenhamos esse olhar para o tempo histórico que vivemos. Não abstrações, mas pessoas concretas e situações específicas. Não a retórica fácil, mas a busca de soluções teoricamente consistentes. Não estruturas verticais, mas diálogos arejados e funcionais. Não um sistema fechado, mas percursos argumentativos iluminados pela ética. Nas sociedades atuais, plurais e complexas, o direito privado se põe em permanente processo de reformulação, abrindo-se aos novos ventos com que a sociedade (e a tecnologia) revitaliza o direito.

Em termos de criptoativos, muitos debates surgirão nos próximos anos (sobretudo sobre sucessão de ativos virtuais, sobre a penhora deles e, fora do campo do direito privado, a questão da tributação). Fora esses pontos específicos, talvez seja importante reconhecer que os potenciais regulatórios do direito são limitados (em relação às criptos). Se é verdade que o Estado pode regulamentar e até controlar as corretoras (*exchanges*), que nada mais são que empresas centralizadas (semelhantes a tantas empresas tradicionais do mercado financeiro), o mesmo *não se pode dizer*, por exemplo, do Bitcoin. Este é, por excelência, descentralizado, e nenhum governo ou qualquer outra entidade terá sucesso ao tentar controlá-lo, ao que nos parece. Aqui, portanto, o direito pode pouco, novas realidades se impõem e ninguém sabe ao certo os próximos passos disruptivos que virão.

Essas tecnologias cada vez mais farão parte de nossas vidas, e de modo profundo. A questão é compatibilizar isso com princípios éticos e respeito aos direitos fundamentais. O desafio é buscar soluções preventivas e funcionais. As reflexões contextualizadas, os diálogos entre as fontes normativas, a teoria dos direitos fundamentais redefinem as respostas jurídicas do século XXI, com forte tom ético e solidarista. O direito, hoje mais que ontem, é aprendizado constante. O que nos serviu ontem não necessariamente servirá hoje – e precisamos todos, individual e coletivamente, ter a sensibilidade para ouvir as respostas do amanhã.

O Marco da Criptos (Lei 14.478/2022) deve ser interpretado, em diálogo das fontes, juntamente com o CDC e a LGPD. Há uma convergência sistêmica entre os microssistemas, que resultam numa proteção privilegiada ao cidadão (seja como consumidor, como titular de dados, como investidor). O desafio, hoje, é concretizar os direitos fundamentais – e a solidariedade social – dentro do direito privado (mas não só nele).

Economia – Na economia uma mudança cultural interessante que está ocorrendo é a transição para a chamada economia do compartilhamento (*sharing economy*). A economia do compartilhamento vai além da tradicional lógica proprietária e cria novos modos de aproveitamento dos bens jurídicos. Ana Frazão pondera que a economia colaborativa digital, quando disruptiva, torna disponíveis recursos que anteriormente eram privados e inacessíveis, permitindo o desenvolvimento de modelos de negócio em contínua evolução e transformação. Assim, "as grandes tecnologias do século XX tinham como característica a necessidade de grandes obras de infraestrutura, que correspondiam a volumosos investimentos. Diferentemente, as tecnologias da Era da Informação são consideravelmente mais intangíveis e, portanto, mais discretas, difusas e, em vários casos, também mais baratas" (FRAZÃO, Ana; GOETTENAUER, Carlos. *Black box* e o direito face à opacidade algorítmica. BARBOSA, Mafalda Miranda; BRAGA NETTO, Felipe; SILVA, Michael César; FALEIROS JR, José Luiz (Coords). *Direito Digital e Inteligência Artificial. Diálogos entre Brasil e Europa.* Indaiatuba: Foco, 2021, p. 34).

Serviços que hoje são centralizados em instituições financeiras serão cada vez mais descentralizados. O sistema bancário assumirá outro perfil, novos e interessantes modelos de negócio chegam e outros chegarão – baseados em algoritmos, criptografia e *blockchains*. A figura do intermediário tende a perder importância, com modelos menos centralizados. Há também preocupações maiores em relação à privacidade dos usuários, buscando-se meios e modos de garanti-la com eficácia. Seja como for, algo é certo: vivemos um período histórico em que a velocidade da disrupção tecnológica não tem precedentes.

Há também preocupações maiores em relação à privacidade dos usuários, buscando-se meios e modos de garanti-la com eficácia. Seja como for, algo é certo: vivemos um período histórico em que a velocidade da disrupção tecnológica não tem precedentes. O Enunciado 687 das *Jornadas de Direito Civil* (CJF) enfatiza: "O patrimônio digital pode integrar o espólio de bens na sucessão legítima do titular falecido, admitindo-se, ainda, sua disposição na forma testamentária ou por codicilo". A justificativa do Enunciado aponta como exemplos dessa categoria: Bitcoins, direitos autorais sobre conteúdos digitais; perfis, publicações e interações em redes sociais e plataformas digitais com potencial valor econômico; arquivos em nuvem, sites, etc. Qualquer outro criptoativo (*altcoins*) também entram nessa categoria, além dos NFTs e outras tantas possibilidades (como a propriedade intelectual dos códigos-fontes dos algoritmos). Aliás, em meados do século passado Pontes de Miranda lembrava que a realidade dos direitos é independente da materialidade do objeto.

Tecnologia – O século XXI tem redefinido muitas de nossas antigas certezas. Novas tecnologias renovam velhos hábitos. Um dos modos mais eficazes de criar valor no século XXI é *unir criatividade à tecnologia*. Aliás, podemos dizer que a pandemia fortaleceu – e acelerou – ainda mais a migração para o universo digital.

Parece inegável que a tecnologia apresenta passos (muito) mais rápidos do que o direito. Por exemplo, o impacto da inteligência artificial sobre nossas vidas já é – e cada vez mais será – imenso. Talvez a maioria de nós sequer se dê conta disso. Uma quantidade impensável de dados alimenta algoritmos, classifica pessoas e coisas, formando perfis (*profiling*) e tomando decisões automatizadas. Existem benefícios, é óbvio, mas também existem danos. Aliás, o perigo de considerar a informação como bem jurídico está na inadequação de tratá-la dentro da dogmática patrimonialista. A questão é menos de classificação e mais de buscar garantir a ampla tutela pela ordem jurídica (DONEDA, Danilo. Da privacidade à proteção de dados pessoais: fundamentos da Lei Geral de Proteção de Dados. São Paulo: Thomson Reuters, 2019, p. 147).

Aliás, talvez seja o caso de simplificar, aqui, algumas das tecnologias que têm relação direta com esta lei – ou seja, ativos digitais e suas ferramentas conexas. Nos próximos parágrafos a intenção é clara: trazer apenas uma palavra inicial, de contextualização, sobre esses temas. Apenas para que a leitora e o leitor percebam o sentido – e a relevância – das mudanças que estão ocorrendo. Não é preciso muito esforço de argumentação para evidenciar que são mudanças que terão profundo impacto no direito privado (e não só nele). O direito deve espelhar o nível evolutivo da sociedade em que se insere. Se essa sociedade muda profundamente, o direito deve acompanhar as mudanças – de modo criativo e responsável –, se quiser continuar a ter relevância.

Blockchain – *Blockchain* é uma corrente digital. Robusta, complexa e segura. Baseada em criptografia e funções matemáticas. Os registros lá feitos são permanentes e não podem ser alterados. Temos aqui notáveis ganhos em termos de segurança e transparência (as ações são rastreáveis). Cada sequência de blocos apresenta informações, e essas sequências de blocos são adicionadas à *blockchain* de modo linear e cronológico. A validação de cada bloco da corrente é tarefa complexa, ligada a funções matemáticas (criptografia de curvas elípticas), o que exige imenso esforço computacional. É um sistema descentralizado (*distributed ledger*), armazenado nas nuvens.

Não é exagero afirmar que a tecnologia *blockchain* revolucionará o mundo. Tão tantas e tão potencialmente amplas são as aplicações possíveis que não se pode, desde já, dimensionar o tamanho das mudanças. O Bitcoin – como a primeira, maior e mais relevante criptomoeda – está essencialmente amparado na tecnologia *blockchain*, mas a verdade é que essa tecnologia vai muito além do Bitcoin. Podemos conectar o surgimento do conceito de *blockchain* ao *paper* – publicado em 2008 – de Satoshi

Nakamoto (o célebre, mas anônimo, criador do Bitcoin, já que este nome é apenas um pseudônimo). Temos nas *blockchains* um sistema rápido, econômico e seguro de transferência de propriedade (JIMÉNEZ, Ibáñez; WENCESLAO, Javier. *Derecho de Blockchain*. Navarra: Aranzadi, 2018. *Derecho de Blockchain*. Navarra: Aranzadi, 2018). O STJ, em 2021, através da brilhante ministra Nancy Andrighi, destacou: "O *blockchain* fornece, assim, segurança à rede, estando assentado em quatro pilares: i) segurança das operações, ii) descentralização de armazenamento, iii) integridade de dados e iv) imutabilidade de transações" (STJ, REsp 1.885.201, Rel. Min. Nancy Andrighi, 3ª T, DJe 25/11/2021). Temos, em suma, uma rede descentralizada, com diversas camadas de segurança, cujo nível de solidez é incrivelmente robusto. Essa tecnologia, por exemplo, alterará imensamente o perfil das atividades cartorárias (notários e registradores). Vários cartórios brasileiros já usam *blockchain* para reconhecimento de firma. Milhares de documentos, no Brasil, já foram autenticados em *blockchain* (através da plataforma *e-notariado*).

Bitcoin – Há quem compare, em termos de tecnologia revolucionária, o Bitcoin à internet. Algo (incorpóreo) que mudou para sempre a história da humanidade. Ele é muitas coisas ao mesmo tempo, não uma só. Seu uso atual mais relevante é como reserva de valor, como uma forma de pessoas e empresas se protegerem contra a inflação, por exemplo, contra a emissão desenfreada de dinheiro pelos bancos centrais ao redor do mundo (AMMOUS, Saifedean. *The Bitcoin Standard: The Decentralized Alternative to Central Banking*. New York: Wiley, 2018, p. 73). Mas ele é muito mais do que isso, e é revolucionário por ser descentralizado e por não ser emitido por governos deste ou daquele país. Além disso, dispensa terceiros, como os bancos. Aqui, cada usuário guarda sua própria moeda. Outra característica relevante é sua essência deflacionária. O Bitcoin tem uma caraterística interessante: tem uma programação que não pode ser alterada, e que reduz pela metade a taxa na qual novos bitcoins são criados a cada ciclo de 4 anos (*Halvin*). A oferta de bitcoins nunca passará de 21 milhões de unidades (o que acontecerá em torno do ano 2140). Costuma-se dizer que se trata do primeiro ativo digital escasso do mundo. É muito frequentemente chamado de ouro digital.

O Bitcoin é, de fato, algo totalmente novo, traz um conceito inédito e uma tecnologia revolucionária – podendo ser trocado por bens da economia real, por assim dizer (embora a economia digital seja cada vez mais real). Fernando Ulrich – autor de um dos primeiros livros sobre o tema, no Brasil – explica a dimensão técnica do fenômeno: "Bitcoin é um software de código-fonte aberto, sustentado por uma rede de computadores distribuída (*peer-to-peer*) em que cada nó é simultaneamente cliente e servidor. Não há um servidor central nem qualquer entidade controlando a rede. O protocolo do Bitcoin, baseado em criptografia avançada, define as regras de funcionamento do sistema, às quais todos os nós da rede aquiescem, assegurando um consenso generalizado acerca da veracidade das transações realizadas e evitando qualquer violação do protocolo". Em outras palavras – sabemos que não é simples – os dados da transação registrados na *blockchain* são verificados, aprovados e armazenados em "nós" de forma imutável (e também inevitável), usando-se uma chave criptográfica que surge a partir da resolução de um problema matemático, sem a necessidade de um terceiro ou de uma autoridade central (sistema *peer to peer*) (CORES, Carlos de. Digitalizzazione e circolazione giuridica. In: SACCOCCIO, Antonio; CACACE, Simona (a cura di). *Europa e America Latina - Due Continenti, un solo Diritto.* Unità e specificità del sistema giuridico latinoamericano. Tomo II. Torino: Giappichelli Editore; Valencia: Editorial Tirant Lo Blanch, 2020, p. 693).

Cremos que todos nós, cedo ou tarde, ouviremos falar do Bitcoin. Mais do que isso: todos teremos ao menos frações dele, um dia (as frações de Bitcoin, que vão até a oitava casa decimal, são conhecidas como Satoshis). Já existem países, como El Salvador, que adotaram o Bitcoin como moeda oficial, mas, sem chegar a tanto, em muitos lugares do mundo o Bitcoin é aceito em troca de bens e serviços.

Ethereum e outras criptomoedas – o Ethereum é, de longe, a mais relevante criptomoeda (Ether), depois do Bitcoin (aliás, as criptomoedas que não são o Bitcoin são chamadas de *altcoins*). As criptomoedas são moedas digitais, não físicas. Mas isso, por si só, não as caracteriza. Talvez o mais importante seja dizer que elas não têm lastro em nenhum país. As criptomoedas são ativos digitais baseados em *blockchains* e em criptografia. A particularidade da Ethereum é que ela, através de uma *blockchain* descentralizada, executa contratos inteligentes (*smart contracts*). Já existem – e isso se fortalecerá nos próximos anos – projetos interessantes e surpreendentes ligados às criptomoedas. Existem muitíssimos projetos diferentes, a *Cardano*, por exemplo, propõe que sua *blockchain* se comunique com as *blockchains* de outras criptomoedas. A *Chainlink*, por exemplo, como oráculo que conecta os *smart contracts* às informações do mundo externo, encaminhando essas informações à *Blockchain.* A Radix (XRD), a mais disruptiva de todas, que se tiver adoção e concretizar suas promessas, levará o universo digital para um patamar assombroso, sobretudo a questão das finanças descentralizadas (*DeFI*).

Voltando ao Ethereum: no caso dele, o raciocínio é mais ou menos este: se o Bitcoin é o dinheiro descentralizado, não poderíamos ter outras coisas descentralizadas? O Ethereum leva essa possibilidade ao infinito. A cada dia surgem novas aplicações possíveis. As pessoas usam o sistema da Ethereum para criar novos tokens. Se o Bitcoin é tido como um ouro digital (uma reserva de valor, esse é o principal uso atual), o Ethereum é comparado a uma energia digital, dada a vastidão de utilizações possíveis. O Ethereum fornece uma rede de sistemas descentralizados, cujos usos futuros são audaciosos e ousados, ninguém pode prever. Apesar disso existem, hoje, críticas que apontam que o Ethereum está mais centralizado, sobretudo depois da migração de *Proof of Work* (PoW) para *Proof of Stake* (PoS). A migração ocorreu sobretudo para diminuir o gasto energético relacionado à mineração da moeda. Hoje é fortíssimo o impacto – seja nas empresas, seja na política dos países – do pensamento *ESG* (abreviação de *Environment, Social and Governance*). As preocupações com o meio-ambiente, responsabilidade social e governança serão cada vez mais fortes. Embora certos *players* do mercado de ativos virtuais tenham críticas às ideias *ESG*, parece evidente que elas vieram para ficar. E é bom que seja assim. É possível que grande parte das transferências de titularidade de bens, no futuro, ocorram através da *blockchain* da Ethereum. O futuro parece caminhar nessa direção.

Finanças descentralizadas (*DeFI*) – As finanças descentralizadas também estão intimamente conectadas com a rede Ethereum. Os usos ainda são iniciais, e tudo indica que isso crescerá de modo veloz (e até inesperado) nas próximas décadas. Como dissemos antes, isso trará mais velocidade e mais descentralização (HARVEY, Campbell R.; RAMACHANDRAN, Ashwin; SANTORO, Joey. *DeFI and the future of finance*. New York: Wiley, 2021; VOSHMGIR, Shermin. *Token economy*: how the web3 reinvents the internet. Berlin: Token Kitchen, 2020). O mundo será menos vertical e mais horizontal. As instituições financeiras, por exemplo, terão menos poder, e o poder do cidadão (e das redes descentralizadas) será maior. O dinheiro está mudando de modo inédito na história humana. Não se trata, apenas, de tornar digital o que era físico. A revolução é muito maior, não é exagero falar em disruptura. As finanças descentralizadas não estão tratadas na Lei 14.478/2022, mas isso não impede que elas se imponham nos próximos anos.

Smart contracts – De modo simples, contratos inteligentes são contratos que se autoexecutam, quando certas condições são cumpridas. São contratos automatizados, que seguem uma programação anterior. Também acontecem na *blockchain* da rede Ethereum, em regra. A tecnologia envolvida é segura, com muitas camadas criptográficas, e confere confiança às transações realizadas. Ana Taveira da Fonseca explica que os *smart contracts* podem ser definidos como contratos que são suscetíveis de serem concluídos e/ou executados através do recurso à *blockchain*. Adiante explica que o que a tecnologia *blockchain* acrescenta aos contratos que podem ser concluídos ou executados por via telemática é a existência de um sistema (inteiramente) descentralizado, pois o seu funcionamento é assegurado pelo registo da informação em blocos agregados em cadeias de transmissão e distribuídos em computadores localizados em todo mundo, sem que exista uma hierarquia entre eles. Isso, explica, significa que qualquer alteração da informação que se encontra registada depende da conformidade ou concordância entre os diferentes blocos de informação, ou seja, depende de uma confirmação através de um protocolo de consenso entre todos os elos que compõem a cadeia de blocos. A isto acresce que os dados se encontram encriptados e estão temporalmente validados (FONSECA, Ana Taveira da. Smart contracts. BARBOSA, Mafalda Miranda; BRAGA NETTO, Felipe; SILVA, Michael César; FALEIROS JR, José Luiz (Coords). *Direito Digital e Inteligência Artificial. Diálogos entre Brasil e Europa*. Indaiatuba: Foco, 2021, p. 743-752; FINCK; Michèle. Grundlagen und Technologie von Smart Contracts. Smart Contracts, Mohr, Tübingen, 2019).

NFTs – NFTs são tokens não fungíveis. O conceito de bens fungíveis (ou infungíveis) é conhecido do civilista. O que singulariza o NFT é sua exclusividade. São ativos criptográficos negociáveis cujas provas de autenticidade e propriedade estão em um *blockchain*. Trata-se de algo único no mundo digital, que conta com uma espécie de certificado criptografado de propriedade (os NFTs não foram tratados na Lei 14.478/2022). Seja como for, são uma realidade dos nossos dias. O valor que possuem resulta de serem itens únicos, cuja autenticidade e propriedade pode ser verificada através de uma *blockchain* (na rede Ethereum). Temos, nesse contexto, através dos NFTs, obras digitais singulares, únicas. Além do mais, propriedades digitais (*virtual assets*) ganham cada vez mais valor, podendo assumir diferentes formas. Enfim, não é exagero dizer que o direito civil – em muitos aspectos – será convidado a se reinventar. O direito privado se vê desafiado a mudar de perspectivas, a assumir novos olhares, tantas e tão profundas são as mudanças sociais e digitais.

A aplicação do CDC às *exchanges* – Como não havia regulação legal antes da Lei n. 14.478/2022, não havia órgão ou entidade da administração pública para autorizar o funcionamento das corretoras de criptoativos. Tudo, nesse campo, está em construção em certo sentido (e o Estado está tateando, hesitante, sem saber como agir diante dessa nova realidade – as normas infralegais começam a existir, mas são poucas e precárias, como a Instrução Normativa RFB n. 1.888, de maio de 2019, que institui e disciplina a obrigatoriedade de prestação de informações relativas às operações com criptoativos à Secretaria Especial da Receita). A partir do início da vigência da Lei n. 14.478/2022 – o que ocorrerá 180 dias depois de sua publicação, que ocorreu em 22 de dezembro de 2022 – as prestadoras de serviços de ativos virtuais são poderão funcionar no Brasil mediante prévia autorização da autoridade responsável (que será posteriormente definida, como veremos). Haverá, ainda, em certos casos, a possibilidade de que essa autorização seja feita através de procedimento simplificado. Não é preciso (nem desejável) burocracia, é preciso regras claras e fiscalização para salvaguardar os ativos dos clientes. A (difícil) fórmula é proteger o consumidor sem cercear o ambiente de inovação que existe nesse setor.

Isac Costa, doutorando na USP, contextualiza: "Na União Europeia, houve avanços no processo legislativo da diretiva *Market in Crypto Assets (MiCA)*, uma regulação abrangente com foco principal na negociação e na prevenção e repressão a abusos de mercado. A norma também institui um regime de aprovação prévia para prestadores de serviços envolvendo criptoativos, regras para a governança, organização e operações de empresas que emitem criptoativos e medidas para proteger o investidor-consumidor e reprimir abusos no mercado, garantindo a sua integridade". Continua: "Um ponto importante da norma é a exigência da identificação das partes nas transações de qualquer valor, mas sem a proibição ou rastreio a carteiras privadas ou autocustodiadas, como chegou a ser proposto e uma ideia que foi abandonada também pelo Reino Unido, onde há expectativa de criação de uma regulação amigável. Em março, uma emenda que proibiria tokens que utilizassem *proof-of-work* como mecanismo de consenso foi rejeitada, aliviando o receito de muitos de que o bitcoins poderia ser banido da União Europeia. Em abril, foram impostas diversas restrições a transações com criptoativos para residentes na Rússia, no bojo de sanções econômicas àquele país em virtude da guerra contra a Ucrânia, culminando em uma proibição total em outubro. Com NFTs e *stablecoins* na mira dos reguladores, participantes do mercado discutem se a regulação sufocará a inovação". É importante dizer que a Lei n. 14.478/2022 não abrange todas as dimensões relacionadas ao mercado cripto – não trata, por exemplo, das NFTs e do DeFi. Na verdade nem seria adequado que o fizesse – tudo é ainda incrivelmente novo, e qualquer legislação sobre o tema agora tenderia a ser inadequada e rapidamente ficaria anacrônica.

O art. 4º do Marco das Criptos traz as diretrizes que devem ser necessariamente seguidas na prestação de serviços de ativos virtuais. Embora os parâmetros mais específicos dependam ainda de regulamentação, as diretrizes do art. 4º são, obviamente, desde já, normas jurídicas vinculantes com eficácia plena. São eles: livre iniciativa e livre concorrência; boas práticas de governança, transparência nas operações e abordagem baseada em riscos; segurança da informação e proteção de dados pessoais; proteção e defesa de consumidores e usuários; proteção à poupança popular; solidez e eficiência das operações; e prevenção à lavagem de dinheiro e ao financiamento do terrorismo e da proliferação de armas de destruição em massa, em alinhamento com os padrões internacionais. Espera-se atuação eficaz e proativa da autoridade reguladora, antecipando-se a desvios fraudulentos do mercado, garantindo a estabilidade das operações e das regras previamente conhecidas. As legislações atuais incentivam as boas práticas, com foco na atuação preventiva. Com isso estimula-se mudanças não apenas na dimensão normativa, mas também na dimensão cultural, de práticas sociais. A custódia de ativos é um tema central nesse mercado.

Tudo evidencia a imensa relevância que a regulação infralegal terá nesse campo. Exigir, por exemplo, que as corretoras façam prova de reservas (*proof of reserves*, PoR) que a plataforma de negociação exiba o lastro dos ativos digitais dos quais detém a custódia. Enfim, há hoje um movimento mundial para regulamentar os criptoativos – com iniciativas mais e menos felizes.

O art. 6º do Marco das Criptomoedas prevê que ato do Poder Executivo atribuirá a um ou mais órgãos ou entidades da administração Pública federal a disciplina do funcionamento e a supervisão da prestadora de serviços de ativos virtuais. O Marco das Criptos (arts. 2º e 4º) não definiu qual órgão ou entidade da administração pública federal ficará responsável pela tarefa regulatória e fiscalizatória. O mais provável é que venha a ser atribuída ao Banco Central a complexa tarefa de regular a questão em termos infralegais. É até possível – embora polêmico – que a segregação patrimonial (antes mencionada) venha a ser imposta por ato normativo infralegal do BACEN. Seja como for, o real impacto da legislação dependerá da normativa infralegal que virá.

As funções da CVM também são importantes neste campo. Da mesma forma que ocorre no mercado financeiro tradicional, no mercado cripto sua função primordial será atuar em relação aos ativos que serão classificados como valores mobiliários. Aliás, o equivalente nos Estados Unidos à CVM é a SEC (*Securities and Exchange Commission*), uma agência federal independente de regulamentação e controle dos mercados financeiros. A SEC vem orientando que os criptoativos tidos como valores mobiliários deverão seguir as normas do mercado tradicional – seja no que diz respeito à divulgação de informações, seja no que diz respeito à proteção dos investidores. A CVM tem reconhecido que num cenário global, as discussões sobre a regulação dos criptoativos estão ocorrendo em diversos países, com o reconhecimento de que este é um desafio transfronteiriço, que exige orientações.

Há muito a fazer para trazer transparência ao mercado, evitando certas atuações disfuncionais que ocorreram largamente. Mas o legislador jamais deverá adotar uma postura *contra* as criptomoedas. Isso, além de inútil, seria pouco inteligente e mostraria um apego a realidades ultrapassadas. O novo quando precisa chegar se impõe, ainda que sob os protestos do velho regime. Isso vale para setores diversos do caminhar humano.

O art. 13 do Marco das criptomoedas prevê que se aplicam às operações conduzidas no mercado de ativos virtuais, no que couber, as disposições do CDC. Essa previsão didática, pedagógica, é importante – embora o CDC fosse aplicável ainda sem ela. De todo modo, com a dicção expressa da Lei n. 14.478/2022, ficam previamente afastadas quaisquer discussões hesitantes: o CDC é aplicável ao serviços prestados pelas corretoras de criptomoedas. Sendo aplicável o CDC, concretamente falando, o usuário das corretoras poderá se valer, por exemplo: a) da possibilidade de solicitar a inversão do ônus da prova (CDC, art. 6º, VIII); b) da possibilidade de propor a ação em seu domicílio, ainda que outro seja o domicílio da corretora (CDC, art. 101, I); c) do prazo prescricional mais amplo (5 anos, segundo o art. 27 do CDC, ao invés de 3, do Código Civil, para a prescrição da pretensão da reparação civil); d) as corretoras não podem ser valer da denunciação da lide (o art. 88 do CDC veda em algumas hipóteses, mas o STJ foi além, afirmando: "Não é possível, em nenhum caso, nos processos que têm como objeto relações de consumo, haver denunciação à lide (STJ, AgRg no AREsp 157.812); e) sem falar que são inválidas as cláusulas contratuais que excluam ou mesmo atenuem o dever de indenizar, em caso de dano (CDC, art. 51, I). Convém lembrar ainda que os deveres de informação, por parte dos fornecedores de produtos e serviços, no âmbito do CDC, são singularmente fortes.

Além de tudo isso, em outras situações, o fato de ser aplicar o CDC favorece, sem dúvida, uma interpretação integrada e herdeira de toda a principiologia construída ao longo de mais de 30 anos de sua vigência. O CDC é uma lei comprometida com os valores do seu tempo, que dirige os olhos para os interesses da vítima, especialmente em condições de vulnerabilidade. É um microssistema que vem, ao longo das décadas, sendo em grande parte reconstruído e forjado por intensa construção jurisprudencial, superando uma concepção individualista em favor de uma visão aberta, dinâmica e funcional.

Importante lembrar ainda que o direito privado, hoje, sublinha a importância do diálogo das fontes. O Marco da Criptos (Lei 14.478/2022) deve ser interpretado, em diálogo das fontes, juntamente com o CDC e a LGPD. Há uma convergência sistêmica entre os microssistemas, que resultam numa proteção privilegiada ao cidadão (seja como consumidor, como titular de dados, como investidor). O desafio, hoje, é concretizar os direitos fundamentais – e a solidariedade social – dentro do direito privado (mas não só nele). Não se pode pensar o direito privado analisando cada lei de modo isolado e estanque (isso seria a definição contrária do que atualmente é o direito privado). Aliás, a concepção clássica, que apartava, em mundos distintos, o direito público e o direito privado, envelheceu. Pode ter alguma valia didática, mas já não serve para explicar o que se passa na sociedade em que vivemos. Hoje, as fontes normativas são plurais, públicas e privadas, nacionais e internacionais. Há uma interpenetração progressiva das fontes normativas, em integridade sistêmica.

O modo atual de legislar é, sobretudo, através de objetivos e fins. As legislações mais importantes do Brasil nos últimos anos, como o Marco civil da internet e a LGPD, são fundamentalmente principiológicas. Sabemos que informação, cooperação, cuidado, lealdade, confiança são diretrizes fundamentais para a interpretação do direito privado do século XXI (são deveres anexos que se incorporaram ao sistema jurídico brasileiro, sobretudo nas relações de consumo, sendo ainda mais fortes neste campo). As soluções que o direito privado precisa oferecer são mais complexas, porque a sociedade é mais complexa. Essa relação vai sempre existir. Sociedades marcadas por maior simplicidade e estabilidade nas relações sociais aceitam melhor soluções estáticas e relativamente simples. O século XXI exige, ao contrário, esquemas dinâmicos e funcionais, que devem refletir a pluralidade e os desafios imensos oriundos da revolução digital.

2.3. Os profissionais liberais são fornecedores de serviços?

Depois dessa caminhada – até certo ponto longa – nas questões relativas ao direito digital, voltemos às dimensões mais tradicionais do direito do consumidor. E analisemos a questão dos profissionais liberais como prestadores de serviços.

Profissional liberal é aquele que exerce, com autonomia, sua tarefa, sem subordinação técnica a outrem. Define-se – além da habilitação técnica – pela independência à luz dos princípios que regem a sua atividade e pela habitualidade no exercício da sua profissão. O que não impede, porém, que haja vínculo de emprego.

Não é necessário que estejamos diante de profissão regulamentada. Serão, portanto, profissionais liberais, na forma do art. 14, § 4º, do CDC, mesmo aqueles cuja profissão não esteja legalmente regulamentada. O que importa é que o serviço seja prestado de modo, por assim dizer, personalizado, havendo um contato pessoal entre o fornecedor e o consumidor, sem a massificação que costuma caracterizar o fornecedor de serviços. Importante, nesse sentido, para caracterizar um profissional liberal, é lembrar da natureza *intuitu personae* dos serviços prestados (Cf. Fernando Noronha. *Direito das obrigações*. São Paulo: Saraiva, 2007, p. 402). É preciso, portanto, nesse contexto, que se trate de um serviço que contratamos em razão das qualidades peculiares e personalíssimas daquele profissional.

Para Paulo Lobo, nem mesmo a graduação universitária é necessária. Seria, assim, profissional liberal "*todo aquele que desenvolve atividade específica de serviços, com independência técnica, e com qualificação e habilitação determinadas pela lei ou pela divisão social do trabalho*". (Responsabilidade Civil dos Profissionais Liberais e o ônus da prova. *Revista de Direito do Consumidor*. São Paulo, nº 26, p. 160). Os profissionais liberais são fornecedores de serviços, sujeitos, portanto à disciplina do CDC. Porém, em relação a eles, o CDC trouxe disposição específica, afirmando que a "responsabilidade pessoal dos profissionais liberais será apurada mediante a verificação de culpa" (art. 14, § 4º).

Os profissionais liberais são fornecedores de serviços, sujeitos, portanto à disciplina do CDC. Porém, em relação a eles, o CDC trouxe disposição específica, afirmando que a "responsabilidade pessoal dos profissionais liberais será apurada mediante a verificação de culpa" (art. 14, § 4º).

Pode-se, no entanto, indagar: qual a vantagem de se aplicar o Código de Defesa do Consumidor, se a responsabilidade pessoal dos profissionais liberais, a teor do art. 14, § 4º, é subjetiva, fugindo à regra geral, nele consignada, da responsabilidade objetiva?

As vantagens, ainda assim, são imensas para o consumidor. É possível que ocorra, a critério do juiz, inversão do ônus da prova, se a alegação for verossímil ou quando o consumidor for hipossuficiente, a teor do art. 6º, VIII, do CDC (hipossuficiência não apenas econômica, mas sobretudo técnica).

O consumidor poderia propor a ação em seu domicílio (CDC, art. 101, I), e não no do profissional liberal que causou danos, circunstância que estaria concorde com a facilitação da defesa de seus direitos (CDC, art. 6º, VIII). De igual forma, aplicável o CDC, os deveres de bem informar, de modo claro e adequado, inclusive sobre os riscos da demanda (condenação em honorários advocatícios, por exemplo, no caso do advogado), são mais severos em face ao fornecedor, do que aqueles aplicáveis ao comum das relações civis. Os profissionais liberais, portanto, como qualquer fornecedor de serviços, respondem por informações insuficientes ou inadequadas (CDC, art. 14).

De igual modo, o "fato de se exigir comprovação da culpa para poder responsabilizar o profissional liberal pelos serviços prestados de forma inadequada, não é motivo suficiente para afastar a regra de prescrição estabelecida no artigo 27 da legislação consumerista, que é especial em relação às normas contidas no Código Civil" (STJ, REsp 731.078, Rel. Min. Castro Filho, DJ 13/02/06).

A propósito dos profissionais liberais o STJ afirmou: "Conforme precedentes firmados pelas turmas que compõem a Segunda Seção, é de se aplicar o Código de Defesa do Consumidor aos serviços prestados pelos profissionais liberais, com as ressalvas do § 4º do artigo 14" (STJ, REsp 731.078, Rel. Min. Castro Filho, DJ 13/02/06).

Os serviços prestados por advogados estão sujeitos ao CDC?

Digamos, inicialmente, que os serviços prestados por médicos, ainda que individualmente, configuram relação de consumo, razão pela qual, como consequência processual, a ação pode ser proposta no domicílio do autor (art. 101, I, CDC). Nesse sentido, decidiu o STJ: "Código de Defesa do Consumidor – Competência – Responsabilidade do fornecedor de serviços – Médico. A ação de responsabilidade por dano decorrente da prestação de serviço médico pode ser proposta no foro de domicílio do autor (art. 101, I, CDC), ainda que a responsabilidade do profissional liberal dependa da prova de sua culpa (art. 14, § 4º, do CDC)" (STJ, REsp 80.276, Rel. Min. Ruy Rosado de Aguiar, 4ª T, DJ 25/03/96).

O STJ, estranhamente, excluiu os advogados do âmbito de incidência do CDC, frisando que "não há relação de consumo nos serviços prestados por advogados, seja por incidência de norma específica, no caso a Lei nº 8.906/94, seja por não ser atividade fornecida no mercado de consumo. As prerrogativas e obrigações impostas aos advogados – como, v.g., a necessidade de manter sua independência em qualquer circunstância e a vedação à captação de causas ou à utilização de agenciador (arts. 31/§ 1º e 34/III e IV, da Lei nº 8.906/94) – evidenciam natureza incompatível com a atividade de consumo" (STJ, REsp 532.377, Rel. Min. César Asfor Rocha, 4ª T, DJ

13/10/03). Posteriormente tal orientação foi reafirmada no REsp 539.077, relatado pelo Ministro Aldir Passarinho Júnior, julgado em 26/04/05.

Isso significa dizer, por exemplo, que alguém, enganado por advogado malicioso – existem, infelizmente, em todas as profissões – terá que se deslocar até o domicílio do advogado para lá propor a ação, e não poderá invocar o art. 101, I, do CDC, que faculta a propositura da ação no domicílio do consumidor.

Não nos parece que haja diferenças ontológicas entre o serviço do médico e o do advogado, excluindo esse da posição de prestador de serviços. Legislação específica não é obstáculo para a incidência do CDC, e as prerrogativas legais, a que os advogados fazem jus, em nada se indispõem com o sistema de consumo, dentro do qual, por expressa dicção legal, a responsabilidade civil dos profissionais liberais é apurada mediante culpa (art. 14, § 4º, CDC).

Um dos argumentos apresentados pelo acórdão supra foi a "incidência de norma específica, no caso a Lei nº 8.906/94". Tal argumentação, todavia, não convence. O CDC operou um corte horizontal no sistema – valendo-nos de figura de linguagem já usada em doutrina – fazendo com que, qualquer que seja a disciplina originária, seja também disciplinada pelo CDC, no que perfizer relação de consumo. O STJ, muito corretamente, já reconheceu isso em mais de uma oportunidade: "O contrato de incorporação, no que tem de específico, é regido pela lei que lhe é própria (Lei nº 4.591/1964), mas sobre ele também incide o Código de Defesa do Consumidor, que introduziu no sistema civil princípios gerais que realçam a justiça contratual, a equivalência das prestações e o princípio da boa-fé objetiva" (STJ, REsp 80.036, Rel. Min. Ruy Rosado de Aguiar, 4ª T).

Trata-se, cabe repetir, de tendência criticável. Não há razão jurídica razoável para tão excepcional exclusão. O art. 14 do CDC, ao tratar da responsabilidade do fornecedor, estabelecendo sua responsabilidade, pelos serviços prestados, independentemente de culpa, estatui, no § 4º, uma exceção – a única no CDC – dizendo que a responsabilidade pessoal dos profissionais liberais será apurada mediante a verificação de culpa.

Extrai-se, dessa regra, a singela conclusão (que de resto decorre de todo o sistema do CDC): aos profissionais liberais se aplica o Código do Consumidor, porém, no que toca à sua responsabilidade pessoal, essa será apurada mediante culpa. Os profissionais liberais, pelos serviços que prestam aos seus clientes, dentro de sua área profissional, são fornecedores, fazendo surgir, inegavelmente, relação de consumo, como o Tribunal, em várias oportunidades, reconheceu.

Não há, cabe repetir, nenhuma razão, teleológica ou legal, para afastar a incidência do Código de Defesa do Consumidor. Nem a existência de legislação própria (Lei nº 8.906/94) autoriza, como argumentou o Tribunal, a exclusão, pois o Código de Defesa do Consumidor estabeleceu um corte horizontal no sistema, chamando a si todas as relações de consumo. Legislação própria, ademais, têm a maioria das relações de consumo, o que não serve para inibir a força normativa do CDC.

Em julgados mais recentes o STJ parece tender no sentido de superar a posição anterior, no sentido da não submissão dos advogados ao CDC. Ao julgar o REsp

633.174, decidiu-se, em razão das peculiaridades do caso, não estar configurada a relação de consumo entre o cliente e o advogado, porém com o propósito de aplicar prazo prescricional maior, em favor do cliente (um cidadão procurou um advogado para ingressar com ação trabalhista, fornecendo-lhe todos os documentos necessários para tanto. Compareceu várias vezes ao escritório do advogado para que este propusesse a ação, o que nunca foi feito. À vista do ocorrido, o cliente ingressou com ação de danos morais e materiais contra o advogado. O advogado dizia que, por se tratar de relação de consumo, a pretensão do cliente já estava prescrita, fundado no art. 27 do CDC. O STJ entendeu se tratar, a rigor, de inadimplemento contratual, aplicando o prazo prescricional de vinte anos, previsto no Código Civil revogado).

Porém, como princípio geral, a relatora frisou que a relação entre advogado e cliente é relação de consumo (STJ, REsp 633.174, Rel. Min. Nancy Andrighi, 3ª T, DJ 21/03/05). Ponderou-se em doutrina: "Dizer que o Estatuto da Ordem dos Advogados do Brasil revogou o CDC é, na verdade, uma afirmativa equivocada e mais um movimento de negação de defesa do princípio constitucional de tutela do consumidor que, infelizmente, encontrou eco em parte dos Ministros do Superior Tribunal de Justiça" ("O mercado de consumo e a prestação de serviços advocatícios", in RDC, nº 59, julho-setembro de 2006, RT, p. 23).

O STJ, contudo, firmou posição oposta, pacificando-se no sentido de não considerar possível invocar normas do CDC para regular contratos de prestação de serviços advocatícios. Desse modo, o CDC não se aplica à regulação de contratos de honorários advocatícios (STJ, REsp 1.123.422, Rel. Min. João Otávio de Noronha, 4ª T, DJ 15/08/11). O CDC não incide nos contratos de prestação de serviços advocatícios (STJ, AgRg no Ag 1.380.692, Rel. Min. Nancy Andrighi, 3ª T, DJ 30/05/11). Por não incidir o CDC nos contratos de prestação de serviços advocatícios, não se pode considerar abusiva a cláusula contratual que prevê honorários advocatícios em percentual superior ao usual. Prevalece o *pacta sunt servanda* (STJ, REsp 757.867, Rel. Min. Humberto Gomes de Barros, 3ª T, DJ 09/10/06). As relações contratuais entre clientes e advogados são regidas pelo Estatuto da OAB, aprovado pela Lei nº 8.906/94, a elas não se aplicando o CDC (STJ, REsp 539.077, Rel. Min. Aldir Passarinho Júnior, 4ª T, DJ 30/05/05). No mesmo sentido (STJ, REsp 1.134.889, Rel. Min. Mello Castro, 4ª T, DJ 08/04/10). Na mesma linha decidiu-se que "conforme entendimento firmado no STJ, o CDC não se aplica à prestação de serviços de advocacia" (STJ, AgRg no AREsp 316.594, DJ 09/09/2014).

Embora não seja aplicável o CDC, são aplicáveis os princípios e regras que compõem o Código Civil, como a boa-fé objetiva (arts. 113, 187 e 422), a função social do contrato (art. 421 e 2.035, parágrafo único), a vedação da lesão (art. 157) e a proibição do abuso de direito (art. 187).

3. TEORIAS "MAXIMALISTA" E "MINIMALISTA"

A partir do surgimento do CDC, e com o posterior aprofundamento das discussões, esboçou-se na doutrina – com reflexos jurisprudenciais – uma disputa entre maximalistas e minimalistas (finalistas). Os primeiros diziam que a aplicação do CDC deveria ser a mais ampla possível, incluindo as pessoas jurídicas e os empresários, que deveriam se beneficiar com a nova lei de consumo. Os segundos, também chamados de finalistas, diziam que a interpretação, para preservar o espírito do código, deveria proteger os efetivamente mais fracos, sob pena de banalizar o CDC e esvaziar o seu alcance. Esta segunda é considerada, digamos assim, a opção "politicamente correta", e conta com o apoio de considerável parcela dos chamados "consumeristas".

O STJ sublinhou que a "jurisprudência desta Corte se sedimenta no sentido da adoção da teoria finalista ou subjetiva para fins de caracterização da pessoa jurídica como consumidora em eventual relação de consumo, devendo, portanto, ser destinatária final econômica do bem ou serviço adquirido" (STJ, CC 92.519, Rel. Min. Fernando Gonçalves, 2ª Seção, DJ 04/03/09). Posteriormente o STJ frisou, na linha de outros precedentes: "A jurisprudência desta Corte tem adotado o critério do destinatário final do produto ou serviço para a caracterização do consumidor" (STJ, REsp 956.695, Rel. Min. Sidnei Beneti, 3ª T, DJ 18/12/09). A jurisprudência do STJ, em julgados de 2021, reafirmando entendimentos anteriores, considera consumidor a pessoa física ou jurídica que adquire produto ou serviço como destinatária final, aplicando-se, via de regra, a teoria finalista (STJ, AgInt no AREsp 1.791.552, Rel. Min. Raul Araújo, 4ª T, DJe 05/08/2021).

Porém não cremos que a questão, posta em termos excludentes, dê conta da riqueza que a discussão envolve. Aliás, a jurisprudência, como veremos a seguir, tem tendido a ampliar o conceito de destinatário final, ampliando a disciplina do CDC para um sem-número de casos.

4. COMPREENDENDO A EXPRESSÃO "DESTINATÁRIO FINAL"

Dissemos acima não ser simples nem fácil definir o "destinatário final". Passados mais de trinta anos de vigência do CDC, ainda hoje a jurisprudência diverge acerca do real conteúdo da expressão.

A figura do consumidor está, de acordo com o CDC, vinculada à utilização do produto ou serviço na condição de destinatário final ("Consumidor é toda pessoa física ou jurídica que adquire ou utiliza produto ou serviço como destinatário final"). Não basta, portanto, adquirir, em termos econômicos, o produto ou serviço. É fundamental, para aplicação da sistemática de consumo, que tal aquisição se dê na qualidade de destinatário final.

O que vem a ser o destinatário final?

É a necessidade, legalmente imposta, de que a aquisição do produto ou a fruição do serviço não ocorra com fins profissionais. Se uma empresa adquire de outra madeira pré-fabricada para confeccionar cadeiras de escritório, que serão posteriormente vendidas, não teremos, aí, uma relação de consumo, e sim um contrato empresarial.

Em linha de princípio o CDC se aplica aos consumidores não profissionais, como tais entendidos aqueles que, ao adquirir o produto ou serviço, o fazem de modo alheio às finalidades profissionais, sem procurar, por meio da aquisição, aumentar seus lucros. Assim, a "aquisição de bens ou a utilização de serviços, por pessoa natural ou jurídica, com o escopo de implementar ou incrementar a sua atividade negocial, não se reputa como relação de consumo e, sim, como uma atividade de consumo intermediária" (STJ, REsp 541.867, Rel. Min. Barros Monteiro, 2ª Seção, DJU 16/05/05).

Porém, não são absolutas tais restrições. A jurisprudência tem eventualmente flexibilizado a restrição acima referida, com vistas a preservar a teleologia do CDC. Se uma pequena empresa adquire um produto de um sólido grupo econômico, ainda que visando, com tal aquisição, lucro, nada impede que se reconheça, no caso concreto, a incidência do CDC, máxime se a compradora está atuando fora de seu campo ordinário de negócios.

Pondera, a respeito, a doutrina: "Além disso, o consumidor é aquele que adquire o produto ou recebe o serviço como destinatário final. Esse problema do limite de aplicação do Código do Consumidor – em decorrência da amplitude de interpretação dada a esse art. 2º – é tema ainda insepulto. Há, em suma, duas correntes que se digladiam: os finalistas, segundo os quais o consumidor seria apenas aquele que se aproveita dos produtos ou serviços para si, sua família ou em uso doméstico. Há, para essa corrente, uma leitura restritiva do conceito de destinatário final, referido na lei. Já os maximalistas creem que também são abrangidos pela proteção dada ao consumidor, aqueles que adquirem os produtos e os usam profissionalmente, desde que, claro, não seja para revenda" (José Roberto de Castro Neves, "O Direito do Consumidor – de onde viemos e para onde vamos", in RTDC, vol. 26, abr/jun, 2006, p. 200).

Assim, pondera o autor, o cabeleireiro que adquire um xampu e o usa no seu salão não será, para os finalistas, consumidor (não seria destinatário final, uma vez que usaria o produto nos seus clientes e cobraria por isso), sendo, no entanto, o mesmo cabeleireiro consumidor para os maximalistas. O mesmo se diga em relação a um advogado que adquire um software para o registro de seus clientes.

Assim, quem, sendo produtor de arroz, compra adubo químico para investir em sua atividade comercial (e não como destinatário final, para, por exemplo, alimentar sua família), não pode ser considerado consumidor, porquanto visa incrementar, com a aquisição, sua atividade negocial (STJ, REsp 101.6458, Rel. Min. Aldir Passarinho Júnior, 4ª. T, DJ 08/03/10). Do mesmo modo, a relação jurídica entre clínica de oncologia que compra equipamento para prestar serviços de tratamento ao câncer, e representante comercial que vende esses mesmos equipamentos, não é de consumo, dada a adoção da teoria finalista acerca da definição das relações de consumo (STJ, REsp 1.173.060, Rel. Min. Nancy Andrighi, 3ª T, DJ 25/10/12). Há, conforme já vimos, precedentes no STJ mitigando a teoria finalista em situações em que ocorra uma clara vulnerabilidade, o que não é o caso desta situação narrada.

É preciso, muitas vezes, analisar o caso concreto e suas circunstâncias. Sempre que estiver evidenciada a desigualdade material, a parte mais fraca deverá ser protegida, ainda que não seja o caso de aplicar o CDC. O Código Civil tem normas que possibilitam essa proteção, mormente se interpretado à luz da Constituição.

Porém, mesmo assim, a matéria apresenta dificuldades e sutilezas. Não é só a vulnerabilidade que pode ser relevante para caracterizar a pessoa jurídica como consumidora. Alguns julgados aceitam que, mesmo ausente a vulnerabilidade, a pessoa jurídica pode ser consumidora, se o produto por ela adquirido for utilizado não para integrar os serviços prestados ao cliente, mas como destinatária final. O problema, nesse contexto, ganha maior dimensão de complexidade, pois nem sempre é clara a linha de separação entre o que faz (e o que não faz) parte dos serviços prestados aos clientes, ou mesmo até que ponto os produtos adquiridos pela empresa não estão, também, conectados e integrados num todo maior teleologicamente vinculado ao lucro. Seja como for, decidiu-se, no sentido que relatamos neste parágrafo: "Controvérsia acerca da existência de relação de consumo na aquisição de aeronave por empresa administradora de imóveis. Produto adquirido para atender a uma necessidade própria da pessoa jurídica, não se incorporando ao serviço prestado aos clientes. Existência de relação de consumo, à luz da teoria finalista mitigada" (STJ, AgRg no REsp 1.321.083, Rel. Min. Paulo de Tarso Sanseverino, DJ 25/09/2014). Entendeu-se, no caso, que a empresa administradora de imóveis era destinatária final da aeronave (o que, analisado isoladamente, é verdadeiro). Perceba-se – à luz do julgado citado, se aceitarmos a solução por ele veiculada como correta (caberia indagar se a decisão não estaria flertando com a teoria maximalista) – que mesmo ausente a vulnerabilidade a pessoa jurídica pode, embora excepcionalmente, ser consumidora, se destinatária final do produto ou serviço.

Lembremos, para tornar a questão ainda mais difícil, que o STJ tem afirmado que o CDC não incide – por não se caracterizar a figura do consumidor – nos casos de financiamentos bancários ou de aplicação financeira com o propósito de ampliar capital de giro (STJ, REsp 963.852, Rel. Min. Carlos Ferreira, DJ 06/10/2014). O capital obtido da instituição financeira, no caso, destina-se a fomentar a atividade industrial, comercial ou de serviços, incrementando os negócios e o lucro. É de se indagar se o avião, também, não é só um instrumento para incrementar os negócios e o lucro. A matéria, dissemos, é difícil e delicada.

4.1. Ampliações jurisprudenciais do conceito do "destinatário final"

Dissemos acima que, eventualmente, a jurisprudência tem aplicado o CDC mesmo que o consumidor aja com fins profissionais. O STJ, ampliando o conceito de destinatário final, entendeu que a farmácia que celebra contrato de prestação de serviço com empresa de cartão de crédito – tendente a vender produtos farmacêuticos, para seus clientes, mediante cartão de crédito – e não recebe pagamento da empresa de cartão, é consumidora, podendo propor ação para reaver os prejuízos em seu domicílio (art. 101, I, CDC). A farmácia, no caso, segundo o STJ, é destinatária final do serviço de crédito.

Cabe transcrever a ementa da citada decisão: "Aquele que exerce empresa assume a condição de consumidor dos bens e serviços que adquire ou utiliza como destinatário final, isto é, quando o bem ou serviço, ainda que venha a compor o estabelecimento empresarial, não integre diretamente – por meio de transformação, montagem, beneficiamento ou revenda – o produto ou serviço que venha a ser ofertado a terceiros. O empresário ou sociedade empresária que tenha por atividade precípua a distribuição, no atacado ou varejo, de medicamentos, deve ser considerado destinatário final do serviço de pagamento por meio de cartão de crédito, porquanto esta atividade não integra, diretamente, o produto objeto de sua empresa" (STJ, REsp 41.056, Rel. Min. Nancy Andrighi, Segunda Seção, DJ 20/09/04).

Como afirmamos acima, existem julgados que ampliam o conteúdo normativo da expressão "destinatário final". Essa, aliás, tem sido uma constante na jurisprudência do STJ: "A expressão 'destinatário final', constante da parte final do art. 2º do Código de Defesa do Consumidor, alcança o produtor agrícola que compra adubo para o preparo do plantio, à medida que o bem adquirido foi utilizado pelo profissional, encerrando-se a cadeia produtiva respectiva, não sendo objeto de transformação ou beneficiamento" (STJ, REsp 208.793, Rel. Min. Menezes Direito, 3ª T, DJ 01/08/00). Em sentido semelhante decidiu o STJ: "O agricultor que adquire bem móvel com a finalidade de utilizá-lo em sua atividade produtiva, deve ser considerado destinatário final, para os fins do art. 2º do Código de Defesa do Consumidor" (STJ, REsp 445.854, Rel. Min. Castro Meira, 3ª T, DJ 19/12/03). Posteriormente decidiu o STJ: "Aplica-se o Código de Defesa do Consumidor aos contratos firmados entre instituições financeiras e agricultor, pessoa física, ainda que para viabilizar o seu trabalho como produtor rural" (STJ, AgRg nos EDl no REsp 866.389, Rel. Min. Sidnei Beneti, 3ª T, DJ 01/07/08).

Mesmo que haja utilização do serviço, por parte da pessoa jurídica, com fins profissionais – como é o caso da empresa que comercializa pescados – poderá esta pessoa jurídica ser tida como consumidora relativamente ao poder público que lhe fornece água: "Há relação de consumo no fornecimento de água por entidade concessionária desse serviço público à empresa que comercializa com pescados. A empresa utiliza o produto como consumidora final. Conceituação de relação de consumo assentada pelo art. 2º do Código de Defesa do Consumidor. Tarifas cobradas a mais. Devolução em dobro. Aplicação do art. 42, parágrafo único, do Código de Defesa do Consumidor" (STJ, REsp 263.229, Rel. Min. José Delgado, 1ª T, DJ 09/04/01).

Também seria consumidor e "insere-se no conceito de 'destinatário final' a empresa que se utiliza dos serviços prestados por outra, na hipótese em que se utilizou de tais serviços em benefício próprio, não os transformando para prosseguir na sua cadeia produtiva" (STJ, REsp 488.274, Rel. Min. Nancy Andrighi, 3ª T, DJ 23/06/03). No caso em questão, tratava-se de empresa produtora de alimentos que se utilizou dos serviços de software, manutenção e suporte de outra empresa para o controle interno de sua produção. O Tribunal entendeu que ela era destinatária final dos serviços, pois não estaria transformando o bem e o repassando aos consumidores, mas apenas o usando internamente, dentro da empresa.

Cabe resumir, com base na jurisprudência mais recente, o que dissemos. O STJ adota o critério finalista para definir a relação de consumo (também chamada teoria subjetiva – REsp 541.867). O consumidor, portanto, deve ser destinatário final do produto ou serviço. Dessa forma, não há relação de consumo quando se trata de produtor rural de grande porte e o maquinário objeto do contrato serviu para a colheita de milho e feijão em grande escala (STJ, REsp 826.827, Rel. Min. Sidnei Beneti, 3ª T, DJ 19/10/10). Já se frisou que o grande produtor rural é um empresário rural e, quando adquire sementes, insumos ou defensivos agrícolas para o implemento de sua atividade produtiva, não o faz como destinatário final, como acontece nos casos da agricultura de subsistência, em que a relação de consumo e a hipossuficiência ficam bem delineadas (STJ, REsp 914.384, Rel. Min. Massami Uyeda, 3ª T, DJ 01/10/10). O STJ costuma excepcionar, apenas, as hipóteses de agricultura de subsistência, a elas aplicando o CDC.

Em julgados mais recentes o STJ tem afirmado que no contrato de compra e venda de insumos agrícolas o produtor rural não pode ser considerado destinatário final, razão pela qual, nesses casos, não incide o CDC (STJ, AgRg no AREsp 86914, Rel. Min. Luis Felipe Salomão, 4ª T, DJ 28/06/12). Tratando-se de grande produtor rural e o contrato referindo-se, na sua origem, à compra de insumos agrícolas, não se aplica o CDC, pois não se trata de destinatário final (STJ, REsp 914.384, Rel. Min. Massami Uyeda, 3ª T, 02/09/10). Compra e venda de sementes de milho por produtor rural, destinadas ao plantio em sua propriedade para posterior colheita e comercialização, não espelham relação de consumo (STJ, REsp 1.132.642, Rel. p/ acórdão Min. Massami Uyeda, 3ª T, DJ 18/11/10). A jurisprudência, no caso, demonstra certa oscilação conceitual: certos julgados parecem exigir, para afastar a incidência do CDC, que se trate de grande produtor rural, outros se satisfazem com o fato de que o produto ou serviço foram usados em outra atividade produtiva, como a agricultura, o que afasta a condição de destinatário final.

Abranda-se, porém, em determinados casos, a teoria finalista (ou subjetiva), para aplicar o CDC a consumidores profissionais, desde que demonstrada a vulnerabilidade técnica, jurídica ou econômica. Aplica-se, assim, o CDC à relação entre o fabricante de máquinas e uma pessoa física que borda em prol da sobrevivência de sua família, estando evidenciada sua vulnerabilidade econômica (STJ, REsp 1.010.834, Rel. Min. Nancy Andrighi, 3ª T, DJ 13/10/10). Na mesma linha de ideias, a aquisição de veículo para utilização como táxi, por si só, não afasta a possibilidade de aplicação das normas protetivas do CDC (STJ, REsp 611.872, Rel. Min. Carlos Ferreira, 4ª T, DJ 23/10/12).

Cada vez mais a vulnerabilidade é usada, pela jurisprudência, para indicar se estamos diante de uma relação de consumo. Nesse sentido, "saber se o destinatário final de um produto ou serviço se enquadra no conceito de consumidor é compreender, além da sua destinação, se a relação jurídica estabelecida é marcada pela vulnerabilidade da pessoa física ou jurídica que adquire ou contrata produto ou serviço diante do seu fornecedor" (STJ, REsp 509.304, Rel. Min. Villas Bôas Cueva, 3ª T, DJ 23/05/2013). Nessa ordem de ideias, o proprietário que contrata imobiliária para administrar seu imóvel é destinatário final do serviço e, portanto, consumidor. Em 2023 se reafirmou que o CDC não se aplica quando o produto ou serviço é contratado para implementação de atividade econômica, já que não estaria configurado o destinatário final da relação de consumo (teoria finalista ou subjetiva). A regra, porém, pode ser abrandada, diante de hipossuficiência técnica, jurídica ou econômica da pessoa jurídica, autorizando, excepcionalmente, a aplicação das normas do CDC (teoria finalista mitigada) (STJ, AgInt no REsp 2.076.856, Rel. Min. Raul Araújo, 4ª T, DJe 21/11/2023).

Tem-se, nesses casos, para descrever a tendência que apontamos neste tópico, usando-se a expressão "teoria finalista mitigada". Usa-se, também, para descrever o mesmo fenômeno, a expressão "teoria finalista aprofundada". Seja qual for a etiqueta semântica escolhida, algo é certo: observa-se, cada vez mais, nos casos concretos, os contextos de contratação. Valoriza-se também particularmente a presença, ou não, da vulnerabilidade. O STJ resumiu, de modo pedagógico, essa tendência: "A natureza da relação estabelecida entre as pessoas jurídicas – se de consumo ou puramente empresarial – não pode ser qualificada a partir de uma análise feita exclusivamente pelo prisma dos contratantes, à margem de qualquer reflexão sobre o contexto no qual se insere o contrato celebrado" (STJ, REsp 1.417.293, Rel. Min. Nancy Andrighi, DJ 02/09/2014).

5. A PESSOA JURÍDICA COMO CONSUMIDORA

Já mencionamos que a pessoa jurídica pode ser consumidora. No Brasil – ao contrário de outros países, como a Alemanha, onde tal possibilidade inexiste – é possível que tenhamos um consumidor pessoa jurídica. O CDC, aliás, é explícito ("Consumidor é toda pessoa física ou jurídica que adquire ou utiliza produto ou serviço como destinatário final").

A jurisprudência, em várias oportunidades, reconhece a pessoa jurídica como consumidora. Assim, "tratando-se de contrato de adesão, sendo a ré microempresa, pertinente é a aplicação do art. 6º, VIII, do Código de Defesa do Consumidor, superando-se a cláusula de eleição de foro, com vistas à facilitação da defesa". (STJ, REsp 468.148, Rel. Min. Menezes Direito, 3ª T, DJ 28/10/03).

A jurisprudência, sabiamente, tem abrandado, em certos casos, a corrente finalista, desde que presente a vulnerabilidade: "A relação jurídica qualificada por ser 'de consumo' não se caracteriza pela presença de pessoa física ou jurídica em seus pólos, mas pela presença de uma parte vulnerável de um lado (consumidor), e de um fornecedor, de outro. Mesmo nas relações entre pessoas jurídicas, se da análise da hipótese concreta decorrer inegável vulnerabilidade entre a pessoa-jurídica consumidora e a fornecedora, deve-se aplicar o CDC na busca do equilíbrio entre as partes. Ao consagrar o critério finalista para interpretação do conceito de consumidor, a jurisprudência deste STJ também reconhece a necessidade de, em situações específicas, abrandar o rigor do critério subjetivo do conceito de consumidor, para admitir a aplicabilidade do CDC nas relações entre fornecedor e consumidores-empresários em que fique evidenciada a relação de consumo. São equiparáveis a consumidor todas as pessoas, determináveis ou não, expostas às práticas comerciais abusivas" (STJ, REsp 476.428, Rel. Min. Nancy Andrighi, 3ª T, 09/05/05).

6. CONSUMIDOR PESSOA FÍSICA E CONSUMIDOR PESSOA JURÍDICA: PRESUNÇÕES

A vulnerabilidade, pressuposto de aplicação do CDC, é presumida relativamente à pessoa física, devendo ser demonstrada quando a pessoa jurídica pretende ser considerada consumidora. Essa, pelo menos, tem sido a trilha jurisprudencial em muitos casos.

O STJ já decidiu que "tratando-se de contrato firmado entre a instituição financeira e pessoa física, é de se concluir que o agravado agiu com vistas ao atendimento de uma necessidade própria, isto é, atuou como destinatário final. Aplicável, pois, o CDC" (STJ, AGA 296.516, Rel. Min. Nancy Andrighi, 3ª T, DJ 05/02/01).

Diferente seria a situação caso o financiamento fosse concedido, não a pessoa física, mas a pessoa jurídica. Não haveria, nesse caso, presunção de que a pessoa jurídica atuaria, no caso, como destinatária final. Assim, "tratando-se de financiamento obtido por empresário, destinado precipuamente a incrementar a sua atividade negocial, não se podendo qualificá-lo, portanto, como destinatário final, inexistente é a pretendida relação de consumo. Inaplicação no caso do Código de Defesa do Consumidor" (STJ, REsp 218.505, Rel. Min. Barros Monteiro,4ª T, DJ 14/02/00). De igual modo, "a aquisição de bens ou a utilização de serviços, por pessoa natural ou jurídica, com o escopo de implementar ou incrementar a sua atividade negocial, não se reputa com relação de consumo e, sim, como uma atividade de consumo intermediária" (STJ, REsp 701.370, Rel. Min. Jorge Scartezzini, 4ª T, DJ 05/09/05).

No Brasil, a "situação de vulnerabilidade do consumidor pessoa física é presumida pela lei, enquanto a da pessoa jurídica deve ser demonstrada e será aferida casuisticamente" (Heloísa Carpena, "Afinal, quem é consumidor? Campo de aplicação do CDC à luz do princípio da vulnerabilidade", RTDC, v. 19, jul/set 2004, p. 38). Nestes casos a hipossuficiência deverá ser provada nas instâncias ordinárias, e não no STJ: "A questão da hipossuficiência da empresa recorrente em momento algum foi considerada pelas instâncias ordinárias, não sendo lídimo cogitar-se a respeito nesta seara recurso, sob pena de indevida supressão de instância" (STJ, REsp 701.370, Rel. Min. Jorge Scartezzini, 4ª T, DJ 05/09/05).

Nesse contexto, o STJ admite, excepcionalmente, a incidência do CDC nos contratos celebrados entre pessoas jurídicas, quando evidente que uma delas, embora não seja tecnicamente a destinatária final do produto ou serviço, apresenta-se em situação de vulnerabilidade em relação à outra. Assim, em situações excepcionais, o STJ tem mitigado os rigores da teoria finalista para autorizar a incidência do CDC nas hipóteses em que o contratante (pessoa física ou jurídica), embora não seja propriamente destinatário final do produto ou serviço, apresenta-se em situação de vulnerabilidade ou submetido à prática abusiva (STJ, REsp 567.192, Rel. Min. Raul Araújo, DJ 29/10/2014).

7. POSSIBILIDADE DE LIMITAR A INDENIZAÇÃO: CONSUMIDOR PESSOA JURÍDICA

Veremos mais adiante que o direito do consumidor não aceita as chamadas "cláusulas de não indenizar", ou "cláusulas de irresponsabilidade". Por intermédio dessas cláusulas contratuais o fornecedor de produtos ou serviços pretende excluir ou atenuar sua responsabilidade diante de danos ocorridos (ou a ocorrer) perante consumidores. Ainda que os contratos as tragam – e frequentemente trazem –, tais cláusulas consideram-se não escritas.

Só há, no sistema do CDC, uma hipótese na qual a limitação contratual da indenização é possível. É quando o consumidor for pessoa jurídica. Neste caso, em situações justificáveis, diz a lei, a indenização poderá ser limitada.

É o que preceitua o art. 51, I, segunda parte, do Código do Consumidor: "Nas relações de consumo entre o fornecedor e o consumidor-pessoa jurídica, a indenização poderá ser limitada, em situações justificáveis".

Assim, se duas pessoas jurídicas firmam contrato de consumo – uma como fornecedora e a outra como consumidora – poderá ser válida a limitação contratual da indenização, desde que as circunstâncias do caso concreto a tanto apontem.

8. CONSUMIDOR POR EQUIPARAÇÃO

O CDC contempla a figura do consumidor por equiparação. É um mecanismo de extraordinários efeitos práticos, eis que oportuniza a ampliação da disciplina jurídica do CDC para casos que, sem esse mecanismo, ficariam de fora.

Temos, portanto, no art. 2º, a definição de consumidor ("É toda pessoa física ou jurídica que adquire ou utiliza o produto ou serviço como destinatário final"). Neste artigo o CDC traz o conceito padrão de consumidor, isto é, o consumidor *standard* ou *stricto sensu*. Além dele, temos o chamado consumidor por equiparação. Em que consiste?

Consiste, como a terminologia já permite perceber, na concessão da proteção privilegiada relativa ao consumidor a outras pessoas que não se enquadram na definição do artigo segundo.

O CDC foi generoso ao contemplar a figura, fazendo-o em três oportunidades. Vejamos, no próximo tópico, quais são elas.

8.1. As três hipóteses previstas do consumidor por equiparação (art. 2º, parágrafo único; art. 17; art. 29)

A primeira vem prevista no parágrafo único do art. 2º: "Equipara-se a consumidor a coletividade de pessoas, ainda que indetermináveis, que haja intervindo nas relações de consumo".

Assim, quem quer que intervenha, ainda que de modo indeterminado, nas relações de consumo, é equiparado a consumidor, recebendo a proteção a este dispensada. Se um sujeito compra uma pasta de dentes que é usada por vários estudantes, moradores de uma mesma república, e tal pasta causa séria inflamação nas gengivas dos usuários, todos os que a usaram são consumidores, ainda que não hajam firmado contrato de consumo.

O STJ, a propósito, afirmou: "A jurisprudência deste Tribunal não faz distinção entre o consumidor que efetua compra e aquele que apenas vai ao local sem nada despender. Em ambos os casos, entende-se pelo cabimento da indenização em decorrência do furto do veículo" (STJ, REsp 437.649, Rel. Min. Sálvio de Figueiredo Teixeira, 4ª T, DJ 24/02/03).

A segunda modalidade de consumidor por equiparação resulta do art. 17 do CDC: "Para os efeitos desta Seção, equiparam-se aos consumidores todas as vítimas do evento". A Seção em questão trata da responsabilidade pelo fato do produto ou serviço (acidente de consumo). Assim, a teor desse dispositivo, quem quer que tenha sofrido dano, em razão de produto ou serviço, poderá, no prazo de cinco anos (art. 27) contados do conhecimento do dano e de sua autoria, ingressar com ação postulando a reparação moral e material.

Se aeronave cai sobre casa, atingindo pessoas ou seus bens, haverá, em relação às vítimas, relação de consumo, de acordo com o art. 17 do CDC (STJ, REsp 540.235, Rel. Min. Castro Filho, 3ª T, DJ 06/03/06). Do mesmo modo, o STJ expressamente consignou que as vítimas de acidentes aéreos localizadas em superfície são consumidores por equiparação (*bystanders*), devendo ser a elas estendidas as normas do Código de Defesa do Consumidor relativas a danos por fato do serviço (art. 17, CDC). (STJ, REsp 1.281.090, Rel. Min. Luis Salomão, 4ª T, DJ 15/03/12). Esse, aliás, foi o exemplo que demos, desde a primeira edição desta obra, a respeito do consumidor por equiparação.

O STJ reafirmou que "a jurisprudência desta Corte sedimenta-se no sentido da adoção da teoria finalista ou subjetiva para fins de caracterização da pessoa jurídica como consumidora em eventual relação de consumo, devendo, portanto, ser destinatária final econômica do bem ou serviço adquirido" (STJ, CC 92.519, Rel. Min. Fernando Gonçalves, Segunda Seção, DJ 04/03/09).

Assim, em "consonância com o art. 17 do Código de Defesa do Consumidor, equiparam-se aos consumidores todas as pessoas que, embora não tendo participado diretamente da relação de consumo, vêm a sofrer as consequências do evento danoso, dada a potencial gravidade que pode atingir o fato do produto ou do serviço, na modalidade vício de qualidade por insegurança" (STJ, REsp 181.580, Rel. Min. Castro Filho, 3ª T, DJ 22/03/04).

Se, digamos, uma placa de publicidade cai sobre o veículo da vítima – como aconteceu em caso julgado pelo STJ –, resultando em lesão corporal, cabem danos morais e materiais. No caso, o acórdão recorrido estabeleceu, como indenização, o valor de 10 salários mínimos. O STJ, no entanto, elevou o valor para R$ 50.000,00, argumentando o relator:

> "Em primeiro lugar, pondero a gravidade da culpa da empresa que instala na via pública pesada placa de propaganda sem mínimos cuidados de segurança, embora advertidos os funcionários,

> pelo proprietário do local, sobre a necessidade da instalação de cabo de sustentação. Considero o fato de serem as demandadas empresas que seguidamente se utilizam desse tipo de publicidade, uma para ampliar suas vendas, a outra para o exercício da sua atividade, ambas com o dever profissional de conhecimento dos riscos e adoção de medidas protetivas da segurança de terceiros. Levo em conta os transtornos pelo próprio fato e os incômodos que naturalmente dele decorreram, a posição social da autora, profissional liberal (psicóloga), a condição econômica das empresas demandadas, que provavelmente continuarão se utilizando desse meio de publicidade e devem, por isso, sofrer a advertência da condenação a fim de que os atuais dez salários não sirvam de estímulo para que outras imprudências como esta continuem sendo praticadas de modo impune. Por tudo isso, estou em elevar a condenação para R$50.000,00, com o que não me afasto dos parâmetros normalmente adotados por este Turma" (STJ, REsp 207.926, Rel. Min. Ruy Rosado de Aguiar, 4ª T, DJ 08/03/00).

A vítima, no caso acima referido, psicóloga, nenhuma relação contratual firmou com a empresa detentora da placa, que pudesse ser considerada uma relação de consumo. No entanto, é, induvidosamente, consumidora por equiparação, a teor do art. 17 do CDC. Há muitas situações de possível aplicação do art. 17 do CDC. Em determinado caso, houve extorsão mediante sequestro e o valor do resgate foi depositado em conta corrente e sacado, pelos bandidos, sem que o banco observasse as necessárias cautelas. Por isso, o banco foi condenado a indenizar, não se aceitando, na hipótese, a excludente de fato exclusivo de terceiro (STJ, REsp 1.374.726, DJ 08/09/2014). Interessante, no caso, é que a vítima sequer era cliente do banco no qual foi feito o saque. Não havia, portanto, relação negocial alguma entre a vítima e o banco. Foi, ainda assim, apesar disso, considerada consumidora por equiparação. Da mesma forma, o pedestre atingido por tiro na rua, em frente à agência bancária, durante roubo na operação de carga e descarga de dinheiro é consumidor por equiparação (STJ, REsp 1.098.236, Rel. Min. Marco Buzzi, 4ª T, DJe 05/08/2014).

A terceira previsão de consumidor por equiparação vem traduzida pelo art. 29 do CDC: "Para os fins deste Capítulo e do seguinte, equiparam-se aos consumidores todas as pessoas determináveis ou não, expostas às práticas nele previstas". O Capítulo V do CDC, cuja primeira Seção é aberta com o art. 29, traz seis seções (da oferta; da publicidade; das práticas abusivas; da cobrança de dívidas; dos bancos de dados e cadastros de consumidores; além das disposições gerais, que traz o art. 29). Assim, quem quer que seja exposto à publicidade abusiva, mesmo sem ter adquirido o produto ou usado o serviço, pode, amparado nesse artigo, reivindicar a proteção peculiar ao consumidor.

Tal dispositivo, a última espécie de consumidor equiparado, pode funcionar como eficiente instrumento para coibir o exercício abusivo do poder econômico, alargando, ainda mais, os contornos da figura jurídica do consumidor. Cláudia Lima Marques, a propósito, pondera: "De certa forma, o art. 29, agora valorizado, renova o sistema, legitimando a atuação de novos agentes econômicos em virtude do dado comum de vulnerabilidade, verdadeiro 'status' análogo ao de consumidor, renova, principalmente, ao instituir instrumentos mais ágeis e sanções mais rígidas do que as conhecidas no direito da concorrência, de parcos efeitos no Brasil" (*Comentários ao Código de Defesa do Consumidor*, Cláudia Lima Marques, Antônio Herman V. Benjamim e Bruno Miragem. São Paulo: RT, 2004, p. 399). O STJ já decidiu que "a incidência do art. 29 do CDC está condicionada ao enquadramento do caso em exame em uma das situações previstas nos arts. 30 a 54 do CDC" (STJ, REsp 1.967.728, Rel. Min. Nancy Andrighi, 3ª, DJe 25/03/2022).

O STJ, a respeito, decidiu que "não viola o art. 29 do Código de Defesa do Consumidor o julgado que entende configurar serviço a atividade bancária relativa à conta-corrente e ao contrato de abertura de crédito, presente a regra do art. 3º do mesmo Código" (STJ, REsp 245.660, Rel. Min. Menezes Direito, 3ª T, DJ 05/02/01).

Em linha de princípio, poderíamos ensaiar uma distinção entre as três figuras do consumidor por equiparação previstas no CDC. A primeira delas, prevista no art. 2º, teria aplicação genérica a qualquer relação de consumo. A segunda, consagrada no art. 17, guardaria relação com os artigos 12 a 14. A terceira, do art. 29, estaria limitada ao Capítulo V do CDC, isto é, às práticas comerciais. Tecnicamente falando, a distinção encontra respaldo nas normas do Código. Nesse sentido o STJ destacou: "Em caso de vício do produto ou serviço (arts. 18 a 25 do CDC), não incide o art. 17 do CDC, porquanto a Lei restringiu a sua aplicação às hipóteses previstas nos arts. 12 a 16 do CDC (STJ, REsp 1.967.728, Rel. Min. Nancy Andrighi, 3ª, DJe 25/03/2022). Uma observação: a menção aos artigos 15 e 16 do CDC é equivocada, esses artigos foram vetados. Na prática, o art. 17 se aplica às situações previstas nos artigos 12 a 14 do CDC.

Além dessa questão acima mencionada, cremos que não há grande relevância prática em distinguir cada uma das três figuras do consumidor equiparado. Na verdade, essa tríplice previsão se deveu mais a fins políticos. Explicamos. É que o legislador do CDC, com seu pragmatismo inteligente, adotou a sagaz técnica de prever o mesmo direito ou categoria em mais de um artigo, alínea ou inciso. Buscava-se, com isso, evitar os efeitos perversos dos possíveis vetos presidenciais (o presidente da República de então era Fernando Collor). Se o presidente vetasse determinado artigo, alínea ou inciso – como efetivamente ocorreu –, o intérprete poderia chegar ao mesmo resultado com outra disposição semelhante não vetada. O astuto procedimento se revelou de bons resultados.

Aliás, a figura do consumidor por equiparação é tão importante no direito brasileiro atual que foi exportada do direito do consumidor para outros setores, através do diálogo das fontes. Por exemplo, é possível o reconhecimento da figura do consumidor por equiparação na hipótese de danos individuais decorrentes do exercício de atividade de exploração de potencial hidroenergético causadora de impacto ambiental, em virtude da caracterização do acidente de consumo (STJ, REsp 2.018.386, Rel. Min. Nancy Andrighi, Segunda Seção, DJe 12/05/2023). O STJ admite, nos termos do art. 17 do CDC, a existência da figura do consumidor por equiparação nas hipóteses de danos ambientais.

8.2. Os "bystanders": consumidores sem contrato de consumo

Percebe-se, a partir da categoria do consumidor por equiparação, que é possível que tenhamos consumidor sem que este tenha firmado contrato de consumo. O consumidor por equiparação será consumidor ainda que em nenhum contrato tenha tomado parte, e, até mesmo, nem utilizado o produto ou serviço!

Pensemos na seguinte hipótese: alguém, atropelado em virtude de falha no sistema de freios do veículo, embora nenhuma relação tenha (o atropelado) com a montadora, poderá acioná-la, em virtude do acidente de consumo havido. Embora o atropelado não tenha firmado contrato de consumo com a fabricante do veículo, ele é consumidor por equiparação, tendo sido vítima do evento – art. 17, CDC: "Para os efeitos desta Seção, equiparam-se aos consumidores todas as vítimas do evento". A Seção em questão diz respeito aos fatos do produto ou serviço, também chamados acidentes de consumo.

De igual modo, se pedestre é atingido pela queda de placa publicitária, como no caso acima referido, será consumidor por equiparação ("bystander"), fazendo jus à aplicação do CDC. A propósito, na hipótese da queda de placa de publicidade sobre veículo da vítima, causando-lhe danos materiais e morais, o STJ, considerando a "intensidade do dolo ou grau de culpa e a gravidade dos efeitos", fixou a indenização em R$ 50.000,00 (STJ, REsp 207926). Há relação de consumo na hipótese da aeronave que realiza transporte de malotes e cai sobre casa das vítimas, pois, segundo o art. 17 do CDC, são consumidores todas as vítimas do evento. Possível, portanto, em tese, a inversão do ônus da prova (STJ, REsp 540.235, Rel. Min. Castro Filho, 3ª T, DJ 06/03/06). Da mesma forma, quem tem cheque furtado usado para compra de produtos em joalheria, com a consequente inscrição de seu nome no SPC e protesto do título, é consumidor por equiparação, por ter sido vítima do evento de consumo (STJ, AgRg nos EDcl no REsp 1.192.871, Rel. Paulo de Tarso, 3ª T, DJ 26/09/12).

Na situação – por nós já referida quando tratamos dos princípios do CDC – de publicação na internet de anúncio falso, nos classificados de determinado jornal, dando o nome de alguém como prestador de serviços sexuais de caráter homossexual (STJ, REsp 997.993, Rel. Min. Luis Salomão, 4ª T, DJ 06/08/12). Há, no caso, má prestação do serviço, porquanto a publicidade de anúncios semelhantes deve ser cercada de prudência e zelo. Interessante é que a vítima, no caso, é consumidora por equiparação, pois ela não firmou nenhum contrato com os responsáveis pelo dano. O ofensor é que o fez. Há quem sustente que até mesmo o nascituro poderia ser consumidor por equiparação. Cita-se como exemplo o caso da *talidomida* (adiante estudado na teoria do risco do desenvolvimento), o medicamento que, embora ministrado à mãe, causa gravíssimos danos ao feto (Cf. Silmara Chinelato, *Tutela civil do nascituro*. São Paulo: Saraiva, 2000, p. 287-289). Porém a empresa que não participou da organização do evento, sendo apenas patrocinadora, não pode ser enquadrada no conceito de fornecedor para fins de responsabilização por acidente de consumo ocorrido no local (STJ, REsp 1.955.083, Rel. Min. Nancy Andrighi, 3ª T, DJe 18/02/2022).

Em 2022 o STJ reconhece que uma vítima de dano ambiental pode ser considerada bystander e, como tal, ter aplicada a seu favor as normas protetivas do CDC. Verificou-se que a atividade industrial da JBS em sua unidade no município de Passo Fundo (RS) causava poluição sonora e atmosférica, com produção de ruído intenso, emissão de fuligem, gases e odores fétidos, tendo ocorrido, inclusive, vazamento de amônia. Nesse contexto, uma mulher ajuizou ação requerendo indenização por danos morais e apontando problemas de saúde derivados do ambiente insalubre: hipoxemia decorrente de intoxicação causada pela falta de oxigênio, fortes dores de cabeça, fadiga, ardência nos olhos, náusea, diarreia, vômito e mal-estar. O STJ, em acórdão relatado pela ministra Nancy Andrighi, destacou que "na hipótese de danos individuais decorrentes do exercício de atividade empresarial poluidora destinada à fabricação de produtos para comercialização, é possível, em virtude da caracterização do acidente de consumo, o reconhecimento da figura do consumidor por equiparação, o que atrai a incidência das disposições do CDC" (STJ, REsp 2.009.210, Rel. Min. Nancy Andrighi, 3ª T, DJe 12/08/2022). Sabemos que a inversão do ônus da prova, nos termos do CDC, não é automática, dependendo da constatação da verossimilhança das alegações e da hipossuficiência do consumidor. No caso concreto, ao reconhecer a presença desses requisitos, as instâncias ordinárias decidiram que caberia à JBS apresentar prova técnica que demonstrasse que sua atividade não era prejudicial ao meio ambiente, ficando para a autora da ação a incumbência de provar os danos morais alegados, o que foi confirmado pelo STJ.

9. RESPONSABILIDADE CONTRATUAL E EXTRACONTRATUAL: IRRELEVÂNCIA NO CDC

É muito conhecida a distinção entre responsabilidade contratual e responsabilidade extracontratual. Perguntamos: ela é relevante na sistemática do CDC? A resposta negativa se impõe.

Embora haja, residualmente, algumas distinções (juros de mora fluem a partir do evento danoso, em caso de responsabilidade extracontratual, de acordo com a Súmula 54 do STJ), a tendência contemporânea é unificar as responsabilidades, sob princípios comuns. Nas relações de consumo não faz sentido dividir a responsabilidade em contratual e extracontratual. As vítimas do evento – uma geladeira, comprada por A, e que explodiu, causando danos a B – são consumidoras, embora não tenham firmado contrato de consumo. Os países tendem a caminhar no sentido da reparação integral, desconsiderando filigranas formais, tão caras ao passado jurídico.

Uma das grandes funções práticas, em termos de reparação civil, da distinção entre responsabilidade civil contratual e extracontratual, é que, na primeira, ao contrário da segunda, não é preciso provar, em regra, a culpa, bastando provar o inadimplemento, o que facilita sobremodo a situação da vítima. Nos contratos de transporte, por exemplo, o transportador, em virtude de cláusula de incolumidade, tem o dever de transportar o passageiro, em segurança, ao destino. Caso não o faça, responderá, sem culpa, pois houve inadimplemento do dever contratual.

Pois bem, mesmo essa regra, de inegável valia prática, vem sofrendo temperamentos, o que faz pensar se não seria o caso de abandonar o dualismo. Na responsabilidade civil dos médicos, por exemplo, apesar de contratual, não há presunção de culpa, sendo necessário que a vítima prove a negligência, a imperícia ou imprudência, e essa incumbência é, muitas vezes, autêntica prova diabólica. Arnoldo Wald pondera: "a doutrina moderna tende a unificar as duas responsabilidades e a própria jurisprudência brasileira, em matéria de transporte e de responsabilidade profissional, tem recorrido ora aos princípios da responsabilidade contratual, ora às normas da responsabilidade delitual" (*Curso de Direito Civil Brasileiro, Obrigações e Contratos*. São Paulo: RT, 1998, p. 139).

No direito do consumidor, portanto, nenhuma pertinência tem a dicotomia, porquanto o sistema de responsabilidade aqui estabelecido ignora o fundamento contratual ou extracontratual do dano, protegendo, de modo precípuo, a vítima. "A prática extinção da figura do terceiro, hoje incluído como consumidor 'stricto sensu' ou equiparado no CDC, e a imposição da solidariedade na cadeia de produção ou organização dos serviços têm como reflexo mais destacável a superação da 'suma divisio' entre a obrigação contratual e extracontratual. Esta é uma contribuição importante do CDC ao Direito Civil". (Cláudia Lima Marques, Contratos no Código de Defesa do Consumidor. São Paulo: RT, 2002, p. 346).

9.1. Exceção: juros de mora

Dissemos, e é verdade, que a tendência é unificar os regimes de responsabilidade civil, superando a distinção entre a responsabilidade contratual e extracontratual. Isso é particularmente forte no sistema de consumo. Há, porém, alguns pontos na prática jurisprudencial em que a distinção continua relevante. Um deles é este: os juros de mora.

9.1.1. Responsabilidade contratual

Na responsabilidade contratual, os juros moratórios devem incidir a partir da citação (STJ, REsp 437.614, Rel. Min. Hélio Quaglia Barbosa, 4ª T, DJ 05/02/07). Tratando-se de indenização por má prestação de serviços, a responsabilidade é contratual, incidindo os juros a partir da citação (STJ, REsp 538.829, Rel. Ministro Asfor Rocha, 4ª T, DJ 28/10/03). Os juros de mora, em casos de responsabilidade contratual, são contados a partir da citação, incidindo a correção monetária a partir da data do arbitramento do *quantum* indenizatório, conforme pacífica jurisprudência (STJ, REsp 876448, Rel. Min. Sidnei Beneti, 3ª T, DJ 21/09/10). Em se tratando de indenização por danos morais decorrentes de responsabilidade contratual, os juros de mora fluem a partir da citação (STJ, AgInt no AREsp 1.177.785). Importante dizer que isso vale para as indenizações relativas a danos morais ou materiais (STJ, AgInt no AREsp 1.293.096).

9.1.2. Responsabilidade extracontratual

Já em se tratando de responsabilidade extracontratual, o STJ entende que os juros de mora são devidos desde a ocorrência do evento danoso, e não a partir da citação. Este, aliás, é o conteúdo da Súmula 54/STJ (STJ, AgRg no REsp 1.226.945, Rel. Min. Humberto Martins, 2ª T, DJ 04/04/11). Está, desse modo, pacificado o entendimento de que para as hipóteses de condenação em ações de responsabilidade extracontratual os juros de mora incidem desde a data do evento danoso (STJ, EDcl no REsp 976.059, Rel. Min. Campbell Marques, 2ª T, DJ 05/08/10).

9.2. Prazos prescricionais nas responsabilidades contratual e extracontratual, segundo o STJ

Há outro aspecto pragmático que, a partir de 2018, deve ser mencionado no que diz respeito à relevância da distinção entre responsabilidade civil contratual e extracontratual. O STJ, em 2018 – na sua função de uniformizar a aplicação da lei federal no Brasil –, firmou dois pontos relevantes em sede de responsabilidade civil: a) é adequada a distinção dos prazos prescricionais da pretensão de reparação civil advinda de responsabilidades contratual e extracontratual; b) *é decenal (10 anos) o prazo prescricional aplicável às hipóteses de pretensão fundamentadas em inadimplemento contratual* (STJ, EREsp 1.280.825, Rel. Min. Nancy Andrighi, Segunda Seção, DJe 02/08/2018).

Cabe citar, abaixo, a fundamentação do acórdão, relatado pela Min. Nancy Andrighi.

No direito privado brasileiro, a responsabilidade extracontratual é historicamente tratada de modo distinto da contratual, por um motivo muito simples: são fontes de obrigações muito diferentes, com fundamentos jurídicos diversos. Essa diferença fática e jurídica impõe o tratamento distinto do prazo prescricional, pois a violação a direito absoluto e o inadimplemento de um direito de crédito não se confundem nem na tradição jurídica pátria, nem na natureza das coisas. Com efeito, é possível encontrar muitas distinções de regime jurídico entre a responsabilidade contratual e a extracontratual, inclusive com relação: à capacidade das partes, quanto à prova do prejuízo; à avaliação da culpa entre os sujeitos envolvidos no dano; aos diferentes graus de culpa para a imputação do dever de indenizar; ao termo inicial para a fixação do ressarcimento; e, por fim, à possibilidade de prefixação do dano e de limitar ou excluir a responsabilidade, pois somente a responsabilidade contratual permite fixar, limitar ou mesmo excluir o dever de indenizar. Analisando as diferenças fáticas entre a responsabilidade contratual e a extracontratual, há uma sensível diferença quanto ao grau de proximidade entre as partes contratuais nas suas relações sociais. Na responsabilidade extracontratual, os sujeitos encontram-se no grau máximo de distanciamento. Em realidade, nessas circunstâncias, as partes entram em contato pelo mero fato de *viverem em sociedade*, sem qualquer negociação ou aproximação prévias. Porém, quando se trata de responsabilidade por inadimplemento contratual, há previamente uma relação entre as partes que se protrai no tempo, normalmente precedidas de aproximação e negociação, que ajustam exatamente o escopo do relacionamento entre elas. Essas relações não ocorrem por acaso, ou pelo mero viver em sociedade, mas derivam de um negócio jurídico. Normalmente, há um mínimo de confiança entre as partes, e o dever de indenizar da responsabilidade contratual encontra seu fundamento na garantia da confiança legítima entre elas. Do ponto de vista pragmático, também se mostra adequada a distinção dos prazos. Em contratos mais duradouros, sempre é viável e mais provável que as partes se componham de alguma maneira, de forma a evitar longas e dispendiosas disputas judiciais, o que é improvável de ocorrer na responsabilidade extracontratual (STJ, EREsp 1.280.825, Rel. Min. Nancy Andrighi, Segunda Seção, DJe 02/08/2018).

Resumindo a questão: havia forte polêmica jurisprudencial, porque no STJ havia corrente que aplicava, no caso de responsabilidade civil por inadimplemento contratual, o prazo de 3 anos (CC, art. 206, §3º, V, do CC/2002). Prevaleceu, no entanto, o entendimento de que o prazo prescricional será de 10 anos em todas as pretensões do credor nas hipóteses de inadimplemento contratual, incluindo o da reparação de perdas e danos por ele causados (STJ, EREsp 1.280.825, Rel. Min. Nancy Andrighi, Segunda Seção, DJe 02/08/2018).

10. QUESTÕES DE CONCURSO

01. (PROC/PR/2007) Assinale a alternativa correta:

a) Consumidor é a pessoa física ou jurídica destinatária de produto necessário ao desempenho de sua atividade lucrativa.

b) Consumidor é a pessoa física ou jurídica que adquire ou utiliza produto ou serviço como destinatário final.

c) Consumidor é tão somente a pessoa física destinatária de produto ou serviço necessário ao desempenho de sua atividade lucrativa.

d) Consumidor é tão somente a pessoa física que adquire ou utiliza produto ou serviço como destinatário final.

e) Consumidor é a pessoa física ou jurídica, ou ainda a coletividade indeterminada de pessoas que adquire um produto ou contrata um serviço necessário ao desempenho de sua atividade lucrativa ou simplesmente como seu destinatário final.

02. (DEF/CE/2006) Julgue se a afirmação abaixo está certa ou errada.

Amauri, por estar mudando para outro estado da Federação, vendeu alguns móveis de sua residência para Emerson. Nessa situação, o negócio jurídico celebrado entre Amauri e Emerson consubstancia-se em relação de consumo, sendo aplicável, portanto, o Código de Defesa do Consumidor.

03. (DEF/CE/2006) Julgue se a afirmação abaixo está certa ou errada.

Henrique comprou um automóvel novo. O veículo possuía defeito de fabricação em seu sistema de freios, que o levou a envolver-se em acidente automobilístico em que Henrique fraturou um braço e dois colegas dele, que estavam no veículo durante o acidente, sofreram lesões corporais. Nessa situação, o Código de Defesa do Consumidor apenas é aplicável relativamente a Henrique, não sendo o fabricante responsabilizado pelos danos causados aos demais passageiros do veículo, pois estes não fizeram parte da relação de consumo.

04. (DEF/CE/2006) Silas comprou um aparelho de TV na loja Bom Eletro. Leu todo o manual de instrução para compreender a instalação e o funcionamento do aparelho. Observou a voltagem do aparelho, que era compatível à da tomada, retirou a TV antiga que estava funcionando e colocou a nova em seu lugar. Em seguida, conectou o cabo da TV na tomada e, ao acionar o botão indicado no manual para ligar o aparelho, ocorreu uma série de explosões que ocasionaram queimaduras em Silas e em sua namorada, Joana, presentes no momento.

Considerando a situação hipotética acima, julgue se a afirmação abaixo está certa ou errada.

I. Na situação apresentada, Joana é considerada como um bystander, e, como tal, pode acionar o fabricante, porém como não é destinatária final, não pode ser considerada consumidora. Dessa forma, a sua proteção jurídica se dará mediante a aplicação do Código Civil, não podendo ser utilizado o Código de Defesa do Consumidor.

05. (MP/TO/2004) Na defesa dos consumidores, um aspecto primordial é a definição do que é consumidor e fornecedor. Em conformidade com as normas aplicáveis, assinale a opção incorreta com relação a esses conceitos.

a) O estado do Tocantins, por ser pessoa jurídica de direito público, não pode ser enquadrado no conceito de consumidor.

b) Um mesmo estabelecimento comercial pode ser fornecedor e consumidor em operações distintas.

c) A coletividade também pode ser equiparada a consumidor, quando intervier nas relações de consumo.

d) Quando uma concessionária de energia elétrica fornece um produto aos cidadãos, submete-se ao Código de Defesa do Consumidor (CDC).

e) Uma indústria asiática que exporta produtos para o Brasil enquadra-se no conceito de fornecedor.

06. (MAGISTRATURA/SC/2003) Julgue se a afirmação abaixo está certa ou errada.

– Para fins de aplicação do Código, considera-se consumidor apenas a pessoa física que adquire produto ou serviço como destinatário final.

07. (MP/PI/2002) Julgue se a afirmação abaixo está certa ou errada.

– Não está equiparada a consumidor a coletividade de pessoas, ainda que indetermináveis, que haja intervindo nas relações de consumo.

08. (Magistratura Federal/Trf 3ª Região/11º Concurso) (questão adaptada) – Relação de consumo, em sentido estrito, é aquela que se estabelece entre:

a) dois consumidores, tendo por objeto a aquisição de um produto ou a prestação de um serviço;

b) dois fornecedores, tendo por objeto a aquisição de um produto ou a prestação de um serviço;

c) um consumidor e um fornecedor, tendo por objeto a aquisição de um produto ou a prestação de um serviço.

09. (Mp/rs/xliv Concurso) Julgue se a afirmação abaixo está certa ou errada.

Em relação a responsabilidade civil no Código de Defesa do Consumidor, está assegurado o ressarcimento de danos a terceiros, estranhos à relação de consumo, mas que sofreram prejuízos em razão dos defeitos intrínsecos ou extrínsecos do produto ou serviço.

10. (Magistratura/rn/1998) Julgue se a afirmação abaixo está certa ou errada.

Em matéria de proteção ao consumidor no Brasil, é correto afirmar que a pessoa jurídica que utiliza o produto, mesmo como destinatária final, não pode ser considerada consumidora.

11. (MPF/Procurador da República/18º Concurso) A empresa multinacional adquire peças de terceiros para linha de montagem de tratores. No caso,

a) trata-se de operação sob proteção do Código de Defesa do Consumidor;

b) trata-se de meras relações comerciais, em que incidem as regras do direito comum;

c) teriam aplicação as regras do Código de Defesa do Consumidor se, expressamente, no contrato de fornecimento das peças, se fizer constar cláusula de submissão a esse regime;

d) o Código de Defesa do Consumidor não regula a relação de aquisição e utilização de produto ou serviço por parte de multinacional, ante a inexistência de correlação de desigualdade entre as partes.

12. (MPF/Procurador da República/ 24º Concurso/2008) Tendo em vista o Código de Defesa do Consumidor (CDC) registre a alternativa certa:

a) a pessoa jurídica, detendo força econômica suficiente para se proteger, não pode revestir-se da condição de consumidora;

b) os profissionais liberais são fornecedores de serviços, sujeitos, portanto, à disciplina do CDC, e mesmo que, ao contratarem, assumam a obrigação de resultado, a sua responsabilidade não deixa de ser subjetiva;

c) o artigo 2º, ao expressar a definição de consumidor, não contempla outra modalidade de consumidor;

d) é relevante, na sistemática do CDC, a distinção entre responsabilidade contratual e responsabilidade extracontratual.

(Comentário: tratamos do tema mencionado no item b no Capítulo VII. A tendência, porém, na doutrina mais atual, é superar a distinção entre obrigações de meio e obrigações de resultado, embora tal distinção ainda se faça bastante presente na jurisprudência).

13. (DEF/PUB/CEARÁ) Julgue se a afirmação abaixo está certa ou errada.

– É considerada consumidora indústria farmacêutica que tenha firmado contrato de financiamento com vistas exclusivamente a incrementar sua atividade negocial.

14. (DEF/CE) Julgue se a afirmação abaixo está certa ou errada.

Uma explosão, no interior de uma loja localizada no centro de uma grande cidade, causou danos a pessoas que se encontravam no interior e no exterior do estabelecimento. Com base nessa situação e nas normas de proteção e defesa do consumidor, julgue o item seguinte.

– Todas as vítimas da explosão são consideradas consumidoras, para efeito de reparação dos danos.

15. (TJ/AC/Juiz/2007) Gregório é proprietário de apartamento que integra o Condomínio Vila Bela e pretende propor ação judicial contra o mencionado condomínio sob o argumento de que houve ofensa aos seus direitos de consumidor, ao ser majorada a taxa condominial em 300%. O síndico do Condomínio Vila Bela justificou o aumento da taxa condominial com a alegação de que a competente concessionária de serviços públicos estaria cobrando indevida taxa de esgoto, que deveria ser custeada por todos os condôminos. Considerando a situação hipotética apresentada, assinale a opção correta acerca do Código de Defesa do Consumidor (CDC).

a) Quanto às despesas de manutenção, aplica-se o CDC à relação jurídica entre Gregório e o Condomínio Vila Bela.

b) Inexiste relação de consumo entre o Condomínio Vila Bela e a concessionária de serviços públicos que cobra indevidamente taxa de esgoto.

c) O Condomínio Vila Bela não é considerado consumidor de bens e serviços de consumo, por ser apenas pessoa formal, sem personalidade jurídica.

d) Sendo constatada relação de consumo, presume-se a vulnerabilidade de Gregório, por ser pessoa física, ao contrário das pessoas jurídicas, que devem demonstrar esse requisito de aplicação do CDC.

16. (TJ/AC/Juiz/2007) Easy Idiomas Ltda. firmou contrato de prestação de serviços publicitários com LOB Publicidade Ltda. No curso da execução do contrato, uma pesada placa de propaganda instalada pela contratada, sem os mínimos cuidados de segurança, caiu e causou danos materiais, morais e estéticos em Jurema. Considerando a situação hipotética apresentada, assinale a opção correta acerca das normas do CDC. Com base na situação acima descrita, julgue a veracidade ou falsidade dos itens abaixo.

I. No contrato de prestação de serviços firmado entre a Easy Idiomas Ltda. e a LOB Publicidade Ltda., é inadmissível cláusula de limitação de responsabilidade civil.

II. Nessa situação, há relação de consumo entre Jurema e as pessoas jurídicas Easy Idiomas Ltda. e LOB Publicidade Ltda.

17. **(Juiz Substituto/PR/PUC/2010)** A Lei 8.078/1990 define os elementos que compõem a relação jurídica de consumo, em seus artigos 2º e 3º: elementos subjetivos, consumidor e fornecedor; elementos objetivos, produtos e serviços, respectivamente Segundo estas definições, podemos afirmar que:

I. Fornecedor é toda pessoa física ou jurídica, pública ou privada, nacional ou estrangeira, bem como os entes despersonalizados, que desenvolvem atividade de produção, montagem, criação, construção, transformação, importação, exportação, distribuição ou comercialização de produtos ou prestação de serviços.

II. Serviço é qualquer atividade fornecida no mercado de consumo, mediante remuneração, inclusive as de natureza bancária, financeira, de crédito e securitária e as decorrentes das relações de caráter trabalhista.

III. Consumidor é toda pessoa física ou jurídica que adquire ou utiliza produto ou serviço como destinatário final. Equipara-se a consumidor a coletividade de pessoas, ainda que indetermináveis, que haja intervindo nas relações de consumo.

IV. Produto é qualquer bem, móvel ou imóvel, material ou imaterial.

Marque a alternativa correta:

a) Apenas as assertivas II e III estão corretas.

b) Apenas as assertivas II e III estão incorretas.

c) Apenas as assertivas I, III e IV estão corretas.

d) Apenas a assertiva I está correta.

18. **(Promotor de Justiça/MP/GO/2010)** As assertivas abaixo se referem ao profissional liberal. Assinale a alternativa correta conforme regência do direito do consumidor:

a) O profissional liberal é, tecnicamente, considerado fornecedor, razão por que o legislador não admite nenhuma discussão acerca da culpa nos casos de responsabilidade desse profissional pelo fato do serviço.

b) Somente aqueles prestadores de serviço que tenham profissão regulamentada por lei, a exemplo de médicos e engenheiros, são os profissionais liberais de que trata o § 4º do art. 14 do CDC.

c) O profissional liberal que constitui uma pessoa jurídica prestadora de seus serviços perde a condição de liberal e, por conseguinte, a excludente da ausência de culpa, apontada no § 4º do art. 14 do CDC.

d) Podem ocorrer situações em que o hospital, indiretamente, beneficiar-se-á do regramento jurídico previsto para o profissional liberal quanto à responsabilidade pelo fato do serviço.

(A questão é interessante e exige conhecimento jurisprudencial. Tratamos da questão relativa ao item "d" no final do Capítulo VII. Podemos, porém, desde já dizer que, em relação aos erros médicos ocorridos em hospitais, o STJ adota posição restritiva. Quer dizer, condiciona a responsabilização dos hospitais à comprovação da culpa do médico. Por esta razão é que a alternativa "d" é apontada como correta).

19. **(Magistratura Federal/TRF 5ª Região/CESPE/2009)** A habitualidade insere-se tanto no conceito de fornecedor de serviços quanto no de produtos, para fins de incidência do CDC.

20. (Defensoria Pública/AL/CESPE/2009) A respeito dos direitos do consumidor, julgue o item que se segue. Não é considerada relação de consumo, mas atividade de consumo intermediária, a aquisição de bens ou a utilização de serviços por pessoa jurídica para implemento ou incremento de sua atividade empresarial.

21. (MPE/ES/Promotor/2010) O CDC pode ser invocado por aquele que não participou diretamente da relação jurídica de consumo, mas que, a exemplo do consumidor direto, também foi vítima do evento danoso, provocado por um defeito, denominado também de acidente de consumo. É o que a doutrina chama de consumidor *standard* ou *stricto sensu*.

22. (Defensor Público/ES/CESPE/2009) Considerando que um avião comercial tenha caído em área residencial brasileira, julgue os itens subsequentes.

(Esse, aliás, é o exemplo que sempre oferecemos de consumidor por equiparação, já nas edições anteriores desta obra).

- Na situação considerada, são consumidores por equiparação as pessoas físicas ou jurídicas que, mesmo sem terem sido partícipes da relação de consumo, foram atingidas em sua saúde ou segurança em virtude da queda da aeronave.

23. Os passageiros (consumidores do serviço) que foram atingidos pelo evento danoso – acidente de consumo – são denominados *bystanders*.

24. Na hipótese em apreço, se as pessoas que passavam na rua tiverem sido atingidas em sua integridade física pela queda do avião, tal fato ensejará a essas pessoas o direito às garantias legais instituídas no CDC, como, por exemplo, a inversão do ônus da prova em seu favor.

25. (Defensoria Pública/AL/CESPE/2009) Considere a seguinte situação hipotética. Em razão de falha no sistema de freios do automóvel de sua propriedade, recém-adquirido e com poucos quilômetros rodados, Fábio atropelou Silas. Nessa situação hipotética, Silas pode acionar a montadora do veículo, sob o argumento da ocorrência de acidente de consumo, em virtude de ser consumidor por equiparação.

(Esse também é o exemplo que oferecemos de consumidor por equiparação, desde a primeira edição desta obra).

26. (Procuradoria-Geral/DF – Analista Jurídico/2011) O Direito do Consumidor trata de direito de ordem pública e interesse social, o que implica a proteção judiciária do consumidor, ainda que *ex officio*, em qualquer tempo e grau jurisdicional. À vista disso pode-se dizer que a bipartição da responsabilidade civil contratual e extracontratual contida no Código Civil também é aceita pelo Código de Defesa do Consumidor quanto à responsabilidade do fornecedor.

27. (TRF/5ª – Juiz Federal substituto/2011) À luz do CDC pode-se afirmar que pessoa física que alugue imóvel particular, por meio de contrato, é considerada fornecedora, para efeitos legais.

28. (TRF/5ª – Juiz Federal substituto/2011) À luz do CDC pode-se afirmar que entes despersonalizados, ainda que desenvolvam atividades de produção, montagem, criação ou comercialização de produtos, não podem ser considerados fornecedores.

29. (TRF/5ª – Juiz Federal substituto/2011) Para os efeitos do CDC, não se considera fornecedor a pessoa jurídica pública que desenvolva atividade de produção e comercialização de produtos ou prestação de serviços.

30. (TJ/PB – Juiz Substituto/2011) O CDC não é aplicável à relação jurídica entre a entidade de previdência privada e seus participantes.

31. (TJ/PB – Juiz Substituto/2011) De acordo com a jurisprudência do STJ no que tange ao direito do consumidor, considere que uma sociedade empresária efetue a compra de uma retroescavadeira usada para ser empregada em suas atividades negociais. Nessa situação, são aplicáveis as regras do CDC.

(Cabe lembrar o que dissemos no texto: em princípio, o CDC se aplica se a aquisição do produto ou a fruição do serviço não ocorreu com fins profissionais. O CDC, portanto, em princípio – cabe sempre repetir porque há exceções – se aplica aos consumidores não profissionais).

32. (TJ/PB – Juiz Substituto/2011) Considerando a jurisprudência do STJ, se uma revendedora de máquinas e equipamentos firmar contrato com transportadora para o transporte de um gerador de energia, restará configurada relação de consumo.

33. (TJ/PB – Juiz Substituto/2011) De acordo com a jurisprudência do STJ no que tange ao direito do consumidor, o critério a ser adotado para determinar a relação de consumo é o maximalista; desse modo, para se caracterizar como consumidora, a parte deve ser destinatária econômica final do bem ou do serviço adquirido.

(O STJ adota, a propósito, a teoria minimalista – também chamada de teoria finalista, ou ainda de teoria subjetiva. Há, porém, como vimos, exceções jurisprudenciais, ampliando-se, caso a caso, o conceito de destinatário final para proteger essa ou aquela pessoa física ou jurídica que se mostre em situação de vulnerabilidade).

34. (TRF/1ª Região – Juiz Federal/2011) Conforme a jurisprudência do STJ, as disposições do CDC não se aplicam à atividade notarial de titulares de serventias de registros públicos.

35. (TRF/1ª Região – Juiz Federal/2011) Tendo em vista as diversas relações de consumo e os elementos que as caracterizam, assinale a opção correta.

a) Equiparam-se a fornecedor a entidade responsável pela organização de competição esportiva e a de prática desportiva detentora do mando de jogo;

b) Define-se serviço como qualquer atividade fornecida no mercado de consumo, mediante remuneração, incluindo-se as de natureza bancária, financeira, securitária e as decorrentes das relações trabalhistas;

c) O disposto no CDC não é aplicável à relação jurídica entre a entidade de previdência privada e seus participantes;

d) Segundo a jurisprudência do STJ, o CDC não é aplicável aos contratos de plano de saúde.

e) Equipara-se a consumidor a coletividade de pessoas determináveis que intervenha nas relações de consumo.

(A propósito da letra "a", vale lembrar que a Lei nº 10.671/03 – que dispõe sobre o Estatuto de Defesa do Torcedor – estatui, em seu art. 3º: "Para todos os efeitos legais, equiparam-se a fornecedor, nos termos da Lei nº 8.078, de 11 de setembro de 1990, a entidade responsável pela organização da competição, bem como a entidade de prática desportiva detentora do mando de jogo". Outra afirmativa que merece comentário específico é a letra "e". O CDC, art. 2º, parágrafo único, menciona: "Equipara-se a consumidor a coletividade de pessoas, ainda que indetermináveis, que haja intervindo nas relações de consumo". A afirmação contida na letra "e" não está, a rigor, errada. Estaria se limitasse o conceito de consumidor às pessoas determináveis, mas isso não está dito. Isto é, a coletividade de pessoas determináveis que intervenha nas relações de consumo equipara-se a consumidor, mas não de modo exclusivo).

36. (Mp/mg/xliv Concurso. Prova Subjetiva) Dissertação: "relação jurídica de consumo (conceito, sujeitos, objeto e teorias)".

(Tratamos do tema nos tópicos 1, 2 e 3).

37. (Cespe/TJ/PA/Juiz/2012) Em relação ao consumidor e ao fornecedor, assinale a opção correta.

a) De acordo com o CDC, entes desprovidos de personalidade jurídica não podem ser considerados fornecedores.

b) De acordo com a legislação brasileira, pessoa jurídica estrangeira que pretenda atuar como fornecedora no Brasil deve ter sede instalada no país.

c) O CDC conceitua, de forma taxativa, o consumidor como a pessoa natural destinatária do produto ou serviço.

d) Considera-se consumidor a pessoa que adquire o produto ou o serviço ou, ainda, a que, não o tendo adquirido, o utiliza.

e) O CDC prevê que se considere consumidor quem adquire produto como intermediário do ciclo de produção.

38. (MPF/Procurador da República/2012/Prova Subjetiva) Com base na jurisprudência do Superior Tribunal de Justiça, justifique se o Código de Defesa do Consumidor se aplica às seguintes relações jurídicas: a) contrato de franquia – relação entre franqueado e franqueador; b) contrato de mútuo vinculado ao Sistema Financeiro de Habitação – SFH – relação entre o agente financeiro do SFH e o mutuário; c) contrato de compra e venda de adubo agrícola – relação entre empresa produtora de adubo e pessoa física ou jurídica dedicada à agricultura comercial; d) contrato de seguro – relação entre seguradora e beneficiário; e) contrato entre condômino e condomínio residencial quanto às despesas de manutenção desse.

(Tratamos do tema neste capítulo. Vejamos concisamente cada uma das hipóteses: a) o CDC não se aplica ao contrato de franquia (REsp 632.958); b) o CDC é aplicável ao SFH, salvo se o contrato tiver sido firmado com cobertura do fundo de compensação de variações salariais (AgRg no Ag 914.453); c) a jurisprudência – a questão é polêmica – tende a aplicar o CDC na hipótese (REsp 208.793; REsp 445.854; AgRg nos EDl no REsp 866.389); d) o CDC é aplicável aos contratos de seguro (REsp 293.722); e) o CDC não é aplicável à relação entre condômino e condomínio (REsp 650.791).

39. (MPE-SC – Promotor de Justiça – SC/2013) Ainda que no conceito de serviço previsto no art. 3º, § 2º do CDC esteja inserido o requisito de que seja prestado mediante remuneração para que seja considerado como relação de consumo, também devem ser considerados os serviços oferecidos por meio de remuneração indireta, partindo do pressuposto de que toda a atuação do fornecedor no mercado de consumo tem por objetivo a obtenção de vantagem econômica.

40. (MPE-SC – Promotor de Justiça – SC/2013) Ainda que se trate de relação jurídica regulada por lei especial, considera-se relação de consumo e, nesta condição, também se submete ao CDC o contrato que tenha por objeto a locação de imóveis, no que concerne a relação entre locador e locatário.

41. (Cespe – Juiz de Direito Substituto – MA/2013) Assinale a opção correspondente a caso em que se identifica objeto de relação de consumo.

a) A direção de um hospital doa móveis usados para um asilo.

b) Determinado médico presta serviço como empregado a um hospital.

c) A administração de um hospital aluga parte de seu prédio com vistas à instalação de uma clínica.

d) Um hospital presta serviço a cliente credenciado por plano de saúde.

42. (FCC – Juiz de Direito Substituto – PE/2013) No tocante às relações de consumo,

a) pode-se falar em consumidor por equiparação à coletividade de pessoas, ainda que indetermináveis, que haja intervindo nas relações de consumo.

b) fornecedor é toda pessoa física ou jurídica, neste caso privada, somente, nacional ou estrangeira, bem como os entes despersonalizados, que desenvolvem atividades de produção, montagem, criação, construção, transformação, importação, exportação, distribuição ou comercialização de produtos ou prestação de serviço.

c) produto é qualquer bem, desde que material, podendo ser móvel ou imóvel.

d) serviço é qualquer atividade fornecida no mercado de consumo, com ou sem remuneração, inclusive as de natureza bancária, financeira, de crédito e securitária.

e) as normas consumeristas são de natureza dispositiva e de interesse individual dos consumidores.

43. (FCC – Juiz de Direito Substituto – PE/2013) NÃO se enquadram ao Código de Defesa do Consumidor

a) as relações jurídicas envolvendo o usuário da rodovia e a concessionária do serviço público.

b) as relações jurídicas entre a entidade de previdência privada e seus participantes.

c) as relações jurídicas decorrentes dos contratos de planos de saúde.

d) o exame dos contratos de cartão de crédito, submetidos apenas às resoluções específicas do Banco Central.

e) as relações jurídicas concernentes aos condôminos, nos condomínios edilícios.

44. (TJ/SC – Juiz de Direito Substituto – SC/2013) Sobre serviço e o seu conceito legal no Código de Defesa do Consumidor, assinale a alternativa INCORRETA:

a) Qualquer atividade fornecida no mercado de consumo, mediante remuneração, exceto as decorrentes das relações de caráter trabalhista, pode ser considerada como serviço, no âmbito da legislação consumerista.

b) A atividade de natureza bancária é considerada como serviço para efeito do Código de Defesa do Consumidor

c) As empresas de financiamento prestam serviço sujeito à tutela da legislação de proteção ao consumidor.

d) As empresas seguradoras, em razão da natureza do contrato de seguro, disciplinado pelo Código Civil (arts. 757 a 802), estão regidas apenas por este último, protegidas da incidência das normas do Código de Defesa do Consumidor.

e) O serviço de concessão de crédito está sujeito à incidência da legislação consumerista.

(As empresas de seguro, no Brasil, sofrem disciplina legal híbrida, com várias fontes normativas. Aplica-se-lhes, porém, de modo inequívoco, o CDC, em diálogo das fontes com o Código Civil e outras leis eventualmente incidentes).

45. (TJ-GO – Juiz de Direito – GO-2012) Segundo o artigo 2º da lei 8.078/90, "Consumidor é toda pessoa física ou jurídica que adquire ou utiliza produto ou serviço como destinatário final". Quanto ao âmbito de aplicação do Código de Defesa do Consumidor, identifique as correntes "Finalista", "Maximalista" e "Finalismo Aprofundado".

(A corrente "maximalista" defende uma aplicação do CDC bastante ampla, incluindo as pessoas jurídicas e os empresários, sem quaisquer indagações acerca da vulnerabilidade no caso concreto; a corrente "finalista" considera consumidor apenas quem é o destinatário final do produto ou serviço, isto é, quem o utiliza de modo não profissional; já o "finalismo aprofundado" – os juristas sempre criam novas terminologias, para horror dos concursandos – simbolizaria aquela tendência que expusemos no item "ampliações jurisprudenciais do conceito de destinatário final". Se, digamos, alguém compra uma máquina de costuras para trabalhar, individualmente, e assim sustentar sua família, a vulnerabilidade permite que vejamos, aí, uma consumidora, diante da empresa fornecedora da máquina, que é a fornecedora do produto).

46. (TJ/RJ – Juiz de Direito – RJ/2012) Maria, modesta costureira do interior, adquire da empresa fabricante uma máquina de costura, para a realização de trabalho em prol de sua sobrevivência e de sua família. Pode Maria ser considerada consumidora, para o fim de aplicação, em seu favor, das normas do CDC em demanda ajuizada em face da referida empresa? Responda, fundamentadamente, abordando, brevemente, as teorias acerca do conceito de consumidor.

(Sim, Maria poderá ser considerada consumidora. Já abordamos as respectivas teorias anteriormente. O STJ, aliás, teve oportunidade de julgar caso idêntico ao mencionado, no REsp 1.010.834).

47. (Cespe – Cartório – TJ – BA/2014). Considerando a jurisprudência do STJ acerca das relações de consumo e dos direitos do consumidor, julgue se a afirmação abaixo está certa ou errada.

Afastar-se-á a aplicação do CDC quando o produto for adquirido para a implementação de atividade econômica, sendo irrelevante o fato de eventualmente estar caracterizada a hipossuficiência econômica do adquirente.

48. (Cespe – Cartório – TJ – BA/2014). Considerando a jurisprudência do STJ acerca das relações de consumo e dos direitos do consumidor, julgue se a afirmação abaixo está certa ou errada.

Afastar-se-á a aplicação do CDC quando o produto for adquirido para a implementação de atividade econômica, sendo irrelevante o fato de eventualmente estar caracterizada a hipossuficiência econômica do adquirente.

49. (Cespe – Juiz de Direito – TJ-DFT-2014). A respeito dos elementos subjetivos e objetivos da relação de consumo, verifique se a afirmação abaixo está certa ou errada, de acordo com o CDC e com a jurisprudência do STJ.

O CDC não é aplicável à relação jurídica entre entidade de previdência privada e seus participantes.

50. (Cespe – Juiz de Direito – TJ-DFT-2014). A respeito dos elementos subjetivos e objetivos da relação de consumo, verifique se a afirmação abaixo está certa ou errada, de acordo com o CDC e com a jurisprudência do STJ.

Considera-se consumidor a pessoa física que adquire máquina de costura de sociedade empresária multinacional para a realização de trabalho em prol de sua subsistência.

51. (Cespe – Juiz de Direito – TJ-DFT-2014). A respeito dos elementos subjetivos e objetivos da relação de consumo, verifique se a afirmação abaixo está certa ou errada, de acordo com o CDC e com a jurisprudência do STJ.

Sociedade civil sem fins lucrativos não pode ser considerada fornecedora, ainda que preste serviço mediante contraprestação financeira.

52. (Cespe – Juiz de Direito – TJ-DFT-2014). A respeito dos elementos subjetivos e objetivos da relação de consumo, verifique se a afirmação abaixo está certa ou errada, de acordo com o CDC e com a jurisprudência do STJ.

A prestação de serviço público, ainda que seja gratuita e não tenha natureza contratual, caracteriza relação de consumo.

53. (FCC – Juiz de Direito – PE/2015). Nos termos do Código de Defesa do Consumidor,

a) as pessoas jurídicas de direito público não podem ser consideradas fornecedoras.

b) somente entes personalizados (isto é, pessoas físicas ou jurídicas) podem ser considerados fornecedores.

c) a pessoa jurídica não pode ser considerada consumidora.

d) é considerada consumidora a pessoa que adquire o produto como destinatária final, mas não a que meramente o utiliza nessa condição.

e) equipara-se a consumidor a coletividade de pessoas, ainda que indetermináveis, que haja intervindo nas relações de consumo.

54. (FCC – Juiz de Direito – PE/2015). Para os fins do Código de Defesa do Consumidor,

a) as atividades de natureza bancária, financeira ou de crédito não são consideradas serviços.

b) consideram-se serviços as atividades de natureza securitária.

c) consideram-se produtos apenas os bens materiais.

d) bens imóveis não são considerados produtos.

e) consideram-se serviços quaisquer atividades fornecidas no mercado de consumo, mediante remuneração, inclusive as decorrentes das relações de caráter trabalhista.

55. (TRF 5ª – Juiz Federal Substituto 5ª região/2015). Acerca dos sujeitos integrantes da relação de consumo nos moldes do que é descrito no CDC, assinale a opção correta com base na jurisprudência do STJ.

a) Será considerado consumidor pelo CDC o sujeito que for submetido a publicidade enganosa, desde que ele tenha realizado contrato com fornecedor de produto ou serviço objeto da referida publicidade.

b) As vítimas de um acidente de consumo, mesmo que não tenham adquirido o produto como destinatários finais, são consideradas consumidores pelo CDC.

c) Empresa de transporte de pessoas ou cargas pode ser considerada consumidora em sua relação com a empresa concessionária de rodovia.

d) O condomínio que utiliza a água para o consumo das pessoas que nele residem não deve ser considerado consumidor em sua relação com a empresa concessionária de água.

e) A jurisprudência do STJ consagrou a teoria maximalista para interpretar o conceito de consumidor, admitindo a aplicação do CDC nas relações entre fornecedores e consumidores empresários em que fique evidenciada a relação de consumo.

(O único ponto polêmico, cremos, na questão, é a letra "c". A análise acerca de quem é – ou não – consumidor tem sido feita caso a caso, à luz da vulnerabilidade, dentre outros fatores. Porém, em geral, tem sido afastada a figura do consumidor diante de empresas de maior porte financeiro. Por exemplo, "inaplicabilidade do Código de Defesa do Consumidor, pois a empresa seguradora não pode ser considerada consumidora" – STJ, AgRg no REsp 1481134, Rel. Min. Paulo Sanseverino, 3ª T, DJ 27/02/2015).

56. (Cespe – Defensor Público – DPU/ 2015) João, por entender ser ilegal o reajuste da prestação mensal realizado pela entidade de previdência privada da qual é participante, ajuizou ação contra essa entidade. Pedro, por discordar dos valores corrigidos na sua aplicação em caderneta de poupança, e Lucas, em razão de contrato de concessão de crédito, ajuizaram ações contra determinado banco. A respeito dessas situações hipotéticas e do disposto no CDC, julgue o item abaixo.

O CDC é aplicável às situações apresentadas.

(Em relação ao reajuste da prestação mensal realizado pela entidade de previdência privada, convém lembrar que o STJ, em 2015, passou a entender que o CDC não se aplica às entidades fechadas de previdência privada – embora ambas, abertas e fechadas, exerçam atividade econômica, apenas as abertas operam em regime de mercado e podem auferir lucro das contribuições dos participantes. De todo modo, o enunciado da questão, pela forma como foi redigido, refere-se às abertas, às quais se aplica o CDC. O STJ, nesse contexto, continua aplicando a Súmula 321 ("O CDC é aplicável à relação jurídica entre a entidade de previdência privada e seus participantes"), porém com a relevante ressalva que devemos entender, no texto da súmula, apenas as abertas, não as fechadas (STJ, REsp 1.536.786, Rel. Min. Luis Salomão, Segunda Seção, DJ 20/10/2015). As demais afirmações também estão corretas. Aplica-se o CDC aos contratos de depósito em caderneta de poupança firmados entre as instituições financeiras e seus clientes, e também aos contratos de concessão de crédito, consoante entendimento do STF).

57. (Cespe – Defensor Público – PR/2015). No item a seguir, é apresentada uma situação hipotética, seguida de uma assertiva a ser julgada com base nas normas previstas no CDC e no entendimento do STJ acerca de integrantes e objetos da relação de consumo, cláusulas abusivas, decadência e responsabilidade pelo fato do produto.

– Determinada concessionária de veículos contratou seguro empresarial visando proteger o seu patrimônio, incluindo os automóveis ainda não vendidos, porém sem prever cobertura de risco aos clientes da concessionária. O contrato estabelecia que não haveria cobertura de danos no caso de furto qualificado praticado por terceiros, mas não continha nenhuma especificação jurídica do termo "qualificado". Na vigência desse contrato, a empresa foi vítima de furto simples e, após a negativa da seguradora em arcar com a indenização, ingressou em juízo contra esta. Nessa situação, de acordo com a teoria subjetiva ou finalista, a concessionária não poderia ser considerada consumidora e, ademais, foi correta a negativa da seguradora, pois era obrigação da contratante conhecer as cláusulas restritivas previstas no contrato.

(A questão é interessante. Envolve fundamentalmente dois pontos: a) estudamos, no capítulo III, mais especificamente no princípio da interpretação mais favorável ao consumidor, que a cláusula contratual que remete ao furto qualificado, no Código Penal, não pode ser usada como pretexto pela seguradora para negar cobertura em caso de furto simples (STJ, REsp 814.060). De igual modo, se as cláusulas contratuais aludem a conceitos de direito penal como o furto e roubo, há de se considerar incluída, no seguro, também, a figura da extorsão (STJ, REsp 1.106.827). Essas distinções conceituais rígidas escapam à compreensão do segurado, em geral. Outro ponto abordado na questão de concurso: b) mesmo na teoria finalista ou subjetiva, é possível que tenhamos a pessoa jurídica como consumidora. A concessionária de veículos, portanto, poderia, em tese, figurar como consumidora, diante da seguradora, esta fornecendo o serviço de seguro. Citamos no texto julgado que analisamos: "Controvérsia acerca da existência de relação de consumo na aquisição de aeronave por empresa administradora de imóveis. Produto adquirido para atender a uma necessidade própria da pessoa jurídica, não se incorporando ao serviço prestado aos clientes. Existência de relação de consumo, à luz da teoria finalista mitigada" (STJ, AgRg no REsp 1.321.083, DJ 25/09/2014).

58. (Cespe – Juiz de Direito – PB/2015). Em relação ao conceito de consumidor e aos direitos básicos do consumidor, assinale a opção correta.

a) A vulnerabilidade, pressuposto de aplicação do CDC, é presumida para o consumidor pessoa física, ao passo que, para a pessoa jurídica, tal situação deve ser demonstrada e aferida casuisticamente.

b) Para se aplicar o conceito de consumidor equiparado, tem de haver prévio ajuste contratual com o fornecedor do produto ou serviço.

c) A inversão do ônus da prova depende da análise dos requisitos legais pelo juiz no caso concreto e de requerimento expresso da parte nesse sentido.

d) Os requisitos para a inversão do ônus da prova são alternativos, razão pela qual pode o juiz aplicar tal instituto quando presente a hipossuficiência do consumidor, ainda que o fato alegado seja inverossímil.

e) Segundo entendimento do STJ, o CDC incide na relação jurídica estabelecida entre o estudante e a pessoa jurídica responsável pelo gerenciamento do Fundo de Financiamento Estudantil do governo federal.

(Em relação ao item "a", trata-se de distinção que sempre defendemos neste livro, desde as primeiras edições: a vulnerabilidade do consumidor pessoa física é presumida, ao passo que a vulnerabilidade do consumidor pessoa jurídica deverá ser demonstrada. Em relação ao item "b", para se aplicar o conceito de consumidor equiparado, não há necessidade de ajuste algum, até porque se assim fosse o conceito perderia completamente o sentido. Em relação ao item "c", a inversão do ônus da prova, em nosso juízo, não depende de requerimento expresso da parte nesse sentido. Em relação ao item "d", entendemos que os requisitos do art. 6º, VIII, são alternativos, isto é, não são cumulativos. A inversão, nesse contexto, poderá ocorrer quando a alegação do consumidor for verossímil ou quando o consumidor for hipossuficiente, segundo as regras ordinárias de experiência. A alegação, porém, deverá ser minimamente verossímil, com aparência de verdade, do contrário não há espaço para inversão (o consumidor que alega que seu celular saiu levitando pela janela e por isso pede outro da operadora, com

inversão do ônus da prova). Parece pouco razoável que haja inversão diante de alegação inverossímil, por isso o item "d" foi apontado como falso. Em relação ao item "e", segundo o STJ, não se aplica o CDC aos contratos de financiamento estudantil, FIES (STJ, AgRg no REsp 1.239.885).

59. (MPF/Procurador da República/2017/adaptada). Em relação às afirmativas a seguir, verifique a(s) correta(s).

I. O fabricante, o produtor, o construtor, nacional ou estrangeiro, e o importador respondem, verificada a existência de culpa ou dolo, pela reparação dos danos causados aos consumidores por defeitos decorrentes de projeto, fabricação, construção, montagem, fórmulas, manipulação, apresentação ou acondicionamento de seus produtos, bem como por informações insuficientes ou inadequadas sobre sua utilização e riscos.

II. O fornecedor de serviços responde pelos vícios de qualidade que os tornem impróprios ao consumo ou lhes diminuam o valor, assim como por aqueles decorrentes da disparidade com as indicações constantes da oferta ou mensagem publicitária, podendo o consumidor exigir, alternativamente e à sua escolha: I – a reexecução dos serviços, sem custo adicional e quando cabível; II – a restituição imediata da quantia paga, monetariamente atualizada, sem prejuízo de eventuais perdas e danos; III – o abatimento proporcional do preço.

III. O Código de Defesa do Consumidor é aplicável aos contratos bancários e de planos de saúde, conforme entendimento sumulado pelo Superior Tribunal de Justiça.

IV. Prescreve em dois anos a pretensão à reparação pelos danos causados por fato do produto ou do serviço, iniciando-se a contagem do prazo a partir do conhecimento do dano e de sua autoria.

Das afirmativas acima, estão corretas:

Apenas II, III e IV.

Apenas I, II e IV.

Apenas II e II.

Apenas II e IV.

60. (MPF/Procurador da República/2017). Em relação aos direitos básicos do consumidor, assinale a assertiva incorreta:

a) Não se enquadram no conceito de consumidor final a pessoa jurídica e a coletividade de pessoas em quantidade indeterminada, não havendo sobre elas a proteção da legislação consumerista.

b) É assegurado aos consumidores a educação e divulgação sobre o consumo adequado dos produtos e serviços, asseguradas a liberdade de escolha e a igualdade nas contratações.

c) O STJ reconhece como válida a cláusula contratual de cobrança de comissão de corretagem de imóvel, transferindo ao consumidor a obrigação pelo pagamento, no entanto, considera ilegal a cobrança de serviço de assessoria técnico-imobiliária.

d) Segundo entendimento do STJ, são nulas as cláusulas contratuais que impõem exclusivamente ao consumidor a responsabilidade por compras realizadas com cartão de crédito furtado ou roubado, até o momento da comunicação do furto à administradora.

(Em relação ao item a, o consumidor, no Brasil, pode ser pessoa jurídica; além disso, equiparam-se aos consumidores todas as pessoas, determináveis ou não, expostas às práticas comerciais (CDC, art. 2º e art. 29); em relação ao item b, o CDC, art. 6º, II, prevê como direito básico do consumidor a educação e divulgação sobre o consumo adequado dos produtos e serviços, asseguradas a liberdade de escolha e a igualdade nas contratações; em relação ao item c, o STJ já se manifestou pela "validade da cláusula contratual que transfere ao promitente-comprador a obrigação de pagar a comissão de corretagem nos contratos de promessa de compra e venda de unidade autônoma em regime de incorporação imobiliária, desde que previamente informado o preço total da aquisição da unidade autônoma, com o destaque do valor da comissão de corretagem". No mesmo julgado, decidiu pela "abusividade da cobrança pelo promitente-vendedor do serviço de assessoria técnico-imobiliária (SATI), ou

atividade congênere, vinculado à celebração de promessa de compra e venda de imóvel" (STJ, REsp 1.599.511, Segunda Seção, DJ 06/09/2016). Em relação ao item d – conforme há muitos anos mostramos no livro – são nulas as cláusulas contratuais que impõem exclusivamente ao consumidor a responsabilidade por compras realizadas com cartão de crédito furtado ou roubado, até o momento da comunicação do furto à administradora (STJ REsp 348.343, 3ª T, DJ 14/02/2006; EDcl no REsp 1.316.348, 3ª T, DJ 18/09/2014).

61. (Cespe – Juiz de Direito – TJ – BA/2019). Adaptada. A respeito de proteção contratual, responsabilidade por vício do serviço e legitimidade ativa para a propositura de ações coletivas, verifique se a afirmação abaixo é certa ou errada, com base no CDC e na jurisprudência do STJ: "Admite-se a responsabilização de buscadores da Internet pelos resultados de busca apresentados para fazer cessar o vínculo criado, nos seus bancos de dados, entre dados pessoais e os resultados que não guardam relevância para o interesse público à informação, seja pelo conteúdo eminentemente privado, seja pelo decurso do tempo".

62. (Cespe – Promotor de Justiça – MPE – PI/2019) Assinale a opção que apresenta relações jurídicas em que, de acordo com o entendimento do STJ, aplicam-se primordialmente as disposições do Código de Defesa do Consumidor (CDC).

a) contrato firmado com cooperativa de crédito e a relação estabelecida entre condomínio e condôminos

b) responsabilidade civil do transportador aéreo internacional pelo extravio da carga e contrato de plano de saúde

c) contrato de seguro firmado por microempresa e relação jurídica entre os titulares do direito de uso dos jazigos de cemitério particular e a administradora deste

d) serviços notariais e contrato previdenciário celebrado com entidade fechada

e) contrato de franquia e contrato firmado entre postos e distribuidores de combustível

(Em relação ao item a, não se aplica o CDC ao contrato entre cooperativa e cooperado: STJ, AgRg no REsp 1.122.507; também não se aplica o CDC nas relações entre condomínio e condôminos: STJ, REsp 650.791; em relação ao item b, atualmente casos de extravio de carga pelo transportador aéreo internacional são regidos pela Convenção de Montreal e não pelo CDC: STJ, REsp 1.341.364; os planos de saúde, como se sabe, recebem incidência do CDC, salvo os administrados por entidades de autogestão: STJ, Súmula 608; em relação ao item c – que está correto – a situação descrita recebe a incidência do CDC: STJ, REsp 1.350.677; em relação ao item d, no que toca aos serviços notariais a questão é polêmica, havendo julgados que aceitam a aplicação do CDC: STJ, REsp 1.163.652, e outros que não: STJ, AgRg no Ag1155677. Creio que a posição atual do STJ é no sentido de que o CDC é aplicável à atividade notarial; em relação ao contrato previdenciário celebrado com entidade fechada não se aplica o CDC: STJ, Súmula 563; por fim, em relação ao item e, o CDC não incide em relação aos contratos de franquia: STJ, REsp 632.958; nem entre aqueles firmados entre postos e distribuidores de combustíveis: STJ, REsp 782.852).

63. (Fundep – Defensor Público – DPE – MG/2019). Adaptada. Considerando o disposto na Lei nº 8.078/90 (Código de Proteção e Defesa do Consumidor) e sua interpretação, analise a afirmativa a seguir: "O STJ admite a mitigação da teoria finalista para reconhecer a aplicação do CDC em favor da pessoa física ou jurídica que, embora não seja típica destinatária final, encontre-se em situação de vulnerabilidade".

GABARITO			
01. B	17. C	33. E	49. E
02. E	18. D	34. E	50. C
03. E	19. C	35. A	51. E
04. E	20. C	36. –	52. E

GABARITO			
05. A	21. E	37. D	53. E
06. E	22. C	38. -	54. B
07. E	23. E	39. C	55. B
08. C	24. C	40. E	56. C
09. C	25. C	41. D	57. E
10. E	26. E	42. A	58. A
11. B	27. E	43. E	59. C
12. B	28. E	44. D	60. A
13. E	29. E	45. -	61. C
14. C	30. E	46. -	62. C
15. D	31. E	47. E	63. C
16. I-E; II-C	32. E	48. E	-

11. QUADRO SINÓTICO

RELAÇÃO JURÍDICA DE CONSUMO

Âmbito de aplicação do CDC: relações de consumo

- **Compra de celular em shopping = CDC**
- **Rede de supermercados compra participação acionária em concorrente = Normas de direito empresarial**
- **Alguém aluga seu apartamento a outrem = Código Civil**

Identificando a relação jurídica de consumo

Sujeitos

- **Consumidor (pessoa física ou jurídica: CDC, art. 2º)** É preciso, segundo o CDC, para que haja a figura do consumidor, que o produto seja adquirido ou utilizado por alguém na condição de destinatário final.
- **Fornecedor (pessoa física ou jurídica: CDC, art. 3º)**. É preciso que haja remuneração e habitualidade. Em certos casos, contudo, a remuneração é implícita, como os planos de milhagem das companhias aéreas.

Objeto

- **Produtos (CDC, art. 3º, § 1º)**.
- **Serviços (CDC, art. 3º, § 2º)**.

Aplica-se o CDC:

- **Profissionais liberais e seus clientes (STJ, REsp 80.276)**.
- **Salvo em relação aos advogados. Não se aplica, segundo o STJ, o CDC aos serviços de advocacia (STJ, REsp 1.123.422; AgRg no Ag 1.380.692)**.
- **Entidades abertas de previdência privada (STJ, Súmula 563)**.
- **Contratos de arrendamento mercantil (STJ, REsp 664.351)**.
- **Na relação entre condomínio e concessionária de serviço público (STJ, REsp 650.791)**.

- **Contratos do sistema financeiro de habitação (STJ, AgRg no REsp 107.33.11).** Salvo se o contrato foi firmado com cobertura do fundo de compensação de variações salariais – FCVS (STJ, AgRg nos EDcl no REsp 103.2061).
- **Atendimento médico-hospitalar de emergência em clínicas e hospitais privados (STJ, REsp 696.284).**
- **Às concessionárias de serviço rodoviários (STJ, REsp 687.799).**
- **Às cooperativas de crédito (STJ, AgRg no Ag 122.4838).**
- **À atividade notarial (STJ, REsp 1.163.652).**
- **Às entidades responsáveis pela organização de competição esportiva, bem como a entidade detentora do mando de jogo (Lei nº 10.671/2003).**
- **Entre o condomínio e a concessionária de água e esgoto (STJ, REsp 650.791).**
- **Às incorporadoras imobiliárias, que vendem apartamentos na planta ou depois de prontos (STJ, REsp 334.829)**
- **Entidades de previdência privada (STJ, Súmula 321).** Segundo o STJ, porém, só se aplica o CDC às entidades abertas de previdência privada. Não se aplica o CDC às entidades fechadas de previdência privada (STJ, REsp 1.536.786). (STJ, Súmula 563).
- **Às empresas de administração imobiliária, que oferecem, no mercado de consumo, casas e apartamentos de outrem para alugar (a relação de consumo, no caso, existirá entre o consumidor e a administradora, mas não entre locador e locatário. STJ, REsp 509.304).**
- **Aos contratos de plano de saúde, salvo os administrados por entidades de autogestão (STJ, Súmula 608).**
- **Aos casos de erros médicos (STJ, EDcl no REsp 704.272).**
- **Aos contratos de consórcio (apenas nas relações entre consorciados e a administradora. Nas relações dos consorciados entre si não se aplica o CDC, STJ REsp 1.185.109).**
- **Às entidades de caráter beneficente e filantrópico, se desempenham atividade no mercado de consumo mediante remuneração (STJ, AgRg no Ag. 1.215.680).**
- **Aos serviços públicos remunerados, desde que remunerados através de tarifa ou preço público e não taxa (STJ, AgRg no Ag. 1.398.696).**
- **Aos provedores de internet, mesmo gratuitos (STJ, REsp 1.186.616).**

Não se aplica o CDC:

- **Às relações entre condomínio e condôminos (STJ, REsp 650.791).**
- **Entre autarquia previdenciária e seus beneficiários (STJ, REsp 369.822).**
- **Às relações de locação (STJ, AgRg no REsp 510.689).**
- **Contratos de crédito educativo (STJ, REsp 600.677).**
- **Ao representante comercial autônomo (STJ, REsp 761.557).**
- **Quando particulares se juntam para construir um prédio (regime de administração ou preço de custo, STJ 860.064).**
- **Ao contrato entre cooperativa e cooperado (STJ, AgRg no REsp 1.122.507).**
- **Ao contrato de franquia (STJ, REsp 632.958).**
- **Ao contrato firmado entre postos e distribuidores de combustível (STJ, REsp 782.852).**
- **Ao contrato entre a empresa de *factoring* e outra empresa que utiliza o bem na cadeia produtiva (STJ, REsp 938.979).**
- **Ao contrato entre a empresa de *franchising* e seus franqueados (pode ser um contrato de adesão, mas não é uma relação de consumo).**

- **Ao transportador aéreo internacional em caso de extravio da carga (a matéria é atualmente regida pela Convenção de Montreal: STJ, REsp 1.341.364).**

Teorias relativas à aplicação do CDC:

- **Teoria maximalista (defende a mais ampla aplicação do CDC, incluindo, em muitos casos, os empresários).**
- **Teoria minimalista – finalista ou subjetiva (defende uma aplicação mais restrita, teleológica, do CDC, de acordo com o espírito que motivou sua criação, que foi a proteção dos consumidores).**
- **Tem havido, no entanto, em muitos casos, uma ampliação jurisprudencial da expressão "destinatário final", para considerar consumidor, por exemplo, entre outros, o agricultor que adquire bem móvel com a finalidade de utilizá-lo na sua atividade produtiva (ele não seria, de acordo com o critério finalista, destinatário final, pois adquiriu o produto para usá-lo na cadeia produtiva).**

Cláusulas de irresponsabilidade ou de não indenização

- **Não são aceitas nas relações de consumo, nem mesmo as que meramente atenuem a responsabilidade do fornecedor.**
- **Há uma exceção: quando o consumidor for pessoa jurídica, a indenização poderá ser limitada, em situações justificáveis (CDC, art. 51, I).**

Consumidor por equiparação (CDC, art. 2º, parágrafo único; art. 17; art. 29).

- **Mesmo quem não adquiriu produto ou serviço – e até mesmo quem não o usou – poderá ser considerado consumidor por equiparação. Basta que tenha sido vítima do evento. Um bom exemplo temos na situação daquela pessoa cuja casa foi atingida pela queda de um avião da TAM, por exemplo (STJ, REsp 540.235).**
- **É pouco relevante, no sistema de consumo, a distinção entre as responsabilidades contratual e extracontratual.**

CAPÍTULO V

RESPONSABILIDADE CIVIL NAS RELAÇÕES DE CONSUMO

A responsabilidade civil assume particular relevância no sistema de consumo. Aliás, o advento do CDC – no início da década de noventa –, quando o Brasil ainda estava sob a égide do Código Civil de 1916, trouxe novos ventos ao direito privado, que passou a contar, por intermédio do CDC, com instrumentos novos e flexíveis, arejando a civilística clássica.

Estatui o art. 6º, VI como direito básico do consumidor: "a efetiva prevenção e reparação de danos patrimoniais e morais, individuais, coletivos e difusos". A indenização deve ser efetiva, ou seja, deve recompor, no maior grau possível, os danos experimentados.

A responsabilidade, na sistemática de consumo, é objetiva, prescindindo da culpa. Prescreve, nesse sentido, o art. 14 do CDC: "O fornecedor de serviços responde, independentemente da existência de culpa, pela reparação dos danos causados aos consumidores por defeitos relativos à prestação dos serviços, bem como por informações insuficientes ou inadequadas sobre sua fruição e riscos".

O art. 14, § 4º, do CDC consagra uma exceção à responsabilidade objetiva: "A responsabilidade pessoal dos profissionais liberais será apurada mediante a verificação de culpa". Médicos, advogados, psiquiatras – profissionais liberais, enfim – apenas respondem civilmente se lhes for provada a culpa.

Havendo mais de um causador, todos respondem. A responsabilidade, no sistema do CDC, é solidária. Aponta o CDC, no parágrafo único do art. 7º: "Tendo mais de um autor a ofensa, todos responderão solidariamente pela reparação dos danos previstos nas normas de consumo". Mais adiante, o art. 25 estabelece, em seu parágrafo 1º: "Havendo mais de um responsável pela causação do dano, todos responderão solidariamente pela reparação prevista nesta e nas seções anteriores".

A tendência atual caminha no sentido de prevenir os danos (tutela preventiva), e não apenas esperar que eles ocorram para indenizá-los (tutela repressiva). A prevenção dos danos, a propósito, é direito básico do consumidor (CDC, art. 6º, VI).

1. VÍCIO DO PRODUTO OU SERVIÇO E FATO DO PRODUTO OU SERVIÇO

Seguramente um dos mais relevantes temas do direito do consumidor é a responsabilidade pelo vício e pelo fato do produto ou serviço. Trata-se, em última análise, da responsabilidade civil nas relações de consumo, embora nem sempre a indenização se faça presente, podendo a correção do defeito ocorrer de outros modos.

A doutrina, falando sobre a responsabilidade por vício, pondera que houve "uma clara opção para enquadrar a matéria no âmbito da responsabilidade civil, da qual seria espécie, ao lado da responsabilidade por fato do produto" (Paulo Luiz Netto Lôbo, *Responsabilidade por vício do produto ou do serviço*. Brasília: Brasília Jurídica, 1996, p. 38/39).

Continua, mais adiante, Paulo Luiz Netto Lôbo: "As modernas legislações sobre direitos do consumidor tornaram praticamente indistintas as duas categorias (responsabilidade por vício ou responsabilidade por fato), com ênfase na segunda. Refletem o interessante fenômeno atual da interpenetração das fontes das obrigações negociais e extranegociais e, 'a fortiori', das responsabilidades contratual e aquiliana, com que se debruça a doutrina mundial. Contudo, como acertadamente fez o Código do Consumidor, a responsabilidade por vício merece um tratamento legal específico, dadas suas peculiaridades, como espécie do gênero responsabilidade do fornecedor, pelos produtos e serviços que lança no mercado" (Paulo Luiz Netto Lôbo, Responsabilidade por vício do produto ou do serviço. Brasília: Brasília Jurídica, 1996, p. 53).

Embora tanto no vício quanto no fato haja responsabilidade civil do fornecedor, ambos não se confundem no sistema brasileiro. No vício há um descompasso entre o produto ou serviço oferecido e as legítimas expectativas do consumidor (intrínseco, *in re ipsa*). Já no fato há um dano ao consumidor, atingindo-o em sua integridade física ou moral (extrínseco). Pode-se dizer, em extrema simplificação, que o vício atinge o produto, enquanto que o fato atinge a pessoa do consumidor (danos materiais ou morais).

Outra distinção possível seria frisar que o vício alude a problemas de inadequação, ao passo que o fato envolve defeitos de segurança. Nesse sentido apontou o STJ: "No sistema do CDC, a responsabilidade pela qualidade biparte-se na exigência de adequação e segurança, segundo o que razoavelmente se pode esperar dos produtos e serviços. Nesse contexto, fixa, de um lado, a responsabilidade pelo fato do produto ou do serviço, que compreende os defeitos de segurança; e de outro lado, a responsabilidade por vício do produto ou do serviço, que abrange os vícios por inadequação" (STJ, REsp 967.623, Rel. Min. Nancy Andrighi, 3ª. T, DJ 29/06/09).

Na doutrina, o vocábulo "defeito" é usado, muitas vezes, como sinônimo de fato do produto ou serviço, ou acidente de consumo. Assim: "No vício, há prejuízos meramente econômicos, que tornam os produtos e serviços tão somente impróprios, inadequados ou desvalorizados. Seu limite é a prestabilidade ou diminuição do seu valor. Afeta a qualidade ou quantidade. No defeito, ao contrário, há danos pessoais, físicos ou morais" (Rosana Grinberg, Fato do produto ou do serviço: acidente de consumo,

RDC 35/150). Já vimos, no capítulo III, que em se tratando de relação de consumo, impõe-se a responsabilidade solidária perante o consumidor de todos aqueles que tenham integrado a cadeia de prestação de serviço, em caso de defeito ou vício (STJ, AgInt no AgInt no AREsp 1.830.891, Rel. Min. Luis Salomão, 4ª T, DJe 26/08/2021).

2. VÍCIO DO PRODUTO

O vício do produto está previsto no art. 18 do CDC: "Os fornecedores de produtos de consumo duráveis ou não duráveis respondem solidariamente pelos vícios de qualidade ou quantidade que os tornem impróprios ou inadequados ao consumo a que se destinam ou lhes diminuam o valor, assim como por aqueles decorrentes da disparidade, com as indicações constantes do recipiente, da embalagem, rotulagem ou mensagem publicitária, respeitadas as variações decorrentes de sua natureza, podendo o consumidor exigir a substituição das partes viciadas". Se o consumidor compra lâmpada em cuja embalagem vem a indicação de 200 watts, porém a lâmpada só tem verdadeiramente 100 watts, trata-se de vício do produto.

É vício de qualidade aquele que torna o produto impróprio ou inadequado ao seu uso. Também aquele que lhes diminua o valor. Um apartamento, por exemplo, adquirido na planta, cujo memorial descritivo indica que os pisos serão de mármore, configura exemplo de vício de inadequação por qualidade se, anos depois, o piso é de cerâmica ou qualquer outro material inferior ao descrito. Por tal erro o fornecedor responde, sendo irrelevante, na espécie, qualquer elemento subjetivo (conhecer ou ignorar o erro; ter sido voluntário ou doloso). A própria norma ressalta que a ignorância do fornecedor sobre os vícios de qualidade por inadequação dos produtos e serviços não o exime de responsabilidade (CDC, art. 23). Vale sempre lembrar que os fornecedores de produtos respondem solidariamente (inclusive o chamado comerciante) pelos vícios de qualidade e quantidade.

O aparecimento de pontos de ferrugem na lataria de veículo zero quilômetro configura vício do produto. Por ele responde não só o fabricante do veículo, mas também a concessionária que o vendeu (STJ, AgRg no REsp 1.124.566, Rel. Min. Aldir Passarinho Júnior, 4ª T, DJ 06/12/10). Posteriormente reafirmou-se a solidariedade, no vício do produto, entre a concessionária e o fabricante do veículo vendido com defeito (tratava-se de carro novo cujo ar-condicionado não funcionava – STJ, REsp 821.624, Rel. Min. Aldir Passarinho Júnior, 4ª T, DJ 04/11/10). No mesmo sentido, em julgado mais antigo, o STJ já tinha definido que no vício (CDC, art. 18) há responsabilidade solidária do fabricante e do fornecedor (STJ, REsp 554.876, Rel. Min. Menezes Direito, DJ 03/05/04). Posteriormente confirmou-se essa posição. Se o consumidor, por exemplo, compra carro zero quilômetro em concessionária credenciada, a montadora responde se a concessionária deixa de entregar o veículo comprado e totalmente pago pelo consumidor (STJ, REsp 1.309.981, Rel. Min. Luis Felipe Salomão, DJ 17/12/2013).

Portanto, no vício do produto, haverá responsabilidade solidária, inclusive do comerciante (concessionária, por exemplo, na venda de veículos). A solidariedade, contudo, não impede que, analisados os nexos causais, o Judiciário conclua pela responsabilização de um só dentre todos (STJ, REsp 821.624, Rel. Min. Aldir Passarinho Júnior, 4ª T, DJ 04/11/10). O comerciante só não responde solidariamente – segundo doutrina e jurisprudência majoritárias – pelo fato do produto ou serviço (acidente de consumo), que adiante veremos.

Conforme precedentes do STJ, se há pleito de substituição do veículo por outro da mesma espécie, é possível ao magistrado deferir, em vez da entrega de um carro novo, a indenização pela desvalorização do veículo, pois é providência que se mantém dentro dos limites postulados (STJ, REsp 870.440, Rel. Min. Luis Felipe Salomão, 4ª T, DJ 18/10/11).

A respeito do que configura vício, manifestou-se a doutrina: "Vício, pois, é todo aquele que impede ou reduz a realização da função ou do fim a que se destinam o produto ou o serviço, afetando a utilidade que o consumidor deles espera. Este desvio da função, desfavorável ao consumidor, segundo a previsão corrente ou convencional, define-se subjetiva e objetivamente" (Paulo Luiz Netto Lôbo, *Responsabilidade por vício do produto ou do serviço.* Brasília: Brasília Jurídica, 1996, p. 52).

Adiante analisaremos as opções que abrem para o consumidor em caso de vício do produto (CDC, art. 18, § 1º). Digamos, desde já, que ao consumidor é dado escolher entre: a) a substituição do produto; b) a restituição da quantia paga; c) o abatimento no preço. Além disso, se provar que sofreu prejuízo, poderá pleitear perdas e danos. O STJ, em 2023, em atenção ao disposto no art. 18, § 1º, do CDC, enfatizou que após o transcurso do prazo de 30 dias sem que haja a efetiva correção do vício é que surge para o consumidor o direito de escolher, segundo a sua conveniência: (i) a substituição do produto por outro da mesma espécie, em perfeitas condições de uso; (ii) a restituição imediata da quantia paga, monetariamente atualizada, sem prejuízo de eventuais perdas e danos; ou (iii) o abatimento proporcional do preço (STJ, AgInt no AREsp 2.327.944, Rel. Min. Humberto Martins, 3ª T, DJ 17/11/2023).

Cabe esclarecer que o consumidor pode fazer uso imediato das três possibilidades acima citadas, previstas no art. 18, § 1º, sempre que, em razão da extensão do vício, a substituição das partes viciadas puder comprometer a qualidade ou características do produto, diminuir-lhe o valor ou se tratar de produto essencial (CDC, art. 18, § 3º).

Nada impede que as responsabilidades por vício e fato coexistam. Digamos que alguém adquira um veículo zero, na concessionária. Pouco tempo depois, num cruzamento, os freios não funcionam. Há colisão com danos graves. Nessa situação, haverá, claramente, acidente de consumo (fato do produto, previsto no art. 12 do CDC). O consumidor e os terceiros atingidos (que são consumidores por equiparação) poderão pleitear indenizações por todos os danos sofridos (danos morais, estéticos, lucros cessantes, entre outros). A responsabilidade será objetiva. Na mesma situação, haverá responsabilidade por vício do produto. O consumidor poderá exigir a substituição do produto, na forma do art. 18, § 1º e § 3º, do CDC.

É importante perceber que o fato de estarmos diante de um vício do produto não exclui o direito à indenização por dano moral. Nesse sentido, muito corretamente, tem se posicionado a jurisprudência: "O regime previsto no art. 18 do CDC, entretanto, não afasta o direito do consumidor à reparação por danos morais, nas hipóteses em que o vício do produto ocasionar ao adquirente dor, vexame, sofrimento ou humilhação, capazes de ultrapassar a esfera do mero dissabor ou aborrecimento" (STJ, REsp 324.629, Rel. Min. Nancy Andrighi, 3ª T, DJU 28/04/03). A jurisprudência já teve oportunidade de reconhecer, por exemplo, que a venda de carro com ano de fabricação adulterado enseja danos morais: "Ação de indenização por danos materiais e morais. Venda de veículo. Ano de fabricação equivocado. Condenação em danos morais. A comercialização de veículo fabricado em 1999 como sendo do ano de 2000, caracteriza vício por inadequação, cuja falha na informação redundou na diminuição do valor do automóvel, o que atrai a responsabilidade solidária entre o fornecedor e o fabricante, expressa em lei (art. 18, *caput*, do CDC)" (STJ, REsp 713.284, Rel. Min. Nancy Andrighi, 3ª T, j. 03/05/05).

O heterogêneo catálogo de fatos que a vida social apresenta sempre traz novos contornos, desafiando a rigidez das categorias jurídicas. Perfaz vício do produto, por exemplo, o carro comprado que traz incompatibilidade – não informada ao consumidor – com os combustíveis disponíveis nos postos de gasolina brasileiros. No caso, o automóvel, importado da Alemanha, não estava preparado para funcionar adequadamente com o tipo de diesel ofertado no Brasil (STJ, REsp 1.443.268, Rel. Min. Sidnei Beneti, DJ 08/09/2014). Em outro caso, houve vício na numeração do motor – ocorrido na fábrica, durante a montagem do carro – e, com isso, o proprietário do veículo ficou impossibilitado de aliená-lo. Quando acionada para saná-lo, a montadora nada fez. Reconhece-se, na hipótese, configurado o dano moral merecedor de compensação econômica (STJ, AgRg no REsp 1.463.897, DJ 22/09/2014). Em sentido semelhante, a jurisprudência do STJ aceita indenização por dano moral quando o consumidor de veículo zero quilômetro necessita retornar à concessionária por diversas vezes, para reparos.

3. VÍCIO DO SERVIÇO

O vício do serviço está contemplado no art. 20 do CDC: "O fornecedor de serviços responde pelos vícios de qualidade que os tornem impróprios ao consumo ou lhes diminuam o valor, assim como por aqueles decorrentes da disparidade com as indicações constantes da oferta ou mensagem publicitária (...)". Se o consumidor compra pacote turístico em hotel de frente ao mar, depois descobrindo que o hotel fica a longos quilômetros da praia, haverá vício do serviço. Tepedino esclarece: "Defeito é, portanto, uma ruptura entre a legítima expectativa do consumidor e a 'performance' do produto ou da prestação do serviço' (Gustavo Tepedino, "A responsabilidade médica na experiência brasileira contemporânea". *Temas de Direito Civil*, t. II. Rio de Janeiro: Renovar, 2006, p. 97). Embora o CDC não explicite – tal como fez em relação ao fato do produto ou serviço – a responsabilidade pelo vício é objetiva, independe do elemento culpa, sendo inadequada qualquer consideração a respeito da culpa no vício do produto ou serviço.

4. FATO DO PRODUTO

O fato do produto está referido no art. 12 do CDC: "O fabricante, o produtor, o construtor, nacional ou estrangeiro, e o importador respondem, independentemente da existência de culpa, pela reparação dos danos causados aos consumidores por defeitos decorrentes de projeto, fabricação, construção, montagem, fórmulas, manipulação, apresentação ou acondicionamento de seus produtos, bem como por informações insuficientes ou inadequadas sobre sua utilização e riscos". Se o consumidor – fiquemos nos mesmos exemplos referidos acima – compra lâmpada que vem a explodir diante do seu rosto, causando danos materiais e estéticos, haverá um fato do produto. O fato do produto ou do serviço também é chamado de acidente de consumo. Assim, consumidor que fratura dente ao morder peça metálica dentro de alimento sofre, por óbvio, acidente de consumo (STJ, AgRg no REsp 1.220.998, Rel. Min. Paulo de Tarso, 3ª T, DJ 21/08/12).

A prova da culpa do fornecedor obviamente não é necessária. É necessário provar apenas a conduta (ação ou omissão), o dano, e o nexo causal entre eles (que o dano resultou de determinada ação ou omissão do fornecedor). Na sistemática de consumo o defeito também aparece como pressuposto para a responsabilidade civil por fato do produto ou do serviço, mas esse muitas vezes surge evidente a partir do próprio dano. De toda forma os pressupostos são: a) conduta; b) dano; c) nexo causal; d) defeito. Ao fornecedor só resta provar as excludentes de responsabilidade civil, que estudaremos no próximo capítulo (CDC, art. 12, § 3º).

Veículo com defeito de fabricação que provoca acidente enseja danos morais. Em certo caso – julgado pelo STJ em 2007 – o sistema de freios do veículo deu causa à colisão da qual resultaram danos às vítimas. Posteriormente, a GM do Brasil realizou *recall* relativamente ao veículo em questão, justamente em virtude no defeito dos freios. A condenação por danos morais foi arbitrada em mil salários mínimos, além dos danos emergentes (danos materiais) (STJ, REsp 475.039, Rel. Min. Hélio Quaglia Barbosa, 4ª T, DJ 19/03/07). A jurisprudência do STJ orienta-se no sentido de ser cabível indenização por danos morais quando o consumidor de veículo zero quilômetro necessita retornar à concessionária, por diversas vezes, para reparo de defeitos apresentados no veículo adquirido (STJ, AgInt no AREsp 2326927, Rel. Isabel Gallotti, 3ª T, DJe 21/12/2023).

Percebe-se que a jurisprudência, muitas vezes, tem optado por categorizar o defeito como fato, e não como vício (os prazos, como veremos adiante, são bem mais generosos no fato do produto ou serviço). Dissemos, por exemplo, anteriormente, que um apartamento adquirido na planta, cujo memorial descritivo indica que os pisos serão de mármore, configura exemplo de vício de inadequação por qualidade, caso se verifique que o piso é de outro material inferior ao descrito. Porém, posteriormente, em hipótese semelhante, o STJ entendeu que o aparecimento de grave vício em revestimento (pisos e azulejos), quando já se encontrava devidamente instalado na residência do consumidor, configura fato do produto, sendo, portanto, de cinco anos o prazo prescricional da ação reparatória (STJ, REsp 1.176.323, Rel. Min. Villas

Bôas Cueva, DJ 16/03/2015). De todo modo, na hipótese julgada pelo STJ, a questão não era puramente estética, sendo o produto defeituoso, também, por defeito de segurança. Haveria, portanto, nesse caso – no mínimo – danos materiais relativos à troca do material já instalado e a contratação de mão-de-obra para tanto. O STJ, nesse julgado, reafirmou que o vício do produto se restringe ao próprio produto e não aos danos que ele possa gerar ao consumidor.

Os produtos que, por seus defeitos, causarem danos, fazem surgir a responsabilidade civil do fornecedor, independentemente de culpa. A informação, insuficiente ou inadequada, acerca do produto, é defeito, e como tal gera o dever de reparar. Pondera-se em doutrina: "Note-se que, diferentemente da responsabilidade civil consequente do fato do produto, em que a responsabilidade do comerciante é subsidiária, na responsabilidade por vício do produto a responsabilidade é solidária, ou seja, ao consumidor é atribuído escolher de quem pleitear os danos, se do comerciante partícipe mais próximo, ou se do fabricante ou figura correlata mais distante. O consumidor tem a faculdade de escolher qualquer um deles, separada ou conjuntamente, pelo total dos danos experimentados, não podendo o fornecedor acionado judicialmente denunciar à lide os demais fornecedores solidariamente responsáveis, por expressa vedação do CDC como veremos detalhadamente noutra parte desta obra" (Ronaldo Alves de Andrade, *Curso de Direito do Consumidor*. Barueri: Manole, 2006, p. 194/195). Veremos, mais adiante, a dita responsabilidade subsidiária do comerciante.

Em hipótese de mau funcionamento de aquecedor, causando incêndio na residência do consumidor, com danos materiais e morais, o STJ, à luz dos critérios habituais, reduziu a indenização por danos morais para 300 salários-mínimos, considerando exorbitante o valor fixado nas instâncias inferiores (1.324 salários-mínimos). (STJ, REsp 687.839, Rel. Min. Barros Monteiro, 4ª T, DJ 19/12/05). Esclarece-se em doutrina: "Quanto ao defeito, o CDC estabelece uma presunção 'iuris tantum' de sua existência, apresentando-se como primeiro pressuposto – não só ontológico mas também lógico – da responsabilidade objetiva" (Gustavo Tepedino, *"A responsabilidade civil por acidentes de consumo na ótica civil-constitucional"*, Temas de Direito Civil. Rio de Janeiro: Renovar, 2001, p. 240). Assim, produto alimentício destinado especificamente para bebês exposto em gôndola de supermercado com prazo de validade vencido, o que coloca em risco a saúde de crianças com apenas três meses de vida – causando-lhes gastroenterite aguda – enseja responsabilização por fato do produto, ante a existência de vício de segurança, previsto no art. 12 do CDC.

O art. 931 do Código Civil prescreve: "Ressalvados outros casos previstos em leis especiais, os empresários individuais e as empresas respondem pelos danos causados pelos produtos postos em circulação". A doutrina, interpretando o dispositivo, pondera que tal artigo "é norma que deve ser entendida como aplicável não apenas ao consumidor, destinatário final do produto, já protegido pela responsabilidade objetiva do Código de Defesa do Consumidor, mas também a quaisquer vítimas dos danos derivados do produto, ainda que participantes da própria cadeia de fornecimento, como o transportador, o armazenador, o comerciante, etc." (Anderson

Schreiber, Arbitramento do Dano Moral no novo Código Civil, *Direito, Estado e Sociedade*, nº 20, Rio de Janeiro, jan/jun 2002).

O Enunciado nº 42 da Jornada de Direito Civil pontifica: "O art. 931 amplia o conceito de fato do produto existente no art. 12 do Código de Defesa do Consumidor, imputando responsabilidade civil à empresa e aos empresários individuais vinculados à circulação do produto".

Cabe lembrar que o CDC estatui que o produto não é considerado defeituoso pelo fato de outro de melhor qualidade ter sido colocado no mercado (CDC, art. 12, § 2º). Assim, se um novo computador, lançado no mercado, faz em poucos segundos tarefa que os modelos anteriores levavam minutos, isso não fará com que estes sejam considerados defeituosos.

5. FATO DO SERVIÇO

O fato do serviço vem previsto no art. 14 do CDC: "O fornecedor de serviços responde, independentemente da existência de culpa, pela reparação dos danos causados aos consumidores por defeitos relativos à prestação dos serviços, bem como por informações insuficientes ou inadequadas sobre sua fruição e riscos".

Se o elevador do hotel despenca durante o uso, causando sérias lesões físicas ao consumidor, haverá um fato do serviço. Do mesmo modo há "responsabilidade do hotel, que não sinaliza convenientemente a profundidade da piscina, de acesso livre aos hóspedes. Art. 14 do CDC" (STJ, REsp 287.849, Rel. Min. Ruy Rosado de Aguiar, 4ª T, DJ 13/08/01).

Enquanto o art. 12 trata dos danos causados por produtos defeituosos, o art. 14, a seu turno, cuida dos danos causados por serviços defeituosos, pelos quais igualmente responde, sem culpa, o fornecedor. Em 2018 uma mulher morreu nos EUA após ser sugada pela janela do avião. Houve um dano mecânico e a janela se quebrou durante o voo. A passageira – uma executiva de 43 anos, que se dedicava à filantropia – foi puxada para fora da cabine pela força do vento. Trata-se de terrível exemplo de fato do serviço.

Da mesma forma que previsto em relação aos produtos, também aqui, no que se refere aos serviços, a informação insuficiente, ou inadequada, é defeito, e como tal empenha responsabilidade, sem culpa, do fornecedor. Porém, o serviço não é considerado defeituoso pela adoção de novas técnicas (art. 14, § 2º). Quaisquer lesados, por produtos (art. 12), ou serviços (art. 14), podem, no prazo de cinco anos (art. 27), pleitear a reparação dos danos materiais e morais, ainda que não sejam consumidores em sentido estrito (art. 17).

O STJ, a propósito, teve a oportunidade de decidir: "Responsabilidade civil. Ação de conhecimento sob o rito ordinário. Assalto à mão armada iniciado dentro de estacionamento coberto de hipermercado. Tentativa de estupro. Morte da vítima ocorrida fora do estabelecimento, em ato contínuo. Relação de consumo. Fato do serviço. Força maior. Hipermercado e shopping center. Prestação de segurança aos bens e à integridade física do consumidor. Atividade inerente ao negócio. Excludente afastada (...)". Afirmou a relatora: "Por ser a prestação de segurança e o risco ínsitos à atividade dos hipermercados e shoppings centers, a responsabilidade civil desses por danos causados aos bens ou à integridade física do consumidor não admite a excludente de força maior derivada de assalto à mão armada ou qualquer outro meio irresistível de violência" (STJ, REsp 419.059, Rel. Min. Nancy Andrighi, 3ª T, DJ 29/11/04). De igual modo, é de responsabilidade da universidade particular (fornecedora de serviços), nos termos do artigo 14, § 1º do CDC, o disparo de arma de fogo dentro da instituição, que deixa aluna tetraplégica, configurando fato do serviço. Os danos morais, na espécie, foram fixados em quatrocentos mil reais. Os danos estéticos, em duzentos mil reais (STJ, REsp 876.448, Rel. Min. Sidnei Beneti, 3ª T, DJ 21/09/10).

A jurisprudência do STJ – seja à luz da responsabilidade subjetiva (Código Civil, art. 186), seja com base no Código de Defesa do Consumidor (art. 14) – reconhece o dever de indenizar em caso de acidente ocorrido em piscinas, em razão ou da negligência na segurança ou do descumprimento do dever de informação daquele que disponibiliza a área recreativa (STJ, 1.226.974, Rel. Min. Otávio de Noronha, DJ 30/09/2014). A Segunda Seção do STJ decidiu que a existência de corpo estranho em produtos alimentícios configura fato do produto, previsto nos arts. 12 a 14 do CDC, não se tratando de vício do produto, previsto no art. 18 e seguintes do CDC (STJ, REsp 1.968.143, Rel. Min. Marco Belizzi, 3ª T, DJe 17/02/2022). O serviço é considerado defeituoso quando não fornece a segurança que o consumidor dele pode esperar (CDC, art. 14, § 1º). O dever de segurança é noção que abrange tanto a integridade psicofísica do consumidor, quanto a sua integridade patrimonial. Assim, é dever da instituição financeira verificar a regularidade e a idoneidade das transações realizadas pelos consumidores, desenvolvendo mecanismos capazes de dificultar a prática de delitos (STJ, REsp 2.082.281, Rel. Min. Nancy Andrighi, 3ª T, DJe 21/11/2023).

6. PERIGO INTRÍNSECO

Certos produtos trazem perigo intrínseco (ou a chamada periculosidade inerente). Ou seja, é da natureza deles que assim o seja, não cabendo, por essa razão, postular reparação. "Assim é que, configurando exemplo elementar, o ferimento provocado no cozinheiro pela faca de que se utiliza não gera o dever de indenizar. O perigo – real ou recorrente – criado por tal produto não contraria expectativa alguma de segurança dos consumidores, sendo efeito natural e indispensável à sua função específica. Já os produtos químicos em geral, cosméticos ou farmacêuticos, exigem minuciosa advertência aos consumidores, que não podem prever, à evidência, o grau de danosidade que se associa ao manuseio e à utilização do produto" (Gustavo Tepedino, *"A responsabilidade civil por acidentes de consumo na ótica Civil-Constitucional"*, Temas de Direito Civil. Rio de Janeiro: Renovar, 2004, 269/270). A jurisprudência, ao negar pleitos de fumantes contra a indústria de tabaco, tem afirmado eventualmente que o cigarro – assim como o álcool – classifica-se como produto de periculosidade inerente (ou intrínseco). Não é, assim, produto defeituoso, na forma do art. 12, § 1º, do CDC (STJ, 1.113.804, Rel. Min. Luis Felipe Salomão, 4ª T, DJ 24/06/10). De modo semelhante, "em se tratando de produto de periculosidade inerente, cujos riscos são normais à sua natureza (medicamento com contraindicações) e previsíveis (na medida em que o consumidor é deles expressamente advertido), eventual dano por ele causado ao consumidor não enseja a responsabilização do fornecedor, pois de produto defeituoso não se cuida" (STJ, REsp 1.599.405, 3ª T, DJ 17/04/2017). Não é possível responsabilizar o fabricante de medicamento por reação adversa descrita na bula, risco inerente ou intrínseco à sua própria utilização (STJ, REsp 1.402.929, Rel. Min. Isabel Gallotti, 4ª T, DJe 11/08/2023).

Se, porém, o dano foge daquilo que é normal e esperado – ou seja, foge da legítima expectativa em relação ao produto ou serviço –, o dever de indenizar se impõe. Se, por exemplo, em acidente de carro a baixíssima velocidade a abertura do *air bag* causa danos ao consumidor, poderá haver dever de indenizar. O STJ, nesse sentido, decidiu que o fato do *air bag* ser mecanismo de periculosidade inerente não afasta o dever das montadoras de veículos de responder civilmente se os danos ocorrem fora da normalidade do "uso e os riscos que razoavelmente dele se esperam" (CDC, art. 12, § 1º, II). (STJ, REsp 1.656.614, Rel. Min. Nancy Andrighi, 3ª T, DJ 02/06/2017).

7. PRAZO DECADENCIAL DO VÍCIO

O prazo para reclamar relativamente aos vícios é decadencial, sendo de 30 dias para os produtos não duráveis e 90 dias para os duráveis. Porém tais prazos apenas se aplicam aos vícios aparentes ou de fácil constatação (art. 26). Em se tratando de vício oculto, o prazo decadencial se inicia apenas no instante em que ficar evidenciado o defeito. A reclamação formulada perante o fornecedor obsta a decadência. Estabelece o art. 18, § 1º: "Não sendo o vício sanado no prazo máximo de trinta dias, pode o consumidor exigir, alternativamente e à sua escolha: I – a substituição do produto por outro da mesma espécie, em perfeitas condições de uso; II – a restituição imediata da quantia paga, monetariamente atualizada, sem prejuízo de eventuais perdas e danos; III – o abatimento proporcional do preço".

Digamos que o consumidor compra um veículo novo, cujo ar-condicionado não funciona. Suponhamos que não existam garantias contratuais. O consumidor reclamará perante o fornecedor, que terá trinta dias para consertar, de modo adequado, o defeito. Não o fazendo, abrem-se para o consumidor, à sua escolha, três alternativas: a) exigir a substituição do carro por outro, em perfeitas condições de uso; b) exigir a devolução imediata e monetariamente atualizada da quantia paga; ou c) exigir o abatimento no preço, proporcional ao defeito.

Decidiu, a respeito, o STJ: "Comprado veículo novo com defeito de fábrica, é responsabilidade do fabricante entregar outro do mesmo modelo, a teor do art. 18, § 1º, do Código de Defesa do Consumidor" (STJ, REsp 195.659, Rel. Min. Menezes Direito, 3ª T, DJ 12/06/00). Assim, se foi "adquirido veículo novo com defeito não sanado no prazo de trinta dias, pode o consumidor exigir a restituição da quantia paga, acrescida de eventuais perdas e danos. Inteligência do art. 18 do Código de Defesa do Consumidor" (STJ, REsp 567.333, Rel. Min. Fernando Gonçalves, 4ª T, DJ 08/03/10).

Lembremos que o art. 18, § 3º estabelece: "O consumidor poderá fazer uso imediato das alternativas do § 1º deste artigo sempre que, em razão da extensão do vício, a substituição das partes viciadas puder comprometer a qualidade ou características do produto, diminuir-lhe o valor ou se tratar de produto essencial". O consumidor, esclarece este parágrafo, poderá desde logo – sem aguardar os trinta dias – exigir qualquer das alternativas acima expostas, sempre que a substituição das partes viciadas puder comprometer a qualidade ou características do produto, ou mesmo diminuir-lhe o valor, ou se tratar de produto essencial (imaginemos, para ficar no mesmo exemplo, a compra de um carro novo cujo motor precise ser trocado. Naturalmente o consumidor poderá exigir outro veículo, em perfeitas condições. Diga-se o mesmo se comprovado um grave defeito no sistema de freios, por exemplo).

A parte final do artigo fala em produto essencial (como hipótese que autorizaria, em caso de vício, a substituição imediata do produto, sem precisar aguardar que o fornecedor o conserte). O CDC não define o que entende por produto essencial. A essencialidade deve ser apreciada *in concreto*, caso a caso. O consumidor pode afirmar que o produto é, para ele, essencial, e pedir a inversão do ônus da prova (CDC, art. 6º, VIII). Um carro, por exemplo, pode ser essencial para muitos brasileiros, que dele dependem para trabalhar. Devemos ter, em princípio, a essencialidade como regra. O Departamento de Proteção de Defesa do Consumidor (DPDC) – órgão vinculado à Secretaria de Direito Econômico do Ministério da Justiça – emitiu, em 2010, uma Nota Técnica (nº 62/10) afirmando que aparelhos celulares são produtos essenciais, na medida em que se prestam a viabilizar o acesso ao serviço de telecomunicações SMP (serviço móvel pessoal), também essencial. Não se trata, porém, de comando normativo, apenas expressa o entendimento do órgão acerca do art.18, § 1º e § 3º, do CDC. A respeito dos *serviços* essenciais, convém registrar que o STJ decidiu que o transporte aéreo é serviço essencial e pressupõe continuidade (STJ, REsp 1.469.087, Rel. Min. Humberto Martins, DJ 17/11/2016). Em caso de interrupção programada de serviços essenciais (como energia), cabe ao fornecedor avisar previamente os consumidores pela forma definida pelo respectivo órgão regulador (STJ, REsp 1.812.140, Rel. Min. Paulo Domingues, 1ª T, DJe 16/09/2024).

O art. 18, § 4º consigna: "Tendo o consumidor optado pela alternativa do inciso I do § 1º deste artigo, e não sendo possível a substituição do bem, poderá haver substituição por outro de espécie, marca ou modelo diversos, mediante complementação ou restituição de eventual diferença de preço, sem prejuízo do disposto nos incisos II e III do § 1º deste artigo".

Em relação ao prazo que o fornecedor dispõe para sanar o vício do produto, uma importante observação se impõe. O fornecedor tem, sabemos, 30 dias para sanar o vício. Esse prazo, no entanto, pode ser reduzido ou ampliado, não podendo ser inferior a sete nem superior a cento e oitenta dias. Nos contratos de adesão, tal cláusula deverá ser convencionada em separado, por meio de manifestação expressa do consumidor (CDC, art. 18, § 2º).

Ainda sobre esse prazo concedido pela lei para que o fornecedor sane o vício, não é possível – à luz da sistemática de consumo – interpretar a norma de modo que esse prazo de 30 dias se renove, incessantemente, para o fornecedor, a cada nova ordem de serviço nas assistências técnicas. Digamos que alguém comprou, numa concessionária, um carro novo, cujo ar condicionado insiste em não funcionar. O veículo já foi levado duas ou três vezes à concessionária, e o problema, depois de alguns dias, retorna. O prazo não é reaberto, para o fornecedor, a cada vez que o produto é levado a conserto. A ser assim, o fornecedor poderia manipular, sem fim, o prazo legal, com consertos superficiais. Desse modo, se o consumidor voltou, mais de uma vez, exigindo que o vício seja sanado, todos esses prazos se somam e não podem exceder 30 dias. Mesmo porque um produto recém-adquirido que permanece mais de 30 dias longe de quem comprou já frustra as legítimas expectativas do consumidor.

No sentido por nós defendido em edições anteriores deste livro, o STJ apontou: "Não é possível afirmar que o vício do produto tenha sido sanado no prazo de 30 dias, estabelecido pelo artigo 18, § 1º, caput, do CDC, se o automóvel, após retornar da oficina, reincidiu no mesmo problema, por diversas vezes. A necessidade de novos e sucessivos reparos é indicativo suficiente de que o veículo, embora substituídas as peças danificadas pela utilização do combustível impróprio, não foi posto em condições para o uso que dele razoavelmente se esperava" (STJ, REsp 1.443.268, Rel. Min. Sidnei Beneti, DJ 08/09/2014). Pode haver, em situações semelhantes, compensação econômica, se o consumidor precisa retornar à concessionária por diversas vezes, para intermináveis reparos. Posteriormente, o STJ, em 2018, decidiu que "a teor do disposto no art. 18, § 1º, do CDC, tem o fornecedor, regra geral, o prazo de 30 (trinta) dias para reparar o vício no produto colocado no mercado, após o que surge para o consumidor o direito potestativo de exigir, conforme sua conveniência, a substituição do produto, a restituição imediata da quantia paga ou o abatimento proporcional do preço. Em havendo sucessiva manifestação do mesmo vício no produto, o trintídio legal é computado de forma corrida, isto é, sem que haja o reinício do prazo toda vez que o bem for entregue ao fornecedor para a resolução de idêntico problema, nem a suspensão quando devolvido o produto ao consumidor sem o devido reparo" (STJ, REsp 1.684.132, Rel. Min. Nancy Andrighi, 3ª T, DJe 04/10/2018).

8. PRAZO PRESCRICIONAL DO FATO

Prescreve em cinco anos a pretensão para a reparação dos danos causados por fato do produto ou do serviço, a teor do prescrito no art. 27 do CDC. Tratamos do tema mais adiante, em tópico específico.

9. RESPONSABILIDADE OBJETIVA DO FORNECEDOR

No que toca, especificamente, à responsabilidade civil, o Código do Consumidor adotou a responsabilidade objetiva do fornecedor. Pelos danos que cause no mercado de consumo, o fornecedor – cujo conceito é amplo o bastante para compreender todos que disponibilizam produtos ou serviços com habitualidade, mediante remuneração – responde, sem culpa, pelos danos sofridos pelos consumidores.

A única exceção é relativa aos profissionais liberais, que apenas respondem se lhes for apurada a culpa (art. 14, § 4º), cuja responsabilidade adiante examinaremos.

A responsabilidade civil do fornecedor, portanto, francamente objetiva, está inspirada na teoria do risco proveito, devendo, assim, quem aufere os bônus (lucros) da atividade, responder pelos ônus (danos) que elas venham causar a terceiros. Ou, de igual sorte, a teoria do risco criado, mercê da qual quem cria, por sua atividade, um risco (insere medicamente perigosos no mercado) deve responder pelos danos que dele decorram.

A prova do nexo causal, entretanto, é necessária. Se em parque de diversões um carrinho de montanha russa sai dos trilhos, causando graves lesões a consumidor, é evidente a responsabilidade do fornecedor, que deverá reparar os danos materiais e morais que do acidente advieram. Ressalte-se, no caso, que quaisquer pessoas atingidas pela queda do carrinho, ainda que nenhuma relação contratual tenha com o fornecedor de serviços de diversão, serão consideradas consumidoras, por força da equiparação estabelecida pelo art. 17 ("Para os efeitos desta Seção, equiparam-se aos consumidores todas as vítimas do evento").

Questão interessante, e pertinente a este tópico, diz respeito ao seguinte ponto: a responsabilidade objetiva dos hospitais depende da prova de culpa dos médicos? O problema pode ser assim resumido: a responsabilidade dos profissionais liberais é subjetiva. Estatui o art. 14, § 4º, do CDC: "A responsabilidade pessoal dos profissionais liberais será apurada mediante a verificação de culpa".

Por sua vez, estabelece o art. 951 do Código Civil: "O disposto nos arts. 948, 949 e 950 aplica-se ainda no caso de indenização devida por aquele que, no exercício de atividade profissional, por negligência, imprudência ou imperícia, causar a morte do paciente, agravar-lhe o mal, causar-lhe lesão, ou inabilitá-lo para o trabalho". Os artigos citados tratam da indenização no caso de morte, lesão à saúde, ou lesão que impeça ou diminua a capacidade para o trabalho.

Desse modo, na esteira do direito positivo, "(...) no caso de danos e sequelas porventura decorrentes da ação do médico, imprescindível se apresenta a demonstração de culpa profissional, sendo descabida presumi-la à guisa de responsabilidade objetiva" (STJ, REsp 196.306, Rel. Min. Fernando Gonçalves, 4ª T, DJ 16/08/04).

Porém a responsabilidade dos prestadores de serviço é objetiva, isto é, independe do elemento culpa. Estatui o art. 14 do CDC: "O fornecedor de serviços responde, independentemente da existência de culpa, pela reparação dos danos causados aos consumidores por defeitos relativos à prestação dos serviços, bem como por informações insuficientes ou inadequadas sobre sua fruição e riscos".

A questão é: um dano – erro médico, digamos – ocorrido em hospital gera para este responsabilidade objetiva?

Ninguém põe em dúvida que a relação médico-paciente, sob o prisma jurídico, é uma relação de consumo (não falamos, aqui, dos danos sofridos em hospitais públicos ou postos de saúde. Não se aplica, nesses casos, o CDC). Estejamos diante da relação clássica entre médico privado e paciente, ou estejamos diante da relação entre empresa médica ou entidade hospitalar e paciente. Temos, em ambos os casos, relações de consumo, cuja diferença normativa é que o médico responde apenas culposamente, ao passo que os hospitais e planos de saúde respondem objetivamente. Vejamos a situação de modo um pouco mais analítico. Os danos que os pacientes podem sofrer em hospitais são divisíveis em dois grandes grupos: a) danos sofridos em decorrência de erro médico, ainda que omissivo; b) danos sofridos em decorrência da própria estrutura hospitalar. Os regimes de responsabilidade civil, nas duas hipóteses, são diferenciados. No primeiro caso, para que o hospital responda objetivamente, é necessário provar a culpa do médico (ainda que por inversão do ônus da prova). Já no segundo caso – danos sofridos em decorrência da própria estrutura hospitalar – o hospital responde objetivamente.

É o entendimento do STJ: "A responsabilidade do hospital é objetiva pelos danos causados em decorrência de atos típicos de sua atividade, estando entre eles a de ministrar medicação" (STJ, AgRg no AREsp 377.201, Rel. Min. Otávio de Noronha, 3ª T, DJ 14/04/2014). Em semelhante linha de argumentação: "A responsabilidade civil do hospital é objetiva pelos danos causados, na condição de fornecedor, aos consumidores, nos termos do art. 14, caput, do CDC. A exceção prevista no § 4º, cuidando da responsabilidade subjetiva, é restrita aos profissionais liberais, incluindo-se aí os médicos" (STJ, EDcl no AgRg no Ag 1.261.145, Rel. Min. Raul Araújo, 4ª T, DJ 15/05/2014).

Já há muitos anos o STJ segue essa tendência: "A responsabilidade dos hospitais, no que tange à atuação técnico-profissional dos médicos que neles atuam ou a eles sejam ligados por convênio, é subjetiva, ou seja, dependente da comprovação de culpa dos prepostos, presumindo-se a dos preponentes". Continua o relator: "Em razão disso, não se pode dar guarida à tese do acórdão de, arrimado nas provas colhidas, excluir, de modo expresso, a culpa dos médicos e, ao mesmo tempo, admitir a responsabilidade objetiva do hospital, para condená-lo a pagar indenização por morte de paciente" (STJ, REsp 258.389, Rel. Min. Fernando Gonçalves, 4ª T, DJ 22/08/05).

Neste mesmo acórdão o STJ ressalva que tal orientação não colide – a seu juízo – com o CDC: "O art. 14 do CDC, conforme a melhor doutrina, não conflita com essa conclusão, dado que a responsabilidade objetiva, nele prevista para o prestador de serviços, no presente caso, o hospital, circunscreve-se apenas aos serviços técnicos e exclusivamente relacionados com o estabelecimento empresarial propriamente dito, ou seja, aqueles que digam respeito à estadia do paciente (internação), instalações, equipamento, serviços auxiliares (enfermagem, exames, radiologia) etc. e não aos serviços técnico-profissionais dos médicos que ali atuam, permanecendo estes na relação subjetiva de preposição (culpa)" (STJ, REsp 258.389, Rel. Min. Fernando Gonçalves, 4ª T, DJ 22/08/05).

Neste sentido se põe Ruy Rosado de Aguiar, ao considerar imprescindível a "prova da culpa do servidor na prática do ato danoso. Isto é, o hospital não responde objetivamente, mesmo depois da vigência do Código de Defesa do Consumidor, quando se trata de indenizar dano produzido por médico integrante de seus quadros" (Responsabilidade civil do médico. Revista dos Tribunais, vol. 718, p. 41/42).

O STJ, em 2017, assim se manifestou, parecendo mudar a orientação acima exposta (isto é, parecendo não mais exigir a prova da culpa do médico para responsabilizar objetivamente o hospital): "Consoante a jurisprudência dominante do STJ, *é objetiva a responsabilidade do hospital* quanto a atividade de seu profissional plantonista (art. 932, III, do CC/02 e 14 do CDC), de modo que dispensada demonstração da sua culpa relativamente a atos lesivos decorrentes de *erro do médico* integrante de seu corpo clínico. Precedentes" (STJ, REsp 1.679.588, Rel. Min. Moura Ribeiro, 3ª T, DJ 14/08/2017, grifos nossos). Será que deveríamos concluir, a partir do texto transcrito, que o hospital responde, sem culpa, pelos erros médicos, dispensada inclusive a prova da culpa dos médicos? A resposta, acreditamos, é negativa (de acordo com a jurisprudência do *próprio* STJ).

Analisando o inteiro teor do acórdão citado nota-se: a) que foi assentada, de modo inequívoco, no caso concreto, a culpa dos anestesistas, inclusive pelo tribunal *a quo* ("a inobservância do dever de vigilância pelos anestesistas gera o ilícito culposo pela negligência, pois a paciente ainda estava sob os efeitos da anestesia, não podendo permanecer desassistida pelo profissional especializado"); b) o mesmo tribunal *a quo* – citado pelo STJ – explicitamente decidiu: "Assim, quando houver uma cadeia de fornecimento para a realização de determinado serviço, ainda que o dano decorra da atuação de profissional liberal, verificada culpa desse, nasce a responsabilidade solidária dos participantes da cadeia de fornecimento do serviço". Esse é o sentido da jurisprudência tradicional do STJ sobre o tema. Portanto, para que houvesse mudança (sempre possível), teria que ter havido discussão no corpo do voto e não houve discussão alguma. O ônus argumentativo, por certo, é de quem propõe a mudança. Voltaremos ao assunto no Capítulo VII.

10. AUSÊNCIA DO DEFEITO: PROVA A CARGO DO FORNECEDOR

Não cabe ao consumidor a prova do defeito do produto ou serviço. O consumidor provará o dano sofrido, e o nexo causal entre o dano e o produto ou serviço. Cabe ao fornecedor, detentor dos meios técnicos da produção, provar a inexistência do defeito. É o que deflui das disposições normativas do CDC que preveem que o fornecedor só não será responsabilizado se provar que, embora haja colocado o produto no mercado, o defeito inexiste (art. 12, § 3º, II); ou que, tendo prestado o serviço, o defeito inexiste (art. 14, § 3º, I). A prova da ausência do defeito, portanto, segundo expressa dicção legal, fica a cargo do fornecedor.

Assim decidiu o STJ, citando o acórdão recorrido: "A bem da verdade, a responsabilidade objetiva do apelante, ao contrário do sustentado na r. sentença recorrida, não reside no artigo 12 da Lei nº 8.078/90, que rege a responsabilidade pelo fato do produto, mas no artigo 14 que rege a responsabilidade do fornecedor de serviços. Mas o resultado é o mesmo, cabendo, pois, ao fornecedor de serviços provar que o defeito inexiste (inciso I do par. 3º do art. 14)" (STJ, REsp 232.380, Rel. Min. Cesar

Asfor Rocha, 4ª T, DJ 04/08/03). Assim, "demonstrando o consumidor, na ação por si ajuizada, que o dano sofrido decorreu do serviço prestado pelo fornecedor, a esse último compete comprovar, por prova cabal, que o evento danoso não derivou de defeito do serviço, mas de outros fatores" (STJ, REsp 1.734.099, Rel. Min. Nancy Andrighi, 3ª T, DJe 07/12/2018).

Se não houver defeito não haverá, naturalmente, responsabilidade do fornecedor. Assim, "inexistindo defeito, mesmo que haja caso fortuito ou força maior, não haverá responsabilização. Mas, não por causa do caso fortuito ou da força maior, mas pela inexistência do defeito, que opera quebra do nexo de causalidade necessário à responsabilização nos termos do art. 14" (Eduardo Arruda Alvim e Flávio Cheim Jorge. A responsabilidade civil no CDC e o transporte aéreo, RDC 19/139).

O que importa é fixar o aspecto essencial deste tópico: a prova do defeito do produto ou serviço *não precisará ser feita pelo consumidor*. Caberá, ao contrário, ao fornecedor realizar essa prova, se desejar romper o nexo causal e afastar seu dever de indenizar. Assim, "o ônus da prova da inexistência de defeito na prestação dos serviços médicos é do hospital por imposição legal (inversão *ope legis*). Inteligência do art. 14, § 3º, I, do CDC" (STJ, REsp 1.331.628, Rel. Min. Paulo de Tarso, 3ª T, DJ 12/09/2013).

11. COMERCIANTE: RESPONSABILIDADE SUBSIDIÁRIA?

O art. 13 do CDC estabelece a responsabilidade do comerciante. Está assim redigido: "O comerciante é igualmente responsável, nos termos do artigo anterior, quando: I – o fabricante, o construtor, o produtor ou o importador não puderem ser identificados; II – o produto for fornecido sem identificação clara do seu fabricante, produtor, construtor ou importador; III – não conservar adequadamente os produtos perecíveis". As hipóteses expressas nos incisos do art. 13 não são cumulativas, isto é, basta que ocorra uma delas para que a responsabilidade do comerciante se faça presente.

O artigo anterior, ao qual alude o art. 13, trata da responsabilidade pelo fato do produto (acidente de consumo). Portanto, o comerciante será responsável se evidenciada qualquer das três hipóteses acima delineadas: a) o fornecedor (fabricante, construtor, produtor ou importador) não puderem ser identificados; b) produtos anônimos; c) produtos perecíveis malconservados.

Digamos, para facilitar a compreensão, que: a) comerciante vende queijo cujo fornecedor não pode ser identificado. Tal queijo causa grave infecção intestinal em quem o consome; b) comerciante vende vinho sem rótulo, que vem a causar sério dano a consumidor; c) comerciante vende queijos, porém desliga, à noite, os mecanismos de refrigeração, danificando os produtos. Em todos os três casos o comerciante poderá ser diretamente responsabilizado pelos danos.

A doutrina, à vista do art. 13, costuma dizer que a responsabilidade do comerciante é subsidiária. Gustavo Tepedino, porém, alerta: "A responsabilidade do comerciante, entretanto, em princípio excluída, é condicionada à ocorrência de alguma das situações previstas pelo art. 13 do CDC: produto anônimo, mal-identificado, ou produto perecível malconservado. Verificada qualquer dessas hipóteses, a responsabilidade do comerciante equipara-se à dos demais obrigados. Por esta razão, não se pode considerar subsidiária a responsabilidade do comerciante. O ponto de vista implicaria a obrigatoriedade de uma prévia execução dos obrigados principais, anteriormente à do comerciante, o que não corresponde à disciplina do Código. A responsabilidade do comerciante, a rigor, nos termos do art. 12, equipara-se à dos demais responsáveis, diferenciando-se, tão-somente, pelo fato de ser condicionada à ocorrência de uma daquelas situações acima mencionadas" (Gustavo Tepedino, *"A responsabilidade civil por acidentes de consumo na ótica Civil-Constitucional"*, Temas de Direito Civil. Rio de Janeiro: Renovar, 2004, p. 245).

Interessante anotar que eventual configuração da culpa do comerciante (conservação imprópria de produto, por exemplo) não afasta o direito do consumidor de propor, contra o fabricante, ação indenizatória, pelos danos que sofreu com a ingestão da mercadoria estragada (STJ, AgRg no AREsp 265.586, Rel. Min. Bôas Cueva, DJ 25/09/2014). O STJ, anteriormente, já houvera decidido que "o comerciante e o fabricante estão inseridos no âmbito da cadeia de produção e distribuição, razão pela qual não podem ser tidos como terceiros estranhos à relação de consumo. A eventual configuração da culpa do comerciante que coloca à venda produto com prazo de validade vencido não tem o condão de afastar o direito do consumidor de propor ação de reparação pelos danos resultantes da ingestão da mercadoria estragada em face do fabricante" (STJ, REsp 980.860, Rel. Min. Nancy Andrighi).

Convém resumir a questão, que é objeto de questionamento frequente em concursos públicos. Assim, de acordo com a doutrina majoritária, a questão pode ser vista do seguinte modo. Em relação à responsabilidade do comerciante, é fundamental distinguir: a) vício do produto; b) fato do produto. No primeiro caso – vício do produto – a responsabilidade do comerciante é solidária, isto é, o comerciante responde juntamente com o fabricante. Já no segundo caso – fato do produto, também chamado de acidente de consumo – a responsabilidade do comerciante é subsidiária, não solidária.

A respeito do comerciante, o STJ – em decisão de acerto duvidoso – entendeu que o comerciante não tem o dever de receber e encaminhar o produto viciado à assistência técnica (STJ, REsp 1.411.136, DJ 10/03/2015). Entendeu-se que não seria razoável impor ao comerciante a obrigação de intermediar o relacionamento entre o seu cliente e o serviço de assistência técnica disponibilizado no mesmo município. Isto é, se a assistência técnica estiver situada em município diverso daquele do comerciante, haverá – segundo a decisão do STJ – dever do comerciante de receber e encaminhar o produto à assistência técnica. Se estiver a assistência técnica estiver situada no mesmo município do comerciante, não haverá esse dever (do comerciante receber e encaminhar o produto). Esse critério eleito – o município onde está situada a assistência técnica – não está na lei e, cremos, complica desnecessariamente a questão. Posteriormente – em 2018, por maioria – o STJ entendeu que cabe ao consumidor a escolha para exercer seu direito de ter sanado o vício do produto em 30 dias – levar o produto ao comerciante, à assistência técnica ou diretamente ao fabricante. É um direito de escolha do consumidor (STJ, REsp 1.634.851, Rel. Min. Nancy Andrighi, 3ª T, DJe 15/02/2018). Já em 2020, nessa última linha mas acrescentando um ponto novo, o STJ decidiu que quem comercializa o produto – por estar incluído na cadeia de fornecimento – ainda que não seja seu fabricante, fica responsável, perante o consumidor, por receber o item que apresentar defeito (vício oculto de inadequação) e o encaminhá-lo à assistência técnica, independente do prazo de 72 horas da compra, sempre observado o prazo decadencial do art. 26 do CDC (STJ, REsp 1.568.938, Rel. Min. Moura Ribeiro, 3ª T, DJe 03/09/2020). Ou seja, se o consumidor levar o produto ao comerciante este *deverá* encaminhá-lo à assistência técnica, não podendo exigir que o consumidor o faça por conta própria.

12. QUESTÕES DE CONCURSOS

01. (Promotor de Justiça – MPE – SP/2022) Por não refletir a normatização do Código de Defesa do Consumidor quanto aos acidentes de consumo, pode-se dizer que é incorreta qual das sentenças a seguir?

a) A responsabilidade do comerciante é subsidiária.
b) A responsabilidade do fornecedor de serviço comporta excludentes de ilicitude.
c) A responsabilidade do fabricante é objetiva.
d) A responsabilidade do fabricante será apurada mediante a verificação de culpa.
e) A responsabilidade dos profissionais liberais é culposa.

02. (Cespe – Promotor de Justiça – MPE – TO/2022) Segundo a jurisprudência do Superior Tribunal de Justiça, os pressupostos para a responsabilidade civil do fornecedor por fato do produto incluem

I. a culpa.
II. a conduta.
III. o nexo de causalidade.
IV. o dano.
V. o defeito.
VI. o dolo.

Estão certos apenas os itens

a) IV e VI.
b) I, II e VI.
c) I, III, IV e V.
d) II, III, IV e V.
e) I, II, III, V e VI.

GABARITO			
01. D	02. D		

Estas e outras questões estão disponíveis para serem respondidas na plataforma JusClass:

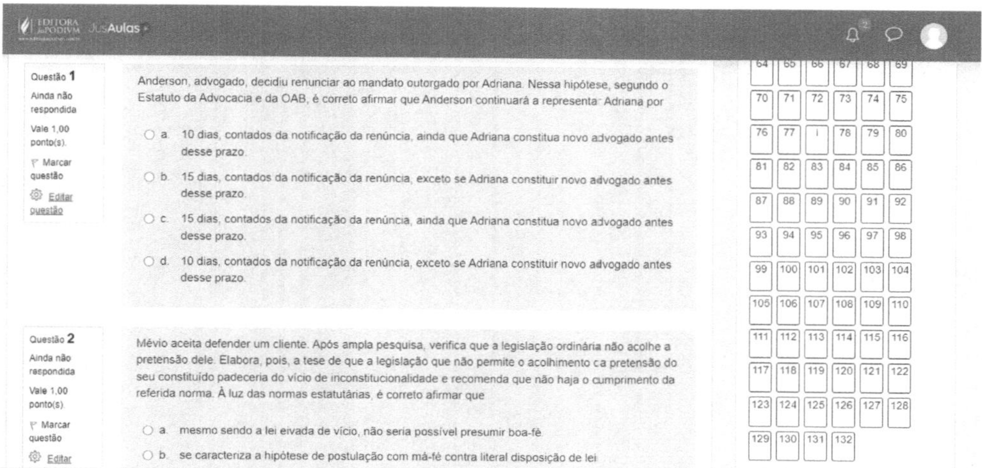

13. QUADRO SINÓTICO

RESPONSABILIDADE CIVIL NAS RELAÇÕES DE CONSUMO

- **É direito básico do consumidor "a efetiva prevenção e reparação de danos patrimoniais e morais, individuais, coletivos e difusos" (CDC, art. 6º, VI).**
- **A responsabilidade civil, nas relações de consumo, é objetiva (CDC, art. 12 e 14)** e solidária (CDC, art. 7º, parágrafo único; art. 18; art. 19; art. 25, § 1º; art. 34).
- **Porém, em se tratando de profissionais liberais, deverá ser-lhes apurada a culpa (CDC, art. 14, § 4º).**
- **Vício do produto ou serviço (CDC, art. 18 e 20 – há um descompasso entre o produto ou serviço e as legítimas expectativas do consumidor. Por exemplo, lâmpada anunciada como sendo de 200 watts, sendo, na verdade, apenas de 100 watts).**
- **Fato do produto ou serviço (CDC, art. 12 e 14 – há um dano ao consumidor, atingindo-o em sua integridade física ou moral. Por exemplo, a lâmpada comprada explode, causando um grave dano estético ao consumidor).**
- **Em resumo, o vício atinge o produto (*in re ipsa*)**, ao passo que o fato atinge a pessoa do consumidor. Se alguém compra carro zero cujo ar condicionado não funciona, haverá vício. Já se o mesmo carro, apresentando problemas no freio, dá causa à colisão com mortes ou ferimentos, haverá fato.
- **Prazos: a)** vício (prazo decadencial) – 30 dias, em caso de produtos não duráveis; 90 dias, em caso de produtos duráveis. b) fato (prazo prescricional) – 5 anos.

CAPÍTULO VI

EXCLUDENTES DE RESPONSABILIDADE

Sumário • 1. Excludentes de responsabilidade: quais são aceitas no sistema de consumo? – 2. Caso fortuito ou força maior: 2.1. Irrelevância da distinção; 2.2. Distinção relevante: 2.2.1. Fortuito interno; 2.2.2. Fortuito externo. 2.3. A análise dos riscos assumidos pelo fornecedor (a questão da esfera de risco) – 3. Culpa exclusiva da vítima – 4. Fato exclusivo de terceiro – 5. Culpa concorrente – 6. Teoria do risco do desenvolvimento – 7. Compreendendo a distinção entre excludentes de ilicitude e excludentes de responsabilidade civil – 8. Questões de Concursos – 9. Quadro Sinótico.

1. EXCLUDENTES DE RESPONSABILIDADE: QUAIS SÃO ACEITAS NO SISTEMA DE CONSUMO?

Um dos temas mais polêmicos, na interpretação do CDC, diz respeito às excludentes de responsabilidade civil. São elas apenas aquelas estritamente estabelecidas pelo CDC? Ou há espaço para outras, harmônicas com o sistema geral de responsabilidade civil? Desde já digamos que não há unanimidade de vistas.

Estabelece o § 3º do art. 12 do Código do Consumidor – versando sobre o fato do produto: "O fabricante, o construtor, o produtor ou importador só não será responsabilizado quando provar: I – que não colocou o produto no mercado; II – que, embora haja colocado o produto no mercado, o defeito inexiste; III – a culpa exclusiva do consumidor ou de terceiro".

Já o § 3º do art. 14 – relativo aos fatos do serviço – estabelece: "O fornecedor só não será responsabilidade quando provar: I – que, tendo prestado o serviço, o defeito inexiste; II – a culpa exclusiva do consumidor ou de terceiro".

De acordo com o sistema de responsabilidade civil instituído pelo CDC, o fornecedor de produtos e serviços responderá, independentemente de culpa, desde que o consumidor prove ter sofrido dano, e prove, ainda, o nexo causal entre o dano e a atividade do fornecedor.

Explica Tepedino: "Quanto ao defeito, o CDC estabelece uma presunção 'iuris tantum' de sua existência, apresentando-se como primeiro pressuposto – não só ontológico mas também lógico – da responsabilidade objetiva" (Gustavo Tepedino, *"A responsabilidade civil por acidentes de consumo na ótica civil-constitucional"*, Temas de Direito Civil. Rio de Janeiro: Renovar, 2001, p. 240).

Cabe, nessa ordem de ideias, ao fornecedor provar as excludentes. Só não será responsabilizado se conseguir prová-las. É importante repetir que não é o consumidor que está obrigado a provar que o defeito existe. O ônus da prova é do fornecedor, a quem cabe provar a inexistência do defeito.

Digamos que compro um celular que vem a explodir, causando-me danos auditivos. Não precisarei, para ser indenizado, provar a existência do defeito, bastando apenas provar o dano e o nexo causal com a explosão do aparelho.

2. CASO FORTUITO OU FORÇA MAIOR

Chama atenção a ausência do caso fortuito ou força maior dentre as excludentes de responsabilidade civil previstas no CDC. Isso significa que, na sistemática do CDC, tais excludentes não terão lugar?

Não há, aqui – digamos desde já – consensos. Há autores que negam, veementemente, a possibilidade do caso fortuito ou força maior serem tidos por excludentes. Outros ponderam que o caso fortuito ou a força maior apenas operam como excludentes após a colocação do produto no mercado. Os riscos relacionados à atividade do fornecedor devem ser por ele suportados, se interiores ao processo produtivo.

Outros ainda aceitam tais excludentes, argumentando, basicamente, que tais excludentes excluem o nexo causal, inexistindo qualquer possibilidade de se impor responsabilidade. Assim, se, digamos, um raio atinge o veículo, que se incendeia, não há como responsabilizar o fornecedor pelo evento – completamente alheio à sua atividade.

Argumenta Gustavo Tepedino: "Quanto à hipótese de caso fortuito ou força maior, embora o CDC não a inclua, expressamente, como excludente, deve ser considerada como tal, uma vez que a sua ocorrência é capaz de romper o nexo de causalidade entre o acidente e o dano, indispensável à conflagração de responsabilidade" (Gustavo Tepedino, *"A responsabilidade médica na experiência brasileira contemporânea"*. Temas de Direito Civil, t. II. Rio de Janeiro: Renovar, 2006, p. 110).

Em sentido semelhante decidiu o STJ, julgando caso em que chuva de granizo danificou carros que se encontravam em estacionamento particular: "O fato de o art. 14, § 3º, do Código de Defesa do Consumidor não se referir ao caso fortuito e à força maior, ao arrolar as causas de isenção de responsabilidade do fornecedor de serviços, não significa que, no sistema por ele instituído, não possam ser invocadas (...). A inevitabilidade e não a imprevisibilidade é que efetivamente mais importa para caracterizar o fortuito. E aquela há de entender-se dentro de certa relatividade, tendo-se o acontecimento como inevitável em função do que seria razoável exigir-se" (STJ, REsp 120.647, Rel. Min. Eduardo Ribeiro, 3ª T, j. 16/03/00, p. DJ 15/05/00). No mesmo sentido, inclusive com idêntica argumentação (STJ, REsp 330.523, Rel. Min. Carlos Alberto Menezes Direito, 3ª T, j. 11/12/01, p. DJ 25/03/02).

Cabe ponderar, como dado de argumentação, que o Código de Trânsito, em seu art. 1º, § 3º, responsabilizou, objetivamente, por ação ou omissão, o Estado, por danos causados aos cidadãos em razão de programas, projetos e serviços que garantam o exercício do direito ao trânsito seguro. A doutrina, interpretando o dispositivo, entendeu que tal responsabilidade não abrange os danos provindos de caso fortuito ou força maior. Há espaço – embora pequeno e excepcional – para a aplicação da excludente do caso fortuito ou força maior (usando a terminologia tradicional) no âmbito das relações de consumo, *desde que o dano não tenha relação alguma com o produto ou serviço.* Digamos, por exemplo, que o hóspede de hotel é atingido por raio durante um passeio pelo jardim do hotel. Haverá, em linha de princípio, a incidência da excludente de responsabilidade civil (porém, ainda aqui, poderá ter havido falha na prestação de serviço e o consequente dever de indenizar, se os raios, por exemplo, eram frequentes na região e não houve o devido cumprimento dos deveres de informação).

Pedimos licença ao leitor para transcrever o que escrevemos em outra oportunidade (*Manual da Responsabilidade Civil do Estado à luz da jurisprudência do STF, do STJ, e da Teoria dos Direitos Fundamentais.* 2ª edição. Salvador: Juspodivm, 2014). Na verdade, em sede de responsabilidade civil, apenas os casos concretos apontarão as respostas adequadas. É temerário afirmar, aprioristicamente, soluções definitivas neste ou naquele sentido (relativamente à configuração do caso fortuito ou força maior). Um *tsunami* que invade a cidade, destruindo imóveis e veículos, não empenhará responsabilidade civil do Estado, sendo exemplo de caso fortuito ou força maior. Porém, atualmente, cabendo ao Estado uma atuação mais ativa para proteger os cidadãos, é possível pensar, em determinados contextos, na responsabilização estatal. Digamos que a ciência permita, com razoável antecedência, saber da chegada dos *tsunamis.* Ainda assim, não houve avisos prévios e eficazes aos cidadãos. Em tese, a responsabilização seria possível. Caminhamos no sentido de um estreitamento progressivo das hipóteses de caso fortuito ou força maior, como excludentes de responsabilidade civil. O que antes podia ser considerado excludente, talvez hoje não possa. Na responsabilidade civil do Estado, isso se torna ainda mais forte, ainda mais nítido. Ademais, as excludentes de caso fortuito e força maior devem ser severamente filtradas na responsabilidade objetiva. O legislador, nesses casos, optou por proteger a vítima. Não quis deixar dano sem reparação. Imputou a certas pessoas, em decorrência de determinadas circunstâncias, a obrigação de reparar o dano ainda que não tenham agido culposamente. É uma tendência legislativa que traduz o rumo da matéria em todo o mundo.

2.1. Irrelevância da distinção

Durante séculos, em boa parte do mundo, tornou-se célebre o esforço dos juristas para distinguir o caso fortuito da força maior. Sem sucesso, porém. Cada autor propunha um critério, e a verdade é que não se chegou a uma distinção útil, valiosa, operativa. Por isso, fez bem o Código Civil ao equipará-las (CC, art. 393, parágrafo único). Não há, no direito brasileiro, relevância na distinção entre caso fortuito e força maior. Aguiar Dias, escrevendo em meados do século passado, já apontava "a inutilidade da distinção entre caso fortuito e força maior. As expressões são sinônimas" (José de Aguiar Dias. *Da Responsabilidade Civil*, t. II. Rio de Janeiro: Forense, 1954, p. 673). A doutrina, posteriormente, tende a seguir-lhe os passos: "As expressões caso fortuito e força maior são equivalentes e não se reconhecem mais efeitos práticos na distinção entre ambas" (Guilherme Couto de Castro, *A respon-*

sabilidade civil objetiva no direito brasileiro. Rio de Janeiro: Forense, 1997, p. 7). Antes de todos, com a genialidade que o distinguia, Pontes de Miranda já frisava não haver relevância, no direito brasileiro, na distinção entre caso fortuito e força maior, argumentando que qualquer tentativa de distinção entre tais excludentes seria atribuir conceitos sem base histórica ou segurança na doutrina (Pontes de Miranda. *Tratado de Direito Privado. Tomo XXIII.* Rio de Janeiro: Borsoi, 1971, p. 77).

2.2. Distinção relevante

Atualmente, ao invés de distinguir o caso fortuito da força maior, a doutrina - e a jurisprudência - contemporânea distingue o fortuito interno do fortuito externo. E essa distinção é, sim, relevante, porque no primeiro caso o dever de indenizar está mantido (fortuito interno), ao passo que no segundo (fortuito externo) o dever de indenizar fica afastado. Giordani pondera ser "importante ressaltar que a noção de fortuito externo e de fortuito interno é a que a doutrina moderna tem utilizado para diferenciar as noções de caso fortuito e de força maior" (*A responsabilidade objetiva genérica no Código Civil de* 2002. Rio de Janeiro: Lumen Juris, 2004, p. 61). Vejamos, a seguir, em tópicos distintos, cada uma das situações.

2.2.1. Fortuito interno

Se o dano sofrido pela vítima guarda relação com a atividade desenvolvida pelo ofensor, haverá fortuito interno. Pensemos num dos casos mais comuns na jurisprudência, que é o transporte de pessoas (que tem conexão com o direito do consumidor e com a responsabilidade civil do Estado, por se tratar de concessionárias de serviço público). A responsabilidade civil, no caso, é objetiva, seja em razão do art. 14 do CDC, seja em razão do art. 37, § 6º da Constituição. Trataremos do tema (transporte de pessoas) no Capítulo relativo aos danos morais nas relações de consumo. No entanto, por razões de sistematicidade e para facilitar a consulta pelo leitor, cuidaremos também aqui, embora brevemente.

Se o passageiro de ônibus (metrô ou avião, tanto faz) sofre um dano que guarda relação com o transporte, a empresa responde, ainda que, comprovadamente, a culpa do dano seja de terceiro. É o que estatui o Código Civil, no art. 735: "A responsabilidade contratual do transportador por acidente com o passageiro não é elidida por culpa de terceiro, contra o qual tem ação regressiva". Esse artigo, na verdade, apenas reproduz Súmula do Supremo Tribunal Federal: "A responsabilidade contratual do transportador, pelo acidente com passageiro, não é elidida por culpa de terceiro contra o qual tem ação regressiva" (STF, Súmula 187).

Assim, se o dano sofrido pelo passageiro decorrer de um acidente causado por outro veículo, ainda assim responderá a empresa de transporte. Digamos que um carro, de modo imprudente ou mesmo doloso, dá uma fechada brusca no ônibus de passageiros, que por causa disso cai de uma ponte. A responsabilidade civil por todos os danos morais, materiais e estéticos sofridos pelos passageiros será da empresa de transporte, ainda que possa, depois, em regresso, cobrar do motorista culpado o que pagou às vítimas.

É adequado, no exemplo acima, pensar na teoria do risco (CC, art. 927, parágrafo único). Quem usufrui, habitualmente, dos bônus de determinada atividade, deve responder pelos riscos que ela causar, ainda que sem culpa. O CDC, de igual modo, reputa defeituoso – e gerador de responsabilidade objetiva – o serviço que não fornece a segurança que o consumidor dele pode esperar (CDC, art. 14, 1º).

O fortuito interno aplica-se, também, a outras situações. Digamos que, durante viagem de ônibus, o motorista sofre um ataque cardíaco e o ônibus se desgoverna. Ou há o estouro de um dos pneus. Ou defeito nos freios. Em todos esses casos, o dano guarda relação com a atividade desenvolvida pela empresa, havendo, em consequência, responsabilidade civil por danos oriundos desses fatos, ainda que imprevisíveis (de nada valerá a empresa provar que os motoristas passam por exames preventivos periódicos, ou mesmo que todos os pneus e freios da frota de ônibus estão em excelentes condições de conservação. Ainda que prove esses fatos, a empresa responderá pelos danos). Tais acontecimentos fazem parte do chamado risco da atividade.

2.2.2. *Fortuito externo*

Se o dano não guarda relação com a atividade desenvolvida pelo ofensor, haverá um fortuito externo. O STJ já proclamou que "o transportador só responde pelos danos resultantes de fatos conexos com o serviço que presta" (STJ, REsp 468.900, Rel. Min. Ari Pargendler, DJ 31/03/03). No fortuito externo, o dever de indenizar fica afastado. Continuemos com o exemplo dos danos decorrentes de transporte público. O dano desconexo ao transporte não conduz à responsabilidade civil da empresa transportadora. A jurisprudência "tem admitido claramente que o fato de terceiro que exonera a responsabilidade é aquele que com o transporte não guarde conexidade" (STJ, REsp 469.867, Rel. Min. Menezes Direito, 3ª T, DJ 14/11/05). Em 2022 foi decidido que é fortuito externo a queda de passageiro em via férrea de metrô, por decorrência de mal súbito, não ensejando o dever de reparação do dano por parte da concessionária de serviço público, mesmo considerando que não houve adoção, por parte do transportador, de tecnologia moderna para impedir o trágico evento (STJ, REsp 1.936.743, Rel. Min. Luis Salomão, 4ª T, 14/06/2022). Cabe ressalvar que o caso é diverso daquele que foi solucionado pelo recurso repetitivo, e que não se adota o fundamento de culpa exclusiva da vítima da sentença, mas de fortuito externo, sem relação de causa e efeito com a organização do serviço.

Em outras obras, manifestamos nossa reserva quanto à posição da jurisprudência nacional que afasta a responsabilidade civil – seja das empresas de transporte, seja do Estado – em relação aos danos sofridos pelos passageiros em decorrência de assaltos. Seja como for, de acordo com a jurisprudência a hipótese exemplifica um caso fortuito externo, isto é, aquele que afasta o dever de indenizar. Grande parte dos casos de responsabilidade civil envolvendo transportes coletivos diz respeito a danos sofridos pelos passageiros em virtude de condutas de terceiros (assaltos, furtos ou outras violências). A questão é esta: havendo assalto que cause danos (materiais, morais ou estéticos) ao passageiro, a empresa de transporte estará obrigada a indenizá-lo? Conforme adiantamos, depois de alguma controvérsia inicial, há mais de uma década, a jurisprudência hoje entende firmemente que não.

São muitos os julgados que poderiam ser citados nesse sentido. Citemos apenas alguns: O STJ frisa: "A concessionária de serviço público não responde pelo roubo a mão armada ocorrido no interior do ônibus" (STJ, REsp 331.801, Rel. Min. Fernando Gonçalves, 4ª T, j. 05/04/10). Configura, assim, "causa excludente da responsabilidade da empresa transportadora o fato inteiramente estranho ao transporte em si, como é o assalto ocorrido no interior do coletivo" (STJ, REsp 435.865, Rel. Min. Barros Monteiro, Segunda Seção, DJ 12/05/03). Caberia indagar, nessas dramáticas situações, se não seria o caso de se responsabilizar civilmente o Estado pelos danos.

Esse, em todo caso, é o panorama jurisprudencial atual sobre a matéria. O fortuito interno (defeitos nos freios, estouro de pneus, problemas de saúde dos motoristas ou pilotos) não afasta o dever de indenizar da empresa de transporte. O fortuito externo (assaltos, por exemplo) afasta o dever de indenizar da empresa. É preciso perceber, desse modo, que não é todo dano sofrido durante o transporte que importará em responsabilidade da empresa.

Se, durante viagem de avião, marido e mulher discutem asperamente e ele a agride fisicamente, causando danos morais e estéticos, não há razoabilidade em responsabilizar o transportador pelo dano. Não existe relação causal entre o dano e o transporte. O transporte não foi a causa do dano. Não houve defeito ou vício imputável à empresa que guarde relação com o dano. Um bom (porém triste) exemplo aconteceu em 24/10/2013, em Poços de Caldas/MG. Uma garota, num parque de diversões, ao andar de montanha russa, faleceu em virtude de um acidente vascular cerebral. Descobriu-se, posteriormente, que ela tinha um aneurisma, desconhecido pela família. Não há, aí, segundo cremos, nexo causal entre o dano e a atividade da empresa de diversões. Nem há defeito na prestação de serviço.

Na verdade, o caso fortuito (externo) pode se assemelhar bastante ao fato de terceiro. No exemplo mencionado muitas vezes neste tópico, a empresa de transporte não responde porque houve fato de terceiro (assaltantes). Ou porque o assalto é considerado um caso fortuito (externo). O caso fortuito e o fato de terceiro podem, portanto, em certos casos, traduzir idêntica realidade, mudando apenas o ângulo de abordagem. Em 2019 o STJ reafirmou que o roubo à mão armada em estacionamento gratuito, externo e de livre acesso configura fortuito externo, afastando o dever de indenizar. Assim, o Banco do Brasil e a Universidade Potiguar não têm responsabilidade civil no caso de um sequestro-relâmpago ocorrido no estacionamento da instituição de ensino, que teve como vítima um homem que havia acabado de utilizar um caixa eletrônico do banco no local. O tribunal argumentou que o estacionamento não era oferecido pelo banco como comodidade aos seus clientes – o que exime o BB de responsabilidade. Além disso, o tribunal entendeu que a área onde ocorreu o sequestro era aberta, gratuita e de livre acesso, de forma que a universidade também não deve responder pelos danos (STJ, REsp 1.487.050).

Apenas uma observação final, antes de concluir este tópico. Frisamos, anteriormente, que os assaltos nos transportes de pessoas (ônibus, por exemplo), configuram fortuito externo, isentando as empresas de transporte do dever de indenizar. Cabe alertar o leitor, no entanto, que em relação a determinadas atividades prevalece entendimento oposto. Em relação aos bancos, por exemplo. O assalto que ocorre em banco (ferindo, por exemplo, o cliente que estava na fila) é fortuito interno, responsabilizando a instituição financeira pelos danos. O mesmo se diga quando o cliente sofre danos em virtude de roubo ou furto de cofre que alugava em agência bancária. Assim, neste sentido, "o roubo ou furto perpetrado contra a instituição financeira, com repercussão negativa ao cofre locado ao consumidor, constitui risco assumido pelo fornecedor do serviço, haja vista compreender-se na própria atividade empresarial, configurando, assim, hipótese de fortuito interno" (STJ, REsp 1.250.997, Rel. Min. Marco Buzzi, DJ 14/02/2013). O mesmo vale para as fraudes praticadas por terceiros relacionadas às operações bancárias, como clonagem de cartões de crédito, por exemplo. Nesse sentido posiciona-se o STJ, através da Súmula 479: "As instituições financeiras respondem objetivamente pelos danos gerados por fortuito interno relativo a fraudes e delitos praticados por terceiros no âmbito de operações bancárias".

2.3. A análise dos riscos assumidos pelo fornecedor (a questão da *esfera de risco*)

É fundamental, na análise dos casos, verificar se o dano tem relação com o risco assumido pelo fornecedor de produtos ou serviços. Sendo positiva a resposta, há de lhe ser imputada a responsabilidade. O assalto a banco, por exemplo, não configura caso fortuito, apto a excluir sua responsabilidade pelos danos causados a consumidor: "Responsabilidade civil. Morte de menor. Assalto à agência bancária. Indenização. Dano moral. Quantum indenizatório. Razoabilidade. Despicienda a análise de eventual conduta culposa por parte da instituição financeira-recorrente, visto ser objetiva a sua responsabilidade em hipótese como a dos autos. Demais disso, em razão da previsibilidade, não configura o roubo evento de força maior, como pretendido" (STJ, REsp 694.153, Rel. Min. Cesar Asfor Rocha, 4ª. T, DJ 05/09/05).

A propósito, a instituição bancária responde objetivamente pelos furtos, roubos e latrocínios ocorridos nas dependências de estacionamento que oferecera aos veículos de seus clientes (STJ, REsp 1.045.775, Rel. Min. Massami Uyeda, 3ª T, DJ 04/08/09). A mesma responsabilidade ocorrerá, naturalmente, conforme dissemos, se houver assalto e morte de cliente dentro de agência bancária (STJ, REsp 694.153, Rel. Min. Cesar Asfor Rocha, 4ª T, DJ 05/09/05).

Também haverá responsabilidade civil se houver, por exemplo, assalto a mão armada em estacionamento de shopping (STJ, REsp 419.059, Rel. Min. Nancy Andrighi, 3ª T, DJ 29/11/04). A hipótese configura fato do serviço e não há, no caso, força maior. O STJ afirmou: "Por ser a prestação de segurança e o risco ínsitos à atividade dos hipermercados e shopping centers, a responsabilidade civil desses por danos causados aos bens ou à integridade física do consumidor não admite a excludente de força maior derivada de assalto à mão armada ou qualquer outro meio irresistível".

Conforme veremos adiante, o STJ tem afirmado, com rigor, que as empresas que exploram comercialmente estacionamentos respondem pelos danos que os veículos neles estacionados sofrerem. Tal posição se cristalizou na Súmula 130 do STJ: "A empresa responde, perante o cliente, pela reparação de dano ou furto de veículos ocorridos em seu estacionamento". A empresa responde inclusive por eventuais roubos a mão armada (STJ, REsp 230.180, Rel. Min. Barros Monteiro, 4ª T, DJ 25/03/02). O mesmo vale para estacionamento de hospital (REsp 73.243), de supermercado (REsp 61.184), de hotel (REsp 227.014) e até mesmo estacionamento disponibilizado por empregador (REsp 195.664). Mesmo se o estacionamento for gratuito, haverá responsabilidade (REsp 50.502; REsp 437.649). A excludente de força maior é descabida em casos assim, sendo o roubo algo absolutamente previsível (STJ, 303.776). Porém mais recentemente o STJ tem afirmado que o roubo à mão armada em estacionamento gratuito, externo e de livre acesso configura fortuito externo, afastando o dever de indenizar. Assim, o Banco do Brasil e a Universidade Potiguar não têm responsabilidade civil no caso de um sequestro-relâmpago ocorrido no estacionamento da instituição de ensino, que teve como vítima um homem que havia acabado de utilizar um caixa eletrônico do banco no local. O tribunal argumentou que o estacionamento não era oferecido pelo banco como comodidade aos seus clientes – o que exime o BB de responsabilidade. Além disso, o tribunal entendeu que a área onde ocorreu o sequestro era aberta, gratuita e de livre acesso, de forma que a universidade também não deve responder pelos danos (STJ, REsp 1.487.050).

Vale lembrar que em determinados serviços o fornecedor se obriga, contratualmente, a assumir determinado resultado (SEDEX, ou SEDEX 10). Nesses casos, por óbvio, o resultado integra a prestação assumida, que se considera inadimplida se extrapolado o horário de entrega prometido. O Correio não se exime da responsabilidade, perante o usuário, se houver greve dos funcionários, pois se trata de caso fortuito interno, que não afasta o dever de indenizar (lembrando que se consideram não escritas as cláusulas desse teor, eventualmente apostas nos recibos entregues aos usuários). A jurisprudência já se posicionou em sentido semelhante, condenando civilmente os Correios – empresa pública a qual se aplica o CDC, em relação aos serviços postais que presta – em virtude do não cumprimento do prazo de entrega do SEDEX (STJ, REsp 1.210.732, Rel. Min. Luis Felipe Salomão, 4ª T, DJ 15/03/2013). Do mesmo modo, haverá, no serviço de entrega rápida, dano material se a entrega não se realiza no prazo contratado. Decidiu-se, nesse sentido, que "quando o fornecedor faz constar de oferta ou mensagem publicitária a notável pontualidade e eficiência de seus serviços de entrega, assume os eventuais riscos de sua atividade, inclusive o chamado risco aéreo, com cuja consequência não deve arcar o consumidor" (STJ, REsp 196.031, Rel. Min. Pádua Ribeiro).

Uma outra observação se impõe: o STJ tem considerado prática abusiva o cancelamento de voos sem razões técnicas ou de segurança inequívocas (STJ, REsp 1.469.087, DJ 17/11/2016). A questão, porém, que muitos não têm percebido é a seguinte: não é *apenas* quando houver "razões técnicas ou de segurança inequívocas" que a empresa responde. Ela responderá *mesmo quando não houver tais razões.* Se um consumidor, por exemplo, sofre dano grave em razão do cancelamento de um voo, *ainda que existam* razões técnicas para o cancelamento, o risco deverá ser suportado pelo fornecedor de serviço, não pelo consumidor. Em outras palavras, como temos destacado em outras obras, o dano está na *esfera de risco* da empresa, na hipótese descrita.

A vida social, aliás, é muito mais criativa em exemplos do que poderíamos supor. Uma aluna – que trabalhava como advogada de uma empresa de plano de saúde – me trouxe certa vez um caso interessante: uma senhora, cliente do plano de saúde para o qual ela advogava, apresentou um problema de saúde e não havia, na cidade em que essa senhora morava, o atendimento médico necessário para o problema de saúde apresentado. Diante disso, o plano de saúde autorizou que ela fosse atendida em cidade próxima. No percurso, feito com veículo próprio, houve um acidente com perda total do carro. A senhora, diante disso, queria que o plano de saúde respondesse pelo dano. O caso é bem interessante para discutir a questão do nexo causal e, sobretudo, a questão do risco da atividade. Creio que cada vez mais analisaremos – na doutrina e em julgados – em que medida o dano se deu na *esfera de risco da atividade* (e, quando a resposta for afirmativa, de nada importa para o fornecedor argumentar que não houve, de sua parte, ação ou omissão relacionada diretamente com o dano).

Em 2018, o STJ decidiu que o McDonald's deve indenizar cliente por assalto à mão armada em *drive-thru*. Nesse sistema, o cliente é atendido sem sair do carro – algo disponível geralmente em lanchonetes e em algumas farmácias. No caso, houve assalto à mão armada no momento da compra. O tribunal entendeu que houve falha no serviço (STJ, REsp 1.450.434). O McDonald's argumentou que o roubo à mão armada não constitui um risco inerente às suas atividades, não sendo possível impedir o crime. Cabe aqui uma nota doutrinária: o conceito atual de caso fortuito ou força maior superou a discussão acerca da previsibilidade (ou não) do dano. Isso deixou de ser relevante. A discussão realmente importante é outra: o dano estava dentro ou fora da *esfera de risco* da atividade? Se estiver dentro, a empresa responde, ainda que sem culpa (CDC, art. 14). O STJ, em 2021, em excelente julgado relatado pela ministra Nancy Andrighi, destacou: "Para que haja o rompimento do nexo causal, o fato de terceiro, além de ser a única causa do evento danoso, não deve apresentar qualquer relação com a organização do negócio e os riscos da atividade" (STJ, REsp 1.924.527, Rel. Min. Nancy Andrighi, 3ª T, DJe 17/06/2021).

É fundamental, no contexto, descrito, analisar se o dano está dentro da esfera de risco da atividade. Se o dano estiver vinculado aos riscos da atividade, haverá responsabilidade do fornecedor de produtos ou serviços. Assim, decidiu-se em 2023 que a instituição financeira responde civilmente, caracterizando-se fortuito interno, nos termos do art. 14, § 3º, do CDC, quando descumpre o dever de segurança que lhe cabe e não obsta a realização de compras com cartão de crédito em estabelecimento comercial suspeito, com perfil de compra de consumidor que discrepa das aquisições fraudulentas efetivadas (STJ, REsp 1.728.279, Rel. Min. Raul Araújo, 4ª T, DJe 17/05/2023).

Na hipótese de roubo do aparelho celular, a instituição financeira responde pelos danos decorrentes de transações realizadas por terceiro por meio do aplicativo do banco. No caso, alguém teve seu celular roubado e, logo depois, informou o fato ao banco, solicitando o bloqueio de operações via pix. No entanto, o banco não atendeu à solicitação e o criminoso efetuou operações por meio do aplicativo instalado no aparelho celular. A não implementação das providências cabíveis configura defeito na prestação dos serviços bancários por violação do dever de segurança. O ato praticado pelo infrator não caracteriza fato de terceiro, mas sim fortuito interno, porquanto inerente à atividade desempenhada pela instituição financeira (STJ, REsp 2.082.281, Rel. Min. Nancy Andrighi, 3ª T, DJe 21/11/2023).

3. CULPA EXCLUSIVA DA VÍTIMA

A culpa exclusiva da vítima, rompendo o nexo causal, afasta qualquer obrigação de indenizar por parte do fornecedor de produtos e serviços. Se o dano adveio, exclusivamente, da conduta do consumidor, não haverá responsabilidade do fornecedor, porque não há responsabilidade civil sem nexo causal – necessária tanto na responsabilidade subjetiva como na objetiva.

Se o consumidor salta da escada rolante do shopping, vindo a se ferir gravemente, não há, naturalmente, como imputar tal responsabilidade a não ser a ele próprio.

A jurisprudência entendeu que passageiro de ônibus que come biscoito envenenado oferecido por outro passageiro, vindo a ser por este roubado, não faz jus à indenização por danos morais e materiais contra a empresa de transporte. O STJ destacou tratar-se, na espécie, de fato de terceiro que não guarda relação com o transporte, havendo, ademais, culpa exclusiva da vítima. Da mesma forma, cliente que dá a terceiro acesso à senha do cartão que movimenta a sua conta bancária não pode atribuir à instituição financeira a responsabilidade pelos saques subsequentes (STJ, AgRg no Ag 962.927, Rel. Min. Ari Pargendler, 3ª T, DJ 22/08/08).

Posteriormente, e no mesmo contexto, o STJ decidiu que a sociedade empresária de transporte coletivo interestadual não deve ser responsabilizada pela partida do veículo, após parada obrigatória, sem a presença do viajante que, por sua culpa exclusiva, não compareceu para reembarque mesmo após a chamada dos passageiros, sobretudo quando houve o embarque tempestivo dos demais (STJ, REsp 1.354.369, Rel. Min. Luis Salomão, 4ª T, DJ 25/05/2015).

Em certas situações, alguns fatos apontados como culpa exclusiva da vítima – ou fatos exclusivos da vítima, na terminologia mais atual – são, na verdade, riscos intrínsecos da atividade do fornecedor. Por exemplo, a infecção hospitalar que, reconhecidamente tem liame causal com os danos sofridos por recém-nascido, impõe o afastamento das concausas – a prematuridade e o baixo peso do bebê recém-nascido –, atraindo assim a responsabilidade do hospital pelo pagamento integral das indenizações, à luz da teoria da causalidade adequada (dano direto e imediato). (STJ, processo em segredo de justiça, Rel. Min. Marco Buzzi, 4ª T, 06/06/2023). O STJ frisou que as circunstâncias apontadas pelo hospital como supostos fatos exclusivos da vítima (ou mesmo fatos preexistentes suficientemente capazes de dar ensejo ao quadro desenvolvido pela criança), na verdade são riscos intrínsecos da própria atividade desenvolvida pelo hospital, não sendo aptos a afastar o nexo causal entre a falha no fornecimento do serviço e as sequelas sofridas pelo menor.

4. FATO EXCLUSIVO DE TERCEIRO

O CDC põe o fato exclusivo de terceiro como causa de exclusão da responsabilidade do fornecedor. Digamos que o consumidor ingere dose excessiva de medicamento e sofre danos em sua saúde. Porém tal ingestão indevida decorreu de equivocada prescrição médica. Não há, nesta hipótese, como pretender responsabilizar o fabricante do medicamento.

Todavia, é preciso cautela, para não isentar o fornecedor da responsabilidade por danos em relação aos quais ele assumiu o risco. Assim, decidiu, lucidamente, o STJ que se o proprietário do veículo o deixou no pátio da concessionária para fins de revisão ou venda, tendo sido roubado por pessoa interessada em sua compra, tal fato – de terceiro – não afasta a responsabilidade da concessionária (STJ, REsp 253.301, Rel. Min. Barros Monteiro, 4ª T, j. 21/09/04, p. DJ 13/12/04).

Em sentido semelhante, talvez como exemplo de que nem todo caso fortuito ou força maior enseja a exclusão da responsabilidade do fornecedor de serviços: "Se a aeronave é avariada pela sucção de grandes pássaros, impõe a cautela seja o maquinário revisto e os passageiros remanejados para voos alternativos em outras companhias. O atraso por si só decorrente desta operação impõe a responsabilização da empresa aérea, nos termos da atividade de risco que oferece" (STJ, REsp 401.397, Rel. Min. Nancy Andrighi, 3ª T, j. 27/06/02, p. DJ 09/09/02).

É fundamental, portanto, analisar as circunstâncias em que se deu o dano. Em determinado caso, houve extorsão mediante sequestro e o valor do resgate foi depositado em conta corrente e sacado, pelos bandidos, sem que o banco observasse as necessárias cautelas. Por isso, o banco foi condenado à indenizar, não se aceitando, na hipótese, a excludente de fato exclusivo de terceiro (STJ, REsp 1.374.726, DJ 08/09/2014).

Essa, aliás, é uma tendência que se observa na matéria.

Com o crescente aumento dos usos e práticas digitais, crescem também, de modo correspondente, as fraudes e golpes. Os bancos investem progressivamente recursos tentando evitá-las, mas nem sempre conseguem. A linha hermenêutica, na matéria, é muito clara: qualquer que seja a fraude praticada por terceiro, o banco deverá indenizar o cliente prejudicado por ela, a menos que lhe prove a culpa exclusiva. É inadmissível a invocação da excludente de fato de terceiro, na hipótese. Os riscos do negócio são de responsabilidade das instituições financeiras.

Aliás, não só na internet, como também quaisquer outras fraudes que lesem consumidores e estejam vinculados aos riscos relacionados de sua atividade. Aí se incluem, por exemplo, a compensação de cheques em valor superior àquele da emissão, mesmo nas hipóteses em que o título tenha sido objeto de sofisticada adulteração por terceiro.

Conforme frisamos ao tratar dos fortuitos internos, a instituição bancária responde objetivamente pelos danos causados por fraudes ou delitos praticados por terceiros (STJ, REsp 1.093.440, Rel. Min. Luis Felipe Salomão, DJ 02/04/2013). Fraudes e delitos, assim, configuram fortuitos internos, participando dos riscos da própria atividade. Não excluem, em absoluto, a responsabilidade das instituições financeiras. Sempre que o dano guardar conexão com a atividade do banco, mesmo que mediata, a excludente relativa ao caso fortuito não poderá ser aceita, porquanto caracterizará hipótese de fortuito interno, e não externo. Assim, o roubo ou furto perpetrado contra a instituição financeira, com repercussão negativa ao cofre locado ao consumidor, constitui risco assumido pelo fornecedor do serviço, haja vista compreender-se na própria atividade empresarial, configurando, assim, hipótese de fortuito interno (STJ, REsp 1.250.997, Rel. Min. Marco Buzzi, 4ª T, DJ 14/02/2013).

A jurisprudência, aliás, tem se mostrado particularmente severa na análise da chamada culpa exclusiva de terceiro em outras matérias, como no direito ambiental. Decidiu-se, por exemplo, diante de acidente ambiental, pela "inviabilidade de alegação de culpa exclusiva de terceiro, ante a responsabilidade objetiva. A alegação de culpa exclusiva de terceiro pelo acidente em causa, como excludente de responsabilidade, deve ser afastada, ante a incidência da teoria do risco integral e da responsabilidade objetiva ínsita ao dano ambiental" (STJ, REsp 1.114.398, Rel. Min. Sidnei Beneti, Segunda Seção, DJ 16/02/12).

Para concluir este tópico convém deixar claro que nem sempre o fato de terceiro excluirá a responsabilidade do fornecedor de produtos e serviços no Brasil. É fundamental analisar se o dano está dentro ou fora da *esfera de risco* da atividade. Se for um dano conexo à atividade desenvolvida, o fornecedor responderá mesmo que se trate de fato de terceiro. O STJ tem frisado que "o fato de terceiro pode romper o nexo de causalidade, exceto nas circunstâncias que guardar conexidade com as atividades desenvolvidas pela concessionária de serviço público" (STJ, REsp 1.749.941, Rel. Min. Nancy Andrighi, 3ª T, DJe 07/12/2018).

De modo semelhante ao frisado no parágrafo anterior, em 2023 mais uma vez se percebeu que o fato exclusivo de terceiro é ato praticado por terceiro, sem vinculação com o fornecedor de serviços, que rompe o nexo de causalidade (art. 14, § 3º, II, do CDC). Ele apenas tem aptidão para afastar a responsabilidade do fornecedor quando se equiparar ao fortuito externo, isto é, quando não estiver relacionado ao risco da atividade desempenhada. Se o fato de terceiro ocorrer dentro da órbita de atuação do fornecedor, ele se equipara ao fortuito interno, sendo absorvido pelo risco da atividade (STJ, REsp 2.076.294 , Rel. Min. Nancy Andrighi, 3a T, DJe 19/12/2023).

O mesmo tribunal afirmou a mesma coisa com outras palavras, ao destacar que o fato exclusivo de terceiro (art. 14, § 3º, II, do CDC) consiste na atividade desenvolvida por uma pessoa sem vinculação com a vítima ou com o aparente causador do dano, que interfere no processo causal e provoca com exclusividade o dano. No entanto, se o fato de terceiro ocorrer dentro da órbita de atuação do fornecedor, ele se equipara ao fortuito interno, sendo absorvido pelo risco da atividade (STJ, REsp 2.082.281, Rel. Min. Nancy Andrighi, 3a T, DJe 21/11/2023).

5. CULPA CONCORRENTE

A culpa concorrente – assim como o caso fortuito e a força maior – não estão previstas dentre as excludentes pelo CDC. O Código do Consumidor apenas prevê, como excludente de responsabilidade, a culpa "exclusiva" do consumidor ou terceiro (art. 12, § 3º, III). A culpa concorrente (também chamada recíproca) do consumidor, não serviria para reduzir, proporcionalmente às circunstâncias, a reparação?

O Código Civil prevê, de modo explícito, em seu art. 945, a compensação de culpas, ao estatuir que se "a vítima tiver concorrido culposamente para o evento danoso, a sua indenização será fixada tendo-se em conta a gravidade de sua culpa em confronto com a do autor do dano". Carlos Roberto Gonçalves explica que o CDC "somente admite a exclusão da responsabilidade do fornecedor em caso de culpa exclusiva do consumidor ou de terceiro (art. 14, § 3º). Contudo, essa situação modificou-se, porque o novo Código Civil determina expressamente, no art. 945, que o juiz leve em conta eventual culpa concorrente da vítima, reduzindo a indenização por esta pleiteada, em proporção da gravidade de sua culpa, confrontada com a do autor do dano" (Carlos Roberto Gonçalves, Responsabilidade Civil. São Paulo: Saraiva, 2003, p. 341).

A culpa, como sabemos, não participa da configuração da responsabilidade do fornecedor de produtos ou serviços. A questão, contudo, pode ser posta no plano do nexo causal. O consumidor, por exemplo, que visitando shopping center sofre queda, com fraturas, em razão de produto de limpeza que tornou o chão escorregadio, deverá ser indenizado pelos danos sofridos. Tal reparação, contudo, poderá ser abrandada se, digamos, o consumidor, de forma indevida, estava correndo dentro do shopping, o que facilitou a queda, embora não exclua a responsabilidade do estabelecimento.

A doutrina, raciocinando sobre as relações de consumo em relação aos médicos, pondera: "Se houver concorrência entre o comportamento do paciente-vítima ou de terceiro e o defeito na prestação do serviço hospitalar não há exclusão de responsabilidade (como a interpretação literal do dispositivo poderia sugerir) mas a sua mitigação, uma vez que o nexo causal persiste no que tange à parcela do dano efetivamente causado pelo defeito" (Gustavo Tepedino, "A responsabilidade médica na experiência brasileira contemporânea". Temas de Direito Civil, t. II. Rio de Janeiro: Renovar, 2006, p. 110).

O Superior Tribunal de Justiça tem admitido a culpa concorrente como causa de minoração do valor da reparação, proporcionalmente às circunstâncias: "A culpa concorrente da vítima permite a redução da condenação imposta ao fornecedor. Art. 12, § 2º, III, do CDC" (STJ, REsp 287.849). No caso concreto a fundamentação do acórdão está assim posta: "Ocorre que o autor usou do escorregador e 'deu um salto em direção à piscina', conforme narrou na inicial, batendo com a cabeça no piso e sofrendo as lesões descritas no laudo. Esse mau uso do equipamento – instalação que em si é perigosa, mas com periculosidade que não excede o que decorre da sua natureza, legitimamente esperada pelo usuário – concorreu causalmente para o resultado danoso". Posteriormente, essa tendência foi reafirmada no mesmo tribunal. A jurisprudência do STJ, portanto, tem aceito a culpa concorrente como fator de redução da indenização, proporcionalmente às circunstâncias, mesmo nas relações de consumo. Nesse sentido, "a responsabilidade concorrente é admissível, ainda que no caso de responsabilidade objetiva do fornecedor ou prestador, quando há responsabilidade subjetiva patente e irrecusável também do consumidor, não se exigindo, no caso, a exclusividade da culpa" (STJ, REsp 1.349.894, Rel. Min. Sidnei Beneti, 3ª T, DJ 11/04/2013). Observe-se, no entanto, que a tendência terminológica mais atual aponta para o uso da expressão fato da vítima, ao invés de culpa da vítima, deslocando a discussão para a questão da causalidade.

Conforme já dissemos, o princípio da reparação integral poderá ser excepcionado se o consumidor contribuir, de algum modo, para o dano. Ou mesmo se foi o consumidor que deu causa ao desfazimento do contrato, por exemplo. O STJ, na Súmula 543, prevê uma situação que exemplifica bem a situação: "Na hipótese de resolução de contrato de promessa de compra e venda de imóvel submetido ao Código de Defesa do Consumidor, deve ocorrer a imediata restituição das parcelas pagas pelo promitente comprador - integralmente, em caso de culpa exclusiva do promitente vendedor/construtor, ou parcialmente, caso tenha sido o comprador quem deu causa ao desfazimento".

Resumindo o que dissemos: a culpa concorrente, de acordo com o entendimento atual do STJ, pode ser usada como fator para reduzir, proporcionalmente, a indenização, à luz das circunstâncias do caso concreto. Se, digamos, faço uma viagem de ônibus entre Belo Horizonte e Ouro Preto e, embora a empresa de ônibus expressamente oriente os passageiros a usar cintos de segurança, eu me recuso a usar. Ocorre um acidente e eu me firo mais gravemente em razão da ausência do cinto. Isso não afastará por completo o dever de a empresa de transporte indenizar o passageiro, mas poderá – repetimos, *poderá*, pois as circunstâncias do caso devem ser analisadas – haver a redução do valor da indenização.

Um outro exemplo possível (esse mais polêmico): digamos que eu me matriculo numa academia de ginástica. Depois de alguns meses ou anos, o sistema eletrônico de acesso à academia (cada vez mais comum) impede meu acesso, pois estou com o exame médico vencido. Eu, porém, conversando com os atendentes, consigo entrar, mesmo com o exame médico vencido. Lá dentro, fazendo exercícios, sofro um infarto, com sequelas. A situação, em linha de princípio, revela hipótese de culpa concorrente, com a minoração do valor da indenização.

O STJ decidiu em 2023 que o excesso de velocidade e a não utilização de cinto de segurança, em acidente automobilístico com resultado morte, são elementos que conduzem ao reconhecimento da culpa concorrente da vítima (STJ, AgInt no REsp 1.651.663, Rel. Min. Marco Buzzi, 4ª T, DJe 23/03/2023). Esse, aliás, foi o exemplo que sempre demos de fato concorrente (numa viagem de ônibus, digamos). Portanto, a culpa concorrente (ou fato concorrente), mesmo nas relações de consumo, atenua a responsabilidade do fornecedor (construtor, produtor ou importador).

6. TEORIA DO RISCO DO DESENVOLVIMENTO

Ponto altamente polêmico indaga se a teoria do risco do desenvolvimento configura excludente no sistema de consumo. Em que consiste tal teoria? Na aceitação, como excludente de responsabilidade do fornecedor de produtos, da circunstância de que o fornecedor não sabia, nem tinha razões para saber, da periculosidade do produto ao inseri-lo no mercado, que só veio a ser descoberta pelo avanço da ciência posterior à sua introdução. Cabe lembrar que o produto não é considerado defeituoso pelo fato de outro, de melhor qualidade, ter sido colocado no mercado (CDC, art. 12, § 2º).

A respeito da questão, o CDC estatui: "Art. 10. O fornecedor não poderá colocar no mercado de consumo produto ou serviço que sabe ou deveria saber apresentar alto grau de nocividade ou periculosidade à saúde ou segurança".O § 1º prevê: "O fornecedor de produtos e serviços que, posteriormente à sua introdução no mercado de consumo, tiver conhecimento da periculosidade que apresentem, deverá comunicar o fato imediatamente às autoridades competentes e aos consumidores, mediante anúncios publicitários". Ademais, a "época em que foi colocado em circulação" deve ser levada em consideração para se considerar, ou não, determinado produto defeituoso (art. 12, § 1º, III).

A impossibilidade do conhecimento da periculosidade, porém, deve ser absoluta, para qualquer fornecedor, e não subjetiva, apenas para um ou alguns. A União Europeia, através da Diretiva 85/374, aceita o risco de desenvolvimento como excludente de responsabilidade, tendo os países europeus, como linha de tendência, adotado a referida excludente.

A questão, contudo, como dissemos, é altamente polêmica, havendo em doutrina autorizadas vozes contra a aceitação do risco de desenvolvimento como excludente. Pondera Marcelo Junqueira Calixto: "Dentre as hipóteses de exclusão de responsabilidade entendemos que não se inclui aquela fundada nos chamados riscos do desenvolvimento. Mas, para que possa ser afastada a controvérsia doutrinária acerca de tal tema, defendemos a atuação legislativa, que consagrará os riscos que serão efetivamente suportados pelos diversos partícipes da contemporânea sociedade de consumo" (Marcelo Junqueira Calixto, "O art. 931 do Código Civil de 2002 e os riscos do desenvolvimento", RTDC, vol. 21, jan/mar 2005, p. 93).

Percebemos, portanto, à luz do sumariamente exposto, que o tema é polêmico e comporta múltiplas visões distintas. Há autores que aceitam o risco do desenvolvimento como excludente (Gustavo Tepedino, Fábio Ulhoa Coelho, James Marins e, fundado na lei portuguesa, João Calvão da Silva). Há outros, de modo mais numeroso, que não aceitam essa excludente (Jean Calais-Auloy, Herman Benjamim, Marcelo Calixto, Zelmo Denari, Silmara Chinellato, entre outros). É certo que o "risco do desenvolvimento" – aceitemos ou não a categoria como excludente – está relacionado aos danos causados por produtos que, quando foram lançados no mercado, não se podia cientificamente saber que eram perigosos, considerando-se o estado atual da ciência e da técnica. Importante frisar que essa incognoscibilidade é absoluta e não relativa. Em outras palavras, não é para esse ou aquele fornecedor, mas para todos.

O conceito de risco do desenvolvimento – a partir das acaloradas discussões ocorridas na União Europeia, quando da aprovação da Diretiva 85/374 – está ligado aos seguintes pontos: a) funda-se na responsabilidade civil objetiva; b) consagra o risco do desenvolvimento como causa excludente da responsabilidade civil; c) para ser admitida essa excludente, o produtor tem o ônus de provar que, no momento da colocação do produto no mercado, não era possível detectar a existência do defeito; d) a legislação interna de cada Estado-membro pode ou não incorporar a excludente do risco do desenvolvimento; e) o critério temporal para aferição do estado da ciência e da técnica ou estado da arte é o da colocação do produto no mercado e não o da verificação do dano.

Sabemos que o fornecedor não deve oferecer, no mercado de consumo, produto ou serviço sem que tenha mensurado seus riscos. O problema, no caso do risco do desenvolvimento, é que os riscos *não eram* mensuráveis. O cerne da polêmica é o seguinte: quem deve suportar o risco? O consumidor ou o fornecedor? Se não era possível saber, quando da colocação do produto no mercado, que ele era perigoso (isto é, a ciência da época *não permitia* essa descoberta), quem deve arcar com isso? Consumidor ou fornecedor? Ou mesmo o Estado? Pode-se argumentar, em favor da responsabilização do fornecedor, que foi ele quem tomou a iniciativa de colocar o produto no mercado. Ele, de certo modo, assumiu os riscos, e não o consumidor.

Quem defende que a excludente deve ser aceita (em outras palavras, deve excluir a responsabilidade civil do fornecedor), argumenta, por exemplo, que exigir o contrário seria obrigar o fornecedor ao impossível e que nas hipóteses de risco do desenvolvimento não há, na verdade, produto defeituoso, nos termos previstos pelo CDC.

Já quem sustenta que a excludente não deve ser aceita (e que o fornecedor responde mesmo que o produto, quando colocado no mercado, não tinha seu potencial danoso evidenciado pela ciência da época) pondera com veemência que "a evolução do direito do consumidor e da responsabilidade civil, que prestigiam a parte mais fraca da relação jurídica – o consumidor e o lesado –, repudia tal tese que, se aceita, representaria um grande retrocesso. A assunção do risco em suas diversas formas, avultando, na hipótese, o risco próprio da atividade, importa a responsabilidade do produtor" (Silmara Chinellato e Antônio Morato. O risco do desenvolvimento nas relações de consumo. *Responsabilidade Civil.* São Paulo: RT, 2009, p. 55).

Caso tristemente célebre, a propósito, foi o do medicamento *Talidomida* (*Contergan-Thalidomida*). Foi descoberto na Alemanha, em 1954, e usado inicialmente como sedativo. Por volta de 1958, já era comercializado em 146 países, inclusive no Brasil. Passou a ser usado por mulheres no início da gravidez, como forma de combater enjoos. Foi muito usado, sobretudo por não necessitar de receita médica. Somente depois – em 1961 – descobriu-se que a ingestão de um único comprimido nos três primeiros meses de gravidez causava gravíssimos casos de má-formação fetal (Focomelia). Já era tarde, porém. Só na Alemanha, contam-se quatro mil casos de pessoas portadoras de defeitos físicos vinculados ao remédio. No Brasil, foi aprovada a Lei nº 7.070/82, que previu a concessão, pela União, de pensão vitalícia – de acordo com o grau de deformidade – aos portadores da síndrome, e posteriormente, em 2004, a Lei nº 10.877 aumentou a pensão devida aos portadores. Recentemente, aliás, o tema voltou a ser debatido na Alemanha, por conta de uma série de televisão chamada "Apenas um comprimido". Embora formatada como uma peça de ficção, é claramente inspirada no episódio da *Talidomida*. Seus produtores, bem por isso, foram processados pelo laboratório Grünenthal, mas o Tribunal Constitucional Alemão autorizou a exibição da série.

Convém destacar, como palavra final deste tópico, que o STJ, em 2020 – em importantíssimo julgado – pronunciou-se sobre a teoria do risco do desenvolvimento. O tribunal decidiu, de modo correto, no sentido de que os riscos são do fornecedor, não do consumidor ou do cidadão. O STJ destacou: "O risco do desenvolvimento, entendido como aquele que não podia ser conhecido ou evitado no momento em que o medicamento foi colocado em circulação, constitui defeito existente desde o momento da concepção do produto, embora não perceptível *a priori*, caracterizando, pois, hipótese de fortuito interno" (STJ, REsp 1.774.372). O fornecedor de produtos e serviços, portanto, responde pela teoria do risco do desenvolvimento, no Brasil. Ela *não é* uma excludente de responsabilidade civil entre nós.

Essa questão – mantida a posição jurisprudencial acima – pode ter importância em inúmeras matérias, inclusive em relação a vacinas (estamos falando de um medicamento ou vacina cujos riscos só apareçam anos depois). É verdade que aqui o tema pode se mostrar mais complexo, com outros (bons) argumentos, diante do caráter singular destes tempos. As vacinas contra a pandemia vieram em tempo recorde e *foram extremamente bem-vindas* (nos salvaram de viver dias ainda piores). Em termos legislativos tivemos a Lei n. 14.125/2021 – que dispôs sobre a responsabilidade civil relativa a eventos adversos pós-vacinação sobre a covid –, em seu art. 1º prevê: "Enquanto perdurar a Emergência em Saúde Pública de Importância Nacional (Espin), declarada em decorrência da infecção humana pelo novo coronavírus (SARS-CoV-2), ficam a União, os Estados, o Distrito Federal e os Municípios autorizados a adquirir vacinas e a assumir os riscos referentes à responsabilidade civil, nos termos do instrumento de aquisição ou fornecimento de vacinas celebrado, em relação a eventos adversos pós-vacinação, desde que a Agência Nacional de Vigilância Sanitária (Anvisa) tenha concedido o respectivo registro ou autorização temporária de uso emergencial". Cremos que, mesmo se não houvesse esse reconhecimento legislativo formal – no sentido de que as pessoas jurídicas de direito público respondem por esses danos , assumindo explicitamente os riscos da responsabilidade civil – a solução seria a mesma (no sentido da responsabilidade do Estado e, *também*, do fornecedor). É bastante duvidoso – a questão é complexa e traz inúmeros meandros argumentativos – afirmar, de modo peremptório, que os laboratórios estarão imune de responder civilmente perante as vítimas.

7. COMPREENDENDO A DISTINÇÃO ENTRE EXCLUDENTES DE ILICITUDE E EXCLUDENTES DE RESPONSABILIDADE CIVIL

Há uma distinção que temos sempre adotado, em nossas obras, há alguns anos. Embora o tema não seja especificamente de direito do consumidor, cremos que a menção é importante, por sua estreita conexão com a matéria tratada neste capítulo. A questão diz respeito à distinção entre excludentes de ilicitude e excludentes de responsabilidade civil.

Convém sempre lembrar que as excludentes de ilicitude não se confundem com as excludentes de responsabilidade civil. As excludentes de responsabilidade civil (caso fortuito ou força maior, culpa exclusiva da vítima, por exemplo) afastam a responsabilidade civil, porque rompem o nexo causal. Já as excludentes de ilicitude nem sempre provocam esse resultado. As excludentes de ilicitude (legítima defesa, estado de necessidade, exercício regular de direito e estrito cumprimento de dever legal) excluem a contrariedade ao direito da conduta, a ilicitude do ato. Isso, porém, não significa que esteja excluído o dever de indenizar.

A ilicitude ou não do ato, por si só, não diz nada acerca da exclusão da obrigação de reparar. Tanto os lícitos, como os ilícitos, na ordem jurídica brasileira, podem dar ensejo à indenização. Naturalmente, o mais comum é que a responsabilidade civil surja como consequência de atos ilícitos, porém nada impede, em certos casos, que o legislador impute o dever de reparar como consequência de um ato lícito, à luz de certas especificidades, adiante comentadas.

Vejamos a questão a partir de exemplos que trouxemos em outra obra (*Manual da Responsabilidade civil do Estado à luz da jurisprudência do STF, do STJ e da Teoria dos Direitos Fundamentais*, 4ª edição, Editora Juspodivm). Quem pratica um ato em estado de necessidade pratica um ato lícito (Código Civil, art. 188, II). Estamos diante de uma excludente de ilicitude. Embora seja um ato lícito, dele decorre o dever de indenizar (Código Civil, arts. 929 e 930). Se, digamos, um policial, dirigindo uma viatura, para evitar atropelamento, faz manobra brusca e atropela alguém, ou colide com outro veículo, o ato será lícito, mas provocará dever de indenizar por parte do Estado. Trata-se de ato em estado de necessidade (STJ, REsp 124.527, Rel. Min. Aldir Passarinho, 4ª T, DJ 04/05/00). Há, porém, direito de regresso contra quem deu causa à situação perigosa. O estado de necessidade é um exemplo de um ato lícito que, segundo o Código Civil, provoca o dever de indenizar.

Quem pratica um ato em legítima defesa pratica um ato lícito (Código Civil, art. 188, I). O Código Civil explicitamente afastou a ilicitude do ato. Sob o prisma civil, haverá dever de indenizar, se alguém, agindo em legítima defesa, causou um dano a outrem? A resposta será: depende. Se o dano foi causado ao próprio agressor, não haverá dever de indenizar. Se, porém, a vítima, ao exercer a legítima defesa, atinge outra pessoa que não o agressor (*aberratio ictus*), haverá dever de reparar o dano (Código Civil, art. 930, parágrafo único). O STJ teve oportunidade de frisar que "eventual causa de justificação (legítima defesa) reconhecida em âmbito penal não é capaz de excluir responsabilidade civil do Estado pelos danos provocados" (STJ, REsp 1.266.517, Rel. Min. Campbell Marques, 2ª T, DJ 10/12/12).

São muitos os exemplos possíveis. Digamos que alguém, de noite, tem seu carro parado por policiais em *blitz*. Porém, ao reduzir a velocidade, o motorista percebe que se trata de falsa *blitz*, forjada por bandidos. Ele acelera, atropelando e matando um dos criminosos. Haverá dever de indenizar? A princípio não, desde que o ato, nas circunstâncias, se mostre proporcional ao perigo. Se, porém, na fuga, outra pessoa é atropelada, o motorista deverá indenizá-la. Em outras palavras, se, na legítima defesa, o próprio agressor sofre o dano, não haverá dever de indenizar. Já se um terceiro é atingido, esse dever de indenizar se apresenta (*aberratio ictus*).

Aguiar Dias, a propósito, comenta: "Não pode ser objeto de discussão a isenção do agente que pratica o fato danoso em legítima defesa. Mas essa isenção só vale, para ele, em relação à vítima que provocou a repulsa. O terceiro, não participante da provocação, tem pleno direito à reparação". (AGUIAR DIAS, José de. *Da Responsabilidade Civil.* Rio de Janeiro: Forense, 1954, p. 662). O STF, analisando o tema, consignou: "Ocorrendo ofensa à integridade física e morte do detento, é dever do Estado arcar com a indenização correspondente. Tal dever somente restaria afastado se a ação causadora do evento danoso tivesse ocorrido em legítima defesa própria (entenda-se: do agente policial) ou de terceiro (de outro preso) que, no momento, estaria sendo agredido ou na iminência de o ser, frise-se, pelo detento morto". Continua: "Mas mesmo encontrando-se nessa situação lícita (legítima defesa), se tivesse produzido, com sua ação, a morte de outrem não envolvido no fato (*aberratio ictus*), sua seria também a obrigação de indenizar, pois a ação, apesar de necessária, foi agressiva, atingindo quem não estava em posição de ataque". Diz, adiante, o STF, que para afastar a obrigação de reparar o Estado deveria demonstrar que o detento falecido estava, quando de sua morte, agredindo os policiais ou outro preso, e que esta prova não foi produzida, sendo o ônus probatório do Estado. (STF, AI 299.125/SP, Rel. Min. Celso de Mello).

Contextualizamos, acima, brevemente, o estado de necessidade e a legítima defesa. Resumindo o que dissemos: o estado de necessidade é um ato lícito que pode, em determinados casos, ensejar o dever de indenizar (Código Civil, art. 188, II; art. 929; art. 930). A legitima defesa, de igual modo, é um ato lícito que pode, em determinados casos, ensejar o dever de indenizar (Código Civil, art. 188, I; art. 930, parágrafo único), desde que o atingido pelo ato em legítima defesa tenha sido um terceiro (não o agressor). Temos, portanto, nos dois casos, excludentes de ilicitude (não necessariamente excludentes de responsabilidade civil). Demos, acima, exemplos envolvendo agentes públicos, mas a mesma linha de orientação se aplica aos danos causados entre particulares.

O mesmo ocorre em relação ao exercício regular de direito e estrito cumprimento de dever legal? São, segundo cremos, excludentes de ilicitude, não excludentes de responsabilidade civil. Em outras palavras, mesmo quando houver exercício regular de direito e estrito cumprimento do dever legal, tais atos, embora lícitos, podem dar ensejo ao dever de indenizar (no caso do estrito cumprimento de dever legal, o dever de indenizar é do Estado, não do agente público).

Convém aprofundar, ainda que brevemente, alguns pontos.

No Brasil, o exercício regular de direito é ato lícito. O STJ já teve oportunidade de afirmar: "Não há conduta ilícita quando o agente age no exercício regular de um direito" (STJ, REsp 303.396, Rel. Min. Barros Monteiro, 4ª T, 05/11/02). Por outro lado, o exercício irregular de direito é ato ilícito (Código Civil, art. 187). O exercício irregular de direito, ou abuso de direito, é um ato ilícito que não depende de culpa, configurando hipótese de responsabilidade objetiva. O Código Civil, art. 187, proclama: "Também comete ato ilícito o titular de um direito que, ao exercê--lo, excede manifestamente os limites impostos pelo seu fim econômico ou social, pela boa-fé ou pelos bons costumes". Antes do Código Civil de 2002, o Brasil não conhecia, em termos legislativos, a categoria do abuso de direito, pelo menos com a generalidade atual. Havia, é verdade, no Código Civil anterior, um dispositivo que dizia não serem ilícitos os atos praticados no exercício regular de direito (art. 160, I). Interpretando *a contrario sensu* essa norma, os juristas logicamente concluíam: é ilícito o exercício irregular de um direito.

Se o abuso de direito é ilícito, o exercício regular é lícito (Código Civil, art. 188, I). Trata-se de excludente de ilicitude. O que não significa, em absoluto, que estejamos diante de uma excludente de responsabilidade civil. Ainda se nota, aqui e ali, confusões a respeito do tema (entre excludentes de ilicitude e excludentes de responsabilidade civil). É comum encontrar-se na jurisprudência menções – equivocadas, segundo cremos, com o máximo respeito – ao exercício regular de direito como excludente de responsabilidade civil (STJ, REsp 863.370, DJ 23/10/08).

Mesmo ações lícitas podem fazer surgir dever de reparar. Em outras palavras: o exercício regular de direito não exclui necessariamente a responsabilidade civil. Um policial, em troca de tiros com assaltantes, pode eventualmente atingir um pedestre. Supondo que a ação do policial foi, no caso, razoável e proporcional (sabemos que muitas não são), o caso perfaz exercício regular de direito, ato lícito, embora ninguém ouse defender, ao que nos consta, que não se trata de dano indenizável (o Código Civil não menciona o chamado "estrito cumprimento de dever legal", mas a solução jurídica seria a mesma). O cidadão atingido – ou sua família, em caso de morte – fará jus à indenização pelos danos morais e materiais pertinentes. Em outras palavras: o exercício regular de direito não é excludente da responsabilidade civil do Estado.

Nos casos em que o abuso é evidente, deve ser afastada, por óbvio, a alegação de exercício regular de direito. Não só isso: o abuso deve ser levado em conta pelo julgador na quantificação dos danos. Magistrada, por exemplo, que declara, levianamente, que determinada testemunha é culpada de crime bárbaro, destruindo-lhe a carreira e a vida pessoal, deve responder pessoalmente pelos danos.O STJ, a propósito, frisou que "o ato danoso realizou-se sem que a magistrada observasse uma cautela mínima, porquanto acusou um cidadão sem qualquer respaldo para tal, agindo com culpa indiscutível" (STJ, REsp 299.833, Rel. Min. Castro Meira, 2ª T, DJ 15/12/06). No tristemente célebre caso da Escola Base, um delegado, irresponsavelmente, arruinou a vida de pessoas inocentes de modo irrersível. O STJ contextualizou o caso nos seguintes termos: "Responsabilidade civil do Estado. Dano moral. Ato praticado por delegado de polícia. Divulgação temerária da prática de abuso sexual contra alunos da escola de base. Notícia posteriormente desmentida". (STJ, REsp 351.779, Rel. Min. Eliana Calmon, 2ª T, DJ 09/02/04). A Ministra Eliana Calmon, ao julgar o caso, consignou que "o que levou as vítimas ao absurdo de serem repudiadas e quase linchadas pela população, perdendo não só a honra, mas o estabelecimento de ensino e o sossego de viver honesta e tranquilamente, não foi a veiculação jornalística provocada pela imprensa, e sim a irresponsável conduta do agente estatal".

Em relação a determinados agentes públicos, a responsabilidade civil, à luz do novo Código de Processo Civil, será sempre regressiva, por dicção expressa. O CPC/2015 prevê no art. 143: "O juiz responderá, civil e regressivamente, por perdas e danos quando: I – no exercício de suas funções, proceder com dolo ou fraude". Em relação ao Ministério Público, o CPC/2015, art. 181, consignou: "O membro do Ministério Público será civil e regressivamente responsável quando agir com dolo ou fraude no exercício de suas funções". Percebe-se, em ambos os casos, que a responsabilização do agente público só se dará regressivamente, em virtude de dicção expressa de lei. O mesmo ocorrerá em relação aos membros da Advocacia Pública (CPC/2015, art. 184) e também em relação aos membros da Defensoria Pública (CPC/2015, art. 187).

Resumindo o que dissemos: o exercício regular de direito não é excludente da responsabilidade civil do Estado. Mesmo se a atividade foi regular e lícita, o dever de indenizar poderá se impor, se presente o nexo causal entre a ação e omissão estatal e o dano. Se, porém, a conduta estatal foi manifestamente abusiva (isto é, foi ilícita, irregular), o excesso deve ser levado em conta na quantificação dos danos.

O exercício regular de direito pode se confundir, em certos casos, com o estrito cumprimento do dever legal, mas o primeiro é conceitualmente mais vasto, não se limita aos agentes públicos. Já o estrito cumprimento de dever legal pressupõe agente público em sentido amplo. O que dissemos em relação ao exercício regular de direito também se aplica aqui. Estamos diante de uma excludente de ilicitude, não de uma excludente de responsabilidade civil. O ato do agente público, mesmo que lícito, pode dar causa à reparação civil. Helena Elias Dias esclarece que "há, sim, responsabilidade civil do Estado por comportamento lícito, porque a ilicitude não é requisito para a configuração do dever de indenizar" (PINTO, Helena Elias. *Responsabilidade civil do Estado por omissão.* Rio de Janeiro: Lumen Juris, 2008, p. 31). A doutrina, a propósito, é unânime no sentido da responsabilidade civil do Estado poder decorrer de atos lícitos.

O estrito cumprimento de dever legal é uma excludente de ilicitude, digamos assim, pouco simpática. É que ela é invocada, muitas vezes, para encobrir abusos – seja das forças armadas durante o período de exceção, seja da polícia de hoje. Obviamente, a excludente não se presta para encobertar esses detestáveis ilícitos. E mesmo nos casos em que haja, de fato, estrito cumprimento do dever legal, ainda assim pode se configurar o dever de indenizar por parte do Estado. Digamos que haja assalto a banco. Os assaltantes, na fuga, trocam tiros com a polícia. Um dos tiros do policial atinge morador de casa próxima. Haverá, segundo cremos, dever de indenizar, ainda que se possa pensar, com razoabilidade, que está presente o estrito cumprimento do dever legal (a responsabilidade civil, aí, seria apenas do Estado. Não haveria direito de regresso contra o agente público, a menos que ele tenha agido com culpa). O estrito cumprimento do dever legal, portanto, quando existente (e não forjado), é uma excludente de ilicitude, não necessariamente exclui a responsabilidade civil.

Seja como for, a atuação do agente público deve vir banhada de proporcionalidade e moderação.

8. QUESTÕES DE CONCURSOS

01. (Cespe – Promotor de Justiça – MPE – TO/2022) No que diz respeito à incidência das excludentes da responsabilidade civil pelo fato do produto e ao ônus da prova nas relações de consumo, a jurisprudência do Superior Tribunal de Justiça

a) não admite a incidência de excludentes de responsabilidade civil, com base no Código de Processo Civil, elencando as hipóteses de sua ocorrência, e impõe o ônus da prova ao fornecedor estrangeiro quanto ao fato constitutivo de seu direito.

b) não admite a existência de excludentes de responsabilidade civil, com base no Código de Defesa do Consumidor, elencando as hipóteses de sua ocorrência, e inverte o ônus da prova ao impor ao fornecedor nacional a comprovação acerca da inexistência de nexo de causalidade.

d) admite a incidência de excludentes de responsabilidade civil, com base no Código de Defesa do Consumidor, independentemente das hipóteses de sua ocorrência, bem como impõe o ônus da prova ao consumidor quanto ao fato constitutivo de seu direito.

d) admite a existência de excludentes de responsabilidade civil, com base no Código de Processo Civil, mas não elenca as hipóteses de sua ocorrência, e não inverte o ônus da prova ao impor ao consumidor a comprovação acerca da inexistência de nexo de causalidade.

e) admite a existência de excludentes de responsabilidade civil, com base no Código de Defesa do Consumidor, elencando as hipóteses de sua ocorrência, assim como inverte o ônus da prova ao impor ao fornecedor a comprovação acerca da inexistência de nexo de causalidade.

02. (FGV – Juiz de Direito – TJ – MG/2022). Alimentação Saudável Ltda. produz alimentos para atender segmento do mercado consumidor vegano. Entregou uma tonelada de produtos para a Transportadora X S/A levar e entregar no Supermercado Z Ltda. Durante o trajeto, o veículo passou por local onde, poucos minutos antes, havia ocorrido acidente e liberação de material tóxico volátil inodoro, que contaminou a carga transportada. O derradeiro fato somente veio a ser conhecido depois que alguns consumidores adquiriram e adoeceram após ingerir os produtos. Os consumidores propuseram ação de indenização contra a fabricante. A ré, em sua defesa, alegou caso fortuito como exclusão da sua responsabilidade. A alegação da fabricante deve ser:

a) rejeitada por se tratar de responsabilidade civil objetiva com risco integral.

b) rejeitada porque a contaminação era previsível.

c) rejeitada por se tratar de caso fortuito interno.

d) acolhida por se tratar de caso fortuito externo.

(Cremos que questões assim jamais poderiam constar em provas objetivas. A matéria é polêmica e não aceita resposta única. Existem razões plausíveis para apontar, de igual modo, que a resposta correta seria a letra C (o gabarito aponta letra D). Pode-se até dizer que a orientação traduzida na letra C representa a visão da doutrina mais atual sobre o tema, à luz das reflexões, conceitos e categorias do século XXI. Seja como for, a matéria é complexa, doutrinária (não há solução legislativa no CDC) e aceita ampla margem argumentativa em soluções opostas. Se a matéria fosse, por exemplo, submetida ao STJ, a linha argumentativa dos votos da ministra Nancy Andrighi, por exemplo – uma referência na construção jurisprudencial do direito consumidor brasileiro –, como se vê em centenas de acórdãos neste livro, vai na linha do fortuito interno (o dano está na esfera de risco do fornecedor, não do consumidor).

GABARITO			
01. E	02. D		

Estas e outras questões estão disponíveis para serem respondidas na plataforma JusClass:

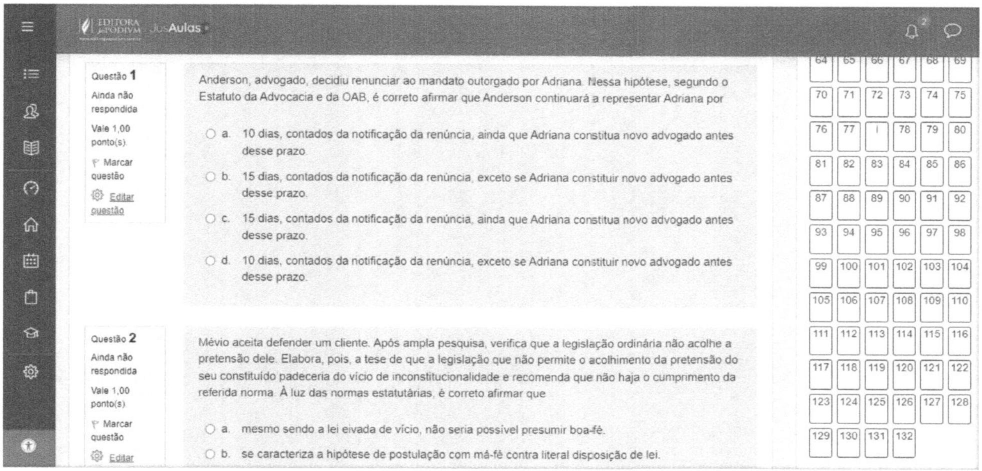

9. QUADRO SINÓTICO

EXCLUDENTES DE RESPONSABILIDADE

A prova das excludentes cabe ao fornecedor. São elas:

- **Inexistência do defeito (CDC, art. 12, § 3º, II; art. 14, § 3º, I).**
- **Não colocação do produto no mercado (CDC, art. 12, § 3º, I).**
- **Culpa exclusiva do consumidor ou de terceiro (CDC, art. 12, § 3º, III; art. 14, § 3º, II).**

Há, em relação às excludentes seguintes, alguma discussão, não havendo unanimidade doutrinária a respeito.

- **Caso fortuito ou força maior (CC, art. 393, parágrafo único. O CDC não a prevê).**
- **Culpa concorrente (CC, art. 945. O CDC não a prevê).**
- **Teoria do risco do desenvolvimento (produtos cujos riscos só vieram a ser conhecidos posteriormente, depois de sua colocação no mercado. Por exemplo: medicamento Talidomida).** Há polêmica na doutrina, mas, em geral, não é aceita como excludente.

CAPÍTULO VII

DANOS MORAIS NAS RELAÇÕES DE CONSUMO

Trataremos à parte, pelas especificidades que suscita, o dano moral nas relações de consumo. Advertindo o leitor, porém, que a matéria diz respeito aos chamados acidentes de consumo (fatos do produto ou serviço), artigos 12 e 14 do CDC.

Definir o que seja o dano moral é tarefa das mais difíceis. É a jurisprudência quem, topicamente, em análises concretas, define as agressões que perfazem danos morais. Esse, aliás, é um daqueles temas para cujo estudo a análise da jurisprudência se faz, talvez, mais importante do que a da doutrina. Aliás, em tema de responsabilidade civil, algumas das evoluções históricas mais importantes - como a vedação do abuso de direito, ou mesmo a responsabilidade civil do Estado - tiveram amparo inicial na jurisprudência, e só mais tarde na doutrina e nas leis.

O dano moral nas relações de consumo se submete, em linhas gerais, à teoria - se é que nos é lícito falar em teoria - do dano moral que começa a ser esboçada pela jurisprudência brasileira, com forte ênfase nas decisões do Superior Tribunal de Justiça. Naturalmente, a disciplina generosa do CDC traz algumas cores próprias ao dano moral, que serão analisadas a seguir, depois de tentarmos delinear um panorama geral do instituto. O STJ reconheceu como uma "das mais importantes tendências da responsabilidade civil o deslocamento do fato ilícito, como ponto central, para cada vez mais se aproximar da reparação do dano injusto" (STJ, REsp 1.555.202). Tratamos do tema - de modo mais detalhado, buscando a concisão e a clareza - em outro livro, que pedimos licença para citar, caso haja interesse: *Novo Manual de Responsabilidade Civil*. Juspodivm, 2024. Talvez a difícil pergunta em relação ao dano moral seja: há, no caso concreto, lesão a um interesse existencial concretamente merecedor de tutela?

1. BREVE PANORAMA LEGISLATIVO E JURISPRUDENCIAL

O dano moral tem assento na Constituição da República. Ela a ele se refere no art. 5º, incisos V ("é assegurado o direito de resposta, proporcional ao agravo, além da indenização por dano material, moral ou à imagem") e X ("são invioláveis a intimidade, a vida privada, a honra e a imagem das pessoas, assegurado o direito a indenização pelo dano material ou moral decorrente de sua violação").

Também existem referências no plano da legislação infraconstitucional. O CDC, no art. 6º, VI ("São direitos básicos do consumidor: a efetiva prevenção e reparação de danos patrimoniais e morais, individuais, coletivos e difusos"); o Código Civil, no art. 186 ("Aquele que, por ação ou omissão voluntária, negligência ou imprudência, violar direito e causar dano a outrem, ainda que exclusivamente moral, comete ato ilícito").

Não existe, no Brasil, conceito legal de dano moral. Alguns projetos de lei, em tramitação no Congresso Nacional, buscam defini-lo, nem sempre com felicidade. Cabe, aliás, lembrar o sábio brocardo romano *(omnis definitio periculosa est)*. O legislador, em princípio, não deve se ocupar com as definições, deixando-as à doutrina.

Houve, ao longo do tempo, restrições e objeções à indenização do dano moral. O Supremo Tribunal Federal, até meados dos anos sessenta, dizia, de modo peremptório, que "não é admissível que os sofrimentos morais deem lugar à reparação pecuniária, se deles não decorre nenhum dano material" (STF, RE 11.786, Rel. Min. Hahnemann Guimarães, 2ª T, DJ 06/10/52). Ou seja, não se indenizava, no Brasil, os danos morais; apenas os danos materiais seriam indenizáveis.

Em passado recente, no Brasil, o dano moral não era indenizável. A jurisprudência refletia essa lamentável visão: "Responsabilidade civil. Falha na vigilância hospitalar. Dano moral. Não é ressarcível, conforme jurisprudência do Supremo Tribunal Federal" (STF, RE 86.548, Rel. Min. Leitão de Abreu, 2ª T, j. 29/05/79, p. DJ 03/07/79). A perda de um ente querido, nessa linha de ideias, não perfaria dano moral: "Discussão a respeito de ser indenizável o dano moral sofrido pelo pai de quem foi vitimado em acidente ferroviário (...). O direito positivo brasileiro só permite a indenização pelo dano moral à pessoa mesma que haja sofrido lesão corpórea deformante, e não a seus pais ou a seus familiares. Portanto, no caso de morte não é indenizável o dano moral" (STF, RE 83.978, Rel. Min. Antônio Neder, 1ª T, DJ 01/07/80).

Caminhou-se, depois, para aceitar sua indenização, desde que acompanhado de um dano material. Contudo, certos julgados, ainda antes da Constituição de 1988, admitiam o dano moral puro (desacompanhado de um dano material), mas no cálculo da indenização se revelava, claramente, que se estava indenizando prejuízos materiais, e não morais.

Isto é, o que se estava indenizando, na verdade, não era a dor da perda dos filhos, mas os gastos materiais para a criação deles até a data da morte. Uma indenização claramente material, travestida de indenização por dano moral: "Morte de menor que caiu do trem onde viajava. Na indenização concedida aos pais, pelo prejuízo presumível decorrente da morte do filho menor, está incluído o ressarcimento de dano moral resultante do mesmo fato" (STF, RE 85.127, Rel. Min. Soares Munoz, 1ª T, DJ 19/04/79). Tal julgado bem traduzia a opção valorativa então prevalente, de submeter a pessoa ao patrimônio.

Passados alguns anos chegou-se à Súmula 491 do STF, que estabeleceu ser indenizável o acidente que cause a morte de filho menor, ainda que não exerça atividade remunerada. Estabeleceu-se, através dela, que a morte dos filhos menores, que não trabalham, é indenizável (Súmula 491/STF: "É indenizável o acidente que cause a morte de filho menor, ainda que não exerça trabalho remunerado"). Com essa Súmula, passou-se a incluir, nas verbas indenizatórias, não apenas os gastos passados, mas também os presumíveis ganhos futuros frustrados.

Porém até o advento da Constituição Federal de 1988 havia julgados, e não eram poucos, que simplesmente negavam indenização ao dano moral. Com a Constituição da República, que previu explicitamente a reparação do dano moral no artigo 5º, incisos V e X, acabaram os espaços para as recusas hesitantes. A perda de um ente querido gera, portanto, sem dúvida, dano moral, que aliás, segundo a jurisprudência atual do STJ, nem precisa ser provado. Decorre da ordem natural das coisas: "O deferimento da indenização pelo dano moral sofrido com a morte do marido e pai dos autores independe de prova do efetivo sofrimento, que decorre da natureza das coisas" (STJ, REsp 153.155, Rel. Min. Ruy Rosado de Aguiar, 4ª T, DJ 16/03/98).

A jurisprudência tem criativamente desenvolvido o instituto, tendo destaque, no tema, os acórdãos do Superior Tribunal de Justiça.

2. INDENIZAÇÃO RESSARCITÓRIA E INDENIZAÇÃO COMPENSATÓRIA

Dano moral é dano extrapatrimonial, isto é, dano que atinge a vítima em seus direitos não-patrimoniais. A reparação, contudo, em se tratando de dano moral, será patrimonial, o que não deixa de ser conceitualmente contraditório.

Acerca da natureza jurídica do dano moral, talvez possamos começar afirmando que a indenização pelos danos morais é chamada de indenização compensatória, pois não busca restaurar – o que seria impossível – o estado de coisas anterior ao dano, busca apenas compensar, embora muitas vezes de modo insatisfatório, o sofrimento da vítima.

Dizemos isso porque a indenização relativa ao dano material é ressarcitória ou reparatória. Faz voltar o estágio anterior ao dano. Se o ferro elétrico comprado pelo consumidor causa danos às suas roupas, o dano é, em princípio, puramente material. É possível voltar à situação existente anteriormente ao dano, seja através da entrega, pelo fornecedor, de roupas semelhantes, seja indenizando o consumidor através do equivalente monetário.

Essa volta à situação anterior *(status quo ante)*, no entanto, é impossível nos danos morais. Se o carro, em virtude de defeito no sistema de freios, não faz uma curva, e o consumidor, em razão do acidente, perde a visão, como fazer voltar a situação anterior? Em casos como esse, a indenização será compensatória, pois terá lugar para compensar a dor da vítima, sua humilhação, a perda de um projeto de vida, da honra, enfim, qualquer dano suficientemente grave que possa ser tido, à luz das circunstâncias, como dano moral.

Argumentou-se, a propósito: "O dano moral, tido como lesão à personalidade, à honra da pessoa, mostra-se às vezes de difícil constatação, por atingir os seus reflexos parte muito íntima do indivíduo – o seu interior. Foi visando, então, a uma ampla reparação que o sistema jurídico chegou à conclusão de não e cogitar da prova do prejuízo para demonstrar a violação do moral humano" (STJ, REsp 121.757, Rel. Min. Sálvio de Figueiredo Teixeira, 4ª T, DJ 08/03/00). Como pondera Ruy Rosado de Aguiar: "É certo que na fixação da indenização pelo dano moral haverá de ser contemplada a situação da vítima, o sexo e o seu projeto de vida (...)" (STJ, REsp 251.395, Rel. Min. Ruy Rosado de Aguiar, 4ª T, DJ 12/03/01).

Embora não se trate de relação de consumo, vale a pena mencionar o caso de Marcos Mariano da Silva. Talvez não haja, na história judiciária nacional, caso mais terrível que o dele. Ex-mecânico, desempregado, cego, tuberculoso e à espera de justiça. Assim é que Marcos Mariano da Silva vinha vivendo. Preso injustamente por um crime que não cometeu, passou dezenove anos na cadeia. Lá, contraiu tuberculose, ficou cego (tendo sido atingido por uma bomba de gás durante uma rebelião) e foi abandonado pela esposa e filhos.

O caso é inacreditável, tem contornos kafkianos: preso em 1976, passou seis anos na cadeia, até o verdadeiro culpado pelo crime de que era acusado – homicídio – ter sido preso. Seu pesadelo, porém, não tinha terminado: três anos depois, ao ser parado numa blitz, um policial civil o prendeu. O juiz, a quem a prisão fora comunicada, sem verificar sua situação, o mandou de volta ao presídio. Resultado: passou mais – pasmem – treze anos atrás das grades.

A jurisprudência reconheceu se tratar do mais grave atentado à dignidade humana já acontecido na sociedade brasileira. A Ministra Denise Arruda diagnosticou: "Mostra simplesmente uma falha generalizada do Poder Executivo, do Ministério Público e do Poder Judiciário". O Ministro Teori Zavascki lamentou: "Esse homem morreu e assistiu sua morte no cárcere". O processo de indenização se arrastou por mais de dez anos, e, embora o STJ tenha concedido vultosa indenização – cerca de dois milhões de reais, entre danos morais e materiais –, o ex-mecânico, cego e tuberculoso, morreu justamente no dia em que soube que ela seria liberada. A ficção, às vezes, perde para a vida em ironia.

O relator do processo, Ministro Luiz Fux, argumentou: "Fixada a gravidade do fato, a indenização imaterial revela-se justa, tanto mais que o processo revela o mais grave atentado à dignidade humana, revelado através da via judicial". Continua o relator: "Deveras, a dignidade humana retrata-se, na visão kantiana, na autodeterminação; na vontade livre daqueles que usufruem de uma vivência sadia; é de se indagar, qual a aptidão de um cidadão para o exercício de sua dignidade se tanto quanto experimentou foi uma 'morte em vida', que se caracterizou pela supressão ilegítima da sua liberdade, de sua integridade moral e física e de sua inteireza humana?" (STJ, REsp 802.435, Rel. Min. Luiz Fux, 1ª T, DJ 30/10/06). O valor da indenização foi posteriormente confirmado pelo STJ (AREsp 6.400, 2011). A curiosidade trágica nesse episódio só feito de cores tristes é que Marcos Mariano faleceu numa noite de terça-feira, horas após tomar conhecimento da decisão favorável à sua causa.

3. MORTE DE FAMILIAR: QUEM PODERÁ PROPOR AÇÃO CONTRA O FORNECEDOR DE PRODUTOS OU SERVIÇOS?

Se alguém, divertindo-se em parque de diversões, sofre acidente fatal na montanha russa, quem, dentre os familiares da vítima, estará habilitado a propor ação de danos morais (acidente de consumo) contra a empresa responsável pelo parque?

É um dos mais delicados temas da teoria do dano moral. Não existem soluções absolutas, seja na lei, seja na jurisprudência. Naturalmente há casos em que não há qualquer dúvida (pais em relação a filhos, ou vice-versa), porém há outros menos claros: "No caso, em face das peculiaridades da espécie, os irmãos e sobrinhos possuem legitimidade para postular a reparação pelo dano moral" (STJ, REsp 239.009, Rel. Min. Sálvio de Figueiredo Teixeira, 4ª T, DJ 04/09/00). Posteriormente o STJ reafirmou tal orientação, consignando que os irmãos têm direito à reparação do dano moral sofrido com a morte do irmão (STJ, REsp 596.102, Rel. Min. Barros Monteiro, 12/12/05).

Ainda a respeito do tema, o STJ decidiu que na ausência de ascendente, descente ou cônjuge, a irmã acha-se legitimada para pleitear indenização por danos morais em razão do falecimento de seu irmão (STJ, REsp 1.054.443, Rel. Min. Castro Meira, 2ªT, DJ 31/08/2009). Julgando o conhecido caso da colisão entre o avião da Gol e o jato Legacy – no qual faleceram todos os passageiros e tripulantes do avião da Gol – o STJ consignou que "os irmãos possuem legitimidade ativa *ad causam* para pleitear indenização por danos morais em razão do falecimento de outro irmão" (STJ, AgRg no Ag 1.316.179, Rel. Min. Luis Felipe Salomão, 4ª T, DJ 01/02/2011). Neste caso, contudo, a decisão foi mais fácil porque ficou claro na instrução processual os fortes laços afetivos entre os irmãos.

Posteriormente, o STJ colocou a questão com mais clareza: "Os irmãos podem pleitear indenização por danos morais em razão do falecimento de outro irmão, sendo irrelevante a existência de acordo celebrado com os genitores, viúva e filhos da vítima que os ressarciram pelo mesmo evento. A questão não é sucessória, mas obrigacional, pois a legitimidade ativa não está restrita ao cônjuge, ascendentes e descendentes, mas a todos aqueles atingidos pelo sofrimento da perda do ente querido, desde que afirmem fatos que possibilitem esse direito" (STJ, REsp 1.291.702, Rel. Min. Nancy Andrighi, 3ªT, DJ 30/11/2011).

Em julgados mais antigos decidiu-se, por exemplo, que a "indenização por dano moral tem natureza extrapatrimonial e origem, no caso de morte, no sofrimento e no trauma dos familiares próximos das vítimas. Irrelevante, assim, que os autores do pedido não dependessem da vítima" (STJ, REsp 239.009, Rel. Min. Sálvio de Figueiredo Teixeira, 4ª T, DJ 04/09/00).

Argumentou-se, corretamente, que "justifica-se a indenização por dano moral quando há a presunção, em face da estreita vinculação existente entre a postulante e a vítima, de que o desaparecimento do ente querido tenha causado reflexos na assistência doméstica e significativos efeitos psicológicos e emocionais em detrimento da autora, ao se ver privada para sempre da companhia do 'de cujus'". Ressalta porém o relator: "Tal suposição não acontece em relação ao cônjuge que era separado de fato do 'de cujus', habitava em endereço distinto, levando a acreditar que tanto um como outro buscavam a reconstituição de suas vidas individualmente, desfeitos os laços afetivos que antes os uniram, aliás, por breve espaço de tempo" (STJ, REsp 254.418, Rel. Min. Aldir Passarinho Júnior, 4ª T, DJ 11/06/01).

Cabe mencionar, como tema conexo, que sempre defendemos a possibilidade do absolutamente incapaz sofrer dano moral. O STJ, posteriormente, reconheceu essa possibilidade (STJ, REsp 1.245.550, 4ª T, 17/03/2015).

4. QUAIS AGRESSÕES PERFAZEM DANO MORAL?

Trata-se, como o leitor pode intuir, de dificílima pergunta. Não há critérios rígidos, fórmulas matemáticas que possam solucionar a questão. Aqui, o pensamento tópico, à luz dos valores da Constituição da República, definirá a justa – espera-se – solução das controvérsias.

Os tribunais devem se mover num delicado equilíbrio. De um lado evitar a excessiva timidez. De outro ter a prudência de não incentivar o permissivo ingresso de demandas aventureiras. O STJ afirmou que o "mero aborrecimento, dissabor, mágoa, irritação ou sensibilidade exacerbada estão fora da órbita do dano moral" (STJ, REsp 303.396, Rel. Min. Barros Monteiro, 4ª T, 05/11/02). Assim, o "tão-só fato da interrupção dos serviços telefônicos não é o bastante para automaticamente inferir-se a ocorrência do alegado dano moral à pessoa jurídica" (STJ, REsp 299.282, Rel. Min. Sálvio de Figueiredo Teixeira, 4ª T, DJ 05/08/02). Posteriormente reafirmou-se que não é qualquer lesão ao consumidor que gera dano moral. É preciso que desborde os limites da tolerabilidade (STJ, REsp 1.221.756, Rel. Ministro Massami Uyeda, 3ª T, DJ 10/02/12).

Especificamente em relação às relações de consumo, decidiu-se que a "falta de indicação de restrição quantitativa relativa à oferta de determinado produto, pelo fornecedor, não autoriza o consumidor exigir quantidade incompatível com o consumo individual ou familiar, nem, tampouco, configura dano ao seu patrimônio extra-material. Os aborrecimentos vivenciados pelo consumidor, na hipótese, devem ser interpretados como 'fatos do cotidiano', que não podem ser entendidos como ofensivos ao foro íntimo ou à dignidade do cidadão" (STJ, REsp 595.734, Rel. Min. Castro Filho, 3ª T, 28/11/05).

A espera em fila de banco, supermercado, farmácia, repartições públicas, dentre outros setores, em regra, é mero desconforto e não gera dever de indenização por dano moral de natureza individual (STJ, REsp 1.647.452. Rel. Min. Luis Salomão, 4ª T, DJe 28/03/2019). O STJ tem entendido que o art. 4º, II, do CDC estabelece que a Política Nacional das Relações de Consumo implica ação governamental para proteção ao consumidor, sendo que, presumivelmente, as normas municipais que estabelecem tempo máximo de espera em fila têm efeito de coerção, prevendo a respectiva sanção (multa), que caberá ser aplicada pelo órgão de proteção ao consumidor competente, à luz de critérios do regime jurídico de direito administrativo.

Porém, naturalmente, os graus de aborrecimento são relativos. Há os tolos, e há os gravíssimos, que a rigor nem aborrecimento são, e sim danos psíquicos de elevada estatura. A jurisprudência, com a ajuda da doutrina, busca fazer as diferenciações com proporcionalidade. Há anos o ministro Sálvio de Figueiredo Teixeira ponderou: "No âmbito dos danos à pessoa, comumente incluídos no conceito de dano moral, estão a dor sofrida em consequência do acidente, a perda de um projeto de vida, a diminuição do âmbito das relações sociais, a limitação das potencialidades do indivíduo, a 'perdre de jouissance de vie', tudo elevado a um grau superlativo quando o desastre se abate sobre a pessoa com a gravidade que a fotografia de fl. 13 revela. (STJ, REsp 164.126, Rel. Min. Sálvio de Figueiredo Teixeira, 4ª T, DJ 23/11/98).

Em certa ocasião afirmou o STJ: "O soar de alarme anti-furto em estabelecimento comercial de grande porte, chamando a atenção de todos para o cliente que portava mercadorias adquiridas, uma das quais continha etiqueta equivocadamente não destacada no caixa, acarreta dano de ordem moral e o dever de pagar pela indenização respectiva, que deve, por outro lado, ser fixada com moderação, a fim de evitar enriquecimento sem causa" (STJ, REsp 552.381, Rel. Min. Aldir Passarinho Júnior, 4ª T, DJ 27/06/05). O STJ já decidiu que "o extravio de bagagem por longo período traz, em si, a presunção da lesão moral causada ao passageiro, atraindo o dever de indenizar" (STJ, REsp 686.384, Rel. Min. Aldir Passarinho Júnior, 4ª T, 26/04/05). O atraso das malas foi de dois dias. A indenização foi fixada pelo TJ/RS em R$ 4 mil e, embora o STJ tenha considerado tal valor "relativamente elevado", o manteve, argumentado que não era tão alto a ponto de provocar a excepcional intervenção do STJ a respeito.

Em outra oportunidade – extravio de bagagens em voo internacional, com a posterior entrega das malas aproximadamente sete horas depois – o STJ entendeu devida a indenização por danos morais, porém em valores módicos. O Tribunal, no caso, fixou a condenação em mil reais para o casal atingido (STJ, REsp 736.968, Rel. Min. Jorge Scartezzini, 4ª T, 17/05/05). De igual modo "a prática do 'overbooking', constituída pela venda de passagens além do limite da capacidade da aeronave, que é feita no interesse exclusivo da empresa aérea em detrimento do direito do consumidor, exige sanção pecuniária maior". A indenização, no caso, foi fixada em seis mil reais (STJ, REsp 211.604-SC, Rel. Min. Aldir Passarinho Junior, 4ª T, DJ 23/06/03). Também a "demora injustificada no transporte de passageiros acarreta danos morais" (STJ, AgRg no REsp 218.291, Rel. Min. Ari Pargendler, 3ª T, DJ 23/04/07). O STJ entendeu que atraso de voo de nove horas, que impediu a chegada da vítima a tempo de presenciar as últimas horas de vida do seu pai configura dano moral grave (STJ, AgRg no AgRg no REsp 689.257, Rel. Min. Isabel Gallotti, 4ª T, DJ 05/09/12). Em julgados mais recentes o STJ tem considerado que o atraso ou cancelamento de voo não configura dano moral presumido (*in re ipsa*) e, por isso, a indenização somente será devida se comprovado algum fato extraordinário (STJ, REsp 1.796.716, Rel. Min. Nancy Andrighi, 3ª T, DJe 29/08/2019).

A empresa de telefonia que bloqueia celular em virtude de clonagem, e, ainda assim, envia ao seu cliente fatura no valor de mais de dezesseis mil reais, responde por dano moral (STJ, REsp 871.628, Rel. Min. Jorge Scartezzini, 4ª T, 07/12/06). O STJ, no caso, atento aos princípios da razoabilidade e da moderação, reduziu a indenização ao montante de sete mil reais. O STJ já decidiu ser cabível indenização por dano moral quando o consumidor de veículo zero quilômetro necessita retornar à concessionária por diversas vezes para reparo de defeitos apresentados no veículo adquirido (STJ, AgInt no AREsp 403.237, Rel. Min. Raul Araújo, 4ª T, DJ 20/03/2017).

Há casos que superam os aborrecimentos triviais, e assumem tons mais graves, caracterizadores do dano injusto. Por exemplo, embora a simples propositura de processo de execução indevido não configure hipótese de danos morais, em determinados casos isso poderá ocorrer. Quando houver, por exemplo, demora injustificada (e excessiva) na extinção da ação executória, mesmo após a comunicação da quitação pelo devedor. Nesse contexto, o STJ concedeu indenização de 15 mil reais a dois correntistas que quitaram contrato de empréstimo em 2001, mas continuaram sendo executados pela mesma dívida até 2009 pela CEF (STJ, REsp 1.430.056, Rel. Min. Nancy Andrighi, 3ª T, DJ 16/02/2017).

Cabe lembrar que, nos termos de jurisprudência sumulada, a simples devolução indevida de cheque caracteriza dano moral (STJ, Súmula nº 388). O cheque virou figura de museu – acabou e a maioria de nós sequer percebeu. Embora ainda exista juridicamente, em termos sociais foi claramente superado.

A jurisprudência do STJ orienta-se no sentido de ser cabível indenização por danos morais quando o consumidor de veículo zero-quilômetro necessita retornar à concessionária, por diversas vezes, para reparo de defeitos apresentados no veículo adquirido (STJ, AgInt no AREsp 2326927, Rel. Isabel Gallotti, 3ª T, DJe 21/12/2023).

Em relação ao dano moral – e também em relação à segurança na prestação de serviços (e nas expectativas que os consumidores podem ter em relação a isso) –, cabe chamar atenção para o que talvez possamos categorizar como certo elitismo da jurisprudência, além de incômodas contradições. Sabemos que muitas relações sociais se caracterizam pela assimetria, pela desigualdade. Não deixa de ser espantoso constatar que isso se reproduza, em alguma medida, na jurisprudência (e até na legislação). Conforme frisamos, são frequentes os julgados que condenam as empresas áreas em virtude de atrasos e cancelamentos nos voos; são, porém, inexistentes, ou raríssimos, julgados que reconhecem os mesmos danos em atrasos ou cancelamentos de viagens de ônibus. Dissemos que poderíamos quase afirmar que, se um assalto ocorrer dentro de um avião, a jurisprudência não hesitaria em responsabilizar a empresa área pelo dano (o que não ocorre, atualmente, segundo pacífica jurisprudência do STJ, em relação as empresas de ônibus). Outro exemplo que evidencia certos desníveis – normativos e jurisprudenciais – em nosso direito de danos: se ocorrer um atentado terrorista dentro de um avião, a União está autorizada a responder pelos danos (Lei n. 10.744, de 09/10/2003, art. 1º). Se for dentro de um ônibus, inexiste qualquer previsão legislativa que possa proteger as vítimas. Provavelmente, ficariam desamparadas, como ocorre atualmente com os danos relacionados à violência urbana.

5. DANOS NÃO PATRIMONIAIS DE ALGUMA GRAVIDADE

Dissemos acima que a jurisprudência se move em delicado equilíbrio em se tratando de dano moral. Não pode conceder em demasia, para não banalizar o instituto, enfraquecendo-o. Por outro lado, não deve assumir excessiva severidade, negando amparo a lesões que, de fato, violam situações jurídicas existenciais de modo relevante. A jurisprudência do STJ enfatiza que o simples inadimplemento contratual em razão do atraso na entrega do imóvel não é suficiente, por si só, para acarretar dano moral indenizável, sendo necessária a comprovação de circunstâncias excepcionais que possam configurar lesão extrapatrimonial (STJ, AgInt nos EDcl no REsp 1.949.627, Rel. Min. Villas Bôas Cueva, 3ª T, DJe 27/10/2023). É devida indenização por danos morais na hipótese de atraso na entrega de obra quando isso implicar ofensa a direitos de personalidade (STJ, AgInt no AgInt no AREsp 2.064.554, Rel. Min. Isabel Gallotti, 4ª T, DJe 22/9/2023). No caso, o casamento foi marcado para coincidir de modo aproximado com a entrega do imóvel.

O Código Civil português, no seu art. 496, assentou: "Na fixação da indenização deve atender-se aos danos não patrimoniais que, pela sua gravidade, mereçam tutela do direito". No Brasil, apesar de não termos regra semelhante, essa orientação prevalece, afastando-se os danos de pequena monta, sem gravidade. É necessário, portanto, alguma gravidade. Se qualquer contratempo ensejasse danos morais, não haveria dia em que não estivéssemos habilitados a solicitá-lo. Todos os dias estamos sujeitos a aborrecimentos. O STJ já disse, pela voz do Ministro Eduardo Ribeiro, em tom irônico, que se levarmos o dano moral às últimas instâncias, não haverá mais dano material que não cause, conjuntamente, dano moral, pois mesmo a mais simples colisão de trânsito gera, para quem teve seu veículo atingido, aborrecimento e contratempos. (STJ, REsp 158.535, Rel. Min. Menezes Direito, 3ª T, DJ 09/10/00). Em determinado caso o STJ afastou a condenação de uma empresa por danos morais em razão de defeito de cor em azulejos. Entendeu-se que a mera existência de vício em produto não é fator capaz de gerar, automaticamente, a compensação moral. A relatora, Min. Nancy Andrighi, sublinhou que a indenização por danos morais não pode ser banalizada, e que é necessário resgatar o dano moral da banalização, definindo seus contornos a partir de graves lesões à dignidade da pessoa humana (STJ, REsp 1.426.710). As soluções, em relação ao dano moral, dependem fundamentalmente das circunstâncias. Não que a jurisprudência não possa – aliás deve – manter coerência e alguma uniformidade nas decisões. O que se quer dizer é que os contextos são importantíssimos para diferenciar os casos, e os julgadores devem estar muito atentos a eles.

Em caso relativamente comum nos tribunais, argumentou-se que "em época em que a violência urbana atinge níveis alarmantes, a existência de porta detectora de metais nas agências bancárias é medida que se impõe para a segurança de todos, a fim de prevenir furtos e roubos no interior desses estabelecimentos de crédito". Daí, continua o Tribunal, "é normal que ocorram aborrecimentos e até mesmo transtornos causados pelo mau funcionamento do equipamento, que às vezes trava, acusando a presença de não mais que um molho de chaves. E, dissabores dessa natureza, por si só, não ensejam reparação por dano moral" (STJ, AgRg no Ag 524.457, Rel. Min. Castro Filho, 3ª T, DJ 09/05/05).

Continuou o relator, contextualizando o caso: "O dano moral poderá advir, não pelo constrangimento acarretado pelo travamento da porta em si, fato que poderá não causar prejuízo a ser reparado a esse título, mas, dos desdobramento que lhe possam suceder, assim consideradas as iniciativas que a instituição bancárias ou seus prepostos venham a tomar no momento, as quais poderão minorar os efeitos da ocorrência, fazendo com que ela assuma contornos de uma mera contrariedade, ou, de outro modo, agravá-los, degenerando o que poderia ser um simples contratempo em fonte de vergonha e humilhação, passíveis, estes sim, de reparação. É o que se verifica na hipótese dos autos, diante dos fatos narrados no aresto hostilizado, em que o preposto da agência bancária, de forma inábil e na presença de várias pessoas, fez com que a ora agravada passasse por situação, conforme reconhecido pelo acórdão, que lhe teria causado profunda humilhação" (STJ, AgRg no Ag 524.457, Rel. Min. Castro Filho, 3ª T, DJ 09/05/05).

A seguradora que descumpre o contrato de seguro – feito justamente para liberar o segurado das preocupações decorrentes do sinistro – pode responder por danos morais (STJ, REsp 257.036, Rel. Min. Ruy Rosado de Aguiar, 4ª T, DJ 12/02/01). O banco que se apropria do salário do correntista age com abuso de direito e dá margem à indenização por dano moral, mesmo havendo cláusula contratual permissiva (STJ, REsp 507.044, Rel. Min. Humberto Gomes de Barros, 3ª T, DJ 03/05/04).

A recusa em cobrir internação de emergência em virtude de patologia aguda enseja indenização por danos morais (STJ, REsp 618.290, Rel. Min. Menezes Direito, 3ª T, 25/10/05). Imprudência de motorista de ônibus que, fugindo do engarrafamento, expõe a integridade física de idoso à lesão, desembarcando-o fora do ponto, dentre vários carros, enseja danos morais, fixados em cinco mil reais (STJ, REsp 710.845, Rel. Min. Gomes de Barros, 3ª T, 06/10/05).

Aquecedor que, em virtude de mau funcionamento, causa incêndio em residência, dá ensejo a danos morais, fixados, pelo STJ, em 300 salários mínimos (STJ, REsp 687.839, Rel. Min. Barros Monteiro, 4ª T, j. 20/10/05). O laboratório fotográfico que perde fotos de casamento responde por danos morais (STJ, Ag 827.452, Rel. Min. Massami Uyeda, 4ª T, 01/03/07). A indenização foi fixada em R$ 6.500,00 pelas instâncias inferiores, e confirmada pelo STJ.

Universidade que oferece mestrado sem reconhecimento do MEC responde por danos morais. O STJ, confirmando decisão da justiça mineira, condenou instituição de ensino que não informou aos alunos que o mestrado oferecido não era reconhecido pela fundação coordenação de aperfeiçoamento de pessoal de nível superior (CAPES), nem tampouco pelo MEC. Foi arbitrado, no caso, o valor de seis mil reais de indenização aos oito alunos que ingressaram com a demanda. Reconheceram os tribunais a existência de dano moral diante da frustração das expectativas dos alunos de receber um título de mestre (STJ, REsp 773.994, Rel. Min. Nancy Andrighi, 3ª T, 20/06/07). Convém recordar que caracteriza dano moral a apresentação antecipada de cheque pré-datado (STJ, Súmula 370).

Conforme já sinalizamos, o STJ, em relação aos planos de saúde, firmou posição no sentido de que a recusa indevida à cobertura médica pleiteada pelo segurado é causa de danos morais, pois agrava a situação de aflição psicológica e de angústia no espírito daquele (STJ, REsp 907.718, Rel. Min. Nancy Andrighi, 3ª T, 07/10/08). Assim, "é evidente o dano moral sofrido por aquele que, em momento delicado de necessidade, vê negada a cobertura médica esperada" (STJ, REsp 110.6789, Rel. Min. Nancy Andrighi, 3ª T, DJ 18/11/09).

A jurisprudência tem entendido que não é mero dissabor, e gera dano moral, o fato de se encontrar barata dentro de lata de leite condensado (STJ REsp 1.239.060, Rel. Min. Nancy Andrighi, 3ª T, DJ 18/05/11) ou preservativo dentro de lata de extrato de tomate (STJ, REsp 1.317.611, Rel. Min. Nancy Andrighi, 3ª T, DJ 19/06/12). Os fatos, nos dois casos, estavam razoavelmente comprovados, e as indenizações foram fixadas, respectivamente, em quinze e dez mil reais.

Porém, em outra ocasião, o STJ decidiu que a simples aquisição de refrigerante contendo inseto no interior da embalagem, sem que haja a ingestão do produto, não é circunstância apta, por si só, a provocar dano moral indenizável (REsp 1.395.647, Rel. Min. Ricardo Villas Bôas Cueva, DJ 19/12/2014 – Informativo 553), em que pese a existência de precedente em sentido contrário (REsp 1.424.304, 3ª T, DJ 19/05/14).

Observe-se, porém, que no REsp 1.395.647 *não houve* ingestão do produto, apenas sua aquisição. Posteriormente o STJ firmou entendimento de que o simples levar à boca" alimento industrializado com corpo estranho gera dano moral *in re ipsa*, independentemente de sua efetiva ingestão (STJ, REsp 1.644.405, Rel. Min. Nancy Andrighi, 3ª T, DJe 17/11/2017). Estamos diante de um fato do produto. Enfim, o STJ tem entendido haver dano moral na hipótese em que o produto alimentício é consumido – ainda que parcialmente – em condições impróprias, especialmente quando apresenta situação de insalubridade, oferecendo risco à saúde ou à incolumidade física. Assim, são devidos danos morais na hipótese de criança que tomou iogurte com inseto (STJ, REsp 1.828.026, Rel. Min. Nancy Andrighi, 3ª T, DJe 12/09/2019). Aliás, o julgado citado foi além: "A aquisição de produto de gênero alimentício contendo em seu interior corpo estranho, expondo o consumidor a risco concreto de lesão à sua saúde e segurança, ainda que não ocorra a ingestão de seu conteúdo, dá direito à compensação por dano moral, dada a ofensa ao direito fundamental à alimentação adequada, corolário do princípio da dignidade da pessoa humana". Hipótese em que há defeito do produto (CDC, art. 12), que expõe o consumidor a risco concreto de dano à sua saúde e segurança, violando o disposto no art. 8º do CDC.

Enfim, embora a matéria tenha idas e vindas na jurisprudência, atualmente a posição é esta: *a simples comercialização de alimento industrializado contendo corpo estranho é suficiente para configuração do dano moral* (STJ, REsp 1.828.026, Rel. Min. Nancy Andrighi, 3ª T DJe 12/09/2019). Não se faz necessária a investigação do nexo causal entre a ingestão e a ocorrência de contaminação alimentar para caracterizar o dano extrapatrimonial ao consumidor. O defeito do produto (art. 12, CDC) já está configurado. Em 2022 a Segunda Seção do STJ decidiu que a existência de corpo estranho em produtos alimentícios configura fato do produto, previsto nos arts. 12 a 14 do CDC, não se tratando de vício do produto, previsto no art. 18 e seguintes do CDC (STJ, REsp 1.968.143, Rel. Min. Marco Belizzi, 3ª T, DJe 17/02/2022).

6. SE A VÍTIMA FALECER ANTES DE PROPOR AÇÃO, OS HERDEIROS PODEM FAZÊ-LO?

Imaginemos que alguém, saindo de um shopping, é abordado violentamente por seguranças, sendo espancado por ter sido confundido com um ladrão. Embora profundamente humilhado, não propõe ação de danos morais. Falece alguns meses ou anos depois. A pergunta é: os herdeiros poderiam fazê-lo? Se a ação fora proposta, e no seu curso o autor vem a falecer, não parece haver dúvida – nem na doutrina nem na jurisprudência – sobre a possibilidade dos herdeiros darem continuidade à demanda. O STJ "admite a transmissibilidade do direito à indenização depois de intentada a ação" (STJ, REsp 440.626).

Porém, ainda que a demanda não tenha sido proposta em vida pela vítima, não vemos sólidas razões jurídicas para negar tal possibilidade aos herdeiros. O art. 943 do Código Civil, ao dispor que o "direito de exigir reparação e a obrigação de prestá-la transmitem-se com a herança" não distinguiu o dano material do moral, e não podemos esquecer que este Código, ao caracterizar o que seja dano (art. 186), englobou ambos, o que afasta qualquer hermenêutica restritiva. O que se transmite, no caso, obviamente, não é a dor, é o direito de acionar os responsáveis pela agressão.

Esclareceu, com correção, a jurisprudência: "Os pais estão legitimados, por terem interesse jurídico, para acionarem o Estado na busca de indenização por danos morais, sofridos por seu filho, em razão de atos administrativos praticados por agentes públicos que deram publicidade ao fato de a vítima ser portadora do vírus HIV". Continua o acórdão: "Os autores, no caso, são herdeiros da vítima, pelo que exigem indenização pela dor (dano moral) sofrida, em vida, pelo filho já falecido, em virtude de publicação de edital, pelos agentes do Estado, referente à sua condição de portador do vírus HIV. O direito que, na situação analisada, poderia ser reconhecido ao falecido, transmite-se aos sucessores da vítima". Finaliza o acórdão, citando doutrina francesa: "O herdeiro não sucede no sofrimento da vítima. Não seria razoável admitir-se que o sofrimento do ofendido se prolongasse ou se estendesse ao herdeiro e este, fazendo sua a dor do morto, demandasse o responsável, a fim de ser indenizado da dor alheia. Mas é irrecusável que o herdeiro sucede no direito de ação que o morto, quando vivo, tinha contra o autor do dano. Se o sofrimento é algo entranhadamente pessoal, o direito de indenização do dano moral é de natureza patrimonial e, como tal, transmite-se aos sucessores" (STJ, REsp 324.886).

Posteriormente o STJ esclareceu que "a posição atual e dominante que vigora nesta Corte é no sentido de embora a violação moral atingir apenas o plexo de direitos subjetivos da vítima, o direito à respectiva indenização transmite-se com o falecimento do titular do direito, possuindo o espólio ou os herdeiros legitimidade ativa ad causam para ajuizar ação indenizatória por danos morais, em virtude de ofensa moral suportada pelo *de cujus*" (STJ, Corte Especial, AgRg nos EREsp 978.651). O STJ reafirmou que "de acordo com a jurisprudência desta Corte, o direito à indenização de danos morais ostenta caráter patrimonial, sendo, portanto, transmissível ao cônjuge e aos herdeiros do de *cujus*" (STJ, AgInt no AREsp 711.976). Em 2020 o STJ aprovou a Súmula 642: "O direito à indenização por danos morais transmite com o falecimento do titular, possuindo os herdeiros da vítima legitimidade ativa para ajuizar ou prosseguir na ação indenizatória".

Assim, "os irmãos, vítima por ricochete, têm direito de requerer a indenização pelo sofrimento da perda do ente querido, sendo desnecessária a prova do abalo íntimo" (STJ, AgInt no REsp 1.165.102). Os irmãos têm direito à compensação do dano moral sofrido (STJ, REsp 596.102). Do mesmo modo, "aos irmãos de vítima fatal de acidente de trânsito, no desiderato de serem compensados pelo dano moral sofrido, basta a comprovação da existência do laço familiar para, assim, considerar-se demonstrado o fato constitutivo do direito alegado" (STJ, REsp 1.454.505).

6.1. O dano moral reflexo pode se caracterizar ainda que a vítima direta do evento danoso sobreviva?

Mesmo que não tenha havido a morte, é possível que os familiares sejam indenizados por conta do dano sofrido por alguém. O STJ, em 2019, entendeu ser possível a existência de dano moral reflexo (também chamado de dano moral por ricochete) aos familiares da vítima, mesmo que esta tenha sobrevivido ao evento danoso (no caso, a vítima ficou tetraplégica em razão de acidente de trânsito) (STJ, REsp 1.734.536).

Convém repetir esse ponto que é frequentemente confundido: o dano moral reflexo pode se caracterizar ainda que a vítima direta do evento danoso sobreviva. O caso é o seguinte: Eder estava no veículo dirigido por Januário. Este, em velocidade excessiva, capotou o veículo, vindo Eder a ficar tetraplégico. Somente Eder pode propor ação de danos morais e materiais contra Januário? Ou seus parentes, como seus pais e irmãos, também podem? Ou seus parentes só poderiam pleitear a indenização no caso da morte de Eder? Estamos diante, aqui, de um dano moral reflexo (ou por ricochete). O STJ decidiu que ser "possível, ao menos em tese, reconhecer que sofre dano moral indenizável aquele que presencia a morte de pessoa querida em um assalto, assim como o que presencia o cometimento de gravíssima lesão corporal, ainda que não haja morte, sendo ambos titulares de interesse juridicamente protegido, único, cuja indenização é capaz de ser demandada judicialmente, mesmo que a vítima direta no exemplo, aquele que sofreu as lesões graves decida não intentar ação indenizatória pela lesão que sofreu ao seu interesse juridicamente tutelado, igualmente único e distinto do interesse jurídico do terceiro" (STJ, REsp 1.734.536). Em suma, o dano reflexo pode se caracterizar ainda que a vítima direta do evento danoso sobreviva.

7. A QUANTIFICAÇÃO DO DANO MORAL

A quantificação do dano moral – ainda hoje, mais de 30 anos depois de sua previsão pela Constituição Federal de 1988 – atormenta os juristas. Múltiplos critérios foram propostos, e nenhum, na verdade, pôde se considerar definitivo, ou pelo menos satisfatório.

A dificuldade está em quantificar bens que não aceitam quantificação. Assim, "as infindáveis dificuldades em torno da quantificação da indenização por dano moral revelam a flagrante contradição de que a cultura jurídica brasileira, como ocorre na maior parte do mundo, reconhece a natureza extrapatrimonial do dano, mas insiste em repará-lo de forma exclusivamente patrimonial, por meio de indenizações em dinheiro. Diante dos tormentos da quantificação e da inevitável insuficiência do valor monetário como meio de pacificação dos conflitos decorrentes de lesões a interesses extrapatrimoniais, a doutrina e os tribunais vêm despertando para a necessidade de buscar meios não-pecuniários que, sem substituir a compensação em dinheiro, se associem a ela no sentido de efetivamente reparar ou aplacar o prejuízo moral" (Anderson Schreiber, *"Novas tendências da Responsabilidade Civil brasileira"*, RTDC, vol. 22, abr/jun 2005, p. 64/65).

Aliás, etimologicamente falando, nem de indenização, em se tratando de dano moral, poderíamos falar. Indenização tem origem no latim, *in dene*, que significa voltar ao estado anterior, ao *status quo ante*. Tal retorno é possível no dano material, mas impossível no moral. Esses danos, conceitualmente, não têm volta. Por isso é que se diz que os danos morais são compensáveis, não são ressarcíveis nem reparáveis.

A ausência de parâmetros legais dá margem, em certas situações, a descompassos absurdos. No conhecido caso do acidente com o avião da TAM ocorrido em 1996, em São Paulo, dois sujeitos, mortos no mesmo acidente, com idêntico nível socioeconômico, tiveram – no mesmo Tribunal de Justiça de São Paulo – indenizações pagas às respectivas famílias com diferenças de 2.000%. Enquanto uma família conseguiu apenas 75 mil reais pela morte do ente querido, a outra, no mesmo Tribunal – embora em Turma distinta – conseguiu dois milhões de reais (Maria Celina Bodin de Moraes, *Danos à pessoa Humana*. Rio de Janeiro: Renovar, 2003, p. 38).

Na mensuração dos valores o magistrado há de estar "atento à realidade da vida e às peculiaridades de cada caso" (STJ, REsp 265.133, Rel. Min. Sálvio de Figueiredo Teixeira, 4ª T, DJ 23/10/00). As circunstâncias são valiosas na justa caracterização dos valores, mas cabe à jurisprudência, especialmente a do STJ, fixar padrões, evitando injustiças e prestigiando a isonomia substancial: "Responsabilidade civil. Dano moral. Lojas americanas. Detenção indevida. A detenção indevida de três pessoas, sendo duas menores, por suspeita de furto em estabelecimento comercial, causa dano moral que é arbitrado, nas circunstâncias, de acordo com o voto médio, em valor equivalente a 300 salários mínimos" (STJ, REsp 298.773, Rel. Min. Ruy Rosado de Aguiar, 4ª T, DJ 04/02/02).

O STJ, na importante função de uniformizar a jurisprudência no Brasil, definirá, em grandes linhas, critérios de razoabilidade, sem prejuízo das especificidades de cada caso. Anota, a propósito, Gustavo Tepedino: "A julgar pela jurisprudência do STJ dos últimos anos, estamos diante de rara confluência, da doutrina com a jurisprudência, para a construção do direito civil contemporâneo" (Gustavo Tepedino, *Editorial*, RTDC, vol.3. jul/set, 2000).

A construção de soluções jurisprudenciais adequadas e consistentes passará pelo diálogo com a Constituição da República. O CDC é fértil em cláusulas abertas e normas principiológicas que incentivam tais construções. O fim social da norma deverá ser buscado, contribuindo, assim, para concretização da dignidade humana, redução das desigualdades e promoção da solidariedade social.

Ainda a respeito da quantificação do dano moral, cabe lembrar que o termo inicial da correção monetária incidente sobre a indenização por danos morais é a data da prolação da decisão em que se arbitra o seu valor (STJ, REsp 1.145.728, Rel. Min. Luis Salomão, 4ª T, 08/09/11). A matéria, aliás, já foi sumulada. A Súmula nº 362 do STJ enuncia: "A correção monetária do valor da indenização do dano moral incide desde a data do arbitramento". Outro ponto que merece menção é a não incidência de imposto de renda sobre a indenização por danos morais (STJ, Súmula 498: "Não incide imposto de renda sobre a indenização por danos morais").

Tratamos de modo detalhado da quantificação dos danos extrapatrimoniais (de acordo com o STJ) em outra obra nossa, *Novo Manual de Responsabilidade Civil*. Pedimos licença à leitora e ao leitor para sugerir, se houver interesse, a consulta do sumário desse livro no site da Editora Juspodivm. É um livro de leitura fácil, que pretende trazer toda a responsabilidade civil de modo simples e direto.

Cabe abordar um ponto ainda. A condição econômica do ofendido é invocada, nos acórdãos do STJ, para definir o valor da indenização. Assim na "fixação do valor da condenação por dano moral, deve o julgador atender a certos critérios, tais como nível cultural do causador do dano; condição sócio-econômica do ofensor e do ofendido" (STJ, REsp. 355.392). Em regra, argumenta-se que a indenização não pode servir como enriquecimento sem causa do ofendido, e com isso habitualmente – e equivocamente – se costuma reduzir o valor da indenização em caso de vítimas financeiramente vulneráveis. Não há enriquecimento sem causa se houve lesão a direito fundamental.

É preciso, neste particular, especial atenção da juíza e do juiz, evitando tornar as indenizações irrisórias quando o ofendido for pessoa humilde, pobre. Não se pode deixar de indenizar adequadamente a vítima violada em seus direitos fundamentais, escalonando essas agressões de acordo com a conta bancária do ofendido. No sentido da posição que sempre defendemos, o STJ, com sensibilidade, através do ministro Herman Benjamin, afirmou: "A avaliação das condições socioeconômicas dos envolvidos deve ser feita em conjunto com a ponderação acerca da gravidade dos fatos. Não se permite a relativização das indenizações por ofensa a direitos fundamentais tendo como parâmetro a riqueza da vítima, de modo que o direito dos ricos valeria mais que o dos pobres, os quais estariam se 'enriquecendo' ao receberem indenizações em valor muito superior à sua renda" (STJ, AgRg no REsp 1.189.510). Posteriormente, o Enunciado 588 das *Jornadas de Direito Civil* belamente apontou: "O patrimônio do ofendido não pode funcionar como parâmetro preponderante para o arbitramento de compensação por dano extrapatrimonial".

7.1. A questão da condenação em valor inferior ao postulado

Na ação indenizatória – inclusive na que postula danos morais –, a condenação em valor inferior ao postulado não significa sucumbência do autor da demanda. Em outras palavras, quem pediu 100 de danos morais e recebeu, por exemplo, 40, não deverá pagar honorários advocatícios ao réu, pois foi vencedor na ação (o pedido é o acolhimento do dever de indenizar). O valor indicado na inicial é apenas referencial, não sendo vinculante. Traduz quase sempre *valorações pouco objetivas*. Mesmo assim nas ações indenizatórias o valor deverá ser indicado na inicial (CPC, art. 292, V), com vistas à determinação do valor da causa e, eventualmente, também na competência do órgão julgador. O STJ, em 2022, reafirmou a aplicação da Súmula 326/STJ, que proclama: "Na ação de indenização por dano moral, a condenação em montante inferior ao postulado na inicial não implica sucumbência recíproca". A decisão é importante porque havia certa discussão acerca da aplicação da súmula depois do CPC/2015. Na visão atual do STJ, a Súmula 326 continua aplicável. Há entretanto uma ressalva importante: falamos da situação em que alguém pediu uma quantia e recebeu quantia menor (o autor ainda assim foi vencedor, não há sucumbência recíproca). Porém se o autor formulou pedidos de índole diversas – por exemplo, danos morais, materiais e estéticos, por exemplo – e apenas um deles foi acolhido, aí haverá sucumbência recíproca. Porque nessa situação houve pedidos do autor que não foram julgados procedentes.

8. O STJ PODE ALTERAR VALORES DE DANO MORAL?

Sabemos que, a teor da Súmula 07 do STJ, não é possível, através do recurso especial, rediscutir matéria de fato. Ao STJ cabe a uniformização do direito federal, não reabrindo disputa acerca dos fatos – suas respectivas provas e circunstâncias.

A afirmativa do parágrafo acima, no entanto, foi flexibilizada em relação ao dano moral. Ainda que não seja uma instância ordinária, o STJ aceita rever os valores fixados nas instâncias inferiores, a título de danos morais, especialmente quando o valor for absurdamente alto ou ridiculamente baixo. Admite a jurisprudência do STJ, excepcionalmente, em recurso especial, reexaminar o valor fixado a título de indenização por danos morais, quando ínfimo ou exagerado (STJ, AgRg no Ag 1.262.810, Rel. Min. Maria Isabel Gallotti, 4ª T, DJ 09/09/11). Nessa trilha, a Corte, julgando recurso especial, pode modificar o *quantum* da condenação, aumentando-o ou reduzindo-o. Os julgados afirmam que o "valor da condenação por dano moral pode ser revisto quando exorbitante, abusivo, ou mesmo insignificante, irrisório" (STJ, REsp 438.696, Rel. Min. Menezes Direito, 3ª T, DJ 19/05/03).

Cabe reconhecer que tal concessão, claramente pragmática, foge ao esquema conceitual do recurso especial, que não pode rediscutir matéria de fato, mas se impôs como forma de evitar que valores díspares e inusitados prevalecessem. Assim, o "valor dos danos morais pode ser fixado na instância especial, buscando dar solução definitiva ao caso e evitando inconvenientes e retardamento na entrega da prestação jurisdicional" (STJ, EREsp 230.268, Rel. Min. Sálvio de Figueiredo Teixeira, Segunda Seção, DJ 04/08/03). O STJ pode, assim, elevar os valores fixados em instâncias inferiores. Em caso de indenização por dano moral, decorrente de morte de filho provocada por erro médico, o STJ elevou o valor da indenização compensatória de R$12.000,00 para R$72.000,00 (STJ, REsp 493.453, Rel. Min. Ruy Rosado de Aguiar, 4ª T, DJ de 25/08/03). O tribunal, nesses casos, conhece do recurso especial para ajustar a "condenação por dano moral ao que usualmente, em hipóteses semelhantes, tem sido arbitrado por esta Corte" (STJ, REsp 565.299, Rel. Min. Asfor Rocha, DJ 13/09/04).

Além de aumentar, o STJ também pode reduzir os valores – e o faz com alguma frequência. Assim, "admitida no caso a indenização e restrito o recurso à redução do quantum indenizatório, defere-se nesse sentido o apelo manifestado, em face de suas peculiaridades" (STJ, REsp 468.377, Rel. Min. Sálvio de Figueiredo Teixeira, 4ª T, DJ 23/06/03). O STJ, portanto, aceita rever os valores, dizendo que o "valor indenizatório por dano moral pode ser analisado em sede de recurso especial, desde que o *quantum* se mostre manifestamente exagerado, ou irrisório, distanciando-se das finalidades da lei" (STJ, REsp 302.298, Rel. Min. Sálvio de Figueiredo Teixeira, 4ª T, DJ 17/06/02).

Argumenta o Ministro Sálvio de Figueiredo que este "entendimento, aliás, foi firmado em face dos frequentes abusos ou equívocos na fixação do *quantum* indenizatório, no campo da responsabilidade civil, com maior ênfase em se tratando de danos morais, pelo que se entende ser lícito a esta Corte exercer o respectivo controle" (STJ, REsp 254.300, Rel. Min. Sálvio de Figueiredo Teixeira, 4ª T, DJ 11/09/00. Com idêntica fundamentação: STJ, REsp 183.508, Rel. Min. Sálvio de Figueiredo Teixeira, 4ª T, DJ 10/06/02). O STJ considerou que o valor de R$9.500,00 (nove mil e quinhentos) reais, fixados pelo Tribunal de Justiça do Paraná, em razão do desabamento de mercadorias em supermercado que atingiu cliente, não é irrisório, e assim manteve tal valor como indenização. (STJ, REsp 575.576, Rel. Min. Aldir Passarinho Júnior, 4ª T, DJ 31/05/04).

9. A CONDIÇÃO ECONÔMICA DO AUTOR DO DANO E DA VÍTIMA INFLUEM NA FIXAÇÃO DO VALOR?

Esse é mais um dos difíceis dilemas do dano moral. A indenização deve ser majorada, se o agressor for rico? Deve ser minorada, se ele for pobre? Tomemos a questão pelo ângulo da vítima: a indenização deverá ser mais alta, em sendo rica a vítima? Deverá ser módica, em sendo humilde?

A jurisprudência, em regra, afirma que a condição econômica deve ser levada em conta para fixar os valores: "Ao arbitrar o valor da indenização deve-se levar em consideração a condição econômica das partes, as circunstâncias em que ocorreu o evento e outros aspectos do caso concreto" (STJ, REsp 208.795, Rel. Min. Eduardo Ribeiro, 3ª T, DJ 23/08/99).

Em certos casos o STJ tem se valido da condição econômica do ofensor como parâmetro para aumentar a indenização. Em julgado que elevou o valor fixado como dano moral, o acórdão fez referência explícita, em sua fundamentação, à "situação econômico-social das partes, a atividade ilícita exercida pelo réu 2º recorrente, de ganho fácil".

O STJ, a propósito da situação financeira do ofensor, editou, em 2005, a Súmula 313: "Em ação de indenização, procedente o pedido, é necessária a constituição de capital ou caução fidejussória para a garantia de pagamento da pensão, independentemente da situação financeira do demandado".

De outro lado, a condição econômica do ofendido também é invocada, nos acórdãos do STJ, para definir o valor da indenização. Assim na "fixação do valor da condenação por dano moral, deve o julgador atender a certos critérios, tais como nível cultural do causador do dano; condição sócio-econômica do ofensor e do ofendido" (STJ, REsp 355.392, Rel. Min. Nancy Andrighi, 3ª T, DJ 17/06/02).

Em geral, a fundamentação padrão se lastreia em inúmeros fatores, com atenção às particularidades da causa: "A indenização por danos morais deve ser fixada em termos razoáveis, não se justificando que a reparação venha a constituir-se em enriquecimento sem causa, com manifestos abusos e exageros, devendo o arbitramento operar-se com moderação, proporcionalmente ao grau de culpa e ao porte econômico das partes, orientando-se o juiz pelos critérios sugeridos pela doutrina e pela jurisprudência, com razoabilidade, valendo-se de sua experiência e do bom senso, atento à realidade da vida e às peculiaridades de cada caso. Ademais, deve ela contribuir para desestimular o ofensor a repetir o ato, inibindo sua conduta antijurídica" (STJ, REsp 265.133, Rel. Min. Sálvio de Figueiredo Teixeira, 4ª T, DJ 23/10/00).

É preciso, neste particular, especial atenção do magistrado, evitando tornar as indenizações irrisórias quando o ofendido for pessoa humilde, com parco patrimônio. Não se pode deixar de indenizar adequadamente a vítima violada em seus direitos fundamentais, escalonando essas agressões à luz da conta bancária do ofendido. No sentido da posição que sempre defendemos, o STJ, com sensibilidade, afirmou: "A avaliação das condições socioeconômicas dos envolvidos deve ser feita em conjunto com a ponderação acerca da gravidade dos fatos. Não se permite a relativização das indenizações por ofensa a direitos fundamentais tendo como parâmetro a riqueza da vítima, de modo que o direito dos ricos valeria mais que o dos pobres, os quais estariam se 'enriquecendo' ao receberem indenizações em valor muito superior à sua renda" (STJ, AgRg no REsp 1.189.510, Rel. Min. Herman Benjamin, 2ª T, DJ 27/04/11).

9.1. O critério bifásico na quantificação do dano moral

É fundamental que busquemos, de modo criativo e responsável, meios e formas de quantificar o dano moral com crescente objetividade. É certo que paralelamente a isso podemos – e devemos – buscar formas não patrimoniais de reparação, mas isso ainda é algo distante, algo francamente minoritário na prática jurisprudencial e na vida dos cidadãos brasileiros (falamos dos meios não patrimoniais de reparação). Por isso, é sempre útil (e atual) que os juristas busquem fórmulas conceituais que permitam alguma objetivação na definição pecuniária dos danos morais. A cada semana, a cada mês, a cada ano, uma quantidade significativa de pessoas sofre lesões extrapatrimoniais cuja resposta jurídica será esta e apenas esta: o dano moral. É fundamental, pois, que tenhamos critérios.

Um interessante critério, nesse sentido, é o chamado *critério bifásico.*

Partindo da premissa de que o magistrado constatou uma ofensa a um interesse extrapatrimonial digno de proteção jurídica, como valorar sua extensão de forma prudente e sem desrespeitar a razoabilidade, evitando indenizações exorbitantes ou meramente simbólicas? O STJ tem trilhado o caminho do *critério bifásico* de fixação de danos extrapatrimoniais: "Na primeira etapa, deve-se estabelecer um valor básico para a indenização, considerando o interesse jurídico lesado, com base em grupo de precedentes jurisprudenciais que apreciaram casos semelhantes. Na segunda etapa, devem ser consideradas as circunstâncias do caso, para fixação definitiva do valor da indenização, atendendo a determinação legal de arbitramento equitativo pelo juiz" (STJ, REsp 1.152.541). Segundo a ministra Nancy Andrighi, o sofrimento capaz de gerar dano extrapatrimonial não é comparável a situações vividas por outras pessoas em outras circunstâncias, mas "é indispensável haver o máximo possível de uniformização no arbitramento de compensação por danos morais, sempre em atenção às peculiaridades que individualizam as situações de aguda aflição psicofísica das vítimas".

O critério bifásico é adequado e busca coerência. Distingue valoração de quantificação do dano moral. Primeiramente – na fase de valoração –, será constatada a *existência* do dano extrapatrimonial pela violação a situações jurídicas existenciais. Quer dizer, o olhar do julgador se dirige à constatação do fato lesivo (em regra, o dano moral será *in re ipsa*). Na segunda fase, haverá propriamente a *quantificação* do dano moral. Neste momento não mais cabe considerar o fato lesivo, porém sua extensão, seu impacto na pessoa da vítima. O que se busca é a *individualização* do dano moral. Nesse contexto, a sentença (espera-se) revelará a razoável relação entre as particularidades da vítima e o valor da condenação.

Se de forma ordenada estes padrões forem disseminados, teremos maior objetividade na (difícil) definição do *quantum* reparatório para hipóteses de casos análogos, de ofensa ao mesmo bem jurídico da personalidade. Assim, "se uma determinada lesão a bem jurídico atinge mais de uma pessoa e se cada pessoa pleiteou em processo autônomo a reparação de seus direitos, é importante que na fixação do montante da indenização os precedentes específicos já exarados sejam tomados em consideração em nome do princípio da segurança jurídica, ainda que não provenientes do STJ. É critério razoável, nesse sentido, o do estabelecimento da média das indenizações já fixadas para se encontrar a justa reparação do dano moral causado" (STJ, REsp 1.245.527).

Convém registrar que na segunda fase – na quantificação – o juiz não deverá, em princípio, indagar a respeito da situação financeira do ofendido como elemento de maior ou menor impacto para o arbitramento de uma reparação. Em geral, no Brasil, o princípio da vedação do enriquecimento sem causa é usado, nesses casos, para reduzir o valor da indenização de pessoas financeiramente mais humildes, mesmo diante de graves lesões a direitos fundamentais. É elementar que pobreza ou riqueza do lesado não alteram sua dignidade. A queda de um avião, por exemplo, não pode resultar em indenizações mais elevadas para os familiares dos passageiros que estavam na primeira classe. Qualquer distinção que se faça quanto à capacidade econômica das vítimas poderá repercutir no campo dos lucros cessantes, jamais no dano moral. O STJ, antes insensível ao tema, começa a perceber, através de belos julgados, a importância da matéria.

10. A DÚPLICE FUNÇÃO DO DANO MORAL (ASPECTO PUNITIVO OU PEDAGÓGICO)

Hoje, cada vez mais, estuda-se e investiga-se a questão das múltiplas funções que a responsabilidade civil pode assumir. André Tunc, jurista francês, argutamente escreveu: imagina-se que a responsabilidade civil – tão antiga, cuja origem se perde na noite dos tempos – pudesse ter suas funções bem estabelecidas e delimitadas. Curiosamente, não é o caso. A discussão sobre suas funções ainda está aberta e recheada de polêmicas. Cada vez mais os julgados aludem às funções múltiplas da responsabilidade civil: "No caso, impõe-se a condenação em montante indenizatório que atenda aos princípios da proporcionalidade e da razoabilidade, a fim de evitar o indesejado enriquecimento ilícito das vítimas, sem, contudo, ignorar o caráter preventivo e repressivo inerente ao instituto da responsabilidade civil" (STJ, AgRg no AREsp 560.643).

A *RTDC*, em entrevista com Geneviève Viney, indagou à jurista francesa autora de relevantes obras em responsabilidade civil: "A senhora já sustentou que a 'penalização' da responsabilidade civil, por meio dos danos punitivos, possui uma eficácia maior do que a aplicação dos instrumentos sancionatórios do direito penal. Por que se dá este fenômeno?". Viney respondeu: "Acho que o direito penal continua sendo o instrumento de sanção por excelência, mas existem áreas em que o direito penal não funciona porque é muito rígido (...). É verdade também para o direito do consumidor. É comum um fabricante vender um produto acima de seu preço ou colocar na sua garrafa de refrigerante uma quantidade menor de líquido, e vender milhões de garrafas. O direito penal geralmente não multa por garrafa e, portanto, não funciona corretamente. O direito civil funciona melhor. É mais flexível, podendo o juiz conceder perdas e danos com caráter punitivo" (VINEY, Geneviève. *RTDC*, v. 29, jan./mar. 2007, *Diálogos com a Doutrina*, p. 287). A autora lembra, no entanto, ser preciso cautela para não sancionar excessivamente. E registra também que em certos casos sua aplicação é muito delicada.

No Brasil, nas últimas décadas, a jurisprudência nacional costuma reconhecer que a indenização por dano moral tem função dúplice. De um lado, compensar a vítima. Do outro, punir o agressor. É a chamada função punitiva ou pedagógica do dano moral ("*exemplary or punitive damages*"). Embora não haja, no Brasil, lei que expressamente autorize tal função punitiva, ela é largamente aceita pela jurisprudência. Constata-se, em inúmeros julgados, a alusão à função inibidora que a indenização deve ter, em ordem a evitar condutas semelhantes. Paulo Lôbo enfatiza: "Atualmente, retoma-se com força a ideia de conjugação de reparação e de pena, na responsabilidade civil (principalmente em situações de danos extrapatrimoniais)".

Alguns julgados aludem à tríplice função do dano moral: compensar, prevenir e punir.

A indenização punitiva pode fixar uma punição exemplar, como forma de "contribuir para desestimular o ofensor a repetir o ato, inibindo sua conduta antijurídica" (STJ, REsp 265.133). O caráter dúplice do dano moral tem sido reconhecido pela jurisprudência: "O valor do dano moral tem sido enfrentado no STJ com o escopo de atender a sua dupla função: reparar o dano, buscando minimizar a dor da vítima, e punir o ofensor para que não reincida" (STJ, REsp 550.317).A indenização pode funcionar como desestímulo a práticas semelhantes: "Ademais, a reparação deve ter fim também pedagógico, de modo a desestimular a prática de outros ilícitos similares, sem que sirva, entretanto, a condenação de contributo a enriquecimentos injustificáveis" (STJ, REsp 355.392). O STF, por sua vez, explicitou sua adesão à tese ao consignar "a necessária correlação entre o caráter punitivo da obrigação de indenizar e a natureza compensatória para a vítima" (STF, Rel. Min. Celso de Mello, Agravo de Instrumento nº 455.846, j. 11/10/04). A ementa do julgado expressamente consignou: "(...). Dupla função da indenização civil por dano moral (reparação-sanção): a) caráter punitivo ou inibitório ('*exemplary or punitive damages*') e b) natureza compensatória ou reparatória".

Determinado caso julgado pelo STJ exemplifica bem a questão da indenização punitiva. Em 1999 uma colônia de naturismo – pessoas que vivem nuas em comunidade –, sediada numa cidade gaúcha, recebeu uma equipe do SBT. O propósito da comunidade era desmistificar o naturismo, evidenciando que eles vivem familiarmente, sem qualquer conotação sexual. As cenas gravadas – conforme acordo firmado e objeto de cláusula contratual expressa – deveriam ser divulgadas exclusivamente no programa *SBT Repórter*, conduzido pelo jornalista Hermano Henning. As imagens foram, de fato, veiculadas no programa *SBT Repórter*. Porém, posteriormente, o SBT descumpriu o acordo, exibindo as imagens no *programa do Ratinho*, acompanhadas de comentários grosseiros e ofensivos. O STJ afirmou que "houve abuso e desrespeito na veiculação das imagens dos autores, membros da comunidade naturista, pelo SBT no *Programa do Ratinho*, inclusive, em descumprimento de cláusula contratual expressa, de forma deliberada".

O SBT foi condenado a pagar 200 mil reais *para cada um* dos naturistas ridicularizados no programa do Ratinho. Sustentou o relator que tal conduta "há de ser reprimida com rigor, não só pela gravidade da situação concreta, como pela necessidade de se coibir novas condutas semelhantes. Há que se dar o caráter punitivo adequado para que não se concretize a vantagem dos altos índices de audiência sobre os riscos advindos da violação dos direitos constitucionalmente garantidos, honra e dignidade" (STJ, REsp 838.550).

O STJ, de modo reiterado, tem se pronunciado no sentido de que a indenização deve ser fixada em montante que desestimule o ofensor a repetir a falta, sem constituir, de outro lado, enriquecimento indevido (STJ, AgRg no Ag 1.410.038). A terceira e quarta turmas do STJ têm reafirmado a função pedagógico-punitiva da indenização por dano moral. Mencionam ainda a necessidade de observância dos princípios da razoabilidade e da proporcionalidade (STJ, AgRg no AREsp 578.903). Também é comum, nos julgados, a menção à necessidade de evitar o enriquecimento sem causa. Conforme alertamos acima, em certos julgados o STJ tem decidido que "a indenização por danos morais possui tríplice função, a compensatória, para mitigar os danos sofridos pela vítima; a punitiva, para condenar o autor da prática do ato ilícito lesivo, e a preventiva, para dissuadir o cometimento de novos atos ilícitos" (STJ, REsp 1.440.721). A terceira turma, em sentido semelhante, consignou: "A indenização por danos morais, ainda que tenha sido deferida medida liminar para a cobertura médica pleiteada, conserva a função pedagógico-punitiva de desestimular o ofensor a repetir a falta" (STJ, AgInt no AREsp 862.868).

Conforme já frisamos, a conduta do agressor é particularmente relevante na quantificação dos danos, quando se trata de quantificar os danos morais. Lembremos, por exemplo, dos casos de *bullying. Sabemos o quão frequentes e dramáticos são esses casos.* O *bullying* busca desestabilizar psicologicamente o ofendido. A jurisprudência já teve oportunidade de condenar civilmente a mãe pelo *cyberbullying* praticado pelo filho menor, que criou página na internet exclusivamente para ofender colega de classe, com fatos e imagens extremamente agressivas. A questão foi julgada do seguinte modo: "Hipótese em que o filho menor criou página na internet com a finalidade de ofender colega de classe, atrelando fatos e imagens de caráter exclusivamente pejorativo. Incontroversa ofensa aos chamados direitos de personalidade, como a imagem e a honra, restando, ao responsável, o dever de indenizar o ofendido pelo dano moral causado, o qual, no caso, tem natureza *in re ipsa. Quantum* reparatório serve de meio coercitivo e educativo ao ofensor, de modo a desestimular práticas reiteradas de ilícitos civis" (TJRJ, AC 7003750094, 6 Câmara Cível, Rel. Liege Puricelli Pires, 30/06/2010).

Cabe lembrar que no direito civil, particularmente, a utilização de sanções punitivas é determinada pela necessidade de operar uma maior proteção a alguns atributos da personalidade. Pontes de Miranda lembra que "a grave negligência autoriza o pedido de ressarcimento por danos exemplares" (PONTES DE MIRANDA, *Tratado de Direito Privado, tomo 53.* Rio de Janeiro: Borsoi, 1974, p. 224). Caio Mário da Silva Pereira perfilha ideias semelhantes: "Como tenho sustentado em minhas Instituições de Direito Civil (vol. II, nº 176), na reparação por dano moral estão conjugados dois motivos, ou duas concausas: I) punição ao infrator pelo fato de haver ofendido um bem jurídico da vítima posto que material; II) pôr nas mãos do ofendido uma soma que não é o *pretium doloris*, porém o meio de lhe oferecer a oportunidade de conseguir uma satisfação de qualquer espécie, seja de ordem intelectual ou moral, seja mesmo de cunho material (PEREIRA, Caio Mário da Silva. *Responsabilidade Civil.* Rio de Janeiro. Forense, 2ª ed., 338).

O STJ, de modo reiterado, tem se pronunciado no sentido de que a indenização deve ser fixada em montante que desestimule o ofensor a repetir a falta, sem constituir, de outro lado, enriquecimento indevido (STJ, AgRg no Ag 1.410.038, Rel. Min. Sidnei Beneti, 3ª T, DJ 23/08/11). Menciona-se ainda a necessidade de observância da razoabilidade e da proporcionalidade (STJ, AgRg no AREsp 578.903, Rel. Min. Marco Buzzi, 4ª T, DJ 24/11/2015). Também é comum, nos julgados, a menção à necessidade de evitar o enriquecimento sem causa. No que toca à função pedagógica e punitiva da indenização, o STJ tem decidido que "a indenização por danos morais possui tríplice função, a compensatória, para mitigar os danos sofridos pela vítima; a punitiva, para condenar o autor da prática do ato ilícito lesivo, e a preventiva, para dissuadir o cometimento de novos atos ilícitos" (STJ, REsp 1.440.721, Rel. Min. Isabel Galloti, 4ª T, DJ 11/11/2016).

Convém repetir: não é simples nem fácil harmonizar a indenização punitiva com a proibição de enriquecimento indevido da vítima (que é outro critério que o STJ, tradicionalmente, menciona como relevante na quantificação do dano moral). Um ponto, porém, deve servir de alerta: havendo dano injusto e grave não é correto reduzir, substancialmente, o valor da indenização, sob o argumento de que se estaria enriquecendo a vítima "sem causa". Se o dano é injusto e grave, houve causa. Não é constitucionalmente adequado esvaziar indenizações por ofensa a direitos fundamentais, sobretudo diante de vítimas vulneráveis. Tratamos do tema em outro livro (*Novo Manual de Responsabilidade Civil.* 2ª ed. Juspodivm, 2021).

Aliás, há outro ponto relevante que nem sempre é percebido: costumamos falar que a indenização deverá colocar a vítima numa situação semelhante àquela que existia antes do dano, mas não é só isso. Hoje não só a vítima, mas também o ofensor deve ser colocado numa situação anterior ao dano. E como se faz isso? Através da restituição de lucros ilícitos (lucros que o ofensor teve com o ilícito) e sobretudo através da indenização punitiva. Nesse último caso (indenização punitiva) o ofensor pode ficar numa situação até pior àquela que existia antes do dano. Mas isso resulta de uma escolha sua, resulta de um comportamento inadequado e frequentemente odioso.

A competência para julgamento de ação de indenização por danos morais, decorrente de ofensas proferidas em rede social, é do foro do domicílio da vítima, em razão da ampla divulgação do ato ilícito (STJ, REsp 2.032.427, Rel. Min. Carlos Ferreira, 4ª T, DJe 04/05/2023).

11. CDC X CONVENÇÃO DE VARSÓVIA: INDENIZAÇÃO POR PERDA DE BAGAGEM

A matéria sofreu relevante alteração de entendimento em 2017, pelo STF. Vejamos como era antes e qual é a solução atual.

A Convenção de Varsóvia foi editada em 12 de outubro de 1929. Ela foi incorporada à ordem jurídica brasileira por intermédio do Decreto nº 20.704, de 24/11/1931. A Convenção de Varsóvia fixou tarifas para a indenização nas mais variadas situações. Por exemplo, morte, ferimento ou qualquer outra lesão ocorrida a bordo, ou nas operações de embarque ou desembarque (art. 17); perda, destruição ou avaria de carga ou bagagem, ocorridas durante o transporte (art. 18); atrasos no transporte de coisas ou pessoas (art. 19). Havia, como dissemos, a chamada indenização tarifada, isto é, a indenização era previamente delimitada a certas tarifas. Além disso, a empresa de transporte poderia se eximir da indenização, desde que provasse que havia observado todas as medidas necessárias para evitar o dano (arts. 20 e 21). O sistema, assim, como se percebe, operava guiado pela culpa presumida.

Trazemos essas informações apenas como contextualização histórica. Isso porque hoje já não somos regidos por ela. A jurisprudência do STJ, depois de alguma hesitação, acabou por se firmar, com solidez, no sentido da aplicação do CDC, e não da Convenção de Varsóvia, nas situações narradas. O STF, porém, ainda não se pronunciou sobre a questão, havendo votos recentes favoráveis à aplicação da Convenção de Varsóvia em detrimento do CDC. Além disso, outro fato relevante aconteceu: em maio de 1999 foi firmada a Convenção de Montreal. Ela, porém, só entrou em vigor em novembro de 2003, tendo sido então ratificada por 30 países, como previsto. No Brasil, ela passou a ter efeitos a partir do Decreto nº 5.910, de 27/09/2006. Posteriormente o STJ reafirmou sua posição: "A responsabilidade civil das companhias aéreas em decorrência da má prestação de serviços, após a entrada em vigor da Lei nº 8.078/90, não é mais regulada pela Convenção de Varsóvia e suas posteriores modificações (Convenção de Haia e Convenção de Montreal), ou pelo Código Brasileiro de Aeronáutica, subordinando-se, portanto, ao CDC. Precedentes" (STJ, AgRg no AREsp 567.681, Rel. Min. Marco Bellizze, DJ 04/11/2014).

É inegável que temos, entre passageiro e companhia aérea, uma relação de consumo. A prestação do serviço, por parte da companhia aérea, faz surgir, para o passageiro, a possibilidade de invocar o Código de Defesa do Consumidor, o qual, além de responsabilizar o fornecedor independentemente de culpa (art. 14), não traz limites legais para a indenização, nem admite que tais limites sejam contratualmente estabelecidos (arts. 25 e 51, I). O CDC, além do mais, prestigia o princípio da reparação integral (art. 6º, VI).

Diga-se, aliás, que o STJ, de modo reiterado, vem negando validade às tarifas de indenização estabelecidas por lei. Não só em relação à Convenção de Varsóvia, mas qualquer limite legal de indenização fixado em lei. Assim, "a estipulação do valor da indenização por danos morais não está restrita aos critérios do Código Brasileiro de Telecomunicações ou da Lei de Imprensa, podendo ser revisto neste Tribunal quando contrariar a lei ou o bom senso, mostrando-se irrisório ou exorbitante" (STJ, REsp 416.846. Rel. Min. Castro Filho, 3ª T, DJ 07/04/03). Posteriormente a jurisprudência reafirmou tal orientação: "Após o advento do Código de Defesa do Consumidor, a tarifação por extravio de bagagem prevista na Convenção de Varsóvia não prevalece, podendo a indenização ser estabelecida em valor maior ou menor, consoante a apreciação do Judiciário em relação aos fatos acontecidos" (STJ, AgRg no Ag 959.403, Rel. Min. Passarinho Júnior, 4ª T, DJ 30/06/08).

No mesmo sentido: "É firme a jurisprudência desta Corte no sentido de que, após a edição do Código de Defesa do Consumidor, não mais prevalece a tarifação prevista na Convenção de Varsóvia" (STJ, AgRg no REsp 262.687, Rel. Min. Fernando Gonçalves, 4ª T, DJ 22/02/10). Na mesma linha decidiu-se que as indenizações tarifadas previstas em convenções internacionais (Varsóvia, Haia e Montreal) não se aplicam ao pedido de danos morais, prevalecendo o CDC (STJ, AgRg no AREsp 83.338, Rel. Min. Carlos Ferreira, 4ª T, DJ 04/10/12).

Porém, como frisamos no início do tópico, a solução dada à questão agora é outra. O Supremo Tribunal Federal, em 2017, alterou os rumos da controvérsia (CDC x Convenção de Varsóvia/Montreal). Alertávamos, há anos, os nossos alunos que isso poderia acontecer – e acabou acontecendo.

O STF, por maioria, ao julgar o RE 636.331, entendeu que os conflitos que envolvem *extravios de bagagem* e *atrasos de voos* (bem como os *prazos prescricionais* no transporte aéreo internacional de passageiros) devem ser resolvidos pelas convenções internacionais sobre a matéria que o Brasil ratificou. A tese destaca que "por força do artigo 178 da Constituição Federal, as normas e tratados internacionais limitadoras da responsabilidade das transportadoras aéreas de passageiros, especialmente as Convenções de Varsóvia e Montreal, têm prevalência em relação ao Código de Defesa do Consumidor". O relator do *leading case* foi Gilmar Mendes.

As citadas convenções, portanto, segundo o STF, são compatíveis com a Constituição de 1988. A ministra Rosa Weber, em longo voto-vista, enfatizou que deve ser dada prevalência à concretização dos comandos das convenções de Varsóvia e Montreal, ratificadas pelo Brasil, às quais se confere status supralegal, de acordo com entendimento do STF. A ministra, contudo, salientou que *seu voto se restringia a danos materiais* decorrentes de casos de extravio de bagagens e de prescrição.

Portanto, nesse contexto, à luz da decisão do STF, tem-se que: a) em caso de conflito entre o CDC e as Convenções de Varsóvia ou Montreal, prevalecem essas últimas; b) a afirmação anterior só se aplica aos casos de transporte aéreo internacional, não nacional; c) o prazo de prescrição, nos casos de aplicação das convenções internacionais, é de 2 anos (isso porque a Convenção de Montreal, sucessora da Convenção de Varsóvia, estabelece o prazo de dois anos, superando nesse ponto específico o prazo de cinco anos do CDC).

No sentido de que sempre defendemos, em 2020 o STJ decidiu que dano moral sofrido por passageiro de voo internacional não se submete à Convenção de Montreal (STJ, 1.842.066). Dessa forma, a mudança de entendimento que limita a indenização devida aos passageiros em voos internacionais – por atraso de voo ou extravio de bagagem – *apenas diz respeito aos danos materiais*, não aos morais.

Um outro ponto que deve ficar claro, independentemente da discussão anterior: a jurisprudência brasileira não costuma aceitar as chamadas indenizações tarifadas (isto é, o estabelecimento de um teto, um valor tarifado, para as indenizações por dano moral). Pouco importa que esse teto seja fixado por lei ou por dispositivo infralegal. Aliás, antes do STF entender que a lei de imprensa não havia sido recepcionada pela CF/88, o STJ havia decidido, em antiga súmula: "A indenização por dano moral não está sujeita à tarifação prevista na Lei de Imprensa" (STJ, Súmula 281). Ainda que a súmula tenha perdido sua razão de ser, cremos que o princípio que a norteou continua válido: as tarifas para as indenizações por dano moral, mesmo que feitas por lei, são indevidas e devem ser evitadas.

O STJ, após a decisão do STF, reconheceu a possibilidade de limitação da indenização referente ao extravio de bagagem ou mercadorias em transporte aéreo internacional de passageiros, com base na Convenção de Varsóvia, modificando o resultado de ação indenizatória. Segundo o relator, como as decisões proferidas anteriormente pelo STJ adotaram posições contrárias à interpretação do STF – afastando a indenização tarifada e prestigiando a aplicação do CDC para determinar a reparação integral do dano –, tem sido necessário rever esses julgados para ajustá-los ao entendimento do STF (STJ, REsp 673.048, Rel. Min. Marco Bellizze, 3ª T, DJ 18/05/2018).

Assim, as Convenções de Varsóvia e Montreal não regularam o dano moral no transporte aéreo internacional, ao qual deve ser aplicada a lei geral interna, no caso, o Código de Defesa do Consumidor (STJ, AgInt no REsp 1.944.528, Rel. Min. Raul Araújo, 4ª T, DJe 14/12/2022). Aliás, mais recentemente tem-se destacado que a orientação jurisprudencial do STF é no sentido de ser inaplicável a Convenção de Montreal para contagem do prazo prescricional para as indenizações por danos morais (STF, RE 1.374.196, Rel. Min. Roberto Barroso, 4ª T, DJe 10/11/2022).

12. O DANO MORAL SOFRIDO POR CONSUMIDOR PESSOA JURÍDICA

Já vimos que no Brasil a pessoa jurídica poderá ser consumidora. Poderá, portanto, nessa qualidade, sofrer dano moral. O STJ, por sua Súmula 227, definiu: "A pessoa jurídica pode sofrer dano moral". Argumenta-se: "A evolução do pensamento jurídico, no qual convergiram jurisprudência e doutrina, veio a afirmar, inclusive nesta Corte, onde o entendimento tem sido unânime, que a pessoa jurídica pode ser vítima também de danos morais, considerados esses como violadores da sua honra objetiva (STJ, REsp 134.993, Rel. Min. Sálvio de Figueiredo Teixeira, 4ª T, DJ 16/03/98).

Em tais casos, a honra, supostamente atingida, será a honra objetiva, traduzida na depreciação da imagem. Jamais a honra subjetiva, cuja noção não é obviamente aplicável às pessoas jurídicas (autoestima, autoimagem, etc.).

Se uma pequena farmácia, por exemplo, tem uma duplicada indevidamente protestada por um banco, poderá haver dano moral. Decidiu, a respeito, o STJ que "o banco endossatário que não toma as medidas necessárias à verificação da validade da duplicata não aceita é responsável pelo protesto indevido do título emitido sem causa, devendo indenizar o dano moral decorrente" (STJ, REsp 433.954, Rel. Min. Nancy Andrighi, 3ª T, 15/05/03). Assim, "o protesto indevido de duplicata enseja indenização por danos morais, sendo dispensável a prova do prejuízo" (REsps n°s 254.433 e 218.428).

A imagem das pessoas jurídicas – com alguma frequência – é abalada por condutas imputáveis a elas mesmas. Em 2017 um homem – um médico chinês de 69 anos, que sofreu lesões e perdeu dois dentes no episódio – foi removido à força de um avião da *United Airlines*, arrastado por dois seguranças, sob a alegação de que o voo estaria lotado (*overbooking*). A empresa, na verdade, com o voo cheio, decidiu transportar 4 funcionários e pediu a 4 passageiros que saíssem "voluntariamente" do voo. Um dos escolhidos, um médico, se recusou, e foi agredido. O episódio foi filmado e gerou uma onda de críticas contra a empresa ao redor do mundo. Consumidores da China – um importante mercado para a companhia – defenderam vigorosamente um boicote contra a empresa. O presidente da empresa, que inicialmente tentou defender a postura da empresa, após uma avalanche de críticas, mudou de posição, e foi obrigado a pedir desculpas. "Desculpem. Vamos consertar isso", disse Muñoz em comunicado. As ações da *United Continental Holdings* chegaram a cair 4,4% nos dias seguintes ao episódio. Mais de 16 milhões de ações da *United* trocaram de dono na sessão, o maior volume em um único pregão em um ano. Nos Estados Unidos, a indignação nas mídias sociais continuou, o incidente sendo um dos mais citados no *Twitter* pelo segundo dia consecutivo. Muitos usuários promoveram hashtags *#NewUnitedAirlinesMotto* e *#BoycottUnitedAirlines*. Obviamente, no caso citado, a empresa deverá responder pela compensação moral, inclusive com indenizações punitivas.

Outro exemplo que pode ser lembrado – de dano à imagem das empresas causadas por elas próprias – é da célebre JBS. Em maio de 2017 (e, depois, em setembro do mesmo ano) o Brasil viveu um *tsunami* político-social com a publicação de conversas entre o presidente Temer e o empresário Joesley Batista. Consequências políticas à parte, é certo que os termos do acordo de delação premiada com a PGR foram severamente criticados pela sociedade, por demasiado benéficos aos empresários. É certo que a empresa JBS perderam, no período, na Bovespa, 29.39%. Um percentual muito maior do que no auge da operação Carne Fraca (que provocou uma queda de 10% nos papeis da empresa).

O STJ tem afirmado que "a pessoa jurídica, o dano moral não se configura *in re ipsa*, por se tratar de fenômeno muito distinto daquele relacionado à pessoa natural. É, contudo, possível a utilização de presunções e regras de experiência no julgamento" (STJ, RE SP 1.564.955, Rel. Min. Nancy Andrighi, 3ª T, 06/02/2018). É inviável fixar, na esfera penal, indenização mínima a título de danos morais, sem que tenha havido a efetiva comprovação do abalo à honra objetiva da pessoa jurídica (STJ, AREsp 2.267.828, Rel. Ministro Messod Azulay, 5ª T, DJe 23/10/2023).

13. DANO MORAL PODE RESULTAR DO DESCUMPRIMENTO DO CONTRATO PELO FORNECEDOR DE PRODUTOS OU SERVIÇOS?

Em princípio, um contrato não cumprido faz nascer, para o lesado, direitos e pretensões de direito material. O inadimplemento contratual não geraria, nesse raciocínio, dano moral. Porém a afirmativa há de ser recebida com reservas. Em certos casos o inadimplemento contratual pode, sem dúvida, ensejar danos morais.

Imaginemos que alguém, consumidor, contrata serviços de uma empresa de alimentos para um casamento. E no dia marcado, com centenas de convidados presentes, a empresa não aparece. O dano moral poderá se fazer presente. Nessa trilha, o aborrecimento pela perda de bagagens, pela demora no pagamento de seguro – entre outros fatos relativamente comuns –, desde que geradores de transtornos consideráveis, seriam indenizáveis como danos morais. Porém tal cabimento será excepcional: "O inadimplemento do contrato, por si só, pode acarretar danos materiais e indenização por perdas e danos, mas, em regra, não dá margem ao dano moral, que pressupõe ofensa anormal à personalidade. Embora a inobservância das cláusulas contratuais por uma das partes possa trazer desconforto ao outro contratante – e normalmente o traz – trata-se, em princípio, do desconforto a que todos podem estar sujeitos, pela própria vida em sociedade. Com efeito, a dificuldade financeira, ou a quebra da expectativa de receber valores contratados, não toma a dimensão de constranger a honra ou a intimidade, ressalvadas situações excepcionais" (STJ, REsp 202.564, Rel. Min. Sálvio de Figueiredo Teixeira, 4ª T, DJ 01/10/01). A indenização por dano moral, em casos de inadimplemento contratual, embora não seja comum, pode acontecer (STJ, REsp 1.080.679, Rel. Min. Luis Salomão, 4ª T, DJ 01/02/12). Deve-se verificar se há a lesão a um interesse existencial concretamente merecedor de tutela.

Afirmou-se, a propósito, na jurisprudência: "O descumprimento do contrato gera o direito de reparação dos danos, sejam eles de ordem patrimonial ou extrapatrimonial. Isso se aplica aos contratos em geral e, com maior razão, aos contratos de seguro, que são celebrados exatamente para liberar o segurado das preocupações que decorrem do sinistro. Portanto, na ação de indenização promovida pelo segurado contra a seguradora, tendo esta descumprido o contrato de modo descrito nos autos, cabia-lhe reparar integralmente os danos causados ao cliente, entre eles os extrapatrimoniais" (STJ, REsp 257.036, Rel. Min. Ruy Rosado de Aguiar, 4ª T, DJ 12/02/01). Mais recentemente, o STJ segue entendendo que o simples inadimplemento contratual não causa, por si só, dano moral a ser compensado. Nesse contexto, não são devidos danos morais à pessoa jurídica por descumprimento de contrato comercial (STJ, REsp 1.658.692, Rel. Min. Nancy Andrighi, 3ª T, DJ 12/06/2017). Registrou a relatora: "Afinal, no âmbito das relações negociais, em regra, o descumprimento de quaisquer das obrigações pelas partes se resolve na esfera patrimonial, mediante a reparação de danos emergentes e/ou lucros cessantes, do pagamento de juros, de multas, etc.".

Em 2023 o STJ reafirmou que o mero descumprimento contratual não gera, por si só, dano moral indenizável. Contudo, nos casos de urgência/emergência, como neste caso, a recusa indevida de cobertura gera agravamento ou aflição psicológica ao paciente, ante a situação vulnerável em que se encontra, o que enseja dano moral (STJ, AgInt no AREsp 2.404.763, Rel. Min. Marco Bellizze, 3ª T, DJe 29/11/2023).

Não há, portanto, vinculação automática entre o inadimplemento contratual e o dano moral (embora este possa resultar daquele em certos casos). Assim, em "inadimplemento contratual sem repercussão na esfera íntima do segurado, de acordo com o cenário dos autos, não é pertinente a indenização por danos morais" (STJ, REsp 702.998, Rel. Min. Menezes Direito, 3ª T, DJ 01/02/06). Porém, por outro lado, como já frisamos, a recusa injustificada (pelo plano de saúde) de proceder à internação em UTI, causando angústia e temor nos familiares do associado, configura abuso de direito, gerando dano moral indenizável (STJ, REsp 907.655, Rel. Min. Luis Salomão, 4ª T, DJ 09/12/10). Da mesma forma, a recusa do plano de saúde em cobrir o valor de *stents* usados em angioplastia, agravando aflição psicológica, dá ensejo a compensação moral (STJ, REsp 986.947, Rel. Min. Nancy Andrighi, 3ª T, DJ 26/03/08). No mesmo sentido (STJ, AgRg nos EDcl no REsp 1.169.523).

Conforme já mencionamos anteriormente, no Capítulo III, decidiu-se ser abusiva a cláusula de plano de saúde que limita despesa com internação hospitalar (STJ, REsp 735.750, Rel. Min. Raul Araújo, 4ª T, DJ 16/02/12). Não é válida, portanto, a estipulação de limite monetário para cobertura de despesas hospitalares. Anteriormente já se havia decidido ser inválida a cláusula que limita o tempo de internação hospitalar (STJ, Súmula 302). Daí decorre, além da decretação de nulidade da cláusula contratual limitativa, condenação em danos morais – arbitrados em vinte mil reais – em virtude da injusta e abusiva recusa de cobertura (o caso dizia respeito a uma mulher que faleceu em virtude de câncer no útero). O STJ, aliás, tem firme jurisprudência no sentido de que, embora o contrato possa delimitar as doenças que irá cobrir, não pode restringir os tratamentos a serem utilizados no tratamento da enfermidade (STJ, AgInt no AREsp 855.688, Rel. Min. Marco Buzzi, 4ª T, DJ 23/03/2017). A recusa, aliás, conforme antes frisamos, perfaz dano moral indenizável, segundo o STJ (trata-se de hipótese de dano moral que resulta, excepcionalmente, de descumprimento contratual). O STJ entende ser abusiva a cláusula que exclua ou limite a cobertura de materiais diretamente ligados ao procedimento cirúrgico a que se submete o consumidor (STJ, AgInt no AREsp 2.404.763, Rel. Min. Marco Bellizze,

30ª T, DJe 29/11/2023). Entende que o contrato de plano de saúde pode limitar as doenças a serem cobertas, mas não pode, ao contrário, limitar os procedimentos, exames e técnicas necessárias ao tratamento das doenças cobertas (STJ, AgInt no AREsp 622.630, Rel. Min. Isabel Gallotti, DJe 18/12/2017).

14. DANO MORAL E DANO ESTÉTICO PODEM SER CUMULADOS?

Temos, no dano estético, lesão à integridade física de alguém, de forma minimamente grave. Em geral a doutrina associa o dano estético à dor moral, mas cremos que ele pode existir independentemente de qualquer alusão à dor moral, bastando a lesão, séria, à integridade física. A grande questão a respeito do tema é indagar se estamos diante de uma categoria autônoma ou apenas de dano que poderia se encaixar ora como dano moral, ora como material, ora como ambos.

Algumas décadas atrás, os tribunais estaduais, em geral, tendiam a negar a cumulação do dano moral e dano estético. Porém, como se sabe, não foi essa a posição que prevaleceu no Brasil. Já é bastante conhecida a possibilidade de cumular danos morais com danos estéticos segundo a visão do STJ. Assim, "é possível a cumulação da indenização por dano moral e dano estético" (STJ, REsp 347.978). Nesse julgado, uma criança, ao brincar na calçada, foi atingida por ônibus que trafegava na contramão, daí advindo lesões gravíssimas. O Tribunal de Justiça concedeu 1.500 salários-mínimos, a título de danos estéticos, cumulados com 200 salários-mínimos, a título de danos morais, além da pensão mensal pela incapacidade para o trabalho, verbas que foram mantidas pelo STJ.

O ministro Sálvio de Figueiredo Teixeira ponderou: "No âmbito dos danos à pessoa, comumente incluídos no conceito de dano moral, estão a dor sofrida em consequência do acidente, a perda de um projeto de vida, a diminuição do âmbito das relações sociais, a limitação das potencialidades do indivíduo, a *perdre de jouissance de vie*, tudo elevado a um grau superlativo quando o desastre se abate sobre a pessoa com a gravidade que a fotografia de fl. 13 revela. Essas perdas, todas indenizáveis, podem existir sem o dano estético, sem a deformidade ou o aleijão, o que evidencia a necessidade de ser considerado esse dano como algo distinto daquele dano moral, que foi considerado pela sentença. E tanto não se confundem que o defeito estético pode determinar, em certas circunstâncias, indenização pelo dano patrimonial, como acontece no caso de um modelo".

É preciso, porém, segundo o STJ, que os danos moral e estético sejam distinguíveis e "passíveis de apuração em separado": "Tratando-se da denominada infecção hospitalar, há responsabilidade contratual do hospital relativamente à incolumidade do paciente, no que respeita aos meios para seu adequado tratamento e recuperação, não havendo lugar para alegação da ocorrência de 'caso fortuito', uma vez ser de curial conhecimento que tais moléstias se acham estreitamente ligadas à atividade da instituição, residindo somente no emprego de recursos ou rotinas próprias dessa atividade a possibilidade de prevenção". E complementa: "Nos termos em que veio a orientar-se a jurisprudência das turmas que integram a seção de direito privado deste tribunal, as indenizações pelos danos moral e estético podem ser cumuladas, se inconfundíveis suas causas e passíveis de apuração em separado" (STJ, REsp 116.372).

O ministro Ruy Rosado de Aguiar, julgando o REsp 65.993, teve oportunidade de afirmar: "Independentemente da nomenclatura aceita quanto ao dano extrapatrimonial, e sua classificação em dano moral, dano a pessoa, dano psíquico, dano estético, dano sexual, dano biológico, dano fisiológico, dano à saúde, dano à vida de relação, etc., cada um constituindo, com autonomia, uma espécie de dano, ou todos reunidos sob uma ou outra dessas denominações, a verdade é que para o juiz essa disputa que se põe no âmbito da doutrina, essa verdadeira 'guerra de etiquetas', de que nos fala Mosset Iturraspe (*'El daño fundado en la dimensión del hombre en su concreta realidad'*, Revista de Derecho Privado y Comunitário, 1/9) somente interessa para evidenciar a multiplicidade de aspectos que a realidade lhe apresenta, a fim de melhor perceber como cada uma delas pode e deve ser adequadamente valorizada do ponto de vista jurídico".

No caso dos autos – continua o ministro – "é preciso determinar se os danos não físicos, decorrentes da amputação traumática das duas pernas, em um homem com menos de 40 anos, vigia, percebendo a média de 7,5 salários-mínimos, casado, pai de dois filhos, estão suficientemente indenizados com a verba de um rendimento mensal por ano, a título de dano moral, nele embutido o dano estético, conforme determinado na sentença e confirmado pelo v. acórdão recorrido". A questão foi sumulada pelo STJ: "É lícita a cumulação das indenizações de dano estético e dano moral" (Súmula 387). Há casos verdadeiramente terríveis, com danos morais e estéticos gravíssimos.

Em 2018, julgando caso de paciente vítima de negligência médica na realização de cirurgia estética de rejuvenescimento facial – da qual lhe advieram sequelas irreversíveis – o STJ manteve o valor de 200 mil reais fixado pelas instâncias inferiores a título de danos estéticos e morais (STJ, REsp 1.747.874). A questão está decidida e não irá mudar. Ainda assim, cabe indagar se essa foi a melhor solução. Nota-se imensa dificuldade nos casos concretos, pelo menos em regra, para diferenciar o dano moral do dano estético. Cremos que o melhor talvez fosse, lá atrás, reconhecer que o dano estético se enquadraria em alguma das duas hipóteses tradicionais: dano moral ou material, eventualmente ambos. Na mesma linha de compreensão se escreveu que "melhor seria que se reconhecesse, para que se pudesse pôr termo às infindáveis polêmicas que o circundam, que o dano estético nada mais é que a lesão à integridade física (em detrimento da imagem da pessoa, daí o adjetivo), que pode gerar na vítima dano moral e ou patrimonial" (MONTEIRO FILHO, Carlos Edison do Rêgo. Desafios à concretização do princípio da reparação integral no Superior Tribunal de Justiça. *O Superior Tribunal de Justiça e a Reconstrução do Direito Privado*. FRAZÃO, Ana; TEPEDINO, Gustavo (Orgs). São Paulo: RT, 2011, pp. 229-271, p. 261-262, p. 268).

15. COMO SE PROVAM OS FATOS CONSTITUTIVOS DO DANO MORAL? A QUESTÃO DOS DANOS *IN RE IPSA*

A regra, no direito brasileiro, é que cabe ao autor provar os fatos constitutivos do seu direito. No CDC temos a possibilidade de inversão do ônus da prova (CDC, art. 6º, VIII). Porém, além dessa inversão do ônus probatório, judicialmente determinada, temos, em relação ao dano moral, outra particularidade que pede menção.

Esclarece a jurisprudência: "Na concepção moderna da reparação do dano moral prevalece a orientação de que a responsabilidade do agente se opera por força do simples fato da violação, de modo a tornar-se desnecessária a prova do prejuízo em concreto" (STJ, REsp 331.517, Rel. Min. Asfor Rocha, 4ª T, DJ 25/03/02). Nessa ordem de ideias vem decidindo o STJ: "O deferimento da indenização pelo dano moral sofrido com a morte do marido e pai dos autores independe de prova do efetivo sofrimento, que decorre da natureza das coisas" (STJ, REsp 153.155, Rel. Min. Ruy Rosado de Aguiar, 4ª T, DJ 16/03/98). No mesmo sentido vem sendo decidido até para fatos prosaicos, como inclusão indevida em cadastros negativos: "A inscrição indevida do nome do autor em cadastro negativo de crédito, a par de dispensar a prova objetiva do dano moral, que se presume, é geradora de responsabilidade civil para a instituição". (STJ, REsp 432.177, Rel. Min. Passarinho Júnior, 4ª T, DJ 28/10/03). O STJ, dessa forma, em casos tais, considera "a exigência da prova satisfeita com a demonstração da inscrição indevida" (STJ, REsp 293.669, Rel. Min. Carlos Alberto Menezes Direito, 3ª T, DJ 04/02/02). Nesse contexto, a inscrição/manutenção indevida do nome do devedor no cadastro de inadimplente enseja o dano moral *in re ipsa*, ou seja, dano vinculado a própria existência do fato ilícito, cujos resultados são presumidos (STJ, AgRg no AREsp 597.814, Rel. Min. Luis Salomão, DJ 21/11/2014).

Em casos de inclusões do nome do consumidor em cadastros negativos, uma vez paga a dívida, é obrigação do credor, no prazo de cinco dias, contados do pagamento efetivo, requerer a retirada do nome do consumidor do cadastro negativo. A inércia do credor em apontar o pagamento gera dever de indenizar, sob forma de dano presumido (STJ, REsp 1.149.998, Rel. Min. Nancy Andrighi, 3ª T, 15/08/12). Em outra situação, julgando situação de corte no serviço de água, decidiu-se que o dano moral dispensa, no caso, comprovação acerca da real experimentação do prejuízo não patrimonial (STJ, AgRg no AREsp 163.472, Rel. Min. Herman Benjamin, 2ª T, DJ 02/08/12).

Há uma presunção de sofrimento, extraída das circunstâncias: "A indevida inscrição em cadastro de inadimplente, bem como o protesto do título, geram direito à indenização por dano moral, independentemente da prova objetiva do abalo à honra e à reputação sofrida pelo autor, que se permite, na hipótese, presumir, gerando direito a ressarcimento que deve, de outro lado, ser fixado sem excessos, evitando-se enriquecimento sem causa da parte atingida pelo ato ilícito" (STJ, REsp 457.734, 4ª T, DJ 24/02/03). É suficiente, nesses casos, que se faça prova da inclusão indevida, não sendo necessário provar o abalo, íntimo ou social, conectado com o fato. "Em se tratando de indenização decorrente da inscrição irregular no cadastro de inadimplentes, 'a exigência de prova de dano moral (extrapatrimonial) se satisfaz com a demonstração da existência de inscrição irregular' nesse cadastro" (STJ, REsp 233.076, Rel. Min. Sálvio de Figueiredo Teixeira, 4ª T, DJ 28/02/00).

A violação à imagem (uso não autorizado) pode ensejar dano moral, ainda que não tenha havido prejuízo material, ou mesmo lesão à honra: "Civil. Uso indevido da imagem. Indenização de danos morais. O uso não autorizado de uma foto que atinge a própria pessoa, quanto ao decoro, honra, privacidade, etc., e, dependendo das circunstâncias, mesmo sem esses efeitos negativos, pode caracterizar o direito à indenização pelo dano moral, independentemente de prova de prejuízo" (STJ, REsp 85.905, Rel. Min. Ari Pargendler, 3ª T, DJ 13/12/99).

Há uma presunção *hominis* que quem perde um ente querido, ou parte do corpo, sofre dano moral, sem que seja preciso fazer menção ao abalo íntimo individualmente considerado: "O dano moral independe de prova, porque a respectiva percepção decorre do senso comum. O acidente de trabalho que resulta na perda, pelo empregado, de dois dedos de sua mão direita, gera sofrimento indenizável a título de danos morais" (STJ, REsp 260.792, Rel. Min. Ari Pargendler, 3ª T, DJ 23/10/00). Não só isso: certas ações ou omissões causam danos cujos prejuízos são presumidos, não precisam ser provados. O STJ, em 2017, decidiu que agressão à criança dispensa prova de dano moral. Trata-se de dano moral *in re ipsa*. No caso, uma mulher foi condenada a pagar quatro mil reais a título de danos morais por ter agredido – física e verbalmente – uma criança de dez anos que havia brigado com sua filha na escola (STJ, REsp 1.642.318, Rel. Min. Nancy Andrighi, 3ª T, DJ 13/02/2017).

No sentido da tese que expusemos desde a primeira edição, o STJ, posteriormente, sumulou a questão, pelo menos no que se refere ao uso não autorizado de imagem alheia. Desse modo, "independe de prova do prejuízo a indenização pela publicação não autorizada de imagem de pessoa com fins econômicos ou comerciais". (STJ, Súmula nº 403).

A propósito dos danos morais *in re ipsa*, o STJ decidiu que se a Empresa Brasileira de Correios e Telégrafos (ECT) não comprovar a efetiva entrega de carta registrada postada por consumidor, nem demonstrar causa excludente de responsabilidade, há de se reconhecer o direito à indenização por danos morais *in re ipsa*, desde que o consumidor comprove minimamente a celebração do contrato de entrega da carta registrada (STJ, EREsp 1.097.266, Rel. Min. Villas Bôas Cueva, DJ 24/02/2015).

Em relação aos danos morais presumidos, o STJ, em alguns julgados, tem afirmado que, não existindo anotação irregular nos órgãos de proteção ao crédito, a mera cobrança indevida não é dano *in re ipsa*, sendo necessária a demonstração do prejuízo. Assim, "a cobrança indevida de serviço de telefonia, quando não há inscrição em cadastro de inadimplentes, não gera presunção de dano moral, sendo imprescindível a sua comprovação" (STJ, AgRg no REsp 1.537.146, Rel. Villas Bôas, DJ 03/11/2015). De acordo com esse entendimento do STJ, portanto, a cobrança indevida de serviços não solicitados não perfaz hipótese de dano moral *in re ipsa* (STJ, AgInt no AREsp 981.620, Rel. Min. Paulo de Tarso, 3ª T, DJ 10/04/2017). De modo semelhante, o saque indevido de numerário em conta corrente, reconhecido e devolvido pela instituição financeira dias após a prática do ilícito, não configura, por si só, dano moral *in re ipsa* (STJ, REsp 1.573.859, Rel. Min. Marco Bellizze, 4ª T, DJe 13/11/2017). Já mencionamos também que para o STJ o dano moral sofrido pela pessoa jurídica não se apresenta como dano *in re ipsa* (STJ, REsp 1.564.955, Rel. Min. Nancy Andrighi, 3ª T, 06/02/2018). De igual modo, o STJ tem entendido que na hipótese de atraso de voo, não se admite a configuração do dano moral *in re ipsa* (STJ, REsp 1.584.465, Rel. Min. Nancy Andrighi, 3ª T, DJe 21/11/2018). Assim, hoje, o STJ tem considerado que o atraso ou cancelamento de voo não configura dano moral presumido (*in re ipsa*) e, por isso, a indenização somente será devida se comprovado algum fato extraordinário (STJ, REsp 1.796.716, Rel. Min. Nancy Andrighi, 3ª T, DJe 29/08/2019). Ainda nessa linha o STJ tem entendido que o saque indevido em conta-corrente não configura, por si só, dano moral *in re ipsa* (presumido), podendo, contudo, observadas as particularidades do caso, ficar caracterizado o respectivo dano se demonstrada a ocorrência de violação significativa a algum direito da personalidade do correntista (STJ, AgInt no AREsp 1.407.637, Rel. Min. Marco Bellizze, 3ª T, DJe 25/06/2019).

O vazamento de dados pessoais não gera dano moral presumido (STJ, AREsp 2.130.619, Rel. Min. Francisco Falcão, 2ª T, DJe 10/03/2023). O tribunal argumentou que o vazamento de dados pessoais, a despeito de se tratar de falha indesejável no tratamento de dados de pessoa natural por pessoa jurídica, não gera, por si só, dano moral indenizável. Ou seja, o dano moral não é presumido, sendo necessário que o titular dos dados comprove eventual dano decorrente da exposição dessas informações. Diferente seria se estivéssemos diante de vazamento de dados sensíveis, que dizem respeito à intimidade da pessoa natural.

16. A QUESTÃO DO NEXO CAUSAL NO DANO MORAL

O dano deve estar ligado, em relação causal, com a ação ou omissão. Sem o nexo causal inexiste responsabilidade civil, pois não haverá ligação entre o dano e a atividade do ofensor (essa pelo menos é a regra amplamente seguida). Se a casa de alguém começa a apresentar rachaduras que tiveram início justamente quando o vizinho começou reforma em imóvel contíguo, é possível que a vítima ingresse com ação pedindo a reparação dos prejuízos sofridos. Digamos que, no curso dessa ação, seja feita perícia que venha a comprovar que as rachaduras, verificadas na casa, provieram, não da reforma do vizinho, mas das obras do metrô que estão sendo feitas em local próximo. Rompido estará, nesse caso, o nexo causal. O dano existe, mas não está relacionado à atividade do vizinho.

A jurisprudência já teve oportunidade de enfrentar caso de hemofílico que contraiu o vírus da Aids em transfusão de sangue. Ingressou, em razão disso, com ação contra hospital no qual fizera a transfusão. O hospital, porém, na defesa, alegou e provou que o autor já fizera inúmeras outras transfusões, em outros hospitais, o que romperia o nexo causal com a atividade do réu (alerte-se que a demanda poderia ter outra solução, se o juiz, a pedido do autor, invertesse o ônus da prova, a teor do prescrito no art. 6º, VIII, do CDC). Certa ou errada a decisão, a questão foi analisada à luz do nexo causal.

Estamos diante de um tema difícil, pouco claro. José Roberto de Castro Neves ironiza: "Não há dúvida de que o nexo de causalidade é o mais temível dos elementos da responsabilidade civil. A sua análise parece título de filme de terror: 'Peça para entrar, reze para sair'. Agostinho Alvim reconhece que o tema "encerra muitas dificuldades". Caio Mário admite que esse é o mais delicado dos elementos da responsabilidade civil. Ennecerrus desabafou que "a difícil questão de saber até onde vai o nexo causal não se pode resolver nunca, de uma maneira plenamente satisfatória, mediante regras abstratas, mas em caso de dúvida o juiz há de resolver segundo sua livre convicção, ponderando todas as circunstâncias".

A concepção mais atual – sem desconhecer o nexo causal como vínculo de fato entre uma conduta e um resultado – agrega outras dimensões de análise. Passa a reconhecer, antes de mais nada, que estamos diante de um vínculo jurídico. O direito de danos dos nossos dias já percebeu que a causalidade é um juízo de imputação jurídica (MULHOLLAND, Caitlin. *A responsabilidade civil por presunção de causalidade*. Rio de Janeiro: GZ Editora, 2009, p. 95-97). O nexo não é mais apenas naturalístico, ele é sobretudo imputacional. Não é algo simples de ser descrito em poucas linhas, mesmo porque não é algo concluído, é um processo ainda em formação. Mas podemos resumir esta tendência dizendo: não se trata, às vezes, de descobrir quem causou o dano. Trata-se, isso sim, de acordo com o ordenamento, de decidir quem vai responder por ele. Por exemplo, mesmo uma empresa que não "causou" o dano poderá ser civilmente responsável por ele, se o dano estiver em sua "esfera de risco" (fortuito interno).

Obviamente não somente ações, mas também omissões podem gerar responsabilidade civil. Se, porém, inexiste relação direta entre a omissão – ou a ação – e o dano, inexistirá dever de reparar. o nexo causal fica esvaído, afastando o vínculo entre o dano e a atividade. Decidiu o STF: "Responsabilidade civil do Estado. Art. 37, § 6º, da Constituição Federal. Latrocínio praticado por preso foragido, meses depois da fuga. Fora dos parâmetros da causalidade não é possível impor ao poder público uma responsabilidade ressarcitória sob o argumento de falha no sistema de segurança dos presos" (STF, RE 172.025, Rel. Min. Ilmar Galvão, 1ª T, DJ 19/12/96). Aliás, o nexo causal por omissão não era muito claro na jurisprudência do STF (embora a matéria não seja de consumidor, citaremos alguns breves parágrafos do que escrevemos em outra obra: *Novo Manual de Responsabilidade Civil*. Salvador: Juspodivm, 2022). Aliás, talvez seja o caso de afirmar que o panorama acerca do nexo causal – pelo menos por enquanto – não é claro *em lugar algum*. Vejamos a questão sob um prisma conhecido, a responsabilidade civil estatal por omissão, no caso de danos causados por presos que fogem dos presídios .

José Roberto de Castro Neves, a respeito, contextualiza: "Há dois casos conhecidos julgados pelo Supremo Tribunal Federal. No primeiro, de 1992 (RE n. 130.764-1-PR), do qual foi relator o Ministro Moreira Alves, um marginal, que fugiu da prisão, cometeu um crime, meses depois de sua evasão. O lesado reclamou do Estado do Paraná uma indenização, porque o Estado havia permitido a fuga. De fato, se o infrator não tivesse escapado, não teria cometido o crime. O STF entendeu que não havia nexo causal, porque não viu uma relação direta entre a fuga e o delito, em função do tempo – 21 meses – transcorridos entre os dois fatos, a fuga e o crime".

Continua: "Em outro caso, julgado em 2000 (RE n. 136.247-RJ), do qual foi relator o Ministro Sepúlveda Pertence, o mesmo ocorreu: um bandido fugiu da prisão e cometeu um crime. Neste caso, contudo, o crime cometido foi quase imediatamente após a fuga. Diante disso, entendeu-se que havia o nexo e o Estado foi responsabilizado" (CASTRO NEVES, José Roberto de. Responsabilidade civil – vinte rachaduras, quebras e desmoronamentos (e uma canção desesperada). *RTDC*, v. 33, ano 9, jan-mar/2008, pp. 219-246).

Houve, também, o RE 409.203-4-RS, julgado em 2006, no qual se concluiu pela responsabilização do Estado. O Ministro Celso de Mello, ao votar, consignou: "As circunstâncias do presente caso evidenciam que o nexo de causalidade material restou plenamente configurado em face do comportamento omissivo em que incidiu o Poder Público, que se absteve de promover a fiscalização do cumprimento da pena pelo autor do fato, que já havia fugido em 7 (sete) oportunidades. Essa omissão do Estado do Rio Grande do Sul foi causa direta do evento danoso. Diante das inúmeras fugas do condenado, a autoridade competente tinha o dever de ser mais vigilante e de promover a regressão do sentenciado em referência no regime de cumprimento de pena. Se o Estado houvesse assim agido, procedendo com diligência em face dos incidentes anteriormente registrados, o apenado em questão teria sido submetido a regime penal mais gravoso, o que o teria impedido de praticar os delitos gravíssimos que veio a cometer".

A matéria não estava muito clara no STF, pelo menos até 2020.

O STF, em 2020, decidiu que nos danos decorrentes de crime praticado por alguém foragido do sistema prisional, apenas se caracteriza a responsabilidade civil objetiva do Estado quando ficar evidenciado o nexo causal entre o momento da fuga e o delito (STF, RE 608.880). No caso concreto, um preso fugiu de um presídio onde cumpria pena em regime fechado e, três meses depois da fuga, cometeu latrocínio. O TJMT entendeu que havia nexo causal entre a fuga e o crime. O governo de Mato Grosso, no recurso ao STF, argumentou que não poderia ter responsabilizado por fato de terceiro e que houve lapso temporal de três meses entre a fuga e o crime. O STF, embora tenha reafirmado a responsabilidade objetiva do Estado nas omissões, entendeu não haver sequência lógica e imediata entre a fuga e o latrocínio, o que afasta o nexo causal. A tese de repercussão geral fixada foi a seguinte: "Nos termos do artigo 37 §6º da Constituição Federal, não se caracteriza a responsabilidade civil objetiva do Estado por danos decorrentes de crime praticado por pessoa foragida do sistema prisional, quando não demonstrado o nexo causal direto entre o momento da fuga e a conduta praticada".

Um dos temas mais complexos – e crescentemente discutido em sede de responsabilidade civil – é, seguramente, a questão do nexo causal. Quais antecedentes de fato são relevantes para desencadear a responsabilidade civil? Quais são irrelevantes? É possível fazer um juízo de probabilidades? Na prática jurisprudencial o que se tem visto, com alguma frequência, é larga dose de subjetivismo ao fixar o nexo causal, ainda que se invoque essa ou aquela teoria como lastro argumentativo.

Em relação ao nexo causal, o CDC não traz dispositivo específico.

O Brasil adotou a teoria do dano direto e imediato. O STJ explicitamente reconheceu que a teoria adotada no Brasil, em relação ao nexo causal, é a teoria do dano direto e imediato, também chamada teoria da interrupção do nexo causal (STJ, REsp 858.511). Em relação ao nexo causal, nosso Código Civil, segundo Carlos Roberto Gonçalves, adotou, indiscutivelmente, a teoria do dano direto e imediato (GONÇALVES, Carlos Roberto. *Responsabilidade civil*. São Paulo: Saraiva, 2003, p. 524). Gustavo Tepedino esclarece: "Como se sabe, em termos de causalidade, prevalece no Brasil a teoria do dano direto e imediato (ou da necessariedade do dano), sufragado pela melhor doutrina e pelo Supremo Tribunal Federal". O jurista destaca ainda: "Por todas estas circunstâncias, pode-se considerar como prevalentes, no direito brasileiro, as posições doutrinárias que, com base no art. 403 do Código Civil brasileiro (correspondente ao art. 1.060 do Código Civil de 1916), autodenominando-se ora de teoria da interrupção do nexo causal (Supremo Tribunal Federal), ora de teoria da causalidade adequada (STJ e TJRJ), exigem a 'causalidade necessária' entre a causa e o efeito danoso para o estabelecimento da responsabilidade civil" (TEPEDINO, Gustavo. *Temas de Direito Civil*. t. II. Rio de Janeiro: Renovar, 2006, p. 72 e 105).

Nesse contexto, utiliza-se indistintamente – em boa parte das vezes – as expressões "teoria do dano direto e imediato", "teoria da causalidade adequada", e "teoria da interrupção do nexo causal".

O STJ afirmou: "Relativamente ao elemento normativo do nexo causal em matéria de responsabilidade civil, vigora, no direito brasileiro, o princípio de *causalidade adequada* (ou do *dano direto e imediato*), cujo enunciado pode ser decomposto em duas partes: a primeira (que decorre, *a contrario sensu,* do art. 159 do CC/16 e do art. 927 do CC/2002, que fixa a indispensabilidade do nexo causal), segundo a qual ninguém pode ser responsabilizado por aquilo a que não tiver dado causa; e a outra (que decorre do art. 1.060 do CC/16 e do art. 403 do CC/2002, que fixa o conteúdo e os limites do nexo causal), segundo a qual somente se considera causa o evento que produziu direta e concretamente o resultado danoso" (STJ, REsp 1.198.829). Da mesma forma o STJ apontou que "à luz do comando normativo inserto no art. 403 do Código Civil, sobre nexo causal, em matéria de responsabilidade civil – contratual ou extracontratual, objetiva ou subjetiva – vigora, no direito brasileiro, o princípio da *causalidade adequada*, também denominado princípio do *dano direto e imediato*" (STJ, REsp 325.622).

A infecção hospitalar que, reconhecidamente tem liame causal com os danos sofridos por recém-nascido, impõe o afastamento das concausas – a prematuridade e o baixo peso do bebê recém-nascido –, atraindo assim a responsabilidade do hospital pelo pagamento integral das indenizações, à luz da teoria da causalidade adequada (dano direto e imediato). (STJ, processo em segredo de justiça, Rel. Min. Marco Buzzi, 4ª T, 06/06/2023). O STJ frisou que as circunstâncias apontadas pelo hospital como supostos fatos exclusivos da vítima (ou mesmo fatos preexistentes suficientemente capazes de dar ensejo ao quadro desenvolvido pela criança), na verdade são riscos intrínsecos da própria atividade desenvolvida pelo hospital, não sendo aptos a afastar o nexo causal entre a falha no fornecimento do serviço e as sequelas sofridas pelo menor.

16.1. Repensando o nexo causal: flexibilizações e presunções do nexo causal

Convém, ainda, neste tópico, dizer algumas palavras sobre o nexo causal.

Os estudos relativos ao nexo causal avançaram muito nas últimas décadas. O tema requer a adoção de um olhar estratégico e inteligente em relação ao relevante instituto da responsabilidade civil. Aliás, nos nossos dias a tutela jurídica é continuamente desafiada a se reinventar – se quiser continuar a ter relevância. Não basta impor velhas fórmulas – é fundamental, além disso, impor com legitimidade, à luz da pluralidade e do diálogo. Pensar na experiência jurídica no século XXI é pensar continuamente em legitimidade.

Cada vez mais surgem, em doutrina, refinadas análises teóricas a respeito da flexibilização ou mesmo da presunção do nexo causal.

Nesse contexto, o nexo causal é um tema que está sendo reinventado pela doutrina. Novas e fecundas análises surgem, ora propondo sua flexibilização, ora sua presunção. Não deixa de ser óbvia – e de modo nenhum nova, já encontramos algo parecido em Kelsen – a ideia de que o direito constrói as próprias realidades. Talvez hoje fosse mais adequado falar que o direito constrói seus próprios nexos de imputação. Que são, muitas vezes, menos naturalísticos e mais imputacionais. Em relação, por exemplo, ao nexo causal, cada vez menos ele é enxergado como portal absoluto de entrada no reino da responsabilidade civil. As visões, aos poucos, estão mudando, em tendência ainda não consolidada, ainda não teoricamente definida. Trata-se, enfim, de algo novo, de uma verdadeira mudança de paradigmas em relação à construção conceitual da responsabilidade civil que recebemos dos séculos passados. Podemos, nesse sentido, em certos casos, relativizar o nexo causal, sobretudo lendo o nexo causal à luz do princípio da solidariedade social e tendo como pano de fundo a proteção prioritária da vítima do dano.

Os estudos mais atuais têm notado que "o nexo de causalidade deve ser reinterpretado para alcançar os objetivos da responsabilidade civil contemporânea" (MULHOLLAND, Caitlin Sampaio. *A responsabilidade civil por presunção de causalidade*. Rio de Janeiro: GZ, 2010, p. 7). Mais adiante a autora argumenta que "sempre que uma determinada conduta ou atividade for adequada para produzir um determinado dano, isto é, sempre que em casos semelhantes, abstratamente considerados, tenha demonstrado uma adequação em relação à ocorrência do dano (*id quod plerumque accidit*), aí estará a causalidade demonstrada por via da presunção" (MULHOLLAND, Caitlin Sampaio. *A responsabilidade civil por presunção de causalidade*. Rio de Janeiro: GZ, 2010, p. 280). Em sentido contrário, porém, o Enunciado 659 das *Jornadas de Direito Civil* (2022) aponta: "O reconhecimento da dificuldade em identificar o nexo de causalidade não pode levar à prescindibilidade da sua análise". Ainda que existam visões discordantes sobre o tema, a doutrina mais atual segue propondo novos modelos de análise. Não concordamos com a afirmação contida no Enunciado 659 das *Jornadas de Direito Civil*, pelo menos não em termos absolutos. Paulo Lôbo, com razão, observa: "A relativização do nexo de causalidade tem esbarrado em afirmações categóricas de sua imprescindibilidade, contrariando a evolução do direito brasileiro".

Em relação ao nexo causal, *cada vez menos* ele é enxergado como portal absoluto de entrada no reino da responsabilidade civil (por isso alguns autores falam em erosão dos filtros da responsabilidade civil, no sentido de que as barreiras que restringiam o dever de indenizar, como a culpa e o nexo causal, estão se rompendo). As visões, aos poucos, estão mudando, em tendência ainda não consolidada, ainda não teoricamente definida. Trata-se, enfim, de algo novo, de uma verdadeira mudança de paradigmas em relação à construção conceitual da responsabilidade civil que recebemos dos séculos passados. Podemos, nesse sentido, em certos casos, relativizar o nexo causal, sobretudo lendo o nexo causal à luz do princípio da solidariedade social e tendo como pano de fundo a proteção prioritária da vítima do dano.

Convém citar trecho de julgado do STJ que identifica bem o que está acontecendo: "Estudos mais modernos acerca da responsabilidade civil, especialmente no âmbito do microssistema de defesa do consumidor, têm apontado para a evolução, e quiçá a superação, da análise do pressuposto do nexo de causalidade, deslocando-se o exame da imputação da responsabilidade (objetiva) ao fornecedor de produtos e serviços a partir da assunção dos riscos inerentes às atividades desenvolvidas" (STJ, REsp 1.861.013, Rel. Min. Villas Bôas Cueva, 3ª T, DJe 09/08/2021).

Estamos numa época de transição. Não será agora – cremos – que teremos uma resposta definitiva sobre o assunto.

17. RESPONSABILIDADE CIVIL DAS EMPRESAS DE ESTACIONAMENTO

As empresas de estacionamento são uma realidade contemporânea, especialmente nos grandes centros urbanos. Oferecem a guarda temporária de veículos em locais presumivelmente seguros. Respondem as referidas empresas pelos danos causados, por seus empregados ou por terceiros, aos veículos estacionados. A Súmula 130, STJ, resumiu a orientação do Tribunal: "A empresa responde, perante o cliente, pela reparação de dano ou furto de veículo ocorridos em seu estacionamento".

Se, digamos, alguém, ao retornar ao estacionamento aonde deixou seu carro, tem a desagradável surpresa de não o encontrar, ou encontrá-lo danificado (vidros quebrados, lataria amassada, pneus furados, etc.), terá direito à reparação dos danos, sem que seja necessária, para tanto, a prova da culpa da empresa. A responsabilidade do estacionamento é objetiva. Aplica-se à hipótese o CDC, cujo art. 14 responsabiliza, sem culpa, os prestadores de serviço.

O ticket ou bilhete de estacionamento é prova bastante da relação de guarda do veículo, no dia e hora lá referidos, não sendo necessárias, em princípio, outras provas. O juiz, havendo verossimilhança ou hipossuficiência do consumidor, poderá inverter o ônus da prova, imputando ao fornecedor de serviços o ônus de provar que o consumidor não estacionou o veículo no estabelecimento no dia em que aconteceu o dano.

17.1. Excludentes de responsabilidade civil

O estacionamento não responderá se comprovar alguma das excludentes de responsabilidade civil, como o caso fortuito e a força maior, além da culpa exclusiva da vítima.

Se, digamos, houve fortíssima chuva, com queda de granizos, e o estacionamento era descoberto, não poderá o consumidor pretender ser reparado, eis que a constatação do fortuito se impõe. A jurisprudência, ante o silêncio do CDC – que não listou o caso fortuito e a força maior dentre as excludentes de reparação – tem entendido, corretamente, que em ambos os casos inexiste dever de reparar, por rompido o nexo causal: "O fato de o artigo 14, § 3º, do Código de Defesa do Consumidor não se referir ao caso fortuito e à força maior, ao arrolar as causas de isenção de responsabilidade do fornecedor de serviços, não significa que, no sistema por ele instituído, não possam ser invocadas" (STJ, REsp 330.523, Rel. Min. Menezes Direito, 3ª T, DJ 25/03/02).

É preciso, no entanto, interpretar com rigor tais hipóteses, que são raras e excepcionais, pois o prestador de serviços assume o risco do negócio, respondendo objetiva pelos danos verificados. Além do CDC, o Código Civil, no parágrafo único do art. 927, consagra explicitamente a teoria do risco.

É equivocado, por exemplo, como pretendem alguns, isentar o estacionamento de responsabilidade em caso de furto ou mesmo roubo de veículo. Responderá, portanto, a empresa de estacionamento, pelo roubo ou furto acontecido em veículo sob sua guarda. Nesse sentido é a jurisprudência do STJ: "Indenização. Roubo de veículo em estacionamento. Responsabilidade. Força maior. A ocorrência de roubo não constitui causa excludente da responsabilidade da empresa exploradora do estacionamento, pois a obrigação de prestar segurança se acha ínsita ao ramo de atividade por ela exercida. Precedentes da Quarta Turma". (STJ, REsp 230.180, Rel. Min. Barros Monteiro, 4ª T, DJ 25/03/02).

O STJ tem posição definida no sentido de que as empresas que exploram comercialmente estacionamentos respondem pelos danos que os veículos neles parados sofrerem, incluídos os eventuais roubos a mão armada. Um dos argumentos da jurisprudência, a propósito, é que o risco é inerente à atividade, integrando o contrato de depósito. Deve por isso a empresa de estacionamento se cercar das cautelas próprias.

Desse modo, a "empresa que explora o serviço de estacionamento de veículos é responsável pela eficiente guarda e conservação dos mesmos, devendo, por isso, empreender todos os esforços necessários a tanto, dotando o local de sistema de vigilância adequado ao mister que se propõe realizar, desservindo, como excludente, a título de força maior, haver sofrido roubo, fato absolutamente previsível em atividade dessa natureza, mormente dado o elevado valor dos bens que lhe são confiados, altamente visados por marginais, por servirem, inclusive, como instrumento à prática de outros crimes" (STJ, REsp 303.776, Rel. Min. Aldir Passarinho Júnior, 4ª T, DJ 25/06/01).

Ainda que inevitável, pelo roubo à mão armada responde o estacionamento, não sendo lícito imputar-se o dano ao consumidor. A prática empresarial recomenda, em casos tais, a contratação de seguro, como forma de preservar a saúde financeira da empresa frente a semelhantes danos, geralmente vultosos.

As cláusulas de irresponsabilidade, ou de não indenizar, são obviamente nulas, eis que incompatíveis com as relações de consumo (CDC, art. 51, I), fundadas em normas cogentes. Se, digamos, um cliente deixa, dentro do carro estacionado, um computador portátil, que desaparece em virtude do arrombamento do veículo, de nada valerão as disposições, impressas em placas ou no ticket, excludentes da responsabilidade do estacionamento.

É princípio geral da responsabilidade civil que a culpa exclusiva da vítima, rompendo o nexo causal, exclui a reparação. Se – imaginemos – o carro estacionado se incendeia, a empresa de estacionamento não responderá, se a causa do fogo for atribuível ao proprietário do veículo. Esta prova, porém, compete ao estacionamento, sendo de se presumir, em princípio, sua responsabilidade.

17.2. Irrelevância da gratuidade

Pouco importa, para a atribuição da responsabilidade à empresa de estacionamento, que o mesmo seja gratuito ou haja cobrança: "Civil. Responsabilidade. Furto de veículo. Estacionamento de supermercado. Consolidou-se a jurisprudência do Superior Tribunal de Justiça no sentido de que a gratuidade do estacionamento não arreda a obrigação de indenização, pois, ante o interesse da empresa em dispor da facilidade para atrair clientela, patenteia-se o dever de guarda e vigilância". (STJ, REsp 50.502, Rel. Min. Costa Leite, 3ª T, DJ 05/09/94).

Lembre-se, conforme já ressaltado acima, que pouco importa que o consumidor tenha, efetivamente, adquirido algum produto, ou utilizado determinado serviço. Também é irrelevante que tenha havido, ou não, cobrança pelo estacionamento: "Firmou-se jurisprudência no sentido de que as empresas devem indenizar as vítimas de furto de veículo em seus estacionamentos, haja ou não remuneração pela estadia" (STJ, AgRg no Ad 336.298, Rel. Min. Ari Pargendler, 3ª T, DJ 25/03/02).

17.3. Outras hipóteses

Existem múltiplas espécies de relações de consumo que podem, assim como as empresas de estacionamento, causar danos materiais e morais aos consumidores. Vejamos, com brevidade e concisão, algumas delas.

17.3.1. Shopping centers ou supermercados

Um dos fortes atrativos dos shoppings reside, sem dúvida, na segurança. Segurança para os veículos, segurança para as pessoas. É inegável que tais custos compõem o negócio. Num mundo crescentemente violento, a segurança é um bem valioso. O shopping, implicitamente, promete segurança. Responderá civilmente, quando a segurança prometida falhar. Nesse sentido, muito corretamente, tem entendido a jurisprudência: "Responsabilidade civil. (...). Assalto à mão armada iniciado dentro de estacionamento coberto de hipermercado. Tentativa de estupro. Morte da vítima ocorrida fora do estabelecimento, em ato contínuo. Relação de consumo. Fato do serviço. Força maior. Hipermercado e shopping center. Prestação de segurança aos bens e à integridade física do consumidor. Atividade inerente ao negócio. Excludente afastada. (...). – A prestação de segurança aos bens e à integridade física do consumidor é inerente à atividade comercial desenvolvida pelo hipermercado e pelo shopping center, porquanto a principal diferença existente entre estes estabelecimentos e os centros comerciais tradicionais reside justamente na criação de um ambiente seguro para a realização de compras e afins, capaz de induzir e conduzir o consumidor a tais praças privilegiadas, de forma a incrementar o volume de vendas. – Por ser a prestação de segurança e o risco ínsitos à atividade dos hipermercados e shopping centers, a responsabilidade civil desses por danos causados aos bens ou à integridade física do consumidor não admite a excludente de força maior derivada de assalto à mão armada ou qualquer outro meio irresistível de violência". (STJ, REsp 419.059, Rel. Min. Nancy Andrighi, 3ª T, DJ 29/11/04).

Não há necessidade, para o jurista do século vinte e um, de buscar similitudes com as figuras clássicas – indagando, por exemplo, de que espécie de depósito se trata (se voluntário, se tácito, se "sui generes"). Nos termos do CDC, para efeito da responsabilidade pelo fato do produto ou serviço, são consumidores todas as vítimas do evento (art. 17, CDC), independentemente de ter havido a realização de um contrato de consumo.

Aduziu o STJ: "Direito civil. Responsabilidade civil. Furto em estacionamento. Shopping center. Veículo pertencente a possível locador de unidade comercial. Existência de vigilância no local. Obrigação de guarda. Indenização devida. A responsabilidade pela indenização não decorre de contrato de depósito, mas da obrigação de zelar pela guarda e seguranças dos veículos estacionados no local, presumivelmente seguro" (STJ, REsp 437.649, Rel. Min. Sálvio de Figueiredo Teixeira, 4ª T, j. 06/02/03, p. DJ 24/02/03).

Em sentido semelhante: "Responsabilidade civil. Estacionamento. Supermercado. Furto de veículo (...). Incidência da Súmula 130. Desnecessidade da caracterização do depósito, pois se trata de relação contratual de fato" (STJ, REsp 120.719, Rel. Min. Ruy Rosado de Aguiar, 4ª T, DJ 12/04/99).

É irrelevante para a configuração da responsabilidade civil do shopping: a) que o estacionamento seja gratuito ou pago; b) que quem parou o veículo tenha feito compras no estabelecimento.

Os shoppings, em sua maioria, nos últimos anos, passaram a cobrar pelo estacionamento, talvez porque tenham percebido que, cobrando ou não, responderiam civilmente pelos danos ocorridos no estacionamento, como roubos ou furtos.

Já há mais de uma década o STJ firmou posição no sentido de que a gratuidade do estacionamento não afasta o dever de indenizar: "Civil. Responsabilidade. Furto de veículo. Estacionamento de supermercado. Consolidou-se a jurisprudência do Superior Tribunal de Justiça no sentido de que a gratuidade do estacionamento não arreda a obrigação de indenização, pois, ante o interesse da empresa em dispor da facilidade para atrair clientela, patenteia-se o dever de guarda e vigilância". (STJ, REsp 50.502, Rel. Min. Costa Leite, 3ª T, DJ 05/09/94).

Também é desnecessário, para surgir a responsabilidade do shopping, que tenha havido compra de produto ou utilização de serviço por parte de quem estacionou o veículo. Quem sofre um dano, no sistema de consumo, é consumidor por equiparação, e como tal recebe toda a proteção normativa pertinente. "A jurisprudência deste Tribunal não faz distinção entre o consumidor que efetua compra e aquele que apenas vai ao local sem nada despender. Em ambos os casos, entende-se pelo cabimento da indenização em decorrência do furto de veículo" (STJ, REsp 437.649, Rel. Min. Sálvio de Figueiredo Teixeira, 4ª T, DJ 24/02/03).

Repita-se, mais uma vez, embora pisando na lama da obviedade, que as cláusulas de irresponsabilidade, ou de não indenizar, em nada alteram a situação descrita. Nenhum efeito têm os avisos que alardeiam a exclusão da responsabilidade do estabelecimento comercial pelos danos. Aliás, tal exclusão sequer seria possível de ser inserida em contrato individualizado com o consumidor, eis que o CDC é norma de ordem pública e interesse social (CDC, art. 1º), o que afasta a possibilidade de disposição contratual de suas normas.

Podemos dizer, para sintetizar, e com base em julgados recentes, que o STJ tem decidido que a responsabilidade civil do shopping center no caso de danos causados à integridade física dos consumidores ou aos seus bens não pode ser afastada sob a alegação de caso fortuito ou força maior, pois a prestação de segurança devida por este tipo de estabelecimento é inerente à atividade comercial exercida por ele (STJ, AgRg no REsp 1.487.443, Rel. Min. Moura Ribeiro, 3ª T, DJ 31/08/2016). Decidiu-se, de modo semelhante, que também "é responsável o Supermercado, instalado dentro de shopping center, em caso de assalto à transportadora de valores que retirava malotes de dinheiro daquele estabelecimento pela lesão provocada ao consumidor bystander, ocasionada por disparo de arma de fogo" (STJ, REsp 1.327.778, Rel. Min. Luis Felipe Salomão, 4ª T, DJ 23/08/2016). Nesse contexto, nos termos da orientação jurisprudencial do STJ, "o roubo à mão armada ocorrido nas dependências de estacionamento mantido por estabelecimento comercial não configura caso fortuito apto a afastar o dever de indenizar" (STJ, AgRg no AREsp 840.534, Rel. Min. Raul Araújo, 3ª T, DJ 13/04/2016).

17.3.2. Estacionamento de hospital

De igual modo, se o roubo ou furto se dá em estacionamento de hospital, não há, em linha de princípio, razão para adotar hermenêutica diversa. Assim entende a jurisprudência: "Furto de veículo em estacionamento de hospital. Aplicação da Súmula 130, segundo a qual 'a empresa responde, perante o cliente, pela reparação de dano ou furto de veículo ocorridos em seu estacionamento" (STJ, REsp 73.243, Rel. Min. Nilson Naves, 3ª T, DJ 27/05/96).

17.3.3. Estacionamento de hotel

Com mais forte razão se impõe a responsabilidade do fornecedor de serviços se o dano ao veículo ocorreu no interior de hotel. A empresa hoteleira responderá pelo dano. Essa é a trilha jurisprudencial brasileira: "Responsabilidade civil. Hotel. Roubo no estacionamento. Dever de vigilância e guarda. Excludente de força maior não caracterizada. Empresa que não toma precauções mínimas tendentes a evitar ocorrências de tal natureza. Falta ao dever de vigilância e guarda" (STJ, REsp 227.014, Rel. Min. Barros Monteiro, 4ª T, DJ 25/03/02).

17.3.4. Estacionamento por manobristas de restaurantes

Questão interessante diz respeito aos danos causados a veículos entregues a manobristas de restaurantes ou similares. "Civil. Ação de indenização. Furto de veículo estacionado por manobrista de restaurante. Contrato de depósito. Responsabilidade do estabelecimento. CC, art. 159. I. A entrega de veículo em confiança a manobrista de restaurante caracteriza contrato de depósito e, como tal, atrai a responsabilidade do estabelecimento comercial pelo furto, ainda que na via pública, impondo-lhe o dever de indenizar o proprietário pelos prejuízos daí decorrentes". (STJ, REsp 419.465, Rel. Min. Aldir Passarinho Júnior, 4ª T, DJ 05/05/03).

No mesmo sentido: "Civil. Responsabilidade. Furto de veículo entregue a preposto do restaurante. Contrato de depósito. Dever de indenizar. Precedentes (...). I. Nos termos da jurisprudência desta Corte, a entrega do veículo ao preposto do restaurante configura contrato de depósito, ensejando a responsabilidade da empresa pelo furto do mesmo, sendo desinfluente a inexistência de estacionamento próprio" (STJ, AgRg no AG 260.823, Rel. Min. Sálvio de Figueiredo Teixeira, 4ª T, DJ 08/03/00).

Julgando caso de furto de veículo ocorrido durante o estacionamento em via pública (estacionamento realizado pelo manobrista da empresa), o STJ decidiu: "O empresário assume o dever de custódia e vigilância dos veículos de seus clientes. Risco da atividade" (STJ, AgRg no REsp 74.422, Rel. Min. Sidnei Beneti, 3ª T, DJ 01/02/2012).

A jurisprudência do STJ tem realizado, em relação aos serviços de manobristas (*valet parking*), a seguinte diferenciação: a) em caso de furto dos veículos estacionados pelos manobristas, a empresa responde civilmente (STJ, AgRg no REsp 74.422, acima citado); b) em caso de roubo, ainda que o veículo esteja sob a responsabilidade e guarda da empresa, ela não responderá. Entende-se, nesse segundo caso, que "no serviço de manobristas de rua (*valets*), as hipóteses de roubo constituem, em princípio, fato exclusivo de terceiro, não havendo prova da concorrência do fornecedor, mediante defeito na prestação do serviço, para o evento danoso". Continua o acórdão: "Reconhecimento pelo acórdão recorrido do rompimento do nexo causal pelo roubo praticado por terceiro, excluindo a responsabilidade civil do restaurante fornecedor do serviço do manobrista (art. 14, § 3º, II, do CDC)" (STJ, REsp 1.321.739, Rel. Min. Paulo de Tarso Sanseverino, 3ª T, DJ 10/09/2013).

Não cremos que a distinção entre furto e roubo – categorias conceituais próprias do direito penal – possam ter relevância tão profunda em sede de responsabilidade civil. O correto, em ambos os casos, em nossa visão, seria responsabilizar a empresa, à luz do risco da atividade. Por que os riscos da atividade, no caso dos roubos nos shoppings, correm por conta da empresa, ao passo que os riscos da atividade, no caso das empresas de manobristas, correm por conta das vítimas? Há argumentos constitucionalmente consistentes para essa diferenciação? Convém sempre lembrar que o direito de danos dos nossos dias orienta-se fortemente no sentido da proteção prioritária da vítima do dano.

Aliás, talvez certas situações de desequiparação talvez não estejam sendo sequer percebidas, ainda que frequentes e até cristalizadas em nossos julgados. Podemos dizer que existe, na jurisprudência brasileira, uma compreensão restrita acerca dos riscos (pelo menos *certos* riscos, diante de *certas* vítimas, de *certas* situações). Por exemplo, o STJ tem dito até agora que os usuários de transporte público não têm direito à segurança, mas os usuários dos shoppings (e de seus estacionamentos) têm. No primeiro caso, o assalto não gera consequência jurídica alguma (sob o ângulo da responsabilidade civil – nem das empresas de transporte, nem do Estado). Já no segundo caso, o shopping responderá pelos danos (morais, materiais e estéticos. Conforme: STJ, AgRg no REsp 1.487.443, 3ª T, Rel. Min. Moura Ribeiro, DJ 31/08/2016; STJ, AgRg no AREsp 840.534, Rel. Min. Raul Araújo, 4ª T, DJ 13/04/2016). Há, sem dúvida, um desnível de proteção, escalas diferenciadas relativamente ao que podem esperar do direito de danos os usuários de transporte público e os usuários de shopping centers (lembremos, aliás, que ambos são consumidores, à luz do Código de Defesa do Consumidor).

17.3.5. Estacionamento de postos de combustível

Veículos podem ser furtados, roubados, ou de outra forma danificados enquanto estacionados em postos de combustível. Se o proprietário lá deixou para a realização de determinados serviços – crescentemente realizados pelos postos de combustível – como a troca de óleo, lavagem, ou outros semelhantes, o posto responde por qualquer dano havido enquanto o carro estava sob sua guarda.

Pode, porém, ocorrer, do cliente do posto ter estacionado o veículo para adquirir algum produto na loja de conveniência anexa, ou mesmo para pagar o combustível adquirido dentro da loja de conveniência. É cada vez mais comum tal procedimento: impõe-se ao cliente o pagamento do combustível dentro da loja de conveniência. Para, naturalmente, otimizar a venda dos demais produtos. Havendo dano ao veículo durante tal período, ainda que breve, impõe-se a responsabilização do posto.

Ainda que gratuito o estacionamento, respondem os postos de combustível pelos furtos havidos em seus estacionamentos, se a finalidade é de cortesia para agradar e manter o cliente como freguês. Assim decidiu o STJ: "O exame dos acórdãos referidos pela Súmula revela o uso de expressões como 'ainda que gratuito', 'ainda que não cobre por esse serviço destinado a atrair a clientela', 'atrair clientes', tudo a deixar clara a existência de uma remuneração indireta em favor da empresa" (STJ, AgRg no Ad 336.298, Rel. Min. Ari Pargendler, 3ª T, DJ 25/03/02).

Se, porém, o dono do veículo parou o carro por sua conta e risco, em posto fechado, inexiste, por óbvio, dever de reparar por parte da empresa: "Responsabilidade civil. Posto de gasolina. Caminhão deixado com o vigia do estabelecimento num domingo, fora do horário de expediente. Contrato de depósito ou guarda inexistente. Estacionamento por conta e risco do proprietário do veículo. – Achando-se o posto fechado sob correntes, com a fiscalização apenas de um vigia, não se considera aperfeiçoado o contrato de depósito ou de guarda com o simples fato de haver o proprietário do veículo ali estacionado o caminhão sob sua conta e risco" (STJ, REsp 195.092, Rel. Min. Barros Monteiro, 4ª T, DJ 22/04/02).

17.3.6. Estacionamento de universidades

Em 2019 o STJ afirmou que o roubo à mão armada em estacionamento gratuito, externo e de livre acesso configura fortuito externo, afastando o dever de indenizar. Assim, o Banco do Brasil e a Universidade Potiguar não têm responsabilidade civil no caso de um sequestro-relâmpago ocorrido no estacionamento da instituição de ensino, que teve como vítima um homem que havia acabado de utilizar um caixa eletrônico do banco no local. O tribunal argumentou que o estacionamento não era oferecido pelo banco como comodidade aos seus clientes – o que exime o BB de responsabilidade. Além disso, o tribunal entendeu que a área onde ocorreu o sequestro era aberta, gratuita e de livre acesso, de forma que a universidade também não deve responder pelos danos (STJ, REsp 1.487.050). A matéria exige cuidado. Falemos de modo mais amplo, além do caso concreto: sabemos que há relação de consumo entre o aluno e a faculdade privada e, por isso, se o estacionamento faz legitimamente crer que há segurança em se deixar o veículo lá (com alguma espécie de controle, por exemplo), e se ocorre dano – seja em relação ao veículo, seja em relação à pessoa do aluno –, trata-se, em nossa visão, defeito na prestação de serviço, e, portanto, dano indenizável.

18. RESPONSABILIDADE CIVIL NO TRANSPORTE DE PESSOAS

18.1. Contextualização

Os transportes coletivos desempenham uma função da mais alta importância nas sociedades atuais. A necessidade de locomoção, as grandes distâncias, a escassez de tempo, tudo aponta para a progressiva relevância dos transportes de massa. Estatui o art. 732 do Código Civil: "Aos contratos de transporte, em geral, são aplicáveis, quando couber, desde que não contrariem as disposições deste Código, os preceitos constantes de legislação especial e de tratados e convenções internacionais".

18.2. Obrigação de meio ou de resultado? Cláusula de incolumidade

O transportador assume, perante o passageiro, uma obrigação de resultado – levá-lo, com segurança, ao destino. É a chamada cláusula de incolumidade. "O contrato de transporte constitui obrigação de resultado" (STJ, REsp 151.401). Se, por uma razão qualquer, tal promessa não se efetiva, o transportador responderá, a menos que consiga provar alguma das excludentes – culpa exclusiva da vítima ou força maior.

Se o ônibus sofre um acidente, causando danos ao passageiro, este não precisará, para ser indenizado, provar a culpa da empresa ou de seus prepostos. "É dever da transportadora preservar a integridade física do passageiro e transportá-lo com segurança até o seu destino" (STJ, REsp 217.528, Rel. Min. Waldemar Zveiter, 3ª T,

j. 15/02/01, p. DJ 09/04/01). Basta a prova do dano sofrido, e sua vinculação com o transporte. O transportador tinha de levá-lo com segurança ao destino, e não o fez. Por isso responderá sem culpa.

18.3. O dano causado por terceiro: responde a empresa de transporte?

É frequente, nos transportes coletivos, que o dano provenha não de ação imputável à empresa transportadora, mas de terceiros, atingindo passageiros. A questão que se põe é a seguinte: a empresa transportadora responde por eles? A resposta dependerá das circunstâncias, cabendo diferenciar o dano conexo ao transporte do dano desconexo ao transporte. É o que faremos a seguir.

18.3.1. Dano conexo ao transporte

Se o dano causado ao passageiro guarda relação com o transporte, responde a empresa, ainda que a culpa pelo dano seja atribuível a terceiro. É o que preceitua a Súmula 187 do STF: "A responsabilidade contratual do transportador, pelo acidente com passageiro, não é elidida por culpa de terceiro contra o qual tem ação regressiva". O art. 735 do Código Civil reproduziu o conteúdo da Súmula, dispondo: "A responsabilidade contratual do transportador por acidente com o passageiro não é elidida por culpa de terceiro, contra o qual tem ação regressiva".

Se porventura, na viagem interestadual, o ônibus cair de uma ponte, lesionando o passageiro, a empresa responderá perante este, ainda que a culpa, pelo acidente, tenha sido de terceiro (um carro fechou o ônibus, abruptamente, e provocou a queda). Não poderá, portanto, o transportador, se eximir do dever de reparar, argumentando culpa de terceiro. Ele responderá, contratualmente, perante o passageiro, e depois poderá, em ação regressiva fundada na responsabilidade extracontratual, acionar o causador do dano, para haver o que pagou.

A teoria do risco-proveito – quem goza os bônus deve arcar com os ônus – parece adequada ao caso, responsabilizando, de forma imediata, o transportador. Isso obviamente facilita a reparação – em consonância com o princípio previsto no CDC de facilitação da defesa dos direitos do consumidor, com a ampla indenização dos danos materiais e morais (art. 6º, VIII, CDC).

A propósito do tema – ainda que não diga respeito ao transporte – o STJ decidiu que "as instituições bancárias respondem objetivamente pelos danos causados por fraudes ou delitos praticados por terceiros – como, por exemplo, abertura de conta-corrente ou recebimento de empréstimos mediante fraude ou utilização de documentos falsos –, porquanto tal responsabilidade decorre do risco do empreendimento, caracterizando-se como fortuito interno" (STJ, REsp 1.197.929, Rel. Min. Luis Salomão, Segunda Seção, DJ 12/09/11).

18.3.2. Dano desconexo ao transporte

Se o dano não guarda relação com o transporte, inexiste obrigação da empresa responder por eles. Isso porque, como adiante veremos ao analisar as excludentes de responsabilidade, a culpa de terceiro em relação à qual a empresa de transporte é responsável é aquela que guarda relação com o serviço prestado (acidente de trânsito que causa danos ao passageiro, provocado por terceiro – observe-se que tanto a Súmula 187 quanto o art. 735, acima citados, falam em "acidente"). Se o ato de terceiro nenhuma relação tem com o serviço de transporte, não haverá responsabilidade da empresa.

Nesse sentido é a firme jurisprudência do STJ: "O 'transportador só responde pelos danos resultantes de fatos conexos com o serviço que presta' (REsp nº 468.900/RJ, Terceira Turma, Relator o Ministro Ari Pargendler, DJ de 31/3/03). Assim, 'afirmando o Acórdão recorrido que houve assalto com arma de fogo no interior do ônibus, presente o fortuito, os precedentes da Corte afastam a responsabilidade do transportador'" (STJ, AgRg no Ag. 589.848, Rel. Min. Menezes Direito, 3ª T, DJ 01/08/05). "Responsabilidade civil. Transporte coletivo. Disparo de arma de fogo no interior do ônibus. Força maior. Constitui causa excludente de responsabilidade da empresa transportadora fato causado por terceiro inteiramente estranho ao transporte em si. Vítima atingida por disparo de arma de fogo efetuado por um dos passageiros do coletivo em meio a uma confusão ou baderna. Precedente da Segunda Seção do STJ" (STJ, REsp 262.682, Rel. Min. Barros Monteiro, 4ª T, DJ 20/06/05).

Portanto, o dano desconexo ao transporte não empenha responsabilidade civil da empresa transportadora, uma vez que a "jurisprudência tem admitido claramente que, mesmo ausente a ilicitude, a responsabilidade existe, ao fundamento de que o fato de terceiro que exonera a responsabilidade é aquele que com o transporte não guarde conexidade" (STJ, REsp 469.867, Rel. Min. Menezes Direito, 3ª T, DJ 14/11/05).

Há quem fale, a propósito da responsabilidade do transportador por danos causados aos passageiros, em responsabilidade objetiva agravada. Não caberia, nesse caso, alegar a excludente de culpa de terceiro, a teor da Súmula 187 do STF. Porém, como vimos acima, o dano há de ser conexo ao transporte, sem o que inexiste responsabilidade do transportador.

18.4. Transporte gratuito ou de mera cortesia

A responsabilidade pelo transporte gratuito, ou de mera cortesia, subordina-se, no entanto, a outros princípios. A regra geral é que nos contratos benéficos, só responde por dolo aquele a quem o contrato não favoreça (Código Civil, art. 392). Isto é, não se pode enxergar com severo rigor a situação de quem pratica um ato em benefício alheio.

Se, digamos, um colega de faculdade oferece carona diariamente a outro, em seu carro, e ocorre um acidente, causando lesões ao beneficiado pela carona diária, seria claramente excessivo responsabilizar, objetivamente, o dono do carro, cujo propósito é benemérito. Ele, portanto, não responderá pelo dano, a menos que o lesado prove que houve dolo ou culpa grave (o dono do carro, nervoso com uma prova que faria na faculdade, bebeu excessivamente antes de dirigir, sem que disso soubesse a vítima).

É o que estabelece a Súmula 145 do STJ: "No transporte desinteressado, de simples cortesia, o transportador só será civilmente responsável por danos causados ao transportado quando incorrer em dolo ou culpa grave".

A jurisprudência, ao excepcionar essa hipótese, fugiu de uma regra clássica em tema de reparação: a de que a culpa, mesmo leve, obriga a indenizar. Nesse caso, de simples cortesia, a culpa há de ser grave, equiparável ao dolo. Aliás, essa é outra regra presente em tema de responsabilidade civil: o dolo à culpa grave se equipara, não há distinção, para efeito de reparação, entre eles (responde, em princípio, em padrões monetários iguais, quem destrói o carro alheio com dolo, como quem destrói o carro alheio com culpa grave - Código Civil, art. 944).

A doutrina, no entanto, sem embargo dos termos da Súmula 145 do STJ, tem se posicionado no sentido de considerar extracontratual a responsabilidade em caso de transporte desinteressado. Ou seja: caberia à vítima, no caso concreto, provar a culpa do condutor - negligência, imperícia ou imprudência - e conseguir, assim, a reparação.

Argumenta-se que a solução da Súmula importaria deixar o carona em situação inferior ao pedestre. Figure-se a seguinte situação: alguém, dando carona a um amigo, fura um sinal vermelho e atropela um pedestre, perdendo depois o controle do veículo e colidindo com um muro. Dessa colisão o amigo, beneficiado com a carona, fica ferido. A solução sumular deixaria o carona - argumentam os autores - em situação inferior ao pedestre, pois, em relação a esse, o condutor do veículo responderia por culpa leve (Código Civil, art. 186), enquanto que em relação ao carona, o condutor do veículo responderia apenas se lhe provassem o dolo, ou a culpa grave (Súmula 145, STJ).

Diga-se, porém, que mesmo que se considere extracontratual a responsabilidade em caso de transporte gratuito, nada impede que se estabeleça que, nesses casos, apenas se possa responsabilizar o condutor por culpa grave. A regra de que a culpa, mesmo leve, obriga a indenizar, pode ser excepcionada, e não se precisa, para isso, recorrer à responsabilidade contratual.

Aqui, no transporte gratuito, de mera cortesia, o transportador não aufere bônus, não sendo pertinente, portanto, aplicar, para responsabilizá-lo, a teoria do risco-proveito.

Se, no entanto, houver vantagens indiretas, como o corretor de imóveis que leva os clientes ao apartamento, ou a empresa que oferece transporte aos empregados, haverá, nessas hipóteses, contrato de transporte, pois há vantagens indiretas para o transportador.

Art. 736: "Não se subordina às normas do contrato de transporte o feito gratuitamente, por amizade ou cortesia". Parágrafo único. "Não se considera gratuito o transporte quando, embora feito sem remuneração, o transportador auferir vantagens indiretas".

Os estabelecimentos de ensino que oferecem transporte aos seus alunos, ou os hotéis que oferecem transporte aos seus clientes (para o aeroporto ou para os shoppings) respondem pelos danos que causem, não sendo, na verdade, desinteressado esse tipo de contrato.

Também não é transporte gratuito aquele que o empregador fornece aos seus empregados, contratando, para tanto, uma empresa de transporte. Assim tem decidido o STJ: "Responsabilidade civil. Transporte. Contrato com a empregadora da vítima. Honorários advocatícios. O transportador que celebra contrato com empresa para o transporte de seus empregados não fornece ao passageiro um transporte gratuito e tem a obrigação de levar a viagem a bom termo, obrigação que assume com a pessoa que transporta, pouco importando quem forneceu o numerário para o pagamento da passagem" (STJ, REsp 238.676, Rel. Min. Ruy Rosado de Aguiar, 08/02/00).

18.5. Excludentes de responsabilidade

18.5.1. Culpa exclusiva da vítima

O passageiro que viaja em cima dos trens (havendo vagas nos vagões), praticando o chamado surf ferroviário, não faz surgir para sua família o direito à indenização em caso de morte, pois o dano foi resultado de sua culpa exclusiva, ao agir com extrema imprudência.

Cabe à transportadora, a quem se imputa o dever de segurança, a prova da culpa da vítima, apta a excluir a responsabilidade. Assim: "Não tendo a empresa ferroviária provado a culpa da vítima, nem assim elidido sua responsabilidade, comprovando caso fortuito ou força maior, não se exonera da obrigação de indenizar pela morte do menor" (STJ, REsp 217.528, Rel. Min. Waldemar Zveiter, 3ª T, DJ 09/04/01). Mais recentemente o STJ decidiu que a sociedade empresária de transporte coletivo interestadual não deve ser responsabilizada pela partida do veículo, após parada obrigatória, sem a presença do viajante que, por sua culpa exclusiva, não compareceu para reembarque mesmo após a chamada dos passageiros, sobretudo quando houve o embarque tempestivo dos demais (STJ, REsp 1.354.369, Rel. Min. Luis Felipe Salomão, 4ª T, DJ 25/05/2015).

18.5.2. Caso fortuito ou força maior (Código Civil, art. 393, parágrafo único)

A grande causa de disputas judiciais envolvendo os transportes coletivos giram em torno de danos causados aos passageiros em virtude de condutas de terceiros, roubos ou outras violências infelizmente comuns. Havendo assalto no ônibus, que cause danos físicos e morais a passageiro, a empresa de transporte estará obrigada a indenizá-los? A jurisprudência, depois de alguma controvérsia, tem respondido que não. Entende o STJ que se trata de fato de terceiro, alheio aos riscos do transporte, por isso não pode ser atribuível ao transportador.

"A concessionária de serviço público não responde pelo roubo a mão armada ocorrido no interior do ônibus" (STJ, REsp 331.801, Rel. Min. Fernando Gonçalves, 4ª T, 05/10/04). Constitui, assim, "causa excludente da responsabilidade da empresa transportadora o fato inteiramente estranho ao transporte em si, como é o assalto ocorrido no interior do coletivo" (STJ, REsp 435.865, Rel. Min. Barros Monteiro, 2ª Seção, DJ 12/05/03).

"A violência no transporte urbano, traduzida no assalto a ônibus, exonera a empresa de reparar os danos sofridos pelo passageiro. Morrendo passageiro, em virtude de assalto, a empresa não responde" (STJ, REsp 325.575, Rel. Min. Ruy Rosado de Aguiar, 4ª T, DJ 17/02/03). Basta, dessa forma, que haja assalto com arma de fogo, durante o transporte, para que a responsabilidade do transportador fique afastada. Se evidenciada tal situação está "presente o fortuito", pelo que os precedentes do STJ afastam a responsabilidade do transportador (STJ, REsp 286.110, Rel. Min. Menezes Direito, 3ª T, DJ 01/10/01).

O roubo, portanto, ocorrido dentro do ônibus, assume, segundo o entendimento corrente, o caráter de inevitabilidade, razão pela qual a responsabilidade do transportador é excluída. A presunção de culpa da transportadora, existente face ao dano à vítima (inadimplemento da cláusula de incolumidade), "comporta desconstituição mediante prova da ocorrência de força maior, decorrente de roubo, indemonstrada a desatenção da ré quanto às cautelas e precauções normais ao cumprimento do contrato de transporte" (STJ, REsp 264.589, Rel. Min. Sálvio de Figueiredo Teixeira, 4ª T, DJ 18/12/00).

Os julgados mais antigos do STJ admitiam temperamentos em relação à tese da irresponsabilidade das empresas de transporte por assaltos ocorridos durante o trajeto. Nesse sentido é o julgado relatado pelo Min. Antônio Torreão Braz, o qual consigna que no "Brasil contemporâneo, o assalto à mão armada nos meios de transporte de cargas e passageiros deixou de revestir esse atributo (fala do caso fortuito ou força maior), tal a habitualidade de sua ocorrência, não sendo lícito invocá-lo como causa de exclusão de responsabilidade do transportador" (STJ, REsp 50.129, Rel. Min. Antônio Torreão Braz, 4ª T, DJ 17/10/94). O Ministro Ruy Rosado de Aguiar também se insurgia contra a exclusão da responsabilidade das transportadoras, aduzindo, em acórdão do qual foi relator, que o "assalto a cobrador de ônibus não é fato imprevisível nem alheio ao transporte coletivo, em zona de frequentes roubos, razão pela qual não vulnera a lei a decisão que impõe à empresa a prova da excludente da responsabilidade pela morte de um passageiro" (STJ, REsp 175.794, Rel. Min. Ruy Rosado de Aguiar, 4ª T, DJ 21/02/00).

Os acórdãos mais recentes, todavia, não fazem tais flexibilizações, isentando, sem maiores indagações, as empresas pelos atos de violência provindos de terceiros. Portanto, na trilha desses acórdãos, a empresa de transporte não responde, perante a vítima, por assalto havido no interior do transporte coletivo. O mesmo se diga em relação ao transporte de carga. Consagrou-se na jurisprudência do STJ o entendimento de que o roubo de cargas, em regra, caracteriza-se como caso fortuito ou de força maior, excludente de responsabilidade do transportador (STJ, AgRg no REsp 1.374.460).

18.5.2.1. Fortuito interno e fortuito externo

A grande disputa, na responsabilidade civil relativa aos transportes, está na identificação das excludentes de responsabilidade. Que fatos, afinal, são bastantes para configurar a exclusão da responsabilização, em decorrência da quebra do nexo causal?

A jurisprudência, um tanto empiricamente, ao sabor dos casos concretos, traçou a distinção entre caso fortuito interno e caso fortuito externo. O primeiro – caso fortuito interno –, sendo interior à estrutura organizacional da transportadora, não a isenta da obrigação de reparar. O segundo – caso fortuito externo –, sendo, ao contrário, exterior a tal estrutura organizacional, não faria parte dos riscos do transporte, livrando, por esse motivo, a transportadora da obrigação de indenizar (como no caso dos assaltos, antes mencionados).

18.5.2.1.1. Fortuito interno

O defeito, digamos, nos freios de um ônibus, do qual resultam danos aos passageiros, é um caso fortuito interno, não servindo, de nenhum modo, para eximir a transportadora da reparação. Mesmo que ela prove que seus veículos passam por inspeções periódicas e severas, não havendo negligência de sua parte, ainda assim responderá, sendo garante do evento que se insere nos riscos do transporte. Da mesma forma se o motorista do ônibus passa mal, e o ônibus cai em barranco, trata-se de fortuito interno. Tal acontecimento faz parte dos riscos da atividade, gerando a responsabilidade da empresa.

O STJ, em 2023, percebeu com clareza que o fato exclusivo de terceiro (art. 14, § 3º, II, do CDC) consiste na atividade desenvolvida por uma pessoa sem vinculação com a vítima ou com o aparente causador do dano, que interfere no processo causal e provoca com exclusividade o dano. No entanto, se o fato de terceiro ocorrer dentro da órbita de atuação do fornecedor, ele se equipara ao fortuito interno, sendo absorvido pelo risco da atividade (STJ, REsp 2.082.281, Rel. Min. Nancy Andrighi, 3ª T, DJe 21/11/2023).

18.5.2.1.2. Fortuito externo

Diferente, no entanto, seria a hipótese do passageiro ferido por uma pedra atirada por terceiro, da rua, sem nenhuma conexão com o contrato de transporte. Nesse caso, ponderam os julgados, seria excessivo responsabilizar o transportador por fato de terceiro, em relação ao qual ele nada poderia fazer, nem participa dos riscos inerentes aos transportes, pelos quais é responsável.

Decidiu o STJ que o assalto ocorrido em estação do metrô configura caso fortuito: "A empresa prestadora de serviço é responsável pelos danos causados ao usuário em decorrência do serviço ou de sua falta. Foge do nexo de causalidade os eventos ocorridos em decorrência de caso fortuito ou força maior. Assalto ocorrido nas escadas de acesso ao metrô não pode ser considerado como falta do serviço, equiparando-se a assalto ocorrido em transporte coletivo" (STJ, REsp 402.708, Rel. Min. Eliana Calmon, 2ª T, DJ 28/02/05).

Não será fortuito externo, e sim fortuito interno, hábil a responsabilizar a transportadora, o assalto no qual tenha alguma participação, ainda que indireta, preposto seu: "I. A 2ª. Seção do STJ, no julgamento do REsp nº 435.865/RJ (Rel. Min. Barros Monteiro, por maioria, DJU de 12.05.2003), uniformizou entendimento no sentido de que constitui caso fortuito, excludente de responsabilidade da empresa transportadora, assalto a mão armada ocorrido dentro de veículo coletivo. II. Caso, entretanto, em que a prova dos autos revelou que o motorista do ônibus era indiretamente vinculado a dois dos assaltantes e que se houve com omissão quando deixou de imediatamente buscar o auxílio de autoridade policial, agravando as lesões de ordem física, material ou moral acontecidas com a passageira, pelo que, em tais circunstâncias, agiu com culpa a ré, agravando a situação da autora, e por tal respondendo civilmente, na proporção desta omissão" (STJ, REsp 402.227, Rel. Min. Aldir Passarinho Júnior, 4ª T, DJ 11/04/05).

Também, como vimos acima, tendo havido omissão da empresa ou de algum preposto seu – culpa, em sentido lato – cabe sua responsabilização: "Configurada situação em que a empresa, por omissão, permitiu que motorista seu andasse armado ao conduzir coletivo, bem como deixou de treiná-lo adequadamente para que não reagisse a assalto no ônibus, que terminou por lhe ceifar a vida, não se caracteriza, em tais circunstâncias, força maior a afastar a responsabilidade civil (...)" (STJ, REsp 437.328, Rel. Min. Aldir Passarinho Júnior, 4ª T, DJ 05/05/03).

As condutas irregulares de preposto da empresa – como a parada do ônibus em local que não configura ponto de parada – traduz culpa, e como tal empenha responsabilidade civil da empresa: "Civil. Responsabilidade civil. Transporte coletivo de passageiros. O transportador só responde pelos danos resultantes de fatos conexos com o serviço que presta, que nestes se inclui o assalto, propiciado pela parada do veículo em ponto irregular, de que resultou vítima com danos graves" (STJ, REsp 200.808, Rel. Min. Ari Pargendler, 3ª T, DJ 12/02/01). Em 2018, o STJ entendeu que no caso em que houve cancelamento de voo e substituição por transporte por via terrestre, de ônibus, tendo havido assalto ao ônibus, não se aplica a excludente do fortuito externo, devendo a empresa aérea indenizar os passageiros (STJ, REsp 1.728.068, DJe 08/06/2018). Cabe ainda destacar que a concessionária de transporte ferroviário pode responder por dano moral sofrido por passageira, vítima de assédio sexual, praticado por outro usuário no interior do trem (STJ, REsp 1.662.551, Rel. Min. Nancy Andrighi, 3ª T, DJe 25/06/2018). O STJ, porém, por sua quarta turma, decidiu posteriormente que a CPTM (*Companhia Paulista de Trens Metropolitanos*) não deve indenizar passageira molestada em vagão (STJ, REsp 1.748.295, Rel. Min. Marco Buzzi, 4ª T). O tribunal entendeu que as empresas de transporte coletivo não têm responsabilidade diante de ato libidinoso cometido por terceiro contra passageira no interior do veículo. O entendimento que predominou no julgado foi no sentido de que "não há responsabilidade da empresa de transporte coletivo em caso de ilícito alheio e estranho à atividade de transporte, pois o evento é considerado caso fortuito ou força maior, excluindo-se, portanto, a responsabilidade da empresa transportadora".

Essa orientação tem sido também aplicada em outras situações: "Conquanto as pessoas jurídicas de direito privado prestadoras de serviço público tenham responsabilidade objetiva pelos danos que seus agentes, nessa qualidade, causarem a terceiros, não há como responsabilizar a concessionária de rodovia pelo roubo com emprego de arma de fogo cometido contra seus respectivos usuários, por se tratar de nítido fortuito externo (fato de terceiro), o qual rompe o nexo de causalidade. O dever da concessionária de garantir a segurança e a vida dos cidadãos que transitam pela rodovia diz respeito a aspectos relacionados à própria utilização da estrada de rodagem, como, por exemplo, manter sinalização adequada, evitar animais na pista, buracos ou outros objetos que possam causar acidentes, dentre outros, não se podendo exigir que a empresa disponibilize segurança armada na respectiva área de abrangência, ainda que no posto de pedágio, para evitar o cometimento de crimes. A causa do evento danoso – roubo com emprego de arma de fogo contra os recorridos – não apresenta qualquer conexão com a atividade desempenhada pela recorrente, estando fora dos riscos assumidos na concessão da rodovia, que diz respeito apenas à manutenção e administração da estrada, sobretudo porque a segurança pública é dever do Estado (STJ, REsp 1.861.013, Rel. Min. Villas Bôas Cueva, 3ª T, DJe 09/08/2021).

Independente do enquadramento dessa ou daquela situação como fortuito externo, o importante é que entendamos o conceito, inclusive quando estivermos diante de fato de terceiro. Porque o fato de terceiro nem sempre excluirá a responsabilidade do fornecedor de produtos ou serviços. O fato exclusivo de terceiro que afasta a responsabilidade é aquele praticado por terceiro, sem vinculação com o fornecedor de serviços (CDC, art. 14, § 3º, II). Ele apenas tem aptidão para afastar a responsabilidade do fornecedor quando se equiparar ao fortuito externo, isto é, quando não estiver relacionado ao risco da atividade desempenhada. Se o fato de terceiro ocorrer dentro da órbita de atuação do fornecedor, ele se equipara ao fortuito interno, sendo absorvido pelo risco da atividade (STJ, REsp 2.076.294 , Rel. Min. Nancy Andrighi, 3ª T, DJe 19/12/2023).

18.5.2.1.2.1. Uma brevíssima análise crítica

Acerca da compreensão da jurisprudência brasileira acerca dos assaltos em ônibus – tidos, de modo pacífico, como fortuitos externos, não geradores de responsabilidade civil (nem das empresas de transporte, nem do Estado) – cabe retomar, de modo breve, uma comparação que fizemos no Capítulo III.

É que certas situações de quebra de isonomia talvez não estejam sendo sequer percebidas, embora cristalizadas na prática jurisprudencial brasileira. O cidadão é o mesmo, esteja na fila de banco, no ônibus, no metrô. Há, porém, na jurisprudência brasileira, uma análise diferenciada dos riscos (pelo menos de certos riscos, diante de certas vítimas, de certas situações). Por exemplo, o que o STJ tem dito, até agora, é que os usuários de transporte público não têm direito à segurança, mas os usuários dos shoppings (e de seus estacionamentos) têm. No primeiro caso, o assalto não gera consequência jurídica alguma (sob o ângulo da responsabilidade civil – nem das empresas de transporte, nem do Estado). Já no segundo caso, o shopping responderá pelos danos (morais, materiais e estéticos). Há, sem dúvida, um desnível de proteção, escalas diferenciadas relativamente ao que podem esperar do direito de danos os usuários de transporte público e os usuários de shopping centers (lembremos, aliás, que ambos são consumidores, à luz do Código de Defesa do Consumidor).

18.5.3. Culpa concorrente

Se, no entanto, o passageiro contribuir para o dano – o passageiro que viajou sem o cinto de segurança, havendo recomendação expressa da empresa para que o fizesse –, a indenização será proporcionalmente reduzida ("Art. 738. A pessoa transportada deve sujeitar-se às normas estabelecidas pelo transportador, constantes no bilhete ou afixadas à vista dos usuários, abstendo-se de quaisquer atos que causem incômodo ou prejuízo aos passageiros, danifiquem o veículo, ou dificultem ou impeçam a execução normal do serviço. Parágrafo único: Se o prejuízo sofrido pela pessoa transportada for atribuível à transgressão de normas e instruções regulamentares, o juiz reduzirá equitativamente a indenização, na medida em que a vítima houver concorrido para a ocorrência do dano").

Nesse sentido é a jurisprudência do STJ: "Demonstrada a culpa concorrente, pela imprudência dos pais da vítima, que abandonara sua filha, de apenas 2 (dois) anos de idade, à própria sorte, em local perigoso, próximo à linha de trem, e pela desídia da ferrovia, que, sabedora da existência de moradores às margens da linha férrea, não providenciou obstáculo à travessia de pedestres, impende reconhecer o dever de indenizar proporcionalmente" (STJ, REsp 74.532, Rel. Min. Sálvio de Figueiredo Teixeira, 4ª T, j. 11/03/97, p. DJ 12/05/97).

A jurisprudência, aliás, firmou posição que mesmo na responsabilidade objetiva a culpa concorrente da vítima atua como fator de redução da indenização. Nesse sentido é a jurisprudência do STJ: "Responsabilidade civil. Responsabilidade objetiva. Concorrência de culpas. Responsabilidade contratual. Juros. Na responsabilidade objetiva das empresas de transporte coletivo, a concorrência de culpa da vítima, atual para reduzir o valor da indenização" (STJ, REsp 232.201, Rel. Min. Ruy Rosado de Aguiar, 4ª T, DJ 17/12/99).

18.6. Cláusulas de irresponsabilidade ou de não indenizar

São nulas, no contrato de transporte de pessoas, as cláusulas excludentes de responsabilidade ("Art. 734. O transportador responde pelos danos causados às pessoas transportadas e suas bagagens, salvo motivo de força maior, sendo nula qualquer cláusula excludente de responsabilidade"). Nas relações de consumo essa é a regra para qualquer hipótese (art. 51, I, CDC: "São nulas de pleno direito, entre outras, as cláusulas contratuais relativas ao fornecimento de produtos e serviços que: I – impossibilitem, exonerem ou atenuem a responsabilidade do fornecedor por vícios de qualquer natureza dos produtos e serviços ou impliquem renúncia ou disposição de direitos (...)"). Nas demais relações civis elas são em princípio válidas, se não contrariarem o equilíbrio material entre as prestações.

Tais regras jurídicas foram inspiradas pela jurisprudência, cujos precedentes apontavam que "em contrato de transporte, é inoperante a cláusula de não indenizar" (Súmula 161, STF).

São infelizmente comuns, nas estradas brasileiras, acidentes de ônibus com vítimas fatais. Não raro, ônibus de passageiros colidem entre si, causando trágicos eventos com muitos feridos. Segundo a jurisprudência pacífica do STJ, a perda de ente querido, além do dano material – a ser deferido segundo as circunstâncias, quase sempre exigindo prova de dependência econômica – faz surgir a responsabilidade pelo dano moral.

A questão, nesses casos, se põe com atualidade: as empresas de transporte deverão arcar com todos os danos – materiais e morais – devidos aos familiares dos passageiros falecidos? A resposta é afirmativa, e é a única compatível com os princípios e regras que a teoria da responsabilidade civil vem desenvolvendo. Quaisquer cláusulas restritivas da responsabilidade da empresa transportadora são, a propósito, despidas de efeito vinculante.

Cabe lembrar, entretanto, que segundo a jurisprudência nacional – conforme desenvolvemos no capítulo relativo ao dano material – os valores pagos aos familiares em decorrência do seguro obrigatório de veículos são compensados com as reparações devidas com fundamento na responsabilidade civil.

18.7. Aplicação do CDC ao contrato de transporte

O transporte de pessoas, se desempenhado com habitualidade e de forma remunerada (ainda que de forma implícita), caracterizando alguém como fornecedor de serviços, provoca a incidência do CDC, que deve ser aplicado harmonicamente com o Código Civil.

Já decidiu o STJ que o CDC é aplicável, não apenas ao transporte de pessoas, mas também ao transporte de mercadorias: "Transporte de mercadoria. Dano. Aplicação do Código de Defesa do Consumidor. Precedentes da Corte. 1. A jurisprudência da Corte consolidou-se no sentido de que, tratando-se do transporte de mercadoria, configurada a relação de consumo, aplica-se o Código de Defesa do Consumidor. (STJ, REsp 329.587, Rel. Carlos Alberto Menezes Direito, 3ª T, j. 02/05/02, p. DJ 24/06/02). Consagrou-se na jurisprudência do STJ o entendimento de que o roubo de cargas, em regra, caracteriza-se como caso fortuito ou de força maior, excludente de responsabilidade do transportador (STJ, AgRg no REsp 1.374.460).

Em relação ao transporte de mercadorias, a jurisprudência, como vimos acima, já teve oportunidade de se manifestar no sentido da aplicação do CDC. É preciso, porém, verificar se quem utiliza o serviço de transporte é, de fato, consumidor. Em outras palavras, embora tenhamos, no caso, a figura do fornecedor de serviços de transporte, podemos ter, do outro lado, uma empresa de grande porte no exercício pleno de uma atividade comercial (pensemos, por exemplo, nesta situação: o McDonalds se vale do transporte de mercadorias através do sistema de cargas da TAM). Não faz nenhum sentido pensarmos em aplicar o CDC para casos semelhantes, por certo.

18.8. Danos causados a terceiros (não passageiros)

Se alguém toma um ônibus interestadual, e no percurso sofre um dano (o ônibus cai durante passagem por uma ponte), a empresa responde, sem culpa, perante o passageiro, pois foi violada a cláusula de incolumidade, ínsita em tais acordos, havendo, por tal razão, inadimplemento contratual, porquanto "é dever da transportadora conduzir o passageiro incólume até o local de destino" (STJ, REsp 293.292, Rel. Min. Nancy Andrighi, 3ª. T, p. DJ 20/08/01).

Já se, no mesmo percurso, o ônibus atropela pedestre, a responsabilidade é extracontratual, não havendo contrato de transporte entre o atropelado e a empresa dona do ônibus. A responsabilidade, nessa hipótese, seria subjetiva, pois a vítima deveria provar a culpa da empresa para conseguir ser reparada.

Tal era a situação antes do Código de Defesa do Consumidor. Atualmente, porém, em ambos os casos, a empresa de transporte responde de forma objetiva, pois o art. 17 do CDC estabelece: "Para os efeitos desta Seção, equiparam-se aos consumidores todas as vítimas do evento". O atropelado, portanto, é consumidor ("bystander"), beneficiando-se, destarte, da responsabilidade objetiva do fornecedor de serviços, prevista no art. 14 do CDC.

O STF, entretanto, em criticável decisão, assentou: "A responsabilidade civil das pessoas jurídicas de direito privado prestadoras de serviço público é objetiva relativamente aos usuários do serviço, não se estendendo a pessoas outras que não ostentem a condição de usuário. Exegese do art. 37, § 6º, da C.F" (STF, RE 262.651, Rel. Min. Carlos Velloso, 2ª T, DJ 06/05/05).

Tal orientação – que sempre criticamos nas edições anteriores dessa obra e, sobretudo, em outro livro (Responsabilidade Civil. São Paulo: Saraiva) – foi revista, felizmente, pela Suprema Corte. Julgando caso em que uma empresa de transporte coletivo fora condenada a indenizar a morte de um ciclista, o STF enfatizou a mudança da jurisprudência relativa ao tema. Manteve, assim, no caso, a decisão da instância inferior que condenou a empresa de transporte coletivo (prestadora de serviço público) a indenizar a morte do ciclista (terceiro não-usuário do serviço).

Argumentou-se, basicamente, invocando o princípio da isonomia, que não se pode interpretar restritivamente o art. 37, § 6º, da CF, distinguindo, de modo inapropriado, os usuários dos não-usuários do serviço público. Todos eles podem sofrer danos resultantes da ação administrativa do Estado. Ponderou-se ainda que o entendimento de que apenas os terceiros usuários do serviço gozariam de proteção constitucional decorrente da responsabilidade objetiva do Estado (por terem direito subjetivo a receber um serviço adequado), se chocaria com a própria natureza do serviço público, que por definição tem caráter geral. A proteção, portanto, nesse contexto, se estenderia a todos os cidadãos, beneficiários diretos ou indiretos da ação estatal. (STF, RE 591.874, Rel. Min. Ricardo Lewandowski, Plenário, DJ 18/12/09, com repercussão geral).

19. RESPONSABILIDADE CIVIL DOS MÉDICOS: CONTEXTUALIZAÇÃO E LASTRO NORMATIVO

A responsabilidade civil na área médica – digamos assim, de modo amplo – rege-se pelo Código de Defesa do Consumidor. A jurisprudência brasileira se consolidou nesse sentido. Essa mudança do lastro normativo, do Código Civil para o CDC, tem consequências hermenêuticas consideráveis, conforme veremos brevemente a seguir. A jurisprudência do STJ é firme no sentido da aplicação do CDC aos serviços médicos (STJ, EDcl no REsp 704.272, Rel. Min. Isabel Gallotti, 4ª T, DJ 15/08/2012). Aplica-se o CDC aos médicos, inclusive quanto ao prazo prescricional de cinco anos (STJ, AgRg no Ag 1.229.919, Rel. Min. Sidnei Beneti, 3ª T, DJ 07/05/2010). Anteriormente, já se houvera assentado essa aplicação (STJ, REsp 731.078, Rel. Min. Castro Filho, 3ª T, DJ 13/02/2006). Na visão tradicional, dos séculos passados, o paciente não era visto propriamente como sujeito, mas como objeto dos serviços de saúde. Isso obviamente mudou, cada vez mais se fortalecem as dimensões existenciais de proteção do paciente como sujeito, sobretudo no que diz respeito à sua autodeterminação.

Há alguns pontos que podem ser desde já lembrados: a) a relação entre médico e paciente – segundo o padrão conceitual tradicionalmente aceito – é uma relação contratual; b) dessa relação podem surgir danos morais, materiais e estéticos; c) o fato de estarmos diante de uma obrigação contratual não implica em presunção de culpa do médico; d) a culpa do médico deverá ser provada, embora possa ocorrer a inversão judicial do ônus da prova; e) a culpa do médico não precisa ser grave, embora exija certeza; f) a obrigação dos médicos é enxergada, em geral, como uma obrigação de meio (não se promete o resultado, a cura); g) haverá solidariedade sempre que se configurar, por ações ou omissões, a participação no resultado danoso (o cirurgião, por exemplo, responde pela equipe médica, mas não, em princípio, pelo ato do anestesista, que responde pessoalmente); h) a culpa pode resultar das circunstâncias, em casos particularmente graves (esquecimento de material cirúrgico no corpo do paciente); i) em caso de erro médico, o paciente não pode ser obrigado a se submeter a novo procedimento ou cirurgia com o *mesmo* profissional, em virtude da quebra de confiança.

Veremos, mais adiante, embora brevemente, cada um desses pontos.

Desenvolvemos o tema em outra obra, para onde pedimos licença para remeter o leitor, havendo interesse (*Novo Tratado de Responsabilidade Civil.* São Paulo: Saraiva, 3ª edição, 2018).

O dever de bem informar – viga mestra das relações de consumo – incide com particular vigor nas relações entre médicos e pacientes. O paciente encontra-se, comumente, diante do médico, em situação de inferioridade técnica, por não conhecer as vantagens e desvantagens de cada um dos procedimentos e técnicas. O destinatário da informação nem sempre é o paciente, podem ser familiares dele ou até mesmo outros médicos ou hospitais, para onde o paciente foi transferido. O STJ já responsabilizou médico que deixou de informar adequadamente paciente obesa acerca dos riscos da cirurgia e dos cuidados necessários no pós-operatório, e daí resultaram danos (STJ, REsp 332.025).

19.1. Médicos x advogados: posições diferenciadas do STJ

Não deixa de ser conceitualmente estranho que a jurisprudência brasileira tenha definido que o CDC não se aplica aos advogados, mas se aplica aos médicos. Existem, é óbvio, ninguém desconhece, especificidades em cada uma das nobres profissões – como de resto em todas as outras. Não nos parece, porém, que tais especificidades sejam bastantes para traçar uma muralha teórica entre os advogados e as demais profissões, sujeitando todas, menos uma, ao CDC. Conforme já demonstramos anteriormente, a jurisprudência do STJ, depois de alguma polêmica, consolidou-se no sentido de não ser possível invocar normas do CDC para regular os danos causados por advogados (STJ, REsp 1.123.422, Rel. Min. João Otávio de Noronha, 4ª T, DJ 15/08/2011; REsp 1.134.889; AgRg no Ag 1.380.692, 3ª T, DJ 30/05/2011).

Se os advogados, no entender da jurisprudência brasileira, não são considerados fornecedores de serviços à luz do CDC, os médicos o são. Mesmo com reservas em relação à posição adotada no que toca aos advogados, parece-nos correta a orientação jurisprudencial que se firmou no sentido da aplicação do CDC à relação entre médico e paciente. Também, por certo, com mais forte razão, à relação entre consumidores e planos de saúde. Veremos, neste tópico, ambas as situações, em relação as quais a jurisprudência brasileira tem, em regra, desenvolvido construções louváveis.

19.2. Consequências da aplicação do CDC aos médicos

Os médicos são profissionais liberais. Profissionais liberais exercem, com autonomia, seu mister profissional, sem subordinação técnica a outrem. Os profissionais liberais, segundo o CDC, apenas respondem culposamente pelos danos que causem (CDC, art. 14, § 4º). Poder-se-ia perguntar: haveria, normativamente falando, vantagem para o paciente em se aplicar o CDC, ao invés do Código Civil, sendo certo que a responsabilidade civil do médico, nos dois casos, é subjetiva, isto é, depende do elemento culpa? A resposta afirmativa se impõe. Podemos, sem pretensão de exaustividade, citar cinco exemplos dessa vantagem para o consumidor paciente: a) possibilidade de inversão do ônus da prova em seu favor (CDC, art. 6º, VIII); b) possibilidade de propositura da ação no domicílio do consumidor (CDC, art. 101, I); c) prazo prescricional mais dilatado (CDC, art. 27: cinco anos, e não três, conforme prevê o Código Civil); d) deveres de informação, por parte do médico e instituições de saúde, particularmente severos (CDC, art. 6º, III; art. 8º; art. 9º); e) invalidade de cláusulas contratuais que excluam ou mesmo atenuem o dever de indenizar, em caso de dano (CDC, art. 51, I).

Os pontos acima indicados são de fácil compreensão, nem precisaríamos explicar de modo mais detalhado. Vejamos, porém, com um pouco mais de atenção cada um deles. Em relação ao item *a*, a inversão do ônus da prova, potencialmente falando, é instrumento que torna efetiva a responsabilização civil em casos de erro médico, evitando a "prova diabólica", de difícil produção, e o espírito de corpo que impera nas corporações, quaisquer que sejam. A jurisprudência brasileira tem utilizado, com alguma frequência, a inversão do ônus da prova em casos de erro médico (STJ, AgRg no AREsp 25838; AgRg no Ag 969.015; REsp 696.284).

Convém lembrar que na responsabilidade pelo fato do produto ou do serviço (acidente de consumo, previsto no CDC, arts. 12 e 14), a inversão do ônus da prova decorre da lei (*ope legis*), não sendo necessário aplicar a regra geral da inversão do art. 6º, inciso VIII, do CDC (STJ, AgRg no REsp 1.085.123, Rel. Min. Marco Buzzi, 4ª T, DJ 23/08/2013). Nesse contexto "o ônus da prova da inexistência de defeito na prestação dos serviços médicos é do hospital por imposição legal (inversão *ope legis*). Inteligência do art. 14, § 3º, I, do CDC" (STJ, REsp 1.331.628, Rel. Min. Paulo de Tarso, 3ª T, DJ 12/09/2013).

Lembremos que a inversão pode ocorrer inclusive em processos coletivos (ação civil pública, digamos, ajuizada pelo Ministério Público contra determinado plano de saúde cujos pacientes *não conseguem* marcar consultas ou ser atendidos). A inversão do ônus da prova não significa que o fornecedor estará obrigado a arcar com os custos de perícia solicitada pelo consumidor. Porém é preciso atentar para o fato de que a inversão do ônus probatório leva consigo o custeio da carga invertida, não como dever, mas como simples faculdade, sujeita as consequências processuais advindas da não produção da prova (STJ, REsp 1.807.831, Rel. Min. Herman Benjamin, 2ª T, DJe 14/09/2020). Ou seja, a inversão não implica transferência ao réu de custas de perícia requerida pelo autor da demanda, pois de duas, uma: ou tal prova continua com o autor e somente a ele incumbe, ou a ele comumente cabia e foi deslocada para o réu, titular da opção de, por sua conta e risco, cumpri-la ou não. Claro, se o sujeito titular do ônus invertido preferir não antecipar honorários periciais referentes a seu encargo probatório, presumir-se-ão verdadeiras as alegações da outra parte.

Poderíamos elencar outras vantagens processuais de se invocar o CDC em casos de erro médico. É vedado, por exemplo, nas lides de consumo, a denunciação da lide (CDC, art. 88). Embora o CDC, em sua literalidade, vede a denunciação nas hipóteses do art. 13, parágrafo único, a jurisprudência terminou por assentar que a denunciação da lide é proibida em qualquer hipótese, nas relações de consumo (STJ, AgRg no AREsp 195.165, Rel. Min. Sidnei Beneti, 3ª T, DJ 14/11/2012). Não é possível, em nenhum caso, nos processos que têm como objeto relações de consumo, haver denunciação à lide (STJ, AgRg no AREsp 157.812, Rel. Min. Herman Benjamin, 2ª T, DJ 02/08/2012).

Em relação ao item *b* – possibilidade de propositura da ação no domicílio do consumidor – teremos, aí, mais um poderoso instrumento para tornar efetiva a reparação dos danos sofridos pelo consumidor (CDC, art. 6, VI). Se, digamos, alguém, domiciliado em Belo Horizonte, vai até São Paulo realizar determinada cirurgia, e sofre danos ligados ao procedimento, poderá propor a ação contra o profissional de saúde (ou contra o plano, ou contra ambos, solidariamente), em Belo Horizonte. A facilitação da defesa dos seus direitos, a propósito, está consagrada dentre os direitos básicos do consumidor (CDC, art. 6º, VIII).

Já no que toca ao item *c*, ao enquadrarmos a relação entre médico e paciente como uma relação de consumo, teremos, se o paciente sofrer dano, um fato do serviço (acidente de consumo). Aplica-se, no caso, não o prazo prescricional do Código Civil (art. 206, § 3º, V, relativo à prescrição da pretensão de reparação civil), mas o prazo do CDC (art. 27, fato do produto ou serviço). O termo inicial para contagem do prazo prescricional em casos de erro médico se inicia quando a vítima toma ciência da irreversibilidade do dano (STJ, REsp 1.211.537, Rel. Min. Eliana Calmon, 2ª T, DJ 20/05/2013). Prevalece, em relação ao início da contagem do prazo prescricional, o princípio da *actio nata*, o que significa basicamente que o termo inicial do prazo prescricional é a data a partir da qual a ação *poderia ter sido proposta*. A ação só pode ser proposta quando a vítima – ou seus familiares, em caso de falecimento – conhece não apenas o dano, mas também quem foi o seu autor. Bem por isso o CDC, no art. 27, estatui que a contagem do prazo prescricional se inicia "a partir do conhecimento do dano e de sua autoria". O uso da conjuntiva "e", ao invés da disjuntiva "ou", é significativo e expressa bem o que ocorre. Um exemplo singelo: digamos que uma senhora idosa tome vários medicamentos de uso contínuo. Um deles causa-lhe cegueira. O prazo prescricional, na espécie, terá início não a partir da cegueira, mas a partir da descoberta de qual, dentre os medicamentos ingeridos, efetivamente causou o dano.

Em relação ao item *d*, a aplicação do CDC torna bastante rigorosos os deveres de informar com clareza, lealdade e exatidão (CDC, art. 6º, III; art. 8; art. 9). É preciso esclarecer, em linha de princípio, que tais deveres de informação existem *também* nas relações civis amplamente consideradas, e não apenas nas relações de consumo. Mas é inegável reconhecer que nas relações de consumo tais deveres assumem cores particularmente fortes. O princípio da informação biparte-se em núcleo normativo dúplice: a) direito de ser informado e b) dever de informar. Os deveres de informação são deveres de conduta, exigem uma postura positiva e ativa. O médico que negligencia o dever de informação pode ser condenado a indenizar (STJ, 332.025, Rel. Min. Menezes Direito, 3ª T, DJ 05/08/2002). Informar corretamente, esclareça-se, é informar com clareza, de modo completo, útil e gratuito. A ausência de informação (ou a informação defeituosa) gera responsabilidade civil, desde que conectada, em nexo causal, a um dano de qualquer espécie. Diga-se ainda, que os planos de saúde, ademais, devem observar uma boa-fé qualificada, uma boa-fé que leva em conta o leal cumprimento dos deveres de informação.

Por fim, no que se refere ao item *e*, diga-se que as chamadas cláusulas de não indenizar, ou cláusulas de irresponsabilidade, são rechaçadas nas relações de consumo (CDC, art. 51, I). Se porventura as admitíssemos, é bem provável que toda força normativa cogente do CDC se esvaísse. As relações de consumo são regidas, dentre outros princípios, pela reparação integral (melhor diríamos princípio da indenização integral, porque falar em reparação, de certo modo, faz pensar em voltar à situação anterior ao dano, ao *status quo ante*, o que só é possível no dano material, não no dano moral). Seja como for, cabe lembrar – como ponto tematicamente conexo – que a jurisprudência brasileira não aceita a chamada "indenização tarifada", que são limites preestabelecidos para a indenização (seja por lei, seja por contrato). Havendo dano, a indenização deverá ser integral. São inválidas, nas relações de consumo, as tarifações prévias da indenização estabelecidas por contrato, ou até mesmo por lei. A única exceção – à luz do CDC – ocorre quando o consumidor for pessoa jurídica. Nesse caso – e é o único – a indenização poderá ser validamente limitada, conforme preceitua a parte final do art. 51, I: "Nas relações de consumo entre o fornecedor e o consumidor pessoa jurídica, a indenização poderá ser limitada, em situações justificáveis".

19.3. Responsabilidade civil dos hospitais particulares: um regime diferenciado (duas formas diversas de responsabilidade)

Ninguém põe em dúvida que a relação médico-paciente, sob o prisma jurídico, é uma relação de consumo (não falamos, aqui, dos danos sofridos em hospitais públicos ou postos de saúde. Não se aplica, nesses casos, o CDC). Estejamos diante da relação clássica entre médico privado e paciente, ou estejamos diante da relação entre empresa médica ou entidade hospitalar e paciente. Temos, em ambos os casos, relações de consumo, cuja diferença normativa é que o médico responde apenas culposamente, ao passo que os hospitais e planos de saúde respondem objetivamente. Vejamos a situação de modo um pouco mais analítico. Os danos que os pacientes podem sofrer em hospitais são divisíveis em dois grandes grupos: a) danos sofridos em decorrência de erro médico, ainda que omissivo; b) danos sofridos em decorrência da própria estrutura hospitalar. Os regimes de responsabilidade civil, nas duas hipóteses, são diferenciados.

No primeiro caso (item *a*), houve erro médico. O dano sofrido está ligado, em nexo causal, a uma conduta médica. Entendamos "conduta", no caso, de modo amplo, de forma a abranger as hipóteses de omissão (o médico, por exemplo, deveria realizar um atendimento de urgência e não o fez). Quando o dano guardar relação com a conduta médica *stricto sensu* o hospital responde objetivamente, porém essa responsabilidade traz uma nota específica: ela depende da prova da culpa do médico. Não se pode esquecer que a responsabilidade civil dos médicos – seja à luz do CDC, seja à luz do Código Civil – é subjetiva. Ruy Rosado de Aguiar argumenta ser imprescindível "a prova da culpa do servidor na prática do ato danoso. Isto é, o hospital não responde objetivamente, mesmo depois da vigência do Código de Defesa do Consumidor, quando se trata de indenizar dano produto por médico integrante de seus quadros" (AGUIAR, Ruy Rosado de. Responsabilidade civil do médico. *Revista dos Tribunais.* v. 718, p. 41/42). Os hospitais, nessa linha, só podem ser chamados a responder de modo solidário, se *havia* dever de indenizar por parte do médico.

Nesse sentido, "a responsabilidade dos hospitais, no que tange à atuação técnico-profissional dos médicos que neles atuam ou a eles sejam ligados por convênio, é subjetiva, ou seja, dependente da comprovação de culpa dos prepostos, presumindo-se a dos preponentes". A seguir continua o relator: "Em razão disso, não se pode dar guarida à tese do acórdão de, arrimado nas provas colhidas, excluir, de modo expresso, a culpa dos médicos e, ao mesmo tempo, admitir a responsabilidade objetiva do hospital, para condená-lo a pagar indenização por morte de paciente" (STJ, REsp 258.389, Rel. Min. Fernando Gonçalves, 4ª T, DJ 22/08/05). Em outra ocasião, decidiu-se que "A responsabilidade do hospital é objetiva quanto à atividade de seu profissional plantonista (CDC, art. 14), de modo que dispensada demonstração da culpa do hospital relativamente a atos lesivos decorrentes de culpa do médico integrante de seu corpo clínico no atendimento". Continua o julgado: "A responsabilidade de médico atendente em hospital é subjetiva, necessitando de demonstração pelo lesado, mas aplicável a regra de inversão do ônus da prova (CDC, art. 6º, VIII)" (STJ, REsp 696.284, Rel. Min. Sidnei Beneti, 3ª T, DJ 18/12/09). É preciso, portanto, nessa trilha, que haja defeito no serviço prestado pelo hospital, para que ele responda pelo dano. Cite-se, por fim, que "o reconhecimento da responsabilidade solidária do hospital não transforma a obrigação de meio do médico em obrigação de resultado, pois a responsabilidade do hospital somente se configura quando comprovada a culpa do médico, conforme a teoria de responsabilidade subjetiva dos profissionais liberais abrigada pelo Código de Defesa do Consumidor" (STJ, REsp 1.216.424, Rel. Min. Nancy Andrighi, 3ª T, DJ 19/08/2011).

Nessa linha, em 2021, o STJ destacou: "Segundo a jurisprudência do STJ, quanto aos atos técnicos praticados de forma defeituosa pelos profissionais da saúde vinculados de alguma forma ao hospital, respondem solidariamente a instituição hospitalar e o profissional responsável, apurada a sua culpa profissional; nesse caso, o hospital é responsabilizado indiretamente por ato de terceiro, cuja culpa deve ser comprovada pela vítima de modo a fazer emergir o dever de indenizar da instituição, de natureza absoluta (artigos 932 e 933 do Código Civil), sendo cabível ao juiz, demonstrada a hipossuficiência do paciente, determinar a inversão do ônus da prova (artigo 6º, inciso VIII, do CDC). Precedentes" (STJ, REsp 1.832.371, Rel. Min. Nancy Andrighi, 3ª T, DJe 01/07/2021). Nem se argumente que isso esvazia a utilidade da responsabilização do hospital. Os hospitais, em regra, dispõem de condições financeiras geralmente muito mais vastas para fazer frente ao dano, o que garante que a vítima, sob esse aspecto, será indenizada. O patrimônio do ofensor pode garantir isso. Nada impede, porém, em caso de erro médico dentro de hospital – se a conduta do médico que errou estiver claramente individualizada –, que se ingresse judicialmente apenas contra ele, provando-lhe a culpa. Trata-se de invocar a norma geral do art. 186 do Código Civil, eventualmente dialogando com normas que cuidam de modo específico da questão.

Portanto, a responsabilidade civil dos hospitais por ações ou omissões dos médicos será solidária e objetiva. É preciso, no entanto, para que essa responsabilidade se imponha, que a culpa do médico esteja configurada. Nesse contexto, argumentou-se: "Decompondo-se as relações contratuais estabelecidas entre paciente e médico, paciente e clínica, e médico e clínica, tem-se que o médico, pessoalmente, responderá por seus atos somente na ocorrência de culpa. Já a clínica celebra com o paciente um contrato de hospedagem peculiar, por cuja eficiência responde objetivamente, ao mesmo tempo em que poderá ser responsável solidariamente pelos danos causados no tratamento médico" (TEPEDINO, Gustavo. A responsabilidade médica na experiência brasileira contemporânea. *Temas de Direito Civil. Tomo II.* Rio de Janeiro: 2006, p. 83/119, p. 98). Esse é um ponto interessante. Há danos pelos quais as estruturas privadas de saúde (hospitais e clínicas) respondem objetivamente: são os danos ligados, não a atos médicos propriamente ditos, mas a atos da estrutura organizacional (exames, materiais, limpeza etc.). Imaginemos que, durante uma cirurgia, falte energia e o gerador não funcione, ou mesmo que falte um equipamento de urgência que a clínica deveria ter. A responsabilidade, nesses casos, é induvidosamente objetiva.

É importante observar que ainda que não incidisse o CDC, ainda assim a responsabilidade dos hospitais, pelos danos causados por médicos que nele trabalham, seria objetiva (desde que, repita-se, seja provada a culpa do profissional liberal). Dispõe o art. 932 do Código Civil: "São também responsáveis pela reparação civil: III – o empregador ou comitente, por seus empregados, serviçais e prepostos, no exercício do trabalho que lhes competir, ou em razão dele". O art. 933 complementa: "As pessoas indicadas nos incisos I a V do artigo antecedente, ainda que não haja culpa de sua parte, responderão pelos atos praticados pelos terceiros ali referidos". Isto é: as entidades hospitalares, na condição de empregadoras, respondem, sem culpa, pelos atos dos seus médicos e demais empregados, no exercício do trabalho que lhes competir, ou em razão dele.

Já a situação descrita no item *b* se põe de modo distinto. Aqui os danos guardam relação com própria estrutura hospitalar, não propriamente com atos dos médicos. Danos relacionados, por exemplo, a medicamentos estragados ou vencidos, equipamentos ausentes ou sem funcionar, más condições de higiene, entre outros. Por esses danos, inegavelmente, o hospital responde sem culpa (CDC, art. 14). O STJ já decidiu que a responsabilidade objetiva do art. 14 do CDC "prevista para o prestador de serviços, no presente caso, o hospital, circunscreve-se apenas aos serviços única e exclusivamente relacionados com o estabelecimento empresarial propriamente dito, ou seja, aqueles que digam respeito à estadia do paciente (internação), instalações, equipamento, serviços auxiliares (enfermagem, exames, radiologia) etc. e não aos serviços técnico-profissionais dos médicos que ali atuam, permanecendo estes na relação subjetiva de preposição (culpa)" (STJ, REsp 258.389, Rel. Min. Fernando Gonçalves, 4ª T, DJ 22/08/05).

A troca, por exemplo, de prontuários, configura erro grave – do qual poderão resultar danos gravíssimos –, pelo qual responde objetivamente o hospital. Comprovada a troca, e o dano sofrido pelo paciente, o hospital responde civilmente, não sendo necessário, no caso, perscrutar *quem errou*. É certo, no caso, que o hospital errou. O mesmo se diga do laboratório que troca o resultado de exames, ou se os materiais coletados são, eles próprios, trocados. Se houver dano ligado à troca de resultados, a responsabilidade civil se impõe sem culpa. Os laboratórios, como fornecedores de serviços à luz do CDC, respondem objetivamente pelos danos relacionados, em nexo causal, à atividade que desempenham (CDC, art. 14).

Nesse contexto, nem sempre os danos sofridos em hospitais estão ligados à conduta médica *stricto sensu*. Podem estar ligadas à estrutura hospitalar em geral, ou mesmo a condutas de enfermeiros etc. Se, por exemplo, a enfermeira, ao aplicar injeção no nervo ciático do paciente, causa lesão, por ela responderá o hospital. Em Belo Horizonte, um garoto, após cair de bicicleta, foi levado a determinado hospital. Lá, ao se preparar para ser submetido a uma tomografia, ao invés de receber o anestésico que deveria tomar (por via oral), foi-lhe dado, por engano, um ácido. Houve queimaduras de terceiro grau na boca, garganta e esôfago. Também nesses casos o hospital responde sem culpa, embora a culpa seja evidente (negligência).

É o entendimento do STJ: "A responsabilidade do hospital é objetiva pelos danos causados em decorrência de atos típicos de sua atividade, estando entre eles a de ministrar medicação" (STJ, AgRg no AREsp 377.201, Rel. Min. Otávio de Noronha,

3ª T, DJ 14/04/2014). Em semelhante linha de argumentação: "A responsabilidade civil do hospital é objetiva pelos danos causados, na condição de fornecedor, aos consumidores, nos termos do art. 14, caput, do CDC. A exceção prevista no § 4º, cuidando da responsabilidade subjetiva, é restrita aos profissionais liberais, incluindo-se aí os médicos" (STJ, EDcl no AgRg no Ag 1.261.145, Rel. Min. Raul Araújo, 4ª T, DJ 15/05/2014).

O STJ em 2023 reafirmou o dualismo acima descrito, e que temos apontado há tempos: a) há danos pelos quais o hospital privado responde diretamente sem culpa e b) há danos que o hospital privado só responde (solidariamente) se for provada a culpa do médico.

Temos o seguinte quadro:

a) As obrigações assumidas diretamente pelo complexo hospitalar limitam-se ao fornecimento de recursos materiais e humanos auxiliares adequados à prestação dos serviços médicos e à supervisão do paciente, hipótese em que a responsabilidade objetiva da instituição (por ato próprio) exsurge somente em decorrência de defeito no serviço prestado (art. 14, *caput*, do CDC).

b) Quanto aos atos técnicos praticados de forma defeituosa pelos profissionais da saúde vinculados de alguma forma ao hospital, respondem solidariamente a instituição hospitalar e o profissional responsável, apurada a sua culpa profissional. Nesse caso, o hospital é responsabilizado indiretamente por ato de terceiro, cuja culpa deve ser comprovada pela vítima de modo a fazer emergir o dever de indenizar da instituição, de natureza absoluta (CC, arts. 932 e 933), sendo cabível ao juiz, demonstrada a hipossuficiência do paciente, determinar a inversão do ônus da prova (CDC, art. 6º, VIII) (STJ, AgInt no AgInt no REsp 1.718.427, Rel. Min. Otávio de Noronha, 4ª T, DJe 09/03/2023; REsp 1.145.728, Rel. Min. Luis Salomão, 4ª T, DJe 08/09/2011).

19.4. Danos sofridos em hospitais públicos ensejam a aplicação do CDC? Uma reflexão contextualizada

Questão interessante diz respeito aos danos sofridos por pacientes em hospitais públicos. Havendo erro médico que cause a morte ou outros danos ao paciente, aplica-se, neste caso, o CDC?

Cabe, antes, contextualizar o tema.

A responsabilidade civil do Estado é objetiva (CF, art. 37, § 6º), desde 1946, e está fundada na teoria do risco administrativo. Comporta, portanto, as excludentes de responsabilidade civil. Abrange, em princípio, tanto os atos de império (julgar, por exemplo), como os atos de gestão (aluguel de imóvel particular). O Estado responde pelos atos de qualquer agente, desde o mais modesto até o presidente da República. Não é necessário que haja remuneração (mesário da justiça eleitoral que discute e agride eleitor pode fazer surgir a responsabilidade estatal). Nem é preciso, em todos os casos, que o agente público esteja em serviço (policial que fere ou mata com a arma da corporação, mesmo de folga). A responsabilidade pode surgir em qualquer dos níveis federativos (União, Estados e até Municípios) e, em princípio, atos de quaisquer dos três poderes podem dar causa à indenização (leis inconstitucionais e erros judiciais – CF, art. 5º, LXXV –, por exemplo). A responsabilidade estatal tanto pode surgir de atos como de omissões – embora, em relação a essa última, alguns exijam a prova da culpa. Infelizmente, por questão de espaço, não nos cabe aprofundar a matéria. Tratamos do tema em outra oportunidade, para onde pedimos licença para remeter o leitor interessado (*Manual da Responsabilidade Civil do Estado à luz da jurisprudência do STF, do STJ e da Teoria dos Direitos Fundamentais.* Juspodivm, 4ª edição, 2017). É curioso como, na matéria (responsabilidade civil do Estado por omissão), o STJ utiliza com frequência afirmações de pertinência duvidosa (afirmando, por exemplo, ser pacífico o que *não é).*

A Constituição Federal – no art. 196 e seguintes – estatui, como garantia fundamental, as ações e serviços públicos de saúde, que "integram uma rede regionalizada e hierarquizada e constituem um sistema único". Esse sistema, baseado na participação da comunidade (CF, art. 196, III), é descentralizado e se destina ao atendimento integral, com prioridade para as atividades preventivas, sem prejuízo dos serviços assistenciais. É financiado com recursos do orçamento da seguridade social da União, Estados, Distrito Federal e Municípios.

Respondamos, porém, com clareza, à questão posta.

Considerar a prestação de serviços públicos – quaisquer que sejam – relações de consumo estaria de acordo com os princípios, categorias e normas do CDC. A vítima dos danos seria – como veremos nas próximas páginas – consumidor por equiparação (CDC, art. 17). Postula, nesse sentido, Tepedino: "Assim sendo, é de se aplicar os preceitos do Código de Defesa do Consumidor e, portanto, a responsabilidade objetiva aos serviços médicos de saúde, cabendo o direito de regresso do Poder Público em face do autor do erro médico, quando for o caso, com base no dispositivo constitucional (art. 37, § 6º), que não diverge, neste aspecto, dos preceitos do Código de Defesa do Consumidor, também aplicável à espécie" ("A responsabilidade médica na experiência brasileira contemporânea", *Temas de Direito Civil.* Rio de Janeiro: Renovar, 2006, t. II, p. 107).

Embora esta seja uma posição respeitável e – digamos mais – absolutamente harmônica com o sistema de consumo, a jurisprudência optou por caminho distinto. Vem-se entendendo que as regras do CDC devem ser invocadas – tratando-se de serviços públicos – quando o serviço é remunerado por meio de tarifa ou preço público (que não são tributos). Por outro lado, não se considera caracterizada a relação de consumo quando a atividade é prestada diretamente pelo Estado e custeada por meio de receitas tributárias (STJ, REsp 1.187.456).

Vale lembrar que tarifa ou preço público é a remuneração paga pelo usuário ao utilizar um serviço público específico e divisível, regido pelo regime contratual de direito público (um pedágio, por exemplo, operado por concessionárias, assumirá a forma de tarifa ou preço público). Tanto a tarifa como o preço público são fixados contratualmente e são voluntários. A taxa, ao contrário, é tributo, decorre de lei, sendo compulsória.

Para que haja serviço, nos termos do CDC, deve haver remuneração (CDC, art. 3º, § 2º). Não há remuneração direta no serviço de saúde prestado por hospital público, por isso, dizem, não se aplica o CDC (STJ, REsp 493.181). Os serviços prestados por concessionárias são remunerados por tarifas, regidos, portanto, pelo CDC. Diferente é a remuneração do serviço público próprio, que é feita por taxa (STJ, REsp 840.864). É interessante esclarecer que tais julgados não decorrem da terceira ou quarta turmas do STJ, que habitualmente julgam questões de direito do consumidor, mas da primeira e segunda, que julgam, habitualmente, questões de direito público, sobretudo administrativo e tributário. O tema, porém, acaba sendo resolvido pelas turmas de direito público, mercê do envolvimento estatal.

Assim, em caso de erro médico que causou a morte de paciente, em hospital público, decidiu-se que "quando o serviço público é prestado diretamente pelo Estado e custeado por meio de receitas tributárias não se caracteriza uma relação de consumo nem se aplicam as regras do Código de Defesa do Consumidor. Precedentes" (STJ, REsp 1.187.456).

A prevalecer esta lógica jurisprudencial, teremos o seguinte: o CDC incide sobre serviços prestados no mercado de consumo. Em se tratando de serviços públicos, nem todos atraem a aplicação do CDC. Apenas serão objeto de relação de consumo aqueles prestados mediante contraprestação específica. O usuário, desse modo, precisa ser individualizado (*uti singuli*). Devem, ainda, ser remunerados contratualmente por tarifa ou preço público. Desse modo, os danos sofridos pelos usuários de hospitais públicos estão fora da órbita das relações de consumo.

Diferente, contudo, é a situação dos Correios. Coerentemente com o que dissemos neste tópico, os danos causados aos usuários pelos serviços de Correios ensejam, sim, a aplicação do CDC. Os serviços postais que prestam não são remunerados por taxas, são remunerados por preços públicos (que não são tributos). Os Correios são uma empresa pública. As empresas públicas prestadoras de serviços públicos submetem-se ao regime de responsabilidade civil objetiva, previsto no art. 14 do CDC, de modo que a responsabilidade civil objetiva pelo risco administrativo, prevista no art. 37, § 6º, da CF/88, é confirmada e reforçada com a celebração de contrato de consumo, do qual emergem deveres próprios do microssistema erigido pela Lei n. 8.078/90, o CDC (STJ, REsp 1.210.732, Rel. Min. Luis Felipe Salomão, 4ª T, DJ 15/03/2013).

Cabe uma breve observação a respeito dos cartórios. Os serviços notariais e de registro são exercidos por delegação do poder público. Tratam-se, portanto, de delegatários. Até aí, nenhum problema em aplicar o CDC. É também irrelevante o argumento dos cartórios não terem personalidade jurídica. O CDC, art. 3º, é explícito ao dispor que também os entes despersonalizados podem ser fornecedores. O único argumento sério, pensamos, contra a aplicação do CDC aos cartórios está na natureza jurídica de *taxa*, a propósito da remuneração dos serviços que prestam. Natureza tributária, portanto. Isso, de fato, dificulta teoricamente a aplicação do CDC aos cartórios, até se tivermos presente a jurisprudência do STJ que costuma diferenciar as situações: a) aplica-se o CDC aos serviços públicos prestados mediante tarifa ou preço público; b) não se aplica o CDC aos serviços prestados mediante taxas.

A jurisprudência tradicional do STF entende que "as custas judiciais e os emolumentos concernentes aos serviços notariais e registrais possuem natureza tributária, qualificando-se como taxas remuneratórias de serviços públicos, sujeitando-se ao regime jurídico constitucional pertinente a essa especial modalidade de tributo vinculado" (STF, ADIn 1.378-5).

Na hipótese de responsabilidade civil de médicos pela morte de paciente em atendimento custeado pelo SUS (hospital particular conveniado ao SUS) incidirá o prazo do art. 1º-C da Lei n. 9.494/1997, sendo de 5 anos a pretensão de obter indenização (STJ, REsp 1.771.169, Rel. Min. Nancy Andrighi, 3ª T, DJe 29/05/2020).

19.4.1. Serviços públicos sociais

Cabe, aqui, embora brevemente, dizer algo a respeito dos serviços públicos. Sabemos que as pessoas jurídicas de direito público e as pessoas jurídicas de direito privado prestadoras de serviço público respondem objetivamente, à luz da Constituição (art. 37, § 6º). Tratamos do tema em outra oportunidade (no *manual de responsabilidade civil do Estado).* Cabe reconhecer que impera, em relação à definição de serviços públicos, alguma hesitação doutrinária. Percebe-se certo desconforto dos autores ao tratar do tema, ao assumir posição nesse ou naquele sentido. A matéria, de fato, é difícil e instável, recebendo forte impacto das orientações administrativas e econômicas de cada um dos governos, nem sempre com clara continuidade.

Um ponto, porém, por sua relevância e frequência, merece ser destacado. São os serviços de saúde e educação. São serviços públicos? Atraem a incidência do art. 37, § 6º da Constituição? Se a resposta for positiva, a responsabilidade civil será objetiva em relação aos danos causados. Essas atividades, cremos, serão consideradas serviço público, se forem prestadas pelo Estado. Serão, todavia, serviços de relevância pública (mas não serviço público), se forem prestadas por empresas privadas. Cabe citar o autor de aprofundado estudo sobre o tema: "Em outras palavras, a Constituição as considera serviços públicos quando prestadas pelo Estado, e serviços de relevância pública quando exploradas por particulares, mantido, nesse caso, o regime jurídico privado e as regras da livre iniciativa, sem prejuízo, naturalmente, em alguns casos (principalmente saúde e educação), da forte regulação sobre elas incidente, inclusive mediante a sujeição a autorizações administrativas prévia e operativas, constituindo-as como atividades econômicas privadas de interesse público" (Alexandre Santos de Aragão, "O conceito de serviços públicos no Direito Constitucional brasileiro". *Constitucionalização do Direito: fundamentos teóricos e aplicações específicas.* Rio de Janeiro: Lumen Juris, 2007, p. 703).

Quando prestados pelo Estado, saúde e educação se caracterizam como serviços públicos sociais. Quando prestados por particulares, não são serviços públicos. São serviços de relevância social. Cabe observar que não há delegação estatal em relação a colégios ou faculdades. O exercício do serviço independe de concessão. Não há contrato administrativo. Há, é verdade, intensa regulação, pela relevância social da matéria. Mas não se trata de setor reservado ao Estado.

A solução, quando se tratar de serviços de saúde e educação prestados por empresas privadas, não poderá ser encontrada, portanto, na responsabilidade objetiva do Estado, prevista na Constituição. Isso, no entanto, não mudará muita coisa para a vítima. A responsabilidade seguirá sendo objetiva, à luz do Código de Defesa do Consumidor. Quaisquer danos causados por produtos (remédio estragado que cause morte) ou serviços (hospital sem instalações adequadas) gerarão a responsabilidade objetiva do fornecedor. A mesma coisa sucede com a educação. Cabe lembrar que a garantia constitucional de gratuidade de ensino não impede, segundo o STF, que as universidades públicas cobrem mensalidades em cursos de especialização (STF, RE 597.854, Rel. Min. Edson Fachin, j. 26/04/2017). Convém lembrar que "o Ministério Público tem legitimidade ativa para atuar na defesa dos direitos difusos, coletivos e individuais homogêneos dos consumidores, ainda que decorrentes da prestação de serviços públicos" (STJ, Súmula 601). Se o direito for difuso ou coletivo, o MP sempre terá legitimidade para agir. Se for individual homogêneo e indisponível, também. Se for individual homogêneo e disponível, o MP poderá agir se houver relevância social.

19.5. Dever de atendimento em casos de urgência, mesmo nos estabelecimentos privados

Há, no Brasil, dever do estabelecimento hospitalar – público ou privado – de prestar atendimento médico em caso de urgência. Não se pode, absolutamente, condicionar o atendimento ao preenchimento de cadastros, ou a garantias financeiras (cheque-caução, nota-promissória, ou qualquer outra). O Código Penal, a propósito, sofreu alteração para tipificar como crime a conduta de exigir cheque-caução ou garantia, nestes termos: "Art.135-A. Exigir cheque-caução, nota promissória ou qualquer garantia, bem como o preenchimento prévio de formulários administrativos, como condição para o atendimento médico-hospitalar emergencial" (Lei n. 12.653/2012). Os estabelecimentos de saúde deverão, inclusive, na forma do art. 2º, afixar, em local visível, cartaz ou equivalente, informando constituir crime a exigência de cheque-caução ou outra garantia. A jurisprudência, mesmo antes da tipificação penal da conduta, já trilhava idêntica orientação, no sentido de ser dever do estabelecimento hospitalar, sob pena de responsabilização civil, da sociedade empresária e dos seus prepostos, prestar o pronto atendimento médico-hospitalar (STJ, REsp 1.256.703, Rel. Min. Luis Felipe Salomão, 4ª T, DJ 06/09/2011). Em 2022 o STJ decidiu que a operadora de plano de saúde tem o dever de cobrir parto de urgência, por complicações no processo gestacional, ainda que o plano tenha sido contratado na segmentação hospitalar sem obstetrícia (STJ, REsp 1.947.757J, Rel. Min. Nancy Andrighi, 3ª T, DJe 11/03/2022).

Em se tratando de estabelecimentos privados, deverá haver o pagamento, ainda que posteriormente, dos serviços prestados. O STJ frisou que os princípios da função social do contrato, boa-fé objetiva, equivalência material e moderação impõem, por um lado, seja reconhecido o direito à retribuição pecuniária pelos serviços prestados e, por outro lado, constituem instrumentário que proporcionará ao julgador o adequado arbitramento do valor a que faz jus o hospital (STJ, AgInt no REsp 1.278.178, Rel. Min. Luis Felipe Salomão, 4ª T, DJ 23/05/2017). Na linha do último julgado o STJ destacou: "Por um lado, é certo que aqueles que buscam socorro hospitalar estão cercados de dúvidas e temores pela própria saúde, muitas vezes fragilizados pelo desconforto anímico que os moveu até a casa de saúde. Por outro lado, não se pode olvidar que os hospitais privados fornecem atendimento de urgência e emergência ao mercado de consumo em geral mediante pagamento pelos serviços efetivamente prestados. É preciso observar casuisticamente se houve abuso de direito na ação do hospital, seja pela cobrança de valores extorsivos, seja pelo constrangimento ilegal de pacientes e familiares quanto a tratamentos inadequados ou inúteis; sem descurar do interesse das partes e outras circunstâncias peculiares ao caso (art. 51, §1º, III, do CDC). Na hipótese, a paciente foi acolhida pelo serviço de emergência hospitalar, o diagnóstico médico fornecido, indicado o tratamento correspondente, solicitada a cobertura pelo plano de saúde, assinado termo de responsabilidade hospitalar, disponibilizada ao consumidor a opção de pagamento particular pela cirurgia excluída pelo convênio, realizado o pagamento por meio de cheque caução e efetivamente prestado o serviço de atenção à saúde. Não configurado dano moral no particular" (STJ, REsp 1.771.308, Rel. Min. Nancy Andrighi, 3ª T, DJe 22/02/2019).

Outro ponto importante: embora haja o dever de atendimento, a jurisprudência tem frisado que não se pode entender o serviço médico-hospitalar de emergência como oferta grátis do hospital. Assim, "atividades empresariais voltadas especificamente para o atendimento de pessoas em condição de perigo iminente, como se dá com as emergências de hospitais particulares, não podem ser obrigadas a suportar o ônus financeiro do tratamento de todos que lá aportam em situação de risco à integridade física, ou mesmo à vida, pois esse é o público-alvo desses locais, e a atividade que desenvolvem com fins lucrativos é legítima, e detalhadamente regulamentada pelo Poder Público. Se o hospital não exigir, nessas circunstâncias, nenhuma paga exagerada, tampouco impor a utilização de serviços não necessários, ou mesmo garantias extralegais, mas se restringir a cobrar o justo e usual, pelos esforços realizados para a manutenção da vida, não há defeito no negócio jurídico que dê ensejo à sua anulação" (STJ, REsp 1.578.474, Rel. Min. Nancy Andrighi, 3ª T, DJe 13/12/2018).

19.6. Disciplina do Código Civil, seguro de responsabilidade civil e código de ética médica

O Código Civil trata da responsabilidade civil dos profissionais de saúde, de modo amplo (Código Civil, art. 951). Dispõe sobre a indenização a ser paga por aquele que, no exercício da atividade profissional, por negligência, imprudência ou imperícia, causar morte do paciente, agravar-lhe o mal, causar-lhe lesão, ou inabilitá-lo para o trabalho. Só menciona, no entanto, inexplicavelmente, o dano material, evidenciando o caráter defeituoso e até desnecessário – por sua obviedade, naquilo que resolveu ser explícito – dos dispositivos legais nesse ponto.

São mais raras, comparativamente aos médicos, os casos de responsabilidade civil dos farmacêuticos. Poderão ocorrer, como de resto com qualquer profissional. Se, por exemplo, o farmacêutico convence o paciente a não seguir a prescrição médica, porque há outro remédio – segundo ele – mais barato e melhor, e ocorre dano relacionado à indevida prescrição, a responsabilidade civil pode se configurar. Não se pode excluir, em casos assim, a possibilidade de culpa concorrente do paciente, que deve ser excluída nos casos de pessoas sem instrução, mais vulneráveis e sem defesa.

Nós ainda não desenvolvemos, no Brasil, o hábito (tão americano) de contratar seguros de responsabilidade civil relativos a danos causados por médicos. Seguros esses, esclareça-se, feitos pelos próprios médicos, quer individual, quer coletivamente, contratados pelas instituições de saúde a que se filiam. Também é verdade, por outro lado, que a matéria entre nós não atingiu a visibilidade que ostenta nos Estados Unidos – nem na quantidade de questionamentos judiciais, nem nos valores de indenização que são arbitrados, reconhecidamente altos por lá.

Dissemos que nós, brasileiros, não temos culturalmente o hábito de contratar seguros de responsabilidade civil. O pioneirismo, na matéria, parece ser dos alemães, que já no fim do século XIX contratavam seguros de responsabilidade civil relativamente aos danos causados por advogados. Na França e na Itália, os advogados são obrigados a ter seguro de responsabilidade civil. Costuma-se, em geral, haver a contratação de um seguro coletivo, pelas respectivas entidades de classe. Os americanos, porém, são atualmente os que mais se preocupam com a matéria e os que mais contratam seguros de responsabilidade civil. Não por acaso, a cultura judicialista, tão forte nos Estados Unidos da América, alcança também os atos praticados por médicos e advogados, havendo fundado temor por parte dos profissionais de que sejam alvo de demandas semelhantes. Esse contexto cultural faz com que os seguros de responsabilidade civil sejam, naquele país, comuns e necessários.

O Código Civil prevê o seguro de responsabilidade civil: "Art. 787. No seguro de responsabilidade civil, o segurador garante o pagamento de perdas e danos devidos pelo segurado a terceiro". O seguro de responsabilidade civil existe para fazer frente aos danos causados pelo segurado no exercício de sua profissão. Os danos, decerto, não podem ser dolosos. O agravamento do risco não pode resultar de postura deliberada do segurado. Seja como for, o seguro de responsabilidade civil é interessante e desejável por várias razões. Outro aspecto é constatar que erros ocorrem com todos nós, mais ou menos graves, e o seguro, se existente, faz com que nossas vidas não sejam tão modificadas com a imposição do dever de indenizar, eventualmente em valores vultosos. É, portanto, sob mais de um aspecto, socialmente valioso o incremento dos seguros, e não só em relação aos advogados, como também em outras atividades, como a médica.

Cabe frisar, a propósito, que há na doutrina posições que defendem que tendo o ofensor seguro de responsabilidade civil, a vítima pode pleitear a indenização diretamente da seguradora, caso queira. Isso é particularmente útil em casos de acidentes automobilísticos. Nesse sentido, inclusive, é o Enunciado 544 do CJF: "O seguro de responsabilidade civil facultativo garante dois interesses, o do segurado contra os efeitos patrimoniais da imputação de responsabilidade e o da vítima à indenização, ambos destinatários da garantia, com pretensão própria e independente contra a seguradora". O STJ, porém, em 2015 – embora relativamente à outra matéria, que não a responsabilidade civil médica – aprovou súmula nos seguintes termos: "No seguro de responsabilidade civil facultativo, não cabe o ajuizamento de ação pelo terceiro prejudicado direta e exclusivamente em face da seguradora do apontado causador do dano" (STJ, Súmula 529).

Convém mencionar, antes de concluir este tópico, que as soluções regulamentares trazidas pelo Código de Ética Médica (Resolução nº 2.217/2018, DOU 01/11/2018) não vinculam, por certo, o magistrado, mas poderão trazer valiosos subsídios informativos acerca de um campo em relação ao qual o juiz não dispõe de formação técnica.

19.7. O uso construtivo do silêncio: técnicas de contenção judicial

Questão complexa diz respeito à seguinte indagação: até onde o juiz pode ir nas discussões médico-científicas? Se havia duas ou mais ações terapêuticas possíveis, e o médico optou por uma delas (que veio a causar danos), será possível responsabilizar civilmente o médico, porque a outra alternativa (ou as outras alternativas) se mostravam menos danosas e igualmente legítimas? A resposta, segundo cremos, é positiva, porém excepcional. Em outras palavras: apenas se, no caso concreto, evidenciar-se o erro de conduta técnica. Se, porém, a matéria mostrar-se controversa ou instável, com múltiplas abordagens terapêuticas igualmente aceitas, torna-se pouco razoável pretender responsabilizar o médico. Se a literatura médica, ainda que parcialmente, secunda a ação do médico no caso concreto, e se não houver dúvidas acerca do diagnóstico do paciente, não se pode legitimamente falar em erro de conduta técnica.

Por outro lado, age culposamente o médico que não utiliza todos os recursos disponíveis para a detecção do mal (dependendo da situação, radiografia, tomografia computadorizada, ultrassom, exame neurológico etc.) e exclusão de possíveis enfermidades. Não é razoável que se alegue, em hospitais públicos, ausência de equipamentos ou de remédios. Se isso ocorrer, poderá haver responsabilidade civil do Estado, embora não dos médicos, se no caso concreto ficar evidenciado que eles não poderiam – pela escassez ou ausência de condições técnicas – agir de modo diverso de como agiram.

Convém, porém, lembrar que nem tudo está sob o controle do médico, por mais diligente que seja. É possível, por exemplo, que em procedimento cirúrgico ocorra parada cardíaca que não esteja, em absoluto, relacionada à ação negligente dos médicos. Não se controlam todas as reações e comportamentos do corpo humano. É possível, por exemplo, que a paciente, mesmo após a laqueadura de trompas, volte a engravidar (em decorrência, digamos, de permeabilidade tubária que recanaliza as trompas). O que se impõe, em casos assim, é investigar se houve o devido e concreto cumprimento dos deveres de informação, esse é o ponto relevante.

Medicina, enfim, não é uma ciência tão exata como gostaríamos que fosse. As formas de abordagem e terapêutica diante do mesmo problema variam enormemente, dependendo do médico. Além do mais, conforme frisamos, os organismos humanos nem sempre respondem do mesmo modo. Quanto mais complexas forem as variáveis, mais difícil será prever, com exatidão, o que pode acontecer. Não raro, frente a um mesmo dilema técnico, médicos divergem frontalmente. Não é simples nem fácil, nesse contexto, solucionar judicialmente essas demandas, sobretudo se tivermos em conta o óbvio fato que o juiz não dispõe, pessoalmente, de formação profissional na área médica. Não cabe, nesse contexto, segundo pensamos, que o juiz pretenda se substituir ao médico (em sentido semelhante: STJ, REsp 992.821, 4ª T, DJ 27/08/2012).

Em questões complexas, com múltiplas e simultâneas visões da ciência médica sobre o tema, deve-se adotar uma postura judicial de prudência e parcimônia. Cabe, por isso, em certos casos, operar com o minimalismo e com técnicas de contenção judicial (*court curbing*). Talvez o minimalismo possa ser resumido numa expressão que se tornou célebre: "o uso construtivo do silêncio", na dicção célebre de Cass Sunstein – que tem publicado, nas últimas décadas, relevantes obras sobre o tema. Em outras palavras, *julgar, mas não julgar muito. Ou julgar sem dizer tudo.* Não decidir o que puder ficar sem decisão. Decidir apenas o essencial (SUNSTEIN, Cass. *The Partial Constitution.* Cambridge: Harvard University Press, 1998).

19.7.1. Dever de tutela do melhor interesse do paciente

Registre-se, em linha de princípio, que podemos nos valer, como critério interpretativo para avaliação da conduta médica, do *dever de tutela do melhor interesse do paciente* (TEPEDINO, Gustavo. A responsabilidade médica na experiência brasileira contemporânea. *Temas de Direito Civil. Tomo II.* Rio de Janeiro: Renovar, 2006, p. 94). Trata-se de vetor hermenêutico em favor da integridade física e psíquica do paciente. Cuida-se, dizemos nós, do princípio da boa-fé objetiva, particularizado na conduta médica. Não agir apenas à luz das próprias conveniências (deixar para o mês que vem algo que deveria ser feito agora porque está com viagem marcada), ou interesses econômicos (resolver, entre dois pacientes, por internar aquele que lhe traz maior proveito financeiro). O Brasil, aliás, se chocou ao tomar conhecimento de certo hospital em Curitiba, em cuja UTI os médicos dispunham, perversa e irresponsavelmente, do poder de decidir a respeito de vidas humanas.

Espera-se que médico esteja adequadamente informado sobre seu campo de atuação profissional e que aja, a todo tempo, de forma leal, correta, transparente, responsável. Que aja, enfim, banhado pela boa-fé objetiva. A desatualização do profissional pode, eventualmente, ensejar responsabilidade civil, se causar dano (prescrição de medicamento, por exemplo, cujos artigos científicos recentes evidenciam perigo para a saúde humana). Pode haver, também, conforme adiante veremos, a aplicação da teoria da perda da chance na responsabilidade civil médica (pensemos na conduta do médico que deixa de prescrever um novo medicamento cuja eficácia e segurança já foram comprovadas, e a doença do paciente se agrava. Não é certo que o paciente ficaria curado ou mesmo melhoraria com ele, mas não se pode negar que haveria uma chance. As circunstâncias é que dirão se a chance era, no caso, séria e razoável).

O cuidado que o médico deve ter com o paciente não se exaure no procedimento em si, estende-se para depois dele, e na verdade inicia-se antes, com os severos deveres de informar com lealdade e clareza. A boa-fé objetiva torna ainda mais fortes os deveres que cabem ao médico, podendo ser civilmente responsabilizado se agir de modo desinteressado e pouco zeloso com o paciente, em quaisquer das fases temporais da relação. Necessário, contudo, para que a indenização se faça presente, que tenhamos nexo causal entre o dano e a conduta médica.

A culpa da vítima – aqui como nos demais campos da responsabilidade civil – poderá atuar, seja rompendo o nexo causal, se exclusiva, seja autorizando a redução do *quantum* indenizatório, se concorrente. Se, por exemplo, o paciente omite do médico determinada situação ou moléstia, que sabia ser portador (alergia a determinado medicamento, digamos). Porém, mesmo nesse caso, a questão só terá relevância jurídica se o médico *não tinha*, no caso concreto, o dever de averiguar a situação por outros modos. Não se protege a conduta do médico que, negligentemente, deixa de verificar previamente os possíveis riscos relativos ao procedimento que realizará. Lembrando que no campo da responsabilidade civil prevalece, com progressiva força, o princípio da proteção prioritária à vítima do dano, conjugado com o princípio da reparação integral.

19.8. A responsabilidade médica como contratual: há relevância?

A responsabilidade civil médica é tida, em geral, como uma responsabilidade civil contratual (AGUIAR DIAS, *Da Responsabilidade Civil*. Tomo I. Rio de Janeiro: Forense, 1954, p. 271-272). Há, inegavelmente, um contrato em boa parte dos casos envolvendo as relações entre médicos e pacientes: seja com o plano de saúde, seja com o médico, pessoalmente. Há consequências relevantes em categorizar a relação entre médico e paciente como uma relação contratual. Por exemplo, cabe lembrar que os juros de mora, na responsabilidade civil contratual, incidem a partir da citação. Se houver falha, por exemplo, no serviço médico-hospitalar, causando danos, a hipótese é de responsabilidade civil contratual. Os juros moratórios, portanto, nesse caso, contam-se a partir da citação. É a pacífica jurisprudência brasileira (STJ, AgRg no AREsp 211.917, Rel. Min. Sidnei Beneti, 3ª T, DJ 02/04/2013). Já se estivermos diante de responsabilidade civil extracontratual, os juros de mora contam-se, não da citação, mas desde antes, desde o evento danoso (Súmula 54/STJ). É apenas uma dentre as distinções possíveis.

Cabe lembrar, a propósito, que violações contratuais podem caracterizar ilícitos civis, isto é, não são ilícitas apenas as condutas que violem os artigos 186 e 187 do Código Civil (pedimos licença ao leitor para remeter, havendo interesse, ao nosso *Teoria dos ilícitos civis*, publicado, a partir da segunda edição, pela Editora Juspodivm). Por outro lado, nem todas as hipóteses de dever de indenizar perfazem ilícitos. Mesmo atos lícitos, na ordem jurídica brasileira, podem eventualmente dar ensejo à responsabilidade civil.

É importante frisar que mesmo sendo contratual a responsabilidade civil médica, a prova da culpa é, em princípio, da vítima. Dissemos "em princípio" porque é possível – e mesmo desejável, em muitos casos – que ocorra a inversão do ônus da prova. Já em meados do século passado Aguiar Dias advertia que o fato "de se considerar como contratual a responsabilidade médica não tem, ao contrário do que poderia parecer, o resultado de presumir a culpa. Pode dizer-se que é geral o acordo no sentido de que é ao cliente que incumbe provar a inexecução da obrigação por parte do profissional" *(Da Responsabilidade Civil.* Tomo I. Rio de Janeiro?

Em geral, na responsabilidade civil contratual, basta o descumprimento da obrigação para que surja o dever de indenizar. A responsabilidade de quem descumpriu a obrigação (tradicionalmente) é presumida, sob o prisma probatório. Não é, porém, como vimos, o que ocorre no caso dos médicos. Enfim o fato de estarmos diante de uma obrigação contratual não implica em presunção de culpa do médico. A responsabilidade deles, entre nós, é subjetiva, seja à luz do CDC (art. 14, § 4º), seja à luz do Código Civil (art. 951). Outro aspecto que pede menção é o seguinte: comumente, o inadimplemento contratual gera danos materiais, exclusivamente. A imposição de danos morais é excepcional, embora possível. Na responsabilidade civil médica, no entanto, a indenização por dano moral ocorre com frequência, dada a natureza dos danos experimentados (morte de entes queridos, paraplegia, cegueira etc.). Frise-se, portanto, que a indenização por dano moral, em casos de inadimplemento contratual, embora não seja comum, pode acontecer (em sentido semelhante: STJ, REsp 1.080.679, Rel. Min. Luis Felipe Salomão, 4ª T, DJ 01/02/2012).

Seja como for, mencionamos, no Capítulo IV, que a tendência mundial é unificar os regimes de responsabilidade, convergindo para um único modelo conceitual, que não mais distingua a responsabilidade civil contratual e extracontratual.

19.9. A questão da equipe médica: até que ponto uns respondem por atos de outros?

Estudamos, no Capítulo III, o princípio da solidariedade. Trata-se de princípio fundamental nas relações de consumo (CDC, art. 7º, parágrafo único; art. 18; art. 19; art. 25, § 1º; art. 34). Se o dano sofrido pelo paciente guarda relação tanto com a conduta do médico como a do hospital (que adiante estudaremos, em tópico próprio), ambos respondem de modo solidário. Por exemplo, age culposamente o hospital (ou o médico) que, embora consciente da necessidade de determinado instrumental para determinada cirurgia, não comunica a situação ao paciente, e deixa de utilizar o instrumental porque o plano de saúde não arca com os custos.

Sendo subjetiva a responsabilidade civil médica, o profissional responderá, igualmente, se *escolher mal* os seus subordinados, ou quem, de qualquer modo, esteja ligado ao serviço por ele desempenhado. A culpa *in eligendo* – tão usada no passado e tão em desuso atualmente (embora ainda seja invocada, nem sempre quando deveria ser) – aqui pode ser usada de modo técnico. O cirurgião chefe, por exemplo, responde pelos danos causados por sua equipe. O dermatologista responde pelo dano estético causado por uma assistente, mesmo que não médica. A culpa, aliás, em certas situações, há de ser tida como presumida, cabendo ao médico provar que agiu corretamente (imagine-se uma paciente que vai ao consultório dermatológico fazer uma aplicação de *botox* e saiu com o rosto paralisado, tendo que ficar assim durante meses).

Uma situação que merece menção é a do anestesista. Trata-se de especialidade própria, destacável da figura do cirurgião. Nesse sentido, se o dano ao paciente provém, comprovadamente, de ato praticado pelo anestesista, no exercício do seu mister, este responde individualmente pelo evento (STJ, EREsp 605.435, Rel. Min. Raul Araújo, Segunda Seção, DJ 28/11/2012). Por isso, nem sempre o cirurgião poderá ser chamado a responder por um erro do anestesista, como o anestesista não poderá ser chamado, em princípio, para responder por um erro do cirurgião. Apenas em casos específicos, à luz de circunstâncias que levem a tal conclusão, impõe-se a solidariedade entre eles (processualmente, é importante a propositura da ação contra todos, para evitar as escusas recíprocas, um jogando a responsabilidade para o outro).

Enfim, como linha de orientação, na matéria, podemos dizer que haverá solidariedade sempre que se configurar, por ações ou omissões, a participação no resultado danoso (o cirurgião, por exemplo, responde pela equipe médica, mas não, em princípio, pelo ato do anestesista, que responde pessoalmente).

Convém lembrar que os planos de saúde respondem solidariamente pelos danos causados por médicos credenciados. A jurisprudência, no ponto, é pacífica. O único detalhe digno de nota, por fugir da regra geral, é a situação dos chamados seguros-saúde. Neles, não há responsabilidade solidária. Do que se trata? De planos de saúde, por assim dizer, em que a escolha dos médicos se dá pelos próprios pacientes (os chamados seguros-saúde). Em outras palavras, não há médicos credenciados. O paciente escolhe, paga, e depois é reembolsado pela empresa de seguro saúde. Nesses casos, se houver dano, não haverá solidariedade. Apenas o médico responde.

19.10. A reexecução dos serviços: o paciente pode ser constrangido a realizá-los com o mesmo médico?

Se o cirurgião plástico (ou o médico em geral) provoca um dano no paciente, quebra-se, por certo, o vínculo de confiança e legítima expectativa de tranquilidade que havia. O paciente não pode ser obrigado a refazer o procedimento com o mesmo médico – geraria ansiedade e mútuos constrangimentos. O melhor é que se imponha o dever de custear procedimento semelhante com outro profissional de escolha do paciente, em escala financeira semelhante, eventualmente um pouco maior, em relação àquela que foi inicialmente paga (não seria razoável que o paciente pudesse escolher, digamos, o melhor cirurgião do Brasil, cujos honorários orbitam em padrões estratosféricos).

A solução que propomos, no sentido da cirurgia ou do procedimento ser realizado por outro médico, além de intuitiva, é harmônica com nossa legislação de consumo. É, aliás, o que prevê o CDC, no caso de serviços fornecidos com vício. Autoriza-se o consumidor a exigir, caso queira, a "reexecução dos serviços, sem custo adicional e quando cabível" (CDC, art. 20, I). Prevê-se, ainda mais, que a "reexecução dos serviços poderá ser confiada a terceiros devidamente capacitados, por conta e risco do fornecedor" (CDC, art. 20, § 1º).

19.11. É necessário que a culpa do médico seja grave?

Pretendeu-se, nos séculos passados, que o médico apenas respondesse por culpa grave, por erros absurdos, manifestos (ITURRASPE, Jorge Moset. *Responsabilidad civil del médico.* Buenos Aires: Astrea, 1979, p. 68). Hoje, no Brasil, nesta e em outras matérias regidas pela responsabilidade subjetiva, sabemos que não é assim. Basta, em regra, a culpa leve, para que haja o dever de indenizar. A indenização se mede pela extensão do dano (Código Civil, art. 944). Havendo, porém, manifesta desproporção entre a gravidade da culpa e o dano, o magistrado fica autorizado a reduzir, de modo equitativo, o valor da indenização (Código Civil, art. 944, parágrafo único). Essa redução, no entanto, há de ser enxergada com muita cautela, se o dano sofrido guardar relação com a saúde ou com a vida humanas (um médico que, por desatenção, prescreve medicamento a paciente alérgico, que vem a sofrer um choque anafilático e falecer). Miguel Kfouri Neto lembra não ser preciso "que a culpa do médico seja grave: basta que seja certa. A gravidade da culpa, agora, repercutirá na quantificação da indenização" (KFOURI NETO, Miguel. *Responsabilidade Civil do Médico.* São Paulo: RT, 2013, p. 95).

Não é necessário, portanto, para responsabilizar civilmente o médico, que a culpa seja grave. O direito brasileiro não conhece a gradação da culpa (cf. TEPEDINO, Gustavo. A responsabilidade médica na experiência brasileira contemporânea. *Temas de Direito Civil. Tomo II.* Rio de Janeiro: Renovar, 2006, p. 93). Mesmo a culpa leve, na responsabilidade subjetiva, obriga a indenizar. Ademais, o que mede, por assim dizer, a indenização, é o dano, não o grau de culpa (Código Civil, art. 944). No Rio de Janeiro, uma criança de 10 anos, atingida por uma bala perdida na noite de Natal, aguardou oito horas em hospital público sem o devido atendimento e veio a falecer. O médico plantonista (neurocirurgião) havia faltado, e possuía, segundo a imprensa, um crônico histórico de faltas, sobretudo em datas festivas. O Código de Ética Médica, no Capítulo III, art. 9º, proíbe que o médico deixe de comparecer a plantão em horário preestabelecido ou o abandone sem a presença de substituto, salvo por justo impedimento. Estatui ainda que na ausência de médico plantonista substituto, a direção técnica do estabelecimento de saúde deve providenciar a substituição. De toda sorte, para que haja responsabilidade civil é preciso que haja nexo causal. Assim, em princípio, mesmo uma culpa leve poderá ensejar graves danos, se as circunstâncias autorizarem o casamento entre a ação ou omissão do médico e o dano.

A negligência, em certos casos, decorre do próprio dano, não precisando ser provada. Se alguém, digamos, tem uma tesoura cirúrgica esquecida no estômago, não é necessário que prove a culpa do médico, apenas que se submeteu àquele procedimento cirúrgico (a situação se complica, sob o ângulo probatório, se houve mais de uma cirurgia, com diferentes equipes médicas). De todo modo, a inversão do ônus da prova é sempre uma possibilidade muito bem-vinda nessa matéria, em favor do paciente (CDC, art. 6º, VIII). Há danos que, por si mesmos, são trazem a assinatura da culpa. O médico, por exemplo, que ao realizar endoscopia perfura a bexiga do paciente, age culposamente. Do mesmo modo o dentista que, ao retirar o dente siso, provoca fratura de mandíbula do paciente, age com sonora imperícia.

Há muitos modos do médico – como de resto qualquer profissional – ser negligente. Delegar para assistente inexperiente procedimento que este não domina; realizar cirurgia sem os equipamentos de segurança necessários ou sem realizar o chamado risco anestésico; não verificar alergias ou a ingestão de outras drogas incompatíveis ao prescrever medicações etc. Não é aceitável, por exemplo, que vítima de lesão no trânsito, politraumatizada, não seja submetida a exame radiológico ou avaliação neurológica. Ou que o anestesista realize, simultaneamente, duas ou mais anestesias.

19.11.1. Erros grosseiros e reflexos no quantum *indenizatório*

Erros grosseiros devem refletir, no *quantum* indenizatório, a negligência, o descaso, a imperícia absurda. São, por exemplo, extremamente frequentes os casos de "cirurgia do lado errado". Opera-se, por exemplo, o lado esquerdo do cérebro, ao invés do direito. Para o nosso pasmo, são casos mais comuns do que poderíamos imaginar. Em setembro de 2013, no Rio de Janeiro, um senhor, diabético, que deveria ter a perna esquerda amputada, teve sua perna direita extirpada por engano. Ficou, absurdamente, sem as duas pernas, sendo obrigado, pelo resto da vida, à companhia dolorosa de uma cadeira de rodas. Isso pelo descaso negligente e criminoso do serviço de saúde.

O atendimento aos deveres de diligência e cuidado – e, por certo, a eventual falta deles – deverá ser apreciado caso a caso, de modo contextualizado, sendo relevantes, entre outros pontos, as condições subjetivas do paciente e do médico. Pontes de Miranda, a propósito, frisa que a "diligência subjetivamente a mais resulta, de ordinário, de exercício da profissão: a culpa do advogado especialista há de ser mais rigorosamente apurada que a do advogado sem especialidade; passa-se o mesmo com o médico, o engenheiro, o arquiteto, ou outro profissional, cuja profissão seja suscetível de especialização" (PONTES DE MIRANDA. *Tratado de Direito Privado*. Rio de Janeiro: Borsoi, 1954, p. 259). Outro ponto de intuitiva compreensão: se o médico se vale de método experimental deverá arcar com os riscos do procedimento, isto é, sua conduta poderá ser mais severamente analisada. Há casos, no entanto, conforme já tivemos oportunidade de frisar, em que a culpa resulta das circunstâncias do evento, não precisando ser demonstrada. O instrumento cirúrgico esquecido dentro do corpo do paciente é assinatura reconhecida em cartório de negligência. Não se precisa, por óbvio, produzir prova de que o corpo médico agiu mal.

19.12. A questão do consentimento do paciente

O tema é complexo e comportaria, só por si, uma monografia. Naturalmente, nossa abordagem, dado o perfil amplo deste livro, deve ser muito breve.

O Código de Ética Médica prevê, no art. 22, ser vedado ao médico "deixar de obter consentimento do paciente ou de seu representante legal após esclarecê-lo sobre o procedimento a ser realizado, salvo em caso de risco iminente de morte". Um médico, por exemplo, não deve, sem autorização do paciente, durante a realização de cirurgia ou procedimento ambulatorial, tomar decisões que poderiam ser tomadas, posteriormente, pelo paciente, sem que a demora represente risco. Sobretudo, por certo, quando tais decisões ostentam o caráter da irreversibilidade (amputações, retiradas de tecidos etc.). Trata-se, obviamente, de orientação genérica que comportará exceções, à luz dos casos concretos: se a intervenção é de urgência, e a amputação, digamos, ou é feita naquele momento ou pode comprometer a vida do paciente (gangrena, por exemplo), estaremos diante da exceção legítima e autorizada. O julgador, ademais – e isso nem sempre é lembrado –, precisa ter presente que muitas vezes é a audácia (segura) do médico que pode salvar a vida do paciente. Um médico inseguro ou cauteloso demais nada faria. E a omissão excessivamente cautelosa pode ser trágica para o paciente.

Estamos diante da saúde humana, em sua indissociável integralidade. Não se admite, aqui, consentimentos para a prática de danos, quaisquer que sejam. Afirmar isso não equivale a negar qualquer validade para o chamado consentimento informado. O consentimento informado – cujo ônus da prova caberá sempre ao médico ou a instituição de saúde – *poderá*, conforme o caso, ostentar prestabilidade jurídica, desde que o procedimento ou tratamento seja adequado e proporcional, diante da situação fática posta. Não, porém, como mero formulário padrão, mas como dever de informar – bem, leal e concretamente – acerca dos riscos e possibilidades do tratamento. Nesse contexto, o formulário poderá, também, ser usado, mas não imuniza, de modo absoluto, a responsabilidade civil dos médicos ou planos de saúde diante da informação falha, defeituosa ou omissa.

Feitas essas ponderações, repita-se que não se admitem, aqui, consentimentos para que danos sejam praticados contra o corpo humano. Pontes de Miranda já houvera observado que "o consentimento não afasta a responsabilidade do médico por seus erros, ou descuidos, tanto mais quando o cliente ou a pessoa atendida em caso de acidente pode somente ter consentido porque o médico lhe expôs erradamente ou de má-fé (*e.g.*, para ganhar o dinheiro da operação), o que seria a sua doença" (PONTES DE MIRANDA. *Tratado de Direito Privado,* t. 53. Rio de Janeiro: Borsoi, 1972, p. 436). Aliás, nas relações de consumo – e a relação entre médico e paciente é relação de consumo, conforme adiante veremos – são nulas as cláusulas que afastem ou mesmo atenuem o dever de indenizar (CDC, art. 51, I).

A autodeterminação do paciente só pode ser verdadeiramente exercida se as informações prestadas forem específicas para o caso do paciente, e não genéricas. Dessa forma, "haverá efetivo cumprimento do dever de informação quando os esclarecimentos se relacionarem especificamente ao caso do paciente, não se mostrando suficiente a informação genérica. Da mesma forma, para validar a informação prestada, não pode o consentimento do paciente ser genérico (*blanket consent*), necessitando ser claramente individualizado" (STJ, REsp 1.540.580, Rel. Min. Luis Felipe Salomão, 4ª T, DJe 04/09/2018). Cabe notar importante aspecto: o consentimento também não pode ser genérico, conforme sempre sustentamos. O julgado ressaltou ainda que "o ônus da prova quanto ao cumprimento do dever de informar e obter o consentimento informado do paciente é do médico ou do hospital, orientado pelo princípio da colaboração processual, em que cada parte deve contribuir com os elementos probatórios que mais facilmente lhe possam ser exigidos" (STJ, REsp 1.540.580, Rel. Min. Luis Felipe Salomão, 4ª T, DJe 04/09/2018).

19.13. O erro de diagnóstico

O erro de diagnóstico pode, dependendo do contorno fático, gerar dever de indenizar (PONTES DE MIRANDA. *Tratado de Direito Privado,* t. 53. Rio de Janeiro: Borsoi, 1972, p. 436/437). Não será qualquer erro de diagnóstico que ensejará responsabilidade civil. Necessita-se, em linha de princípio, que o erro de diagnóstico esteja ligado, em nexo causal, a um dano. E que o erro tenha sido culposo. Por mais que digamos – e que faça parte da tradição jurídica brasileira – que na órbita civil qualquer culpa, mesmo a leve, enseja a indenização, não é difícil verificar, na responsabilidade civil dos médicos, que a jurisprudência, talvez inconscientemente, só os responsabiliza em casos em que a culpa (negligência, imperícia ou imprudência) revela alguma gravidade. Em parte, pensamos, porque em certos casos – como o erro de diagnóstico – é de fato difícil que tenhamos uma linha nítida entre o erro e a avaliação subjetivamente variável de cada profissional da medicina.

Quando a culpa se mostra evidente, a responsabilização se torna menos difícil. Por exemplo, em caso de paciente que compareceu cinco vezes ao hospital, sendo sempre atendido, sem que o médico identificasse uma apendicite. O atraso, no caso, ocasionou a supuração do apêndice, infecção e morte. Entendeu-se que houve negligência. Ou na situação da vítima que apresenta quadro infeccioso claro, a exigir antibiótico, que só lhe foi ministrado no oitavo dia de internação, quando seu estado já era irreversível. Também haverá erro grosseiro quando o clínico deixa de identificar sintomas de apendicite aguda, revelando absoluto descaso com o paciente, já internado, do que decorre peritonite e a morte da vítima. De igual modo quando médicos de pronto-socorro subestimam a gravidade dos ferimentos sofridos por criança de três anos de idade, vítima de atropelamento. Examinam-na superficialmente e prescrevem medicação insuficiente. Seis dias depois, a criança morre, em consequência de fratura craniana, seguida de comoção cerebral e hemorragia intracraniana.

19.14. Obrigações de meio e de resultado: um tema recorrente na responsabilidade civil dos médicos

Doutrina e jurisprudência, ao cuidarem da responsabilidade civil dos médicos, inserem, invariavelmente, a discussão acerca da bipartição das obrigações – meio e resultado. Trata-se de dualismo tradicional da ciência jurídica, que diferencia a natureza de certas responsabilidades: estaria o devedor obrigado a atingir determinado fim, ou apenas a exercer, com a cautela profissional ordinária, a sua atividade? Teríamos, no primeiro caso, uma obrigação de resultado (contrato de empreitada, por exemplo). Teríamos, no segundo, uma obrigação de meio (advogados, entre cujos deveres, de ordinário, não se inclui *vencer* as causas que patrocinam).

19.14.1. Obrigações de meio

Os médicos, pelos serviços que prestam, desempenham uma obrigação de meio. Nestas obrigações não se assume o dever de se chegar a determinado resultado (a cura, por exemplo), mas apenas o dever de se portar com diligência e atenção, à luz dos dados atuais de sua ciência, de cujo conteúdo se espera que tenha notícias atualizadas. A jurisprudência brasileira parece firme no sentido de considerar a obrigação do médico como obrigação de meio. Assim, "a relação médico-paciente encerra obrigação de meio, e não de resultado, salvo na hipótese de cirurgias estéticas. Precedentes" (STJ, REsp 1.097.955, Rel. Min. Nancy Andrighi, 3ª T, DJ 03/10/2011). Essa, portanto, é a regra geral, e as exceções precisam ser substancialmente fundamentadas – seja pela doutrina, seja pela jurisprudência. Aliás, os estudos atuais de hermenêutica têm apontado que quanto mais aberta e dúctil for a norma, maiores são os ônus argumentativos do intérprete. Para a imposição de responsabilidades mais gravosas à míngua de lei, mesmo no direito privado, é preciso que o órgão julgador se desincumba do dever de evidenciar o percurso argumentativo que lastreou suas conclusões. Isso nem sempre acontece na discussão relativa à responsabilidade civil médica. Repetem-se conclusões alheias sem indagar da respectiva adequação.

A polêmica, na verdade, não consiste na categorização da atividade médica como obrigação de meio – regra geral. A polêmica teórica consiste nas exceções, que adiante veremos. Fiquemos, por enquanto, com a confortadora companhia da regra geral, não das exceções. As cirurgias reparadoras – tal como os atos médicos em geral – são consideradas obrigações de meio. A relevância das cirurgias reparadoras é imensa. Retomando o que já dissemos, nas cirurgias plásticas reparadoras a obrigação é considerada de meio, não de resultado.

19.14.2. Obrigações de resultado

O mais conhecido exemplo de obrigação de resultado, na responsabilidade civil médica, diz respeito às cirurgias plásticas com fins estéticos. Nessa perspectiva, "de acordo com vasta doutrina e jurisprudência, a cirurgia plástica estética é obrigação de resultado, uma vez que o objetivo do paciente é justamente melhorar sua aparência, comprometendo-se o cirurgião a proporcionar-lhe o resultado pretendido" (STJ, AgRg nos EDcl no AREsp 328.110, Rel. Min. Luis Felipe Salomão, 4ª T, DJ 25/09/2013). Aguiar Dias, escrevendo (em 1954) sobre a cirurgia estética, percebe que "esta aplicação da ciência não tem sido encarada com muita benevolência pelos tribunais, naturalmente impressionados pela feição menos nobre da cirurgia estética posta a serviço da vaidade fútil ou dos até hoje inexequíveis processos de rejuvenescimento, mas esquecidos das assombrosas possibilidades que ela pode abrir à humanidade, dentro das altas finalidades da arte médica" (*Da Responsabilidade Civil. Tomo I.* Rio de Janeiro: Forense, 1954, p. 294). É preciso que sejamos severos com os equívocos, mas não com o procedimento em si. Não convém, por certo, oferecer lipoaspiração como se tratasse de um corte de cabelo, em clínicas desprovidas dos requisitos mínimos de segurança. Quem oferece procedimentos cirúrgicos sem dispor, por exemplo, de aparelhos de reanimação, responde pelos danos relacionados a essa ausência. Trata-se de risco que não pode validamente ser transferido ao paciente. O risco é do médico e da instituição de saúde, e eventuais consentimentos do paciente são juridicamente inexistentes.

19.14.2.1. Outras exceções construídas doutrinária e jurisprudencialmente

A obrigação dos médicos é enxergada como uma obrigação de meio. Isto é, não se promete o resultado, a cura. A prova da culpa dos médicos, portanto, deverá ser comprovada. Há, porém, em certas áreas, outro enfoque. Entende-se, nelas, que a obrigação é de resultado, como por exemplo as cirurgias estéticas, os tratamentos odontológicos, os exames radiológicos e as transfusões de sangue (TEPEDINO, Gustavo. A responsabilidade médica na experiência brasileira contemporânea. *Temas de Direito Civil. Tomo II*. Rio de Janeiro: 2006, p. 83/119, p. 88). Nesse contexto, dentista que realiza tratamento ortodôntico malsucedido responde, segundo a jurisprudência, pelo resultado não alcançado. Desse modo, se o paciente contrata os serviços do dentista para corrigir o desalinhamento de sua arcada dentária (e um problema de mordida cruzada) e o profissional, além de não cumprir o combinado, ainda extrai dois dentes sadios, responde civilmente pelos danos. Foi o que entendeu o STJ ao julgar o REsp 1.238.746, Rel. Min. Luis Felipe Salomão, 4ª T, DJ 04/11/2011. Consignou-se, na ocasião, que "nos procedimentos odontológicos, mormente os ortodônticos, os profissionais da saúde especializados nessa ciência, em regra, comprometem-se pelo resultado, visto que os objetivos relativos aos tratamentos, de cunho estético e funcional, podem ser atingidos com previsibilidade". O ortodontista tem a obrigação de alcançar o resultado estético e funcional acordado com o paciente, a teor da jurisprudência atual. Poderá, sempre, no entanto, provar o dentista que o insucesso se deveu à culpa exclusiva do paciente. Essa prova, se realizada, rompe o nexo causal.

Prevalece, portanto, em relação aos dentistas, a percepção de que estamos diante de uma obrigação de resultado (com um caráter algo arbitrário nessa distinção, acreditamos). Seja como for, tal como ocorre com o médico, ao dentista se exigem deveres de informação particularmente severos, eis que lida com a saúde humana. Se deixa de informar ou informa mal, e daí decorrem danos ao paciente, haverá o dever de indenizar. Poderá, também aqui, ocorrer a inversão do ônus da prova, sendo certo que o paciente, frente ao dentista, encontra-se normalmente em posição vulnerável, em hipossuficiência técnica. O paciente, em regra, não domina os meandros técnicos da área de saúde, não pode saber o que realmente foi feito, qual o material utilizado, nem mesmo qual, dentre os procedimentos possíveis, é o mais seguro, o menos invasivo.

Também em relação aos laboratórios e os resultados dos exames, tem-se tais obrigações como sendo de resultado. Quem, por exemplo, ao fazer biópsia, recebe falso diagnóstico negativo de câncer, poderá ser indenizado. O STJ já se manifestou no sentido de que "configura obrigação de resultado, a implicar responsabilidade objetiva, o diagnóstico fornecido por exame médico. Precedentes" (STJ, AgRg no REsp 1.117.146, Rel. Min. Raul Araújo, 4ª T, DJ 22/10/2013). Houve, no caso, a emissão de resultado negativo de câncer, quando, na verdade, o diagnóstico era positivo. O erro retardou de tal forma o tratamento que culminou, quando finalmente descoberto, em intervenção cirúrgica drástica provocando defeito na face, com queda dos dentes e distúrbios na fala. O paciente, ademais, faleceu pouco depois.

Há, porém, que se analisar as circunstâncias. Em determinado caso, houve resultado equivocado do exame de ultrassonografia com Translucência Nucal, que indicou ser o feto portador de "Síndrome de Down". Contudo, a mãe, no dia seguinte ao recebimento do resultado equivocado, submeteu-se, novamente, ao mesmo exame, cujo diagnóstico mostrou-se diverso, isto é, descartou a patologia. Pretendia-se, no caso, que o dano se estendesse ao nascituro, o que nos parece excessivo e equivocado. Ainda que, em tese, o nascituro possa receber compensação moral, conforme já decidiu o STJ (Ag 1.268.980, Rel. Min. Herman Benjamin, DJ 02/03/2010). Frise-se que houve, no caso, indenização aos pais, excluída a indenização ao nascituro.

Os hospitais devem assegurar a incolumidade física do paciente, enquanto lá estejam. Doutrina e jurisprudência frisam que a responsabilidade hospitalar, diferentemente da médica, traduz obrigação de resultado. Nem precisamos, no entanto, da categoria conceitual da obrigação de resultado, em relação aos hospitais. Muito mais simples e tecnicamente escorreito é explicar que os hospitais são fornecedores de serviços à luz do CDC (art. 14). Como tais, respondem objetivamente pelos danos relacionados à atividade que desempenham, desde que presente o nexo causal (CDC, art. 14).

Conforme veremos adiante, a consequência de se considerar certas obrigações (ortodontista, por exemplo) como sendo obrigação de resultado é esta: haverá presunção de culpa relativamente ao ortodontista, diante do resultado não alcançado. O ônus da prova é invertido. Ele poderá, no entanto, provar que o dano não resultou de ação ou omissão culposa, mas de situação que lhe escapava do controle técnico. O mesmo ocorre em relação aos – cada vez mais comuns e mais avançados – procedimentos estéticos realizados em consultórios de dermatologia.

19.14.3. Procedimentos de natureza mista

E nas situações em que a cirurgia apresenta natureza mista? Em outras palavras, naquelas situações em que a cirurgia é, ao mesmo tempo, estética e reparadora? A jurisprudência, nessa hipótese, entende que "a responsabilidade do médico não pode ser generalizada, devendo ser analisada de forma fracionada, sendo de resultado em relação à sua parcela estética e de meio em relação à sua parcela reparadora" (STJ, REsp 1.097.955, Rel. Min. Nancy Andrighi, 3ª T, DJ 03/10/2011). Temos dúvida se, de fato, essa é a melhor orientação. É difícil (impossível em certos casos) separar "partes" da cirurgia, para dizer que até determinado ponto foi reparadora, a partir de outro ponto foi estética. As funções dialogam entre si, são indissociáveis em certa medida. Não se pode esquecer que toda cirurgia reparadora tem, inegavelmente, um componente estético, e o cirurgião (responsável) leva em consideração esse fator.

Mas é preciso anotar que a jurisprudência tem entendido que a cirurgia plástica ao mesmo tempo reparadora e estética tem natureza obrigacional mista, sendo obrigação de meio e obrigação de resultado. Assim, "nas cirurgias de natureza mista – estética e reparadora –, a responsabilidade do médico não pode ser generalizada, devendo ser analisada de forma fracionada, sendo de resultado em relação à sua parcela estética e de meio em relação à sua parcela reparadora" (STJ, REsp 1.097.955, Rel. Ministra Nancy Andrighi, 3ª T, DJ 03/10/2011; STJ, REsp 819.008, Rel. Min. Raul Araújo, 4ª T, DJ 29/12/2012).

19.14.4. A caminho da superação da dicotomia: novos critérios hermenêuticos?

Cabe, atualmente, questionar a serventia teórica da inclusão das cirurgias estéticas entre as obrigações de resultado, de modo absoluto. Não só, aliás, as cirurgias estéticas, mas a inclusão de qualquer procedimento entre as obrigações de meio ou as obrigações de resultado não deixa de ter certo sabor arbitrário. Por que – objetiva e normativamente falando – certos procedimentos são de resultado e outros não? Há, de fato, de modo aferível, notas que ontologicamente distinguam uns dos outros? É isso que precisa ser discutido, e as respostas, sabemos, não são simples.

O médico não tem controle absoluto sobre os resultados, mesmo que tenha agido com toda diligência possível. Toda intervenção cirúrgica, qualquer que seja, apresenta riscos. Pode resultar em resultados não esperados, ainda que não tenha havido erro. A afirmação de que determinado procedimento – cirurgia plástica com fins estéticos, por exemplo – é obrigação de resultado não parece encontrar amparo na medicina. Na doutrina, certos autores têm percebido argutamente o problema (e suas origens): "Em primeiro lugar, é necessário desfazer a enorme distância entre a plástica corretiva e a estética que a retórica jurídica estabeleceu. Não há fundamentos para tratar as duas hipóteses como essencialmente diversas. Deve-se o distanciamento a resquícios do preconceito que cercou, no início, a cirurgia plástica de objetivos meramente estéticos. A doutrina noticia célebre julgado da primeira metade do século passado, em França, em que o cirurgião plástico foi condenado, por erro médico, a indenizar a paciente. O interesse no caso não reside tanto na decisão condenatória – afinal, os relatos indicam ter mesmo ocorrido uma deplorável imperícia do profissional. O interesse está, como aponta Aguiar Dias, na condenação do próprio procedimento: considerou-se que a responsabilidade do médico decorria de ter concordado em fazer operação plástica em pessoa completamente sã, apenas com o objetivo de aprimoramento estético. A jovem paciente era bonita e esbelta, mas tinha as pernas desproporcionalmente grandes. O objetivo da intervenção foi reduzi-las por ablação de gordura (o que foi motivo de verdadeiro escândalo naquela época é hoje largamente aceito e praticado em inúmeras clínicas de lipoaspiração de todo o mundo). Em outros termos, assentou-se que, se o único objetivo da operação cirúrgica é aformoseamento estético de pessoa saudável, realizá-la já é, por si, conduta culposa" (COELHO, Fábio Ulhoa. *Direito Civil, v. 2*. São Paulo: Saraiva, 2005, p. 323).

A questão é essa: será que não estamos, um tanto acriticamente, reproduzindo padrões mentais que não são mais os nossos? Será que no século XXI a cirurgia plástica com fins estéticos é algo moralmente condenável? Será que a medicina consegue, com a clareza desejável, separar nitidamente as cirurgias exclusivamente reparadoras daqueles exclusivamente estéticas? E, mais complicado ainda, nos chamados procedimentos mistos, é possível fazer a separação de *partes* da cirurgia, para dizer que até aqui é reparadora, a partir dali é estética?

A tendência, pensamos, é superar as dicotomias inflexíveis e absolutas, regando, com a semente da boa-fé objetiva, as relações, quaisquer que sejam. Tepedino, nesse sentido, argumenta: "Tal entendimento, a rigor, reflete a tendência mais atual do direito das obrigações, a temperar a distinção entre obrigações de meio e de resultado. Afinal, diga-se entre parênteses, o princípio da boa-fé objetiva, aplicado ao direito das obrigações, iluminado pelos princípios da dignidade da pessoa humana e da solidariedade social, consagrados na Constituição Federal, congrega credor e devedores nos deveres de cumprir (e de facilitar o cumprimento) das obrigações. Se assim é, ao resultado esperado pelo credor, mesmo nas chamadas obrigações de meio, não pode ser alheio o devedor. E, de outro lado, o insucesso na obtenção do fim proposto, nas chamadas obrigações de resultado, não pode acarretar a responsabilidade *tout court*, desconsiderando-se o denodo do devedor e os fatores supervenientes que, não raro, fazem gerar um desequilíbrio objetivo entre as prestações, tornando excessivamente oneroso o seu cumprimento pelo devedor" (TEPEDINO, Gustavo. A responsabilidade médica na experiência brasileira contemporânea. *Temas de Direito Civil. Tomo II.* Rio de Janeiro: Renovar, 2006, p. 89).

Cremos que, teoricamente falando, o melhor caminho – na responsabilidade civil médica – é a superação do dualismo que biparte as obrigações em meio e resultado. Ainda que o norte teórico aponte (ou, melhor dizendo, nos pareça apontar) no sentido da superação do dualismo, cremos que isso dificilmente ocorrerá. Continuaremos, qualquer que seja nossa posição teórica, a vislumbrar a bipartição, seja na doutrina, seja na jurisprudência. Bem por isso, propomos a inversão da prova como solução hermenêutica para suavizar – e tentar otimizar soluções judiciais razoáveis e fundamentadas – os desníveis conceituais entre as obrigações de meio e de resultado.

A solução hermenêutica para cirurgias plásticas estéticas e outros procedimentos tidos como de resultado seria esta: inversão do ônus da prova. O STJ analisou caso de paciente que se submeteu à cirurgia de rinoplastia, para melhorar a aparência do nariz, e a operação não foi bem sucedida. O médico aceitou fazer nova cirurgia, às suas expensas. Essa segunda cirurgia, contudo, teria piorado ainda mais o problema. O paciente se submeteu a uma terceira cirurgia, desta vez com outro médico, e nessa obteve um resultado satisfatório. A jurisprudência, nesse caso, assentou que o ônus da prova deve ser invertido, tratando-se de obrigação de resultado (cirurgia plástica com fins estéticos).

Observe-se que as repercussões práticas são consideráveis. No caso mencionado, o paciente perdeu judicialmente tanto em primeiro como em segundo grau. O acórdão de apelação confirmou a sentença consignou: "Na ausência de provas, afasta-se qualquer hipótese do apelado ter sido negligente, imprudente ou imperito. Os elementos dos autos são claros e objetivos, quando afirmam que o apelado bem realizou os procedimentos necessários quando da cirurgia, sendo que não há prova de que tenha realizado o procedimento de maneira incorreta, ainda que tenha havido a necessidade de mais do que um procedimento para que o autor viesse a ter o resultado que esperava para o seu problema".

STJ, porém, deu provimento ao recurso especial interposto, e observou que embora o acórdão *a quo* tenha reconhecido que a obrigação, nos procedimentos estéticos, é de resultado, "não aplicou a regra de inversão do ônus da prova prevista na legislação consumerista, mas sim a regra geral de distribuição do ônus da prova prevista no Código de Processo Civil (CPC)". Cabe, segundo o STJ, ao médico provar que não foi responsável pelos danos alegados (STJ, REsp 1.395.254, Rel. Min. Nancy Andrighi, 3ª T, j. 10/2013). A diferença, na prática jurisprudencial brasileira, tem sido esta: há presunção de culpa do cirurgião plástico, no caso de danos em cirurgia estética, cabendo a ele, médico, evidenciar que o dano não resultou de ação ou omissão culposa, mas de situação que lhe escapava do controle técnico.

Aliás, em nosso sentir, a inversão do ônus da prova, na responsabilidade civil médica, deveria ser a regra, não a exceção. Não apenas para os cirurgiões plásticos nas cirurgias estéticas, mas em todos os casos. Não se trata, em absoluto, de responsabilizar mais gravosamente os médicos. Trata-se apenas de reconhecer que há, no caso, hipossuficiência técnica do paciente em relação ao médico (a menos que o paciente seja, também, médico, o que apenas se dá num número reduzido de casos). O paciente não conhece as possibilidades e os riscos dos remédios ou tratamentos, não pode, em absoluto, discutir em igualdade de condições com o médico. E sobretudo: dificilmente poderá provar que o dano que sofreu decorreu de uma atuação pouco zelosa do médico. Essa prova apenas ocorre em danos evidentes, como, por exemplo, no caso do médico que esquece gaze no abdômen do paciente. Mas, em regra, ainda que o médico tenha agido mal, e ainda que haja nexo causal entre essa conduta negligente ou imperita e o dano, trata-se de prova difícil e complexa. Bem por isso, a inversão do ônus da prova deve ser a rotina judicial em situações semelhantes. Aliás, basta que lembremos que na responsabilidade pelo fato do produto ou do serviço (acidente de consumo, previsto no CDC, arts. 12 e 14), a inversão do ônus da prova decorre da lei (*ope legis*), não sendo necessário aplicar a regra geral da inversão do art. 6º, inciso VIII, do CDC (STJ, AgRg no REsp 1.085.123, Rel. Min. Marco Buzzi, 4ª T, DJ 23/08/2013).

Não se exigirá prova excepcional do profissional de saúde. Ele não precisará provar, por exemplo, que o organismo do paciente possui peculiaridades tais que causaram o dano. Ele terá, no entanto, o ônus de trazer à discussão todas os detalhes que evidenciem que seu agir, no caso, foi correto, zeloso, dentro do padrão esperado à luz da boa-fé objetiva e da ciência médica atual. Não se trata, convenhamos, de prova difícil, mas sim algo rotineira, algo que contribuirá, inclusive, supomos, para melhorar as rotinas, cautelas e práticas em área tão delicada para todos nós.

19.15. Aplicação da teoria da perda da chance à responsabilidade médica

A teoria da perda da chance tem sido progressivamente invocada em casos relacionados aos médicos. Já mencionamos anteriormente que se decidiu que configura perda da chance a postura do médico que, após ter diagnosticado pneumonia dupla, recomendou tratamento domiciliar ao paciente, ao invés de interná-lo. Privou-se, desse modo, da chance do tratamento hospitalar, que talvez o tivesse salvo. Decidiu-se, em outra ocasião, que a chance de cura (ou de sobrevivência) passa a ser considerada um bem juridicamente protegido, razão pela qual sua privação indevida é tida como passível de ser indenizada (STJ, REsp 1.335.622, Rel. Villas Bôas Cueva, 3ª T, DJ 27/02/2013). Do mesmo modo, o tratamento inadequado do câncer, por exemplo, reduzindo as possibilidades de cura, possibilita a aplicação da teoria da perda da chance. O STJ, na ocasião, frisou que "nas hipóteses em que se discute erro médico, a incerteza não está no dano experimentado, notadamente nas situações em que a vítima vem a óbito. A incerteza está na participação do médico nesse resultado, à medida que, em princípio, o dano é causado por força da doença, e não pela falha de tratamento" (STJ, REsp 1.254.141, Rel. Min. Nancy Andrighi, 3ª T, DJ 20/02/2013). Conceitualmente curioso, no caso, é que o ofensor (o médico, no caso) não responde pelo resultado danoso em si (a doença; afinal de contas não foi o médico que a causou), mas sim pela chance subtraída ao paciente de cura. Chance, frise-se, que para ser indenizável deverá ostentar os caracteres da concretude e da razoabilidade. Nessa moldura conceitual, a chance de cura emerge como um bem jurídico autônomo, cuja lesão poderá ser indenizável. Só os casos concretos, e seus múltiplos matizes, poderão iluminar a utilização da teoria. Lembrando que o ônus argumentativo, nesse caso, é ainda maior por parte do julgador, porque indeniza-se a chance perdida, que por mais razoável que se mostre nesse ou naquele caso, ostenta sempre algo de inefável.

Definir o valor da indenização, em casos semelhantes, é sempre delicado e problemático. Sobretudo se a perda da chance estiver relacionada com danos morais, o que é possível (STJ, REsp 1.079.185, Rel. Min. Nancy Andrighi, 3ª T, DJ 04/08/09). A tarefa de definir o valor da indenização é uma das muitas dificuldades que se põe diante da teoria da perda da chance. Se, por um lado, deve-se atentar para não se deixar danos sem a devida indenização, por outro é preciso parcimônia para não se indenizar inefáveis probabilidades. Assim, "a adoção da teoria da perda da chance exige que o Poder Judiciário bem saiba diferenciar o improvável do quase certo, bem como a probabilidade de perda da chance de lucro, para atribuir a tais fatos as consequências adequadas" (STJ, REsp 1.079.185, Rel. Min. Nancy Andrighi, 3ª T, DJ 04/08/09). A chance - que se traduz na possibilidade de algo acontecer – é sempre incerta, mas deverá apresentar contornos de razoabilidade. A teoria consiste, essencialmente, no contexto descrito, na indenizabilidade da chance perdida. Em outras palavras, se alguém destrói a chance – razoável e real, não imaginativa ou fictícia - de outrem, a teoria poderá ter lugar. Já se decidiu que a perda da chance se aplica tanto aos danos morais quanto aos materiais (STJ, REsp 1.079.185, Rel. Min. Nancy Andrighi, 3ª T, DJ 04/08/09).

19.16. Inversão do ônus da prova, teoria da distribuição dinâmica e outras tendências que se fortalecem na legislação, doutrina e jurisprudência

Já estudamos que a responsabilidade civil dos médicos é subjetiva, depende de culpa (STJ, REsp 196.306, Rel. Min. Fernando Gonçalves, 4ª T, DJ 16/08/04). Quer apliquemos o Código Civil, quer apliquemos o CDC, a solução, na matéria, é a mesma (Código Civil, art. 951; CDC, art. 14º, 4º). O que pode variar, na sistemática dos referidos diplomas, é a valiosa previsão trazida pelo CDC da inversão do ônus da prova (CDC, art. 6º, VIII). No processo civil, como medida que busca facilitar a defesa dos direitos do consumidor, poderá haver a inversão do ônus da prova quando, a critério do juiz, for verossímil a alegação do consumidor, ou quando ele for hipossuficiente. É possível, nesse contexto, a inversão do ônus da prova (art. 6º, VIII, do CDC), ainda que se trate de responsabilidade subjetiva de médico, cabendo ao profissional a demonstração de que procedeu com atenção às orientações técnicas devidas (STJ, AgRg no AREsp 25.838, Rel. Min. Luis Felipe Salomão, 4ª T, DJ 26/11/2012; AgRg no Ag 969.015, REsp 696.284).

Em se tratando de erro médico – cabe sempre repetir – o mecanismo de inversão do ônus da prova é decisivo, fundamental. Há quase sempre hipossuficiência (técnica) do consumidor frente ao médico ou diante da instituição médica. É difícil ter acesso aos dados que atestam as etapas e passos dos procedimentos realizados. Não se domina a linguagem utilizada. Não se sabe, sequer, o que o poderia (ou deveria) ter sido feito e não foi. Os médicos, porém, podem realizar essa prova, podem demonstrar – livrando-se da indenização – que o dano ocorreu, não obstante toda a correção e cuidado na intervenção médica realizada. É essa prova que se espera que ele, médico, realize.

Cabe, aliás, mencionar tendências que se fortalecem – na legislação, na doutrina e na jurisprudência. Podemos citar como exemplos: a) as inversões do ônus da prova, tantas vezes citada; b) a teoria da distribuição dinâmica do ônus da prova; c) negócios jurídicos sobre o ônus da prova; d) flexibilizações e até presunções do nexo causal.

Em relação ao item "a" – inversões do ônus da prova –, convém lembrar que ela se distancia do velho adágio, de todos conhecido, que proclama: ao autor cabe a prova dos fatos constitutivos de seu direito (*actori incumbit probatio*). Trata-se de orientação que não deixou de existir, sendo, porém, temperada – em nossos dias regidos pela solidariedade social, pelos deveres de cooperação e por uma concepção diferenciada do processo – por valores que se distanciam do modelo clássico de litígio, baseada em lides de sujeitos isolados e guiados individualisticamente. O Código de Defesa do Consumidor previu, em 1990, de modo inovador, a inversão do ônus da prova (CDC, art. 6º, VIII). O novo Código de Processo Civil trouxe, a respeito, uma estrutura probatória mais dinâmica, mais atual, sem uma definição estática e absoluta de posições probatórias. Aliás, antes disso, já se argumentava, em doutrina, que "não existe motivo para supor que a inversão do ônus da prova somente é viável quando prevista em lei". Desse modo, "a previsão da inversão do ônus da prova amolda-se perfeitamente ao princípio constitucional da isonomia, na medida em que trata desigualmente os desiguais (consumidor e fornecedor) – desigualdade essa reconhecida pela própria lei" (DIDIER JR, Fredie; BRAGA, Paula Sarno; OLIVEIRA; Rafael Alexandria de. *Curso de Direito Processual Civil*. Salvador: Juspodivm, 2013, p. 91).

Podemos dizer que há – não só legal, mas também construído pela interpretação – um microssistema processual coletivo que auxilia as vítimas dos danos. Decidiu-se, nesse sentido, que a inversão do ônus da prova, prevista no art. 6º, VIII, do Código de Defesa do Consumidor, contém comando normativo estritamente processual, o que a põe sob o campo de aplicação do art. 117 do mesmo estatuto, fazendo-a valer, universalmente, em todos os domínios da ação civil pública, e não só nas relações de consumo (STJ, REsp 1.049.822). Nesse sentido, a inversão do ônus da prova foi aplicada, inicialmente, apenas no campo das relações de consumo, posteriormente – e cada vez mais – em outros campos temáticos, como o direito ambiental. Desse modo, à luz do diálogo das fontes, "a inversão do ônus da prova aplica-se às ações de degradação ambiental" (STJ, Súmula 618). Convém lembrar, como já fizemos anteriormente neste livro, que o STJ definiu que a inversão do ônus da prova é regra de processo, regra de procedimento, não regra de julgamento. Nesse contexto se decidiu que o momento para o magistrado decidir acerca da inversão do ônus da prova deve ser a fase de saneamento do processo. Isso porque as partes podem pautar seu comportamento judicial de acordo com o ônus probatório.

Em relação ao item "b" – teoria da distribuição dinâmica do ônus da prova –, verifica-se atualmente clara tendência no sentido de tornar menos rígida e mais flexível a distribuição do ônus probatório. À luz desse postulado teórico, a prova de determinado fato cabe – não necessariamente a quem o alega – a quem está em melhor condições de realizar essa prova. O CPC/2015, partilhando dessa visão, dispõe que o juiz dirigirá o processo, cabendo-lhe "dilatar os prazos processuais e alterar a ordem de produção dos meios de prova, adequando-os às necessidades do conflito de modo a conferir maior efetividade à tutela do direito" (CPC, art. 139, VI). Dispõe ainda que caberá ao juiz "definir a distribuição do ônus da prova, observado o art. 373" (CPC, art. 357).

Sabemos, em regras já tradicionais, que o ônus da prova incumbe ao autor, quanto ao fato constitutivo do seu direito, e ao réu, quanto à existência de fato impeditivo, modificativo ou extintivo do direito do autor (CPC/2015, art. 373, I e II). O CPC, traz, entretanto, regra substancialmente inovadora, no § 1º do art. 373: "Nos casos previstos em lei ou diante de peculiaridades da causa relacionadas à impossibilidade ou à excessiva dificuldade de cumprir o encargo nos termos do *caput* ou à maior facilidade de obtenção da prova do fato contrário, poderá o juiz atribuir o ônus da prova de modo diverso, desde que o faça por decisão fundamentada, caso em que deverá dar à parte a oportunidade de se desincumbir do ônus que lhe foi atribuído". O § 2º ressalta que a decisão prevista no § 1º não pode gerar situação em que a desincumbência do encargo pela parte seja impossível ou excessivamente difícil. O STJ frisou que o art. 373, § 1º, do Código de Processo Civil, em perfeita sintonia com a Constituição de 1988, reproduz, na relação processual, a transição da isonomia formal para a isonomia material (STJ, REsp 1.807.831, Rel. Min. Herman Benjamin, 2ª T, DJe 14/09/2020). É exatamente assim, foi exata a percepção do acórdão. Aliás, a concretização da igualdade substancial exige técnicas como essa, concretas e pragmáticas.

A teoria da distribuição dinâmica do ônus da prova é uma teoria de perfil mais contemporâneo. Está, em boa medida, influenciada pelos princípios da cooperação e da solidariedade. O ônus da prova, segundo essa teoria, deve ser analisado à luz do caso concreto, de acordo com quem está em melhores condições de satisfazê-lo. Não é estático, mas dinâmico. Deve realizar a prova quem está em melhores condições de produzi-la. Não há, portanto, nessa visão, uma repartição – prévia e inflexível – do encargo probatório. Ele será visto de modo dinânico, com forte influência dos princípios da lealdade e da boa-fé. Trata-se de tema crescentemente estudado (DIDIER JR, Fredie; BRAGA, Paula Sarno; OLIVEIRA; Rafael Alexandria de. *Curso de Direito Processual Civil*. Salvador: Juspodivm, 2013, p. 102; DALL'AGNOL JUNIOR, Antonio Janyr. Distribuição dinâmica do ônus probatório. *Revista dos Tribunais*. São Paulo: RT, 2001, nº 788; PEYRANO, Jorge W. *Cargas Probatórias Dinámicas*. Santa Fé: Rubinzalculzoni, 2004).

O STJ teve oportunidade de julgar sobre a matéria: "O ônus da prova quanto ao cumprimento do dever de informar e obter o consentimento informado do paciente é do médico ou do hospital, orientado pelo princípio da colaboração processual, *em que cada parte deve contribuir com os elementos probatórios que mais facilmente lhe possam ser exigidos*" (STJ, REsp 1.540.580, Rel. Min. Luis Felipe Salomão, 4ª T, DJe 04/09/2018). Ainda antes do CPC/2015, decidiu-se que "embora não tenha sido expressamente contemplada no CPC, uma interpretação sistemática da nossa legislação processual, inclusive em bases constitucionais, confere ampla legitimidade à aplicação da teoria da distribuição dinâmica do ônus da prova, segundo a qual esse ônus recai sobre quem tiver melhores condições de produzir a prova, conforme as circunstâncias fáticas de cada caso" (STJ, REsp 1.286.704, Rel. Min. Nancy Andrighi, 3ª T, DJe 28/10/2013). No mesmo sentido, mais recentemente: (STJ, AgInt no AREsp 1.292.086, 2ª T, DJe 13/09/2018).

A inversão do ônus probatório leva consigo o custeio da carga invertida, não como dever, mas como simples faculdade, sujeita as consequências processuais advindas da não produção da prova (STJ, REsp 1.807.831, Rel. Min. Herman Benjamin, 2ª T, DJe 14/09/2020). Ou seja, a inversão não implica transferência ao réu de custas de perícia requerida pelo autor da demanda, pois de duas, uma: ou tal prova continua com o autor e somente a ele incumbe, ou a ele comumente cabia e foi deslocada para o réu, titular da opção de, por sua conta e risco, cumpri-la ou não. Claro, se o sujeito titular do ônus invertido preferir não antecipar honorários periciais referentes a seu encargo probatório, presumir-se-ão verdadeiras as alegações da outra parte.

Em relação ao item "c" – negócios jurídicos sobre o ônus da prova –, convém lembrar que há, atualmente, um aceno à flexibilização procedimental – que, sem desprezar a forma, abre espaço à participação democrática das partes no processo. Fundamental, porém, sempre é o prestígio (e a busca) da igualdade substancial, sem lesão aos interesses dos mais vulneráveis. Não há, pois, no processo civil dos nossos dias, um modelo procedimental único, rígido e inflexível. Busca-se, sempre, meios e modos de assegurar maior efetividade ao processo (encarado, nas últimas décadas, sob a perspectiva fundamentalmente instrumental). Valoriza-se, nesse contexto, um contraditório participativo, dialético, democrático. Maior participação conduz, em tese, à maior legitimidade da decisão (e também maior aceitação da decisão pelas partes).

O CPC dispõe no art. 190: "Versando o processo sobre direitos que admitam autocomposição, é lícito às partes plenamente capazes estipular mudanças no procedimento para ajustá-lo às especificidades da causa e convencionar sobre os seus ônus, poderes, faculdades e deveres processuais, antes ou durante o processo. Parágrafo único. De ofício ou a requerimento, o juiz controlará a validade das convenções previstas neste artigo, recusando-lhes aplicação somente nos casos de nulidade ou de inserção abusiva em contrato de adesão ou em que alguma parte se encontre em manifesta situação de vulnerabilidade". Mesmo em relação ao ônus da prova, as partes podem convencionar (CPC, art. 373, § 3º). A convenção pode ocorrer antes ou durante o processo (CPC, art. 373, § 4º). Só não é possível a convenção quando: I – recair sobre direito indisponível da parte; II – tornar excessivamente difícil a uma parte o exercício do direito.

Por fim, em relação ao item "d" – flexibilizações e presunções do nexo causal –, já registramos que o nexo causal é um tema que está, por assim dizer, sendo reinventado pela doutrina. Novas e fecundas análises surgem, ora propondo sua flexibilização, ora sua presunção. Os estudos mais atuais têm notado que "o nexo de causalidade deve ser reinterpretado para alcançar os objetivos da responsabilidade civil contemporânea" (MULHOLLAND, Caitlin Sampaio. *A responsabilidade civil por presunção de causalidade*. Rio de Janeiro: GZ, 2010, p. 7). Em sentido contrário, porém, o Enunciado 659 das *Jornadas de Direito Civil* (2022) aponta: "O reconhecimento da dificuldade em identificar o nexo de causalidade não pode levar à prescindibilidade da sua análise".

Seja como for, a doutrina mais atual segue propondo novas noções. José Joaquim Gomes Canotilho argumenta: "Só existe responsabilidade civil se houver provada a existência de uma relação causa-efeito entre o fato e o dano. Esta relação de causalidade não tem que ser determinística, como uma relação mecânica, mas deve ser uma causalidade probabilística. Considera-se que um determinado fato foi a causa de um determinado dano se, de acordo com as regras da experiência normal, aquele tipo de fato for adequado a causar aquele tipo de dano" (CANOTILHO, José Joaquim Gomes (Coord.). *Introdução ao Direito do Ambiente*. Lisboa: Universidade Aberta, 1998, p. 142). Poderíamos até falar, em determinadas hipóteses – segundo alguns juristas –, não de presunção do nexo de causalidade, mas simplesmente da desconsideração dele. O nexo causal, portanto, em certas atividades, seria prescindível, desde que o dano guardasse estreita conexão com a atividade do responsável. Estaríamos diante de *riscos inerentes, característicos ou típicos* da atividade.

Argumenta, a propósito, Fernando Noronha: "Similarmente ao que acontece com a responsabilidade objetiva comum, a agravada também tem como fundamento um risco de atividade, mas agora o risco considerado é bem mais específico. Se na responsabilidade agravada se prescinde de nexo de causalidade adequada entre o fato do responsável e o dano, em contrapartida exige-se que este guarde *estreita conexão* com a atividade do responsável: não são todos os danos ocorridos que serão indenizáveis, serão apenas aqueles que possam ser considerados *riscos inerentes, característicos ou típicos da atividade* em questão" (NORONHA, Fernando. *Direito das obrigações*, v.

I. São Paulo: Saraiva, 2003, p. 638). Lembremos que nos ciclos evolutivos que acompanham o caminhar histórico da responsabilidade civil através dos séculos pode-se notar a passagem por certos "degraus", por assim dizer: a) responsabilidade subjetiva clássica; b) responsabilidade subjetiva por culpa presumida; c) responsabilidade objetiva; d) flexibilizações, presunções – ou até desconsideração? – do nexo causal. Alguns falam, a propósito, como vimos, em responsabilidade objetiva agravada.

No sentido que apontamos decidiu o STJ: "Estudos mais modernos acerca da responsabilidade civil, especialmente no âmbito do microssistema de defesa do consumidor, têm apontado para a evolução, e quiçá a superação, da análise do pressuposto do nexo de causalidade, deslocando-se o exame da imputação da responsabilidade (objetiva) ao fornecedor de produtos e serviços a partir da assunção dos riscos inerentes às atividades desenvolvidas" (STJ, REsp 1.861.013, Rel. Min. Villas Bôas Cueva, 3ª T, DJe 09/08/2021).

20. PERDA DA CHANCE

Trata-se de teoria que ganhou destaque nos últimos anos, inclusive passando a ser frequente em julgados do STJ. De acordo com a teoria da perda de uma chance, ela, a chance, é considerada um bem jurídico autônomo, cuja ofensa pode ensejar reparação. A chance – como bem jurídico tutelado – deverá ser séria, concreta, apresentar contornos empíricos de razoabilidade. Cuida-se de construção doutrinária e jurisprudencial do direito francês – *perte d'une chance* –, com contribuições da *common law* ao estabelecer parâmetros estatísticos que possam auxiliar na quantificação dos danos. Mesmo no âmbito da teoria da perda da chance é essencial que o dano se apresente como algo sério e razoável. Assim, "a adoção da teoria da perda da chance exige que o Poder Judiciário bem saiba diferenciar o improvável do quase certo, bem como a probabilidade de perda da chance de lucro, para atribuir a tais fatos as consequências adequadas" (STJ, REsp 1.079.185).

A primeira e mais conhecida aplicação da teoria da perda de uma chance – a sua formulação clássica, por sinal – é aquela que subtrai de alguém a possibilidade – séria e razoável – de obter determinada vantagem concreta. O exemplo clássico seria o do candidato que é aprovado em todas as fases de um concurso público e no dia do exame oral é atropelado no ponto de ônibus por um veículo, cujo condutor se encontrava embriagado. O STJ aplicou a teoria da perda de uma chance para estabelecer a responsabilidade de um banco pelo prejuízo que um investidor teve ao ser privado de negociar suas ações por valor maior, após elas serem vendidas sem autorização (STJ, REsp 154.0153).

O STJ decidiu que "a teoria da perda de uma chance pode ser utilizada como critério para a apuração de responsabilidade civil ocasionada por erro médico na hipótese em que o erro tenha reduzido possibilidades concretas e reais de cura de paciente que venha a falecer em razão da doença tratada de maneira inadequada pelo médico" (REsp 1.254.141). A relatora, ministra Nancy Andrighi, destacou: "A chance em si – desde que seja concreta, real, com alto grau de probabilidade de obter um benefício ou de evitar um prejuízo – é considerada um bem autônomo e perfeitamente reparável. De tal modo, é direto o nexo causal entre a conduta (o erro médico) e o dano (lesão gerada pela perda de bem jurídico autônomo: a chance)". Enfim, à luz da teoria exposta, a chance é enxergada como bem jurídico autônomo.

O Enunciado 444 das *Jornadas de Direito Civil* destacou que "a responsabilidade civil pela perda de chance não se limita à categoria de danos extrapatrimoniais, pois, conforme as circunstâncias do caso concreto, a chance perdida pode apresentar também a natureza jurídica de dano patrimonial. A chance deve ser séria e real, não ficando adstrita a percentuais apriorísticos".

Definir o valor da indenização, em casos semelhantes, é sempre delicado e problemático. Sobretudo se a perda da chance estiver relacionada com danos morais, o que é possível (STJ, REsp 1.079.185). O STJ já decidiu "não é possível a fixação da indenização pela perda de uma chance no valor integral correspondente ao dano final experimentado pela vítima, isso porque o valor da indenização pela perda de uma chance somente poderá representar uma proporção do dano final experimentado pela vítima" (STJ, REsp 1.254.141).

Enfim, a tarefa de definir o valor da indenização é uma das muitas dificuldades que se põe diante da teoria da perda da chance. Em determinado caso, um médico e professor universitário foi a um congresso em Washington, representando o Brasil na organização Pan-americana de saúde. Na volta, surpreendeu-se com o extravio da bagagem, que continha materiais didáticos, projetos, estudos, presentes etc. No dia seguinte ao retorno, prestaria um exame de seleção de mestrado. O abalo psíquico, segundo o médico, aliado à perda da bagagem (contendo material de estudo) foi a causa da reprovação na seleção. Ele foi indenizado pelos danos morais, mas não, como pretendia, com o valor correspondente à bolsa integral que teria se fosse aprovado no mestrado.

O Ministro Ruy Rosado de Aguiar, ao votar, ponderou: "Entendo que a companhia aérea não pode ser condenada a indenizar o valor integral da bolsa que o autor perdeu por ter prestado concurso em condições psicológicas adversas. É possível que esse incidente lhe tenha trazido um transtorno, abalando-o a ponto de não prestar um bom concurso. Deve ser indenizado por isso. Incluo até também uma parcela correspondente à perda da chance de prestar um melhor exame. Condenar a companhia aérea a pagar o valor da bolsa é dar como certo o fato de que o autor teria sido aprovado no concurso, como também o fato de que não foi aprovado por causa do extravio. Como tudo isso são probabilidades, penso que a reparação deve ser deferida, mas não no valor correspondente ao da bolsa" (STJ, REsp 300.190, 4ª T, DJ 18/03/02).

Em conhecido caso, um programa de televisão de perguntas e respostas (*show do milhão*) formulou pergunta sem resposta possível. A candidata preferiu não responder a pergunta e ficou com quinhentos mil reais já conseguidos anteriormente no programa. Pleiteou, depois, judicialmente, o complemento do valor. O STJ condenou o SBT a pagar cento e vinte mil reais – equivalente a um quarto do valor total que faltava, por ser a "probabilidade matemática" de acerto de uma questão de múltipla escolha com quatro itens. O relator afirmou: "Não há como concluir, mesmo na esfera da probabilidade, que o normal andamento dos fatos conduziria ao acerto da questão" (STJ, REsp 788.459). O que é certo é que danos incertos e eventuais não têm guarita na ordem jurídica brasileira.

O STJ, em 2024, decidiu que há responsabilidade civil de empresa organizadora de competição automobilística que deixa de prestar socorro a piloto que falece por afogamento após acidente durante o percurso (STJ, REsp 2.108.182, Rel. Min. Nancy Andrighi, 3ª T, DJe 19/04/2024). O STJ tem entendido que a privação indevida da chance de cura ou de sobrevivência é passível de ser indenizada. No caso, havia chance – séria e concreta – de sobrevivência se a empresa organizadora tivesse enviado ambulância imediatamente ao local do acidente. O nexo causal que autoriza a aplicação da teoria da perda de uma chance é entre a ação ou omissão do agente e a chance perdida.

21. DANO TEMPORAL

O direito não é – nem nunca foi – indiferente ao passar do tempo. O tempo repercute vivamente em múltiplas dimensões jurídicas, gerando aquisição, modificação e extinção de situações jurídicas. Este tópico, porém, trata de outro aspecto: cada vez mais a experiência jurídica dos nossos dias fala no tempo como um bem jurídico. Como algo que pode ser tutelado de modo autônomo. Se o tempo é um bem – e, para muitos de nós, um bem extremamente valioso e escasso nesses dias tão velozes –, e se outros, com suas ações ou omissões injustas, atingem esse bem, esvaziando-o, trata-se de conduta que pode em princípio perfazer um dano indenizável. É uma tendência que se observa nos debates doutrinários e jurisprudenciais.

Aliás, um dos paradoxos de nossos dias é este: vivemos numa sociedade reconhecidamente veloz e o tempo "sumiu" para muitos de nós. O dia e suas 24 horas não são suficientes para o que precisamos fazer.

É certo que sob essa expressão – indenização pela perda do tempo livre ou pela perda do tempo útil – situações muito diversas podem se apresentar. Há algo que deve ser visto como denominador comum a todas elas: a superação do limite de tolerabilidade, algo que só pode ser aferido no caso concreto. Isso porque é socialmente comum e aceitável – talvez até inevitável – que todos nós percamos tempo nessa ou naquela atividade, ainda que desagradável. Um exemplo trivial pode citado: o trânsito lento que tanto nos aborrece (não chegamos ainda ao nível civilizatório de poder obter a condenação estatal por danos difusos relacionados ao tempo que perdemos no trânsito). Isso hoje é um bom exemplo do tão falado "mero aborrecimento".

Mas há outras situações, específicas e temperadas de abusividade, relacionadas à perda de tempo útil, em que o dano indenizável tem se mostrado presente. Obrigar, por exemplo, o consumidor a perder dias ou semanas para resolver determinada situação (sobretudo se a situação não foi causada por ele, como na hipótese de uma cobrança indevida ou por engano) pode se mostrar como relevante pelo tempo que se perdeu com isso. Sabemos quão lentas e burocráticas costumam ser essas soluções. Em determinado caso (AREsp 1.260.458) o STJ entendeu haver dano moral quando o consumidor passa por verdadeiro calvário para obter o estorno pretendido (no caso, três anos entre o início da cobrança até a sentença). Isso tem sido denominado de *teoria do desvio produtivo*, ou *teoria do desvio produtivo do consumidor*. Essa abordagem a rigor não é nova, sendo conhecida na jurisprudência anglo-saxã por exemplo. Aliás, entendemos que o tempo perdido pelo lesado não precisa ser "produtivo", isto é, não precisa ter sido desviado do que a vítima teria produzido se estivesse trabalhando. O tempo é bem jurídico autônomo, e o lazer, o ócio, também é valioso, talvez até mais.

Assim, "uma vez compreendido como bem juridicamente tutelável, o tempo passa, de noção de cunho sociológico e filosófico, a objeto de relações jurídicas contemporâneas, em especial das relações de consumo" (MONTEIRO FILHO, Carlos Edison do Rêgo. Lesão ao tempo: configuração e reparação nas relações de consumo. Revista da AJURIS – Porto Alegre, v. 43, n. 141, Dezembro, 2016, pp. 87-113. Ver ainda: MAIA, Maurilio Casas. O dano temporal indenizável e o mero dissabor cronológico no mercado de consumo: quando o tempo é mais que dinheiro – É dignidade e liberdade. *Revista de Direito do Consumidor*, v. 92, p. 162, 2014; DESSAUNE, Marcos. *Desvio produtivo do consumidor*: o prejuízo do tempo desperdiçado. São Paulo: Revista dos Tribunais, 2011; BAROCELLI, Sergio Sebastián. Cuantificación de daños al consumidor por tiempo perdido. Revista de Direito do Consumidor, v. 90, p. 119, 2013). Por exemplo, "à frustração do consumidor de adquirir o bem com vício, não é razoável que se acrescente o desgaste para tentar resolver o problema ao qual ele não deu causa, o que, por certo, pode ser evitado – ou, ao menos, atenuado – se o próprio comerciante participar ativamente do processo de reparo" (STJ, REsp 1.634.851). Há controvérsias doutrinárias em relação à caracterização da lesão ao tempo. Seria sempre dano moral? Seria categoria autônoma? Cremos que não se trata de categoria autônoma: em certos casos, superado concretamente o limite de tolerabilidade, a indenização deverá se fazer presente – e esta poderá dizer respeito ao dano moral ou material, e eventualmente até a ambos. Apesar desta nossa posição, a doutrina, em geral, parece se encaminhar no sentido oposto, entendendo que se trata de categoria autônoma de dano (*dano temporal*).

Em 2022 o STJ decidiu que a teoria do desvio produtivo não se aplica ao direito civil, mas apenas ao direito do consumidor. Por que? Porque apenas no direito do consumidor há situação de vulnerabilidade que justifique a aplicação da teoria (STJ, REsp 2.017.194, Rel. Min. Nancy Andrighi, 3ª T, DJe 27/10/2022).

22. DANO MORAL COLETIVO

Mudamos bastante nas últimas décadas. Não só socialmente, mas também na dimensão jurídica (dimensões que estão obviamente interligadas, mudanças sociais repercutem, em maior ou menor grau, na experiência jurídica, mesmo que não tenha havido alteração formal das regras jurídicas). Pensemos no meio ambiente. O direito fundamental ao meio ambiente ecologicamente equilibrado redefine papéis e funções no ordenamento jurídico. Convém não esquecer que há poucas décadas a literatura jurídica – tratados, manuais e monografias – considerava a natureza (ar, mares etc.) *res nullius*, coisa de ninguém. Algo de menor importância, algo que nem merecia mais que duas ou três linhas nos cursos e manuais. Hoje, em poucas décadas, a situação se inverteu. O meio ambiente é considerado bem de uso comum, direito fundamental de terceira geração. Tivemos, portanto, na matéria, curiosa evolução conceitual: de *res nullius* para *res communis omnium*. Temos, portanto, no meio ambiente, um bem difuso, um macrobem.

Sabe-se que essa caminhada em direção a novos modos – menos individuais, mais coletivos – já está longe de ser uma novidade em muitas áreas. No processo civil brasileiro a base normativa de tutela dos direitos difusos, coletivos e individuais homogêneos data do século passado – entre meados da década de 80 e início da década de 90. Não é exagero dizer que o Brasil pode se orgulhar de seu sistema legal de tutela coletiva, que não faz feio nas análises comparativas entre os países. As soluções jurídicas a que o século XXI chegará serão soluções que dialoguem com nossa complexa realidade, sem rejeitá-la. Lidamos com danos pouco lineares, danos complexos, danos que desafiam os modelos conceituais clássicos. As possibilidades funcionais, na matéria, são amplíssimas, mas dependem de um olhar dinâmico que perpasse os modelos conceituais dos direitos fundamentais e os avanços conquistados pelo direito da responsabilidade civil das últimas décadas.

Por outro lado, o direito privado atual muda seu enfoque. Há quem fale, como o jurista argentino Ricardo Lorenzetti, em novo paradigma, que seria o "direito privado coletivo". Temos, no direito civil tradicional, instrumentos jurídicos concebidos como elaboração do indivíduo: por exemplo, o testamento e o contrato como expressões da vontade de alguém. A responsabilidade civil como resultado de um dano indenizável. Essas realidades continuam a existir no século XXI. Passamos, porém, ao lado delas, a dar mais atenção aos bens coletivos. Aos grupos, e não apenas aos sujeitos de direito isoladamente. Podemos falar, nessa perspectiva, da passagem do paradigma do "sujeito isolado" para o "sujeito conectado". Importa, hoje, mais do que ontem, a contextualização e a interligação dos temas.

A tutela jurídica será, neste século, cada vez desafiada a se reinventar, se quiser continuar a ter relevância na solução dos problemas sociais. Passemos a palavra a Lorenzetti: "Com a denominação direito privado coletivo queremos nos referir a um fenômeno ainda não sistematizado. O direito privado sempre se baseou em um sujeito, ou em duas subjetividades com interesses comuns ou opostos. Em matéria de responsabilidade civil, fala-se de um 'declínio da responsabilidade individual', para destacar o fato de que o fenômeno imputativo se desloca do indivíduo para o grupo. Neste contexto intervém a 'teoria dos danos coletivos', que podem revestir formas ou expressões variadas e especiais, como no caso do dano ecológico. Faz-se, igualmente, referência ao dano causado coletivamente e sofrido por grupos". Ele menciona ainda que na lesão aos bens coletivos, como o meio ambiente, poderá haver a função não só ressarcitória, mas também punitiva, da responsabilidade civil.

A figura conceitual do dano moral coletivo – embora amplamente aceita pela doutrina – demorou até que fosse aceita pelo STJ. Felizmente, embora com atraso, foi. Hoje, portanto, não há nenhuma dúvida de que temos a categoria do dano moral coletivo dentre nós. Um dos aspectos importantes do conceito é desvinculá-lo de qualquer noção de dor psíquica, isso não existe. Aliás, se para o próprio dano moral individual essa característica é intensamente criticada atualmente, o que dizer de tentar transplantá-la para o dano coletivo. Nessa linha, há décadas já se ponderava que o "ponto-chave para a aceitação do chamado dano moral coletivo está na ampliação de seu conceito, deixando de ser o dano moral um equivalente da dor psíquica, que seria exclusividade das pessoas físicas" (RAMOS, André de Carvalho. Ação civil pública e o dano moral coletivo. *Revista de Direito do Consumidor*, nº 25, São Paulo: RT, jan-mar, 1988, p. 82. Assim, o dano moral coletivo se coloca de forma objetiva, traduzindo violação intolerável de direitos coletivos e difusos, de essência é extrapatrimonial (MEDEIROS NETO, Xisto Tiago de. *Dano moral coletivo*. São Paulo: LTR, 2012).

Hoje é comum que seja feita a conexão entre o direito ao meio ambiente ecologicamente equilibrado à qualidade de vida das pessoas. Havendo lesão àquele direito, há, decerto, dano ambiental extrapatrimonial difuso, se constatada a perda de qualidade de vida, atingindo, em níveis variados, a coletividade. Em relação às lesões ambientais extrapatrimoniais difusas é fundamental perceber que os valores imateriais devem ser analisados de modo abstrato, verificando-se aspectos como bem-estar da coletividade. A quantificação há de refletir a gravidade da lesão ocorrida. A propósito do dano moral coletivo, o STJ proclamou: "O dano moral coletivo, compreendido como o resultado de uma lesão à esfera extrapatrimonial de determinada comunidade, se dá quando a conduta agride, de modo totalmente injusto e intolerável, o ordenamento jurídico e os valores éticos fundamentais da sociedade em si considerada, a provocar repulsa e indignação na consciência coletiva (arts. 1º da Lei nº 7.347/1985, 6º, VI, do CDC e 944 do CC, bem como Enunciado nº 456 da V Jornada de Direito Civil)" (STJ, REsp 1.473.846, Rel. Min. Villas Bôas Cueva, 3ª T, DJ 24/02/2017). O tribunal, na ocasião, ponderou que não basta a infringência à lei ou ao contrato para caracterizar o dano moral coletivo. É fundamental, além disso, que a ofensa afete, por sua gravidade e repercussão, o "círculo primordial de valores sociais".

O STJ entendeu que a oferta de plano de telefonia com omissão de informações pode gerar danos morais coletivos (STJ, REsp 1.291.213, Rel. Min. Sidnei Beneti, 3ª T, DJ 25/09/12). O *quantum* indenizatório deverá desestimular a prática de ilícitos. Entendeu-se, também, que a indenização deverá traduzir uma justa punição ao ofensor, considerando-se a relevância social dos interesses tutelados. O dano moral coletivo, nessa ordem de ideias, está ligando à tutela de direitos e interesses metaindividuais, que devem, como dissemos, ostentar relevância social. O dano moral coletivo atinge interesse não patrimonial de classe específica ou não de pessoas, uma afronta ao sentimento geral dos titulares da relação jurídica-base (STJ, REsp 1.197.654, Rel. Min. Herman Benjamin, 2ª T, DJ 08/03/12). Sobre o tema, é relevante frisar – à luz dos artigos 127 e 129, III, da CF/88 – que o Ministério Público Federal tem legitimidade para o ajuizamento de ação civil pública objetivando indenização por danos morais coletivos (STJ, AgRg no REsp 1.003.126, Rel. Min. Benedito Gonçalves, 1ª T, DJ 10/05/11).

Com a difusão majoritária na doutrina da conceituação do dano moral coletivo como lesão a interesses valorosos, indivisivelmente fruídos por todos os membros de um grupo ou da coletividade, a jurisprudência do STJ se modificou, evoluiu, e acabou por aceitar o modelo conceitual do dano moral coletivo. Podemos citar: a) violação da honra de comunidade difusa (raça, orientação sexual, etnia, portadores de deficiência), como programas televisivos que ostensivamente e discriminam homossexuais pela via de "pegadinhas"; b) discriminação contra idosos; c) interrupção de fornecimento de energia elétrica com transtornos à comunidade. Trata-se, obviamente, de rol exemplificativo. As hipóteses possíveis são muitas. A propósito o STJ entendeu que a ofensa à dignidade de crianças e adolescentes - humilhados por quadros de programa televisivo que os exibe situações discriminatórias - gera dano moral coletivo (in re ipsa, segundo o tribunal). No caso os menores tiveram suas origens biológicas devassadas e tratada de forma jocosa (STJ, REsp 1.517.973). O STJ assentou que o dano moral coletivo é categoria autônoma de dano que traduz violação injusta e intolerável de valores fundamentais titularizados pela coletividade (grupos, classes ou categorias de pessoas) (STJ, REsp 1.586.515). A alienação de terrenos a consumidores de baixa renda em loteamento irregular, tendo sido veiculada publicidade enganosa sobre a existência de autorização do órgão público e de registro no cartório de imóveis, configura lesão ao direito da coletividade e dá ensejo à indenização por dano moral coletivo (STJ, REsp 1.539.056, Rel. Min. Luis Salomão, 4ª T, 06/04/2021).

Convém lembrar, que se antes o STJ se negava a aceitar a figura do dano moral coletivo, hoje a situação é inteiramente distinta (e o tema tem relação com a função punitiva). O STJ aceita o dano moral coletivo e cada vez mais dialoga com ele. Para ficarmos num único caso, o STJ condenou por danos morais coletivos empresa que vendia sardinha em lata com peso diferente do anunciado na embalagem. O interesse tutelado guarda relação aos deveres de confiança, boa-fé e informação. O tribunal definiu ainda que a violação de direitos individuais homogêneos é, em tese, capaz de causar danos morais coletivos. Argumentou que o dano moral coletivo é categoria autônoma de dano que traduz violação injusta e intolerável de valores fundamentais titularizados pela coletividade (grupos, classes ou categorias de pessoas). O dano moral coletivo, segundo a ministra Nancy Andrighi, cumpre três funções: 1) proporcionar reparação indireta à lesão de um direito extrapatrimonial essencial da coletividade; 2) sancionar o ofensor; e 3) inibir condutas ofensivas a esses direitos transindividuais. O STJ entende que o dano nesses casos é *in re ipsa*, ou seja, é presumido, independe de prova de prejuízo específico (STJ, REsp 1.586.515).

Havia julgados (como o REsp 1.586.515, acima citado) que afirmavam que a violação a direitos individuais homogêneos poderia causar danos morais coletivos, mas essa visão parece ter sido superada. Hoje prevalece a tese contrária, no sentido de a violação a direitos individuais homogêneos *não pode* causar danos morais coletivos, tendo sido vencida a ministra Nancy Andrighi. Assim, "a jurisprudência do STJ perfilha o entendimento segundo o qual o dano moral coletivo, por sua própria natureza jurídica, não se amolda à tutela dos direitos individuais homogêneos" (STJ, AgInt no AgInt no TP 3823, Rel. Min. Nancy Andrighi, 3ª T, DJe 17/08/2022).

O STF afirmou em 2020 que a exploração de jogo de azar ilegal configura, em si mesma, dano moral coletivo (STJ, REsp 1.567.123, Rel. Min. Herman Benjamin, Segunda Turma, DJe 28/08/2020). Lembrando sempre que o dano moral coletivo não depende de prova da dor, do sofrimento ou do abalo psicológico. Demonstrá-los, embora possível, em tese, na esfera individual, é completamente inviável no campo dos interesses difusos e coletivos, razão pela qual dispensado, principalmente quando incontestável a ilegalidade da atividade econômica ou da prática comercial em questão (STJ, REsp 1.567.123). Trata-se, portanto, de dano *in re ipsa*. Decidiu-se em 2022 que a prestação inadequada de serviços bancários, caracterizada pela reiterada existência de caixas eletrônicos inoperantes, e excesso de espera em filas por tempo superior ao estabelecido em legislação municipal, é apta a caracterizar danos morais coletivos. Nesse caso, *in re ipsa*, pelo simples fato da violação (STJ, REsp 1.929.288).

O STJ tem destacado dois pontos sobre o dano moral coletivo: a) ele é in re ipsa, ou seja, é presumido, independe de prova de prejuízo específico ou abalos morais (STJ, REsp 1.586.515); b) ele é fundamentalmente transindividual, possuindo natureza coletiva típica, não se compatibilizando com a tutela de direitos individuais homogêneos (STJ, REsp 1.610.821).

O direito atual sugere ou impõe uma visão menos individualista, menos centrada no sujeito e no seu patrimônio. As vítimas e os ofensores são, muitas vezes, difusos, nem sempre facilmente identificáveis. Aliás, o direito do século XXI se timbra, em boa medida, pelo pluralismo (pluralismo das concepções de mundo, dos sujeitos protegidos pelas normas, das próprias normas, oriundas de fontes diversas, dos interesses tutelados, e da própria filosofia, fundada no diálogo, na razão argumentativa). O direito dos nossos dias, de índole difusa, não opera na lógica mais – pelo menos não exclusivamente – na esfera do *um-contra-um*. Aliás, não são apenas os indivíduos que merecem proteção jurídica, mas as coletividades, a comunidade humana.

Cabe uma observação importante, para além do direito do consumidor. A noção atual de interesse público está relacionada à promoção de direitos fundamentais. Temos, por exemplo, o direito fundamental não só a um meio-ambiente ecologicamente equilibrado como também em viver numa sociedade sem corrupção (no sentido de uma sociedade que combata, com seriedade e eficiência, a corrupção). Nesse sentido, o STF, em 2020 – ao julgar procedente denúncia do MPF contra ex-deputado por corrupção passiva e lavagem de dinheiro relativamente à Petrobrás – fixou valor mínimo indenizatório a ser pago de forma solidária pelos condenados. A condenação do mínimo indenizatório foi na forma de danos morais coletivos (STF, AP 1002/DF). Os danos morais coletivos atingem, de modo subjetivamente indeterminado, um espectro imenso de pessoas, grupos e instituições. É inegável que atos de corrupção agridem difusamente a sociedade em seus valores fundamentais, merecendo por isso a adequada condenação em danos morais coletivos. Pedimos licença para remeter a leitora e o leitor interessado ao nosso *NOVO MANUAL DE RESPONSABILIDADE CIVIL* (Juspodivm, 2024, 4ª edição).

Em 2023, em interpretação de acerto duvidoso, o STJ decidiu que não cabe condenação em danos morais coletivos em razão da exigência, pela instituição financeira, de tarifa bancária considerada indevida (STJ, AgInt no AREsp 1.754.555, Rel. Min. Villas Bôas Cueva, 3ª T, DJe 31/8/2023). Justamente em relação a essas tarifas, ou as demandas são coletivas, ou não haverá demanda alguma, pois o caráter individualmente insignificante – mas muito expressivo no total – faz com que não existam demandas individuais, o custo não compensaria.

22.1. A questão da ilicitude lucrativa

Talvez caiba aqui uma brevíssima palavra sobre a questão da ilicitude lucrativa. Segundo estudos especializados, a ilicitude lucrativa pode ser descrita como o fenômeno que incentiva atores econômicos a descumprir a lei. Ou seja, diz respeito à conduta de empresas do mercado de consumo que violam sistematicamente o ordenamento jurídico, uma vez que suas transgressões não são sancionadas economicamente de forma eficiente (FORTES, Pedro Rubim Borges; OLIVEIRA, Pedro Farias. A Insustentável Leveza do Ser? A quantificação do dano moral coletivo sob a perspectiva do fenômeno da ilicitude lucrativa e o caso Dieselgate. *Revista IBERC*, Minas Gerais, v. 2, n. 3, p. 1-30, set./dez. 2019, p. 3; FORTES, Pedro Rubim Borges. O fenômeno da ilicitude lucrativa. *Revista Estudos Institucionais*, Rio de Janeiro, v. 5, n. 1, p. 104-132, jan./abr. 2019; ROSENVALD, Nelson. *A responsabilidade civil pelo ilícito lucrativo*. Salvador: Juspodivm, 2019; VIRGO, Graham. *Principles of the law of restitution*. Oxford: Oxford Press, 2015). Sustenta-se que a leveza das consequências jurídicas leva ao descompromisso com as regras e, no fim, a violações graves ao regime de responsabilidade civil. A questão tem imensa relevância nas ações coletivas relativas ao consumidor.

Paulo Lôbo diagnostica: "A reparação compensatória adquiriu autonomia própria, com a tutela dos danos extrapatrimoniais. A própria função reparatória da responsabilidade civil não é mais suficiente para abranger todas as suas dimensões contemporâneas. Exemplo é a incorporação do ilícito lucrativo entre as espécies de responsabilidade civil, como os estudos de Nelson Rosenvald apontam".

Nesse contexto, argumenta-se, os atores jurídicos agem a partir da reflexão das consequências reais do seu comportamento. Todos nós, assim – entre sanções repressivas (punitivas) e sanções premiais (estimulantes) – adequamos nosso comportamento à sociedade, inclusive as empresas adotam (ou não) o *compliance* a partir da análise de custos e benefícios. Nesse contexto, "as funções punitiva e precaucional da responsabilidade civil são absolutamente necessárias para a mudança dos incentivos, incrementando os custos inerentes às transgressões racionais na esteira da crescente consciência de que se tratam também de danos sociais de caráter difuso que transcendem a função de compensação individual e se caracterizam como uma medida de punição, retribuição e dissuasão para fins de compensação de danos sociais. A primeira função traduz a aplicação de uma sanção ao lesante, como maneira de desestimular novas condutas ilícitas, enquanto que a segunda possui o objetivo de inibir atividades potencialmente danosas. O objetivo é amparar uma estratégia dissuasória (*deterrence*), que contemple a prevenção geral e específica de condutas danosas" (FORTES, Pedro Rubim Borges; OLIVEIRA, Pedro Farias.

A Insustentável Leveza do Ser?, p. 8). O que parecer faltar, no Brasil, é a quantificação dos danos morais coletivos em valores adequados às suas funções – punitiva, precaucional e dissuasória (CAMARGO, Paulo Sergio Uchôa Fagundes Ferraz de. *Dano Moral Coletivo*: uma possibilidade de aplicação dos danos punitivos. São Paulo: Almedina, 2016; ROSENVALD, Nelson. O dano moral coletivo como uma pena civil. In: ROSENVALD, Nelson; NETO, Felipe Teixeira (org.). *Dano Moral Coletivo*. Indaiatuba: Editora Foco, 2018; SUNSTEIN, Cass; HASTIE, Reid; PAYNE, John; SCHKADE, David; VISCUSI, Kip. *Punitive damages*: how juries decide. Chicago: Chicago Press, 2002).

Assim, "o estudo de caso do *Dieselgate* evidencia com enorme clareza que o sistema brasileiro de responsabilidade civil é influenciado negativamente pelo valor mínimo e irrisório das sanções econômicas. O direito comparado possui um caráter extremamente didático, na medida em que revela que um fato idêntico deu origem a sanções econômicas bilionárias nos Estados Unidos, no Canadá e na Alemanha e, em contraste, o Poder Judiciário brasileiro aplicou uma sanção de um milhão de reais. A constatação de que a sanção brasileira é muito inferior às desses países indica a necessidade de uma mudança no caminho jurisprudencial do STJ, de maneira a que o dano moral coletivo possa cumprir sua função punitiva, precaucional e dissuasória" (FORTES, Pedro Rubim Borges; OLIVEIRA, Pedro Farias. *Op. Cit.*, p. 20). Continua: "No caso da experiência brasileira, os efeitos irradiadores das cortes têm potencial para influenciar os comportamentos individuais e empresariais. Contudo, o estudo de caso do *Dieselgate* evidencia que a condenação não influenciou uma mudança de comportamento por parte da empresa. Ao contrário dos Estados Unidos, no Brasil a empresa jamais pediu desculpas publicamente pela fraude global e pela lesão causada a dezenas de milhares de consumidores e à sociedade como um todo. Além disso, se nos Estados Unidos, o receio de uma condenação judicial bilionária estimulou a empresa a abrir negociação com as autoridades e a fechar um acordo para o pagamento de indenizações no valor de cerca de 15 bilhões de dólares, no Brasil a empresa recusou um convite do autor da ação civil pública para negociar um Termo de Ajustamento de Conduta e encerrar o processo coletivo". A ilicitude lucrativa pode envolver vários contextos. Um comumente apontado é o uso da imagem alheia sem pagamento por isso. O ofensor lucra com o dano, por isso é preciso que haja sanções e instrumentos para evitar que o ilícito compense, valha a pena. Em 2023, Caetano Veloso processou a marca de roupas *Osklen* e seu fundador, por uso não autorizado de imagem com proveito econômico por parte da empresa.

23. DANO SOCIAL

A categoria do dano social foi proposta por Antônio Junqueira de Azevedo. Ele argumenta que "os danos sociais são lesões à sociedade, no seu nível de vida, tanto por rebaixamento do seu patrimônio moral – principalmente a respeito da segurança – quanto por diminuição na qualidade de vida" (AZEVEDO, Antonio Junqueira. Por uma nova categoria de dano na responsabilidade civil: o dano social. *O Código Civil e sua interdisciplinariedade*. FILOMENO, José Geraldo Brito e outros

(Orgs.). Belo Horizonte: Del Rey, 2004, pp. 370-377, p. 376). Os exemplos fornecidos pelo ilustre civilista, no entanto, não parecem inovar em relação às espécies de danos já conhecidos (pedestre que joga papel no chão, passageiro que atende celular no avião, pai que solta balão com seu filho). Tais condutas, socialmente reprováveis, argumenta, podem gerar danos como entupimentos de bueiros em dias de chuva, problemas de comunicação no avião causando acidentes aéreos, incêndios causados pela queda de balões etc.

Ainda não estamos certos de que a hipótese tenha autonomia conceitual. Todos os danos, a rigor, são danos sociais. Existem, aliás, danos infinitamente mais graves, com reprovabilidade infinitamente maior, que poderiam ser citados. Os danos, a rigor, podem ser patrimoniais ou extrapatrimoniais, individuais ou transindividuais. Os exemplos fornecidos de dano social já se sentariam, confortáveis, em alguma cadeira conceitual anteriormente existente, não precisando de novas (queremos dizer que o nome pode ser novo, mas a realidade que ele descreve não é). Além do mais, as inovações conceituais, em nossos dias, devem apresentar uma dimensão funcional (como ocorre, por exemplo, com a tão útil distinção entre fortuito interno e fortuito externo). Além da dimensão funcional, devem, se possível, privilegiar as opções valorativas básicas da Constituição, resguardando, de forma prioritária (e, se possível, preventiva), as dimensões existenciais do ser humano.

Todavia, parece bastante provável que o modelo conceitual se imponha nas discussões futuras.

A questão é que, uma novidade, se difundida, obriga os estudantes a repetir certas lições, sob pena de parecerem desatualizados. Aí a terminologia nova se impõe, mesmo que não traduza passo verdadeiramente inédito na caminhada (gostamos sempre de repetir que o novo não é sinônimo de qualidade teórica. O autenticamente novo é um fiel depositário da tradição). Aliás, no mesmo artigo citado o Professor Antônio Junqueira de Azevedo, brilhantemente, nos chama a "refletir e procurar soluções para aquilo que poderíamos afirmar, pedindo desculpas, se for o caso, aos penalistas, como ineficiência do direito penal para impedir crimes e contravenções – atos ilícitos, na linguagem civilista. Segue-se daí que a tradicional separação entre o direito civil e o direito penal, ficando o primeiro com a reparação e o último com a questão da punição, merece ser repensada" (AZEVEDO, Antônio Junqueira de. Por uma nova categoria de dano na responsabilidade civil: o dano social. *Revista Trimestral de Direito Civil*. Rio de Janeiro, n. 19, jul./set., 2004). De fato, dentre as novas funções da responsabilidade civil está, certamente, a função punitivo-pedagógica, que tradicionalmente não fazia parte do direito de danos.

Defendemos, por exemplo, em livro publicado em 2019, que os danos sofridos pelos cidadãos em decorrência da violência urbana *podem* ensejar, em certas hipóteses, responsabilidade civil do Estado. Para isso nos valemos de duas figuras conceituais que fornecem lastro jurídico para a nova compreensão: a) *fortuito interno* (defendemos que os danos sofridos pelos cidadãos relacionados à violência urbana *perfazem fortuitos internos em relação ao Estado*, isto é, são danos que estão na esfera de risco estatal); e também o modelo da b) *responsabilidade objetiva agravada* (defendemos que, em certas atividades empresariais ou estatais, podemos superar, em certos contextos, a exigência do nexo causal, desde que o dano esteja na esfera de risco da atividade, isto é, desde que o dano traduza risco próprio, típico, daquela atividade). Naturalmente resumimos, aqui, uma discussão muito mais complexa.

Seja como for, os danos sociais – para quem aceita a formulação – seriam uma quarta espécie de dano (ao lado dos materiais, morais e estéticos). Seriam danos difusos e o valor da indenização não iria para a vítima, mas para fundos de índole transindividual. A indenização, no caso, teria caráter punitivo, para dissuadir comportamentos semelhantes. Não poderia ser concedido de ofício, sendo necessário pedido expresso da parte. Seriam, ademais, pedidos que apenas poderiam ser formulados em demandas coletivas.

24. DANO INSTITUCIONAL

O dano institucional também resulta de proposta doutrinária. É um modelo conceitual que, segundo alguns autores, seria mais adequado para explicar os danos sofridos pelas pessoas jurídicas. As pessoas jurídicas, nessa visão teórica, não poderiam sofrer danos morais, mas *danos institucionais*. Sofreriam, portanto, danos materiais – sempre que a lesão patrimonial se fizesse configurada – e, em certos casos, *danos institucionais*. Argumenta-se que o dano moral estaria intimamente vinculado à dignidade humana e as lesões a elas vinculadas. Seria, portanto, nesse modo de enxergar as coisas, o dano moral incompatível com a pessoa jurídica, já o *dano institucional* seria uma ferramenta mais adequada à realidade social e normativa dos entes abstratos.

Nesse contexto, se a vítima do dano for pessoa jurídica com fins lucrativos, o dano seria material. Já se a vítima do dano for pessoa jurídica sem fins lucrativos, o dano sofrido seria institucional (já que elas, conceitualmente não têm lucros). Seriam danos que atingiriam a pessoa jurídica em sua credibilidade ou reputação (MORAES, Maria Celina Bodin; BARBOZA, Helena. *Código Civil interpretado conforme a Constituição da República*. Rio de Janeiro: Renovar, 2004, v. I, p. 134; MORAES, Maria Celina Bodin. *Danos à pessoa humana. Uma leitura civil-constitucional dos danos morais*. Rio de Janeiro: Renovar, 2003, p. 191). Cabe lembrar, todavia, que o STJ não costuma fazer essa distinção (STJ, Súmula 227: "A pessoa jurídica pode sofrer dano moral").

25. QUESTÕES DE CONCURSOS

01. (Cespe – Juiz de Direito – TJ – BA/2019). Adaptada. A respeito de proteção contratual, responsabilidade por vício do serviço verifique se a afirmação abaixo é certa ou errada, com base no CDC e na jurisprudência do STJ: "Pela sua especificidade, as normas previstas no CDC têm prevalência em relação àquelas previstas nos tratados internacionais que limitam a responsabilidade das transportadoras aéreas de passageiros pelo desvio de bagagem, especialmente as Convenções de Varsóvia e de Montreal".

(Conforme expusemos neste capítulo, a matéria sofreu alteração de entendimento a partir do julgamento do STF no RE 636.331).

02. (Cespe – Juiz de Direito – TJ – BA/2019). Adaptada. Verifique se a afirmação a seguir está certa ou errada, com base no CDC e na jurisprudência do STJ: "O saque indevido de numerário em conta-corrente mantida por correntista em determinado banco configura dano moral in re ipsa ao direito do correntista à segurança dos valores lá depositados ou aplicados".

(Não estaremos diante, nesta hipótese, de dano presumido, conforme decidiu o STJ no AgInt no AREsp 1.407.637, citado neste capítulo).

03. (FGV – Juiz de Direito – TJ – AP/2022) Vera ingressou com ação judicial buscando tutela reparatória por danos extrapatrimoniais em face da distribuidora de gêneros alimentícios derivados de aves. A consumidora alega ter adquirido produto lacrado, refrigerado e dentro do prazo de validade, mas, ao chegar em casa e abrir a embalagem no momento de servir aos seus familiares, verificou que o produto estava impróprio para o consumo e com odor fétido. Imediatamente, a consumidora retornou ao local de compra, que alegou se tratar de produto em promoção por estar com o prazo de validade perto do vencimento, conforme explicado aos compradores no anúncio, sendo sabido pela consumidora que isso não permitiria a troca. Diante desse caso, é correto afirmar que:

a) foi comercializado um produto impróprio para o consumo, o que gera, in re ipsa, a obrigação de reparação pelos danos extrapatrimoniais suportados pela consumidora;

b) inexistiu acidente de consumo na medida em que o produto defeituoso não chegou a ser ingerido e, portanto, não acarretou risco à saúde da consumidora;

c) o vício do produto se evidencia pelo acidente de consumo em potencial, sendo os familiares de Vera consumidores por equiparação;

d) a informação prévia e clara prestada pelo fornecedor acerca da impossibilidade de troca do produto em promoção e a vantagem de abatimento no preço afastam a obrigação de troca ou devolução do valor pago;

e) a responsabilidade pelo fato do produto gera danos extrapatrimoniais in re ipsa, ainda que o produto não tenha sido consumido por Vera e seus familiares, considerados consumidores por equiparação.

(Cremos que a questão pode dar ensejo a dúvidas razoáveis, sendo inadequada sua presença em prova objetiva. Poderíamos, com razoabilidade, equiparar a situação exposta àquela em que o produto contém corpo estranho, situação em que o STJ entende que há o dano mesmo que não haja o efetivo consumo. O paralelo conceitual parece possível. Assim, "a aquisição de produto de gênero alimentício contendo em seu interior corpo estranho, expondo o consumidor a risco concreto de lesão à sua saúde e segurança, ainda que não ocorra a ingestão de seu conteúdo, dá direito à compensação por dano moral, dada a ofensa ao direito fundamental à alimentação adequada, corolário do princípio da dignidade da pessoa humana". Hipótese em que há defeito do produto (CDC, art. 12), que expõe o consumidor a risco concreto de dano à sua saúde e segurança, violando o disposto no art. 8º do CDC (STJ, REsp 1.828.026, Rel. Min. Nancy Andrighi, 3ª T, DJe 12/09/2019). Em acréscimo, a Segunda Seção do STJ decidiu que a existência de corpo estranho em produtos alimentícios configura fato do produto, previsto nos arts. 12 a 14 do CDC, não se tratando de vício do produto, previsto no art. 18 e seguintes do CDC (STJ, REsp 1.968.143, Rel. Min. Marco Belizzi, 3ª T, DJe 17/02/2022).

GABARITO			
01. E	02. E	03. B	

Estas e outras questões estão disponíveis para serem respondidas na plataforma JusClass:

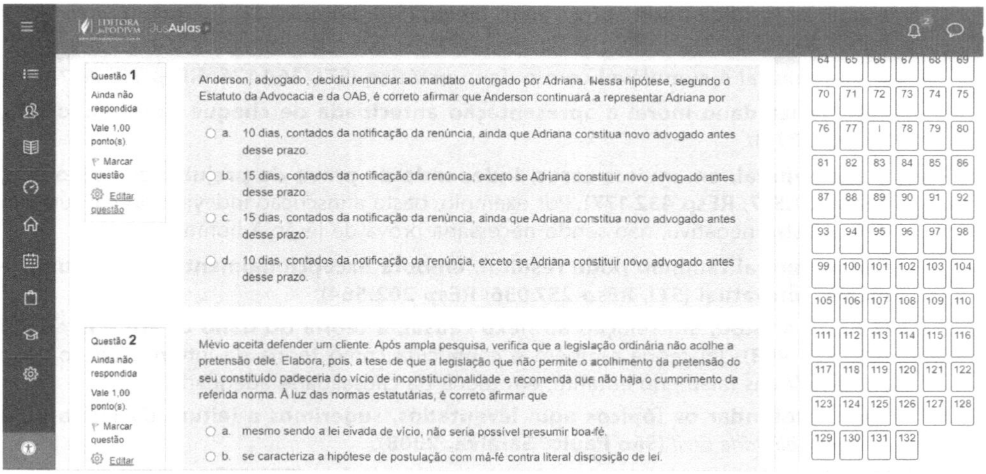

26. QUADRO SINÓTICO

DANOS MORAIS NAS RELAÇÕES DE CONSUMO

Dano moral (CF, art. 5º, V e X; CDC, art. 6º, VI; CC, art. 186).

- **Não há definição legal. A construção dos contornos do instituto é fundamentalmente jurisprudencial.**
- **Indenização compensatória, não restaura o** *status quo ante.*
- **A legitimidade ativa independe da dependência econômica (STJ, REsp 239.009).** Irmãos, por exemplo, podem fazer jus à indenização (STJ, REsp 596.102).
- **O dano há de ser minimamente grave. Mero aborrecimento não perfaz dano moral (STJ, REsp 303.396).** Porém, cancelamentos (STJ, REsp 503.043) e atrasos de voo (STJ, REsp 253.552) podem ensejar danos morais. Também o chamado *overbooking* (STJ, REsp 211.604).
- **A legislação brasileira não fixou critérios específicos para a quantificação do dano moral. A jurisprudência tem fixado, entre outros: a)** grau de culpa do agressor (STJ, 207.926); b) gravidade e repercussão da lesão (STJ, 660.267); c) a condição sócio-econômica do ofensor (STJ, 183.508); d) a condição sócio-econômica do ofendido (STJ, 355.392); e) número de vítimas (STJ, 745.710).
- **Se a vítima, depois de propor a demanda, falecer, os herdeiros poderão dar seguimento à ação (STJ, REsp 440.626; REsp 863.457).**
- **O STJ pode rever os valores de indenização por dano moral, se irrisórios ou exorbitantes (STJ, 438.696).**
- **Não é aceita a tarifação de valores (fixação prévia de valores de indenização),** mesmo que feita pela lei (STJ, REsp 347.449; STJ, Súmula 281: A indenização por dano moral não está sujeita à tarifação prevista na Lei de Imprensa).
- **A jurisprudência brasileira aceita a chamada função dúplice do dano moral (função pedagógica ou punitiva** *punitives damages*, **ao lado da função compensatória).** (STF, Rel. Min. Celso de Mello, Ag. 455.846; STJ, REsp 550.317).
- **Alterando-se posição anterior, atualmente se entende que em caso de conflito hermenêutico entre o CDC e a Convenção de Varsóvia ou Montreal, aplicam-se as referidas convenções (STF, RE 636.331; STJ REsp 673.048).** Porém essa mudança de posição apenas se aplica aos danos materiais, não aos morais. Aos danos morais, mesmo em voos internacioais, continua se aplicando o CDC (REsp 1.842.066).

- **A pessoa jurídica pode sofrer dano moral (STJ, Súmula 227).** A honra violada é a honra objetiva.
- **O dano moral é cumulável com o dano estético (STJ, 164.126; REsp 705.457).**
- **Caracteriza dano moral a apresentação antecipada de cheque pré-datado (STJ, Súmula 370).**
- **O dano moral, em muitos casos, independe de prova de prejuízo concreto (STJ, REsp 331.517; REsp 432.177).** Por exemplo, basta a inscrição indevida do consumidor em cadastro negativo, não sendo necessária prova de lesão à honra.
- **O dano moral também pode resultar, embora excepcionalmente, de descumprimento contratual (STJ, REsp 257.036; REsp 202.564).**
- **O Brasil adotou, em relação ao nexo causal, a teoria do dano direto e imediato (CC, art. 403).** Tal teoria também é conhecida como teoria da interrupção do nexo causal. Alguns falam, no entanto, em teoria da causalidade adequada.
- **Para aprofundar os tópicos aqui levantados, sugerimos a leitura de nossa obra** *Responsabilidade Civil* **(São Paulo, Saraiva, 2008).**
- **O STJ aceita, atualmente, o dano moral coletivo (STJ, REsp 1.221.756; REsp 1.291.213).**
- **Sempre defendemos a possibilidade do absolutamente incapaz sofrer dano moral. O STJ, em 2015, reconheceu essa possibilidade (STJ, REsp 1.245.550).**

Transporte de pessoas

- **A empresa responde, perante o cliente, pela reparação de dano ou furto ocorrido em seu estacionamento (STJ, Súmula 130).** A responsabilidade é objetiva. Mesmo se o estacionamento for gratuito – se o shopping ou supermercado não cobrar por ele –, a responsabilidade se impõe.
- **Há, no contrato de transporte de pessoas, implícita, a cláusula de incolumidade (dever do transportador de levar o passageiro, em segurança, ao destino).** É uma obrigação de resultado (STJ, REsp 151.401).
- **São inválidas, no contrato de transporte, as cláusulas de irresponsabilidade ou de não indenizar (CDC, art. 51, I; CC, art. 734; STF, Súmula 161).**
- **Dano causado por terceiro: a)** se for conexo ao transporte, a empresa responde (STJ, REsp 293.292); b) se não for conexo ao transporte, a empresa não responde (STJ, REsp 468.900).
- **Transporte gratuito, desinteressado ou de mera cortesia: a)** o transportador só responder se agir com dolo ou culpa grave (STJ, Súmula 145); b) Há transportes que são falsamente gratuitos, ou, melhor dizendo, apenas aparentemente gratuitos. Por exemplo, idosos em transportes públicos; shoppings que buscam potenciais clientes em hotéis, etc. A estes se aplica a disciplina do transporte oneroso (CC, art. 736, parágrafo único).
- **Excludentes: a)** culpa exclusiva da vítima; b) culpa concorrente (CC, art. 738, parágrafo único); c) caso fortuito ou força maior:
- **Se for fortuito interno (infarto no motorista do ônibus, que se desgoverna)**, a empresa responde.
- **Se for fortuito externo (assalto, por exemplo)**, a empresa, segundo a jurisprudência, não responde.

Danos morais e erros médicos

- **Aplica-se o CDC (STJ, REsp 731.078).**
- **Responsabilidade subjetiva (CDC, art. 14, § 4º).** É possível, contudo, que haja a inversão do ônus da prova (CDC, art. 6º, VIII; STJ, REsp 266.614).
- **Obrigação de meio (salvo, segundo expressiva corrente, no que se refere à cirurgia plástica com fins estéticos, que seria obrigação de resultado – STJ, AgRg no REsp 256.174).**

CAPÍTULO VIII

PRESCRIÇÃO E DECADÊNCIA NO CDC

Sumário • 1. Decadência (vício do produto ou serviço): 1.1. Vício oculto: 1.1.1. Produtos duráveis; 1.1.2. Produtos não duráveis – 1.2. Início da contagem do prazo na hipótese de existir garantia contratual; 1.3. Vício aparente; 1.4. Causas que suspendem a decadência – 2. Prescrição (fato do produto ou serviço): 2.1. Quando se inicia a contagem do prazo prescricional? – 3. Conflitos entre o CDC e CC/2002: interpretação favorável ao consumidor: 3.1. Acidentes com passageiros no transporte de pessoas; 3.2. Inclusões indevidas em cadastros negativos; 3.3. Ação para exigir contas (CPC/2015, arts. 550 e seguintes); 3.4. Prazo prescricional para questionar cláusulas abusivas em contratos de consumo (revisão e pretensão condenatória à devolução dos valores); 3.5. Repetição de indébito de tarifas de água e esgoto; 3.6. Algumas questões relativas aos seguros; – 3.7. Outras questões decididas pelo STJ. – 4. Questões de Concursos – 5. Quadro Sinótico.

Em ambos os casos teremos o tempo como fator de extinção de faculdades jurídicas. A decadência e a prescrição apresentam características próprias no sistema de consumo. A decadência se aplica ao vício do produto ou serviço. A prescrição se aplica ao fato do produto ou serviço (também conhecido como acidente de consumo).

1. DECADÊNCIA (VÍCIO DO PRODUTO OU SERVIÇO)

1.1. Vício oculto

O vício do produto pode estar oculto, isto é, não se evidenciar à primeira vista. Pensemos num computador que começa a dar problemas seis meses depois de comprado. O prazo decadencial começará a ser contado a partir do dia em que for evidenciado o defeito (art. 26, § 3º: "Tratando-se de vício oculto, o prazo decadencial inicia-se no momento em que ficar evidenciado o defeito"). O consumidor, neste caso, poderá reclamar dentro dos prazos adiante comentados. Por exemplo, os danos decorrentes de vício da construção se protraem no tempo e, por isso, não permitem a fixação de um marco temporal certo, a partir do qual se possa contar, com segurança, o termo inicial do prazo prescricional para a ação indenizatória correspondente a ser intentada contra a seguradora (STJ, AgInt no AREsp 942.310, Rel. Min. Nancy Andrighi, 3ª T, DJe 19/08/2021). Assim, assentou o tribunal, à luz dos parâmetros da boa-fé objetiva e da proteção contratual do consumidor, os vícios estruturais de construção estão acobertados pelo seguro habitacional, cujos efeitos devem se prolongar no tempo, mesmo após a extinção do contrato, para acobertar o sinistro concomitante à vigência deste, ainda que só se revele depois de sua conclusão (vício oculto).

Desde já uma questão interessante se coloca: se o vício for oculto, o prazo decadencial, conforme vimos, só começa a ser contado no dia em que ficar evidenciado o defeito, na forma do art. 26, § 3º, do CDC. Uma questão se põe: isso significa que o fornecedor ficará eternamente sujeito a essa reclamação? No silêncio da lei, o critério que a jurisprudência tem utilizado, com base na razoabilidade, é a vida útil do bem durável, o que será, por certo, analisado caso a caso (STJ, REsp 1.123.004, Rel. Min. Campbell Marques, 2ª T, j. 01/12/11). Por isso, mesmo após encerrada a garantia contratual, havendo vício oculto, o fornecedor continuará responsável, considerada a vida útil do produto, legitimamente esperada (STJ, REsp 984.106, Rel. Min. Luis Felipe Salomão, 4 T, DJ 20/11/12). Por certo, não se considera defeito o desgaste natural do bem. Porém, a venda de um bem com vida útil inferior àquela legitimamente esperada configura quebra da boa-fé objetiva, além de vício de adequação (CDC, art. 18).

1.1.1. Produtos duráveis

Há um prazo decadencial de noventa dias para a reclamação. Produtos duráveis, segundo o STJ, são aqueles "de vida útil não efêmera" (STJ, REsp 114.473, Rel. Min. Sálvio de Figueiredo Teixeira, 4ª. T, p. 05/05/97). Os que não se esgotam no primeiro uso, como um carro, um eletrodoméstico, um livro. Já se decidiu que o bem durável é aquele fabricado para servir durante determinado transcurso temporal, que variará conforme a qualidade da mercadoria, os cuidados que lhe são emprestados pelo usuário, o grau de utilização e o meio ambiente no qual inserido. Por outro lado, os produtos *não duráveis* extinguem-se em um único ato de consumo, porquanto imediato o seu desgaste (STJ, REsp 1.161.941, Rel. Min. Villas Bôas Cueva, 3ª T, DJ 14/11/2013). O STJ, neste julgado, assentou que as roupas (tratava-se de um vestido de noiva, no caso) são bens duráveis por natureza.

1.1.2. Produtos não duráveis

Há um prazo decadencial de trinta dias para a reclamação. Produtos não duráveis são "aqueles que se exaurem no primeiro uso ou logo após sua aquisição" (STJ, REsp 114.473, Rel. Min. Sálvio de Figueiredo Teixeira, 4ª. T, p. 05/05/97).

1.2. Início da contagem do prazo na hipótese de existir garantia contratual

É muito frequente no mercado de consumo que o fornecedor, para se diferenciar da concorrência, ofereça um prazo de garantia para seus produtos. Tal garantia é contratual, e se põe ao lado da garantia legal, como um benefício extra para o consumidor. É, dessa forma, um pacto adjeto ao contrato principal e como tal obviamente sujeito às regras do CDC. Ninguém desconhece, ademais, os extensos e amplos usos publicitários da garantia contratual, como ferramenta de persuasão e atração de consumidores.

Assim, no caso do computador que apresentou defeitos seis meses após comprado, e que tem, imaginemos, uma garantia de dois anos, o prazo de decadência apenas se extinguirá 90 dias (por se tratar de produto durável) depois de encerrada a garantia contratual (isto é, 90 dias após os dois anos). Entretanto, em razão do caráter cogente das normas de consumo, não é possível que convenção ou contrato reduza os prazos conferidos ao consumidor. Aliás, o próprio CDC sublinha que a garantia legal de adequação do produto ou serviço independe de termo expresso, vedada a exoneração contratual do fornecedor (CDC, art. 24).

A jurisprudência brasileira vem se consolidando no sentido de que o início da contagem do prazo de decadência, a respeito de vício do produto (CDC, art. 26), se dá após o encerramento da garantia contratual (STJ, REsp 1.021.261, Rel. Min. Nancy Andrighi, 3ª T, DJ 06/05/10. No mesmo sentido: REsp 579.941, DJ 10/12/08; REsp 967.623, DJ 29/06/09). Aplica-se o CDC aos casos de erro médico, inclusive quanto ao prazo prescricional de cinco anos (STJ, EDcl no REsp 704.272, Rel. Min. Isabel Gallotti, 4ª T, DJ 15/08/12).

1.3. Vício aparente

No sistema do CDC, o vício aparente enseja responsabilidade do fornecedor de produtos ou serviços. A particularidade, neste caso, está apenas no instante inicial de contagem do prazo de decadência: este se dá no momento da entrega do produto ou da prestação do serviço. Dispõe o § 1º do art. 26: "Inicia-se a contagem do prazo decadencial a partir da entrega efetiva do produto ou do término da execução dos serviços".

Os prazos são aqueles estabelecidos no art. 26 do CDC: "O direito de reclamar pelos vícios aparentes ou de fácil constatação caduca em: I – trinta dias, tratando-se de fornecimento de serviço e de produto não duráveis; II – noventa dias, tratando-se de fornecimento de serviço e de produto duráveis". Não tem direito à reparação de perdas e danos decorrentes do vício do produto o consumidor que, no prazo decadencial, não provocou o fornecedor para que este pudesse sanar o vício (STJ, REsp 1.520.500, Rel. Min. Marco Bellizze, DJ 13/11/2015).

É importante lembrar que o prazo decadencial previsto no art. 26, I e II, do CDC, somente atinge a parte da pretensão estritamente vinculada ao vício apresentado no bem, nada influindo na reparação pelos danos materiais e morais pretendidos (STJ, AgRg no AREsp 52.038, Rel. Min. Luis Felipe Salomão, 4ª T, DJ 03/11/11). O prazo prescricional para os danos materiais e morais é de cinco anos, conforme veremos adiante. Aplica-se o prazo prescricional do art. 205 do CC/02 (10 anos) às ações indenizatórias por danos materiais decorrentes de vícios de qualidade e de quantidade do imóvel adquirido pelo consumidor, e não o prazo decadencial estabelecido pelo art. 26 do CDC (STJ, REsp 1.534.831, Rel. Min. Nancy Andrighi, 3ª T, DJe 02/03/2018, por maioria).

1.4. Causas que suspendem a decadência

Os prazos acima referidos podem ser suspensos. A reclamação feita pelo consumidor, até que receba resposta negativa, é a primeira hipótese: Art. 26, § 2º: "Obstam a decadência: I – a reclamação comprovadamente formulada pelo consumidor perante o fornecedor de produtos e serviços até a resposta negativa correspondente, que deve ser transmitida de forma inequívoca". É fundamental, como esclarece o inciso, que o consumidor tenha o cuidado de documentar a reclamação, para que possa comprovar tê-la feito. A resposta do fornecedor ("não vou consertar, não é o caso de conserto, ou qualquer outra"), também deve ser transmitida de modo inequívoco. A reclamação prevista no art. 26, § 2º, I, do CDC – como instrumento hábil a obstar a decadência do direito do consumidor de reclamar pelos vícios do produto – pode ser feita de forma verbal? Ou somente documental? O STJ, em relevante julgado, decidiu que "a lei não preestabelece uma forma para a realização da reclamação, exigindo apenas comprovação de que o fornecedor tomou ciência inequívoca quanto ao propósito do consumidor de reclamar pelos vícios do produto ou serviço". Assim, "a reclamação obstativa da decadência, prevista no art. 26, § 2º, I, do CDC, pode ser feita documentalmente – por meio físico ou eletrônico – ou mesmo verbalmente – pessoalmente ou por telefone – e, consequentemente, a sua comprovação pode dar-se por todos os meios admitidos em direito" (STJ, REsp 1.442.597, Rel. Min. Nancy Andrighi, 3ª T, DJe 30/10/2017).

A segunda hipótese, prevista no inciso III – o inciso II foi vetado –, consiste na instauração de inquérito civil pelo Ministério Público. A decadência, neste caso, terá seu curso obstado, até o encerramento da investigação: Art. 26, § 2º: "Obstam a decadência: II – a instauração de inquérito civil, até seu encerramento".

Ambas são causas de suspensão, não de interrupção. Ou seja, uma vez cessada a causa de suspensão, o prazo retoma seu curso, até perfazer os 30 ou 90 dias antes mencionados. Não é causa de suspensão a reclamação feita perante o Procon. A menos que o Procon, orientando o consumidor, formule reclamação perante o fornecedor.

É importante lembrar que a contagem do prazo decadencial se inicia a partir da efetiva entrega do produto ou do término da execução dos serviços (CDC, art, 26, § 1º). Em se tratando de serviços, portanto, o prazo decadencial começa a ser contado não do início da prestação, mas sim, logicamente, no término dela. Outro ponto que deve ser relembrado: a jurisprudência do STJ é assente no sentido de que quando a pretensão do consumidor é de natureza indenizatória (isto é, de ser ressarcido pelo prejuízo decorrente dos vícios do imóvel) não há incidência de prazo decadencial (STJ, REsp 1.717.160, Rel. Ministra Nancy Andrighi, 3ª T, DJe 26/03/2018; AgInt no AgInt no AREsp 1.329.349, Rel. Min. Luis Salomão, 4ª T, DJe 26/08/2021). A decadência diz respeito a vícios, a prescrição diz respeito a fatos do produto (isto é, acidentes de consumo, que geram pedidos de indenização).

2. PRESCRIÇÃO (FATO DO PRODUTO OU SERVIÇO)

Dentre os direitos básicos do consumidor está a "efetiva prevenção e reparação de danos patrimoniais e morais, individuais, coletivos e difusos" (CDC, art. 6º, VI). A responsabilidade por estes danos será objetiva, ou seja, independerá do elemento culpa: "O fornecedor de serviços responde, independentemente da existência de culpa, pela reparação dos danos causados aos consumidores por defeitos relativos à prestação dos serviços, bem como por informações insuficientes ou inadequadas sobre sua fruição e riscos", CDC, art. 14).

A respeito da prescrição dos fatos do produto ou do serviço (acidentes de consumo) o CDC traz regra específica: "Prescreve em cinco anos a pretensão à reparação pelos danos causados por fato do produto ou do serviço prevista na Seção II deste Capítulo, iniciando-se a contagem do prazo a partir do conhecimento do dano e de sua autoria". O STJ reconheceu que "a pretensão à reparação pelos danos causados por fato do produto ou serviço vem regulada no art. 27 do CDC, prescrevendo em cinco anos" (STJ, REsp 967.623, Rel. Min. Nancy Andrighi, 3ª T, DJ 29/06/09).

No caso de lesões que se renovam no tempo, o STJ considerou que o prazo se iniciou desde que conhecido o dano e a autoria. O caso se deu do seguinte modo: fumante, que teve sua laringe extraída em razão do tabagismo, ingressou com demanda de danos morais e estéticos contra o fabricante dos cigarros. Argumentou que o prazo prescricional – de cinco anos, de acordo com o art. 27 do CDC – se renovaria, pois o dano moral e estético continuariam ocorrendo. O STJ, contudo, não comungou desta tese, argumentando que a "prescrição da ação de reparação por fato do produto é contada do conhecimento do dano e da autoria, nada importando a renovação da lesão no tempo, pois, ainda que a lesão seja contínua, a fluência da prescrição já se iniciou com o conhecimento do dano e da autoria" (STJ, REsp 304.724, Rel. Min. Humberto Gomes de Barros, 3ª T, j. 24/05/05).

Esclarece a jurisprudência: "A ação de reparação de danos por fato do serviço decorre dos chamados 'acidentes de consumo', ou seja, quando a deficiente prestação do serviço é capaz de gerar danos ao consumidor" (STJ, REsp 254.413, Rel. Min. Waldemar Zveiter, 3ª. T, p. 16/04/01). A prescrição, nestes casos, ocorre em cinco anos, consoante estabelece o art. 27 do CDC. Esclarece, na mesma linha, a jurisprudência: "A ação de indenização movida pelo consumidor contra a prestadora de serviço por defeito relativo à prestação do serviço prescreve em cinco anos, ao teor do art. 27 c/c o art. 14, caput, do CDC". No mesmo julgado, mais adiante, completou o tribunal: "Em tal situação se insere o pedido de reparação de danos materiais e morais dirigido contra a empresa editora das Listas Telefônicas em face de haver sido publicado erroneamente o número de telefone do restaurante anunciante, o que direcionou pedidos de fornecimento de alimentos a terceira pessoa, que destratou a clientela da pizzaria, causando-lhe desgaste de imagem" (STJ, REsp 511.558, Rel. Min. Aldir Passarinho Júnior, 4ª T, j. 13/04/04, p. DJ 17/05/04). Em outro julgado o STJ afirmou que para danos causados por fato do produto ou serviço – no caso, dano moral decorrente de acidente aéreo – o prazo é o de cinco anos (CDC, art. 27), e não o do Código Civil (STJ, REsp 1.281.090, Rel. Min. Luis Felipe Salomão, 4ª T, DJ 15/03/12). De modo semelhante, o furto das joias, objeto do penhor, constitui falha do serviço prestado pela instituição financeira e não inadimplemento contratual, devendo incidir o prazo prescricional de 5 anos para as ações de indenização, previsto no art. 27 do CDC (STJ, REsp 1.369.579, Rel. Min. Luis Salomão, 4ª T, DJe 23/11/2017).

O art. 27 do Código do Consumidor, ao dispor que prescreve, em cinco anos, a pretensão à reparação pelos danos causados pelo fato do produto ou serviço, cuida dos chamados acidentes de consumo. "O art. 27 do mesmo diploma legal cuida somente das hipóteses em que estão presentes vícios de qualidade do produto por insegurança, ou seja, casos em que o produto traz um vício intrínseco que potencializa um acidente de consumo, sujeitando-se o consumidor a um perigo iminente" (STJ, REsp 114.473, Rel. Min. Sálvio de Figueiredo Teixeira, j. 24/03/97, p. DJ 05/05/97). Se os serviços de reparo, realizados por oficina e seguradora, causam danos materiais e morais ao consumidor, o prazo aplicável será o do art. 27 (cinco anos), e não o do art. 26, II, do CDC (90 dias). (STJ, REsp 683.809, Rel. Min. Luis Felipe Salomão, 4ª T, DJ 03/05/10).

Advirta-se que no fato não é preciso qualquer reclamação prévia por parte do consumidor. Ocorrido o dano, poderá o consumidor exigir, judicialmente, as reparações devidas.

É preciso, porém, atentar que nem sempre o prazo de cinco anos, previsto no art. 27 do CDC, será aplicável. Em certas situações a jurisprudência tem aplicado prazos eventualmente menores. Digamos que alguém sofre um acidente de trânsito. O carro objeto do acidente está coberto por seguro. A seguradora, porém, por uma razão qualquer, nega-se a pagar a indenização. Qual o prazo prescricional na espécie? Em outras palavras, quanto tempo o segurado teria para propor a ação?

O CDC aplica-se, certamente, aos contratos de seguro (STJ, REsp 794.853). Apesar disso, a jurisprudência, há mais de dez anos, consolidou-se no sentido de ser de 01 (um) ano o prazo prescricional aplicável ao caso (STJ, REsp 207.789, Rel. Min. Aldir Passarinho Júnior, Segunda Seção, DJ 24/09/01). Aplica-se à situação, aos olhos do STJ, o Código Civil, que disciplina de modo específico a matéria (CC, art. 206, § 1º, II).

Portanto, de acordo com a jurisprudência, a pretensão do segurado de cobrar do segurador a indenização contratada prescreve em um ano (a chamada prescrição ânua). Não se aplica o prazo prescricional de cinco anos previsto no art. 27 do CDC, pois não se trata, argumenta-se, de fato do serviço (acidente de consumo), mas de inadimplemento contratual (STJ, REsp 1.084.474, Rel. Min. Nancy Andrighi, 3ª T, DJ 11/10/11). Em 2022 essa posição foi reafirmada. É de 1 ano o prazo prescricional para exercício de qualquer pretensão do segurado em face do segurador – e vice-versa – baseada em suposto inadimplemento de deveres (principais, secundários ou anexos) derivados do contrato de seguro, segundo o art. 206, § 1º, II, b, do Código Civil (STJ, REsp 1.091.756, Rel. Min. Marco Bellizze, Segunda Seção, DJe 5/2/2018). Nos contratos de seguro em geral, a ciência do segurado acerca da recusa da cobertura securitária é o termo inicial do prazo prescricional da pretensão do segurado em face da seguradora (STJ, REsp 1.970.111, Rel. Min. Nancy Andrighi, 3ª T, DJe 15/03/2022).

Convém, no entanto, ter atenção neste ponto: o STJ, em sede de recurso repetitivo, assentou que não incide a prescrição ânua, própria das relações securitárias (CC, art. 206, § 1º, II) nas ações que discutem direitos oriundos de planos de saúde ou de seguro saúde, dada a natureza *sui generis* desses contratos (STJ, REsp 1.360.969 e REsp 1.361.182, Segunda Seção; AgInt no REsp 1.935.233, Rel. Min. Isabel Gallotti, 4ª T, DJe 17/10/2022).

Em relação, contudo, às entidades de previdência privada, a solução é diversa. O CDC, conforme vimos no capítulo IV, é aplicável à relação jurídica entre a entidade aberta de previdência privada e seus participantes (STJ, Súmula 563). Cabe lembrar que a ação de cobrança de parcelas de complementação de aposentadoria pela previdência privada prescreve em cinco anos (STJ, Súmula 291). E que a ação de cobrança de diferenças de valores de complementação de aposentadoria prescreve em cinco anos contados da data do pagamento (STJ, Súmula 427). Na hipótese de responsabilidade civil de médicos pela morte de paciente em atendimento custeado pelo SUS (hospital particular conveniado ao SUS) incidirá o prazo do art. 1º-C da Lei n. 9.494/1997, sendo de 5 anos a pretensão de obter indenização (STJ, REsp 1.771.169, Rel. Min. Nancy Andrighi, 3ª T, DJe 29/05/2020).

O STJ decidiu em 2024 que dívida prescrita é inexigível tanto na via judicial quanto na extrajudicial (STJ, REsp 2.103.726, Rel. Min. Nancy Andrighi, 3ª T, DJe 17/05/2024).

2.1. Quando se inicia a contagem do prazo prescricional?

O prazo prescricional, nos acidentes de consumo, começa a contar não apenas do conhecimento do dano, mas do conhecimento dano e de sua autoria (CDC, art. 27). Assim, se alguém, doente crônico, obrigado a tomar vários medicamentos diários, sofre dano grave (perda total dos cabelos, digamos), o prazo prescricional inicia-se não a partir do dano, mas apenas quando a vítima souber qual, dentre aqueles remédios, ocasionou o dano sofrido.

É preciso, no caso concreto, para que o prazo prescricional comece a fluir, que se conjuguem os dois pressupostos: a) conhecimento do dano; **e** b) conhecimento da autoria do dano. Ou seja, ao adotar a conjuntiva "e", ao invés da disjuntiva "ou", o CDC deixou claro que não basta que o consumidor, vítima de acidente de consumo, conheça o dano. Deve também conhecer quem foi o seu autor. Apenas a partir dessa dupla ciência tem início a contagem do prazo prescricional de cinco anos. A inovação, portanto, tem grande repercussão prática.

Aliás, o CDC indica, como linha de tendência, que o início da contagem dos prazos – prescricionais ou decadenciais – apenas ocorrerá quando houver efetiva ciência pelo consumidor, seja do vício, seja do fato do produto ou serviço. O art. 26, § 3º, tratando dos vícios ocultos de produto, prescreve: "Tratando-se de vício oculto, o prazo decadencial inicia-se no momento em que ficar evidenciado o defeito". Assim, na linha da jurisprudência do STJ, o termo inicial do prazo prescricional, na pretensão indenizatória, é a ciência inequívoca do ato lesivo (STJ, AgRg no AREsp 399.077, Rel. Min. Humberto Martins, 2ª T, DJ 14/11/2013).

No caso, por exemplo, das demandas propostas por familiares de fumantes em razão da morte destes, o prazo prescricional de cinco anos (CDC, art. 27) tem início (*actio nata*) com a morte do fumante (STJ, 1.113.804, Rel. Min. Luis Felipe Salomão, 4ª T, DJ 24/06/10). Se, porém, o próprio fumante propõe a demanda, já se entendeu que o prazo se inicia a partir do dia em que ele teve conhecimento do dano (câncer no pulmão, por exemplo. STJ, REsp 489.895, Rel. Min. Fernando Gonçalves, Segunda Seção, DJ 23/04/10).

É interessante perceber que a prescrição, no sistema jurídico brasileiro, atinge não o direito, mas a pretensão. Pretensão é a exigibilidade do direito. A partir do instante em que o direito é violado, nasce a pretensão (*anspruch*). O Código Civil, art. 189, evidenciou essa realidade, que sempre foi lembrada por Pontes de Miranda (CC, art. 189: "Violado o direito, nasce para o titular a pretensão, a qual se extingue, pela prescrição, nos prazos a que aludem os arts. 205 e 206").

No sistema jurídico brasileiro, o prazo prescricional está submetido ao princípio da *actio nata*: seu termo inicial é a data a partir da qual a ação poderia ter sido proposta (STJ, REsp 718.269, Rel. Min. Teori Albino Zavascki, DJ 29/03/05). O STJ é firme no sentido de que o termo inicial do prazo prescricional para a propositura de ação de indenização, pelo princípio da *actio nata*, ocorre com a violação do direito (STJ, AgREsp 1.060.334, Rel. Min.Humberto Martins, DJ 23/04/09). O direito de pedir indenização, pelo clássico princípio da *actio nata*, surge quando constatada a lesão e suas consequências, fato que desencadeia a relação de causalidade e leva ao dever de indenizar (STJ, REsp 1.168.680, Rel. Min. Eliana Calmon, 2ª T, DJ 03/05/10; STJ, REsp 735.377, DJ 02/06/05). Embora os acórdãos, em grande parte dos casos, não façam diferenciação, a data da violação do direito nem sempre é a mesma data em que o consumidor tomou conhecimento da violação. Se houver disparidade entre essas datas, o princípio da *actio nata* tem-se por atendido com o início do prazo prescricional na data em que o consumidor teve ciência do dano. É, aliás, o que explicitamente prescreve o art. 27 do CDC. Tentaremos sistematizar melhor a questão no próximo tópico.

2.2. Teoria da *actio nata*: critérios objetivo e subjetivo

O Código Civil no art. 206 estabelece, de modo específico, prazos variados de prescrição. Falemos brevemente da teoria da actio nata (que busca discutir o termo inicial do prazo prescricional). Tradicionalmente se apontou que a teoria da actio nata postula que o termo inicial do prazo prescricional é a violação do direito. Já vimos o que dispõe o Código Civil: "Violado o direito, nasce para o titular a pretensão, a qual se extingue, pela prescrição, nos prazos a que aludem os arts. 205 e 206" (CC, art. 189). Ou seja, a pretensão, que é a exigibilidade do direito, só surge quando o direito é violado. A teoria da actio nata, portanto, exige a lesão ao direito para que o prazo prescricional tenha início. É o que normalmente entende a jurisprudência (STJ, REsp 1.060.334). Nesse sentido, "o direito de pedir indenização, pelo clássico princípio da actio nata, surge quando constata a lesão e suas consequências, fato que desencadeia a relação de causalidade e leva ao dever de indenizar (STJ, 1.168.680; REsp 735.377). Essa foi a visão tradicional.

Dissemos acima que a configuração inicial da teoria actio nata conectava o início de fluência do prazo prescricional à violação do direito. Porém cada vez mais a jurisprudência – embora nem sempre faça essa diferenciação de modo claro – tem caminhado em direção a um entendimento mais favorável às vítimas de danos. É que nem sempre a data da violação do direito é a mesma data em que a vítima tomou conhecimento da violação. Se houver disparidade entre essas datas, o princípio da actio nata tem-se por atendido com o início do prazo prescricional na data em que a vítima teve ciência inequívoca do dano e de sua autoria (mesmo porque, em regra, a vítima não poderia agir antes disso). Aliás, o CDC é explícito sobre a questão, dispondo que "prescreve em cinco anos a pretensão à reparação pelos danos causados por fato do produto ou do serviço, iniciando-se a contagem do prazo a partir do conhecimento do dano e de sua autoria". Observe-se que a norma usa a conjunção "e", não usa o alternativo "ou". Digamos que uma senhora toma vários medicamentos de uso contínuo. Um deles causa-lhe dano grave (cegueira). Ela, porém, não sabe qual, dentre os vários medicamentos que ingere diariamente, causou o dano. O prazo prescricional, em hipóteses semelhantes, não se iniciará a partir do dano (no caso, cegueira), mas sim a partir da descoberta da autoria (qual, dentre aqueles remédios, fabricados por laboratórios diversos, esteve em relação causal com o dano).

Sempre, portanto, que a violação do direito não for acompanhada pela imediata ciência dessa violação pela vítima do dano (o que costuma ser a regra), devemos entender o prazo prescricional só terá início a partir do efetivo conhecimento da violação pela vítima. O STJ, aliás, na Súmula 278, consignou que "o termo inicial do prazo prescricional, na ação de indenização, é a data em que o segurado teve ciência inequívoca da incapacidade laboral". De modo semelhante, a Súmula 229 do STJ reconhece que "o pedido de pagamento de indenização à seguradora suspende o prazo de prescrição até que o segurado tenha ciência da decisão", o que se harmoniza com a compreensão atual da *actio nata*. O Enunciado 579 das Jornadas de Direito Civil destacaram: "Nas pretensões decorrentes de doenças profissionais ou de caráter progressivo, o cômputo da prescrição iniciar-se-á somente a partir da ciência inequívoca da incapacidade do indivíduo, da origem e da natureza dos danos causados". Há, também, muitos julgados que trilham a mesma estrada, por exemplo: "Segundo orientação do STJ, o termo inicial do prazo prescricional das ações indenizatórias, em observância ao princípio da actio nata, é a data em que a lesão e seus efeitos são constatados" (STJ, AgRgREsp 1.248.981). O STJ, em 2017, confirmando essa visão, entendeu que "o termo inicial da pretensão de ressarcimento nas hipóteses de plágio se dá quando o autor originário tem comprovada ciência da lesão a seu direito subjetivo e de sua extensão, não servindo a data da publicação da obra plagiária, por si só, como presunção de conhecimento do dano" (STJ, REsp 1.645.746). No contexto descrito, a tese atual da actio nata – também chamada actio nata subjetiva – postula que somente a partir do efetivo conhecimento de um ato que viola um direito subjetivo é que teremos o início da contagem do prazo prescricional. Em outro exemplo, decidiu-se que o termo inicial da prescrição da pretensão de obter o ressarcimento pela perda de uma chance decorrente da ausência de apresentação de agravo de instrumento é a data do conhecimento do dano (STJ, REsp 1.622.450, Rel. Min. Bôas Cueva, 3ª T, 16/03/2021).

Cabe sistematizar melhor a questão.

A teoria da *actio nata* pode ser analisada sob dois critérios, objetivo e subjetivo. O critério objetivo é aquele clássico, tradicional, que postula que o início do prazo prescricional começa a ser contado a partir da violação do direito (numa colisão entre dois veículos, o prazo prescricional para a vítima terá início na data da colisão). Já em sua vertente subjetiva – que é, pensamos, a real utilidade teórica da teoria da actio nata – o prazo prescricional tem início, em certos casos, apenas quando a vítima toma conhecimento do dano (e de sua autoria). Só a partir daí é que ela poderia exercer sua pretensão.

Nesses termos, a teoria da actio nata, em seu viés subjetivo, proclama que o início da contagem do prazo prescricional ocorre quando a vítima *tem ciência do nascimento de sua pretensão*. Conforme já consignado pela Terceira Turma do STJ, no entanto, "a aplicação da teoria da *actio nata* em sua vertente subjetiva é excepcional" (STJ, REsp 1.736.091, 3ª T, DJe 16/05/2019). Algumas vezes essa imposição da teoria subjetiva decorre da própria lei, como é o caso do art. 27 do CDC (ao estatuir que o prazo prescricional se inicia a partir do conhecimento, pelo consumidor, do dano e de sua autoria). Outras vezes essa adoção decorre da jurisprudência, de modo fundamento, à luz da razoabilidade. Como exemplo do primeiro caso (CDC, art. 27): alguém, que usa vários medicamentos, sofre dano grave oriundo de um deles, porém o dano à saúde somente se revela muitos anos depois (o prazo só começara a contar quando a vítima descobrir não só o problema à saúde, mas também que foi o seu autor – qual dentre os vários laboratórios fabricantes dos medicamentos que usava). Podemos, também, formular hipóteses que não estão vinculadas ao direito do consumidor: a agressão à saúde de alguém, ou de determinada coletividade, decorre de dano ambiental, cujos efeitos nefastos só se revelam muito tempo depois. Enfim, as hipóteses possíveis são muitas.

A jurisprudência, recentemente, de modo correto, sistematizou a matéria. Trouxe critérios que iluminam a adoção do viés subjetivo da teoria da *actio nata*. São eles: a) a submissão da pretensão a prazo prescricional curto; b) a constatação, na hipótese concreta, de que o credor tinha ou deveria ter ciência do nascimento da pretensão, o que deve ser apurado a partir da boa-fé objetiva e de *standards* de atuação do homem médio; c) o fato de se estar diante de responsabilidade civil por ato ilícito absoluto; e d) a expressa previsão legal a impor a aplicação do sistema subjetivo (STJ, REsp 1.836.016, Rel. Min. Nancy Andrighi, 3ª T, j. 10/05/2022). Esses critérios são indicados apenas como modos de auxílio do intérprete, não sendo exaustivos nem muito menos cumulativos. Em regra, como dissemos, a aplicação da teoria da *actio nata* em sua vertente subjetiva é excepcional, e costuma ser aplicada em prazos prescricionais mais curtos (3 anos, por exemplo, e não 10 anos). É preciso analisar a situação concreta a partir da boa-fé objetiva, indagando-se ainda se seria razoável que alguém, naquela situação, tivesse conhecimento do nascimento da pretensão.

Outro aspecto que pode ser importante – mas que não precisa estar presente em todas as situações, afinal, conforme já dissemos, *os critérios não são cumulativos* – é que o ilícito que deu origem à pretensão seja absoluto (isto é, responsabilidade extracontratual) e não ilícito relativo (responsabilidade contratual). Os ilícitos absolutos, *erga omnes* (CC, art. 186), exatamente por serem dirigidos contra todos, *por não envolverem uma relação contratual no qual a vítima já participa*, trazem lesões que são mais difíceis de serem percebidas, pelo menos em certos casos. Nesse contexto, a aplicação do viés subjetivo da teoria da *actio nata*, "tem sido aplicada por esta Corte em casos de ilícitos extracontratuais nos quais a vítima não tem como conhecer a lesão a sua esfera jurídica no momento em que ocorrida", prestigiando o acesso à justiça (STJ, REsp 1.711.581, Rel. Min. Nancy Andrighi, 3ª T, DJe 08/05/2020).

O critério realmente fundamental, no que diz respeito à aplicação do viés subjetivo da teoria da *actio nata*, é a questão de saber se a vítima, à luz da razoabilidade, deveria saber do nascimento de sua pretensão. Esse é o ponto essencial. Dessa forma, em determinadas hipóteses, deve-se adotar o viés subjetivo da teoria da *actio nata*, "sob pena de reputar iniciado o prazo prescricional quando o lesado nem sequer detinha a possibilidade de exercer sua pretensão, em claro descompasso com a finalidade do instituto da prescrição e com a boa-fé objetiva, princípio vetor do Código Civil" (STJ, AgInt no AREsp 876.731, Rel. Min. Marco Bellizze, 3ª T, DJe 30/09/2016).

No julgado em que o STJ sistematizou jurisprudencialmente a matéria (STJ, REsp 1.836.016, Rel. Min. Nancy Andrighi, 3ª T, 10/05/2022), tratava-se de ação de reparação por danos materiais e morais em virtude da indevida utilização do nome do autor para figurar como falso ocupante de cargo em comissão. A vítima teve seu nome usado indevidamente por ex-deputado estadual, que o nomeou como funcionário fantasma sem seu conhecimento. Qual seria o início do prazo prescricional nesse caso: a data da exoneração? Ou a data em que a vítima teve conhecimento do dano? A Ministra Nancy Andrighi, com toda correção, considerou que a aplicação da teoria em sua modalidade objetiva causaria flagrante injustiça, que não sabia nem deveria razoavelmente saber do fato. Por isso adotou-se, no caso, a teoria da *actio nata* em seu perfil subjetivo, iniciando-se o prazo prescricional a partir da ciência do fato pela vítima.

Embora não se trate de relação de consumo, acreditamos importante mencionar esse caso. Em 2024 o STJ adotou uma posição que pode ser um avanço importante na proteção das vítimas de abusos sexuais, sob a perspectiva da responsabilidade civil. Já vimos que na teoria subjetiva da *actio nata* o início da contagem do prazo ocorre quando a vítima *tem ciência do nascimento de sua pretensão*. Essa visão foi aplicada pelo STJ para casos de indenização relacionados a abuso sexual na infância ou adolescência. Isso porque existem danos cuja percepção só emerge claramente com o passar dos anos (ou décadas). Em casos de abuso sexual na infância ou na adolescência, por exemplo, a vítima pode demorar para processar integralmente o trauma que sofreu.

Se fôssemos seguir a orientação tradicional, a vítima só poderia propor a ação até os 21 anos (3 anos após a maioridade civil, CC, art. 206, § 3º, V). O STJ afirmou ser preciso verificar o momento em que a vítima adquiriu total consciência dos danos em sua vida (STJ, REsp 2.123.047). Ou seja, o STJ, em 2024, afastou essa visão, afirmando que a ação de indenização pode ser proposta mais tarde, quando a consciência acerca do dano emergiu (aos 34 anos a vítima começou a ter crises de pânico relacionadas ao abuso do padrasto). Em vários casos o STJ tem aplicado esse entendimento, ou seja, começa a contar o prazo prescricional não a partir do dano em si, mas a partir do momento em que a vítima toma real conhecimento do dano. É o que se chama teoria subjetiva da *actio nata*.

A decisão está assim ementada: "No caso de violência sexual ocorrida na infância e na adolescência, não é razoável exigir da vítima a imediata atuação no exíguo prazo prescricional de 3 anos após atingir a maioridade civil (art. 206, § 3º, V, do CC/2002). Em virtude da complexidade do trauma associado ao abuso sexual infantil, é possível que, aos 21 anos de idade, a vítima ainda não tenha plena consciência de toda a extensão do dano sofrido e das consequências desse fato ao longo de sua vida. Dessa forma, é imprescindível conceder à vítima a oportunidade de comprovar o momento em que constatou os transtornos decorrentes do abuso sexual, a fim de estabelecer o termo inicial de contagem do prazo prescricional para a reparação civil. Recurso especial provido para determinar o retorno dos autos ao Juízo de primeira instância, facultando às partes a produção de provas, devendo posteriormente ser analisada a prescrição sob a ótica da teoria subjetiva da *actio nata*" (STJ, REsp 2.123.047, Rel. Min. Carlos Ferreira, 4ª T, DJe 30/04/2024).

3. CONFLITOS ENTRE O CDC E CC/2002: INTERPRETAÇÃO FAVORÁVEL AO CONSUMIDOR

Com o advento do Código Civil de 2002 surgiram, em alguns pontos, conflitos normativos com o CDC. Qual diploma aplicar? O CDC em todos os casos? Ou, eventualmente, em certas hipóteses, o Código Civil? Vejamos algumas hipóteses específicas. Podemos adiantar que nem sempre há um andar lógico, ao longo dos anos, nas decisões, havendo oscilações e desvios.

3.1. Acidentes com passageiros no transporte de pessoas

O STJ, no propósito de resguardar o consumidor, aplicava – em acidentes de consumo resultantes de inadimplemento contratual (acidentes de ônibus, por exemplo) – o prazo prescricional geral do Código Civil, que era de vinte anos (art. 177, CC/1916; art. 205, CC/2002). Exemplo desta tendência é o seguinte acórdão: "Ação de reparação de danos em virtude de acidente ocorrido com passageira de ônibus – Responsabilidade contratual – Prescrição – Aplicação do art. 177 do Código Civil e não do art. 27 do CDC. I – A hipótese retratada nos autos, acidente com passageira de transporte coletivo, não diz com vício ou defeito de segurança do serviço. Não há como se possa enquadrar a imperícia, imprudência ou negligência do preposto da recorrida, fundamento da ação reparatória, nesse contexto. II – A responsabilidade do transportador é contratual e o direito que se persegue é de natureza pessoal, regido, portanto, pela norma do art. 177 do Código Civil, não se aplicando o art. 27 do CDC" (STJ, REsp 234.725, Rel. Min. Waldemar Zveiter, 3ª T, DJ 20/08/01).

Em outra ocasião, esta relativa à reparação de danos decorrentes de atraso de voo, o STJ, da mesma forma, aplicou, para beneficiar o consumidor, o prazo do art. 177 do Código Civil de 1916 (prescrição de 20 anos) não aplicando, na espécie, o art. 26 do CDC: "À ação de indenização decorrente do inadimplemento do contrato de transporte, por atraso de vôo, não se aplica o art. 26 do Código de Defesa do Consumidor, dispondo essa norma a propósito da decadência em trinta (30) dias no caso de vício aparente, de fácil constatação" (STJ, REsp 304.705, Rel. Min. Sálvio de Figueiredo

Teixeira, 4ª T, DJ 13/08/01). No mesmo sentido: STJ, REsp 226.286, Rel. Min. Menezes Direito, 3ª T, 24/09/01).

Porém, atualmente, essa posição deverá ser revista, para aplicar, em qualquer caso, o art. 27, que prevê a prescrição em cinco anos para os acidentes de consumo. Tal hermenêutica será a mais favorável ao consumidor (art. 47). Isso porque o Código Civil de 2002, além de reduzir o prazo geral de prescrição de vinte para dez anos (art. 205: "A prescrição ocorre em dez anos, quando a lei não lhe haja fixado prazo menor"), previu, no art. 206, § 3º, V, a prescrição da pretensão de reparação civil em três anos, não distinguindo o dano moral do material.

Portanto, tendo sido fixado, na lei civil, prazo menor, não se aplica o art. 205, segundo disposição nele própria contida ("A prescrição ocorre em dez anos, quando a lei não lhe haja fixado prazo menor"). A aplicação, portanto, do Código Civil – à luz do diálogo das fontes – seria prejudicial ao consumidor, pois o prazo específico, previsto no Código Civil, para a prescrição da reparação de danos, passou a ser de três anos, menor, portanto, que os cinco anos previstos no Código do Consumidor. Deve-se aplicar, destarte, em acidentes de consumo, o prazo de cinco anos previsto no Código do Consumidor.

Exatamente no sentido que prevíamos em edições anteriores desta obra veio se posicionar, corretamente, a jurisprudência. Consignou-se que "esta Corte firmou o entendimento de que os danos causados ao viajante, em decorrência de acidente de trânsito, não importavam em defeito na prestação do serviço e, portanto, o prazo prescricional para ajuizamento da respectiva ação devia respeitar o CC/16, e não o CDC". Continua o STJ: "Com o advento do CC/02, não há mais espaço para discussão. O art. 734 fixa expressamente a responsabilidade objetiva do transportador pelos danos causados às pessoas por ele transportadas, o que engloba o dever de garantir a segurança do passageiro, de modo que ocorrências que afetem o bem-estar do viajante devem ser classificadas de defeito na prestação do serviço de transporte de pessoas. Como decorrência lógica, os contratos de transporte de pessoas ficam sujeitos ao prazo prescricional específico do CDC. Deixa de incidir, por ser genérico, o prazo prescricional do Código Civil" (STJ, REsp 958.833, Rel. Min. Nancy Andrighi, 3ª T, DJ 25/02/08).

O que mencionamos nos parágrafos anteriores está relacionado aos acidentes de consumo (também chamados de fatos do produto ou serviço, que têm prazo prescricional de cinco anos, na forma do art. 27 do CDC). Como exemplo de fato do serviço podemos citar um acidente com avião ou ônibus que causa ferimento ou morte a passageiros. Pode, porém, ocorrer não fato, mas vício do produto ou serviço. Digamos que haja, não um acidente com o avião, mas mero atraso. O prazo, nesse caso, como já vimos, será decadencial: 30 ou 90 dias (CDC, art. 26, I e II). Baseada no diálogo das fontes e no princípio da interpretação mais favorável ao consumidor, a jurisprudência, em caso de atrasos de voos, tem aplicado o prazo, mais amplo, do Código Civil.

Nestes termos, "o prazo decadencial de 30 dias do CDC não se aplica às ações indenizatórias decorrentes de atrasos em vôos. Precedentes do STJ. Não seria razoável entender-se que o CDC teria diminuído, em prejuízo do consumidor, os prazos decadenciais e prescricionais do Código Civil" (STJ, REsp 877.446, Rel. Min. Nancy Andrighi, 3ª T, DJ 03/02/09). Vale lembrar que o mandamento constitucional de proteção do consumidor deve ser cumprido por todo o sistema jurídico, em diálogo de fontes, e não somente por intermédio do CDC (STJ, REsp 1.009.591, Rel. Min. Nancy Andrighi, 3ª T, DJ 13/04/10).

3.2. Inclusões indevidas em cadastros negativos

Já em relação às inclusões indevidas em cadastros negativos houve idas e vindas na jurisprudência do STJ. A questão em si é simples: qual o prazo prescricional para o consumidor propor a ação de danos morais diante de inclusões irregulares de seu nome em bancos de dados e cadastros (Serasa, SPC)?

Inicialmente – e por muitos anos – o STJ entendeu que se o banco, de modo indevido, envia o nome do cliente para o SPC (em virtude de dívida já paga), o prazo prescricional será o prazo geral, de 10 anos, do Código Civil, art. 205 (STJ, REsp 1.276.311, Rel. Min. Luis Felipe Salomão, 4ª T, DJ 17/10/11). No julgado citado frisava-se: "O defeito do serviço que resultou na negativação indevida do nome do cliente da instituição bancária não se confunde com o fato do serviço, que pressupõe um risco à segurança do consumidor, e cujo prazo prescricional é definido no art. 27 do CDC". Continuava o Min. Luis Felipe Salomão: "O caso não se amolda a nenhum dos prazos específicos do Código Civil, incidindo o prazo prescricional de dez anos previsto no artigo 205, do mencionado Diploma". Observe-se que essa orientação hermenêutica, resultante do diálogo das fontes, claramente busca realizar o princípio da interpretação mais favorável ao consumidor (CDC, art. 47), beneficiando-o com um prazo prescricional mais dilatado.

Posteriormente, num segundo momento – que talvez sequer tenha sido percebido pelo tribunal –, os julgados passaram a exibir a seguinte ementa: "O vício na prestação de serviço, pelo órgão mantenedor de crédito, em razão da inscrição indevida em cadastro de inadimplentes não se sujeita ao prazo prescricional do art. 27 do Código de Defesa do Consumidor, mas ao previsto no Código Civil" (STJ, AgRg no REsp 1.303.012, Rel. Min. Raul Araújo, 4ª T, DJ 01/08/2014). O julgado (REsp 1.303.012) não cita – nem no inteiro teor do acórdão – qual seria o artigo do Código Civil aplicável, mas supõe-se que seguiu a jurisprudência anterior (REsp 1.276.311), que foi inclusive citada expressamente no corpo do voto (no sentido de que se aplicaria o art. 206 do Código Civil: prazo prescricional geral, de 10 anos).

Mesmo julgados recentes – de 2017 – seguem o mesmo caminho: "A falha na prestação de serviço em razão de inscrição indevida em cadastro de inadimplentes não se sujeita ao prazo prescricional do artigo 27, do Código de Defesa do Consumidor, mas ao previsto no Código Civil" (STJ, AgInt no REsp 1.532.770, Rel. Min. Isabel Gallotti, 4ª T, DJ 04/05/2017). Não há menção – nem na ementa nem na íntegra do acórdão – qual seria o artigo do Código Civil aplicável (art. 205 ou art. 206, § 3º, V?). Porém, um dos julgados citados como razão de decidir, faz alusão ao art. 177 do Código Civil de 1916, que é correspondente ao art. 205 do Código Civil atual.

Tudo nos levaria a crer, de modo legítimo, pela fundamentação do acórdão, que o prazo prescricional das demandas de dano moral em razão da inscrição indevida do nome do consumidor em cadastros negativos seria de 10 anos, como entendeu o REsp 1.276.311, em 2011.

Porém não parece ser essa a posição atual do tribunal. Houve, posteriormente, uma nova mudança: atualmente entende-se que o prazo, na situação descrita, é de 3 anos, à luz do art. 206, § 3º, V, do Código Civil (que estabelece que a prescrição da pretensão de reparação civil ocorre em três anos). O mesmo ministro que houvera defendido, em 2011, que o prazo seria 10 anos, argumentou, em julgado de 2017 (não na ementa, mas no corpo do acórdão): "No que se refere à prescrição (art. 27 do CDC e arts. 205 e 206 do Código Civil), o entendimento do STJ é pacífico no sentido de ser trienal o prazo para eventual reparação de danos por inscrição indevida em cadastro de inadimplentes em decorrência de relação contratual" (STJ, AgInt no REsp 1.294.478, Rel. Min. Luis Felipe Salomão, 4ª T, DJ 03/05/2017). E, de modo mais explícito, proclamou-se que "o prazo prescricional da ação de indenização por danos morais advinda de inscrição indevida nos cadastros de proteção ao crédito é de 3 (três) anos (art. 206, § 3º, V, do CC)" (STJ, AgInt no AREsp 1.073.899, Rel. Min. Villas Bôas Cueva, 3ª T, DJ 04/09/2017).

3.3. Ação para exigir contas (CPC/2015, arts. 550 e seguintes)

Ainda há uma situação merece menção específica. Diz respeito à ação que anteriormente era chamada de ação de prestação de contas (CPC/1973) e agora é denominada de ação de exigir contas (CPC/2015, art. 550 e seguintes). O correntista tem direito subjetivo, por exemplo, de solicitar informações acerca dos lançamentos realizados unilateralmente pelo banco em sua conta-corrente, objetivando constatar a correção dos valores lançados (STJ, REsp 258.744, Rel. Min. Jorge Scartezzini, 4ª T, DJ 11/10/05). Ademais, a teor da Súmula nº 259 do STJ, "a ação de prestação de contas pode ser proposta pelo titular de conta-corrente bancária". Isso significa que ainda que receba extratos de sua conta-corrente, o consumidor possui interesse de agir para propor a ação de prestação de contas.

Qual o prazo prescricional aplicável a essa ação? Seria o prazo decadencial previsto no CDC para o vício do produto ou serviço? Teríamos, se fosse assim, um prazo decadencial de 30 dias para os produtos não duráveis e de 90 dias para os duráveis (CDC, art. 26). O STJ tem decidido que o art. 26 do CDC não é aplicável à ação de prestação de contas ajuizada pelo correntista para obter esclarecimentos acerca da cobrança de taxas, tarifas e encargos bancários (STJ, REsp 1.117.614, Rel. Min. Maria Isabel Gallotti, Segunda Seção, DJ 10/10/11). Trata-se ação de prestação de contas que deriva da gestão do patrimônio alheio, independente da relação de consumo subjacente (ação que passou a ser chamada, com o CPC/2015, de ação de exigir contas, conforme frisamos acima). A prescrição, por isso, deve obedecer aos dispositivos do Código Civil (CC, art. 205: "A prescrição ocorre em dez anos, quando a lei não lhe haja fixado prazo menor"). Observa-se que a jurisprudência, em muitas situações, valendo-se do diálogo das fontes, busca otimizar a proteção ao consumidor, sobretudo no que se refere aos prazos prescricionais. A matéria foi posteriormente sumulada. O STJ, através da Súmula 477, consignou: "A decadência do art. 26 do CDC não é aplicável à prestação de contas para obter esclarecimentos sobre cobrança de taxas, tarifas e encargos bancários".

Sintetizando, a ação para exigir contas tem o prazo prescricional regido pelo art. 205 do Código Civil, sendo, portanto, de 10 anos (STJ, AgInt no AREsp 1.024.305, Rel. Min. Marco Buzzi, 4ª T, DJ 13/06/2017).

3.4. Prazo prescricional para questionar cláusulas abusivas em contratos de consumo (revisão e pretensão condenatória à devolução dos valores)

A matéria – como outras que envolvem prazos prescricionais e decadenciais – é confusa e instável na jurisprudência.

Em caso de cláusulas abusivas em contratos, por exemplo, relativos a planos de saúde, o prazo prescricional será de 10 anos. É o entendimento do STJ: "O prazo prescricional aplicável em hipóteses em que se discute a abusividade de cláusula contratual, considerando-se a subsidiariedade do Código Civil às relações de consumo, é de 10 (dez) anos, nos termos do art. 205 do Código Civil " (STJ, AgRg no AREsp 295.193, Rel. Min. Luis Felipe Salomão, 4ª T, DJ 01/03/2016). Assim, em vários julgados, o tribunal entende que nos casos em que se pleiteia a revisão de cláusula abusiva em contrato de plano de saúde, o prazo prescricional é regido pelo Código Civil, e é de dez anos (CC, art. 205). Não se aplica, portanto, nessas hipóteses, o art. 27 do CDC (STJ, REsp 1.261.469, Rel. Min. Villas Bôas Cueva, 3ª T, DJ 19/10/12). Posteriormente esse entendimento foi reafirmado, isto é, o STJ entende que a pretensão de revisar cláusula abusiva, em contrato de plano de saúde, prescreve em 10 (dez) anos (STJ, AgRg no REsp 1.433.463, Rel. Min. Antônio Ferreira, 4ª T, DJ 16/08/2016).

Já nos casos em que se pleiteia a restituição dos valores pagos indevidamente, o STJ – recentemente e por maioria – decidiu que "na vigência dos contratos de plano ou de seguro de assistência à saúde, a pretensão condenatória decorrente da declaração de nulidade de cláusula de reajuste nele prevista prescreve em 3 anos (art. 206, § 3º, IV, do CC/2002)" (STJ, REsp 1.360.969, Rel. Min. Marco Bellizze, Segunda Seção, DJ 19/09/2016). Neste caso, o consumidor pleiteou a nulidade de cláusula de reajuste e a devolução dos valores pagos.

Posteriormente, o STJ, em sede de recurso repetitivo, firmou a seguinte tese: "Na vigência dos contratos de plano ou de seguro de assistência à saúde, a pretensão condenatória decorrente da declaração de nulidade de cláusula de reajuste nele prevista prescreve em 3 anos (art. 206, § 3º, IV, do CC/2002)" (STJ, REsp 1.360.969, Rel. para acórdão Min. Marco Bellizze, Segunda Seção, DJ 19/09/2016). Como o leitor pode perceber, em matéria de prazo prescricional são muitas e frequentes as confusões e disputas na jurisprudência. Não há, ou raramente há, a estabilidade que o direito deve assegurar às relações sociais.

O STJ parece fazer a seguinte diferenciação, pelo menos até agora: a) revisão de cláusula contratual *sem reflexo patrimonial* (prazo geral de 10 anos do Código Civil); b) revisão de cláusula geral *com reflexo patrimonial* em contratos de trato sucessivo (prazo de 3 anos para a pretensão de restituição em razão do enriquecimento sem causa). Caberia apenas indagar se o dualismo realmente se sustenta. Em outras palavras: será que podemos falar em revisão de cláusula contratual *sem reflexo patrimonial* ou todas, pelo menos mediatamente, envolveriam alguma espécie de reflexo patrimonial?

Seja como for, o STJ, como dissemos, assentou que não incide a prescrição ânua, própria das relações securitárias (CC, art. 206, § 1º, II) nas ações que discutem direitos oriundos de planos de saúde ou de seguro saúde, dada a natureza *sui generis* desses contratos (STJ, REsp 1.360.969 e REsp 1.361.182, Segunda Seção).

3.5. Repetição de indébito de tarifas de água e esgoto

Já em relação à repetição de indébito de tarifas de água e esgoto, o STJ, em sede de recurso repetitivo, firmou a seguinte tese: "O prazo prescricional para as ações de repetição de indébito relativo às tarifas de serviços de água e esgoto cobradas indevidamente é de 10 (dez) anos, tal como previsto no art. 205 do Código Civil de 2002" (STJ, REsp 1.532.514, Rel. Min. Og Fernandes, Primeira Seção, DJ 17/05/2017). O mesmo prazo de dez anos é aplicável à pretensão por cobrança indevida de serviço telefônico. Assim, "esta Corte Superior fixou o entendimento de que o prazo de prescrição para o ressarcimento por cobrança indevida de serviço telefônico é de 10 (dez) anos, o mesmo aplicável às ações pertinentes a tarifas de água e esgoto" (STJ, AgRg no REsp 1.523.872, Rel. Min. Og Fernandes, 2ª T, DJ 09/06/2015). A matéria, aliás, já havia sido sumulada anteriormente: "A ação de repetição de indébito de tarifas de água e esgoto sujeita-se ao prazo prescricional estabelecido no Código Civil" (STJ, Súmula 412).

3.6. Algumas questões relativas aos seguros

Convém repetir aqui determinado ponto, em nome da clareza (mesmo porque isso era objeto de muita divergência entre as turmas do STJ no passado). Hoje foi pacificado que é de 1 ano o prazo prescricional para exercício de qualquer pretensão do segurado em face do segurador – e vice-versa – baseada em suposto inadimplemento de deveres (principais, secundários ou anexos) derivados do contrato de seguro, segundo o art. 206, § 1º, II, b, do Código Civil (STJ, REsp 1.091.756, Rel. Min. Marco Bellizze, Segunda Seção, DJe 5/2/2018). Nos contratos de seguro em geral, a ciência do segurado acerca da recusa da cobertura securitária é o termo inicial do prazo prescricional da pretensão do segurado em face da seguradora (STJ, REsp 1.970.111, Rel. Min. Nancy Andrighi, 3ª T, DJe 15/03/2022). Porém essa orientação *não se aplica* nas ações que discutem direitos oriundos de planos de saúde ou de seguro saúde, dada a natureza *sui generis* desses contratos (STJ, REsp 1.360.969 e REsp 1.361.182, Segunda Seção; AgInt no REsp 1.935.233, Rel. Min. Isabel Gallotti, 4ª T, DJe 17/10/2022).

3.7. Outras questões decididas pelo STJ

Existem outros exemplos que podem ser citados. Por exemplo, o STJ, em 2020, decidiu que o pedido de indenização por falhas aparentes em imóvel tem prazo prescricional de 10 anos (STJ, REsp 1.721.694). O STJ tem entendido que na falta de prazo específico no CDC que regule a pretensão de indenização por inadimplemento contratual, aplica-se o prazo prescricional geral de 10 anos fixado pelo artigo 205 do CC/2002. Também é decenal o prazo prescricional aplicável ao exercício da pretensão de reembolso de despesas médico-hospitalares alegadamente cobertas pelo contrato de plano de saúde (ou seguro-saúde), mas que não foram adimplidas pela operadora (STJ, REsp 1.756.283). Do mesmo modo, o prazo prescricional aplicável à pretensão de restituição de contribuições descontadas indevidamente dos beneficiários de contrato de previdência complementar é de 10 anos (STJ, REsp 1.803.627). Ainda: a repetição do indébito por cobrança indevida de valores referentes a serviços não contratados promovida por empresa de telefonia tem prazo prescricional de 10 anos, à luz do art. 205 do Código Civil (STJ, EAREsp 676.608; 664.888). A pretensão de repetição de indébito – por cobrança indevida de ponto extra em TV por assinatura não previstos no contrato – sujeita-se à norma geral do lapso prescricional de dez anos, CC, art. 205 (STJ, REsp 1.951.988, Rel. Min. Carlos Ferreira, DJe 16/05/2022).

4. QUESTÕES DE CONCURSOS

01. (FGV – Juiz de Direito – TJ – AP/2022). Romeu comprou uma churrasqueira inox com acendimento elétrico que incluía sistema de rotação automática e contínua dos espetos (modelo 150), conforme visto no mostruário. No dia seguinte, a mercadoria foi entregue e Romeu verificou se havia alguma avaria, testou o acendimento elétrico e guardou-a em seguida, uma vez que sua residência estava em obras. Quatro meses depois, realizou uma festa para inaugurar a casa reformada, momento em que atentou para o fato de que o produto foi entregue com configuração diferente (modelo 100), uma vez que não possuía o recurso de rotação automática dos espetos. Imediatamente, o consumidor entrou em contato com a loja, explicou o erro na entrega do produto e solicitou sua substituição ou o ressarcimento do valor pago, o que lhe foi negado. Romeu então propôs ação de obrigação de fazer. Nesse caso, à luz do Código de Defesa do Consumidor, é correto afirmar que se trata de:

a) vício de qualidade do produto, tendo havido a decadência, que deve ser alegada pela parte que se beneficia, sob pena de preclusão, não podendo ser conhecida de ofício;

b) fato do produto, sendo de três anos o prazo prescricional para exercer a pretensão em juízo com o objetivo de ressarcimento do valor pago ou de efetuação da troca do produto;

c) vício oculto que somente ficou evidenciado para o consumidor quatro meses após a aquisição, iniciando-se daí a contagem do prazo decadencial;

d) vício de qualidade do produto, e ocorreu decadência, uma vez que a reclamação junto à fornecedora foi feita quatro meses após a aquisição e o recebimento do produto;

e) inexistência de fato ou de vício de qualidade do produto, tendo havido erro no procedimento de entrega, afastando-se o fenômeno da decadência.

02. (FGV – Juiz de Direito – TJ – SC/2022). Matilda aproveitou a promoção na papelaria e encomendou uma caixa de canetas esferográficas para presentear seus amigos nas festividades de fim de ano que ocorreria dois meses depois, sendo os produtos entregues no prazo ajustado. Ocorre que vários dos seus presenteados informaram sobre problemas como vazamento da tinta e ressecamento que impediam a realização da escrita. indignada, Matilda retornou à papelaria, registrando a reclamação por escrito e buscando a solução para o problema. A esse respeito, é correto afirmar que:

a) o prazo decadencial para ajuizamento de ação de reparação é de cinco anos;

b) o prazo prescricional para buscar a reparação pelos danos é de três anos;

c) o prazo prescricional para a consumidora reclamar pelos vícios é de noventa dias;

d) a reclamação comprovadamente formulada perante a fornecedora do produto obsta a decadência;

e) a contagem do prazo decadencial de trinta dias para reclamar pelo vício iniciou-se da aquisição dos produtos, visto que eram duráveis.

GABARITO			
01. D	**02. D**		

Estas e outras questões estão disponíveis para serem respondidas na plataforma JusClass:

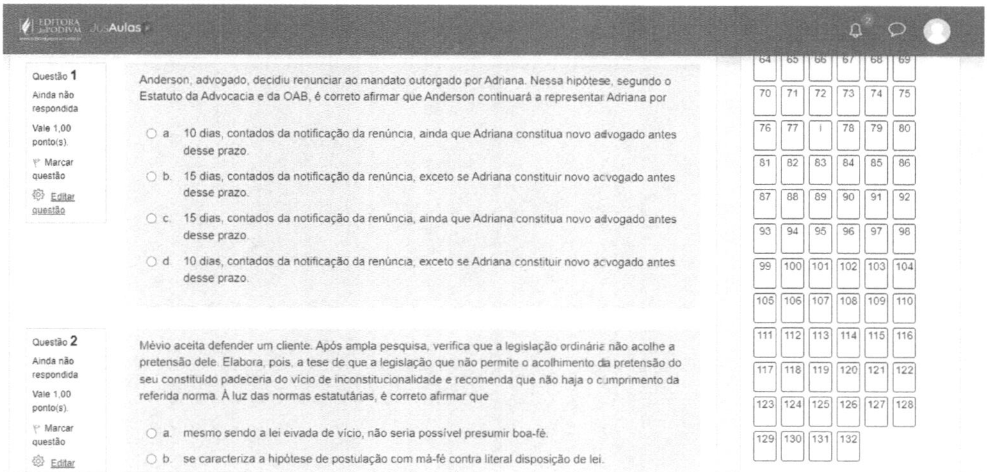

5. QUADRO SINÓTICO

PRESCRIÇÃO E DECADÊNCIA NO CDC

- **Decadência (vício do produto ou serviço)**: a) 30 dias (produtos não duráveis); b) 90 dias (produtos duráveis). Se o vício for oculto, o prazo só se inicia a partir do instante em que ficar evidenciado o vício (CDC, art. 26, § 3º).
- **Prescrição (fato do produto ou serviço, também chamado de acidente de consumo)**. O prazo prescricional é de cinco anos (CDC, art. 27). Para que se inicie o prazo é necessário que o consumidor conheça o dano **e** a sua autoria.
- **Se houver conflito hermenêutico entre o Código Civil e o CDC, deve-se adotar, em princípio, a interpretação mais favorável ao consumidor.**

CAPÍTULO IX

DESCONSIDERAÇÃO DA PERSONALIDADE JURÍDICA

1. DESCONSIDERAÇÃO DA PERSONALIDADE JURÍDICA

Prevê o CDC, no art. 28: "O juiz poderá desconsiderar a personalidade jurídica da sociedade quando, em detrimento do consumidor, houver abuso de direito, excesso de poder, infração da lei, fato ou ato ilícito ou violação dos estatutos ou contrato social. A desconsideração também será efetivada quando houver falência, estado de insolvência, encerramento ou inatividade da pessoa jurídica provocados por má administração".

As pessoas jurídicas têm, dentre seus princípios fundamentais, aquele que proclama sua autonomia patrimonial. Isso significa que os bens das pessoas naturais que a compõem, em princípio, não se confundem com o patrimônio da pessoa jurídica. Tal princípio, porém, não é absoluto, cedendo espaço quando ficar evidenciado que a pessoa jurídica foi deturpada em suas finalidades, abrigando fraudes e abusos. Assim, "provada a existência da fraude, é inteiramente aplicável a teoria da desconsideração da pessoa jurídica a fim de resguardar os interesses dos credores prejudicados" (STJ, REsp 211.619, Rel. Min. Waldemar Zveiter, 3ª T, p. 23/04/01).

2. CDC: PRIMEIRA LEI BRASILEIRA A PREVÊ-LA

O CDC – em tantos pontos inovador – foi a primeira norma a prever, no Brasil, tal teoria. Além do caput do art. 28, acima transcrito, cabe chamar atenção para o § 5º do art. 28, que estabelece de modo incisivo: "Também poderá ser desconsiderada a pessoa jurídica sempre que sua personalidade for, de alguma forma, obstáculo ao ressarcimento de prejuízos causados aos consumidores". Posteriormente ao CDC, houve outras leis que, seguindo seu exemplo, consagraram a desconsideração da pessoa jurídica, possibilitando que seja superada, episodicamente, a autonomia patrimonial, para atingir as pessoas naturais que se escondem atrás do manto da personificação (Lei nº 8.884/94 e Lei nº 9.605/98).

O Código Civil, em seu art. 50, consignou: "Em caso de abuso da personalidade jurídica, caracterizado pelo desvio de finalidade ou pela confusão patrimonial, pode o juiz, a requerimento da parte, ou do Ministério Público quando lhe couber intervir no processo, desconsiderá-la para que os efeitos de certas e determinadas relações de obrigações sejam estendidos aos bens particulares de administradores ou de sócios da pessoa jurídica beneficiados direta ou indiretamente pelo abuso".

A desconsideração poderá ser requerida tanto pelo Ministério Público como pela parte interessada. A lei não menciona a possibilidade de o juiz agir de ofício. A jurisprudência, no ponto, salvo referências isoladas, não contempla essa possibilidade (o CPC, no art. 133, menciona a necessidade de pedido da parte ou do Ministério Público, para instauração do incidente, passando a ser necessário que haja pedido). A desconsideração poderá ser solicitada em qualquer fase processual, inclusive na fase de execução, no cumprimento de sentença. O CPC, art. 134, prevê: "O incidente de desconsideração é cabível em todas as fases do processo de conhecimento, no cumprimento de sentença e na execução fundada em título executivo extrajudicial". Uma empresa do mesmo grupo econômico da parte executada só pode ter seus bens bloqueados se o incidente de desconsideração da personalidade jurídica for previamente instaurado, não sendo suficiente mero redirecionamento do cumprimento de sentença contra quem não integrou a lide na fase de conhecimento (STJ, REsp 1.864.620, Rel. Min. Carlos Ferreira, 4ª T, 12/9/2023).

Julgando o trágico naufrágio do "Bateau Mouche", decidiu o STJ: "Acolhimento da teoria da 'desconsideração da personalidade jurídica'. O juiz pode julgar ineficaz a personalidade societária, sempre que for usada com abuso de direito, para fraudar a lei ou prejudicar terceiros" (STJ, REsp 158.051, Rel. Min. Barros Monteiro, 4ª T, DJ 12/04/99). Posteriormente se afirmou: "Não desqualificada a relação de consumo, possível a desconsideração da personalidade jurídica, provada nas instâncias ordinárias a existência de ato fraudulento e o desvio das finalidades da empresa, ainda mais quando presente a participação direta do sócio, em proveito próprio" (STJ, REsp 252.759, Rel. Min. Menezes Direito, 3ª T, 27/11/00).

Havendo mais de um causador, todos respondem solidariamente: "Tanto a incorporadora como a construtora respondem solidariamente pelos danos decorrentes da má construção do edifício e da péssima qualidade do material utilizado. A desconsideração da personalidade jurídica, para alcançar o patrimônio da pessoa física se justifica quando necessária para assegurar o ressarcimento daqueles que foram lesados pela má-fé e desídia dos responsáveis diretos pelos danos. Dada a gravidade dos fatos e os transtornos causados à paz e à tranquilidade dos apelados, revela-se razoável a fixação da indenização por dano moral em 500 salários mínimos para cada um deles" (STJ, Ag. 320.938, Rel. Min. Menezes Direito, DJ 07/11/00).

Reportagem da *Folha de São Paulo* (31 de agosto de 2023) destaca: "Juíza alerta *123 Milhas* que donos podem pagar do próprio bolso. Sentença que concedeu recuperação judicial afirma que direitos dos consumidores devem ser respeitados".

A juíza corretamente afirmou que "o ordenamento jurídico brasileiro confere especial atenção ao direito do consumidor e dentro do sistema reserva normas de ordem pública que podem e devem conversar com o sistema recuperacional". Continua: "Na constatação de irregularidades, desvios de finalidade, negligência em relação ao mercado de consumo, há a possibilidade de implantação de medidas protetivas, especialmente da desconsideração da personalidade jurídica prevista no art. 28 do CDC e art. 50 do Código Civil".

Essas afirmações são corretas e relevantes porque – pelo menos na visão tradicional – a concessão da recuperação judicial tende a ser péssima para os consumidores. O foco da recuperação judicial é recuperar a empresa, e não tutelar as vítimas-consumidores. Esses, aliás, costumam vir em último lugar no recebimento dos créditos: primeiro trabalhistas, seguidos pelos créditos com garantia real e só por fim os quirografários (e aí entram os créditos de consumo). Os consumidores, no caso, são os maiores credores da *123 Milhas*. A dívida chega a espantosos 2,30 bilhões de reais – imagina-se que o valor real seja ainda maior. São mais de 700 mil credores. O caso é escandaloso, atinge sobretudo consumidores mais vulneráveis, de baixa ou média renda. E é espantoso como os órgãos de controle do Executivo que regulamentam o setor deixaram isso acontecer, com evidente pouca ou nenhuma fiscalização real e atuação preventiva (se houvesse não teríamos prejuízo nesses valores).

Enfim, a recuperação judicial impacta a tutela dos consumidores na prática. Isso prejudica as ações de indenização (seja por danos morais ou materiais), prejudica a concessão de tutelas específicas para obrigar a empresa a emitir voos e hospedagens, prejudica a imposições de deveres relativos às relações de consumo em geral. Não só, uma vez aceita a recuperação judicial, há a suspensão de todas as ações contra a empresa, e até os pagamentos aos consumidores ficam suspensos por um período a ser definido, geralmente longo (inicialmente a juíza que deferiu a recuperação suspendeu todas as ações e execuções contra a *123 Milhas* por 180 dias). Qualquer pagamento posterior dependerá de discussão em comitê de credores, de forma complexa e burocrática. Enfim, tende a ser uma tragédia em termos de proteção ao consumidor, sobretudo se pensarmos em tutela efetiva e ágil. Por isso buscar o patrimônio pessoal dos sócios através da desconsideração parece ser medida correta e necessária. Lembrando que se aplica, nesses casos, a teoria menor da desconsideração, o que significa que mesmo sem prova de fraude ou abuso é possível redirecionar a cobrança contra os sócios da empresa.

3. DESCONSIDERAÇÃO DA PERSONALIDADE JURÍDICA SEMPRE QUE ESTA FOR, DE ALGUMA FORMA, OBSTÁCULO AO RESSARCIMENTO DOS CONSUMIDORES

O CDC foi além, consagrando, no § 5º do art. 28, cláusula normativa altamente genérica, com o claro propósito de evitar que a autonomia patrimonial fosse, de algum modo, obstáculo ao ressarcimento dos consumidores. Prevê o parágrafo citado: "Também poderá ser desconsiderada a pessoa jurídica sempre que sua personalidade for, de alguma forma, obstáculo ao ressarcimento de prejuízos causados aos consumidores".

3.1. Teoria maior e teoria menor da desconsideração

No Brasil, a prática jurisprudencial criou, a propósito da desconsideração da pessoa jurídica, duas teorias diferenciadas. São elas a teoria maior (em suas vertentes subjetiva e objetiva) e a teoria menor.

3.1.1. Teoria maior

Como regra geral, o ordenamento jurídico brasileiro adotou a teoria maior da desconsideração (Código Civil, art. 50; STJ, REsp 970.635, Rel. Min. Nancy Andrighi, 3ª T, DJ 10/11/09). Isso significa que, de modo geral, para ser aplicada a teoria, é preciso que haja desvio de finalidade caracterizado pelo uso abusivo fraudulento (teoria maior subjetiva). Também será aplicada a teoria se houver confusão patrimonial, isto é, se inexistir, no campo dos fatos, separação entre o patrimônio da pessoa jurídica e o dos seus sócios (teoria maior objetiva).

Nesse contexto, "a teoria maior da desconsideração, regra geral no sistema jurídico brasileiro, não pode ser aplicada com a mera demonstração de estar a pessoa jurídica insolvente para o cumprimento de suas obrigações. Exige-se, aqui, para além da prova da insolvência, ou a demonstração de desvio de finalidade (teoria subjetiva da desconsideração), ou a demonstração de confusão patrimonial (teoria objetiva da desconsideração)" (STJ, REsp 279.273, Rel. Min. Nancy Andrighi, 3ª T, DJ 29/03/04).

Por isso, na teoria maior, consagrada no art. 50 do Código Civil, o encerramento das atividades da sociedade ou sua dissolução, ainda que irregulares, não bastam, por si só, para a desconsideração. O STJ frisou que "para a aplicação da teoria maior, adotada pelo Código Civil, exige-se o dolo das pessoas naturais que estão por trás da sociedade, desvirtuando-lhe os fins institucionais e servindo-se os sócios ou administradores desta para lesar credores ou terceiros. É a intenção ilícita e fraudulenta, portanto, que autoriza, nos termos da teoria adotada pelo Código Civil, a aplicação do instituto em comento" (STJ, EREsp 1.306.553, Rel. Min. Maria Isabel Gallotti, Segunda Seção, DJ 12/12/2014).

3.1.2. Teoria menor

A teoria menor não exige prova da fraude ou do abuso de direito. Nem é necessária a prova da confusão patrimonial entre os bens da pessoa jurídica e física. Basta, nesse sentido, que o credor (consumidor, no caso) demonstre a inexistência de bens da pessoa jurídica, aptos a saldar a dívida. É uma teoria mais ampla, mais benéfica, certamente, ao consumidor. E foi ela a adotada pelo CDC, no art. 28, § 5º.

Os contornos da teoria menor da desconsideração foram didaticamente delineados em acórdão do STJ: "A teoria menor da desconsideração, acolhida em nosso ordenamento jurídico excepcionalmente no Direito do Consumidor e no Direito Ambiental, incide com a mera prova de insolvência da pessoa jurídica para o pagamento de suas obrigações, independentemente da existência de desvio de finalidade ou de confusão patrimonial. Para a teoria menor, o risco empresarial normal às atividades econômicas não pode ser suportado pelo terceiro que contratou com a pessoa jurídica, mas pelos sócios e/ou administradores desta, ainda que estes demonstrem conduta administrativa proba, isto é, mesmo que não exista qualquer prova capaz de identificar conduta culposa ou dolosa por parte dos sócios e/ou administradores da pessoa jurídica. A aplicação da teoria menor da desconsideração às relações de consumo está calcada na exegese autônoma do § 5º do art. 28, do CDC, porquanto a incidência deste dispositivo não se subordina à demonstração dos requisitos previstos no *caput* do artigo indicado, mas apenas à prova de causar, a mera existência da pessoa jurídica, obstáculo ao ressarcimento de prejuízos causados aos consumidores" (STJ, REsp 279.273, Rel. Min. Nancy Andrighi, 3ª T, DJ 29/03/04).

Posteriormente, o STJ teve a oportunidade de afirmar que "no contexto das relações de consumo, em atenção ao art. 28, § 5º, do CDC, os credores não negociais da pessoa jurídica podem ter acesso ao patrimônio dos sócios, mediante a aplicação da *disregard doctrine*, bastando a caracterização da dificuldade de reparação dos prejuízos sofridos em face da insolvência da sociedade empresária" (STJ, REsp 737.000, Rel. Min. Paulo de Tarso Sanseverino, 3ª T, DJ 12/09/11). O art. 28, § 5º, do CDC – embora fuja do rigor conceitual da teoria da desconsideração, pelo menos dos contornos inicialmente formulados – propicia, sem dúvida, uma proteção mais generosa ao consumidor, mostrando-se harmônico com o sistema de consumo. A assim chamada teoria menor da desconsideração tem, portanto, acolhida no CDC. Em outra oportunidade o STJ reafirmou que nas relações de consumo admite-se, em caráter excepcional, a teoria menor, que se contenta com o estado de insolvência do fornecedor, ou ainda com o fato da personalidade jurídica representar um obstáculo ao ressarcimento dos consumidores (STJ, REsp 1.096.604, Rel. Min. Luis Salomão, 4ª T, DJ 16/10/12).

Desse modo, no que se refere à desconsideração da personalidade jurídica no direito do consumidor, "a mera prova de insolvência da pessoa jurídica para o pagamento de suas obrigações, independentemente da existência de desvio de finalidade ou de confusão patrimonial, é o suficiente para se *levantar o véu* da personalidade jurídica da sociedade empresária" (STJ, AgRg no REsp 1.106.072, Rel. Min. Marco Buzzi, DJ 18/09/2014). Precedentes: REsp 737.000; REsp 279.273; REsp 1.111.153. Porém, para fins de aplicação da teoria menor da desconsideração da personalidade jurídica, o § 5º do art. 28 do CDC não dá margem para admitir a responsabilização pessoal de quem não integra o quadro societário da empresa (administrador não sócio) (STJ, REsp 1.860.333, Rel. Min. Marco Buzzi, 4ª, DJe 27/10/2022). Da mesma forma, apesar de não se exigir prova de abuso ou fraude para aplicação da teoria menor da desconsideração da personalidade jurídica, não é possível a responsabilização pessoal de sócio que não desempenhe atos de gestão, ressalvada a prova de que contribuiu, ao menos culposamente, para a prática de atos de administração (STJ, REsp 1.900.843, Rel. Min. Villas Bôas Cueva, 3ª T, DJe 30/05/2023).

Na linha de vários precedentes, o STJ em 2023 reafirmou que mesmo em sociedades anônimas pode haver desconsideração na forma do art. 28, § 5º, do CDC (STJ, AgInt nos EDcl no REsp 1.978.715, Rel. Min. Humberto Martins, 3ª T, DJe 18/10/2023).

4. CRÍTICAS AO ART. 28 DO CDC

Existem, na doutrina, severas críticas à dicção do art. 28 do CDC, argumentando os críticos, em essência, que tal redação é demasiadamente ampla, fugindo dos contornos corretos que definem a teoria da desconsideração da personalidade jurídica. É preciso ponderar, entretanto, que tal amplitude foi proposital, em harmonia com o desejo de resguardar, o mais amplamente possível, o consumidor, deixando para segundo plano as disputas acadêmicas.

O CDC, em seu propósito de conferir uma tutela ampla ao consumidor, preferiu a tutela prática às discussões abstratas. A falência, estado de insolvência, encerramento ou inatividade da pessoa jurídica provocados por má administração não seriam, a rigor, casos da teoria da desconsideração da personalidade jurídica. Apesar dessa ponderação técnica, é algo fora de dúvida que eles estão, por opção explícita do legislador, na órbita do art. 28, e a personalidade da pessoa jurídica poderá ser afastada também nestes casos para proteger o consumidor.

5. SOCIEDADES INTEGRANTES DE GRUPOS SOCIETÁRIOS, SOCIEDADES CONTROLADAS, SOCIEDADES CONSORCIADAS E SOCIEDADES COLIGADAS

O CDC, nos parágrafos 2º, 3º e 4º trata da desconsideração em relação aos grupos societários e sociedades controladas (§ 2º), em relação às sociedades consorciadas (§ 3º) e sociedades coligadas (§ 4º). Cabe repetir, aqui, a crítica acima esboçada, no sentido de que os dispositivos pouco ou nada têm com a teoria da desconsideração da pessoa jurídica. Buscam apenas, para proteger o consumidor, alargar a esfera de responsabilidade passiva por danos ao consumidor, indo de uma pessoa jurídica a outra.

O § 2º estabelece: "As sociedades integrantes dos grupos societários e as sociedades controladas são subsidiariamente responsáveis pelas obrigações decorrentes deste Código". Decidiu, a propósito, a jurisprudência: "Havendo gestão fraudulenta e pertencendo a pessoa jurídica devedora a grupo de sociedades sob o mesmo controle e com estrutura meramente formal, o que ocorre quando as diversas pessoas jurídicas do grupo exercem suas atividades sob unidade gerencial, laboral e patrimonial, é legítima a desconsideração da personalidade jurídica da devedora para que os efeitos da execução alcancem as demais sociedades do grupo e os bens do sócio majoritário. Impedir a desconsideração da personalidade jurídica nesta hipótese implicaria prestigiar a fraude à lei ou contra credores" (STJ, REsp 332.763, Rel. Min. Nancy Andrighi, 3ª T, 24/06/02). Em 2018 o STJ decidiu que "o art. 28, § 2º, do CDC contém de hipótese de desconsideração da personalidade jurídica por aplicação da teoria menor" (STJ, REsp 1.658.568, Rel. Min. Nancy Andrighi, 3ª T, DJe 18/10/2018).

O § 3º, a seguir, prescreve: "As sociedades consorciadas são solidariamente responsáveis pelas obrigações decorrentes deste Código". E o § 4º completa: "As sociedades coligadas só responderão por culpa". Nestas últimas – sociedades coligadas – inexiste poder de controle de uma sociedade sobre a outra, havendo, tão-

-somente, participação. Para que as coligadas respondam umas sobre atos das outras, esclarece o CDC, é preciso que se lhes prove a culpa. A rigor, não haveria ato próprio, e sim de outrem, daí porque o CDC exigiu a prova da culpa. Diga-se, a propósito, que este – ao lado da responsabilidade subjetiva dos profissionais liberais, prevista no art. 14, § 4º – é o único caso de responsabilidade subjetiva consagrada no CDC.

Julgou o STJ: "Caracterizada a confusão patrimonial entre sociedades formalmente distintas, é legítima a desconsideração da personalidade jurídica da falida para que os efeitos do decreto falencial alcancem as demais sociedades envolvidas. Impedir a desconsideração da personalidade jurídica nesta hipótese implicaria prestigiar a fraude à lei ou contra credores" (STJ, RMS 16.105, Rel. Min. Nancy Andrighi, 3ª T, 22/09/03).

O CPC/2015 prevê que o incidente de desconsideração é cabível em todas as fases do processo de conhecimento, no cumprimento de sentença e na execução fundada em título executivo extrajudicial (CPC, art. 134). A instauração do incidente será imediatamente comunicada ao distribuidor para as anotações devidas. Dispensa-se a instauração do incidente se a desconsideração da personalidade jurídica for requerida na petição inicial, hipótese em que será citado o sócio ou a pessoa jurídica.

6. O JUIZ PODE DECLARAR A INDISPONIBILIDADE DOS BENS NA PRÓPRIA SENTENÇA DECLARATÓRIA DE FALÊNCIA?

Questão de alta significação prática indaga se é dado ao magistrado, nos autos da ação de falência, reconhecer a necessidade de aplicação da teoria da desconsideração, e fazê-lo, de ofício, nos próprios autos. Entendemos ser possível tal prática, desde que, naturalmente, seja oportunizado à parte que sofrerá seus efeitos a produção de prova, em homenagem ao contraditório.

Decidiu, a propósito, o STJ: "Está correta a desconsideração da personalidade jurídica da Sociedade Anônima falida quando utilizada por sócios controladores, diretores e ex-diretores para fraudar credores. Nesse caso, o juiz falimentar pode determinar medida cautelar de indisponibilidade de bens daquelas pessoas, de ofício, na própria sentença declaratória de falência, presentes os requisitos do *fumus boni iuris* e os do *periculum in mora*" (STJ, REsp 370.068, Rel. Min. Nancy Andrighi, 3ª T, 14/03/05). Dessa forma, a superação da pessoa jurídica afirma-se como um incidente processual e não como um processo incidente, razão pela qual pode ser deferida nos próprios autos (STJ, REsp 1.096.604, Rel. Min. Luis Salomão, 4ª T, DJ 16/10/12). Não é necessária, conforme frisamos, a propositura de ação autônoma.

Outro ponto relevante diz respeito à desnecessidade de citação dos sócios. Dispensa-se, em sede de teoria da desconsideração, a citação dos sócios, em desfavor de quem foi desconsiderada a pessoa jurídica (STJ, REsp 1.096.604, Rel. Min. Luis Felipe Salomão, 4ª T, DJ 16/10/12). Decretada a desconsideração, não ocorre desrespeito ao contraditório e à ampla defesa, quando patente a legitimidade dos sócios para interpor os recursos cabíveis (STJ, REsp 881.330, Rel. Min. João Otávio Noronha, 4ª T, j. 19/08/08. No mesmo sentido: REsp 228.357, 3ª T; REsp 418.385, 4ª T).

7. A APLICAÇÃO DA TEORIA SIGNIFICA ENCERRAMENTO DAS ATIVIDADES DA PESSOA JURÍDICA?

Ponto pacífico, em relação à teoria da desconsideração, é que ela não importa em encerramento das atividades da pessoa jurídica. Em outras palavras, a aplicação da teoria da desconsideração não implica desconstituição do registro da pessoa jurídica. Esta continuará a sê-lo, apenas os atos fraudulentos são afastados para ensejar a execução contra os reais responsáveis pelos danos.

O Ministro Ruy Rosado de Aguiar, a propósito, ponderou: "Assim, estou me pondo de acordo com os que admitem a aplicação da doutrina da desconsideração, para julgar ineficaz a personificação societária sempre que for usada com abuso de direito, para fraudar a lei ou prejudicar terceiros. Ou, em outras palavras: o juiz pode decretar a suspensão episódica da eficácia do ato constitutivo da pessoa jurídica, se verificar que ela foi utilizada como instrumento para a realização de fraude ou abuso de direito" (STJ, REsp 86.502, Rel. Min. Ruy Rosado de Aguiar, 4ª T, DJ 26/08/96). O Ministro, muito corretamente, aludiu à "suspensão episódica da eficácia do ato constitutivo". É o que realmente ocorre. A propósito, o encerramento irregular da empresa pode fazer presumir o abuso da personalidade jurídica – seja pelo desvio de finalidade, seja pela confusão patrimonial – apto a autorizar a desconsideração (STJ, REsp 1.259.066, Rel. Min. Nancy Andrighi, 3ª T, DJ 28/06/12).

8. APLICAÇÃO DA TEORIA DA DESCONSIDERAÇÃO PELA ADMINISTRAÇÃO PÚBLICA

É possível que a teoria da desconsideração *(disregard doctrine)* seja aplicada no direito administrativo. Caso a administração pública, em qualquer dos seus níveis (federal, estadual ou municipal) perceba que a pessoa jurídica está sendo usada como mecanismo de burla em suas relações com o poder público, a personalidade poderá ser afastada, para se atingir o real estado de coisas, desde que seja facultada ao administrado a defesa em processo administrativo regular.

A jurisprudência já teve oportunidade de analisar a hipótese: "A constituição de nova sociedade, com o mesmo objeto social, com os mesmos sócios e com o mesmo endereço, em substituição a outra declarada inidônea para licitar com a Administração Pública Estadual, com o objetivo de burlar à aplicação da sanção administrativa, constitui abuso de forma e fraude à Lei de Licitações, Lei nº 8.666/93, de modo a possibilitar a aplicação da teoria da desconsideração da personalidade jurídica para estenderem-se os efeitos da sanção administrativa à nova sociedade constituída. A Administração Pública pode, em observância ao princípio da moralidade administrativa e da indisponibilidade dos interesses públicos tutelados, desconsiderar a personalidade jurídica de sociedade constituída com abuso de forma e fraude à lei, desde que facultado ao administrado o contraditório e a ampla defesa em processo administrativo regular". (STJ, ROMS 15166, Rel. Min. Castro Meira).

Convém lembrar, por fim, que a Súmula 675 do STJ enfatiza: "É legítima a atuação dos órgãos de defesa do consumidor na aplicação de sanções administrativas previstas no CDC quando a conduta praticada ofender direito consumerista, o que não exclui nem inviabiliza a atuação do órgão ou entidade de controle quando a atividade é regulada". Nesse contexto, a atuação do Procon não exclui a atuação da respectiva Agência Reguladora (ANS, ANAC, por exemplo).

9. A QUESTÃO DA SOCIEDADE IRREGULAR OU DE FATO

Se estivermos diante de sociedade irregular ou de fato – aquela cujo procedimento de personificação não se completou – não teremos necessidade de invocar o art. 28, porque nas sociedades irregulares ou de fato a responsabilidade dos sócios já existe, não sendo necessário propor, anteriormente, ação contra a sociedade. Inexiste, portanto, nesses casos, autonomia patrimonial.

10. HÁ NECESSIDADE DE PROPOSITURA DE AÇÃO AUTÔNOMA?

Repitamos aqui o que já dissemos antes. Não é preciso que seja proposta ação específica para reconhecer a desconsideração. Isso poderá ser feito incidentalmente no próprio processo de execução. A jurisprudência não discrepa desse entendimento: "A aplicação da teoria da desconsideração da personalidade jurídica dispensa a propositura de ação autônoma para tal. Verificados os pressupostos de sua incidência, poderá o juiz, incidentemente no próprio processo de execução (singular ou coletiva), levantar o véu da personalidade para que o ato de expropriação atinja os bens particulares de seus sócios, de forma a impedir a concretização de fraude à lei ou contra terceiros" (STJ, RMS, 16.274, Rel. Min. Nancy Andrighi, 3ª T, p. 02/08/04). Posteriormente tal orientação foi confirmada (STJ, REsp 331.478, Rel. Min. Jorge Scartezzini, 4ª T, DJ 20/11/06).

Posteriormente apontou-se: "A jurisprudência da Corte, em regra, dispensa ação autônoma para se levantar o véu da pessoa jurídica, mas somente em casos de abuso de direito – cujo delineamento conceitual encontra-se no art. 187 do CC/02 –, desvio de finalidade ou confusão patrimonial, é que se permite tal providência. Adota-se, assim, a 'teoria maior' acerca da desconsideração da personalidade jurídica, a qual exige a configuração objetiva de tais requisitos para sua configuração" (STJ, REsp 693.235, Rel. Min. Luis Salomão, 4ª T, DJ 30/11/09). O STJ decidiu ainda que a superação da pessoa jurídica se afirma como um incidente processual e não como um processo incidente. Pode, desse modo, ser deferida nos próprios autos, dispensando-se também a citação dos sócios (em desfavor de quem foi superada a pessoa jurídica), bastando a defesa apresentada *a posteriori*, mediante embargos, impugnação ao cumprimento de sentença ou exceção de pré-executividade (STJ, REsp 1.096.604, DJ 16/10/2012). No mesmo sentido: AgRg no REsp 1.182.385, Rel. Min. Luis Salomão, DJ 11/11/2014).

O CPC/2015 seguiu os passos da jurisprudência e considerou que a desconsideração será um incidente processual, nestes termos, nos artigos 133 e seguintes: "O incidente de desconsideração da personalidade jurídica será instaurado a pedido da parte ou do Ministério Público, quando lhe couber intervir no processo". Será cabível em todas as fases do processo de conhecimento, no cumprimento de sentença e na execução fundada em título executivo extrajudicial. A instauração do incidente será dispensada se a desconsideração da personalidade jurídica for requerida na petição inicial. Nessa hipótese, será citado o sócio ou a pessoa jurídica. Salvo nesta última hipótese mencionada, a instauração do incidente suspenderá o processo. Instaurado o incidente, o sócio ou a pessoa jurídica será citado para manifestar-se e requerer as provas cabíveis no prazo de quinze dias. Concluída a instrução, se necessária, o incidente será resolvido por decisão interlocutória. Se a decisão for proferida no tribunal, por relator, cabe agravo interno. Registre-se, por fim, que acolhido o pedido de desconsideração, a alienação ou oneração de bens, havida em fraude de execução, será ineficaz em relação ao requerente. Importante ainda registrar que nos casos de desconsideração da personalidade jurídica, a fraude à execução verifica-se a partir da citação da parte cuja personalidade se pretende desconsiderar. É oportuno voltar ao tema. A teoria maior da desconsideração limita seu âmbito de atuação àqueles casos em que houver abuso de direito ou fraudes. Já a teoria menor da desconsideração – que tem sua base normativa no CDC, art. 28, parte final, e sobretudo em seu parágrafo quinto – tem um campo de atuação mais vasto. Para que ela ocorra, bastaria que o credor demonstrasse a inexistência de bens sociais e a solvência de qualquer sócio, atribuindo-se, portanto, a este, a obrigação que era da pessoa jurídica.

A teoria menor da desconsideração – que o STJ afastou no caso acima – defende que a mera insuficiência de bens da empresa bastaria para que os bens pessoais dos sócios fossem chamados a responder pelas dívidas da sociedade. A teoria menor não exige a prova da fraude ou do abuso de direito.

11. DESCONSIDERAÇÃO INVERSA

A desconsideração da personalidade jurídica objetiva, justamente, evitar utilizações indevidas e abusivas da pessoa jurídica. Isso pode ocorrer por variadas e criativas formas. A doutrina – e, mais recentemente, a jurisprudência – alerta para a possibilidade da desconsideração inversa. Ocorreria, aqui, portanto, o esvaziamento do patrimônio pessoal do sócio, que passaria a integralizar a pessoa jurídica. A situação é mais frequente no direito de família, em separações judiciais (o marido, digamos, para evitar partilhar integralmente os bens, passa, ardilosamente, parte considerável do que possui para a empresa que controla).

Não é impossível, contudo, sua configuração em relações de consumo. Em tese, a ocorrência, embora improvável, pode se dar. Sabemos que o fornecedor de produtos ou serviços pode ser pessoa física ou jurídica. Se ele, de algum modo, para deixar de cumprir suas obrigações perante o consumidor, transfere bens do patrimônio pessoal para a sociedade (que não participou das relações de consumo), a desconsideração inversa pode ter lugar.

É possível, em situações tais, atingir os bens da sociedade em razão de dívidas próprias do sócio controlador. Desde que, naturalmente, estejam configurados os requisitos da desconsideração. É nesse sentido que caminha a recente jurisprudência: "A desconsideração inversa da personalidade jurídica caracteriza-se pelo afastamento da autonomia patrimonial da sociedade para, contrariamente ao que ocorre na desconsideração da personalidade propriamente dita, atingir o ente coletivo e seu patrimônio social, de modo a responsabilizar a pessoa jurídica por obrigações do sócio controlador" (STJ, REsp 948.117, Rel. Min. Nancy Andrighi, 3ª T, DJ 22/06/10). O art. 28, § 5º, do CDC – que, como vimos, assegura que também poderá ser desconsiderada a pessoa jurídica sempre que sua personalidade for, de alguma forma, obstáculo ao ressarcimento de prejuízos causados aos consumidores –, interpretado de modo teleológico, não se opõe à desconsideração inversa.

Convém registrar que a desconsideração inversa é realidade normativa contemplada pelo CPC/2015. O diploma prevê, inicialmente, como já apontamos, que o incidente de desconsideração da personalidade jurídica será instaurado a pedido da parte ou do Ministério Público, quando lhe couber intervir no processo. Mais adiante, reconhece: "Aplica-se o disposto neste Capítulo à hipótese de desconsideração inversa da personalidade jurídica" (CPC/2015, art. 133, § 2º). Nesse contexto, se a desconsideração inversa era uma realidade apenas, inicialmente, na dimensão doutrinária e, depois, jurisprudencial, agora está legislativamente consagrada no Brasil.

12. A DESCONSIDERAÇÃO NA LEI DA *LIBERDADE ECONÔMICA* (LEI N. 13.874/2019)

Embora a matéria não diga respeito ao direito do consumidor, cremos que, por sua proximidade temática, seja interessante uma breve abordagem. Nesse sentido convém analisar brevemente certos aspectos das inovações legislativas trazidas pela Lei n. 13.874/2019. O art. 50 do Código Civil passou a ter a seguinte redação: "Em caso de abuso da personalidade jurídica, caracterizado pelo desvio de finalidade ou pela confusão patrimonial, pode o juiz, a requerimento da parte, ou do Ministério Público quando lhe couber intervir no processo, desconsiderá-la para que os efeitos de certas e determinadas relações de obrigações sejam estendidos aos bens particulares de administradores ou de sócios da pessoa jurídica beneficiados direta ou indiretamente pelo abuso". Houve, em relação à redação anterior, a inclusão da expressão "beneficiados direta ou indiretamente pelo abuso". A desconsideração, de fato, deverá alcançar quem – ainda que indiretamente – foi beneficiado pelo abuso. A cláusula do benefício indireto é ampla o bastante para permitir, funcionalmente, amplas utilizações do instituto de acordo com suas mais nobres funções. Por outro lado, não faz sentido, naturalmente, atingir pessoas físicas que não tiveram benefício algum, sequer indireto – sócios minoritários sem poder qualquer de administração, por exemplo.

Já o § 1º dispõe: "Para fins do disposto neste artigo, desvio de finalidade é a utilização da pessoa jurídica com o propósito de lesar credores e para a prática de atos ilícitos de qualquer natureza". Cremos que o "propósito de lesar credores" aí referido deverá ser extraído, objetivamente, do contexto do desvio, não sendo necessário quaisquer comprovações subjetivas, o que claramente se afasta dos contornos conceituais do instituto (além do mais, a expressão "utilização *dolosa* da pessoa jurídica" foi suprimida ao longo do processo legislativo, o reforça esse argumento). A fraude ou o abuso, tão característicos da teoria maior adotada pelo Código Civil, podem ser expressar de múltiplas formas, e essas formas se apresentam pelo afastamento funcional dos propósitos legítimos das pessoas jurídicas. O uso distorcido e disfuncional da pessoa jurídica poderá ensejar a desconsideração à luz do Código Civil. Lembremos que o abuso de direito é ato ilícito (CC, art. 187). E o abuso de direito, na ordem jurídica brasileira, é um ilícito cuja estrutura normativa-conceitual independe de culpa.

O § 2º do art. 50 prevê: "Entende-se por confusão patrimonial a ausência de separação de fato entre os patrimônios, caracterizada por: I – cumprimento repetitivo pela sociedade de obrigações do sócio ou do administrador ou vice-versa; II – transferência de ativos ou de passivos sem efetivas contraprestações, exceto o de valor proporcionalmente insignificante; e III – outros atos de descumprimento da autonomia patrimonial". Temos, aí, a menção exemplificativa feita pelo legislador de atos que podem caracterizar a confusão patrimonial. Se há, por exemplo, a repetida assunção pela sociedade de obrigações do sócio ou do administrador ou vice-versa (evidenciando promíscua permeabilidade entre os respectivos patrimônios); se há transferência razoavelmente significativa de ativos ou de passivos sem efetivas contraprestações; ou mesmo se existem outros atos que atingem o princípio da autonomia patrimonial. Em todas essas situações, além de outras, poderá se caracterizar a confusão patrimonial apta a fazer incidir a desconsideração da personalidade jurídica.

O § 3º consigna: "O disposto no *caput* e nos § 1º e § 2º também se aplica à extensão das obrigações de sócios ou de administradores à pessoa jurídica". Temos aqui a consagração no Código Civil de figura já conhecida da doutrina e da jurisprudência: a chamada desconsideração inversa. Nesse contexto, a doutrina – e, mais recentemente, a jurisprudência – vinha reconhecendo a possibilidade da desconsideração inversa. Ocorre aqui o esvaziamento do patrimônio pessoal do sócio em benefício (indevido) da pessoa jurídica. A situação é mais frequente no direito de família, em separações judiciais (o marido, digamos, para evitar partilhar integralmente os bens, passa, ardilosamente, parte considerável do que possui para a empresa que controla). Afasta-se, em outras palavras, a autonomia patrimonial da sociedade para "atingir o ente coletivo e seu patrimônio social, de modo a responsabilizar a pessoa jurídica por obrigações do sócio controlador" (STJ, REsp 1.236.916; REsp 948.117). As *Jornadas de Direito Civil*, a respeito, no Enunciado 283, entenderam ser "cabível a desconsideração da personalidade jurídica denominada 'inversa' para alcançar bens de sócio que se valeu da pessoa jurídica para ocultar ou desviar bens pessoais, como prejuízo a terceiros". Além disso, convém registrar que a desconsideração inversa é realidade normativa contemplada pelo CPC/2015. O diploma prevê que o incidente de desconsideração da personalidade jurídica será instaurado a pedido da parte ou do Ministério Público, quando lhe couber intervir no processo. Mais adiante, o art. 133, § 2º, reconhece: "Aplica-se o disposto neste Capítulo à hipótese de desconsideração inversa da personalidade jurídica". Nesse contexto, se a desconsideração inversa era uma realidade apenas, inicialmente, na dimensão doutrinária e, depois, jurisprudencial, agora está legislativamente consagrada no Brasil, seja no CPC seja no CC. O STJ tem entendido ser "admissível, em casos excepcionais, a desconsideração inversa da personalidade da pessoa jurídica". Porém "a pretensão de verificar se preenchidos os requisitos para a desconsideração da personalidade e se configurada a fraude à execução somente se processa mediante o reexame do conjunto probatório carreado aos autos, o que encontra óbice na Súmula 7/STJ" (STJ, AgInt no REsp 1.331.399, Rel. Min. Luis Felipe Salomão, 4ª T, DJe 23/08/2019).

O § 4º prevê: "A mera existência de grupo econômico sem a presença dos requisitos de que trata o *caput* não autoriza a desconsideração da personalidade da pessoa jurídica". A inovação explicita o que já vinha sendo a compreensão doutrinária a respeito do assunto (ou pelo menos de parte dela). Nesse sentido o Enunciado 406 das *Jornadas de Direito Civil* enfatiza: "A desconsideração da personalidade jurídica alcança os grupos de sociedade quando estiverem presentes os pressupostos do art. 50 do Código Civil e houver prejuízo para os credores até o limite transferido entre as sociedades". Se, no entanto, restar caracterizada a fraude ou o abuso, com diretorias ou administrações se confundindo para lesar credores, ou distinções entre pessoas jurídicas puramente formais com intuito de fraude, a desconsideração se impõe". Se, na redação atual do Código Civil, "a mera existência de grupo econômico sem a presença dos requisitos de que trata o *caput* não autoriza a desconsideração da personalidade da pessoa jurídica", em outros setores a solução é distinta. Nesse contexto o tema recebe respostas diversas dependendo do campo temático em que estivermos. Convém lembrar que o § 2º da CLT, na redação atual, dispõe: "Sempre que uma ou mais empresas, tendo, embora, cada uma delas, personalidade jurídica própria, estiverem sob a direção, controle ou administração de outra, ou ainda quando, mesmo guardando cada uma sua autonomia, integrem grupo econômico, serão responsáveis solidariamente pelas obrigações decorrentes da relação de emprego".

Convém destacar que, na execução fiscal – tal qual ocorre na seara trabalhista – a visão tende a ser mais severa: "Na origem, foi interposto agravo de instrumento contra decisão, em via de execução fiscal, em que foram reconhecidos fortes indícios de formação de grupo econômico, constituído por pessoas físicas e jurídicas, e sucessão tributária ocorrida em relação ao Jornal do Brasil S.A. e demais empresas do 'Grupo JB', determinando, assim, o redirecionamento do feito executivo. Verificada, com base no conteúdo probatório dos autos, a existência de grupo econômico de fato com confusão patrimonial, apresenta-se inviável o reexame de tais elementos no âmbito do recurso especial, atraindo o óbice da Súmula n. 7/STJ. A previsão constante no art. 134, *caput*, do CPC/2015, sobre o cabimento do incidente de desconsideração da personalidade jurídica, na execução fundada em título executivo extrajudicial, não implica a ocorrência do incidente na execução fiscal regida pela Lei n. 6.830/1980, verificando-se verdadeira incompatibilidade entre o regime geral do Código de Processo Civil e a Lei de Execuções que, diversamente da lei geral, não comporta a apresentação de defesa sem prévia garantia do juízo, nem a automática suspensão do processo, conforme a previsão do art. 134, § 3º, do CPC/2015. Na execução fiscal 'a aplicação do CPC é subsidiária, ou seja, fica reservada para as situações em que as referidas leis são silentes e no que com elas compatível (REsp 1.431.155). Evidenciadas as situações previstas nos arts. 124 e 133, do CTN, não se apresenta impositiva a instauração do incidente de desconsideração da personalidade jurídica, podendo o julgador determinar diretamente o redirecionamento da execução fiscal para responsabilizar a sociedade na sucessão empresarial. Seria contraditório afastar a instauração do incidente para atingir os sócios-administradores (art. 135, III, do CTN), mas exigi-la para mirar pessoas jurídicas que constituem grupos econômicos para blindar o patrimônio em comum, sendo que nas duas hipóteses há responsabilidade por atuação irregular, em descumprimento das obrigações tributárias, não havendo que se falar em desconsideração da personalidade jurídica, mas sim de imputação de responsabilidade tributária pessoal e direta pelo ilícito. Precedente: REsp 1.786.311, Rel. Ministro Francisco Falcão, DJe 14/5/2019" (STJ, AREsp 1.455.240, Rel. Min. Francisco Falcão, 2ª T, DJe 23/08/2019). No mesmo sentido: "Havendo prova da ocorrência de fraude por grupo de pessoas físicas e/ou jurídicas, como a criação de pessoas jurídicas fictícias para oportunizar a sonegação fiscal ou o esvaziamento patrimonial dos reais devedores, o juízo da execução pode redirecionar a execução fiscal às pessoas envolvidas e, com base no poder geral de cautela e dentro dos limites e condições impostas pela legislação, estender a ordem de indisponibilidade para garantia de todos os débitos tributários gerados pelas pessoas participantes da situação ilícita" (STJ, REsp 1.656.172, Rel. Min. Gurgel de Faria, 2ª T, DJe 08/02/2019). A respeito do tema em questão, embora sob uma perspectiva processual, o STJ destacou: "Essa interdependência entre as demandas – execução e embargos à execução – implica que os efeitos da decisão por meio da qual se reconhece a existência de um grupo econômico e se determina a desconsideração inversa da personalidade jurídica, enquanto medida voltada à maximização da responsabilidade patrimonial do devedor para a satisfação do credor, perduram até a extinção do processo de execução, vigorando, inclusive, nos embargos a ele oferecidos incidentalmente. Hipótese em que, consubstanciada a unidade econômica entre a interessada e a recorrente, apta a incluir a segunda no polo passivo da execução movida contra a primeira, passam a ser ambas tratadas como uma só pessoa jurídica devedora, até a entrega ao credor da prestação consubstanciada no título executado. O fato de a recorrente não ter participado, formalmente, dos embargos à execução oferecidos pela interessada, não tem o condão de afastar sua responsabilidade patrimonial, enquanto integrante do mesmo grupo econômico" (STJ, REsp 1.733.403, Rel. Min. Nancy Andrighi, 3ª T, DJe 27/08/2019).

Por fim, o § 5º destaca: "Não constitui desvio de finalidade a mera expansão ou a alteração da finalidade original da atividade econômica específica da pessoa jurídica". Inicialmente convém registrar que, de fato, a mera expansão da pessoa jurídica não constitui desvio de finalidade, algo aliás óbvio. Porém a questão da "alteração da finalidade original da atividade econômica específica da pessoa jurídica" é mais complexa. A alteração da finalidade da atividade econômica original da pessoa jurídica poderá, sob certos contextos, perfazer desvio de finalidade. A hipótese poderia, pelo menos em tese, fazer incidir a desconsideração. Seja como for, quaisquer que sejam as literalidades legislativas, o intérprete deverá buscar um sentido mais objetivo para o desvio de finalidade, à luz das práticas empresariais legítimas e funcionais.

O Tribunal de Contas da União, em decisão que chamou a atenção da imprensa, bloqueou (em 2019) R$ 1,1 bilhão em bens de Marcelo e Emílio Odebrecht. O TCU apontou: "Seria infrutífera a decretação da indisponibilidade de bens apenas da Construtora Norberto Odebrecht, sobretudo em um contexto em que foram evidenciadas práticas fraudulentas por administradores das companhias, tanto da Construtora

Norberto Odebrecht, como da sua controladora, a *holding* Odebrecht. Como se não bastasse, a recente recuperação judicial do grupo constitui-se em empecilho para a efetiva restituição dos valores devidos ao erário". Entendeu-se ser necessário desconsiderar a personalidade jurídica para se chegar aos acionistas controladores. Avaliou-se que os controladores devem ser responsabilizados pela reparação dos danos porque "abusaram do instituto da personalidade jurídica, utilizando-o com desvio de finalidade".

13. QUESTÕES DE CONCURSOS

01. (FGV – Juiz de Direito – TJ – AP/2022) A consumidora Samantha propôs incidente de desconsideração de personalidade jurídica em face de determinada loja de bijuterias construída na forma de sociedade limitada. Narra a autora que, na fase de cumprimento de sentença que condenou a empresa a pagar indenização à consumidora, não logrou êxito em localizar bens para satisfazer a execução, embora diversas tenham sido as tentativas para tanto. Samantha alega ainda que, na fase cognitiva, a fornecedora foi declarada revel e sequer compareceu às audiências designadas pelo Juízo. A respeito disso, é correto afirmar que o pedido deve ser julgado:

a) improcedente, pois a revelia e a ausência de participação no processo judicial não sugerem abuso da personalidade jurídica, requisito para o deferimento do requerido;

b) improcedente, pois, para a desconsideração requerida, deverá restar efetivada falência, estado de insolvência, encerramento ou inatividade da pessoa jurídica provocados por má administração;

c) procedente, ainda que o Código de Defesa do Consumidor não preveja a desconsideração da personalidade jurídica, quando caracterizado abuso da personalidade jurídica evidenciado no caso pleiteado por Samantha;

d) procedente, à luz da aplicação da teoria menor da desconsideração da personalidade jurídica, prevista no Código de Defesa do Consumidor;

e) improcedente, pois, ainda que prevista no Código de Defesa do Consumidor, a desconsideração requerida não pode ser aplicada de forma a implicar a perda da finalidade de responsabilidade limitada das sociedades, exceto no uso fraudulento da personalidade jurídica.

02. (FGV – Juiz de Direito – TJ – SC/2022). João ajuizou ação objetivando compensação por danos morais em decorrência de problemas na prestação de serviço por fornecedora pessoa jurídica, na qual se configurava evidente relação de consumo. Transitada em julgado a sentença de procedência do pedido, na fase de cumprimento de sentença, João requereu a desconsideração da personalidade jurídica da executada sob o fundamento de obstáculo ao ressarcimento de prejuízos causados ao consumidor. Diante disso, à luz do Código de Defesa do Consumidor, na qualidade de julgador, é correto afirmar que o requerimento deve ser:

a) indeferido, na medida em que o fundamento apontado não justifica a desconsideração da personalidade jurídica da pessoa jurídica executada;

b) deferido, se for verificado que a personalidade da pessoa jurídica, de alguma forma, seja obstáculo ao ressarcimento de prejuízos causados ao consumidor;

c) indeferido, pois não será possível a desconsideração da personalidade jurídica na fase de cumprimento de sentença, por expressa vedação legal;

d) sobrestado, até que o consumidor comprove nos autos o desvio de finalidade e a má-fé dos sócios, a justificar a desconsideração buscada;

e) deferido, sob o fundamento alegado pelo consumidor, mediante comprovação de inexistência de falência.

GABARITO			
01. D	**02. B**		

Estas e outras questões estão disponíveis para serem respondidas na plataforma JusClass:

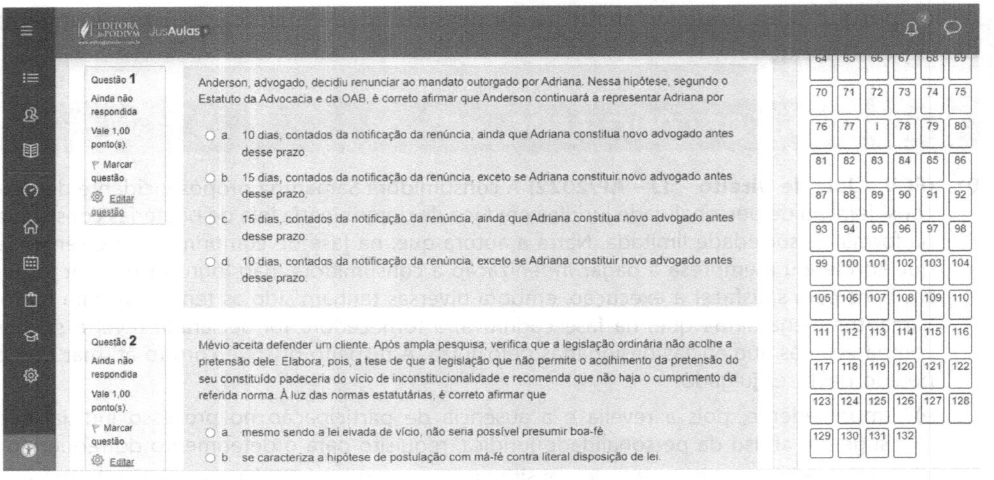

14. QUADRO SINÓTICO

DESCONSIDERAÇÃO DA PERSONALIDADE JURÍDICA

- **O CDC foi a primeira lei, no Brasil, a prever explicitamente a teoria da desconsideração da personalidade jurídica (CDC, art. 28).**
- **O Código Civil, atualmente, também a prevê (CC, art. 50).**
- **Há quem se refira à "teoria menor da desconsideração" (CDC, art. 28, § 5º)**, que consistiria em aplicar a desconsideração diante da mera prova da insolvência da pessoa jurídica, ainda que ausente o abuso de direito ou a fraude.
- **A despersonalização é efeito da decisão judicial, o que significa que o credor não deve, previamente, por conta própria, endereçar a ação apenas contra os sócios (STJ, REsp 282.266).**
- **Sociedades integrantes de grupos societários e sociedades controladas respondem subsidiariamente (CDC, art. 28, § 2º).**
- **As sociedades consorciadas respondem solidariamente (CDC, art. 28, § 3º).**
- **As sociedades coligadas só respondem com culpa (CDC, art. 28, § 4º).**
- **O juiz pode declarar a indisponibilidade dos bens na própria sentença declaratória de falência (STJ, REsp 370.068).**
- **A aplicação da teoria da desconsideração não significa extinção da pessoa jurídica. A suspensão da personalidade é episódica (STJ, REsp 86.502).**

CAPÍTULO X

PRÁTICAS COMERCIAIS

Sumário • 1. Pessoas, determináveis ou não, expostas às práticas comerciais – 2. O efeito vinculante da oferta publicitária – 3. O dever de prestar informações corretas e precisas – 4. Oferta de peças de reposição – 5. Venda por telefone ou reembolso postal – 6. Solidariedade do fornecedor pelos atos dos prepostos ou representantes autônomos: 6.1. Teoria da aparência – 7. Opções para o consumidor na hipótese de o fornecedor recusar cumprimento à oferta publicitária – 8. Questões de Concursos – 9. Quadro Sinótico.

1. PESSOAS, DETERMINÁVEIS OU NÃO, EXPOSTAS ÀS PRÁTICAS COMERCIAIS

O Capítulo V do CDC, cuja primeira Seção é aberta com o art. 29, traz seis seções (da oferta; da publicidade; das práticas abusivas; da cobrança de dívidas; dos bancos de dados e cadastros de consumidores; além das disposições gerais, que traz o art. 29). Assim, quem quer que seja exposto à publicidade abusiva, mesmo sem ter adquirido o produto ou usado o serviço, pode, amparado nesse artigo, reivindicar a proteção peculiar ao consumidor.

Estabelece o CDC, em seu art. 29: "Para os fins deste Capítulo e do seguinte, equiparam-se aos consumidores todas as pessoas determináveis ou não, expostas às práticas neles previstas". Tal dispositivo, a última espécie de consumidor equiparado, pode funcionar como eficiente instrumento para coibir o exercício abusivo do poder econômico, alargando, ainda mais, os contornos da figura jurídica do consumidor. Cláudia Lima Marques, a propósito, pondera: "De certa forma, o art. 29, agora valorizado, renova o sistema, legitimando a atuação de novos agentes econômicos em virtude do dado comum de vulnerabilidade, verdadeiro 'status' análogo ao de consumidor, renova, principalmente, ao instituir instrumentos mais ágeis e sanções mais rígidas do que as conhecidas no direito da concorrência, de parcos efeitos no Brasil" (*Comentários ao Código de Defesa do Consumidor*, Cláudia Lima Marques, Antônio Herman V. Benjamim e Bruno Miragem. São Paulo: RT, 2004, p. 399). O STJ já decidiu que "a incidência do art. 29 do CDC está condicionada ao enquadramento do caso em exame em uma das situações previstas nos arts. 30 a 54 do CDC" (STJ, REsp 1.967.728, Rel. Min. Nancy Andrighi, 3ª T, DJe 25/03/2022).

O STJ já teve oportunidade de reconhecer que "o art. 170 da CF dispõe: A ordem econômica, fundada na valorização do trabalho humano e na livre iniciativa, tem por fim assegurar a todos existência digna, conforme os ditames da justiça social, observados os seguintes princípios: (...). Para esse fim, presta-se a intervenção estatal no domínio econômico, que, dentre outras medidas, consubstancia-se na repressão ao abuso do poder econômico consistente em medidas estatais que positivam impedimentos à formação ilegal de cartéis ou a práticas comerciais abusivas" (STJ, REsp 677.585, Rel. Min. Luiz Fux, 1ª T, 13/02/06).

O art. 29 do CDC ("Para os fins deste Capítulo e do seguinte, equiparam-se aos consumidores todas as pessoas determináveis ou não, expostas às práticas neles previstas") traduz, como dissemos antes, mais uma hipótese de consumidor por equiparação. As menções anteriores estão no parágrafo único do art. 2º: "Equipara-se a consumidor a coletividade de pessoas, ainda que indetermináveis, que haja intervindo nas relações de consumo".

Mais adiante, estatui o art. 17: "Para os efeitos desta Seção, equiparam-se aos consumidores todas as vítimas do evento". As três hipóteses – parágrafo único do art. 2º; art. 17 e art. 29 – tratam do consumidor por equiparação. Isto é, aquele que, mesmo sem ter firmado contrato de consumo, poderá se valer da sistemática do CDC, porque atingido, de algum modo, pelos efeitos danosos da atividade do fornecedor de produtos ou serviços.

Digamos que um Boeing caia em área residencial, destruindo casas, carros e atingindo pessoas – como aconteceu, certa vez, em São Paulo. Os atingidos serão consumidores, ainda que não tenham comprado passagens aéreas (não firmaram, portanto, contratos de consumo). Serão consumidores por equiparação. Farão jus às indenizações, por exemplo, mesmo que não tenha havido culpa do fornecedor dos serviços (CDC, art. 14: "O fornecedor de serviços responde, independentemente da existência de culpa, pela reparação dos danos causados aos consumidores por defeitos relativos à prestação dos serviços, bem como por informações insuficientes ou inadequadas sobre sua fruição e riscos").

Desse modo, em "consonância com o art. 17 do Código de Defesa do Consumidor, equiparam-se aos consumidores todas as pessoas que, embora não tendo participado diretamente da relação de consumo, vêm a sofrer as consequências do evento danoso, dada a potencial gravidade que pode atingir o fato do produto ou do serviço, na modalidade vício de qualidade por insegurança" (STJ, REsp 181.580, Rel. Min. Castro Filho, 3ª T, DJ 22/03/04).

São os chamados "bystanders" do direito anglo-saxão. Esses, além de não terem firmado contrato de consumo, sequer utilizaram o produto ou serviço, como no caso dos atingidos por destroços de um avião que caiu. Serão, de igual modo, consumidores equiparados os vizinhos do shopping que explode, e sofrem as consequências do evento, tal como ocorreu em Osasco, São Paulo. O caso, aliás, foi apreciado no STJ (STJ, REsp 279.273, Rel. Min. Nancy Andrighi, 3ª T, 29/03/04).

O art. 29, conforme transcrito acima, evidencia que quaisquer pessoas expostas às práticas comerciais abusivas serão tidas por consumidoras. Há uma proposital ampliação do conceito de consumidor. Assim, quem quer que tenha sido atingido por publicidade enganosa ou abusiva (CDC, art. 37, § 1º e 2º), poderá fazer uso das categorias trazidas pelo CDC.

Em 2006 uma empresa americana chamada Weber teve a infeliz ideia de colocar uma imagem real de um condenado poucos instantes antes de ser eletrocutado pela cadeira elétrica. Isso para promover grelhas de churrasco. A mesma empresa, em outro anúncio, promoveu as grelhas através de foto de cerimônia macabra, organizada Ku Klux Klan. Os membros da organização racista estavam reunidos em volta de uma fogueira para queimar alguém.

Não é preciso muito esforço de argumentação para demonstrar que tais publicidades têm efeitos potencialmente nocivos não apenas em relação aos adquirentes das grelhas de churrasco, mas também relativamente a todas as pessoas, determináveis ou não, a elas expostas. As peças publicitárias são pensadas para atingir um número indeterminado de pessoas. Em princípio, quanto mais prováveis consumidores forem atingidos, melhor. Daí porque os efeitos danosos dela se espraiam, difusos, por todo o corpo social.

Todos eles, na dicção do art. 29 do CDC, são consumidores ("Para os fins deste Capítulo e do seguinte, equiparam-se aos consumidores todas as pessoas determináveis ou não, expostas às práticas neles previstas"). O leitor já percebeu que, em razão da categoria do consumidor por equiparação, antes referida, mesmo que certa pessoa não preencha os requisitos do conceito de consumidor (CDC, art. 2º: "Consumidor é toda pessoa física ou jurídica que adquire ou utiliza produto ou serviço como destinatário final"), é possível que ela seja considerada consumidora, basta que seja vítima do evento (CDC, art. 17), ou expostas a práticas danosas (CDC, art. 29), ou mesmo que faça parte de uma coletividade de pessoas, ainda que indetermináveis, que haja intervindo nas relações de consumo (CDC, parágrafo único do art. 2º).

Decidiu o STJ que "não viola o art. 29 do Código de Defesa do Consumidor o julgado que entende configurar serviço a atividade bancária relativa à conta-corrente e ao contrato de abertura de crédito, presente a regra do art. 3º do mesmo Código" (STJ, REsp 245.660, Rel. Min. Menezes Direito, 3ª T, DJ 05/02/01).

O STJ, a propósito, afirmou: "A jurisprudência deste Tribunal não faz distinção entre o consumidor que efetua compra e aquele que apenas vai ao local sem nada despender. Em ambos os casos, entende-se pelo cabimento da indenização em decorrência do furto do veículo" (STJ, REsp 437.649, Rel. Min. Sálvio de Figueiredo Teixeira, 4ª T, DJ 24/02/03).

Frisou-se, em decisão cuja ementa se transcreve: "Direito do consumidor. Recurso especial. Conceito de consumidor. Critério subjetivo ou finalista. Mitigação. Pessoa jurídica. Excepcionalidade. Vulnerabilidade. Constatação na hipótese dos autos. Prática abusiva. Oferta inadequada. Característica, quantidade e composição do produto. Equiparação (art. 29). Decadência. Inexistência. Relação jurídica sob a premissa de tratos sucessivos. Renovação do compromisso. Vício oculto".

Consigna o Tribunal: "A relação jurídica qualificada por ser 'de consumo' não se caracteriza pela presença de pessoa física ou jurídica em seus polos, mas pela presença de uma parte vulnerável de um lado (consumidor), e de um fornecedor, de outro. Mesmo nas relações entre pessoas jurídicas, se da análise da hipótese concreta decorrer inegável vulnerabilidade entre a pessoa-jurídica consumidora e a fornecedora, deve-se aplicar o CDC na busca do equilíbrio entre as partes. Ao consagrar o critério finalista para interpretação do conceito de consumidor, a jurisprudência deste STJ também reconhece a necessidade de, em situações específicas, abrandar o rigor do critério subjetivo do conceito de consumidor, para admitir a aplicabilidade do CDC nas relações entre fornecedor e consumidores-empresários em que fique evidenciada a relação de consumo. São equiparáveis a consumidor todas as pessoas, determináveis ou não, expostas às práticas comerciais abusivas" (STJ, REsp 476.428, Rel. Min. Nancy Andrighi, 3ª T, 09/05/05).

Apesar dos conceitos acima apresentados, o STJ, em 2017, decidiu que a fixação do corpo 12 (como tamanho mínimo da fonte, na linha do art. 54 § 3º do CDC) não se aplica às letras dos anúncios publicitários. O STJ distinguiu o contexto dos anúncios e o contexto dos contratos (STJ, REsp 1.602.678, Rel. Sanseverino, 3ª T, DJ 31/05/2017). O tribunal, no julgado citado, argumentou que devemos distinguir os sujeitos da relação jurídica. Destacou que num contrato, por exemplo, a relação jurídica se estabelece entre um número determinado de pessoas (os contratantes), ao passo que, no âmbito da oferta ao público, a relação jurídica se estabelece entre o anunciante e um número indeterminado de pessoas (toda a coletividade exposta à publicidade). Acreditamos que a distinção, no âmbito das relações de consumo, não se justifica. Havendo dano, teremos consumidor (em sentido estrito ou por equiparação) em ambos os casos. Uma publicidade abusiva, por exemplo, divulgada amplamente, atinge a coletividade como um todo e não só aqueles que firmaram contratos de consumo. Publicidades não só abusivas, mas sobretudo enganosas, podem lesar a coletividade, valendo-se para isso de letras minúsculas, sobretudo na televisão.

2. O EFEITO VINCULANTE DA OFERTA PUBLICITÁRIA

A oferta tem importantes efeitos no sistema do CDC. Prescreve, a propósito, o art. 30: "Toda informação ou publicidade, suficientemente precisa, veiculada por qualquer forma ou meio de comunicação com relação a produtos e serviços oferecidos ou apresentados, obriga o fornecedor que a fizer veicular ou dela se utilizar e integra o contrato que vier a ser celebrado". Trata-se, portanto, do efeito vinculante da oferta publicitária. Tal oferta, desde que apresentada com alguma precisão, vincula o fornecedor, que aos seus termos estará obrigado, não podendo contratualmente desdizer o que a oferta publicitária já disse.

O art. 30, muito pedagogicamente, diz que a oferta "integra o contrato que vier a ser celebrado". Deixa claro o dispositivo que a restrição contratual não prevalecerá diante da oferta veiculada. Isso decorre do princípio da boa-fé objetiva, por nós já estudado neste livro, que impõe às partes um dever de agir com lealdade e cooperação, antes, durante e depois da conclusão do contrato. Já se argumentou que como os processos de publicidade e de oferta ao público possuem importância decisiva no escoamento da produção em um mercado de consumo em massa – conforme dispõe o art. 30 do CDC – a informação contida na própria oferta é essencial à validade do conteúdo da formação da manifestação de vontade do consumidor e configura proposta, integrando efetiva e atualmente o contrato posteriormente celebrado com o fornecedor (STJ, REsp 1.872.048, Rel. Min. Nancy Andrighi, 3ª T, DJe 01/03/2021).

Em pedagógico julgado, argumenta o STJ: "Se a economia globalizada não mais tem fronteiras rígidas e estimula e favorece a livre concorrência, imprescindível que as leis de proteção ao consumidor ganhem maior expressão em sua exegese, na busca do equilíbrio que deve reger as relações jurídicas, dimensionando-se, inclusive, o fator risco, inerente à competitividade do comércio e dos negócios mercantis, sobretudo quando em escala internacional, em que presentes empresas poderosas, multinacionais, com filiais em vários países, sem falar nas vendas hoje efetuadas pelo processo tecnológico da informática e no forte mercado consumidor que representa o nosso País".

Continua o relator: "O mercado consumidor, não há como negar, vê-se hoje 'bombardeado' diuturnamente por intensa e hábil propaganda, a induzir a aquisição de produtos, notadamente os sofisticados de procedência estrangeira, levando em linha de conta diversos fatores, dentre os quais, e com relevo, a respeitabilidade da marca". Conclui afirmando: "Se empresas nacionais se beneficiam de marcas mundialmente conhecidas, incumbe-lhes responder também pelas deficiências dos produtos que anunciam e comercializam, não sendo razoável destinar-se ao consumidor as consequências negativas dos negócios envolvendo objetos defeituosos" (STJ, REsp 63.981).

Naturalmente, a boa-fé é dever imposto a ambas as partes – aplicável, portanto, ao consumidor. Assim, se a publicidade é manifestamente equivocada (carro anunciado por 300 reais quando a grafia correta seria 30.000), o consumidor não poderá pretender que ela vincule o fornecedor, a menos que, de acordo com as circunstâncias, o consumidor teve razoáveis razões para acreditar que ela seria verdadeira.

O que deve ser percebido com muita clareza pelo intérprete é que, se o fornecedor se vale de determinada publicidade para angariar clientes e consumidores, ele estará vinculado às afirmações publicitárias que fez veicular. Por exemplo, "quando o fornecedor faz constar de oferta ou mensagem publicitária a notável pontualidade e eficiência de seus serviços de entrega, assume os eventuais riscos de sua atividade, inclusive o chamado risco aéreo, com cuja consequência não deve arcar o consumidor" (STJ, REsp 196.031). Afirmou, porém, o STJ que a "informação, que vincula o fornecedor, é a pré-contratual, não se aplicando o disposto no art. 30 do Código de Defesa do Consumidor quando se tratar de comunicado feito durante a execução do contrato" (STJ, REsp 204.912, Rel. Min. Barros Monteiro, 4ª T, 02/05/00). A boa-fé objetiva, de toda sorte, tem efeitos pré e pós-contratuais, além, obviamente, de efeitos durante o cumprimento do contrato.

Se uma das empresas beneficiárias da publicidade vem a falir, a responsabilidade, porque solidária, pode ser dirigida às demais. Assim entendeu, e não poderia ser diferente, o STJ: "O CDC dispõe que toda informação ou publicidade, veiculada por qualquer forma ou meio de comunicação com relação a produtos e serviços oferecidos ou apresentados, desde que suficientemente precisa e efetivamente conhecida pelos consumidores a que é destinada, obriga o fornecedor que a fizer veicular ou dela se utilizar, bem como integra o contrato que vier a ser celebrado. Constatado pelo eg. Tribunal a quo que o fornecedor, através de publicidade amplamente divulgada, garantiu a entrega de veículo objeto de contrato de compra e venda firmado entre o consumidor e uma de suas concessionárias, submete-se ao cumprimento da obrigação nos exatos termos da oferta apresentada. Diante da declaração de falência da concessionária, a responsabilidade pela informação ou publicidade recai integralmente sobre a empresa fornecedora" (STJ, REsp 363.939).

Se, porventura, o fornecedor se recusar a cumprir os termos da oferta publicitária, o consumidor, além das perdas e danos, poderá se valer da execução específica, pedindo, inclusive, o cumprimento forçado da obrigação, com as cominações devidas (esse, aliás, é o sentido do art. 35 do CDC, adiante comentado).

3. O DEVER DE PRESTAR INFORMAÇÕES CORRETAS E PRECISAS

Seguindo a disciplina da oferta, estatui o art. 31: "A oferta e apresentação de produtos ou serviços devem assegurar informações corretas, claras, precisas, ostensivas e em língua portuguesa sobre suas características, qualidades, quantidade, composição, preço, garantia, prazos de validade e origem, entre outros dados, bem como sobre os riscos que apresentam à saúde e segurança dos consumidores". Tal dever já decorreria do sistema de consumo, ainda que não houvesse norma tão clara.

A jurisprudência reconhece tais deveres ao fornecedor: "Direito do Consumidor. Informação clara e precisa. Artigo 31 do CDC. O Código de Defesa do Consumidor assegura, expressamente, ao consumidor o direito à informação correta, clara e precisa do preço dos produtos, inclusive para os casos de pagamento via cartão de crédito" (STJ, REsp 81.269, Rel. Min. Castro Filho, 2ª T, 25/06/01). Lembremos que a Lei n. 13.455/2017 autoriza a cobrança de preços diferentes se o pagamento é feito em dinheiro ou em cartão de crédito/débito (é preciso, porém, que existam avisos claros sobre isso).

O STJ frisou que "o art. 31 do CDC traz relação meramente exemplificativa de algumas informações que devem constar na publicidade de um produto ou serviço, tais como 'características, qualidades, quantidade, composição, preço, garantia, prazos de validade e origem, entre outros dados, bem como sobre os riscos que apresentam à saúde e segurança dos consumidores'. No entanto, para a caracterização da ilegalidade omissiva, a ocultação deve ser de qualidade essencial do produto, do serviço ou de suas reais condições de contratação, considerando, na análise do caso concreto, o público-alvo do anúncio publicitário" (STJ, REsp 1.705.278, Rel. Min. Carlos Ferreira, 4ª T, DJe 02/12/2019).

Se o fornecedor deixar de apontar claramente um limite máximo de compra do produto, isso não significa, contudo, que ao fazê-lo concretamente – desde que com razoabilidade – gere dano moral a favor do consumidor. Esta hipótese foi objeto de análise por nossa jurisprudência: "A falta de indicação de restrição quantitativa relativa à oferta de determinado produto, pelo fornecedor, não autoriza o consumidor exigir quantidade incompatível com o consumo individual ou familiar, nem, tampouco, configura dano ao seu patrimônio extra-material. Os aborrecimentos vivenciados pelo consumidor, na hipótese, devem ser interpretados como 'fatos do cotidiano', que não podem ser entendidos como ofensivos ao foro íntimo ou à dignidade do cidadão" (STJ, REsp 595.734, Rel. Min. Castro Filho, 3ª T, 28/11/05).

4. OFERTA DE PEÇAS DE REPOSIÇÃO

De pouco ou nada serviria que o fornecedor, uma vez concluída a venda, pudesse se comportar livremente, sem cuidado ou zelo com o consumidor. O CDC impõe dever específico a tal respeito. Está no art. 32: "Os fabricantes e importadores deverão assegurar a oferta de componentes e peças de reposição enquanto não cessar a fabricação ou importação do produto. Parágrafo único. Cessadas a produção ou importação, a oferta deverá ser mantida por período razoável de tempo, na forma da lei".

Tal pós-eficácia contratual deflui da boa-fé objetiva. A boa-fé objetiva cria deveres anexos, dentre os quais está esse de assegurar, por um razoável período de tempo, que o consumidor não ficará frustrado em suas legítimas expectativas, caso precise, por exemplo, de peça de reposição para fazer o produto que adquiriu funcionar normalmente.

Se o fornecedor – concessionária vendedora de veículos novos, por exemplo – não mantém em estoque as peças de reposição, que deverão ser importadas, em lento procedimento, cada vez que o consumidor precisa, tal conduta, naturalmente, contraria os termos do CDC, gerando a responsabilidade do fornecedor. Inclusive em relação aos lucros cessantes (o tempo em que o consumidor não pôde usar o veículo).

O CDC, art. 35, dispõe: "Se o fornecedor de produtos ou serviços recusar cumprimento à oferta, apresentação ou publicidade, o consumidor poderá, alternativamente e à sua livre escolha: I – exigir o cumprimento forçado da obrigação, nos termos da oferta, apresentação ou publicidade; II – aceitar outro produto ou prestação de serviço equivalente; III – rescindir o contrato, com direito à restituição de quantia eventualmente antecipada, monetariamente atualizada, e a perdas e danos".

O mero fato do fornecedor do produto não o possuir em estoque no momento da contratação não é condição suficiente para eximi-lo do cumprimento forçado da obrigação (STJ, REsp 1.872.048). Como se nota a partir da dicção do art. 35, a recusa à oferta oferece ao consumidor a de, alternativamente e a sua livre escolha, optar pelo cumprimento forçado da obrigação, aceitar outro produto, ou rescindir o contrato, com direito à restituição de quantia eventualmente antecipada, monetariamente atualizada, somada a perdas e danos. O STJ afirmou que as opções do art. 35 do CDC são intercambiáveis e produzem, para o consumidor, efeitos práticos equivalentes ao adimplemento, pois guardam relação com a satisfação da intenção validamente manifestada ao aderir à oferta do fornecedor, por meio da previsão de resultados práticos equivalentes ao adimplemento da obrigação de fazer ofertada ao público. Assim, "a impossibilidade do cumprimento da obrigação de entregar coisa, no contrato de compra e venda, que é consensual, deve ser restringida exclusivamente à inexistência absoluta do produto, na hipótese em que não há estoque e não haverá mais, pois aquela espécie, marca e modelo não é mais fabricada" (STJ, REsp 1.872.048, Rel. Min. Nancy Andrighi, 3ª T, 23/02/2021).

5. VENDA POR TELEFONE OU REEMBOLSO POSTAL

Ordena o art. 33: "Em caso de oferta ou venda por telefone ou reembolso postal, deve constar o nome do fabricante e endereço na embalagem, publicidade e em todos os impressos utilizados na transação comercial".

Também aqui o legislador optou pela clareza pedagógica. Tal dever já decorreria de outras regras existentes no CDC, mas preferiu-se sua explícita consignação. O dever de transparência impõe que assim seja. Aliás, de pouco valeria a efetividade dos direitos do consumidor, prevista no art. 6º, se o consumidor, por não saber quem é o fornecedor, não tivesse contra quem dirigir suas pretensões.

A Lei nº 11.800/08 acrescentou um parágrafo único ao art. 33, consignando: "É proibida a publicidade de bens e serviços por telefone, quando a chamada for onerosa ao consumidor que a origina". Foi oportuna e adequada a inserção legal. Vedou-se, assim, com clareza, que o fornecedor de produtos ou serviços aproveite ligação que está sendo paga pelo consumidor para fazer publicidade de seus bens ou serviços.

A Portaria nº 49, de 12/03/09, da Secretaria de Direito Econômico, em seu art. 1º, considera abusiva a conduta de recusar ou dificultar a entrega da gravação das chamadas feitas para o Serviço de Atendimento ao Consumidor. Tal entrega deverá ser feita no prazo de 10 dias.

6. SOLIDARIEDADE DO FORNECEDOR PELOS ATOS DOS PREPOSTOS OU REPRESENTANTES AUTÔNOMOS

A solidariedade – já o vimos em outras partes deste livro – é a regra no sistema de consumo. Havendo mais de um responsável na cadeia de fornecimento, todos igualmente respondem.

O art. 34, porém, optou por particularizar a situação. Estabeleceu: "O fornecedor do produto ou serviço é solidariamente responsável pelos atos de seus prepostos ou representantes autônomos". É de alta significação esta explicitação. O fornecedor, muitas vezes, se vale de prepostos ou mesmo de representantes autônomos – terceiriza, por assim dizer, suas atividades – e, quando demandado, alega que não pode responder por atos de terceiro, cujos vínculos jurídicos não o obrigam.

Nas relações de consumo, por força de dicção expressa do CDC, os fornecedores de produtos ou serviços respondem, solidariamente, pelos atos de seus prepostos ou representantes autônomos.

Decidiu, sobre o tema, o STJ: "Sob a égide do Código de Defesa do Consumidor, as informações prestadas por corretor a respeito de contrato de seguro-saúde (ou plano de saúde) integram o contrato que vier a ser celebrado e podem ser comprovadas por todos os meios probatórios admitidos (STJ, REsp 531.281, Rel. Min. Nancy Andrighi, 3ª T, 23/08/04). Conforme vimos há pouco, o CDC, art. 34, estatui: "O fornecedor do produto ou serviço é solidariamente responsável pelos atos de seus prepostos ou representantes autônomos". Decidiu-se, a propósito, que "o art. 34

do CDC materializa a teoria da aparência, fazendo com que os deveres de boa-fé, cooperação, transparência e informação alcancem todos os fornecedores, diretos ou indiretos, principais ou auxiliares, enfim todos aqueles que, aos olhos do consumidor, participem da cadeia de fornecimento" (STJ, REsp 1.077.911, Rel. Min. Nancy Andrighi, 3ª T, DJ 14/10/11).

Julgando caso que envolve cláusula abusiva – afastamento contratual de tratamento de moléstias infecto-contagiadas de notificação compulsória – consignou o STJ: "Diante das circunstâncias do caso, especialmente pelo fato de que o autor não contratou diretamente com a ré, mas sim através de sua empregadora, que as instâncias ordinárias concluíram pelo direito de o recorrido receber tratamento através do plano de saúde" (STJ, AgRg no REsp 265.872, Rel. Min. Sálvio de Figueiredo Teixeira, 4ª T, 19/12/03).

6.1. Teoria da aparência

A teoria da aparência busca proteger quem acreditou, de modo legítimo e razoável, em determinada situação, que posteriormente se evidenciou contrária àquilo que se esperava, diante das aparências. Assim, não é recente a preocupação que os juristas demonstram com o tema, argumentando que a aparência razoável do direito deve receber legítima proteção no âmbito jurídico. A teoria da aparência dialoga com a boa-fé objetiva, projetando eficácia normativa aos deveres de cooperação, transparência, lealdade e informação. Todos, por certo, ligados à confiança.

Quem, no mercado de consumo, se vale de expedientes para confundir o consumidor – utilização de logomarca, de endereço, de instalações de outra empresa, por exemplo –, empenhará responsabilidade à luz da teoria da aparência. São vedadas, naturalmente, as práticas que fazem o consumidor acreditar na aparência de algo que na realidade não existe, ou existe de outra forma. Decidiu, nesta ordem de ideias, o STJ: "Contrato de seguro. Contratação feita pela própria instituição. Teoria da aparência. (...)" (STJ, REsp 641.483, Rel. Min. Menezes Direito, 3 T, DJ 13/02/06). Neste julgado a autora procurou a Caixa Econômica Federal para obter financiamento imobiliário, tendo sido obrigada, para tanto, a segurar o imóvel financiado. Tendo havido posteriormente o sinistro – incêndio – a Caixa Econômica Federal alegou sua ilegitimidade passiva, eis que a seguradora era outra pessoa jurídica, a SASSE. O Tribunal Regional Federal da 4ª Região, aplicando a teoria da aparência, fundada "na confiança legítima e na boa-fé, como critério justificador e evidenciador de que o contrato de seguro fora pactuado, efetivamente, ente a autora e a Caixa". Aliás, o contrato fora firmado, no caso, nas dependências da Caixa Econômica Federal. O STJ manteve a decisão do TRF/4ª (STJ, REsp 641.483, Rel. Min. Menezes Direito, 3ª T, DJ 13/02/06).

Sob outras circunstâncias, embora com fundamentos parecidos, decidiu-se: "Responsabilidade civil. Atendimento hospitalar. 1. Quando o paciente procura o hospital para tratamento, principalmente naqueles casos de emergência, e recebe atendimento do médico que se encontra em serviço no local, a responsabilidade em razão das circunstâncias danosas da terapia pertence ao hospital. Em tal situação, pouco releva a circunstância de ser o médico empregado do hospital, porquanto ele se encontrava vinculado ao serviço de emergência oferecido. Se o profissional estava de serviço no plantão, tanto que cuidou do paciente, o mínimo que se pode admitir é que estava credenciado para assim proceder. O fato de não ser assalariado nesse cenário não repercute na identificação da responsabilidade do hospital" (STJ, REsp 400.843, Rel. Min. Menezes Direito, 3ª T, DJ 18/04/05).

Ainda a respeito da teoria da aparência, o TJMG consignou: "Orkut. Criação de perfil falso. Exclusão do perfil. Prestação de informações. Responsabilidade. Google do Brasil e Google inc. Código de Defesa do Consumidor. Empresas do mesmo grupo econômico. Princípio da aparência. Estando configurada a atividade de prestação de serviços em relação à rede de relacionamentos denominada 'ORKUT', a Google Brasil Internet Ltda., na qualidade de representante da Google Inc., neste país, é responsável pelo fornecimento dos dados capazes de identificar de quem partiu a criação de perfil falso de um de seus usuários, tudo nos termos do Código de Defesa do Consumidor. (TJMG. Agravo nº 1.0024.06.043621-9/001. Relator: Des. Pereira da Silva. Publicado em 14/11/06).

A teoria da aparência tem sido crescentemente invocada em julgados relativos às relações de consumo. Ela, entre outras funções, faz com que os deveres de boa-fé, cooperação, transparência e informação alcancem todos os fornecedores, diretos ou indiretos, principais ou auxiliares, enfim todos aqueles que, aos olhos do consumidor, participem da cadeia de fornecimento (STJ, REsp 1.077.911, Rel. Min. Nancy Andrighi, 3ª T, DJ 14/10/11). Por exemplo, na contratação do seguro, o corretor age, aos olhos do consumidor, como se fosse a própria seguradora. Decidiu-se, nesse sentido, ser legitimado passivo aquele que intervém na contratação, comportando-se como representante da seguradora, aplicando-se a teoria da aparência (STJ, AgRg no AREsp 531.320, Rel. Min. Isabel Gallotti, DJ 30/10/2014).

O STJ decidiu que o Citibank, a Citibank Corretora de Seguros, deverá pagar indenização de cem mil reais aos pais de segurado, ex-empregado do banco, em razão de morte ocorrida após realização de cirurgia bariátrica. O homem morreu em abril de 2008 em decorrência de falência múltipla de órgãos e de choque séptico ocorridos no pós-operatório. A instituição financeira e a corretora de seguros alegaram não ter responsabilidade pelo pagamento, visto que atuaram somente como intermediárias na contratação do seguro. O TJMG aplicou ao caso a teoria da aparência, em razão de tanto a instituição financeira como a corretora de seguros haverem criado expectativa de serem responsáveis pelo pagamento do capital segurado, por não se comportarem como meras intermediárias. O tribunal entendeu que as empresas tinham legitimidade passiva para responder à ação de cobrança do seguro de vida (STJ, REsp 1.673.368, Rel. Min. Villas Bôas, 3ª T, DJ 22/08/2017). Em 2021 o STJ, aplicando a teoria da aparência, responsabilizou solidariamente determinada montadora perante consumidores que aderiram a grupo de consórcio formado irregularmente pela concessionária (STJ, AgInt no REsp 1.757.698, Rel. Min. Paulo Sanseverino, 3ª T DJe 15/04/2021).

Embora não seja de consumidor, convém citar. É válido o negócio jurídico firmado por diretor-geral de clube de futebol, por aplicação da teoria da aparência, quando atuar em nome e no interesse do clube, em negócio jurídico que lhe gerou proveito econômico, ainda que não tenha poderes para representá-lo (STJ, REsp 1.902.410, Rel. Min. Paulo Sanseverino, 3ª T, DJe 03/03/2023). Além da teoria da aparência, outros fundamentos jurídicos existem no caso. Ou seja, embora o clube suscite, perante terceiros, a nulidade do negócio jurídico por ofensa ao próprio estatuto social, o mesmo clube de futebol se beneficiou economicamente desse contrato, o que evidencia comportamento contraditório e ofensivo à boa-fé objetiva. Sem mencionar que quem dá causa ao vício não pode invocá-lo para arguir a nulidade do negócio, de acordo com a teoria dos atos próprios.

7. OPÇÕES PARA O CONSUMIDOR NA HIPÓTESE DE O FORNECEDOR RECUSAR CUMPRIMENTO À OFERTA PUBLICITÁRIA

Poderá ocorrer – e não é raro – que o fornecedor se recuse a cumprir os estritos termos da oferta publicitária que fez veicular. Neste caso, o CDC abre ao consumidor três hipóteses. Vejamos a redação do art. 35: "Se o fornecedor de produtos ou serviços recusar cumprimento à oferta, apresentação ou publicidade, o consumidor poderá, alternativamente e à sua livre escolha: I – exigir o cumprimento forçado da obrigação, nos termos da oferta, apresentação ou publicidade; II – aceitar outro produto ou prestação de serviço equivalente; III – rescindir o contrato, com direito à restituição de quantia eventualmente antecipada, monetariamente atualizada, e a perdas e danos".

O inciso primeiro prevê a execução específica da obrigação. O art. 84 do CDC, adiante estudado, prevê a chamada tutela específica da obrigação, ordenando ao juiz que determine providências que assegurem o resultado prático equivalente ao adimplemento. O § 1º do art. 84 esclarece que a conversão em perdas e danos apenas ocorrerá se por ela optar o consumidor ou for impossível a tutela específica. Aliás, a tendência, hoje, é privilegiar a tutela específica em detrimento da conversão da obrigação em perdas e danos, inclusive no processo civil em geral (CPC, art. 499, parágrafo único).

O inciso segundo traz a possibilidade de o consumidor aceitar outro produto ou a prestação de serviço equivalente, e o terceiro inciso contempla o direito do consumidor, caso prefira, de rescindir o contrato, tendo de volta, monetariamente atualizado, tudo que eventualmente houver pago.

Esclareceu, a propósito, a jurisprudência: "Quem capta e comercializa adesão para inclusão de consorciado em grupo de consórcio de titularidade de outra pessoa jurídica responde solidariamente pelas consequências da não-inclusão e cadastramento deste, mesmo que por omissão da administradora (art. 34 do CDC). (...). Se a administradora do consórcio, sem motivo plausível, deixa de providenciar a inclusão e cadastramento em grupo consorcial, de quem, através de empresa credenciada, aderiu ao consórcio, faz exsurgir para este o direito de postular, alternativamente e à sua escolha, o cumprimento forçado da obrigação ou a rescindir o contrato, com direito à restituição da quantia paga, monetariamente atualizada (art. 35 e incisos do CDC). Se preferiu esta última opção, há que ser atendida" (1ª Turma Recursal dos Juizados Especiais do Distrito Federal. Recurso 2002. 71.001217-4, Rel. Juiz Benito Augusto Tiezzi, 18/09/02).

8. QUESTÕES DE CONCURSOS

01. (Cespe – Promotor de Justiça – MPE – TO/2022) Considerando-se o disposto no Código de Defesa do Consumidor (CDC) e a jurisprudência do Superior Tribunal de Justiça, caso o fornecedor de um produto adquirido na Internet se recuse a cumprir a oferta sob a alegação de que não possui mais o produto em estoque,

I. o consumidor ou o fornecedor poderão rescindir o contrato unilateralmente, desde que restituída a quantia eventualmente antecipada, monetariamente atualizada.

II. o fornecedor deverá fornecer outro produto equivalente, à sua escolha.

III. o consumidor poderá exigir o cumprimento forçado da obrigação, nos termos da oferta à qual aderiu, ainda que o fornecedor tenha que adquirir o produto junto a outros revendedores existentes no mercado de consumo.

Assinale a opção correta.

a) Nenhum item está certo.

b) Apenas o item I está certo.

c) Apenas o item III está certo.

d) Apenas os itens I e II estão certos.

e) Apenas os itens II e III estão certos.

(Nesta questão é preciso ter atenção com a leitura rápida. Tanto o inciso I quanto o II mencionam o fornecedor).

02. (FGV – Juiz de Direito – TJ – SC/2022). Vera é representante autônoma de determinada linha de produtos fornecidos por uma empresa de maquiagem. A vendedora apresentou um produto para Ana com indicação de promoção na compra acima de determinado número de itens, o que foi prontamente adquirido por Ana. No momento do pagamento, ajustado para uma semana depois, Ana foi surpreendida com a informação de não haver mais a promoção, tendo que pagar o valor integral dos itens, então já em uso. Vera alegou que se equivocou na informação anterior. Diante disso, Ana ajuizou ação em face de Vera e da empresa fornecedora da maquiagem, que foram regularmente citadas. Como julgador da causa, analisando a responsabilidade civil e a legitimidade passiva, é correto decidir haver:

a) legitimidade da fornecedora da maquiagem, que é solidariamente responsável pelos atos de seus representantes autônomos;

b) ilegitimidade da empresa, por ser Vera representante autônoma e quem agiu de forma imprudente;

c) ilegitimidade da fornecedora da maquiagem, que responderia somente se a vendedora autônoma não pudesse ser encontrada;

d) legitimidade de ambas as indicadas no polo passivo, sendo a responsabilidade de Vera de natureza subjetiva, e exige a comprovação do dolo;

e) legitimidade da fornecedora da maquiagem e ilegitimidade de Vera, pois se trata de oferta, o que vincula apenas a fornecedora do produto e afasta a responsabilidade da vendedora.

GABARITO			
01. C	**02. A**		

Estas e outras questões estão disponíveis para serem respondidas na plataforma JusClass:

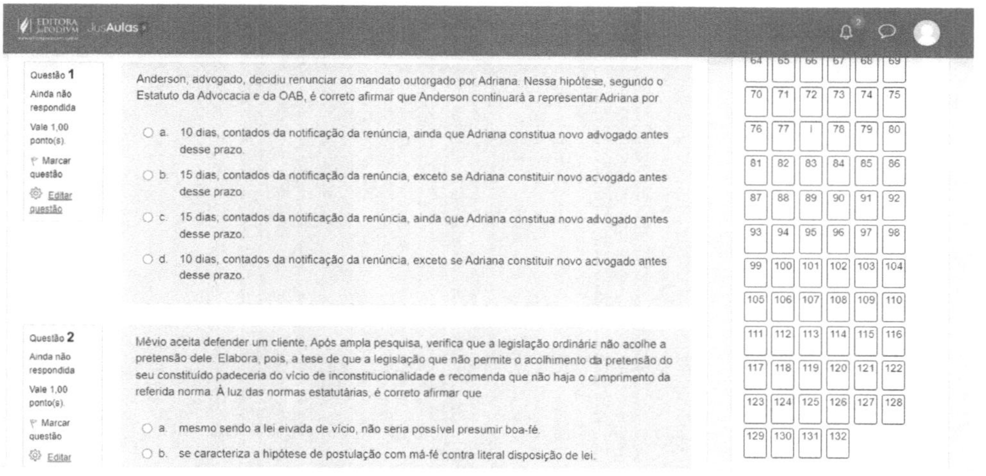

9. QUADRO SINÓTICO

PRÁTICAS COMERCIAIS

- **Equiparam-se aos consumidores todas as pessoas, determináveis ou não, expostas às práticas comerciais próprias das relações de consumo (CDC, art. 29).**
- **Quem não é consumidor** *stricto sensu* **(CDC, art. 2º)**, mas sofre as consequências do evento danoso, é consumidor por equiparação (CDC, art. 17).
- **Equipara-se a consumidor a coletividade de pessoas, ainda que indetermináveis, que haja intervindo nas relações de consumo (CDC, art. 2º, parágrafo único).**
- **A oferta publicitária, desde que suficientemente precisa, tem efeito vinculante, perante o fornecedor, no sistema de consumo (CDC, art. 30).** A publicidade integra, por consequência, o contrato que vier a ser celebrado.

CAPÍTULO XI

A PUBLICIDADE NAS RELAÇÕES DE CONSUMO

Sumário • 1. A publicidade na sociedade atual: 1.1. Direito de identificação da mensagem como sendo publicitária; 1.2. Dever do fornecedor de manter dados técnicos que lastreiam as informações publicitárias – 2. Publicidade enganosa: 2.1. Publicidade enganosa por omissão; 2.2. Publicidade enganosa resultante de erro de terceiro – 3. Publicidade abusiva – 4. A força vinculante da publicidade para o fornecedor – 5. Ônus da prova na comunicação publicitária – 6. A contrapropaganda – 7. Princípios peculiares à publicidade nas relações de consumo – 8. Os influenciadores digitais – 9. Questões de Concursos – 10. Quadro Sinótico.

1. A PUBLICIDADE NA SOCIEDADE ATUAL

A publicidade assumiu enorme importância na vida contemporânea. É um mercado que movimenta quantias vultosas. Praticamente não existe, dentre as grandes empresas prestadoras de serviços, aquela que possa existir no mercado sem anunciar. Tais anúncios, porém, devem ser leais, transparentes, permeados de boa-fé. O CDC é especialmente incisivo ao proteger o consumidor contra os eventuais efeitos nocivos da publicidade. Aliás, dentre os direitos básicos do consumidor está "a proteção contra a publicidade enganosa e abusiva, métodos comerciais coercitivos ou desleais, bem como contra práticas e cláusulas abusivas ou impostas no fornecimento de produtos e serviços" (art. 6º, IV).

Na questão da publicidade - como nas demais - a força dos princípios normativos é muito grande. Não é possível pensar nenhum setor do direito contratual brasileiro sem pensar na boa-fé objetiva, sem pensar nos deveres anexos de lealdade, informação, cooperação, por exemplo. Não é possível pensar no direito contratual brasileiro sem pensar no princípio da equivalência material entre as prestações, na razoabilidade, na vedação ao abuso de direito. Hoje a proteção ao contratante vulnerável se incorporou não só às pautas decisórias como também ao nosso modo de pensar. O sistema jurídico cada vez mais se põe como um sistema aberto de princípios normativos.

Hoje, ademais, o dever de informar se incorporou ao direito contratual como dever geral de conduta. Nesse contexto, o direito do século XXI não pode se distanciar das legítimas expectativas sociais acerca do que é aceitável, legítimo, correto. A boa-fé objetiva desempenha funções fundamentais. O princípio normativo da boa-fé é dotado de incrível plasticidade, ele não é estático, é dinâmico. Adapta-se aos novos tempos conferindo um instrumental normativo para que o direito se aproxime da ética. Com a boa-fé objetiva, o direito passa a ter uma ferramenta ágil, flexível, arejada, para combater condutas desleais, ardilosas, ou mesmo pouco cooperativas.

O CDC adotou formas abertas e conceitos indeterminados para definir as práticas e cláusulas abusivas, encarregando o magistrado da tarefa de examinar, em cada hipótese concreta, a efetiva ocorrência de referidas práticas ilegais (STJ, REsp 1.737.428). A propósito das letras minúsculas – tantas vezes usadas em variadas formas de publicidade – o STJ, conforme frisamos anteriormente, decidiu (lamentavelmente) que a previsão de tamanho mínimo de fonte em contratos de adesão estabelecido no art. 54, § 3º, do CDC não é aplicável ao contexto das ofertas publicitárias (STJ, REsp 1.602.678, Rel. Sanseverino, 3ª T, DJ 31/05/2017). Já criticamos essa decisão em outra passagem do livro.

1.1. Direito de identificação da mensagem como sendo publicitária

O CDC exige ainda, em seu art. 36, que a publicidade seja veiculada de modo que o consumidor perceba que está diante de um anúncio publicitário. Há, nas mensagens publicitárias, evidente – e legítimo – interesse em vender o produto ou serviço. São, por isso mesmo, informações encharcadas de parcialidade. O consumidor tem o direito subjetivo de identificar que a mensagem que vê, lê ou ouve é publicitária. Resulta da dicção expressa do art. 36: "A publicidade deve ser veiculada de tal forma que o consumidor, fácil e imediatamente, a identifique como tal".

Surge, a propósito, a questão do *merchandising*. Trata-se daquela publicidade feita para passar despercebida, isto é, para que o consumidor se veja impelido a consumir o produto sem que se dê conta que está diante de uma peça publicitária. É usada, com certa frequência, em filmes e novelas. Embora tradicional, e mesmo aceita, cremos ser difícil sustentar sua licitude diante dos tão incisivos dizeres do art. 36.

Cabe esclarecer que não há, de modo explícito no CDC, vedação ao *merchandising*. Porém, no *merchandising* a publicidade não é apresentada ao consumidor explicitamente, mas sim de modo oblíquo (o personagem principal bebendo certa cerveja, por exemplo). Uma saída hermenêutica conciliatória, já observada por alguns autores, seria veicular um aviso, antes do filme ou da novela, dando conta de que haverá a utilização do *merchandising*. Existem, ainda, outras técnicas que podem ser mencionadas. Uma delas é conhecida como *puffing*, que é uma espécie de exagero publicitário (por exemplo, o melhor sorvete do mundo, o perfume que faz as mulheres se apaixonarem por você). Não nos parece que seja vedada, só não pode levar o consumidor a erro, com o que se tornaria ilícita. Outra técnica é conhecida como *teaser*, que é aquela que tenta despertar a curiosidade do consumidor (por exemplo, uma publicidade numa revista semanal que diz: "não compre seu carro novo até o mês que vem", para, na semana seguinte, anunciar um novo modelo ou uma nova promoção).

Aliás, sobre o *puffing*, o STJ já se manifestou explicitamente pela sua validade. Assim, é lícita a peça publicitária em que o fabricante ou o prestador de serviço se autoavalia como o melhor naquilo que faz, prática caracterizada como *puffing* (STJ, REsp 1.759.745, Rel. Min. Marco Buzzi, 4ª T, DJe 28/02/2023). Trata-se de conhecida técnica publicitária que se vale do exagero publicitário como método de convencimento dos consumidores. Não perfaz propaganda enganosa nem prática abusiva. Aliás, é da essência da publicidade lidar com a irreverência, o universo lúdico, o inesperado, o divertido.

As boas peças publicitárias lidam com o inesperado, com o irreverente, com aquilo que chama nossa atenção. Hoje, aliás, as publicidades estão mais comportadas do que eram há algumas décadas (o CONAR – conselho nacional de autorregulamentação publicitária – desempenha função relevante, ocupando um espaço regulatório entre os profissionais da área). Enfim, como dizíamos, antes havia publicidades mais incisivas, inclusive contra os concorrentes (sugerimos às leitoras e aos leitores procurar, no Youtube, a expressão: "*Mon Bijou: antes e depois da censura*". Foi feita uma publicidade comparando o produto com o concorrente, que reclamou e proibiu a veiculação, o que motivou uma nova publicidade, divertida e genial. Há ainda o caso clássico, também no Youtube, da publicidade com o garoto que compra latas de coca-cola apenas para subir nelas e alcançar as latas da pepsi, que ele realmente queria).

Sob o ângulo semântico, é possível ensaiar uma distinção entre publicidade e propaganda. A palavra publicidade traz consigo propósito comercial, objetivando, de algum modo, o lucro. Já a propaganda teria espectro mais amplo, abarcando qualquer propagação de ideias (religiosas, morais, filosóficas, políticas). Curioso é notar, entretanto, que embora o CDC tenha optado pela expressão publicidade (CDC, arts. 36, 37 e 38), não deixou de aludir à propaganda, ao especificar as sanções administrativas (CDC, art. 56, XII). O legislador usou, aí, a expressão "contrapropaganda". Talvez fosse mais próprio falar em "contrapublicidade".

1.2. Dever do fornecedor de manter dados técnicos que lastreiam as informações publicitárias

O fornecedor deve guardar consigo elementos – técnicos, fáticos, científicos – que comprovem as qualidades apregoadas do produto ou serviço. É o que resulta do disposto do parágrafo único do art. 36: "O fornecedor, na publicidade de seus produtos ou serviços, manterá, em seu poder, para informação dos legítimos interessados, os dados fáticos, técnicos e científicos que dão sustentação à mensagem".

Não se trata, naturalmente, de obrigar o fornecedor a fornecer segredos próprios da atividade empresarial. A lei não exige isso, e seria absurdo se exigisse. A Coca-Cola, por exemplo, não está obrigada a divulgar sua fórmula, a menos que existam fundadas dúvidas de que um de seus componentes malfere a saúde dos consumidores, por exemplo.

O que se busca, neste dispositivo, é fazer com que as informações publicitárias sejam dotadas, realmente, de verdade e correção. Isto é, que o fornecedor não aluda a propriedades inexistentes ou fantasiosas do produto ou do serviço. Temos, mais uma vez, o princípio da boa-fé objetiva permeando as relações de consumo.

Cabem algumas palavras acerca do "*dolus bonus*" – figura tradicional do direito civil, consistente nos exageros da publicidade, comuns e aceitos na vida social (o melhor carro do mundo, o perfume que fará as mulheres se apaixonarem por você, etc.). Há quem defenda que ele não é aceito, absolutamente, no direito do consumidor. Pensamos, no entanto, que tal afirmativa há de ser lida com reservas. Desde que a publicidade não envolva, sequer potencialmente, indução a erro, não estará vedada.

Exageros e brincadeiras são próprios da atividade publicitária ("Red Bull te dá asas", para ficarmos num único exemplo. Ninguém pensará seriamente em processar a empresa fabricante ao argumento de que não lhe nasceram ainda nenhuma das prometidas asas).

A publicidade é regida não apenas por normas jurídicas editadas pelo Congresso Nacional (como é o caso do CDC), mas também por normas éticas advindas da autorregulamentação. Temos, no Brasil, o CONAR (Conselho Nacional de Autorregulamentação Publicitária), com uma relevante e tradicional atuação nesse campo, sobretudo estimulando boas práticas. A atuação do CONAR não tem efeito vinculante, cogente, imperativo. Ainda assim, suas recomendações são relevantes e muito respeitadas no mundo da publicidade.

2. PUBLICIDADE ENGANOSA

Estão vedadas, no sistema do CDC, qualquer publicidade enganosa ou abusiva (art. 37). O § 1º, esclarecendo o sentido, dispõe: "É enganosa qualquer modalidade de informação ou comunicação de caráter publicitário, inteira ou parcialmente falsa, ou, por qualquer outro modo, mesmo por omissão, capaz de induzir em erro o consumidor a respeito da natureza, características, qualidade, propriedades, origem, preço e quaisquer outros dados sobre produtos e serviços". Cabe ao fornecedor oferecer informações claras e acessíveis sobre as características relevantes do produto ou serviço. Aqui o intérprete deverá – contextualizando o teor da mensagem publicitária e seus possíveis destinatários – verificar as necessidades mínimas de informação. Essa análise deverá ser feita a partir do caso concreto, seus contextos e suas peculiaridades.

Medicamentos, por óbvias razões, devem ter suas propriedades minuciosamente informadas, o que não ocorrerá com um sorvete, por exemplo. O fundamental é constatar que o consumidor foi adequadamente informado sobre os riscos. Não só os riscos, mas quaisquer dados que, uma vez conhecidos, poderiam levar o consumidor a não adquirir o produto ou a não utilizar o serviço.

A informação enganosa é aferida objetivamente, sendo irrelevante a existência, ou não, de dolo do fornecedor. Assim, "a configuração da publicidade enganosa, para fins civis, não exige a intenção (dolo) de iludir, disfarçar ou tapear, nem mesmo culpa, pois se está em terreno no qual imperam juízos alicerçados no princípio da boa-fé objetiva" (STJ, AgRg no AgRg no REsp 1.261.824, Rel. Min. Herman Benjamin, 2ª T, DJe 09/05/2013). O STJ, em importante julgado, considerou que a venda de sardinha em quantidade diferente da indicada na embalagem (propaganda enganosa) viola os deveres de confiança, boa-fé e informação e gera dano moral coletivo. Neste julgado o tribunal enfatizou: "O dano moral coletivo é categoria autônoma de dano que não se identifica com aqueles tradicionais atributos da pessoa humana (dor, sofrimento ou abalo psíquico), mas com a violação injusta e intolerável de valores fundamentais titularizados pela coletividade (grupos, classes ou categorias de pessoas). Tem a função de: a) proporcionar uma reparação indireta à lesão de um direito extrapatrimonial da coletividade; b) sancionar o ofensor; e c) inibir condutas ofensivas a esses direitos transindividuais" (STJ, REsp 1.586.515, Rel. Min. Nancy Andrighi, 3ª T, DJe 29/05/2018).

Conforme já referido em outras passagens, a responsabilidade pelos danos causados ao consumidor é solidária. O STJ, aliás, já reconheceu ser solidária a responsabilidade entre aqueles que veiculam publicidade enganosa e os que dela se aproveitam na comercialização de seu produto ou serviço (STJ, REsp 1.365.609, Rel. Min. Luis Felipe Salomão, 4ª T, DJ 25/05/2017; REsp 1.391.084). Se constatada a publicidade enganosa, cabe reparação dos danos, sejam materiais, morais, ou ambas as espécies conjuntamente. Diga-se que respondem solidariamente todos os envolvidos na oferta, a teor do que prescreve o art. 34: "O fornecedor do produto ou serviço é solidariamente responsável pelos atos de seus prepostos ou representantes autônomos". Porém, o comerciante, se absolutamente não contribuiu para o dano, não pode ser por ele responsabilizado. Pensemos na venda, por uma padaria, de um biscoito cujas informações dão conta de um sorteio de casas. Não nos parece razoável exigir que a padaria, presumivelmente modesta, arque com eventuais danos daí provindos.

A propósito, cabe consignar que de acordo com jurisprudência a empresa de televisão não responde por defeito do produto que anuncia. Nem mesmo na chamada "publicidade de palco", em que o apresentador faz comentários elogiosos ao produto, associando-o a sua credibilidade. No argumento do relator, o "apresentador está ali como garoto-propaganda, e não na qualidade de avalista do êxito do produto ou serviço para o telespectador que vier a adquiri-lo" (STJ, REsp 1.157.228, Rel. Min. Aldir Passarinho Júnior, 4ª T, 08/02/11). A matéria é delicada. Não excluímos, em tese, a possibilidade do apresentador e a empresa de comunicação serem responsabilizados pelo defeito, se configurado o nexo causal entre a conduta destes e o dano (se, digamos, sabia ou deveria saber dos fatos que vieram a causar danos). Já em dezembro de 2019 o STJ entendeu que para que esteja caracterizada a publicidade enganosa por omissão, a ocultação deve ser de qualidade essencial do produto, do serviço ou de suas reais condições de contratação, considerando, na análise do caso concreto, o público-alvo do anúncio publicitário (STJ, REsp 1.705.278). Em 2022 o STJ decidiu que empresa patrocinadora de evento, que não participou da sua organização, não pode ser enquadrada no conceito de fornecedor para fins de responsabilização por acidente de consumo ocorrido no local (STJ, REsp 1.955.083, Rel. Min. Nancy Andrighi, 3ª T, DJe 18/02/2022).

Um aluno certa vez me contou um caso divertido, ao discutirmos a questão da publicidade enganosa. Narrou que os consumidores, nas redes sociais, reclamaram da qualidade dos lanches da *McDonald's*, postando fotos oficiais dos lanches, tais como apareciam nos anúncios da empresa, ao lado de fotos dos mesmos lanches tiradas pelos consumidores, mostrando a diferença entre a publicidade e a realidade. A resposta da *McDonald's*, nas redes sociais, foi inesperada: "Vocês também não são o que postam nas redes sociais", algo assim. Não sei se o caso é verdadeiro, mas não deixa de ser engraçado.

2.1. Publicidade enganosa por omissão

São frequentes os casos de publicidade enganosa por omissão. Neste caso o vício ocorre, não através da informação, mas em razão de sua ausência. O CDC conta com normas explícitas a propósito. Seja no § 1º do art. 37 já citado, seja no § 3º, há incisivas determinações. O § 3º do art. 37 prescreve: "Para os efeitos deste código, a publicidade é enganosa por omissão quando deixar de informar sobre dado essencial do produto ou serviço". Decidiu a jurisprudência: "Há relação de consumo entre o adquirente de refrigerantes cujas tampinhas contém impressões gráficas que dão direito a concorrer a prêmios e o fornecedor do produto. A ausência de informação sobre a existência de tampinhas com defeito de impressão, capaz de retirar o direito ao prêmio, configura-se como publicidade enganosa por omissão regida pelo Código de Defesa do Consumidor" (STJ, REsp 327.257, Rel. Min. Nancy Andrighi, 3ª T, DJ16/11/04).

O dever de informar que cabe ao fornecedor é um dever fortemente ativo. Não cabe ao consumidor o dever de buscar a informação, mas sim ao fornecedor o dever de prestá-la – de forma gratuita, completa e leal. Os deveres de cooperação incidem fortemente aqui. Outro ponto importante é que pode haver publicidade enganosa (por ação ou omissão) e publicidade abusiva ainda que o consumidor não adquira o produto.

Analisando criticamente a decisão da Justiça gaúcha que condenou empresa fabricante de cigarros (TJRS, Apelação Cível nº 70000144626, Rel. para acórdão desembargador Adão Sergio do Nascimento Cassiano, 29/10/03), pondera-se: "Mais interessante, entretanto, é a sugestão, feita em diversas passagens do acórdão, de que a publicidade é enganosa por omissão, ou seja, de que a publicidade deixou de trazer ao consumidor informação essencial para que pudesse escolher conscientemente entre consumir ou não o produto. Nesse caso, restaria caracterizada a publicidade enganosa por omissão do dever de prestar informação, nos termos do § 3º, do art. 37 do CDC" (Cláudio Fortunato Michelon Jr., "Comentário à jurisprudência recente sobre os danos causados pelo consumo de cigarros", RTDC, vol. 18, abr/jun 2004, p. 210).

Portanto, nessa linha de ideias, não só a informação errônea, como também a ausência da informação correta torna o produto defeituoso, responsabilizando civilmente o fornecedor que o inseriu no mercado. Técnica cada vez mais comum – e salutar – no mercado de consumo é o recall, consistente na convocação dos consumidores para que troquem, sem expensas, perante os fornecedores, os produtos cujos defeitos foram diagnosticados após sua inserção no mercado. Frise-se, porém, que mesmo que o fornecedor realize o recall, eventual dano relativo ao produto defeituoso continua sob sua responsabilidade, ainda que o consumidor, por qualquer razão (estava fora do país, não leu o jornal em que o anúncio foi veiculado, etc.), não tenha atendido ao chamado.

O CDC prevê o *recall*. Estabelece no art. 10, § 1º: "O fornecedor de produtos e serviços que, posteriormente à sua introdução no mercado de consumo, tiver conhecimento da periculosidade que apresentem, deverá comunicar o fato imediatamente às autoridades competentes e aos consumidores, mediante anúncios publicitários". O § 2º completa: "Os anúncios publicitários a que se refere o parágrafo anterior serão veiculados na imprensa, rádio e televisão, às expensas do fornecedor do produto ou serviço".

A Wisconsin Cheesecake Company realizou o *recall* de onze mil barras de chocolate em razão da ausência de informação, na embalagem, que o produto contém amendoim. A omissão na informação – ponderou corretamente a empresa – poderia causar severas consequências, caso os chocolates viessem a ser consumidos por pessoas alérgicas a amendoim. Evita-se, com isso, danos ao consumidor, ao mesmo tempo em que se solidifica a confiança mútua entre os parceiros da relação de consumo. Há casos, porém, claramente excessivos, até absurdos. Nos Estados Unidos, por exemplo, a empresa Red Bull pagou, em 2014, 13 milhões de dólares em razão de suposta propaganda enganosa (a empresa aceitou o acordo para encerrar uma ação coletiva). A empresa disse discordar da ação coletiva, mas aceitou com o acordo para evitar mais custos. O inusitado do caso é que a dita propaganda enganosa, no caso, é o conhecido slogan "Red Bull te dá asas". Cremos que o episódio dispensa maiores comentários, representando uma inacreditável infantilização da sociedade e dos próprios consumidores na sociedade americana.

No Brasil, o STJ, com firmeza, consignou: "A obrigação de informação exige comportamento positivo, pois o CDC rejeita tanto a regra do *caveat emptor* como a subinformação, o que transmuda o silêncio total ou parcial do fornecedor em patologia repreensível, relevante apenas em desfavor do profissional, inclusive como oferta e publicidade enganosa por omissão". A regra citada do caveat emptor atribuiria ao consumidor o dever de se informar, para se resguardar de eventuais danos. O ônus, hoje, é do fornecedor, e não do consumidor. A regra do *caveat emptor* – completamente ultrapassada nas relações de consumo atuais – impõe, não ao fornecedor, mas ao consumidor os riscos relativos às informações sobre o produto e serviço (seria o consumidor que deveria se esforçar para obtê-las, e não seria dever do fornecedor disponibilizá-las com clareza).

Em 2020 o STJ reafirmou e fortaleceu essa orientação. Decidiu que o fornecedor de produtos ou serviços não pode prestar informação por etapas, aos poucos. Informação disjuntiva, prestada em etapas, configura publicidade enganosa (violando os princípios da vulnerabilidade, da boa-fé objetiva, da transparência e da confiança). Esclarecimentos posteriores ou complementares desconectados do conteúdo principal da oferta (informação disjuntiva, material ou temporalmente) não servem para exonerar ou mitigar a enganosidade ou abusividade (STJ, REsp 1.802.787, Rel. Min. Herman Benjamin, 2ª T, DJe 11/09/2020). O tribunal enfatizou ainda que, de acordo com o art. 31, *caput*, do CDC, a obrigação de informação – com maior razão a que possa atingir pessoas de baixa renda – exige, do fornecedor, comportamento eficaz, pró-ativo e leal. O CDC rejeita tanto a regra *caveat emptor* como a subinformação, as patologias do silêncio total e parcial.

Conforme mencionamos no Capítulo III, informação adequada, segundo o STJ, é aquela que se apresenta simultaneamente completa, gratuita e útil, vedada, neste último caso, a diluição da comunicação efetivamente relevante pelo uso de informações soltas, redundantes ou destituídas de qualquer serventia para o consumidor (STJ, REsp 586.316, Rel. Min. Herman Benjamin, 2ª T, DJ 19/03/09). A informação deve ser correta (verdadeira), clara (de fácil entendimento), precisa (não prolixa ou escassa), ostensiva (de fácil constatação ou percepção) e, por óbvio, em língua portuguesa.

No mesmo julgado acima citado, o STJ precisou alguns pontos que são relevantes na análise da publicidade (que está intimamente ligada ao dever de informação). A obrigação de informação (CDC, art. 31) é desdobrada em quatro categorias, ligadas entre si: a) informação-conteúdo (características intrínsecas do produto e serviço), b) informação-utilização (como se usa o produto ou serviço), c) informação-preço (custo, formas e condições de pagamento), e d) informação-advertência (riscos do produto ou serviço). O STJ, nessa linha, exige uma postura positiva do fornecedor no que se refere ao dever de informação. Isso significa que o dever de informar existe mesmo que o produto possa causar malefícios ainda que apenas a uma parcela minoritária da população – como, por exemplo, no dever de informar que o produto contém glúten (STJ, REsp 586.316, Rel. Min. Herman Benjamin, 2ª T, DJ 19/03/09). É enganosa a publicidade televisiva que omite o preço e a forma de pagamento do produto, condicionando a obtenção dessas informações à realização de ligação telefônica tarifada (STJ, REsp 1.428.801, Rel. Min. Humberto Martins, DJ 13/11/2015).

2.2. Publicidade enganosa resultante de erro de terceiro

A publicidade enganosa vincula a empresa por ela beneficiada, ainda que tenha havido erro de terceiro na veiculação da informação. Se uma empresa de refrigerante, mediante técnica publicitária, divulga a existência de tampinhas premiadas, deve indenizar o consumidor que faz jus à premiação, pouco importando que a outra empresa, contratada pela empresa de refrigerantes, tenha errado na grafia das coordenadas premiadas (STJ, REsp 327.257, Rel. Min. Nancy Andrighi, 3ª T, DJ 16/11/04).

3. PUBLICIDADE ABUSIVA

A publicidade abusiva, tal qual a enganosa, é vedada (art. 37). O conceito de publicidade abusiva está no art. 37, § 2º, do CDC: "É abusiva, dentre outras, a publicidade discriminatória de qualquer natureza, a que incite à violência, explore o medo ou a superstição, se aproveite da deficiência do julgamento e experiência da criança, desrespeita valores ambientais, ou que seja capaz de induzir o consumidor a se comportar de forma prejudicial ou perigosa à sua saúde ou segurança".

Digamos que determinada publicidade seja, explícita ou obliquamente, insinue: "O condomínio em que pobre não entra", para divulgar o lançamento de luxuoso condomínio, afastado da cidade. Ou, em lançamento de nova música, a gravadora insere, nos materiais publicitários, a frase: "A música que gay não ouve". Em ambas as hipóteses haverá publicidade abusiva, e os responsáveis por ela responderão solidariamente.

O dispositivo em questão explicitamente alude à criança, como um dos sujeitos de proteção. É sempre delicada a publicidade que envolve crianças. Serão abusivas quaisquer publicidades que menosprezem as crianças que não têm, ou não podem ter, aquele produto ("você não é nada se não tiver o tênis x"). Seria de uma insensibilidade brutal, especialmente num país desigual como o Brasil, aceitar semelhantes formas de divulgação de produtos ou serviços.

Também serão abusivas publicidades que possam conduzir as crianças a comportamentos destrutivos. Digamos – situação aliás ocorrida – que a publicidade de um tênis, valendo-se da imagem de conhecida apresentadora infantil, sugere que as crianças destruam seus tênis antigos, como forma de impelir seus pais a comprar um novo par. Ou, na hipótese também ocorrida, de uma publicidade que induza, mecanicamente, as crianças a adquirirem o produto, simulando hipnose ("compre batom, compre batom").

A expressão legal ("dentre outras") é evidentemente exemplificativa. Isto é, o intérprete, à luz das circunstâncias, poderá caracterizar determinada publicidade como abusiva. O princípio da dignidade da pessoa humana, fundamento da República (CF, art. 1º, III), pode ser importante referencial nesta matéria.

O CDC não disciplina, de modo específico, a publicidade de bebidas e cigarros. Como também não o faz em relação a medicamentos. Traça princípios gerais, cuja interpretação conduzirá à licitude ou não da publicidade, observados os contextos e os padrões sociais de comportamento. Em determinado acórdão o STJ reconheceu a existência de publicidade "duplamente abusiva" (por ser dirigida a crianças e haver, no caso, venda casada). O julgado assentou: "A hipótese dos autos caracteriza publicidade duplamente abusiva. Primeiro, por se tratar de anúncio ou promoção de venda de alimentos direcionada, direta ou indiretamente, às crianças. Segundo, pela evidente *venda casada*, ilícita em negócio jurídico entre adultos e, com maior razão, em contexto de marketing que utiliza ou manipula o universo lúdico infantil (art. 39, I, do CDC). *In casu*, está configurada a venda casada, uma vez que, para adquirir/comprar o relógio, seria necessário que o consumidor comprasse também 5 (cinco) produtos da linha *Gulosos*" (STJ, REsp 1.558.086, Rel. Min. Humberto Martins, 2ª T, DJe 15/04/2016). O ministro Herman Benjamin sublinhou a relevância do julgado da construção desse precedente em razão da vulnerabilidade das crianças, caracterizando-se como abusiva a publicidade dirigida – direta ou indiretamente – ao público infantil. O ministro destacou: "O julgamento de hoje é histórico e serve para toda a indústria alimentícia. O STJ está dizendo: acabou e ponto final". O pano de fundo do julgado diz respeito à relação entre alimentos ultraprocessados, personagens lúdicos e crianças, numa sociedade em que a obesidade é epidemia cada vez mais preocupante.

É abusiva a publicidade de alimentos direcionada, de forma explícita ou implícita, a crianças (STJ, REsp 1.613.561, Rel. Min. Herman Benjamin, 2ª T, DJe 01/09/2020). Assim, se a criança, no mercado de consumo, não exerce atos jurídicos em seu nome e por vontade própria – por lhe faltar poder de consentimento –, tampouco deve ser destinatária de publicidade que, desconsiderando essa realidade notória, a incita a agir como se plenamente capaz fosse.

4. A FORÇA VINCULANTE DA PUBLICIDADE PARA O FORNECEDOR

Estabelece o art. 30 do CDC: "Toda informação ou publicidade, suficientemente precisa, veiculada por qualquer forma ou meio de comunicação com relação a produtos e serviços oferecidos ou apresentados, obriga o fornecedor que a fizer veicular ou dela se utilizar e integra o contrato que vier a ser celebrado".

A publicidade, no sistema de consumo, vincula quem a fizer veicular, integrando o contrato que vier a ser celebrado. De nada vale o fornecedor de serviços anunciar, mediante técnicas publicitárias, certas vantagens aos consumidores, negando-as, porém, nos contratos escritos firmados. Ainda que assim proceda, estará jungido ao quanto tiver sido publicitariamente veiculado. A publicidade, portanto, no sistema do CDC, tem caráter vinculante, desde que suficientemente precisa.

5. ÔNUS DA PROVA NA COMUNICAÇÃO PUBLICITÁRIA

O art. 38 estabelece: "O ônus da prova da veracidade e correção da informação ou comunicação publicitária cabe a quem as patrocina". Não se trata de inversão do ônus da prova. Trata-se, isto sim, de regra específica de distribuição do ônus da prova. Este ônus será sempre do fornecedor, sempre que disser respeito à veracidade e correção da informação ou comunicação publicitária. Não é preciso, portanto, neste caso, proceder à inversão do ônus da prova (CDC, art. 6º, VIII). O ônus da prova já está legalmente com o fornecedor. Deve-se conectar a norma citada aos princípios da não-abusividade e da veracidade (sem falar na identificação e transparência da mensagem publicitária). Fala-se, muito comumente, em *inversão obrigatória do ônus da prova* na presente hipótese. Embora tecnicamente não seja a melhor expressão (trata-se de distribuição legal do ônus da prova), deve-se ficar atento à expressão. O STJ, corretamente, em 2020 destacou que "nos termos do art. 38 do CDC, o ônus da prova da veracidade e correção da informação ou comunicação publicitárias cabe a quem as patrocina, ou seja, trata-se de inversão *ope legis*" (STJ, REsp 1.828.620, Rel. Min. Herman Benjamin, 2ª T, DJe 05/10/2020).

A inversão do ônus da prova no sistema do CDC pode ocorrer tanto *ope legis* como *ope judicis* (isto é, pode decorrer de imposição legal ou de imposição judicial, à luz das circunstâncias do caso concreto). A regra geral no CDC é a inversão do ônus da prova *ope judicis*, como ocorre na hipótese geral do art. 6º, VIII (que não será automática, dependerá de decisão judicial). Mas há outras hipóteses, previstas pelo próprio CDC, de inversão *ope legis*, como ocorre no art. 38: "O ônus da prova da veracidade e correção da informação ou comunicação publicitária cabe a quem as patrocina". Não se trata de inversão judicial do ônus da prova. Trata-se, isto sim, de regra específica de distribuição do ônus da prova. Este ônus será sempre do fornecedor, sempre que disser respeito à veracidade e correção da informação ou comunicação publicitária. Se, por exemplo, determinado consumidor ingressa com ação contra laboratório alegando que o medicamento contra o câncer que utilizada *não tem* as propriedades terapêuticas indicadas. Não será o consumidor que terá que provar que o medicamento *não tem* essas propriedades, mas será o laboratório que terá que provar, ao contrário, que o medicamento tem, sim, a eficácia que diz ter. Para isso não é necessário inversão judicial do ônus da prova, o ônus da prova, nessa hipótese, já é invertido *ex lege*, à luz do art. 38 do CDC.

6. A CONTRAPROPAGANDA

Dentre os instrumentos existentes no CDC está a contrapropaganda. Estabelece o art. 56: "As infrações das normas de defesa do consumidor ficam sujeitas, conforme o caso, às seguintes sanções administrativas, sem prejuízo das de natureza civil, penal e das definidas em normas específicas: (...) XII – imposição de contrapropaganda".

Estabelece o art. 60: "A imposição de contrapropaganda será cominada quando o fornecedor incorrer na prática de publicidade enganosa ou abusiva, nos termos do art. 36 e seus parágrafos, sempre às expensas do infrator. § 1º A contrapropaganda será divulgada pelo responsável da mesma forma, frequência e dimensão e, preferencialmente no mesmo veículo, local espaço e horário, de forma capaz de desfazer o malefício da publicidade enganosa ou abusiva".

É possível, portanto, buscando maior efetividade, impor contrapropaganda. A medida, aliás, está de acordo com a tendência internacional de buscar a tutela preventiva, ao invés de tudo deixar para a tutela repressiva, através das perdas e danos. Se, digamos, determinada gravadora faz publicidade de um CD em detrimento dos homossexuais, ou de determinada crença religiosa, é possível a imposição da contrapropaganda, exortando a pluralidade, sem prejuízo da caracterização do dano moral.

É possível o redirecionamento da condenação de veicular contrapropaganda imposta a posto de gasolina matriz à sua filial (STJ, REsp 1.655.796, Rel. Min. Villas Bôas Cueva, 3ª T, DJe 20/02/2020). No caso, a empresa matriz foi condenada pela prática de propaganda enganosa por ter comercializado marca de combustível diversa da sua bandeira, restando condenada a veicular contrapropaganda, cujo cumprimento da ordem foi redirecionado à empresa filial. Sob a ótica consumerista é indiferente qual a empresa infratora, incidindo à hipótese a teoria da aparência. O consumidor, ao buscar os produtos ofertados, desconhece os meandros empresariais, que não lhe dizem respeito.

7. PRINCÍPIOS PECULIARES À PUBLICIDADE NAS RELAÇÕES DE CONSUMO

Já mencionamos, em capítulo próprio, os princípios que orientam e conduzem as relações de consumo. É possível, além disso, especificar, à luz das regras que acabamos de estudar, princípios peculiares à publicidade nas relações de consumo. São eles:

Princípio da identificação da mensagem publicitária (CDC, art. 36). O consumidor tem o direito de perceber, com clareza, que está diante de um anúncio publicitário. Publicidades veladas ou escondidas em textos supostamente jornalísticos não são bem-vindas. Este princípio, portanto, veda a publicidade subliminar ou dissimulada. Afirmamos no início deste capítulo: a publicidade, em si, não é o problema, o problema é a publicidade disfarçada, sem que fique claro que se trata de publicidade. A publicidade não pode – nem mesmo na internet, ou sobretudo nela, em redes como o Instagram, por exemplo – existir sem que fique claro que estamos diante dela (alguém, digamos, com milhões de seguidores, elogia algo sem que saibamos que recebeu contrapartida financeira por isso). Lembremos que nem todos que veem aquilo tem o mesmo discernimento, a mesma percepção. Há graus diferentes de vulnerabilidade.

Princípio da vinculação contratual da publicidade (CDC, art. 30; art. 35). Cuidamos no tópico quarto da força vinculante da mensagem publicitária. A publicidade veiculada, desde que suficientemente precisa, obriga o fornecedor e prepondera inclusive sobre eventual cláusula escrita em contrário. Digamos que determinada concessionária anuncie que veículos de determinado modelo são equipados com oito *airbags*. Não valerão as cláusulas contratuais que prescrevam que o benefício está condicionado ao pagamento de taxa extra, não informada na publicidade. Nesse contexto, decidiu o STJ que responde solidariamente por vício de qualidade do automóvel adquirido o fabricante de veículos automotores que participa de propaganda publicitária garantindo com sua marca a excelência dos produtos ofertados por revendedor de veículos usados (REsp 1.365.609-SP, Rel. Min. Luis Felipe Salomão, 4ª T, DJ 25/5/2015).

Princípio da veracidade da publicidade (CDC, art. 37, § 1º). A publicidade, naturalmente, não deve veicular informes falsos, mentirosos, irreais. Os princípios da transparência, da informação, da segurança, da boa-fé objetiva (que compreende o subprincípio da lealdade) – todos já estudados – afastam a possibilidade de que isso ocorra de forma lícita. Conforme citamos, a comercialização de cerveja com álcool, ainda que reduzido, vendida como sendo sem álcool, vulnera esse princípio (STJ, REsp 1.181.066). O que se veda, portanto, é a falsidade. O princípio, porém, não impede, absolutamente, que a publicidade trabalhe com o sonho e com o humor. A fantasia e a irreverência são próprias da publicidade.

Princípio da transparência da fundamentação da publicidade (CDC, art. 36, parágrafo único). Já mencionamos a transparência como princípio geral das relações de consumo (CDC, art. 4º), no capítulo III. Aqui, especificamente na esfera da publicidade, o princípio cria para o fornecedor o dever de manter em seu poder os dados fáticos, técnicos e científicos que dão sustentação à mensagem. Além disso, a oferta e a apresentação de produtos ou serviços devem assegurar informações corretas, claras, precisas e ostensivas (CDC, art. 31).

Princípio do ônus da prova a cargo do fornecedor (CDC, art. 38). Não se cuida aqui de inversão do ônus da prova. O ônus da prova, nesta matéria, é do fornecedor, não do consumidor. A quem faz veicular o anúncio, patrocinando-o, cabe provar que as informações são corretas e verídicas.

Princípio da correção do desvio publicitário (CDC, art. 56, XII; art. 60, § 1º). Tendo havido desvio na divulgação dos informes, é possível que haja a chamada contrapropaganda. Tem caráter de sanção administrativa e não exclui, naturalmente, as demais sanções (civis e penais). Objetiva desfazer os efeitos nocivos da divulgação incorreta anterior. A contrapropaganda será divulgada pelo responsável da mesma forma, frequência e dimensão e, preferencialmente no mesmo veículo, local, espaço e horário, de forma capaz de desfazer o malefício da publicidade enganosa ou abusiva. A contrapropaganda sempre se fará às expensas do infrator (CDC, art. 60).

8. OS INFLUENCIADORES DIGITAIS

A publicidade feita por influenciadores digitais se tornou algo natural e amplamente comum. O que nos parece inaceitável – no caso dos influenciadores digitais – é que eles promovam qualquer produto ou serviço sem informar que receberam contrapartida financeira para isso. Essa conduta, pouco transparente e até maliciosa, torna-os solidariamente responsável por eventuais danos, pois viola deveres de informação e agride, de modo mais amplo, a boa-fé objetiva. O público não sabe que está diante de uma publicidade e muitos deles – vulneráveis ou hipervulneráveis – são amplamente sujeitos a consumir o que os influenciadores dizem usar. Em dezembro de 2022 um grupo de investidores dos EUA propôs ação coletiva contra celebridades como o jogador brasileiro Neymar e a cantora Madonna por promoverem uma coleção de NFTs (tokens não fungíveis) *Bored Ape Yatch Club* os tokens sem revelar que teriam recebido incentivo financeiro por esse trabalho. A petição inicial, de 94 páginas, aponta tuítes de Neymar em que o jogador afirma "Eu sou um Ape!", sem mencionar os incentivos recebidos. O tuíte teve cerca de 190 mil curtidas, 11 mil comentários e 13 mil retuítes.

De toda forma, em matéria de responsabilidade civil, cada caso é um caso e deverá ser analisado à luz das especificidades que iluminam o contexto. Quem sabia – *ou deveria saber* – que o produto ou serviço que anuncia não tem as propriedades anunciadas ou, pior, trata-se de empresa com histórico de golpes e fraudes, estará sujeito à responsabilização. A matéria dificilmente aceita uma resposta única – a resposta única, padronizada e fechada, possivelmente levará a injustiças nos casos concretos.

De toda forma, a questão central parece ser esta: um influenciador digital não pode – ou pelo menos não deve – usar sua credibilidade para dar depoimentos pessoais sobre produtos sem deixar claro que se trata de algo pago. Em outras palavras: a publicidade em si não é o problema, o problema é a publicidade disfarçada, sem que fique claro que se trata de publicidade (publicidade velada). Sobretudo tendo presente que os seguidores, em geral, ou pelo menos muitos deles, são crianças ou adolescentes, vulneráveis ou hipervulneráveis, como dissemos. Ainda estamos dando os primeiros passos dessa matéria, mas o direito não pode ficar indiferente a essa realidade.

Assim, "os influenciadores não são obrigados a se vincular, mas na hipótese de aceitarem a vinculação publicitária com contrapartidas – remuneração direta (em pecúnia) ou indireta (os denominados "mimos e recebidos" e demais contrapartidas deste modelo) – assumem responsabilidade civil objetiva e solidária com o fornecedor pelos danos causados pela divulgação de publicidade ilícita em suas redes sociais". Continuam os autores apontando ser "imprescindível, ainda, no âmbito da relação jurídica de consumo, a observância aos princípios da informação, transparência e confiança com a finalidade de se resguardar os interesses dos consumidores e preservar as legítimas expectativas despertadas pela publicidade ilícita veiculada no mercado de consumo".

Argumentam ainda que os consumidores se encontram em posição de patente vulnerabilidade - econômica, técnica, e, principalmente, informativa - perante os fornecedores, anunciantes e influenciadores digitais, sobretudo, pela assimetria de informações existente na relação jurídica de consumo (SILVA, Michael César; BARBOSA, Caio César do Nascimento; GUIMARÃES, Glayder Daywerth Pereira. Publicidade ilícita e sociedade digital: delineamentos da responsabilidade civil do digital influencer. BARBOSA, Mafalda Miranda; BRAGA NETTO, Felipe; SILVA, Michael César; FALEIROS JR, José Luiz (Coords). *Direito Digital e Inteligência Artificial.* Diálogos entre Brasil e Europa. Indaiatuba: Foco, 2021, p. 399).

Os *digital influencers*, em nossa visão, respondem objetivamente em duas situações: a) por não informar, com total clareza, que a veiculação de informações sobre determinado produto ou serviço é resultado de publicidade paga, isto é, eles receberam um patrocínio para divulgar aquele produto ou serviço (princípio da identificação da informação publicitária); ou b) por deixar de observar um dever mínimo de cuidado (oriundo da boa-fé objetiva) em relação ao caráter fraudulento do produto ou serviço que anunciam. Enfim, se há indícios de que os *influencers* sabem ou deveriam saber que determinado produto ou serviço lesa clientes de modo reiterado, há violação do dever de cuidado oriundo da boa-fé objetiva. O abuso de direito (CC, art.187), de índole objetiva, pode ser invocado como argumento normativo de reforço.

Exemplo de violação, por parte dos *influencers*, do dever de cuidado, tivemos em 2023 com o cassino digital *Blaze.* A empresa patrocinou Felipe Neto, Neymar, Peter Jordan, dentre outros, pagando quantias milionárias para os youtubers em publicidade. Porém, do outro lado, milhares de pessoas relatavam problemas na plataforma - foram mais de 5 mil reclamações no *Reclame Aqui*, só nos primeiros dias de junho de 2023. Saldos dos clientes sumiam, saques travavam e não podiam ser realizados, entre outros tantos problemas que indicam fraudes aos clientes. O assunto ganhou uma proporção tão grande que permaneceu várias semanas entre os *trending topics* do *Twitter* (atual *X*). Mesmo diante disso tudo Felipe Neto defendeu a publicidade que fazia da empresa - e a repercussão foi tão ruim que logo depois apagou a mensagem. Felipe Neto também passou a bloquear pessoas que questionavam sua parceria com a *Blaze.* Neymar, por sua vez, limitou os comentários em post de apoio à *Blaze* no instagram. Estranho, ainda, que o cassino on-line, apesar de lidar com patrocínios milionários no Brasil, não tinha dono conhecido, sendo um absoluto mistério quem estava por trás da empresa. Em situações assim os youtubers não podem dizer que não sabiam ou não deveriam saber que continuavam a divulgar um produto ou serviço lesivo aos consumidores e, por isso, estão sujeitos a responder civilmente de modo solidário.

9. QUESTÕES DE CONCURSOS

01. (FGV – Juiz de Direito – TJ – PE/2022) Determinada publicidade televisiva sobre um produto eletrônico informava que os dados sobre preço e forma de pagamento pelo produto poderiam ser obtidos por meio de contato telefônico, que se realizava de modo tarifado. Instado a julgar o processo que descreveu na causa de pedir tais fatos, e considerando o direito à informação como garantia fundamental da pessoa humana e como algo que impacta na autodeterminação e liberdade de escolha do consumidor, seguindo o entendimento do Superior Tribunal de Justiça, é correto considerar que:

a) a situação narrada configura publicidade enganosa por omissão, mesmo se a compra não tiver sido concretizada;

b) o dever de informar é tratado como dever anexo às relações de consumo, e o caso não configura publicidade enganosa;

c) a modalidade omissiva não consagra publicidade enganosa, prevista na forma comissiva decorrente de uma afirmação;

d) a situação narrada configura publicidade abusiva por omissão, mas somente se a compra tiver sido concretizada;

e) a publicidade enganosa por omissão somente será caracterizada caso se concretize a compra do produto.

02. (FGV – Juiz de Direito – TJ – AP/2022) Regina ingressou com ação judicial em face da montadora de automóveis (primeira ré) e da revendedora (segunda ré), alegando que sofreu prejuízo na compra de um veículo. A consumidora narra que, em outubro de 2020, adquiriu o veículo anunciado na mídia como sendo o lançamento do modelo na versão ano 2021, o que foi confirmado pelo vendedor que a atendeu na concessionária. No mês seguinte, a montadora lançou novamente aquele modelo denominando versão ano 2021, entretanto, contando com mais acessórios, o que impactou na desvalorização do carro de Regina. Diante dessa situação, é correto afirmar que:

a) há abusividade na prática comercial que induziu Regina a erro, ao frustrar sua legítima expectativa e quebrar a boa-fé objetiva; a responsabilidade solidária da montadora e da revendedora está caracterizada pelo vício decorrente da disparidade com indicações constantes na mensagem publicitária e informadas à consumidora;

b) resta caracterizada a publicidade abusiva ao induzir a erro a consumidora no que dizia respeito às características, qualidade, bem como outros dados sobre o veículo; a segunda ré não possui legitimidade passiva, uma vez que é apenas a revendedora de automóveis, não tendo responsabilidade pela propaganda;

c) o ato de não informar que seria lançada outra versão com acessórios diversos constitui omissão, o que não caracteriza propaganda enganosa que ocorre por ato comissivo; a responsabilidade pelo fato do produto decorrente da propaganda enganosa lançada nas concessionárias é da montadora;

d) há prática comercial abusiva e propaganda enganosa, violando os deveres de informações claras, ostensivas, precisas e corretas, frustrando a legítima expectativa da consumidora e violando os deveres de boa-fé objetiva; a responsabilidade do comerciante é subsidiária em caso de produto que se tornou defeituoso em razão da qualidade inferior que impactou na diminuição do valor;

e) inexistiu publicidade enganosa ou defeito na prestação do serviço, uma vez que não se considera defeituoso o produto pelo fato de outro de melhor qualidade ter sido colocado no mercado; a responsabilidade subsidiária da revendedora em relação à montadora está caracterizada pelo vício decorrente da disparidade com indicações constantes na mensagem publicitária.

03. (FGV – Juiz de Direito – TJ – MG/2022). A sociedade empresária Empreendimentos Lua Redonda Ltda. está promovendo um loteamento. Ela inseriu na publicidade do empreendimento várias fotografias e um texto, esclarecendo que os lotes eram ofertados aos seguidores de determinada religião e morar em um deles era condição suficiente para se livrar da condenação eterna após a morte. Acrescentou que o dirigente religioso do grupo já havia adquirido cinco lotes, o que era verdade. A publicidade é:

a) correta.

b) abusiva.

c) enganosa.

d) permitida.

GABARITO			
01. A	**02. A**	**03. B**	

Estas e outras questões estão disponíveis para serem respondidas na plataforma JusClass:

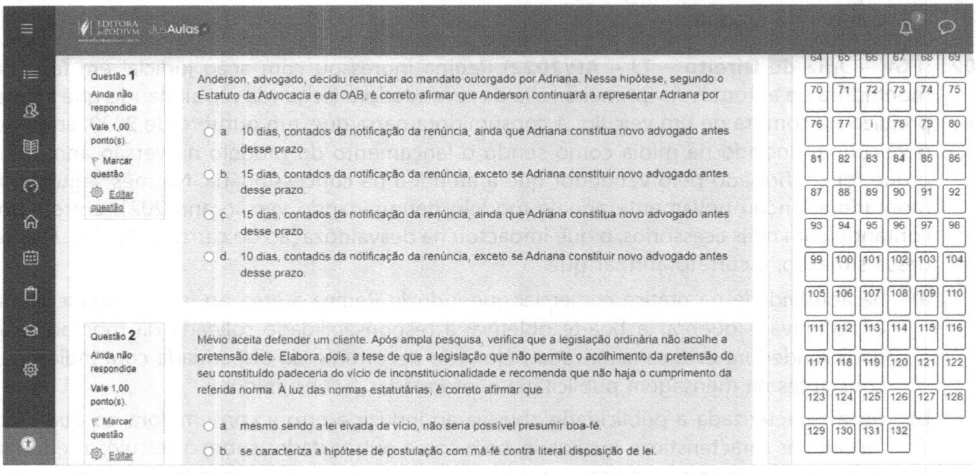

10. QUADRO SINÓTICO

A PUBLICIDADE NAS RELAÇÕES DE CONSUMO

- **O CDC proíbe a publicidade enganosa e a publicidade abusiva (CDC, art. 37).**
- **É enganosa a publicidade total ou parcialmente falsa, como, por exemplo, vender lâmpada de 50 watts como sendo de 100 watts (CDC, art. 37, § 1º).**
- **É abusiva, dentre outras, a publicidade discriminatória, a que provoque o medo ou incite a violência, como, por exemplo, dizer a respeito de lançamento imobiliário: "o condomínio em que pobre não entra" (CDC, art. 37, § 2º).**
- **A publicidade pode ser enganosa por omissão, quando deixa de informar sobre dado essencial do produto ou serviço (CDC, art. 37, § 3º; STJ, REsp 327.257).**
- **O ônus da prova, na comunicação publicitária, tem regime jurídico diferenciado. Fica a cargo de quem patrocina provar a veracidade e a correção da comunicação (CDC, art. 38).**

CAPÍTULO XII

PRÁTICAS ABUSIVAS

O CDC, depois de tratar da publicidade, traz uma seção destinada às práticas abusivas. Inicia-se com o art. 39, que em seus quatorze incisos elencam, de modo exemplificativo, alguns comportamentos tidos como abusivos no mercado de consumo. O STJ tem reiterado que o art. 39 elenca práticas abusivas de forma exemplificativa, admitindo interpretação flexível. O tribunal entende, por exemplo, que o cancelamento e a interrupção de voos, sem razões claras de ordem técnica e de segurança, é prática abusiva. Também é prática abusiva não informar o consumidor, por escrito e justificadamente, quando tais cancelamentos vierem a ocorrer (STJ, REsp 1.469.087, Rel. Min. Humberto Martins, DJ 17/11/2016). O STJ considerou ser abusiva a prática comercial consistente no cancelamento – unilateral e automático – de um dos trechos da passagem aérea, sob a justificativa de não ter o passageiro se apresentado para embarque no voo antecedente (STJ, 1.595.731, DJ 01/08/2018). A situação é comum. O passageiro adquire as passagens aéreas de ida de volta conjuntamente. Por uma razão qualquer, não comparece na viagem de ida (se atrasa, digamos, e outra passagem para ir depois, certo de que terá assegurada a passagem de volta). A companhia aérea, porém, habitualmente cancelava a passagem de volta, diante do não comparecimento na viagem de ida (*no show*). O STJ, a partir de 2018, considerou essa prática abusiva.

Importante esclarecer, conforme já estudamos no Capítulo relativo aos princípios do CDC, que a boa-fé objetiva produz efeitos antes, durante e depois da conclusão do contrato. Há, portanto, efeitos pré-contratuais e pós-contratuais. Isso vale, também, como não poderia ser diferente, para as práticas abusivas.

Cabe esclarecer que o chamado *credit scoring* não configura, segundo o STJ, prática abusiva. Já mencionamos a questão ao tratar dos princípios do CDC. O STJ entendeu que "o sistema de *credit scoring* é um método desenvolvido para avaliação do risco de concessão de crédito, a partir de modelos estatísticos, considerando diversas variáveis, com atribuição de uma pontuação ao consumidor avaliado (nota do risco de crédito)" (STJ, REsp 1.419.697, Segunda Seção, Rel. Min. Paulo de Tarso, DJ 17/11/2014). Trata-se, segundo o STJ, de prática comercial lícita. Porém, o desrespeito aos limites legais na utilização do sistema *credit scoring*, poderá configurar ilícito civil (abuso de direito, à luz do art. 187 do Código Civil), ensejando responsabilidade objetiva e solidária. Nesse caso, responderão o fornecedor do serviço, o responsável pelo banco de dados, a fonte e o consulente (art. 16 da Lei nº 12.414/2011) pela ocorrência de danos morais nas hipóteses de utilização de informações excessivas ou sensíveis (art. 3º, § 3º, I e II, da Lei nº 12.414/2011), bem como nos casos de comprovada recusa indevida de crédito pelo uso de dados incorretos ou desatualizados (STJ, REsp 1.419.697). Em suma, o *credit scoring* é uma prática lícita, segundo o STJ. Apenas eventuais abusos podem perfazer danos indenizáveis.

Por outro lado é ilícita a conduta da operadora de plano de saúde que nega a inscrição de recém-nascido no plano de saúde de titularidade de avô, sendo a genitora dependente/beneficiária desse plano (STJ, REsp 2.049.636, Rel. Min. Villas Bôas Cueva, 3ª T, DJe 28/04/2023). Porém, ainda assim, o recém-nascido sem inscrição no plano de saúde não pode ficar ao desamparo enquanto perdurar sua terapia, sendo sua situação análoga à do beneficiário sob tratamento médico, cujo plano coletivo foi extinto. Em ambas as hipóteses deve haver o custeio temporário, pela operadora, das despesas assistenciais até a alta médica, em observância aos princípios da boa-fé, da função social do contrato, da segurança jurídica e da dignidade da pessoa humana.

Portanto, o esgotamento do prazo de 30 dias após o parto (contratualmente previsto) não pode provocar a descontinuidade do tratamento médico-hospitalar, devendo haver a extensão até a alta médica do recém-nascido. Nessas situações, a título de contraprestação, deve ser considerado o recém-nascido como se inscrito fosse, mesmo que provisoriamente, o que lhe acarreta não o ressarcimento de despesas conforme os valores de tabela da operadora, mas o recolhimento de quantias correspondentes a mensalidades de sua categoria, a exemplo também do que acontece com os beneficiários sob tratamento assistencial em planos extintos. É portanto abusiva a atitude da operadora que tenta descontinuar o custeio de internação do recém-nascido após ultrapassado o prazo de 30 dias de seu nascimento.

1. VENDA CASADA OU IMPOSIÇÃO DE LIMITES QUANTITATIVOS PELO FORNECEDOR

O art. 39 está assim redigido: "É vedado ao fornecedor de produtos ou serviços, dentre outras práticas abusivas: I – condicionar o fornecimento de produto ou de serviço ao fornecimento de outro produto ou serviço, bem como, sem justa causa, a limites quantitativos".

Trata-se da famosa venda casada. O CDC não a admite. Consiste em prática, comum no mercado de consumo, consistente em atrelar o fornecimento de produto – menos frequentemente de serviço – à aquisição de outro produto. Os bancos, lamentavelmente, costumam insistir em tal prática. Se, por exemplo, um cliente pede pequeno empréstimo, a concessão, muitas vezes, é condicionada à realização de um contrato de seguro de vida, por exemplo. O certo é que nos contratos bancários em geral o consumido não pode ser obrigado a contratar seguro com a instituição financeira (nem mesmo com a seguradora por ela indicada). Tal prática seria venda casada.

O consumidor, vulnerável, aceita a imposição, porque precisa do produto. Tal prática, porém, é terminantemente proscrita pelo CDC, e sua extermінação dependerá de constante vigilância por parte dos consumidores e dos entes que detém atribuição para defendê-lo, especialmente através do controle preventivo (controle de cláusulas abusivas pelo Ministério Público, por exemplo). A respeito do tema decidiu-se que configura dano moral coletivo *in re ipsa* a prática comercial de oferecer ao consumidor produto com significativa vantagem – linha telefônica com tarifas mais interessantes do que as outras ofertadas no mercado – e, em contrapartida, condicionar a aquisição do produto à compra do aparelho telefônico (STJ, REsp 1.397.870, Rel. Min. Campbell Marques, DJ 10/12/2014).

São direitos básicos do consumidor a proteção contra práticas abusivas no fornecimento de serviços e a efetiva prevenção/reparação de danos patrimoniais (CDC, art. 6º, IV e VI), sendo vedado ao fornecedor condicionar o fornecimento de serviço, sem justa causa, a limites quantitativos, exigir do consumidor vantagem manifestamente excessiva, bem como elevar sem justa causa o preço de serviços (CDC, art. 39, I, V e X)". O STJ teve oportunidade de destacar que "uma das formas de violação da boa-fé objetiva é a venda casada (*tying arrangement*), que consiste no prejuízo à escolha do consumidor decorrente do condicionamento, subordinação e vinculação da aquisição de um produto ou serviço (principal – *tying*) à concomitante aquisição de outro (secundário – *tied*), quando o propósito do consumidor é, unicamente, o de obter o produto ou serviço principal" (STJ, REsp 1.737.428, Rel. Min. Nancy Andrighi, 3ª T, DJe 15/03/2019).

A empresa cinematográfica, por exemplo, que apenas permite que o consumidor ingresse na sala de exibição com as pipocas que vende, e não com outras, age abusivamente. Desse modo, ao "fornecedor de produtos ou serviços, consectariamente, não é lícito, dentre outras práticas abusivas, condicionar o fornecimento de produto ou serviço ao fornecimento de outro produto ou serviço (art. 39, I do CDC)". Continua o acórdão: "A prática abusiva revela-se patente se a empresa cinematográfica permite a entrada de produtos adquiridos nas suas dependências e interdita o adquirido alhures, engendrando por via oblíqua a cognominada 'venda casada', interdição inextensível ao estabelecimento cuja venda de produtos alimentícios constitui a essência da sua atividade comercial, como, *verbi gratia*, os bares e restaurantes" (STJ, REsp 744.602, Rel. Min. Luiz Fux, DJ 15/03/07).

Posteriormente, de modo semelhante, o STJ entendeu que configura venda casada a prática dos cinemas que proibir que os clientes ingressem com outros alimentos nas salas de cinema. As empresas só permitem o consumo de alimentos comprados dentro do estabelecimento. O STJ, a propósito, decidiu que "ao compelir o consumidor a comprar dentro do próprio cinema todo e qualquer produto alimentício, o estabelecimento dissimula uma venda casada (art. 39, I, do CDC), limitando a liberdade de escolha do consumidor (art. 6º, II, do CDC), o que revela prática abusiva" (STJ, REsp 1.331.948, Rel. Min. Ricardo Villas Bôas Cueva, 3ª T, DJ 05/09/2016). A venda casada ocorre, no caso, em razão da limitação do poder de escolha do consumidor, que só poderia adquirir os alimentos oferecidos pelo fornecedor.

O inciso primeiro ainda alude – como prática abusiva – ao condicionamento do produto ou serviço, sem justa causa, a limites quantitativos. O taxista, por exemplo, não pode recusar corrida porque o percurso é inferior ao que ele gostaria. Porém, obviamente, o inciso deve ser lido com razoabilidade, de forma a não amparar caprichos injustificáveis de algum consumidor menos razoável.

O STJ considera válida a cláusula de fidelidade em contrato de telefonia ou mesmo TV a cabo. Há, geralmente, nesses casos, tarifas inferiores ou bônus aos consumidores (como por exemplo o oferecimento de celulares). Nesse contexto o STJ proclamou que "a cláusula de fidelização em contrato de serviços de telecomunicação (como o serviço de TV a cabo) revela-se lícita" (STJ, REsp 1.362.804, Rel. Min. Luis Felipe Salomão, 4ª T, DJ 01/08/2017). A situação descrita, portanto, não perfaz prática abusiva aos olhos do STJ: "Não caracteriza a prática vedada pelo artigo 39, inciso I, do CDC, a previsão de prazo de permanência mínima (fidelização) em contrato de telefonia móvel e de comodato, contanto que, em contrapartida, haja a concessão de efetivos benefícios ao consumidor", segundo entendimento do STJ em análise de recurso especial". Um pouco antes, afirmou que a "contratação simultânea de prestação de serviços de telefonia móvel e de comodato de aparelhos celulares, com cláusula de *fidelização*. Previsão de permanência mínima que, em si, não encerra venda casada" (STJ, REsp 1.097.582, Rel. Min. Marco Buzzi, 4ª T, DJ 19/03/2013).

Em julgado que já mencionamos o STJ reconheceu a existência de publicidade "duplamente abusiva" (por ser dirigida a crianças e haver, no caso, venda casada). O julgado assentou: "A hipótese dos autos caracteriza publicidade duplamente abusiva. Primeiro, por se tratar de anúncio ou promoção de venda de alimentos direcionada, direta ou indiretamente, às crianças. Segundo, pela evidente *venda casada*, ilícita em negócio jurídico entre adultos e, com maior razão, em contexto de marketing que utiliza ou manipula o universo lúdico infantil (art. 39, I, do CDC). *In casu*, está configurada a venda casada, uma vez que, para adquirir/comprar o relógio, seria necessário que o consumidor comprasse também 5 (cinco) produtos da linha *Gulosos*" (STJ, REsp 1.558.086, Rel. Min. Humberto Martins, 2ª T, DJe 15/04/2016).

Convém dizer ainda que podemos ter a figura da venda casada *às avessas*. Essa modalidade de venda casada – também chamada de indireta ou dissimulada – consiste em se admitir uma conduta de consumo intimamente relacionada a um produto ou serviço, mas cujo exercício é restringido à única opção oferecida pelo próprio fornecedor, limitando a liberdade de escolha do consumidor.

2. RECUSA DE CONTRATAR PELO FORNECEDOR

Prevê o inciso II: "recusar atendimento às demandas dos consumidores, na exata medida de suas disponibilidades de estoque, e, ainda, de conformidade com os usos e costumes". Tal inciso, interessantemente, impõe ao fornecedor o dever de concluir negócio jurídico com os consumidores, em conformidade com os usos e costumes e na medida exata de suas disponibilidades de estoque.

O fornecedor, portanto, ao oferecer, no mercado de consumo, produtos ou serviços, não pode, arbitrariamente, escolher consumidores, vendendo a este mas não àquele. Tal prática seria manifestamente abusiva. Pensemos, por exemplo, no hotel que recusa hóspede, havendo vagas. Caberá, naturalmente, indenização por dano moral, sem prejuízo de outras sanções. Instituição de ensino superior não pode recusar a matrícula de aluno aprovado em vestibular em razão de inadimplência em curso diverso anteriormente frequentado por ele na mesma instituição (STJ, REsp 1.583.798, Rel. Min. Herman Benjamin, DJ 07/10/2016).

Esclareça-se, contudo, que a não-aceitação de cheques pelo fornecedor de produtos ou serviços não configura, em linha de princípio, prática abusiva. Decidiu-se, nesse sentido, que "a jurisprudência desta Corte é no sentido de que o recebimento de cheques é liberalidade dos comerciantes, a sua aceitação pode ser condicionada, como ocorreu no caso vertente, sem infringência ao Código de Defesa do Consumidor" (STJ, AgRg no AREsp 552.457, Rel. Min. Humberto Martins, DJ 29/09/2014). De toda forma, atualmente a figura do cheque praticamente hoje praticamente só existe no museu das práticas passadas.

3. PRODUTOS ENVIADOS SEM SOLICITAÇÃO PRÉVIA

O inciso III do art. 39 está assim posto: "enviar ou entregar ao consumidor, sem solicitação prévia, qualquer produto, ou fornecer qualquer serviço".

Eis um dos conhecidos dramas do consumidor. Muitíssimos brasileiros já se viram nesta situação: recebem cartões de créditos que não solicitaram, veem serviços realizados sem que tenham sido solicitados, etc. Embora comum, e ainda não exterminado de todo do mercado de consumo, tal agir é abusivo. Se o fornecedor se vale de técnica agressiva de marketing, os riscos são seus. Jamais o consumidor poderá ser responsabilizado por um produto ou serviço que não solicitou. A solução, como veremos adiante, é dada pelo próprio CDC: o produto ou serviço é tido como amostra grátis, não empenhando ônus para o consumidor.

É o que prescreve o parágrafo único do art. 39: "Os serviços prestados e os produtos remetidos ou entregues ao consumidor, na hipótese prevista no inciso III, equiparam-se às amostras grátis, inexistindo obrigação de pagamento". O STJ, a propósito, decidiu: "Consumidor. Serviços de '0900'. Disque prazer. Cobrança. Necessidade de prévia solicitação. CDC, art. 39, III. A cobrança de serviço de '0900' – disque prazer – sem a prévia solicitação do consumidor constitui prática abusiva (CDC, art. 39, III). Se prestado, sem pedido anterior, tal serviço equipara-se às amostras grátis, inexistindo obrigação de pagamento (CDC, art. 39, parágrafo único)" (STJ, REsp 318.372, Rel. Min. Humberto Gomes de Barros, 3ª T, 17/05/04). A matéria foi sumulada: "Constitui prática comercial abusiva o envio de cartão de crédito sem prévia e expressa solicitação do consumidor, configurando-se ato ilícito indenizável e sujeito à aplicação de multa administrativa" (STJ, Súmula 532).

4. APROVEITAMENTOS DAS VULNERABILIDADES ESPECÍFICAS DO CONSUMIDOR

O inciso seguinte, IV, está assim redigido: "prevalecer-se da fraqueza ou ignorância do consumidor, tendo em vista sua idade, saúde, conhecimento ou condição social, para impingir-lhe seus produtos ou serviços". A norma, preocupada com as circunstâncias da contratação, diz ser prática abusiva aquela em que o fornecedor, de modo abusivo, se vale das vulnerabilidades específicas do consumidor. Assim, age abusivamente o banco que, no caso dos empréstimos consignados, exige dos idosos taxas de juro acima do mercado, valendo-se da fraqueza do consumidor – que precisa do dinheiro para a comprar de medicamentos, por exemplo.

Hoje sabemos ser extremamente importante reconhecer vulnerabilidades e, mais do que isso, incorporar à ordem jurídica instrumentos que tragam respostas efetivas (à luz das particularidades de cada situação vulnerável, que são naturalmente distintas). Marcos Ehrhardt Jr. excelentemente sintetiza: "Atualmente relacionamos o tema da vulnerabilidade à necessidade de intervenção para a proteção de crianças, adolescentes, idosos, pessoas com deficiência, pessoas superendividadas e mulheres vítimas dos mais diversos tipos de violência em suas relações conjugais, mas não podemos nos esquecer de incluir nas discussões sobre o tema as pessoas que sofrem discriminações por conta de suas escolhas no campo religioso e/ou sexual, tampouco pessoas que sofrem preconceito por sua origem racial ou pela contingência de estarem tentando sobreviver a uma guerra, perseguição política ou severas condições socioeconômicas, fatores comuns entre refugiados" (A vulnerabilidade e sua compreensão no direito brasileiro. Indaiatuba: Foco, 2021, p. III).

Nesse contexto os estudos sobre a vulnerabilidade ocupam lugar de destaque no direito privado do século XXI. A experiência jurídica atual busca, de algum modo, compensar a hipervulnerabilidade de certas pessoas ou grupos sociais.

5. EXIGÊNCIA DE VANTAGENS EXCESSIVAS

O inciso V tem o seguinte conteúdo: "exigir do consumidor vantagem manifestamente excessiva". A preocupação do CDC com o equilíbrio material das prestações é quase obsessiva. Transparece em inúmeros dispositivos do CDC. Aliás, o rol de cláusulas abusivas – adiante comentado no art. 51 – é, todo ele, uma repulsa do legislador às cláusulas que provocam desequilíbrio entre as prestações. Digamos, porém, que tal repetição – como já dissemos outras vezes – foi intencional. O legislador do CDC, com seu pragmatismo inteligente, plantou, em vários pontos da lei, o mesmo conteúdo normativo, buscando evitar que o veto presidencial, bloqueando certo dispositivo, restringisse a eficácia do CDC, uma vez que a mesma disposição estaria prevista em outro ponto da lei.

Conforme já destacamos no capítulo III, o STJ, em 2020, mudou o entendimento sobre a *taxa de conveniência* em venda de ingressos pela internet. Passou a entender que a cobrança de taxa de conveniência na venda de ingressos pela internet só é abusiva quando se verifica o descumprimento do dever de informação na fase pré--contratual. O STJ, no julgado, manteve a condenação da empresa de venda *on-line* de ingressos apenas no tocante à obrigação de incluir em seus anúncios o preço total da compra, com destaque para o valor da taxa de conveniência, sob pena de ser obrigada a restituir tal quantia ao consumidor, sem prejuízo de eventual fixação de multa. Convém conferir o julgado: "Validade da intermediação, pela internet, da venda de ingressos para eventos culturais e de entretenimento mediante cobrança de *taxa de conveniência*, desde que o consumidor seja previamente informado o preço total da aquisição do ingresso, com o destaque do valor da *taxa de conveniência*" (STJ, EDcl no REsp 1.737.428, Rel. p/ acórdão Paulo Sanseverino, DJe 19/11/2020).

Em 2022 se decidiu que a empresa aérea que disponibilizar a opção de resgate de passagens aéreas com *pontos* pela *internet* é obrigada a assegurar que o cancelamento ou reembolso desses seja solicitado pelo mesmo meio (STJ, REsp 1.966.032, Rel. Min. Luis Salomão, 4ª T, DJe 09/09/2022). Assim, "os programas de fidelidade, embora não sejam ofertados de maneira onerosa, proporcionam grande lucratividade às empresas aéreas, tendo em vista a adesão de um grande número de pessoas, as quais são atraídas pela diversidade dos benefícios que lhes são oferecidos. O fato da empresa aérea não disponibilizar a opção de cancelamento pela internet configura prática abusiva, na forma do art. 39, V, do CDC, especialmente quando a ferramenta é disponibilizada ao consumidor no caso de aquisição/resgate de passagens. A conduta, além de ser desprovida de fundamento técnico ou econômico, evidencia a imposição de ônus excessivo ao consumidor, considerando a necessidade de seu deslocamento às lojas físicas da empresa (apenas aquelas localizadas nos aeroportos) ou a utilização do *call center*, medidas indiscutivelmente menos efetivas quando comparadas ao meio digital. Nesse passo, configurada a prática de conduta lesiva ao consumidor, não há que se falar em ingerência desmotivada na atividade empresarial".

6. EXECUÇÃO DE SERVIÇO SEM ORÇAMENTO PRÉVIO

O inciso VI está assim posto: "executar serviços sem a prévia elaboração de orçamento e autorização expressa do consumidor, ressalvadas as decorrentes de práticas anteriores entre as partes". A execução dos serviços, até em decorrência da boa-fé objetiva, deve ser precedida de prévia e clara informação ao consumidor acerca dos custos. Sem isso, não há negócio jurídico, não havendo, portanto, vinculação do consumidor.

Digamos, por exemplo, que o consumidor deixe seu carro na concessionária para realização de orçamento, e quando volte encontre os "serviços" já realizados, com a troca de inúmeras peças em relação às quais não foi consultado. Não haverá dever de adimplir, podendo – sem dano ao consumidor – haver o retorno ao estado anterior, se é que ele é possível (retirada, célere e sem danos, das peças introduzidas no veículo).

Sobre o tema a jurisprudência esclareceu: "O art. 39, VI, do Código de Defesa do Consumidor determina que o serviço somente pode ser realizado com a expressa autorização do consumidor. Em consequência, não demonstrada a existência de tal autorização, é imprestável a cobrança, devido, apenas, o valor autorizado expressamente pelo consumidor" (STJ, REsp 332.869, Rel. Min. Carlos Alberto Menezes Direito, 3ª T, p. 02/09/02).

A única exceção que o inciso VI estabelece diz respeito às "práticas anteriores entre as partes". É natural. Se as partes, habitualmente, acordam entre si a realização de serviços sem orçamentos prévios, não seria o legislador que coibiria tal prática, até porque se presume que o consumidor conheça o valor dos serviços. Tal prova, contudo, cabe ao fornecedor de serviços.

7. REPASSE DE INFORMAÇÕES DEPRECIATIVAS RELATIVAS A CONSUMIDOR

O inciso VII traz como prática abusiva: "repassar informação depreciativa, referente a ato praticado pelo consumidor no exercício de seus direitos".

Se isso ocorre, o fornecedor responderá, inclusive, sendo o caso, através de indenização por dano moral. Haverá dano moral sempre que houver não exercício, mas abuso de direito, caracterizado, de acordo com o art. 187 do Código Civil, como ato ilícito. Assim, "insistência de pedido de restauração de inquérito policial arquivado, que deu oportunidade à imprensa de dar publicidade ao ato, e expor a imagem dos autores, causou dano à imagem dos autores" (STJ, REsp 316.295, Rel. Min. Humberto Gomes de Barros, 3ª. T, j. 07/12/04, p. DJ 21/03/05).

Embora não se trate de relação de consumo, vale referir o seguinte acórdão, por sua identidade de fundamentos com o inciso VII do art. 39: "Devido o ressarcimento, a título de dano moral, a ex-empregado cujo ato demissório calcou-se em imputação da prática de crime não comprovado, a par de a investigação interna procedida pela instituição bancária empregadora ter deixado de zelar pelo aspecto confidencial, vazando informações que trouxeram, no meio social e profissional do autor, prejuízo à sua honra e dignidade" (STJ, REsp 319.124, Rel. Min. Aldir Passarinho Júnior, 4ª T, j. 06/08/02, p. DJ 16/09/02).

Em sentido semelhante, decidiu-se que comete abuso de direito, ensejador de dano moral, quem divulga, no âmbito profissional, informações desairosas sobre a conduta alheia. Nesse sentido, a sociedade que envia correspondência a clientes e fornecedores, insinuando que estes deveriam cercar-se de zelo, pois determinado sócio se desligara da sociedade, podendo querer aparentar condição que já não tinha. Abusou, segundo o STJ, a empresa, pois o direito "à informação (...) não ia além da comunicação de que o sócio se desligara da sociedade" (STJ, REsp 186.216, Rel. Min. Ari Pargendler, 3 T, j. 25/02/03, p. DJ 23/06/03).

8. INSERÇÃO NO MERCADO DE PRODUTO EM DESACORDO COM AS NORMAS TÉCNICAS

O CDC traz, no inciso VIII do art. 39, como prática abusiva: "colocar, no mercado de consumo, qualquer produto ou serviço em desacordo com as normas expedidas pelos órgãos oficiais competentes ou, se normas específicas não existirem, pela Associação Brasileira de Normas Técnicas ou outra entidade credenciada pelo Conselho Nacional de Metrologia, Normalização e Qualidade Industrial – CONMETRO".

Se o produto ou serviço está em desacordo com as normas administrativas pertinentes, ele, por si só, já é potencialmente perigoso ao consumidor, ou pelo menos poderá agredir-lhe as legítimas expectativas em relação ao produto ou serviço. Bem por isso o legislador tem como prática abusiva a inserção, no mercado de consumo, de produto ou serviço em descompasso com as respectivas normas técnicas.

A jurisprudência já teve oportunidade de consignar que "não há ilegalidade na Resolução nº 11/88 do CONMETRO e na Resolução nº 74/95 do INMETRO, por se tratarem de atos que estabelecem normas e critérios para efetivar a política nacional de metrologia, nos termos da Lei nº 5.966/73. Ademais, o Código de Defesa do Consumidor veda a introdução no mercado de consumo de qualquer produto ou serviço em desacordo com as normas expedidas pelos órgãos oficiais competentes (art. 39, VIII)" (STJ, REsp 416.211, Rel. Min. Denise Arruda, 1ª T, p. 31/05/04).

Em sentido semelhante: "O CONMETRO, usando de sua competência normativa e atribuições legais, em consonância com o disposto nas alíneas 'a' e 'c' dos itens 4.1.e 4.2. do Regulamento, concedeu ao INMETRO atribuição de expedir atos normativos metrológicos, necessários à implementação de suas atividades, com amparo na Resolução nº 11/88 e art. 39, VIII do Código de Defesa do Consumidor. É legítima a edição pelo INMETRO da Portaria nº 74/95, que dispõe sobre exames quantitativos de mercadorias e critérios para verificação do conteúdo líquido e do conteúdo nominal dos produtos comercializados nas grandezas de massa e volume, porquanto este órgão não extrapolou os limites de sua competência" (STJ, REsp 423.274, Rel. Min. Garcia Vieira, 1ª T, p. 26/08/02).

Analisando a questão dos produtos postos à venda com o prazo de validade vencido, a jurisprudência consignou, sob a ótica criminal: "Crime contra as relações de consumo. Exposição ou depósito de produtos destinados à venda com prazo de validade vencido. Pretendida realização de perícia para atestar a impropriedade efetiva da mercadoria exposta. Dispensabilidade. Delito formal, de perigo presumido, que se caracteriza com a mera transgressão da norma legal. Inteligência do art. 7º, IX, c/c art. 12, III, da Lei 8.137/90" (STJ, HC 38.200, 5ª T, Rel. Min. Arnaldo Esteves Lima, p. DJU 01/02/05).

9. RECUSA DE VENDA DE BENS OU PRESTAÇÃO DE SERVIÇOS

O inciso IX estabelece: "recusar a venda de bens ou a prestação de serviços, diretamente a quem se disponha a adquiri-los mediante pronto pagamento, ressalvados os casos de intermediação regulados em leis especiais". A hipótese, na verdade, é bem parecida com a do inciso II: "recusar atendimento às demandas dos consumidores, na exata medida de suas disponibilidades de estoque, e, ainda, de conformidade com os usos e costumes".

A imprensa divulgou que certos blocos de carnaval em Salvador negam o acesso de pessoas negras, ainda que não o façam explícita, mas obliquamente. Se, porventura, tal situação se configurar, o consumidor, além dos danos morais, poderá fazer uso da tutela específica da obrigação (CDC, art. 84), para participar do carnaval, como qualquer outro consumidor.

Ainda a respeito do inciso IX, diga-se que a negativa de aceitar um consumidor na contratação de um seguro deve ser regra absolutamente excepcional. Por certo, consumidores que apresentam grau de risco maior devem arcar com prêmios mais elevados, ao passo que consumidores cujo risco seja menor, devem poder contratar o seguro a preço mais baixo. Porém, a negativa – em proposta de seguro de vida oferecido no âmbito da relação de trabalho – de aceitar jovem anteriormente acometido de leucemia, que se encontra clinicamente curado, caracteriza dano moral e ofende o art. 39, IX, do CDC (STJ, REsp 1.300.116, Rel. Min. Nancy Andrighi, 3ª T, DJ 13/11/12). A conduta da seguradora revela-se abusiva sobretudo porque não ofereceu opções para a contratação (ainda que cobrando mais caro e ressalvando a cobertura de doenças preexistentes) e, também, porque o seguro era oferecido como consectário do contrato de estágio, e o consumidor, ao ser rejeitado, vê sua doença desnecessariamente exposta no ambiente de trabalho.

10. ELEVAÇÃO SEM JUSTA CAUSA DO PREÇO DE PRODUTOS OU SERVIÇOS

O inciso X prevê como prática abusiva: "elevar sem justa causa o preço de produtos ou serviços". Não estão vedados, obviamente, qualquer aumento de preços. O que o inciso colima evitar é o aumento abusivo, divorciado de qualquer causa, de qualquer elemento de razoabilidade.

Acerca das vendas com cartões de crédito terem preços superiores àquelas das vendas à vista, já houve idas e vindas na jurisprudência. Inicialmente o STJ entendeu que a prática era válida (STJ, REsp 229.586, Rel. Min. Garcia Vieira, 1ª T, p. 21/02/00). Dez anos depois, passou a entender que era inválida (STJ, REsp 1.133.410, Rel. Min. Massami Uyeda, 3ª T, DJ 07/04/10). Atualmente, com a Lei n. 13. 455/2017, a diferenciação de preços para o pagamento em dinheiro ou em cartão voltou a ser válida.

Acerca dos juros remuneratórios cobrados pelas empresas de cartão de crédito, a jurisprudência consignou: "A legislação não limita os juros remuneratórios cobrados pelas instituições financeiras, que, todavia, estão sujeitas ao Código de Defesa do Consumidor (STJ – Súmula nº 297)" (AgRg no REsp 819.079, Rel. Min. Ari Pargendler, 3ª T, p. 29/05/06).

11. AUSÊNCIA DE PRAZO PARA CUMPRIMENTO DE OBRIGAÇÃO PELO FORNECEDOR

O inciso XII – lembremos que o inciso XI foi vetado – estatui como exemplo de prática abusiva: "deixar de estipular prazo para o cumprimento de sua obrigação ou deixar a fixação de seu termo inicial a seu exclusivo critério".

Tal prática, naturalmente, viola o equilíbrio entre as prestações. Se ao fornecedor fosse dado cumprir suas obrigações quando bem lhe aprouvesse, nenhuma garantia teria o consumidor.

Se o consumidor, cujo sistema de freios do veículo foi danificado, comunica o fornecedor de tal circunstância e meses se passam sem que o conserto seja verificado, parece óbvio que o fornecedor deverá responder por tal comportamento abusivo. O STJ, a propósito, decidiu: "O descumprimento do contrato gera o direito de reparação dos danos, sejam eles de ordem patrimonial ou extrapatrimonial. Isso se aplica aos contratos em geral e, com maior razão, aos contratos de seguro, que são celebrados exatamente para liberar o segurado das preocupações que decorrem do sinistro. Portanto, na ação de indenização promovida pelo segurado contra a seguradora, tendo esta descumprido o contrato de modo descrito nos autos, cabia-lhe reparar integralmente os danos causados ao cliente, entre eles os extrapatrimoniais" (STJ, REsp 257.036, Rel. Min. Ruy Rosado de Aguiar, 4ª T, j. 12/09/00, p. DJ 12/02/01).

A respeito do dano moral, o STF ponderou, pela voz do Ministro Francisco Rezek: "O que o tribunal de origem fez, no caso, foi dar um entendimento extremamente restritivo ao dano moral, não o enxergando na 'sensação de desconforto ou aborrecimento ocasionada pela perda ou extravio de bagagem'. A respeito de qual é a exata natureza desse sentimento, e de qual o tamanho desse transtorno, a qualquer pessoa minimamente viajada nada é preciso explicar; conhecemos o fenômeno. Mas assevera o tribunal de origem: isso não é o que se denomina 'dano moral'; não é um dano moral suscetível de ser objeto de reparação civil. E finaliza dizendo que 'o dano moral tem origem no que Polacco chama de lesão da personalidade moral'".

Continua o Ministro: "Essa parece-me ser uma tese equívoca. Não é necessária uma agressão à personalidade moral do ser humano para que se configure o dano moral, sobretudo porque a consequência não é nada de tão dramático: ela é, no plano civil, mera e prosaica indenização. Não se há de exigir, no plano ético, que o dano moral seja tão grave e funesto quando a consequência que a ordem jurídica lhe assinala se resume numa indenização compensatória" (STF, RE 172.720, Rel. Min. Marco Aurélio, 2ª T, j. 06/02/96, p. DJ 21/02/97).

O Código Civil português, no seu art. 496, dispôs: "Na fixação da indenização deve atender-se aos danos não patrimoniais que, pela sua gravidade, mereçam tutela do direito". Embora não tenhamos, no Brasil, regra idêntica, cremos que a linha de orientação a ser seguida pela jurisprudência é basicamente a mesma.

12. APLICAÇÃO DE FÓRMULA OU ÍNDICE DE REAJUSTE DIVERSO DO LEGAL OU CONTRATUALMENTE ESTABELECIDO

Prevê o inciso XIII: "aplicar fórmula ou índice de reajuste diverso do legal ou contratualmente estabelecido". O inciso se explica por si mesmo. O direito do consumidor é formado por normas cogentes, cuja incidência independe da vontade de afastá-las. O parágrafo único do art. 39 aponta: "Os serviços prestados e os produtos remetidos ou entregues ao consumidor, na hipótese prevista no inciso III, equiparam-se às amostras grátis, inexistindo obrigação de pagamento", foi analisado junto com o respectivo inciso (produtos enviados sem solicitação prévia). Entendeu a jurisprudência: "Constitui disposição leonina a cláusula de contrato de adesão que dispõe sobre a restituição, sem correção monetária, do valor financiado para a construção de rede de eletrifica-ção rural. Ademais, a correção monetária não é um plus, mas mero fator de atualização do valor da moeda" (STJ, AgRg no Ag. 548.036, Rel. Min. Barros Monteiro, 4ª T, p. 27/03/06).

Por fim, o inciso XIV prevê como prática abusiva: "permitir o ingresso em estabelecimentos comerciais ou de serviços de um número maior de consumidores que o fixado pela autoridade administrativa como máximo". Essa imposição de um número máximo é relevante, sobretudo à luz de razões de segurança e também sanitária (basta pensar nas pandemias). A imposição deverá constar em ato administrativo válido, geralmente de autoridade municipal.

13. ORÇAMENTO: DEVER DE ENTREGA, VINCULAÇÃO E PRAZO DE VALIDADE

O art. 40 estabelece: "O fornecedor de serviço será obrigado a entregar ao consumidor orçamento prévio discriminando o valor da mão-de-obra, dos materiais e equipamentos a serem empregados, as condições de pagamento, bem como as datas de início e término dos serviços" O § 1º, por sua vez, acrescenta: "Salvo estipulação em contrário o valor orçado terá validade pelo prazo de dez dias, contados de seu recebimento pelo consumidor". O § 2º continua: "Uma vez aprovado pelo consumidor, o orçamento obriga os contraentes e somente pode ser alterado mediante livre negociação das partes". § 3º: "O consumidor não responde por quaisquer ônus ou acréscimos decorrentes da contratação de serviços de terceiros, não previstos no orçamento prévio".

O art. 40 guarda semelhança com o inciso VI do art. 39, cuja redação está assim posta: "executar serviços sem a prévia elaboração de orçamento e autorização expressa do consumidor, ressalvadas as decorrentes de práticas anteriores entre as partes". A execução dos serviços deve ser precedida de prévia e clara informação ao consumidor ("entrega" do orçamento, diz o CDC) acerca dos custos. O orçamento valerá, diz a lei, por dez dias, a menos que haja convenção designando outro prazo. O relevante é que, sem essa ciência prévia do consumidor acerca dos valores não haverá negócio jurídico, não havendo vinculação do consumidor. O § 3º, aliás, é explícito ao consignar que o consumidor não responde por quaisquer ônus ou acréscimos decorrentes da contratação de serviços de terceiros, não previstos no orçamento prévio.

A respeito do art. 40 do CDC o STJ decidiu: "O propósito recursal está em dizer: i) se a ausência de orçamento prévio exaustivo acerca do serviço médico-hospitalar de emergência viola o art. 40, do CDC; ii) se a relação negocial de prestação de serviços hospitalares foi maculada pelo vício de consentimento fixado pelo artigo 156 do CC/02: estado de perigo. Em atendimentos de urgência e emergência, exigir do hospital a apresentação de orçamento prévio – com descrição minuciosa do valor da mão de obra, dos materiais e equipamentos a serem empregados, as condições de pagamento, bem como as datas de início e término dos serviços – implica a inviabilidade da prestação do próprio serviço ao paciente, pois a dinâmica indispensável ao diagnóstico e resposta ao problema de saúde nessas circunstâncias impede a sua exaustiva discriminação prévia".

Continua o acórdão: "Apesar da inegável importância do dever de informação, como elemento indispensável na oferta de serviços no mercado de consumo, certo é que sua invocação não pode subverter a relação para impor vantagem oportunista de quem consome o serviço prestado pelo fornecedor. Inadmissível, portanto, o propósito do consumidor de equiparar o serviço médico-hospitalar de emergência como oferta grátis do hospital. O estado de perigo é vício de consentimento dual, que exige para a sua caracterização, a premência da pessoa em se salvar, ou a membro de sua família e, de outra banda, a ocorrência de obrigação excessivamente onerosa, aí incluída a imposição de serviços desnecessários, conscientemente fixada pela contraparte da relação negocial. O tão-só sacrifício patrimonial extremo de alguém, na busca de assegurar a sua sobrevida ou de algum familiar próximo, não caracteriza o estado de perigo, pois embora se reconheça que a conjuntura tenha premido a pessoa a se desfazer de seu patrimônio, a depauperação ocorrida foi conscientemente realizada, na busca pelo resguardo da própria integridade física, ou de familiar".

Conclui o julgado: "Atividades empresariais voltadas especificamente para o atendimento de pessoas em condição de perigo iminente, como se dá com as emergências de hospitais particulares, não podem ser obrigadas a suportar o ônus financeiro do tratamento de todos que lá aportam em situação de risco à integridade física, ou mesmo à vida, pois esse é o público-alvo desses locais, e a atividade que desenvolvem com fins lucrativos é legítima, e detalhadamente regulamentada pelo Poder Público. Se o hospital não exigir, nessas circunstâncias, nenhuma paga exagerada, tampouco impor a utilização de serviços não necessários, ou mesmo garantias extralegais, mas se restringir a cobrar o justo e usual, pelos esforços realizados para a manutenção da vida, não há defeito no negócio jurídico que dê ensejo à sua anulação" (STJ, REsp 1.578.474, Rel. Min. Nancy Andrighi, 3ª T, DJe).

14. PRODUTOS OU SERVIÇOS SUJEITOS AO REGIME DE CONTROLE DE PREÇOS

O art. 41 prescreve: "No caso de fornecimento de produtos ou de serviços sujeitos ao regime de controle ou de tabelamento de preços, os fornecedores deverão respeitar os limites oficiais sob pena de, não o fazendo, responderem pela restituição da quantia recebida em excesso, monetariamente atualizada, podendo o consumidor exigir, à sua escolha, o desfazimento do negócio, sem prejuízo de outras sanções cabíveis".

Na verdade, tal artigo traduz um truísmo. Se há limites oficiais, obviamente que deverão ser respeitados pelos fornecedores. Se tal dever for descumprido, deverá o fornecedor restituir as indevidas vantagens auferidas, na forma escolhida pelo consumidor.

O STF, julgando, em março de 1993, Ação Direta de Inconstitucionalidade (ADIN nº 319 – DF), proposta pela Confederação Nacional dos Estabelecimentos de Ensino contra a Lei nº 8.039/90, que fixara limites às mensalidades escolares, fixou que "o art. 1º (da Constituição Federal), ao declarar que a República Federativa do Brasil se constitui em Estado Democrático de Direito, coloca entre os fundamentos deste, no inciso IV, não a livre iniciativa da economia liberal clássica, mas os valores sociais da livre iniciativa; ademais, entre os novos princípios que estabelece para serem observados pela ordem econômica, coloca o da defesa do consumidor (que ainda tem como direito fundamental, no art. 5º, inciso XXXII) e o da redução das desigualdades sociais".

O Relator, Ministro Moreira Alves, ao negar amparo à pretensão – reconhecendo, ao contrário, a constitucionalidade dos limites legais de preços – argumentou: "Essas conclusões se justificam ainda mais intensamente quando a atividade econômica diz respeito à educação, direito de todos e dever do Estado, disciplinada, em si mesma, no título da Ordem Social, essa que tem como objetivo, além da justiça social, o bem-estar social, nos termos expressos do art. 193".

O Ministro Sepúlveda Pertence, aderindo ao voto do Relator, acrescentou: "Não excluo dessa atividade regulatória e, consequentemente, desta possibilidade de controle de preços, nenhum setor econômico, Senhor Presidente. Mas, também na linha do voto do eminente relator, penso que mais patente se torna a legitimidade dessa intervenção, quando se trata de atividades abertas à livre iniciativa, porém, de evidente interesse social, porque situadas em área fundamental da construção da ordem social projetada na Constituição de 1988. Delas um dos setores fundamentais é, precisamente, o da educação, definido na Constituição como direito de todos e dever do Estado, que não se cumpre apenas pela educação pública, mas há de cumprir-se, também, pelo controle, pela regulação da atividade educacional privada".

Cabe lembrar que o STF, em novembro de 2021, julgou inconstitucional concessão de desconto geral em mensalidade de universidades privadas na pandemia. Nesse contexto, descontos lineares e compulsório – determinados por decisões judiciais – são inconstitucionais. O ministro Barroso – acompanhando a relatora, ministra

Rosa Weber – ponderou que o Judiciário não pode, de forma arbitrária e linear, interferir em relação de natureza privada para dizer como devem ser pactuadas, pois esse critério não leva em conta, por exemplo, os custos e as receitas fixos das instituições, que não dependem da pandemia. Essa interpretação também viola o princípio da isonomia, na medida em que escolas com situações diferentes recebem tratamento igual (ADPFs 706 e 713). O STF, nessa linha, afastou interpretações judiciais que concedem descontos com fundamento apenas na eclosão da pandemia e no efeito da transposição de aulas presenciais para ambientes virtuais, sem considerar as peculiaridades dos efeitos da crise pandêmica em ambas as partes contratuais envolvidas.

O STJ decidiu que a situação decorrente da pandemia pela Covid-19 não constitui fato superveniente apto a viabilizar a revisão judicial de contrato de prestação de serviços educacionais com a redução proporcional do valor das mensalidades (STJ, REsp 1.998.206, Rel. Min. Luis Salomão, 4ª T, DJe 04/08/2022). O tribunal destacou: "As vertentes revisionistas no âmbito das relações privadas, embora encontrem fundamento em bases normativas diversas, a exemplo da teoria da onerosidade excessiva (art. 478 do CC) ou da quebra da base objetiva (art. 6º, inciso V, do CDC), apresentam como requisito necessário a ocorrência de fato superveniente capaz de alterar – de maneira concreta e imoderada – o equilíbrio econômico e financeiro da avença, situação não evidenciada no caso concreto. Precedentes". E mais adiante: "No caso, não houve comprovação do incremento dos gastos pelo consumidor, invocando-se ainda como ponto central à revisão do contrato, por outro lado, o enriquecimento sem causa do fornecedor – situação que não traduz a tônica da revisão na base objetiva dos contratos. A redução do número de aulas, por sua vez, decorreu de atos das autoridades públicas como medida sanitária. Nesse contexto, não se evidencia base legal para se admitir a revisão do contrato".

15. COBRANÇA DE DÍVIDAS

15.1. Proibição de constrangimentos ou exposição do consumidor ao ridículo

O CDC, coerente com o sistema de defesa do consumidor que institui, proíbe, na cobrança de débitos, que meios agressivos ou humilhantes sejam usados. Estabelece o art. 42: "Na cobrança de débitos, o consumidor inadimplente não será exposto a ridículo, nem será submetido a qualquer tipo de constrangimento ou ameaça".

Uma faculdade privada que fixasse, no elevador ou em outro local visível, a lista dos inadimplentes, exemplificaria a hipótese. A finalidade, naturalmente, é constranger os devedores, forçá-los, pela coerção social, a pagar. O CDC não admite tal procedimento. Aliás, quando pensamos que esses casos de cobranças vexatórias, agressivas, deixaram de existir, a vida – para o bem e para o mal – costuma apresentar exemplos inesperados, espantosos. Há, no Youtube, um caso inacreditável ("*Consumidor é humilhado por atrasar prestações de carro batido*").

Aborrecimentos triviais, contudo, não ensejam danos morais. O STJ já teve oportunidade de afirmar que o "mero aborrecimento, dissabor, mágoa, irritação ou sensibilidade exacerbada estão fora da órbita do dano moral" (STJ, REsp 303.396, Rel. Min. Barros Monteiro, 4ª T, 05/11/02). Desse modo, o "tão-só fato da interrupção dos serviços telefônicos não é o bastante para automaticamente inferir-se a ocorrência do alegado dano moral à pessoa jurídica" (STJ, REsp 299.282, Rel. Min. Sálvio de Figueiredo Teixeira, 4ª T, DJ 05/08/02). Desse modo, "em época em que a violência urbana atinge níveis alarmantes, a existência de porta detectora de metais nas agências bancárias é medida que se impõe para a segurança de todos, a fim de prevenir furtos e roubos no interior desses estabelecimentos de crédito". Daí, continua o Tribunal, "é normal que ocorram aborrecimentos e até mesmo transtornos causados pelo mau funcionamento do equipamento, que às vezes trava, acusando a presença de não mais que um molho de chaves. E, dissabores dessa natureza, por si só, não ensejam reparação por dano moral" (STJ, AgRg no Ag 524.457, Rel. Min. Castro Filho, 3ª T, DJ 09/05/05).

Lembremos que o dano moral resultará das circunstâncias do caso. No caso acima julgado, o Relator argumentou: "O dano moral poderá advir, não pelo constrangimento acarretado pelo travamento da porta em si, fato que poderá não causar prejuízo a ser reparado a esse título, mas, dos desdobramentos que lhe possam suceder, assim consideradas as iniciativas que a instituição bancária ou seus prepostos venham a tomar no momento, as quais poderão minorar os efeitos da ocorrência, fazendo com que ela assuma contornos de uma mera contrariedade, ou, de outro modo, agravá-los, degenerando o que poderia ser um simples contratempo em fonte de vergonha e humilhação, passíveis, estes sim, de reparação. É o que se verifica na hipótese dos autos, diante dos fatos narrados no aresto hostilizado, em que o preposto da agência bancária, de forma inábil e na presença de várias pessoas, fez com que a ora agravada passasse por situação, conforme reconhecido pelo acórdão, que lhe teria causado profunda humilhação" (STJ, AgRg no Ag 524.457, Rel. Min. Castro Filho, 3ª. T, DJ 09/05/05).

A propósito, especificamente, dos meios ilegais de cobrança, decidiu o STJ: "1. Os alunos já matriculados, salvo quando inadimplentes, terão direito à renovação das matrículas, observado o calendário escolar da instituição, o regimento da escola ou cláusula contratual (art. 5º da Lei 9.870/99). 2. Deveras, são proibidas a suspensão de provas escolares, a retenção de documentos escolares ou a aplicação de quaisquer outras penalidades pedagógicas por motivo de inadimplemento, sujeitando-se o contratante, no que couber, às sanções legais e administrativas, compatíveis com o Código de Defesa do Consumidor, e com os arts. 177 e 1.092 do Código Civil Brasileiro, caso a inadimplência perdure por mais de noventa dias (art. 6º da Lei 9.870/99)" (STJ, REsp 837.580, Rel. Min. Luiz Fux, 1ª T, DJ 31/05/07).

De modo semelhante, o STJ decidiu que a concessionária não pode reter o veículo como forma de exigir o pagamento dos reparos realizados. A concessionária também não poderia exercer o direito de retenção sob a alegação de ter realizado benfeitoria no veículo (STJ, REsp 1.628.385, Rel. Min. Villas Bôas Cueva, 3ª T, DJ 29/08/2017).

15.2. Direito do consumidor cobrado indevidamente ao dobro do que houver pago

Se houver cobrança indevida ou excessiva, o CDC ordena solução clara: a repetição do indébito ao consumidor, em valores correspondentes ao dobro do que pagou em excesso. Estabelece, nesse sentido, o parágrafo único do art. 42: "O consumidor cobrado em quantia indevida tem direito à repetição do indébito, por valor igual ao dobro do que pagou em excesso, acrescido de correção monetária e juros legais, salvo hipótese de engano justificável". Aplicando a referida norma, julgou o STJ: "É inaplicável o CDC às relações entre os condôminos e o condomínio quanto às despesas de manutenção deste". Porém, no mesmo julgado, reconheceu-se que "existe relação de consumo entre o condomínio de quem é cobrado indevidamente taxa de esgoto e a concessionária de serviço público". Concluiu o Tribunal: "Aplicação do art. 42 do CDC que determina o reembolso em dobro" (STJ, REsp 650.791). Posteriormente tal entendimento foi reafirmado: "A norma do parágrafo único do art. 42 do CDC tem nítido objetivo de conferir à devolução em dobro função pedagógica e inibidora de condutas lesivas ao consumidor". Segue o acórdão: "Constatada, por perícia, a inexistência de rede de esgotamento sanitário, a repetição em dobro dos pagamentos efetuados a título de tarifa de esgoto é medida que se impõe" (STJ, REsp 817.733).

Assim, se é informado ao consumidor, no momento da contratação, que a taxa de juros seria de 2,3% ao mês, é abusiva a conduta da instituição financeira que deixa em branco, no contrato escrito, a cláusula referente aos juros remuneratórios, cobrando-a em patamar muito superior ao acordado (4,07%). As peculiaridades do caso demonstram a má-fé, o que autoriza à repetição em dobro, nos termos do art. 42, parágrafo único, do CDC (STJ, AgRg no REsp 977.341, Rel. Min. Luis Felipe Salomão, 4ª T, DJ 28/10/11). Em outra ocasião precisou-se: "Não se tratando de cobrança de dívida, mas sim de transferência de numerário de uma conta-corrente para outra, injustificável é a condenação em dobro do prejuízo efetivamente suportado pela vítima" (STJ, REsp 257.075). Em se tratando de contribuições a planos de previdência privada, não haveria, na visão do STJ, dever de devolução em dobro: "Previdência privada. Código de Defesa do Consumidor. Devolução em dobro. Dano moral. Nos contratos de execução continuada aplica-se o Código de Defesa do Consumidor, mas, no caso, tratando-se de pedido de restituição de prestações pagas a entidades de previdência privada, não incide o art. 42, parágrafo único, do referido Código" (STJ, REsp 331.860).

A jurisprudência consignou que "caracterizada a cobrança abusiva, é devida a repetição de indébito em dobro do consumidor (art. 42, parágrafo único, do CDC)" (STJ, AgRg no REsp 111.9647, Rel. Min. Herman Benjamin, 2ª T, DJ 04/03/10). No mesmo julgado firmou-se posição no sentido de que a ação de repetição de indébito de tarifas de água e esgoto se sujeita ao prazo prescricional do Código Civil (que era de 20 anos, sob a égide do Código Civil revogado, e passou a ser de 10 anos, nos termos do art. 205 do Código Civil vigente). A cobrança, segundo os tribunais, tem natureza tarifária, e não tributária. Lembremos ainda que em todos os documentos de cobrança de débitos apresentados ao consumidor, deverão constar o nome, o endereço e o CPF ou CNPJ do fornecedor do produto ou serviço correspondente (CDC, art. 42-A).

15.2.1. Pagamento fundado em cláusula contratual posteriormente declarada nula enseja devolução em dobro?

Se o pagamento foi feito com base em cláusula contratual, que, posteriormente, teve sua invalidade reconhecida pelo Judiciário, o consumidor fará jus à devolução em dobro do que houvera pago com base em tal cláusula?

A jurisprudência, temperando o dispositivo, tem entendido que não, eis que havia previsão contratual – cuja invalidade não se podia então afirmar – que amparava o pagamento. Assim: "O pagamento resultante de cláusula contratual mais tarde declarada nula em sede judicial deve ser devolvido de modo simples, e não em dobro; age no exercício regular de direito quem recebe a prestação prevista em contrato" (STJ, REsp 328.338, Rel. Min. Ari Pargendler, Segunda Seção, p. 01/02/06).

15.2.2. É preciso provar culpa do fornecedor para incidência do art. 42?

Para que o consumidor faça jus à repetição do indébito – por valor igual ao dobro do que pagou em excesso – é preciso que prove que a cobrança foi feita a partir de negligência ou erro do fornecedor?

Embora o Código Civil tenha regra parecida, e a jurisprudência, a ela relativa, tenha tendido a se inclinar pela necessidade da prova da má-fé para que pudesse ser aplicada a sanção da devolução em dobro, cremos que tal hermenêutica não tem lugar no sistema de consumo, cuja responsabilidade, em regra, é objetiva.

A jurisprudência do STJ, ao longo das décadas, oscilou na interpretação do parágrafo único do art. 42 do CDC: a) uma tese simplesmente exige que o consumidor prove a má-fé do fornecedor na cobrança, para que a devolução em dobro ocorra; b) uma outra tese, um pouco mais sofisticada, sustenta que a prova do "engano justificável" seja feita pelo fornecedor, e não pelo consumidor (e sugere que sejamos rigorosos na análise do que seja o "engano justificável"). Essa última é a nossa posição, porém não foi ela a tese que vinha prevalecendo na jurisprudência. O STJ, após alguma oscilação, vinha se posicionando no sentido da primeira tese. Nesse sentido, "a repetição do indébito prevista no art. 42, parágrafo único, do CDC, somente é devida quando comprovada a má-fé do fornecedor; em não comprovada a má-fé, é devida a restituição simples. Precedentes do STJ" (STJ, AgInt nos EDcl no REsp 1.316.734, Rel. Min. Luis Salomão, DJ 19/05/2017). Convém registrar que a jurisprudência do STJ, em geral, nas últimas décadas, na interpretação das normas do CDC, realizou um belíssimo trabalho. Foi muito além da literalidade do CDC. O parágrafo único do art. 42, no entanto, foi uma das poucas exceções. Foi um dos poucos casos em que a jurisprudência passou a exigir algo que a lei não exigia – a prova da má-fé – impondo ainda que essa prova seja realizada pelo consumidor.

Cabe destacar que a devolução em dobro dos valores pagos pelo consumidor exige não só a má-fé do credor (segundo o STJ), mas pressupõe ainda que tenha havido o pagamento pelo devedor. Isto é, em outras palavras, são dois os pressupostos de incidência do art. 42, parágrafo único, do CDC: a) má-fé do fornecedor na cobrança; e b) pagamento pelo consumidor da dívida. Convém enfatizar que os pressupostos são cumulativos, ou seja, ambos devem estar presentes para que a devolução em dobro ocorra.

Importante registrar ainda que o pagamento com base em cláusula contratual posteriormente tida como nula não gera direito à devolução em dobro (STJ, 1.480.819, Rel. Min. Luis Felipe Salomão, 4ª T, DJ 26/08/2015).

Cabe atualizar o que dissemos acima.

A matéria teve muitas idas e vindas no STJ. Por muitos anos o STJ se inclinou pela necessidade da prova da má-fé para que pudesse ser aplicada a sanção da devolução em dobro (STJ, REsp 1.161.411; AgRg no AREsp 461.958). Sempre criticamos esse posicionamento nas edições anteriores deste livro. O STJ, em 2020 – no sentido que sempre defendemos – alterou sua jurisprudência e passou a entender que a repetição do indébito (CDC, art. 42, parágrafo único) independe da natureza do elemento volitivo do fornecedor que cobrou valor indevido, revelando-se cabível quando a cobrança indevida consubstanciar conduta contrária à boa-fé objetiva (STJ, EAREsp 676.608; 664.888). Isto é, a partir de agora não é mais necessária a prova de má-fé do fornecedor de serviços para que haja a devolução em dobro, na linha do art. 42, parágrafo único, do CDC. Em julgados mais recentes essa orientação tem sido mantida, inclusive pela Corte Especial do STJ. Assim, a repetição em dobro, prevista no parágrafo único do art. 42 do CDC, é cabível quando a cobrança indevida consubstanciar conduta contrária à boa-fé objetiva, ou seja, deve ocorrer independentemente da natureza do elemento volitivo (STJ, EAREsp 1.501.756, Rel. Min. Herman Benjamin, Corte Especial, por unanimidade, 21/02/2024).

16. PLANOS DE SAÚDE: EXPERIÊNCIA BRASILEIRA E FUNÇÃO SOCIAL

Abordamos, incidentalmente, em várias passagens deste livro, aspectos relativos aos planos de saúde. Convém, aqui, de modo breve, sintetizar alguns desses pontos.

Se há, hoje, um contrato que deve ser intensamente lido à luz de sua função social é aquele relativo à prestação de serviços de saúde. Não é qualquer bem que está em jogo. É a saúde humana. Não há possibilidade de realizarmos nossos projetos de vida sem saúde. É uma espécie de primeiro degrau da escada. Costumamos dizer – e há muita verdade nisso – que a saúde é um dom tão precioso que só a valorizamos adequadamente quando por uma razão qualquer a perdemos.

Não é possível, à luz dos princípios e normas vinculantes que nos regem, que vejamos a prestação de serviços de saúde – públicos ou privados, não importa – sob uma ótica puramente patrimonialista. Não é de patrimônio que se trata, ainda que, obviamente, o aspecto patrimonial seja relevante, seja para propiciar, através de escolhas e políticas públicas, para onde vão os recursos públicos escassos, seja para propiciar o lucro legítimo para quem oferece o serviço no mercado de consumo. Não se desconhece essas realidades. Apenas se traz para o debate uma constatação um tanto quanto óbvia: a função social desses contratos, extraordinariamente intensa, devem iluminar fortemente sua interpretação. Há, neles, um núcleo extrapatrimonial irredutível.

Aliás, os casos recentes que a imprensa tem publicado sobre os planos de saúde são assustadores. São aterrorizantes, não há outra palavra. Casos de aumentos escandalosos em relação a consumidores idosos, casos de negativas abusivas de atendimento. É triste que a Agência Nacional de Saúde faça tão pouco em relação aos cidadãos brasileiros. Convém repetir: não há contrato em que a função social seja tão evidente como os contratos entre cidadãos (vulneráveis) e planos de saúde.

A passagem, no pensamento contemporâneo, da concepção da pessoa como um *patrimônio que contrata*, para a concepção da pessoa como uma *integralidade concreta*, como alguém que merece proteção pelo só fato de ser pessoa, é significativo das opções valorativas básicas trilhadas pelo sistema jurídico atual. O acento patrimonialista perdeu o timbre central que já ostentou no sistema jurídico. Ou seja, as considerações patrimoniais persistem, por óbvio, importantes e necessárias, apenas deixaram de ser o eixo central ao redor do qual orbitam os demais conceitos privatísticos.

Dito isso, lembremos que dada a precariedade do sistema público de saúde, é crescente o número de brasileiros que se socorrem dos planos privados de assistência médica. A chamada classe média, em sua quase totalidade, vê-se compelida a firmar tais contratos de adesão, temendo o que lhes possa acontecer, se forem depender exclusivamente do SUS. As classes mais humildes, por absoluta falta de opção, ficam à mercê de uma saúde pública muitas vezes miseravelmente distribuída. Os contratos relativos a planos de saúde – dizendo de modo amplo – são, portanto, pactos de presença praticamente obrigatória na sociedade atual. Têm como objetivo principal a transferência onerosa dos riscos referentes à necessidade (futura) de assistência médica.

Convém lembrar que o CDC é aplicável aos planos de saúde (STJ, Súmula 469). Os planos de saúde oferecem seus serviços através de contratos de adesão (CDC, art. 54). Os planos de saúde devem observar uma boa-fé qualificada, já que lidam com a saúde e tudo de valioso para o ser humano que isso envolve. Lembremos que o CDC dispõe de um sistema próprio de nulidades, tendendo a proteger o consumidor. Trata-se de normas cogentes, de ordem pública. As cláusulas abusivas são nulas, não são anuláveis. São frequentes, na jurisprudência brasileira, o reconhecimento de nulidade de cláusulas por violação ao princípio do equilíbrio material entre as prestações. Também são nulas as cláusulas contratuais que ofendem os princípios fundamentais do sistema jurídico (CDC, art. 51, § 1º, I), que restrinja direitos ou obrigações fundamentais inerentes à natureza do contrato, de modo a ameaçar seu objeto ou equilíbrio contratual (CDC, art. 51, § 1º, II), ou se mostrar excessivamente onerosa para o consumidor, considerando-se a natureza e o conteúdo do contrato, o interesse das partes e outras circunstâncias peculiares ao caso (CDC, art. 51, § 1º, III). São normas propositadamente abertas, cláusulas gerais cuja construção de sentido caberá, de modo contextualizado, ao julgador.

A autonomia da vontade (*Privatautonomie*) encontra no negócio jurídico seu mais forte símbolo. Vivemos, nos séculos passados, de certo modo, uma hipertrofia da autonomia da vontade nos negócios jurídicos patrimoniais. Hoje percebemos que a vontade não pode ser erigida em valor absoluto, pois, a ser assim, teríamos a concretização da previsão arguta de Lacordaire, que percebeu que entre o forte e o fraco, é a liberdade que escraviza, e a lei que liberta. Sabemos que a liberdade de contratar será exercida nos limites da função social do contrato (Código Civil, art. 421). Bem distante estamos do tempo em que a autonomia da vontade, em relação aos contratos, era absoluta, com religiosa reverência ao *pacta sunt servanda*. Não mais a liberdade contratual absoluta, mas a paridade.

Em outras palavras, o conteúdo (atual) do contrato não corresponde apenas à vontade das partes. Ele é composto por padrões mínimos de razoabilidade que remetem à boa-fé objetiva, ao equilíbrio material entre as prestações e à vedação ao abuso de direito. Temos, atualmente, relações negociais massificadas e impessoais, e os abusos decorrentes dos chamados poderes privados são cada vez mais fortes. Nesse contexto, quanto maior for a desigualdade entre os figurantes do negócio jurídico, mais intensa e vívida deverá ser a proteção do contratante mais fraco, e menor a tutela da autonomia privada. A tutela da autonomia privada deve ser intensamente resguardada, isto sim, naquilo que diga respeito às escolhas existenciais de cada um (afetivas, religiosas, profissionais etc.).

Nessa ordem de ideias, os deveres de informar com lealdade e transparência se fortalecem. Não cabe mais, como no passado, manter o paciente em estado de ignorância acerca do estado de sua saúde, suas escolhas e possibilidades. Apenas em casos excepcionais, devidamente contextualizados, isso poderá ocorrer. As unidades de terapia intensiva começam a ser pensadas – mas muito falta a caminhar ainda –, não como depósitos de seres informes e impessoais, mas como um lugar onde a intensidade dos cuidados não pode prescindir de certa delicadeza, de certa humanidade. O paciente, desse modo, tem direito ao diagnóstico correto e claro, bem como de ser informado acerca dos riscos e objetivos do tratamento. Deve, portanto, estar a par não só do diagnóstico, mas também do prognóstico. Há casos, porém, em que isso não é possível (coma, dor intensa, atendimento de urgência etc.). São (e devem ser) a exceção, não a regra. Não cabe, por exemplo, no meio de uma cirurgia, diante de situação imprevista, decidir no lugar do paciente, se a decisão drástica não é urgente e o paciente pode decidir posteriormente.

Informação adequada, vale lembrar, é aquela completa, gratuita e útil. Isso significa, por exemplo, em relação à utilidade, que não é dado ao fornecedor "esconder" uma informação útil num mar de informações inúteis. A informação pode assumir várias formas, como por exemplo: a) informação-conteúdo; b) informação-utilização; c) informação-preço; d) informação-advertência. Em outra perspectiva, os planos de saúde têm o dever de informar individualmente aos consumidores acerca do descredenciamento de médicos e hospitais. A não ser assim, teríamos a situação de quem procura atendimento de urgência e é informado, por exemplo, que o hospital não é mais credenciado. Os riscos relativos à informação, no caso, são do fornecedor, não do consumidor. A propósito, o contrato não obriga o consumidor se ele não tiver chance de tomar prévio conhecimento de seu conteúdo (CDC, art. 46). A propósito, a recusa de cobertura securitária sob alegação de doença preexistente é ilícita se não houve a exigência de exames prévios à contratação ou a demonstração de má-fé do segurado (STJ, Súmula 609).

É abusivo o reajuste de plano de saúde pelo índice que melhor atende aos interesses do fornecedor, sem que se acorde ou se dê ao consumidor qualquer informação a respeito do critério adotado. Se o fornecedor se utiliza, por exemplo, de expressões como "cobertura total", "cobertura integral" não pode pretender, posteriormente, esvaziar a cobertura, sob pena de afronta à boa-fé objetiva. As excludentes de responsabilidade civil, outrossim, devem ser interpretadas de modo restrito, só podendo ser aceitas em casos excepcionais, que efetivamente demonstrem o rompimento do nexo causal, e não podem, sob nenhum aspecto, estar relacionadas às atividades desenvolvidas pela empresa de saúde. Quaisquer exclusões ou limitações dos valores de indenização, contratualmente feitas – pelo plano de saúde em relação ao consumidor pessoa física –, são inválidas (CDC, art. 51, I).

As empresas de planos de saúde respondem pelos danos praticados pelos médicos credenciados. A única exceção se dá quando o médico é escolhido livremente pelo próprio paciente, que depois é reembolsado pela empresa de saúde (nesse caso apenas responde civilmente o próprio médico, não a empresa de seguro-saúde). Importante sublinhar que nos casos em que presente a solidariedade não cabe discutir maior ou menor participação do agente diante do dano, pois a utilidade finalística do instituto da solidariedade é justamente afastar essas discussões diante da vítima. Convém lembrar que o STJ decidiu que não se aplica o CDC ao plano de saúde administrado por entidade de autogestão, por inexistência de relação de consumo (STJ, REsp 1.285.483, Rel. Min. Luis Salomão, Segunda Seção, DJ 16/08/2016). A operadora de planos privados de assistência à saúde, na modalidade de autogestão, é pessoa jurídica de direito privado sem finalidades lucrativas que, vinculada ou não à entidade pública ou privada, opera plano de assistência à saúde com exclusividade para um público determinado de beneficiários. No mesmo sentido: STJ, REsp 1.684.207, Rel. Min. Herman Benjamin, DJ 10/102017. A questão foi sumulada em 2018: "Aplica-se o Código de Defesa do Consumidor aos contratos de plano de saúde, salvo os administrados por entidades de autogestão" (STJ, Súmula 608).

Se os planos de saúde se valem de cláusulas dúbias ou mal redigidas, a interpretação, decerto, deve ser favorável ao consumidor (CDC, art. 47). São abusivas, em contratos de planos de saúde, as cláusulas que negam cobertura de próteses, por exemplos, essenciais à cirurgia, ou o tratamento hospitalar dela decorrente. Vale lembrar ser inválida a cláusula contratual que limita o tempo de internação hospitalar (STJ, Súmula 302). Além de não poder validamente limitar o prazo do tratamento, o plano de saúde tampouco pode limitar o respectivo custo. Se o contrato de plano de saúde prevê a cobertura de determinado tratamento, não podem ser excluídos os procedimentos imprescindíveis para seu êxito. Se, digamos, determinada patologia está coberta pelo plano (câncer, por exemplo), não é dado ao plano vedar esse ou aquele procedimento indicado para a cura. O STJ decidiu que as empresas de plano de saúde são obrigadas a custear tratamento experimental para o câncer. Em determinado caso, um paciente, portador de câncer na língua, teve recomendado – como última alternativa para salvar sua vida – um tratamento com medicamentos ainda não aprovados no Brasil. O plano de saúde recusou. O STJ, no entanto, entendeu que o plano deveria arcar com o procedimento (STJ, AREsp 520.864). Ainda que seja possível o contrato relativo a plano de saúde prever limitação aos direitos do consumidor, haverá abusividade quando houver exclusão do custeio dos meios necessários ao melhor tratamento clínico ou internação hospitalar (STJ, AgInt no AREsp 1.296.865, Rel. Min. Paulo Sanseverino, 3ª T, DJe 07/12/2018). O plano, no caso, se negou a realizar transplante de medula.

O STJ julgou disputa em torno da cobertura por plano de saúde do serviço de *home care* para paciente portador de doença pulmonar obstrutiva crônica. Decidiu que o serviço de *home care* (tratamento domiciliar) constitui desdobramento do tratamento hospitalar contratualmente previsto que não pode ser limitado pela operadora do plano de saúde. Aliás, conforme se decidiu em 2023, a cobertura de internação domiciliar, em substituição à internação hospitalar, deve abranger os insumos necessários para garantir a efetiva assistência médica ao beneficiário – insumos a que ele faria jus caso estivesse internado no hospital –, sob pena de desvirtuamento da finalidade do atendimento em domicílio, de comprometimento de seus benefícios e da sua subutilização enquanto tratamento de saúde substitutivo à permanência em hospital (STJ, REsp 2.017.759, Rel. Min. Nancy Andrighi, 3ª T, DJe 14/02/2023).

Na dúvida, a interpretação das cláusulas dos contratos de adesão deve ser feita de forma mais favorável ao consumidor. Inteligência do enunciado normativo do art. 47 do CDC. Doutrina e jurisprudência do STJ acerca do tema" (REsp 1.378.707, Rel. Min. Paulo Sanseverino, DJ 15/06/2015). Outrossim, em contrato de plano de assistência à saúde é abusiva a cláusula que preveja o indeferimento de quaisquer procedimentos médico-hospitalares quando solicitados por médicos não cooperados (STJ, REsp 1.330.919, Rel. Min. Luis Salomão, 4ª T, DJ 18/08/2016).

Da mesma forma, a recusa do plano em cobrir o valor de *stents* usados em angioplastia, por exemplo, dá ensejo à indenização por dano moral, em razão da aflição psicológica que se presume em situações semelhantes. Os planos de saúde não podem negar autorização para cirurgia de emergência, nem mesmo durante o período de carência estabelecido em contrato. Se o fazem, agem abusivamente e devem responder por danos morais (STJ, REsp 1.348.146). No caso, determinada empresa de saúde recusou-se a arcar com os gastos decorrentes de laparotomia de emergência. Aliás, a jurisprudência brasileira é firme no sentido de que o plano de saúde que se recusa a atender paciente, a que esteja contratual ou legalmente obrigado, responde pelos danos morais que daí advierem (STJ, AgRg no REsp 1.256.195). A função pedagógica ou punitiva da responsabilidade civil poderá se fazer presente, à luz das circunstâncias do caso.

O STJ, no contexto descrito, tem firme jurisprudência no sentido de que, embora o contrato possa delimitar as doenças que irá cobrir, não pode restringir os tratamentos a serem utilizados no tratamento da enfermidade (STJ, AgInt no AREsp 855.688, Rel. Min. Marco Buzzi, 4ª T, DJ 23/03/2017). A recusa, aliás, perfaz dano moral indenizável, segundo o STJ (trata-se de hipótese de dano moral que resulta, excepcionalmente, de descumprimento contratual). Porém, em sede de recurso repetitivo, o STJ definiu que "as operadoras de plano de saúde não estão obrigadas a fornecer medicamento não registrado pela ANVISA". Assim, "é lícita a exclusão de cobertura de produto, tecnologia e medicamento importado não nacionalizado, bem como tratamento clínico ou cirúrgico experimental. Porém, após o registro pela ANVISA, a operadora de plano de saúde não pode recusar o custeio do tratamento com o fármaco indicado pelo médico responsável pelo beneficiário" (STJ, REsp 1.712.163, Rel. Min. Moura Ribeiro, Segunda Seção, DJ 26/11/2018).

Enfim, recapitulando, inclusive com julgados recentes: o STJ entende ser abusiva a cláusula que exclua ou limite a cobertura de materiais diretamente ligados ao procedimento cirúrgico a que se submete o consumidor (STJ, AgInt no AREsp 2.404.763, Rel. Min. Marco Bellizze, 3a T, DJe 29/11/2023). Entende que o contrato de plano de saúde pode limitar as doenças a serem cobertas, mas não pode, ao contrário, limitar os procedimentos, exames e técnicas necessárias ao tratamento das doenças cobertas (STJ, AgInt no AREsp 622.630, Rel. Min. Isabel Gallotti, DJe 18/12/2017).

A Segunda Seção, ao julgar o EREsp 1.889.704/SP e o EREsp 1.886.929/SP, estabeleceu a seguinte tese: 1 – o rol de procedimentos e eventos em Saúde Suplementar é, em regra, taxativo; 2 – A operadora de plano ou seguro de saúde não é obrigada a arcar com tratamento não constante do rol da ANS se existe, para a cura do paciente, outro procedimento eficaz, efetivo e seguro já incorporado ao rol; 3 – É possível a contratação de cobertura ampliada ou a negociação de aditivo contratual para a cobertura de procedimento extra rol; 4 – Não havendo substituto terapêutico ou esgotados os procedimentos do rol da ANS, pode haver, a título excepcional, a cobertura do tratamento indicado pelo médico ou odontólogo assistente, desde que (i) não tenha sido indeferido expressamente, pela ANS, a incorporação do procedimento ao rol da Saúde Suplementar; (ii) haja comprovação da eficácia do tratamento à luz da medicina baseada em evidências; (iii) haja recomendações de órgãos técnicos de renome nacionais (como CONITEC e NATJUS) e estrangeiros; e (iv) seja realizado, quando possível, o diálogo interinstitucional do magistrado com entes ou pessoas com expertise técnica na área da saúde, incluída a Comissão de Atualização do rol de procedimentos e eventos em Saúde Suplementar, sem deslocamento da competência do julgamento do feito para a Justiça Federal, ante a ilegitimidade passiva ad causam da ANS.

Essas decisões do STJ foram duramente criticadas, não só pelos juristas, mas também pela sociedade brasileira em geral (o que gerou a mobilização de associações de usuários de planos de saúde, em particular). Tão grande foi a grita que em pouco tempo o Congresso Nacional editou a Lei n. 14.454/2022, determinando que as operadoras de assistência à saúde podem ser obrigadas a oferecer coberturas de exames ou tratamentos que não estão incluídos no rol de procedimentos e eventos em Saúde Suplementar. O art. 10, § 13, da Lei n. 9.656/98 passou a ter a seguinte redação: "Em caso de tratamento ou procedimento prescrito por médico ou odontólogo assistente que não estejam previstos no rol referido no § 12 deste artigo, a cobertura deverá ser autorizada pela operadora de planos de assistência à saúde, desde que: I – exista comprovação da eficácia, à luz das ciências da saúde, baseada em evidências científicas e plano terapêutico; ou II – existam recomendações pela Comissão Nacional de Incorporação de Tecnologias no Sistema Único de Saúde (Conitec), ou exista recomendação de, no mínimo, 1 (um) órgão de avaliação de tecnologias em saúde que tenha renome internacional, desde que sejam aprovadas também para seus nacionais". A partir da edição desta lei, o rol de procedimentos e eventos em saúde suplementar é exemplificativo, embora existam condições. Essas condições estão elencadas nos dois incisos referidos (Lei n. 9.656, art. 10, § 13, II). O importante é perceber que basta o atendimento a um deles para que o procedimento possa ser autorizado. Os requisitos, portanto, são alternativos, não cumulativos.

Enfim, a questão do rol exaustivo ou exemplificativo da ANS teve idas e vindas. Recapitulando: a 3ª Turma do STJ pelo rol exemplificativo, e 4ª Turma do STJ pelo rol taxativo. Posteriormente a isso, a Segunda Seção do STJ – que está acima da 3ª e 4ª Turmas do STJ, uniformizando a jurisprudência entre elas – decidiu a favor da 4ª Turma, afirmando que o rol da ANS era taxativo, fechado. A repercussão social da decisão foi péssima. Tão grande foi a pressão que logo depois o Congresso Nacional, como dissemos, movimentou-se, aprovando a Lei n. 14.454/2022 (restabelecendo o rol exemplificativo, dentro de certos critérios). Atualmente o STJ tem ido nessa linha, isto é, no sentido da desnecessidade de previsão específica do método terapêutico no rol da ANS (STJ, AgInt no REsp 2.049.888, Rel. Min. Humberto Martins, 3ª T, DJ 17/11/2023). Por exemplo, no que diz respeito à terapia multidisciplinar para paciente diagnosticado com transtorno do espectro autista. Aliás, a equoterapia e a musicoterapia são de cobertura obrigatória pelas operadoras de planos de saúde para os beneficiários com transtornos globais do desenvolvimento, dentre eles o transtorno do espectro autista (STJ, segredo de justiça, Rel. Min. Nancy Andrighi, 3ª T, 20/02/2024).

Em determinado caso, o tribunal de origem entendeu que o percentual de coparticipação, adicionado a cada sessão das terapias realizadas pelo autor para o tratamento do Transtorno do Espectro Autista (TEA), indubitavelmente, inviabilizaria a continuidade da terapêutica, constituindo, assim, um fator restritivo de acesso ao serviço de saúde. O STJ decidiu que não é abusiva cláusula contratual de plano privado de assistência à saúde que estabeleça a coparticipação do usuário nas despesas médico-hospitalares, desde que não inviabilize o acesso à saúde. O tribunal frisou ainda que à luz do CDC devem ser reputadas como abusivas as cláusulas que nitidamente afetem, de maneira significativa, a própria essência do contrato, impondo restrições ou limitações aos procedimentos médicos, fonoaudiológicos e hospitalares, prescritos para doenças cobertas nos contratos de assistência e seguro de saúde dos contratantes, como é o caso dos autos (STJ, AgInt no REsp 2.085.472, Rel. Min. Raul Araújo, 4ª T, DJe 23/11/2023).

Decidiu-se em 2023 ser de cobertura obrigatória pelos planos de saúde a cirurgia plástica de caráter reparador ou funcional indicada pelo médico assistente, em paciente pós-cirurgia bariátrica, visto ser parte decorrente do tratamento da obesidade mórbida. Assim, havendo dúvidas justificadas e razoáveis quanto ao caráter eminentemente estético da cirurgia plástica indicada ao paciente pós-cirurgia bariátrica, a operadora de plano de saúde pode se utilizar do procedimento da junta médica, formada para dirimir a divergência técnico-assistencial, desde que arque com os honorários dos respectivos profissionais e sem prejuízo do exercício do direito de ação pelo beneficiário, em caso de parecer desfavorável à indicação clínica do médico assistente, ao qual não se vincula o julgador (STJ, REsp 1.870.834-SP, Rel. Min. Villas Bôas Cueva, Segunda Seção, DJe 19/09/23, Tema 1069).

O STJ decidiu que o plano de saúde não pode negar cobertura a tratamento prescrito por médico, sob o fundamento de que o medicamento a ser utilizado está fora das indicações descritas em bula registrada na Anvisa. O tribunal destacou: "Quem decide se a situação concreta de enfermidade do paciente está adequada ao tratamento conforme as indicações da bula/manual da ANVISA daquele específico remédio é o profissional médico. Autorizar que a operadora negue a cobertura de tratamento sob a justificativa de que a doença do paciente não está contida nas indicações da bula representa inegável ingerência na ciência médica, em odioso e inaceitável prejuízo do paciente enfermo" (STJ, REsp 1.721.705, Rel. Min. Nancy Andrighi, 3ª T, DJe 06/09/2018). O mesmo vale em relação à ANS (Agência Nacional de Saúde).

Se a empresa de saúde recebe as contribuições do segurado, não pode, posteriormente, recusar tratamento, alegando que houve omissão de informação por parte do consumidor no cadastro inicial. Viola a boa-fé objetiva a conduta de quem usufrui de determinada irregularidade enquanto é por ela beneficiado, arguindo-a, porém, quando o benefício cessa (*venire contra factum proprium*). A seguradora não pode adotar uma postura passiva, de simplesmente aceitar as negativas do segurado quanto à existência de problemas de saúde, depois se valendo isso para negar-lhe cobertura (STJ, REsp 1.230.233). Em outras palavras, a seguradora não pode se eximir do dever de indenizar alegando que houve omissão de informações por parte do segurado, se ela não exigiu exames admissionais prévios. É dever, portanto, da empresa que explora planos de saúde, submeter seus associados a exames prévios. Sem isso, não poderá validamente se recusar a fornecer sua contraprestação, sob a alegação de que houve omissão nas informações. A empresa, em semelhantes hipóteses, assume o risco do negócio.

Outrossim, a suspensão do atendimento em virtude do simples atraso na prestação mensal (sobretudo se posteriormente feito o pagamento, com os acréscimos devidos) configura prática abusiva. Também é inválida a cláusula contratual que impõe o cumprimento de novo prazo de carência, equivalente ao período em que o consumidor restou inadimplente, para o restabelecimento do atendimento (STJ, REsp 285.618, Rel. Min. Luiz Salomão, 4ª T, DJ 26/02/09). Tampouco é possível, em contratos de seguro de vida, cujo vínculo vem se renovando ao longo de anos, que a seguradora, de modo abrupto, pretenda modificar substancialmente as condições do seguro, não renovando o ajuste anterior. A boa-fé objetiva deve iluminar a relação negocial em toda sua trajetória, fomentando os deveres de cooperação e lealdade. Se o segurado reclama, em face da seguradora, o valor da indenização, o prazo prescricional é suspenso até que lhe seja dada ciência da decisão (STJ, Súmula 229: "O pedido do pagamento de indenização à seguradora suspende o prazo de prescrição até que o segurado tenha ciência da decisão").

Em caso que foge um pouco deste tópico, mas que tem relevância pelas conexões temáticas, a filha, única beneficiária do seguro de vida, teve o benefício negado em razão do atraso no pagamento de duas prestações do contrato de seguro. Embora a filha houvesse pago as duas parcelas após o falecimento da mãe, a seguradora alegou que o atrasou teria levado à extinção automática do contrato. A tese da seguradora, contudo, não foi aceita. O STJ frisou que a segurada não havia sido comunicada do atraso e nem dos efeitos contratuais da inadimplência (STJ, AgRg no AREsp 625.973, Rel. Min. Villas Bôas, 3ª T, DJ 04/08/2015). Nesse contexto, o STJ entende que "o mero atraso no pagamento de prestação do prêmio do seguro não importa em desfazimento automático do contrato, pois exige-se, ao menos, a prévia constituição em mora do segurado pela seguradora, mediante notificação ou interpelação". Aplica-se o mesmo entendimento aos planos de pecúlio por morte, pois essa espécie contratual assemelha-se aos seguros de vida.

Hoje foi pacificado que é de 1 ano o prazo prescricional para exercício de qualquer pretensão do segurado em face do segurador – e vice-versa – baseada em suposto inadimplemento de deveres (principais, secundários ou anexos) derivados do contrato de seguro, segundo o art. 206, § 1º, II, b, do Código Civil (STJ, REsp 1.091.756, Rel. Min. Marco Bellizze, Segunda Seção, DJe 5/2/2018). Nos contratos de seguro em geral, a ciência do segurado acerca da recusa da cobertura securitária é o termo inicial do prazo prescricional da pretensão do segurado em face da seguradora (STJ, REsp 1.970.111, Rel. Min. Nancy Andrighi, 3ª T, DJe 15/03/2022). Porém essa orientação *não se aplica* nas ações que discutem direitos oriundos de planos de saúde ou de seguro saúde, dada a natureza *sui generis* desses contratos (STJ, REsp 1.360.969 e REsp 1.361.182, Segunda Seção; AgInt no REsp 1.935.233, Rel. Min. Isabel Gallotti, 4ª T, DJe 17/10/2022).

A tendência atual da jurisprudência, em muitos casos, é aplicar não o CDC, mas o Código Civil, em diálogo das fontes, quando – sobretudo em matéria prescricional – isso pode favorecer o consumidor. Por exemplo, nos casos em que se pleiteia a revisão de cláusula abusiva em contrato de plano de saúde, o prazo prescricional é regido pelo Código Civil e é de dez anos (Código Civil, art. 205). (STJ, REsp 1.261.469, Rel. Min. Villas Bôas Cueva, 3ª T, DJ 19/10/12). Já nos casos em que se pleiteia a restituição dos valores pagos indevidamente, o STJ – por maioria – decidiu que "na vigência dos contratos de plano ou de seguro de assistência à saúde, a pretensão condenatória decorrente da declaração de nulidade de cláusula de reajuste nele prevista prescreve em 3 anos (art. 206, § 3º, IV, do CC/2002)" (STJ, REsp 1.360.969, Rel. Min. Marco Bellizze, Segunda Seção, DJ 19/09/2016). Neste caso, o consumidor pleiteou a nulidade de cláusula de reajuste e a devolução dos valores pagos.

Posteriormente, o STJ, em sede de recurso repetitivo, firmou a seguinte tese: "Na vigência dos contratos de plano ou de seguro de assistência à saúde, a pretensão condenatória decorrente da declaração de nulidade de cláusula de reajuste nele prevista prescreve em 3 anos (art. 206, § 3º, IV, do CC/2002)" (STJ, REsp 1.360.969, Rel. para acórdão Min. Marco Bellizze, Segunda Seção, DJ 19/09/2016). Como se pode perceber, em matéria de prazo prescricional são muitas e frequentes as confusões e disputas na jurisprudência. Não há, ou raramente há, a estabilidade que o direito deve assegurar às relações sociais.

A prescrição para execução individual em ações civis públicas contra plano de saúde é de cinco anos (STJ, REsp 1.807.990). O STJ entende que, nas ações civis públicas, por falta de disposição legal específica, o julgador deve se valer de dispositivo inserido no microssistema das tutelas coletivas, tendo firmado o entendimento de que a prescrição prevista para a ação popular é a que aplica. Apesar de haver tese firmada em recurso repetitivo que reconhece a prescrição trienal para ações de cobrança contra planos de saúde (Tema 610), a ministra afirmou que essa posição diz respeito às ações ordinárias individuais, porém prevalece o entendimento específico referente à aplicação do prazo quinquenal para as execuções individuais nas tutelas coletivas.

Em outro tema, o STJ, por maioria, alterando posição anterior, tem atualmente aceito que o aumento da idade do segurado implica a necessidade de maior assistência médica e, por isso, pode haver reajuste da mensalidade de plano ou seguro de saúde em razão da mudança de faixa etária do segurado, na forma da Lei nº 9.656/1998. Entende-se que essa norma não confronta o art. 15, § 3º, do Estatuto da Pessoa Idosa (STJ, REsp 1.381.606, Rel. para acórdão Min. Otávio de Noronha, vencida Min. Nancy Andrighi, DJ 31/10/2014). Do mesmo modo, em outro julgado, decidiu-se ser válida a cláusula de reajuste por mudança de faixa etária. Argumentou-se, na ocasião, que "nos contratos de seguro de saúde, de trato sucessivo, os valores cobrados a título de prêmio ou mensalidade guardam relação de proporcionalidade com o grau de probabilidade de ocorrência do evento risco coberto. Maior o risco, maior o valor do prêmio" (STJ, REsp 646.677, Rel. Min. Raul Araújo, DJ 18/09/2014).

Nesse sentido, mais recentemente, decidiu-se – em sede de julgamento de recurso repetitivo (Tema 952) – que: "O reajuste de mensalidade de plano de saúde individual ou familiar fundado na mudança de faixa etária do beneficiário é válido desde que (a) haja previsão contratual, (b) sejam observadas as normas expedidas pelos órgãos governamentais reguladores e (c) não sejam aplicados percentuais desarrazoados ou aleatórios que, concretamente e sem base atuarial idônea, onerem excessivamente o consumidor ou discriminem o idoso" (STJ, REsp 1.568.244, Rel. Min. Ricardo Villas Bôas Cueva, Segunda Seção, DJ 19/12/2016). O tribunal, na ocasião, ponderou ainda que os gastos de tratamento médico-hospitalar de pessoas idosas são geralmente mais altos do que os de pessoas mais jovens, isto é, o risco assistencial varia consideravelmente em função da idade. De toda sorte, o Judiciário pode – e deve – analisar a razoabilidade desses reajustes. Segundo o STJ também o seguro de vida pode ser reajustado por faixa etária (STJ, REsp 1.816.750).

Conforme já frisamos, não se aplica o CDC ao contrato de plano de saúde administrado por entidade de autogestão (STJ, Súmula 608), por inexistência de relação de consumo (STJ, REsp 1.684.207, Rel. Min. Herman Benjamim, 2ª T, DJ 10/10/2017). O STJ ressaltou que as entidades de autogestão não buscam o lucro e constituem sistemas fechados, já que os planos que administram não estão disponíveis no mercado consumidor (STJ, AgInt no REsp 1.563.986, Rel. Min. Villas Bôas Cueva, 3ª T, DJ 06/09/2017).

Decidiu-se ser abusiva a cláusula de plano de saúde que limita despesa com internação hospitalar (STJ, REsp 735.750, Rel. Min. Raul Araújo, 4ª T, DJ 16/02/12). Não é válida, portanto, a estipulação de limite monetário para cobertura de despesas hospitalares. Anteriormente já se havia decidido ser inválida a cláusula que limita o tempo de internação hospitalar (STJ, Súmula 302). O STJ, contudo, admitiu – em casos de internação psiquiátrica que dure mais de 30 dias – a validade da cláusula de coparticipação (50% do valor das despesas para o plano, 50% para o consumidor) (STJ, REsp 1.635.626, Rel. Min. Nancy Andrighi, 3ª T, DJ 16/02/2017). Também admitiu a validade de cláusula contratual de plano de saúde que limita a cobertura de tratamento psicoterápico a 12 sessões anuais. Assim, quando a quantidade de consultas psicoterápicas ultrapassar aquelas de custeio mínimo obrigatório – fixado pela ANS, conforme o grau de severidade do transtorno mental – deverão ser suportadas tanto pelo plano de saúde como pelo consumidor (*regime de coparticipação*) (STJ, REsp 1.679.190, Rel. Villas Bôas Cueva, 3ª T, DJ 02/10/2017). Porém é ilegal a cobrança, pelo plano de saúde, de coparticipação em forma de percentual no caso de internação domiciliar não alusiva a tratamento psiquiátrico (STJ, REsp 1.947.036, Rel. Min. Nancy Andrighi, 3ª T, DJe 24/02/2022).

Em 2023 o STJ reafirmou que nos contratos de plano de saúde não é abusiva a cláusula de coparticipação expressamente ajustada e informada ao consumidor, à razão máxima de 50% do valor das despesas, nos casos de internação superior a 30 dias por ano, decorrente de transtornos psiquiátricos, preservada a manutenção do equilíbrio financeiro (Tema Repetitivo nº 1.032) (STJ, AgInt no REsp 1831676 , Rel. Min.Villas Bôas Cueva , 3ª T, DJe 20/12/2023).

O STJ entendeu que a exigência de indicação da classificação internacional de doenças (CID) para cobertura de exames e pagamento de honorários médicos pelas operadoras de planos de saúde *não* é prática abusiva: "Controvérsia estabelecida em sede de ação civil pública movida pelo Ministério Público do Rio de Janeiro em torno da exigência de indicação da CID (Classificação Internacional de Doenças) como condição para realização de exames e pagamento de honorários médicos por parte das operadoras de planos de saúde. Inocorrência de abusividade no procedimento, não se tonalizando como iníqua e nem colocando o consumidor em desvantagem exagerada, ou incompatível com a boa-fé ou a equidade, a exigência de indicação da CID pelo profissional que requisita a realização de exames médicos" (STJ, REsp 1.509.055, Rel. Min. Paulo Sanseverino, 3ª T, DJ 25/08/2017).

Cabe lembrar, ainda, a propósito do tema, que em 2017 o STJ editou a seguinte súmula: "A cláusula contratual de plano de saúde que prevê carência para utilização dos serviços de assistência médica nas situações de emergência ou de urgência é considerada abusiva se ultrapassado o prazo máximo de 24 horas contado da data da contratação" (Súmula 597). Quem, portanto, precisa de atendimento de urgência deve receber o atendimento do plano de saúde. A única recusa possível é se a urgência surgiu menos de 24 horas depois da contratação (entendemos que mesmo nesses casos deverá haver o atendimento e posteriormente se discutirá quem pagará por ele). A cláusula contratual que prevê prazo de carência para utilização dos serviços prestados pelo plano de saúde não é considerada abusiva, desde que não obste a cobertura do segurado em casos de emergência ou urgência (STJ, AgInt no AREsp 2.393.271, Rel. Min. Raul Araújo, 4ª T, DJ 23/11/2023).

O STJ decidiu em 2019 que plano de saúde deve pagar despesas hospitalares de acompanhante de paciente idoso (STJ, REsp 1.793.840, Rel. Min. Villas Bôas Cueva, 3ª T, DJe 08/11/2019). Frisou ainda que o Estatuto da Pessoa Idosa é norma de ordem pública e de aplicação imediata, devendo incidir inclusive sobre contratos firmados antes de sua vigência. Diga-se ainda, ser abusivo o preceito excludente do custeio de medicamento prescrito pelo médico responsável pelo tratamento do beneficiário, ainda que ministrado em ambiente domiciliar (STJ, AgInt no REsp 1.805.403, Rel. Min. Nancy Andrighi, 3ª T, DJe 21/08/2019).

Conforme já mencionamos no capítulo III, o STJ, em interpretação ousada, decidiu ser cabível o reembolso de despesas efetuadas por beneficiário de plano de saúde em estabelecimento não contratado, credenciado ou referenciado pela operadora ainda que a situação não se caracterize como caso de urgência ou emergência, limitado ao valor da tabela do plano de saúde contratado. Dissemos ser ousada tal interpretação porque contrária à legislação dos planos de saúde (Lei n. 9.656/98), que dispõe, como regra, que o reembolso de despesas médicas em estabelecimentos não contratados, credenciados ou referenciados pelas operadoras está limitado às hipóteses de urgência ou emergência. O STJ, porém, de modo exemplar, preferiu amparar-se nos princípios da boa-fé e da proteção da confiança nas relações privadas (STJ, REsp 1.760.955, Rel. Min. Nancy Andrighi, 3ª T, DJe 30/08/2019). Ponderou-se ainda que tal solução reveste-se de razoabilidade, não impondo desvantagem exagerada à operadora do plano de saúde, pois a suposta exorbitância de valores despendidos pelos consumidores na utilização dos serviços prestados por médico de referência em seu segmento profissional será suportada por eles, dado que o reembolso está limitado ao valor da tabela do plano de saúde contratado.

Configurada a omissão da operadora na indicação de prestador de serviço de saúde da rede credenciada, o beneficiário faz jus ao reembolso integral das despesas assumidas com o tratamento de saúde (STJ, segredo de justiça, Rel. Min. Nancy Andrighi, 3ª T, DJe 14/11/2023). No caso, houve inércia da operadora em indicar o profissional assistente e, por isso, o tratamento foi realizado fora da rede credenciada às custas do usuário. Nesse caso o consumidor não deverá arcar com a coparticipação, e sim ter o reembolso integral.

Os beneficiários de plano de saúde coletivo, após a resilição unilateral do contrato pela operadora, tem direito à portabilidade de carências ao contratar novo plano observado o prazo de permanência no anterior, sem o cumprimento de novos períodos de carência ou de cobertura parcial temporária e sem custo adicional pelo exercício do direito (STJ, REsp 1.732.511, Rel. Min. Nancy Andrighi, 3ª T, DJe 20/08/2020). Decidiu-se, em 2022, de modo semelhante, que a operadora, mesmo após o exercício regular do direito à rescisão unilateral de plano coletivo, deverá assegurar a continuidade dos cuidados assistenciais prescritos a usuário internado ou em pleno tratamento médico garantidor de sua sobrevivência ou de sua incolumidade física, até a efetiva alta, desde que o titular arque integralmente com a contraprestação devida (STJ, REsp 1.846.123, Rel. Min. Luis Salomão, Segunda Seção, 22/06/2022, Tema repetitivo 1082).

Extinto o contrato entre operadora e a ex-empregadora, o empregado aposentado não tem direito a permanecer no plano de saúde, mas apenas à migração para o novo plano de saúde contratado pela empresa, nas mesmas condições assistenciais ofertadas aos empregados da ativa (STJ, AgInt nos EDcl no REsp 1.613.208, Rel. Min. Raul Araújo, 4ª T, DJ 09/11/2023).

Ainda em relação aos planos de saúde podemos lembrar que o Enunciado 646 – aprovado nas Jornadas de Direito Civil, em 2022 – cuja redação enfatiza: "A exigência de autorização de cônjuges ou companheiros para utilização de métodos contraceptivos invasivos viola o direito à disposição do próprio corpo". A imprensa noticiou que planos de saúde passaram a exigir que a autorização do marido para inserção de DIU (método contraceptivo) na mulher. Essa exigência não se harmoniza com a isonomia constitucionalmente existente entre os sexos, e faz lembrar a época em o marido era tido como dono do corpo de sua esposa. Hoje as esferas existenciais de autodeterminação são fortemente protegidas pelo direito privado.

O STJ decidiu em 2023 ser obrigatória a cobertura, pela operadora do plano de saúde, de cirurgias de transgenitalização e de plástica mamária com implantação de próteses em mulher transexual (STJ, REsp 2.097.812, Rel. Ministra Nancy Andrighi, 3ª T, DJe 23/11/2023). O tribunal afirmou que os procedimentos de afirmação de gênero do masculino para o feminino são reconhecidos pelo Conselho Federal de Medicina (CFM) e também foram incorporados ao SUS. Destacou ainda que no processo transexualizador, a cirurgia plástica mamária reconstrutiva bilateral incluindo prótese mamária de silicone é procedimento que, antes de melhorar a aparência, visa à afirmação do próprio gênero, incluída no conceito de saúde integral do ser humano. Trata-se de evitar o adoecimento, o preconceito e o estigma social vivido por quem vive a inadequação de um corpo masculino à sua identidade feminina.

A operadora de plano de saúde deve custear o procedimento de criopreservação de óvulos, como medida preventiva à infertilidade, enquanto possível efeito adverso do tratamento de quimioterapia prescrito para câncer de mama, até a alta da quimioterapia (STJ, REsp 1.962.984, Rel. Min. Nancy Andrighi, 3ª T, DJe 23/8/2023). A 3ª T do STJ, ao julgar o REsp 1.815.796, fez a distinção entre o tratamento da infertilidade – que, segundo a jurisprudência, não é de cobertura obrigatória pelo plano de saúde (REsp 1.590.221) – e a prevenção da infertilidade, enquanto efeito adverso do tratamento prescrito ao paciente e coberto pelo plano de saúde.

Plano de saúde tem o dever de reembolsar as despesas médico-hospitalares realizadas por beneficiário fora da rede credenciada na hipótese em que descumpre o dever de garantir o atendimento no mesmo município, ainda que por prestador não integrante da rede assistencial (STJ, segredo de justiça, Rel. Min. Marco Buzzi, 4ª T, DJe 16/02/2023).

É ilícita a conduta da operadora de plano de saúde que nega a inscrição de recém-nascido no plano de saúde de titularidade de avô, sendo a genitora dependente/beneficiária desse plano (STJ, REsp 2.049.636, Rel. Min. Villas Bôas Cueva, 3ª T, DJe 28/04/2023). Porém, ainda assim, o recém-nascido sem inscrição no plano de saúde não pode ficar ao desamparo enquanto perdurar sua terapia, sendo sua situação análoga à do beneficiário sob tratamento médico, cujo plano coletivo foi extinto. Em ambas as hipóteses deve haver o custeio temporário, pela operadora, das despesas assistenciais até a alta médica, em observância aos princípios da boa-fé, da função social do contrato, da segurança jurídica e da dignidade da pessoa humana. Portanto, o esgotamento do prazo de 30 dias após o parto (contratualmente previsto) não pode provocar a descontinuidade do tratamento médico-hospitalar, devendo haver a extensão até a alta médica do recém-nascido. Nessas situações, a título de contraprestação, deve ser considerado o recém-nascido como se inscrito fosse, mesmo que provisoriamente, o que lhe acarreta não o ressarcimento de despesas conforme os valores de tabela da operadora, mas o recolhimento de quantias correspondentes a mensalidades de sua categoria, a exemplo também do que acontece com os beneficiários sob tratamento assistencial em planos extintos. É portanto abusiva a atitude da operadora que tenta descontinuar o custeio de internação do recém-nascido após ultrapassado o prazo de 30 dias de seu nascimento.

Cabe destacar que o simples fato de o consumidor registrar negativação nos cadastros de consumidores não pode bastar, por si só, para vedar a contratação do plano de saúde pretendido (STJ, REsp 2.019.136, Rel. Ministro Nancy Andrighi, 3ª T, DJe 23/11/2023). De acordo com o Informativo 826 do STJ, o plano de saúde é obrigado a cobrir, de forma ilimitada, as terapias prescritas ao paciente com *Síndrome de Down* (STJ, processo em segredo de justiça, Rel. Min. Moura Ribeiro, 3ª T, DJe 28/8/2024).

17. QUESTÕES DE CONCURSOS

01. (FGV – Juiz de Direito – TJ – SC/2022). Tobias contratou os serviços de construção civil da empresa cujo sócio-administrador é Natanael. Os serviços foram entregues da forma e modo estabelecidos em contrato. Natanael, que conhecia Tobias do clube que ambos frequentavam, durante uma atividade esportiva e diante de outros participantes, cobrou-lhe o pagamento de suposta parcela ajustada que permanecia em aberto. Tobias, então, procedeu com o pagamento que, posteriormente, foi identificado como indevido. Sobre a cobrança de dívidas, à luz do Código de Defesa do Consumidor e do entendimento do Superior Tribunal de Justiça, é correto afirmar que:

a) Tobias precisa comprovar a má-fé do fornecedor para receber a devolução em dobro do valor cobrado indevidamente;

b) Tobias pode alegar em juízo que a cobrança de Natanael, em lugar público, causou-lhe constrangimento, violando a norma consumerista;

c) o direito à repetição de indébito, por valor igual ao dobro, acrescido de correção monetária e juros legais, não comporta alegação de engano justificável;

d) a cobrança seria constrangedora se, de fato, houvesse inadimplemento, o que foi desconfigurado pelo fato de a cobrança ter sido de quantia indevida, merecendo apenas devolução em dobro;

e) o pagamento indevido realizado por Tobias justifica a repetição de indébito por valor igual ao dobro pago em excesso, desde que verificado o dolo do fornecedor.

GABARITO			
01. B			

Esta e outras questões estão disponíveis para serem respondidas na plataforma JusClass:

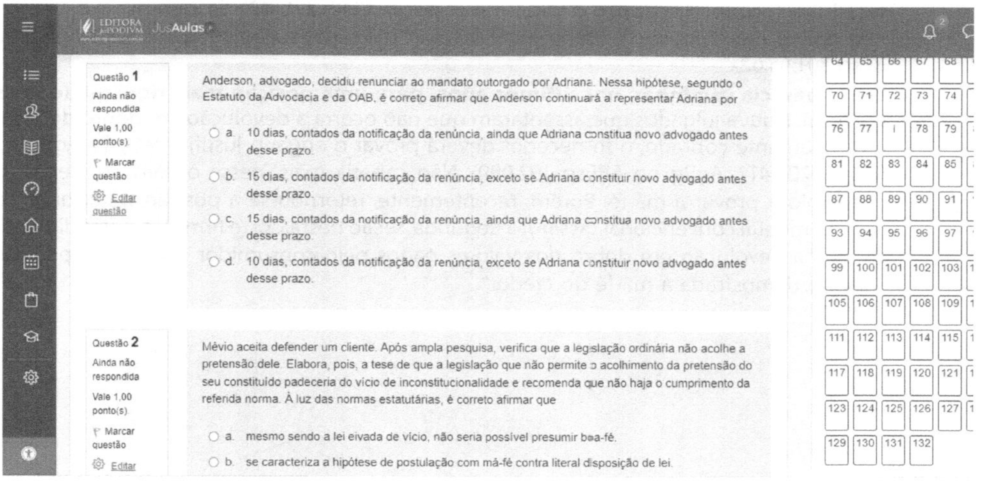

18. QUADRO SINÓTICO

PRÁTICAS ABUSIVAS

- **O CDC veda, terminantemente, a venda casada. Exemplo de tal prática temos na conduta da instituição financeira que condiciona um empréstimo à realização de um seguro de vida (CDC, art. 39, I).**
- **Entre outras proibições do CDC está o envio ao consumidor, sem solicitação prévia, de produto ou serviço. Se isso ocorrer, serão tidas como amostra grátis (CDC, art. 39, III).**
- **São, portanto, práticas abusivas:**
- **Venda casada ou imposição de limites quantitativos ao consumidor (CDC, art. 39, I).**
- **Recusa de contratar pelo fornecedor (CDC, art. 39, II).**
- **Produtos enviados sem solicitação prévia (CDC, art. 39, III).**
- **Aproveitamento das vulnerabilidades do consumidor (CDC, art. 39, IV).**
- **Exigência de vantagens indevidas (CDC, art. 39, V).**
- **Execução de serviço sem orçamento prévio (CDC, art. 39, VI).**
- **Repasse de informações depreciativas (CDC, art. 39, VII).**
- **Inserir produto em desacordo com as normas técnicas (CDC, art. 39, VIII).**

- **Recusa de venda de bens ou prestação de serviços (CDC, art. 39, IX).**
- **Elevação de preços sem justa causa (CDC, art. 39, X).**
- **Ausência de prazo para cumprimento de obrigação pelo fornecedor (CDC, art. 39, XII).**
- **Aplicação de reajuste diverso do legal ou do contratualmente firmado (CDC, art. 39, XIII).**
- **Permitir o ingresso em estabelecimentos comerciais ou de serviços de um número maior de consumidores que o fixado pela autoridade administrativa como máximo (CDC, art. 39, XIV).**
- **O fornecedor está obrigado a entregar orçamento prévio discriminado ao consumidor, e fica, por 10 dias, salvo convenção em contrário, a ele vinculado (CDC, art. 40, § 1º, 2º e 3º).**
- **O consumidor inadimplente não será exposto a ridículo, nem será submetido a qualquer tipo de constrangimento (CDC, art. 42).**
- **Se o consumidor for indevidamente cobrado, a respeito de quantia que não devia, fará jus a receber em dobro o que houver pago (CDC, art. 42).** Se, porém, na cobrança, não houve má-fé, houve engano justificável, a penalidade não se aplica (STJ, AgRg no REsp 101.45.62).
- **O STJ parecia caminhar, nos últimos anos, para uma posição mais rigorosa (e mais correta).** Houve julgados que assentaram que não ocorra a devolução em dobro do valor indevidamente cobrado, o fornecedor deverá provar o engano justificável (STJ, AgRg no REsp 1.200.417; AgRg no AREsp 192.989). Não caberia mais, nessa ordem de ideias, ao consumidor provar a má-fé. Porém, recentemente, retornou-se à posição tradicional, ao padrão mental convencional. Assim, "a Segunda Seção desta Corte firmou o entendimento de que a devolução em dobro dos valores pagos pelo consumidor somente é possível quando demostrada a má-fé do credor".

CAPÍTULO XIII

BANCO DE DADOS E CADASTROS DE CONSUMIDORES

Sumário • 1. Acesso do consumidor às informações a ele relativas – 2. Limite temporal de consignação das informações negativas: 5 anos; 2.1. Termo inicial da contagem dos 5 anos – 3. Dever de comunicação por escrito ao consumidor: 3.1. De quem é o dever de comunicação?; 3.2. É suficiente a prova do envio da comunicação?; 3.3. A comunicação ao consumidor é necessária em se tratando de reprodução de dados existentes em banco de domínio público?; 3.4. De quem é o dever de comunicar o pagamento da dívida? – 4. Dívida discutida em juízo pode ser inscrita? – 5. Dano moral decorrente de indevida inscrição em cadastro negativo: 5.1. Desnecessidade da prova de prejuízo concreto; 5.2. Há dano moral se já havia inscrição anterior?; 5.3. Valores de indenização; 5.4. Controvérsia restrita apenas ao valor da dívida; 5.5. Prazo prescricional – 6. Bancos de dados como entidades de caráter público – 7. Prescrição dos débitos e cadastros negativos: 7.1. Prescrição da ação de cobrança, não do título executivo – 8. Bancos de dados contra maus fornecedores – 9. Questões de Concursos – 10. Quadro Sinótico.

1. ACESSO DO CONSUMIDOR ÀS INFORMAÇÕES A ELE RELATIVAS

O CDC, ciente da realidade do mercado de consumo – em que fornecedores se valem, em larga medida, de bancos de dados, trocando entre si informações sobre consumidores – estabeleceu no art. 43: "O consumidor, sem prejuízo do disposto no art. 86, terá acesso às informações existentes em cadastros, fichas, registros e dados pessoais e de consumo arquivados sobre ele, bem como sobre as suas respectivas fontes".

Trata-se de direito subjetivo do consumidor. Poderá exigir acesso às informações sobre si existentes, além das respectivas fontes. Para tanto, o consumidor poderá se valer do *habeas data*, garantia constitucional, adequado à hipótese. Assim, se "a proteção pedida pelo impetrante se refere à busca de informações relativas a sua pessoa constantes de registro ou banco de dados de entidade governamental, o instrumento processual adequado é o habeas data, não cabendo o uso do mandado de segurança como seu sucedâneo (art. 5º, LXIX, da CF)" (STJ, MS 8.196, Rel. Min. Felix Fischer, Terceira Seção, p. 26/03/03). Vale lembrar que os "bancos de dados e cadastros relativos a consumidores, os serviços de proteção ao crédito e congêneres são considerados entidades de caráter público", conforme previsão do CDC (art. 43, § 4º). Convém frisar, a propósito, que se considera, em doutrina, os bancos de dados nos serviços de proteção ao crédito como *fornecedores equiparados*. São terceiros que atuam na relação de consumo, diante do consumidor, como se fosse fornecedor. O Sistema Nacional de Defesa do Consumidor (CDC, arts. 105 e 106) é integrado pelos órgãos federais, estaduais, municipais (e do Distrito Federal) de defesa do consumidor. É, ainda, integrado pelas entidades privadas que tenha idêntica finalidade. Existe, também, desde 2002, o chamado SINDEC – Sistema Nacional de Informações e defesa do consumidor. É uma espécie de cadastro nacional que integra em rede as ações e informações do Sistema Nacional de Defesa do Consumidor e dos Procons, possibilitando uma atuação harmônica, estratégica e qualificada. Aplica-se ao SINDEC, no que for cabível, as regras impostas aos cadastros de consumidores.

Convém lembrar, conforme já frisamos anteriormente, que o STJ entende que o sistema de *credit scoring* – método para avaliação de risco na concessão de crédito – é prática comercial lícita e não configura banco de dados. Assim, "a utilização de escore de crédito, método estatístico de avaliação de risco que não constitui banco de dados, dispensa o consentimento do consumidor, que terá o direito de solicitar esclarecimentos sobre as informações pessoais valoradas e as fontes dos dados considerados no respectivo cálculo" (STJ, Súmula 550). É de se indagar se esse mecanismo, de fato, não configura um banco de dados como os demais. De toda sorte, a questão é hoje pacífica na jurisprudência.

A Segunda Seção do STJ, no julgamento do REsp 1.419.697, definiu que, no tocante ao sistema *scoring* de pontuação, "apesar de desnecessário o consentimento do consumidor consultado, devem ser a ele fornecidos esclarecimentos, caso solicitados, acerca das fontes dos dados considerados (histórico de crédito), bem como as informações pessoais valoradas" (STJ, REsp 1.419.697, Rel. Ministro Paulo de Tarso, Segunda Seção, DJ 17/11/2014). Cabe destacar que o simples fato de o consumidor registrar negativação nos cadastros de consumidores não pode bastar, por si só, para vedar a contratação do plano de saúde pretendido (STJ, REsp 2.019.136, Rel. Ministro Nancy Andrighi, 3ª T, DJe 23/11/2023).

O gestor de banco de dados que disponibiliza para terceiros o acesso aos dados do cadastrado que somente poderiam ser compartilhados entre bancos de dados – como as informações cadastrais – deve responder objetivamente pelos danos morais causados ao cadastrado, em observância aos 42 e 43, II, da LGPD (STJ, REsp 2.133.261, Rel. Min. Nancy Andrighi, 3ª T, DJe 10/10/2024).

2. LIMITE TEMPORAL DE CONSIGNAÇÃO DAS INFORMAÇÕES NEGATIVAS: 5 ANOS

As informações a respeito dos consumidores não poderão ficar indefinidamente nos bancos de dados dos fornecedores. Estatui o § 1º do art. 43: "Os cadastros e dados de consumidores devem ser objetivos, claros, verdadeiros e em linguagem de fácil compreensão, não podendo conter informações negativas referentes a período superior a cinco anos".

Há, portanto, um limite temporal: cinco anos. Para além dele, são ilícitos os registros negativos que forem mantidos. O § 3º do art. 43 aduz: "O consumidor, sempre que encontrar inexatidão nos seus dados e cadastros, poderá exigir sua imediata correção, devendo o arquivista, no prazo de cinco dias úteis, comunicar a alteração aos eventuais destinatários das informações incorretas".

A jurisprudência, a propósito, definiu: "A melhor interpretação do preceito contido no parágrafo 3º do artigo 43 do Código de Defesa do Consumidor constitui a de que, uma vez regularizada a situação de inadimplência do consumidor, deverão ser imediatamente corrigidos os dados constantes nos órgãos de proteção ao crédito, sob pena de ofensa à própria finalidade destas instituições, já que não se prestam a fornecer informações inverídicas a quem delas necessite" (STJ, REsp 255.269, Rel. Min. Waldemar Zveiter, 3ª T, p. 16/04/01). As entidades mantenedoras de cadastros de proteção ao crédito não devem incluir em sua base de dados informações coletadas dos cartórios de protestos sem a informação do prazo de vencimento da dívida, sendo responsáveis pelo controle de ambos os limites temporais estabelecidos no art. 43 do CDC (STJ, REsp 1.630.889, Rel. Min. Nancy Andrighi, 3ª T, DJe 21/09/2018).

A exigência de que os dados sejam "objetivos" evidencia que em tais bancos de dados não poderão constar informações relativas à intimidade e à vida privada do consumidor. A Constituição da República, aliás, é muito clara, ao dispor que são invioláveis a intimidade, a vida privada, a honra e a imagem das pessoas, cabendo indenização pelos danos material e moral decorrentes de sua violação (CF/88, art. 5º, X).

O dispositivo prescreve, ainda, o dever de clareza em relação aos bancos de dados. O CDC já tem dispositivos gerais que impõem dever de transparência ao fornecedor, mas o legislador achou importante especificar aqui, mais uma vez, tal obrigação fundamental. De acordo com o contexto antes descrito, o STJ decidiu que a data de vencimento dos títulos protestados deve ser inserida no banco de dados das instituições mantenedoras de cadastros de inadimplentes, como a Serasa. A medida ajuda a assegurar a precisão das informações e garantir o controle do prazo de manutenção dos registros negativos, que é de cinco anos a partir do vencimento da dívida, conforme o artigo 43, parágrafo 1º, do CDC (STJ, REsp 2.095.414, Rel. Min. Carlos Ferreira, 4ª T, DJe 18/06/2024).

2.1. Termo inicial da contagem dos 5 anos

É pacífico na jurisprudência – e de resto resulta de dicção expressa do CDC – que as informações sobre os consumidores só podem permanecer pelo prazo máximo de 5 anos nos cadastros negativos (lembrando que devem ser informações relativas a créditos ainda não prescritos). Havia, porém, uma controvérsia sobre o termo inicial desse prazo de 5 anos: quando, realmente, ele começa a ser contado? Havia duas opções possíveis: a) da data da efetiva inscrição no cadastro negativo; ou b) do dia seguinte ao vencimento da dívida. Essa última posição, mais favorável ao consumidor, foi a que prevaleceu na jurisprudência do STJ (STJ, REsp 1.316.117, Rel. para acórdão Min. Paulo de Tarso, 3ª T, DJ 19/08/2016). Pode haver um longo lapso temporal entre o vencimento da dívida e a realização da inscrição no cadastro. Isso, agora, beneficiará o consumidor. Se a inscrição demorar muito a ser feita, em certos casos talvez nem possa mais ser realizada (isto é, se for feita depois de 5 anos do vencimento da dívida, gerará dano moral indenizável).

Nessa linha, o STJ entendeu que a manutenção da inscrição negativa nos cadastros de proteção ao crédito respeita a exigibilidade do débito inadimplido, tendo, para tanto, um limite máximo de cinco anos que pode ser, todavia, restringido se for menor o prazo prescricional para a cobrança do crédito (STJ, REsp 1.630.659, Rel. Min. Nancy Andrighi, 3ª T, DJe 21/09/2018). No mais, como dissemos antes, "em razão do respeito à exigibilidade do crédito e ao princípio da veracidade da informação, o termo inicial do limite temporal de cinco anos em que a dívida pode ser inscrita no banco de dados de inadimplência é contado do primeiro dia seguinte à data de vencimento da dívida".

3. DEVER DE COMUNICAÇÃO POR ESCRITO AO CONSUMIDOR

Não basta que a inscrição seja objetiva, clara, verdadeira, em linguagem de fácil compreensão e não exceda os cinco anos. É preciso, além disso, para ela ser lícita, que seja comunicada por escrito ao consumidor. É o que estabelece o § 2º do art. 43: "A abertura de cadastro, ficha, registro e dados pessoais e de consumo deverá ser comunicada por escrito ao consumidor, quando não solicitada por ele". Convém frisar ainda que o compartilhamento de informações de banco de dados exige notificação prévia ao consumidor. O STJ destacou que "as informações sobre o perfil do consumidor, mesmo as de cunho pessoal, ganharam valor econômico no mercado de consumo e, por isso, o banco de dados constitui serviço de grande utilidade, seja para o fornecedor, seja para o consumidor, mas, ao mesmo tempo, atividade potencialmente ofensiva a direitos da personalidade deste" (STJ, REsp 1.758.799).

São lamentavelmente frequentes os casos de surpresa, humilhação, perplexidade, quando o consumidor – mormente se pessoa humilde, de baixa renda – se vê, ao fechar um negócio, apontado como mau pagador, e, portanto, impossibilitado de prosseguir no contrato. Este § 2º, se observado, evita tais situações. O consumidor deverá, antes de qualquer fornecedor, ser informado dos dados constantes a seu respeito. Apenas assim terá meios para agir, seja para corrigi-los, seja para saldar o débito e evitar constrangimentos futuros. Seja até, simplesmente, para não realizar novas compras. Decidiu, a propósito, a jurisprudência: "Consoante jurisprudência firmada nesta Corte, de acordo com o artigo 43, § 2º, do Código de Defesa do Consumidor, e com a doutrina, obrigatória é a comunicação ao consumidor de sua inscrição no cadastro de proteção ao crédito, sendo, na ausência dessa comunicação, reparável o dano oriundo da inclusão indevida" (STJ, REsp 768.988).

Está contaminada de ilegalidade, portanto, a inscrição que não for comunicada ao consumidor, independentemente da existência da dívida: "Consumidor. Recurso especial. Registros de proteção ao crédito. Inscrição. Necessidade de prévia comunicação ao consumidor. Ausência. Ilegalidade da inscrição (...). Os requisitos legais previstos no § 2º, do art. 43, do CDC devem ser cumpridos para se garantir a aptidão, a procedibilidade da inscrição. Após isso é que caberá a discussão sobre a exigibilidade ou não do débito que deu origem à inscrição e, consequentemente, se esta é devida ou não. Sem o cumprimento dos mencionados requisitos, a inscrição deverá ser cancelada por ilegalidade" (STJ, REsp 735.701, Rel. Min. Nancy Andrighi, 3ª T, p. 15/05/06). Importante dizer que o STJ firmou entendimento no sentido de que a notificação prévia deve ser realizada no endereço fornecido pelo credor (STJ, AgRg no AREsp 337.487, Rel. Min. João Otávio de Noronha, 3ª T, DJ 21/10/2013).

Existe, como destacamos, o dever de notificar – previamente e por escrito – o consumidor, antes de sua inclusão nos cadastros negativos. Se o órgão mantenedor do cadastro envia a notificação para endereço errado, mesmo já tendo havido prévia comunicação do consumidor acerca da mudança de domicílio, poderá haver dever de indenizar nessa hipótese (STJ, REsp 1.620.394, Rel. Sanseverino, 3ª T, DJ 06/02/2017). A notificação do consumidor acerca da inscrição de seu nome em cadastro restritivo de crédito exige o prévio envio de correspondência ao seu endereço, sendo vedada a notificação exclusiva por meio de e-mail ou mensagem de texto de celular (SMS) (STJ, REsp 2.056.285, Rel. Min. Nancy Andrighi, 3ª T, DJe 27/04/2023). Porém, em 2024, a quarta Turma (por maioria), entendeu ser válida a comunicação por e-mail para comunicar o consumidor acerca da inscrição de seu nome em cadastro de inadimplentes. Argumentou que assim como ocorre nos casos de envio de carta física por correio, em que é dispensada a prova do recebimento da correspondência, não há necessidade de comprovar que o e-mail enviado foi lido pelo destinatário. O tribunal entendeu que comprovado o envio e entrega de notificação remetida ao e-mail do devedor constante da informação enviada ao banco de dados pelo credor, está atendida a obrigação prevista no art. 43, § 2º, do CDC.

3.1. De quem é o dever de comunicação?

A quem cabe comunicar o consumidor da inclusão de seu nome num banco de dados? Ao fornecedor, que informa a existência da dívida? Ou à empresa que mantém o cadastro? A jurisprudência resolveu a questão, inclinando-se pela última alternativa. Confira-se: "A legitimidade passiva para responder por dano moral resultante da ausência da comunicação prevista no art. 42, parágrafo 3º, do CDC, pertence ao banco de dados ou à entidade cadastral a quem compete, concretamente, proceder à negativação que lhe é solicitada pelo credor. Precedentes do STJ" (STJ, REsp 742.590, Rel. Min. Aldir Passarinho Júnior, 4ª T., p. 18/09/06).

Desta forma: "Apenas os órgãos responsáveis pela manutenção dos registros de proteção ao crédito é que têm legitimidade passiva *ad causam* para a demanda que visa à exclusão do nome do consumidor dos referidos registros e tem como causa de pedir a ilegalidade da inscrição, por descumprimento da obrigação prevista no § 2º, do art. 43, do CDC" (STJ, REsp 735.701, Rel. Min. Nancy Andrighi, 3ª T, p. 15/05/06). Talvez seja importante pontuar, embora seja uma questão mais específica, que "o Banco do Brasil, na condição de mero operador e gestor do Cadastro de Emitentes de Cheques sem Fundos – CCF, não detém legitimidade passiva para responder por danos resultantes da ausência de notificação prévia do correntista acerca de sua inscrição no referido cadastro, obrigação que incumbe ao banco sacado, junto ao qual o correntista mantém relação contratual" (STJ, REsp 1.354.590, Rel. Min. Raul Araújo, Segunda Seção, DJ 15/09/2015).

A jurisprudência reafirmou a tese de que a "negativação do nome do devedor deve ser-lhe comunicada com antecedência, ao teor do art. 43, § 3º, do CDC, gerando lesão moral se a tanto não procede a entidade responsável pela administração do banco de dados" (STJ, REsp 999.729, Rel. Min. Aldir Passarinho Júnior, 4ª T, DJ 04/08/08). A questão acabou se tornando objeto de Súmula, nos seguintes termos: "Cabe ao órgão mantenedor do cadastro de proteção ao crédito a notificação do devedor antes de proceder à inscrição" (STJ, Súmula 359).

3.2. É suficiente a prova do envio da comunicação?

Em interpretação de acerto duvidoso, o STJ diz que "é suficiente para cumprir o disposto no art. 43, § 2º, do Código de Defesa do Consumidor que o órgão de proteção ao crédito comprove que enviou a notificação sobre a inclusão do nome do consumidor em cadastro restritivo de crédito" (STJ, AgRg no Ag 101.93.70, 4ª T, DJ 23/06/08). Isto é, de acordo com esta jurisprudência, basta que o órgão de proteção ao crédito prove que enviou, ainda que o consumidor, efetivamente, não tenha recebido o aviso. Fácil é ver que tal orientação não se concilia com os propósitos de proteção diferenciada do consumidor, nem revela, segundo pensamos, o espírito normativo da lei.

A orientação acima criticada, lamentavelmente, prevaleceu na jurisprudência. O STJ dispensa aviso de recebimento (AR) nas comunicações feitas ao consumidor, informando-lhe de que seu nome foi inserido em cadastro de proteção ao crédito. O dever imposto pelo CDC – art. 43, § 2º –, portanto, considera-se cumprido pelo órgão de manutenção do cadastro com o envio da correspondência ao endereço fornecedor pelo credor. É desnecessária a apresentação de aviso de recebimento, aos olhos do entendimento prevalente.

A matéria foi sumulada pelo STJ. A Súmula nº 404 dispõe ser "dispensável o Aviso de Recebimento (AR) na carta de comunicação ao consumidor sobre a negativação de seu nome em banco de dados e cadastros".

3.3. A comunicação ao consumidor é necessária em se tratando de reprodução de dados existentes em banco de domínio público?

O STJ tem entendido que o banco de cadastro negativo está desobrigado de comunicar previamente a inscrição, se o dado negativo consta em banco de domínio público – a exemplo dos que constam em cartórios de protesto de títulos, ou relativos à distribuição de processos judiciais – "É desnecessária a comunicação prévia ao consumidor prevista no art. 43, § 2º, do Código de Defesa do Consumidor nos casos em que o arquivista apenas reproduz informações de domínio público" (STJ, AgRg no REsp 102.12.34, Rel. Min. Sidnei Beneti, 3ª T, DJ 16/06/08).

Também aqui estamos diante de orientação de duvidoso acerto. Atualmente, há notícia de convênios firmados entre órgãos judiciários e clubes de diretores lojistas, para que estes tenham pronto acesso aos dados constantes de processos judiciais. Não nos parece que esta seja a mais prudente orientação.

Não nos parece, todavia, que haverá mudança em tal ótica jurisprudencial. A quarta Turma do STJ vem decidindo no mesmo sentido: "A negativação do nome do devedor, quando não proveniente de entidades de caráter público, tais como cartórios de protestos de título e de distribuição de processos judiciais, deve ser-lhe comunicada com antecedência, ao teor do art. 43, § 3º, do CDC, gerando lesão moral se a tanto não procede a entidade responsável pela administração do banco de dados" (STJ, REsp 992.168, Rel. Min. Aldir Passarinho Júnior, 4ª T, DJ 25/02/08). No mesmo sentido, posteriormente, decidiu-se que "não enseja dano moral a inscrição realizada com base em dados obtidos em cartórios de protesto de título ou de distribuição de processos judiciais, sem comunicação prévia ao consumidor" (STJ, AgRg no REsp 1.374.671, Rel. Min. João Otávio de Noronha, 3ª T, DJ 14/11/2013).

Decidiu-se, de modo semelhante, que "diante da presunção legal de veracidade e publicidade inerente aos registros de cartório de protesto, a reprodução objetiva, fiel, atualizada e clara desses dados na base de órgão de proteção ao crédito – ainda que sem a ciência do consumidor – não tem o condão de ensejar obrigação de reparação de danos" (STJ, REsp 1.444.469, Rel. Min. Luis Salomão, Segunda Seção, DJ 16/12/2014). Não só em relação aos cartórios de protesto, decidiu-se a mesma coisa em relação aos cartórios de registro de distribuição judicial (STJ, REsp 1.344.352, Rel. Min. Luis Salomão, Segunda Seção, DJ 16/12/2014). Nesse contexto, os órgãos de proteção ao crédito podem, segundo o STJ, reproduzir informações constantes nos cartórios de distribuição judicial ou de protesto.

Porém, por outro lado, as informações fornecidas pelas instituições financeiras ao Sisbacen são restritivas de crédito, sendo certo que esse sistema de informação avalia a capacidade de pagamento do consumidor de serviços bancários (STJ, REsp 1.099.527, Relatora Ministra Nancy Andrighi; AgRg no REsp 877.525, DJ 09/12/10). Do mesmo modo – ao contrário do que temíamos – tem sido aplicada a disciplina do CDC (para os bancos de cadastros negativos) aos convênios realizados pelos clubes de diretores lojistas. Nesse sentido, "ostenta também legitimidade passiva para a ação indenizatória a entidade que reproduz ou mantém o cadastro, com permuta de informações constantes de outros bancos de dados. Nesses casos, o órgão que efetuou o registro viabiliza o fornecimento, a consulta e a divulgação de apontamentos existentes em cadastros administrados por instituições diversas com as quais possui convênio, como ocorre com as Câmaras de Dirigentes Lojistas dos diversos Estados da Federação entre si" (REsp 1.061.134, Rel. Min. Nancy Andrighi, 3ª T, DJ 01/04/2009).

3.4. De quem é o dever de comunicar o pagamento da dívida?

Diariamente, milhares de pessoas cujos nomes estão inscritos em cadastros negativos pagam suas dívidas. A questão que se põe, simples e prosaica, é a seguinte: a quem cabe comunicar ao banco de cadastro negativo esse adimplemento? Ao consumidor ou ao credor? A jurisprudência entende que se trata de dever do credor, não do consumidor. Assim, uma vez paga a dívida, é obrigação do credor, no prazo de cinco dias, contados do pagamento efetivo, requerer a retirada do nome do consumidor do cadastro negativo. A inércia do credor em apontar o pagamento gera dever de indenizar, sob forma de dano presumido (STJ, REsp 1.149.998, Rel. Min. Nancy Andrighi, 3ª T, 15/08/12). O próprio STJ aceita que as partes, atentas às peculiaridades de cada caso, estipulem prazo diverso dos 05 dias apontados, desde que não configure uma prorrogação abusiva, sobretudo em se tratando de contratos de adesão. A questão foi sumulada em outubro de 2015: "Incumbe ao credor a exclusão do registro da dívida em nome do devedor no cadastro de inadimplentes no prazo de cinco dias úteis, a partir do integral e efetivo pagamento do débito" (STJ, Súmula 548).

É, portanto, do credor, e não do devedor, o ônus da baixa da indicação do nome do consumidor em cadastro de proteção ao crédito, em virtude do que dispõe o CDC, art. 43, § 3º (STJ, AgRg no Ag 1.373.920, Rel. Min. Luis Salomão, 4ª T, DJ 28/05/12). Aliás, o próprio CDC, art. 73, tipifica como crime a não correção imediata de informações inexatas acerca de consumidores constantes em bancos de dados.

Confirmou-se, posteriormente, que "diante das regras previstas no CDC, mesmo havendo regular inscrição do nome do devedor em cadastro de órgão de proteção ao crédito, após o integral pagamento da dívida, incumbe ao credor requerer a exclusão do registro desabonador, no prazo de 5 (cinco) dias úteis, a contar do primeiro dia útil subsequente à completa disponibilização do numerário necessário à quitação do débito vencido" (STJ, REsp 1.424.792, DJ 29/09/2014).

Um pouco adiante o § 6º do art. 43 estabelece: "Todas as informações de que trata o *caput* deste artigo devem ser disponibilizadas em formatos acessíveis, inclusive para a pessoa com deficiência, mediante solicitação do consumidor". Trata-se de dispositivo harmônico com os princípios do Estatuto da Pessoa com Deficiência. Aliás, as instituições financeiras devem utilizar o sistema *braille* na confecção dos contratos bancários de adesão e todos os demais documentos fundamentais para a relação de consumo estabelecida com o indivíduo portador de deficiência visual. Assim, "deve-se, pois, propiciar ao consumidor nessas condições, não um tratamento privilegiado, mas sim diferenciado, na medida de sua desigualdade, a propiciar-lhes igualdade material de tratamento" (STJ, REsp 1.315.822). Frisou-se ainda que a obrigatoriedade de confeccionar em *braille* os contratos bancários de adesão e todos os demais documentos fundamentais à relação de consumo, afigura-se medida razoável, impondo à instituição financeira encargo próprio de sua atividade, adequado e proporcional à finalidade perseguida, traduzido no direito de informação do consumidor.

4. DÍVIDA DISCUTIDA EM JUÍZO PODE SER INSCRITA?

Se a dívida está sendo discutida em juízo, não haverá possibilidade, em princípio, do fornecedor pretender inserir o nome do consumidor nos cadastros negativos em razão deste débito que está sendo questionado judicialmente.

Assim entende a jurisprudência: "A inscrição dos devedores no cadastro de proteção ao crédito constitui direito do credor, assegurado pelo art. 43 e seguintes do Código de Defesa do Consumidor. Admite a jurisprudência do STJ que, no curso de ação revisional, onde se discute a validade das cláusulas contratuais, a parte possa, mediante requerimento judicial nesse sentido, pleitear, via pedido de tutela antecipada ou cautelar, a suspensão ou o cancelamento da inscrição" (STJ, REsp 357.034, Rel. Min. Aldir Passarinho Júnior, 4ª T., p. 10/02/03).

Porém, posteriormente, para evitar demandas maliciosas, o STJ estabelece que o "mero ajuizamento de ação revisional de contrato pelo devedor não o torna automaticamente imune à inscrição do seu nome em cadastros negativos de crédito, cabendo-lhe, em primeiro lugar, postular, expressamente, ao juízo, tutela antecipada ou medida liminar cautelar, para o que deverá, ainda, atender a determinados pressupostos para o deferimento da pretensão, a saber: 'a) que haja ação proposta pelo devedor contestando a existência integral ou parcial do débito; b) que haja efetiva demonstração de que a contestação da cobrança indevida se funda na aparência do bom direito e em jurisprudência consolidada do Supremo Tribunal Federal ou do Superior Tribunal de Justiça; c) que, sendo a contestação apenas de parte do débito, deposite o valor referente à parte tida por incontroversa, ou preste caução idônea, ao prudente arbítrio do magistrado. O Código de Defesa do Consumidor veio amparar o hipossuficiente, em defesa dos seus direitos, não servindo, contudo, de escudo para a perpetuação das dívidas' (REsp nº 527.618/RS, 2ª Seção, unânime, Rel. Min. Cesar Asfor Rocha, DJ de 24.11.2003)" (REsp 555.158, Rel. Min. Aldir Passarinho Júnior, 4ª T, p. 14/03/05).

A posição atual da jurisprudência pode ser assim resumida: "O só ajuizamento de ação judicial para discutir o valor do débito não inibe a inscrição do nome do devedor nos cadastros de proteção ao crédito; é preciso que a demanda tenha o *fumus boni juris* e que o montante incontroverso da dívida seja depositado ou pago" (STJ, AgRg no REsp 856.278, Rel. Min. Ari Pargendler, 3ª T, j. 07/05/07, DJ 04/06/07). Cabe lembrar, a propósito, ser possível a aplicação de multa diária como meio coercitivo para o cumprimento de decisão judicial que determina a exclusão ou impede a inscrição do nome do devedor em cadastro de restrição de crédito (STJ, AgRg no AREsp 313.185, Rel. Min. Raul Araújo, 4ª T, DJ 11/11/2013).

5. DANO MORAL DECORRENTE DE INDEVIDA INSCRIÇÃO EM CADASTRO NEGATIVO

São frequentes as demandas que versam acerca de inscrição indevida em cadastros negativos, tais como Serasa, SPC, entre outros. A mera ausência de comunicação ao devedor de que seu nome ingressou em tais cadastros negativos faz surgir, segundo a jurisprudência, dano moral: "Consoante jurisprudência firmada nesta Corte, de acordo com o artigo 43, § 2º, do Código de Defesa do Consumidor, e com a doutrina, obrigatória é a comunicação ao consumidor de sua inscrição no cadastro de proteção ao crédito, sendo, na ausência dessa comunicação, reparável o dano oriundo da inclusão indevida" (STJ, REsp 768.988, Rel. Min. Jorge Scartezzini, 4ª T, p. 12/09/05).

A jurisprudência, como afirmamos acima, sublinhou que a "negativação do nome do devedor deve ser-lhe comunicada com antecedência, ao teor do art. 43, § 3º, do CDC, gerando lesão moral se a tanto não procede a entidade responsável pela administração do banco de dados" (STJ, REsp 999.729, Rel. Min. Aldir Passarinho Júnior, 4ª T, DJ 04/08/08). De igual modo, "a indenização por dano moral deve se revestir de caráter indenizatório e sancionatório de modo a compensar o constrangimento suportado pelo consumidor, sem que caracterize enriquecimento ilícito e adstrito ao princípio da razoabilidade" (STJ, REsp 768.988, Rel. Min. Jorge Scartezzini, 4ª T, p. 12/09/05).

É preciso, porém – como sempre ocorre em se tratando de responsabilidade civil – analisar o caso concreto e suas circunstâncias, que podem apontar neste ou naquele sentido. Se o devedor não nega a dívida, nem pede a exclusão do seu nome do cadastro negativo, já sendo devedor em inúmeros outros processos, a indenização por danos morais não terá lugar, apenas pela ausência de comunicação prévia: "Hipótese excepcional em que o devedor não nega, na inicial, a existência da dívida, aliás uma dentre outras, tampouco prova que já a quitou, o que exclui a ofensa moral, apenas determina o cancelamento da inscrição" (STJ, REsp 992.168, Rel. Min. Aldir Passarinho Júnior, 4ª T, DJ 25/02/08).

5.1. Desnecessidade da prova de prejuízo concreto

O relevante, neste caso, é que a jurisprudência não exige a prova do prejuízo concreto, satisfazendo-se com a prova do registro negativo. Decidiu, a respeito, o STJ: "A inscrição indevida do nome do autor em cadastro negativo de crédito, a par de dispensar a prova objetiva do dano moral, que se presume, é geradora de responsabilidade civil para a instituição (...)". (STJ, REsp 432.177, Rel. Min. Aldir Passarinho Júnior, 4ª T, j. 23/09/03, p. DJ 28/10/03). O STJ, dessa forma, em casos tais, considera "a exigência da prova satisfeita com a demonstração da inscrição indevida" (STJ, REsp 293.669, Rel. Min. Carlos Alberto Menezes Direito, 3ª T, j. 15/10/01, p. DJ 04/02/02). Em 2023, o STJ mais uma vez afirmou que a inscrição indevida em cadastro restritivo gera dano moral *in re ipsa*. Dessa forma, ainda que a ilegalidade tenha permanecido por um prazo exíguo, esta circunstância não será capaz de afastar o direito do consumidor a uma justa compensação pelos danos morais sofridos (STJ, AgInt no AREsp 2.282.338, Rel. Min. Isabel Gallotti, 4ª T, DJe 06/11/2023).

Há uma presunção *hominis* de dano, o que faz desnecessária a prova do abalo, íntimo ou social: "A manutenção do nome daquele que já quitou dívida em cadastro de inadimplentes gera direito à indenização por dano moral, independentemente da prova objetiva do abalo à honra e à reputação sofrida pelo autor, que se permite, na hipótese, presumir. O valor da indenização deve ser fixado sem excessos, evitando-se enriquecimento sem causa da parte atingida pelo ato ilícito" (STJ, REsp 631.329, Rel. Min. Nancy Andrighi, 3ª T, p 02/08/04). Em vários julgados posteriores essa orientação foi confirmada (STJ, AgRg no Ag 1.192.721, Rel. Min. Raul Araújo, 4ª T, DJ 16/12/10).

De igual modo, "a devolução indevida do cheque por culpa do banco prescinde da prova do prejuízo" (STJ, REsp 698.772, Rel. Min. Nancy Andrighi, 3ª T, p. 19/06/06). Com semelhante argumentação, embora de modo mais amplo: "Na concepção moderna da reparação do dano moral prevalece a orientação de que a responsabilidade do agente se opera por força do simples fato da violação, de modo a tornar-se desnecessária a prova do prejuízo em concreto" (STJ, REsp 331.517, Rel. Min. César Asfor Rocha, 4ª T, j. 27/11/01, p. DJ 25/03/02). Aqui, não é preciso que se prove o abalo, íntimo ou social. Basta a prova da inscrição indevida em cadastro negativo. Daí decorrerá, como efeito natural, a indenização por dano moral.

Posteriormente o STJ decidiu que a ausência de prévia comunicação ao consumidor da inscrição do seu nome em cadastros de proteção ao crédito, prevista no art. 43, § 2º, do CDC, enseja direito à compensação por danos morais, salvo quando preexista inscrição desabonadora regularmente realizada (STJ, REsp 106.23.36, Rel. Min. Nancy Andrighi, 2ª Seção, DJ 12/05/09).

5.2. Há dano moral se já havia inscrição anterior?

Uma situação bastante comum é a seguinte: alguém tem seu nome incluído em cadastro negativo de modo irregular (sem comunicação prévia, ou por dívida inexistente, ou já paga). A inclusão em questão é ilegal e indevida, não há dúvida. Digamos, porém, que o mesmo consumidor já tem seu nome incluído no cadastro negativo, em virtude de outra inscrição anteriormente feita, esta sim regular. Haverá, no caso, dano moral?

Conforme já mencionamos anteriormente, a jurisprudência entende que não. Já se vinha decidindo que a ausência de prévia comunicação ao consumidor da inscrição de seu nome em cadastros negativos enseja compensação moral, salvo quando já existia, antes, inscrição regularmente feita. Em outra oportunidade reafirmou-se que a ausência de prévia comunicação ao consumidor da inscrição do seu nome em cadastros de proteção ao crédito enseja o direito à compensação moral, salvo quando preexista inscrição regularmente realizada (STJ, AgRg no REsp 1.193.631, Rel. Min. Raul Araújo, 4ª T, DJ 17/09/12). Tantas foram as decisões em sentido semelhante que a matéria foi sumulada: "Da anotação irregular em cadastro de proteção ao crédito, não cabe indenização por dano moral, quando preexistente legítima inscrição, ressalvado o direito ao cancelamento" (STJ, Súmula 385).

Importante dizer que a orientação da Súmula 385 do STJ pode ser flexibilizada (permitindo o dano moral decorrente da inscrição indevida em cadastro restritivo de crédito, ainda que as ações ajuizadas para questionar as inscrições anteriores não tenham transitado em julgado, *desde que haja elementos suficientes para demonstrar a verossimilhança das alegações do consumidor*). Em outras palavras, de acordo com julgados mais recentes é possível que tenhamos dano moral por inclusão indevida em cadastro restritivo mesmo com inscrição preexistente (STJ, REsp 1.704.002).

5.3. Valores de indenização

Definir os valores devidos a título de danos morais é tarefa que atormenta os intérpretes. Vinte anos depois do advento da Constituição de 1988, ainda não temos padrões razoáveis de valoração. Tratamos do tema no capítulo relativo ao dano moral nas relações de consumo. Diga-se apenas, a propósito do tema, que o STJ firmou entendimento de que é razoável a condenação em até 50 (cinquenta) salários mínimos por indenização decorrente de inscrição indevida em órgãos de proteção ao crédito (STJ, AgRg no REsp 971.113, Rel. Min. João Otávio de Noronha, 4ª T, DJ 08/03/10).

A jurisprudência, em essência, preocupa-se em evitar o enriquecimento ilícito, e diz que a indenização por dano moral tem caráter dúplice (compensar a vítima e punir o agressor): "A indenização por dano moral deve se revestir de caráter indenizatório e sancionatório de modo a compensar o constrangimento suportado pelo consumidor, sem que caracterize enriquecimento ilícito e adstrito ao princípio da razoabilidade" (STJ, REsp 768.988, Rel. Min. Jorge Scartezzini, 4ª T, p. 12/09/05). A preocupação em evitar o enriquecimento sem causa permeia a jurisprudência: "O valor da indenização deve ser fixado sem excessos, evitando-se enriquecimento sem causa da parte atingida pelo ilícito" (STJ, REsp 698.772, Rel. Min. Nancy Andrighi, 3ª T, p. 19/06/06).

É fundamental ainda que busquemos, de modo criativo e responsável, meios e formas de quantificar o dano moral com crescente objetividade. Adiante veremos que, como se sabe, o STJ tem trilhado o caminho do *critério bifásico* de fixação de danos extrapatrimoniais: "Na primeira etapa, deve-se estabelecer um valor básico para a indenização, considerando o interesse jurídico lesado, com base em grupo de precedentes jurisprudenciais que apreciaram casos semelhantes. Na segunda etapa, devem ser consideradas as circunstâncias do caso, para fixação definitiva do valor da indenização, atendendo a determinação legal de arbitramento equitativo pelo juiz" (STJ, REsp 1.152.541).

5.4. Controvérsia restrita apenas ao valor da dívida

Se a dívida é certa, havendo disputa tão-somente relativa ao quantum, isso não inibe o credor de remeter o nome do devedor aos serviços de proteção ao crédito.

Apenas a ação judicial que possa, de fato, afastar a exigência integral da dívida é que elide a possibilidade do registro negativo. Assim, "incontroversa a existência do débito, é lícito ao credor encaminhar o nome do devedor aos cadastros ou serviços de proteção ao crédito. O equívoco quanto ao valor, nas peculiaridades do caso, não pode ser alçado ao patamar do dano moral" (STJ, REsp 348.275, Rel. Min. César Asfor Rocha, 4ª. T, p. 02/09/02).

Assim, "o simples erro no valor inscrito da dívida, em órgão de proteção ao crédito, não tem o condão de causar dano moral ao devedor, haja vista que não é o valor do débito que promove o dano moral ou o abalo de crédito, mas o registro indevido, que, no caso, não ocorreu, uma vez que a dívida existe, foi reconhecida pelo autor e comprovada, expressamente, pelo acórdão recorrido" (STJ, REsp 831.162, Rel. Min. Jorge Scartezzini, 4ª T, p. 21/08/06).

5.5. Prazo prescricional

Em relação às demandas de danos morais propostas por consumidores em virtude de inclusões indevidas em cadastros negativos, tratamos do tema no Capítulo VIII. Convém lembrar que, atualmente, o STJ entende que "o prazo prescricional da ação de indenização por danos morais advinda de inscrição indevida nos cadastros de proteção ao crédito é de 3 (três) anos (art. 206, § 3º, V, do CC)" (STJ, AgInt no AREsp 1.073.899, Rel. Min. Villas Bôas Cueva, 3ª T, DJ 04/09/2017). O STJ entende que o termo inicial do prazo prescricional para a propositura de ação indenizatória, em razão da inscrição indevida em cadastros restritivos de crédito é a data em que o consumidor toma ciência do registro no cadastro, pois pelo princípio da *actio nata* o direito de pleitear a indenização surge quando constatada a lesão e suas consequências (STJ, AgInt no REsp 1.511.134, Rel. Min. Raul Araújo, 4ª T, DJe 16/11/2023; AgRg no AREsp 696.269). Na verdade, embora o acórdão não faça essa diferenciação, essa é a teoria da *actio nata* em seu viés subjetivo (aquela que postula que o início do prazo prescricional começa a partir da ciência da lesão pela vítima do dano).

6. BANCOS DE DADOS COMO ENTIDADES DE CARÁTER PÚBLICO

O CDC, em seu art. 43, § 4º, estabelece que os "bancos de dados e cadastros relativos a consumidores, os serviços de proteção ao crédito e congêneres são considerados entidades de caráter público". O CDC optou por assim catalogá-los para evidenciar o controle a que estão sujeitos, não sendo tais informações sujeitas a comercialização como qualquer outro bem, ainda que o mercado insista em comercializá-las.

Sobre o tema, julgou o STJ: "Código de Defesa do Consumidor. Serviço de proteção ao crédito. Art. 43, parágrafo 4º, da Lei nº 8.078/90. O serviço de proteção do crédito é entidade reconhecida por lei, tendo, inclusive, caráter público, ex vi do parágrafo 4º do art. 43, da Lei nº 8.078/90, podendo cadastrar informações sobre pessoas física ou jurídica" (STJ, REsp 64.000, Rel. Min. Cláudio Santos, 3ª T, p. 26/02/96).

Convém registrar que o Banco Central não possui atribuição para fiscalizar as atividades desenvolvidas pelo Serasa S.A., entidade que não se qualifica como instituição financeira (STJ, REsp 1.178.768, Rel. Min. Isabel Gallotti, 4ª T, DJ 07/12/2016). Não tem, portanto, o Banco Central, poder de polícia sobre banco de cadastros de devedores.

7. PRESCRIÇÃO DOS DÉBITOS E CADASTROS NEGATIVOS

Os sistemas de proteção ao crédito, ordena o CDC, não podem conter dados relativos a dívidas prescritas. Estatui o § 5º do art. 43: "Consumada a prescrição relativa à cobrança de débitos do consumidor, não serão fornecidas, pelos respectivos sistemas de proteção ao crédito, quaisquer informações que possam impedir ou dificultar novo acesso ao crédito junto aos fornecedores".

Consignou a jurisprudência: "O nome do devedor inadimplente há de ser mantido nos cadastros de proteção ao crédito pelo período máximo de cinco anos, a contar da data de sua inclusão. No entanto, há possibilidade de haver sua exclusão antes do decurso desse prazo se verificada a prescrição do direito de propositura de ação, visando à cobrança do débito" (STJ, AgRg no Ag. 630.893, Rel. Min. Nancy Andrighi, 3ª T, p. 07/03/05).

7.1. Prescrição da ação de cobrança, não do título executivo

Estatui o § 1º do art. 43: "Os cadastros e dados de consumidores devem ser objetivos, claros, verdadeiros e em linguagem de fácil compreensão, não podendo conter informações negativas referentes a período superior a cinco anos". O § 5º, por sua vez, estabelece: "Consumada a prescrição relativa à cobrança de débitos do consumidor, não serão fornecidas, pelos respectivos sistemas de proteção ao crédito, quaisquer informações que possam impedir ou dificultar novo acesso ao crédito junto aos fornecedores". Tal prescrição, consoante reconheceu a jurisprudência, diz respeito à ação de cobrança, não à prescrição do título executivo.

A jurisprudência esclareceu: "A prescrição a que se refere o art. 43, § 5º do Código de Defesa do Consumidor é a da ação de cobrança e não da ação executiva" (STJ, AgRg no REsp 844.523, Rel. Min. Nancy Andrighi, 3ª T, p. 02/10/06). Alguns anos atrás, porém, já se tinha decidido: "Nome inscrito na SERASA. Prazo de prescrição. Código de Defesa do Consumidor. Precedentes da Corte. Já decidiu a Corte em outras oportunidades que o prazo de prescrição é o da ação de execução relativa ao título, não o geral, como pretende o especial" (STJ, REsp 533.916, Rel. Min. Carlos Alberto Menezes Direito, 3ª T, 19/12/2003).

Em ocasião diversa precisou o STJ: "Cadastro negativo. Art. 43, §§ 1º e 5º, do Código de Defesa do Consumidor. Precedentes da Corte. Dois são os momentos previstos na lei para impedir a persistência dos registros negativos: o prazo de cinco anos ou a prescrição, se menor. No caso, sem que haja a identificação do título que deu origem ao registro, não pode prevalecer a manutenção deste, porque impossível verificar se já ocorreu a prescrição" (STJ, REsp 469.859, Rel. Min. Carlos Alberto Menezes Direito, 3ª T, 01/09/03).

O STJ entende que o termo inicial do prazo prescricional para a propositura de ação indenizatória, em razão da inscrição indevida em cadastros restritivos de crédito é a data em que o consumidor toma ciência do registro no cadastro, pois pelo princípio da *actio nata* o direito de pleitear a indenização surge quando constatada a lesão e suas consequências (STJ, AgInt no REsp 1.511.134, Rel. Min. Raul Araújo, 4ª T, DJe 16/11/2023; AgRg no AREsp 696.269).

8. BANCOS DE DADOS CONTRA MAUS FORNECEDORES

O CDC idealizou um banco de dados contra os maus fornecedores. Está no art. 44: "Os órgãos públicos de defesa do consumidor manterão cadastros atualizados de reclamações fundamentadas contra fornecedores de produtos e serviços, devendo divulgá-los pública e anualmente. A divulgação indicará se a reclamação foi atendida ou não pelo fornecedor".

A divulgação, no caso, pretende – na intenção do legislador – precaver os consumidores contra aqueles fornecedores de produtos ou serviços em relação aos quais existem reclamações fundamentadas. Também, naturalmente, apresenta efeito pedagógico, compelindo os fornecedores a adotar posturas corretas e leais. Embora o CDC seja – conforme argumentamos ao comentar o art. 1º – uma lei que deu certo, uma lei de forte impacto social, não se pode dizer o mesmo desse art. 44. Os bancos de dados dos maus fornecedores existem, estão na internet, são um modo colaborativo dos consumidores avaliarem as empresas fornecedoras de produtos e serviços, porém esses bancos de dados digitais (como o *Reclame aqui*) resultaram da dinamicidade da sociedade civil, e não das normas do CDC.

Seja como for, lealdade e dever de transparência não são impostos apenas ao fornecedor, mas também aos consumidores, e aos órgãos, públicos ou privados, que os representam. O banco de dados do art. 44, portanto, deve ostentar informações objetivas, claras, verdadeiras, além de ser comunicada a inclusão ao fornecedor. Compreende-se as repercussões negativas para o fornecedor que podem advir de uma tal inclusão. Daí as cautelas e precauções necessárias. A lei não exige que o consumidor esteja livre de dívidas para formular tais reclamações. Portanto, em princípio, mesmo o inadimplente poderia fazê-lo. É, porém, imprescindível que as reclamações sejam fundamentadas e, tanto quanto possível, comprovadas. O direito contemporâneo não tolera abusos.

O § 1º diz ser facultado o acesso às informações lá constantes por qualquer interessado, para orientação e consulta. Já o § 2º aduz: "Aplicam-se a este artigo, no que couber, as mesmas regras enunciadas no artigo anterior e as do parágrafo único do art. 22 deste código". O art. 22, citado, consigna: "Os órgãos públicos, por si ou suas empresas, concessionárias, permissionárias ou sob qualquer outra forma de empreendimento, são obrigados a fornecer serviços adequados, eficientes, seguros e, quanto aos essenciais, contínuos. Parágrafo único. Nos casos de descumprimento, total ou parcial, das obrigações referidas neste artigo, serão as pessoas jurídicas compelidas a cumpri-las e a reparar os danos causados, na forma prevista neste código".

9. QUESTÕES DE CONCURSOS

01. **(Cespe – Juiz de Direito – TJ – BA/2019)**. No que se refere aos direitos básicos do consumidor, à legitimidade ativa para a propositura de ações coletivas e aos bancos de dados e cadastros de consumidores, julgue os itens a seguir.

I. A responsabilidade subjetiva do médico não exclui a possibilidade de inversão do ônus da prova, se presentes os requisitos previstos no CDC, devendo o profissional demonstrar ter agido com respeito às orientações técnicas aplicáveis.

II. O MP terá legitimidade ativa para atuar na defesa de direitos difusos, coletivos e individuais homogêneos dos consumidores, exceto quando tais direitos decorrerem da prestação de serviço público.

III. A manutenção de inscrição negativa nos cadastros de proteção ao crédito deve respeitar a exigibilidade do débito inadimplido, tendo, para tanto, um limite de cinco anos, independentemente do prazo prescricional para a cobrança do crédito.

Assinale a opção correta.

a) Apenas o item I está certo.

b) Apenas o item II está certo.

c) Apenas os itens I e III estão certos.

d) Apenas os itens II e III estão certos.

e) Todos os itens estão certos.

(Em relação ao item I, que está correto – conforme temos apontado neste e em outros livros –, a responsabilidade subjetiva do médico não exclui a possibilidade de inversão do ônus da prova, presentes os requisitos previstos no CDC; em relação ao item II, o MP possui legitimidade ativa para promover a defesa dos direitos difusos ou coletivos do consumidor, e de seus interesses ou direitos individuais homogêneos, inclusive no que se refere à prestação de serviço público, haja vista a presunção da sua relevância para a coletividade, REsp 1.347.910, conforme já vimos no capítulo III; em relação ao item III, o STJ entendeu que a manutenção da inscrição negativa nos cadastros de proteção ao crédito respeita a exigibilidade do débito inadimplido, tendo, para tanto, um limite máximo de cinco anos que pode ser, todavia, restringido se for menor o prazo prescricional para a cobrança do crédito, REsp 1.630.659).

02. (Cespe – Promotor de Justiça – MPE – PI/2019). Considerando o disposto no CDC e o entendimento do STJ, julgue os seguintes itens, relativos à cobrança de dívidas, a bancos de dados e a cadastros de consumidores.

I. As entidades mantenedoras de cadastros de crédito respondem subsidiariamente com a fonte e o consulente pela inexatidão das informações constantes em seus arquivos e pelos danos que causem aos consumidores.

II. A manutenção de inscrição negativa nos cadastros de proteção ao crédito respeita a exigibilidade do débito inadimplido, podendo o limite máximo de cinco anos ser restringido caso seja menor o prazo prescricional para a cobrança do crédito.

III. Em respeito à exigibilidade do crédito e ao princípio da veracidade da informação, o termo inicial do limite temporal de cinco anos para a inscrição da dívida no banco de dados de inadimplência conta-se a partir do primeiro dia seguinte à data de vencimento da dívida.

Assinale a opção correta.

a) Apenas o item I está certo.
b) Apenas o item II está certo.
c) Apenas os itens I e III estão certos.
d) Apenas os itens II e III estão certos.
e) Todos os itens estão certos.

GABARITO			
01. A	**02. D**		

Estas e outras questões estão disponíveis para serem respondidas na plataforma JusClass:

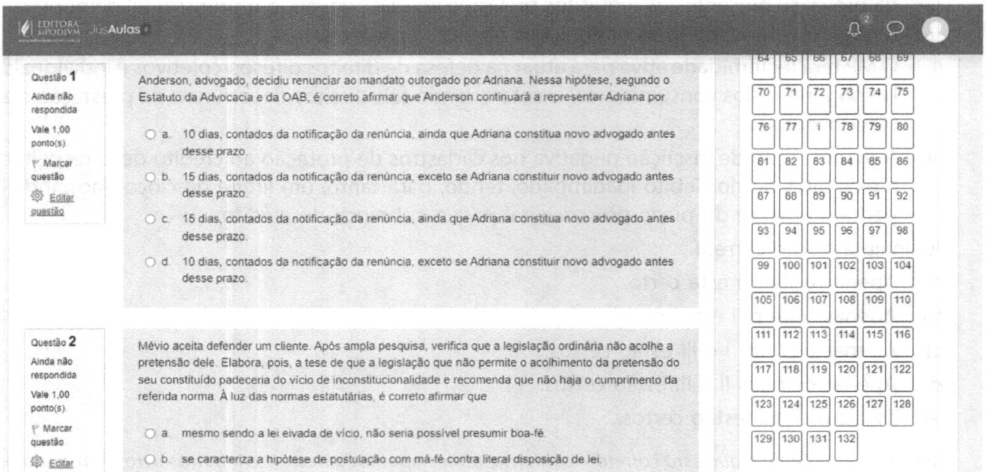

10. QUADRO SINÓTICO

BANCO DE DADOS E CADASTROS DE CONSUMIDORES

- **O consumidor tem direito subjetivo a ter acesso às informações a ele relativas em tais bancos de dados (CDC, art. 43).** Se lhe for negado tal acesso, poderá se valer do *habeas data* (CF, art. 5º, LXXII).
- **Os bancos de dados devem ser objetivos, claros, verdadeiros, e não podem conter informações negativas referentes a período superior a 5 anos (CDC, art. 43, § 1º).**
- **A inscrição de inadimplente pode ser mantida nos serviços de proteção ao crédito por, no máximo, cinco anos (STJ, Súmula 323).**
- **O consumidor deve ser comunicado por escrito a respeito da abertura do cadastro (CDC, art. 43, § 2º).** Sem essa formalidade, a inscrição é indevida e pode ensejar danos morais (STJ, REsp 735.701).
- **O dever de comunicação, no caso, é da entidade cadastral, e não do fornecedor de produtos ou serviços (STJ, REsp 742.590).**
- **Cabe ao órgão mantenedor do cadastro de proteção ao crédito a notificação do devedor antes de proceder à inscrição (STJ, Súmula 359).**
- **O mero ajuizamento de ação judicial para discutir o valor do débito não impede a inscrição do nome do devedor nos cadastros negativos. É preciso, além disso, que a demanda apresente o** *fumus boni juris* **e que o montante incontroverso da dívida seja depositado ou pago (STJ, AgRg no REsp 856.278).**
- **Os bancos de dados e cadastros relativos a consumidores são considerados entidades de caráter público (CDC, art. 43, § 4º).**

CAPÍTULO XIV

NEGÓCIOS JURÍDICOS - PRINCÍPIOS CLÁSSICOS E ATUAIS

1. CONTEXTUALIZANDO: TENTANDO ENTENDER O ONTEM E O HOJE

Segundo a sistemática clássica, negócio jurídico é o acordo de vontades tendente a adquirir, modificar ou extinguir direitos, por intermédio da livre utilização, que os particulares fazem, de sua autonomia da vontade. Trata-se de categoria engendrada para potencializar, em grau máximo, a vontade humana. Abrange os contratos, testamentos, promessas de recompensa, enfim, quaisquer atos jurídicos em que a vontade seja relevante para a determinação dos efeitos jurídicos. Naturalmente, todo efeito jurídico decorre de fato jurídico, ainda que estejamos diante de fato jurídico que admite que a vontade humana interfira em seu suporte fático.

Falar em negócio jurídico é, de algum modo, falar em autonomia privada. A autonomia privada – que etimologicamente falando significa o poder de dar regras para si próprio, o poder de se autorregrar – encontra no negócio jurídico seu mais forte símbolo. Autonomia privada é o espaço que a ordem jurídica deixa aos particulares para que autorregulem, como entendam mais conveniente, seus interesses, através de negócios jurídicos. Podemos distinguir autonomia privada de autonomia da vontade, entendida esta última como o modelo teórico próprio do liberalismo, quando havia um superdimensionamento da autonomia da vontade, quando pouca ou nenhuma era a atuação dos princípios constitucionais. Autonomia da vontade, além do mais, expressa a ideia da vontade psicológica, interna. Sabemos que hoje não é a vontade dos contratantes, presumível ou real, que define (exclusivamente) o conteúdo negócio jurídico, mas padrões mínimos de razoabilidade, de equivalência entre as prestações, observada a boa-fé objetiva e vedado o abuso de direito.

Porém se no passado havia uma hipertrofia da autonomia da vontade, um respeito quase absoluto à palavra voluntariamente dada, traduzida no dogma "o contrato faz lei entre as partes", atualmente a tendência é flexibilizar tal rigidez. Está havendo, nos dias atuais, uma progressiva diminuição – no que se refere aos contratos – dos espaços de autonomia, em correlação inversa com uma progressiva elevação das imposições da heteronomia. Como pano de fundo dessas mudanças jurídicas temos profundas mudanças sociais. O pandectismo – a notável escola doutrinária que estudou, com inédito apuro conceitual, as categorias do direito civil – atingiu seu apogeu nos séculos XVIII e XIX, ocasião em que a vontade era a força motriz do direito, permeada por conceitos de liberalismo econômico extremo, e escasso cuidado com a sorte dos indivíduos que contratavam (GALGANO, Francesco. *Il negozio giuridico.* Milano: Giuffrè, 2002).

O Estado Liberal do século dezenove, saturado de noções de liberalismo econômico, oportunizava, no campo contratual, que os contratos tivessem praticamente qualquer conteúdo, desde que as partes, livremente, manifestassem sua vontade livre de vícios. Não se percebia as desigualdades reais entre as pessoas, o que tornava essa liberdade um tanto quanto ilusória. Pontes de Miranda, a propósito, lembrava, no começo do século passado, que a liberdade de contratar praticamente se traduzia em liberdade, para os fortes, de impor sua vontade aos fracos. Essa visão, atualmente, perdeu muito do seu prestígio. Percebe-se uma progressiva desvalorização da vontade como categoria fundamental do direito privado. Paralelamente a isso há uma crescente massificação das relações negociais – as relações de consumo, por exemplo, são massificadas e impessoais. Pensemos nos contratos bancários, contratos de cartões de créditos, planos de saúde, passagens aéreas, entre tantos outros exemplos.

Os princípios contratuais, com tamanhas mudanças, também sofreram fortes alterações. Em alguns casos, o princípio sofreu alteração pendular, dizendo hoje exatamente o contrário do que prescrevia o princípio tradicional. Veremos, brevemente, algumas dessas mudanças. O que é importante dizer, porém, é que os princípios atuais, contemporâneos, não substituíram os princípios clássicos, tradicionais. Há, isto sim, um diálogo entre eles, uma interação que fará, em certos casos, que prevaleça o princípio atual, em outros o princípio clássico poderá ter o seu lugar. Aliás, em se tratando de conflitos entre princípios, a solução raramente é absoluta, dependendo muito mais de uma ponderação, tópica e concreta, entre eles, à luz das circunstâncias do caso concreto.

2. TRÍPLICE ESCOLHA DA VONTADE

No direito civil clássico, permeado pela vontade como valor sagrado, dizia-se que havia a tríplice escolha da vontade. As pessoas eram livres para escolher o que e com quem contratar, além de escolher a própria conveniência da contratação. Escolhia-se, assim: a) a conveniência da contratação (querer ou não contratar); b) com quem contratar (o outro sujeito do negócio); c) o que contratar (venda, doação, permuta etc.).

2.1. Persiste a tríplice escolha?

Podemos questionar se, na sociedade atual, a tríplice escolha continua a existir, pelo menos com as cores fortes do passado. Percebe-se, enfim, que as relações negociais já não apresentam a mesma estrutura que apresentavam nos séculos anteriores. Podemos tentar, de modo muito simples, descrever a tríplice escolha.

Querer ou não contratar. A autonomia vem perdendo espaço para a heteronomia. Existem, até, os chamados "contratos obrigatórios", o que é um contrassenso se tivermos em conta a concepção clássica de contrato. Quem adquire um veículo, por exemplo, deverá arcar com os custos do chamado seguro obrigatório, ainda que não o deseje. Além disso, as grandes empresas impõem, contratualmente, seus desejos, e ao consumidor não resta muita opção além de contratar da forma imposta ou ficar sem o bem.

Com quem contratar. Se na visão clássica a escolha da outra parte do negócio era algo inteiramente livre, hoje sabemos que não é assim. Além dos monopólios – serviços de água, luz, esgoto –, existem múltiplos casos em que não há possibilidade de escolha do fornecedor de serviços. O consumidor, portanto, se deseja adquirir o bem ou usar o serviço, deverá se submeter àquele fornecedor único.

O que contratar. Algumas vezes, a lei impõe até mesmo o objeto da contratação. Exige que certos contratos sejam concluídos, o que evidencia a distância que estamos da autonomia privada clássica. Há alguns anos, o poder público exigiu, normativamente, que todos os proprietários de veículos adquirissem um estojo de primeiros socorros. Não se era livre, digamos assim, para não contratar. Havia uma obrigação de fazê-lo.

2.1.1. Crescente objetivação do conteúdo negocial

O conceito tradicional de negócio jurídico exige – como elemento essencial e necessário – a declaração de vontade. Atualmente, contudo, observa-se de modo crescente dois fenômenos: a) em muitos casos, na sociedade de relações impessoais e massificadas em que vivemos, os modelos sociais de contratação, mais do que a vontade, valorizam condutas socialmente típicas, ou seja, o direito atribui eficácia negocial não só à vontade, mas também a condutas, como se tivesse havido declaração de vontade; b) mesmo nos casos em que a vontade é relevante e continua essencial – pensemos, por exemplo, na compra e venda de um imóvel –, o conteúdo do negócio jurídico não corresponde apenas à vontade das partes, presumível ou real. Ele é composto por padrões mínimos de razoabilidade que remetem ao equilíbrio material entre as prestações, à boa-fé objetiva e à repulsa ao abuso de direito.

Tudo isso, como não poderia deixar de ser, repercute no conceito atual de negócio jurídico e o transforma.

José Roberto de Castro Neves explica: "A vontade, portanto, está muito reduzida, quase apagada. Há situações nas quais o consumidor sequer pode escolher com quem deseja negociar – em muitas cidades, há apenas uma prestadora de serviço elétrico, ou de gás. O consumidor tem que se resolver com essa prestadora, ou fica sem luz. Diante disso, o conceito de vontade nesses casos é muito diferente daquele vislumbrado pelos alemães da Escola Pandecta, como certamente é outro do que o imaginado pelos redatores do Código Civil francês" (José Roberto de Castro Neves. O Direito do Consumidor – de onde viemos e para onde vamos. *RTDC*, vol. 26, abr/jun, 2006, p. 195).

3. IGUALDADE FORMAL

É o princípio que proclama que as pessoas são iguais, devendo, por isso, receber idêntico tratamento. Não deixa de ser um reflexo, no campo jurídico, do Estado Liberal do século dezenove, e mesmo do liberalismo econômico de Adam Smith. Tal igualdade formal, atualmente, pouco favoreceria as pessoas humildes. Um escritor francês ironizou, falando da igualdade formal: bela igualdade, que proíbe tanto ao mendigo como ao milionário dormir embaixo da ponte, furtar um pedaço de pão. Bela igualdade...

Atualmente, por certo, já não nos satisfaz consagrações apenas formais de direitos. É sempre relevante investigar em que medida as diferenças estão se convertendo em desigualdades (Cf. FERRAJOLI, Luigi. *Derechos y garantías. La ley del más débil.* Trad. Perfecto András Ibáñez. Madrid: Trotta, 1999, pp. 73-96).

3.1. Igualdade material ou substancial

É o princípio que reconhece que as oportunidades que as pessoas têm não são iguais, e que, por isso, um tratamento jurídico que desconheça essas diferenças será injusto. O direito privado do século XXI precisa estar atento às reais diferenças de oportunidades entre as pessoas. Só assim poderá agir com alguma justiça. A igualdade formal, quando surgiu, historicamente falando, foi um avanço, pois acabou com as distinções (jurídicas) entre classes (senhores feudais e camponeses, por exemplo). Atualmente, porém, isoladamente considerada, seria injusta, por desconhecer a abissal diferença que existe entre as pessoas. A propósito, a redução das desigualdades – aliada à promoção da solidariedade social – está entre os objetivos fundamentais da Constituição da República. Cabe lembrar, a propósito, a *teoria do patrimônio mínimo*, postulando, sob o prisma jurídico, a necessidade de reconhecimento de uma espécie de piso mínimo de direitos patrimoniais, sem os quais não se poderia razoavelmente falar em dignidade.

Nossa Constituição tem como objetivos fundamentais construir uma sociedade livre, justa e solidária (CF, art. 3º, I), garantir o desenvolvimento nacional (CF, art. 3º, II), erradicar a pobreza, a marginalização e reduzir as desigualdades sociais e regionais (CF, art. 3º, III), promover o bem de todos, sem preconceitos de origem, raça, sexo, cor, idade e quaisquer outras formas de discriminação (CF, art. 3º, IV). Pela descrição da norma constitucional percebe-se que a igualdade aí consagrada é substancial (e não formal). Convém não esquecer que a igualdade substancial, no Brasil, não é um dado de realidade, é um objetivo a ser buscado e construído. E a igualdade não se restringe à proibição de exclusão. Igualdade é também obrigação de inclusão.

Observa-se, nas últimas décadas, uma redução qualitativa da autonomia da vontade, em relação aos contratos, com o declarado propósito de proteger os contratantes mais vulneráveis. Assim, a redução do querer humano contratual foi – e tem sido – apenas uma técnica de realização da igualdade substancial. É importante, nesse contexto, relativizar socialmente o *pacta sunt servanda*, para que os poderes privados não se vejam livres para exercer, de fato, uma perigosa heteronomia contratual (BILBAO UBILLOS, Juan Maria. *La Eficacia de los Derechos Fundamentales frente a Particulares.* Madrid: Centro de Estudios Constitucionales, 1997, p. 249). A igualdade é vista, aos olhos do nosso século, em concreto, e não abstratamente. Fundamental, ainda, é atentar para os resultados funcionais e não apenas para as categorias estruturais. Não por acaso, percebe-se que a igualdade formal é uma revolução praticamente consolidada, ao passo que a igualdade substancial ainda é uma revolução prometida (Cf. PERLINGIERE, Pietro. *Perfis de Direito Civil.* Rio de Janeiro: Renovar, 1999, p. 44. Ver: SEN, Amartya. *Desarrollo y Libertad.* Planeta: Barcelona, 2000).

4. *PACTA SUNT SERVANDA*

É o princípio da força obrigatória dos contratos. É o princípio que proclama que o contrato faz lei entre as partes, e devem ser cumpridos a qualquer custo. O Código Civil francês, surgido num ambiente de positivismo extremo, é apontado como o maior representante dessa visão. Há, aliás, um brocardo jurídico da época que resume: "Quem diz contratual, diz justo". Isto é, não se admitia que pudesse haver injustiça num contrato que foi "livremente" firmado. Havia, portanto, um respeito quase sagrado aos contratos. Havia, nesse sentido, no passado, uma overdose de autonomia da vontade. O contrato era sinônimo de justiça. Atualmente se percebe que essa liberdade formal gerou mais injustiça e mais desigualdade. Lacordaire sintetizou: "Entre o forte e o fraco, é a liberdade que escraviza, e a lei que liberta". Por certo, o princípio da força obrigatória dos contratos não deixou de existir em nossos dias. Apenas não apresenta, atualmente, caráter absoluto. Deverá ser temperado à luz de outros princípios e regras, tendo maior ou menor aplicação, à luz da relação jurídica subjacente (em princípio, será maior o valor do *pacta sunt servanda*, por exemplo, quanto mais equivalente, ou menos desigual, for a situação dos contratantes entre si).

4.1. Boa-fé objetiva

É o princípio que impõe às partes, numa relação contratual, agir com lealdade e cooperação, abstendo-se de condutas que impliquem frustração das legítimas expectativas da outra parte. Assim, o dever de indenizar pode surgir, por exemplo, em decorrência do fato de uma das partes ter feito a outra legitimamente acreditar que o contrato seria concluído (STJ, 1.051.065). A boa-fé objetiva é princípio fundamental no direito contratual contemporâneo. Impõe às partes um dever de lealdade – antes, durante e depois da conclusão do contrato. Independe de previsão explícita no instrumento contratual, pois é princípio cuja força normativa não pode ser afastada ainda que as partes o desejem. Percebeu, nesse sentido, Ruy Rosado de Aguiar que a boa-fé "constitui numa fonte autônoma de deveres, independente da vontade, e por isso a extensão e o conteúdo da relação obrigacional já não se mede somente nela (vontade), e, sim, pelas circunstâncias ou fatos referentes ao contrato, permitindo-se construir objetivamente o regramento do negócio jurídico, com a admissão de um dinamismo que escapa ao controle das partes" (AGUIAR, Ruy Rosado de. *Revista de Direito do Consumidor*, nº 14, p. 24). Poderíamos dizer, nessa ordem de ideias, que a boa-fé objetiva é preceito de ordem pública e interesse social, no sentido de *não poder* ter sua incidência afastada por manifestação de vontade em sentido contrário. O CDC, a propósito, foi fundamental na consagração desse princípio na ordem jurídica nacional. Quando o CDC foi aprovado, esse princípio não existia no Código Civil. Somente mais de dez anos depois é que o Código Civil de 2002 passou a adotá-lo.

A boa-fé, amplamente considerada, sempre iluminou as trajetórias do direito privado. Há, a propósito, nas últimas décadas, obras de peso sobre o tema.

4.1.1. Funções da boa-fé objetiva

A boa-fé objetiva é um princípio cujas potencialidades são verdadeiramente inesgotáveis. A doutrina e a jurisprudência, com criatividade e talento, redescobrem, diariamente, as ricas funções que o princípio pode exercer nas relações civis, mas não só nelas. Podemos incluir não só as relações de consumo, mas o direito atual como um todo. Não por acaso, o CPC/2015 dispõe, no art. 489, § 3º: "A decisão judicial deve ser interpretada a partir da conjugação de todos os seus elementos e em conformidade com o princípio da boa-fé.". Podemos sintetizar essas funções do seguinte modo (lembrando que não há separações absolutas entre as categorias relativas à boa-fé, havendo antes um rico diálogo):

a) Função interpretativa – Pode ser subdividida em subjetiva e objetiva. A subjetiva diz respeito à investigação da intenção dos contratantes (Código Civil, art. 113). Já a objetiva traz um dever de agir com lealdade e cooperação, um dever de conduta ético que independe de previsão explícita no contrato (CDC, art. 4º, III; art.. 6º, V; art. 47; art. 51, entre outros). Se o contrato de plano de saúde prevê a cobertura de determinado tratamento, não podem ser excluídos os procedimentos imprescindíveis para o seu êxito (STJ, AgRg no AREsp 35.266). Havia, no caso, cláusula que limitava as sessões de quimioterapia. Se a patologia (câncer) está coberta pelo plano, não é dado ao plano vedar esse ou aquele tratamento cientificamente indicado para a respectiva cura. Do mesmo modo, cuidando-se de interpretação de contrato de assistência médico-hospitalar, sobre a cobertura ou não de determinado tratamento, a interpretação deverá favorecer o segurado, sobretudo em casos de cláusula dúbia e mal redigida (STJ, REsp 311.509).

b) Função corretiva – O princípio funciona como mecanismo de correção de eventuais desequilíbrios existentes nas relações contratuais. Busca-se, nesse contexto, assegurar o equilíbrio material entre as prestações, evitando que a desigualdade material se instale. Pudemos verificar, neste livro, inúmeros exemplos da chamada função corretiva da boa-fé objetiva. Por exemplo, os encargos decorrentes da abrupta mudança na cotação do dólar devem ser suportados por ambas as partes, e não só pelo consumidor (STJ, 472.594; STJ, AgRg no REsp 841.370). É nula a cláusula contratual inserta em contrato de plano de saúde que permita a rescisão unilateral pela seguradora (STJ, REsp 602.397). É nula a cláusula que preveja a perda total das prestações pagas, caso o contrato – consórcio, por exemplo, ou compromisso de compra e venda de imóvel – seja desfeito (STJ, REsp 158.193; REsp 997.287).

c) Função limitativa de direitos subjetivos – A boa-fé ostenta também a função de limitar o exercício abusivo dos direitos subjetivos. Pontes de Miranda, já no começo do século passado, alertava que a liberdade de contratar podia ser traduzida como a liberdade, para os fortes, de impor sua vontade aos fracos. Atualmente o abuso de direito é ato ilícito (Código Civil, art. 187). O abuso de direito é uma hipótese de responsabilidade objetiva, que deve ser analisado à luz de critérios funcionais e finalísticos. A suspensão do atendimento pelo plano de saúde em razão de simples atraso da prestação mensal, ainda que restabelecido o pagamento, com os respectivos acréscimos, configura ato abusivo (STJ, REsp 285.618). A cláusula, em contrato de seguro-saúde, que restringe o transplante de órgãos é abusiva (STJ, REsp 1.053.810). Fazem parte desta função da boa-fé objetiva (função de limite de exercício dos direitos subjetivos) algumas teorias que abordaremos neste capítulo, tais como a teoria dos atos próprios (*venire contra factum proprium*) e a teoria do adimplemento substancial (*substantial performance*), dentre outras. A doutrina do direito civil-constitucional tem se mostrado atenta, nas últimas décadas, às muitas implicações do fenômeno.

d) Função criadora ou integrativa (função supletiva de criar deveres acessórios anexos; CC, art. 422) – A boa-fé objetiva pode criar para as partes deveres (chamados acessórios, anexos, laterais) que não existiam no pacto contratual. Podemos pensar nos deveres de informação, de cuidado, de lealdade e cooperação, de sigilo, entre muitos outros. Os princípios da boa-fé e da confiança protegem as expectativas do consumidor a respeito do contrato de consumo (STJ, REsp 590.336). Paciente obesa que faz cirurgia de redução de mamas e sofre complicações no pós-operatório, decorrentes da ausência do dever de bem informar, não tendo o médico mencionado os riscos da cirurgia nem sequer tendo especialização para esse tipo de cirurgia, impõe o dever de reparar (STJ, REsp 332.025). Informação adequada, vale lembrar, é aquela que se apresenta simultaneamente completa, gratuita e útil (STJ, REsp 586.316). São deveres que se impõem antes, durante e depois da relação contratual. A boa-fé objetiva se aplica a todos os partícipes da relação de consumo (STJ, REsp 1.063.343), seja nas negociações preliminares, seja após a execução do contrato (fases pré e pós contratual – *post pactum finitum*). Haverá violação positiva do contrato, se, eventualmente, tais direitos forem desconsiderados. A violação dos deveres anexos, também chamados instrumentais, laterais ou acessórios do contrato – tais como a cláusula geral da boa-fé objetiva, dever geral de lealdade e confiança – implica responsabilidade civil contratual (STJ, REsp 1.276.311).

Escrevemos em outra ocasião: “Os direitos fundamentais não são limitáveis contratualmente. Tal afirmação, um tanto truística, apenas muito recentemente começa a ter amparo na jurisprudência brasileira. Ou seja, um contrato, ainda que livremente firmado, pode ainda assim ser um contrato injusto" (BRAGA NETTO, Felipe Peixoto. *Responsabilidade Civil.* São Paulo: Saraiva, 2008, p. 190). Ou seja, a autonomia da vontade, perdendo espaço, deu lugar ao equilíbrio material entre as prestações. O STJ, em julgado recente, bem resume vários aspectos relevantes do princípio: "A boa-fé objetiva tem por escopo resguardar as expectativas legítimas de ambas as partes na relação contratual, por intermédio do cumprimento de um dever genérico de lealdade e crença, aplicando-se aos contratantes. O ordenamento jurídico prevê deveres de conduta a serem observados por ambas as partes da relação obrigacional, os quais se traduzem na ordem genérica de cooperação, proteção e informação mútuos, tutelando-se a dignidade do devedor e o crédito do titular ativo, sem prejuízo da solidariedade que deve existir entre eles" (STJ, REsp 1.592.422). Hoje se vê o vínculo obrigacional como uma relação dinâmica. Essa relação dinâmica é composta não apenas por aquilo que as partes contratualmente manifestaram, mas também por deveres anexos que independem de manifestação de vontade das partes para nascer.

4.1.2. A teoria dos atos próprios e a boa-fé objetiva

A boa-fé objetiva - positivada no Código Civil, sobretudo no art. 422 - pode ser culturalmente conectada ao direito alemão, cuja previsão a respeito da lealdade e da confiança (*treu und glauben*) tornaram-se célebres em boa parte do mundo, como paradigmas objetivos a serem seguidos nas relações negociais. O direito civil não protege, hoje, apenas aquilo que foi pactuado: vai além. Protege as expectativas legitimamente criadas, à luz de valores como cooperação e lealdade. Hoje, ademais, o dever de informar se incorporou ao direito contratual como dever geral de conduta. O STJ destacou que "a responsabilidade pela confiança é autônoma em relação à responsabilidade contratual e à extracontratual, constituindo-se em um terceiro fundamento ou 'terceira pista' (*dritte Spur*) da responsabilidade civil, tendo caráter subsidiário: onde houver o dano efetivo, requisito essencial para a responsabilidade civil e não for possível obter uma solução satisfatória pelos caminhos tradicionais da responsabilidade, a teoria da confiança será a opção válida" (STJ, REsp 1.309.972).

Muito dos novos fenômenos e funções do direito privado atual - neste capítulo tão permeado pelas dinâmicas funções da boa-fé objetiva - podem também ser traduzido pela teoria dos atos próprios. A teoria dos atos próprios, a rigor, postula que *nemo potest venire contra factum proprium* (ninguém pode vir contra os próprios atos). Trata-se, a rigor, da proibição do comportamento contraditório. É mais uma das muitas manifestações da (cláusula geral) boa-fé objetiva (DIEZ-PICAZO. *La doctrina de los propios actos - Un estudo critico sobre la jurisprudencia del Tribunal Supremo.* Barcelona: Bosch, 1963). Aplicável, aliás, não só ao direito material, mas também processual. O STJ tem entendido, em sucessivas manifestações, que "o princípio da boa-fé objetiva proíbe que a parte assuma comportamentos contraditórios no desenvolvimento da relação processual, o que resulta na vedação do *venire contra factum proprium*, aplicável também ao direito processual" (STJ, AgRg no REsp 1.280.482, Rel. Min. Herman Benjamin; Edcl no REsp 1.435.400, Rel. Min. Luis Felipe Salomão,

DJ 11/11/2014). Lembremos, a propósito, que o abuso de direito é ato ilícito, segundo o Código Civil (art. 187).

Vejamos algumas das expressões da boa-fé objetiva, em institutos que, antes de terem uma separação rígida, são convergentes, dialogam entre si. As Jornadas de Direito Civil, aliás, já assentaram no Enunciado nº 412: "As diversas hipóteses de exercício inadmissível de uma situação jurídica subjetiva, tais como *supressio*, *tu quoque*, *surrectio* e *venire contra factum proprium*, são concreções da boa-fé objetiva". Trataremos cada um de modo autônomo em nome da clareza.

4.1.2.1. Venire contra factum proprium

Já tratamos do tema. Trata-se de princípio que veda o comportamento contraditório. O agir abrupto, agressor da boa-fé objetiva, causador de espanto e surpresa na outra parte. Cuida-se, em síntese, do dever de não agir em contradição com os próprios atos. A aplicação da teoria pode ocorrer em situações negociais variadas. Por exemplo, quando uma parte, intencionalmente ou não, faz crer à outra que determinada formalidade não é necessária, incorrendo em contradição com seus próprios atos quando, mais tarde, pretende amparar-se nesse defeito formal para não cumprir sua obrigação; quando, apesar da nulidade, uma parte considera válido o ato, dele se beneficiando, invocando a nulidade posteriormente por deixar de interessá-la (LÔBO, Paulo. *Obrigações*. São Paulo: Saraiva, 2011, p. 84/85). Trata-se de velho conhecido do direito civil, o instituto do *venire contra factum proprium nulli conceditur*. É odiosa, e viola a boa-fé objetiva, a conduta de quem usufrui de certa irregularidade enquanto é por ela beneficiado, alegando-a, porém, quando ela deixa de fazê-lo. São muitas as formulações possíveis do princípio. O STJ teve oportunidade de frisar: "Tendo uma das partes agido em flagrante comportamento contraditório, ao exigir, por um lado, investimentos necessários à prestação dos serviços, condizentes com a envergadura da empresa que a outra parte representaria, e, por outro, após apenas 11 meses, sem qualquer justificativa juridicamente relevante, a rescisão unilateral do contrato, configura-se abalada a boa-fé objetiva, a reclamar a proteção do dano causado injustamente" (STJ, REsp 1.555.202). Fundamental é que percebamos que "a responsabilidade pré-contratual não decorre do fato de a tratativa ter sido rompida e o contrato não ter sido concluído, mas do fato de uma das partes ter gerado à outra, além da expectativa legítima de que o contrato seria concluído, efetivo prejuízo material" (STJ, REsp 1.051.065). Assim, "a proibição de comportamentos contraditórios constitui legítima expressão do interesse público, que se consubstancia tanto na tutela da confiança quanto na intolerância à pratica de condutas maliciosas, torpes ou ardis" (STJ, REsp 1.692.763, Rel. Min. Nancy Andrighi, 3ª T, DJe 19/12/2018).

A doutrina tem se dedicado ao tema. Anderson Schreiber tem por pressupostos do instituto versado: a) um *factum proprium*, ou seja, uma conduta inicial; b) a legítima confiança de outrem na conservação do sentido objetivo desta conduta; c) um comportamento contraditório com este sentido objetivo; d) um dano, ou pelo menos um potencial dano a partir da contradição (SCHREIBER, *Anderson. A proibição de comportamento contraditório: a tutela da confiança e 'venire contra factum proprium*'. Rio de Janeiro: Renovar, 2005, p. 271). Não cabe, outrossim, invocar repentinamente uma cláusula contratual que as partes, tacitamente, por largos anos, nunca cumpriram. Menezes Cordeiro lembra que o princípio traduz o exercício de uma posição jurídica em contradição com o comportamento assumido anteriormente (CORDEIRO, Antônio Manuel da Rocha e Menezes. *Da boa-fé no Direito Civil*. Coimbra: Almedina, 1984, p. 745).

4.1.2.2. *Adimplemento substancial* (substancial performance)

Embora não previsto de modo explícito - nem no Código Civil nem no CDC - trata-se de princípio progressivamente adotado por nossa jurisprudência e também pela doutrina. Dialoga intimamente com a boa-fé objetiva e, especialmente, com a vedação ao abuso de direito (Código Civil, art. 187). A teoria do adimplemento substancial (*substancial performance*, também chamada de adimplemento mínimo) repele a resolução do negócio se o adimplemento foi realizado de modo substancial, isto é, se a parte inadimplida é mínima em relação ao todo. Se alguém, digamos, pagou 22 de um total de 24 prestações (o exemplo é aleatório, a teoria não determina um percentual fixo para sua aplicação) não seria razoável que a contraparte pretendesse extinguir o negócio em razão do inadimplemento das duas últimas. Mais conforme a boa-fé objetiva é cobrar, pelas vias ordinárias, a parcela inadimplida, ao invés de pretender ter de volta o bem alienado, ou se recusar a prestar o serviço contratado.

A jurisprudência tem contemplado a teoria, conforme se vê a seguir: "Seguro. Inadimplemento da segurada. Falta de pagamento da última prestação. Adimplemento substancial. Resolução. A companhia seguradora não pode dar por extinto o seguro, por falta de pagamento da última prestação do prêmio, por três razões: a) sempre recebeu as prestações em atraso, o que estava, aliás, previsto no contrato, sendo inadmissível que apenas rejeite a prestação quando ocorra o sinistro; b) a segurada cumpriu substancialmente com a sua obrigação, não sendo a sua falta suficiente para extinguir o contrato; c) a resolução do contrato deve ser requerida em juízo, quando será possível avaliar a importância do inadimplemento, suficiente para a extinção do negócio" (STJ, REsp 76.362).

Observe-se que a dívida não paga permanece podendo ser cobrada - teríamos, do contrário, amplo campo para fraudes. Apenas se diz que o caminho cômodo usado pelas instituições financeiras, de tomar o bem de volta compulsoriamente, não se mostra adequado diante do montante que foi pago da dívida. Melhor é que o credor cobre, com meios menos gravosos e mais proporcionais. O STJ, posteriormente, reafirmou a adoção da teoria do adimplemento substancial, em ação que buscava a reintegração de posse de 135 carretas, objeto de contrato de *leasing*, após o pagamento de 30 das 36 parcelas ajustadas (STJ, REsp 1.200.105). Em reiteradas ocasiões a jurisprudência teve oportunidade de reafirmar a consagração da teoria. Em caso de contrato de arrendamento mercantil (*leasing*) para aquisição de veículo, tendo sido pagas quase todas as parcelas devidas, julgou-se - com base na teoria do adimplemento substancial, permeada pela boa-fé objetiva e pela função social do contrato - que não cabia, no caso, ação de reintegração de posse, o que se mostraria desproporcional diante do débito remanescente. O STJ frisou, nessa linha, que "a teoria do substancial adimplemento visa a impedir o uso desequilibrado do direito de resolução por parte do credor, preterindo desfazimentos desnecessários em prol da preservação da avença, com vistas à realização dos princípios da boa-fé e da função social do contrato" (STJ, REsp 1.051.270).

Apesar do que dissemos acima, e conforme já registramos no Capítulo III, a jurisprudência do STJ, em 2017, deu um passo atrás na aceitação do princípio, passando a entender que a teoria do adimplemento substancial não se aplica aos contratos de alienação fiduciária (em clara modificação do entendimento anterior, que assim aceitava). No novo entendimento o STJ destacou que "a propriedade fiduciária, concebida pelo legislador justamente para conferir segurança jurídica às concessões de crédito, essencial ao desenvolvimento da economia nacional, resta comprometida pela aplicação deturpada da teoria do adimplemento substancial" (STJ, REsp 1.622.555, Rel. p/ acórdão Marco Bellizze, Segunda Seção, DJ 16/03/2017).

4.1.2.3. Supressio *e* surrectio

A *supressio* (*Verwirkung*) consiste na perda, causada pela inação, de determinado direito ou situação jurídica – o que geraria a legítima expectativa de que tal direito não mais seria exercido, à luz da boa-fé objetiva. A *supressio* veda, por exemplo, a pretensão de se exigir retroativamente valores que, em contratos de trato sucessivo, não foram cobrados (STJ, REsp 1.202.514, Rel. Min. Nancy Andrighi). No STJ já houve manifestação do Ministro Ruy Rosado de Aguiar no seguinte sentido: "Tenho como admissível a teoria da *supressio*, segundo a qual o comportamento da parte, que se estende por longo período de tempo ou se repete inúmeras vezes, porque incompatível com o exercício do direito, pode levar a que se reconheça a extensão desse direito, com base na boa-fé objetiva (STJ, REsp 207.509).

Já a *surrectio* (*Erwirkung*) consiste na situação correlata, isto é, no surgimento de direitos subjetivos ou situações jurídicas a partir de determinada prática social. Pensemos, por exemplo, no locador aceita, de modo reiterado, que o pagamento do aluguel seja feito em local diverso daquele convencionado no contrato (o Código Civil, aliás, prevê, no art. 330: "O pagamento reiteradamente feito em outro local faz presumir renúncia do credor relativamente ao previsto no contrato". Porém a utilidade maior desses institutos são aqueles nos quais *não há* regra jurídica prevendo a situação). Digamos que determinada convenção de condomínio edilício proíbe animais, ainda que de pequeno porte (Código Civil, art. 1.334). Em certo edifício, porém, uma senhora, que mora sozinha, tem um pequeno e tranquilo cão, que vive com ela há cerca de uma década, no mesmo edifício, com a anuência tácita dos demais condôminos. Em determinada reunião, porém, decide-se expulsar o cão, com base no dispositivo da convenção que nunca fora aplicado até então. Pode-se, em casos assim, invocar o instituto da *surrectio*, ainda que não se trate, propriamente, de relação negocial na hipótese (não há relação contratual entre condôminos). Ou, em outro exemplo, se o locador por muitos anos permite que sua locatária dê aulas de dança na casa alugada, embora o imóvel esteja alugado para uso exclusivo residencial e, a teor de cláusula contratual, não permita o desenvolvimento de atividade econômica alguma no interior do imóvel. Cremos que surgiu (*surrectio*), no caso, direito subjetivo, à luz da boa-fé objetiva, a continuar a ministrar as aulas de dança no imóvel, dentro de certa proporcionalidade.

Não é difícil notar que, em regra, *supressio e surrectio* são duas faces de uma mesma moeda. Há, enfim, nos institutos versados – como em todo o direito contratual contemporâneo – a preocupação em tutelar as expectativas legitimamente criadas, à luz da boa-fé objetiva (Ver DICKSTEIN, Marcelo. *A boa-fé objetiva na modificação tácita da relação jurídica: Supressio e Surrectio*. Rio de Janeiro, Lumen Juris, 2010, p. 130). A proteção da confiança veda condutas abruptas e comportamentos contraditórios (*venire contra factum proprium*).

4.1.2.4. Tu quoque, exceptio doli *e* exceptio non adimpleti contractus

O *tu quoque*, de clara inspiração ética, busca evitar (juridicamente) que façamos a outrem o que não gostaríamos que nos fosse feito. Trata-se de categorial conceitual – como tantas outras do direito civil – que foi desenvolvida e delimitada pela doutrina e jurisprudência alemãs. Quem, por exemplo, contribuiu para que determinado contratante não cumpra sua prestação contratual, não pode, por óbvio, invocar o descumprimento dessa prestação para resolver o negócio. A expressão é inspirada na célebre passagem em que Júlio César – ao ser apunhalado, de surpresa, pelo filho adotivo – teria dito: "Até tu, Brutus, filho meu?" (*tu quoque Brutus filie mi*), usada inclusive por Shakespeare na peça *Júlio César*. O direito dos nossos dias busca evitar que, em nome de minúcias técnicas, as partes se vejam colocam em situações que traduzam surpresa, deslealdade, falta de cooperação. Lembremos, inicialmente, fora do campo jurídico, o caso de um deputado americano do Partido Republicano, então presidente da Comissão Parlamentar do Congresso contra crianças exploradas, que – descobriu-se depois – era pedófilo.

O *tu quoque*, como é fácil perceber, é mais uma tentativa de se evitar o *venire contra factum proprium* e fazer prevalecer a boa-fé objetiva. Quer-se evitar a conduta desleal. Costuma-se oferecer como exemplo a *exceptio non adimpleti contractus*, categoria segundo a qual não podemos exigir que o outro contratante cumpra sua prestação se nós mesmos ainda não cumprimos a nossa (Código Civil, art. 476: "Nos contratos bilaterais, nenhum dos contratantes, antes de cumprida a sua obrigação, pode exigir o implemento da do outro"). Teresa Negreiros menciona que em relação ao *tu quoque* a boa-fé objetiva atua como guardiã da proporcionalidade contratual, impedindo que o contratante que descumpriu norma legal ou contratual venha a exigir do outro, ao contrário, que a cumpra (NEGREIROS, Teresa. *Teoria do Contrato: novos paradigmas*. Rio de Janeiro: Renovar, 2002, p. 143). A jurisprudência, porém, na hipótese, tem exigido corretamente: a) que haja certa proporcionalidade entre as prestações; b) além disso, a *exceptio non adimpleti contractus* só tem lugar se o contrato *não estabelecer* qual a ordem de cumprimento das obrigações (se prever, ao contrário, qual contratante deve prestar primeiro, este não poderá alegar que não o fará porque o outro ainda não o fez).

É conhecida, no direito processual, a fórmula que prega lealdade e busca sancionar o comportamento contraditório. O CPC/2015, aliás, previu, no art. 276: "Quando a lei prescrever determinada forma sob pena de nulidade, a decretação desta não pode ser requerida pela parte que lhe deu causa". Relevante citar também o art. 150 do Código Civil, que adiante estudaremos: "Se ambas as partes procederem com dolo, nenhuma poderá alegá-lo para anular o negócio, ou reclamar indenização". Também o art. 884, que proíbe o enriquecimento sem causa: "Aquele que, sem justa causa, se enriquecer à custa de outrem, será obrigado a restituir o indevidamente auferido, feita a atualização dos valores monetários". Cumpre lembrar, todavia, conforme já alertamos, que a grande importância da boa-fé objetiva e de todos esses conceitos e categorias são aquelas situações que não estão consagradas na lei. É aí que reside a admirável relevância da teoria dos atos próprios. Mencionemos, por fim, neste item, a *exceptio doli*. A *exceptio doli* consiste em usar a boa-fé objetiva como defesa, diante de ações que possam ser tidas como contrárias à boa-fé. Não se trata, em absoluto, de conceito novo, havendo referências já no primeiro século antes de Cristo. Cuidava-se de defesa oponível ao demandante que tivesse praticado um ato doloso, conforme o relato de Gaio (PONTES DE MIRANDA. *Tratado de Direito Privado*. T. IV. Rio de Janeiro: Borsoi, 1954, p. 340).

4.1.2.5. Duty to mitigate the loss *(dever de mitigar o prejuízo)*

Trata-se do dever de mitigar o próprio prejuízo. Não é compatível com a boa-fé que o credor, por exemplo, por inércia, aumente as próprias perdas, para depois cobrá--las do devedor. Se, digamos – como aconteceu em caso julgado pelo STJ, citando o princípio – o credor deixou o devedor na posse do imóvel por sete anos, sem cobrar o pagamento das prestações relativas ao contrato de compra e venda, aumentando assim as próprias perdas. As Jornadas de Direito Civil cuidaram no assunto, ao elaborarem o Enunciado nº 169: "O princípio da boa-fé objetiva deve levar o credor a evitar o agravamento do próprio prejuízo". Desse modo, toda pessoa ostenta um dever *ex ante* de evitar causar um dano injusto, agindo conforme a boa-fé e adotando comportamentos prudentes para impedir que o dano se produza ou que se reduza a sua magnitude. Ademais, caso o dano já tenha sido produzido, que se evite o seu agravamento (*duty to mitigate the own loss*). Aliás, as *Jornadas de Direito Civil*, em 2018, entenderam que "a indenização não inclui os prejuízos agravados, nem os que poderiam ser evitados ou reduzidos mediante esforço razoável da vítima. Os custos da mitigação devem ser considerados no cálculo da indenização" (Enunciado 629).

5. RELATIVIDADE DOS CONTRATOS

É o princípio que determina que os contratos apenas vinculam as pessoas que dele fazem parte. Isto é, o contrato, em princípio, não prejudica nem beneficia terceiros.

Percebe-se, neste princípio, a tradução do individualismo, considerando os negócios jurídicos – e as pessoas que deles fazem parte – como categorias isoladas, autônomas, cujas disposições não repercutiriam no resto da sociedade. Tal concepção insular vem perdendo espaço. Mesmo no direito tradicional, no entanto, o princípio tem exceções. Pensemos, por exemplo – na órbita do direito civil – a estipulação em favor de terceiro (Código Civil, arts. 436 a 438), como ocorre no seguro de vida, em que terceiro consta como beneficiário. Ou ainda a promessa de fato de terceiro (Código Civil, arts. 439 e 440), negócio jurídico que se peculiariza por alguém prometer que determinada conduta será praticada por outrem, respondendo civilmente caso isso não ocorra.

Analisaremos, no próximo tópico, a função social do contrato. Cabe aqui uma breve observação. Poderíamos, talvez, fazer um paralelo entre a função social do contrato e aquilo que os alemães chamam de "contrato com efeitos protetivos para terceiros" (*Vertragmit Schutzwirkung für Dritte*). Rompe-se, aí, o dogma da relatividade dos contratos, e ele passa a atingir, protegendo, pessoas que não participam da relação contratual originária. É preciso, porém, lembrar que os europeus, em geral, não conhecem a figura da função social do contrato. Ademais, na Alemanha, o regime da responsabilidade contratual é bem mais favorável à vítima do que o regime da responsabilidade extracontratual. Não por acaso, lá, os tribunais buscam, em muitos casos, através de mecanismos hermenêuticos, abordar os casos sob o prisma contratual. Há, por exemplo, inversão do ônus da prova de culpa a favor do credor (BGB, § 280, I, 2). De toda sorte, os prazos prescricionais relativos à responsabilidade civil contratual e extracontratual foram unificados, na Alemanha, com a reforma de 2002, sendo atualmente de três anos, em ambos os casos.

5.1. Função social dos contratos

Em clara oposição ao princípio da relatividade, o princípio da função social prescreve que o contrato não deve interessar, simplesmente, às partes, mas cumprir, sempre que possível, uma função socialmente significativa. O Código Civil foi claro: "Art. 421. A liberdade de contratar será exercida nos limites da função social dos contratos". Foi uma das mais importantes inovações do Código Civil de 2002. Paulo Lôbo, nesse sentido, aponta que "o princípio da função social é a mais importante inovação do direito contratual brasileiro e, talvez, a de todo o Código Civil. Os contratos que não são protegidos pelo direito do consumidor devem ser interpretados no sentido que melhor contemple o interesse social, que inclui a tutela da parte mais fraca no contrato, ainda que não configure contrato de adesão"[1]. A função social dos contratos supera a visão individualística e atomizada dos pactos, cujos direitos e deveres *não podem mais ser compreendidos* com abstração das circunstâncias sociais que os cercam. Esse ponto é da maior relevância. Cabe lembrar, como exemplo, os serviços oferecidos no mercado de consumo pelas empresas de planos de saúde. Nessa ordem de ideias, cabe lembrar que "embora o contrato (com plano de saúde) seja um contrato de seguro, não se cuida de um contrato de seguro típico, dada a função social que o está a envolver, posto que substitui função do próprio sistema

1. LÔBO, Paulo. *Obrigações*. São Paulo: Saraiva, 2011, p. 86.

de saúde oficial ou da seguridade governamental" (NEGREIRO, Teresa. *Teoria do contrato: novos paradigmas*. Rio de Janeiro: Renovar, 2002, p. 326).

6. AUTONOMIA DA VONTADE

É o princípio que faculta às pessoas autorregularem seus interesses, como melhor entenderem, nas relações jurídicas que tomarem parte. Na verdade, tal conceito permeia todos os princípios clássicos antes vistos. É o voluntarismo jurídico. Kant, traduzindo bem o seu tempo, resumiu a visão de então: "Quando alguém decide alguma coisa a respeito de um outro, é sempre possível que faça algum tipo de injustiça. Mas toda injustiça é impossível quando ele decide sobre si próprio". *Laissez-faire, laissez-passer.* Algo como: "deixa pra lá, as pessoas que se virem". O direito atual, como vimos, não tolera essa indiferença. Hoje, "em certos domínios normativos, como o Direito do Trabalho e o Direito do Consumidor, que têm como premissa a desigualdade fática entre as partes, a vinculação aos direitos fundamentais deve mostrar-se especialmente enérgica, enquanto a argumentação ligada à autonomia da vontade dos contratantes assume um peso inferior" (SARMENTO, Daniel. *Direitos Fundamentais e Relações Privadas*. Rio de Janeiro: Lumen Juris, 2004, p. 305).

Temos, atualmente, relações negociais massificadas e impessoais, e os abusos decorrentes dos chamados poderes privados são cada vez mais fortes. Nesse contexto, quanto maior for a desigualdade entre os figurantes do negócio jurídico, mais intensa e vívida deverá ser a proteção do contratante mais fraco, e menor a tutela da autonomia privada. A tutela da autonomia privada deve ser intensamente resguardada, isto sim, naquilo que diga respeito às escolhas existenciais de cada um (afetivas, religiosas, profissionais etc.). Poderíamos falar ainda que há menos autonomia da vontade (no sentido patrimonial) e mais autonomia privada existencial. Esse é o sentido das mudanças.

Hoje, cada vez mais, a liberdade de escolhas existenciais fundamentais surge como um bem jurídico de extraordinária valia. O livre desenvolvimento da personalidade está, em boa medida, relacionado à autodeterminação. Cada vez mais o direito de hoje reconhece no ser humano uma fonte de escolhas íntimas que deverão ser respeitadas. Com autonomia moral, racional e existencial. Nossos projetos de vida, nossas situações existenciais, são espaços juridicamente resguardados. Em outras palavras, cabe à ordem jurídica promover meios e modos de possibilitar essas escolhas. E as demais pessoas, públicas ou privadas, estão proibidas de se imiscuir, de modo agressivo ou arbitrário, nas escolhas de outrem. As liberdades existenciais – nossas esferas humanas de autodeterminação – ampliam-se e fortalecem-se neste nosso século.

Outro ponto de especial relevo: o direito privado atual olha – ou pelo menos deveria olhar – com muita desconfiança para a expressão "bons costumes". Trata-se de expressão-resquício. Isto é, palavras que ficaram como resquício de uma época que passou – e há dúvidas se deixou saudades. Aceitava-se, então, uma moral linear, rígida, pesada – pouco amistosa em relação ao pluralismo. Se nós, como sociedade, no passado, já achamos normal desvalorizar culturalmente grupos ou raças, hoje desvalorizamos, socialmente, quem promove essa desvalorização. O direito não pode obrigar que todos tenham estima e respeito (entendidos como categorias psíquicas) pelos outros, mas pode sancionar e punir atos de desrespeito e desconsideração.

Convém ainda frisar que o pluralismo não é só um fato que deve ser constatado, mas é algo que merece ser celebrado e valorizado. O pluralismo, no âmbito da experiência jurídica, aproxima o direito da dimensão ética, com abertura para contribuições de sentido não estritamente normativo-legislativas. Nossa Constituição Federal alberga e promove o pluralismo. Desigualar pessoas, à luz da nossa Constituição, será sempre arbitrário e constitucionalmente vedado, a menos que a desequiparação busque, aí sim, reequilibrar situações de substancial desajuste. A diversidade de ideias, de religiões, de orientações sexuais, de modos de vida, é bem-vinda e deve ser protegida e incentivada. Porém, é sempre importante investigar em que medida as diferenças estão se convertendo em desigualdades.

6.1. Repúdio ao abuso de direito

É o princípio que veda às pessoas o exercício arbitrário e abusivo das faculdades que a ordem jurídica lhes confere. O direito atual não tolera o exercício imoderado das faculdades jurídicas. O art. 187 do Código Civil considera ilícito o abuso de direito, imputando a responsabilidade civil (Código Civil, art. 927), a quem assim agir (ou deixar de agir). Por exemplo, a recusa injustificada, por parte do plano de saúde, de cobrir procedimento médico, configura abuso de direito, capaz de gerar dano moral indenizável (STJ, AgRg no REsp 1.253.696). É abusiva a cláusula contratual que determina que a devolução dos valores, em caso de desistência na compra de imóvel, só se dará após o término das obras (STJ, AgRg no REsp 1.238.099).

Importante, como pano de fundo de tudo o que foi dito – em relação aos princípios atuais – é a constatação do caráter normativo dos princípios. O que é isso? É a progressiva percepção, na doutrina e jurisprudência, de que os princípios são normas jurídicas, isto é, ostentam força obrigatória e vinculante. Para ficarmos num único exemplo, tomemos a dignidade da pessoa humana, fundamento da República, cuja força normativa pode tornar inválidas quaisquer normas – leis, atos normativos infralegais ou contratos – que contrariem suas orientações.

7. QUESTÕES DE CONCURSOS

01. (MP/MG – Promotor de Justiça/2011) Na nova concepção social de contrato abarcada pela Lei nº 8.078/90, o princípio da boa-fé objetiva tem relevantes funções, tanto na formação quanto na execução das obrigações. Quais são elas?

(Tratamos do tema no tópico 3.1.1).

02. (TRF/2ª Região/Juiz Federal/2007) Com o advento do Código Civil de 2002 houve uma aproximação principiológica entre esse Código e o Código de Defesa do Consumidor. Quais são esses princípios contratuais sociais?

(Tratamos do tema neste capítulo).

03. (TJ-GO – Juiz de Direito – GO/2009) A função social do contrato prevista no artigo 421 do CCB é matéria de ordem pública? Tal disposição legal se aplica às relações de consumo reguladas pela Lei nº 8.078/90?

(Sim, a função social do contrato, uma das mais importantes inovações do Código Civil de 2002, é matéria de ordem pública. O próprio Código Civil, aliás, o prevê, no art. 2.035, parágrafo único: "Nenhuma convenção prevalecerá se contrariar preceitos de ordem pública, tais como os estabelecidos por este Código para assegurar a função social da propriedade e dos contratos". Em relação à segunda pergunta, a resposta também é afirmativa. A função social prevista no Código Civil aplica-se ao CDC, à luz do diálogo das fontes. Aliás, mesmo que não houvesse esse dispositivo legal, a funcionalidade dos conceitos, categorias e institutos é uma das características do CDC. Tratamos, também, brevemente, do CDC como norma de ordem pública no Capítulo I deste livro).

GABARITO			
01. –	02. –	03. –	–

Estas e outras questões estão disponíveis para serem respondidas na plataforma JusClass:

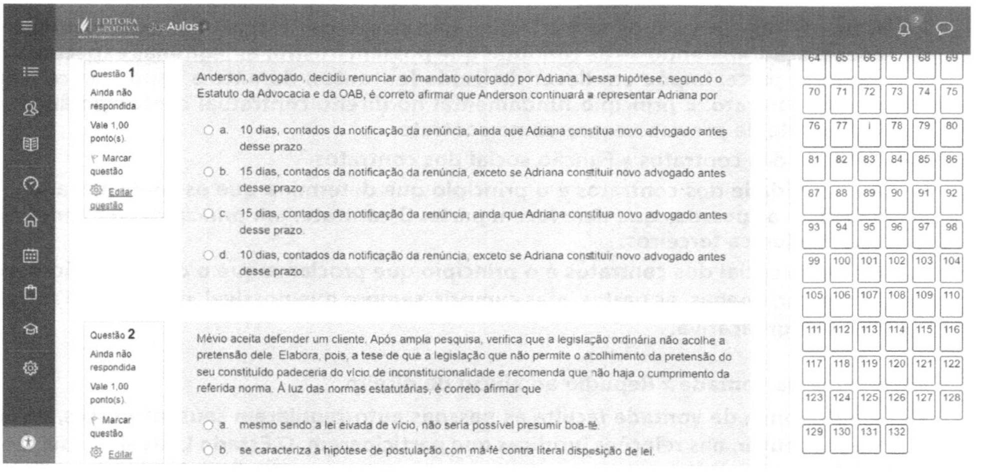

8. QUADRO SINÓTICO

NEGÓCIOS JURÍDICOS – PRINCÍPIOS CLÁSSICOS E ATUAIS

- **Está havendo, atualmente, uma diminuição da autonomia da vontade (autonomia privada)**, nas relações contratuais, como forma de proteger os mais fracos, os hipossuficientes.
- **O CDC é norma de ordem pública e interesse social (CDC, art. 1º)**. É norma cogente, que não aceita renúncia prévia aos direitos lá previstos (por exemplo, alguém, ao chegar em hotel, assina contrato de adesão cujo teor determina que se o hóspede sofrer um dano – o elevador despenca, digamos – o prazo prescricional será de 2 anos. Tal contrato não valerá, diante da norma do CDC, art. 27, que estabelece, em tal situação, o prazo de 5 anos).
- **O Código Civil também reflete essa tendência atual (CC, art. 421; art. 2.035, parágrafo único)**.

- **Reduz-se, assim, a força do** *pacta sunt servanda,* **e prestigia-se o equilíbrio material entre as prestações.**
- **Os princípios clássicos não deixaram de existir, nem foram integralmente substituídos pelos princípios atuais. Há uma convivência, um diálogo entre eles.**

Igualdade formal *x* **Igualdade material ou substancial**

- **A igualdade formal proclama que as pessoas são iguais, devendo, por isso, receber idêntico tratamento. Um escritor francês ironizou: é proibido tanto ao mendigo como ao milionário dormir embaixo da ponte, furtar um pedaço de pão.**
- **A igualdade material (ou substancial)** reconhece que as oportunidades não são iguais, e que um tratamento jurídico que desconhecer essas diferenças será injusto. O direito atual há de estar atento a essas diferenças. Um dos objetivos da Constituição é a redução das desigualdades.

Pacta sunt servanda **x Boa-fé objetiva**

- **O** *pacta sunt servanda* **é o tradicional princípio da força obrigatória dos contratos. O contrato faz lei entre as partes, e deve ser cumprido a qualquer custo. Lacordaire, no entanto, observou argutamente: "Entre o forte e o fraco, é a liberdade que escraviza, e a lei que liberta".**
- **A boa-fé objetiva impõe às partes, numa relação contratual, agir com lealdade e cooperação, abstendo-se de condutas que possam frustrar as legítimas expectativas da outra parte. Impõe um dever de lealdade – antes, durante e depois da conclusão do contrato. É princípio fundamental no direito contratual contemporâneo, e independe de previsão expressa no contrato.**

Relatividade dos contratos *x* **Função social dos contratos**

- **A relatividade dos contratos é o princípio que determina que os contratos apenas vinculam as pessoas que dele fazem parte. O contrato, em princípio, não beneficia nem prejudica terceiros.**
- **A função social dos contratos é o princípio que proclama que o contrato não deve interessar, apenas, às partes, mas cumprir, sempre que possível, uma função socialmente significativa.**

Autonomia da vontade *x* **Repúdio ao abuso de direito**

- **A autonomia da vontade faculta às pessoas autorregularem seus interesses, como lhes aprouver, nas relações jurídicas que participarem. O Estado Liberal dos séculos passados privilegiou enormemente a autonomia privada. É o clássico** *laissez-faire, laissez-passer.*
- **O repúdio ao abuso de direito veda o exercício arbitrário e abusivo das faculdades jurídicas. O contratual atual não é regido cegamente pela vontade das partes. Os direitos fundamentais não são limitáveis contratualmente. A vontade, para ter validade, deve estar de acordo com padrões mínimos de razoabilidade e não ofender princípios fundamentais, como a dignidade da pessoa humana. A autonomia da vontade, perdendo espaço, deu lugar ao equilíbrio material entre as prestações.**

CAPÍTULO XV

PROTEÇÃO CONTRATUAL

1. O CONTRATO DE CONSUMO: DISTÂNCIA DO MODELO CLÁSSICO

Os contratos no sistema de consumo se diferenciam fortemente do modelo clássico de contrato idealizado nos moldes do liberalismo, conforme brevemente vimos no capítulo anterior. O contrato atual é informado pelos princípios da boa-fé objetiva, pela equivalência material entre as prestações e pela repulsa ao abuso de direito.

O contrato atual não é regido cegamente pela vontade das partes. Tal vontade, para ter validade, há de estar de acordo com padrões mínimos de razoabilidade, e não ofender princípios que definem a ordem jurídica nacional – como, por exemplo, a dignidade da pessoa humana, fundamento da República (CF/88, art. 1º, III).

2. A FUNÇÃO SOCIAL DOS CONTRATOS

Além disto, a função social dos contratos é vetor de aferição de validade. Estabelece o art. 421 do Código Civil: "A liberdade de contratar será exercida nos limites da função social do contrato". Isso significa clara redução do papel da autonomia da vontade, que deverá se submeter a uma função socialmente significativa. Reforçando essa tendência, o art. 2.035, parágrafo único, do Código Civil, determina: "Nenhuma convenção prevalecerá se contrariar preceitos de ordem pública, tais como os estabelecidos por este Código para assegurar a função social da propriedade e dos contratos".

3. NECESSIDADE DE PRÉVIO CONHECIMENTO DO CONTEÚDO CONTRATUAL PELO CONSUMIDOR

O CDC, norma de ordem pública e de interesse social, é resultado do dirigismo estatal, que intervém no conteúdo dos pactos para adequá-los àquilo que o constituinte entendeu necessário para realizar a igualdade substancial, reduzindo as desigualdades e promovendo a solidariedade social. Nessa ordem de ideias, o CDC traz um capítulo intitulado

"Da proteção contratual", que particulariza o espírito antes aludido, embora, na verdade, tal proteção se espraie por todo o CDC. Estabelece o art. 46: "Os contratos que regulam as relações de consumo não obrigarão os consumidores, se não lhes for dada a oportunidade de tomar conhecimento prévio de seu conteúdo, ou se os respectivos instrumentos forem redigidos de modo a dificultar a compreensão de seu sentido e alcance".

Trata-se, bem compreendido, de uma silenciosa revolução relativamente à lógica contratual clássica. Não basta, atualmente, que o contrato tenha sido assinado pelas partes, mesmo que tal assinatura tenha se dado livremente, sem vícios ou coações de qualquer ordem. Isso não será suficiente. Para que tenhamos um contrato de consumo válido, será preciso, ainda, que tenha havido real conhecimento prévio do seu conteúdo por parte do consumidor. Sem esse conhecimento prévio e efetivo, os contratos de consumo "não obrigarão os consumidores".

Essa análise acerca do dever de informação deve ser feita a partir da situação concreta, não abstrata. Por exemplo, "a pessoa jurídica que firma contrato de seguro visando à proteção de seu próprio patrimônio é considerada destinatária final dos serviços securitários, ficando submetida a relação às normas do CDC. Nos contratos que regulam as relações de consumo, o consumidor só se vincula às disposições neles inseridas se lhe for dada a oportunidade de conhecimento prévio do seu conteúdo (CDC, art. 46), notadamente, em relação às cláusulas que importem restrição de direitos. A efetividade do conteúdo da informação, por sua vez, deve ser analisada a partir da situação em concreto, examinando-se qual será substancialmente o conhecimento imprescindível e como se poderá atingir o destinatário específico daquele produto ou serviço, de modo que a transmissão da informação seja adequada e eficiente, atendendo aos deveres anexos da boa-fé objetiva, do dever de colaboração e de respeito ao consumidor (STJ, REsp 1.660.164, Rel. Min. Marco Bellizze, 3ª T, DJe 23/10/2017; REsp 1.349.188, Rel. Min. Luis Salomão, 4ª T, DJe 22/06/2016).

4. NECESSIDADE DE REDAÇÃO CLARA E INTELIGÍVEL DOS CONTRATOS DE CONSUMO

De igual modo, também carecerão de validade os contratos de consumo se "os respectivos instrumentos forem redigidos de modo a dificultar a compreensão de seu sentido e alcance" (CDC, art. 46).

Evoluímos, portanto, significativamente: da estrutura à função. Não basta um conhecimento formal. Apenas o conhecimento efetivo vincula. Com isso o direito se afasta do formalismo dos séculos passados e busca se aproximar de uma vontade manifestada de acordo com as circunstâncias e diferenças constatadas entre os partícipes da relação de consumo.

Os consumidores se dão conta, aos poucos, que o fato de terem assinado um contrato permeado de obrigações iníquas não significa que estarão a elas vinculados. A vinculação não ocorre – tal como no passado – em relação a qualquer conteúdo contratual, mas apenas àqueles conteúdos contratuais que estejam de acordo com o equilibro material entre as prestações, com a boa-fé e que não traduzam, de nenhum modo, abuso de direito.

Por conseguinte, são inválidas as comuns cláusulas que fazem referência a determinado conteúdo (geralmente registrado em cartório de registro de títulos e documentos), que passaria a fazer parte dos termos do contrato. Tais disposições são inválidas diante do CDC.

O que o legislador deseja é que haja, realmente, um conhecimento prévio dos termos contratuais. A prática comercial cria expedientes, os mais criativos, para tentar burlar tal necessidade legal. A inversão do ônus da prova, havendo verossimilhança ou hipossuficiência concreta, poderá ser decretada pelo magistrado, afastando a presunção do conhecimento prévio (CDC, art. 6º, VIII).

4.1. São válidas as limitações contratuais de direitos do consumidor?

As limitações contratuais que restrinjam direitos do consumidor devem ser razoáveis, sob pena de serem consideradas abusivas, e devem refletir um equilíbrio material entre as prestações. Além disso, como a informação permeia todo o sistema de proteção ao consumidor, se não houver, comprovadamente, ciência acerca das limitações impostas por contrato, elas não prevalecem. Nessa ordem de ideias, decidiu-se, de modo pedagógico: "O CDC, norma principiológica por natureza, proíbe e limita os contratos impressos com letras minúsculas que dificultem, desestimulem ou impeçam a leitura e compreensão pelo consumidor, visando permitir o controle de cláusulas contratuais gerais e a realização da liberdade contratual" (STJ, REsp 1.344.967, Rel. Min. Bôas Cueva, DJ 26/08/2014).

Decidiu, nesta ordem de ideias, o STJ: "Contrato de seguro. Não recebimento das condições gerais de seguro que contém cláusulas limitativas de cobertura. Código de Defesa do Consumidor. 1. Afirmando o Acórdão recorrido que a empresa autora não recebeu as condições gerais de seguro, que contém cláusulas limitativas da cobertura, não pode a seguradora escusar-se do pagamento, presente a disciplina do Código de Defesa do Consumidor, que não foi atacada no recurso especial" (STJ, REsp 268.642, Rel. Min. Menezes Direito, 3ª T, p. DJ 20/08/01).

O STJ reconhece como abusiva a cláusula, em contrato de seguro-saúde, que afasta o tratamento de moléstias infecto-contagiosas de notificação compulsória, a exemplo da AIDS (STJ, AgRg no REsp 265.872, Rel. Min. Sálvio de Figueiredo Teixeira, 4ª T, DJ 19/12/03). Ponderou o Relator: "Diante das circunstâncias do caso, especialmente pelo fato de que o autor não contratou diretamente com a ré, mas sim através de sua empregadora, que as instâncias ordinárias concluíram pelo direito de o recorrido receber tratamento através do plano de saúde". Em outra oportunidade, a Terceira Turma decidiu: "A cláusula de contrato de seguro-saúde excludente de tratamento de doenças infecto-contagiosas, caso da AIDS, não tem qualquer validade porque abusiva" (STJ, AgRg no REsp 251.722, Rel. Min. Antônio de Pádua Ribeiro, 3ª T, DJ 19/11/01).

De toda sorte, nos "contratos de adesão as 'cláusulas que implicarem limitação de direito do consumidor deverão ser redigidas com destaque, permitindo sua imediata e fácil compreensão'. Se assim não está redigida a cláusula limitativa, não tem força para alcançar o consumidor, presente flagrante violação, que merece ser reconhecida" (STJ, REsp 255.064, Rel. Min. Carlos Alberto Menezes Direito, 3ª T, DJ 04/06/01).

A Lei nº 9.656/98, em seu art. 16, prescreve: "Dos contratos, regulamentos ou condições gerais dos planos e seguros tratados nesta Lei devem constar dispositivos que indiquem com clareza: I – as condições de admissão; II – o início da vigência; III – os períodos de carência para consultas, internações, procedimentos e exames; IV – as faixas etárias e os percentuais a que alude o caput do art. 15; V – as condições de perda da qualidade de beneficiário ou segurado; VI – os eventos cobertos e excluídos; VII – as modalidades do plano ou seguro (...). Prevê o § 1º: "A todo consumidor titular de plano individual ou familiar será obrigatoriamente entregue, quando de sua inscrição, cópia do contrato, além do regulamento ou das condições gerais do plano ou seguro privado de assistência à saúde além de material explicativo que descreva, em linguagem simples e precisa, todas as suas características, direitos e obrigações".

Havendo infração do dever de informar com transparência e clareza, a empresa de saúde será responsabilizada: "Civil. Seguro de assistência médico-hospitalar. Plano de assistência integral (cobertura total), assim nominado no contrato. As expressões 'assistência integral' e 'cobertura total' são expressões que têm significado unívoco na compreensão comum, e não podem ser referidas num contrato de seguro, esvaziadas do seu conteúdo próprio, sem que isso afronte o princípio da boa-fé nos negócios" (STJ, REsp 264.562, Rel. Min. Ari Pargendler, 3ª T, DJ 13/08/01).

As cláusulas limitativas de direitos, no entanto, são possíveis, desde que se lhes dê o destaque devido, e não ofendam o equilíbrio material entre as prestações. Nesse sentido: "Código de Defesa do Consumidor. Plano de saúde. Limitação de direitos. Admissibilidade. Os contratos de adesão são permitidos em lei. O Código de Defesa do Consumidor impõe, tão-somente, que 'as cláusulas que implicarem limitação de direito do consumidor deverão ser redigidas com destaque, permitindo sua imediata e fácil compreensão'. Destarte, ainda que se deva, em princípio, dar interpretação favorável ao adquirente de plano de saúde, não há como impor-se responsabilidade por cobertura que, por cláusula expressa e de fácil verificação, tenha sido excluída do contrato" (STJ, REsp 319.707, Rel. Min. Castro Filho, 3ª T, DJ 28/04/03).

5. NECESSIDADE DE INTERPRETAÇÃO FAVORÁVEL AO CONSUMIDOR

Há, no CDC, princípio geral de hermenêutica: as cláusulas contratuais devem ser interpretadas de modo mais favorável ao consumidor. Será contrária à lei qualquer interpretação que, face à disposição contraditória ou ambígua, faça a balança pender contrariamente ao consumidor.

Estatui, com firmeza, o art. 47: "As cláusulas contratuais serão interpretadas de maneira mais favorável ao consumidor". Se, por exemplo, a cláusula contratual comporta várias interpretações simultâneas, deve-se preferir aquela que for mais favorável ao consumidor. Será ilegal a opção pela hermenêutica que pior traduzir os interesses do consumidor. A jurisprudência tem se mostrado atenta à interpretação das cláusulas contratuais de maneira mais favorável ao consumidor, conforme prescreve o CDC, art. 6º, I e art. 47 (STJ, AgRg no Ag 857.924, Rel. Min. Sidnei Beneti, 3ª T, DJ 01/07/08).

Se o fornecedor se vale de cláusula dúbia e mal redigida, a solução será interpretá-la contra quem a estipulou, ou seja, favoravelmente ao consumidor. Essa tem sido a solução jurisprudencial: "Direito civil. Contrato de seguro-saúde. Transplante. Cobertura do tratamento. Cláusula dúbia e mal redigida. Interpretação favorável ao consumidor. Art. 54, § 4º, CDC (...). Cuidando-se de interpretação de contrato de assistência médico-hospitalar, sobre a cobertura ou não de determinado tratamento (...). Acolhida a premissa de que a cláusula excludente seria dúbia e de duvidosa clareza, sua interpretação deve favorecer o segurado, nos termos do art. 54, § 4º, do Código de Defesa do Consumidor. Com efeito, nos contratos de adesão, as cláusulas limitativas ao direito do consumidor contratantes deverão ser redigidas com clareza e destaque, para que não fujam de sua percepção leiga" (STJ, REsp 311.509, Rel. Min. Sálvio de Figueiredo Teixeira, j. 03/05/01, p. DJ 25/06/01).

Se, digamos, o carnê traz várias datas de vencimento, o consumidor poderá optar por aquela que melhor lhe atenda aos interesses. Se, de igual modo, o contrato de plano de saúde não faz restrição a certas doenças como excluídas, não será possível que a seguradora pretenda se valer da analogia para evitar a cobertura.

Se, ainda, o contrato de seguro não esclarece que o atraso no pagamento de uma das prestações retira o direito do segurado à indenização, se ocorrido o sinistro, jamais se poderia chegar a uma tal conclusão em detrimento do consumidor.

Naturalmente que tal dispositivo legal não autoriza interpretações absurdas, absolutamente divorciadas do conteúdo contratual. O CDC não aboliu, nem poderia, a autonomia privada. As partes, em princípio, podem autorregrar seus interesses como melhor lhes aprouver. O que não é possível é que, sob o pretexto de usar tal liberdade, ocorram abusos ou pactos materialmente desequilibrados.

O STJ decidiu, em relação aos seguros de veículos, que "declarações inexatas ou omissões no questionário de risco em contrato de seguro de veículo automotor não autorizam, automaticamente, a perda da indenização securitária. É preciso que tais inexatidões ou omissões tenham acarretado concretamente o agravamento do risco contratado e decorram de ato intencional do segurado. Interpretação sistemática dos arts. 766, 768 e 769 do CC/02" (STJ, REsp 1.210.205, Rel. Min. Luis Felipe Salomão, 4ª T, DJ 15/09/11).

Houve, no caso acima, roubo de veículo com o neto da segurada no interior do carro. A segurada tinha idade avançada e não tinha carteira de habilitação – o verdadeiro condutor era o neto. Isso, porém, no entender do STJ, não basta para justificar a negativa de pagamento pela seguradora. Sabe-se que o valor do seguro é mais alto para a primeira faixa etária (18 a 24 anos), mas volta a crescer para contratantes de idade avançada. Além do mais, ter ou não carteira de habilitação não agrava o risco de roubo do veículo. O roubo não teve relação lógica com as informações inexatas prestadas pela segurada. A experiência, ao contrário, demonstra que tanto mais avançada é a idade da vítima da violência, mais vulnerável está em relação a eventuais roubos. Tal conclusão se harmoniza com o Enunciado nº 374 da IV Jornada de Direito Civil: "No contrato de seguro, o juiz deve proceder com equilíbrio, atentando às circunstâncias reais, e não a probabilidades infundadas, quanto à agravação dos riscos".

5.1. Como interpretar a expressão "danos pessoais" nos contratos de seguro

Por vezes as apólices de seguro trazem a expressão "danos pessoais". Como interpretar tal expressão? Ela abrange eventuais danos morais ou fica circunscrita aos danos materiais?

A jurisprudência tem respondido a questão, apontando a hermenêutica mais larga: "O contrato de seguro por danos pessoais compreende o dano moral" (STJ, REsp 209.531, Rel. Min. Barros Monteiro, 4ª T, j. 06/04/04, p. DJ 14/06/04). Posteriormente tal orientação foi reafirmada: "Esta Corte tem entendimento assente no sentido de que no contrato de seguro em que a apólice prevê cobertura por danos pessoais, compreendem-se nesta expressão os danos morais" (STJ, REsp 591.729, Rel. Min. Fernando Gonçalves, 4ª T, j. 08/11/05, p. DJ 28/11/05).

"No conceito de dano pessoal, isto é, dano à pessoa, cuja cobertura estava prevista no contrato de seguro, inclui-se necessariamente o dano moral. Como já foi unanimemente aprovado no II Congresso Internacional de Danos, Buenos Aires, 1991, 'o dano à pessoa configura um âmbito lesivo de funda significação e transcendência, podendo gerar prejuízos morais e patrimoniais" (STJ, REsp 106.326, Rel. Min. Ruy Rosado de Aguiar, 4ª T, j. 25/03/97, p. DJ 12/05/97).

O relator, em seu voto, fez ver que "se inclui no dano pessoal - que desenganadamente se encontra no âmbito do contrato de seguro – tanto o de natureza patrimonial como o extrapatrimonial, ou moral. Tudo é dano pessoal e por ele se responsabilizou a seguradora".

Na mesma linha, se o autor, em demanda, pede reparação dos danos pessoais, não extrapola o pedido a sentença que condena em danos morais. Assim, se em "ação de reparação de danos, referindo-se o autor que do ato ilícito resultou danos pessoais, a sentença condenatória pelos danos morais não foge aos limites do pedido" (STJ, REsp 222.644, Rel. Min. Antônio de Pádua Ribeiro, 3ª T, j. 19/05/05, p. DJ 13/06/05).

6. ESCRITOS PARTICULARES, RECIBOS E PRÉ-CONTRATOS

O CDC, fugindo do formalismo, busca dotar os consumidores de mecanismos eficazes para que façam valer seus direitos. Sendo comum, no mercado de consumo, que os consumidores recebam – como documentos comprobatórios de seus direitos – recibos, escritos particulares, ou mesmo pré-contratos, o CDC os dotou de força particular.

É o que prescreve o art. 48: "As declarações de vontade constantes de escritos particulares, recibos e pré-contratos relativos às relações de consumo vinculam o fornecedor, ensejando inclusive execução específica, nos termos do art. 84 e parágrafos".

O processo contemporâneo se move sob o signo da efetividade. Seu desafio – menos do que discutir aspectos técnicos – é concretizar o acesso à justiça, fazendo-a real, célere, acessível.

Especificamente, o art. 48 autoriza a execução específica, desde que haja, nos documentos, indícios bastantes para configurar a assunção da obrigação pelo fornecedor. São valiosas, nesse sentido, as práticas de mercado.

7. DIREITO DE DESISTÊNCIA IMOTIVADA SETE DIAS APÓS A CONCLUSÃO DO CONTRATO

O CDC traz norma que, rompendo com a lógica contratual clássica, enseja ao consumidor o direito de desistir do contrato – sem qualquer motivação – nos sete dias seguintes, contados da assinatura ou ato de recebimento do produto ou serviço.

Este direito, porém, só terá lugar se a contratação se deu fora do estabelecimento comercial, "especialmente por telefone ou a domicílio". A internet, atualmente, talvez seja a grande destinatária da disposição legal.

Citemos o artigo referido. Estatui o art. 49: "O consumidor pode desistir do contrato, no prazo de 7 dias a contar de sua assinatura ou do ato de recebimento do produto ou serviço, sempre que a contratação de fornecimento de produtos e serviços ocorrer fora do estabelecimento comercial, especialmente por telefone ou a domicílio". O curioso é que quando essa norma foi pensada (o CDC é de 1990) não havia ainda as compras pelas internet, esse fenômeno ainda não havia surgido. E hoje, certamente – embora não tenha sido pensada para isso – é a grande utilidade desta norma. O que mostra que a chamada "intenção" do legislador nem sempre é importante. O direito é construção cultural coletiva que vai além das intenções – que passam.

Convém destacar que tal direito independe de qualquer vício do produto ou serviço. Não se trata de defeitos que oportunizam a rescisão contratual. Nesta hipótese teremos o direito de desistência, nos sete dias seguintes, incondicionado, independente de qualquer motivação. Em caso, por exemplo, de compras de cursos na internet, o consumidor terá sempre 7 dias para desistir. Em reservas de hotéis, os mesmos 7 dias para desistir. A renúncia contratual a tal direito é inválida. Lembremos que o CDC é norma de ordem pública (CDC, art. 1º), razão pela qual são nulas as renúncias, mormente prévias, a direitos e garantias nele assegurados.

Trata-se, em suma, de norma que objetiva resguardar o consumidor das agressivas estratégias de vendas, perante as quais fica esvaziada a capacidade do consumidor de meditar acerca da conveniência do ajuste. Muitas vezes o consumidor se deixa levar pelo impulso, ou mesmo se mostra incapaz de dizer não à insistência habilidosa do vendedor, e termina por adquirir um produto ou serviço que não precisava, ou pior, que não terá como pagar sem grave sacrifício pessoal.

Considera-se contratação feita fora do estabelecimento comercial aquela em que o fornecedor, valendo-se de ousadas técnicas de marketing, convida consumidores a comparecer em determinado local, onde são veiculados vídeos e oferecidas bebidas alcoólicas, e depois os consumidores, sob sutil pressão psicológica, são convidados a assinar contratos relativos aos bens oferecidos.

Por essas razões o CDC estabelece esse direito de desistência – uma espécie de denúncia vazia – nos sete dias referidos, desde que o ajuste se dê nos moldes apontados. Esse direito de reflexão, por assim dizer, será – imaginamos – crescentemente utilizado nas vendas realizadas pelo comércio eletrônico. Cabe repetir que são inválidas quaisquer cláusulas contratuais que tragam renúncia a tal disposição legal. O arrependimento não depende de forma específica, podendo ser realizado – e provado – de qualquer modo pelo consumidor.

O STJ, no entanto, já teve oportunidade de se manifestar, dizendo que esses sete dias se contam a partir da celebração do negócio, não da efetiva entrega do bem, em se tratando de bem imóvel: "O direito de arrependimento previsto no artigo 49 do Código de Defesa do Consumidor se esgota decorridos sete dias da celebração do negócio, ainda que a entrega do bem dependa da conclusão do prédio. Extensão indevida a regra destinada a proteger o consumidor de uma prática comercial na qual ele não desfruta das melhores condições para decidir sobre a conveniência do negócio, circunstâncias essas que não persistem depois de prolongada execução do contrato" (STJ, REsp 57.789, Rel. Min. Ruy Rosado de Aguiar, 4ª T, j. 25/04/95, p. DJ 12/06/95).

Tem sido comum o consumidor fazer a compra no estabelecimento comercial, mas sem acesso ao bem. Na compra de veículos em concessionárias, por exemplo, o vendedor faz o pedido, muitas vezes, através da internet, não havendo disponibilidade do bem, fisicamente, na loja. Poderá haver o direito de arrependimento nesse caso?

O direito de desistência imotivada tem, em sua origem, duas razões básicas: a) maior vulnerabilidade do consumidor fora do estabelecimento comercial; b) ausência de contato direto com o bem. No caso da compra do carro zero pela internet – mas dentro do estabelecimento comercial e com o pedido feito pelo vendedor da concessionária – não há contato direto com o produto, fisicamente. Há bens – como um carro, por exemplo – em que essa apreciação física do produto é importante. As expectativas do consumidor podem, em alguma medida, não ser confirmadas. Por isso cremos que, nessas situações, deverá incidir a proteção consagrada no art. 49 do CDC.

Cabe registrar que a Lei n. 13.786/2018 previu que nas vendas de imóveis na planta o contrato deverá trazer informações acerca da possibilidade do exercício, por parte do adquirente do imóvel, do direito de arrependimento previsto no art. 49 da CDC. Isso se aplica a todos os contratos firmados em estandes de vendas e fora da sede do incorporador ou do estabelecimento comercial.

A Lei n. 14.010/2020 previu que entre 12 de junho a 30 de outubro de 2020 ficou suspensa a aplicação do art. 49 do CDC na hipótese de entrega domiciliar (*delivery*) de produtos perecíveis ou de consumo imediato e de medicamentos (Lei n. 14.010, art. 8º). A previsão normativa ocorreu por conta da pandemia, mas a verdade é que a pandemia se estendeu *para além* de 30 de outubro de 2020. De toda forma, trata-se de previsão de pouquíssima relevância, sem praticamente nenhum alcance social (ninguém usa a hipótese para alimentos, evidentemente; cremos que muito raramente para medicamentos).

7.1. Devolução dos valores pagos pelo consumidor

O exercício do direito de reflexão e arrependimento traz, se já pago quaisquer valores, a natural pretensão de tê-los de volta. Dissolvido o pacto contratual, faz-se imprescindível o retorno ao estado anterior, com a devolução atualizada de tudo quanto foi despendido. É o que ordena o parágrafo único do art. 49: "Se o consumidor exercitar o direito de arrependimento previsto neste artigo, os valores eventualmente pagos, a qualquer título, durante o prazo de reflexão, serão devolvidos, de imediato, monetariamente atualizados".

Questão interessante surge a propósito dos custos de remessa. Se alguém, digamos, compra um computador pela internet e, dentro do prazo dos sete dias, desiste da compra, quem arcará com as despesas de envio e, eventualmente, de reenvio? Se, no exemplo dado, o computador já tiver chegado ao domicílio do consumidor, precisará ser enviado de volta. Quem arcará com esses custos?

A inteligência mais harmônica com o CDC sinaliza que tais custos devem ser arcados pelo fornecedor de produtos ou serviços. A teoria do risco – crescentemente adotada em sede de responsabilidade civil, sobretudo depois de consagrada pelo Código Civil, art. 927, parágrafo único – impõe a quem usualmente usufrui dos bônus de determinada atividade arcar também com os ônus que ela eventualmente cause. Essa teoria pode ser lembrada como argumento de reforço. Dificilmente, porém, os fornecedores, sem questionamento judicial, concordarão em arcar com esses custos. Os valores, ademais, são pequenos, e isso talvez desestimule o consumidor de ir a juízo, individualmente, questionar a cobrança. De toda sorte, a devolução deverá ser imediata (CDC, art. 49, parágrafo único). O fornecedor não poderá fixar prazo para realizar a devolução atualizada dos valores. Vale lembrar que são nulas as cláusulas contratuais que subtraiam ao consumidor a opção de reembolso da quantia já paga (CDC, art. 51, II). Nesse sentido decidiu o STJ: "Exercido o direito de arrependimento, o parágrafo único do art. 49 do CDC especifica que o consumidor terá de volta, imediatamente e monetariamente atualizados, todos os valores eventualmente pagos, a qualquer título, durante o prazo de reflexão, entendendo-se incluídos nestes valores todas as despesas com o serviço postal para a devolução do produto, quantia esta que não pode ser repassada ao consumidor" (STJ, REsp 1.340.604, Rel. Min. Campbell Marques, 2ª T, DJe 22/08/2013).

8. GARANTIA CONTRATUAL

A garantia contratual oferecida pelo fornecedor não exclui as garantias legais – nem o poderia fazê-lo –, apenas confere faculdades extras ao consumidor. O art. 24 do CDC prescreve: "A garantia legal de adequação do produto ou serviço independe de termo expresso, vedada a exoneração contratual do fornecedor".

Vimos que o CDC traz inúmeros dispositivos que obrigam o fornecedor a inserir no mercado de consumo produtos adequados, eficientes, seguros, que guardem correlação com as expectativas legítimas do consumidor. Se ocorrer qualquer defeito, inclusive provindo das incongruências do produto ou serviço com as informações publicitárias, o consumidor poderá se valer das normas do CDC relativas ao vício ou fato do produto e serviço. São as garantias legais. Além destas (legais), existem as garantias contratuais. Decorrem da autonomia da vontade, isto é, dos pactos contratuais firmados entre fornecedores e consumidores. Com a crescente concorrência no mercado de consumo, os fornecedores, para se diferenciarem uns dos outros, oferecem mais e mais garantias contratuais de seus produtos e serviços. É desta garantia contratual que estamos falando.

Consignou, a propósito, o STJ: "A garantia legal é obrigatória, dela não podendo se esquivar o fornecedor. Paralelamente a ela, porém, pode o fornecedor oferecer uma garantia contratual, alargando o prazo ou o alcance da garantia legal" (STJ, REsp 967.623, Rel. Min. Nancy Andrighi, 3ª. T, DJ 29/06/09).

Estabelece o art. 50: "A garantia contratual é complementar à legal e será conferida mediante termo escrito. Parágrafo único. O termo de garantia ou equivalente deve ser padronizado e esclarecer, de maneira adequada, em que consiste a mesma garantia, bem como a forma, o prazo e o lugar em que pode ser exercitada e os ônus a cargo do consumidor, devendo ser-lhe entregue, devidamente preenchido pelo fornecedor, no ato do fornecimento, acompanhado de manual de instrução, de instalação e uso de produto em linguagem didática, com ilustrações".

O art. 50 explicita que a garantia contratual é complementar à legal. Isto é, não afasta a garantia legal, apenas se alia a ela. Além disso, exige que a garantia contratual se dê mediante termo escrito, para facilitar o exercício dos direitos pelo consumidor. Isso, contudo, não significa que o consumidor não possa provar, por outros meios, que o fornecedor ofereceu – inclusive mediante anúncios publicitários – garantia, estando, portanto, a ela vinculado.

A garantia contratual pode ser exercida não apenas por quem adquiriu o produto ou contratou o serviço, mas por qualquer pessoa – terceiro – que os tenha adquirido posteriormente. Assim, se um carro tem, observadas certas condições, garantia contra defeitos no motor por dois anos, o proprietário, ao vendê-lo para terceiro, transfere também a garantia contratual contra o fornecedor, que estará obrigado a observá-la também em relação ao novo adquirente. Aqui, porém, as condições do contrato – lembremos que estamos diante da garantia contratual – devem ser observadas. Não havendo restrição contratual, o adquirente poderá, em linha de princípio, exigir o cumprimento da garantia contratual pelo fornecedor.

8.1. Como se conta o prazo da garantia contratual?

O CDC não estabeleceu a forma de contagem da garantia contratual. Se, por exemplo, alguém compra um computador com defeito, e o fabricante oferece a garantia de um ano, como conciliar esse prazo contratual com o prazo decadencial do vício do produto ou serviço (30 dias para os bens não duráveis, e 90 para os duráveis)?

A interpretação sistemática do CDC caminhou no sentido de estabelecer que, findo o prazo de garantia contratual (oferecido pelo fornecedor), conta-se o prazo decadencial (30 ou 90 dias). No caso acima, o consumidor que adquiriu o computador com defeito teria, ainda, depois de esgotado o prazo de um ano (contratual), 90 dias adicionais para reclamar contra o vício do produto – por se tratar, na espécie, de um bem durável.

No sentido do que dissemos vem se posicionando o STJ: "Diferentemente do que ocorre com a garantia legal contra vícios de adequação, cujos prazos de reclamação estão contidos no art. 26 do CDC, a lei não estabelece prazo de reclamação para a garantia contratual. Nessas condições, uma interpretação teleológica e sistemática do CDC permite integrar analogicamente a regra relativa à garantia contratual, estendendo-lhe os prazos de reclamação atinentes à garantia legal, ou seja, a partir do término da garantia contratual, o consumidor terá 30 (bens não duráveis) ou 90 (bens duráveis) dias para reclamar por vícios de adequação surgidos no decorrer do período desta garantia" (STJ, REsp 967.623, Rel. Min. Nancy Andrighi, 3ª. T, DJ 29/06/09).

A jurisprudência brasileira, portanto, vem se consolidando no sentido de que o início da contagem do prazo de decadência, a respeito de vício do produto (CDC, art. 26), se dá após o encerramento da garantia contratual (STJ, REsp 1.021.261, Rel. Min. Nancy Andrighi, 3ª T, DJ 06/05/10). É importante frisar que se ao término do prazo de garantia contratado, o bem – veículo, por exemplo – se acha retido pela oficina mecânica para conserto, sem que o defeito seja solucionado, considera-se suspenso o curso do prazo de garantia. Prorroga-se, assim, tal prazo, até a efetiva devolução do bem ao consumidor, sendo este momento o termo inicial para a contagem do prazo decadencial para se reclamar a respeito de vícios aparentes em produtos duráveis (STJ, REsp 579.941, Rel Min. Nancy Andrighi, 3ª T, DJ 10/12/08). Entendimento diverso possibilitaria condutas indevidas, como, por exemplo, a retenção do bem em conserto até o esgotamento do prazo.

9. O NOVO COMÉRCIO ELETRÔNICO NA ATUALIZAÇÃO DO CDC

Quando o CDC foi editado, em 1990, o comércio eletrônico sequer existia no Brasil. Em meados da década de noventa a internet teve seu início no Brasil, e desde então só cresceu, experimentando uma expansão inimaginável. É fundamental que tenhamos atualmente modos de reagir, juridicamente, contra as novas formas de agressão aos direitos do consumidor, sobretudo diante do *marketing* agressivo e, também, diante da pouca ou nenhuma informação veiculada pelos fornecedores virtuais.

Já foram aprovados no Senado projetos de lei que, formulados por uma Comissão de Juristas, pretendem atualizar o CDC. Um desses projetos prevê – trata-se do Projeto de Lei do Senado (PLS) nº 281 de agosto de 2012 – dentre outros pontos, que as normas e os negócios jurídicos devem ser interpretados e integrados de maneira mais favorável ao consumidor, reforçando o que já prevê o art. 47. Prevê o conhecimento de ofício, pelo juiz, da violação de normas de defesa do consumidor (lembremos que, eventualmente, a jurisprudência se recusa a aplicá-las de ofício, como ocorre por exemplo na matéria da Súmula 381/STJ: "Nos contratos bancários, é vedado ao julgador conhecer, de ofício, da abusividade das cláusulas").

Protege-se a autodeterminação, a privacidade e a segurança das informações e dados pessoais prestados ou coletados, por qualquer meio, inclusive o eletrônico. Também se protege a liberdade de escolha, em especial frente a novas tecnologias e redes de dados, sendo vedada qualquer forma de discriminação e assédio de consumo. É clara a preocupação do legislador em diminuir a assimetria de informações e preservar não só a segurança das transações, mas também a confiança do consumidor.

Na contratação por meio eletrônico ou similar, o fornecedor deve enviar ao consumidor a confirmação imediata da aceitação da oferta, inclusive em meio eletrônico. Deve enviar também via do contrato em suporte duradouro, que ofereça as garantias de fidedignidade, inteligibilidade e conservação dos dados contratuais, permitindo ainda a facilidade de sua reprodução. É dever do fornecedor disponibilizar em local de destaque e de fácil visualização seu nome empresarial e o número de sua inscrição no cadastro geral do Ministério da Fazenda, além de seu endereço geográfico e eletrônico, bem como as demais informações necessárias para sua localização, contato e recebimento de comunicações e notificações judiciais e extrajudiciais. Vale frisar que o Decreto 7.962/2013 – que regulamenta o CDC, dispondo sobre a contratação no comércio eletrônico – já prevê alguns desses pontos. Prevê, por exemplo, no art. 2º, que os sites devem disponibilizar, em local de destaque e de fácil visualização, as seguintes informações, dentre outras: nome empresarial e número de inscrição do fornecedor, quando houver, no Cadastro Nacional de Pessoas Físicas ou no Cadastro Nacional de Pessoas Jurídicas do Ministério da Fazenda; endereço físico e eletrônico, e demais informações necessárias para sua localização e contato.

Trata-se de relevante inovação, que vai contribuir para a efetividade dos direitos do consumidor. Não raro, mesmo grandes empresas que atuam exclusivamente na internet adotam postura esquiva e pouco transparente, tudo fazendo para dificultar a propositura de ações judiciais contra elas, inexistindo, em grande parte dos casos, sequer endereço geográfico no Brasil onde poderiam ser citadas.

O direito de desistência imotivado é mantido no prazo de sete dias (CDC, art. 49) para as contratações a distância, porém o prazo é contado a partir da aceitação da oferta ou do recebimento ou disponibilidade do produto, o que ocorrer por último (há propostas para ampliar esse prazo para o dobro, 14 dias). O Decreto 7.962/2013, antes referido, estabelece no art. 5º que o fornecedor deve informar, de forma clara e ostensiva, os meios adequados e eficazes para o exercício do direito de arrependimento pelo consumidor. Além disso, o consumidor poderá exercer seu direito de arrependimento pela mesma ferramenta utilizada para a contratação, sem prejuízo de outros meios disponibilizados (art. 5º, § 1º). E o exercício do direito de arrependimento implica a rescisão dos contratos acessórios, sem qualquer ônus para o consumidor (art. 5º, § 2º).

Voltando ao projeto de lei. Equipara-se à contratação a distância aquela em que, embora realizada no estabelecimento, o consumidor não teve a prévia oportunidade de conhecer o produto ou serviço, por não se encontrar em exposição ou pela impossibilidade ou dificuldade de acesso a seu conteúdo. Importante dizer que, caso o consumidor opte por exercer o direito de arrependimento, os contratos acessórios de crédito são automaticamente rescindidos, sem qualquer custo para o consumidor.

Caberá ao fornecedor informar, de modo claro e ostensivo, acerca dos meios para o exercício do direito de arrependimento – que deverão ser claros, fáceis e eficazes. Devem, no mínimo, contemplar o mesmo modo utilizado para a contratação. É dever do fornecedor, de igual modo, enviar ao consumidor confirmação individualizada e imediata dando conta do recebimento da manifestação de arrependimento.

Proíbe-se que sejam enviadas mensagens eletrônicas não solicitadas caso não haja relação de consumo anterior com o fornecedor e o consumidor não tenha manifestado consentimento prévio em recebê-la, ou, pelo contrário, tenha manifestado ao fornecedor o interesse em não recebê-la. Também é vedado o envio de mensagens para quem esteja inscrito em cadastro de bloqueio de oferta. O fornecedor deve cessar imediatamente o envio de ofertas e comunicações ao consumidor que manifestou sua recusa em recebê-las.

Cabe ao fornecedor informar ao consumidor, ao enviar-lhe mensagem, o modo através do qual obteve os dados do consumidor, e também o meio adequado, simplificado, seguro e eficaz que lhe permita, a qualquer momento, recusar, sem ônus, o envio de novas mensagens não solicitadas. Também são proibidas as mensagens que ocultem, dissimulem ou não permitam de forma imediata e fácil identificar em nome de quem é efetuada a comunicação e a sua natureza publicitária. É proibido, por qualquer modo, ceder ou transferir dados, informações ou identificadores pessoais, sem expressa autorização e consentimento informado do consumidor. Vale dizer que quem utiliza comercialmente o meio eletrônico e cria a aparência de que este pertence a sua esfera de interesses arca com os riscos e os ônus de demonstrar o contrário (Ricardo L. Lorenzetti, *Comércio eletrônico*. São Paulo: RT, 2004, p. 293).

O projeto prevê que será competente o foro do domicílio do consumidor, nas demandas em que o consumidor residente no Brasil seja réu e que versem sobre relações de consumo. Dispõe que, caso o consumidor seja autor da demanda, além do foro do seu domicílio, poderá escolher o foro do domicílio do fornecedor, ou o do lugar da celebração ou da execução do contrato ou ainda outro conectado ao caso. Trata-se de escolha do consumidor.

São nulas as cláusulas de eleição de foro e de arbitragem celebradas pelo consumidor. O legislador, preocupado com o caráter transnacional do comércio eletrônico, estatui que aos conflitos decorrentes do fornecimento a distância internacional, aplica-se a lei do domicílio do consumidor, ou a norma estatal escolhida pelas partes, desde que mais favorável ao consumidor, assegurando igualmente o seu acesso à justiça.

10. QUESTÕES DE CONCURSOS

01. (Cespe – Procurador do Estado – PGE – RO/2022) De acordo com o Código de Defesa do Consumidor, a proteção contratual relativa ao direito de arrependimento assegura ao consumidor, no caso de reservas de hotéis nacionais pela Internet com antecedência de 10 dias, o direito de rescindir unilateralmente o contrato em até

a) 10 dias após a reserva, ressalvadas as tarifas não reembolsáveis.
b) 48 horas após a reserva, sem ressalvas.
c) 48 horas após a reserva, ressalvadas as tarifas não reembolsáveis.
d) 7 dias após a reserva, sem ressalvas.
e) 7 dias após a reserva, ressalvadas as tarifas não reembolsáveis.

02. (FGV – Juiz de Direito – TJ – PE/2022) O Código de Defesa do Consumidor dispõe em capítulo próprio sobre a proteção contratual, a respeito da qual o Superior Tribunal de Justiça conferiu interpretação aplicável às diversas situações fáticas consumeristas.

Seguindo essa temática nos termos da norma e do entendimento do Superior Tribunal de Justiça, é correto afirmar que:

a) as declarações de vontade, mesmo quando constantes de escritos particulares, vinculam o fornecedor;
b) a garantia legal de adequação do produto ou serviço terá aplicabilidade se não houver garantia contratual estabelecida mediante termo escrito;
c) é lícita a cláusula contratual que estabeleça prazos de carência para restabelecimento integral dos direitos do consumidor a partir da purgação da mora;
d) após a assinatura do contrato ou do ato de recebimento do produto ou serviço adquirido por telefone, será de trinta dias o prazo decadencial para o consumidor exercitar o direito de arrependimento;
e) a inserção de cláusula no formulário do contrato desconfigura a natureza de adesão do contrato, pois se exige que as cláusulas tenham sido estabelecidas unilateralmente pelo fornecedor de produto ou serviço.

GABARITO			
01. D	02. A		

Estas e outras questões estão disponíveis para serem respondidas na plataforma JusClass:

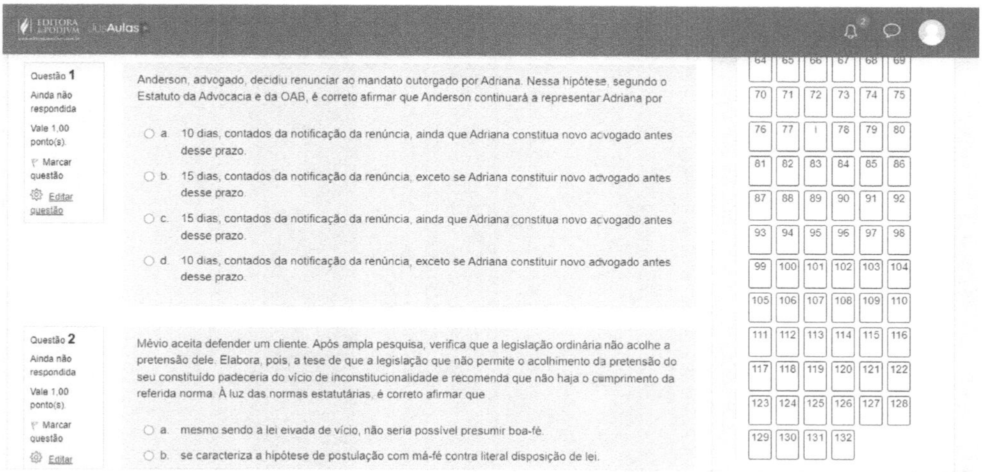

11. QUADRO SINÓTICO

PROTEÇÃO CONTRATUAL

- **O contrato de consumo se distancia do modelo clássico, idealizado nos moldes do liberalismo.**
- **A função social dos contratos, hoje, é fator de aferição de validade (CC, art. 421; art. 2.035, parágrafo único).**
- **O CDC, norma de ordem pública e interesse social, busca promover a igualdade substancial.**
- **Os contratos de consumo não obrigarão os consumidores, se não lhes for dada a oportunidade de tomar conhecimento prévio do seu conteúdo (CDC, art. 46).** De igual modo se forem redigidos de forma a dificultar a compreensão.
- **As cláusulas contratuais serão interpretadas de modo mais favorável ao consumidor (CDC, art. 47).**
- **Os recibos, pré-contratos, entre outros, vinculam o fornecedor (CDC, art. 48).** Ensejam inclusive execução específica.
- **Nas vendas fora do estabelecimento comercial (domicílio, telefone, internet)**, o consumidor tem direito subjetivo a desistir do contrato, imotivadamente, 7 dias após a conclusão dele (CDC, art. 49).
- **A garantia de adequação do produto ou serviço independe de termo expresso, vedada a exoneração contratual do fornecedor (CDC, art. 24).**
- **A garantia contratual é complementar à legal, e será conferida mediante termo escrito (CDC, art. 50).**

CAPÍTULO XVI

CLÁUSULAS ABUSIVAS

1. SISTEMA DE NULIDADES DO CDC

O CDC traz um sistema próprio de nulidade, tendente a proteger o consumidor. São normas de ordem pública, indisponíveis. Deveriam ser objeto de conhecimento, ex officio, pelo magistrado, mas não é assim que a jurisprudência atual entende, como veremos. As cláusulas abusivas são nulas, não são anuláveis. No direito privado, a invalidade é um gênero com duas espécies (nulos, cuja infração diz respeito a normas de ordem pública; e anuláveis, cuja infração está relacionada a um interesse particular). No direito do consumidor a distinção não apresenta relevância, sendo nulas as cláusulas que contrariem regras ou princípios do CDC.

O STJ, entretanto, tem decidido: "Não é possível ao Tribunal de origem reconhecer, de ofício, a nulidade de cláusulas consideradas abusivas, em contratos regulados pelo Código de Defesa do Consumidor. Para tanto, é necessário a interposição de recurso pela parte interessada. Precedente" (STJ, REsp 612.470, Rel. Min. Nancy Andrighi, 3ª T, j. 09/03/06, p. DJ 30/06/06). Posteriormente se afirmou que "embora incidente o Código de Defesa do Consumidor nos contratos bancários, não se admite a revisão, de ofício, das cláusulas contratuais consideradas abusivas" (STJ, AgRg no REsp 782.895, Rel. Min. Sidnei Beneti, 3ª T, DJ 01/07/08). Posteriormente se decidiu: "Resta firmado no STJ o entendimento acerca da impossibilidade de revisão de ofício de cláusulas consideradas abusivas em contratos que regulem uma relação de consumo. Ressalva pessoal" (STJ, AgRg no REsp 105.56.98, Rel. Min. Nancy Andrighi, 3ª T, DJ 05/08/08).

A mesma terceira Turma, contudo, já decidiu: "A jurisprudência permite afastar, de ofício, as cláusulas abusivas, com base no art. 51, IV, do CDC, questão de ordem pública" (STJ, AgRg no REsp 540.947, Rel. Min. Humberto Gomes de Barros, 3ª T, j. 28/09/04, p. DJ 06/12/04).

No mesmo sentido a quarta Turma do STJ: "O STJ tem preconizado a possibilidade de rever, de ofício, cláusulas contratuais consideradas abusivas, para anulá-las, com base no art. 51, IV, do CDC" (AgRg no REsp 578.715, Rel. Min. Fernando Gonçalves, 4ª T, j. 02/09/04, p. DJ 20/09/04). Corretos e harmônicos com o espírito do CDC, os acórdãos que reconhecem a possibilidade do Judiciário, de ofício, afastar cláusulas abusivas. A respeito da cláusula de eleição de foro, cabe lembrar que a Lei nº 11.280/06 modificou o CPC, cujo art. 112, parágrafo único, passou a dispor: "A nulidade da cláusula de eleição de foro, em contrato de adesão, pode ser declarada de ofício pelo juiz, que declinará de competência para o juízo do domicílio do réu".

Diga-se que, embora sejam vedadas renúncias ou disposições contratuais de direitos pelo consumidor, não estarão proibidas as transações judiciais, porque realizadas sob o crivo do Judiciário, que pode – e deve – proteger o hipossuficiente.

Cláusula abusiva, em suma, é aquela que viola o equilíbrio material que deve existir entre as prestações. Trata-se de conceito aberto, com conteúdo semântico flexível, a ser topicamente preenchido pelo julgador à luz das variáveis concretas.

Estabeleceu o STJ: "A jurisprudência desta Corte é firme no sentido de admitir a revisão ampla dos contratos e a consequente modificação das cláusulas abusivas, à luz do Código de Defesa do Consumidor" (STJ, AgRg no REsp 763.245, Rel. Min. Fernando Gonçalves, 4ª T, j. 15/09/05, p. DJ 03/10/05).

Embora, em nosso sentir, a razão esteja com os últimos acórdãos – que entendem possível a revisão de ofício, nos contratos de consumo, das cláusulas abusivas – a posição contrária, mais conservadora – conforme previamos até a terceira edição desta obra – acabou prevalecendo na jurisprudência, agora consolidada na Súmula 381 do STJ: "Nos contratos bancários, é vedado ao julgador conhecer, de ofício, da abusividade das cláusulas". Os julgados recentes do STJ reafirmam, de modo conclusivo, que não se admite a revisão de ofício de cláusulas contratuais abusivas em contratos de consumo (STJ, AgRg nos EDcl no REsp 1.100.270, Rel. Min. Isabel Gallotti, 4ª T, DJ 13/10/11).

2. ANÁLISE DAS CLÁUSULAS ABUSIVAS DO CDC

Estabelece o art. 51 do CDC: "São nulas de pleno direito, entre outras, as cláusulas contratuais relativas ao fornecimento de produtos e serviços que: I – impossibilitem, exonerem ou atenuem a responsabilidade do fornecedor por vícios de qualquer natureza dos produtos e serviços ou impliquem renúncia ou disposição de direitos. Nas relações de consumo entre o fornecedor e o consumidor pessoa jurídica, a indenização poderá ser limitada, em situações justificáveis".

O elenco de cláusulas abusivas – apontado pelo legislador nos vários incisos do art. 51, aqui brevemente comentado – é exemplificativo. A expressão "entre outras", constante do caput, não deixa dúvidas a respeito do caráter não exaustivo da lista legal.

O inciso I é peremptório ao negar validade à chamada cláusula de não indenizar. Tais cláusulas – também chamadas de cláusulas de irresponsabilidade – são inadmissíveis nas relações de consumo. Dentre os direitos básicos do consumidor, previstos no art. 6º, está "a efetiva prevenção e reparação de danos patrimoniais e morais, individuais, coletivos e difusos".

O art. 25, por sua vez, prevê: "É vedada a estipulação contratual de cláusula que impossibilite, exonere ou atenue a obrigação de indenizar prevista nesta e nas seções anteriores".

Tal direito seria anulado se o fornecedor, mediante contratos (quase sempre de adesão) pudesse se eximir da responsabilidade diante do dano causado. Observe-se que tão forte é a repulsa do CDC a tais cláusulas que não se admite sequer a atenuação da responsabilidade do fornecedor.

Assim, a cláusula será inválida mesmo que apenas atenue a responsabilidade do fornecedor, aliviando-a. O contrato, no entanto, em virtude do princípio da conservação dos negócios jurídicos, adiante comentado, permanecerá válido, se a parte inválida for separável.

Cabe frisar que se tais disposições são nulas, de pleno direito, quando insertas em contratos escritos, com maior razão o serão quando inseridas, de forma unilateral, pelo fornecedor em ticket's, cupons, letreiros, etc. Tais práticas, ainda tão comuns entre nossos fornecedores (estacionamentos, shoppings, hotéis, restaurantes, etc.), não têm, obviamente, nenhuma eficácia.

A vedação vale inclusive para aqueles casos que, embora submetidos ao CDC, traduzem responsabilidade subjetiva (CDC, art. 14, § 4º: "A responsabilidade pessoal dos profissionais liberais será apurada mediante a verificação de culpa"). Mesmo nestes casos – médicos, advogados, etc. – são inválidas quaisquer cláusulas que excluam ou atenuem a responsabilidade.

A única exceção está na parte final do inciso I. Em se tratando de consumidor pessoa jurídica, poderá haver, excepcionalmente, a limitação contratual da indenização, desde que razoável e justificável a limitação.

O inciso II estabelece: "II – subtraiam ao consumidor a opção de reembolso da quantia já paga, nos casos previstos neste Código".

São nulas quaisquer cláusulas – de resto muito comuns – que neguem ao consumidor o direito de ser restituído do que houver pago, em sendo rescindido o contrato. Pensemos, para ficar num único exemplo, no parágrafo único do art. 49 do CDC ("Se o consumidor exercitar o direito de arrependimento previsto neste artigo, os valores eventualmente pagos, a qualquer título, durante o prazo de reflexão, serão devolvidos, de imediato, monetariamente atualizados)".

Uma compra, por exemplo, feita pela internet, sujeita-se ao direito de reflexão e arrependimento previsto no art. 49 ("O consumidor pode desistir do contrato, no prazo de 7 dias a contar de sua assinatura ou do ato de recebimento do produto ou serviço, sempre que a contratação de fornecimento de produtos e serviços ocorrer fora do estabelecimento comercial, especialmente por telefone ou a domicílio"). A cláusula contratual que subtrair tal direito do consumidor será nula.

Em sentido semelhante, é abusiva a cláusula contratual – inserta em contrato com construtora/incorporadora – que determina, em ação de rescisão de promessa de compra e venda de imóvel, a restituição das parcelas somente após o término da obra (STJ, REsp 877.980, Rel. Min. Luis Felipe Salomão, 4ª T, DJ 12/08/10).

Prevê o inciso III: "III – transfiram responsabilidade a terceiros". O CDC, em vários dispositivos, prestigia a solidariedade na reparação dos danos. Estabelece o art. 7º, parágrafo único, que "tendo mais de um autor a ofensa, todos responderão solidariamente pela reparação dos danos previstos nas normas de consumo".

O art. 25, por sua vez, estatui: "É vedada a estipulação contratual de cláusula que impossibilite, exonere ou atenue a obrigação de indenizar prevista neste e nas seções anteriores". O § 1º completa: "Havendo mais de um responsável pela causação do dano, todos responderão solidariamente pela reparação prevista nesta e nas seções anteriores".

Erige, ainda, entre os direitos básicos do consumidor, "a efetiva prevenção e reparação de danos patrimoniais e morais, individuais, coletivos e difusos" (art. 6º, VI).

São inválidas, portanto, as cláusulas contratuais que, usando da autonomia da vontade, pretendam negar validade a tão incisivas determinações normativas.

Cabe uma observação. É possível que o leitor estranhe a repetição, em dispositivos distintos do CDC – como ocorre em relação à solidariedade na reparação dos danos – da mesma norma, dizendo rigorosamente o que a outra já houvera dito. Trata-se, na verdade, de repetição consciente. O legislador do CDC, temendo vetos presidenciais (Collor era o presidente de então), optou, inteligentemente, por inserir o mesmo conteúdo normativo em vários artigos, incisos e alíneas, pensando assim: se porventura determinado artigo for vetado, é possível chegar-se ao mesmo resultado interpretativo através do artigo que subsistir.

A jurisprudência tem consagrado, com veemência, a solidariedade prevista no CDC. Assim, empresas de planos de saúde respondem pelos danos causados por médicos e hospitais credenciados, conforme tem decidido o STJ: "Civil. Responsabilidade civil. Prestação de serviços médicos. Quem se compromete a prestar assistência médica por meio de profissionais que indica, é responsável pelos serviços que estes prestam" (STJ, REsp 138.059, Rel. Min. Ari Pargendler, 3ª T, j. 13/03/01, p. DJ 11/06/01).

No direito brasileiro, portanto, a solidariedade, em sede de reparação de danos, é a regra. Tanto para as relações de consumo, mercê dos dispositivos citados, como para as relações civis, em razão do art. 942 do Código Civil. Assim, "A agência de viagens responde pelo dano pessoal que decorreu do mau serviço do hotel contratado por ela para a hospedagem durante o pacote de turismo" (STJ, REsp 287.849, Rel. Min. Ruy Rosado de Aguiar, 4ª T, j. 17/04/01, p. DJ 13/08/01).

Do mesmo modo, "quem oferece o plano de assistência médica remunerado, em que estabelece e faz a cobrança de acordo com tabelas próprias, traça as condições do atendimento e de cobertura, e dá ao associado um leque determinado de profissionais cooperativados ao qual pode recorrer em caso de doença, não é possível possa eximir-se de qualquer vinculação com a qualidade do serviço, como se fosse um alienígena. É ela fornecedora dos serviços, à luz do CDC, e o causador do dano é cooperado seu" (STJ, REsp 309.760, Rel. Min. Aldir Passarinho Júnior, j. 09/11/01).

A seguir, proclama o inciso IV: "IV – estabeleçam obrigações consideradas iníquas, abusivas, que coloquem o consumidor em desvantagem exagerada, ou sejam incompatíveis com a boa-fé ou a equidade".

O CDC, em várias ocasiões, manifesta seu apreço pelo equilíbrio material entre as prestações. Até dissemos acima que cláusula abusiva, em suma, é a que contraria tal equilíbrio. O inciso em questão, propositalmente aberto, enriquece a atuação do intérprete, que definirá, na mediação julgadora, os limites do razoável e do equitativo, à luz das experiências culturais da comunidade.

A equidade é relevante como critério de aferição da validade das cláusulas contratuais nas relações de consumo. No direito comum, o Código de Processo Civil estabelece: "O juiz só decidirá por equidade nos casos previstos em lei". No CDC, ao contrário, essa liberdade é muito mais ampla, em decorrência da própria lei.

Já no que se refere ao equilíbrio entre as prestações, várias, também, são as menções normativas. O art. 4º, III, alude ao "equilíbrio nas relações entre consumidores e fornecedores". Mais adiante o art. 51, § 1º, III, diz que se presume exagerada, entre outros casos, a vontade que se mostra excessivamente onerosa para o consumidor, considerando-se a natureza de contrato, o interesse das partes e outras circunstâncias peculiares ao caso.

Quaisquer cláusulas que violarem o equilíbrio material entre as prestações serão abusivas, e, portanto, nulas de pleno direito. O STJ decidiu: "Não pode a estipulação contratual ofender o princípio da razoabilidade, e se o faz, comete abusividade vedada pelo art. 51, IV, do Código de Defesa do Consumidor. Anote-se que a regra protetiva, expressamente, refere-se a uma desvantagem exagerada do consumidor e, ainda, a obrigações incompatíveis com a boa-fé e a equidade" (STJ, REsp 158.728, Rel. Min. Carlos Alberto Menezes Direito, 3ª T, j. 16/03/99, p. DJ 17/05/99).

A doutrina tem percebido as notáveis implicações da equivalência em sede contratual: "Talvez uma das maiores características do contrato, na atualidade, seja o crescimento do princípio da equivalência. Esse princípio preserva a equação e o justo equilíbrio contratual, seja para manter a proporcionalidade inicial dos direitos e obrigações, seja para corrigir os desequilíbrios supervenientes, pouco importando que as mudanças de circunstâncias pudessem ser previsíveis. O que interessa não é mais a exigência cega de cumprimento do contrato, da forma como foi assinado ou celebrado, mas se sua execução não acarreta vantagem desproporcional para uma das partes e onerosidade excessiva para outra, aferíveis objetivamente, segundo as regras da experiência ordinária" (Paulo Luiz Netto Lôbo, "Transformações gerais do contrato", RTDC, vol. 16, out/dez 2003, p. 111).

A jurisprudência frisou que a "orientação desta Corte é no sentido de que a cláusula contratual que permite a emissão da nota promissória em favor do banco caracteriza-se como abusiva, porque violadora do princípio da boa-fé, consagrado no artigo 51, inciso IV, do Código de Defesa do Consumidor" (STJ, AgRg no REsp 10 2.5 7.97, 3ª T, DJ 20/06/08). A propósito, vale frisar que a cláusula penal inserta em contratos bilaterais, onerosos e comutativos deve se voltar aos contratantes indistintamente, ainda que redigida em favor de apenas uma das partes (STJ, REsp 1.119.740, Rel. Min. Massami Uyeda, 3ª T, DJ 13/10/11). Além disso, a cláusula penal não pode ultrapassar o conteúdo econômico da obrigação principal, cabendo ao magistrado, quando ela se tornar exorbitante, adequar o *quantum debeatur*, isto é, o valor devido a título de multa contratual. Decidiu-se, em sentido semelhante, ser abusiva a cláusula que estipula penalidade exclusivamente ao consumidor, para a hipótese de mora ou descumprimento contratual, não o fazendo em relação ao fornecedor em situações análogas (STJ, REsp 955.134, Rel. Min. Luis Felipe Salomão, 4ª T, DJ 29/08/12).

Cabe lembrar que o art. 6º, V, traz ainda relevante disposição, entre os direitos básicos do consumidor: "a modificação das cláusulas contratuais que estabeleçam prestações desproporcionais ou sua revisão em razão de fatos supervenientes que as tornem excessivamente onerosas".

Tendo sido vetado o inciso V, prevê o inciso VI: "VI – estabeleçam inversão do ônus da prova em prejuízo do consumidor".

A inversão do ônus da prova está entre os direitos básicos do consumidor – CDC, art. 6º, VIII: "a facilitação da defesa de seus direitos, inclusive com a inversão do ônus da prova, a seu favor, no processo civil, quando, a critério do juiz, for verossímil a alegação ou quando for ele hipossuficiente, segundo as regras ordinárias de experiências".

A inversão do ônus da prova poderá ocorrer, porém apenas em favor do consumidor, no processo civil, nas hipóteses apontadas pelo inciso VIII do art. 6º. Serão inválidas, e contrárias ao sistema de consumo, as cláusulas que estabeleçam inversão do ônus da prova como forma de prejudicar o consumidor.

Diga-se ainda que o art. 5º, tratando da execução da Política Nacional das Relações de Consumo, estatui que esta contará, dentre outros, com os seguintes instrumentos: "I – manutenção de assistência jurídica, integral e gratuita para o consumidor carente; II – instituição de Promotorias de Justiça de Defesa do Consumidor, no âmbito do Ministério Público; III – criação de delegacias de polícia especializadas no atendimento de consumidores vítimas de infrações penais de consumo; IV – criação de Juizados Especiais de Pequenas Causas e Varas Especializadas para a solução de litígios de consumo; V – concessão de estímulos à criação e desenvolvimento das Associações de Defesa do Consumidor; VI – instituição de mecanismos de prevenção e tratamento extrajudicial e judicial do superendividamento e de proteção do consumidor pessoa natural; VII – instituição de núcleos de conciliação e mediação de conflitos oriundos de superendividamento.

Prescreve o inciso VII: "VII – determinem a utilização compulsória de arbitragem". O que o legislador busca, com este inciso, é evitar que o fornecedor, valendo-se de contrato de adesão, institua a arbitragem como imposição ao consumidor, subtraindo-lhe o acesso ao Judiciário.

Cláusula compromissória é a convenção através da qual as partes, contratualmente, comprometem-se a se submeter à arbitragem. A cláusula compromissória, portanto, será nula de pleno direito, se o consumidor não teve oportunidade de discuti-la previamente ou de conhecer seus termos. Cabe retomar o art. 46, cuja dicção estabelece: "Os contratos que regulam as relações de consumo não obrigarão os consumidores, se não lhes for dada a oportunidade de tomar conhecimento prévio de seu conteúdo, ou se os respectivos instrumentos forem redigidos de modo a dificultar a compreensão de seu sentido e alcance".

Lembremos que as normas do CDC são de ordem pública (CDC, art. 1º). Por consequência, ainda que haja instituição válida de arbitragem, a solução do conflito deverá ser buscada, necessariamente, a partir das normas do CDC, e não de outras, porventura escolhidas pelas partes.

O STJ decidiu, a propósito, que com a promulgação da Lei de Arbitragem, passaram a conviver, em harmonia, três regramentos de diferentes graus de especificidade: (i) a regra geral, que obriga a observância da arbitragem quando pactuada pelas partes, com derrogação da jurisdição estatal; (ii) a regra específica, contida no art. 4º, § 2º, da Lei nº 9.307/96 e aplicável a contratos de adesão genéricos, que restringe a eficácia da cláusula compromissória; e (iii) a regra ainda mais específica, contida no art. 51, VII, do CDC, incidente sobre contratos derivados de relação de consumo, sejam eles de adesão ou não, impondo a nulidade de cláusula que determine a utilização compulsória da arbitragem, ainda que satisfeitos os requisitos do art. 4º, § 2º, da Lei nº 9.307/96 (STJ, REsp 1.169.841, Rel. Min. Nancy Andrighi, 3ª T, DJ 14/11/12). O CDC, art. 51, VII, veda a adoção prévia e compulsória da arbitragem, no momento da celebração do contrato. Não impede, contudo, posteriormente, que – havendo litígio – o consumidor aquiesça com o procedimento arbitral.

Assim, não há incompatibilidade entre os arts. 51, VII, do CDC e 4º, § 2º, da Lei n. 9.307/96. A jurisprudência conciliou os diplomas normativos da seguinte forma: a cláusula compromissória só terá eficácia caso o consumidor venha a tomar a iniciativa de instituir a arbitragem, ou concorde expressamente com sua instituição. Nas duas situações não haverá compulsoriedade (STJ, REsp 1.189.050, Rel. Min. Luis Salomão, 3ª T, DJe 14/3/2016). Dessa forma, com o ajuizamento, pelo consumidor, de ação perante o Poder Judiciário, presume-se a discordância dele em submeter-se ao juízo arbitral, sendo nula a cláusula de contrato de consumo que determina a utilização compulsória da arbitragem (STJ, REsp 2.056.285, Rel. Min. Nancy Andrighi, Segunda Seção, DJe 14/08/2023).

Estabelece o inciso VIII: "VIII – imponham representante para concluir ou realizar outro negócio jurídico pelo consumidor". Os fornecedores, por muito tempo, valeram-se se expedientes jurídicos para minimizar seus riscos. Alguns deles claramente contrários à boa-fé e ao equilíbrio material entre as prestações. Tais expedientes, de acordo com o CDC, são nulos de pleno direito. O STJ, por intermédio da Súmula 60, consignou: "É nula a obrigação cambial assumida por procurador do mutuário vinculado ao mutuante, no exclusivo interesse deste".

Decidiu o STJ: "Não pode o banco se valer da apropriação de salário do cliente depositado em sua conta corrente, como forma de compensar-se da dívida deste em face de contrato de empréstimo inadimplido, eis que a remuneração, por ter caráter alimentar, é imune a constrições dessa espécie (...)" (STJ, REsp AGA 353.291, Rel. Min. Aldir Passarinho Júnior, 4ª T, j. 28/06/01, p. DJ 19/11/01).

O banco, portanto, "não pode apropriar-se da integralidade dos depósitos feitos a título de salários, na conta do seu cliente, para cobrar-se de débito decorrente de contrato bancário, ainda que para isso haja cláusula permissiva no contrato de adesão" (STJ, REsp 492.777, Rel. Min. Ruy Rosado de Aguiar, 4ª T, j. 05/06/03, p. DJ 01/09/03). A indenização, na espécie, foi fixada em cinco mil reais.

Fixou o Tribunal: "A cláusula que permite esse procedimento é mais abusiva do que a cláusula mandato, pois, enquanto esta autoriza apenas a constituição do título, aquela permite a cobrança pelos próprios meios do credor, nos valores e no momento por ele escolhidos" (STJ, REsp 250.523, Rel. Min. Ruy Rosado de Aguiar, 4ª T, j. 19/10/00, p. DJ 18/12/00).

Proíbe o inciso IX: "IX – deixem ao fornecedor a opção de concluir ou não o contrato, embora obrigando o consumidor". Também aqui o equilíbrio material entre as prestações se faz sentir, com força normativa. As cláusulas – de resto comuns – que outorgam ao fornecedor direitos potestativos são nulas pleno direito. Não valerá, exemplificativamente, a cláusula outorga ao fornecedor o direito de prorrogar ou não o contrato, unicamente de acordo com seus interesses, inexistindo previsão análoga em favor do consumidor.

O inciso IX alude, especificamente, às cláusulas que "deixem ao fornecedor a opção de concluir ou não o contrato, embora obrigando o consumidor". Na realidade, à luz da sistemática de consumo, o fornecedor é que fica vinculado aos termos da publicidade que propaga.

Estatui o art. 30: "Toda informação ou publicidade, suficientemente precisa, veiculada por qualquer forma ou meio de comunicação com relação a produtos e serviços oferecidos ou apresentados, obriga o fornecedor que a fizer veicular ou dela se utilizar e integra o contrato que vier a ser celebrado".

Tal veiculação, provinda da publicidade – desde que suficientemente precisa – independe de qualquer acordo escrito, e obriga o fornecedor que a ela estará adstrito, e responderá civilmente caso se negue a observar-lhes os termos.

Aliás, o art. 35 do CDC resolve a questão: "Se o fornecedor de produtos ou serviços recusar cumprimento à oferta, apresentação ou publicidade, o consumidor poderá, alternativamente e à sua livre escolha: I – exigir o cumprimento forçado da obrigação, nos termos da oferta, apresentação ou publicidade; II – aceitar outro produto ou prestação de serviço equivalente; III – rescindir o contrato, com direito à restituição de quantia eventualmente antecipada, monetariamente atualizada, e a perdas e danos".

Determina o inciso X: "X – permitam ao fornecedor, direta ou indiretamente, variação do preço de maneira unilateral". Cláusulas que permitem a variação unilateral do preço do produto ou serviço são inválidas. Violam a boa-fé objetiva e o equilíbrio material entre as prestações. Além de perfazerem hipótese de abuso de direito. Os bancos, costumeiramente, exigem a chamada taxa de comissão de permanência, com índices fixados a seu arbítrio. São, na esteira do disposto, abusivas e, portanto, nulas.

Cabe notar que o inciso X alude à variação direta ou indireta. Qualquer das duas é vedada, desde que unilateral. Pretendeu o legislador, com isso, abolir a prática dos fornecedores de reservarem para si o direito de escolher, livremente, o índice de reajuste do contrato – naturalmente o maior dentre os existentes. Tais cláusulas são nulas, à luz do art. 51, X, do CDC.

A hipótese, contudo, não abrange aqueles contratos cujo preço é regido – de acordo com as variações costumeiras – pelo dia da entrega do produto, a exemplo do que ocorre com as safras de café. Cabe consignar, a propósito, que o STJ – invocando o art. 51, X, do CDC – diz ser abusiva a cobrança de preços diferenciados para o pagamento em dinheiro e por cartão de crédito (STJ, REsp 1.133.410, Rel. Min. Massami Uyeda, 3ª T, DJ 07/04/10). O caso que deu origem ao julgamento diz respeito à venda de combustível em postos, mas os fundamentos são aplicáveis a qualquer relação de consumo.

Lembremos, por fim, que qualquer cláusula dúbia ou mal redigida será interpretada a favor do consumidor (CDC, art. 47: "As cláusulas contratuais serão interpretadas de maneira mais favorável ao consumidor").

Prescreve o inciso XI: "XI – autorizem o fornecedor a cancelar o contrato unilateralmente, sem que igual direito seja conferido ao consumidor". Temos, neste inciso XI, mais uma concretização da necessidade do equilíbrio material entre as prestações. Cláusula que outorga ao fornecedor o direito de cancelar o contrato de modo unilateral, sem outorgar faculdade correspondente ao consumidor, é nula.

Trata-se, aí, no inciso XI, da chamada cláusula resolutória. O CDC a prevê e a admite, porém apenas a cláusula resolutória alternativa, que é aquela que possibilita ao consumidor a escolha entre a resolução do contrato ou sua conservação.

Violam a sistemática de consumo comportamentos que causam surpresa e perplexidade. As partes podem, justificadamente, cancelar o contrato, desde que existam recíprocas equivalências contratuais e, além disso, tal cancelamento, na prática, não esconda um abuso de direito.

A jurisprudência tem manifestado repúdio a condutas que se enquadrem nos termos referidos. Vejamos alguns exemplos: "Seguro-saúde. Cobertura. Cirrose provocada por vírus 'C'. Exclusão. Precedentes. Adquirida a doença muito tempo após a assinatura do contrato, desconhecida do autor, que, em outras oportunidades, obteve tratamento com reembolso, diante de situação semelhante, não há fundamento para a recusa da cobertura, ainda mais sendo de possível contaminação em decorrência de tratamento hospitalar, ocorrendo a internação diante de manifestação aguda, inesperada"(STJ, REsp 255.065, Rel. Min. Menezes Direito, DJ 04/06/01).

Em outra ocasião: "Acidente de trabalho. Seguro de vida em grupo. Tenossinovite. Doença preexistente. A seguradora que aceita o contrato e recebe durante anos as contribuições da beneficiária do seguro em grupo não pode recusar o pagamento da indenização, quando comprovada a invalidez, sob a alegação de que a tenossinovite já se manifestara anteriormente" (STJ, REsp 258.805, Rel. Min. Ruy Rosado de Aguiar, 4ª T, DJ 18/08/01).

Proclama o inciso XII: "XII – obriguem o consumidor a ressarcir os custos de cobrança de sua obrigação, sem que igual direito lhe seja conferido pelo fornecedor". Digamos, com o risco de cansar o leitor, que mais uma vez o equilíbrio material entre as prestações se faz presente. Aqui buscou o legislador pôr fim à perniciosa prática dos fornecedores de inserirem, nos contratos, cláusula que obriga o consumidor a arcar com os custos relativos aos honorários advocatícios, sem que, entretanto, igual direito seja assegurado ao consumidor.

Diga-se, a propósito, que o STJ já entendeu ser abusiva a cláusula – tão comum – que prevê a obrigação de pagar honorários advocatícios, independente do ajuizamento da ação judicial (STJ, REsp 364.140, Rel. Min. Ruy Rosado de Aguiar, 4ª T, p. 12/08/02). Porém, atualmente, infelizmente, o STJ entende ser possível a cobrança de honorários advocatícios extrajudiciais se expressamente prevista em contrato, ainda que de adesão, em caso de mora ou inadimplemento por parte do consumidor (STJ, AgInt nos EDcl no REsp 2.029.027, Rel. Min. Humberto Martins, 3ª T, DJe 17/11/2023).

Os condomínios – com a ressalva que as relações entre condôminos e condomínio não traduzem relação de consumo –, frequentemente exigem dos condôminos que arquem com os honorários, ao argumento de que as taxas atrasadas "já foram enviadas ao escritório de advocacia para cobrança". Tal envio é irrelevante, se a ação judicial ainda não foi proposta.

Estatui o inciso XIII: "XIII – autorizem o fornecedor a modificar unilateralmente o conteúdo ou a qualidade do contrato, após sua celebração". O CDC, sabendo que o fornecedor, em grande parte dos casos, dispõe do poder fático de fazer valer sua vontade perante o consumidor – quase sempre mediante contratos de adesão, adiante vistos –, procura, até pedagogicamente, repetir disposições de conteúdo semelhante.

No inciso XIII o sentido da norma é evitar, após a celebração do contrato, alterações unilaterais promovidas pelo fornecedor. Decidiu, a propósito, o STJ ser nula de pleno direito a cláusula que autoriza o banco, após a extinção do indexador originalmente contratado, escolher, a seu exclusivo critério, de forma unilateral, qual o índice que vai aplicar na correção dos saldos devedores do financiamento, sendo nítido o maltrato ao que dispõe o art. 51, X e XIII do CDC. Permanece válida, contudo, a cláusula na parte em que determina a substituição do índice contratual, em caso de sua extinção, pelo índice oficial que vier a sucedê-lo (STJ, REsp 274.264, Rel. Min. Cesar Asfor Rocha, 4ª T, 20/05/02).

Aponta o inciso XIV: "XIV – infrinjam ou possibilitem a violação de normas ambientais". O direito do consumidor não é um sistema isolado, sem canais de comunicação com as demais formas da experiência jurídica. Assim, se o contrato de consumo trouxer cláusula que infrinja, ou meramente possibilite a violação de normas ambientais, estaremos diante de cláusula abusiva, nula de pleno direito. Aliás, o Código Civil, em seu art. 104, II, estabelece que a licitude do objeto é requisito de validade do negócio jurídico.

Aponta o inciso XV: "XV – estejam em desacordo com o sistema de proteção ao consumidor". Trata-se de mais uma – dentre tantas – normas de abertura do sistema, ensejando que o intérprete, conjugando norma e fato, valore concretamente as cláusulas abusivas. O sistema de proteção ao consumidor se perfaz não somente com as normas do CDC e da legislação especial, mas dele também faz parte – e com especial relevo – a rica produção doutrinária e jurisprudencial nesses quase vinte anos de experiência cultural sob a égide de um CDC. Diga-se, porém, a propósito do inciso comentado, que no arrendamento mercantil – leasing – não é abusiva a cláusula que determina que o arrendatário contrate seguro em favor do bem arrendado (STJ, RE sp 1.060.515, Rel. Min. Mello Castro, 4ª T, DJ 24/05/10).

Veda o inciso XVI: "XVI – possibilitem a renúncia do direito de indenização por benfeitorias necessárias". Aqui o CDC particularizou, com intuitos pedagógicos, algo que já estava claro no sistema. Que a renúncia, inserida em cláusula contratual, a teor da qual o consumidor abre mão do direito de ser indenizado por benfeitorias necessárias é nula de pleno direito. Benfeitorias necessárias, de acordo com o Código Civil, são aquelas feitas para conservar a coisa (reforma em um prédio cuja infiltração poderia ameaçar-lhe a estrutura, por exemplo).

Veda o inciso XVI: "XVI – possibilitem a renúncia do direito de indenização por benfeitorias necessárias". Aqui o CDC particularizou, com intuitos pedagógicos, algo que já estava claro no sistema. Que a renúncia, inserida em cláusula contratual, a teor da qual o consumidor abre mão do direito de ser indenizado por benfeitorias necessárias é nula de pleno direito. Benfeitorias necessárias, de acordo com o Código Civil, são aquelas feitas para conservar a coisa (reforma em um prédio cuja infiltração poderia ameaçar-lhe a estrutura, por exemplo).

O STJ já estabeleceu não ser nula, nos contratos de locação urbana (que não são relações de consumo), a cláusula que estabelece renúncia ao direito de retenção ou de indenização por benfeitorias. Ressalvou, entanto, que tal renúncia não se aplica às relações regidas pelo CDC (STJ, AgRg no AI 261.422, Rel. Min. Edson Vidigal, 22/05/00).

O inciso XVII menciona como cláusulas abusivas aquelas que "condicionem ou limitem de qualquer forma o acesso aos órgãos do Poder Judiciário". Ora, se nem a lei pode excluir da apreciação do Poder Judiciário lesão ou ameaça a direito (CF, art. 5º, XXXV), seria contraditório – lógica e juridicamente – que atos negociais pudessem fazê-lo. Contratos de consumo não podem, de forma direta ou indireta, limitar o acesso à Justiça, e serão inválidos naquilo que assim estabelecerem. Aliás, a conduta de grandes empresas que assim procedem é inclusive passível de condenação em dano moral coletivo.

Por fim, o inciso XVIII destaca como cláusulas abusivas aquelas que "estabeleçam prazos de carência em caso de impontualidade das prestações mensais ou impeçam o restabelecimento integral dos direitos do consumidor e de seus meios de pagamento a partir da purgação da mora ou do acordo com os credores". Em previsão relevante, o CDC estabelece a nulidade da cláusula que imponha carência ao consumidor na hipótese de impontualidade de prestação mensal, na linha do que a jurisprudência já vinha decidindo em certos contratos relacionais, de longa duração. Por exemplo, já se decidiu – com base em precedentes – que a suspensão do atendimento do plano de saúde em razão do simples atraso da prestação mensal, ainda que restabelecido o pagamento, com os respectivos acréscimos, configura-se, por si só, ato abusivo. Também é inválida a cláusula contratual que impõe o cumprimento de novo prazo de carência, equivalente ao período em que o consumidor restou inadimplente, para o restabelecimento do atendimento (STJ, REsp 285.618). Também não é possível que existam, validamente, cláusulas contratuais que impeçam o restabelecimento integral dos direitos do consumidor e de seus meios de pagamento a partir da purgação da mora ou do acordo com os credores. A partir do momento em que a mora é purgada ou quando existe acordo com os credores, o consumidor deverá voltar a participar, de modo plano, do mercado de consumo, com o restabelecimento integral de seus direitos.

O § 1º do art. 51, já mencionado, destaca: "Presume-se exagerada, entre outros casos, a vantagem que: I – ofende os princípios fundamentais do sistema jurídico a que pertence; II – restringe direitos ou obrigações fundamentais inerentes à natureza do contrato, de tal modo a ameaçar seu objeto ou equilíbrio contratual; III – se mostra excessivamente onerosa para o consumidor, considerando-se a natureza e conteúdo do contrato, o interesse das partes e outras circunstâncias peculiares ao caso". A ofensa aos princípios fundamentais do sistema jurídico é amplíssima e, de certo modo, é uma cláusula de abertura para a ética contratual permeada pelos princípios da dignidade, solidariedade, igualdade substancial, dentre outros. Será exagerada – e portanto nula – a vantagem que restrinja direitos ou obrigações fundamentais inerentes à natureza do contrato, de tal modo a ameaçar seu objeto ou equilíbrio contratual (o princípio da equivalência, como temos vimos, é um dos vetores do direito contratual contemporâneo). O CDC, no art. 51, § 1º, III, estatui que se presume exagerada a vontade que se mostra excessivamente onerosa para o consumidor, considerando-se a natureza de contrato, o interesse das partes e outras circunstâncias peculiares ao caso. A jurisprudência decidiu: "Não pode a estipulação contratual ofender o princípio da razoabilidade, e se o faz, comete abusividade vedada pelo art. 51, IV, do Código de Defesa do Consumidor. Anote-se que a regra protetiva, expressamente, refere-se a uma desvantagem exagerada do consumidor e, ainda, a obrigações incompatíveis com a boa-fé e a equidade" (STJ, REsp 158.728). Devem ser consideradas abusivas as cláusulas impostas unilateralmente pelo fornecedor, que contrariem a boa-fé objetiva e a equidade, promovendo desequilíbrio contratual, com consequente oneração excessiva do consumidor (STJ, REsp 1.358.159). Nesses e outros casos de cláusulas abusivas, qualquer consumidor ou entidade que o represente poderá representar ao Ministério Público (CDC, art. 51, § 4º) para que este adote as providências pertinentes.

O controle das cláusulas abusivas não se faz apenas individualmente, por intermédio de ações individuais propostas pelos consumidores lesados. Aliás, em se tratando de direito do consumidor a opção preferencial é pelas ações coletivas, porque massificadas e impessoais são as relações de consumo. O art. 83 do CDC estabelece: "Para a defesa dos direitos e interesses protegidos por este código são admissíveis todas as espécies de ações capazes de propiciar sua adequada e efetiva tutela". Dentre os direitos básicos do consumidor (CDC, art. 6º, VI) está a efetiva prevenção dos danos. É neste sentido que deve ser interpretado este § 4º do art. 51. Trata-se de uma solicitação ao Ministério Público para que ajuíze ação para ser declarada a nulidade de cláusula contratual. Tal solicitação, naturalmente, não vincula o Ministério Público, que pode entender impertinente a nulidade apontada. Também não é condição de procedibilidade, eis que o Ministério Público, naturalmente, poderá agir sem ela. Trata-se de forma de controle abstrato de cláusulas contratuais. Ou seja, controle prévio de contratos de adesão. Havendo cláusulas abusivas nestes contratos, o consumidor, ou entidade que o represente, poderá solicitar ao Ministério Público que ajuíze ação para decretar a nulidade da cláusula.

3. CLÁUSULAS DE ABERTURA: A IMPORTANTE FUNÇÃO DA JURISPRUDÊNCIA

Cabe aqui repetir o que já dissemos nos tópicos anteriores. A jurisprudência tem desempenhado importante papel ao concretizar e desenvolver, criativamente, os direitos do consumidor. Naturalmente tal função envolve, em larga medida, o reconhecimento do caráter cogente de tais normas, cujo caráter (de ordem pública) torna inválidas as disposições contratuais que com elas colidirem.

Paulo Lôbo explica: "Além dos tipos legais expressos de cláusulas abusivas, o Código de Defesa do Consumidor fixou a boa-fé como cláusula geral de abertura, que permite ao aplicador ou intérprete o teste de compatibilidade das cláusulas ou condições gerais dos contratos de consumo. No inciso IV do art. 51, contudo, a boa-fé está associada ou alternada com a equidade ('...com a boa-fé ou a equidade')"(Deveres Gerais de Conduta nas Obrigações Civis, in *Questões Controvertidas no direito das obrigações e dos contratos*. São Paulo: Método, 2005, p. 80).

3.1. Ofensa aos princípios fundamentais do sistema jurídico

Estatui o parágrafo primeiro: "§ 1º Presume-se exagerada, entre outros casos, a vontade que: I – ofende os princípios fundamentais do sistema jurídico a que pertence". Mais uma rica cláusula de abertura. O CDC, inteligentemente, conecta sua proteção aos princípios fundamentais do sistema jurídico. A dignidade da pessoa humana, fundamento da República, a igualdade substancial e a solidariedade social, seus objetivos fundamentais, podem servir de relevantes marcos para a aferição dos exageros volitivos indesejáveis.

A autonomia da vontade sofre, no CDC, severas restrições, com o propósito de fazer valer a proteção à parte vulnerável. Trata-se, aliás, de tendência do direito contratual contemporâneo. O art. 421 do Código Civil prevê: "A liberdade de contratar será exercida nos limites da função social do contrato". Percebe-se, portanto, quão longe estamos do império absoluto do dogma que o "contrato faz lei entre as partes", conforme conhecida previsão do Código Civil francês. O nosso Código Civil, no art. 2.035, parágrafo único, é incisivo: "Nenhuma convenção prevalecerá se contrariar preceitos de ordem pública, tais como os estabelecidos por este Código para assegurar a função social da propriedade e dos contratos".

3.2. Restrição de direitos fundamentais ou violação do equilíbrio contratual

O inciso II norteia: "II – restringe direitos ou obrigações fundamentais inerentes à natureza do contrato, de tal modo a ameaçar seu objeto ou equilíbrio contratual". Novamente temos o equilíbrio material entre as prestações permeando o conceito de cláusula abusiva. Nos séculos passados os contratos pareciam ser um reduto impenetrável. A vontade das partes tinha força de lei. Não se admitiam quaisquer modificações externas, que não proviessem da vontade das partes.

Vivia-se então sob a égide da igualdade formal. A afirmação: "Todos são iguais perante a lei", se representou notável avanço histórico, não bastava para proteger os mais fracos, pois criava uma liberdade ilusória, baseada numa igualdade puramente formal. Um escritor francês certa vez ironizou, falando sobre a igualdade formal: "Bela igualdade essa, que proíbe tanto ao rico como ao pobre dormir embaixo da ponte, furtar um pedaço de pão...".

O direito atual percebe ser absurdo – e cruel – enxergar igualdades onde existem absurdas diferenças. Vivemos atualmente sob a égide da igualdade material (igualdade substancial). O direito contemporâneo há de estar atento às diferenças. Aliás, essa é a grande revolução silenciosa que está acontecendo no direito privado – ele está sendo forçado a observar as diferenças, e está se pondo contra as diferenças que inferiorizam e contra as equiparações que descaracterizam.

O direito atual – aí incluído o direito do consumidor – é marcado por valores que prestigiam a diversidade e a tolerância. Tolerância que compreende o convívio de identidades, sem supremacias absurdas, sem diferenças discriminatórias, enfim, tolerância que aceita a pluralidade.

O resultado dessa silenciosa mudança é a percepção de que os direitos fundamentais não são limitáveis contratualmente. Embora tal afirmação envolva uma certa dose de obviedade, apenas há algumas décadas é que a jurisprudência brasileira tem afirmado tal tese: "Seguro-saúde. Doença preexistente. AIDS. Omissa a seguradora no tocante à sua obrigação de efetuar o prévio exame de admissão do segurado, cabe-lhe responder pela integralidade das despesas médico-hospitalares havidas com a internação do paciente, sendo inoperante a cláusula restritiva inserta no contrato de seguro-saúde" (STJ, REsp 234.219, Rel. Min. Ruy Rosado de Aguiar, 4ª T, DJ 20/08/01).

Isto é, um contrato, ainda que livremente firmado, pode ainda assim ser um contrato injusto, como afirma Teresa Negreiros, e por isso sujeito a mudanças judiciais, ou mesmo rescindido. Afirma a jurista que "à ênfase na liberdade sucede à ênfase na paridade" (Teresa Negreiros. *Teoria do Contrato. Novos Paradigmas.* Rio de Janeiro: Renovar, 2002, p. 158). Ou seja: a autonomia da vontade, perdendo espaço, deu lugar ao conceito de equilíbrio material entre as prestações.

Exemplificando o que dissemos, é "nula, por expressa previsão legal, e em razão de sua abusividade, a cláusula inserida em contrato de plano de saúde que permite a sua rescisão unilateral pela seguradora, sob simples alegação de inviabilidade de manutenção da avença" (STJ, REsp 602.397, Rel. Min. Castro Filho, 3ª T, DJ 01/08/05). Em 2023 se reafirmou ser abusiva a cláusula que exclui o custeio de tratamento clínico, procedimento cirúrgico, medicamento ou materiais necessário ao restabelecimento do consumidor (STJ, AgInt no REsp 2.090.633, Rel. Min. Marco Bellizze, 3ª T, DJ 17/11/2023). Porém a cláusula contratual que prevê prazo de carência para utilização dos serviços prestados pelo plano de saúde não é abusiva, desde que não impeça a cobertura do segurado em casos de emergência ou urgência (STJ, AgInt no AREsp 2.393.271, Rel. Min. Raul Araújo, 4ª T, DJ 23/11/2023).

A jurisprudência, por exemplo, com precedentes, tem entendido que a suspensão do atendimento do plano de saúde em razão do simples atraso da prestação mensal, ainda que restabelecido o pagamento, com os respectivos acréscimos, configura-se, por si só, ato abusivo. Também é inválida a cláusula contratual que impõe o cumprimento de novo prazo de carência, equivalente ao período em que o consumidor restou inadimplente, para o restabelecimento do atendimento (STJ, REsp 285.618, Rel. Min. Luiz Salomão, 4ª T, DJ 26/02/09).

Da mesma forma, a retenção, pelo banco, de salário depositado em conta para pagamento de cheque especial vencido é ilícita – segundo o STJ. Isso, entenda-se, mesmo que haja cláusula contratual permissiva que autorize: "Mesmo com cláusula contratual permissiva, a apropriação do salário do correntista pelo banco-credor para pagamento de cheque especial é ilícita e dá margem a reparação por dano moral" (STJ, REsp 507.044, Rel. Min. Gomes de Barros, 3ª T, DJ 03/05/04). Conforme já lembramos anteriormente, é abusiva a cláusula contratual que determina que a devolução dos valores, em caso de desistência na compra de imóvel, só se dará após o término das obras (STJ, AgRg no REsp 1.238.099, Rel. Min. Massami Uyeda, 3ª T, DJ 11/05/11).

Comungando de semelhantes ideias, proclama-se: "Contrato de mútuo. Garantia pignoratícia. Responsabilidade civil. Roubo de joias empenhadas. Pretendida prevalência de valor previsto em cláusula contratual para ressarcimento do dano. Abusividade. Hipótese em que a instituição financeira é considerada depositária dos bens. Responsabilidade civil objetiva pelo infortúnio" (STJ, REsp 273.089, Rel. Min. Barros Monteiro, 4ª T, DJ 24/10/05). A propósito, o roubo ou furto de joias de família dos cofres de instituições financeiras gera não só perda patrimonial, mas também dano moral, cabendo indenizar o valor sentimental das joias roubadas (STJ, REsp 1.080.679, Rel. Min. Luis Felipe Salomão, 4ª T). Um outro exemplo possível é o contrato de penhor. No contrato de penhor é notória a hipossuficiência do consumidor, pois este, necessitando de empréstimo, apenas adere a um contrato cujas cláusulas são inegociáveis, submetendo-se à avaliação unilateral realizada pela instituição financeira. Nesse contexto, deve-se reconhecer a violação ao art. 51, I, do CDC, pois mostra-se abusiva a cláusula contratual que limita, em uma vez e meia o valor da avaliação, a indenização devida no caso de extravio, furto ou roubo das joias que deveriam estar sob a segura guarda da recorrida (STJ, REsp 1.155.395, Rel. Min. Raul Araújo, 4ª T, DJ 29/10/2013). Decidiu-se ser abusiva a cláusula que prevê a perda total do valor antecipadamente pago, em caso de desistência da viagem internacional em período inferior a 21 dias (no caso, o consumidor havia desistido 20 dias antes). Reconheceu-se a abusividade, seja com fundamento no art. 413 do Código Civil, seja no art. 51, II e IV, do CDC (STJ, REsp 1.321.655, Rel. Min. Paulo de Tarso, 3ª T, DJ 28/10/2013).

O CDC, art. 51, § 1º, II, diz ser nula a cláusula contratual que restringe direitos ou obrigações fundamentais inerentes à natureza do contrato, de tal modo a ameaçar seu objeto ou equilíbrio contratual. Novamente a preocupação com o equilíbrio material entre as prestações. A propósito, indaga-se: são válidas, em contratos de seguro de veículos, as cláusulas contratuais que preveem a localidade de circulação habitual do veículo, isentando o segurador se a informação prestada pelo consumidor for falsa? A jurisprudência tem entendido que sim. Viola a boa-fé objetiva – que, lembre-se, é aplicável a ambas as partes da relação contratual, e não só ao fornecedor – a conduta do consumidor que presta informação falsa, ou se omite em ponto relevante relativamente ao contrato firmado.

Temos, dessa forma, hipótese "em que o contrato de seguro de veículo prevê isenção de responsabilidade do segurador, quando o segurado omite ou presta informação falsa a respeito da localidade de circulação habitual do veículo". Continua: "É válida cláusula contratual que isenta a responsabilidade da seguradora, quando o veículo circula, habitualmente, em região distinta da declarada no contrato de seguro, pois é com base nas informações prestadas pelo segurado que a seguradora avalia a aceitação dos riscos e arbitra o valor da prestação a ser paga" (STJ, REsp 988.044, Rel. Min. Nancy Andrighi, 3ª T, DJ 02/02/10). A boa-fé objetiva impõe às partes, e não só ao fornecedor, o dever de agir – antes, durante e depois da relação contratual – com lealdade e cooperação. A informação falsa ou a omissão relevante, seguramente, não se conciliam com os propósitos maiores que permeiam esse princípio.

Em outra ocasião, o STJ, por maioria, entendeu que não se considera abusiva a cláusula contratual que prevê cobrança de juros antes da entrega das chaves. Seriam, no caso, juros compensatórios (STJ, EREsp 670.117, Rel. p/ acórdão Min. Carlos Ferreira, Segunda Seção, DJ 26/11/12). Diz-se que na incorporação imobiliária compra-se um imóvel em fase de produção. O pagamento, em princípio, deve ser a vista. O incorporador pode oferecer prazo ao adquirente para pagamento, sendo legítima, nessa hipótese, a cobrança de juros compensatórios. Já os votos vencidos argumentam que no contrato de compra e venda de imóvel em construção o comprador não usufrui do imóvel nem de capital da construtora, sendo indevida a cobrança de juros, o que geraria desvantagem acentuada para o consumidor, nos termos do art. 51, IV, do CDC. Pode-se dizer, ainda, sob o prisma econômico, que todos os custos da obra, inclusive aqueles relativos ao financiamento, estão embutidos no preço do imóvel. Independentemente do acerto ou não dos votos vencidos, hoje o STJ entende não ser abusiva a cláusula de cobrança de juros compensatórios incidentes em período anterior à entrega das chaves nos contratos de compromisso de compra e venda de imóveis em construção sob o regime de incorporação imobiliária (STJ, EREsp 670.117; AgInt no AREsp 144.732, Rel. Min. Isabel Gallotti, 4ª T, DJ 21/09/2016). Nesse contexto, os chamados juros no pé são aceitos pelo STJ.

Também importante mencionar, à luz da jurisprudência atual, que mesmo que a rescisão contratual tenha ocorrido por culpa do fornecedor (construtora), é devido o pagamento dos aluguéis, pelo consumidor, em virtude da ocupação do bem (STJ, REsp 955.134, Rel. Min. Luis Felipe Salomão, 4ª T, DJ 29/08/12). O STJ diz que, do contrário, teríamos enriquecimento sem causa do consumidor. Porém, nesses casos, embora o tribunal preveja o pagamento de compensação pela moradia no imóvel, os valores pagos pelos consumidores devem ser integralmente devolvidos, com juros e correção monetária (STJ, REsp 1.082.752, Rel. Min. Aldir Passarinho Junior, 4ª T, j. 16/06/09).

Nas compras de unidades habitacionais na planta, unidades que ainda serão construídas, o STJ decidiu em 2016: "Validade da cláusula contratual que transfere ao promitente-comprador a obrigação de pagar a comissão de corretagem nos contratos de promessa de compra e venda de unidade autônoma em regime de incorporação imobiliária, desde que previamente informado o preço total da aquisição da unidade autônoma, com o destaque do valor da comissão de corretagem" (STJ, REsp 1.599.511, Rel. Min. Paulo de Tarso, Segunda Seção, DJ 06/09/2016). Decidiu-se, igualmente, pela "legitimidade passiva *ad causam* da incorporadora, na condição de promitente-vendedora, para responder a demanda em que é pleiteada pelo promitente-comprador a restituição dos valores pagos a título de comissão de corretagem e de taxa de assessoria técnico-imobiliária, alegando-se prática abusiva na transferência desses encargos ao consumidor" (STJ, REsp 1.551.968, Rel. Min. Paulo de Tarso, Segunda Seção, DJ 06/09/2016). Já esses referidos serviços de assessoria técnico-imobiliária (SATI) foram tidos como abusivos pelo STJ: "Abusividade da cobrança pelo promitente-vendedor do serviço de assessoria técnico-imobiliária (SATI), ou atividade congênere, vinculado à celebração de promessa de compra e venda de imóvel" (STJ, REsp 1.599.511, Rel. Min. Paulo de Tarso, Segunda Seção, DJ 06/09/2016). Portanto, de acordo com o STJ, a comissão de corretagem pode ser cobrada, desde que haja informação prévia e seja dado destaque ao seu valor. Já o chamado serviço de assessoria técnico-imobiliária (SATI) é considerado abusivo, isto é, não pode ser cobrado do consumidor. De todo modo, a incorporadora é parte legítima para responder por essas demandas.

A propósito de outro tema: talvez seja importante registrar que o STJ tem posição firme no sentido da legalidade da cobrança da assinatura básica de telefonia (STJ, REsp 1.068.944, Rel. Min. Teori Zavascki). A questão foi tratada na Súmula 356 do STJ ("É legítima a cobrança de tarifa básica pelo uso dos serviços de telefonia fixa"). Trata-se de uma espécie de tarifa mínima "para fins de manutenção da rede telefônica em geral". Há, no Congresso, propostas para acabar com a cobrança (propostas, claro, que contam com amplo apoio popular). Se extinta a cobrança, as prestadoras do serviço de telefonia fixa só poderiam cobrar dos consumidores os pulsos e os minutos efetivamente utilizados.

O STJ, em 2017, decidiu várias questões relativas a cláusulas abusivas – sempre, no entanto, entendendo pela validade das cláusulas, isto é, sempre afirmando que as cláusulas em análise *não eram abusivas.*

Nos contratos de promessa de compra e venda de imóvel em construção, além do período previsto para o término do empreendimento, costuma haver cláusula de prorrogação excepcional do prazo de entrega do apartamento (ou mesmo para a conclusão da obra). Essa cláusula prevê um prazo que costuma variar entre 90 e 180 dias: trata-se da chamada *cláusula de tolerância.* O STJ decidiu que não é abusiva essa cláusula de tolerância, desde que a prorrogação não ultrapasse 180 dias do prazo inicial de entrega da obra. Nesse contexto, a cláusula de tolerância que prever prazo superior a 180 dias será considerada abusiva, devendo ser responsabilizado o incorporador pelos dias excedentes (STJ, REsp 1.582.318, Rel. Min. Ricardo Villas Bôas Cueva, 3ª T, DJ 21/09/2017). Cabe atualizar a informação lembrando que no final de dezembro de 2018, foi publicada a Lei n. 13.786. Ela previu que o valor que a incorporadora poderá reter caso o comprador desista da aquisição do imóvel negociado na planta pode chegar a 50%. Anteriormente, a jurisprudência entendia, com algumas variações, que o consumidor poderia perder apenas entre 10% a 25% do valor pago. Essa mudança vale para os imóveis do chamado regime de *patrimônio de afetação.* Atualmente a maioria dos contratos no país é realizada dessa forma. Nessa situação, os imóveis não estão registrados como patrimônio da construtora (que abre uma empresa com CNPJ e contabilidade próprios para administrar o empreendimento; com isso, se houver falência do incorporador, o empreendimento negociado na planta não entra como bens do construtor, sendo algo autônomo, o que confere maior segurança aos compradores). Já se os imóveis estiverem no nome da construtora, a multa poderá ser menor: até 25%. A lei prevê ainda um prazo de tolerância de 180 dias para que as construtoras entreguem os imóveis, após a data prevista para conclusão do empreendimento (o prazo é corrido e só vale se for previsto em contrato). Após isso, o comprador terá direito a resolver o contrato e ter restituídos os valores pagos, além da multa contratualmente pactuada.

O STJ decidiu que não há abusividade na cláusula contratual que estabeleça o repasse dos custos administrativos da instituição financeira com as ligações telefônicas dirigidas ao consumidor inadimplente (STJ, REsp 1.361.699, Rel. Min. Villas Bôas Cueva, 3ª T, DJ 21/09/2017). Não é abusiva a exigência de indicação da CID (Classificação Internacional de Doenças), como condição de deferimento, nas requisições de exames e serviços oferecidos pelas prestadoras de plano de saúde, bem como para o pagamento de honorários médicos (STJ, REsp 1.509.055, Rel. Min. Sanseverino, 3ª T, DJ 25/8/2017). A cobrança da multa de fidelidade pela prestadora de serviço de TV a cabo deve ser proporcional ao tempo faltante para o término da relação de fidelização (STJ, REsp 1.362.084, Rel. Min. Luis Felipe Salomão, 4ª T, DJ 01/08/2017).

O STJ considera válida a cláusula de fidelidade em contrato de telefonia. Há, geralmente, nesses casos, tarifas inferiores ou bônus aos consumidores (como por exemplo o oferecimento de celulares). Decidiu-se, nesse sentido, que "é firme a jurisprudência do STJ no sentido de que a chamada cláusula de fidelização em contrato de telefonia é legítima, na medida em que se trata de condição que fica ao alvedrio (livre vontade) do assinante, o qual recebe benefícios por tal fidelização, bem como por ser uma necessidade de assegurar às operadoras de telefonia um período para recuperar o investimento realizado com a concessão de tarifas inferiores, bônus, fornecimento de aparelhos e outras promoções", pontuou a decisão de um dos casos (STJ, REsp 1.445.560, Rel. Min. Napoleão Nunes, 1ª T, DJ 18/08/2014). Posteriormente, no mesmo sentido, o STJ proclamou que "a cláusula de fidelização em contrato de serviços de telecomunicação (como o serviço de TV a cabo) revela-se lícita" (STJ, REsp 1.362.804, Rel. Min. Luis Felipe Salomão, 4ª T, DJ 01/08/2017).

A situação descrita, portanto, não perfaz prática abusiva aos olhos do STJ: "Não caracteriza a prática vedada pelo artigo 39, inciso I, do CDC, a previsão de prazo de permanência mínima (fidelização) em contrato de telefonia móvel e de comodato, contanto que, em contrapartida, haja a concessão de efetivos benefícios ao consumidor", segundo entendimento do STJ em análise de recurso especial". Um pouco antes, afirmou que a "contratação simultânea de prestação de serviços de telefonia móvel e de comodato de aparelhos celulares, com cláusula de *fidelização*. Previsão de permanência mínima que, em si, não encerra venda casada" (STJ, REsp 1.097.582, Rel. Min. Marco Buzzi, 4ª T, DJ 19/03/2013).

É preciso esclarecer que mais recentemente o STJ tem entendido que "não é abusiva a cláusula de coparticipação expressamente contratada e informada ao consumidor, para a hipótese de internação superior a 30 (trinta) dias decorrentes de transtornos psiquiátricos, pois destinada à manutenção do equilíbrio entre as prestações e contraprestações que envolvem a gestão dos custos dos contratos de planos de saúde" (STJ, REsp 1.635.626, Rel. Min. Nancy Andrighi, 3ª T, DJ 16/02/2017). Pode, portanto, haver, em certos casos – desde que previamente informado ao consumidor e seja expressamente contratado – a coparticipação, isto é, a divisão do pagamento da internação superior a 30 dias entre consumidor e fornecedor. Os casos julgados dizem respeito especificamente à internação psiquiátrica. Porém é ilegal a cobrança, pelo plano de saúde, de coparticipação em forma de percentual no caso de internação domiciliar não alusiva a tratamento psiquiátrico (STJ, REsp 1.947.036, Rel. Min. Nancy Andrighi, 3ª T, DJe 24/02/2022).

O STJ entendeu que a cláusula contratual que impõe ao comprador a responsabilidade pela desocupação do imóvel ocupado não é abusiva. Essa modalidade de cláusula é comum em contratos de compra e venda firmados pela Caixa Econômica Federal. O Ministério Público Federal (MPF) entendeu que a cláusula seria abusiva e excessivamente onerosa (e, assim, através dela, o consumidor poderia estar sujeito a arcar com despesas como condomínio, água, luz, IPTU e outros ainda antes de assumir a posse do imóvel). O STJ, porém, entendeu de forma diversa, argumentando que a oferta desses imóveis se dá por preço consideravelmente inferior ao valor real, em razão da situação peculiar em que se encontram, seja em razão do estado do bem, seja porque estão ocupados. Ponderou, nesse sentido, o tribunal: "Não havendo omissão sobre o fato de o bem estar ocupado por terceiro, a cláusula não se afigura iníqua ou abusiva, não acarreta exagerada desvantagem para o adquirente nem cria situação de incompatibilidade com os postulados da boa-fé e da equidade a cláusula contratual que impõe ao adquirente o ônus pela desocupação do imóvel" (STJ, REsp 1.509.933, Rel. Min. Villas Bôas Cueva, 3ª T, DJ 18/10/2016).

3.3. Cláusula excessivamente onerosa para o consumidor: análise das circunstâncias peculiares ao caso

O inciso III estabelece: "III – se mostra excessivamente onerosa para o consumidor, considerando-se a natureza e conteúdo do contrato, o interesse das partes e outras circunstâncias peculiares ao caso".

Também aqui o CDC, ampliando extraordinariamente a função do magistrado, outorga-lhe poderes para, analisando "outras circunstâncias peculiares ao caso", verificar a abusividade das cláusulas contratuais. São nulas, por exemplo, as cláusulas contratuais que impõem exclusivamente ao consumidor a responsabilidade por compras realizadas com cartão de crédito furtado ou roubado, até o momento da comunicação do furto à administradora (STJ, REsp 1.058.221, Rel. Min. Nancy Andrighi, 3ª T, DJ 14/10/11).

É oportuno lembrar que as cláusulas contratuais, mesmo que livremente pactuadas (o que não ocorre nos contratos de adesão), não impedem que o Judiciário redefina o conteúdo do contrato. O direito contemporâneo não atribui ao contrato força superior à justiça material. O efeito vinculante do contrato somente persistirá se condizente com a função social dos contratos e com a boa-fé objetiva – atualmente, cabe frisar, isso é verdadeiro também para os contratos de direito civil, não apenas para os contratos de consumo.

Para exemplificar o que dissemos, cabe lembrar que o STJ tem decidido que: "Consoante jurisprudência sedimentada na Segunda Seção deste Tribunal, é abusiva a cláusula que limita o tempo de internação hospitalar" (STJ, REsp 402. 727, Rel. Min. Castro Filho, 3ª Turma, j. 09/12/03). Posteriormente, o STJ sumulou esse entendimento (Súmula 302: "É abusiva a cláusula contratual de plano de saúde que limita no tempo a internação hospitalar"). Isto é, ainda que contratualmente prevista, não prevalece a regra que limita, no tempo, o período de internação coberto pelo plano de saúde, porquanto tal limitação seria agressiva à dignidade humana.

O plano de saúde também não pode limitar o valor do tratamento e de internações do associado. Portanto, além de não se poder limitar o prazo, também não se pode limitar o custo (STJ, REsp 326.147, Rel. Min. Aldir Passarinho Júnior, 4ª T, j. 23/05/09). De modo semelhante, é abusiva a cláusula que, em contratos de planos de saúde, nega a cobertura de próteses essenciais à cirurgia, ou tratamento hospitalar decorrente da intervenção cirúrgica (STJ, AgRg no REsp 1.201.998, Rel. Min. Paulo de Tarso, 3ª T, DM 20/08/12). Pouco importa se o material é ou não importado (STJ, REsp 1.046.355, Rel. Min. Massami Uyeda, DJ 05/08/08). Também é abusiva a cláusula contratual de seguro de saúde que estabelece limitação de valor para o custeio de despesas com tratamento clínico, cirúrgico e de internação hospitalar (STJ, REsp 735.750, Rel. Min. Raul Araújo, 4ª T, DJ 16/02/12). Não é válida, portanto, a estipulação de limite monetário para cobertura de despesas hospitalares. Anteriormente, conforme dissemos, já se havia decidido ser inválida a cláusula que limita o tempo de internação hospitalar (STJ, Súmula 302). Também é abusiva, e ofende a boa-fé objetiva, a resilição unilateral do contrato de seguro, vigente por muitos anos (STJ, AgRg no Ag 1.362.420, Rel. Min. Villas Bôas Cueva, 3ª T, DJ 17/08/12).

Há, em certos casos, nos contratos de plano de saúde, cláusulas que estabelecem reajuste de mensalidade atreladas, tão-somente, à mudança de faixa etária do consumidor. Seriam válidas tais disposições? A jurisprudência tem entendido que não. Cabe lembrar, em linha de princípio, que se trata de contrato que transfere, onerosamente, riscos, buscando tranquilizar o segurado no que se refere à prestação dos serviços de assistência médico-ambulatorial. Tal contrato, sabidamente de trato sucessivo, envolvendo execução periódica ou continuada, está permeado, entre outros princípios do CDC, pelas normas do Estatuto da Pessoa Idosa, que vedam condutas semelhantes. Nesse sentido, "deve ser declarada a abusividade e consequente nulidade de cláusula contratual que prevê reajuste de mensalidade de plano de saúde calcada exclusivamente na mudança de faixa etária" (STJ, AgRg no REsp 707.286, Rel. Min. Sidnei Beneti, 3ª T, DJ 18/12/09).

É possível perceber que os contratos, cada vez mais, por obra da jurisprudência, estão deixando de ser intocáveis – tal como queria o "pacta sunt servanda"– buscando concretizar um real equilíbrio material entre as prestações. Não se pode falar, a rigor, em vontade das partes, quando o que existe é a imposição do desejo da parte mais forte. Larcordaire, muitos anos atrás, já resumiu: entre o forte e o fraco, é a liberdade que escraviza e a lei que liberta.

4. É POSSÍVEL SEPARAR A CLÁUSULA ABUSIVA DO RESTANTE DO CONTRATO?

Questão interessante, e com múltiplos efeitos práticos, diz respeito à possibilidade de preservar o contrato de consumo, separando a parte válida da parte inválida. Isso seria possível nos contratos de consumo? A resposta está no próprio art. 51, em seu § 2º: "§ 2º A nulidade de uma cláusula contratual abusiva não invalida o contrato, exceto quando de sua ausência, apesar dos esforços de integração, decorrer ônus excessivo a qualquer das partes".

O § 2º corporifica o princípio da conservação do contrato. O Código Civil, em vários artigos, também o consagra. Deve o intérprete buscar, sempre que possível, a continuidade do negócio jurídico, apenas optando por resolvê-lo se a permanência se revelar impossível – causando, por exemplo, ônus excessivo a uma das partes.

O Código Civil traz norma semelhante no art. 184: "Respeitada a intenção das partes, a invalidade parcial de um negócio jurídico não o prejudicará na parte válida, se esta for separável; a invalidade da obrigação principal implica a das obrigações acessórias, mas a destas não induz a da obrigação principal".

O intérprete, portanto, em sendo possível, deve "salvar" o contrato. Isto é, deve, por meio de esforços de integração – que não poderão, obviamente, ser prejudiciais ao consumidor – isolar a cláusula abusiva e manter o restante do acordo, desde que mantido o equilíbrio material entre as prestações. É possível, por exemplo, que em empréstimo bancário sejam consideradas abusivas apenas as cláusulas que prevejam juros acima das taxas legais, mantido o ajuste nos demais termos.

5. CONTROLE ABSTRATO DAS CLÁUSULAS ABUSIVAS

O controle das cláusulas abusivas não se faz apenas individualmente, por intermédio de ações individuais propostas pelos consumidores lesados. Aliás, em se tratando de direito do consumidor a opção preferencial é pelas ações coletivas, porque massificadas e impessoais são as relações de consumo.

Estatui o CDC, em seu art. 51: "§ 4º É facultado a qualquer consumidor ou entidade que o represente requerer ao Ministério Público que ajuíze a competente ação para ser declarada a nulidade de cláusula contratual que contrarie o disposto neste código ou de qualquer forma não assegure o justo equilíbrio entre direitos e obrigações das partes".

O art. 83 do CDC estabelece: "Para a defesa dos direitos e interesses protegidos por este código são admissíveis todas as espécies de ações capazes de propiciar sua adequada e efetiva tutela".

Dentre os direitos básicos do consumidor (CDC, art. 6º, VI) está a efetiva prevenção dos danos. É neste sentido que deve ser interpretado este § 4º do art. 51. Trata-se de uma solicitação ao Ministério Público para que ajuíze ação para ser declarada a nulidade de cláusula contratual. Tal solicitação, naturalmente, não vincula o Ministério Público, que pode entender impertinente a nulidade apontada. Também não é condição de procedibilidade, eis que o Ministério Público, naturalmente, poderá agir sem ela.

Trata-se de forma de controle abstrato de cláusulas contratuais. Ou seja, controle prévio de contratos de adesão. Havendo cláusulas abusivas nestes contratos, o consumidor, ou entidade que o represente, poderá solicitar ao Ministério Público que ajuíze ação para decretar a nulidade da cláusula.

É importante dizer que, para que o Ministério Público aja, o interesse lesado não deve ser puramente individual. O Ministério Público tem atribuição para agir, segundo a jurisprudência, quando se tratar de interesses difusos ou interesses individuais homogêneos. Não para direitos e interesses individuais puros.

6. CONTRATOS QUE ENVOLVAM OUTORGA DE CRÉDITO OU FINANCIAMENTO: DEVER DE INFORMAÇÃO

Já tratamos do dever de informar do fornecedor. Cabe analisar tal dever em relação aos contratos que envolvam outorga de crédito ou financiamento ao consumidor. Vejamos o art. 52 do CDC, que disciplina a hipótese.

"Art. 52. No fornecimento de produtos ou serviços que envolva outorga de crédito ou concessão de financiamento ao consumidor, o fornecedor deverá, entre outros requisitos, informá-lo prévia e adequadamente sobre: I – preço do produto ou serviço em moeda nacional; II – montante dos juros de mora e da taxa efetiva anual de juros; III – acréscimos legalmente previstos; IV – número e periodicidade das prestações; V – soma total a pagar, com e sem financiamento".

O art. 52 particulariza, em relação aos contratos que envolvam outorga de crédito ou financiamento, o dever de informação a cargo do fornecedor. Deverá agir com absoluta transparência, de modo a não causar surpresa no consumidor. Para evitar tais práticas, e à vista do que frequentemente ocorre, o art. 52 teve o cuidado de tratar analiticamente, em cinco incisos, das informações que, se inexistentes ou mal oferecidas, maculam o contrato.

Diga-se, ainda, que de acordo com o STJ não é abusiva a cláusula de renovação automática do contrato de abertura de crédito (STJ, REsp 697.379, Rel. Min. Menezes Direito, 3ª T, DJ 21/05/07). O STJ, em sede de recurso repetitivo, assentou que "nos contratos em geral, o consumidor não pode ser compelido a contratar seguro com a instituição financeira ou com seguradora por ela indicada". Assentou-se, porém, na mesma ocasião, que "a abusividade de encargos acessórios do contrato não descaracteriza a mora" (STJ, REsp 1.639.320, Rel. Min. Paulo de Tarso, Segunda Seção, DJe 17/12/2018). As instituições bancárias que transferem, sem autorização expressa, recursos do correntista para modalidade de investimento incompatível com o perfil do investidor devem ser responsabilizadas por danos materiais e morais porventura causados com a operação (STJ, REsp 1.326.592, Rel. Min. Luis Salomão, 4ª T, DJe 06/08/2019). Além de agir por conta própria, o banco não esclareceu o consumidor de forma adequada e clara sobre os riscos da operação.

6.1. Sujeição das instituições financeiras ao CDC

Diga-se, inicialmente, que o STJ, em vários julgados, já se mostrava firme no sentido de que os "bancos ou instituições financeiras, como prestadores de serviços especialmente contemplados no art. 3º, § 2º, estão submetidos às disposições do CDC" (STJ, REsp 387.805, Rel. Min. Nancy Andrighi, DJ 09/09/02). Aliás, as atividades de natureza bancária, financeira e securitária foram as únicas a merecer referência expressa, no sentido de sua relação de pertinência com o mercado de consumo.

Posteriormente o STJ, por sua Segunda Seção, sumulou a questão, pacificando-a, no âmbito do Tribunal, nos seguintes termos: "O Código de Defesa do Consumidor é aplicável às instituições financeiras" (Súmula 297, STJ). Mais tarde se proclamou: "Aplica-se o Código de Defesa do Consumidor às relações jurídicas originadas dos pactos firmados entre consumidores e os agentes econômicos, as instituições financeiras e os usuários de seus produtos e serviços" (STJ, AgRg no REsp 536.844, Rel. Min. Castro Filho, 3º T, DJ 29/06/07).

O Supremo Tribunal Federal decidiu que os bancos estão sujeitos às regras do Código de Defesa do Consumidor na relação com seus clientes. O STF, por maioria, julgou improcedente a ação direta de inconstitucionalidade contra o parágrafo 2º do artigo 3º do CDC. O dispositivo inclui no conceito de serviço abrangido pelas relações de consumo as atividades de natureza bancária, financeira, de crédito e securitária.

As normas que estabelecem o tempo de atendimento máximo nas agências bancárias são de interesse local, atraindo a incidência do art. 30, I, da Constituição da República. Há inúmeros precedentes do STF nesse sentido, cabendo citar o Ag Reg no RExt 427.463, Rel. Min. Eros Grau, DJ 19/05/06. O STJ reafirmou tal orientação (STJ, RMS 25.988, 1ª T, Rel. Min. Luiz Fux, DJ 11/05/09). Aliás, em 2022 se decidiu que a prestação inadequada de serviços bancários, caracterizada pela reiterada existência de caixas eletrônicos inoperantes, e excesso de espera em filas por tempo superior ao estabelecido em legislação municipal, é apta a caracterizar danos morais coletivos. Nesse caso, *in re ipsa*, pelo simples fato da violação (STJ, REsp 1.929.288, DJe 24/02/2022).

Decidiu, a propósito, o STJ que "ajustado o preço em dólares, o negócio é nulo de pleno direito" (STJ, REsp 259.733, Rel. Min. Ari Pargendler, DJ 05/08/02). Em outra oportunidade decidiu o STJ que existindo previsão contratual, os juros remuneratórios são devidos desde o vencimento da obrigação até a sua quitação pelo devedor (STJ, REsp 337.212, Rel. Min. Aldir Passarinho Júnior, DJ 11/03/02).

Cabe frisar ser possível a revisão de contratos findos pela quitação (STJ, AgRg no Ag 828.618, Rel. Min. Maria Isabel Gallotti, 4ª T, DJ 13/09/11), pela aplicação analógica da Súmula 286, do STJ. A Súmula em referência consigna: "A renegociação de contrato bancário ou a confissão de dívida não impede a possibilidade de discussão sobre eventuais ilegalidades dos contratos anteriores".

Conforme salientamos no início desse capítulo, é oportuno lembrar, a respeito da matéria, que o julgador não pode, nos contratos bancários, conhecer, de ofício, das cláusulas abusivas (STJ, Súmula 381, STJ). Também convém recordar que caracteriza dano moral a apresentação antecipada de cheque pré-datado (STJ, Súmula 370). Por fim, lembremos que as entidades abertas de previdência complementar se sujeitam às normas do Código de Defesa do Consumidor (STJ, Súmula 563). O STJ, em 2019, através da Súmula 638, definiu ser "abusiva a cláusula contratual que restringe a responsabilidade de instituição financeira pelos danos decorrentes de roubo, furto ou extravio de bem entregue em garantia no âmbito de contrato de penhor civil".

Convém mencionar outras súmulas recentes, bem específicas em relação ao direito bancário, mas que talvez possam ser úteis ao leitor: "É permitida a capitalização de juros com periodicidade inferior à anual em contratos celebrados com instituições integrantes do Sistema Financeiro Nacional a partir de 31/3/2000 (MP nº 1.963-17/2000, reeditada como MP nº 2.170-36/2001), desde que expressamente pactuada" (STJ, Súmula 539). "A previsão no contrato bancário de taxa de juros anual superior ao duodécuplo da mensal é suficiente para permitir a cobrança da taxa efetiva anual contratada" (STJ, Súmula 541). "As administradoras de consórcio têm liberdade para estabelecer a respectiva taxa de administração, ainda que fixada em percentual superior a dez por cento" (STJ, Súmula 538). "Nos contratos bancários, na impossibilidade de comprovar a taxa de juros efetivamente contratada – por ausência de pactuação ou pela falta de juntada do instrumento aos autos –, aplica-se a taxa média de mercado, divulgada pelo Bacen, praticada nas operações da mesma espécie, salvo se a taxa cobrada for mais vantajosa para o devedor" (STJ, Súmula 530). O STJ também destacou que o saque indevido de numerário em conta corrente, reconhecido e devolvido pela instituição financeira dias após a prática do ilícito, não configura, por si só, dano moral *in re ipsa* (STJ, REsp 1.573.859, Rel. Min. Marco Bellizze, 4ª T, DJe 13/11/2017). Por outro lado, é ilícita a conduta do banco que transfere, sem autorização expressa do correntista, recursos deste para investimento incompatível com seu perfil de investidor (STJ, REsp 1.326.592, Rel. Min. Luis Salomão, 4ª T, DJe 06/08/2019). O STJ, por sua segunda Seção, em novembro de 2021, fixou tese de cabe ao banco provar a autenticidade de assinatura em contrato bancário. O STJ aprovou a seguinte tese: "Na hipótese em que o consumidor autor impugnar a autenticidade de assinatura constante em contrato bancário juntado ao processo pela instituição financeiro, caberá a esta provar a autenticidade" (STJ, REsp 1.846.649).

Em 2023, em interpretação de acerto duvidoso, o STJ decidiu que não cabe condenação em danos morais coletivos em razão da exigência, pela instituição financeira, de tarifa bancária considerada indevida (STJ, AgInt no AREsp 1.754.555, Rel. Min. Villas Bôas Cueva, 3ª T, DJe 31/8/2023). Justamente em relação a essas tarifas, ou as demandas são coletivas, ou não haverá demanda alguma, pois o caráter individualmente insignificante – mas muito expressivo no total – faz com que não existam demandas individuais, o custo não compensaria.

6.1.1. *Capitalização dos juros*

É permitida a capitalização anual dos juros nos contratos bancários (STJ, AgRg no REsp 782.895, Rel. Min. Sidnei Beneti, 3ª T, DJ 01/07/08). Porém, para que tal capitalização seja legítima, é necessário que haja previsão contratual expressa, sem o que ela não terá lugar (STJ, AgRg no REsp 105.07.47, Rel. Min. Nancy Andrighi, 3ª T, DJ 05/08/08). A capitalização mensal dos juros é possível (STJ, AgRg no REsp 992.577, Rel. Min. Nancy Andrighi, 3ª T, DJ 05/08/08). Admite-se a capitalização dos juros em contratos de cartão de crédito (AgRg no REsp 104.77.12, Rel. Min. Ari Pargendler, 3ª T, DJ 08/08/08).

6.1.2. *Comissão de permanência*

Nos contratos bancários, havendo inadimplemento contratual por parte do consumidor, não é válida a cumulação da comissão de permanência com correção monetária, juros remuneratórios e multa. Afirmou o STJ: "Com relação à cobrança da comissão de permanência, a E. 2ª Seção desta Corte já firmou posicionamento no sentido de ser lícita a sua cobrança após o vencimento da dívida, devendo ser observada a taxa média dos juros de mercado, apurada pelo Banco Central do Brasil, não sendo admissível, entretanto, seja cumulada com a correção monetária, com os juros remuneratórios, nem com multa ou juros moratórios. Incidência das Súmulas

30, 294 e 296 do STJ. Precedentes" (STJ, AgRg no REsp 706.365, Rel. Min. Jorge Scartezzini, 4ª T, p. DJU 20/02/06).

Depois decidiu-se: "É admitida a cobrança da comissão de permanência no período da inadimplência, desde que não cumulada com correção monetária, juros moratórios, multa contratual ou juros remuneratórios, calculada à taxa média de mercado, limitada, contudo, à taxa contratada" (STJ, AgRg no REsp 782.895, Rel. Min. Sidnei Beneti, 3ª T, DJ 01/07/08). Portanto, nos contratos bancários sujeitos ao CDC, é válida, à luz da jurisprudência, a cláusula que institui a comissão de permanência para viger após o vencimento da dívida (STJ, REsp 1.063.343, Rel. Min. Otávio de Noronha, 2ª Seção, DJ 16/11/10).

6.1.3. Juros superiores a 12% ao ano

Os juros podem ser considerados abusivos se fugirem do padrão, sem que existam particularidades que justifiquem a elevação. Assim, a "legislação não limita os juros remuneratórios cobrados pelas instituições financeiras, que, todavia, estão sujeitas ao Código de Defesa do Consumidor (STJ – Súmula nº 297). Os juros podem ser abusivos se destoarem da taxa média de mercado sem que as peculiaridades do negócio os justifiquem" (STJ, AgRg no Ag 817.539, Rel. Min. Ari Pargendler, 3ª T, j. 07/05/07, DJ 04/06/07). Posteriormente o STJ consignou: "Os juros pactuados em taxa superior a 12% ao ano não são considerados abusivos, exceto quando comprovado que discrepantes em relação à taxa de mercado" (STJ, AgRg no REsp 782.895, Rel. Min. Sidnei Beneti, 3ª T, DJ 01/07/08).

Decidiu igualmente o STJ que "os negócios bancários estão sujeitos ao Código de Defesa do Consumidor, inclusive quanto aos juros remuneratórios; a abusividade destes, todavia, só pode ser declarada, caso a caso, à vista de taxa que comprovadamente discrepe, de modo substancial, da média do mercado na praça do empréstimo, salvo se justificada pelo risco da operação" (STJ, REsp 407.097, Segunda Seção, Rel. Min. Ari Pargendler, DJ 29/09/03).

A respeito do tema, o STJ editou a Súmula 379: "Nos contratos bancários não regidos por legislação específica, os juros moratórios poderão ser convencionados até o limite de 1% ao mês".

Posteriormente o STJ reafirmou que a estipulação de juros remuneratórios superiores a 12% ao ano, por si só, não indica abusividade (STJ, REsp 106.15.30, Rel. Min. Nancy Andrighi, 2ª. Seção, DJ 10/03/09). De igual modo, estipulou que as instituições financeiras não se sujeitam às limitações dos juros remuneratórios estipulada na Lei de Usura (STJ, REsp 106.15.30, Rel. Min. Nancy Andrighi, 2ª. Seção, DJ 10/03/09). Por fim, cabe lembrar que a taxa de juros de longo prazo (TJLP) pode ser utilizada como indexador de correção monetária nos contratos bancários (STJ, Súmula 288).

Não obstante os julgados acima – que permitem, por exemplo, juros remuneratórios superiores a 12% ao ano – admite-se a revisão das taxas de juros remuneratórios em situações excepcionais, desde que caracterizada a relação de consumo e esteja caracterizada a abusividade, capaz de colocar o consumidor em desvantagem exagerada, nos termos do art. 51, § 1º, do CDC (STJ, AgRg no Ag 1371651, Rel. Min. Nancy Andrighi, 3ª T, DJ 25/08/11).

A Segunda Seção do Superior Tribunal de Justiça, no julgamento do REsp 1.061.530, acima referido, submetido ao regime dos recursos repetitivos, firmou posicionamento do sentido de que: a) As instituições financeiras não se sujeitam à limitação dos juros remuneratórios estipulada na Lei de Usura (Decreto 22.626/33), Súmula 596/STF; b) A estipulação de juros remuneratórios superiores a 12% ao ano, por si só, não indica abusividade; c) São inaplicáveis aos juros remuneratórios dos contratos de mútuo bancário as disposições do art. 591 c/c o art. 406 do CC/02; d) É admitida a revisão das taxas de juros remuneratórios em situações excepcionais, desde que caracterizada a relação de consumo e que a abusividade (capaz de colocar o consumidor em desvantagem exagerada – art. 51, § 1º, do CDC) fique cabalmente demonstrada, ante às peculiaridades do julgamento em concreto. No mesmo sentido: AgRg no REsp 1.083.216, Rel. Min. Villas Bôas Cueva, 3ª T, DJ 22/10/2013. Instituição não financeira – dedicada ao comércio varejista em geral – não pode estipular, em suas vendas a crédito, pagas em prestações, juros remuneratórios superiores a 1% ao mês, ou a 12% ao ano (STJ, REsp 1.720.656, Rel. Min. Nancy Andrighi, 3ª T, DJe 07/05/2020). Decidiu ainda ser admissível a estipulação dos encargos financeiros de contrato de abertura de crédito em percentual sobre a taxa média aplicável aos *Certificados de Depósitos Interbancários* (CDIs). (STJ, REsp 1.781.959, Rel. Min. Villas Bôas Cueva, 3ª T, DJe 20/02/2020).

Admite-se a revisão das taxas de juros remuneratórios em situações excepcionais, desde que caracterizada a relação de consumo e que a abusividade capaz de colocar o consumidor em desvantagem exagerada (CDC, art. 51, § 1º) fique cabalmente demonstrada, ante as peculiaridades do julgamento em concreto. A taxa de juros remuneratórios, verificada sua abusividade, deve ser limitada à taxa média de mercado, divulgada pelo Banco Central do Brasil (AgInt no AREsp n. 2.236.067, Rel. Min. Nancy Andrighi, 3ª T, DJe 29/03/2023).

6.1.4. *Taxa referencial*

A jurisprudência tem aceito a utilização da taxa referencial como índice, porém, desde que pactuada no contrato" (STJ, AgRg no REsp 782.895, Rel. Min. Sidnei Beneti, 3ª T, DJ 01/07/08). Não é válida, no entanto, a utilização da taxa referencial como substitutivo de índices que já foram extintos, em contratos que não a previam.

6.1.5. *Comissão de concessão de crédito*

A jurisprudência anotou a propósito do tema: "A comissão de concessão de crédito, cobrada pela instituição financeira para fornecer crédito ao mutuário, incide apenas uma vez, no início do contrato. Qualquer outra cobrança do referido encargo é ilícita. A cobrança mensal do referido encargo viola preceitos de boa-fé objetiva, razão pela qual não deve ser admitida" (STJ, REsp 908.835, Rel. Min. Nancy Andrighi, 3ª T, DJ 20/06/08).

6.1.6. *O banco responde por defeito de produto obtido a partir de financiamento bancário?*

O STJ tem frisado que o CDC, como sabido, é aplicável às instituições financeiras, mas apenas em relação aos serviços atinentes à atividade bancária. Isso porque alguns argumentam que, se o banco financia a aquisição de determinado produto, responderia por eventual defeito desse mesmo produto. O argumento não tem sido aceito, e nem, na verdade, nos parece adequado. O banco não é fornecedor do produto defeituoso. O produto que o banco oferece, na espécie, é o mútuo, e por esse é que deve ser responsabilizado.

No sentido do que dissemos tem se perfilhado a jurisprudência: "Por certo que o banco não está obrigado a responder por defeito de produto que não forneceu tão-somente porque o consumidor adquiriu-o com valores obtidos por meio de financiamento bancário. Se o banco fornece dinheiro, o consumidor é livre para escolher o produto que lhe aprouver. No caso de o bem apresentar defeito, o comprador ainda continua devedor da instituição financeira" (STJ, REsp 101.4547, Rel. Min. João Otávio de Noronha, 4ª T., DJ 07/12/09).

6.1.7. *Cobrança indevida pela emissão de boletos bancários*

A cobrança, pelos bancos, de tarifa em razão do pagamento mediante boleto ou ficha de compensação constitui enriquecimento indevido, porquanto os bancos já são remunerados pela chamada tarifa interbancária, instituída pela Febraban (STJ, REsp 794.752, Rel. Min. Luis Felipe Salomão, 4ª T, DJ 12/04/10). É, portanto, abusiva a cobrança de tarifa pela emissão de boleto bancário nos termos dos arts. 39, V, e 51, § 1º, I, III, do CDC. A chamada tarifa de cadastro – quando contratada – é válida e somente pode ser cobrada no início do relacionamento entre o consumidor e a instituição financeira (STJ, AgRg na Rcl 14.423, Rel. Min. João Otávio de Noronha, Segunda Seção, DJ 20/11/2013).

Posteriormente, no caso em que foi concedida ao consumidor a opção de realizar o pagamento pela aquisição do produto por meio de boleto bancário, débito em conta corrente ou em cartão de crédito, decidiu-se não que é abusiva a cobrança feita ao consumidor pela emissão de boletos bancários, quando a quantia requerida pela utilização dessa forma de pagamento não foi excessivamente onerosa, houve informação prévia de sua cobrança e o valor pleiteado correspondeu exatamente ao que o fornecedor recolheu à instituição financeira responsável pela emissão do boleto bancário (STJ, REsp 1.339.097, Rel. Min. Villas Bôas Cueva, 3ª T, DJ 09/02/2015).

6.1.8. *Informações fornecidas pelas instituições financeiras ao Sisbacen*

É importante lembrar que as informações fornecidas pelas instituições financeiras ao Sisbacen se apresentam como restritivas de crédito, sendo certo que esse sistema de informação avalia a capacidade de pagamento do consumidor de serviços bancários (STJ, REsp 1.099.527, Relatora Ministra Nancy Andrighi; AgRg no REsp 877.525, DJ 09/12/10).

6.1.9. Novas teses fixadas pelo STJ a respeito dos contratos bancários, em sede de recursos repetitivos (Tema 958)

A Segunda Seção do STJ fixou, em novembro de 2018, três teses sobre validade da cobrança de despesas com serviços prestados por terceiros, registro do contrato em contratos bancários. As teses fixadas foram: 1) "Abusividade da cláusula que prevê a cobrança de ressarcimento de serviços prestados por terceiros, sem a especificação do serviço a ser efetivamente prestado"; 2) "Abusividade da cláusula que prevê o ressarcimento pelo consumidor da comissão do correspondente bancário, em contratos celebrados a partir de 25/02/2011, data de entrada em vigor da Res. CMN 3.954/2011, sendo válida a cláusula no período anterior a essa resolução, ressalvado o controle da onerosidade excessiva"; 3) "Validade da tarifa de avaliação do bem dado em garantia, bem como da cláusula que prevê o ressarcimento de despesa com o registro do contrato, ressalvadas a: 3.1) abusividade da cobrança por serviço não efetivamente prestado; e a 3.2) possibilidade de controle da onerosidade excessiva, em cada caso concreto" (STJ, REsp 1.578.553, Rel. Min. Paulo Sanseverino, Segunda Seção, DJe 06/12/2018).

6.1.10. As propostas do Plano Nacional de Consumo e Cidadania

No dia 15 de março de 2013 – 15 de março é a data em que se comemora o dia mundial do consumidor – o Poder Executivo anunciou medidas que buscam potencializar a proteção ao consumidor, transformando-a "em política de Estado, não de governo". As propostas foram batizadas de "Plano Nacional Consumo e Cidadania", e preveem, entre outras medidas, a criação de uma Câmara Nacional de Relações de Consumo, composta pelos ministérios da Justiça, Fazenda, Desenvolvimento, Planejamento e Casa Civil.

Há ainda a previsão da atribuição de mais poder aos Procons, fortalecendo-os. Uma das ideias é transformar os acordos feitos em títulos executivos judiciais. Para isso, porém, será necessário o envio de lei ao Congresso Nacional – o Poder Executivo, porém, como sabemos, não costuma ter dificuldade, no Brasil, para aprovar os projetos de lei em que se mostra realmente empenhado.

Haverá também a definição dos produtos essenciais ao consumidor – uma questão que sempre gerou polêmica. O CDC, como já estudamos, estabelece, no art. 18, § 3º, que o consumidor poderá (ver capítulo V, tópico 7), fazer uso das alternativas previstas no § 1º, em caso de "produto essencial". Escrevemos anteriormente: o CDC não define o que entende por produto essencial. A essencialidade deve ser apreciada *in concreto*, caso a caso. O consumidor pode afirmar que o produto é, para ele, essencial, e pedir a inversão do ônus da prova (CDC, art. 6º, VIII). Um carro, por exemplo, pode ser essencial para muitos brasileiros, que dele dependem para trabalhar. Devemos ter, em princípio, a essencialidade como regra. O Departamento de Proteção de Defesa do Consumidor (DPDC) – órgão vinculado à Secretaria de Direito Econômico do Ministério da Justiça emitiu uma Nota Técnica (nº 62/2010) afirmando que aparelhos celulares são produtos essenciais, na medida em que se prestam a viabilizar o acesso ao serviço de telecomunicações SMP (serviço móvel pessoal), também essencial. Não se trata, porém, é bom alertar, de comando normativo, apenas expressa o entendimento do órgão acerca do art. 18, § 1º, § 3º, do CDC. Convém apenas registrar que o STJ já decidiu que o transporte aéreo é serviço essencial e pressupõe continuidade (STJ, REsp 1.469.087, Rel. Min. Humberto Martins, DJ 17/11/2016).

Outra vertente do plano diz respeito aos bancos. O CMN (Conselho Monetário Nacional) editará resoluções que obrigarão os bancos a agir com maior transparência. Entre as medidas anunciadas estão: a) a inclusão, nos contratos de conta de depósito, de cláusula dispondo sobre a opção do cliente pela utilização de serviços e tarifas individualizados ou por pacotes oferecidos pela instituição; b) esclarecimento ao consumidor acerca da possibilidade de optar pela utilização dos serviços e tarifas individualizados, e não necessariamente através de adesão a pacotes; c) criação de novos pacotes com serviços prioritários, além das padronizações já existentes; e) fortalecimento dos deveres de bem informar o consumidor. Essas são algumas das medidas anunciadas relativas a serviços bancários. Há uma preocupação com a transparência, e com a ciência dos custos nas tarifas individuais e nos pacotes.

Há outras medidas, especificamente relativas às operações de crédito: a) dever de informar o custo efetivo total (CET) previamente à contratação de operações de crédito e arrendamento financeiro; b) dever de inclusão do cálculo do CET nos contratos de crédito e arrendamento financeiro; c) dever de informar, na apresentação do CET, os percentuais de cada componente do fluxo de operação em relação ao valor total, além do valor em reais. Há ainda a menção a operações de câmbio: a) dever de informar o valor efetivo total (VET) previamente à contratação de operações de câmbio para liquidação pronta. O VET corresponde ao valor sintetizado em uma única taxa, expressa em reais por unidade de moeda estrangeira, da taxa de câmbio, tributos incidentes e tarifas eventualmente cobradas; b) dever de enviar ao Banco Central o VET praticado nas operações de câmbio, nas formas e condições por ele definidas. Estas informações permitirão a divulgação no site do BC, ainda no primeiro semestre deste ano, de ranking mensal do VET praticado pelas instituições autorizadas.

Percebe-se, pela própria nomenclatura utilizada, que são questões formuladas por técnicos com formação financeira, não necessariamente jurídica.

Por fim, há a previsão das questões relativas à internet e à telefonia. No caso do comércio eletrônico, os fornecedores passam a ser obrigados a criar um canal de atendimento ao consumidor, de forma a garantir informações claras sobre quem vende e o que está sendo vendido (muitas vezes, nas compras pela internet, a propositura de ações judiciais pelo consumidor é dificultada porque não há identificação clara do fornecedor, nem tampouco seu endereço). Há também o propósito de se criar regras claras acerca do direito de arrependimento (CDC, art. 49). Estudamos anteriormente que há polêmica acerca dos custos de envio em caso de desistência da compra: quem deverá arcar com eles? (Capítulo XV, tópico 7.1). Há ainda, no que se refere às telecomunicações, a tendência a obrigar os fornecedores a simplificar as regras de atendimento, cobrança e oferta de serviços. Inclusive com um mecanismo que possibilite a comparação de planos e serviços e padronização das regras de atendimento.

Sabe-se que esses planos, em geral, trazem mais retórica que resultados concretos. Seja como forma, não deixa de ser positivo que o Poder Executivo se mostre particularmente empenhado em fortalecer e aperfeiçoar os mecanismos de proteção ao consumidor. Esse propósito político pode, inclusive, ajudar a aprovação dos três projetos de lei (ver anexo no final do livro) da Comissão de Juristas do Senado Federal, que efetivamente ajustam o CDC aos novos tempos e às novas realidades. Esses três projetos do Senado são, em nosso juízo, muitíssimo mais importante para o consumidor do que o plano do Poder Executivo que brevemente mencionamos aqui.

6.1.11. Cartões de crédito e débito

Temos, em regra, nesses negócios jurídicos, três partes envolvidas: consumidores, lojistas e administradoras. Trata-se de negócio jurídico complexo. Geralmente, a administradora credencia estabelecimentos comerciais interessados em receber cartões de crédito e débito nas transações com seus clientes. Os cartões são emitidos pelas administradoras (ou instituições financeiras) e são usados pelos consumidores perante a rede credenciada. Se essa rede, no Brasil, é cada dia maior (poucos e raros são os estabelecimentos comerciais que não aceitam cartões), por outro lado existem poucas administradoras, poucas *bandeiras* de cartões, operados por poderosos grupos econômicos.

Trata-se de modelo de negócio jurídico cada vez mais comum e, podemos dizer, irreversível. Aliás, nossas práticas sociais têm sido substancialmente alteradas com as novas tecnologias, e os cartões de crédito e débito são apenas uma delas (e talvez uma das menos surpreendentes, tantas e tão incríveis são as inovações que hoje se apresentam). Compramos, hoje, cada vez mais, sem usar dinheiro de papel e sem contato físico com o vendedor. Se nas décadas passadas o uso dos cartões de crédito e débito era incipiente e precário, atualmente dominam boa parte dos pagamentos e transações diárias que realizamos. O cheque, ao contrário, perde progressivamente espaço, e tende a desaparecer.

Há claras vantagens sociais no uso dos cartões. Eles são mais seguros que os cheques e nos livram da obrigação de portar moeda em espécie. Quando, porém, houver dano (roubo, clonagem etc.), a administradora dos cartões arcará, sem culpa, pelos danos, presente claramente o risco da atividade. São nulas, nesse sentido, as cláusulas contratuais que impõem exclusivamente ao consumidor a responsabilidade por compras realizadas com cartão de crédito furtado ou roubado, até o momento da comunicação do furto à administradora (STJ, REsp 1.058.221, Rel. Min. Nancy Andrighi, 3ª T, DJ 14/10/11). Posteriormente se entendeu que a fornecedora de cartão de crédito responde pelas compras realizadas com cartão furtado, ainda nos casos de comunicação tardia, o que não elide o dever de segurança a cargo do fornecedor em relação ao serviço prestado (STJ, EDcl no REsp 1.316.348, Rel. Min. Paulo de Tarso, DJ 26/09/2014). Outro aspecto que começa a ser desenvolvido diz respeito ao dever das administradoras de cartão de não agir de modo imprudente, contribuindo para o superendividamento dos consumidores.

Estamos diante, por óbvio, nesses casos, de contratos de adesão e de relação de consumo (CDC, art. 54), no que se refere à relação jurídica entre usuários e administradoras. Também é contrato de adesão o pacto feito entre a administradora (*Visa, Mastercard*) e os lojistas. A questão que se põe aqui é a seguinte: trata-se de relação de consumo? A resposta será: depende. Em regra não é, porque o lojista não é destinatário final (usa o cartão de crédito para otimizar seus lucros, sua capacidade produtiva no que se refere aos produtos e serviços que disponibiliza para os consumidores). Mas, excepcionalmente, desde que presente a vulnerabilidade do lojista diante do imenso poder econômico das empresas proprietárias das *bandeiras*, é possível que tenhamos relação de consumo, conforme já se decidiu. O STJ, ampliando o conceito de destinatário final, entendeu que a farmácia que celebra contrato de prestação de serviço com empresa de cartão de crédito – tendente a vender produtos farmacêuticos, para seus clientes, mediante cartão de crédito – e não recebe pagamento da empresa de cartão, é consumidora, podendo propor ação para reaver os prejuízos em seu domicílio (art. 101, I, CDC). A farmácia, no caso, segundo o STJ, é destinatária final do serviço de crédito (STJ, REsp 41.056, Rel. Min. Nancy Andrighi, Segunda Seção, DJ 20/09/2004). Convém lembrar que em certas situações, a jurisprudência tem aplicado o CDC mesmo que o consumidor aja com fins profissionais.

Embora não tenhamos, no Brasil, uma lei específica sobre os cartões de crédito e débito, o CDC supre essa lacuna com louvor. Se as instituições financeiras condicionarem a manutenção de conta-corrente à emissão de cartão de crédito, trata-se de venda casada, explicitamente vedada pelo CDC (art. 39, I). Do mesmo modo, se enviarem cartões de crédito não solicitados (CDC, art. 39, III). Nesse sentido, há a abusividade da conduta com o simples envio do cartão de crédito, sem pedido pretérito e expresso do consumidor, independentemente da múltipla função e do bloqueio da função crédito, pois tutelam-se os interesses dos consumidores em fase pré-contratual, evitando a ocorrência de abuso de direito na atuação dos fornecedores na relação consumerista com esse tipo de prática comercial, absolutamente contrária à boa-fé objetiva (STJ, REsp 1.261.513, Rel. Min. Campbell Marques, 2ª T, DJ 04/09/2013). Se ocorrer o envio sem pedido do consumidor, os serviços prestados e os produtos remetidos equiparam-se às amostras grátis, inexistindo obrigação de pagamento (CDC, art. 39, parágrafo único). Se os cartões não enviados são interceptados por terceiros, que assumem obrigações em nome da vítima, terminando esta por ter seu nome inscrito nos cadastros de proteção ao crédito, por certo há o dever de indenizar da administradora do cartão (STJ, REsp 924.079, Rel. Min. Aldir Passarinho Júnior, DJ 10/03/2008).

Não só isso. As instituições bancárias que transferem, sem autorização expressa, recursos do correntista para modalidade de investimento incompatível com o perfil do investidor devem ser responsabilizadas por danos materiais e morais porventura causados com a operação (STJ, REsp 1.326.592, Rel. Min. Luis Salomão, 4ª T, DJe 06/08/2019). Além de agir por conta própria, o banco não esclareceu o consumidor de forma adequada e clara sobre os riscos da operação. A proteção contra práticas abusivas, assim como o direito à informação, é direito básico do consumidor, cuja manifesta vulnerabilidade (técnica e informacional) impõe a defesa da qualidade do seu consentimento, bem como a vedação da ofensa ao equilíbrio contratual. O CDC no art. 39, em rol exemplificativo, elenca algumas condutas que perfazem abusos, dentre elas fornecer ou executar serviços sem a solicitação prévia ou autorização expressa do consumidor (CDC, art. 39, III e VI). Nesse contexto, não se pode – sobretudo em relações de consumo – pretender atribuir ao silêncio do consumidor (em um dado decurso de tempo) o mesmo efeito jurídico previsto no Código Civil (cujo art. 111 supõe nesses casos a anuência ou aceitação tácita). Nas relações de consumo isso só seria possível se fosse "prática habitual" entre as partes.

O fornecedor de serviços está jungido à observância da boa-fé objetiva, dentre cujas consequências está o dever de agir com transparência (CDC, art. 4º). Conduta transparente é conduta não ardilosa, conduta que não esconde, atrás do aparente, propósitos pouco louváveis. O CDC, prestigiando a boa-fé, exige transparência dos atores do consumo, impondo às partes o dever de lealdade recíproca, a ser concretizada antes, durante e depois da relação contratual. Cabe frisar que "as cláusulas que implicarem limitação de direito do consumidor deverão ser redigidas com destaque, permitindo sua imediata e fácil compreensão" (CDC, art. 54, § 4º). O CDC assegura, expressamente, ao consumidor o direito à informação correta, clara e precisa do preço dos produtos, inclusive para os casos de pagamento via cartão de crédito" (STJ, REsp 81.269, Rel. Min. Castro Filho, 2ª T, DJ 25/06/01). O titular do cartão de crédito, independentemente do recebimento das faturas mensais, pode acionar judicialmente a administradora de cartão de crédito, objetivando receber a prestação de contas dos encargos que lhe são cobrados. (STJ, REsp 457.055, Rel. Min. Jorge Scartezzini, 4ª T, DJ 11/12/06). Nos contratos de cartão de crédito, é abusiva a previsão de cláusula-mandato que permita à operadora emitir título cambial contra o usuário do cartão (STJ, REsp 1.084.640, Rel. Min. Marco Muzzi, DJ 29/09/2015). Convém lembrar o que já dissemos anteriormente neste livro: a Lei n. 13.455/2017 passou a autorizar a cobrança de preços diferentes se o pagamento é feito em dinheiro ou em cartão de crédito/débito. A lei determina, porém, que o fornecedor deve informar, em local e formato visíveis ao consumidor, eventuais descontos oferecidos em função do prazo ou do instrumento utilizado (dinheiro ou cartão, por exemplo).

Mencionamos, anteriormente, que os riscos da atividade correm por conta do fornecedor de serviços. São nulas, nesse sentido, as cláusulas contratuais que transferem ao consumidor esse risco. É nula, por exemplo, conforme já vimos, a cláusula que impõe ao consumidor a responsabilidade absoluta por compras realizadas com cartão de crédito furtado até o momento da comunicação do furto. Hoje grande parte dos negócios jurídicos com cartões de crédito e débito se realiza mediante a aposição de senhas digitais pelos consumidores, pelo menos no Brasil. Em outros países, como a Argentina, ainda se usa largamente o sistema de assinaturas, mais propício a fraudes. Nas compras pela internet, porém, o sistema ainda é falho, pois basta, para a realização da compra, a inserção dos dados do cartão, junto do código de segurança (os três números que ficam no verso). São comuns, por isso, as fraudes pela internet, com números assustadoramente maiores a cada ano. Por outro lado, o STJ entendeu *não ser* válida - sob o argumento da reciprocidade - a imposição, pelo juiz, de cláusula penal a fornecedor de bens móveis no caso de demora na restituição do valor pago quando do exercício do direito de arrependimento pelo consumidor, ante a premissa de que este é apenado com a obrigação de arcar com multa moratória quando atrasa o pagamento de suas faturas de cartão de crédito (STJ, REsp 1.412.993, Rel. Min. Isabel Gallotti, 4ª T, DJe 07/06/2018).

Convém lembrar, a propósito das compras feitas pela internet (com ou sem a utilização de cartões), que é possível que haja a desistência imotivada pelo consumidor, no prazo de sete dias "a contar de sua assinatura ou do ato de recebimento do produto ou serviço" (CDC, art. 49).

Convém registrar a posição do STJ no sentido de ser abusiva e ilegal a cláusula prevista em contrato de prestação de serviços de cartão de crédito, que autoriza o banco contratante a compartilhar dados dos consumidores com outras entidades financeiras, assim como com entidades mantenedoras de cadastros positivos e negativos de consumidores, sem que seja dada opção de discordar daquele compartilhamento (STJ, REsp 1.348.532, Rel. Min. Luis Salomão, 4ª T, DJe 30/11/2017).

7. MULTAS DE MORA: LIMITE NOS CONTRATOS DE CONSUMO

Praticamente todos contratos preveem multa para o caso de inadimplemento no cumprimento da obrigação. Tais cláusulas são válidas, porém não poderão exceder, nos contratos de consumo, dois por cento do valor da prestação. É o que prescreve o art. 52, § 1º do CDC: "As multas de mora decorrentes do inadimplemento de obrigações no seu termo não poderão ser superiores a dois por cento do valor da prestação".

Decidiu o STJ que "na linha dos precedentes desta Corte, não se aplica o limite de 2% (dois por cento) previsto no Código de Defesa do Consumidor (Lei 8.078/90), art. 52, aos contratos celebrados antes da vigência da Lei 9.298/96, que alterou o dispositivo para estabelecer esse limite" (STJ, REsp 192.181, Rel. Min. Sálvio de Figueiredo Teixeira, 4ª T, j. 25/09/00). Cabe ressalvar que a multa é calculada sobre o valor das prestações vencidas, não sobre o total do financiamento (STJ, REsp 231.208, Rel. Min. Ruy Rosado de Aguiar, 4ª T, p. 19/03/01). Conforme já vimos anteriormente, na relação travada entre estudante e programa governamental do crédito educativo não há relação de consumo. Por isso, a multa contratualmente pactuada (10%) não pode ser afastada com fundamento no artigo 52, § 1º, do CDC (STJ, REsp 1.256.227, Rel. Min. Campbell Marques, 2ª T, DJ 21/08/12).

Na linha de vários precedentes, o CDC não se aplica na hipótese em que o produto ou serviço é contratado para implementação de atividade econômica, já que não estaria configurado o destinatário final da relação de consumo (teoria finalista ou subjetiva). Em determinado caso, a pessoa jurídica adquiriu os produtos como revendedora de combustíveis e produtos derivados de petróleo, não os utilizando na condição de destinatária final. Consequentemente, não cabe a redução da multa moratória, de 10% (dez por cento) para 2% (dois por cento), com fundamento no CDC (STJ, AgInt no AgInt no AREsp 1.136.463, Rel. Min. Raul Araújo, 4ª T, DJe 03/10/2019). É preciso lembrar ainda que não se aplica o art. 52, § 1º, do Código de Defesa do Consumidor – que estabelece a multa moratória no percentual máximo de 2% – para os débitos dos contribuintes com a Fazenda Pública. As relações tributárias estão sujeitas a legislação própria (STJ, AgRg no Ag 102.62.29, Rel. Min. Castro Meira, 2ª T, DJ 27/06/08).

8. PAGAMENTO ANTECIPADO DA DÍVIDA: REDUÇÃO DOS JUROS E ENCARGOS

O consumidor, querendo, pode – nos contratos de financiamento, por exemplo – pagar antecipadamente o que deve. Fará jus, neste caso, à redução proporcional dos juros e demais encargos. Tal direito resulta de previsão explícita do CDC, no art. 52, § 2º: "§ 2º É assegurado ao consumidor a liquidação antecipada do débito, total ou parcialmente, mediante redução proporcional dos juros e demais acréscimos".

Trata-se de direito subjetivo do consumidor. Se ele se propõe a pagar antecipadamente a dívida, assiste-lhe direito de exigir a redução proporcional dos juros e demais acréscimos. Não se trata, advirta-se, de favor do fornecedor, mas de dever, com todos os consectários legais daí decorrentes.

O fornecedor que se recusa a receber o valor devidamente reduzido, adequado à solução antecipada da dívida, incorre em mora, e poderá ser responsabilizado pelos danos que advierem de tal situação.

9. NULIDADE DAS CLÁUSULAS QUE ESTABELEÇAM A PERDA TOTAL DAS PRESTAÇÕES PAGAS

Ponto de alta relevância diz respeito às cláusulas que preveem a perda das prestações pagas, no caso de resolução do contrato. São válidas tais disposições? Se afirmativa a resposta, até que limite? É o que a jurisprudência procura responder, tendo como base normativa o art. 53 do CDC, que está assim redigido: "Art. 53. Nos contratos de compra e venda de móveis ou imóveis mediante pagamento em prestações, bem como nas alienações fiduciárias em garantia, consideram-se nulas de pleno direito as cláusulas que estabeleçam a perda total das prestações pagas em benefício do credor que, em razão do inadimplemento, pleitear a resolução do contrato e a retomada do produto alienado".

O art. 53 comina de nulidade absoluta as cláusulas contratuais que estabeleçam a perda total das prestações pagas. O que naturalmente leva à conclusão da aceitação das cláusulas que tragam a perda parcial do valor pago, desde que harmônicas com o equilíbrio material entre as prestações.

É válida, portanto, e está de acordo com os princípios, a cláusula contratual que prevê sanção para o descumprimento da prestação por parte do consumidor. Se o consumidor usufruiu do bem durante certo período de tempo, não seria razoável que tivesse de volta todo o valor pago, sem nenhuma compensação relativamente à utilização que fez do bem, ou mesmo em relação à sua depreciação. O STJ já decidiu que o Código de Defesa do Consumidor, por seu art. 53, autoriza a devolução de parte das parcelas pagas decorrentes de contrato de promessa de compra e venda de imóvel, mas permite a retenção de um certo percentual (STJ, REsp 196.311, Rel. Min. Cesar Asfor Rocha, 4ª T, p. 19/08/02).

Nesse sentido caminha a jurisprudência: "Compromisso de compra e venda de imóvel. Perda de parte das prestações pagas. Código de Defesa do Consumidor. A regra contida no art. 53 do Código de Defesa do Consumidor impede a aplicação de cláusula contida em contrato de promessa de compra e venda de imóvel que prevê a perda total das prestações já pagas, mas não desautoriza a retenção de um certo percentual, que, pelas peculiaridades da espécie, fica estipulado em 10%". (STJ, REsp 85.182, Rel. Min. Fontes de Alencar, Rel. para acórdão Cesar Asfor Rocha, 4 T, j. 14/04/97, p. DJ 08/09/97). "É nula a cláusula que estabelece a perda integral das parcelas pagas em contrato de promessa de compra e venda de imóvel, pelo inadimplente, consoante o artigo 53 da Lei nº 8.078/90 (Código de Defesa do Consumidor)" (STJ, REsp 158.193, Rel. Min. Antônio de Pádua Ribeiro, 3ª T, j. 05/09/00, p. DJ 23/10/00).

De igual modo, frisou o STJ, a abusividade da cláusula de decaimento, com previsão de perda das parcelas pagas em favor do vendedor, pode ser reconhecida tanto na ação proposta pelo vendedor (art. 53) como na de iniciativa do comprador, porque a restituição é inerente à resolução do contrato e meio de evitar o enriquecimento injustificado (STJ, REsp 80.036, Rel. Min. Ruy Rosado de Aguiar, 4ª T, p. 25/03/96).

Consignou o STJ ser nula a cláusula que prevê a perda de setenta e sete por cento (77%) das prestações pagas, em distrato relativo a compromisso de compra-e-venda celebrado na vigência do Código de Defesa do Consumidor, restituindo-se o quantum pago, com correção monetária desde cada desembolso, em razão do descumprimento contratual (STJ, REsp 250.982, Rel. Min. Sálvio de Figueiredo Teixeira, 4ª T, p. 11/09/00). Porém, a Segunda Seção, ao uniformizar jurisprudência das turmas que a compõem, optou por entender que as disposições contidas nos arts. 6º, VI e 53 do Código de Defesa do Consumidor não afastaram a limitação de 40% (quarenta por cento) do preço financiado para a purgação da mora nos contratos de alienação fiduciária de que trata o § 1º do art. 3º do Decreto-lei nº 911/69 (STJ, REsp 181.354, Rel. Min. Sálvio de Figueiredo Teixeira, p. 08/05/00).

Cabe citar julgado que bem resume a posição do STJ: "A 2ª Seção do STJ, em posição adotada por maioria, admite a possibilidade de resilição do compromisso de compra e venda por iniciativa do devedor, se este não mais reúne condições econômicas para suportar o pagamento das prestações avençadas com a empresa vendedora do imóvel (EREsp nº 59.870/SP, Rel. Min. Barros Monteiro, DJU de 9.12.2000). II. O desfazimento do contrato dá ao comprador o direito à restituição das parcelas pagas, porém não em sua integralidade, em face do desgaste no imóvel devolvido e das despesas realizadas pela vendedora com corretagem, propaganda, administrativas e assemelhadas, sob pena de injustificada redução patrimonial em seu desfavor, sem que, no caso, tenha dado causa ao desfazimento do pacto. Retenção aumentada em favor da vendedora-recorrente. Precedentes. III. Compreende-se no percentual a ser devolvido ao promitente comprador todos valores pagos à construtora, inclusive as arras" (STJ, RESP. 355.818, Rel. Min. Aldir Passarinho Júnior, p. 25/08/03).

Em sentido semelhante: "Celebrado o contrato posteriormente à vigência do Código de Defesa do Consumidor, inválida é a cláusula que preveja a perda das prestações pagas de um contrato de promessa de compra e venda. II – Cabível, no entanto, a retenção de 10% (dez por cento) do valor pago, a título de pena pelo inadimplemento contratual, na esteira de precedentes do STJ. III – Não tendo sido convencionado entre as partes, deverão ser aplicados juros sobre o valor corrigido de cada desembolso" (STJ, REsp 287.248, Rel. Min. Aldir Passarinho Júnior, p. 05/03/01).

Cabe resumir o ponto. Se, por um lado, indiscutivelmente, o consumidor tem direito à devolução do quanto pagou, por outro lado também é certo que não poderá fruir um bem, por determinado tempo, sem nada despender (veículo devolvido, por exemplo, após alguns meses ou anos de uso). Os bens sofrem depreciações com o tempo, e essas depreciações devem ser levadas em conta na indenização, evitando desequilíbrios entre as partes.

É nesse caminho que as decisões se põem: "É por demais conhecida a jurisprudência do STJ no sentindo de que o art. 53 do CDC fundamenta, em certas relações jurídicas – como as relativas a compromisso de compra e venda de imóvel e, em alguns casos, o próprio consórcio – a devolução das parcelas pagas pelo consumidor, apenas com uma retenção relativa a custos de administração e eventuais indenizações" (STJ, REsp 997.287, Rel. Min. Nancy Andrighi, 3ª T, DJ 02/02/10).

O fornecedor não pode criar obstáculos para dificultar a devolução, nem tampouco se valer de ardis. Ao julgar caso de consumidor que optou por desfazer – distrato – contrato de compra e venda de imóvel, o STJ proclamou: "Ao dispor que a devolução dos referidos valores ao adquirente se daria por meio de duas cartas de crédito, vinculadas à aquisição de um outro imóvel da mesma construtora, isso significa, efetivamente, que não haverá devolução alguma, permanecendo o consumidor-adquirente submetido à construtora, visto que o único caminho para não perder as prestações já pagas será o de adquirir uma outra unidade imobiliária da recorrente" (STJ, REsp 437.607, Rel. Min. Hélio Quaglia Barbosa, 4ª T, j. 15/05/07, DJ 04/06/07).

Convém lembrar, a propósito, da Súmula 543 do STJ, que estabelece: "Na hipótese de resolução de contrato de promessa de compra e venda de imóvel submetido ao Código de Defesa do Consumidor, deve ocorrer a imediata restituição das parcelas pagas pelo promitente comprador – integralmente, em caso de culpa exclusiva do promitente vendedor/construtor, ou parcialmente, caso tenha sido o comprador quem deu causa ao desfazimento".

10. RESTITUIÇÃO DOS VALORES NOS CONTRATOS DE CONSÓRCIO

O consórcio é um sistema cooperativo para a aquisição de bens, quase sempre duráveis. É certo que a desistência de um ou mais consumidores, nestes casos, importa em prejuízo para os demais, aumentando-lhes os ônus. Previu, por tal razão, o CDC, no art. 53, § 2º: "§ 2º Nos contratos do sistema de consórcio de produtos duráveis, a compensação ou a restituição das parcelas quitadas, na forma deste artigo, terá descontada, além da vantagem econômica auferida com a fruição, os prejuízos que o desistente ou inadimplente causar ao grupo".

O CDC, neste § 2º, estabeleceu que nos sistemas de consórcio a compensação ou restituição das parcelas quitadas terá por referência não apenas o interesse do consumidor que se desligou, mas também, e de modo ainda mais forte, os interesses do grupo.

Consignou o STJ: "Consórcio. Desistência. Devolução de importâncias pagas. A importância a ser devolvida não compreenderá a parcela correspondente à taxa de administração e prêmio de seguro. Incluirá, entretanto, a destinada ao fundo de reserva" (STJ, REsp 171.294, Rel. Min. Carlos Alberto Menezes Direito, p. 25/09/00).

Resolvendo os pormenores relativos às hipóteses, decidiu-se: "A jurisprudência assentada da Corte admite a devolução das parcelas pagas 'devidamente corrigidas, mas não imediatamente, e sim até 30 dias depois do encerramento do plano, como tal considerada a data prevista no contrato para a entrega do último bem' (REsp nº 114.212, da minha relatoria, DJ de 1/12/97). 2. Os juros moratórios não são contados da data de cada desembolso, como previsto no julgado recorrido, mas, sim, 'após o trigésimo (30º) dia de encerramento do grupo (REsp 25.163, Relator o Senhor Ministro Cesar Asfor Rocha, DJ de 19.8.96). 3. A correção monetária 'deve incidir a partir do pagamento de cada parcela' (STJ, REsp 144.334, Rel. Min. Carlos Alberto Menezes Direito, p. 30/11/98).

Mais tarde se frisou: "O disposto no art. 52, § 2º, do Código de Defesa do Consumidor refere-se a encargos de ordem financeira. O caso do consórcio tem outra natureza jurídica, exercendo a administradora função de gerenciamento que alcança todo o grupo consorciado. A saída de um dos participantes não justifica a devolução ou a redução daquelas parcelas que são contratadas no interesse de todo o grupo, sob pena de lesão à própria estrutura do sistema" (STJ, REsp 688.794, Rel. Min. Carlos Alberto Menezes Direito, 3ª T, j. 27/03/07, DJ 25/06/07).

11. OBRIGATORIEDADE DE QUE OS VALORES SEJAM EXPRESSOS EM MOEDA NACIONAL

O CDC repudia pactos em moedas outras que não a corrente nacional. São nulos de pleno direito, e violam a transparência essencial ao sistema de consumo. Prescreve o art. 53, § 3º: "Os contratos de que trata o caput deste artigo serão expressos em moeda corrente nacional".

Assim, nos contratos de compra e venda de móveis ou imóveis mediante pagamento em prestações, bem como nas alienações fiduciárias em garantia, serão nulas as disposições que tragam valores monetários expressos em outra moeda que não a nacional. O dispositivo se aplica não só ao preço, mas também às taxas de juros. O STJ já teve oportunidade de decidir que "ajustado o preço em dólares, o negócio é nulo de pleno direito" (STJ, REsp 259.733, Rel. Min. Ari Pargendler, p. 05/08/02).

12. SANÇÕES ADMINISTRATIVAS

O Capítulo VII do CDC trata das sanções administrativas. Conforme apontamos no Capítulo I desta obra, o CDC é um microssistema jurídico, trazendo, numa mesma lei, normas de conteúdos diversos (penais, administrativas, além das normas de consumo propriamente ditas). A competência para baixar normas administrativas a propósito é concorrente, entre a União, Estados e Distrito Federal (CDC, art. 55). Na fiscalização, além desses, os Municípios também atuam (CDC, art. 55, § 1º). Do fato de haver, no Brasil, concorrência de competências administrativas para a tutela do consumidor não se extrai que possa haver punições concorrentes para a mesma infração (STJ, RE sp 1.087.892). Importante frisar que a tutela coletiva de direitos e interesses transindividuais dos consumidores – que adiante estudaremos, no Capítulo XVIII – pode ter como objeto, também, a aplicação de sanções administrativas.

O CDC, art. 56, em doze incisos, traz sanções administrativas que podem ser aplicadas aos fornecedores de produtos e serviços, sem prejuízo de outras normas, com outras naturezas, que podem ser aplicadas cumulativamente (inclusive as do art. 56 são cumulativas também entre si). São elas: multa; apreensão do produto; inutilização do produto; cassação do registro do produto junto ao órgão competente; proibição de fabricação do produto; suspensão de fornecimento de produtos ou serviço; suspensão temporária de atividade; revogação de concessão ou permissão de uso; cassação de licença do estabelecimento ou de atividade; interdição, total ou parcial, de estabelecimento, de obra ou de atividade; intervenção administrativa e imposição de contrapropaganda. Estamos diante de um largo espectro de possibilidades que podem, de fato, educar o mercado de consumo e coibir abusos, se bem usados pelas autoridades administrativas. Aliás, "sanções administrativas apresentam, a um só tempo, função punitiva (= repressiva) e função inibitória (= dissuasiva ou pedagógica), aquela destinada à reprimenda por ato já praticado, essa com a finalidade de desencorajar comportamento ilícito futuro, do próprio infrator (= dissuasão especial) ou de terceiros (= dissuasão geral) (STJ, REsp 1.419.557).

Registre-se que a multa prevista no art. 56 do CDC não visa à reparação do dano sofrido pelo consumidor, mas sim à punição pela infração às normas que tutelam as relações de consumo. Existem sanções que podem incidir de modo imediato, cautelarmente (como a apreensão do produto, inciso II), diante de indícios de perigo à saúde ou segurança dos consumidores, enquanto outras (como a inutilização do produto, inciso III), já sendo posterior à apreensão – e ausente, supostamente, os riscos da demora – apenas ao final do processo administrativo. As competências também não são homogêneas, variando conforme a hipótese. Por exemplo, a cassação de licença do estabelecimento pode ser de competência do Município (em caso de alvará municipal), ao passo que a cassação do registro de um medicamento caberá à Anvisa.

O STJ consolidou o entendimento de que constitui atribuição do Procon a análise de contratos e a aplicação de multas e outras penalidades, nos termos dos arts. 56 e 57 do CDC e 18 e 22 do Decreto 2.181/97 (STJ, REsp 1.652.614). Importante sublinhar que "a existência de penalidade ou outra medida administrativa *in abstracto* (para o futuro) ou *in concreto* (já infligida), como resposta a determinada conduta ilegal, não exclui a possibilidade e a necessidade de providência judicial, nela contida a de índole cautelar ou inibitória, com o intuito de proteger os mesmos direitos e deveres garantidos, em tese, pelo poder de polícia da administração, seja com cumprimento forçado de obrigação de fazer ou de não fazer, seja com determinação de restaurar e indenizar eventuais danos materiais e morais causados ao indivíduo, à coletividade, às gerações futuras e a bens estatais. No Brasil, a regra geral é que o comportamento anterior – real ou hipotético – do administrador não condiciona, nem escraviza, o desempenho da jurisdição, já que a intervenção do juiz legitima-se tanto para impugnar, censurar e invalidar decisão administrativa proferida, como para impor *ex novo* aquela que deveria ter ocorrido, no caso de omissão, e, noutra perspectiva, para substituir a incompleta ou a deficiente, de maneira a inteirá-la ou aperfeiçoá-la".

Nesse contexto, a "multa civil" (*astreinte*) não se confunde com a "multa administrativa". A primeira projeta-se para projeta-se, em regra, para o futuro, assegurando o cumprimento de obrigações de fazer e de não fazer, dar e pagar. Já a segunda destina-se a fatos do passado, em sua estrutura tradicional. O STJ destaca que "a sanção administrativa não esgota, nem poderia esgotar, o rol de respostas persuasivas, dissuasórias e punitivas do ordenamento no seu esforço – típico desafio de sobrevivência – de prevenir, reparar e reprimir infrações. Assim, a admissibilidade de 'cumulação' de multa administrativa e de multa civil integra o próprio tecido jurídico do Estado Social de Direito brasileiro, inseparável de um dos seus atributos básicos, o 'imperativo categórico e absoluto de eficácia de direitos e deveres'" (STJ, AgInt no AREsp 1.517.245). Já mencionamos também que segundo o art. 56 do CDC, a reparação, na esfera judicial, por parte do fornecedor, não obsta a aplicação das sanções administrativas, que têm por objetivo a punição pela infração às normas que tutelam as relações de consumo (STJ, RMS 22.241).

O CDC, no art. 57, traz valiosamente critérios para graduar a pena de multa, que são: a gravidade da infração, a vantagem auferida e a condição econômica do fornecedor. A multa – aplicada através de processo administrativo – reverterá para o Fundo de Direitos Difusos (Lei n. 7.347, art. 13), no âmbito federal, ou para os Fundos estaduais ou municipais de proteção ao consumidor nos demais casos. Cabe lembrar que em caso de concurso de créditos decorrentes de condenação prevista na Lei n.° 7.347/85 e de indenizações pelos prejuízos individuais resultantes do mesmo evento danoso, estas terão preferência no pagamento (CDC, art. 99). A sanção administrativa prevista no art. 57 do CDC é legitimada pelo poder de polícia – atividade administrativa de ordenação – que o Procon detém para cominar multas relacionadas à transgressão dos preceitos do CDC (STJ, AgRg no AREsp 476.062).

As multas administrativas têm função punitiva, sem excluir, em certos casos, outras funções. Devem ser fixadas em patamar que, no caso concreto, respeite a razoabilidade, de modo a rechaçar ora o caráter exagerado ou confiscatório, ora, no outro extremo, a irrisoriedade, que destrói a credibilidade da medida e permite ao infrator computá-la como 'custo normal do negócio'. O STJ destacou ainda que no cálculo da multa se deve levar em conta o faturamento bruto do fornecedor, e não o lucro específico com o ato ilícito em questão, pois do contrário, na prática, se equiparam injustamente, pela via transversa, pequeno e grande empresário (STJ, REsp 1.419.557). Em relação às multas administrativas aplicadas pelos Procons, o STJ decidiu: "No âmbito da tutela dos interesses difusos e coletivos, duas das funções da multa administrativa se destacam: a punição do infrator *in concreto* e a dissuasão *in abstracto* de infratores potenciais. Dúplice deve ser a cautela do administrador ao impô-la e do juiz ao confirmá-la, pois incumbe-lhes evitar, de um lado, efeito confiscatório inconstitucional e, do outro, leniência condescendente que possa ser enxergada pelo transgressor como estímulo indireto a novas violações da lei, efeito de certa 'normalização' da sanção monetária como se fora um custo a mais do negócio, sobretudo diante de grandes grupos econômicos, incentivo inequívoco à reincidência e ao enfraquecimento, pela desmoralização, do comando legislativo" (STJ, REsp 1.656.465, Rel. Min. Herman Benjamim, 2ª T, DJ 02/05/2017).

A sanção administrativa aplicada pelo Procon reveste-se de legitimidade, em virtude de seu poder de polícia (atividade administrativa de ordenação) para cominar multas relacionadas à transgressão do CDC" (STJ, REsp 1.279.622). A pena de multa aplicável às hipóteses de infração das normas de defesa do consumidor (CDC, art. 56, I) pode ser fixada em reais, não sendo obrigatória sua fixação em Unidade Fiscal de Referência (Ufir) (STJ, AgRg no REsp 1.466.104). O STJ, de modo relevante, destacou: "O dever de informação positiva do fornecedor tem importância direta no surgimento e na manutenção da confiança por parte do consumidor. A informação deficiente frustra as legítimas expectativas do consumidor, maculando sua confiança. A sanção administrativa aplicada pelo Procon reveste-se de legitimidade, em virtude de seu poder de polícia (atividade administrativa de ordenação) para cominar multas relacionadas à transgressão do CDC, esbarrando o reexame da proporcionalidade da pena fixada no enunciado da Súmula 7/STJ" (STJ, REsp 1.364.915). Porém é ilegal, por extrapolar do seu poder regulamentar e sancionador, todo provimento de órgãos de defesa do consumidor que, pretendendo dirimir conflitos nas relações de consumo, determina ao fornecedor de produtos ou serviços a restituição de valores ao consumidor (STJ, REsp 1.256.998).

A atuação dos órgãos de defesa do Consumidor, como o Procon, pode ocorrer de modo paralelo à atuação da Agência Reguladora, isto é, uma atuação não exclui nem inviabiliza a outra. Nesse sentido aponta a Súmula 675 do STJ: "É legítima a atuação dos órgãos de defesa do consumidor na aplicação de sanções administrativas previstas no CDC quando a conduta praticada ofender direito consumerista, o que não exclui nem inviabiliza a atuação do órgão ou entidade de controle quando a atividade é regulada". Nesse contexto, a atuação do Procon não exclui a atuação da respectiva Agência Reguladora (ANS, ANAC, por exemplo).

O critério para a aplicação das multas deverá ser iluminado pelo princípio da proporcionalidade – temperado ainda pelo subprincípio da adequação – seguindo critérios e gradações do CDC, como por exemplo a gravidade da infração, vantagem auferida e condição econômica do fornecedor. Além disso a pena deverá ser apta à sua função de proteger os direitos básicos do consumidor. Deverá, à luz da teoria do desestímulo, efetivamente atuar para coibir práticas abusivas dos fornecedores de produtos e serviços. Isso, porém, não afasta a imposição de outras obrigações por parte da ordem jurídica: "Não de desconhece o cabimento da ação civil pública para obter pronunciamento judicial voltado à imposição de obrigação de não fazer e pagamento de indenização por danos morais coletivos por empresa que persiste com a prática de fazer com que seus veículos circulem com excesso de peso, mesmo após considerável número de autuações administravas no Código Brasileiro de Trânsito" (STJ, AgInt no REsp 1.819.218). Em casos assim, a aplicação do CTB se mostra insuficiente para combater os graves problemas decorrentes do tráfego de veículos com excesso de peso que não podem ser resolvidos apenas na esfera administrativa (STJ, AgInt no AREsp 1.580.705).

O parágrafo único do art. 57 determina que a multa será em montante não inferior a duzentas e não superior a três milhões de vezes o valor da Unidade Fiscal de Referência (Ufir), ou índice equivalente que venha a substituí-lo. Em se tratando de empresas com significativa capacidade econômica – como concessionárias de serviços públicos – isso deve ser levado em consideração: "O tribunal de origem examinou a legislação e, com base no art. 57 do CDC, ratificou a imposição da multa de 5 mil Ufirs, tendo em vista a gravidade da infração, a condição econômica da ora recorrente e a reincidência na ilegalidade. Considerando que o valor máximo da penalidade corresponde a 3 milhões de Ufirs, não há de se falar em desproporcionalidade da multa aplicada" (STJ, REsp 1.216.020).

O Procon tem se valido, de modo correto, na aplicação das multas, de critérios objetivos e impessoais (o que é essencial para que as multas sejam mantidas diante de questionamentos judiciais): "Trata-se de ação ordinária ajuizada por MRV Engenharia e Participações S/A contra o Estado de São Paulo, em que pretende anular o auto de infração. Narra que foi autuada pelo Procon, pela prática de condutas lesivas ao direito do consumidor, consubstanciadas, sobretudo, na inclusão de cláusulas abusivas nos contratos de adesão apresentados aos seus clientes, sendo-lhe aplicada penalidade de multa no valor de R$ 810.986,67. Aduz que o auto de infração padece de vícios, pois não fora motivado e, em relação à aplicação da multa, não há fundamentação a justificar o valor elevado. O Juízo de primeiro grau julgou improcedente a ação. O Tribunal de origem, no que interessa, manteve a sentença de improcedência da ação". Continua: "No que tange à proporcionalidade da multa aplicada, o Tribunal *a quo* ressaltou que 'a multa foi graduada conforme a gravidade da infração, a vantagem auferida e a condição econômica do fornecedor. No caso, 6 infrações foram classificadas no Grupo III e uma infração no Grupo I do Anexo I da Portaria 26/06; a pena base para cada umas das 6 infrações foi de R$-608.240,00 e para a infração de menor gravidade no valor de R$-206.080,00. O valor final decorreu da aplicação de uma fórmula matemática (infração de maior gravidade, acrescida de 1/3 de seu valor), que assegura a impessoalidade da sanção, sobre a receita do período (média mensal de R$ R$-200.000.000,00) e foi, ao final, atenuada em razão da primariedade da autora e agravada na mesma proporção por ter o dano caráter coletivo'" (STJ, AgInt nos EDcl no AREsp 1.618.278).

O CDC, art. 58, estabelece quais sanções administrativas exigem processo administrativo (apreensão, inutilização de produtos, proibição de fabricação de produtos, suspensão do fornecimento de produto ou serviço, cassação do registro do produto e revogação da concessão ou permissão de uso), mas podem ser aplicadas diante de uma primeira infração, sem reiteração (ao contrário das sanções do art. 59 do CDC). Em ambos os casos, porém, as infrações administrativas estão tipificadas. Aliás, a aplicação de sanções administrativas, decorrente do exercício do poder de polícia, somente se torna legítima quando o ato praticado pelo administrado estiver previamente definido pela lei como infração administrativa. "Hipótese em que a conduta praticada pela impetrante não se subsume às normas elencadas pelo administrador para a imposição da pena de multa, na medida em que se limitou a exercer, dentro do prazo previsto no contrato, a prerrogativa expressamente contida nas Condições Gerais da Apólice (direito de não renovar o contrato). O procedimento administrativo pelo qual se impõe multa, no exercício do poder de polícia, em decorrência da infringência à norma de defesa do consumidor deve obediência ao princípio da legalidade. É descabida, assim, a aplicação de sanção administrativa à conduta que não está prevista como infração" (STJ, RMS 19.510)

A propósito, "nada impede, no entanto, que, por decreto, a União estabeleça critérios uniformes, de âmbito nacional, para sua utilização harmônica em todos os Estados da federação, procedimento que disciplina e limita o poder de polícia, de modo a fortalecer a garantia do *due process* a que faz jus o autuado. Não se pode, *prima facie*, impugnar de ilegalidade portaria do Procon estadual que, na linha dos parâmetros gerais fixados no CDC e no decreto federal, classifica as condutas censuráveis administrativamente e explicita fatores para imposição de sanções, visando ampliar a previsibilidade da conduta estatal. Tais normas reforçam a segurança jurídica ao estatuírem padrões claros para o exercício do poder de polícia, exigência dos princípios da impessoalidade e da publicidade. Ao fazê-lo, encurtam, na medida do possível e do razoável, a discricionariedade administrativa e o componente subjetivo, errático com frequência, da atividade punitiva da autoridade" (STJ, AgRg no AgRg no REsp 1.261.824).

O STJ possui precedentes no sentido de que inexiste nulidade no processo administrativo disciplinar cuja portaria de instauração não relata, pormenorizadamente, os atos infracionais imputados e legislação que se reputa violada (STJ, RMS 52.529).

O CDC, no art. 59, determina que certas sanções administrativas (cassação de alvará de licença, interdição e suspensão temporária da atividade, bem como a de intervenção administrativa), por serem mais gravosas, são podem ser aplicadas – sempre mediante processo administrativo – quando o fornecedor reincidir na prática das infrações de maior gravidade previstas neste código e na legislação de consumo. Para se levar em conta a questão da reincidência, porém, deverá se aguardar o trânsito em julgado da sentença. A pena de intervenção administrativa será aplicada sempre que as circunstâncias de fato desaconselharem a cassação de licença, a interdição ou suspensão da atividade. Anota-se doutrinariamente que "o critério estabelecido, de maior gravidade da infração, a fundamentar a aplicação das sanções indicadas no art. 59 é conceito aberto, indeterminado, cujo preenchimento se dá pelo aplicador da norma, na jurisdição judicial ou administrativa, a partir do exame das circunstâncias do caso concreto. Esta análise, além das circunstâncias de fato envolvidas na infração cometida pelo fornecedor, deve considerar também os princípios consagrados no art. 4.º do CDC, em especial a vulnerabilidade do consumidor (inc. I), a boa-fé e equilíbrio nas relações de consumo (inc. III), a eficiência na coibição dos abusos praticados no mercado de consumo (inc. VI). Da mesma forma, deve considerar a preservação dos direitos básicos do consumidor, mencionados no art. 6.º do CDC, dentre os quais ressalte-se a efetiva prevenção e reparação de danos patrimoniais e morais, individuais, coletivos e difusos (inc. VI)" (MARQUES, Claudia Lima; BENJAMIN, Antonio Herman V.; MIRAGEM, Bruno. *Comentários ao Código de Defesa do Consumidor*. São Paulo: Thomson Reuters Brasil, 2019).

Dentre os instrumentos existentes no CDC está a contrapropaganda. Estabelece o art. 56: "As infrações das normas de defesa do consumidor ficam sujeitas, conforme o caso, às seguintes sanções administrativas, sem prejuízo das de natureza civil, penal e das definidas em normas específicas: (...) XII – imposição de contrapropaganda". Por sua vez o art. 60 prevê: "A imposição de contrapropaganda será cominada quando o fornecedor incorrer na prática de publicidade enganosa ou abusiva, nos termos do art. 36 e seus parágrafos, sempre às expensas do infrator. § 1º A contrapropaganda será divulgada pelo responsável da mesma forma, frequência e dimensão e, preferencialmente no mesmo veículo, local espaço e horário, de forma capaz de desfazer o malefício da publicidade enganosa ou abusiva". É possível, portanto, buscando maior efetividade, impor contrapropaganda. A medida, aliás, está de acordo com a tendência internacional de buscar a tutela preventiva, ao invés de tudo deixar para a tutela repressiva, através das perdas e danos. Se, digamos, determinada gravadora faz publicidade de uma música preconceituosa contra os gays, ou de determinada crença religiosa, é possível a imposição da contrapropaganda, exortando a pluralidade, sem prejuízo da caracterização do dano moral coletivo.

É possível o redirecionamento da condenação de veicular contrapropaganda imposta a posto de gasolina matriz à sua filial (STJ, REsp 1.655.796). No caso, a empresa matriz foi condenada pela prática de propaganda enganosa por ter comercializado marca de combustível diversa da sua bandeira, restando condenada a veicular contrapropaganda, cujo cumprimento da ordem foi redirecionado à empresa filial. Sob a ótica consumerista é indiferente qual a empresa infratora, incidindo à hipótese a teoria da aparência. O consumidor, ao buscar os produtos ofertados, desconhece os meandros empresariais, que não lhe dizem respeito.

Convém ressaltar que a publicidade enganosa ou abusiva não exigem, para sua configuração, nenhuma prova subjetiva, como intenções dolosas ou desejos de enganar: "A configuração da publicidade enganosa, para fins civis, não exige a intenção (dolo) de iludir, disfarçar ou tapear, nem mesmo culpa, pois se está em terreno no qual imperam juízos alicerçados no princípio da boa-fé objetiva". Na hipótese particular dos autos, contudo, a jurisprudência do STJ, considerando as peculiaridades do caso concreto sob análise, é no sentido de que o anúncio publicitário consignou, minimamente, que o valor do frete não estava incluído no preço ofertado, daí por que inexiste o ilícito administrativo de publicidade enganosa ou abusiva. Desnecessário prevenir que tal conclusão soluciona o litígio apenas e tão somente no âmbito do Direito Administrativo Sancionador, isto é, de punição administrativa imposta na raiz do poder de polícia, sem que se possa, por conseguinte, fazer repercuti-la ou aproveitá-la em eventuais processos reparatórios civis, nos quais a análise da matéria ocorre à luz de outros regimes e princípios (STJ, AgRg no AgRg no REsp 1.261.824).

12.1. Sistema Nacional de Defesa do Consumidor

Cabe mencionar, ainda que brevemente, o Sistema Nacional de Defesa do Consumidor, previsto no art. 105 do CDC (e regulamentado pelo Decreto n. 2.181, posteriormente alterado pelo Decreto n 10.887/2021). A partir da própria dicção legal percebe-se que o SNDC é integrado por entes públicos e privados, que de algum modo estejam ligados à defesa do consumidor. Além da previsão legal, há decretos do Poder Executivo que regulamentam o SNDC. Integram o SNDC "a Secretaria Nacional do Consumidor do Ministério da Justiça e os demais órgãos federais, estaduais, do Distrito Federal, municipais e as entidades civis de defesa do consumidor" (Decreto nº 2.181/1997, art. 2º, com redação dada pelo Decreto nº 7.738/2012). Compete à Secretaria Nacional do Consumidor do Ministério da Justiça a coordenação da política do Sistema Nacional de Defesa do Consumidor. Nota-se – não só na dicção do art. 105 mas em todo o CDC, na verdade – que o legislador buscou conjugar, na proteção do consumidor, entes públicos e privados, e essa é uma escolha feliz e necessária.

Dentre os pontos trazidos pelo Decreto nº 7.738/2012, acima mencionado, estão a atribuição à Secretaria Nacional do Consumidor para celebrar convênios e termos de ajustamento de conduta; elaborar e divulgar anualmente, no âmbito de sua competência, o cadastro de reclamações fundamentadas contra fornecedores de que trata o art. 44 do CDC. Qualquer entidade ou órgão da Administração Pública, federal, estadual e municipal, destinado à defesa dos interesses e direitos do consumidor, tem, no âmbito de suas respectivas competências, atribuição para apurar e punir infrações relativas às relações de consumo (Decreto nº 2.181/1997, art. 5º). Também é relevante frisar que no caso de processos administrativos em trâmite em mais de um Estado, que envolvam interesses difusos ou coletivos, a Secretaria Nacional do Consumidor poderá avocá-los, ouvida a Comissão Nacional Permanente de Defesa do Consumidor, e as autoridades máximas dos sistemas estaduais.

Convém lembrar que o CDC, em seu art. 107, dispõe: "As entidades civis de consumidores e as associações de fornecedores ou sindicatos de categoria econômica podem regular, por convenção escrita, relações de consumo que tenham por objeto estabelecer condições relativas ao preço, à qualidade, à quantidade, à garantia e características de produtos e serviços, bem como à reclamação e composição do conflito de consumo". A convenção se tornará obrigatória a partir do registro do instrumento no cartório de títulos e documentos e somente obrigará os filiados às entidades signatárias. Não se exime de cumprir a convenção o fornecedor que se desligar da entidade em data posterior ao registro do instrumento. Com o objetivo de orientar o Sistema Nacional de Defesa do Consumidor, e na forma do art. 51 do CDC, a Secretaria Nacional do Consumidor divulgará anualmente elenco complementar de cláusulas contratuais consideradas abusivas. Essa divulgação terá, entre outros propósitos, o de possibilitar a aplicação de multa administrativa ao fornecedor, na forma do art. 22 do Decreto nº 2.181/1997. Importante frisar – na forma do art. 6º, § 1º, do Decreto nº 2.181/1997 – que a celebração de termo de ajustamento de conduta não impede que outro, desde que mais vantajoso para o consumidor, seja lavrado por quaisquer das pessoas jurídicas de direito público integrantes do SNDC.

Convém lembrar ainda que são extremamente relevantes os diálogos entre o CDC e a regulação administrativa dos serviços públicos. O CDC, aliás, tem disposição expressa a respeito, determinando no art. 22: "Os órgãos públicos, por si ou suas empresas, concessionárias, permissionárias ou sob qualquer outra forma de empreendimento, são obrigados a fornecer serviços adequados, eficientes, seguros e, quanto aos essenciais, contínuos". A jurisprudência, em geral, admite que o CDC possa ser aplicado aos serviços públicos, desde que haja contraprestação financeira específica (não aquela geral, através dos impostos) e que essa contraprestação não assuma feição tributária (não seja taxa, mas tarifa ou preço público). Diga-se que o Estado brasileiro é um *Estado prestacional* (ARAGÃO, Alexandre Santos de. O conceito de serviços públicos no Direito Constitucional brasileiro. In: *A Constitucionalização do Direito: fundamentos teóricos e aplicações específicas*. Cláudio Pereira de Souza e Daniel Sarmento (Orgs). Rio de Janeiro: Lumen Juris, 2007, p. 673). Basta ler o rol de serviços públicos a que a Constituição Federal faz menção, para chegarmos a esta conclusão. Conforme já se percebeu, "o serviço público é uma categoria que opera, às vezes, em plenitude, quando se reúnem todas as notas que idealmente devem conformar o seu regime, e, por outro lado, em outras ocasiões, também estamos ante um serviço público, ainda que as suas notas características estejam apenas parcialmente presentes" (MACHADO, Santiago Muñoz. *Servicio público y mercado, vol. IV.* Madrid: Civitas, 1998, p. 73).

12.2. Departamento Nacional de Defesa do Consumidor

O CDC, no art. 106, institui o Departamento Nacional de Defesa do Consumidor como organismo de coordenação da política do Sistema Nacional de Defesa do Consumidor. Ele integra a Secretaria Nacional de Direito Econômico, do Ministério da Justiça. O CDC Traz, em 10 incisos (três deles foram vetados), as atribuições do Departamento Nacional de Defesa do Consumidor (que poderá solicitar o auxílio, para o cumprimento de suas atribuições legais, de órgãos e entidades de notória especialização técnico-científica. O art. 106 do CDC, "assim como o art. 3.º do Dec. 2.181/1997 estabelece para o Departamento de Proteção e Defesa do Consumidor do Ministério da Justiça, no âmbito federal, uma série de atribuições de caráter (a) político-institucional (incs. I e IV), (b) consultivo (incs. II e III) e fiscalizador (incs. V a XII). Em relação ao último, a atribuição de fiscalização envolve o exercício do poder de polícia administrativo em inúmeras hipóteses, o que leva alguns autores a criticar a ênfase indicada às atribuições de fiscalização. Dentre as suas atribuições político-institucionais, estão o planejamento, elaboração e execução da política pública de defesa do consumidor, assim como a permanente informação e conscientização do consumidor sobre seus direitos. A importância destas atribuições são destacadas, uma vez que, dada a função de coordenação do sistema pelo DPDC, em certo sentido, ele contará com espécie de função indutora das prioridades e das políticas públicas promovidas pelo Sistema Nacional de Defesa do Consumidor" (MARQUES, Claudia Lima; BENJAMIN, Antonio Herman V.; MIRAGEM, Bruno. *Comentários ao Código de Defesa do Consumidor.* São Paulo: Thomson Reuters Brasil, 2019). Temos portanto atribuições variadas, multifuncionais.

Tradicionalmente, as políticas públicas no Brasil sempre foram deficientes (para dizer o mínimo) e enxergadas com muita descrença. Isso deverá mudar. Os direitos fundamentais devem receber máxima eficácia interpretativa, não só do legislador, mas também do administrador público e do magistrado. O princípio da proporcionalidade – que se extrai de diversas cláusulas constitucionais – é invocado para inibir e neutralizar abusos do poder público. Começa a se delinear, à luz da teoria dos direitos fundamentais, a existência *deveres de proteção*, por parte do Estado, relativamente a seus cidadãos. As clássicas abstenções estatais não nos satisfazem atualmente, como sociedade. É preciso ir além: e esse ir além envolve uma proteção adequada, eficiente, razoável e ágil dos direitos fundamentais dos cidadãos. Se houver proteção insuficiente, desproporcionalidade, por exemplo, poderá se configurar, no caso concreto, devidamente contextualizado, o dano injusto relacionado aos deveres de proteção estatais, que não foram observados em determinada situação específica. O Estado não pode agir com excesso ou com insuficiência.

Convém lembrar que existem práticas que vem sendo adotadas no universo digital com muito sucesso em termos de solução de conflitos de consumo, de modo extrajudicial: "Em demandas repetitivas e de baixa complexidade – o sistema de ODR (*Online Dispute Resolution*), dotado de grande flexibilidade, pode ajudar a superar obstáculos de mecanismos tradicionais, judiciais ou ADR (*Alternative Dispute Resolution*), sendo marcado sobretudo pela natureza adaptativa, com diversas experiências positivas no exterior, como na Prefeitura de NY, *E-Bay* e *PAY-PAL*, Wikipédia e *AirBNB*, dentre outras. Ocorre a análise jurimétrica dos consumidores nas plataformas, num processo de desjudicialização que se iniciou com abertura comercial da Internet, nos anos 1990, e, no Brasil, acentuou-se com o Código de Processo Civil de 2015, levando à parametrização de interesses. Como afirma Colin Rule, um dos precursores da matéria, o ODR combina a eficiência da solução alternativa de conflitos com a Internet. No Brasil, há diversos mecanismos sem dúvida bem-sucedidos, a serem fomentados, como o *Reclame Aqui*, *Juspro*, *e-Conciliar*, *Vamos Conciliar*, *Mediação Online* e *Consumidor.gov.br*, esta administrada pela Secretaria Nacional do Consumidor, pertencente à estrutura do Ministério da Justiça, que atua desde 2014 com bons resultados, tendo inclusive expandido recentemente sua base operacional".

Continua: "Por um lado, a exaustão do modelo tradicional de resolução de conflitos é algo que não pode ser desconsiderado, de modo que o processo judicial, durante muito tempo, converteu-se na única resposta que se oferece para qualquer embaraço no relacionamento entre as partes. Com o advento da Resolução 358, do CNJ, de dezembro de 2020, o Judiciário brasileiro começará a projetar sistemas informatizados de ODRs para a resolução de conflitos, voltados à tentativa de conciliação e mediação (SIREC), no formato de Tribunais online". Continua o autor: "Mediante o uso das ODRs, é possível antecipar, até o início do conflito, mediante o uso de computador, perante comunicação anônima, a administração de dados em volume e velocidade superiores, com comunicação interativa, demandando-se larga escala, perante qualquer ambiente. Isso leva à diminuição de custos e de tempo, numa atuação em outros momentos, prevenindo ou influenciando o conflito a fim de evitar sua escalada, de forma confidencial, sem exposição a terceiros. No entanto, a tecnologia não é neutra, e os procedimentos assim gerados podem ser persuasivos, induzindo a certas escolhas ou excluindo ou omitindo opções. As tecnologias refletem os preconceitos e premissas dos seus desenvolvedores, podendo determinar resultados simplesmente por sua formatação, podendo conduzir a ilegalidades ou abusividades" (MARTINS, Guilherme Magalhães. ODRs e conflitos repetitivos nas relações de consumo. *Migalhas de Proteção de Dados*. Acesso em 06 de julho de 2021).

12.3. Convenção coletiva de consumo

O CDC, no art. 107, trata da convenção coletiva de consumo, afirmando que as entidades civis de consumidores e as associações de fornecedores ou sindicatos de categoria econômica podem regular, por convenção escrita, relações de consumo que tenham por objeto estabelecer condições relativas ao preço, à qualidade, à quantidade, à garantia e características de produtos e serviços, bem como à reclamação e composição do conflito de consumo. Não se trata, verdade seja dita, de algo tão comum em nosso dia a dia, em algo que se incorporou à prática social brasileira de relações de consumo. Temos, aqui, um negócio jurídico privado, um ajuste civil entre entidades civis. A convenção somente obriga os filiados às entidades signatárias (o que já diminui bastante sua eficácia) e somente se torna obrigatória a partir do registro do instrumento no cartório de títulos e documentos. Não se exime de cumprir a convenção o fornecedor que se desligar da entidade em data posterior ao registro do instrumento. Sendo o CDC norma de ordem pública, como já estudamos, não serão válidas quaisquer acordos que busquem afastar normas imperativas de proteção ao consumidor. Os ajustes, portanto, terão como piso normativo o CDC, não podendo ser usados para subtrair a proteção normativa que o CDC já confere. Por fim, eventual descumprimento da convenção coletiva de consumo não tem, em princípio, eficácia de título executivo extrajudicial, não comportando portanto execução direta. Em relação aos termos de ajustamento de conduta, importante frisar – na forma do art. 6º, § 1º, do Decreto nº 2.181/1997 – que a celebração de termo de ajustamento de conduta não impede que outro, desde que mais vantajoso para o consumidor, seja lavrado por quaisquer das pessoas jurídicas de direito público integrantes do SNDC (Ministério Público, por exemplo, não celebra convenção coletiva de consumo, celebra termos de ajustamento de conduta).

13. QUESTÕES DE CONCURSOS

01. (Cespe – Juiz de Direito – TJ – BA/2019). Adaptada. A respeito da proteção contratual, verifique se a afirmação abaixo é certa ou errada, com base no CDC e na jurisprudência do STJ: "Sob o argumento da reciprocidade, é válida a imposição, pelo juiz, de cláusula penal a fornecedor de bens móveis no caso de demora na restituição do valor pago quando do exercício do direito de arrependimento pelo consumidor, ante a premissa de que este é apenado com a obrigação de arcar com multa moratória quando atrasa o pagamento de suas faturas de cartão de crédito".

(Assim decidiu o STJ no REsp 1.412.993, conforme citamos neste capítulo).

02. (Cespe – Juiz de Direito – TJ – BA/2019). Adaptada. No que se refere a cláusulas abusivas, verifique se a afirmação a seguir está certa ou errada, com base no CDC e na jurisprudência do STJ: "Desde que destacada, será válida cláusula contratual de prestação de serviços de cartão de crédito que autorize o banco contratante a compartilhar dados dos consumidores com outras entidades financeiras, ainda que não seja dada ao cliente opção de discordar desse compartilhamento".

(Assim decidiu o STJ no REsp 1.348.532, conforme citamos neste capítulo).

03. (Cespe – Promotor de Justiça – MPE – PI/2019). À luz do entendimento do STJ quanto a contratos bancários celebrados com instituições financeiras, julgue os seguintes itens.

I. É abusiva cláusula que preveja a cobrança de ressarcimento de serviços prestados por terceiros, sem a especificação do serviço a ser efetivamente prestado.

II. É abusiva cláusula que imponha o ressarcimento, pelo consumidor, da comissão do correspondente bancário nos contratos celebrados a partir de 25/2/2011, sendo válida a cláusula anterior a essa data, ressalvado o controle da onerosidade excessiva.

III. É válida a cobrança de tarifa de avaliação de bem dado em garantia, bem como cláusula que preveja o ressarcimento de despesa com o registro do contrato, ressalvadas a abusividade da cobrança por serviço não efetivamente prestado e a possibilidade de controle da onerosidade excessiva.

Assinale a opção correta.

a) Apenas o item I está certo.

b) Apenas o item II está certo.

c) Apenas os itens I e III estão certos.

d) Apenas os itens II e III estão certos.

e) Todos os itens estão certos.

(Todas as teses previstas na questão foram fixadas no Tema 958, em sede de recurso repetitivo: REsp 1.578.553).

04. (Cespe – Promotor de Justiça – MPE – PI/2019) Em relação ao Sistema Nacional de Defesa do Consumidor (SNDC) e à convenção coletiva de consumo, julgue os itens a seguir.

I. A convenção coletiva de consumo torna-se obrigatória a partir do registro desse instrumento no cartório de títulos e documentos e somente obrigará os filiados às entidades signatárias.

II. Compete ao Departamento de Proteção e Defesa do Consumidor do SNDC, entre outras atribuições, requisitar à polícia judiciária a instauração de inquérito policial para a investigação de delito contra consumidores.

III. O SNDC é integrado exclusivamente por órgãos públicos.

Assinale a opção correta.

a) Apenas o item I está certo.

b) Apenas o item II está certo.

c) Apenas os itens I e III estão certos.

d) Apenas os itens II e III estão certos.

e) Todos os itens estão certos.

(Em relação ao item I, está correto, conforme art. 107, § 1º, do CDC; em relação ao item II, o CDC, art. 106, V, fala em solicitação e não em requisição; em relação ao item III, de acordo com o art. 105 do CDC integram SNDC os órgãos federais, estaduais, do Distrito Federal e municipais e as entidades privadas de defesa do consumidor).

GABARITO			
01. E	**03. E**		
02. E	**04. A**		

Estas e outras questões estão disponíveis para serem respondidas na plataforma JusClass:

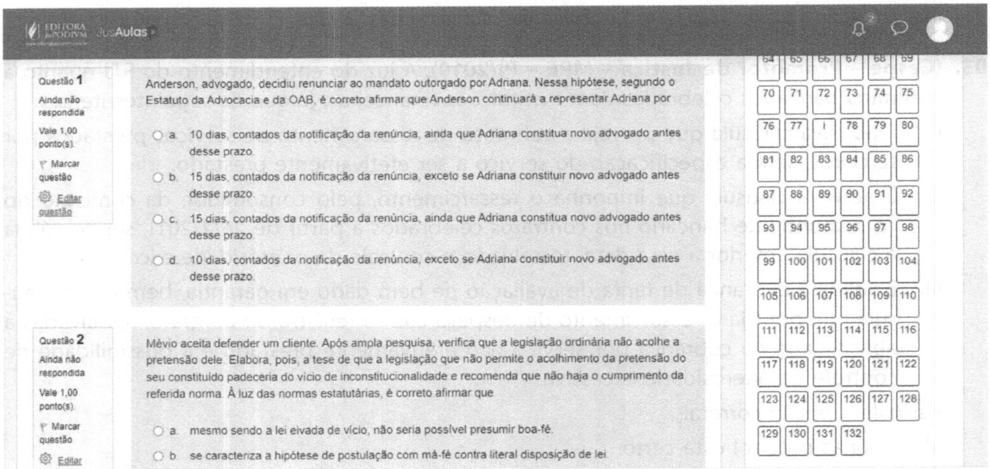

14. QUADRO SINÓTICO

CLÁUSULAS ABUSIVAS

- **O CDC dispõe de um sistema próprio de nulidades, tendente a proteger o consumidor. As cláusulas abusivas são nulas, não são anuláveis.**
- **Apesar disso, o STJ considera que "nos contratos bancários, é vedado ao julgador conhecer, de ofício, da abusividade das cláusulas" (STJ, Súmula 381).**
- **O CDC traz um elenco – meramente exemplificativo – de cláusulas abusivas.**
- **São nulas as cláusulas que impossibilitam, exoneram ou atenuam a responsabilidade do fornecedor (CDC, art. 51, I)**. São, também, nulas as cláusulas que transfiram a responsabilidade para terceiros (CDC, art. 51, III). Havendo mais de um autor a ofensa, todos responderão (CDC, art. 7º, parágrafo único; art. 25, § 1º).
- **São nulas as cláusulas que estabeleçam obrigações consideradas iníquas, abusivas, que coloquem o consumidor em desvantagem exagerada, ou que sejam incompatíveis com a boa-fé ou a equidade (CDC, art. 51, IV).**

- **Sugerimos a leitura dos demais incisos do citado art. 51.**
- **Em conformidade com a característica que apontamos no início do livro ("normas principiológicas")**, o CDC traz ainda no art. 51 "cláusulas de abertura", consignando que presume-se exagerada, entre outros casos, a vontade que ofende os princípios fundamentais do sistema jurídico a que pertence (CDC, art. 51, § 1º, I).
- **Também a que restringe direitos ou obrigações fundamentais inerentes à natureza do controle, de tal modo a ameaçar seu objeto ou equilíbrio contratual (CDC, art. 51, § 1º, II)**. Ainda é nula a que se mostra excessivamente onerosa para o consumidor (CDC, art. 51, § 1º, III). Enfim, o que o CDC deseja, neste e em outros artigos, é preservar o equilíbrio material entre as prestações.
- **A cláusula compromissória será nula se o consumidor não teve oportunidade de discuti-la previamente ou de conhecer seus termos (CDC, art. 51, VII)**. A cláusula compromissória só terá eficácia caso o consumidor venha a tomar a iniciativa de instituir a arbitragem, ou concorde expressamente com sua instituição. Nas duas situações não haverá compulsoriedade (STJ, REsp 1.189.050). Dessa forma, com o ajuizamento, pelo consumidor, de ação perante o Poder Judiciário, presume-se a discordância dele em submeter-se ao juízo arbitral, sendo nula a cláusula de contrato de consumo que determina a utilização compulsória da arbitragem (STJ, REsp 2.056.285).
- **A nulidade de uma cláusula contratual abusiva não invalida o restante do contrato, a princípio (CDC, art. 51, § 2º)**. É o princípio da conservação do contrato, também previsto no Código Civil (CC, art. 184).
- **É possível o controle abstrato das cláusulas abusivas (CDC, art. 51, § 4º)**.
- **O CDC é aplicável às instituições financeiras (STJ, Súmula 297)**.
- **É permitida a capitalização anual dos juros nos contratos bancários (STJ, AgRg no REsp 782.895)**. Também nos cartões de crédito (STJ, AgRg no REsp 104.77.12). Para que isso seja válido, no entanto, é preciso que haja previsão contratual explícita (STJ, AgRg no REsp 105.07.47).
- **É inválida a cumulação da cobrança da comissão de permanência ao lado da correção monetária, multa contratual ou juros remuneratórios (STJ, AgRg no REsp 782.895)**. Ou seja, a jurisprudência aceita a cobrança da comissão de permanência, desde que não seja feita juntamente com correção monetária, juros remuneratórios e multa.
- **Os juros pactuados em taxa superior a 12% ao ano não são considerados abusivos, exceto quanto discrepantes em relação à taxa de mercado (STJ, AgRg no REsp 782.895)**.
- **Nos contratos bancários não regidos por legislação específica, os juros moratórios poderão ser convencionados até o limite de 1% ao mês (STJ, Súmula 379)**.
- **É legítima a utilização da taxa referencial como índice de atualização, desde que pactuada no contrato (STJ, AgRg no REsp 782.895)**.
- **A comissão de concessão de crédito apenas pode ser cobrada uma única vez (STJ, REsp 908.835)**. Se cobrada mensalmente viola a boa-fé objetiva.
- **As multas de mora decorrentes do inadimplemento de obrigações, nas relações de consumo, não poderão ser superiores a dois por cento do valor da prestação (CDC, art. 52, § 1º)**. Os débitos dos contribuintes com a Fazenda Pública, naturalmente, estão fora da regra do CDC.
- **Se o consumidor pagar antecipadamente a dívida fará jus à redução proporcionais dos juros e encargos (CDC, art. 52, § 2º)**.
- **São nulas as cláusulas, nos termos do art. 53, que estabeleçam a perda total das prestações pagas em benefício do credor, a chamada cláusula de decaimento (CDC, art. 53)**. A jurisprudência, no entanto, permite a retenção de um percentual variável, como compensação à utilização do bem ou mesmo em vista de sua depreciação (STJ, REsp 196.311).

CAPÍTULO XVII

CONTRATOS DE ADESÃO

Sumário • 1. Conceito legal – 2. Interpretação contra o estipulante – 3. Cláusula de eleição de foro em contrato de adesão – 4. Cláusulas que limitam direitos dos consumidores – 5. A prevenção e o tratamento do superendividamento: arts. 54-A e seguintes do CDC – 6. As questões relativas à conciliaçãc no superendividamento – 7. Questões de Concursos – 8. Quadro Sinótico.

1. CONCEITO LEGAL

Os contratos de adesão traduzem grande parte dos contratos de consumo. As relações de consumo, massificadas e impessoais, ocorrem, na maioria dos casos, através de contratos de adesão. O CDC, em seu art. 54, define contrato de adesão: "Art. 54. Contrato de adesão é aquele cujas cláusulas tenham sido aprovadas pela autoridade competente ou estabelecidas unilateralmente pelo fornecedor de produtos ou serviços, sem que o consumidor possa discutir ou modificar substancialmente seu conteúdo".

Desde logo se diga que a segunda hipótese ("estabelecidas unilateralmente pelo fornecedor de produtos ou serviços, sem que o consumidor possa discutir ou modificar substancialmente seu conteúdo") é a mais comum. São aqueles contratos cujos conteúdos são predefinidos pelo fornecedor, e ao consumidor cabe apenas a opção de aceitar ou não contratar.

Assim o são grande parte, dissemos, dos contratos de consumo. Cartões de crédito, serviços bancários, passagens aéreas, contratos com faculdades particulares, enfim, imensa parcela dos produtos e serviços adquiridos se dão através de contratos de adesão. Daí a fundamental relevância de sua disciplina jurídica.

Trata-se, a rigor, de um poder normativo privado. A parte economicamente mais forte impõe seus interesses através de cláusulas padronizadas, pouco restando ao consumidor senão aceitar passivamente tais imposições contratuais, ou ficar sem o produto ou sem o serviço. Cabe alertar o leitor que nem todo contrato de adesão configura relação de consumo. Um contrato de franquia empresarial (*franchising*), por exemplo, em regra é um contrato de adesão, submete-se a normas contratuais genéricas e imodificáveis, mas não é um contrato de consumo (Lei nº 8.955/94). As pessoas que dele participam não são fornecedor e consumidor, são empresários (imaginemos os contratos de franquia do Boticário, Cacaushow, Casa do Pão de Queijo etc.).

2. INTERPRETAÇÃO CONTRA O ESTIPULANTE

Os contratos de adesão devem ser interpretados contra quem os redigiu, ou quem deles tira proveito. Aliás, o art. 47, em disposição genérica, já acentua que as "cláusulas contratuais serão interpretadas de maneira mais favorável ao consumidor". O Código Civil, nos artigos 423 e 424, reforçam a disciplina para as relações civis.

A jurisprudência tem sido firme no trato da matéria: "Direito civil. Contrato de seguro-saúde. Transplante. Cobertura do tratamento. Cláusula dúbia e mal redigida. Interpretação favorável ao consumidor. Art. 54, § 4º, CDC (...). Cuidando-se de interpretação de contrato de assistência médico-hospitalar, sobre a cobertura ou não de determinado tratamento (...). Acolhida a premissa de que a cláusula excludente seria dúbia e de duvidosa clareza, sua interpretação deve favorecer o segurado, nos termos do art. 54, § 4º, do Código de Defesa do Consumidor. Com efeito, nos contratos de adesão, as cláusulas limitativas ao direito do consumidor contratantes deverão ser redigidas com clareza e destaque, para que não fujam de sua percepção leiga" (STJ, REsp 311.509, Rel. Min. Sálvio de Figueiredo Teixeira, j. 03/05/01, p. DJ 25/06/01).

O art. 54, § 1º, dispõe: "A inserção de cláusula no formulário não desfigura a natureza de adesão do contrato". O art. 54, caput, reconhece que contratos de adesão são aqueles cujas cláusulas são estabelecidas "sem que o consumidor possa discutir ou modificar substancialmente seu conteúdo". Portanto, a mera inserção de cláusula no formulário não faz com que este perca sua natureza de contrato de adesão, eis que o conteúdo substancial do contrato foi imposto pelo fornecedor. Além disso, inteligência contrária facilitaria fraudes.

Já o § 2º prevê: "Nos contratos de adesão admite-se cláusula resolutória, desde que alternativa, cabendo a escolha ao consumidor, ressalvando-se o disposto no § 2º do artigo anterior". O CDC, neste dispositivo, evidencia que aceita a cláusula resolutória, porém apenas se alternativa. O que isso significa? Que ao consumidor é dado optar, na hipótese de inadimplemento do fornecedor, pela resolução contratual imediata (com a devolução dos valores pagos, compensada a vantagem experimentada pelo consumidor) ou pelo cumprimento da obrigação por parte do fornecedor.

O § 3º do art. 54 foi alterado pela Lei nº 11.785/08, passando a dispor: "Os contratos de adesão escritos serão redigidos em termos claros e com caracteres ostensivos e legíveis, cujo tamanho da fonte não será inferior ao corpo doze, de modo a facilitar sua compreensão pelo consumidor". O STJ, porém, em 2017, decidiu que a fixação do corpo 12 não se aplica às letras dos anúncios publicitários. Assim, a previsão de tamanho mínimo de fonte em contratos de adesão estabelecido no art. 54, § 3º, do CDC não é aplicável ao contexto das ofertas publicitárias. O STJ distinguiu o contexto dos anúncios e o contexto dos contratos (STJ, REsp 1.602.678, Rel. Sanseverino, 3ª T, DJ 31/05/2017).

Em relação aos contratos cabe lembrar a disposição do art. 46: "Os contratos que regulam as relações de consumo não obrigarão os consumidores, se não lhes for dada a oportunidade de tomar conhecimento prévio de seu conteúdo, ou se os respectivos instrumentos forem redigidos de modo a dificultar a compreensão de seu sentido e alcance". Isto é, sem a efetiva ciência, pelo consumidor, do conteúdo contratual, nenhuma eficácia vinculante terá contra o consumidor. O STJ frisou que "os contratos de adesão serão redigidos em termos claros e com caracteres ostensivos e legíveis, de modo a facilitar sua compreensão pelo consumidor. Caso em que o titular não teve prévia ciência de cláusulas estabelecidas pela administradora, não lhe podendo, portanto, ser exigido o seu cumprimento" (STJ, REsp 71.578).

Tal imposição se reveste de cores muito mais fortes nos contratos de adesão, em relação aos quais o poder do fornecedor é quase absoluto. Nestes casos, o dever de agir com transparência deve ser exigido com especial rigor do fornecedor de produtos e serviços. Decidiu o STJ ser inválida a cláusula que exclui da cobertura do seguro-saúde o tratamento de AIDS, tendo em vista tratar-se de contrato de adesão, em que inserido dispositivo exageradamente desfavorável ao segurado, parte mais fraca da relação jurídica, e que esta cláusula fere a natureza mesma do seguro-saúde (STJ, REsp 304.326).

O STJ já entendeu ser abusiva a cláusula – tão comum – que prevê a obrigação de pagar honorários advocatícios, independente do ajuizamento da ação judicial (STJ, REsp 364.140, Rel. Min. Ruy Rosado de Aguiar, 4ª T, DJ 12/08/02). Porém, atualmente, infelizmente, o STJ entende ser possível a cobrança de honorários advocatícios extrajudiciais se expressamente prevista em contrato, ainda que de adesão, em caso de mora ou inadimplemento por parte do consumidor (STJ, AgInt nos EDcl no REsp 2.029.027, Rel. Min. Humberto Martins, 3a T, DJe 17/11/2023).

3. CLÁUSULA DE ELEIÇÃO DE FORO EM CONTRATO DE ADESÃO

O CPC, art. 112, parágrafo único, dispõe: "A nulidade da cláusula de eleição de foro, em contrato de adesão, pode ser declarada de ofício pelo juiz, que declinará de competência para o juízo do domicílio do réu". O CPC/2015 prevê ainda que as partes podem modificar a competência em razão do valor e do território, elegendo foro onde será proposta ação oriunda de direitos e obrigações. A eleição de foro, porém, conforme prevê, só produz efeito quando constar de instrumento escrito e aludir expressamente a determinado negócio jurídico. O foro contratual obriga os herdeiros e sucessores das partes. Novidade relevante, a propósito, prevista no CPC, é que antes da citação, a cláusula de eleição de foro pode ser reputada ineficaz de ofício pelo juiz se abusiva. Nessa hipótese, o magistrado determinará a remessa dos autos ao juízo do foro de domicílio do réu. Citado, incumbe ao réu alegar a abusividade da cláusula de eleição de foro na contestação, sob pena de preclusão.

Porém, "a cláusula de eleição de foro é válida quando – ajustada entre pessoas jurídicas – não resultar de uma relação de consumo" (STJ, REsp 972.879). O STJ, posteriormente, mudou um pouco a orientação. Passou a frisar que a lei conferiu ao magistrado o poder-dever de anular, de ofício, a cláusula contratual de eleição de foro, inserta em contrato de adesão, quando esta cláusula se revelar abusiva. Ela será abusiva quando dificultar a parte aderente se defender em juízo, ainda que a relação jurídica subjacente não seja de consumo (STJ, REsp 108.9993). Portanto, de acordo com essa tese, mesmo não sendo relação de consumo, a cláusula de eleição de foro é inválida, se: a) estivermos diante de um contrato de adesão (lembremos que o Código Civil também cuida dos contratos de adesão); e b) dificultar a defesa da parte aderente em juízo.

Não haveria dificuldade de defesa, e, portanto, não haveria abusividade na cláusula, "tratando-se de aquisição de sofisticado equipamento médico-hospitalar para uso em hospital". Desse modo, no caso, "não se aplica o Código de Defesa do Consumidor, de modo que válida a eleição de foro" (STJ, REsp 777.188). A tendência jurisprudencial é aceitar o contrato de eleição de foro, quando o acordo ocorre entre pessoas jurídicas, especialmente em contratos - como o acima referido - envolvendo aquisições complexas e sofisticadas.

No mesmo sentido, posteriormente, decidiu-se ser válida cláusula de eleição de foro consensualmente estipulada pelas partes em relação tipicamente empresarial, mormente quando desenvolvem atividades de grande porte e contratam em igualdade de condições (STJ, AgRg no CC 68.062). Mesmo que uma das empresas seja maior do que a outra, é se de supor que o contrato entre elas tenha sido analisado pelos respectivos advogados. Não se trata de relação de consumo (STJ, REsp 1.102.848). Além disso, "o fato de se tratar de contrato de adesão não é suficiente, por si só, para modificar o foro contratualmente eleito, sendo imprescindível, portanto, que fique configurada a dificuldade de acesso da parte ao Poder Judiciário ou a hipossuficiência, o que não ocorreu" (STJ, REsp 1.675.012). Portanto, segundo o STJ, mesmo dentro de contrato de adesão a cláusula de eleição de foro poderá ser válida. Ela será válida se não ficar provada a dificuldade de acesso à justiça, ou mesmo a hipossuficiência.

Enfim, em geral tem-se entendido que a cláusula de eleição de foro somente pode ser afastada se constatada a hipossuficiência de um dos figurantes do negócio jurídico, condição peculiar que diz respeito à assimetria econômica e jurídica entre as partes contratantes, dificultando até mesmo a compreensão das condições naturais e jurídicas envolvidas na relação (STJ, REsp 1.761.045). Em outras palavras, se não houver hipossuficiência de uma das partes, a cláusula de eleição de foro é válida. Porém a diferença de porte econômico entre as sociedades empresárias, por si só, não é suficiente para caracterizar hipossuficiência apta a afastar a eficácia da mencionada cláusula contratual (STJ, REsp 1.897.114).

O STJ, em 2023, na linha de vários precedentes, afirmou que a cláusula de eleição de foro prevista em contrato de adesão pode ser afastada, quando comprovada a hipossuficiência da parte e a dificuldade de acesso à Justiça, como forma de manter o equilíbrio contratual (STJ, AgInt no AREsp 2.235.015, Rel. Min. Humberto Martins, 3ª T, DJ 17/11/2023).

4. CLÁUSULAS QUE LIMITAM DIREITOS DOS CONSUMIDORES

O § 4º do art. 54 acentua: "As cláusulas que implicarem limitação de direito do consumidor deverão ser redigidas com destaque, permitindo sua imediata e fácil compreensão". É equivocada a ideia – fruto de uma proteção hipertrofiada do consumidor – que não poderão existir cláusulas que limitem direitos do consumidor. É possível que existam, desde que não firam o equilíbrio material entre as prestações. Além disso, devem, para ter validade, ser redigidas com destaque (cores diferentes, caracteres maiores, etc.), de modo a serem facilmente percebidas e compreendidas pelo consumidor. Assim, "os contratos de adesão são permitidos em lei. O CDC impõe, tão-somente, que 'as cláusulas que implicarem limitação de direito ao consumidor deverão ser redigidas com destaque, permitindo sua imediata e fácil compreensão'. Destarte, ainda que se deva, em princípio, dar interpretação favorável ao adquirente de plano de saúde, não há como impor-se responsabilidade pela cobertura que, por cláusula expressa e de fácil verificação, tenha sido excluída do contrato" (STJ, REsp 319.707). No mesmo sentido, em outra oportunidade, decidiu o Tribunal que nos contratos de adesão "as cláusulas que implicarem limitação de direito do consumidor deverão ser redigidas com destaque, permitindo sua imediata e fácil compreensão. Se assim não está redigida a cláusula limitativa, não tem força para alcançar o consumidor, presente flagrante violação, que merece ser reconhecida" (STJ, REsp 255.064).

Se o fornecedor se vale de cláusula dúbia e mal redigida, a solução será interpretá-la contra quem a estipulou, ou seja, favoravelmente ao consumidor. Essa tem sido a solução jurisprudencial: "Contrato de seguro-saúde. Transplante. Cobertura do tratamento. Cláusula dúbia e mal redigida. Interpretação favorável ao consumidor. Art. 54, § 4º, CDC. Cuidando-se de interpretação de contrato de assistência médico-hospitalar, sobre a cobertura ou não de determinado tratamento. Acolhida a premissa de que a cláusula excludente seria dúbia e de duvidosa clareza, sua interpretação deve favorecer o segurado, nos termos do art. 54, § 4º, do Código de Defesa do Consumidor. Com efeito, nos contratos de adesão, as cláusulas limitativas ao direito do consumidor contratantes deverão ser redigidas com clareza e destaque, para que não fujam de sua percepção leiga" (STJ, REsp 311.509). Decidiu-se, de modo semelhante, que em contrato de plano de saúde é abusiva a cláusula que preveja o indeferimento de quaisquer procedimentos médico-hospitalares quando solicitados por médicos não cooperados (STJ, REsp 1.330.919).

Em belo julgado relatado pela Ministra Nancy Andrighi, enfatizou-se: "Como o segurado é a parte mais fraca, hipossuficiente e vulnerável, inclusive no sentido informacional da relação de consumo, e o segurador detém todas as informações essenciais acerca do conteúdo do contrato, abusivas serão as cláusulas dúbias, obscuras e redigidas com termos técnicos, de difícil entendimento. O consumidor tem direito a informação plena do objeto do contrato, e não só uma clareza física das cláusulas limitativas, pelo simples destaque destas, mas, essencialmente, clareza semântica, com um significado homogêneo dessas cláusulas" (STJ, 1.837.434). O dever de informar, aliás, deve ser analisado a partir do caso concreto, seus contextos e suas circunstâncias, e deverá levar ainda em conta a vulnerabilidade do consumidor, que pode se mostrar ainda maior em determinado caso concreto.

5. A PREVENÇÃO E O TRATAMENTO DO SUPERENDIVIDAMENTO: ARTS. 54-A E SEGUINTES DO CDC

O Capítulo VI-A do CDC – incluído pela Lei n. 14.181/2021 – trata da prevenção e do tratamento do superendividamento. Desnecessário lembrar a importância de se ter acesso ao crédito, numa sociedade de consumo. É verdade que muitos são os aspectos menos felizes de vivermos numa sociedade de consumo – como por exemplo a excessiva valorização de bens materiais, muitas vezes até como compensação psicológica para certos vazios internos –, mas isso não é o tema desta obra. A verdade é que o acesso ao crédito é algo importante, sobretudo para as pessoas financeiramente mais vulneráveis, que contam com isso (e precisam disso) em seu dia a dia. Ter o "nome sujo" para pessoas mais humildes é uma questão muito concreta e aflitiva.

Temos agora o superendividamento não só como problema social, mas também como problema jurídico, legislativamente falando. O ordenamento jurídico brasileiro finalmente acordou para o problema. Aqui, como em outros setores, espera-se que a sociedade amadureça aos poucos, aprendendo a lidar melhor com questões financeiras – e que fornecedores e consumidores exerçam valorosamente o crédito responsável.

A opção do legislador – que nos parece adequada – não foi pela feitura de uma lei à parte, mas sim uma lei que se integra e se harmoniza com o CDC. Não só tratar o superendividamento, mas sobretudo prevenir – o que aliás é a palavra de ordem do direito privado do século XXI. A inserção das regras sobre a matéria no corpo do CDC favorece, sem dúvida, uma interpretação integrada e herdeira de toda a principiologia construída ao longo de mais de 30 anos de vigência do CDC. O modo atual de legislar é, sobretudo, através de objetivos e fins. As legislações mais importantes do Brasil nos últimos anos, como o Marco civil da internet e a LGPD, são fundamentalmente principiológicas. Sabemos que cooperação, cuidado, informação, confiança são diretrizes fundamentais para a interpretação do direito privado do século XXI (não só nas relações de consumo, mas também nas relações civis. São deveres anexos que se incorporaram ao sistema). Aliás, os princípios implícitos têm, ou podem ter, imensa relevância, basta lembrar da razoabilidade entre nós (que foi consagrada, por exemplo, pelo CPC, mas muito antes disso foi frequentemente adotada pelo STF como princípio constitucional para invalidar leis que a contrariem, como princípio constitucional). Podemos falar em razoabilidade (como usam os americanos) os proporcionalidade (como preferem os alemães), não há tanta relevância na distinção, em nosso sentir. Entendemos que há uma *equivalência funcional* – no plano do direito privado – entre razoabilidade e proporcionalidade.

Além de assegurar um mínimo existencial aos devedores, busca-se – como veremos – prevenir o superendividamento, por meio do crédito responsável (impondo-se aliás a boa-fé não só na cobrança de dívidas, mas também na concessão de crédito). Institui-se, assim, entre nós, meios legais para prevenir e tratar a questão do superendividamento, que é um fator de cruel exclusão social, sobretudo para brasileiros mais vulneráveis. Os estudos sobre o conceito de vulnerabilidade ocupam lugar de destaque no direito privado do século XXI. Marcos Ehrhardt Jr. excelentemente sintetiza: "Atualmente relacionamos o tema da vulnerabilidade à necessidade de intervenção para a proteção de crianças, adolescentes, idosos, pessoas com deficiência, pessoas superendividadas e mulheres vítimas dos mais diversos tipos de violência em suas relações conjugais, mas não podemos nos esquecer de incluir nas discussões sobre o tema as pessoas que sofrem discriminações por conta de suas escolhas no campo religioso e/ou sexual, tampouco pessoas que sofrem preconceito por sua origem racial ou pela contingência de estarem tentando sobreviver a uma guerra, perseguição política ou severas condições socioeconômicas, fatores comuns entre refugiados" (*A vulnerabilidade e sua compreensão no direito brasileiro.* Indaiatuba: Foco, 2021, p. III).

A Lei n. 14.181/2021 enseja ainda a harmonia no mercado de consumo, pois ao tempo em que promove a dignidade do consumidor, dando-lhe a chance do recomeço – em termos patrimoniais –, também possibilita maior igualdade no pagamento da dívida, já que hoje são apenas os bancos, com imensas estruturas de cobrança, que possuem condições de investir nessa cobrança, por assim dizer (conferindo maior igualdade, em termos reais, entre os credores, na prática).

Prevenir é a palavra de ordem da experiência jurídica do século XXI. A importância que o século XX deu à reparação de danos, o século XXI, por sua vez, deu e dará à prevenção. O CDC, atualmente revitalizado, busca prevenir e tratar o superendividamento, dando à resposta adequada à situação concretamente vivenciada. Se já estamos diante de uma situação de superendividamento, há de se buscar meios e modos de se auxiliar, em termos jurídicos, que o cidadão possa recomeçar. Ou seja, patrimonialmente falando, conferir a chance de dignamente voltar ao mercado, sustentando (a si e a sua família) e recuperando o acesso ao crédito.

O CDC, no art. 54-A, estabelece: "Este Capítulo dispõe sobre a prevenção do superendividamento da pessoa natural, sobre o crédito responsável e sobre a educação financeira do consumidor". Observe-se, desde já, que a regulação normativa do superendividamento é aplicável apenas à pessoa natural, isto é, à pessoa física (a pessoa jurídica já dispõe dos mecanismos da falência e da recuperação judicial e extrajudicial). Em relação à terminologia, o CDC preferiu a palavra *superendividado* e não a palavra *falido*. A opção é correta e adequada. Todos conhecemos o tom negativo, de derrota, que a palavra falido traz. Existem, em linhas gerais, no direito comparado, dois grandes modelos de tratamento do superendividado: a) o americano (*fresh start*); b) o europeu (com o plano de pagamento). O primeiro modelo, em geral dos países da *common law*, trabalha-se com o perdão das dívidas, após a liquidação dos bens, para que o consumidor possa, o quanto antes, recomeçar a vida ativa de consumo. O segundo modelo, através do plano de pagamento, englobando todos os credores, mantendo-se o mínimo existencial (usando aqui uma expressão que nos é habitual no Brasil). Estamos aqui, obviamente, em extrema simplificação, oferecendo apenas uma visão geral. Aliás, a tendência hoje – como ocorre com a maioria dos institutos e categorias de países distintos – é haver um diálogo entre os modelos, sem concepções absolutas, mas de certo modo integradas (ver: LIMA, Clarissa Costa de. *O tratamento do superendividamento e o direito de recomeçar dos consumidores.* São Paulo: RT, 2014; MARQUES, Cláudia Lima; GARCIA, Leonardo. *Código de Defesa do Consumidor comentado.* Salvador: Juspodivm, 2021; CAVALLAZZI, Rosângela Lunardelli; LIMA, Clarissa Costa de. *Direitos do consumidor endividado II: vulnerabilidade e inclusão.* São Paulo: RT, 2016; BERTONCELLO, Káren Rick Danilevicz.

Superendividamento do consumidor: mínimo existencial – casos concretos. São Paulo: RT, 2015; SCHMIDT NETO, André Perin. *Revisão dos contratos com base no superendividamento*. Curitiba: Juruá, 2012; GONÇALVES, Geyson. *Superendividamento: mínimo existencial e garantismo*. Florianópolis: Habitus, 2018).

O art. 54-A, em seu § 1º, conceitua: "Entende-se por superendividamento a impossibilidade manifesta de o consumidor pessoa natural, de boa-fé, pagar a totalidade de suas dívidas de consumo, exigíveis e vincendas, sem comprometer seu mínimo existencial, nos termos da regulamentação". O velho adágio latino (*omnis definitio periculosa est*) recomenda que o legislador se abstenha de fazer definições. Hoje, porém, diante da complexidade de certas relações, parece que a antiga recomendação está perdendo força. As leis do século XXI recorrem frequentemente às definições, basta lembrar do Marco Civil da internet e da LGPD. O conceito é correto, adequado, e traz questões relevantes: a) o superendividado há de ser pessoa física; b) deve estar de boa-fé; c) as dívidas devem ser de consumo, isto é, devem se originar de uma relação de consumo (e não, por exemplo, aquelas relativas a aluguéis); d) o mínimo existencial é critério que deve iluminar todos os aspectos do superendividamento (um plano de pagamento que não observar esse critério será nulo).

Vale ressaltar o caráter ampliativo do Enunciado 650 da IX Jornada de Direito Civil do CJF: "O conceito de pessoa superendividada, previsto no art. 54-A, § 1º, do Código de Defesa do Consumidor, deve abranger, além das dívidas de consumo, as dívidas em geral, de modo a se verificar o real grau de comprometimento do seu patrimônio mínimo para uma existência digna". O enunciado possui a seguinte Justificativa: "O atual conceito legal de superendividado encontra-se positivado no art. 54-A, §1º do CDC, o qual se refere apenas a "dívidas de consumo". Assim, apesar de a Lei n. 14.181/2021 ter sido editada com o propósito de resolver a problemática relacionada ao superendividamento das pessoas, não supriu totalmente a lacuna normativa, pois teve seu âmbito de incidência restringido apenas para as relações de consumo, tratando o problema, portanto, apenas de forma parcial, posto que as dívidas cíveis em geral não seriam abarcadas pela nova lei. Não há motivo razoável para que tais dívidas restem excluídas do conceito e, por conseguinte, do correspondente tratamento diferenciado que lhes deve ser conferido. Falar-se em reabilitação apenas do consumidor não é tratar do problema em sua totalidade. Se o superendividamento atinge, de forma crítica, o patrimônio da pessoa natural de forma global, então todos os débitos pendentes devem ser solucionados ou direcionados a um caminho de resolução. A indevida restrição do tema apenas para o âmbito das relações de consumo implica soluções parciais. Não parece adequado manter a discussão compartimentalizada (relações de direito civil x consumidor x empresarial), quando a complexidade do mundo contemporâneo apresentará pessoas com dificuldades no adimplemento de dívidas de várias naturezas distintas, o que denota a importância de um crescente diálogo entre fontes normativas, empreendido por uma perspectiva de interpretação sistemática para o enfrentamento do problema". A justificativa apresenta razões relevantes, mas temos dúvidas se essa orientação irá prevalecer. Na visão atual, dívidas civis (dívidas alimentícias, por exemplo) não entram na questão do superendividamento.

O art. 54-A, no § 2º, destaca: "As dívidas referidas no § 1º deste artigo englobam quaisquer compromissos financeiros assumidos decorrentes de relação de consumo, inclusive operações de crédito, compras a prazo e serviços de prestação continuada". As relações de consumo, já frisamos, são um limite temático para a incidência do CDC, obviamente, e por consequência para a questão do superendividamento (que é aqui tratada). É importante analisar dívidas vencidas e por vencer, todos devendo ser analisadas, de modo integral, no perfil do superendividado e no plano de pagamento. Entram, assim, operações de crédito, compras a prazo e serviços de prestação continuada. Paulo Lôbo destaca que "os contratos de execução duradoura ou indeterminada, também denominados relacionais, não podem ser submetidos aos mesmos requisitos dos contratos de execução instantânea. São suscetíveis de modificação pelas circunstâncias futuras, previsíveis ou não, até porque ninguém pode antecipar a regularidade do mesmo estado de coisas com o passar do tempo. Esses contratos exigem adaptação constante, com o reajuste e o reequilíbrio de suas condições, o que provoca a implosão do princípio clássico de sua vinculabilidade obrigacional (*pacta sunt servanda*). Para esses contratos, são impróprias as soluções da teoria geral do adimplemento e das consequências do inadimplemento, porque não satisfazem os interesses das partes" (LÔBO, Paulo. Vulnerabilidade jurídica do contratante. In: EHRHARDT JR., Marcos; LÔBO, Fabíola. *Vulnerabilidade e sua compreensão no direito brasileiro*. Indaiatuba: Foco, 2021, p. 5). Os estudos relativos à vulnerabilidade, muito importantes no direito privado atual, devem iluminar as soluções desses temas.

O § 3º o art. 54-A enfatiza: "O disposto neste Capítulo não se aplica ao consumidor cujas dívidas tenham sido contraídas mediante fraude ou má-fé, sejam oriundas de contratos celebrados dolosamente com o propósito de não realizar o pagamento ou decorram da aquisição ou contratação de produtos e serviços de luxo de alto valor". Já frisamos o ponto. O CDC, de modo adequado, exclui quem dolosamente celebra contratos pensando em não cumpri-los, em não honrar com o pagamento. O direito não protege a torpeza, seria contraditório se o fizesse. O § 3º exclui ainda da proteção legal a "aquisição ou contratação de produtos e serviços de luxo de alto valor". A limitação faz sentido, inclusive em termos educacionais, pedagógicos. Não faz sentido estimular o consumo patológico, desproporcional, sobretudo para quem encontra-se em situação de desequilíbrio financeiro. É importante ainda perquirir em que medida essa aquisição contribuiu, ou não, para o superendividamento. Costuma-se ainda diferenciar o superendividado ativo e passivo. O primeiro dá causa, por ação sua, ao processo; já o segundo é levado a isso por circunstância extraordinária (doença, morte na família etc.). Nem sempre o superendividado ativo é consciente do problema em que está se enredando, nem sempre há dolo, desejo de não pagar a dívida que contraiu. Aliás, na maioria das vezes isso não ocorre, podemos afirmar. As legislações em geral não costumam proteger, nem poderiam, aquele que assume dívidas com o propósito de não pagar, isto é, de má-fé. A boa-fé é um requisito de incidência da lei do superendividamento (CDC, art. 54-A, § 3º).

O art. 54-B destaca: "No fornecimento de crédito e na venda a prazo, além das informações obrigatórias previstas no art. 52 deste Código e na legislação aplicável à matéria, o fornecedor ou o intermediário deverá informar o consumidor, prévia e adequadamente, no momento da oferta, sobre: I – o custo efetivo total e a descrição dos elementos que o compõem; II – a taxa efetiva mensal de juros, bem como a taxa dos juros de mora e o total de encargos, de qualquer natureza, previstos para o atraso no pagamento; III – o montante das prestações e o prazo de validade da oferta, que deve ser, no mínimo, de 2 (dois) dias; IV – o nome e o endereço, inclusive o eletrônico, do fornecedor; V – o direito do consumidor à liquidação antecipada e não onerosa do débito, nos termos do § 2º do art. 52 deste Código e da regulamentação em vigor". Já mencionamos a extraordinária força normativa que a informação possui nas relações de consumo. Informação falha gera responsabilidade, como também sua ausência. De acordo, por exemplo, com o art. 31, caput, do CDC, a obrigação de informação – com maior razão a que possa atingir pessoas de baixa renda – exige, do fornecedor, comportamento eficaz, proativo e leal. O CDC rejeita tanto a regra *caveat emptor* como a subinformação, as patologias do silêncio total e parcial. A regra do caveat emptor – completamente ultrapassada nas relações de consumo atuais – impõe, não ao fornecedor, mas ao consumidor os riscos relativos às informações sobre o produto e serviço (seria o consumidor que deveria se esforçar para obtê-las, e não seria dever do fornecedor disponibilizá-las com clareza). O art. 54-B, nessa linha, especifica obrigações mínimas que compõe o dever de informação que o fornecimento de crédito e na venda a prazo deverá conter, indo além do art. 52 do CDC. São inovações bem-vindas e relevantes. Por exemplo, a questão do *custo efetivo total* (CET) deverá discriminar, de forma realmente clara, todos os custos, isto é, absolutamente tudo que será cobrado do consumidor (o que é um avanço, sabemos bem como são redigidos esses contratos bancários e assemelhados). Informação, lembremos sempre, deverá ser prévia e adequada, conceitos fortes e de extraordinária importância no contexto do CDC.

O art. 54-B, no § 1º, destaca: "As informações referidas no art. 52 deste Código e no caput deste artigo devem constar de forma clara e resumida do próprio contrato, da fatura ou de instrumento apartado, de fácil acesso ao consumidor". O art. 54-B, no § 2º, dispõe: "Para efeitos deste Código, o custo efetivo total da operação de crédito ao consumidor consistirá em taxa percentual anual e compreenderá todos os valores cobrados do consumidor, sem prejuízo do cálculo padronizado pela autoridade reguladora do sistema financeiro". O art. 54-B, no § 3º, prescreve: "Sem prejuízo do disposto no art. 37 deste Código, a oferta de crédito ao consumidor e a oferta de venda a prazo, ou a fatura mensal, conforme o caso, devem indicar, no mínimo, o custo efetivo total, o agente financiador e a soma total a pagar, com e sem financiamento". O essencial, e pressuposto de validades desses negócios jurídicos, é que as informações em questão sejam ofertadas de modo claro e resumido. Isto é, o consumidor não deverá se esforçar para as conseguir, e mais ainda: o consumidor destinatário das informações é o consumidor leigo em questões financeiras, por isso maior clareza se impõe. Aliás, o § 3º do art. 54-B impõe os requisitos mínimos que a publicidade relativa ao tema deverá conter. Sabemos que o crédito nunca é gratuito (embora a afirmação contrária, dizendo da gratuidade do crédito, possa convencer consumidores mais vulneráveis).

O art. 54-C destaca ser vedado, expressa ou implicitamente, na oferta de crédito ao consumidor, publicitária ou não: II – indicar que a operação de crédito poderá ser concluída sem consulta a serviços de proteção ao crédito ou sem avaliação da situação financeira do consumidor; III – ocultar ou dificultar a compreensão sobre os ônus e os riscos da contratação do crédito ou da venda a prazo; IV – assediar ou pressionar o consumidor para contratar o fornecimento de produto, serviço ou crédito, principalmente se se tratar de consumidor idoso, analfabeto, doente ou em estado de vulnerabilidade agravada ou se a contratação envolver prêmio; V – condicionar o atendimento de pretensões do consumidor ou o início de tratativas à renúncia ou à desistência de demandas judiciais, ao pagamento de honorários advocatícios ou a depósitos judiciais.

Inicialmente é importante atentar ao vocábulo "implicitamente" do *caput* do art. 54-A, que pode ser de importantes resultados hermenêuticos para a questão do superendividamento. Já mencionamos que os deveres de informação a cargo do fornecedor são fortíssimos, no Brasil. Com a lei do superendividamento, isso se torna ainda mais forte (por exemplo, o dever de informar o custo efetivo total da operação, já aludido). A publicidade, também, muitas vezes agressiva e enganosa, deverá se adequar aos critérios principiológico e normativo da lei. O inciso II enfatiza, em essência, que o fornecedor tem o dever – de modo adequado e prudente – de verificar a capacidade econômica do consumidor de honrar o débito (trata-se, inclusive, de um dos reflexos do princípio do crédito responsável). É preciso impor novos padrões de responsabilidade, social e jurídica, para a concessão do crédito no Brasil.

O inciso III menciona a vedação, ainda que implícita, de se ocultar ou dificultar a compreensão sobre os ônus e os riscos da contratação do crédito ou da venda a prazo. À luz da boa-fé objetiva existem notáveis deveres de informar, de modo prévio e adequado, e até de cooperar com o consumidor, à luz dos contextos do caso. O inciso veda o assédio ou a pressão ao consumidor para contratar fornecimento de produto, serviço ou crédito, principalmente se se tratar de consumidor idoso, analfabeto, doente ou em estado de vulnerabilidade agravada ou se a contratação envolver prêmio. Fundamental essa previsão, sobretudo conectando-a ao estado concreto de vulnerabilidade do consumidor. As práticas são notoriamente abusivas no Brasil nesse campo, ou pelo menos foram por muito tempo. O inciso V veda que se condicione o atendimento de pretensões do consumidor ou o início de tratativas à renúncia ou à desistência de demandas judiciais, ao pagamento de honorários advocatícios ou a depósitos judiciais. Temos, no inciso V, previsão importante, que explicita o caráter abusivo dessa prática. Aliás, lembremos que o abuso de direito, no Brasil, é ato ilícito (CC, art. 187), e trata-se de norma de amplo espectro eficacial (não apenas indenizativo).

O art. 54-D frisa, em caráter exemplificativo, deveres prévios aos quais está sujeito o fornecedor ou o intermediário, previamente à contratação. O inciso I menciona a informação e esclarecimento específicos, não genéricos, sempre à luz da vulnerabilidade específica do consumidor. Importante é a previsão acerca das consequências genéricas e específicas do inadimplemento (isto é, não só alardear, de modo ilusório, as vantagens do crédito, mas também os aspectos negativos, de modo específico).

Informações genéricas, falhas ou omissas geram responsabilidade do fornecedor na concessão do crédito. O inciso II determina o dever de avaliar, de forma responsável, as condições de crédito do consumidor, mediante análise das informações disponíveis em bancos de dados de proteção ao crédito, observado o disposto no CDC e na legislação sobre proteção de dados. Ou seja, reafirma-se o princípio do crédito responsável. Isto é, caberá ao fornecedor, de modo prudente e responsável, verificar se o devedor dispõe de condições de pagar o crédito que assume. Isto é, não mais a concessão irresponsável e agressiva, que socialmente é ruim para todos, em última análise. O inciso III impõe o dever de informar a identidade do agente financiador e entregar ao consumidor, ao garante e a outros coobrigados cópia do contrato de crédito. O consumidor deverá receber cópia do contrato de crédito, o que obviamente já deveria ocorrer (mas nem sempre ocorre), por isso a previsão é necessária e bem-vinda, até para facilitar o acesso à justiça, se necessário.

Por fim, o descumprimento de qualquer dos deveres previstos no *caput* do art. 54-D e dos arts. 52 e 54-C do CDC (de qualquer dos artigos anteriores, na verdade) poderá acarretar judicialmente a redução dos juros, dos encargos ou de qualquer acréscimo ao principal e a dilação do prazo de pagamento previsto no contrato original, conforme a gravidade da conduta do fornecedor e as possibilidades financeiras do consumidor, sem prejuízo de outras sanções e de indenização por perdas e danos, patrimoniais e morais, ao consumidor. Trata-se de previsão da mais alta importância, aberta e flexível, que autoriza explicitamente sanções pelos descumprimentos antes referidos. Poderá haver, exemplificativamente, a redução dos juros, encargos ou de qualquer acréscimo ao principal. Não só, poderá haver ainda a dilação do prazo de pagamento, sem juros. A gravidade da conduta do fornecedor e as possibilidades financeiras do consumidor serão critérios que deverão ser levados em conta, em visão ampla. Tudo isso poderá ser cumulado com outras sanções (administrativas, por exemplo) e com a indenização por perdas e danos, patrimoniais e morais, ao consumidor (lembremos, por exemplo, que à luz da jurisprudência do STJ a gravidade da conduta do ofensor pode ser levada em conta para elevar o valor dos danos extrapatrimoniais). Os danos, ademais, podem ser individuais e coletivos, inclusive coletivos.

O CDC, no art. 54-F, prescreve: "São conexos, coligados ou interdependentes, entre outros, o contrato principal de fornecimento de produto ou serviço e os contratos acessórios de crédito que lhe garantam o financiamento quando o fornecedor de crédito: I – recorrer aos serviços do fornecedor de produto ou serviço para a preparação ou a conclusão do contrato de crédito; II – oferecer o crédito no local da atividade empresarial do fornecedor de produto ou serviço financiado ou onde o contrato principal for celebrado". O artigo, de modo explícito, destaca a interdependência entre os contratos, nas questões de crédito. Ou seja, há uma necessária rede de conexões – normativas e conceituais – entre o contrato que fornece produtos ou serviços e os contratos de crédito que financiam essas aquisições. Os contratos, portanto, nessa perspectiva, seguirão a mesma sorte, estão relacionados.

O art. 54-F, no § 1º, destaca: "O exercício do direito de arrependimento nas hipóteses previstas neste Código, no contrato principal ou no contrato de crédito, implica a resolução de pleno direito do contrato que lhe seja conexo". Conforme frisamos acima, há um rede de conexões normativas entre os contratos referidos. Se, num deles, há o exercício do direito de arrependimento (em 7 dias), o mesmo ocorrerá com o outro contrato coligado. Nos casos dos incisos I e II do art. 54-F, se houver inexecução de qualquer das obrigações e deveres do fornecedor de produto ou serviço, o consumidor poderá requerer a rescisão do contrato não cumprido contra o fornecedor do crédito (CDC, art. 54-F, § 2º). Havendo inexecução pelo fornecedor de produtos e serviços, o fornecedor de crédito também será afetado, no sentido de que o consumidor poderá requerer a rescisão do contrato contra este último também.

Cabe à Justiça comum estadual e/ou distrital processar e julgar as demandas oriundas de ações de repactuação de dívidas decorrentes de superendividamento, ainda que exista interesse de ente federal (STJ, CC 193.066, Rel. Min. Marco Buzzi, Segunda Seção, DJe 22/03/2023). Dessa forma, mesmo que a Caixa Econômica Federal (empresa pública) seja parte na repactuação das dívidas do consumidor, a competência, ainda assim, não será da Justiça Federal, mas da Estadual. Interpretação teleológica do art. 109, I, da CF, na hipótese em que há concurso de credores.

O direito previsto no § 2º do art. 54-F caberá igualmente ao consumidor: contra o portador de cheque pós-datado emitido para aquisição de produto ou serviço a prazo; contra o administrador ou o emitente de cartão de crédito ou similar quando o cartão de crédito ou similar e o produto ou serviço forem fornecidos pelo mesmo fornecedor ou por entidades pertencentes a um mesmo grupo econômico (CDC, art. 54-F, § 3º). O consumidor poderá exercer suas pretensões contra o portador de cheque pós-datado (se o fornecedor passar o cheque adiante, para outros, estes também estarão sujeitos às pretensões do consumidor). Embora, saibamos, o cheque esteja hoje em vias de extinção, sendo algo socialmente anacrônico. A pretensão antes referida também poderá ser exercida contra o administrador ou o emitente de cartão de crédito ou similar, desde que o cartão de crédito ou similar e o produto ou serviço forem fornecidos pelo mesmo fornecedor ou por entidades pertencentes a um mesmo grupo econômico.

A invalidade ou a ineficácia do contrato principal implicará, de pleno direito, a do contrato de crédito que lhe seja conexo, nos termos do *caput* deste artigo, ressalvado ao fornecedor do crédito o direito de obter do fornecedor do produto ou serviço a devolução dos valores entregues, inclusive relativamente a tributos (CDC, art. 54-F, § 4º). Já vimos que, por serem conexos ou coligados, a invalidade ou a ineficácia do contrato principal implicará, de pleno direito, a do contrato de crédito que lhe seja conexo. Isso significará que o fornecedor do crédito terá o direito de obter do fornecedor do produto ou serviço a devolução dos valores entregues, inclusive aqueles relativos a tributos.

É importante, aqui, lembrar do art. 3º da Lei do Superendividamento: "A validade dos negócios e dos demais atos jurídicos de crédito em curso constituídos antes da entrada em vigor desta Lei obedece ao disposto em lei anterior, mas os efeitos produzidos após a entrada em vigor desta Lei subordinam-se aos seus preceitos". Os contratos de longa duração, que têm efeitos produzidos após a entrada em vigor da lei do superendividamento, estarão sujeitos aos ditames da nova lei, ainda que celebrados anteriormente. As regras processuais da lei também terão efeitos imediatos.

O CDC, no art. 54-G, dispõe – sempre de modo exemplificativo – que sem prejuízo do disposto no art. 39 (no CDC e na legislação aplicável à matéria), é vedado ao fornecedor de produto ou serviço que envolva crédito "realizar ou proceder à cobrança ou ao débito em conta de qualquer quantia que houver sido contestada pelo consumidor em compra realizada com cartão de crédito ou similar, enquanto não for adequadamente solucionada a controvérsia, desde que o consumidor haja notificado a administradora do cartão com antecedência de pelo menos 10 (dez) dias contados da data de vencimento da fatura, vedada a manutenção do valor na fatura seguinte e assegurado ao consumidor o direito de deduzir do total da fatura o valor em disputa e efetuar o pagamento da parte não contestada, podendo o emissor lançar como crédito em confiança o valor idêntico ao da transação contestada que tenha sido cobrada, enquanto não encerrada a apuração da contestação". O art. 54-G, I, de modo interessante, resolve a favor do consumidor uma controvérsia muito comum: cobranças, por exemplo, na fatura do cartão de crédito de compras que o consumidor diz não ter feito. O risco, agora, por opção legislativa, não será do consumidor, mas do fornecedor.

Em outras palavras, até que seja "adequadamente solucionada a controvérsia" a cobrança não poderá ser feita. Basta, para isso, que: a) o consumidor informe à administradora do cartão; b) que essa comunicação seja feita, pelo menos, com antecedência de 10 dias contados da data de vencimento da fatura. Se a fatura já estiver fechada (quando o consumidor percebeu a cobrança indevida), o consumidor poderá ainda deduzir do total da fatura o valor em disputa e efetuar o pagamento da parte não contestada. A menção ao "crédito em confiança" é uma espécie de empréstimo – feito pelo fornecedor ao consumidor –, já que o consumidor nada precisará despender imediatamente quanto ao valor contestado. Porém, posteriormente, caso seja verificada a improcedência da alegação do consumidor, o valor em suspenso será integralmente cobrado, inclusive com os encargos de mora.

O inciso II menciona a recusa ou a não entrega ao consumidor, ao garante e aos outros coobrigados cópia da minuta do contrato principal de consumo ou do contrato de crédito, em papel ou outro suporte duradouro, disponível e acessível, e, após a conclusão, cópia do contrato. É prática abusiva dificultar, por qualquer modo, o acesso do consumidor ao contrato de crédito e aos demais contratos coligados. O inciso III frisa como sendo prática abusiva impedir ou dificultar, em caso de utilização fraudulenta do cartão de crédito ou similar, que o consumidor peça e obtenha, quando aplicável, a anulação ou o imediato bloqueio do pagamento, ou ainda a restituição dos valores indevidamente recebidos. Além da relevante previsão do inciso I, já vista, no inciso III o CDC vai além: considera prática abusiva (e abuso de direito, de modo mais amplo) impedir ou dificultar a ação do consumidor para que a compra fraudulenta não lhe seja imputada.

Sem prejuízo do dever de informação e esclarecimento do consumidor e de entrega da minuta do contrato, no empréstimo cuja liquidação seja feita mediante consignação em folha de pagamento, a formalização e a entrega da cópia do contrato ou do instrumento de contratação ocorrerão após o fornecedor do crédito obter da fonte pagadora a indicação sobre a existência de margem consignável (CDC, art. 54-G, § 1º). A previsão, aqui, justifica-se porque se não houver a chamada "margem consignável" (isto é, o consumidor já tem o salário comprometido com empréstimos anteriores, por exemplo), o contrato de crédito não será concluído. Por fim, nos contratos de adesão, o fornecedor deve prestar ao consumidor, previamente, as informações de que tratam o art. 52 e o caput do art. 54-B do CDC, além de outras porventura determinadas na legislação em vigor, e fica obrigado a entregar ao consumidor cópia do contrato, após a sua conclusão (CDC, art. 54-G, § 2º). Mais uma vez enfatiza-se a necessidade da entrega da cópia do contrato ao consumidor, de modo fácil e acessível. Já frisamos a força extraordinária que o dever de informar desempenha nas relações de consumo, e de modo específico nas operações de crédito feitas através de contratos de adesão.

Já vimos que a Lei n. 14.181/2021, além de assegurar um mínimo existencial aos devedores, busca prevenir o superendividamento, por meio do crédito responsável (impondo-se aliás a boa-fé não só na cobrança de dívidas, mas também na concessão de crédito). Institui-se, assim, entre nós, meios legais para prevenir e tratar a questão do superendividamento, que é um fator de cruel exclusão social, sobretudo para brasileiros mais vulneráveis. A Lei n. 14.181/2021 promove ainda a harmonia no mercado de consumo, pois ao tempo em que promove a dignidade do consumidor, dando-lhe a chance do recomeço – em termos patrimoniais –, também possibilita maior igualdade no pagamento da dívida, já que hoje são apenas os bancos, com imensas estruturas de cobrança, que possuem condições de investir nessa cobrança, por assim dizer (conferindo maior igualdade, em termos reais, entre os credores, na prática).

Outro aspecto que deve ser mencionado: agora há a necessidade – em termos legais – de instituição de mecanismos de prevenção e tratamento extrajudicial e judicial do superendividamento e de proteção do consumidor pessoa natural (CDC, art. 5°, VI). Temos insistido que a importância que o século passado deu à reparação de danos, o século atual cada vez mais dará à prevenção deles. E evitar o superendividamento é uma necessidade imperiosa. Por isso todas as iniciativas, individuais e coletivas, judiciais e educacionais, são importantes e bem-vindas. O caminho extrajudicial é uma possibilidade aberta ao consumidor, não é uma imposição. Outra inovação diz respeito à instituição de núcleos de conciliação e mediação de conflitos oriundos de superendividamento (CDC, art. 5°, VII). Esse é um tema que exige – talvez até mais do que os outros – um intenso esforço na mediação dos conflitos, de forma multidisciplinar. Aliás, a tendência atual é fortalecer a possibilidade de solução consensual em qualquer fase do processo. Cabe lembrar ainda que o Estado promoverá, sempre que possível, a solução consensual dos conflitos (CPC, art. 3º, § 2º). Tem sido cada vez mais usada a expressão justiça multiportas para enfatizar que a pacificação social não se dá apenas pelo caminho da justiça estatal, mas através de modos que buscam a solução consensual dos conflitos, tais como a conciliação, a mediação e a arbitragem.

É direito básico do consumidor a garantia de práticas de crédito responsável, de educação financeira e de prevenção e tratamento de situações de superendividamento, preservado o mínimo existencial, nos termos da regulamentação, por meio da revisão e da repactuação da dívida, entre outras medidas (CDC, art. 6º, XI). É também direito básico do consumidor a preservação do mínimo existencial, nos termos da regulamentação, na repactuação de dívidas e na concessão de crédito (CDC, art. 6º, XII). Lembremos que o conceito de mínimo existencial dialoga com o princípio da dignidade humana e, também, com a solidariedade social. Não se trata apenas de sobreviver, mas de sobreviver de modo minimamente digno. Não existe plano de pagamento válido sem que seja observada a questão do mínimo existencial, de modo concreto. Ambos os incisos acima tratam da prevenção e do combate ao superendividamento, buscando evitar que ele aconteça e, quando já instalado, tentando resolver a questão mediante a revisão e repactuação de dívidas. A questão do crédito responsável passa pela educação financeira dos consumidores mas passa também por exigir que os fornecedores não pratiquem a concessão irresponsável de crédito – e que possa ser responsabilizado quem o faça.

6. AS QUESTÕES RELATIVAS À CONCILIAÇÃO NO SUPERENDIVIDAMENTO

Temos, a partir do art. 104-A, a questão do *tratamento do superendividado* (ou seja, não mais a prevenção, mas a busca do direito de solucionar o problema já posto). O CDC, art. 104-A, prevê que o consumidor superendividado pessoa natural poderá requerer ao juiz a instauração de processo de repactuação de dívidas. Nesse processo será realizada audiência conciliatória – presidida pelo juiz ou por conciliador credenciado no juízo – com a presença de todos os credores de dívidas previstas no art. 54-A do CDC, na qual o consumidor apresentará proposta de plano de pagamento (com prazo máximo de 5 anos), preservados o mínimo existencial, nos termos da regulamentação, e as garantias e formas de pagamento originalmente pactuadas. Nota-se que inexiste na lei um critério objetivo do que seria o mínimo existencial, o que põe a seguinte questão concreta: qual será o percentual da renda do devedor que necessariamente deverá ficar de fora do plano de pagamento? Não temos respostas apriorísticas. Isso deverá ser analisado de modo contextualizado e concreto. Lembremos apenas que o conceito de mínimo existencial dialoga com o princípio da dignidade humana e, também, com a solidariedade social. Não se trata apenas de sobreviver, mas de sobreviver de modo minimamente digno. Não existe plano de pagamento válido sem que seja observada a questão do mínimo existencial, de modo concreto. Em relação aos processos de repactuação, podemos dizer que o Brasil, de agora em diante, criará meios e formas – através de núcleos no Judiciário e nos demais órgãos que atuam com o direito do consumidor – para concretamente realizar a conciliação no superendividamento.

Excluem-se do processo de repactuação as dívidas, ainda que decorrentes de relações de consumo, oriundas de contratos celebrados dolosamente sem o propósito de realizar pagamento, bem como as dívidas provenientes de contratos de crédito com garantia real, de financiamentos imobiliários e de crédito rural (CDC, art. 104-A, § 1º). Já mencionamos antes que as dívidas que estarão na repactuação da dívida serão apenas aquelas relacionadas às relações de consumo, embora não todas. Por exemplo, crédito com garantia real (alienação fiduciária) não pode ser incluída na repactuação da dívida que resultará – que poderá resultar, na verdade – da conciliação no superendividamento. Também os financiamentos imobiliários e de crédito rural não podem entrar no tratamento do superendividamento. Lembremos ainda que contratos celebrados dolosamente (sem o propósito de realizar pagamento) não estão protegidos pela lei do superendividamento.

O não comparecimento injustificado de qualquer credor, ou de seu procurador com poderes especiais e plenos para transigir, à audiência de conciliação de que trata o *caput* deste artigo acarretará a suspensão da exigibilidade do débito e a interrupção dos encargos da mora, bem como a sujeição compulsória ao plano de pagamento da dívida se o montante devido ao credor ausente for certo e conhecido pelo consumidor, devendo o pagamento a esse credor ser estipulado para ocorrer apenas após o pagamento aos credores presentes à audiência conciliatória (CDC, art. 104-A, § 2º). As sanções, observe-se, são severas e reais, para o credor que injustificadamente não comparecer à referida audiência de conciliação. O débito tem sua exigibilidade suspensa, os encargos da mora são suspensos, e haverá sujeição compulsória ao plano de pagamento da dívida. E, por fim, o pagamento a esse credor (que não compareceu de modo injustificado) ocorrerá apenas depois do pagamento aos credores presentes à audiência conciliatória. No caso de conciliação, com qualquer credor, a sentença judicial que homologar o acordo descreverá o plano de pagamento da dívida e terá eficácia de título executivo e força de coisa julgada (CDC, art. 104-A, § 3º). Convém atentar que no plano de pagamento voluntário não há o limite – que existe no plano judicial compulsório, que adiante veremos (CDC, art. 104-B, § 4º) – no sentido de assegurar aos credores, no mínimo, o valor do principal devido, corrigido monetariamente por índices oficiais de preço.

Constarão do plano de pagamento referido no § 3º do art. 104-A: medidas de dilação dos prazos de pagamento e de redução dos encargos da dívida ou da remuneração do fornecedor, entre outras destinadas a facilitar o pagamento da dívida; referência à suspensão ou à extinção das ações judiciais em curso; data a partir da qual será providenciada a exclusão do consumidor de bancos de dados e de cadastros de inadimplentes; condicionamento de seus efeitos à abstenção, pelo consumidor, de condutas que importem no agravamento de sua situação de superendividamento (CDC, art. 104-A, § 4º). Interessante é a previsão do inciso IV no sentido da "abstenção, pelo consumidor, de condutas que importem no agravamento de sua situação de superendividamento". O consumidor deverá se esforçar para não reincidir nas condutas que o levaram ao superendividamento (se o superendividamento foi causado por ele, e nem sempre é, pode resultar de fatos extraordinários, como uma doença ou o desemprego, por exemplo). Poderá haver – no processo de repactuação da dívida e, consequentemente, no plano de pagamento – a previsão para que o consumidor se abstenha de contrair certas dívidas por determinado prazo, por exemplo (para que possa cumprir o que foi repactuado e assim se livrar das dívidas). Tal como sucede em relação aos alimentos no direito civil – situação em que a jurisprudência entende haver implícita a regra do *rebus sic standibus* –, também aqui devemos entender que funcionalmente pode haver mudanças naquilo que foi acordado. Se, digamos, houver mudança fática imprevisível, inimputável ao consumidor, que alterou por exemplo sua capacidade de pagamento, imperioso será rever o acordo antes feito (por impossibilidade objetiva de cumprimento pelo consumidor).

O pedido do consumidor a que se refere o *caput* do art. 104-A não importará em declaração de insolvência civil e poderá ser repetido somente após decorrido o prazo de 2 anos, contado da liquidação das obrigações previstas no plano de pagamento homologado, sem prejuízo de eventual repactuação (CDC, art. 104-A, § 5º). A insolvência civil, na verdade, praticamente não existe na prática brasileira, sendo gravoso e pouco útil em termos finalísticos para a pessoa natural. E somente poderá ser repetido após decorrido o prazo de 2 anos (contado do pagamento das obrigações previstas no plano de pagamento homologado, sem prejuízo de eventual repactuação).

Os planos de pagamento poderá ser voluntariamente acordado, como vimos antes, e poderá, também, ser compulsório. Será compulsório quando for judicialmente determinado. Se não houver êxito na conciliação em relação a quaisquer credores, o juiz, a pedido do consumidor, instaurará processo por superendividamento para revisão e integração dos contratos e repactuação das dívidas remanescentes mediante plano judicial compulsório e procederá à citação de todos os credores cujos créditos não tenham integrado o acordo porventura celebrado (CDC, art. 104-B). Para que haja o plano compulsório, portanto, é preciso que haja pedido do consumidor e é preciso que não tenha havido êxito na etapa anterior de conciliação. Os contratos podem, ser, de modo compulsório, judicialmente revistos. Serão considerados no processo por superendividamento, se for o caso, os documentos e as informações prestadas em audiência (CDC, art. 104-B, § 1º). No prazo de 15 dias, os credores citados juntarão documentos e as razões da negativa de aceder ao plano voluntário ou de renegociar (CDC, art. 104-B, § 2º). O credor poderá, por exemplo, demonstrar que a dívida não decorre de relação de consumo, ou se trata de financiamento imobiliário, crédito rural. Ou ainda, exemplificativamente, que o consumidor agiu com dolo, isto é, contratou sem o propósito de realizar pagamento. Ou mesmo que o consumidor não é superendividado.

O juiz poderá nomear administrador, desde que isso não onere as partes, o qual, no prazo de até 30 dias, após cumpridas as diligências eventualmente necessárias, apresentará plano de pagamento que contemple medidas de temporização ou de atenuação dos encargos (CDC, art. 104-B, § 3º). Trata-se de meio de auxílio ao magistrado para possibilitar, inclusive com segura visão contábil, a formatação de um plano de pagamento menos oneroso, mas equilibrado e adequado (e sobretudo viável). O plano judicial compulsório deverá assegurar aos credores, no mínimo, o valor do principal devido, corrigido monetariamente por índices oficiais de preço, e preverá a liquidação total da dívida, após a quitação do plano de pagamento consensual previsto no art. 104-A do CDC, em, no máximo, 5 anos, sendo que a primeira parcela será devida no prazo máximo de 180 dias, contado de sua homologação judicial, e o restante do saldo será devido em parcelas mensais iguais e sucessivas (CDC, art. 104-B, § 4º). O piso, em termos quantitativos, será o valor do principal devido, corrigido monetariamente por índices oficiais de preço. Os encargos é que tornam, na prática, a situação impraticável para o endividado, e por isso os juros poderão ser decotados do plano judicial compulsório, mas não o valor da dívida principal, monetariamente corrigido.

Compete facultativa e concorrentemente aos órgãos públicos integrantes do Sistema Nacional de Defesa do Consumidor a fase conciliatória e preventiva do processo de repactuação de dívidas, nos moldes do art. 104-A deste Código, no que couber, com possibilidade de o processo ser regulado por convênios específicos celebrados entre os referidos órgãos e as instituições credoras ou suas associações (CDC, art. 104, C). O SNDC é integrado por entes públicos e privados, que de algum modo estejam ligados à defesa do consumidor (CDC, art. 105). Nota-se – não só na dicção do art. 105 mas em todo o CDC, na verdade – que o legislador buscou conjugar, na proteção do consumidor, entes públicos e privados, e essa é uma escolha feliz e necessária. Porém, no que toca à fase conciliatória e preventiva do processo de repactuação de dívidas, o CDC atribuiu essa competência apenas aos órgãos públicos integrantes do SNDC (defensorias públicas e Procons, por exemplo).

Em caso de conciliação administrativa para prevenir o superendividamento do consumidor pessoa natural, os órgãos públicos poderão promover, nas reclamações individuais, audiência global de conciliação com todos os credores e, em todos os casos, facilitar a elaboração de plano de pagamento, preservado o mínimo existencial, nos termos da regulamentação, sob a supervisão desses órgãos, sem prejuízo das demais atividades de reeducação financeira cabíveis (CDC, art. 104-C, § 1º). A tendência é racionalizar os trabalhos e otimizar os resultados, de modo equilibrado e isonômico. A audiência global deverá facilitar a elaboração de planos de pagamento, sob a supervisão técnica dos órgãos públicos. O não comparecimento injustificado dos credores às conciliações administrativas, cremos, implicará nas mesmas sanções previstas (e anteriormente comentadas) no art. 104-A, § 2º do CDC.

O acordo firmado perante os órgãos públicos de defesa do consumidor, em caso de superendividamento do consumidor pessoa natural, incluirá a data a partir da qual será providenciada a exclusão do consumidor de bancos de dados e de cadastros de inadimplentes, bem como o condicionamento de seus efeitos à abstenção, pelo consumidor, de condutas que importem no agravamento de sua situação de superendividamento, especialmente a de contrair novas dívidas (CDC, art. 104-C, § 2º). De modo semelhante a previsões anteriores, o CDC, aqui, prevê que o acordo firmado perante os órgãos públicos de defesa do consumidor incluirá: a) a data a partir da qual será providenciada a exclusão do consumidor de bancos de dados e de cadastros de inadimplentes; b) o condicionamento de seus efeitos à abstenção, pelo consumidor, de condutas que importem no agravamento de sua situação de superendividamento (especialmente se abstendo de contrair novas dívidas). Trata-

-se de possibilidade, não de imposição, mas é realmente algo importante, até para a libertação do consumidor das dívidas.

7. QUESTÕES DE CONCURSOS

01. **(Promotor de Justiça – MPE – RJ/2022)** Maria estava com um montante de dívidas, decorrentes de operações de crédito e compras parceladas, que se tornaram impagáveis, salvo com prejuízo de seu mínimo existencial. Após deixar de pagar todas as suas dívidas, Maria teve o seu nome inscrito em órgãos de proteção ao crédito, em razão da sua inadimplência. Ao tomar conhecimento da publicidade da instituição financeira X, a qual informava que poderia contratar operação de crédito sem consulta a serviços de proteção ao crédito, bem como sem avaliação da sua situação financeira, Maria tomou um empréstimo no valor de R$ 100.000,00 (cem mil reais), com o intuito de não pagar, tendo em vista não ter bens penhoráveis para tanto. Após, Maria contratou um advogado que requereu a instauração de processo judicial com fundamento no denominado superendividamento. Tendo em vista a disciplina legal do superendividamento, pode-se corretamente afirmar que

a) são abrangidas pelo conceito de superendividamento quaisquer compromissos financeiros assumidos decorrentes de relação de consumo, salvo compras a prazo.

b) o plano judicial compulsório poderá resultar em descontos de até 50% do valor principal, corrigido monetariamente, para pagamento em até 5 (cinco) anos pelo devedor superendividado.

c) é vedado, na oferta de crédito ao consumidor, indicar que a operação de crédito poderá ser concluída sem consulta a serviços de proteção ao crédito ou sem avaliação da situação financeira do consumidor.

d) se entende por superendividamento a impossibilidade manifesta do consumidor pessoa natural ou jurídica, de boa-fé, pagar a totalidade de suas dívidas de consumo, exigíveis e vincendas, sem comprometer seu mínimo existencial.

e) poderá Maria apresentar plano de pagamento, com prazo máximo de 5 anos, que pode abranger, inclusive, o empréstimo tomado da instituição financeira.

02. **(FGV – Juiz de Direito – TJ – AP/2022)** No que tange ao superendividamento, é correto afirmar que:

a) a Lei nº 14.181/2021, também conhecida como Lei do Superendividamento, estabeleceu um percentual de inadimplência de 30% dos débitos para que o consumidor seja considerado superendividado;

b) as normas protetivas em relação ao superendividamento dos artigos 54-A a 54-G do Código de Defesa do Consumidor (CDC) se aplicam em relação à aquisição ou à contratação de produtos e serviços de luxo de alto valor;

c) a doutrina e a jurisprudência classificam o consumidor superendividado ativo como aquele que se endivida por questões alheias ao seu controle como, por exemplo, em razão de circunstâncias de desemprego;

d) a Lei nº 14.181/2021 inseriu como nova proibição na oferta de crédito ao consumidor a indicação de que a operação de crédito poderá ser concluída sem consulta a serviços de proteção ao crédito ou sem avaliação da situação financeira do consumidor;

e) o superendividamento é um fenômeno multidisciplinar que repercute na sociedade de consumo de massa. As dívidas alimentícias corroboram significativamente para o agravamento desse fenômeno, tendo em vista diminuírem a capacidade de adimplemento do consumidor.

GABARITO			
01. C	02. D		

Estas e outras questões estão disponíveis para serem respondidas na plataforma JusClass:

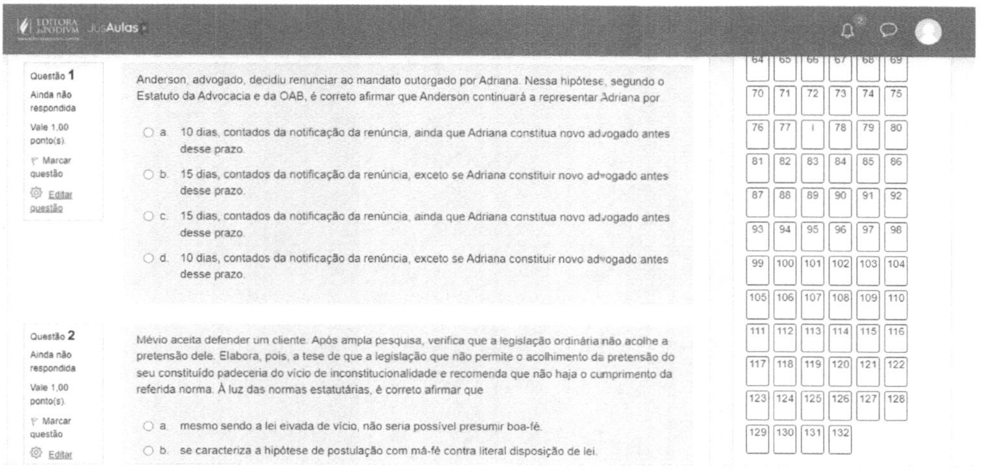

8. QUADRO SINÓTICO

CONTRATOS DE ADESÃO

- **As relações de consumo – impessoais e massificadas – ocorrem, em larga medida, por meio dos contratos de adesão.**
- **Neles, o consumidor não pode discutir ou modificar o conteúdo do contrato. O fornecedor já pré-elabora o conteúdo contratual (companhias aéreas, bancos, seguradoras, empresas de cartões de créditos, etc.).** Trata-se de um poder normativo privado.
- **Não é válida a cláusula de eleição de foro em contrato de adesão (CPC/73, art. 112, parágrafo único).** Tal nulidade poderá ser declarada de ofício pelo juiz.
- **As cláusulas que implicarem limitação de direito do consumidor deverão ser redigidas com destaque (CDC, art. 54, § 4º).** O tamanho da fonte não poderá ser inferior ao corpo doze (CDC, art. 54, § 3º).

CAPÍTULO XVIII

DA DEFESA DO CONSUMIDOR EM JUÍZO

De pouco ou nada valeria um extenso rol de direitos conferidos ao consumidor se não houvesse um instrumental processual apto a concretizá-los. O CDC, microssistema jurídico, traz normas de direito processual que modificam a estrutura clássica do processo civil baseada em litígios individuais. A sistemática processual do CDC é fundamentalmente coletiva, voltada para direitos difusos, coletivos e individuais homogêneos.

Aliás, essa caminhada em direção a novos modos – menos individuais, mais coletivos – já está longe de ser uma novidade em muitas áreas. No processo civil brasileiro a base normativa de tutela dos direitos difusos, coletivos e individuais homogêneos data do século passado – entre meados da década de 80 e início da década de 90. Não é exagero dizer que o Brasil pode se orgulhar de seu sistema legal de tutela coletiva, que não faz feio nas análises comparativas entre países. Há aspectos já bem conhecidos, aspectos que já se tornaram tradicionais por assim dizer. Nota-se que "a defesa judicial de interesses transindividuais de origem comum tem peculiaridades: não só esses interesses são intrinsecamente transindividuais, como também sua defesa judicial deve ser coletiva, seja em benefício dos lesados, seja ainda em proveito da ordem jurídica. Dessa forma, o legislador estipulou regras próprias sobre a matéria, especialmente para solucionar problemas atinentes à economia processual, à legitimação ativa, à destinação do produto da indenização e aos efeitos de imutabilidade da coisa julgada" (MAZZILLI, Hugo Nigro. *A Defesa dos Interesses Difusos em Juízo*. São Paulo: Saraiva, 2007, p. 58). O legislador do Código de Defesa do Consumidor optou por conceituar direitos "ou interesses" difusos, coletivos e individuais homogêneos. A opção – pragmática, como em tantos outros aspectos do CDC – tentou evitar que direitos difusos fossem enxergados como interesses e ficassem sem proteção. Essa opção se revelou adequada e vitoriosa. Kazuo Watanabe diagnosticou: "Os termos *interesses* e *direitos* foram utilizados como sinônimos, e certo é que, a partir do momento em que passam a ser amparados pelo direito, os '*interesses*' assumem o mesmo status de '*direitos*', desaparecendo qualquer razão prática, e mesmo teórica, para a busca de uma diferenciação ontológica entre eles" (GRINOVER, Ada Pellegrini; WATANABE, Kazuo; NERY JR, Nelson. *Código de Defesa do Consumidor*: comentado pelos autores do anteprojeto. Rio de Janeiro: Forense, 2011, p. 70).

O Código de Processo Civil, aliás, prevê que incumbe ao juiz "quando se deparar com diversas demandas individuais repetitivas, oficiar o Ministério Público, a Defensoria Pública e, na medida do possível, outros legitimados a que se referem os arts. 5º da Lei nº 7.347, de 24 de julho de 1985, e 82 da Lei nº 8.078, de 11 de setembro de 1990, para, se for o caso, promover a propositura da ação coletiva respectiva". O STF, em julgado de 2021, destacou: "O sistema processual coletivo brasileiro, direcionado à pacificação social no tocante a litígios meta individuais, atingiu *status* constitucional em 1988, quando houve importante fortalecimento na defesa dos interesses difusos e coletivos, decorrente de uma natural necessidade de efetiva proteção a uma nova gama de direitos resultante do reconhecimento dos denominados direitos humanos de terceira geração ou dimensão, também conhecidos como direitos de solidariedade ou fraternidade" (STF, RE 1.101.937, Tribunal Pleno, com repercussão geral, DJe 11/06/2021).

Estabelece o art. 81 do CDC: "A defesa dos interesses e direitos dos consumidores e das vítimas poderá ser exercida em juízo individualmente, ou a título coletivo. Parágrafo único. A defesa coletiva será exercida quando se tratar de: I – interesses ou direitos difusos, assim entendidos, para efeitos deste código, os transindividuais, de natureza indivisível, de que sejam titulares pessoas indeterminadas e ligadas por circunstâncias de fato". É importante, na sistemática do CDC, distinguir os direitos difusos, coletivos e individuais homogêneos. É o que tentaremos fazer a seguir. Diga-se, inicialmente, que os difusos e os coletivos têm ontologicamente uma natureza coletivista. Isto é, são, essencialmente, interesses indivisíveis. Já os individuais homogêneos são interesses individuais, cujo tratamento uniformizado se dá em razão da origem comum, consubstanciada em uma multiplicidade de sujeitos. Explicaremos tais noções a seguir.

1. INTERESSES OU DIREITOS DIFUSOS

Comecemos pelos interesses ou direitos difusos. Esclarece o CDC que são "os transindividuais, de natureza indivisível, de que sejam titulares pessoas indeterminadas e ligadas por circunstâncias de fato". Por exemplo, digamos que seja veiculada, num canal de televisão de grande difusão, publicidade enganosa. Todos os que viram aquela publicidade foram atingidos. É um interesse indivisível, cujos titulares são pessoas indeterminadas, ligadas por circunstâncias de fato.

2. INTERESSES OU DIREITOS COLETIVOS

Esclarece, a seguir, o inciso II do art. 81: "interesses ou direitos coletivos, assim entendidos, para efeitos deste código, os transindividuais, de natureza indivisível de que seja titular grupo, categoria ou classe de pessoas ligadas entre si ou com a parte contrária por uma relação jurídica base". A diferença mais marcante entre os interesses ou direitos difusos e os coletivos é que nestes, ao contrário dos primeiros, os titulares são identificáveis, embora não de modo absoluto. São interesses ou direitos coletivos aqueles "de que seja titular grupo, categoria ou classe de pessoas ligadas entre si ou com a parte contrária por uma relação jurídica base".

Nos interesses ou direitos coletivos, portanto, os liames entre as pessoas são jurídicos, não são puramente fáticos. Aponta-se, em doutrina, como tradicional exemplo da espécie o direito dos alunos de determinada faculdade a razoável qualidade de ensino. O direito é indivisível, transindividual, embora os titulares sejam determináveis. Assim, tanto os difusos quanto os coletivos são: a) transindividuais; b) indivisíveis. A diferença é que nos difusos o elo que liga os titulares são relações de fato, ao passo que nos coletivos há uma relação jurídica-base. Outra diferença importante é que nos difusos os sujeitos são absolutamente indeterminados, enquanto nos coletivos os titulares são determináveis.

O STF já teve a oportunidade de afirmar que a "indeterminidade é a característica fundamental dos interesses difusos e a determinidade a daqueles interesses que envolvem os coletivos" (STF, RE 163.231). O STJ, por sua vez, delineou: "Direitos (ou interesses) difusos e coletivos se caracterizam como direitos transindividuais, de natureza indivisível. Os primeiros dizem respeito a pessoas indeterminadas que se encontram ligadas por circunstâncias de fato; os segundos, a um grupo de pessoas ligadas entre si ou com a parte contrária através de uma única relação jurídica" (STJ, REsp 105.215). Em outra oportunidade: "As Turmas que compõem a 2ª. Seção deste Tribunal são competentes para decidir questões relativas a reajustes de mensalidades escolares por estabelecimentos de ensino particulares. Precedentes da Corte Especial. O Ministério Público tem legitimidade ativa para propor ação civil pública para impedir a cobrança antecipada e a utilização de índice ilegal no reajuste das mensalidades escolares, havendo, nessa hipótese, interesse coletivo definido no art. 81, inciso II, do Código de Defesa do Consumidor. A atuação do Ministério Público justifica-se, ainda, por se tratar de direito à educação, definido pela própria Constituição Federal como direito social" (STJ, REsp 138.583). Em sentido semelhante: "Tratando-se de ação que visa à proteção de interesses coletivos e apenas de modo secundário e consequencial, à defesa de interesses individuais homogêneos, ressai clara a legitimação do Ministério Público para intentar a ação civil pública. Precedentes" (STJ, REsp 192.950).

3. INTERESSES OU DIREITOS INDIVIDUAIS HOMOGÊNEOS

Por fim, estabelece o inciso III do art. 81: "interesses ou direitos individuais homogêneos, assim entendidos os decorrentes de origem comum". Não se trata, nesta hipótese, de interesses ou direitos ontologicamente coletivos, mas apenas ocasionalmente coletivos. Neste inciso III – interesses ou direitos individuais homogêneos – temos direitos individualizados, porém, como numericamente são múltiplos os titulares, é conveniente para a ordem jurídica e para a sociedade que a defesa deles se processe nos moldes coletivos. A Lei da Ação Civil Pública foi criada, originariamente, para regular a defesa em juízo de direitos difusos e coletivos. A figura dos direitos individuais homogêneos surgiu depois, a partir do CDC, como categoria equiparada aos primeiros, porém ontologicamente diversa (STJ, REsp 399.357). Enfim, o que autoriza a defesa coletiva de interesses individuais homogêneos é a *origem comum das lesões sofridas* (que são inúmeras).

Exemplo de interesse ou direito individual homogêneo teríamos entre os mutuários do Sistema Financeiro de Habitação e a CEF. Ou entre os assinantes de determinada TV por assinatura cujas mensalidades são abusivamente aumentadas. O STJ decidiu a respeito: "O Ministério Público está legitimado pelo CDC para ajuizar defesa coletiva quando se tratar de interesses ou direitos individuais homogêneos. A televisão por assinatura tem hoje importante presença como instrumento de lazer, contribuindo para a qualidade de vida dos cidadãos, e alcançando significativas parcelas da população, não estando confinada aos estratos mais abastados. Há entre os assinantes direito individual homogêneo, decorrente de origem comum, que autoriza a intervenção do Ministério Público" (STJ, REsp 308.486). O STJ ponderou: "Os direitos individuais homogêneos, por definição legal, referem-se a um número de pessoas ainda não identificadas, mas passível de ser determinado em um momento posterior, e derivam de uma origem comum, do que decorre a sua homogeneidade. A origem comum dos direitos individuais homogêneos versados neste processo consiste na cobrança indevida de valores referentes aos fretes dos veículos novos adquiridos das empresas concessionárias de veículos e administradora de consórcio por inúmeros consumidores" (STJ, REsp 761.114). Importante registrar que o STJ, posteriormente, decidiu que não se admite o cabimento da remessa necessária nas ações coletivas que versam sobre direitos individuais homogêneos (STJ, REsp 1.374.232).

Havia julgados (como o REsp 1.586.515) que afirmavam que a violação a direitos individuais homogêneos poderia causar danos morais coletivos, mas essa visão parece ter sido superada. Hoje prevalece a tese contrária, no sentido de a violação a direitos individuais homogêneos *não pode* causar danos morais coletivos, tendo sido vencida a ministra Nancy Andrighi. Assim, "a jurisprudência do STJ perfilha o entendimento segundo o qual o dano moral coletivo, por sua própria natureza jurídica, não se amolda à tutela dos direitos individuais homogêneos" (STJ, AgInt no AgInt no TP 3823, Rel. Min. Nancy Andrighi, 3ª T, DJe 17/08/2022).

3.1. Legitimação do Ministério Público

Trata-se de ponto de alta relevância, especialmente depois da Constituição de 1988: "Na sociedade contemporânea, marcadamente de massa, e sob os influxos de uma nova atmosfera cultural, o processo civil, vinculado estritamente aos princípios constitucionais e dando-lhes efetividade, encontra no Ministério Público uma instituição de extraordinário valor na defesa da cidadania" (STJ, REsp 105.215). Convém registrar que a ação coletiva permite que o pedido mediato seja formulado de maneira genérica (STJ, AgRg nos EDcl no REsp 1.408.382). Vejamos como a questão tem sido tratada na jurisprudência.

3.1.1. Interesse ainda que disponível

Houve, nesse ponto, uma interessante mudança de compreensão da jurisprudência ao longo dos anos. O que reflete, fundamentalmente, um novo modo de enxergar as relações sociais, sobretudo aquelas próprias de uma sociedade de massa, permeada por interesses e direitos transindividuais.

O STJ, há algum tempo, não aceitava a legitimidade do Ministério Público para propor ação civil pública em se tratando de direitos individuais homogêneos, se estivessem em questão direitos disponíveis. *Apenas direitos individuais homogêneos indisponíveis é que poderiam atrair a atuação do Ministério Público.* Assim, com esse modo de pensar, decidia-se: "Ministério Público. Interesses individuais privados. Ilegitimidade. Conforme já se manifestou o STJ, o Ministério Público tem legitimidade para ajuizar ação civil pública com o fim de proteger e cuidar de interesses sociais difusos ou coletivos, e não patrocinar direitos individuais privados *e disponíveis*, como ocorre in casu, onde se pretende declarar a nulidade de cláusulas abusivas constantes de contratos de locação residencial realizados com uma única imobiliária. Precedentes" (STJ, AgRg no REsp 442.822). De modo semelhante proclamava-se: "Prevaleceu na jurisprudência deste Tribunal o entendimento de que o Ministério Público tem legitimidade ativa *ad causam* para propor ação civil pública com o objetivo de proteger interesse individual *indisponível* de menor carente" (STJ, REsp 898.260).

Entendia-se, desse modo, que o Ministério Público tinha legitimidade apenas para tutelar, através de ações coletivas, direitos individuais homogêneos indisponíveis (mesmo que de uma única pessoa), mas jamais direitos individuais homogêneos disponíveis.

Isso, contudo, ao longo dos anos, alterou-se.

Hoje a posição atual é claramente oposta àquela do passado. Nesse contexto, no que diz respeito à legitimidade do Ministério Público, a jurisprudência do STF e do STJ assinala que, quando se trata de interesses individuais homogêneos, a legitimidade do Ministério Público para propor ação coletiva é reconhecida se evidenciado relevante interesse social do bem jurídico tutelado, atrelado à finalidade da instituição, *mesmo em se tratando de interesses individuais homogêneos disponíveis* (STJ, AgRg nos Edcl nos Edcl no REsp 1.499.300). Na linha da jurisprudência do STJ, o Ministério Público tem legitimidade ativa para propor ação civil pública e ação coletiva com o propósito de velar por direitos difusos e, também, individuais homogêneos dos consumidores, *ainda que disponíveis* (STJ, AgRg no REsp 932.994). A jurisprudência das cortes superiores, portanto, proclama atualmente que o Ministério Público está legitimado a promover ação civil pública para a defesa de *direitos individuais homogêneos disponíveis*, quando constatada a relevância social objetiva do bem jurídico tutelado (STJ, AgRg no REsp 1.261.198). Há muitos outros acórdãos no mesmo sentido que poderiam ser citados. Todos, recentes, afirmam de modo categórico a legitimidade do Ministério Público na defesa de direitos individuais homogêneos, *ainda que disponíveis.*

3.1.2. Interesse social

A jurisprudência tem entendido que haverá legitimação para a atuação do Ministério Público, por intermédio das ações coletivas, desde que os direitos individuais homogêneos ostentem relevante interesse social. Estamos diante de direitos que manifestam relevância para a coletividade como um todo. O STJ já decidiu, por exemplo, que "a tutela efetiva de consumidores possui relevância social que emana da própria Constituição Federal (arts. 5º, XXXII, e 170, V)" (STJ, REsp 1.254.428). Importante registrar que o Ministério Público tem legitimidade para ajuizar ação civil pública visando tutelar direitos dos consumidores relativos aos serviços públicos (STJ, AgRg no REsp 1.221.289). Assim, o "Ministério Público tem legitimidade para promover ação civil pública em defesa de interesses individuais homogêneos presentes nos contratos de compra e venda de imóveis de conjuntos habitacionais, pelo sistema financeiro de habitação, uma vez evidenciado interesse social relevante de defesa da economia popular. Precedentes" (STJ, REsp 404.239). Em se tratando, portanto, de interesses individuais homogêneos cuja violação tenha, de alguma forma, relevância social, o Ministério Público estará legitimado para agir. Convém ainda mencionar que o STJ firmou posição no sentido de que há legitimidade do Ministério Público para promover ação civil pública ou coletiva para tutelar não apenas direitos difusos ou coletivos de consumidores, mas também seus direitos individuais homogêneos, inclusive quando se trata de prestação de serviços públicos (STJ, AgRg no AREsp 255.845).

Resumindo o ponto, podemos afirmar que o Ministério Público Federal tem legitimidade para ajuizar ação civil pública em defesa de direitos individuais homogêneos, desde que esteja configurado interesse social relevante. Interesses ou direitos individuais homogêneos, "assim entendidos os decorrentes de origem comum" (CDC, art. 81, parágrafo único, III) qualificam-se como "subespécie de direitos coletivos", como já reconheceu o STF – estando, portanto, impregnados de metaindividualidade.

Tanto o STF quanto o STJ debateram, durante certo período, se a quantia paga pela prestação do serviço de esgoto seria preço público (tarifa), ou seria taxa. A jurisprudência do STF se inclinou no sentido de considerá-la preço público (ou tarifa). Decidiu-se: "Tratando-se de tarifa, é plenamente aplicável a disciplina do Código de Defesa do Consumidor em casos de aumento abusivo. Note-se que os interesses defendidos pelo recorrente, na hipótese, têm caráter divisível, derivando de origem comum, motivo pelo qual são enquadrados pela legislação consumerista como individuais homogêneos (CDC, art. 81, p. ún., inc. III), mas têm relevante espectro social, o que autoriza a legitimidade ativa do Parquet (art. 82 do CDC). Mesmo que não se admitisse comprovado, na hipótese, o relevante interesse social, doutrina e jurisprudência são unânimes em admitir que o Ministério Público tem legitimidade ativa de interesses individuais homogêneos na seara no direito do consumidor, pois presume-se a importância da discussão para a coletividade" (STJ, AgRg no REsp 856.378).

Vários julgados, portanto, apontam a legitimidade do Ministério Público para propor ACP em casos de direitos ou interesses individuais homogêneos, desde que configurados os requisitos antes apontados: "O Ministério Público tem legitimidade processual extraordinária para a propositura de ação civil pública objetivando a cessação de atividade inquinada de ilegal de captação antecipada de poupança popular, disfarçada de financiamento para a compra de linha telefônica" (STJ, REsp 910.192). Relevante, nesse julgado, na linha de outros precedentes, foi a reafirmação de que os interesses individuais homogêneos são considerados relevantes por si mesmos, sendo desnecessária a comprovação desta relevância.

Posteriormente o STJ reafirmou a legitimidade *ad causam* do Ministério Público, seja para a tutela de direitos e interesses difusos e coletivos, seja para a proteção dos chamados direitos individuais homogêneos, sempre que caracterizado relevante interesse social (STJ, AgRg no REsp 938.951). O julgado frisou que a proliferação de demandas individuais evidencia o interesse social. Se o interesse individual homogêneo possuir relevância social e transcender a esfera de interesses dos efetivos titulares da relação jurídica de consumo, tendo reflexos práticos em uma universalidade de potenciais consumidores que, de forma sistemática e reiterada, sejam afetados pela prática apontada como abusiva, a legitimidade ativa do Ministério Público estará caracterizada (STJ, REsp 1.887.694, Rel. Min. Nancy Andrighi, 3ª T, DJe 12/11/2020).

Diga-se ainda que o Ministério Público tem legitimidade para ajuizar ACP em defesa de direitos dos consumidores relativos à inscrição de seus nomes em cadastros de inadimplentes (STJ, REsp 1.148.179). Também possui legitimidade ativa para postular em juízo a defesa de direitos transindividuais de consumidores que celebram contratos de compra e venda de imóveis com cláusulas pretensamente abusivas (STJ, EREsp 1.378.938). Nesse contexto, o Ministério Público possui legitimidade ativa para promover a defesa dos direitos difusos ou coletivos do consumidor, e de seus interesses ou direitos individuais homogêneos, inclusive no que se refere à prestação de serviço público, haja vista a presunção da sua relevância para a coletividade (STJ, REsp 1.347.910). Concluindo, o Ministério Público tem legitimidade ativa para atuar na defesa dos direitos difusos, coletivos e individuais homogêneos dos consumidores, ainda que decorrentes da prestação de serviços públicos (STJ, Súmula 601). Se o direito for difuso ou coletivo (*stricto sensu*), o MP sempre terá legitimidade para agir. Se for individual homogêneo e indisponível, também. Se for individual homogêneo e disponível, o MP poderá agir se houver relevância social.

4. LEGITIMAÇÃO CONCORRENTE

O direito dos nossos dias, de índole difusa, não opera na lógica mais – pelo menos não exclusivamente – na esfera do *um-contra-um*. Isso tem claros reflexos no direito, sobretudo no campo processual: "Se a regra do *Ancien Régime* era a jurisdição prestada individualmente, a conta-gotas, na sociedade pós-industrial, até por razões pragmáticas de eficiência e de sobrevivência do aparelho judicial, tem-se no acesso coletivo a única possibilidade de resposta à massificação dos conflitos, que se organizam em torno de direitos e interesses difusos, coletivos stricto sensu e individuais homogêneos (art. 81, do CDC). Além de beneficiar as vítimas, que veem suas demandas serem resolvidas de maneira uniforme e com suporte institucional, a legitimação *ad causam* do Ministério Público e das ONGs para a propositura de Ação Civil Pública prestigia e favorece o próprio Judiciário, que, por essa via, sem deixar de cumprir sua elevada missão constitucional, evita o dreno de centenas, milhares e até milhões de litígios individuais" (STJ, REsp 347.752).

Bem por isso não há legitimação exclusiva, mas concorrente, para as ações cíveis fundadas em interesses difusos, coletivos, individuais indisponíveis ou homogêneos relativas aos interesses e direitos dos consumidores. Estatui o art. 82: "Para os fins do art. 81, parágrafo único, são legitimados concorrentemente: I – o Ministério Público". Já vimos a questão da legitimidade do Ministério Público ao comentar o artigo anterior. Talvez seja interessante citar trechos de um clássico julgado do STF sobre o tema: "A Constituição Federal confere relevo ao Ministério Público como instituição permanente, essencial à função jurisdicional do Estado, incumbindo-lhe a defesa da ordem jurídica, do regime democrático e dos interesses sociais e individuais indisponíveis (CF art. 127). Por isso mesmo detém o Ministério Público capacidade postulatória, não só para a abertura de inquérito civil, da ação penal pública e da ação civil pública para a proteção do patrimônio público e social, do meio ambiente, mas também de outros interesses difusos e coletivos (CF, art. 129, I e III). Interesses difusos são aqueles que abrangem número indeterminado de pessoas unidas pelas mesmas circunstâncias de fato e coletivos aqueles pertencentes a grupos, categorias ou classes de pessoas determináveis, ligadas entre si ou com a parte contrária por uma relação jurídica base. A indeterminidade é a característica fundamental dos interesses difusos e a determinidade a daqueles interesses que envolvem os coletivos".

Continua o acórdão: "Direitos ou interesses individuais homogêneos são os que têm a mesma origem comum (art. 81 III, da Lei nº 8.078, de 11 de setembro de 1990), constituindo-se em subespécie de direitos coletivos. Quer se afirme interesses coletivos ou particularmente interesses homogêneos, *stricto sensu*, ambos estão cingidos a uma mesma base jurídica, sendo coletivos, explicitamente dizendo, porque são relativos a grupos, categorias ou classes de pessoas, que conquanto digam respeito às pessoas isoladamente, não se classificam como direitos individuais para o fim de ser vedada a sua defesa em ação civil pública, porque sua concepção finalística destina-se à proteção desses grupos, categorias ou classe de pessoas. As chamadas mensalidades escolares, quando abusivas ou ilegais, podem ser impugnadas por via de ação civil pública, a requerimento do órgão do Ministério Público, pois ainda que sejam interesses homogêneos de origem comum, são subespécies de interesses coletivos, tutelados pelo Estado por esse meio processual como dispõe o art. 129, inciso III, da Constituição Federal. Cuidando-se de tema ligado à educação, amparada constitucionalmente como dever do Estado e obrigação de todos (CF, art. 205), está o Ministério Público investido de capacidade postulatória, patente a legitimidade *ad causam*, quando o bem que se busca resguardar se insere na órbita dos interesses coletivos, em segmento de extrema delicadeza e de conteúdo social tal que, acima de tudo, recomenda-se o abrigo estatal" (STF, RE 163.231).

Estabelece o inciso II: "a União, os Estados, os Municípios e o Distrito Federal". Esses entes políticos têm legitimação ativa concorrente para propor ações coletivas em favor do consumidor. Embora não sejam frequentes tais proposituras, são possíveis e desejáveis, sendo certo que a defesa do consumidor é princípio fundamental da ordem econômica e financeira (CF, art. 170, V), e que ao poder público cabe zelar, em diversos níveis, pelo respeito aos consumidores. Assim, "nos termos do art. 82, III, do CDC, tem o Distrito Federal legitimidade ampla para promover ação civil pública, visando a proteção de interesses ou direitos coletivos de associados, na referida unidade federativa, de empresa prestadora de serviços de saúde" (STJ, REsp 168.051).

O STJ já decidiu que o município tem legitimidade para mover ação civil pública em defesa de servidores contra banco. Segundo a relatora, o traço que caracteriza o interesse individual homogêneo como coletivo é a eventual presença de interesse social qualificado em sua tutela, correspondente à transcendência da esfera de interesses puramente particulares pelo comprometimento de bens, institutos ou valores jurídicos superiores, cuja preservação importa à comunidade como um todo. Tal entendimento, na visão da magistrada, justifica a atuação do município. E concluiu: "Ainda que tenha sido mencionada como causa de pedir e pedido a cobrança da tarifa de renovação de cadastro de servidores municipais, é certo que o direito vindicado possui dimensão que extrapola a esfera de interesses puramente particulares dos citados servidores, o que é suficiente para o reconhecimento da legitimidade do ente político para essa primeira fase da tutela coletiva de interesses individuais homogêneos" (STJ, REsp 1.509.586).

Prevê o inciso III: "III – as entidades e órgãos da Administração Pública, direta ou indireta, ainda que sem personalidade jurídica, especificamente destinados à defesa dos interesses e direitos protegidos por este código". O inciso III se dirige a "entidades e órgãos da Administração Pública, direta ou indireta, ainda que sem personalidade jurídica". Terá como destinatário, em larga medida, os Procons, que exercem relevante papel – inclusive de esclarecimento da população – no exercício concreto dos direitos do consumidor. Por outro lado, o STJ decidiu que associação de defesa do consumidor não tem legitimidade para ajuizar ACP que discute DPVAT (STJ, REsp 1.091.756). O tribunal destacou: "Ausente, sequer tangencialmente, relação de consumo, não se afigura correto atribuir a uma associação, com fins específicos de proteção ao consumidor, legitimidade para tutelar interesses diversos, como é o caso dos que se referem ao seguro DPVAT, sob pena de desvirtuar a exigência da representatividade adequada, própria das ações coletivas. A ausência de pertinência temática é manifesta".

O Procon tem legitimidade ativa para propor ação civil pública contra o reajuste de mensalidades de plano de saúde (STJ, AgRg no REsp 512.382). Trata-se, no caso, de direitos individuais homogêneos. Embora os Procons tenham capacidade postulatória, não poderão figurar no polo passivo das lides. É o que vem decidindo o STJ: "No entanto, pela interpretação dos referidos artigos do Código Consumerista e do art. 5º, inciso XXXII, da CF/88, bem como de acordo com a doutrina pátria, ainda que tenham capacidade postulatória ativa, os PROCONS não podem figurar no polo passivo das lides, eis que desprovidos de personalidade jurídica própria, mormente não extensível à legitimação passiva a regra prevista no CDC/90" (STJ, REsp 788.006).

Proclama o inciso IV: "IV – as associações legalmente constituídas há pelo menos um ano e que incluam entre seus fins institucionais a defesa dos interesses e direitos protegidos por este código, dispensada a autorização assemblear". Aqui teremos pessoas jurídicas de direito privado, entre cujos fins institucionais está a defesa dos interesses e direitos dos consumidores. O CDC, sabiamente, dispensa a autorização assemblear para a propositura das ações. O foco é facultar, sem maiores burocracias, a defesa coletiva dos consumidores em juízo. Assim, o IDEC – Instituto Brasileiro de Defesa do Consumidor, por exemplo, poderá propor ação civil pública em defesa de consumidores. As associações de defesa do consumidor, desde que assim previsto em seus estatutos, têm legitimidade ativa para promover ação coletiva objetivando a defesa de consorciados desistentes no resgate dos valores pagos no grupo (STJ, REsp 172.216). A pertinência subjetiva da entidade associativa de defesa do consumidor para ajuizar ação coletiva bem como a possibilidade jurídica do pedido se manifestam pela natureza dos interesses e direitos tutelados – individuais homogêneos (STJ, REsp 761.114). A jurisprudência do STJ reconhece a legitimidade da associação para a propositura de ACP na defesa de direitos individuais homogêneos de seus associados (STJ, REsp 1.790.616). O STJ reconheceu que a legislação brasileira não exige, em regra, condição especial para que a pessoa (física ou jurídica) e/ou o ente tenham legitimação passiva *ad causam* nas ações civis públicas, sendo suficiente a lesão ou a ameaça de lesão a direitos transindividuais (STJ, REsp 1.281.023). É o que entende o STJ, na linha de seus precedentes. Aliás, em ação civil pública, é possível a substituição da associação autora por outra associação caso a primeira venha a ser dissolvida (STJ, EDcl no REsp 1.405.697). Outro ponto que merece destaque: o STJ, em sede de repercussão geral, aprovou a seguinte tese: "Em ação civil pública proposta por associação, na condição de substituta processual de consumidores, possuem legitimidade para a liquidação e execução da sentença todos os beneficiados pela procedência do pedido, independentemente de serem filiados à associação promovente" (STJ, REsp 1.362.022, Segunda Seção, DJe 24/05/2021).

A análise acerca da pertinência temática em ações civis públicas não deve ser inflexível e rigorosa, devendo – em nome da efetividade dos direitos fundamentais – favorecer o acesso à justiça. Assim, "a pertinência temática exigida pela legislação, para a configuração da legitimidade em ações coletivas, consiste no nexo material entre os fins institucionais do demandante e a tutela pretendida naquela ação. É o vínculo de afinidade temática entre o legitimado e o objeto litigioso, a harmonização entre as finalidades institucionais dos legitimados e o objeto a ser tutelado na ação civil pública. Entretanto, não é preciso que uma associação civil seja constituída para defender em juízo especificamente aquele exato interesse controvertido na hipótese concreta. O juízo de verificação da pertinência temática há de ser responsavelmente flexível e amplo". (STJ, AgInt nos EDcl no REsp 1.788.290, DJe 24/05/2022; REsp 1.357.618, Rel. Ministro Luis Salomão, 4ª T, DJe 24/11/2017).

Contempla o § 1º: "O requisito da pré-constituição pode ser dispensado pelo juiz, nas ações previstas nos arts. 91 e seguintes, quando haja manifesto interesse social evidenciado pela dimensão ou característica do dano, ou pela relevância do bem jurídico a ser protegido". O art. 82, IV, como vimos, exige que as associações estejam "legalmente constituídas há pelo menos um ano". A norma busca evitar demandas oportunistas, movidas por interesses políticos ou comerciais, sem lastro num efetivo interesse social. Porém a pré-constituição da associação não é um fim em si mesmo, cedendo espaço quando se provar, no caso concreto, que haja "manifesto interesse social evidenciado pela dimensão ou característica do dano, ou pela relevância do bem jurídico a ser protegido". A propósito, o STJ decidiu ser dispensável o requisito temporal (pré-constituição há mais de um ano) para associação ajuizar ação civil pública quando o bem jurídico tutelado for a prestação de informações ao consumidor sobre a existência de glúten em alimentos (STJ, REsp 1.600.172). O relevante, para o CDC, é a proteção dos bens sociais relevantes, pouco importando quem veicula essa proteção em juízo. Presente esta situação, a associação, mesmo constituída há menos de um ano, poderá propor as ações coletivas pertinentes. Aliás, o STJ decidiu ser dispensável o requisito temporal (pré-constituição há mais de um ano) para associação ajuizar ação civil pública quando o bem jurídico tutelado for a prestação de informações ao consumidor sobre a existência de glúten em alimentos (STJ, REsp 1.600.172). O relevante, para o CDC, é a proteção dos bens sociais relevantes, pouco importando quem veicula essa proteção em juízo. Presente esta situação, a associação, mesmo constituída há menos de um ano, poderá propor as ações coletivas pertinentes. As Comissões de Defesa do Consumidor das Assembleias Legislativas têm legitimidade para propor demanda coletiva para a defesa do consumidor (STJ, AgInt no AREsp 581.530, Rel. Min. Benedito Gonçalves, 1ª T, DJ 06/11/2023).

Cabe ainda mencionar que em caso de desistência infundada ou abandono da ação por associação legitimada, o Ministério Público ou outro legitimado assumirá a titularidade ativa (CDC, art. 112). Busca-se, aqui, que a defesa de direitos ou interesses transindividuais sejam frustrados por condutas pouco zelosas, ou que busquem até, dolosamente, esvaziar essa proteção. Se houver desistência infundada, abandono da ação por associação legitimada, outro legitimado assumirá essa titularidade ativa. O Ministério Público, por sua vocação constitucional, deverá estar muito atento a essas situações. Em caso de dissolução, por decisão judicial, da associação autora de ação civil pública, é possível a substituição processual pelo Ministério Público (STJ, AgInt no REsp 1.582.243, Rel. Min. Isabel Gallotti, 4ª T, DJe 14/02/2023).

Já vimos que o art. 5º, tratando da execução da Política Nacional das Relações de Consumo, diz que esta contará, entre outros, com os seguintes instrumentos: I – manutenção de assistência jurídica, integral e gratuita para o consumidor carente; II – instituição de Promotorias de Justiça de Defesa do Consumidor, no âmbito do Ministério Público; III – criação de delegacias de polícia especializadas no atendimento de consumidores vítimas de infrações penais de consumo; IV – criação de Juizados Especiais de Pequenas Causas e Varas Especializadas para a solução de litígios de consumo; V – concessão de estímulos à criação e desenvolvimento das Associações de Defesa do Consumidor. A propósito da Defensoria Pública, Maurílio Maia propõe a tese do *custos vulnerabilis*. Isto é, representa uma forma interventiva da Defensoria Pública em nome próprio e em prol de seu interesse institucional (constitucional e legal) – atuação essa subjetivamente vinculada aos interesses dos vulneráveis e objetivamente aos direitos humanos – representando a busca democrática do progresso jurídico-social das categorias mais vulneráveis no curso processual e no cenário jurídico-político (MAIA, Maurilio Casas. Legitimidades institucionais no Incidente de Resolução de Demandas Repetitivas (IRDR) no Direito do Consumidor: Ministério Público e Defensoria Pública: similitudes & distinções, ordem & progresso. *Revista dos Tribunais*. vol. 986. p. 27-61. São Paulo: Ed. RT, dezembro 2017). A tese é correta e adequada e vem sendo crescentemente aceita, seja na doutrina, seja nos tribunais.

Outro ponto que deve ser destacado. O CDC, através do art. 111, possibilitou que outros interesses difusos ou coletivos pudessem ser tutelados através de ações civis públicas. É um avanço civilizatório importante, sem dúvida. O STJ já teve oportunidade de afirmar que a ação civil pública é instrumento processual de ordem constitucional, destinado à defesa de interesses transindividuais, difusos, coletivos ou individuais homogêneos e a relevância dos interesses tutelados, de natureza social, imprime ao direito processual civil, na tutela destes bens, a adoção de princípios distintos dos adotados pelo CPC, tais como o da efetividade. O princípio da efetividade está intimamente ligado ao valor social e deve ser utilizado pelo juiz da causa para abrandar os rigores da intelecção vinculada exclusivamente ao CPC – desconsiderando as especificidades do microssistema regente das ações civis –, dado seu escopo de servir à solução de litígios de caráter individual. A ação civil constitui instrumento de eliminação da litigiosidade de massa, capaz de dissipar infindos processos individuais, evitando, ademais, a existência de diversidade de entendimentos sobre o mesmo caso, possuindo, ademais, expressivo papel no aperfeiçoamento da prestação jurisdicional, diante de sua vocação inata de proteger um número elevado de pessoas mediante um único processo (STJ, REsp 1.279.586).

Convém lembrar que a lei admite o litisconsórcio facultativo entre os Ministérios Públicos da União, do Distrito Federal e dos Estados na defesa dos interesses e direitos transindividual (CDC, art. 113). Também se admite o litisconsórcio facultativo entre os Ministérios Públicos da União e dos Estados na defesa dos interesses e direitos dos idosos (Estatuto da Pessoa Idosa, art. 81, § 1º), e se houver desistência ou abandono da ação por associação legitimada, o Ministério Público ou outro legitimado deverá assumir a titularidade ativa (Estatuto da Pessoa Idosa, art. 81, § 2º). Caso o membro do Ministério Público entenda que não deverá assumir a titularidade ativa, deverá submeter sua decisão ao órgão superior de revisão (no caso do MPF, o caso deverá ser submetido às as Câmaras de Coordenação e Revisão; no caso dos Ministérios Públicos Estaduais, ao Conselho Superior do Ministério Público). Em se tratando das ações do art. 81, nos casos em que o Ministério Público não for autor da ação, deverá necessariamente atuar como fiscal da lei, sob pena de nulidade (Estatuto da Pessoa Idosa, art. 75).

Ainda a respeito do litisconsórcio entre ramos do MP, o STJ, infelizmente, deu interpretação restritiva aos comandos citados, de modo pouco harmônico com a principiologia da matéria: "O Ministério Público tem legitimidade ativa para a propositura de ação civil pública destinada à defesa de direitos individuais homogêneos de consumidores, ainda que disponíveis, pois se está diante de legitimação voltada à promoção de valores e objetivos definidos pelo próprio Estado. A tutela efetiva de consumidores possui relevância social que emana da própria Constituição Federal (arts. 5º, XXXII, e 170, V). O veto presidencial ao parágrafo único do art. 92 do CDC não atingiu o § 5º do art. 5º da Lei da Ação Civil Pública, inserido por força do art. 113 do CDC, que não foi vetado. A possibilidade, em tese, de atuação do Ministério Público Estadual e do Federal em litisconsórcio facultativo não dispensa a conjugação de interesses afetos a cada um, a serem tutelados por meio da ação civil pública. A defesa dos interesses dos consumidores é atribuição comum a ambos os órgãos ministeriais, o que torna injustificável o litisconsórcio ante a unicidade do Ministério Público, cuja atuação deve pautar-se pela racionalização dos serviços prestados à comunidade" (STJ, REsp 1.254.428).

O argumento usado pelo acórdão – no sentido de que a formação desnecessária do litisconsórcio poderá comprometer os princípios informadores do instituto, implicando, por exemplo, maior demora do processo pela necessidade de intimação pessoal de cada membro do MP, com prazo específico para manifestação – nos parece pouco adequado, contrariando a sistemática de que as formas e os modos de tutelas de vulneráveis se somam, dialogam entre si, não se excluem (ou pelo menos não é habitual essa interpretação). Anteriormente, de modo correto, o STJ já havia decidido que "o Ministério Público é órgão uno e indivisível, antes de ser evitada, a atuação conjunta deve ser estimulada. As divisões existentes na Instituição não obstam trabalhos coligados" (STJ, REsp 382.659).

Cabe destacar ainda que órgãos públicos legitimados poderão tomar dos interessados compromisso de ajustamento de sua conduta às exigências legais, mediante cominações, que terá eficácia de título executivo extrajudicial (CDC, art. 113). Os compromissos de ajustamento de conduta, há décadas, também se incorporaram à rotina da tutela coletiva brasileira, sobretudo no caso dos membros do Ministério Público (interessante lembrar que os compromissos de ajustamento de conduta foram introduzidos na ordem jurídica brasileira pelo Estatuto da Criança e do Adolescente). Assim, segundo "o art. 5°, § 6°, da Lei 7.347/1985, c/c o art. 784, XII, do CPC/2015, o TAC ou documento assemelhado possui eficácia de título executivo extrajudicial. Suas cláusulas devem, por conseguinte, ser adimplidas fiel, completa e lealmente no tempo, modo e condições fixados, incumbindo ao compromissário provar a satisfação plena das obrigações assumidas. A inadimplência, total ou parcial, dá ensejo à execução do avençado e das sanções cabíveis. Uma vez celebrado livre e conscientemente, e preenchidas as formalidades legais, constitui ato jurídico perfeito, imunizado contra alterações legislativas posteriores que enfraqueçam obrigações estatuídas em favor da sociedade" (STJ, AgInt no REsp 1.688.885).

4.1. Os Procons podem figurar no polo passivo das lides?

Embora os Procons tenham capacidade postulatória, não poderão figurar no polo passivo das lides. É o que vem decidindo o STJ: "No entanto, pela interpretação dos referidos artigos do Código Consumerista e do art. 5º, inciso XXXII, da CF/88, bem como de acordo com a doutrina pátria, ainda que tenham capacidade postulatória ativa, os PROCONS não podem figurar no polo passivo das lides, eis que desprovidos de personalidade jurídica própria, mormente não extensível à legitimação passiva a regra prevista na Lei nº 8.078/90" (STJ, REsp 788.006, Rel. Min. Francisco Falcão, 1ª T, p. 25/05/06).

Proclama o inciso IV: "IV – as associações legalmente constituídas há pelo menos um ano e que incluam entre seus fins institucionais a defesa dos interesses e direitos protegidos por este código, dispensada a autorização assemblear". Aqui teremos pessoas jurídicas de direito privado, entre cujos fins institucionais está a defesa dos interesses e direitos dos consumidores. O CDC, sabiamente, dispensa a autorização assemblear para a propositura das ações. O foco é facultar, sem maiores burocracias, a defesa coletiva dos consumidores em juízo. Assim, o IDEC – Instituto Brasileiro de Defesa do Consumidor, por exemplo, poderá propor ação civil pública em defesa de consumidores.

Assim, as "associações de defesa do consumidor, desde que assim previsto em seus estatutos, têm legitimidade ativa para promover ação coletiva objetivando a defesa de consorciados desistentes no resgate dos valores pagos no grupo" (STJ, REsp 172.216, Rel. Min. Aldir Passarinho Júnior, 4ª T, p. 24/04/06).

De igual modo, "nos termos do art. 82, IV, do Código de Defesa do Consumidor, as associações devidamente constituídas possuem legitimidade ativa para defender os interesses de seus associados, estando ínsita a autorização para tanto" (AgRg no Ag 541.334, Rel. Min. Carlos Alberto Menezes Direito, 3ª T, p. 03/05/04). Decidiu a jurisprudência: "A pertinência subjetiva da entidade associativa de defesa do consumidor para ajuizar ação coletiva bem como a possibilidade jurídica do pedido se manifestam pela natureza dos interesses e direitos tutelados – individuais homogêneos" (STJ, REsp 761.114, Rel. Min. Nancy Andrighi, 3ª T, p. 14/08/06).

Contempla o parágrafo primeiro: "§ 1º O requisito da pré-constituição pode ser dispensado pelo juiz, nas ações previstas nos arts. 91 e seguintes, quando haja manifesto interesse social evidenciado pela dimensão ou característica do dano, ou pela relevância do bem jurídico a ser protegido".

O art. 82, IV, como vimos, exige que as associações estejam "legalmente constituídas há pelo menos um ano". A norma busca evitar demandas oportunistas, movidas por interesses políticos ou comerciais, sem lastro num efetivo interesse social. Porém a pré-constituição da associação não é um fim em si mesmo, cedendo espaço quando se provar, no caso concreto, que haja "manifesto interesse social evidenciado pela dimensão ou característica do dano, ou pela relevância do bem jurídico a ser protegido". A propósito, o STJ decidiu ser dispensável o requisito temporal (pré-constituição há mais de um ano) para associação ajuizar ação civil pública quando o bem jurídico tutelado for a prestação de informações ao consumidor sobre a existência de glúten em alimentos (STJ, REsp 1.600.172, Rel. Min. Herman Benjamin, DJ 11/10/2016).

O relevante, para o CDC, é a proteção dos bens sociais relevantes, pouco importando quem veicula essa proteção em juízo. Presente esta situação, a associação, mesmo constituída há menos de um ano, poderá propor as ações coletivas pertinentes.

Nesse caminho vem a jurisprudência: "Presente o interesse social pela dimensão do dano e sendo relevante o bem jurídico a ser protegido, como na hipótese, pode o juiz dispensar o requisito da pré-constituição superior a um ano, da associação autora da ação, de que trata o inciso III do parágrafo único do art. 82 do Código de Defesa do Consumidor, que cuida da defesa coletiva dos interesses ou direitos individuais homogêneos" (STJ, REsp 106.888, Rel. Min. Cesar Asfor Rocha, Segunda Seção, p. 05/08/02).

5. ESTÍMULO À EFETIVIDADE: ADMISSIBILIDADE DE TODAS AS ESPÉCIES DE AÇÕES

De modo enfático, certamente para evitar hermenêuticas restritivas, estabeleceu o CDC, no art. 83: "Para a defesa dos direitos e interesses protegidos por este código são admissíveis todas as espécies de ações capazes de propiciar sua adequada e efetiva tutela". E ainda – dentre os direitos básicos do consumidor, previstos no art. 6º – está a "facilitação da defesa de seus direitos" (art. 6º, VIII). O CDC busca efetividade. Não deseja trazer belas consagrações retóricas de direitos com pouca ou nenhuma eficácia social. Para evitar tal armadilha, tão comum no discurso jurídico, o CDC buscou dotar o consumidor de instrumentos que permitam um real exercício dos direitos a ele assegurados. São, esses, aspectos que explicam muito do sucesso através das décadas do Código de Defesa do Consumidor. Cabe lembrar que dentre os direitos básicos do consumidor está "a efetiva prevenção e reparação de danos patrimoniais e morais, individuais, coletivos e difusos". A tutela, portanto, deve ser, sempre que possível, preventiva, evitando danos

Em 2021 o STJ, pela voz do ministro Herman Benjamin, destacou: "Todo o ordenamento jurídico-processual outorga ao magistrado amplos poderes para tutelar os interesses que a ação civil pública busca proteger. São exemplos dessas medidas o poder geral de cautela assegurado pelo art. 297, caput, do CPC e a concessão da tutela específica disciplinada no art. 497 do CPC: Na ação que tenha por objeto a prestação de fazer ou de não fazer, o juiz, se procedente o pedido, concederá a tutela específica ou determinará providências que assegurem a obtenção de tutela pelo resultado prático equivalente" (STJ, REsp 1.779.976). Aliás, o art. 139, IV, do CPC autoriza o magistrado a determinar todas as medidas indutivas, coercitivas, mandamentais ou sub-rogatórias necessárias para assegurar o cumprimento de ordem judicial, inclusive nas ações que tenham por objeto prestação pecuniária.

A propósito do acesso à justiça, vale lembrar que de acordo com a posição atual do STJ as decisões em ações civis públicas não têm sua eficácia territorial restrita à competência do órgão prolator (STJ, REsp 1.243.887). Elas podem ter eficácia nacional, à luz da extensão do dano e da qualidade dos interesses metaindividuais postos em juízo. A execução individual da sentença coletiva também pode ocorrer no domicílio do beneficiário. Cabe registrar, desde logo, que obrigar os beneficiados pela sentença coletiva a liquidá-la e a executá-la no foro em que a ação coletiva foi julgada implicaria em inviabilizar a tutela dos direitos individuais (STJ, AgRg no CC 131.642). Os efeitos e a eficácia da sentença coletiva não estão circunscritos a limites geográficos, mas aos limites objetivos e subjetivos do que foi decidido, por isso a sentença coletiva pode ter validade em todo o território nacional. O STJ reconheceu que a legislação brasileira não exige, em regra, condição especial para que a pessoa (física ou jurídica) e/ou o ente tenham legitimação passiva *ad causam* nas ações civis públicas, sendo suficiente a lesão ou a ameaça de lesão a direitos transindividuais (STJ, REsp 1.281.023). A ação coletiva permite que o pedido mediato seja formulado de maneira genérica (STJ, AgRg nos EDcl no REsp 1.408.). É o que entende o STJ, na linha de seus precedentes.

5.1. Questões relativas às tutelas específicas

O CDC, art. 84, prevê: "Na ação que tenha por objeto o cumprimento da obrigação de fazer ou não fazer, o juiz concederá a tutela específica da obrigação ou determinará providências que assegurem o resultado prático equivalente ao adimplemento". Trata-se de norma destinada a reger as obrigações de fazer ou de não-fazer. Nelas, as perdas e danos são subsidiárias, apenas tendo lugar quando não for possível – ou o consumidor não quiser – a tutela específica da obrigação. Busca-se, com isso, o resultado prático assegurado pelas normas de direito material. Para tanto, o CDC outorga ao magistrado amplos poderes, que poderão ser criativamente usados para atingir "o resultado prático equivalente ao adimplemento". Para tanto, os mandamentos judiciais, com cominações de multas, são valiosos mecanismos. Nesse contexto a ordem jurídica brasileira possibilitou que o juiz imponha multa diária ao réu com vistas a assegurar o adimplemento da obrigação de fazer, permitindo ainda que o magistrado afaste ou altere, de ofício ou a requerimento da parte, o seu valor quando se tornar insuficiente ou excessiva (mesmo depois de transitada em julgado a sentença).

Aliás, hoje já não faz mais sentido confundir o conceito de ilícito civil com o de indenização. O conceito de ilícito é muito mais amplo, e as tutelas contra o ilícito são variadas, diversas. Luiz Guilherme Marinoni destaca: "Importantes formas de tutela jurisdicional do novo Código de Processo Civil, há muito esperadas pela sociedade, operadores do direito e juristas, estão previstas no seu art. 497, parágrafo único, *verbis*: 'Na ação que tenha por objeto a prestação de fazer ou de não fazer, o juiz, se procedente o pedido, concederá a *tutela específica* ou determinará providências que assegurem a obtenção de tutela pelo resultado prático equivalente. Parágrafo único. Para a concessão da tutela específica destinada *a inibir a prática, a reiteração ou a continuação de um ilícito, ou a sua remoção, é irrelevante a demonstração da ocorrência de dano ou da existência de culpa ou dolo*'. O art. 497, parágrafo único, consagra a necessidade de tutela jurisdicional *contra o ato contrário ao direito*, ou melhor, de tutela jurisdicional *contra o ilícito*. A norma elenca duas formas de tutela jurisdicional: (i) a *tutela inibitória*, que pode se voltar contra a prática, a repetição ou a continuação de um ilícito; e (ii) a *tutela de remoção* do ilícito, direcionada à remoção dos efeitos concretos da conduta ilícita" (MARINONI, Luiz Guilherme. *Tutela contra o ilícito*. São Paulo: RT, 2015, p. 15).

Estatui o § 1º do art. 84 do CDC: "A conversão da obrigação em perdas e danos somente será admissível se por elas optar o autor ou se impossível a tutela específica ou a obtenção do resultado prático correspondente". Cabe, portanto, repetir: as perdas e danos têm caráter subsidiário na disciplina do CDC. Prevalece a tutela específica. As perdas e danos apenas prevalecerão se por elas optar o consumidor, ou mesmo se for impossível a tutela específica da obrigação. Assim, em 2020, esclareceu-se que "apenas em casos excepcionalíssimos, nos quais outros direitos fundamentais, como o acesso à informação ou o acesso à cultura, justifiquem uma disponibilização imediata e incondicional da obra para utilização de terceiros, é que a tutela específica deve ceder lugar às perdas e danos, o que não ocorre no presente caso" (STJ, REsp 1.833.567). Na mesma linha: "CDC. Tutela específica. Pacote turístico. Inadimplemento contratual. A tutela específica da obrigação deve ser de modo a que se realize na ordem prática o que foi contratado. Assim é que, descumprida a avença quanto à parte terrestre da excursão, impõe-se o fornecimento da passagem aérea, para o correto adimplemento do contrato. Inteligência do art. 84 do CDC" (STJ, REsp 43.650). O CDC consagrou expressamente, em seus arts. 48 e 84, o princípio da preservação dos negócios jurídicos, segundo o qual se pode determinar qualquer providência a fim de que seja assegurado o resultado prático equivalente ao adimplemento da obrigação de fazer, razão pela qual a solução de extinção do contrato e sua conversão em perdas e danos é a última *ratio*, o último caminho a ser percorrido (STJ, REsp 1.872.048). Nesse sentido, o mero fato de o fornecedor do produto não o possuir em estoque no momento da contratação não é condição suficiente para eximi-lo do cumprimento forçado da obrigação.

O § 2º do art. 84 enfatiza: "A indenização por perdas e danos se fará sem prejuízo da multa (art. 287, do Código de Processo Civil)". A menção, naturalmente, é ao CPC de 1973, já revogado, mas a orientação prevalece, continua válida atualmente. Seja como for, não se pode confundir responsabilidade civil (que hoje tem caráter multifuncional, não monofuncional) com multa. A multa nunca visa à reparação do dano sofrido pelo consumidor, mas sim à punição pela infração às normas que tutelam as relações de consumo. Além do mais, a pena de multa é graduada de acordo com a gravidade da infração, a vantagem auferida e a condição econômica do fornecedor, será aplicada mediante procedimento administrativo (CDC, art. 57). Responsabilidade civil e pena de multa podem coexistir, portanto.

Já o § 3º do art. 84 ressalta: "Sendo relevante o fundamento da demanda e havendo justificado receio de ineficácia do provimento final, é lícito ao juiz conceder a tutela liminarmente ou após justificação prévia, citado o réu". Haveria aí, segundo alguns, identificação com os requisitos clássicos da cautelar: *fumus boni iuris* e o *periculum in mora*. A lei, porém, fala em "relevante o fundamento da demanda", o que parece ser mais severo. De toda sorte, e à luz das circunstâncias, o magistrado ponderará as vantagens e desvantagens da medida, tendo presente que a prevenção dos danos deve nortear a sistemática de consumo.

O § 4º do art. 84 dispõe: "O juiz poderá, na hipótese do § 3º ou na sentença, impor multa diária ao réu, independentemente de pedido do autor, se for suficiente ou compatível com a obrigação, fixando prazo razoável para o cumprimento do preceito". As *astreintes* são multas que objetivam forçar o devedor a cumprir a obrigação a seu cargo. Buscam, através de uma cominação, atingir o resultado prático equivalente ao adimplemento: "A função das *astreintes* é vencer a obstinação do devedor ao cumprimento da obrigação e incide a partir da ciência do obrigado e da sua recalcitrância" (STJ, REsp 775.233).

Posteriormente se reafirmou ser possível a cominação de multa diária para garantir a eficácia dos provimentos judiciais que impliquem em obrigação de fazer ou não fazer (STJ, AgRg no Ag 1.268.475). As *astreintes*, portanto, podem ser fixadas para eventual descumprimento de decisão que determinou o dever de abstenção da instituição financeira de efetuar novos descontos na conta bancária do correntista. O STJ decidiu que se o único obstáculo ao cumprimento de determinação judicial para a qual havia incidência de multa diária foi o descaso do devedor, não é possível reduzi-la, pois as *astreintes* têm por objetivo, justamente, forçar o devedor renitente a cumprir sua obrigação (STJ, REsp 1.192.197). É, porém, dever do magistrado utilizar o meio menos gravoso e mais eficiente para se alcançar a tutela almejada, sobretudo buscando medidas de apoio que tragam menor onerosidade aos litigantes. Após a imposição da multa (ou sua majoração), constatando-se que o apenamento não logrou êxito em compelir o devedor para realização da prestação devida, ou, ainda, sabendo que se tornou jurídica ou materialmente inviável a conduta, deverá suspender a exigibilidade da medida e buscar outros meios para alcançar o resultado específico equivalente (STJ, AgInt nos EDcl no AREsp 1.549.592).

Frisa o art. 84, § 5º: "Para a tutela específica ou para a obtenção do resultado prático equivalente, poderá o juiz determinar as medidas necessárias, tais como busca e apreensão, remoção de coisas e pessoas, desfazimento de obra, impedimento de atividade nociva, além de requisição de força policial". O CDC, neste parágrafo, exemplifica alguns dos poderes que são outorgados ao magistrado para buscar o resultado prático equivalente ao adimplemento. Trata-se de menção exemplificativa, que não esgota nem exclui a aplicação de outras: "a tutela jurisdicional para ser efetiva deve dar ao lesado resultado prático equivalente ao que obteria se a prestação fosse cumprida voluntariamente" (STJ, REsp 836.913). Em linha semelhante: "Além de prever a possibilidade de concessão da tutela específica e da tutela pelo equivalente, o CPC armou o julgador com uma série de medidas coercitivas, que têm como escopo o de viabilizar o quanto possível o cumprimento daquelas tutelas" (STJ, REsp 770.969). Aliás, a cominação de multa pecuniária e de medidas alternativas, quando o juízo de origem as reputar necessárias para a efetivação da tutela específica, mesmo quando não solicitadas pela parte, não configuram julgamento *extra petita*, pois estão inseridas no poder de cautela do magistrado (STJ, AgInt no AREsp 1.204.173).

Vejamos outros julgados sobre as *astreintes* que podem ser úteis à leitora e ao leitor.

O STJ tem entendimento de que pode o magistrado, a qualquer tempo, e mesmo de ofício, alterar o valor ou a periodicidade das *astreintes* em caso de ineficácia ou insuficiência, buscando compelir o devedor ao cumprimento da obrigação, sem importar em ofensa à coisa julgada (STJ, AgInt no AREsp 1.355.927). Assim, o valor da multa cominatória estabelecido na sentença não é definitivo, pois poderá ser revisto em qualquer fase processual, caso se revele excessivo ou insuficiente (STJ, AgInt no AREsp 1.500.279). Admite-se, excepcionalmente, em recurso especial, reexaminar o valor fixado a título de *astreintes*, quando ínfimo ou exagerado (STJ, AgInt no REsp 1.885.201). A alegação de que o valor final da multa por descumprimento da obrigação de fazer supera o da obrigação principal, por si só, não é suficiente para a caracterização de sua excessividade. Isso porque a aferição da razoabilidade e da proporcionalidade das *astreintes* deve levar em conta o valor no momento da fixação, em vez de comparar com o total alcançado frente à obrigação principal, sob pena de se prestigiar a recalcitrância do devedor em cumprir a ordem judicial (STJ, AgInt no AREsp 1.758.478).

A multa pecuniária, arbitrada judicialmente para forçar o réu ao cumprimento de medida liminar antecipatória detém caráter híbrido, englobando aspectos de direito material e processual, pertencendo o valor decorrente de sua incidência ao titular do bem da vida postulado em juízo. Sua exigibilidade, por isso, encontra-se vinculada ao reconhecimento da existência do direito material vindicado na demanda (STJ, REsp 1.347.726; AgInt no AREsp 1.611.376). É possível ao juiz, de ofício ou a requerimento da parte, impor multa diária cominatória contra a Fazenda Pública, em caso de descumprimento de obrigação de fazer (STJ, AgRg no REsp 903.632). O termo inicial das *astreintes* fixadas para o cumprimento de obrigação de fazer é a data em que a parte devedora, após intimada da decisão que fixou a multa cominatória, deixa de observar o comando judicial respectivo (STJ, AgInt no REsp 1.678.767). As *astreintes* são transmissíveis aos sucessores da parte após o seu falecimento, ainda que tenham sido aplicadas em decorrência de obrigação personalíssima (STJ, REsp 1.840.280). O cumprimento tardio da obrigação de fazer não enseja a conversão da multa aplicada a título de *astreintes* em perdas e danos (STJ, AgInt no REsp 1.879.097).

Não incidem juros de mora sobre a multa diária aplicada pelo descumprimento da ordem judicial por configurarem evidente *bis in idem* (STJ, AgInt no AREsp 1.568.978). As *astreintes*, por serem um meio de coerção indireta ao cumprimento do julgado, não ostentam caráter condenatório, tampouco transitam em julgado, o que as afasta da base de cálculo dos honorários advocatícios (STJ, AgInt nos EDcl no AgInt nos EDcl no AREsp 1.360.879). As *astreintes* podem ser executadas de forma direta, pela constrição de ativos financeiros por meio do sistema BacenJud ou mediante procedimento de inscrição do numerário em dívida ativa e submissão ao procedimento descrito na Lei n. 6.830/1980 (STJ, AgRg no RMS 54.038). O ordenamento jurídico brasileiro não autoriza, em detrimento da proteção gerada pela criptografia de ponta a ponta, em benefício da liberdade de expressão e do direito à intimidade, sejam os desenvolvedores da tecnologia multados por descumprirem ordem judicial incompatível com encriptação (STJ, AgRg no REsp 1.871.695). Em outras palavras, não cabe a imposição de multa pelo não cumprimento de ordem judicial, no caso de emprego de criptografia de ponta-a-ponta.

A possibilidade de aplicação de *astreintes* no processo penal foi reconhecida pela Terceira Seção do STJ (REsp 1.568.445; AgRg no RMS 65097). Aliás, é possível a fixação de *astreintes* para o caso de descumprimento de determinações judiciais praticado por terceiros, no âmbito de processos criminais, sem que isso configure ofensa ao princípio da legalidade, devido processo legal, ampla defesa ou isonomia (STJ, RMS 61.717).

5.2. Questões relativas às custas, horários periciais e outras despesas

O CDC, art. 87, estatui: "Nas ações coletivas de que trata este código não haverá adiantamento de custas, emolumentos, honorários periciais e quaisquer outras despesas, nem condenação da associação autora, salvo comprovada má-fé, em honorários de advogados, custas e despesas processuais". Busca-se, aqui, mais uma vez, facilitar o acesso à justiça. Não quis o legislador que as disposições normativas do CDC ficassem em campo meramente retórico. A efetiva promoção da justiça depende da eliminação de entraves burocráticos e formais que afastam o Judiciário da população. Desse modo, é "descabida a condenação do Ministério Público em verbas sucumbenciais em ação civil pública, exceto quando comprovada má-fé" (STJ, REsp 178.088).

As verbas sucumbenciais somente são cabíveis, em ação civil pública, quando comprovada má-fé. Descabe a condenação em honorários advocatícios, mesmo quando a ação civil pública proposta pelo Ministério Público for julgada procedente (STJ, REsp 785.489). De modo semelhante, "a improcedência de pedido deduzido em ação coletiva ajuizada por entidade de classe em defesa dos interesses de seus associados não enseja a condenação nos ônus da sucumbência (CDC, art. 87). Precedentes" (STJ, AgRg no REsp 1.472.568). O CDC, portanto, como vimos, estabelece que nas ações coletivas em defesa do consumidor não haverá o adiantamento de quaisquer despesas (CDC, art. 87). Por isso, é descabida a imposição do prévio recolhimento de "taxa judiciária", quando da propositura de ação civil pública (STJ, REsp 978.706).

Proclama o parágrafo único: "Em caso de litigância de má-fé, a associação autora e os diretores responsáveis pela propositura da ação serão solidariamente condenados em honorários advocatícios e ao décuplo das custas, sem prejuízo da responsabilidade por perdas e danos". Lembremos que a aplicação das multas por litigância de má-fé ou por interposição de recurso manifestamente inadmissível não é automática, pois não se trata de mera decorrência lógica da rejeição do recurso (STJ, AgInt no AREsp 1.163.437). Entende-se ainda que não implica litigância de má-fé nem ato atentatório à dignidade da justiça o recurso com argumentos reiteradamente refutados pelo tribunal de origem ou sem alegação de fundamento novo (STJ, AgRg nos Edcl no REsp 1.333.425). Porém, o STJ, pela voz da excepcional ministra Nancy Andrighi, frisou: "Embora não seja da tradição do direito processual civil brasileiro, é admissível o reconhecimento da existência do ato ilícito de abuso processual, tais como o abuso do direito fundamental de ação ou de defesa, não apenas em hipóteses previamente tipificadas na legislação, mas também quando configurada a má utilização dos direitos fundamentais processuais" (STJ, REsp 1.817.845).

5.3. Questões relativas à denunciação da lide

O art. 88 dispõe: "Na hipótese do art. 13, parágrafo único deste código, a ação de regresso poderá ser ajuizada em processo autônomo, facultada a possibilidade de prosseguir-se nos mesmos autos, vedada a denunciação da lide". Assim, por exemplo, o comerciante – que indenizar o consumidor – poderá nos mesmos autos prosseguir contra o fabricante, o construtor, o produtor ou o importador, por exemplo. Porém a denunciação da lide não é possível, pois prejudicaria o consumidor (com provável demora no processo). Aliás, a denunciação da lide não é possível em nenhum caso, nas relações de consumo brasileiras (salvo uma exceção, para beneficiar o consumidor, adiante mencionada).

O CPC estabelece: "É admissível a denunciação da lide, promovida por qualquer das partes: II – àquele que estiver obrigado, por lei ou pelo contrato, a indenizar, em ação regressiva, o prejuízo do que for vencido no processo. Parágrafo único. O direito regressivo será exercido por ação autônoma quando a denunciação da lide for indeferida, deixar de ser promovida ou não for permitida". Em julgado importante por sua clareza, o STJ proclamou que a vedação à denunciação da lide prevista no art. 88 do CDC não se restringe à responsabilidade de comerciante por fato do produto (art. 13 do CDC), sendo aplicável também nas demais hipóteses de responsabilidade civil por acidentes de consumo (arts. 12 e 14 do CDC). (STJ, REsp 1.165.279). Não é possível, portanto, em nenhum caso, nos processos que têm como objeto as relações de consumo, haver denunciação à lide (STJ, AgRg no AREsp 157.812). Não cabe denunciação da lide no CDC (STJ, AgRg no AREsp 195.165). A jurisprudência do STJ tem, hoje, entendimento pacífico acerca do não cabimento da denunciação da lide nas relações regidas pelo CDC (STJ, AgRg no AREsp 546.098).

Cabe atualizar o que dissemos acima. No Brasil, os hospitais privados respondem – solidária e objetivamente – pelos atos e omissões culposas dos médicos que lhes estejam de algum modo vinculados, podendo o juiz determinar a inversão do ônus da prova, presente a hipossuficiência do paciente (STJ, REsp 1.832.371). Porém, nesses casos, convém repetir, a prova da culpa dos médicos precisa ser provada, ainda que através da inversão. Assim, "em circunstâncias específicas como a destes autos, na qual se imputa ao hospital a responsabilidade objetiva por suposto ato culposo dos médicos a ele vinculados, deve ser admitida, excepcionalmente, a denunciação da lide, sobretudo com o intuito de assegurar o resultado prático da demanda e evitar a indesejável situação de haver decisões contraditórias a respeito do mesmo fato" (STJ, REsp 1.832.371, Rel. Min. Nancy Andrighi, 3ª T, DJe 01/07/2021).

Há outro aspecto relevante em relação à denunciação da lide que pede menção. Já destacamos que o STJ uniformizou entendimento de que a vedação à denunciação à lide, prevista no art. 88 do CDC, não se restringe à responsabilidade de comerciante por fato do produto (CDC, art. 13), sendo aplicável também às demais hipóteses de responsabilidade civil por acidentes de consumo. Busca-se, com isso, não retardar a tutela jurídica do consumidor, em suma. Se, porém, o fornecedor realiza a denunciação da lide sem que o consumidor se insurja contra ela, não pode o corréu denunciado (o outro fornecedor) invocar, em sua defesa, a tese de que não se aceita denunciação da lide nas relações de consumo. Trata-se de entendimento formulado para proteger o consumidor, e não os demais fornecedores (STJ, REsp 913.687).

5.4. Questões relativas ao diálogo das fontes

Já abordamos a questão neste livro. O diálogo das fontes tem sido uma realidade na aplicação do CDC. A jurisprudência, criativamente, tem realizado o produtivo diálogo entre as fontes normativas, buscando proteger o consumidor. Isso implica, inclusive, "exportar" conceitos, categorias e normas do CDC para outros campos temáticos (basta lembrar que a inversão do ônus da prova, prevista no CDC, é amplamente aplicada no direito ambiental, embora inexista, lá, norma jurídica que faça essa previsão). Aliás, em 2023 o STJ confirmou, mais uma vez, ser possível a inversão do ônus da prova em ação coletiva de consumo, ainda que se cuide de ação civil pública ajuizada pelo Ministério Público, dependendo da constatação, pelas instâncias ordinárias, da presença ou não da verossimilhança das alegações e da hipossuficiência do consumidor (STJ, AgInt no AREsp 935.811, Rel. Min. Raul Araújo, 4ª T, DJe 23/11/2023). Existem, assim, amplos diálogos, criando um microssistema processual coletivo brasileiro, por exemplo. Nessa linha, o STJ reconheceu que "o mandamento constitucional de proteção do consumidor deve ser cumprido por todo o sistema jurídico, em diálogo de fontes, e não somente por intermédio do CDC" (STJ, REsp 1.009.591).

A complexidade das relações negociais nos dias atuais impõe que assim seja. Normas nacionais e internacionais, contratuais e legais – uma infinidade de normas infraconstitucionais – todas hão de ser harmonizadas e ponderadas no caso concreto. Sempre, porém, tendo como norte as opções valorativas básicas da Constituição da República. Em relação às fontes legislativas, não existe mais "a" fonte; existe uma multiplicidade delas, sem que nenhuma ocupe uma posição de absoluta proeminência, excludente das demais. Além disso, ficou no passado a divisão rígida e inflexível entre direito público e direito privado. As influências recíprocas são muito fortes. Tudo, sob certo aspecto, interpenetra-se. Nesse contexto o "direito deve ser compreendido, em metáfora às ciências da natureza, como um sistema de vasos comunicantes, ou de diálogo das fontes (Erik Jayme), que permita a sua interpretação de forma holística. Deve-se buscar, sempre, evitar antinomias, ofensivas que são aos princípios da isonomia e da segurança jurídica, bem como ao próprio ideal humano de justiça" (STJ, AgRg no REsp 1.483.780).

Conforme já mencionamos, o STJ tem frequentemente reconhecido essa característica do CDC, o diálogo das fontes. Frisou-se que "o art. 7º da Lei nº 8.078/90 fixa o chamado diálogo das fontes, segundo o qual sempre que uma lei garantir algum direito para o consumidor, ela poderá se somar ao microssistema do CDC, incorporando-se na tutela especial e tendo a mesma preferência no trato da relação de consumo" (STJ, REsp 103.7759). Não só a figura do consumidor – como sujeito de direito por excelência dos nossos dias – foi explicitamente contemplada no novo Código de Processo Civil, como o CDC, como diploma normativo, foi também igualmente mencionado (previu, por exemplo, que compete à autoridade judiciária brasileira processar e julgar as ações decorrentes de relações de consumo, quando o consumidor tiver domicílio e residência no Brasil e previu ainda que incumbe ao juiz, quando se deparar com diversas demandas individuais repetitivas, oficiar o Ministério Público, a Defensoria Pública e, na medida do possível, outros legitimados a que se referem os arts. 5º da Lei nº 7.347/85 e 82 da Lei nº 8.078/90 – CDC – para, se for o caso, promover a ação coletiva respectiva). Nota-se, assim, cada vez mais, um fecundo diálogo das fontes, em busca de resultados socialmente mais satisfatórios.

Convém repetir aquilo algo que já dissemos no início deste livro, algo sobre arbitragem e relações de consumo. Cláusula compromissória é a convenção através da qual as partes, contratualmente, comprometem-se à se submeter à arbitragem. Nas relações de consumo, a cláusula compromissória só terá eficácia caso o consumidor venha a tomar a iniciativa de instituir a arbitragem, ou concorde expressamente com sua instituição. Nas duas situações não haverá compulsoriedade (STJ, REsp 1.189.050, Rel. Min. Luis Salomão, 3ª T, DJe 14/3/2016). Dessa forma, com o ajuizamento, pelo consumidor, de ação perante o Poder Judiciário, presume-se a discordância dele em submeter-se ao juízo arbitral, sendo nula a cláusula de contrato de consumo que determina a utilização compulsória da arbitragem (STJ, REsp 2.056.285, Rel. Min. Nancy Andrighi, Segunda Seção, DJe 14/08/2023).

6. AÇÕES COLETIVAS PARA A DEFESA DE INTERESSES INDIVIDUAIS HOMOGÊNEOS

O CDC, art. 91, estabelece: "Os legitimados de que trata o art. 82 poderão propor, em nome próprio e no interesse das vítimas ou seus sucessores, ação civil coletiva de responsabilidade pelos danos individualmente sofridos, de acordo com o disposto nos artigos seguintes". A ação civil coletiva, referida no art. 91, não se confunde, na verdade, com a ação civil pública. A ação civil pública está disciplinada na Lei nº 7.347/85. Já a ação civil coletiva foi criada pelo CDC. Esta se destina (ação civil coletiva) à defesa do consumidor – bem como as vítimas ou sucessores – naquelas hipóteses de interesses individuais homogêneos de origem comum.

Já mencionamos que o STJ firmou posição no sentido de que há legitimidade do Ministério Público para promover ação civil pública ou coletiva para tutelar não apenas direitos difusos ou coletivos de consumidores, mas também seus direitos individuais homogêneos, inclusive quando se trata de prestação de serviços públicos (STJ, AgRg no AREsp 255.845). Assim, o Ministério Público tem legitimidade para ajuizar ação civil pública visando tutelar direitos dos consumidores relativos aos serviços públicos (STJ, AgRg no REsp 1.221.289). Na mesma linha interpretativa destacou-se que "o Ministério Público possui legitimidade ativa para promover a defesa dos direitos difusos ou coletivos do consumidor, e de seus interesses ou direitos individuais homogêneos, inclusive no que se refere à prestação de serviço público, haja vista a presunção da sua relevância para a coletividade" (STJ, 1.347.910).

Cabe lembrar que de acordo com o entendimento atual do STF e STJ há legitimidade do Ministério Público para propor ação coletiva, *mesmo em se tratando de interesses individuais homogêneos disponíveis*. Naturalmente, precisa estar evidenciado o interesse social do bem jurídico tutelado (STJ, AgRg nos Edcl nos Edcl no REsp 1.499.300). O STJ, há algum tempo, não aceitava a legitimidade do Ministério Público para propor ação civil pública em se tratando de direitos individuais homogêneos, se estivéssemos diante de direitos disponíveis. Isso, contudo, ao longo dos anos, alterou-se.

Hoje a posição atual é claramente oposta àquela do passado. Nesse contexto, na linha da jurisprudência do STF e STJ, o Ministério Público tem legitimidade ativa para propor ação civil pública e ação coletiva com o propósito de velar por direitos difusos e, também, individuais homogêneos dos consumidores, *ainda que disponíveis* (STJ, AgRg no REsp 932.994). A jurisprudência das cortes superiores, portanto, proclama atualmente que o Ministério Público está legitimado a promover ação civil pública para a defesa de *direitos individuais homogêneos disponíveis*, quando constatada a relevância social objetiva do bem jurídico tutelado (STJ, AgRg no REsp 1.261.198). Há muitos outros acórdãos no mesmo sentido que poderiam ser citados. Todos, recentes, afirmam de modo categórico a legitimidade do Ministério Público na defesa de direitos individuais homogêneos, *ainda que disponíveis*.

O Ministério Público deverá estar presente nas ações coletivas, em sentido amplo. Assim, se não ajuizar a ação, atuará sempre como fiscal da lei. Obviamente, a atuação do Ministério Público como parte dispensa a sua presença como fiscal da lei (à luz, inclusive, do princípio da unidade). Seja qual for a qualidade de sua atuação, deverá ter acesso aos autos para poder atuar de modo efetivo: "A prerrogativa assegurada ao Ministério Público de ter vista dos autos exige que lhe seja assegurada a possibilidade de compulsar o feito durante o prazo que a lei lhe concede, para que possa, assim, exercer o contraditório, a ampla defesa, seu papel de *custos legis* e, em última análise, a própria pretensão recursal. A remessa dos autos à primeira instância, durante o prazo assegurado ao MP para a interposição do Especial, frustra tal prerrogativa e, nesse sentido, deve ser considerada justa causa para a devolução do prazo" (STJ, REsp 805.277).

O CDC, art. 93, estabeleceu: "Ressalvada a competência da Justiça Federal, é competente para a causa a justiça local: I – no foro do lugar onde ocorreu ou deva ocorrer o dano, quando de âmbito local; II – no foro da Capital do Estado ou no do Distrito Federal, para os danos de âmbito nacional ou regional, aplicando-se as regras do Código de Processo Civil aos casos de competência concorrente". A jurisprudência, seguindo a orientação legal, enfatiza: "Nos termos dos artigos 93, I, do CDC e 2º da Lei nº 7.347/1985, é assente perante este Superior Tribunal de Justiça que a competência para processamento e julgamento da ação civil pública por danos locais é absoluta/funcional, no foro do próprio lugar do dano" (STJ, AgInt no REsp 1.625.700). Nessa linha, o STJ firmou entendimento, à luz do art. 93 do CDC, que, para as hipóteses em que as lesões ocorram apenas em âmbito local, será competente o foro do lugar onde se produziu o dano ou se devesse produzir (inciso I), mesmo critério já fixado pelo art. 2º da Lei da Ação Civil Pública. Por outro lado, tomando a lesão dimensões geograficamente maiores, produzindo efeitos em âmbito regional ou nacional, serão competentes os foros da capital do Estado ou do Distrito Federal (inciso II) (STJ, REsp 1.101.057; REsp 448.470; AgInt no AREsp 1.023.553). Quando o dano se refere ao consumidor em escala nacional – veículo vendido em todo o Brasil, por exemplo – não há competência exclusiva do Distrito Federal para julgar as respectivas ACP's. A demanda pode ser proposta nas demais capitais dos Estados da Federação (STJ, REsp 712.006).

Lembre-se de que estamos falando, aqui, de ações coletivas (em sentido amplo). Nas ações individuais, o consumidor poderá propor sempre a ação em seu domicílio, caso queira (CDC, art. 101, I). Em caso em que a consumidora adquiriu telhas do tipo colonial com o intuito de empregá-las em imóveis de sua propriedade, exaurindo, por conseguinte, a função econômica do bem objeto da relação jurídica, aplica-se o CDC, já que a consumidora retirou os bens definitivamente do mercado de consumo. Desse modo, caracterizada a relação de consumo, revelam-se incidentes as regras próprias de competência, as quais facultam ao consumidor escolher o foro do local em que melhor possa deduzir a sua defesa (STJ, AgInt no AREsp 964.738).

Convém voltar ao início do artigo, quando o legislador ressalva a competência da Justiça Federal. Com base em precedentes, o STJ reiterou que evidenciada a continência entre a ação civil pública ajuizada pelo Ministério Público Federal em relação à outra ação civil pública ajuizada na Justiça Estadual, impõe-se a reunião dos feitos no Juízo Federal (STJ, CC, 112.137). O STJ reiterou o entendimento de que compete à Justiça Federal julgar ação civil pública com o objetivo de reparar dano ambiental. No caso de agressão ao meio ambiente, segundo a decisão, o Ministério Público Federal tem legitimidade para propor ação civil pública (STJ, REsp 105.7878). De acordo com o relator, a presença do MPF na qualidade de autor é suficiente para determinar a competência da Justiça Federal, mas, ressalva, o juiz não está dispensado de verificar, no caso concreto, a legitimidade ativa do MPF.

Diga-se que o art. 93 do CDC aplica-se não apenas aos interesses individuais homogêneos, mas sim, de modo amplo, a quaisquer interesses metaindividuais: "Ainda que localizado no capítulo do CDC relativo à tutela dos interesses individuais homogêneos, o art. 93, como regra de determinação de competência, aplica-se de modo amplo a todas as ações coletivas para defesa de direitos difusos, coletivos, ou individuais homogêneos, tanto no campo das relações de consumo, como no vasto e multifacetário universo dos direitos e interesses de natureza supraindividual" (STJ, REsp 448.470).

Prevê o CDC, art. 94: "Proposta a ação, será publicado edital no órgão oficial, a fim de que os interessados possam intervir no processo como litisconsortes, sem prejuízo de ampla divulgação pelos meios de comunicação social por parte dos órgãos de defesa do consumidor". Sabe-se quão ilusórias são essas divulgações em órgãos oficiais. Poucos leem, e os destinatários – possíveis vítimas dos danos, no caso – apenas muito dificilmente tomariam conhecimento da ação por esse meio. O melhor, de fato, para operacionalizar o comando da norma, é que as entidades de defesa do consumidor disponham de formas para difundir, com eficácia, esses chamamentos.

O que importa saber é que o consumidor não tem legitimidade para ajuizar diretamente a ação coletiva. Previu, contudo, o CDC, de modo excepcional, a possibilidade de sua integração facultativa ao feito na qualidade de litisconsorte, nos termos do art. 94. Nesse caso, sofrerá os efeitos de sua intervenção, em especial no que se refere à formação da coisa julgada material, pela qual será alcançado, nos termos da primeira parte do art. 472 do Código de Processo Civil, ficando impedido de intentar nova ação individual com o mesmo escopo (CDC, art. 103, § 2º). (STJ, REsp 1.116.897).

Outro aspecto que pede menção, a teor das decisões do STJ, é que ajuizada ação coletiva atinente a macrolide geradora de processos multitudinários, suspendem-se as ações individuais, no aguardo do julgamento da ação coletiva (REsp 1.110.549). Assentou-se que, ajuizada ação coletiva relativa a macrolide geradora de processos multitudinários, suspendem-se as ações individuais, ainda que de ofício (STJ, AgRg nos EDcl no AREsp 207.660; AgRg nos EDcl no AREsp 206.694). Lembremos que este capítulo legal - que se inicia a partir do artigo 91 - tem por objeto as ações coletivas para a defesa de interesses individuais homogêneos. Os interesses, portanto, são individuais, embora defendidos coletivamente. É possível, portanto, que os consumidores adiram à causa, como litisconsortes.

Proclama o CDC, art. 95: "Em caso de procedência do pedido, a condenação será genérica, fixando a responsabilidade do réu pelos danos causados". A condenação será genérica, ou seja, não cuidará das situações específicas de cada um dos consumidores titulares dos direitos individuais homogêneos. A particularização das situações se dará quando os prejudicados, habilitando-se no feito, provarem, na liquidação da sentença, os respectivos danos experimentados. A condenação, nessa hipótese, não se reveste de liquidez (necessária ao cumprimento espontâneo do comando sentencial). Por isso, não é aplicável a sanção do art. 475-J do CPC (STJ, REsp 1.247.150; AgInt no AREsp 1.727.740). É fundamental que tenhamos, nesses casos, a liquidação da sentença antes de se pleitear seu cumprimento.

6.1. A liquidação e a execução da sentença

Consigna o CDC, art. 97: "A liquidação e a execução de sentença poderão ser promovidas pela vítima e seus sucessores, assim como pelos legitimados de que trata o art. 82". Digamos que o Ministério Público proponha ação civil coletiva contra determinada cláusula abusiva constante em consórcios, cumulada com a reparação dos danos decorrentes de sua aplicação. Vencida a ação, a condenação - genérica - deverá ser executada por cada um dos consumidores prejudicados - ou, naturalmente, pelas vítimas ou seus sucessores. Também será possível, diz o art. 97, que os colegitimados do art. 82 procedam à liquidação dos danos.

A doutrina, contudo, pondera - com razão - ser difícil a particularização dos danos sem a participação das vítimas na fase de liquidação. É preciso individualizar as situações, e isso, em princípio, apenas as vítimas ou seus sucessores poderiam fazê-lo. Esclareceu o STJ: "A ação individual destinada à satisfação do direito reconhecido em sentença condenatória genérica, proferida em ação civil coletiva, não é uma ação de execução comum. É ação de elevada carga cognitiva, pois nela se promove, além da individualização e liquidação do valor devido, também juízo sobre a titularidade do exequente em relação ao direito material" (STJ, AgRg no REsp 489.348). O STJ tem frisado que a impossibilidade de se aferir, individualmente, a extensão do prejuízo material causado a cada consumidor lesado pela prática abusiva comprovada nos autos não significa a impossibilidade de se estabelecer, mediante parâmetros técnicos e proporcionais, uma adequada indenização (STJ, REsp 1.832.217). Isso deverá ocorrer na fase de liquidação, nos termos dos arts. 95 e 97 do CDC. Importante ainda frisar, nessa linha, que a adequada publicidade dos atos processuais é imprescindível nas ações civis públicas, a fim de possibilitar aos substituídos processuais o exercício do direito genérico contido na sentença de procedência da ação coletiva de consumo.

O CDC, art. 98, preceitua: "A execução poderá ser coletiva, sendo promovida pelos legitimados de que trata o art. 82, abrangendo as vítimas cujas indenizações já tiveram sido fixadas em sentença de liquidação, sem prejuízo do ajuizamento de outras execuções. § 1º. A execução coletiva far-se-á com base em certidão das sentenças de liquidação, da qual deverá constar a ocorrência ou não do trânsito em julgado. § 2º. É competente para a execução o juízo: I – da liquidação da sentença ou da ação condenatória, no caso de execução individual; II – da ação condenatória, quando coletiva a execução".

A execução, se feita individualmente pela vítima ou por seus sucessores, poderá ter lugar em juízo distinto daquele onde foi proferida a decisão condenatória. Poderá ser proposta tanto no juízo da ação condenatória, como no juízo do domicílio da vítima. Nesse sentido, a liquidação e a execução individual de sentença genérica proferida em ação civil coletiva podem ser ajuizadas no foro do domicílio do beneficiário, porquanto os efeitos e a eficácia da sentença não estão circunscritos a lindes geográficos, mas aos limites objetivos e subjetivos do que foi decidido, levando-se em conta, para tanto, sempre a extensão do dano e a qualidade dos interesses metaindividuais postos em juízo (STJ, REsp 1.243.887).

Desse modo, no caso de execução individual de ação coletiva, o consumidor poderá optar por fazê-la no foro de seu domicílio (STJ, REsp 1.098.242). Não se pode obrigar os beneficiários de sentença coletiva a liquidá-la e executá-la no foro em que a ação coletiva fora processada e julgada, sob pena de se inviabilizar a tutela de seus direitos (STJ, REsp 1.122.292). O fundamento está no CDC, art. 98, § 2º, I, e art. 101, I. Já se a execução for coletiva, deverá ser realizada no juízo da ação condenatória. Embora não se possa obrigar ao beneficiário da sentença coletiva proceder à execução individual no juízo prolator da sentença coletiva, sendo sua prerrogativa fazê-lo no foro do próprio domicílio, não existe óbice a que opte pelo juízo onde tramitou o processo de conhecimento (STJ, REsp 1.634.328).

É preciso lembrar que a execução individual de ação coletiva apresenta elevada dose de cognição, porquanto as sentenças coletivas são necessariamente genéricas. O STJ, ademais, já decidiu que a execução de sentença coletiva de procedência – seja em ACP ou ação coletiva ordinária – exige cognição exauriente e amplo contraditório. Mesmo a prescrição da pretensão individual pode ser alegada em embargos à execução (REsp 1.100.970).

Já tivemos oportunidade de destacar que de acordo com a posição atual do STJ as decisões em ações civis públicas não têm sua eficácia territorial restrita à competência do órgão prolator (STJ, REsp 1.243.887). Elas podem ter eficácia nacional, à luz da extensão do dano e da qualidade dos interesses metaindividuais postos em juízo. A execução individual da sentença coletiva também pode ocorrer no domicílio do beneficiário. Cabe registrar que obrigar os beneficiados pela sentença coletiva a liquidá-la e a executá-la no foro em que a ação coletiva foi julgada implicaria em inviabilizar a tutela dos direitos individuais (STJ, AgRg no CC 131.642). Assim, os efeitos e a eficácia da sentença coletiva não estão circunscritos a limites geográficos, mas aos limites objetivos e subjetivos do que foi decidido, por isso a sentença coletiva pode ter validade em todo o território nacional.

O CDC, no art. 99, dispõe: "Em caso de concurso de créditos decorrentes de condenação prevista na Lei nº 7.347, de 24 de julho de 1985 e de indenizações pelos prejuízos individuais resultantes do mesmo evento danoso, estas terão preferência no pagamento. Parágrafo único. Para efeito do disposto neste artigo, a destinação da importância recolhida ao fundo criado pela Lei nº 7.347, de 24 de julho de 1985, ficará sustada enquanto pendentes de decisão de segundo grau as ações de indenização pelos danos individuais, salvo na hipótese de o patrimônio do devedor ser manifestamente suficiente para responder pela integralidade das dívidas". O CDC protege, neste artigo, os consumidores que houverem experimentado prejuízos individuais resultantes do evento danoso. Se de tal evento se originou, paralelamente, uma ação civil pública, os créditos individuais terão prevalência. Compreensível e adequada a solução do CDC. Não se trata, absolutamente, de uma preferência pelo individual em detrimento do coletivo. O que temos, aí, são prejuízos individuais comprovados, que, estes sim, devem ser indenizados prioritariamente em relação ao ingresso de tais valores no fundo criado pelo art. 13 da Lei da Ação Civil Pública.

6.1.1. A questão do fluid recovery

O CDC, art. 100, estatui que "decorrido o prazo de um ano sem habilitação de interessados em número compatível com a gravidade do dano, poderão os legitimados do art. 82 promover a liquidação e execução da indenização devida". Temos, aqui, a chamada reparação fluida – *fluid recovery*, de inspiração norte-americana, a partir das *class actions*. O CDC, em seu art. 82, criou um rol de colegitimados para as ações coletivas: a) Ministério Público; b) União, Estados, Distrito Federal e Municípios; c) entidades e órgãos da administração pública, direta ou indireta, ainda que sem personalidade jurídica, especificamente destinados à defesa dos interesses e direitos protegidos por este código, e d) as associações legalmente constituídas há pelo menos um ano, entre cujos fins institucionais esteja a defesa dos interesses do consumidor. Tais colegitimados, ordena o CDC, devem aguardar, por um ano, pela iniciativa dos consumidores atingidos, vítimas ou sucessores.

Não aparecendo, neste prazo, número de interessados "compatível com a gravidade do dano", os colegitimados do art. 82 estarão autorizados a promover a execução da indenização. Os valores, no caso da execução ser promovida pelos colegitimados do art. 82, será destinado para o fundo previsto no art. 13 da Lei da Ação Civil Pública (*fluid recovery*). A respeito do art. 100 do CDC, o STJ frisou: "Referido instituto, caracterizado pela subsidiariedade, aplica-se apenas em situação na qual os consumidores lesados desinteressam-se quanto ao cumprimento individual da sentença coletiva, transferindo à coletividade o produto da reparação civil individual não reclamada, de modo a preservar a vontade da lei, qual seja a de impedir o enriquecimento sem causa do fornecedor que atentou contra as normas jurídicas de caráter público, lesando os consumidores. Assim, se após o escoamento do prazo de um ano do trânsito em julgado, não houve habilitação de interessados em número compatível com a extensão do dano, surge a legitimidade do Ministério Público para instaurar a execução, nos termos do mencionado art. 100 do CDC. Nesse contexto, conquanto a sentença tenha determinado que os réus publicassem a parte dispositiva em dois jornais de ampla circulação local, esta obrigação, frise-se, destinada aos réus, não pode condicionar a possibilidade de reparação fluida, ante a ausência de disposição legal para tanto e, ainda, a sua eventual prejudicialidade à efetividade da ação coletiva, tendo em vista as dificuldades práticas para compelir os réus ao cumprimento" (STJ, REsp 1.156.021).

O STJ definiu ainda que "a procedência da pretensão reparatória não exime o interessado em liquidação da sentença genérica – e não em uma nova ação individual –, de comprovar o dano (se material, moral ou estético), a sua extensão, o nexo causal deste com a conduta considerada ilícita, além de sua qualidade de parte integrante da coletividade lesada" (STJ, REsp 1.718.535). Enfatizou que o MP tem legitimidade subsidiária para liquidar e executar sentença coletiva de consumo que verse sobre interesses individuais homogêneos, quando, decorrido o prazo de 1 ano, não houver habilitação por parte dos beneficiários da decisão em número compatível com a gravidade do dano (STJ, REsp 1.599.142).

6.2. Execução da sentença: direitos individuais homogêneos

A liquidação da sentença em se tratando de direitos individuais homogêneos guarda algumas peculiaridades que merecem menção específica. Mencionamos, anteriormente, artigo por artigo, alguns pontos jurisprudenciais relevantes. Importa agora, em nome da clareza, sistematizar alguns tópicos, com muita brevidade. Cabe antes dizer que a sentença de procedência na ação coletiva tendo por causa de pedir danos referentes a direitos individuais homogêneos será, em regra, genérica, de modo que depende de superveniente liquidação, não apenas para apuração do *quantum debeatur*, mas também para aferir a titularidade do crédito, por isso denominada pela doutrina de *liquidação imprópria* (STJ, AgRg no AREsp 342.315).

6.2.1. É possível executar no domicílio da vítima?

Embora houvesse algumas decisões que reconheciam o direito de se proceder à execução da sentença coletiva no domicílio do beneficiário – e não, digamos, no foro onde foi prolatada a decisão – a questão ainda causava polêmica, mesmo no âmbito do STJ. O tribunal, depois de ampla discussão, decidiu que a liquidação e a execução individual de sentença genérica proferida em ação civil coletiva podem ser ajuizadas no foro do domicílio do beneficiário, porquanto os efeitos e a eficácia da sentença não estão circunscritos a lindes geográficos, mas aos limites objetivos e subjetivos do que foi decidido, levando-se em conta, para tanto, sempre a extensão do dano e a qualidade dos interesses metaindividuais postos em juízo (arts. 468, 472 e 474, CPC e 93 e 103, CDC) (STJ, REsp 1.243.887). Aliás, o STF, em 2021, decidiu que os efeitos e a eficácia da sentença coletiva não estão circunscritos a lindes geográficos, mas aos limites objetivos e subjetivos do que foi decidido, podendo a sentença coletiva ter validade em todo o território nacional (STF, Tema 1.075, repercussão geral).

6.2.2. *Legitimidade do Ministério Público para execução da sentença coletiva*

Já vimos anteriormente que a legitimidade para intentar ação coletiva versando a defesa de direitos individuais homogêneos é concorrente e disjuntiva, podendo os legitimados indicados no art. 82 do CDC agir em Juízo independentemente uns dos outros, sem prevalência alguma entre si (STJ, REsp 869.583). Os direitos em questão se referem à coletividade e são tratados de modo indivisível. Porém, no cumprimento da sentença, a indivisibilidade cede lugar à individualização. Deve-se verificar o dano individualmente experimentado. Em caso de sentença prolatada em ação civil pública, há precedência, na execução, das vítimas ou sucessores. Desse modo, no ressarcimento individual (CDC, arts. 97 e 98), a legitimação e a execução serão personalizadas. A legitimidade do Ministério Público para instaurar a execução só se dará após o escoamento do prazo de um ano do trânsito em julgado se não houver habilitação de interessados em número compatível com a gravidade do dano (CDC, art. 100). É relevante lembrar que, em se tratando de direitos individuais homogêneos, embora estejam circunstancialmente agrupados, não perdem a natureza disponível.

6.2.3. *Prescrição para a execução individual da sentença coletiva*

No cumprimento individual de sentença proferida em ação coletiva, é preciso observar o prazo próprio das ações coletivas, que é quinquenal (STJ, EDcl no AREsp 134.325, Rel. Min. Luis Salomão 4ª T, DJ 28/05/12. Precedentes: REsp 1.275.215 e REsp 1.276.376). Não há ofensa à coisa julgada formada no processo de conhecimento, porque a prescrição que eventualmente se verifica é posterior à sentença coletiva transitada em julgado. O prazo – para os beneficiários ajuizarem as respectivas execuções individuais da sentença coletiva – é de cinco anos após o trânsito em julgado da ação coletiva.

7. AÇÕES DE RESPONSABILIDADE DO FORNECEDOR DE PRODUTOS E SERVIÇOS

Prevê o CDC, art. 101: "Na ação de responsabilidade civil do fornecedor de produtos e serviços, sem prejuízo do disposto nos Capítulos I e II deste título, serão observadas as seguintes normas: I – a ação pode ser proposta no domicílio do autor". Dentre os direitos básicos do consumidor está "a facilitação da defesa de seus direitos" (CDC, art. 6º, VIII). Coerente com este mandamento, o CDC, em sua parte processual, faculta ao consumidor a possibilidade de propor a ação de indenização em seu domicílio. A propositura das ações no domicílio do réu, sabemos, é a regra no processo civil brasileiro. Na sistemática de consumo, contudo, tal regra é excepcionada com vistas à proteção do consumidor. Trata-se, naturalmente, de opção a favor do consumidor, que poderá, querendo, optar pelo domicílio do fornecedor.

O STJ já teve oportunidade de apontar que "o intento protetivo da lei, no sentido de possibilitar a escolha do foro, do domicílio do autor ou do réu, dirige-se ao consumidor propriamente dito, aquela pessoa física ou jurídica destinatária final do bem ou serviço" (STJ, CC 106.990). Se a ação for proposta contra o consumidor no domicílio do fornecedor, o magistrado deve declinar, de ofício, para o foro do domicílio do consumidor: "Em se tratando de relação de consumo, tendo em vista o princípio da facilitação de defesa do consumidor, não prevalece o foro contratual de eleição, por ser considerada cláusula abusiva, devendo a ação ser proposta o domicílio do réu, podendo o juiz reconhecer sua incompetência *ex officio*" (STJ, CC 48.647). Posteriormente se reafirmou que em se tratando de matéria de consumo a competência é o domicílio do consumidor, podendo o juiz declinar, de ofício, de sua competência (STJ, AgRg no AREsp 64.258).

A jurisprudência frisou que a facilitação da defesa dos direitos do consumidor possibilita que este proponha ação em seu próprio domicílio. Tal princípio não permite, porém, que o consumidor escolha, aleatoriamente, um local diverso de seu domicílio ou do domicílio do réu para o ajuizamento do processo (STJ, REsp 1.084.036). Digamos, usando a linguagem dos processualistas, que a hipótese é de incompetência absoluta, e nem precisa do oferecimento de exceção para ser conhecida: "Ajuizada a ação de busca e apreensão em comarca que não é nem a do foro do domicílio do devedor, nem o de eleição, mas um terceiro qualquer, aleatoriamente escolhido, resulta óbvio o prejuízo causado à defesa do consumidor, questão de competência absoluta, que deve ser apreciada independentemente do oferecimento de exceção" (STJ, REsp 609.237).

Contempla o inciso seguinte: "II – o réu que houver contratado seguro de responsabilidade poderá chamar ao processo o segurador, vedada a integração do contraditório pelo Instituto de Resseguros do Brasil. Nesta hipótese, a sentença que julgar procedente o pedido condenará o réu nos termos do art. 80 do Código de Processo Civil. Se o réu houver sido declarado falido, o síndico será intimado a informar a existência de seguro de responsabilidade, facultando-se, em caso afirmativo, o ajuizamento de ação de indenização diretamente contra o segurador, vedada a denunciação da lide ao Instituto de Resseguros do Brasil e dispensado o litisconsórcio obrigatório com este".

O inciso em questão tem várias regras: a) o fornecedor poderá chamar o seu segurador ao processo; b) se o fornecedor chamar o segurador ao processo, a condenação valerá contra ambos; c) é proibida a participação do Instituto de Resseguros do Brasil nas lides entre consumidores e seguradoras; d) havendo falência do fornecedor, o consumidor poderá ajuizar ação diretamente contra o segurador do falido.

Cabe lembrar que a denunciação da lide é vedada nas relações de consumo (CDC, art. 88). Digamos, inicialmente, que o Instituto de Resseguros do Brasil indeniza, em virtude de acordo, a seguradora, em razão do que ela pagou para o segurado. O CDC veda sua participação nas lides entre consumidores e seguradoras. O STJ destacou sobre o tema: "Aplicação do CDC à espécie. Ação de indenização por danos materiais e morais, decorrentes de suposto erro médico, ajuizada por paciente (consumidor) em face do profissional liberal fornecedor de serviço. Acionado que, com base no artigo 101, inciso II, do CDC, procede ao chamamento da sociedade seguradora ao processo, ao argumento de que celebrado contrato de seguro de responsabilidade civil, o qual prevê a garantia do pagamento das perdas e danos devidos pelo segurado a terceiro. Aparente conflito de normas. A natureza de sobreposição do CDC, aliada ao princípio da especialidade, revela inexistir conflito entre seu artigo 101, inciso II, e o disposto nos artigos 68 do Decreto-Lei 73/66, o qual dispõe sobre o Sistema Nacional de Seguros Privados, regula as operações de seguros e resseguros e dá outras providências, e 70, inciso III, do CPC. Artigo 101, inciso II, do CDC. Chamamento da seguradora ao processo pelo fornecedor que contratou seguro de responsabilidade. Responsabilidade solidária entre o fornecedor e a seguradora voltada à concretização do princípio da reparação integral dos danos, encartado no artigo 6º, inciso VI, do CDC. Vedação expressa de denunciação da lide ao IRB – Brasil Resseguros. Escopo do legislador de evitar a dilação do tempo de duração do processo em prejuízo ao consumidor" (STJ, REsp 1.107.613).

Convém, antes de concluir, retomar a parte inicial do artigo.

O consumidor pode, querendo, propor a ação em seu domicílio (CDC, art. 101, I). Isso, sem dúvida, facilita o acesso à justiça e concretiza a facilitação da defesa dos direitos do consumidor. Por exemplo, alguém sofre um dano durante as férias no Nordeste, em sofisticado hotel. A vítima pode voltar para casa e propor a ação pelo acidente de consumo (fato do serviço), em seu domicílio. A vantagem é imensa. O mesmo se diga de alguém que fez cirurgia médica, em hospital ou clínica particular, em cidade ou estado distinto daquele que reside. Poderá, diante de um erro médico, propor a ação no próprio domicílio, e não no domicílio do médico. A norma do CDC que possibilita que o consumidor proponha a ação em seu domicílio foi construída em seu favor. Isso significa que não se trata de *obrigação* do consumidor de demandar em seu domicílio, podendo, caso prefira, optar por ajuizar a ação do domicílio do réu (STJ, AgRg no CC 129.294). Não, porém, de modo abusivo e aleatório, isto é, prevalece o entendimento de que não cabe ao autor consumidor a escolha aleatória de foro que não seja nem o do seu domicílio, nem o do réu, nem o de eleição e nem o do local de cumprimento da obrigação. Em tais hipóteses, revela-se adequada a declinação, de ofício, para a comarca do domicílio do autor" (STJ, AgRg no AREsp 532.899). Lembremos que em se tratando de relação de consumo a competência é de natureza absoluta, podendo ser declinada de ofício pelo magistrado em razão do princípio da facilitação de defesa do consumidor (art. 6º, VIII, do CDC) (STJ, AgRg no AREsp 541.491).

Sintetizando, o foro do domicílio do consumidor é o competente para a discussão judicial das questões a ele vinculadas, pois evita a imposição dos ônus a que ficaria obrigado com o deslocamento para demandar no foro de eleição (STJ, AgInt no AREsp 1.728.739). Em caso em que a consumidora adquiriu telhas do tipo colonial com o intuito de empregá-las em imóveis de sua propriedade, exaurindo, por conseguinte, a função econômica do bem objeto da relação jurídica, aplica-se o CDC, já que a consumidora retirou os bens definitivamente do mercado de consumo. Desse modo, caracterizada a relação de consumo, revelam-se incidentes as regras próprias de competência, as quais facultam ao consumidor escolher o foro do local em que melhor possa deduzir a sua defesa (STJ, AgInt no AREsp 964.738).

Proclama o CDC, art. 102: "Os legitimados a agir na forma deste código poderão propor ação visando compelir o Poder Público competente a proibir, em todo o território nacional, a produção, divulgação, distribuição ou venda, ou a determinar alteração na composição, estrutura, fórmula ou acondicionamento de produto, cujo uso ou consumo regular se revele nocivo ou perigoso à saúde pública e à incolumidade pessoal". A Política Nacional de Relações de Consumo tem, entre seus princípios, o "incentivo à criação pelos fornecedores de meios eficientes de controle de qualidade e segurança de produtos e serviços" (CDC, art. 4º, V). É direito básico do consumidor "a proteção da vida, saúde e segurança contra os riscos provocados por práticas no fornecimento de produtos e serviços considerados perigosos ou nocivos" (CDC, art. 6º. I). Esse dever de colocar produtos ou serviços seguros no mercado de consumo está a cargo dos fornecedores. O poder público, contudo, não está livre de obrigações. Cabe às pessoas políticas, em qualquer dos níveis (União, Estados, Distrito Federal ou Municípios), zelar por tal segurança, podendo vir a ser judicialmente compelidas a fazê-lo. A ênfase que o século XX deu à reparação de danos, o século XXI – cada vez mais – dará à prevenção deles.

Há um tema processual que não é peculiar do direito do consumidor. Ainda assim, talvez seja importante trazer três parágrafos aqui sobre o tema, apenas para contextualizar a leitora e o leitor. O STF entende ser constitucional a apreensão de passaporte e CNH de devedores, cabendo aos magistrados, à luz da razoabilidade e da proporcionalidade, adotar medidas coercitivas atípicas (CPC, art. 139, IV). O STF decidiu: "Medidas atípicas previstas no CPC conducentes à efetivação dos julgados são constitucionais, respeitados os artigos 1º, 8º e 805 do ordenamento processual e os direitos fundamentais da pessoa humana" (ADIN 5941).

No STJ tem-se entendido que "a adoção de meios executivos atípicos é cabível desde que, verificando-se a existência de indícios de que o devedor possua patrimônio expropriável, tais medidas sejam adotadas de modo subsidiário, por meio de decisão que contenha fundamentação adequada às especificidades da hipótese concreta, com observância do contraditório substancial e do postulado da proporcionalidade" (STJ, REsp 1.788.950). Enfim, conforme assentado no julgado do STF, o acesso à justiça reclama tutela judicial tempestiva, específica e efetiva sob o ângulo da sua realização prática. Num cenário de inefetividade generalizada das decisões judiciais, é possível que o devedor não tenha incentivos para colaborar na relação processual, mas, ao contrário, seja motivado a adotar medidas protelatórias. Assim, nesse contexto, a efetividade no cumprimento das ordens judiciais não beneficia apenas o credor que recebe seu pagamento ao fim do processo, mas incentiva também uma postura cooperativa dos litigantes, contribuindo para a redução e duração dos litígios.

O STJ decidiu em 2022 que as medidas coercitivas atípicas não modificam a natureza patrimonial da execução, servindo apenas para causar ao devedor determinados incômodos pessoais que o convençam ser mais vantajoso adimplir a obrigação do que sofrer as referidas restrições impostas pelo juiz. Assim, a retenção do passaporte do devedor deve perdurar pelo tempo necessário para que se verifique, na prática, a efetividade da medida e a sua capacidade de dobrar a renitência do devedor, sobretudo quando existente indícios de ocultação de patrimônio (STJ, HC 711.194, Rel. Min. Nancy Andrighi, 3ª T, DJe 27/06/2022). Não há, portanto, de modo necessário, limite temporal para as medidas coercitivas atípicas.

Embora não se trate de direito do consumidor, convém destacar que a competência para julgamento de ação de indenização por danos morais, decorrente de ofensas proferidas em rede social, é do foro do domicílio da vítima, em razão da ampla divulgação do ato ilícito (STJ, REsp 2.032.427, Rel. Min. Carlos Ferreira, 4ª T, DJe 04/05/2023). Outro ponto que deve ser mencionado, este de processo, é que ao escolher demandar junto ao juizado especial, a parte renuncia o crédito excedente, incluindo os pedidos interdependentes (principal e acessório) que decorrem da mesma causa de pedir (STJ, REsp 2.002.685, Rel. Min. Marco Buzzi, 4ª T, DJe 31/03/2023).

8. DA COISA JULGADA

A tendência, no Brasil, ao longo das décadas, foi fortalecer os direitos transindividuais que comportam tutela através da ação civil pública (com mais legitimados, com uma nova disciplina da coisa julgada, por exemplo). O CDC dialoga fortemente com a LACP. Aliás, foram muitas leis, ao correr dos anos, que aqui e ali contribuíram para esse fortalecimento. Pode-se dizer que houve – legal e jurisprudencialmente – um fortalecimento da tutela coletiva no Brasil (embora, aqui e ali, tenha-se que lidar com retrocessos, com investidas legislativas por parte dos poderosos interessados). Seja como for, não é exagero dizer que o Brasil pode se orgulhar de seu sistema legal de tutela coletiva, que não faz feio nas análises comparativas entre países. Há aspectos já bem conhecidos, aspectos que já se tornaram tradicionais por assim dizer. Nota-se que "a defesa judicial de interesses transindividuais de origem comum tem peculiaridades: não só esses interesses são intrinsecamente transindividuais, como também sua defesa judicial deve ser coletiva, seja em benefício dos lesados, seja ainda em proveito da ordem jurídica. Dessa forma, o legislador estipulou regras próprias sobre a matéria, especialmente para solucionar problemas atinentes à economia processual, à legitimação ativa, à destinação do produto da indenização e aos efeitos de imutabilidade da coisa julgada (MAZZILLI, Hugo Nigro. *A Defesa dos Interesses Difusos em Juízo*. São Paulo: Saraiva, 2007, p. 58). Aliás, o art. 110 do CDC contribuiu para esse caminho, inserindo uma cláusula de abertura na tutela coletiva brasileira.

No que tange à coisa julgada, o CDC, que tem regras específicas, dispõe: "Art. 103. Nas ações coletivas de que trata este código, a sentença fará coisa julgada: I – *erga omnes*, exceto se o pedido for julgado improcedente por insuficiência de provas, hipótese em que qualquer legitimado poderá intentar outra ação, com idêntico fundamento, valendo-se de nova prova, na hipótese do inciso I do parágrafo único do artigo 81". Nas ações coletivas a coisa julgada será, em regra, *erga omnes*, isto é, terá eficácia ampla. O art. 103, I, trata da coisa julgada em relação aos interesses e direitos difusos. E esclarece que apenas não haverá eficácia *erga omnes* se a ação for julgada improcedente por insuficiência de provas. Nesta hipótese, qualquer legitimado poderá propor nova ação, ainda que com mesmo fundamento, desde que se valha de nova prova.

Estabeleceu o STJ: "É possível a declaração incidental de inconstitucionalidade, na ação civil pública, de quaisquer leis ou atos normativos do Poder Público, desde que a controvérsia constitucional não figure como pedido, mas sim como causa de pedir, fundamento ou simples questão prejudicial, indispensável à resolução do litígio principal, em torno da tutela do interesse público. A declaração incidental de inconstitucionalidade na ação civil pública não faz coisa julgada material, pois se trata de controle difuso de constitucionalidade, sujeito ao crivo do Supremo Tribunal Federal, via recurso extraordinário, sendo insubsistente, portanto, a tese de que tal sistemática teria os mesmos efeitos da ação declaratória de inconstitucionalidade. O efeito *erga omnes* da coisa julgada material na ação civil pública será de âmbito nacional, regional ou local conforme a extensão e a indivisibilidade do dano ou ameaça de dano, atuando no plano dos fatos e litígios concretos, por meio, principalmente, das tutelas condenatória, executiva e mandamental, que lhe asseguram eficácia prática, diferentemente da ação declaratória de inconstitucionalidade, que faz coisa julgada material *erga omnes* no âmbito da vigência especial da lei ou ato normativo impugnado" (STJ, REsp 299.271).

Prevê o inciso seguinte: "II – *ultra partes*, mas limitadamente ao grupo, categoria ou classe, salvo improcedência por insuficiência de provas, nos termos do inciso anterior, quando se tratar da hipótese prevista no inciso II do parágrafo único do art. 81". Neste inciso II temos o tratamento da coisa julgada relativamente aos interesses e direitos coletivos. Percebe-se, aqui, a diferença na dicção legal: nos direitos coletivos a coisa julgada é *ultra partes*; nos direitos difusos é *erga omnes*. Isso significa, em relação aos direitos coletivos, que ela não se limita a quem tomou parte no processo, porém se limita ao grupo, à categoria ou à classe.

Lembremos que interesses ou direitos coletivos, a teor do art. 81, II, do CDC, são "os transindividuais, de natureza indivisível de que seja titular grupo, categoria ou classe de pessoas ligadas entre si ou com a parte contrária por uma relação jurídica base". Seria o caso, por exemplo, da seguinte decisão: "As Turmas que compõem a 2ª. Seção deste Tribunal são competentes para decidir questões relativas a reajustes de mensalidades escolares por estabelecimentos de ensino particulares. Precedentes da Corte Especial. O Ministério Público tem legitimidade ativa para propor ação civil pública para impedir a cobrança antecipada e a utilização de índice ilegal no reajuste das mensalidades escolares, havendo, nessa hipótese, interesse coletivo definido no art. 81, inciso II, do CDC. A atuação do Ministério Público justifica-se, ainda, por se tratar de direito à educação, definido pela própria Constituição Federal como direito social" (STJ, REsp 138.583).

Se o Ministério Público – defendendo em nome próprio interesse alheio, como no caso acima transcrito – propõe a ação, eventual decisão de procedência beneficiará todos os consumidores, desde que componentes do "grupo, categoria ou classe", ainda que não tenham participado da demanda. Eventual decisão de improcedência não prejudicará nem inibirá demandas individuais, conforme adiante comentaremos.

Dispõe o próximo inciso: "III – *erga omnes*, apenas no caso de procedência do pedido, para beneficiar todas as vítimas e seus sucessores, na hipótese do inciso III do parágrafo único do art. 81". Temos, aqui, a disciplina da coisa julgada em relação aos interesses ou direitos individuais homogêneos. Lembremos que não se trata, nesta hipótese, de interesses ou direitos ontologicamente coletivos, mas apenas ocasionalmente coletivos. Neste inciso III – interesses ou direitos individuais homogêneos – temos direitos individualizados, porém, como numericamente são múltiplos os titulares, é conveniente para a ordem jurídica e para a sociedade que a defesa deles se processe nos moldes coletivos.

Esclareceu-se: "Os direitos individuais homogêneos, por definição legal, referem-se a um número de pessoas ainda não identificadas, mas passível de ser determinado em um momento posterior, e derivam de uma origem comum, do que decorre a sua homogeneidade. A origem comum dos direitos individuais homogêneos versados neste processo consiste na cobrança indevida de valores referentes aos fretes dos veículos novos adquiridos das empresas concessionárias de veículos e administradora de consórcio por inúmeros consumidores" (STJ, REsp 761.114). Nesta hipótese do inciso III – coisa julgada relativamente aos interesses e direitos individuais homogêneos – a decisão que acolhe o pedido terá eficácia *erga omnes*, mesmo para quem não se habilitou como litisconsorte (desde que não tenha proposto ação individual autônoma). No caso dos interesses e direitos individuais homogêneos, pouco importa o fundamento que tenha dado causa à improcedência da ação. Qualquer que tenha sido, não obstará o ajuizamento de demandas individuais a propósito. Tal solução se coaduna com a teleologia do CDC, que é favorecer as demandas coletivas, sem, no entanto, prejudicar os interesses individuais dos consumidores.

O STJ, em relevante julgado, definiu a interpretação das normas antes citadas: "Cinge-se a controvérsia a definir se, após o trânsito em julgado de decisão que julga improcedente ação coletiva para a defesa de direitos individuais homogêneos, é possível a repetição da demanda coletiva com o mesmo objeto por outro legitimado em diferente estado da federação. A apuração da extensão dos efeitos da sentença transitada em julgado proferida em ação coletiva para a defesa de direitos individuais homogêneos passa pela interpretação conjugada dos artigos 81, inciso III, e 103, inciso

III e § 2º, do CDC. Nas ações coletivas intentadas para a proteção de interesses ou direitos individuais homogêneos, a sentença fará coisa julgada *erga omnes* apenas no caso de procedência do pedido. No caso de improcedência, os interessados que não tiverem intervindo no processo como litisconsortes poderão propor ação de indenização a título individual. Não é possível a propositura de nova ação coletiva, mas são resguardados os direitos individuais dos atingidos pelo evento danoso" (STJ, REsp 1.302.596).

Contempla o § 1º: "Os efeitos da coisa julgada previstos nos incisos I e II não prejudicarão interesses e direitos individuais dos integrantes da coletividade, do grupo, categoria ou classe". Os incisos referidos, tratam, respectivamente, dos efeitos da coisa julgada relativamente aos direitos difusos e coletivos. E este parágrafo primeiro ressalta, com toda clareza, que os efeitos da coisa julgada não prejudicarão "interesses e direitos individuais dos integrantes da coletividade, do grupo, categoria ou classe". Assim, se o Ministério Público propõe ação buscando proibir a veiculação de determinada publicidade abusiva, eventual sentença de improcedência não inibirá os consumidores, individualmente considerados, de o fazerem, inclusive pleiteando indenizações.

Prevê o parágrafo seguinte: "§ 2º Na hipótese prevista no inciso III, em caso de improcedência do pedido, os interessados que não tiverem intervindo no processo como litisconsortes poderão propor ação de indenização a título individual". O inciso III – que cuida dos interesses e direitos individuais homogêneos – estabelece: "*erga omnes*, apenas no caso de procedência do pedido, para beneficiar todas as vítimas e seus sucessores, na hipótese do inciso III do parágrafo único do art. 81". Portanto, se a ação for julgada improcedente, tal resultado não impedirá a propositura de ações individuais. Porém, para isso, ressalva o § 2º, é preciso que os interessados, titulares de direitos individuais homogêneos, não tenham intervindo no processo coletivo como litisconsortes.

Decidiu-se: "A associação, que tem por finalidade a defesa do consumidor, pode propor ação coletiva em favor dos participantes, desistentes ou excluídos, de consórcio, sejam eles seus associados ou não. Precedentes" (STJ, REsp 132.502). No sentido do que antes dissemos: "Ação coletiva proposta por uma associação em defesa de direito individual homogêneo de consorciados desistentes para obter a devolução atualizada das prestações pagas; a sentença de procedência que alcança todos os ex-participantes do consórcio" (STJ, REsp 132.724).

Para que exista coisa julgada como pressuposto processual negativo, é preciso que haja a repetição de uma ação (idêntica) transitada em julgado. Se a primeira ação era civil pública e tratava de direitos individuais homogêneos, mas a extensão da coisa julgada abarcou apenas a menor parte de pessoas componentes de um mesmo grupo, a repetição da mesma ação, visando a tutela dos demais componentes de tal grupo, não gera identidade de ação (STJ, REsp 964.755). Haveria, no caso, distinção no pedido imediato formulado – causa imediata de pedir.

Dispõe o § 3º do art. 103: "Os efeitos da coisa julgada de que cuida o art. 16, combinado com o art. 13 da Lei nº 7.347, de 24 de julho de 1985, não prejudicarão as ações de indenização por danos pessoalmente sofridos, propostas individualmente ou na forma prevista neste código, mas, se procedente o pedido, beneficiarão as vítimas e seus sucessores, que poderão proceder à liquidação e à execução, nos termos dos arts. 96 a 99". Mais uma vez o CDC reitera a lógica de promover a jurisdição coletiva - sem, no entanto, prejudicar os consumidores individualmente considerados. Se uma associação de defesa do consumidor promove ação coletiva contra, digamos, um laboratório, em virtude de pôr no mercado anticoncepcional desprovido do princípio ativo, eventual decisão de improcedência não prejudicará os consumidores, que poderão propor demandas individuais.

Se, contudo, a demanda proposta pela associação for julgada procedente, os consumidores, vítimas do evento, poderão promover a liquidação e consequente execução da decisão relativa ao processo coletivo.

O CDC determina no § 4º do art. 103: "Aplica-se o disposto no parágrafo anterior à sentença penal condenatória". Um dos efeitos civis da decisão penal condenatória transitada em julgada é tornar certa a obrigação de reparar o dano (Código Penal, art. 91, I: "São efeitos da condenação: I - tornar certa a obrigação de indenizar o dano causado pelo crime"). A decisão criminal, a partir do trânsito em julgado, adquire eficácia de título executivo judicial: "Transitada em julgado a sentença penal condenatória, não há como se reabrir qualquer discussão a respeito da culpa do preposto da recorrente. A sentença, que reconheceu a presença do muar na pista e suas consequências para o evento, é título executivo extrajudicial, restando ao juízo cível apenas a questão do *quantum* da reparação" (STJ, REsp 416.846).

Dispõe o art. 104 do CDC: "As ações coletivas, previstas nos incisos I e II do parágrafo único do art. 81, não induzem litispendência para as ações individuais, mas os efeitos da coisa julgada erga omnes ou ultra partes a que aludem os incisos II e III do artigo anterior não beneficiarão os autores das ações individuais, se não for requerida sua suspensão no prazo de trinta dias, a contar da ciência nos autos do ajuizamento da ação coletiva". As ações coletivas farão coisa julgada *erga omnes* ou *ultra partes*. Só não o farão se o consumidor tiver ação individual em juízo, e, tendo ciência da ação coletiva, não requerer a suspensão da ação individual no prazo de trinta dias. Se optar por seguir com sua ação individual, ambas, coletiva e individual, seguirão cada uma com seu rumo, não havendo diálogo entre elas.

Não há, por fim, a teor do prescrito no art. 104, litispendência entre ações individuais e ações coletivas. Consignou o STJ: "Na linha do entendimento já adotado nesta Corte, não há falar, na hipótese presente, em litispendência entre a ação civil pública e a ação de cobrança" (STJ, REsp 175.288). No mesmo sentido: "Pacificou-se a jurisprudência da Corte no sentido de que não ocorre litispendência da ação individual em face de ação coletiva ajuizada por entidade de classe ou sindicato" (STJ, REsp 327.184; REsp 1.725.362). Posteriormente reafirmou-se tal orientação. Não há litispendência entre a execução de ações individuais e coletivas. Isto é, "não se configura litispendência quando o beneficiário de ação coletiva busca executar individualmente a sentença da ação principal, mesmo já havendo a execução pelo ente sindical que encabeçara a ação" (STJ, REsp 995.932). Acrescente-se, além disso, na esteira da dicção legal, que o autor da ação individual pode requerer a suspensão desta, para, em assim agindo, beneficiar-se dos efeitos da coisa julgada *erga omnes* ou *ultra partes* das ações coletivas. Mas, para isso, deverá, no prazo de 30 dias, requerer a suspensão da sua ação individual. O prazo de 30 dias começa a contar a partir da ciência – nos autos da ação individual – do ajuizamento da ação coletiva (CDC, art. 104).

Conforme entendimento do STJ, a providência do art. 104 do CDC somente é aplicável quando a ação coletiva é ajuizada posteriormente à ação individual (STJ, AgInt no REsp 1.642.609; REsp 1.857.769; AgInt no AREsp 1.702.171).

8.1. Os efeitos da sentença – no caso de interesses individuais homogêneos relacionados a relações de consumo – limitam-se à competência territorial do órgão julgador?

É oportuno frisar que a Constituição Federal – em seu art. 129, III – traz apenas as expressões "interesses difusos e coletivos". Apenas em 1990, com a edição do CDC, é que a expressão "interesses individuais homogêneos" penetrou na ordem jurídica nacional. Desse modo, ao ler a expressão "interesses difusos e coletivos", na Constituição, é preciso perceber que a referência é aos interesses transindividuais, quaisquer que sejam – aí incluídos, naturalmente, os interesses individuais homogêneos. O STF destacou: "O sistema processual coletivo brasileiro, direcionado à pacificação social no tocante a litígios meta individuais, atingiu *status* constitucional em 1988, quando houve importante fortalecimento na defesa dos interesses difusos e coletivos, decorrente de uma natural necessidade de efetiva proteção a uma nova gama de direitos resultante do reconhecimento dos denominados direitos humanos de terceira geração ou dimensão, também conhecidos como direitos de solidariedade ou fraternidade" (STF, RE 1.101.937, Tribunal Pleno, com repercussão geral, DJe 11/06/2021).

Já vimos, antes, que o Ministério Público tem legitimidade ativa para defender interesses individuais homogêneos, desde que haja relevância social. Ponto relevante, sob o prisma processual, é o seguinte: no caso de procedência da ação, os efeitos da sentença abrangem todo o território nacional, ou ficam limitados à competência territorial do órgão prolator? O artigo 16 da Lei da Ação Civil Pública, alterado pela Lei 9.494/1997, tem a seguinte redação: "A sentença civil fará coisa julgada erga omnes, nos limites da competência territorial do órgão prolator, exceto se o pedido for julgado improcedente por insuficiência de provas, hipótese em que qualquer legitimado poderá intentar outra ação com idêntico fundamento, valendo-se de nova prova". O STF, em 2021, decretou a inconstitucionalidade deste artigo 16 da LACP. O STF decidiu que os efeitos e a eficácia da sentença coletiva não estão circunscritos a lindes geográficos, mas aos limites objetivos e subjetivos do que foi decidido, podendo a sentença coletiva ter validade em todo o território nacional (STF, Tema 1.075, repercussão geral).

Antes disso, o STJ, dando provimento a recurso especial interposto pelo Instituto Brasileiro de Defesa do Consumidor – IDEC – consignou: "A Lei da Ação Civil

Pública, originariamente, foi criada para regular a defesa em juízo de direitos difusos e coletivos. A figura dos direitos individuais homogêneos surgiu a partir do Código de Defesa do Consumidor, como uma terceira categoria equiparada aos primeiros, porém ontologicamente diversa". Continua o acórdão: "A distinção, defendida inicialmente por Liebman, entre os conceitos de eficácia e de autoridade da sentença, torna inócua a limitação territorial dos efeitos da coisa julgada estabelecida pelo art. 16 da LAP. A coisa julgada é meramente a imutabilidade dos efeitos da sentença. Mesmo limitada aquela, os efeitos da sentença produzem-se erga omnes, para além dos limites da competência territorial do órgão julgador". Finaliza a Ministra Nancy Andrighi: "O procedimento regulado pela Ação Civil Pública pode ser utilizado para a defesa dos direitos do consumidor em juízo, porém somente no que não contrariar as regras do CDC, que contém, em seu art. 103, uma disciplina exaustiva para regular a produção de efeitos pela sentença que decide uma relação de consumo. Assim, não é possível a aplicação do art. 16 da LAP para essas hipóteses" (STJ, REsp 411.529).

Assim, se é proposta ação civil pública por entidade com abrangência nacional, para defender interesses individuais homogêneos relativos ao consumidor, os efeitos da sentença não ficam restritos aos limites da competência territorial do órgão julgador, produzindo efeitos em todo o território nacional. O STJ, nessa linha de ideias, já entendia que a ação coletiva tem abrangência nacional – não importa, portanto, o local onde a decisão foi proferida (STJ, REsp 1.243.887). É preciso apenas considerar a extensão do dano e a qualidade dos interesses metaindividuais postos em juízo. Outro ponto relevante é que elas podem ser executadas, agora, em qualquer ponto do país. Os beneficiários individuais das ações coletivas tanto podem executá-las em seu domicílio como no lugar em que a sentença foi proferida. O STJ, recentemente, destacou que "a eficácia das decisões genéricas proferidas em ações civis públicas coletivas não está limitada ao território da competência do órgão judicante que as proferiu" (STJ, AgInt no REsp 1.664.620). De todo modo, em 2021, o STF decidiu a questão, reforçando a posição anterior do STJ.

9. QUESTÕES DE CONCURSOS

01. (Promotor de Justiça – MPE – SP/2022) O que autoriza a defesa coletiva de interesses individuais homogêneos?

a) O vínculo fático entre os sujeitos.

b) A origem comum das inúmeras lesões sofridas.

c) O vínculo jurídico entre os sujeitos.

d) A divisibilidade do objeto.

e) O princípio da ubiquidade da jurisdição.

02. (FGV – Juiz de Direito – TJ – PE/2022) Lucas ingressou com ação de indenização em face da instituição de ensino privada onde cursa faculdade, tendo ajuizado a causa no endereço do seu domicílio. A demanda teve por base o contrato de prestação de serviços que continha cláusula de eleição de foro na cidade vizinha, domicílio da executada. Em razão disso, a instituição de ensino requereu, prima facie, a extinção do feito por incompetência do juízo. Nesse caso, é correto afirmar que:

a) deverá ser declinada a competência para o juízo estabelecido previamente pelas partes pela via contratual;

b) deverá ser extinto o processo sem resolução do mérito, por ser diverso o juízo indicado na cláusula de eleição de foro;

c) se trata de relação de consumo e Lucas está autorizado a demandar no seu domicílio, a despeito da cláusula de eleição de foro;

d) não se configura relação de consumo, dada a natureza de serviços educacionais, imperando a competência indicada na cláusula de eleição de foro;

e) a competência do foro do domicílio do autor é absoluta, por se tratar de relação de consumo, mesmo quando o consumidor é o demandante.

GABARITO			
01. B	02. C		

Estas e outras questões estão disponíveis para serem respondidas na plataforma JusClass:

10. QUADRO SINÓTICO

DA DEFESA DO CONSUMIDOR EM JUÍZO

- **A sistemática do CDC é fundamentalmente coletiva, voltada para direitos difusos, coletivos e individuais homogêneos. O que não impede, naturalmente, o exercício individual dos direitos.**
- **Difusos são interesses ou direitos transindividuais, de natureza indivisível, de que sejam titulares pessoas indeterminadas e ligadas por circunstâncias de fato (CDC, art. 81, I – publicidade enganosa por meio da televisão, por exemplo).**
- **Coletivos são interesses ou direitos transindividuais, de natureza indivisível, de que seja titular grupo, categoria ou classe de pessoas ligadas entre si ou com a parte contrária por uma relação jurídica base (CDC, art. 81, II – direito dos alunos de determinada faculdade a razoável qualidade de ensino).**
- **Individuais homogêneos são interesses ou direitos individuais, de origem comum (CDC, art. 81, III – mutuários do Sistema Financeiro de Habitação; clientes de determinada TV por assinatura).**
- **O Ministério Público tem legitimidade para propor ação civil pública, em se tratando de direitos individuais homogêneos, quando diante de direitos indisponíveis (STJ, AgRg no REsp 442.822).**
- **Haverá, também, legitimidade do Ministério Público quando os direitos individuais homogêneos apresentarem relevante interesse social (STF, RE 472.489; STJ, REsp 613,493).**
- **Para a defesa dos direitos e interesses protegidos pelo CDC são admissíveis todas as espécies de ação capazes de propiciar sua adequada e efetiva tutela (CDC, art. 83).**
- **Os Procons têm capacidade postulatória, mas não podem figurar no polo passivo das lides.**

- **As perdas e danos têm caráter subsidiário no CDC. Prevalece a tutela específica. As perdas e danos apenas prevalecerão se por elas optar o consumidor ou mesmo se for impossível a tutela específica da obrigação (CDC, art. 84, § 1º).**
- **As astreintes são multas que objetivam forçar o devedor a cumprir a obrigação. Buscam atingir o resultado prático equivalente ao adimplemento. Podem ser aplicadas em face das pessoas jurídicas de direito público (STJ, REsp 804.107).** Podem ser concedidas de ofício (STJ, REsp 836.913).
- **O CDC veda a denunciação da lide (CDC, art. 88).** Segundo a doutrina majoritária, isso vale em qualquer demanda que tenha por objeto uma relação de consumo.
- **O CDC prevê a inversão do ônus da prova, a favor do consumidor, no processo civil, quando, a critério do juiz, for verossímil a alegação ou quando for ele hipossuficiente, segundo as regras ordinárias de experiência (CDC, art. 6º, VIII).** A hipossuficiência nem sempre é econômica. Pode ser técnica (erro médico, por exemplo).
- **O consumidor pode propor a ação em seu próprio domicílio (CDC, art. 101, I).**
- **Nas ações coletivas, a coisa julgada será, em regra,** *erga omnes***. Em relação aos interesses e direitos difusos, só não será** *erga omnes* **se a ação for julgada improcedente por insuficiência de provas (CDC, art. 103, I).**
- **Em relação aos interesses e direitos coletivos, a coisa julgada é** *ultra partes***. Não se limita a quem tomou parte no processo, mas não vai além do grupo, categoria ou classe (CDC, art. 103, II).**
- **Em relação aos interesses e direitos individuais homogêneos, a coisa julgada terá eficácia** *erga omnes* **apenas na hipótese de procedência do pedido (CDC, art. 103, III).** Lembremos que tais direitos não são ontologicamente coletivos, apenas ocasionalmente coletivos.
- **Em caso de ação civil pública proposta com entidade com abrangência nacional, para defender interesses individuais homogêneos relativos ao consumidor, a sentença terá efeito em todo o território nacional (STJ, REsp 411.529).**
- **A inversão do ônus da prova, segundo o STJ, é regra de procedimento.**
- **A inversão do ônus da prova pode ocorrer em ações coletivas (STJ, REsp 951.785; REsp 1.253.672)**
- **A denunciação da lide não é aceita no CDC (CDC, art. 88)**, seja em relação ao comerciante (CDC, art. 13), seja em relação aos acidentes de consumo em geral (CDC, arts. 12 e 14) (STJ, REsp 1.165.279; AgRg no AREsp 157.812).
- **A liquidação e a execução individual da sentença coletiva podem ser ajuizadas no domicílio do beneficiário (STJ, REsp 1.243.887)**

QUESTÕES DIVERSAS

01. (Cespe – Juiz de Direito – TJ-DFT/2014) Assinale a opção correta a respeito dos direitos do consumidor e das práticas comerciais nas relações de consumo.

a) Para ter direito à revisão de cláusulas contratuais em razão de fato superveniente, o consumidor deverá demonstrar a existência de evento extraordinário e imprevisível, que torne o adimplemento contratual excessivamente oneroso a ele.

b) Conforme o CDC, toda propaganda capaz de induzir o consumidor a se comportar de forma prejudicial ou perigosa à sua saúde ou segurança consiste em publicidade enganosa.

c) A execução de serviços pelo fornecedor condiciona-se, em qualquer hipótese, à prévia elaboração de orçamento e à autorização expressa do consumidor.

d) O valor do serviço, constante em orçamento prévio entregue pelo fornecedor ao consumidor, tem validade de dez dias, não podendo esse prazo ser alterado por acordo entre as partes.

e) Salvo hipótese de engano justificável, o consumidor tem direito à repetição em dobro da quantia dele cobrada indevidamente, desde que demonstre o efetivo pagamento do valor cobrado em excesso.

02. (Cespe – Juiz de Direito – TJ-DFT/2014) A respeito dos elementos subjetivos e objetivos da relação de consumo, assinale a opção correta de acordo com o CDC e com a jurisprudência do STJ.

a) O CDC não é aplicável à relação jurídica entre entidade de previdência privada e seus participantes.

b) Considera-se consumidor a pessoa física que adquire máquina de costura de sociedade empresária multinacional para a realização de trabalho em prol de sua subsistência.

c) Sociedade civil sem fins lucrativos não pode ser considerada fornecedora, ainda que preste serviço mediante contraprestação financeira.

d) Existe relação de consumo entre locador e locatário em caso de contrato de locação de imóvel urbano regido pela Lei nº 8.245/1991.

e) A prestação de serviço público, ainda que seja gratuita e não tenha natureza contratual, caracteriza relação de consumo.

03. (Cespe – Juiz de Direito – TJ-DFT/2014). No que concerne à proteção contratual, à desconsideração da personalidade jurídica e à inversão do ônus da prova, assinale a opção correta com base no CDC e na jurisprudência do STJ.

a) O CDC trata tanto da inversão do ônus da prova *ope legis* quanto da inversão do ônus da prova *ope judieis*.

b) A desconsideração da personalidade jurídica requerida pelo consumidor somente poderá ser deferida caso seja demonstrado desvio de finalidade ou confusão patrimonial.

c) Segundo entendimento consolidado do STJ, cabe ao consumidor arcar com as despesas postais decorrentes do exercício do direito de arrependimento em caso de realização de compras fora do estabelecimento comercial.

d) Segundo o STJ, é válida cláusula contratual que determine a utilização compulsória da arbitragem em contrato de adesão entre fornecedor e consumidor, desde que assim convencionado em documento anexo ou em negrito, com a assinatura ou visto especialmente para essa cláusula.

e) Nos contratos regidos pelo CDC, as multas de mora decorrentes do inadimplemento de obrigações no seu termo poderão ser fixadas em até 10% do valor da prestação.

04. (FCC – Juiz de Direito – SC/2017). No tocante à tutela específica nas obrigações de fazer ou não fazer concernentes às relações consumeristas,

a) em caso de litigância de má-fé a associação autora e os diretores responsáveis pela propositura da ação serão subsidiariamente condenados em honorários advocatícios, nas custas e nas despesas processuais, estas e aquelas em dobro, sem prejuízo da responsabilidade por perdas e danos.

b) a conversão da tutela específica em perdas e danos poderá ser livremente determinada pelo juiz, independentemente da impossibilidade de obtenção daquela ou do resultado prático equivalente.

c) uma vez formulado o pedido de tutela específica, é defeso convertê-lo em perdas e danos, pois o fato caracterizaria uma decisão extra petita.

d) nas ações coletivas visando à obtenção da tutela específica só haverá adiantamento de custas ou emolumentos, mas não de honorários periciais ou quaisquer outras despesas, salvo se caracterizada má-fé processual.

e) para a tutela específica ou para a obtenção do resultado prático equivalente, poderá o juiz determinar as medidas necessárias, tais como busca e apreensão, remoção de coisas e pessoas, desfazimento de obra, impedimento de atividade nociva, além de requisição de força policial.

(Em relação ao item a, trata-se de afirmação errada, pois em contradição com o previsto no art. 87, parágrafo único, do CDC; em relação ao item b, a conversão da tutela específica em perdas e danos só será admissível se por elas optar o autor, ou se impossível a tutela específica ou a obtenção do resultado prático equivalente; em relação ao item c, é possível que o autor opte pela conversão da tutela específica em perdas e danos, nos termos do art. 84, § 1º, do CDC ; em relação ao item d, trata-se de afirmação em descompasso com o art. 87 do CDC; em relação ao item e, cuida-se de enunciado correto, em harmonia com o disposto no art.84, § 5º, do CDC).

05. (MPE – PR – Promotor de Justiça – MPE – PR/2019) Analise as assertivas abaixo e assinale a alternativa incorreta:

a) Nos contratos bancários é vedado ao julgador conhecer, de ofício, da abusividade das cláusulas.

b) O Código de Defesa do Consumidor é aplicável aos empreendimentos habitacionais promovidos pelas sociedades cooperativas.

c) O Código de Defesa do Consumidor é aplicável às entidades abertas de previdência complementar, não incidindo nos contratos previdenciários celebrados com entidades fechadas.

d) Cabe ao mantenedor do Cadastro de Proteção ao Crédito a notificação do devedor antes de proceder à inscrição.

e) O Ministério Público tem legitimidade ativa para atuar na defesa de direitos difusos coletivos e individuais homogêneos dos consumidores, exceto os decorrentes da prestação de serviço público.

06. (FGV – Juiz de Direito – TJ – AP/2022) Osmar ingressou com ação judicial em face da fabricante do telefone celular, alegando que houve problemas ainda no período de vigência da garantia legal. No momento da contestação, a parte ré apresentou o laudo realizado pela assistência técnica autorizada da fabricante, indicando que o problema apresentado no aparelho celular se relaciona ao mau uso, documento esse acompanhado por fotografia que demonstra marcas compatíveis com choque físico no bem, ao passo que Osmar requereu a inversão do ônus da prova. A respeito de tal situação, é correto afirmar que:

a) deve ser aplicada a inversão do ônus da prova em razão de a previsão ope legis ser direito básico do consumidor para a salvaguarda da facilitação da defesa de seus direitos;

b) o laudo técnico confeccionado pela assistência técnica autorizada da ré não pode ser considerado imparcial e idôneo para ser utilizado, em detrimento das garantias asseguradas ao consumidor, devendo ser julgado procedente o pedido de Osmar se somente essa for a prova constituída nos autos;

c) embora se trate de relação de consumo, com inversão do ônus da prova como um direito básico garantido ao consumidor, não está dispensado o dever da parte autora de fazer prova quanto ao fato constitutivo do seu direito;

d) não pode ser afastada a responsabilidade da demandada por se tratar de garantia legal, que é obrigatória e inegociável, ainda que seja demonstrada a culpa exclusiva do consumidor, situação que somente excluiria responsabilidade em caso de fato do produto;

e) deve ser julgado procedente o pedido de Osmar a partir de suas alegações, uma vez que a justificativa de suposto mau uso do produto por choque físico representa risco que razoavelmente se espera no manuseio de aparelhos celulares, não sendo capaz de afastar a garantia legal obrigatória.

07. (FGV – Juiz de Direito – TJ – SC/2022). Determinada associação ajuizou demanda de obrigação de fazer a título coletivo. Especificamente no que toca ao estabelecido pelo Código de Defesa do Consumidor, o juiz da causa deve analisar se:

a) há pleito de indenização por perdas e danos, o que não pode ser cumulado com astreintes;

b) a autora inclui entre seus fins institucionais a defesa dos interesses e direitos do consumidor;

c) há expressa autorização assemblear, indispensável ao exercício da legitimidade da associação para ajuizar a ação coletiva;

d) há pleito pela conversão da obrigação em perdas e danos, pois não pode ser realizada de ofício, mesmo em caso de impossibilidade da tutela específica, hipótese que levará à extinção do processo por perda do objeto;

e) se trata de ação coletiva de responsabilidade pelos danos individualmente sofridos, hipótese na qual extinguirá o processo por ilegitimidade, pois compete à vítima propor individualmente causas dessa natureza.

GABARITO			
01. E	03. A	05. E	07. B
02. B	04. E	06. C	

BIBLIOGRAFIA

AGUIAR, Ruy Rosado de. "Responsabilidade civil do médico". **Revista dos Tribunais,** vol. 718.

AGUIAR DIAS, José de. **Da Responsabilidade Civil.** Rio de Janeiro: Forense, 1973.

ALVES DE ANDRADE, Ronaldo. **Curso de Direito do Consumidor.** Barueri: Manole, 2006.

AMARAL, Francisco. "Racionalidade e sistema no direito civil brasileiro". **Revista de Direito Civil.** São Paulo: RT, nº 63, 1993, pp. 44/56.

AMMOUS, Saifedean. **The Bitcoin Standard: The Decentralized Alternative to Central Banking.** New York: Wiley, 2018.

ARENHART, Sérgio Cruz. **A tutela inibitória da vida privada.** São Paulo: RT, 2000.

BARBOSA MOREIRA, Carlos Roberto. "Notas sobre a inversão do ônus da prova em benefício do consumidor", in **Revista de Direito do Consumidor,** vol. 22.

BARBOSA MOREIRA, José Carlos. "Tutela sancionatória e tutela preventiva" in **Temas de direito processual,** segunda série. São Paulo: Saraiva, 1996.

BARROS, João Pedro Leite. Arbitragem *on line* em conflitos de consumo. São Paulo: Tirant Brasil, 2019.

BENJAMIN, Antonio Herman de Vasconcelos e et al. **Código brasileiro de Defesa do Consumidor comentado pelos autores do anteprojeto.** São Paulo: Forense Universitária, 2001.

BITTAR, Carlos Alberto. **Reparação civil por danos morais.** São Paulo: Revista dos Tribunais, 1993.

BODIN DE MORAES, Maria Celina. **Danos à pessoa humana.** Rio de Janeiro: Renovar, 2003.

BOTTESINI, Maury Ângelo; MACHADO, Mauro Conti. **Lei dos planos e seguros e saúde comentada e anotada.** São Paulo: RT, 2003.

BRAGA NETTO, Felipe Peixoto. **Teoria dos ilícitos civis.** Belo Horizonte: Del Rey, 2003.

___________. "Direito Civil e Constituição: desafios e perplexidades de uma aproximação", In: **Crise e Desafios da Constituição.** José Adércio Leite Sampaio (Coord.) Belo Horizonte: Del Rey, 2004.

___________. "A responsabilidade civil e a hermenêutica contemporânea: uma nova teoria contratual?" In: **A Teoria do Contrato e o Novo Código Civil.** Paulo Luiz Netto Lôbo e Eduardo Lyra (Orgs). Recife: Nossa Livraria, 2003.

___________. BRAGA NETTO, Felipe Peixoto; SILVA, Michael César (Orgs). **Direito Privado e Contemporaneidade: desafios e perspectivas do Direito Privado no século XXI.** Belo Horizonte: D'Plácido, 2014.

CARDOSO, Patrícia. "Oponibilidade dos efeitos dos contratos: determinante da responsabilidade civil do terceiro que coopera com o devedor na violação do pacto contratual", **RTDC,** vol. 20, out/dez 2004.

CARPENA, Heloísa. "Afinal, quem é consumidor? Campo de aplicação do CDC à luz do princípio da vulnerabilidade", **RTDC,** v. 19, jul/set 2004.

CARVALHO, Délton Winter de. **Constitucionalismo climático**. Porto Alegre: Livraria do Advogado, 2025.

CARVALHO NETO, Frederico da Costa. **Ônus da prova no Código de Defesa do Consumidor.** São Paulo: Juarez de Oliveira, 2002.

CASADO, Márcio Mello. **Proteção do consumidor de crédito bancário e financeiro.** São Paulo: RT, 2000.

CASTRO NEVES, José Roberto de. Responsabilidade civil – vinte rachaduras, quebras e desmoronamentos (e uma canção desesperada). *RTDC*, v. 33, ano 9, jan-mar/2008, pp. 219-246.

___________. **Teoria Geral dos Contratos**. Rio de Janeiro: GZ Editora, 2021.

CATALAN, Marcos Jorge. **A morte da culpa na responsabilidade contratual.** São Paulo: RT, 2013.

CATALAN, Marcos Jorge. **O direito do consumidor em movimento:** diálogos com tribunais brasileiros. Canoas: Unilasalle, 2017.

CAVALCANTE, Márcio André Lopes. **Súmulas do STF e do STJ anotadas e organizadas por assunto**. Salvador: Juspodivm, 2017.

CAVALCANTE, Márcio André Lopes. **Principais julgados do STF e do STJ comentados.** Salvador: Juspodivm, 2017.

CAVALCANTE, Márcio André Lopes. **Vade Mecum de jurisprudência Dizer o Direito.** Salvador: Juspodivm, 2017.

CHAVES DE FARIAS, Cristiano. ROSENVALD, Nelson. **Direito Civil.** Teoria Geral. Rio de Janeiro: Lumen Juris, 2006.

___________. **Curso de Direito Civil, v. I. Parte Geral.** Salvador: *Juspodivm, 2012.*

___________. **Curso de Direito Civil, v. II. Obrigações.** Salvador: *Juspodivm, 2012.*

___________. **Curso de Direito Civil, v. IV. Contratos**. Salvador*: Juspodivm, 2012.*

CHAVES DE FARIAS, Cristiano. BRAGA NETTO, Felipe; ROSENVALD, Nelson. **Novo Tratado de Responsabilidade Civil.** São Paulo: Saraiva, 2018, 3ª edição.

CHAISE, Valeria Falcão. **A publicidade em face do Código de Defesa do Consumidor.** São Paulo: Saraiva, 2001.

CORES, Carlos de. **Digitalizzazione e circolazione giuridica**. *In*: SACCOCCIO, Antonio; CACACE, Simona (a cura di). *Europa e America Latina – Due Continenti, un solo Diritto.* Unità e specificità del sistema giuridico latinoamericano. Tomo II. Torino: Giappichelli Editore; Valencia: Editorial Tirant Lo Blanch, 2020.

COSTA GARCIA, Enéas. **Responsabilidade pré e pós-contratual à luz da boa-fé.** São Paulo: Juarez de Oliveira, 2003.

DIDIER, Fredie. **Curso de Direito Processual Civil. v. I.** Salvador: Juspodivm, 2012.

DONEDA, Danilo. **Da privacidade à proteção de dados pessoais**: fundamentos da Lei Geral de Proteção de Dados. São Paulo: Thomson Reuters, 2019.

DONNINI, Rogério Ferraz. **A revisão dos contratos no Código Civil e no Código de Defesa do Consumidor.** São Paulo: Saraiva, 2001.

_________. **Responsabilidade pós-contratual.** São Paulo: Saraiva, 2004.

EDELMAN, **Bernard. La personne en danger.** Paris: PUF, 1999.

EHRHARDT JR, Marcos. **Direito Civil, v. I. LINDB e Parte Geral.** Salvador: Juspodivm, 2011.

EHRHARDT JR, Marcos; LÔBO, Fabíola (Coords). **A vulnerabilidade e sua compreensão no direito brasileiro**. Indaiatuba: Foco, 2021.

FARIAS, Cristiano Chaves; ROSENVALD, Nelson; BRAGA NETTO, Felipe Peixoto. **Curso de Direito Civil. Responsabilidade Civil**. Salvador: Juspodivm, 2023, 10ª edição.

FARIAS, Cristiano Chaves; ROSENVALD, Nelson; BRAGA NETTO, Felipe. **Manual de Direito Civil. Volume Único**. Salvador: Juspodivm, 2023, 8ª edição.

FILOMENO, José Geraldo Brito. Manual dos direitos do consumidor. São Paulo: Atlas, 2001.

FINCK, Michèle. Grundlagen und Technologie von Smart Contracts. **Smart Contracts**, Mohr, Tübingen, 2019.

FONSECA, Ana Taveira da. Smart contracts. BARBOSA, Mafalda Miranda; BRAGA NETTO, Felipe; SILVA, Michael César; FALEIROS JR, José Luiz (Coords). **Direito Digital e Inteligência Artificial. Diálogos entre Brasil e Europa**. Indaiatuba: Foco, 2021, p. 743-752.

FRAZÃO, Ana; GOETTENAUER, Carlos. **Black box** e o direito face à opacidade algorítmica. BARBOSA, Mafalda Miranda; BRAGA NETTO, Felipe; SILVA, Michael César; FALEIROS JR, José Luiz (Coords). **Direito Digital e Inteligência Artificial. Diálogos entre Brasil e Europa**. Indaiatuba: Foco, 2021.

FRIGERI, Márcia Regina. **Responsabilidade civil dos estabelecimentos bancários.** Rio de Janeiro: Forense, 1997.

GONÇALVES, Carlos Roberto. **Responsabilidade civil.** São Paulo: Saraiva, 2002.

GOMES, José Jairo. **Responsabilidade civil e eticidade.** Belo Horizonte: Del Rey, 2005.

GOMES, Marcelo Kokke. **Responsabilidade civil:** dano e defesa do consumidor. Belo Horizonte: Del Rey, 2001.

GUERRA, Alexandre. **Princípio da conservação dos negócios jurídicos**. São Paulo: Almedina, 2016.

HARVEY, Campbell R.; RAMACHANDRAN, Ashwin; SANTORO, Joey. **DeFI and the future of finance**. New York: Wiley, 2021.

IRTI, Natalino. **L'età della decodificazione.** Milano: Edizioni di comunità, 1989.

JAYME, Erik. "Cour Général de Droit International Privé", in **Recueil des Cours.** Académie de Droit International. t. 251. The Hague-Boston-London: Martinus Nijhoff Publishers, 1997.

JIMÉNEZ, Ibáñez; WENCESLAO, Javier. **Derecho de Blockchain**. Navarra: Aranzadi, 2018.

JORDÃO, Eduardo. **Abuso de direito.** Salvador: *Juspodivm*, 2006.

JUNQUEIRA DE AZEVEDO, Antônio. "Responsabilidade pré-contratual no Código de Defesa do Consumidor: estudo comparativo com a responsabilidade pré-contratual no Direito Comum". **Cadernos da Pós-Graduação da Faculdade de Direito da UERJ** – Edição Extra "Seminário Brasilcon", Ano IV, nº 5, agosto 1998.

JUNQUEIRA CALIXTO, Marcelo. "O art. 931 do Código Civil de 2002 e os riscos do desenvolvimento", **RTDC,** vol. 21, jan/mar 2005.

___________. **A responsabilidade civil do fornecedor de produtos pelos riscos do desenvolvimento.** Rio de Janeiro: Renovar, 2004.

LACERDA, Bruno Torquato Zampier. **Bens Digitais.** Indaiatuba: Foco, 2021.

LIMA PEDREIRA, Adriana do Couto. **Responsabilidade civil das empresas fabricantes de fumo.** Rio de Janeiro: Forense, 2002.

LISBOA, Roberto Senise. **Responsabilidade civil nas relações de consumo.** São Paulo: RT, 2001.

LÔBO, Paulo Luiz Netto. "Constitucionalização do Direito Civil", in **Direitos e Deveres,** nº 3, jul./dez. Maceió: Imprensa Universitária, 1998.

___________. **Do contrato no estado social.** Maceió: Edufal, 1983.

LÔBO, Paulo Luiz Netto. **Condições gerais dos contratos e cláusulas abusivas.** São Paulo: Saraiva, 1991.

_________. **Responsabilidade por vício do produto ou do serviço.** Brasília: Brasília Jurídica, 1996.

_________. "Transformações gerais do contrato", **RTDC,** vol. 16, out/dez 2003.

_________. "Deveres Gerais de Conduta nas Obrigações Civis", in **Questões Controvertidas no direito das obrigações e dos contratos.** Mário Luiz Delgado e Jones Figueiredo Alves (org). São Paulo: Método, 2005.

LORENZETTI, Ricardo Luiz. **Fundamentos do direito privado.** Trad. Vera Maria Jacob de Fradera. São Paulo: Revista dos Tribunais, 1998.

MAIA, Maurilio Casas. Legitimidades institucionais no Incidente de Resolução de Demandas Repetitivas (IRDR) no Direito do Consumidor: Ministério Público e Defensoria Pública: similitudes & distinções, ordem & progresso. **Revista dos Tribunais**. vol. 986. p. 27-61. São Paulo: Ed. RT, dezembro 2017.

MACEDO JR., Ronaldo Porto. **Contratos relacionais e a defesa do consumidor.** São Paulo: Max Limonad, 1998.

MAGALHÃES, Matheus L. Puppe. Disruptive technologies and the rule of law: autopoiesis on an interconnected society. BARBOSA, Mafalda Miranda; BRAGA NETTO, Felipe; SILVA, Michael César; FALEIROS JR, José Luiz de Moura (Coords). **Direito Digital e Inteligência Artificial. Diálogos entre Brasil e Europa**. Indaiatuba: Foco, 2021.

MAGALHÃES MARTINS, Guilherme. "Boa-fé e contratos eletrônicos via Internet", in **Problemas de Direito Civil-Constitucional.** Gustavo Tepedino (Coordenador). Rio de Janeiro: Renovar, 2000.

MANCUSO, Rodolfo de Camargo. **Ação civil pública:** em defesa do meio ambiente, do patrimônio cultural e dos consumidores. São Paulo: RT, 2001.

MARINONI, Luiz Guilherme. **Novas linhas de processo civil.** São Paulo: Malheiros, 2000.

MARQUES, Cláudia Lima. **Contratos no Código de Defesa do Consumidor:** o novo regime das relações contratuais. São Paulo: RT, 2002.

_________. **Comentários ao Código de Defesa do Consumidor.** São Paulo: RT, 2004.

MARTINS COSTA, Judith Hofmeister. "O Direito Privado como um 'sistema em construção': as cláusulas gerais no Projeto do Código Civil brasileiro" in **Revista da Faculdade de Direito da UFRGS,** nº 15, Porto Alegre: UFRGS/Síntese, 1998, pp. 129-154.

MAZZAREZI, Tecla. **Forme di razionalità delle decisioni giudiciali.** Torino: Giappichelli Editore, 1996.

McCULLOCH, Gretchen. **Because Internet**: understanding the new rules of language.

MEDEIROS GARCIA, Leonardo de. **Direito do Consumidor – Código Comentado e Jurisprudência.** Niterói: Impetus, 2012.

MELLO, Marcos Bernardes de. **Teoria do fato jurídico.** São Paulo: Saraiva, 1991.

__________. **Teoria do fato jurídico.** Plano da validade. São Paulo: Saraiva, 1995.

__________. **Teoria do fato jurídico.** Plano da eficácia. São Paulo: Saraiva, 2004.

MOTA, Maurício Jorge. "A pós-eficácia das obrigações" in **Problemas de Direito Civil--Constitucional.** Gustavo Tepedino (Coordenador). Rio de Janeiro: Renovar, 2000, pp. 187/241.

MULHOLLAND, Caitlin Sampaio. *A responsabilidade civil por presunção de causalidade.* Rio de Janeiro: GZ, 2010.

NEGREIROS, Teresa. "Dicotomia Público-Privado frente ao problema da colisão de princípios", in **Teoria dos Direitos Fundamentais.** p. 337/375. Rio de Janeiro: Renovar, 1999.

__________. **Fundamentos para uma interpretação constitucional do princípio da boa-fé.** Rio de Janeiro: Renovar, 1998.

__________. **Teoria do Contrato.** Rio de Janeiro: Renovar: 2002.

NERY JR., Nelson. **Código de Processo Civil comentado e legislação extravagante.** São Paulo: RT, 2004.

NORONHA, Fernando. **O direito dos contratos e seus princípios fundamentais:** autonomia privada, boa-fé, justiça contratual. São Paulo: Saraiva, 1994.

NOVAIS, Alinne Arquette Leite. **A teoria contratual e o Código de Defesa do Consumidor.** São Paulo: RT, 2001.

NUNES, Luiz Antonio Rizzato. **Curso prático de direito do consumidor.** São Paulo: Saraiva, 2002.

OLIVEIRA, James Eduardo. **Código de Defesa do Consumidor.** Anotado e comentado. Doutrina e jurisprudência. São Paulo: Atlas, 2004.

OLIVEIRA, Júlio Moraes. **Curso de Direito do Consumidor**. Belo Horizonte: D'Plácido, 2022.

PESSOA JORGE, Fernando. **Ensaio sobre os pressupostos da responsabilidade civil.** Coimbra: Almedina, 1995.

PIMENTEL DE OLIVEIRA, Patrícia. "A efetividade da tutela jurídica do consumidor através da atuação do Ministério Público". **Problemas de Direito Civil-Constitucional.** Gustavo Tepedino (Coordenador).Rio de Janeiro: Renovar, 2000, pp. 373/395.

PAULA, Adriano Perácio de. **Direito processual do consumo:** do processo civil nas relações de consumo. Belo Horizonte: Del Rey, 2002.

PONTES DE MIRANDA, Francisco Cavalcante. **Tratado de direito privado.** Rio de Janeiro: Borsoi, 1954, t. LIII.

QUEIROZ, Odette Novais Carneiro. **Da responsabilidade por vício do produto e do serviço.** São Paulo: RT, 1998.

REINALDO FILHO, Demócrito Ramos. **Responsabilidade por publicações na Internet.** Rio de Janeiro: Forense, 2005.

SACCO, Rodolfo. "Codificare: modo superato de legiferare?", in **Rivista de Diritto Civile,** parte prima, 1983.

SANSEVERINO, Paulo de Tarso Vieira. **Responsabilidade civil no Código de Defesa do Consumidor e a defesa do fornecedor.** São Paulo: Saraiva, 2002.

SARMENTO, Daniel. **Direitos Fundamentais e Relações Privadas**. Rio de Janeiro: Lumen Juris, 2004.

SCHREIBER, Anderson. "Novas tendências da Responsabilidade Civil brasileira", **RTDC,** vol. 22, abr/jun 2005.

_________. "Arbitramento do Dano Moral no novo Código Civil", **Direito, Estado e Sociedade,** nº 20, Rio de Janeiro, jan/jun 2002.

_________. **A proibição de comportamento contraditório:** a tutela da confiança e 'venire contra factum proprium'. Rio de Janeiro: Renovar, 2005.

SILVA, Wilson Melo da. **Responsabilidade sem culpa.** São Paulo: Saraiva, 1974.

SILVA, Michael César. **Obrigações**. Rio de Janeiro: Lumen Juris, 2013.

_________; BARBOSA, Caio César do Nascimento; GUIMARÃES, Glayder Daywerth Pereira. Publicidade ilícita e sociedade digital: delineamentos da responsabilidade civil do digital influencer. BARBOSA, Mafalda Miranda; BRAGA NETTO, Felipe; SILVA, Michael César; FALEIROS JR, José Luiz (Coords). **Direito Digital e Inteligência Artificial. Diálogos entre Brasil e Europa**. Indaiatuba: Foco, 2021.

_________; BARBOSA, Caio César do Nascimento; GUIMARÃES, Glayder Daywerth Pereira. **Digital influencers & social media**. Repercussões, Perspectivas e Tendências da Atuação dos Influenciadores Digitais na Sociedade do Hiperconsumo. Indaiatuba: Foco, 2024.

STOLZE GAGLIANO, Pablo. PAMPLONA FILHO, Rodolfo. **Novo Curso de Direito Civil.** Responsabilidade civil. São Paulo: Saraiva, 2005.

TARTUCE, Flávio; ASSUNÇÃO NEVES, Daniel Amorim. **Manual de Direito do Consumidor.** São Paulo: Método, 2012.

TARTUCE, Flávio. **Manual de Responsabilidade Civil**. São Paulo: Grupo Gen, 2018.

TEFFÉ, Chiara Spadaccini de; SOUZA, Carlos Affonso. Responsabilidade civil de provedores na rede: análise da aplicação do Marco Civil da Internet pelo Superior Tribunal de Justiça. **Revista IBERC**, Minas Gerais, v. 1, n. 1, p. 01-28, nov.fev./2019.

TEPEDINO, Gustavo. "O Código Civil, os chamados microssistemas e a Constituição: premissas para uma reforma legislativa". **Problemas de Direito Civil-Constitucional.** Gustavo Tepedino (Coordenador). Rio de Janeiro: Renovar, 2000, pp. 1/16.

_________. "Premissas metodológicas para a constitucionalização do direito civil". **Temas de Direito Civil.** Rio de Janeiro: Renovar, 2001, pp. 1/22.

_________. "As relações de consumo e a nova teoria contratual". **Temas de Direito Civil.** Rio de Janeiro: Renovar, 2001, pp. 199/215.

_________. "A responsabilidade médica na experiência brasileira contemporânea". **Temas de Direito Civil.** Tomo. II. Rio de Janeiro: Renovar, 2006.

VENTURI, Elton. **Execução da tutela coletiva.** São Paulo: Malheiros, 2000.

VOSHMGIR, Shermin. **Token economy**: how the web3 reinvents the internet. Berlin: Token Kitchen, 2020.

WEINBERGER, Ota. "Politica del diritto e istituzioni" in Il **diritto come istituzione,** Neil MacComick e Ota Weinberger, Milano: Giuffrè, 1990.

ANEXO I

LEI Nº 8.078, DE 11 DE SETEMBRO DE 1990

Dispõe sobre a proteção do consumidor e dá outras providências.

O PRESIDENTE DA REPÚBLICA, faço saber que o Congresso Nacional decreta e eu sanciono a seguinte lei:

TÍTULO I
Dos Direitos do Consumidor

CAPÍTULO I
Disposições Gerais

Art. 1° O presente código estabelece normas de proteção e defesa do consumidor, de ordem pública e interesse social, nos termos dos arts. 5°, inciso XXXII, 170, inciso V, da Constituição Federal e art. 48 de suas Disposições Transitórias.

Art. 2° Consumidor é toda pessoa física ou jurídica que adquire ou utiliza produto ou serviço como destinatário final.

Parágrafo único. Equipara-se a consumidor a coletividade de pessoas, ainda que indetermináveis, que haja intervindo nas relações de consumo.

Art. 3° Fornecedor é toda pessoa física ou jurídica, pública ou privada, nacional ou estrangeira, bem como os entes despersonalizados, que desenvolvem atividade de produção, montagem, criação, construção, transformação, importação, exportação, distribuição ou comercialização de produtos ou prestação de serviços.

§ 1° Produto é qualquer bem, móvel ou imóvel, material ou imaterial.

§ 2° Serviço é qualquer atividade fornecida no mercado de consumo, mediante remuneração, inclusive as de natureza bancária, financeira, de crédito e securitária, salvo as decorrentes das relações de caráter trabalhista.

CAPÍTULO II
Da Política Nacional de Relações de Consumo

Art. 4º A Política Nacional das Relações de Consumo tem por objetivo o atendimento das necessidades dos consumidores, o respeito à sua dignidade, saúde e segurança, a proteção de seus interesses econômicos, a melhoria da sua qualidade de vida, bem como a transparência e harmonia das relações de consumo, atendidos os seguintes princípios: (Redação dada pela Lei nº 9.008, de 21.3.1995)

I – reconhecimento da vulnerabilidade do consumidor no mercado de consumo;

II – ação governamental no sentido de proteger efetivamente o consumidor:

a) por iniciativa direta;

b) por incentivos à criação e desenvolvimento de associações representativas;

c) pela presença do Estado no mercado de consumo;

d) pela garantia dos produtos e serviços com padrões adequados de qualidade, segurança, durabilidade e desempenho.

III – harmonização dos interesses dos participantes das relações de consumo e compatibilização da proteção do consumidor com a necessidade de desenvolvimento econômico e tecnológico, de modo a viabilizar os princípios nos quais se funda a ordem econômica (art. 170, da Constituição Federal), sempre com base na boa-fé e equilíbrio nas relações entre consumidores e fornecedores;

IV – educação e informação de fornecedores e consumidores, quanto aos seus direitos e deveres, com vistas à melhoria do mercado de consumo;

V – incentivo à criação pelos fornecedores de meios eficientes de controle de qualidade e segurança de produtos e serviços, assim como de mecanismos alternativos de solução de conflitos de consumo;

VI – coibição e repressão eficientes de todos os abusos praticados no mercado de consumo, inclusive a concorrência desleal e utilização indevida de inventos e criações industriais das marcas e nomes comerciais e signos distintivos, que possam causar prejuízos aos consumidores;

VII – racionalização e melhoria dos serviços públicos;

VIII – estudo constante das modificações do mercado de consumo.

IX – fomento de ações direcionadas à educação financeira e ambiental dos consumidores; (Incluído pela Lei nº 14.181, de 2021)

X – prevenção e tratamento do superendividamento como forma de evitar a exclusão social do consumidor. (Incluído pela Lei nº 14.181, de 2021)

Art. 5º Para a execução da Política Nacional das Relações de Consumo, contará o poder público com os seguintes instrumentos, entre outros:

I – manutenção de assistência jurídica, integral e gratuita para o consumidor carente;

II – instituição de Promotorias de Justiça de Defesa do Consumidor, no âmbito do Ministério Público;

III – criação de delegacias de polícia especializadas no atendimento de consumidores vítimas de infrações penais de consumo;

IV – criação de Juizados Especiais de Pequenas Causas e Varas Especializadas para a solução de litígios de consumo;

V – concessão de estímulos à criação e desenvolvimento das Associações de Defesa do Consumidor.

VI – instituição de mecanismos de prevenção e tratamento extrajudicial e judicial do superendividamento e de proteção do consumidor pessoa natural; (Incluído pela Lei nº 14.181, de 2021)

VII – instituição de núcleos de conciliação e mediação de conflitos oriundos de superendividamento. (Incluído pela Lei nº 14.181, de 2021)

§ 1º (Vetado).

§ 2º (Vetado).

CAPÍTULO III
Dos Direitos Básicos do Consumidor

Art. 6º São direitos básicos do consumidor:

I – a proteção da vida, saúde e segurança contra os riscos provocados por práticas no fornecimento de produtos e serviços considerados perigosos ou nocivos;

II – a educação e divulgação sobre o consumo adequado dos produtos e serviços, asseguradas a liberdade de escolha e a igualdade nas contratações;

III – a informação adequada e clara sobre os diferentes produtos e serviços, com especificação correta de quantidade, características, composição, qualidade, tributos incidentes e preço, bem como sobre os riscos que apresentem; (Redação dada pela Lei nº 12.741, de 2012) Vigência

IV – a proteção contra a publicidade enganosa e abusiva, métodos comerciais coercitivos ou desleais, bem como contra práticas e cláusulas abusivas ou impostas no fornecimento de produtos e serviços;

V – a modificação das cláusulas contratuais que estabeleçam prestações desproporcionais ou sua revisão em razão de fatos supervenientes que as tornem excessivamente onerosas;

VI – a efetiva prevenção e reparação de danos patrimoniais e morais, individuais, coletivos e difusos;

VII – o acesso aos órgãos judiciários e administrativos com vistas à prevenção ou reparação de danos patrimoniais e morais, individuais, coletivos ou difusos, assegurada a proteção Jurídica, administrativa e técnica aos necessitados;

VIII – a facilitação da defesa de seus direitos, inclusive com a inversão do ônus da prova, a seu favor, no processo civil, quando, a critério do juiz, for verossímil a alegação ou quando for ele hipossuficiente, segundo as regras ordinárias de experiências;

IX - (Vetado);

X – a adequada e eficaz prestação dos serviços públicos em geral.

XI – a garantia de práticas de crédito responsável, de educação financeira e de prevenção e tratamento de situações de superendividamento, preservado o mínimo existencial, nos termos da regulamentação, por meio da revisão e da repactuação da dívida, entre outras medidas; (Incluído pela Lei nº 14.181, de 2021)

XII – a preservação do mínimo existencial, nos termos da regulamentação, na repactuação de dívidas e na concessão de crédito; (Incluído pela Lei nº 14.181, de 2021)

XIII – a informação acerca dos preços dos produtos por unidade de medida, tal como por quilo, por litro, por metro ou por outra unidade, conforme o caso. (Incluído pela Lei nº 14.181, de 2021)

Parágrafo único. A informação de que trata o inciso III do **caput** deste artigo deve ser acessível à pessoa com deficiência, observado o disposto em regulamento. (Incluído pela Lei nº 13.146, de 2015) (Vigência)

Art. 7º Os direitos previstos neste código não excluem outros decorrentes de tratados ou convenções internacionais de que o Brasil seja signatário, da legislação interna ordinária, de regulamentos expedidos pelas autoridades administrativas competentes, bem como dos que derivem dos princípios gerais do direito, analogia, costumes e eqüidade.

Parágrafo único. Tendo mais de um autor a ofensa, todos responderão solidariamente pela reparação dos danos previstos nas normas de consumo.

CAPÍTULO IV
Da Qualidade de Produtos e Serviços, da Prevenção e da Reparação dos Danos

SEÇÃO I
Da Proteção à Saúde e Segurança

Art. 8º Os produtos e serviços colocados no mercado de consumo não acarretarão riscos à saúde ou segurança dos consumidores, exceto os considerados normais e previsíveis em decorrência de sua natureza e fruição, obrigando-se os fornecedores, em qualquer hipótese, a dar as informações necessárias e adequadas a seu respeito.

§ 1º Em se tratando de produto industrial, ao fabricante cabe prestar as informações a que se refere este artigo, através de impressos apropriados que devam acompanhar o produto. (Redação dada pela Lei nº 13.486, de 2017)

§ 2º O fornecedor deverá higienizar os equipamentos e utensílios utilizados no fornecimento de produtos ou serviços, ou colocados à disposição do consumidor, e informar, de maneira ostensiva e adequada, quando for o caso, sobre o risco de contaminação. (Incluído pela Lei nº 13.486, de 2017)

Art. 9º O fornecedor de produtos e serviços potencialmente nocivos ou perigosos à saúde ou segurança deverá informar, de maneira ostensiva e adequada, a respeito da sua nocividade ou periculosidade, sem prejuízo da adoção de outras medidas cabíveis em cada caso concreto.

Art. 10. O fornecedor não poderá colocar no mercado de consumo produto ou serviço que sabe ou deveria saber apresentar alto grau de nocividade ou periculosidade à saúde ou segurança.

§ 1º O fornecedor de produtos e serviços que, posteriormente à sua introdução no mercado de consumo, tiver conhecimento da periculosidade que apresentem, deverá comunicar o fato imediatamente às autoridades competentes e aos consumidores, mediante anúncios publicitários.

§ 2º Os anúncios publicitários a que se refere o parágrafo anterior serão veiculados na imprensa, rádio e televisão, às expensas do fornecedor do produto ou serviço.

§ 3º Sempre que tiverem conhecimento de periculosidade de produtos ou serviços à saúde ou segurança dos consumidores, a União, os Estados, o Distrito Federal e os Municípios deverão informá-los a respeito.

Art. 11. (Vetado).

SEÇÃO II
Da Responsabilidade pelo Fato do Produto e do Serviço

Art. 12. O fabricante, o produtor, o construtor, nacional ou estrangeiro, e o importador respondem, independentemente da existência de culpa, pela reparação dos danos causados aos consumidores por defeitos decorrentes de projeto, fabricação, construção, montagem, fórmulas, manipulação, apresentação ou acondicionamento de seus produtos, bem como por informações insuficientes ou inadequadas sobre sua utilização e riscos.

§ 1º O produto é defeituoso quando não oferece a segurança que dele legitimamente se espera, levando-se em consideração as circunstâncias relevantes, entre as quais:

I – sua apresentação;

II – o uso e os riscos que razoavelmente dele se esperam;

III – a época em que foi colocado em circulação.

§ 2º O produto não é considerado defeituoso pelo fato de outro de melhor qualidade ter sido colocado no mercado.

§ 3º O fabricante, o construtor, o produtor ou importador só não será responsabilizado quando provar:

I – que não colocou o produto no mercado;

II – que, embora haja colocado o produto no mercado, o defeito inexiste;

III – a culpa exclusiva do consumidor ou de terceiro.

Art. 13. O comerciante é igualmente responsável, nos termos do artigo anterior, quando:

I – o fabricante, o construtor, o produtor ou o importador não puderem ser identificados;

II – o produto for fornecido sem identificação clara do seu fabricante, produtor, construtor ou importador;

III – não conservar adequadamente os produtos perecíveis.

Parágrafo único. Aquele que efetivar o pagamento ao prejudicado poderá exercer o direito de regresso contra os demais responsáveis, segundo sua participação na causação do evento danoso.

Art. 14. O fornecedor de serviços responde, independentemente da existência de culpa, pela reparação dos danos causados aos consumidores por defeitos relativos à prestação dos serviços, bem como por informações insuficientes ou inadequadas sobre sua fruição e riscos.

§ 1° O serviço é defeituoso quando não fornece a segurança que o consumidor dele pode esperar, levando-se em consideração as circunstâncias relevantes, entre as quais:

I – o modo de seu fornecimento;

II – o resultado e os riscos que razoavelmente dele se esperam;

III – a época em que foi fornecido.

§ 2º O serviço não é considerado defeituoso pela adoção de novas técnicas.

§ 3° O fornecedor de serviços só não será responsabilizado quando provar:

I – que, tendo prestado o serviço, o defeito inexiste;

II – a culpa exclusiva do consumidor ou de terceiro.

§ 4° A responsabilidade pessoal dos profissionais liberais será apurada mediante a verificação de culpa.

Art. 15. (Vetado).

Art. 16. (Vetado).

Art. 17. Para os efeitos desta Seção, equiparam-se aos consumidores todas as vítimas do evento.

SEÇÃO III
Da Responsabilidade por Vício do Produto e do Serviço

Art. 18. Os fornecedores de produtos de consumo duráveis ou não duráveis respondem solidariamente pelos vícios de qualidade ou quantidade que os tornem impróprios ou inadequados ao consumo a que se destinam ou lhes diminuam o valor, assim como por aqueles decorrentes da disparidade, com a indicações constantes do recipiente, da embalagem, rotulagem ou mensagem publicitária, respeitadas as variações decorrentes de sua natureza, podendo o consumidor exigir a substituição das partes viciadas.

§ 1° Não sendo o vício sanado no prazo máximo de trinta dias, pode o consumidor exigir, alternativamente e à sua escolha:

I – a substituição do produto por outro da mesma espécie, em perfeitas condições de uso;

II – a restituição imediata da quantia paga, monetariamente atualizada, sem prejuízo de eventuais perdas e danos;

III – o abatimento proporcional do preço.

§ 2° Poderão as partes convencionar a redução ou ampliação do prazo previsto no parágrafo anterior, não podendo ser inferior a sete nem superior a cento e oitenta dias. Nos contratos de adesão, a cláusula de prazo deverá ser convencionada em separado, por meio de manifestação expressa do consumidor.

§ 3° O consumidor poderá fazer uso imediato das alternativas do § 1° deste artigo sempre que, em razão da extensão do vício, a substituição das partes viciadas puder comprometer a qualidade ou características do produto, diminuir-lhe o valor ou se tratar de produto essencial.

§ 4° Tendo o consumidor optado pela alternativa do inciso I do § 1° deste artigo, e não sendo possível a substituição do bem, poderá haver substituição por outro de espécie, marca ou modelo diversos, mediante complementação ou restituição de eventual diferença de preço, sem prejuízo do disposto nos incisos II e III do § 1° deste artigo.

§ 5° No caso de fornecimento de produtos in natura, será responsável perante o consumidor o fornecedor imediato, exceto quando identificado claramente seu produtor.

§ 6° São impróprios ao uso e consumo:

I – os produtos cujos prazos de validade estejam vencidos;

II – os produtos deteriorados, alterados, adulterados, avariados, falsificados, corrompidos, fraudados, nocivos à vida ou à saúde, perigosos ou, ainda, aqueles em desacordo com as normas regulamentares de fabricação, distribuição ou apresentação;

III – os produtos que, por qualquer motivo, se revelem inadequados ao fim a que se destinam.

Art. 19. Os fornecedores respondem solidariamente pelos vícios de quantidade do produto sempre que, respeitadas as variações decorrentes de sua natureza, seu conteúdo líquido for inferior às indicações constantes do recipiente, da embalagem, rotulagem ou de mensagem publicitária, podendo o consumidor exigir, alternativamente e à sua escolha:

I – o abatimento proporcional do preço;

II – complementação do peso ou medida;

III – a substituição do produto por outro da mesma espécie, marca ou modelo, sem os aludidos vícios;

IV – a restituição imediata da quantia paga, monetariamente atualizada, sem prejuízo de eventuais perdas e danos.

§ 1° Aplica-se a este artigo o disposto no § 4° do artigo anterior.

§ 2° O fornecedor imediato será responsável quando fizer a pesagem ou a medição e o instrumento utilizado não estiver aferido segundo os padrões oficiais.

Art. 20. O fornecedor de serviços responde pelos vícios de qualidade que os tornem impróprios ao consumo ou lhes diminuam o valor, assim como por aqueles decorrentes da disparidade com as indicações constantes da oferta ou mensagem publicitária, podendo o consumidor exigir, alternativamente e à sua escolha:

I – a reexecução dos serviços, sem custo adicional e quando cabível;

II – a restituição imediata da quantia paga, monetariamente atualizada, sem prejuízo de eventuais perdas e danos;

III – o abatimento proporcional do preço.

§ 1° A reexecução dos serviços poderá ser confiada a terceiros devidamente capacitados, por conta e risco do fornecedor.

§ 2° São impróprios os serviços que se mostrem inadequados para os fins que razoavelmente deles se esperam, bem como aqueles que não atendam as normas regulamentares de prestabilidade.

Art. 21. No fornecimento de serviços que tenham por objetivo a reparação de qualquer produto considerar-se-á implícita a obrigação do fornecedor de empregar componentes de reposição originais adequados e novos, ou que mantenham as especificações técnicas do fabricante, salvo, quanto a estes últimos, autorização em contrário do consumidor.

Art. 22. Os órgãos públicos, por si ou suas empresas, concessionárias, permissionárias ou sob qualquer outra forma de empreendimento, são obrigados a fornecer serviços adequados, eficientes, seguros e, quanto aos essenciais, contínuos.

Parágrafo único. Nos casos de descumprimento, total ou parcial, das obrigações referidas neste artigo, serão as pessoas jurídicas compelidas a cumpri-las e a reparar os danos causados, na forma prevista neste código.

Art. 23. A ignorância do fornecedor sobre os vícios de qualidade por inadequação dos produtos e serviços não o exime de responsabilidade.

Art. 24. A garantia legal de adequação do produto ou serviço independe de termo expresso, vedada a exoneração contratual do fornecedor.

Art. 25. É vedada a estipulação contratual de cláusula que impossibilite, exonere ou atenue a obrigação de indenizar prevista nesta e nas seções anteriores.

§ 1° Havendo mais de um responsável pela causação do dano, todos responderão solidariamente pela reparação prevista nesta e nas seções anteriores.

§ 2° Sendo o dano causado por componente ou peça incorporada ao produto ou serviço, são responsáveis solidários seu fabricante, construtor ou importador e o que realizou a incorporação.

SEÇÃO IV
Da Decadência e da Prescrição

Art. 26. O direito de reclamar pelos vícios aparentes ou de fácil constatação caduca em:

I – trinta dias, tratando-se de fornecimento de serviço e de produtos não duráveis;

II – noventa dias, tratando-se de fornecimento de serviço e de produtos duráveis.

§ 1° Inicia-se a contagem do prazo decadencial a partir da entrega efetiva do produto ou do término da execução dos serviços.

§ 2° Obstam a decadência:

I – a reclamação comprovadamente formulada pelo consumidor perante o fornecedor de produtos e serviços até a resposta negativa correspondente, que deve ser transmitida de forma inequívoca;

II – (Vetado).

III – a instauração de inquérito civil, até seu encerramento.

§ 3° Tratando-se de vício oculto, o prazo decadencial inicia-se no momento em que ficar evidenciado o defeito.

Art. 27. Prescreve em cinco anos a pretensão à reparação pelos danos causados por fato do produto ou do serviço prevista na Seção II deste Capítulo, iniciando-se a contagem do prazo a partir do conhecimento do dano e de sua autoria.

Parágrafo único. (Vetado).

SEÇÃO V
Da Desconsideração da Personalidade Jurídica

Art. 28. O juiz poderá desconsiderar a personalidade jurídica da sociedade quando, em detrimento do consumidor, houver abuso de direito, excesso de poder, infração da lei, fato ou ato ilícito ou violação dos estatutos ou contrato social. A desconsideração também será efetivada quando houver falência, estado de insolvência, encerramento ou inatividade da pessoa jurídica provocados por má administração.

§ 1° (Vetado).

§ 2° As sociedades integrantes dos grupos societários e as sociedades controladas, são subsidiariamente responsáveis pelas obrigações decorrentes deste código.

§ 3° As sociedades consorciadas são solidariamente responsáveis pelas obrigações decorrentes deste código.

§ 4° As sociedades coligadas só responderão por culpa.

§ 5° Também poderá ser desconsiderada a pessoa jurídica sempre que sua personalidade for, de alguma forma, obstáculo ao ressarcimento de prejuízos causados aos consumidores.

CAPÍTULO V
Das Práticas Comerciais

SEÇÃO I
Das Disposições Gerais

Art. 29. Para os fins deste Capítulo e do seguinte, equiparam-se aos consumidores todas as pessoas determináveis ou não, expostas às práticas nele previstas.

SEÇÃO II
Da Oferta

Art. 30. Toda informação ou publicidade, suficientemente precisa, veiculada por qualquer forma ou meio de comunicação com relação a produtos e serviços oferecidos ou apresentados, obriga o fornecedor que a fizer veicular ou dela se utilizar e integra o contrato que vier a ser celebrado.

Art. 31. A oferta e apresentação de produtos ou serviços devem assegurar informações corretas, claras, precisas, ostensivas e em língua portuguesa sobre suas características, qualidades, quantidade, composição, preço, garantia, prazos de validade e origem, entre outros dados, bem como sobre os riscos que apresentam à saúde e segurança dos consumidores.

Parágrafo único. As informações de que trata este artigo, nos produtos refrigerados oferecidos ao consumidor, serão gravadas de forma indelével. (Incluído pela Lei nº 11.989, de 2009)

Art. 32. Os fabricantes e importadores deverão assegurar a oferta de componentes e peças de reposição enquanto não cessar a fabricação ou importação do produto.

Parágrafo único. Cessadas a produção ou importação, a oferta deverá ser mantida por período razoável de tempo, na forma da lei.

Art. 33. Em caso de oferta ou venda por telefone ou reembolso postal, deve constar o nome do fabricante e endereço na embalagem, publicidade e em todos os impressos utilizados na transação comercial.

Parágrafo único. É proibida a publicidade de bens e serviços por telefone, quando a chamada for onerosa ao consumidor que a origina. (Incluído pela Lei nº 11.800, de 2008).

Art. 34. O fornecedor do produto ou serviço é solidariamente responsável pelos atos de seus prepostos ou representantes autônomos.

Art. 35. Se o fornecedor de produtos ou serviços recusar cumprimento à oferta, apresentação ou publicidade, o consumidor poderá, alternativamente e à sua livre escolha:

I – exigir o cumprimento forçado da obrigação, nos termos da oferta, apresentação ou publicidade;

II – aceitar outro produto ou prestação de serviço equivalente;

III – rescindir o contrato, com direito à restituição de quantia eventualmente antecipada, monetariamente atualizada, e a perdas e danos.

SEÇÃO III
Da Publicidade

Art. 36. A publicidade deve ser veiculada de tal forma que o consumidor, fácil e imediatamente, a identifique como tal.

Parágrafo único. O fornecedor, na publicidade de seus produtos ou serviços, manterá, em seu poder, para informação dos legítimos interessados, os dados fáticos, técnicos e científicos que dão sustentação à mensagem.

Art. 37. É proibida toda publicidade enganosa ou abusiva.

§ 1° É enganosa qualquer modalidade de informação ou comunicação de caráter publicitário, inteira ou parcialmente falsa, ou, por qualquer outro modo, mesmo por omissão, capaz de induzir em erro o consumidor a respeito da natureza, características, qualidade, quantidade, propriedades, origem, preço e quaisquer outros dados sobre produtos e serviços.

§ 2° É abusiva, dentre outras a publicidade discriminatória de qualquer natureza, a que incite à violência, explore o medo ou a superstição, se aproveite da deficiência de julgamento e experiência da criança, desrespeita valores ambientais, ou que seja capaz de induzir o consumidor a se comportar de forma prejudicial ou perigosa à sua saúde ou segurança.

§ 3º Para os efeitos deste código, a publicidade é enganosa por omissão quando deixar de informar sobre dado essencial do produto ou serviço.

§ 4º (Vetado).

Art. 38. O ônus da prova da veracidade e correção da informação ou comunicação publicitária cabe a quem as patrocina.

SEÇÃO IV
Das Práticas Abusivas

Art. 39. É vedado ao fornecedor de produtos ou serviços, dentre outras práticas abusivas: (Redação dada pela Lei nº 8.884, de 11.6.1994)

I – condicionar o fornecimento de produto ou de serviço ao fornecimento de outro produto ou serviço, bem como, sem justa causa, a limites quantitativos;

II – recusar atendimento às demandas dos consumidores, na exata medida de suas disponibilidades de estoque, e, ainda, de conformidade com os usos e costumes;

III – enviar ou entregar ao consumidor, sem solicitação prévia, qualquer produto, ou fornecer qualquer serviço;

IV – prevalecer-se da fraqueza ou ignorância do consumidor, tendo em vista sua idade, saúde, conhecimento ou condição social, para impingir-lhe seus produtos ou serviços;

V – exigir do consumidor vantagem manifestamente excessiva;

VI – executar serviços sem a prévia elaboração de orçamento e autorização expressa do consumidor, ressalvadas as decorrentes de práticas anteriores entre as partes;

VII – repassar informação depreciativa, referente a ato praticado pelo consumidor no exercício de seus direitos;

VIII – colocar, no mercado de consumo, qualquer produto ou serviço em desacordo com as normas expedidas pelos órgãos oficiais competentes ou, se normas específicas não existirem, pela Associação Brasileira de Normas Técnicas ou outra entidade credenciada pelo Conselho Nacional de Metrologia, Normalização e Qualidade Industrial (Conmetro);

IX – recusar a venda de bens ou a prestação de serviços, diretamente a quem se disponha a adquiri-los mediante pronto pagamento, ressalvados os casos de intermediação regulados em leis especiais; (Redação dada pela Lei nº 8.884, de 11.6.1994)

X – elevar sem justa causa o preço de produtos ou serviços. (Incluído pela Lei nº 8.884, de 11.6.1994)

XI – Dispositivo incluído pela MPV nº 1.890-67, de 22.10.1999, transformado em inciso XIII, quando da conversão na Lei nº 9.870, de 23.11.1999

XII – deixar de estipular prazo para o cumprimento de sua obrigação ou deixar a fixação de seu termo inicial a seu exclusivo critério. (Incluído pela Lei nº 9.008, de 21.3.1995)

XIII – aplicar fórmula ou índice de reajuste diverso do legal ou contratualmente estabelecido. (Incluído pela Lei nº 9.870, de 23.11.1999)

XIV – permitir o ingresso em estabelecimentos comerciais ou de serviços de um número maior de consumidores que o fixado pela autoridade administrativa como máximo (Incluído pela Lei nº 13.425, de 2017)

Parágrafo único. Os serviços prestados e os produtos remetidos ou entregues ao consumidor, na hipótese prevista no inciso III, equiparam-se às amostras grátis, inexistindo obrigação de pagamento.

Art. 40. O fornecedor de serviço será obrigado a entregar ao consumidor orçamento prévio discriminando o valor da mão-de-obra, dos materiais e equipamentos a serem empregados, as condições de pagamento, bem como as datas de início e término dos serviços.

§ 1º Salvo estipulação em contrário, o valor orçado terá validade pelo prazo de dez dias, contado de seu recebimento pelo consumidor.

§ 2º Uma vez aprovado pelo consumidor, o orçamento obriga os contraentes e somente pode ser alterado mediante livre negociação das partes.

§ 3º O consumidor não responde por quaisquer ônus ou acréscimos decorrentes da contratação de serviços de terceiros não previstos no orçamento prévio.

Art. 41. No caso de fornecimento de produtos ou de serviços sujeitos ao regime de controle ou de tabelamento de preços, os fornecedores deverão respeitar os limites oficiais sob pena de não o fazendo, responderem pela restituição da quantia recebida em excesso, monetariamente atualizada, podendo o consumidor exigir à sua escolha, o desfazimento do negócio, sem prejuízo de outras sanções cabíveis.

SEÇÃO V
Da Cobrança de Dívidas

Art. 42. Na cobrança de débitos, o consumidor inadimplente não será exposto a ridículo, nem será submetido a qualquer tipo de constrangimento ou ameaça.

Parágrafo único. O consumidor cobrado em quantia indevida tem direito à repetição do indébito, por valor igual ao dobro do que pagou em excesso, acrescido de correção monetária e juros legais, salvo hipótese de engano justificável.

Art. 42-A. Em todos os documentos de cobrança de débitos apresentados ao consumidor, deverão constar o nome, o endereço e o número de inscrição no Cadastro de Pessoas Físicas – CPF ou no Cadastro Nacional de Pessoa Jurídica – CNPJ do fornecedor do produto ou serviço correspondente. (Incluído pela Lei nº 12.039, de 2009)

SEÇÃO VI
Dos Bancos de Dados e Cadastros de Consumidores

Art. 43. O consumidor, sem prejuízo do disposto no art. 86, terá acesso às informações existentes em cadastros, fichas, registros e dados pessoais e de consumo arquivados sobre ele, bem como sobre as suas respectivas fontes.

§ 1º Os cadastros e dados de consumidores devem ser objetivos, claros, verdadeiros e em linguagem de fácil compreensão, não podendo conter informações negativas referentes a período superior a cinco anos.

§ 2º A abertura de cadastro, ficha, registro e dados pessoais e de consumo deverá ser comunicada por escrito ao consumidor, quando não solicitada por ele.

§ 3º O consumidor, sempre que encontrar inexatidão nos seus dados e cadastros, poderá exigir sua imediata correção, devendo o arquivista, no prazo de cinco dias úteis, comunicar a alteração aos eventuais destinatários das informações incorretas.

§ 4º Os bancos de dados e cadastros relativos a consumidores, os serviços de proteção ao crédito e congêneres são considerados entidades de caráter público.

§ 5º Consumada a prescrição relativa à cobrança de débitos do consumidor, não serão fornecidas, pelos respectivos Sistemas de Proteção ao Crédito, quaisquer informações que possam impedir ou dificultar novo acesso ao crédito junto aos fornecedores.

§ 6º Todas as informações de que trata o *caput* deste artigo devem ser disponibilizadas em formatos acessíveis, inclusive para a pessoa com deficiência, mediante solicitação do consumidor. (Incluído pela Lei nº 13.146, de 2015) (Vigência)

Art. 44. Os órgãos públicos de defesa do consumidor manterão cadastros atualizados de reclamações fundamentadas contra fornecedores de produtos e serviços, devendo divulgá-lo pública e anualmente. A divulgação indicará se a reclamação foi atendida ou não pelo fornecedor.

§ 1º É facultado o acesso às informações lá constantes para orientação e consulta por qualquer interessado.

§ 2º Aplicam-se a este artigo, no que couber, as mesmas regras enunciadas no artigo anterior e as do parágrafo único do art. 22 deste código.

Art. 45. (Vetado).

CAPÍTULO VI
Da Proteção Contratual

SEÇÃO I
Disposições Gerais

Art. 46. Os contratos que regulam as relações de consumo não obrigarão os consumidores, se não lhes for dada a oportunidade de tomar conhecimento prévio de seu conteúdo, ou se os respectivos instrumentos forem redigidos de modo a dificultar a compreensão de seu sentido e alcance.

Art. 47. As cláusulas contratuais serão interpretadas de maneira mais favorável ao consumidor.

Art. 48. As declarações de vontade constantes de escritos particulares, recibos e pré-contratos relativos às relações de consumo vinculam o fornecedor, ensejando inclusive execução específica, nos termos do art. 84 e parágrafos.

Art. 49. O consumidor pode desistir do contrato, no prazo de 7 dias a contar de sua assinatura ou do ato de recebimento do produto ou serviço, sempre que a contratação de fornecimento de produtos e serviços ocorrer fora do estabelecimento comercial, especialmente por telefone ou a domicílio.

Parágrafo único. Se o consumidor exercitar o direito de arrependimento previsto neste artigo, os valores eventualmente pagos, a qualquer título, durante o prazo de reflexão, serão devolvidos, de imediato, monetariamente atualizados.

Art. 50. A garantia contratual é complementar à legal e será conferida mediante termo escrito.

Parágrafo único. O termo de garantia ou equivalente deve ser padronizado e esclarecer, de maneira adequada em que consiste a mesma garantia, bem como a forma, o prazo e o lugar em que pode ser exercitada e os ônus a cargo do consumidor, devendo ser-lhe entregue, devidamente preenchido pelo fornecedor, no ato do fornecimento, acompanhado de manual de instrução, de instalação e uso do produto em linguagem didática, com ilustrações.

SEÇÃO II
Das Cláusulas Abusivas

Art. 51. São nulas de pleno direito, entre outras, as cláusulas contratuais relativas ao fornecimento de produtos e serviços que:

I – impossibilitem, exonerem ou atenuem a responsabilidade do fornecedor por vícios de qualquer natureza dos produtos e serviços ou impliquem renúncia ou disposição de direitos. Nas relações de consumo entre o fornecedor e o consumidor pessoa jurídica, a indenização poderá ser limitada, em situações justificáveis;

II – subtraiam ao consumidor a opção de reembolso da quantia já paga, nos casos previstos neste código;

III – transfiram responsabilidades a terceiros;

IV – estabeleçam obrigações consideradas iníquas, abusivas, que coloquem o consumidor em desvantagem exagerada, ou sejam incompatíveis com a boa-fé ou a eqüidade;

V – (Vetado);

VI – estabeleçam inversão do ônus da prova em prejuízo do consumidor;

VII – determinem a utilização compulsória de arbitragem;

VIII – imponham representante para concluir ou realizar outro negócio jurídico pelo consumidor;

IX – deixem ao fornecedor a opção de concluir ou não o contrato, embora obrigando o consumidor;

X – permitam ao fornecedor, direta ou indiretamente, variação do preço de maneira unilateral;

XI – autorizem o fornecedor a cancelar o contrato unilateralmente, sem que igual direito seja conferido ao consumidor;

XII – obriguem o consumidor a ressarcir os custos de cobrança de sua obrigação, sem que igual direito lhe seja conferido contra o fornecedor;

XIII – autorizem o fornecedor a modificar unilateralmente o conteúdo ou a qualidade do contrato, após sua celebração;

XIV – infrinjam ou possibilitem a violação de normas ambientais;

XV – estejam em desacordo com o sistema de proteção ao consumidor;

XVI – possibilitem a renúncia do direito de indenização por benfeitorias necessárias.

XVII – condicionem ou limitem de qualquer forma o acesso aos órgãos do Poder Judiciário; (Incluído pela Lei nº 14.181, de 2021)

XVIII – estabeleçam prazos de carência em caso de impontualidade das prestações mensais ou impeçam o restabelecimento integral dos direitos do consumidor e de seus meios de pagamento a partir da purgação da mora ou do acordo com os credores; (Incluído pela Lei nº 14.181, de 2021)

XIX – (VETADO). (Incluído pela Lei nº 14.181, de 2021)

§ 1º Presume-se exagerada, entre outros casos, a vantagem que:

I – ofende os princípios fundamentais do sistema jurídico a que pertence;

II – restringe direitos ou obrigações fundamentais inerentes à natureza do contrato, de tal modo a ameaçar seu objeto ou equilíbrio contratual;

III – se mostra excessivamente onerosa para o consumidor, considerando-se a natureza e conteúdo do contrato, o interesse das partes e outras circunstâncias peculiares ao caso.

§ 2° A nulidade de uma cláusula contratual abusiva não invalida o contrato, exceto quando de sua ausência, apesar dos esforços de integração, decorrer ônus excessivo a qualquer das partes.

§ 3° (Vetado).

§ 4° É facultado a qualquer consumidor ou entidade que o represente requerer ao Ministério Público que ajuíze a competente ação para ser declarada a nulidade de cláusula contratual que contrarie o disposto neste código ou de qualquer forma não assegure o justo equilíbrio entre direitos e obrigações das partes.

Art. 52. No fornecimento de produtos ou serviços que envolva outorga de crédito ou concessão de financiamento ao consumidor, o fornecedor deverá, entre outros requisitos, informá-lo prévia e adequadamente sobre:

I – preço do produto ou serviço em moeda corrente nacional;

II – montante dos juros de mora e da taxa efetiva anual de juros;

III – acréscimos legalmente previstos;

IV – número e periodicidade das prestações;

V – soma total a pagar, com e sem financiamento.

§ 1° As multas de mora decorrentes do inadimplemento de obrigações no seu termo não poderão ser superiores a dois por cento do valor da prestação.(Redação dada pela Lei nº 9.298, de 1º.8.1996)

§ 2º É assegurado ao consumidor a liquidação antecipada do débito, total ou parcialmente, mediante redução proporcional dos juros e demais acréscimos.

§ 3º (Vetado).

Art. 53. Nos contratos de compra e venda de móveis ou imóveis mediante pagamento em prestações, bem como nas alienações fiduciárias em garantia, consideram-se nulas de pleno direito as cláusulas que estabeleçam a perda total das prestações pagas em benefício do credor que, em razão do inadimplemento, pleitear a resolução do contrato e a retomada do produto alienado.

§ 1° (Vetado).

§ 2º Nos contratos do sistema de consórcio de produtos duráveis, a compensação ou a restituição das parcelas quitadas, na forma deste artigo, terá descontada, além da vantagem econômica auferida com a fruição, os prejuízos que o desistente ou inadimplente causar ao grupo.

§ 3° Os contratos de que trata o caput deste artigo serão expressos em moeda corrente nacional.

SEÇÃO III
Dos Contratos de Adesão

Art. 54. Contrato de adesão é aquele cujas cláusulas tenham sido aprovadas pela autoridade competente ou estabelecidas unilateralmente pelo fornecedor de produtos ou serviços, sem que o consumidor possa discutir ou modificar substancialmente seu conteúdo.

§ 1° A inserção de cláusula no formulário não desfigura a natureza de adesão do contrato.

§ 2° Nos contratos de adesão admite-se cláusula resolutória, desde que a alternativa, cabendo a escolha ao consumidor, ressalvando-se o disposto no § 2° do artigo anterior.

§ 3º Os contratos de adesão escritos serão redigidos em termos claros e com caracteres ostensivos e legíveis, cujo tamanho da fonte não será inferior ao corpo doze, de modo a facilitar sua compreensão pelo consumidor. (Redação dada pela nº 11.785, de 2008)

§ 4° As cláusulas que implicarem limitação de direito do consumidor deverão ser redigidas com destaque, permitindo sua imediata e fácil compreensão.

§ 5° (Vetado)

CAPÍTULO VI-A
DA PREVENÇÃO E DO TRATAMENTO DO SUPERENDIVIDAMENTO

(Incluído pela Lei nº 14.181, de 2021)

Art. 54-A. Este Capítulo dispõe sobre a prevenção do superendividamento da pessoa natural, sobre o crédito responsável e sobre a educação financeira do consumidor. (Incluído pela Lei nº 14.181, de 2021)

§ 1º Entende-se por superendividamento a impossibilidade manifesta de o consumidor pessoa natural, de boa-fé, pagar a totalidade de suas dívidas de consumo, exigíveis e vincendas, sem comprometer seu mínimo existencial, nos termos da regulamentação. (Incluído pela Lei nº 14.181, de 2021)

§ 2º As dívidas referidas no § 1º deste artigo englobam quaisquer compromissos financeiros assumidos decorrentes de relação de consumo, inclusive operações de crédito, compras a prazo e serviços de prestação continuada.(Incluído pela Lei nº 14.181, de 2021)

§ 3º O disposto neste Capítulo não se aplica ao consumidor cujas dívidas tenham sido contraídas mediante fraude ou má-fé, sejam oriundas de contratos celebrados dolosamente com o propósito de não realizar o pagamento ou decorram da aquisição ou contratação de produtos e serviços de luxo de alto valor. (Incluído pela Lei nº 14.181, de 2021)

Art. 54-B. No fornecimento de crédito e na venda a prazo, além das informações obrigatórias previstas no art. 52 deste Código e na legislação aplicável à matéria, o fornecedor ou o intermediário deverá informar o consumidor, prévia e adequadamente, no momento da oferta, sobre: (Incluído pela Lei nº 14.181, de 2021)

I – o custo efetivo total e a descrição dos elementos que o compõem;(Incluído pela Lei nº 14.181, de 2021)

II – a taxa efetiva mensal de juros, bem como a taxa dos juros de mora e o total de encargos, de qualquer natureza, previstos para o atraso no pagamento;(Incluído pela Lei nº 14.181, de 2021)

III – o montante das prestações e o prazo de validade da oferta, que deve ser, no mínimo, de 2 (dois) dias; (Incluído pela Lei nº 14.181, de 2021)

IV – o nome e o endereço, inclusive o eletrônico, do fornecedor;(Incluído pela Lei nº 14.181, de 2021)

V – o direito do consumidor à liquidação antecipada e não onerosa do débito, nos termos do § 2º do art. 52 deste Código e da regulamentação em vigor. (Incluído pela Lei nº 14.181, de 2021)

§ 1º As informações referidas no art. 52 deste Código e no caput deste artigo devem constar de forma clara e resumida do próprio contrato, da fatura ou de instrumento apartado, de fácil acesso ao consumidor.(Incluído pela Lei nº 14.181, de 2021)

§ 2º Para efeitos deste Código, o custo efetivo total da operação de crédito ao consumidor consistirá em taxa percentual anual e compreenderá todos os valores cobrados do consumidor, sem prejuízo do cálculo padronizado pela autoridade reguladora do sistema financeiro. (Incluído pela Lei nº 14.181, de 2021)

§ 3º Sem prejuízo do disposto no art. 37 deste Código, a oferta de crédito ao consumidor e a oferta de venda a prazo, ou a fatura mensal, conforme o caso, devem indicar, no mínimo, o custo efetivo total, o agente financiador e a soma total a pagar, com e sem financiamento. (Incluído pela Lei nº 14.181, de 2021)

Art. 54-C. É vedado, expressa ou implicitamente, na oferta de crédito ao consumidor, publicitária ou não:(Incluído pela Lei nº 14.181, de 2021)

I – (VETADO); (Incluído pela Lei nº 14.181, de 2021)

II – indicar que a operação de crédito poderá ser concluída sem consulta a serviços de proteção ao crédito ou sem avaliação da situação financeira do consumidor;(Incluído pela Lei nº 14.181, de 2021)

III – ocultar ou dificultar a compreensão sobre os ônus e os riscos da contratação do crédito ou da venda a prazo;(Incluído pela Lei nº 14.181, de 2021)

IV – assediar ou pressionar o consumidor para contratar o fornecimento de produto, serviço ou crédito, principalmente se se tratar de consumidor idoso, analfabeto, doente ou em estado de vulnerabilidade agravada ou se a contratação envolver prêmio; (Incluído pela Lei nº 14.181, de 2021)

V – condicionar o atendimento de pretensões do consumidor ou o início de tratativas à renúncia ou à desistência de demandas judiciais, ao pagamento de honorários advocatícios ou a depósitos judiciais. (Incluído pela Lei nº 14.181, de 2021)

Parágrafo único. (VETADO).(Incluído pela Lei nº 14.181, de 2021)

Art. 54-D. Na oferta de crédito, previamente à contratação, o fornecedor ou o intermediário deverá, entre outras condutas: (Incluído pela Lei nº 14.181, de 2021)

I – informar e esclarecer adequadamente o consumidor, considerada sua idade, sobre a natureza e a modalidade do crédito oferecido, sobre todos os custos incidentes, observado o disposto nos arts. 52 e 54-B deste Código, e sobre as consequências genéricas e específicas do inadimplemento; (Incluído pela Lei nº 14.181, de 2021)

II – avaliar, de forma responsável, as condições de crédito do consumidor, mediante análise das informações disponíveis em bancos de dados de proteção ao crédito, observado o disposto neste Código e na legislação sobre proteção de dados;(Incluído pela Lei nº 14.181, de 2021)

III – informar a identidade do agente financiador e entregar ao consumidor, ao garante e a outros coobrigados cópia do contrato de crédito.(Incluído pela Lei nº 14.181, de 2021)

Parágrafo único. O descumprimento de qualquer dos deveres previstos no caput deste artigo e nos arts. 52 e 54-C deste Código poderá acarretar judicialmente a redução dos juros, dos encargos ou de qualquer acréscimo ao principal e a dilação do prazo de pagamento previsto no contrato original, conforme a gravidade da conduta do fornecedor e as possibilidades financeiras do consumidor, sem prejuízo de outras sanções e de indenização por perdas e danos, patrimoniais e morais, ao consumidor.(Incluído pela Lei nº 14.181, de 2021)

Art. 54-E. (VETADO).(Incluído pela Lei nº 14.181, de 2021)

Art. 54-F. São conexos, coligados ou interdependentes, entre outros, o contrato principal de fornecimento de produto ou serviço e os contratos acessórios de crédito que lhe garantam o financiamento quando o fornecedor de crédito: (Incluído pela Lei nº 14.181, de 2021)

I – recorrer aos serviços do fornecedor de produto ou serviço para a preparação ou a conclusão do contrato de crédito; (Incluído pela Lei nº 14.181, de 2021)

II – oferecer o crédito no local da atividade empresarial do fornecedor de produto ou serviço financiado ou onde o contrato principal for celebrado.(Incluído pela Lei nº 14.181, de 2021)

§ 1º O exercício do direito de arrependimento nas hipóteses previstas neste Código, no contrato principal ou no contrato de crédito, implica a resolução de pleno direito do contrato que lhe seja conexo.(Incluído pela Lei nº 14.181, de 2021)

§ 2º Nos casos dos incisos I e II do caput deste artigo, se houver inexecução de qualquer das obrigações e deveres do fornecedor de produto ou serviço, o consumidor poderá requerer a rescisão do contrato não cumprido contra o fornecedor do crédito. (Incluído pela Lei nº 14.181, de 2021)

§ 3º O direito previsto no § 2º deste artigo caberá igualmente ao consumidor: (Incluído pela Lei nº 14.181, de 2021)

I – contra o portador de cheque pós-datado emitido para aquisição de produto ou serviço a prazo;(Incluído pela Lei nº 14.181, de 2021)

II – contra o administrador ou o emitente de cartão de crédito ou similar quando o cartão de crédito ou similar e o produto ou serviço forem fornecidos pelo mesmo fornecedor ou por entidades pertencentes a um mesmo grupo econômico. (Incluído pela Lei nº 14.181, de 2021)

§ 4º A invalidade ou a ineficácia do contrato principal implicará, de pleno direito, a do contrato de crédito que lhe seja conexo, nos termos do caput deste artigo, ressalvado ao fornecedor do crédito o direito de obter do fornecedor do produto ou serviço a devolução dos valores entregues, inclusive relativamente a tributos. (Incluído pela Lei nº 14.181, de 2021)

Art. 54-G. Sem prejuízo do disposto no art. 39 deste Código e na legislação aplicável à matéria, é vedado ao fornecedor de produto ou serviço que envolva crédito, entre outras condutas:(Incluído pela Lei nº 14.181, de 2021)

I – realizar ou proceder à cobrança ou ao débito em conta de qualquer quantia que houver sido contestada pelo consumidor em compra realizada com cartão de crédito ou similar, enquanto não for adequadamente solucionada a controvérsia, desde que o consumidor haja notificado a administradora do cartão com antecedência de pelo menos 10 (dez) dias contados da data de vencimento da fatura, vedada a manutenção do valor na fatura seguinte e assegurado ao consumidor o direito de deduzir do total da fatura o valor em disputa e efetuar o pagamento da parte não contestada, podendo o emissor lançar como crédito em confiança o valor idêntico ao da transação contestada que tenha sido cobrada, enquanto não encerrada a apuração da contestação;(Incluído pela Lei nº 14.181, de 2021)

II – recusar ou não entregar ao consumidor, ao garante e aos outros coobrigados cópia da minuta do contrato principal de consumo ou do contrato de crédito, em papel ou outro suporte duradouro, disponível e acessível, e, após a conclusão, cópia do contrato; (Incluído pela Lei nº 14.181, de 2021)

III – impedir ou dificultar, em caso de utilização fraudulenta do cartão de crédito ou similar, que o consumidor peça e obtenha, quando aplicável, a anulação ou o imediato bloqueio do pagamento, ou ainda a restituição dos valores indevidamente recebidos. (Incluído pela Lei nº 14.181, de 2021)

§ 1º Sem prejuízo do dever de informação e esclarecimento do consumidor e de entrega da minuta do contrato, no empréstimo cuja liquidação seja feita mediante consignação em folha de pagamento, a formalização e a entrega da cópia do contrato ou do instrumento de contratação ocorrerão após o fornecedor do crédito obter da fonte pagadora a indicação sobre a existência de margem consignável.(Incluído pela Lei nº 14.181, de 2021)

§ 2º Nos contratos de adesão, o fornecedor deve prestar ao consumidor, previamente, as informações de que tratam o art. 52 e o caput do art. 54-B deste Código, além de outras porventura determinadas na legislação em vigor, e fica obrigado a entregar ao consumidor cópia do contrato, após a sua conclusão (Incluído pela Lei nº 14.181, de 2021)

CAPÍTULO VII
Das Sanções Administrativas
(Vide Lei nº 8.656, de 1993)

Art. 55. A União, os Estados e o Distrito Federal, em caráter concorrente e nas suas respectivas áreas de atuação administrativa, baixarão normas relativas à produção, industrialização, distribuição e consumo de produtos e serviços.

§ 1° A União, os Estados, o Distrito Federal e os Municípios fiscalizarão e controlarão a produção, industrialização, distribuição, a publicidade de produtos e serviços e o mercado de consumo, no interesse da preservação da vida, da saúde, da segurança, da informação e do bem-estar do consumidor, baixando as normas que se fizerem necessárias.

§ 2° (Vetado).

§ 3° Os órgãos federais, estaduais, do Distrito Federal e municipais com atribuições para fiscalizar e controlar o mercado de consumo manterão comissões permanentes para elaboração, revisão e atualização das normas referidas no § 1°, sendo obrigatória a participação dos consumidores e fornecedores.

§ 4° Os órgãos oficiais poderão expedir notificações aos fornecedores para que, sob pena de desobediência, prestem informações sobre questões de interesse do consumidor, resguardado o segredo industrial.

Art. 56. As infrações das normas de defesa do consumidor ficam sujeitas, conforme o caso, às seguintes sanções administrativas, sem prejuízo das de natureza civil, penal e das definidas em normas específicas:

I – multa;

II – apreensão do produto;

III – inutilização do produto;

IV – cassação do registro do produto junto ao órgão competente;

V – proibição de fabricação do produto;

VI – suspensão de fornecimento de produtos ou serviço;

VII – suspensão temporária de atividade;

VIII – revogação de concessão ou permissão de uso;

IX – cassação de licença do estabelecimento ou de atividade;

X – interdição, total ou parcial, de estabelecimento, de obra ou de atividade;

XI – intervenção administrativa;

XII – imposição de contrapropaganda.

Parágrafo único. As sanções previstas neste artigo serão aplicadas pela autoridade administrativa, no âmbito de sua atribuição, podendo ser aplicadas cumulativamente, inclusive por medida cautelar, antecedente ou incidente de procedimento administrativo.

Art. 57. A pena de multa, graduada de acordo com a gravidade da infração, a vantagem auferida e a condição econômica do fornecedor, será aplicada mediante procedimento administrativo, revertendo para o Fundo de que trata a Lei nº 7.347, de 24 de julho de 1985, os valores cabíveis à União, ou para os Fundos estaduais ou municipais de proteção ao consumidor nos demais casos. (Redação dada pela Lei nº 8.656, de 21.5.1993)

Parágrafo único. A multa será em montante não inferior a duzentas e não superior a três milhões de vezes o valor da Unidade Fiscal de Referência (Ufir), ou índice equivalente que venha a substituí-lo. (Parágrafo acrescentado pela Lei nº 8.703, de 6.9.1993)

Art. 58. As penas de apreensão, de inutilização de produtos, de proibição de fabricação de produtos, de suspensão do fornecimento de produto ou serviço, de cassação do registro do produto e revogação da concessão ou permissão de uso serão aplicadas pela administração, mediante procedimento administrativo, assegurada ampla defesa, quando forem constatados vícios de quantidade ou de qualidade por inadequação ou insegurança do produto ou serviço.

Art. 59. As penas de cassação de alvará de licença, de interdição e de suspensão temporária da atividade, bem como a de intervenção administrativa, serão aplicadas mediante procedimento administrativo, assegurada ampla defesa, quando o fornecedor reincidir na prática das infrações de maior gravidade previstas neste código e na legislação de consumo.

§ 1º A pena de cassação da concessão será aplicada à concessionária de serviço público, quando violar obrigação legal ou contratual.

§ 2º A pena de intervenção administrativa será aplicada sempre que as circunstâncias de fato desaconselharem a cassação de licença, a interdição ou suspensão da atividade.

§ 3º Pendendo ação judicial na qual se discuta a imposição de penalidade administrativa, não haverá reincidência até o trânsito em julgado da sentença.

Art. 60. A imposição de contrapropaganda será cominada quando o fornecedor incorrer na prática de publicidade enganosa ou abusiva, nos termos do art. 36 e seus parágrafos, sempre às expensas do infrator.

§ 1º A contrapropaganda será divulgada pelo responsável da mesma forma, freqüência e dimensão e, preferencialmente no mesmo veículo, local, espaço e horário, de forma capaz de desfazer o malefício da publicidade enganosa ou abusiva.

§ 2° (Vetado)

§ 3° (Vetado).

TÍTULO II
Das Infrações Penais

Art. 61. Constituem crimes contra as relações de consumo previstas neste código, sem prejuízo do disposto no Código Penal e leis especiais, as condutas tipificadas nos artigos seguintes.

Art. 62. (Vetado).

Art. 63. Omitir dizeres ou sinais ostensivos sobre a nocividade ou periculosidade de produtos, nas embalagens, nos invólucros, recipientes ou publicidade:

Pena – Detenção de seis meses a dois anos e multa.

§ 1° Incorrerá nas mesmas penas quem deixar de alertar, mediante recomendações escritas ostensivas, sobre a periculosidade do serviço a ser prestado.

§ 2° Se o crime é culposo:

Pena Detenção de um a seis meses ou multa.

Art. 64. Deixar de comunicar à autoridade competente e aos consumidores a nocividade ou periculosidade de produtos cujo conhecimento seja posterior à sua colocação no mercado:

Pena – Detenção de seis meses a dois anos e multa.

Parágrafo único. Incorrerá nas mesmas penas quem deixar de retirar do mercado, imediatamente quando determinado pela autoridade competente, os produtos nocivos ou perigosos, na forma deste artigo.

Art. 65. Executar serviço de alto grau de periculosidade, contrariando determinação de autoridade competente:

Pena Detenção de seis meses a dois anos e multa.

§ 1º As penas deste artigo são aplicáveis sem prejuízo das correspondentes à lesão corporal e à morte. (Redação dada pela Lei nº 13.425, de 2017)

§ 2º A prática do disposto no inciso XIV do art. 39 desta Lei também caracteriza o crime previsto no caput deste artigo. (Incluído pela Lei nº 13.425, de 2017)

Art. 66. Fazer afirmação falsa ou enganosa, ou omitir informação relevante sobre a natureza, característica, qualidade, quantidade, segurança, desempenho, durabilidade, preço ou garantia de produtos ou serviços:

Pena – Detenção de três meses a um ano e multa.

§ 1º Incorrerá nas mesmas penas quem patrocinar a oferta.

§ 2º Se o crime é culposo;

Pena Detenção de um a seis meses ou multa.

Art. 67. Fazer ou promover publicidade que sabe ou deveria saber ser enganosa ou abusiva:

Pena Detenção de três meses a um ano e multa.

Parágrafo único. (Vetado).

Art. 68. Fazer ou promover publicidade que sabe ou deveria saber ser capaz de induzir o consumidor a se comportar de forma prejudicial ou perigosa a sua saúde ou segurança:

Pena – Detenção de seis meses a dois anos e multa:

Parágrafo único. (Vetado).

Art. 69. Deixar de organizar dados fáticos, técnicos e científicos que dão base à publicidade:

Pena Detenção de um a seis meses ou multa.

Art. 70. Empregar na reparação de produtos, peça ou componentes de reposição usados, sem autorização do consumidor:

Pena Detenção de três meses a um ano e multa.

Art. 71. Utilizar, na cobrança de dívidas, de ameaça, coação, constrangimento físico ou moral, afirmações falsas incorretas ou enganosas ou de qualquer outro procedimento que exponha o consumidor, injustificadamente, a ridículo ou interfira com seu trabalho, descanso ou lazer:

Pena Detenção de três meses a um ano e multa.

Art. 72. Impedir ou dificultar o acesso do consumidor às informações que sobre ele constem em cadastros, banco de dados, fichas e registros:

Pena Detenção de seis meses a um ano ou multa.

Art. 73. Deixar de corrigir imediatamente informação sobre consumidor constante de cadastro, banco de dados, fichas ou registros que sabe ou deveria saber ser inexata:

Pena Detenção de um a seis meses ou multa.

Art. 74. Deixar de entregar ao consumidor o termo de garantia adequadamente preenchido e com especificação clara de seu conteúdo;

Pena Detenção de um a seis meses ou multa.

Art. 75. Quem, de qualquer forma, concorrer para os crimes referidos neste código, incide as penas a esses cominadas na medida de sua culpabilidade, bem como o diretor, administrador ou gerente da pessoa jurídica que promover, permitir ou por qualquer modo aprovar o fornecimento, oferta, exposição à venda ou manutenção em depósito de produtos ou a oferta e prestação de serviços nas condições por ele proibidas.

Art. 76. São circunstâncias agravantes dos crimes tipificados neste código:

I – serem cometidos em época de grave crise econômica ou por ocasião de calamidade;

II – ocasionarem grave dano individual ou coletivo;

III – dissimular-se a natureza ilícita do procedimento;

IV – quando cometidos:

a) por servidor público, ou por pessoa cuja condição econômico-social seja manifestamente superior à da vítima;

b) em detrimento de operário ou rurícola; de menor de dezoito ou maior de sessenta anos ou de pessoas portadoras de deficiência mental interditadas ou não;

V – serem praticados em operações que envolvam alimentos, medicamentos ou quaisquer outros produtos ou serviços essenciais .

Art. 77. A pena pecuniária prevista nesta Seção será fixada em dias-multa, correspondente ao mínimo e ao máximo de dias de duração da pena privativa da liberdade cominada ao crime. Na individualização desta multa, o juiz observará o disposto no art. 60, §1° do Código Penal.

Art. 78. Além das penas privativas de liberdade e de multa, podem ser impostas, cumulativa ou alternadamente, observado o disposto nos arts. 44 a 47, do Código Penal:

I – a interdição temporária de direitos;

II – a publicação em órgãos de comunicação de grande circulação ou audiência, às expensas do condenado, de notícia sobre os fatos e a condenação;

III – a prestação de serviços à comunidade.

Art. 79. O valor da fiança, nas infrações de que trata este código, será fixado pelo juiz, ou pela autoridade que presidir o inquérito, entre cem e duzentas mil vezes o valor do Bônus do Tesouro Nacional (BTN), ou índice equivalente que venha a substituí-lo.

Parágrafo único. Se assim recomendar a situação econômica do indiciado ou réu, a fiança poderá ser:

a) reduzida até a metade do seu valor mínimo;

b) aumentada pelo juiz até vinte vezes.

Art. 80. No processo penal atinente aos crimes previstos neste código, bem como a outros crimes e contravenções que envolvam relações de consumo, poderão intervir, como assistentes do Ministério Público, os legitimados indicados no art. 82, inciso III e IV, aos quais também é facultado propor ação penal subsidiária, se a denúncia não for oferecida no prazo legal.

TÍTULO III
Da Defesa do Consumidor em Juízo

CAPÍTULO I
Disposições Gerais

Art. 81. A defesa dos interesses e direitos dos consumidores e das vítimas poderá ser exercida em juízo individualmente, ou a título coletivo.

Parágrafo único. A defesa coletiva será exercida quando se tratar de:

I – interesses ou direitos difusos, assim entendidos, para efeitos deste código, os transindividuais, de natureza indivisível, de que sejam titulares pessoas indeterminadas e ligadas por circunstâncias de fato;

II – interesses ou direitos coletivos, assim entendidos, para efeitos deste código, os transindividuais, de natureza indivisível de que seja titular grupo, categoria ou classe de pessoas ligadas entre si ou com a parte contrária por uma relação jurídica base;

III – interesses ou direitos individuais homogêneos, assim entendidos os decorrentes de origem comum.

Art. 82. Para os fins do art. 81, parágrafo único, são legitimados concorrentemente: (Redação dada pela Lei nº 9.008, de 21.3.1995)

I – o Ministério Público,

II – a União, os Estados, os Municípios e o Distrito Federal;

III – as entidades e órgãos da Administração Pública, direta ou indireta, ainda que sem personalidade jurídica, especificamente destinados à defesa dos interesses e direitos protegidos por este código;

IV – as associações legalmente constituídas há pelo menos um ano e que incluam entre seus fins institucionais a defesa dos interesses e direitos protegidos por este código, dispensada a autorização assemblear.

§ 1° O requisito da pré-constituição pode ser dispensado pelo juiz, nas ações previstas nos arts. 91 e seguintes, quando haja manifesto interesse social evidenciado pela dimensão ou característica do dano, ou pela relevância do bem jurídico a ser protegido.

§ 2° (Vetado).

§ 3° (Vetado).

Art. 83. Para a defesa dos direitos e interesses protegidos por este código são admissíveis todas as espécies de ações capazes de propiciar sua adequada e efetiva tutela.

Parágrafo único. (Vetado).

Art. 84. Na ação que tenha por objeto o cumprimento da obrigação de fazer ou não fazer, o juiz concederá a tutela específica da obrigação ou determinará providências que assegurem o resultado prático equivalente ao do adimplemento.

§ 1° A conversão da obrigação em perdas e danos somente será admissível se por elas optar o autor ou se impossível a tutela específica ou a obtenção do resultado prático correspondente.

§ 2° A indenização por perdas e danos se fará sem prejuízo da multa (art. 287, do Código de Processo Civil).

§ 3° Sendo relevante o fundamento da demanda e havendo justificado receio de ineficácia do provimento final, é lícito ao juiz conceder a tutela liminarmente ou após justificação prévia, citado o réu.

§ 4° O juiz poderá, na hipótese do § 3° ou na sentença, impor multa diária ao réu, independentemente de pedido do autor, se for suficiente ou compatível com a obrigação, fixando prazo razoável para o cumprimento do preceito.

§ 5° Para a tutela específica ou para a obtenção do resultado prático equivalente, poderá o juiz determinar as medidas necessárias, tais como busca e apreensão, remoção de coisas e pessoas, desfazimento de obra, impedimento de atividade nociva, além de requisição de força policial.

Art. 85. (Vetado).

Art. 86. (Vetado).

Art. 87. Nas ações coletivas de que trata este código não haverá adiantamento de custas, emolumentos, honorários periciais e quaisquer outras despesas, nem condenação da associação autora, salvo comprovada má-fé, em honorários de advogados, custas e despesas processuais.

Parágrafo único. Em caso de litigância de má-fé, a associação autora e os diretores responsáveis pela propositura da ação serão solidariamente condenados em honorários advocatícios e ao décuplo das custas, sem prejuízo da responsabilidade por perdas e danos.

Art. 88. Na hipótese do art. 13, parágrafo único deste código, a ação de regresso poderá ser ajuizada em processo autônomo, facultada a possibilidade de prosseguir-se nos mesmos autos, vedada a denunciação da lide.

Art. 89. (Vetado)

Art. 90. Aplicam-se às ações previstas neste título as normas do Código de Processo Civil e da Lei n° 7.347, de 24 de julho de 1985, inclusive no que respeita ao inquérito civil, naquilo que não contrariar suas disposições.

CAPÍTULO II
Das Ações Coletivas Para a Defesa de Interesses Individuais Homogêneos

Art. 91. Os legitimados de que trata o art. 82 poderão propor, em nome próprio e no interesse das vítimas ou seus sucessores, ação civil coletiva de responsabilidade pelos danos individualmente sofridos, de acordo com o disposto nos artigos seguintes. (Redação dada pela Lei nº 9.008, de 21.3.1995)

Art. 92. O Ministério Público, se não ajuizar a ação, atuará sempre como fiscal da lei.

Parágrafo único. (Vetado).

Art. 93. Ressalvada a competência da Justiça Federal, é competente para a causa a justiça local:

I – no foro do lugar onde ocorreu ou deva ocorrer o dano, quando de âmbito local;

II – no foro da Capital do Estado ou no do Distrito Federal, para os danos de âmbito nacional ou regional, aplicando-se as regras do Código de Processo Civil aos casos de competência concorrente.

Art. 94. Proposta a ação, será publicado edital no órgão oficial, a fim de que os interessados possam intervir no processo como litisconsortes, sem prejuízo de ampla divulgação pelos meios de comunicação social por parte dos órgãos de defesa do consumidor.

Art. 95. Em caso de procedência do pedido, a condenação será genérica, fixando a responsabilidade do réu pelos danos causados.

Art. 96. (Vetado).

Art. 97. A liquidação e a execução de sentença poderão ser promovidas pela vítima e seus sucessores, assim como pelos legitimados de que trata o art. 82.

Parágrafo único. (Vetado).

Art. 98. A execução poderá ser coletiva, sendo promovida pelos legitimados de que trata o art. 82, abrangendo as vítimas cujas indenizações já tiveram sido fixadas em sentença de liquidação, sem prejuízo do ajuizamento de outras execuções. (Redação dada pela Lei nº 9.008, de 21.3.1995)

§ 1º A execução coletiva far-se-á com base em certidão das sentenças de liquidação, da qual deverá constar a ocorrência ou não do trânsito em julgado.

§ 2º É competente para a execução o juízo:

I – da liquidação da sentença ou da ação condenatória, no caso de execução individual;

II – da ação condenatória, quando coletiva a execução.

Art. 99. Em caso de concurso de créditos decorrentes de condenação prevista na Lei n.º 7.347, de 24 de julho de 1985 e de indenizações pelos prejuízos individuais resultantes do mesmo evento danoso, estas terão preferência no pagamento.

Parágrafo único. Para efeito do disposto neste artigo, a destinação da importância recolhida ao fundo criado pela Lei nº7.347 de 24 de julho de 1985, ficará sustada enquanto pendentes de decisão de segundo grau as ações de indenização pelos danos individuais, salvo na hipótese de o patrimônio do devedor ser manifestamente suficiente para responder pela integralidade das dívidas.

Art. 100. Decorrido o prazo de um ano sem habilitação de interessados em número compatível com a gravidade do dano, poderão os legitimados do art. 82 promover a liquidação e execução da indenização devida.

Parágrafo único. O produto da indenização devida reverterá para o fundo criado pela Lei n.º 7.347, de 24 de julho de 1985.

CAPÍTULO III
Das Ações de Responsabilidade do Fornecedor de Produtos e Serviços

Art. 101. Na ação de responsabilidade civil do fornecedor de produtos e serviços, sem prejuízo do disposto nos Capítulos I e II deste título, serão observadas as seguintes normas:

I – a ação pode ser proposta no domicílio do autor;

II – o réu que houver contratado seguro de responsabilidade poderá chamar ao processo o segurador, vedada a integração do contraditório pelo Instituto de Resseguros do Brasil. Nesta hipótese, a sentença que julgar procedente o pedido condenará o réu nos termos do art. 80 do Código de Processo Civil. Se o réu houver sido declarado falido, o síndico será intimado a informar a existência de seguro de responsabilidade, facultando-se, em caso afirmativo, o ajuizamento de ação de indenização diretamente contra o segurador, vedada a denunciação da lide ao Instituto de Resseguros do Brasil e dispensado o litisconsórcio obrigatório com este.

Art. 102. Os legitimados a agir na forma deste código poderão propor ação visando compelir o Poder Público competente a proibir, em todo o território nacional, a produção, divulgação distribuição ou venda, ou a determinar a alteração na composição, estrutura, fórmula ou acondicionamento de produto, cujo uso ou consumo regular se revele nocivo ou perigoso à saúde pública e à incolumidade pessoal.

§ 1° (Vetado).

§ 2° (Vetado)

CAPÍTULO IV
Da Coisa Julgada

Art. 103. Nas ações coletivas de que trata este código, a sentença fará coisa julgada:

I – erga omnes, exceto se o pedido for julgado improcedente por insuficiência de provas, hipótese em que qualquer legitimado poderá intentar outra ação, com idêntico fundamento valendo-se de nova prova, na hipótese do inciso I do parágrafo único do art. 81;

II – ultra partes, mas limitadamente ao grupo, categoria ou classe, salvo improcedência por insuficiência de provas, nos termos do inciso anterior, quando se tratar da hipótese prevista no inciso II do parágrafo único do art. 81;

III – erga omnes, apenas no caso de procedência do pedido, para beneficiar todas as vítimas e seus sucessores, na hipótese do inciso III do parágrafo único do art. 81.

§ 1° Os efeitos da coisa julgada previstos nos incisos I e II não prejudicarão interesses e direitos individuais dos integrantes da coletividade, do grupo, categoria ou classe.

§ 2° Na hipótese prevista no inciso III, em caso de improcedência do pedido, os interessados que não tiverem intervindo no processo como litisconsortes poderão propor ação de indenização a título individual.

§ 3° Os efeitos da coisa julgada de que cuida o art. 16, combinado com o art. 13 da Lei n° 7.347, de 24 de julho de 1985, não prejudicarão as ações de indenização por danos pessoalmente sofridos, propostas individualmente ou na forma prevista neste código, mas, se procedente o pedido, beneficiarão as vítimas e seus sucessores, que poderão proceder à liquidação e à execução, nos termos dos arts. 96 a 99.

§ 4º Aplica-se o disposto no parágrafo anterior à sentença penal condenatória.

Art. 104. As ações coletivas, previstas nos incisos I e II e do parágrafo único do art. 81, não induzem litispendência para as ações individuais, mas os efeitos da coisa julgada erga omnes ou ultra partes a que aludem os incisos II e III do artigo anterior não beneficiarão os autores das ações individuais, se não for requerida sua suspensão no prazo de trinta dias, a contar da ciência nos autos do ajuizamento da ação coletiva.

CAPÍTULO V
DA CONCILIAÇÃO NO SUPERENDIVIDAMENTO

(Incluído pela Lei nº 14.181, de 2021)

Art. 104-A. A requerimento do consumidor superendividado pessoa natural, o juiz poderá instaurar processo de repactuação de dívidas, com vistas à realização de audiência conciliatória, presidida por ele ou por conciliador credenciado no juízo, com a presença de todos os credores de dívidas previstas no art. 54-A deste Código, na qual o consumidor apresentará proposta de plano de pagamento com prazo máximo de 5 (cinco) anos, preservados o mínimo existencial, nos termos da regulamentação, e as garantias e as formas de pagamento originalmente pactuadas. (Incluído pela Lei nº 14.181, de 2021)

§ 1º Excluem-se do processo de repactuação as dívidas, ainda que decorrentes de relações de consumo, oriundas de contratos celebrados dolosamente sem o propósito de realizar pagamento, bem como as dívidas provenientes de contratos de crédito com garantia real, de financiamentos imobiliários e de crédito rural. (Incluído pela Lei nº 14.181, de 2021)

§ 2º O não comparecimento injustificado de qualquer credor, ou de seu procurador com poderes especiais e plenos para transigir, à audiência de conciliação de que trata o caput deste artigo acarretará a suspensão da exigibilidade do débito e a interrupção dos encargos da mora, bem como a sujeição compulsória ao plano de pagamento da dívida se o montante devido ao credor ausente for certo e conhecido pelo consumidor, devendo o pagamento a esse credor ser estipulado para ocorrer apenas após o pagamento aos credores presentes à audiência conciliatória. (Incluído pela Lei nº 14.181, de 2021)

§ 3º No caso de conciliação, com qualquer credor, a sentença judicial que homologar o acordo descreverá o plano de pagamento da dívida e terá eficácia de título executivo e força de coisa julgada.(Incluído pela Lei nº 14.181, de 2021)

§ 4º Constarão do plano de pagamento referido no § 3º deste artigo: (Incluído pela Lei nº 14.181, de 2021)

I – medidas de dilação dos prazos de pagamento e de redução dos encargos da dívida ou da remuneração do fornecedor, entre outras destinadas a facilitar o pagamento da dívida;(Incluído pela Lei nº 14.181, de 2021)

II – referência à suspensão ou à extinção das ações judiciais em curso; (Incluído pela Lei nº 14.181, de 2021)

III – data a partir da qual será providenciada a exclusão do consumidor de bancos de dados e de cadastros de inadimplentes; (Incluído pela Lei nº 14.181, de 2021)

IV – condicionamento de seus efeitos à abstenção, pelo consumidor, de condutas que importem no agravamento de sua situação de superendividamento.(Incluído pela Lei nº 14.181, de 2021)

§ 5º O pedido do consumidor a que se refere o caput deste artigo não importará em declaração de insolvência civil e poderá ser repetido somente após decorrido o prazo de 2 (dois) anos, contado da liquidação das obrigações previstas no plano de pagamento homologado, sem prejuízo de eventual repactuação. (Incluído pela Lei nº 14.181, de 2021)

Art. 104-B. Se não houver êxito na conciliação em relação a quaisquer credores, o juiz, a pedido do consumidor, instaurará processo por superendividamento para revisão e integração dos contratos e repactuação das dívidas remanescentes mediante plano judicial compulsório e procederá à citação de todos os credores cujos créditos não tenham integrado o acordo porventura celebrado. (Incluído pela Lei nº 14.181, de 2021)

§ 1º Serão considerados no processo por superendividamento, se for o caso, os documentos e as informações prestadas em audiência. (Incluído pela Lei nº 14.181, de 2021)

§ 2º No prazo de 15 (quinze) dias, os credores citados juntarão documentos e as razões da negativa de aceder ao plano voluntário ou de renegociar. (Incluído pela Lei nº 14.181, de 2021)

§ 3º O juiz poderá nomear administrador, desde que isso não onere as partes, o qual, no prazo de até 30 (trinta) dias, após cumpridas as diligências eventualmente necessárias, apresentará plano de pagamento que contemple medidas de temporização ou de atenuação dos encargos. (Incluído pela Lei nº 14.181, de 2021)

§ 4º O plano judicial compulsório assegurará aos credores, no mínimo, o valor do principal devido, corrigido monetariamente por índices oficiais de preço, e preverá a liquidação total da dívida, após a quitação do plano de pagamento consensual previsto no art. 104-A deste Código, em, no máximo, 5 (cinco) anos, sendo que a primeira parcela será devida no prazo máximo de 180 (cento e oitenta) dias, contado de sua homologação judicial, e o restante do saldo será devido em parcelas mensais iguais e sucessivas. (Incluído pela Lei nº 14.181, de 2021)

Art. 104-C. Compete concorrente e facultativamente aos órgãos públicos integrantes do Sistema Nacional de Defesa do Consumidor a fase conciliatória e preventiva do processo de repactuação de dívidas, nos moldes do art. 104-A deste Código, no que couber, com possibilidade de o processo ser regulado por convênios específicos celebrados entre os referidos órgãos e as instituições credoras ou suas associações.(Incluído pela Lei nº 14.181, de 2021)

§ 1º Em caso de conciliação administrativa para prevenir o superendividamento do consumidor pessoa natural, os órgãos públicos poderão promover, nas reclamações individuais, audiência global de conciliação com todos os credores e, em todos os casos, facilitar a elaboração de plano de pagamento, preservado o mínimo existencial, nos termos da regulamentação, sob a supervisão desses órgãos, sem prejuízo das demais atividades de reeducação financeira cabíveis.(Incluído pela Lei nº 14.181, de 2021)

§ 2º O acordo firmado perante os órgãos públicos de defesa do consumidor, em caso de superendividamento do consumidor pessoa natural, incluirá a data a partir da qual será providenciada a exclusão do consumidor de bancos de dados e de cadastros de inadimplentes, bem como o condicionamento de seus efeitos à abstenção, pelo consumidor, de condutas que importem no agravamento de sua situação de superendividamento, especialmente a de contrair novas dívidas. (Incluído pela Lei nº 14.181, de 2021)

TÍTULO IV
Do Sistema Nacional de Defesa do Consumidor

Art. 105. Integram o Sistema Nacional de Defesa do Consumidor (SNDC), os órgãos federais, estaduais, do Distrito Federal e municipais e as entidades privadas de defesa do consumidor.

Art. 106. O Departamento Nacional de Defesa do Consumidor, da Secretaria Nacional de Direito Econômico (MJ), ou órgão federal que venha substituí-lo, é organismo de coordenação da política do Sistema Nacional de Defesa do Consumidor, cabendo-lhe:

I – planejar, elaborar, propor, coordenar e executar a política nacional de proteção ao consumidor;

II – receber, analisar, avaliar e encaminhar consultas, denúncias ou sugestões apresentadas por entidades representativas ou pessoas jurídicas de direito público ou privado;

III – prestar aos consumidores orientação permanente sobre seus direitos e garantias;

IV – informar, conscientizar e motivar o consumidor através dos diferentes meios de comunicação;

V – solicitar à polícia judiciária a instauração de inquérito policial para a apreciação de delito contra os consumidores, nos termos da legislação vigente;

VI – representar ao Ministério Público competente para fins de adoção de medidas processuais no âmbito de suas atribuições;

VII – levar ao conhecimento dos órgãos competentes as infrações de ordem administrativa que violarem os interesses difusos, coletivos, ou individuais dos consumidores;

VIII – solicitar o concurso de órgãos e entidades da União, Estados, do Distrito Federal e Municípios, bem como auxiliar a fiscalização de preços, abastecimento, quantidade e segurança de bens e serviços;

IX – incentivar, inclusive com recursos financeiros e outros programas especiais, a formação de entidades de defesa do consumidor pela população e pelos órgãos públicos estaduais e municipais;

X - (Vetado).

XI - (Vetado).

XII - (Vetado)

XIII - desenvolver outras atividades compatíveis com suas finalidades.

Parágrafo único. Para a consecução de seus objetivos, o Departamento Nacional de Defesa do Consumidor poderá solicitar o concurso de órgãos e entidades de notória especialização técnico-científica.

TÍTULO V
Da Convenção Coletiva de Consumo

Art. 107. As entidades civis de consumidores e as associações de fornecedores ou sindicatos de categoria econômica podem regular, por convenção escrita, relações de consumo que tenham por objeto estabelecer condições relativas ao preço, à qualidade, à quantidade, à garantia e características de produtos e serviços, bem como à reclamação e composição do conflito de consumo.

§ 1° A convenção tornar-se-á obrigatória a partir do registro do instrumento no cartório de títulos e documentos.

§ 2° A convenção somente obrigará os filiados às entidades signatárias.

§ 3° Não se exime de cumprir a convenção o fornecedor que se desligar da entidade em data posterior ao registro do instrumento.

Art. 108. (Vetado).

TÍTULO VI
Disposições Finais

Art. 109. (Vetado).

Art. 110. Acrescente-se o seguinte inciso IV ao art. 1° da Lei n° 7.347, de 24 de julho de 1985:

"IV - a qualquer outro interesse difuso ou coletivo".

Art. 111. O inciso II do art. 5° da Lei n° 7.347, de 24 de julho de 1985, passa a ter a seguinte redação:

"II - inclua, entre suas finalidades institucionais, a proteção ao meio ambiente, ao consumidor, ao patrimônio artístico, estético, histórico, turístico e paisagístico, ou a qualquer outro interesse difuso ou coletivo".

Art. 112. O § 3° do art. 5° da Lei n° 7.347, de 24 de julho de 1985, passa a ter a seguinte redação:

"§ 3° Em caso de desistência infundada ou abandono da ação por associação legitimada, o Ministério Público ou outro legitimado assumirá a titularidade ativa".

Art. 113. Acrescente-se os seguintes §§ 4°, 5° e 6° ao art. 5º. da Lei n.° 7.347, de 24 de julho de 1985:

"§ 4.° O requisito da pré-constituição poderá ser dispensado pelo juiz, quando haja manifesto interesse social evidenciado pela dimensão ou característica do dano, ou pela relevância do bem jurídico a ser protegido.

§ 5.° Admitir-se-á o litisconsórcio facultativo entre os Ministérios Públicos da União, do Distrito Federal e dos Estados na defesa dos interesses e direitos de que cuida esta lei.

§ 6° Os órgãos públicos legitimados poderão tomar dos interessados compromisso de ajustamento de sua conduta às exigências legais, mediante combinações, que terá eficácia de título executivo extrajudicial".

Art. 114. O art. 15 da Lei n° 7.347, de 24 de julho de 1985, passa a ter a seguinte redação:

"Art. 15. Decorridos sessenta dias do trânsito em julgado da sentença condenatória, sem que a associação autora lhe promova a execução, deverá fazê-lo o Ministério Público, facultada igual iniciativa aos demais legitimados".

Art. 115. Suprima-se o caput do art. 17 da Lei nº 7.347, de 24 de julho de 1985, passando o parágrafo único a constituir o caput, com a seguinte redação:

"Art. 17. "Art. 17. Em caso de litigância de má-fé, a associação autora e os diretores responsáveis pela propositura da ação serão solidariamente condenados em honorários advocatícios e ao décuplo das custas, sem prejuízo da responsabilidade por perdas e danos".

Art. 116. Dê-se a seguinte redação ao art. 18 da Lei nº 7.347, de 24 de julho de 1985:

"Art. 18. Nas ações de que trata esta lei, não haverá adiantamento de custas, emolumentos, honorários periciais e quaisquer outras despesas, nem condenação da associação autora, salvo comprovada má-fé, em honorários de advogado, custas e despesas processuais".

Art. 117. Acrescente-se à Lei nº 7.347, de 24 de julho de 1985, o seguinte dispositivo, renumerando-se os seguintes:

"Art. 21. Aplicam-se à defesa dos direitos e interesses difusos, coletivos e individuais, no que for cabível, os dispositivos do Título III da lei que instituiu o Código de Defesa do Consumidor".

Art. 118. Este código entrará em vigor dentro de cento e oitenta dias a contar de sua publicação.

Art. 119. Revogam-se as disposições em contrário.

Brasília, 11 de setembro de 1990; 169º da Independência e 102º da República.

FERNANDO COLLOR
Bernardo Cabral
Zélia M. Cardoso de Mello
Ozires Silva

Este texto não substitui o publicado no DOU de 12.9.1990 – Retificado em 10.1.2007

EDITORA
JusPODIVM
www.editorajuspodivm.com.br

COLOR
system

JUS4002